Als großer Lyriker wurde Hölderlin erst im 20. Jahrhundert entdeckt. Die Intensität eines von allem Dekorativen befreiten Sagens, die kühne Metaphorik und die Sprengung konventioneller Normen, insbesondere in den Gedichten nach 1800, ließen Hölderlin als Vorboten und zugleich schon frühen Vollender moderner Ausdruckskunst erscheinen. Dennoch stehen Hölderlins Gedichte im geistigen Horizont der Zeit: Empfindsamkeit, Deutscher Idealismus, Französische Revolution, Philhellenismus, Rousseaus Wendung zur ›Natur‹, die hyperbolische Steigerung des ›Dichterischen‹ – sie verleihen seiner Poesie ihre geschichtliche Kontur.

Diese Ausgabe ordnet Hölderlins Gedichte chronologisch und unterzieht sie einer textkritischen Revision. Alle Abweichungen gegenüber der *Großen Stuttgarter Ausgabe* werden in den Kommentaren erläutert. Aufgrund ihres Schwierigkeitsgrades und ihres Voraussetzungsreichtums bedarf Hölderlins Lyrik einer intensiven Erschließung. Die Ausgabe bietet daher Erläuterungen, die weit über das Bisherige hinausgehen. Den bedeutenden und komplexen Gedichten gelten umfassende Überblickskommentare. Sie sollen zu einem ganzheitlichen Verständnis hinführen. Aber auch für die Einzelerläuterungen wurden ganze Bereiche erstmals erschlossen, so daß nun viele Texte besser verständlich oder überhaupt erst zugänglich geworden sind.

DEUTSCHER KLASSIKER VERLAG
IM TASCHENBUCH
BAND 4

FRIEDRICH HÖLDERLIN SÄMTLICHE GEDICHTE

Herausgegeben von
Jochen Schmidt

DEUTSCHER
KLASSIKER
VERLAG

Diese Ausgabe entspricht Band 1, herausgegeben von Jochen Schmidt,
der Edition *Friedrich Hölderlin, Sämtliche Werke und Briefe in drei Bänden,*
Frankfurt am Main 1992

3. Auflage 2014

Erste Auflage 2005
Deutscher Klassiker Verlag
im Taschenbuch · Band 4

Vertrieb durch den Suhrkamp Taschenbuch Verlag
Satz: Libro, Kriftel
Druck: CPI – Ebner & Spiegel, Ulm
Printed in Germany
ISBN 978-3-618-68004-8

SÄMTLICHE
GEDICHTE

INHALT

GEDICHTE
1784-1788

DANKGEDICHT

Uns würdigte einst eurer Weisheit Wille,
Der Kirche Dienst auch uns zu weih'n,
Wer Brüder säumt, daß er die Schuld des Danks erfülle,
Die wir uns solcher Gnade freun?

Froh eilt der Wanderer, durch dunkle Wälder,   5
Durch Wüsten, die von Hitze glühn,
Erblickt er nur von fern des Lands beglückte Felder,
Wo Ruh' und Friede blühn.

So können wir die frohe Bahn durcheilen,
Weil schon das hohe Ziel uns lacht,   10
Und der Bestimmung Sporn, ein Feind von trägen Weilen,
Uns froh und emsig macht.

Ja, dieses Glück, das, große Mäcenaten,
Ihr schenkt, soll nie ein träger Sinn,
Bei uns verdunkeln, nein! verehren Fleiß und Taten, 15
Und Tugend immerhin.

Euch aber kröne Ruhm und hohe Ehre,
Die dem Verdienste stets gebührt,
Und jeder künftge Tag erhöhe und vermehre,
Den Glanz, der euch schon ziert.   20

Und was ist wohl für euch die schönste Krone?
Der Kirche und des Staates Wohl,
Stets eurer Sorgen Ziel. Wohlan, der Himmel lohne
Euch stets mit ihrem Wohl.

M. G.

Herr! was bist du, was Menschenkinder?
Jehova du, wir schwache Sünder,
Und Engel sinds die, Herr, dir dienen,
Wo ewger Lohn, wo Seligkeiten krönen.

5   Wir aber sind es, die gefallen,
Die sträflich deiner Güte Strahlen
In Grimm verwandelt, Heil verscherzet,
Durch das der Hölle Tod nicht schmerzet.

Und doch o Herr! erlaubst du Sündern,
10 Dein Heil zu sehn, wie Väter Kindern,
Erteilst du deine Himmelsgaben,
Die uns, nach Gnade dürstend, laben.

Ruft dein Kind Abba, ruft es Vater,
So bist du Helfer, du Berater,
15 Wann Tod und Hölle tobend krachen,
So eilst als Vater du zu wachen.

DIE NACHT

Seid gegrüßt, ihr zufluchtsvolle Schatten,
Ihr Fluren, die ihr einsam um mich ruht;
Du stiller Mond, du hörst, nicht wie Verleumder lauren,
Mein Herz, entzückt von deinem Perlenglanz.

5 Aus der Welt, wo tolle Toren spotten,
Um leere Schattenbilder sich bemühn,
Flieht der zu euch, der nicht das schimmernde Getümmel,
Der eitlen Welt, nein! nur die Tugend liebt.

Nur bei dir empfindt auch hier die Seele;
Wie göttlich sie dereinst wird sein, 10
Die Freude, deren falschem Schein so viel Altäre
So viele Opfer hier gewidmet sind.

Weit hinauf, weit über euch, ihr Sterne,
Geht sie entzückt mit heilgem Seraphsflug;
Sieht über euch herab mit göttlich heilgem Blicke, 15
Auf ihre Erd, da wo sie schlummernd ruht . . . .

Goldner Schlaf, nur dessen Herz zufrieden
Wohltätger Tugend wahre Freude kennt,
Nur der fühlt dich. –. Hier stellst du dürftig schwache Arme
Die seine Hülfe suchen vor ihn hin. 20

Schnell fühlt er des armen Bruders Leiden;
Der arme weint, er weinet auch mit ihm;
Schon Trost genug! Doch spricht er, gab Gott seine Gaben
Nur mir? nein auch für andre lebe ich. –.

Nicht von Stolz, noch Eitelkeit getrieben, 25
Kleidt er den nackten dann, und sättigt den,
Dem blasse Hungersnot sein schwach Gerippe zählet;
Und himmlisch wird sein fühlend Herz entzückt.

So ruht er, allein des Lasters Sklaven
Quält des Gewissens bange Donnerstimm, 30
Und Todesangst wälzt sie auf ihren weichen Lagern
Wo Wollust selber sich die Rute hält.

AN M. B.

O lächle fröhlich unschuldsvolle Freuden,
Ja, muntrer Knabe, freue dich,
Und unbekümmert, gleich dem Lamm auf
                                                        Frühlings-Heiden,
Entwickeln deine Keime sich.

5   Nicht Sorgen und kein Heer von Leidenschaften
Strömt über deine Seele hin;
Du sahst noch nicht, wie tolle Toren neidisch gafften,
Wann sie die Tugend sehen blühn.

Dich sucht noch nicht des kühnen Lästrers Zunge:
10 Erst lobt sie, doch ihr Schlangengift
Verwandelt bald das Lob, das sie so glänzend sunge
In Tadel, welcher tödlich trifft.

Du glaubst mir nicht, daß diese schöne Erde
So viele unzufriedne trägt,
15 Daß nicht der Welt, der dich der Schöpfer gab, Beschwerde,
Nur eigner Kummer Seufzen regt.

So folge ihr, du edle gute Seele,
Wohin dich nur die Tugend treibt,
Sprich; Welt! kein leerer Schatten ists, daß ich mir wähle
20 Nur Weisheit, die mir ewig bleibt.

DER UNZUFRIEDNE
Horat. Deformis aegrimonia.

»Schicksal! unglücksvolle Leiden
Heißt du Sterblichen die Freuden,
Die die steile Laufbahn hat,
Grausam rauben. Bange Tränen
5   Die sich nach der Bahre sehnen,
Zu erzwingen ist dein Rat.«

DER NÄCHTLICHE WANDERER

Hu! der Kauz! wie er heult,
Wie sein Furchtgeschrei kräckt
Erwürgen – ha! du hungerst nach erwürgtem Aas
Du naher Würger komme, komme.

Sieh! er lauscht, schnaubend Tod – 5
Ringsum schnarchet der Hauf
Des Mordes Hauf, er hörts, er hörts, im Traume hört' ers
Ich irre Würger, schlafe, schlafe.

DAS ERINNERN

Viel, viel sind meiner Tage
Durch Sünd entweiht gesunken hinab
O, großer Richter frage
Nicht wie, o lasse ihr Grab
Erbarmende Vergessenheit 5
Laß, Vater der Barmherzigkeit
Das Blut des Sohns es decken.

Ach wenig sind der Tage
Mit Frömmigkeit gekrönt entflohn,
Sie sinds mein Engel, trage 10
Sie vor des Ewigen Thron,
Laß schimmern die geringe Zahl
Daß einsten mich des Richters Wahl
Zu seinen Frommen zähle.

ADRAMELECH

Adramelechs Grimm erwachte des Höllenbewohners:
Hölle sinke tiefer hinab, Adramelech wütet
Staune Satan du verzweifle König der Hölle,
Nur Adramelech bleibt groß – entdeck ich die großen
Entwürfe
Dann und meine Gedanken, die den Olympus beherrschen, 5
Seinen Rat vereiteln, wie werden die schwächere gaffen,
Satan wird vom Thron mit neidischem Stolze herabschaun,
Du Jehova sollst bald in deinem richtenden Grimme –
Dieses dein Israël soll dein Rachedonner zerschmettern,

10 Oder Mein Geist ist hin – verloren des mächtigsten Kräfte.
So sprach er – und kehrte mit Wut zur Hölle zurücke.
Sein verschlagener Stolz versammelte alle Gestalten,
Alle Schrecken des Tods um sich her, um seines Regenten
Schreckenvolle Pracht an sich den Geistern zu zeigen.
15 Und so fuhr er ein, die zitternde Geister der Pforte
Öffneten ihre knarrende Tore weit auf, mit Erstaunen
Sahn sie seine schreckbare Wut, mit flammendem Zorne
Wie nur selten Satan ergrimmt, deckt' er die höllische
Ränke

ALEXANDERS REDE AN SEINE SOLDATEN
BEI ISSUS

Erhaben glänzend sieht, und wie ein Gott
Auf seine Scharen Alexander hin,
Wo jeder Spieß dem weit zerstreuten Feind
Vereint durch gleichen Mut die Flucht empfiehlt.
5 Sein scharfer Heldenblick belebt das Heer,
Das jede drohende Gefahr vergißt.
Sein rasches Pferd, das Siegesfreude schnaubt,
Trägt ihn durch ihre Glieder; dann spricht er:
Ihr Macedonier, ihr deren Mut
10 Athen einst, das an Tapferkeit euch glich,
Unwissend schwacher Flucht, bezwang:
O tapfre Krieger, die ihr Philipps Thron
Befestigtet, um auch mir treu zu sein!
Es hob sich euer Schwert, ihr wart nicht mehr
15 Mit dichten Mauern, voll von Tod, umringt.
Erst fiel Böotien; die stärkste Stadt
Daraus (stark war der Mauern Wehr)
Auch sie fiel gänzlich unter euren Fuß. –
Und, Krieger, wie begierig waret ihr
20 Weit von dem Hellespont im Orient
Euch Siege zu bereiten; mutig flog
Die Zierde meines Reichs mir zu, um treu

Kein Schwert des Kriegs, und nicht Gefahr zu scheun.
Und nun, ihr tapfre Macedonier,
Hier ist der Sieg, hier eures Muts Triumph – 25
Der Sieg, der schon aus euren Augen blickt,
Wird des Tyrannen hartes Sklavenjoch,
Womit er all dies Volk despotisch plagt,
Zerreißen, und ihr, Freunde, werdet sein
Und jedes Name, wie einst Hercules. 30
Seht, wie ein jedes Volk euch Sieger nennt,
Wie es gehorsam euern Arm verehrt,
Der keine Fesseln braucht; ein jeder dient
Euch willig. – Kinder, glaubts, kein Thracien,
Kein steinigtes Illyrien wird's sein, 35
Nein! Bactra, und das schöne Indien,
Des Ganges Fluren sind der Sieger Sitz:
Da ist der Lohn der Sieger Überfluß.
O! Helden! seht, wie euer schöner Sieg,
Wie er zu glänzen angefangen hat: 40
Seht euer Rücken, nie von Flucht befleckt,
Hat lauter Ruhmstrophäen hinter sich.
Und du, mutvolle Schar von Griechenland,
Du wirst zu deinen Füßen ausgestreckt
Die Schößlinge von Xerxes Übermut 45
Und all die grausame Verwüster sehn.
Dein Vaterland, dein Wohnsitz – war er dein?
Wem war die Quelle deines Wanderers,
Wem deine Saat? – war sie des Schweißes Lohn,
Den ihrer Mutter Bau dich kostete? – 50
Sie sinds, durch ihre Menge fiel dein Volk;
Der Götter Hallen, welche du verehrst,
Und deren Heiligkeit nur sonst der Raub
Zum Schauer anderer antastete,
Die lagen da, verheert, von Blut bespritzt, 55
Und von der Asche deiner Stadt bedeckt.
Ihr, Söhne Thraciens, ihr deren Hand
Nur tapfre Waffen eures Sieges kennt,
Seht, wie der Feind von Gold belastet ist,

60 Euch, Brüder, ziert es besser, denen's nicht
Die Weichlichkeit als Sklaven geben wird,
Euch mahnts an euern Mut, an euren Sieg.
Geht, raubt den Memmen ihre Last, ihr Gold,
Bewohnt statt eurer nackten Hügel Eis
65 Und alt bemooste Felsen, eures Feinds
Vergnügenvoller Fluren Fruchtbarkeit.

DAS MENSCHLICHE LEBEN

Menschen, Menschen! was ist euer Leben,
Eure Welt, die tränenvolle Welt,
Dieser Schauplatz, kann er Freuden geben,
Wo sich Trauern nicht dazu gesellt?
5 O! die Schatten, welche euch umschweben,
Die sind euer Freudenleben.

Tränen, fließt! o fließet, Mitleidstränen,
Taumel, Reue, Tugend, Spott der Welt,
Wiederkehr zu ihr, ein neues Sehnen,
10 Banges Seufzen, das die Leiden zählt,
Sind der armen Sterblichen Begleiter,
O, nur allzu wenig heiter!

Banger Schauer faßt die trübe Seele,
Wenn sie jene Torenfreuden sieht,
15 Welt, Verführung, manches Guten Hölle,
Flieht von mir, auf ewig immer flieht!
Ja gewiß, schon manche gute Seele hat, betrogen,
Euer tötend Gift gesogen.

Wann der Sünde dann ihr Urteil tönet,
20 Des Gewissens Schreckensreu sie lehrt,
Wie die Lasterbahn ihr Ende krönet,
Schmerz, der ihr Gebein versehrt!
Dann sieht das verirrte Herz zurücke;
Reue schluchzen seine Blicke.

Und die Tugend bietet ihre Freuden   25
Gerne Mitleid lächelnd an,
Doch die Welt – bald streut sie ihre Leiden
Auch auf die zufrieden heitre Bahn:
Weil sie dem, der Tugendfreuden kennet,
Sein zufrieden Herz nicht gönnet.   30

Tausend mißgunstvolle Lästerungen
Sucht sie dann, daß ihr die Tugend gleicht;
Beißend spotten dann des Neides Zungen,
Bis die arme Unschuld ihnen weicht;
Kaum verflossen etlich Freudentage,   35
Sieh, so sinkt der Tugend Waage.

Etlich' Kämpfe – Tugend und Gewissen –
Nur noch schwach bewegen sie das Herz,
Wieder umgefallen! – und es fließen
Neue Tränen, neuer Schmerz!   40
O du Sünde, Dolch der edlen Seelen,
Muß denn jede dich erwählen?

Schwachheit, nur noch etlich' Augenblicke,
So entfliehst du, und dann göttlich schön,
Wird der Geist verklärt, ein bess'res Glücke   45
Wird dann glänzender mein Auge sehn;
Bald umgibt dich, unvollkommne Hülle,
Dunkle Nacht, des Grabes Stille.

DIE MEINIGE

Herr der Welten! der du deinen Menschen
Leuchten läßst so liebevoll dein Angesicht,
Lächle, Herr der Welten! auch des Beters Erdenwünschen,
O du weißt es! sündig sind sie nicht.
Ich will beten für die lieben Meinen   5
Wie dein großer Sohn für seine Jünger bat –

O auch Er, er konnte Menschentränen weinen,
Wann er betend für die Menschen vor dich trat –

Ja! in seinem Namen will ich beten,
10 Und du zürnst des Beters Erdewünschen nicht,
Ja! mit freiem, offnem Herzen will ich vor dich treten,
Sprechen will ich, wie dein Luther spricht. –
Bin ich gleich vor dir ein Wurm, ein Sünder –
Floß ja auch für mich das Blut von Golgatha –
15 O! ich glaube! Guter! Vater deiner Kinder!
Glaubend, glaubend tret' ich deinem Throne nah.

Meine Mutter! – o mit Freudentränen
Dank' ich großer Geber, lieber Vater! dir,
Mir o mir dem glücklichsten von tausend andern Söhnen
20 Ach die beste Mutter gabst du mir.
Gott! ich falle nieder mit Entzücken,
Welches ewig keine Menschenlippe spricht
Tränend kann ich aus dem Staube zu dir blicken –
Nimm es an das Opfer! mehr vermag ich nicht! –

25 Ach als einst in unsre stille Hütte
Furchtbarer! herab dein Todesengel kam,
Und den jammernden, den flehenden aus ihrer Mitte
Ewigteurer Vater! dich uns nahm;
Als am schröcklich stillen Sterbebette
30 Meine Mutter sinnlos in dem Staube lag –
Wehe! noch erblick ich sie, die Jammerstätte,
Ewig schwebt vor mir der schwarze Sterbetag –

Ach! da warf ich mich zur Mutter nieder,
Heischerschluchzend blickte ich an ihr hinauf;
35 Plötzlich bebt' ein heilger Schauer durch des Knaben
                              Glieder,
Kindlich sprach ich – Lasten legt er auf,
Aber o! er hilft ja auch, der gute –
Hilft ja auch der gute, liebevolle Gott – –

Amen! amen! noch erkenn ichs! deine Rute
Schläget väterlich! du hilfst in aller Not!   40

O! so hilf, so hilf in trüben Tagen,
Guter, wie du bisher noch geholfen hast,
Vater! liebevoller Vater! hilf, o hilf ihr tragen
Meiner Mutter – jede Lebenslast.
Daß allein sie sorgt die Elternsorgen!   45
Einsam jede Schritte ihres Sohnes wägt!
Für die Kinder jeden Abend, jeden Morgen –
Ach! und oft ein Tränenopfer vor dich legt!

Daß sie in so manchen trüben Stunden
Über Witwenquäler in der Stille weint!   50
Und dann wieder aufgerissen bluten alle Wunden,
Jede Trau'rerinnrung sich vereint!
Daß sie aus den schwarzen Leichenzügen
Oft so schmerzlich hin nach seinem Grabe sieht!
Da zu sein wünscht, wo die Tränen all' versiegen,   55
Wo uns jede Sorge, jede Klage flieht.

O so hilf, so hilf in trüben Tagen,
Guter! wie du bisher noch geholfen hast!
Vater! liebevoller Vater! hilf, o hilf ihr tragen,
Sieh! sie weinet! – jede Lebenslast.   60
Lohn' ihr einst am großen Weltenmorgen
All' die Sanftmut, all' die treue Sorglichkeit,
All' die Kümmernisse, all' die Muttersorgen,
All' die Tränenopfer ihrer Einsamkeit.

Lohn' ihr noch in diesem Erdenleben   65
Alles, alles, was die Teure für uns tat.
O! ich weiß es froh, du kannst, du wirst es geben
Wirst dereinst erfüllen, was ich bat.
Laß sie einst mit himmlisch hellem Blicke
Wann um sie die Tochter – Söhne – Enkel stehn, –   70
Himmelan die Hände faltend, groß zurücke
Auf der Jahre schöne Strahlenreihe sehn.

Wann sie dann entflammt im Dankgebete
Mit uns in den Silberlocken vor dir kniet,
75 Und ein Engelschor herunter auf die heilge Stätte
Mit Entzücken in dem Auge sieht;
Gott! wie soll dich dann mein Lied erheben!
Halleluja! Halleluja! jauchz' ich dann;
Stürm aus meiner Harfe jubelnd Leben;
80 Heil dem großen Geber! ruf ich himmelan.

Auch für meine Schwester laß mich flehen,
Gott! du weißt es, wie sie meine Seele liebt,
Gott! du weißt es, kennest ja die Herzen, hast gesehen,
Wie bei ihren Leiden sich mein Blick getrübt. –
85 Unter Rosen, wie in Dornengängen,
Leite jeden ihrer Tritte himmelan.
Laß die Leiden sie zur frommen Ruhe bringen,
Laß sie weise gehn auf heitrer Lebensbahn.

Laß sie früh das beste Teil erwählen,
90 Schreib ihrs tief in ihren unbefangnen Sinn,
Tief wie schön – die Himmelsblume blüht in jungen Seelen,
Christuslieb' und Gottesfurcht wie schön!
Zeig ihr deiner Weisheit reinre Wonne,
Wie sie hehrer deiner Wetter Schauernacht
95 Heller deinen Himmel, schöner deine Sonne,
Näher deinem Throne die Gestirne macht.

Wie sie in das Herz des Kämpfers Frieden,
Tränen in des bangen Dulders Auge gibt –
Wie dann keine Stürme mehr das stille Herz ermüden,
100 Keine Klage mehr die Seele trübt.
Wie sie frei einher geht im Getümmel,
Ihr vor keinem Spötter, keinem Hasser graut,
Wie ihr Auge, helleschimmernd, wie dein Himmel,
Schröckend dem Verführer in das Auge schaut.

Aber Gott! daß unter Frühlingskränzen 105
Oft das feine Laster seinen Stachel birgt —
Daß so oft die Schlange unter heitern Jugendtänzen
Wirbelt, und so schnell die Unschuld würgt —!
Schwester! Schwester! reine gute Seele!
Gottes Engel walte immer über dir! 110
Häng' dich nicht an diese Schlangenhöhle,
Unsers Bleibens ist — Gott seis gedankt! nicht hier.

Und mein Carl — — o! Himmelsaugenblicke! —
O du Stunde stiller, frommer Seligkeit! —
Wohl ist mir! ich denke mich in jene Zeit zurücke — 115
Gott! es war doch meine schönste Zeit.
(O daß wiederkehrten diese Tage!
O daß noch so unbewölkt des Jünglings Herz,
Noch so harmlos wäre, noch so frei von Klage,
Noch so ungetrübt von ungestümem Schmerz!) 120

Guter Carl! — in jenen schönen Tagen
Saß ich einst mit dir am Neckarstrand.
Fröhlich sahen wir die Welle an das Ufer schlagen,
Leiteten uns Bächlein durch den Sand.
Endlich sah ich auf. Im Abendschimmer 125
Stand der Strom. Ein heiliges Gefühl
Bebte mir durchs Herz; und plötzlich scherzt' ich nimmer,
Plötzlich stand ich ernster auf vom Knabenspiel.

Bebend lispelt' ich: wir wollen beten!
Schüchtern knieten wir in dem Gebüsche hin. 130
Einfalt, Unschuld wars, was unsre Knabenherzen redten —
Lieber Gott! die Stunde war so schön.
Wie der leise Laut dich Abba! nannte!
Wie die Knaben sich umarmten! himmelwärts
Ihre Hände streckten! wie es brannte — 135
Im Gelübde, oft zu beten — beeder Herz!

Nun, mein Vater! höre, was ich bitte;
Ruf ihm oft ins Herz, vor deinen Thron zu gehn;
Wann der Sturm einst droht, die Woge rauscht um seine
                                                    Tritte,
140 O so mahne ihn, zu dir zu flehn.
Wann im Kampf ihm einst die Arme sinken,
Bang nach Rettung seine Blicke um sich sehn,
Die Vernunft verirrte Wünsche lenken;
O so mahne ihn dein Geist, zu dir zu flehn.

145 Wenn er einst mit unverdorbner Seele
Unter Menschen irret, wo Verderber spähn,
Und ihm süßlich scheint der Pesthauch dieser
                                            Schlangenhöhle,
O! so mahne ihn, zu dir zu flehn.
Gott! wir gehn auf schwerem, steilem Pfade,
150 Tausend fallen, wo noch zehen aufrecht stehn, –
Gott! so leite ihn mit deiner Gnade,
Mahn ihn oft durch deinen Geist, zu dir zu flehn.

O! und sie im frommen Silberhaare,
Der so heiß der Kinder Freudenträne rinnt
155 Die so groß zurückblickt auf so viele schöne Jahre,
Die so gut, so liebevoll mich Enkel nennt,
Die, o lieber Vater! deine Gnade
Führte durch so manches rauhe Distelnfeld,
Durch so manche dunkle Dornenpfade –
160 Die jetzt froh die Palme hofft, die sie erhält –

Laß, o laß sie lange noch genießen
Ihrer Jahre lohnende Erinnerung,
Laß uns alle jeden Augenblick ihr süßen,
Streben, so wie sie, nach Heiligung.
165 Ohne diese wird dich niemand sehen,
Ohne diese trifft uns dein Gericht;
Heilge mich! sonst muß ich draußen stehen,
Wann die Meinen schaun dein heilig' Angesicht.

Ja! uns alle laß einander finden,
Wo mit Freuden ernten, die mit Tränen säen,   170
Wo wir mit Eloah unser Jubellied verbinden,
Ewig, ewig selig vor dir stehn.
O! so ende bald, du Bahn der Leiden!
Rinne eilig, rinne eilig, Pilgerzeit!
Himmel! schon empfind' ich sie, die Freuden –   175
Deine – Wiedersehen froher Ewigkeit!

AN STELLA

Du gute Stella! wähnest du mich beglückt,
    Wann ich im Tale still und verlassen, und
        Von dir vergessen wandle, wann in
            Flüchtigen Freuden dein Leben hinhüpft?

Schon oft, wenn meine Brüder, die Glückliche   5
    So harmlos schliefen, blickt ich hinauf, und fragt
        Im Geiste, ob ich glücklich seie –
            Bin ich ein glücklicher Jüngling, Stella?

Es streut der Schöpfer seliges Lächeln oft
    In meine Tage, gibt mir der heiligen   10
        Empfindungen, der Freuden recht zu
            Handeln so viele, der gute Schöpfer:

Doch gibt es Wünsche, denen der Spötter höhnt –
    O Stella! du nicht! höhne dem Armen nicht! –
        Gibt unerfüllte Wünsche – – Tugend,   15
            Hehre Gefährtin! du kennst die Wünsche.

Ach laß mich weinen! – nein! ich will heiter sein!
    Ist ja ein Ort, wo nimmer gewünscht wird, wo
        Der Sterbliche sein Schicksal preiset, –
            Dort ist es, wo ich dich wiedersehe.   20

Und stürb' ich erst mit grauem gebeugtem Haupt
Nach langem Sehnen, endlich erlöst zu sein,
Und sähe dich als Pilger nimmer,
Stella! so seh' ich dich jenseits wieder.

AN DIE NACHTIGALL

Dir flüstert's leise – Nachtigall! dir allein,
Dir, süße Tränenweckerin! sagt es nur
Die Saite. – Stellas wehmutsvoller
Seufzer – er raubte mein Herz – dein Kehlchen –

5   Es klagte – o! es klagte – wie Stella ists.
Starr sah' ich hin beim Seufzer, wie, als dein Lied
Am liebevollsten schlug, am schönsten
Aus der melodischen Kehle strömte.

Dann sah' ich auf, sah' bebend, ob Stellas Blick
10   Mir lächle – ach! ich suche dich, Nachtigall!
Und du verbirgst dich. – Wem, o Stella!
Seufztest du? Sangest du mir, du süße?

Doch nein! doch nein! ich will es ja nicht, dein Lied,
Von ferne will ich lauschen – o! singe dann!
15   Die Seele schläft – und plötzlich schlägt die
Brust mir empor zum erhabnen Lorbeer.

O Stella! sag' es! sag' es! – ich bebe nicht! –
Es tötete die Wonne, geliebt zu sein,
Den Schwärmer. – Aber tränend will ich
20   Deinen beglückten Geliebten segnen.

AN MEINEN B.

Freund! wo über das Tal schauerlich Wald und Fels
   Herhängt, wo das Gefild leise die Erms durchschleicht,
      Und das Reh des Gebürges
         Stolz an ihrem Gestade geht –

Wo im Knabengelock heiter und unschuldsvoll   5
   Wen'ge Stunden mir einst lächelnd vorüberflohn –
      Dort sind Hütten des Segens,
         Freund! – du kennest die Hütten auch;

Dort am schattichten Hain wandelt Amalia.
   Segne, segne mein Lied, kränze die Harfe mir,   10
      Denn sie nannte den Namen
         Den, du weißts, des Getümmels Ohr

Nicht zu kennen verdient. Stille, der Tugend nur
   Und der Freundschaft bekannt, wandelt die Gute dort.
      Liebes Mädchen, es trübe   15
         Nie dein himmlisches Auge sich.

GEDICHT,
womit bei der höchstbeglückten Ankunft
Ihro herzoglichen Durchlaucht
der Frau Herzogin von Würtemberg
Franzisca
in dem Kloster Maulbronn,
seine untertänigste und tiefste Devotion
bezeugen,
und sich Höchstdero Durchlaucht zu höchster
Huld und Gnaden untertänigst empfehlen wollte
Joh. Christian Friedrich Hölderlin.

Lang wars der heiße inniggefühlte Wunsch
   Des Jünglings, lange –! oft der Gedank der Stund,

Die feurig hinwies zur Vollkommenheit –
Wie ihm im Busen glühe die Ehrfurcht,

5   Dirs hinzusagen! Aber der deutscheren
Gemütseröffnung winkte mit zärtlichem –
Mit ihrem Mutterblick die Sittsamkeit
Stille zu stehn – dem strömenden Danke.

Du kommst – jetzt winke gutgemeint immerhin
10   Die Sittsamkeit! Die Lippe bebt nimmer mir!
Franzisca ists, Franzisca! Ha, es bebt
Nimmer die Lippe furchtsames Stammeln!

Weh' über dich, du Menschenfeind, grausamer
Bedrücker du des Schwächeren neben dir!
15   Dem's zu alltäglich ist vom Jammerblick,
Von dem entblößten Hungergerippe

Erweicht zu werden – Schaue die liebende
Erhalterin, wie ringsum sie Lächeln streut!
Schon sank der Pilger dort der Grube zu;
20   Wie er so ruhig jetzt auf die Leiden

Zurückblickt? Dann du rettetest ihn, dann du,
Franzisca, gossest Balsam ihm in die Wund! – –
Zu weit hab' ich den Mund schon aufgetan,
Siehe die Lippe bebt, ich verstumme. – –.

25   Es sags der Greis nur, welchem der Lorbeerlohn
Am glänzendsten die Stirne umfließt! Es sei
Franzisca ihm der letzte Erdgedank,
Und er entsinke ruhig dem Stabe.

Und Carln die tät'ge Hände zu weihen, sei
30   Des Mannes erster feurigster Trieb! und dann –
Ists auch dem Jüngling dann gegönnt, für Carln
Leb' er hienieden, leise zu denken?

KLAGEN
An Stella

Stella! ach! wir leiden viel! wann nur das Grab –
  Komme! komme kühles Grab! nimm uns beide!
    Siehe Stellas Tränen, komme
      Kühles ruhiges Grab.

O ihr Menschen! o so gerne wollt' ich euch   5
  Alle lieben, warm und treu! oh ihr Menschen
    Sehet diese Stella haßt ihr!
      Gott vergebe es euch!

Reißt sie nur hinweg von mir! Quäler! ihr!
  Ich will schweigen – Gott – Gott wird reden   10
    Lebe wohl – ich sterbe bald – O
      Stella! Stella vergiß mich.

Viele Wonnenaugenblicke gabst du mir –
  Vater, Vater! bebt' ich oft auf zum Ewgen
    Sieh' ich liebe sie so rein dein Auge   15
    Vater sieht ja mein Herz.

Stella! weinen werd' ich bis ans Grab um dich
  Weinen, Stella, du um mich – weinen! aber
    Am Gerichtstag will ichs sagen
      Vorm versammelten Erdkreis: 20

Diese sinds, die Stella quälten – aber nein!
  Gott im Himmel! nein! vergib diesen Quälern
    Laß mich sterben – oder tragen
      Diese Leiden – mein Gott.

AN MEINE FREUNDINNEN

Mädchen! die ihr mein Herz, die ihr mein Schicksal kennt,
    Und das Auge, das oft Tränen im Tale weint
      In den Stunden des Elends –
        Dies mein traurendes Auge seht!

5 In der Stille der Nacht denket an euch mein Lied,
    Wo mein ewiger Gram jeglichen Stundenschlag
      Welcher näher mich bringt dem
        Trauten Grabe, mit Dank begrüßt.

Aber daß ich mein Herz redlich und treu, und rein
10   Im Gewirre der Welt, unter den Lästerern
      Treu und rein es behielt, ist
        Himmelswonne dem Leidenden.

Mädchen! bleibet auch ihr redlich und rein und treu!
    Gute Seelen! Vielleicht wartet auf euch ein Los,
15   Das dem meinigen gleicht. Dann
        Stärkt im Leiden auch euch mein Trost.

MEIN VORSATZ

O Freunde! Freunde! die ihr so treu mich liebt!
    Was trübet meine einsame Blicke so?
      Was zwingt mein armes Herz in diese
        Wolkenumnachtete Totenstille?

5 Ich fliehe euren zärtlichen Händedruck,
    Den seelenvollen, seligen Bruderkuß.
      O zürnt mir nicht, daß ich ihn fliehe!
        Schaut mir in's Innerste! Prüft und richtet! –

Ists heißer Durst nach Männervollkommenheit?
  Ists leises Geizen um Hekatombenlohn?   10
    Ists schwacher Schwung nach Pindars Flug? ists
      Kämpfendes Streben nach Klopstocksgröße?

Ach Freunde! welcher Winkel der Erde kann
  Mich decken, daß ich ewig in Nacht gehüllt
    Dort weine? Ich erreich' ihn nie den   15
      Weltenumeilenden Flug der Großen.

Doch nein! hinan den herrlichen Ehrenpfad!
  Hinan! hinan! im glühenden kühnen Traum
    Sie zu erreichen; muß ich einst auch
      Sterbend noch stammeln; vergeßt mich, Kinder!   20

AUF EINER HEIDE GESCHRIEBEN

Wohl mir! daß ich den Schwarm der Toren nimmer
                              erblicke,
Daß jetzt unumwölkter der Blick zu den Lüften
                              emporschaut,
Freier atmet die Brust, dann in den Mauren des Elends,
Und den Winkeln des Trugs. O! schöne, selige Stunde!
Wie getrennte Geliebte nach langentbehrter Umarmung   5
In die Arme sich stürzen, so eilt' ich herauf auf die Heide,
Mir ein Fest zu bereiten auf meiner einsamen Heide.
Und ich habe sie wieder gefunden, die stille Freuden
Alle wieder gefunden, und meine schattigten Eichen
Stehn noch eben so königlich da, umdämmern die Heide   10
Noch in alten stattlichen Reih'n die schattigten Eichen.
Jedesmal wandelt an meinen tausendjährigen Eichen
Mit entblößtem Haupt der Jäger vorüber, dann also
Heischet die ländliche Sage, denn unter den stattlichen
                              Reihen
Schlummern schon lange, gefallene Helden der eisernen
                              Vorzeit.   15

Aber horch! was rauschet herauf im schwarzen Gebüsche?
Bleibe ferne! Störer des Sängers! – aber siehe,
Siehe! – wie herrlich! wie groß! ein hochgeweihetes
          Hirschheer
Wandelt langsam vorüber – hinab nach der Quelle des
          Tales. –
20 O! jetzt kenn' ich mich wieder, der menschenhassende
          Trübsinn
Ist so ganz, so ganz aus meinem Herzen verschwunden.
Wär' ich doch ewig fern von diesen Mauren des Elends,
Diesen Mauren des Trugs! – Es blinken der Riesenpaläste
Schimmernde Dächer herauf, und die Spitzen der
          alternden Türme
25 Wo so einzeln stehn die Buchen und Eichen; Es tönet
Dumpf vom Tale herauf das höfische Wagengerassel
Und der Huf der prangenden Rosse – – Höflinge! bleibet,
Bleibet immerhin in eurem Wagengerassel,
Bückt euch tief auf den Narrenbühnen der Riesenpaläste,
30 Bleibet immerhin! – Und ihr, ihr edlere, kommet!
Edle Greise und Männer, und edle Jünglinge, kommet!
Laßt uns Hütten baun – des echten germanischen
          Mannsinns
Und der Freundschaft Hütten auf meiner einsamen Heide.

DIE UNSTERBLICHKEIT DER SEELE

Da steh' ich auf dem Hügel, und schau' umher,
 Wie alles auflebt, alles empor sich dehnt,
  Und Hain und Flur, und Tal, und Hügel
   Jauchzet im herrlichen Morgenstrahle.

5 O diese Nacht – da bebtet ihr, Schöpfungen!
 Da weckten nahe Donner die Schlummernde,
  Da schreckten im Gefilde grause
   Zackigte Blitze die stille Schatten.

Jetzt jauchzt die Erde, feiert im Perlenschmuck
  Den Sieg des Tages über das Graun der Nacht –   10
    Doch freut sich meine Seele schöner
      Denn sie besiegt der Vernichtung Grauen.

Denn – o ihr Himmel! Adams Geschlechte sinds,
  Die diese Erd' im niedrigen Schoße trägt –
    O betet an, Geschlechte Adams!   15
      Jauchzet mit Engeln, Geschlechte Adams!

O ihr seid schön, ihr herrliche Schöpfungen!
  Geschmückt mit Perlen blitzet das Blumenfeld;
    Doch schöner ist des Menschen Seele,
      Wenn sie von euch sich zu Gott erhebet.   20

O, dich zu denken, die du aus Gottes Hand
  Erhaben über tausend Geschöpfe gingst,
    In deiner Klarheit dich zu denken,
      Wenn du zu Gott dich erhebst, o Seele!

Ha! diese Eiche – strecket die stolze nicht   25
  Ihr Haupt empor, als stünde sie ewig so?
    Und drohte nicht Jehovas Donner,
      Niederzuschmettern die stolze Eiche?

Ha! diese Felsen – blicken die stolze nicht
  Hinab ins Tal, als blieben sie ewig so?   30
    Jahrhunderte – und an der Stelle
      Malmet der Wandrer zu Staub das Sandkorn.

Und meine Seele – wo ist dein Stachel, Tod?
  O beugt euch, Felsen! neiget euch ehrfurchtsvoll,
    Ihr stolze Eichen! – hörts und beugt euch!   35
      Ewig ist, ewig des Menschen Seele.

Mit grausem Zischen brauset der Sturm daher,
   Ich komme, spricht er, und das Gehölze kracht
     Und Türme wanken, Städte sinken,
40   Länder zerschmettern, wenn ich ergrimme.

Doch – wandelt nicht in Schweigen der Winde Dräun?
   Macht nicht ein Tag die brausende atemlos?
     Ein Tag, ein Tag, an dem ein andrer
      Sturm der verwesten Gebeine sammelt.

45 Zum Himmel schäumt und woget der Ozean
   In seinem Grimm, der Sonnen und Monde Heer
     Herab aus ihren Höh'n die stolze
      Niederzureißen in seine Tiefen.

Was bist du Erde? hadert der Ozean,
50   Was bist du? streck' ich nicht, wie die Fittige
     Aufs Reh der Adler, meine Arme
      Über die Schwächliche aus? – Was bist du,

Wenn nicht zur Sonne segnend mein Hauch sich hebt,
   Zu tränken dich mit Regen und Morgentau?
55   Und wann er sich erhebt zu nahn in
      Mitternachtswolken, zu nah'n mit Donnern;

Ha! bebst du nicht, gebrechliche? bebst du nicht? –
   Und doch! vor jenem Tage verkriechet sich
     Das Meer, und seiner Wogen keine
60   Tönt in die Jubel der Auferstehung.

Wie herrlich, Sonne! wandelst du nicht daher!
   Dein Kommen und dein Scheiden ist Widerschein
     Vom Thron des Ewigen; wie göttlich
      Blickst du herab auf die Menschenkinder.

Der Wilde gafft mit zitternden Wimpern dich   65
  O Heldin an, von heiligen Ahndungen
    Durchbebt, verhüllt er schnell sein Haupt und
      Nennet dich Gott, und erbaut dir Tempel.

Und doch, o Sonne! endet dereinst dein Lauf,
  Verlischt an jenem Tage dein hehres Licht.   70
    Doch wirbelt sie an jenem Tage
      Rauchend die Himmel hindurch, und schmettert.

O du Entzücken meiner Unsterblichkeit!
  O kehre du Entzücken! du stärkest mich!
    Daß ich nicht sinke, in dem Graun der   75
      Großen Vernichtungen nicht versinke.

Wenn all dies anhebt – fühle dich ganz, o Mensch!
  Da wirst du jauchzen, wo ist dein Stachel, Tod?
    Dann ewig ist sie – tönt es nach ihr
      Harfen des Himmels, des Menschen Seele.   80

O Seele! jetzt schon bist du so wundervoll!
  Wer denkt dich aus? daß wann du zu Gott dich nahst
    Erhabne, mir im Auge blinket
      Deine Erhabenheit – daß du, Seele!

Wann auf die Flur das irdische Auge blickt,   85
  So süß, so himmlisch dann dich in mir erhebst –
    Wer sah, was Geist an Körper bindt, wer
      Lauschte die Sprache der Seele mit den

Verwesungen? – O Seele schon jetzt bist du
  So groß, so himmlisch, wann du von Erdentand   90
    Und Menschendruck entlediget in
      Großen Momenten zu deinem Urstoff

Empor dich schwingst. Wie Schimmer Eloas Haupt
Umschwebt der Umkreis deiner Gedanken dich
95   Wie Edens goldne Ströme, reihen
Deine Betrachtungen sich zusammen.

Und o! wie wirds einst werden, wann Erdentand
Und Menschendruck auf ewig verschwunden ist,
Wann ich an Gottes – Gottes Throne
100   Bin, und die Klarheit des Höchsten schaue.

Und weg ihr Zweifel! quälendes Seelengift!
Hinweg! der Seele Jubel ist Ewigkeit! –
Und ist ers nicht, so mag noch heute
Tod und Verderben des Lebens große

105 Gesetze niedertrümmern; so mag der Sohn
In seinem Elend Vater und Mutterherz
Durchbohren; mag ums Brot die Armut
Tempel bestehlen; so mag das Mitleid

Zu Tigern fliehn, zu Schlangen Gerechtigkeit,
110 Und Kannibalenrache des Kindes Brust
Entflammen, und Banditentrug im
Himmelsgewande der Unschuld wohnen.

Doch nein! der Seele Jubel ist Ewigkeit!
Jehovah sprachs! ihr Jubel ist Ewigkeit!
115   Sein Wort ist ewig, wie sein Name,
Ewig ist, ewig des Menschen Seele.

So singt ihn nach, ihr Menschengeschlechte! nach
Myriaden Seelen singet den Jubel nach –
Ich glaube meinem Gott, und schau' in
120   Himmelsentzückungen meine Größe.

DER LORBEER

Dank dir! aus dem schnadernden Gedränge
Nahmst du mich, Vertraute! Einsamkeit!
Daß ich glühend von dem Lorbeer singe,
Dem so einzig sich mein Herz geweiht.

Euch zu folgen, Große! – Werd ichs können?   5
Wirds einst stärker, eures Jünglings Lied?
Soll ich in die Bahn, zum Ziel zu rennen,
Dem dies Auge so entgegenglüht?

Wann ein Klopstock in des Tempels Halle
Seinem Gott das Flammenopfer bringt   10
Und in seiner Psalmen Jubelschalle
Himmelan sich seine Seele schwingt –

Wann mein Yung in dunkeln Einsamkeiten
Rings versammelnd seine Tote wacht,
Himmlischer zu stimmen seine Saiten   15
Für Begeistrungen der Mitternacht – –

Ha! der Wonne! ferne nur zu stehen
Lauschend ihres Liedes Flammenguß,
Ihres Geistes Schöpfungen zu sehen
Wahrlich! es ist Himmelsvorgenuß.   20

Nein! ich wollte nichts auf dieser Erden!
Dulden all' der Welt Verfolgungen
Jedes Drangsal, jegliche Beschwerden,
All des Neiders bittre Schmähungen – –

Lieber Gott! wie oft ich schwacher dachte,   25
Wie ichs tröstete das arme Herz
Wenn ich Nächte kummervoll durchwachte,
O so oft, so oft in meinem Schmerz,

Wann der Stolz verächtlich niederschaute,
Wann der Eitle meiner spottete,
Dem vor meinen Sittensprüchen graute,
Wenn oft selbst – mich floh – der Edlere;

O vielleicht, daß diese Bitterkeiten –
Dacht' ich – stärker bilden deinen Geist!
Daß die Stille höher deine Saiten
Stimmt, zu männlichem Gesang dich reißt!

Aber still! Die goldne Bubenträume
Hört in ihrer Nacht die Zukunft nicht –
Schon so manche Früchte schöner Keime
Logen grausam mir ins Angesicht.

DIE EHRSUCHT

Großer Name! – Millionenherzen
Lockt ins Elend der Sirenenton
Tausend Schwächen wimmern, tausend Schmerzen
Um der Ehrsucht eitlen Flitterthron.

Seine schwarze, blutbefleckte Hände
Dünken dem Eroberer göttlichschön –
Schwache morden scheint ihm keine Sünde,
Und er jauchzt auf seine Trümmer hin.

Um wie Könige zu prahlen, schänden
Kleinre Wütriche ihr armes Land;
Und um feile Ordensbänder wenden
Räte sich das Ruder aus der Hand.

Pfaffen spiegeln um Apostelehre
Ihren Narren schwarze Wunder vor
Um Mariasehre krächzen Nonnenchöre
Wahnsinn zum Marienbild empor.

Graue Sünder donnern, ihre Blöße
Wegzudonnern, rauh die Unschuld an;
Gott zu leugnen hält so oft für Größe,
Hält für Größe noch so oft – ein Mann. 20

Göttin in des Buben Mund zu heißen,
Gibt das Mädchen ihren Reiz zum Sold;
Mitzurasen in Verführerkreisen,
Wird der Bube früh ein Trunkenbold.

Doch es sträubet sich des Jünglings Rechte, 25
Länger sing' ich von den Toren nicht.
Wisse! schwaches, niedriges Geschlechte!
Nahe steht der Narr am Bösewicht.

DIE DEMUT

Hört, größre, edlere der Schwabensöhne!
Die ihr vor keinem Dominiksgesicht
Euch krümmet, welchen keine Dirnenträne
Das winzige, geschwächte Herzchen bricht.

Hört, größre, edlere der Schwabensöhne! 5
In welchen noch das Kleinod Freiheit pocht,
Die ihr euch keines reichen Ahnherrn Miene,
Und keiner Fürstenlaune unterjocht.

Geschlecht von oben! Vaterlandeskronen!
Nur euch bewahre Gott vor Übermut! 10
O! Brüder! der Gedanke soll uns lohnen,
In Hermann brauste kein Despotenblut.

Beweinenswürdig ist des Stolzen Ende
Wann er die Grube seiner Größe gräbt,
Doch fürchterlich sind seine Henkershände, 15
Wann er sich glücklich über andre hebt.

Viel sind und schön des stillen Mannes Freuden,
Und stürmten auch auf ihn der Leiden viel,
Er blickt gen Himmel unter seinen Leiden,
20   Beneidet nie des Lachers Possenspiel.

Sein feurigster, sein erster Wunsch auf Erden
Ist allen, allen Menschen nützlich sein,
Und wann sie froh durch seine Taten werden,
Dann will der edle ihres Danks sich freun.

25   O! Demut, Demut! laß uns all dich lieben,
Du bists, die uns zu einem Bund vereint,
In welchem gute Herzen nie sich trüben,
In welchem nie bedrängte Unschuld weint.

Drum größre, edlere der Schwabensöhne
30   Laßt Demut, Demut euer erstes sein,
Wie sehr das Herz nach Außenglanz sich sehne,
Laßt Demut, Demut euer erstes sein.

Vor allen, welchen Gott ein Herz gegeben
Das groß und königlich, und feurig ist
35   Die in Gefahren nur vor Freude beben,
Für Tugend selbst auf einem Blutgerüst,

Vor allen, allen, solche Schwabensöhne
O solche, Demut, solche führe du
Aus jeder bäurischstolzen Narrenbühne
40   Den stillen Reihen jenes Bundes zu.

DIE STILLE

Die du schon mein Knabenherz entzücktest,
Welcher schon die Knabenträne floß,
Die du früh dem Lärm der Toren mich entrücktest,
Besser mich zu bilden, nahmst in Mutterschoß,

Dein, du Sanfte! Freundin aller Lieben!   5
Dein, du Immertreue! sei mein Lied!
Treu bist du in Sturm und Sonnenschein geblieben,
Bleibst mir treu, wenn einst mich alles, alles flieht.

Jene Ruhe – jene Himmelswonne –
O ich wußte nicht, wie mir geschah,   10
Wann so oft in stiller Pracht die Abendsonne
Durch den dunklen Wald zu mir heruntersah –

Du, o du nur hattest ausgegossen
Jene Ruhe in des Knaben Sinn,
Jene Himmelswonne ist aus dir geflossen,   15
Hehre Stille! holde Freudengeberin!

Dein war sie, die Träne, die im Haine
Auf den abgepflückten Erdbeerstrauß
Mir entfiel – mit dir ging ich im Mondenscheine
Dann zurück ins liebe elterliche Haus.   20

Fernher sah ich schon die Kerzen flimmern,
Schon wars Suppenzeit – ich eilte nicht!
Spähte stillen Lächelns nach des Kirchhofs Wimmern
Nach dem dreigefüßten Roß am Hochgericht.

War ich endlich staubigt angekommen;   25
Teilt ich erst den welken Erdbeerstrauß,
Rühmend, wie mit saurer Müh ich ihn bekommen,
Unter meine dankende Geschwister aus;

Nahm dann eilig, was vom Abendessen
An Kartoffeln mir noch übrig war,   30
Schlich mich in der Stille, wann ich satt gegessen,
Weg von meinem lustigen Geschwisterpaar.

O! in meines kleinen Stübchens Stille
War mir dann so über alles wohl,

35 Wie im Tempel, war mirs in der Nächte Hülle,
Wann so einsam von dem Turm die Glocke scholl.

Alles schwieg, und schlief, ich wacht' alleine;
Endlich wiegte mich die Stille ein,
Und von meinem dunklen Erdbeerhaine
40 Träumt' ich, und vom Gang im stillen Mondenschein.

Als ich weggerissen von den Meinen
Aus dem lieben elterlichen Haus
Unter Fremde irrte, wo ich nimmer weinen
Durfte, in das bunte Weltgewirr' hinaus;

45 O wie pflegtest du den armen Jungen,
Teure, so mit Mutterzärtlichkeit,
Wann er sich im Weltgewirre müdgerungen,
In der lieben, wehmutsvollen Einsamkeit.

Als mir nach dem wärmern, vollern Herzen
50 Feuriger itzt stürzte Jünglingsblut;
O! wie schweigtest du oft ungestüme Schmerzen,
Stärktest du den schwachen oft mit neuem Mut.

Jetzt belausch' ich oft in deiner Hütte
Meinen Schlachtenstürmer Ossian,
55 Schwebe oft in schimmernder Seraphen Mitte
Mit dem Sänger Gottes, Klopstock, himmelan.

Gott! und wann durch stille Schattenhecken
Mir mein Mädchen in die Arme fliegt,
Und die Hasel, ihre Liebenden zu decken,
60 Sorglich ihre grüne Zweige um uns schmiegt –

Wann im ganzen segensvollen Tale
Alles dann so stille, stille ist,
Und die Freudenträne, hell im Abendstrahle
Schweigend mir mein Mädchen von der Wange wischt –

Oder wann in friedlichen Gefilden 65
Mir mein Herzensfreund zur Seite geht,
Und mich ganz dem edlen Jüngling nachzubilden
Einzig vor der Seele der Gedanke steht –

Und wir bei den kleinen Kümmernissen
Uns so sorglich in die Augen sehn, 70
Wann so sparsam öfters, und so abgerissen
Uns die Worte von der ernsten Lippe gehn.

Schön, o schön sind sie! die stille Freuden,
Die der Toren wilder Lärm nicht kennt,
Schöner noch die stille gottergebne Leiden, 75
Wann die fromme Träne von dem Auge rinnt.

Drum, wenn Stürme einst den Mann umgeben,
Nimmer ihn der Jugendsinn belebt,
Schwarze Unglückswolken drohend ihn umschweben,
Ihm die Sorge Furchen in die Stirne gräbt; 80

O so reiße ihn aus dem Getümmel,
Hülle ihn in deine Schatten ein,
O! in deinen Schatten, Teure! wohnt der Himmel
Ruhig wirds bei ihnen unter Stürmen sein.

Und wann einst nach tausend trüben Stunden 85
Sich mein graues Haupt zur Erde neigt,
Und das Herz sich mattgekämpft an tausend Wunden
Und des Lebens Last den schwachen Nacken beugt:

O so leite mich mit deinem Stabe –
Harren will ich auf ihn hingebeugt, 90
Bis in dem willkommnen, ruhevollen Grabe
Aller Sturm, und aller Lärm der Toren schweigt.

SCHWÄRMEREI

Freunde! Freunde! wenn er heute käme
Heute mich aus unserm Bunde nähme
Jener letzte große Augenblick –
Wann der frohe Puls so plötzlich stünde
5   Und verworren Freundesstimme tönte,
Und, ein Nebel, mich umschwebte, Erdenglück.

Ha! so plötzlich lebewohl zu sagen
All den lieben schöndurchlebten Tagen –
Doch – ich glaube – nein! ich bebte nicht!
10 »Freunde! spräch' ich, dort auf jenen Höhen
Werden wir uns alle wiedersehen,
Freunde! wo ein schönrer Tag die Wolken bricht.

Aber Stella! fern ist deine Hütte,
Nahe rauschen schon des Würgers Tritte –
15 Stella! meine Stella! weine nicht!
Nur noch einmal möcht' ich sie umarmen,
Sterben dann in meiner Stella Armen,
Eile, Stella! eile, eh' das Auge bricht.

Aber ferne, ferne deine Hütte
20 Nahe rauschen schon des Würgers Tritte –
Freunde! bringet meine Lieder ihr.
Lieber Gott! ein großer Mann zu werden
War so oft mein Wunsch, mein Traum auf Erden
Aber – Brüder – größre Rollen winken mir.

25 Traurt ihr, Brüder! daß so weggeschwunden
All' der Zukunft schöngeträumte Stunden
Alle, alle meine Hoffnungen!
Daß die Erde meinen Leichnam decket
Eh' ich mir ein Denkmal aufgestecket
30 Und der Enkel nimmer denkt des Schlummernden.

Daß er kalt an meinem Leichensteine
Stehet, und des modernden Gebeine
Keines Jünglings stiller Segen grüßt,
Daß auf meines Grabes Rosenhecken
Auf den Lilien, die den Moder decken   35
Keines Mädchens herzergoßne Träne fließt.

Daß von Männern, die vorüberwallen,
Nicht die Worte in die Gruft erschallen,
Jüngling! du entschlummertest zu früh!
Daß den Kleinen keine Silbergreise   40
Sagen an dem Ziel der Lebensreise,
Kinder! mein und jenes Grab vergesset nie!

Daß sie mir so grausam weggeschwunden,
All der Zukunft langersehnte Stunden
All der frohen Hoffnung Seligkeit,   45
Daß die schönste Träume dieser Erden
Hin sind, ewig niemals wahr zu werden,
Hin die Träume von Unsterblichkeit.

Aber weg! in diesem toten Herzen
Bluten meiner armen Stella Schmerzen,   50
Folge! folge mir, Verlassene!
Wie du starr an meinem Grabe stehest
Und um Tod, um Tod zum Himmel flehest!
Stella! komm! es harret dein der Schlummernde.

O an deiner Seite! o so ende,   55
Jammerstand! vielleicht, daß unsre Hände
Die Verwesung ineinander legt!
Da wo keine schwarze Neider spähen
Da wo keine Splitterrichter schmähen
Träumen wir vielleicht, bis die Posaun' uns weckt.   60

Sprechen wird an unserm Leichensteine
Dann der Jüngling – schlummernde Gebeine!

Liebe Tote! schön war euer Los!
Hand in Hand entfloht ihr eurem Kummer,
Heilig ist der langverfolgten Schlummer
In der kühlen Erde mütterlichem Schoß.

Und mit Lilien und mit Rosenhecken
Wird das Mädchen unsern Hügel decken,
Ahndungsvoll an unsern Gräbern stehn,
Zu den Schlummernden hinab sich denken,
Mit gefaltnen Händen niedersinken,
Und um dieser Toten Los zum Himmel flehn.

Und von Vätern, die vorüberwallen
Wird der Segen über uns erschallen –
Ruhet wohl! ihr seid der Ruhe wert!
Gott! wie mags im Tod den Vätern bangen,
Die ein Kind in Quälerhände zwangen,
Ruhet wohl! ihr habt uns Zärtlichkeit gelehrt.«

DER KAMPF DER LEIDENSCHAFT

Ras' ich ewig? noch nicht ausgestritten
Ist der heiße Streit der Leidenschaft?
Hab' ich armer nicht genug gelitten?
Sie ist hin – ist hin – des Kämpfers Kraft.
Engelsauge! immer um mich schweben –
O warum? warum? du liebe Grausame!
Schone! schone! sieh! dies schwache Beben!
Weibertränen weint der Überwundene.

Weibertränen weinen? Weibertränen?
Wirklich? wein' ich wirklich, Zauberin?
Und dies Klopfen, dieses bange Sehnen
Ists um Luzias Umarmungen?
Nein! ich kann nicht! will nicht! diese Tränen
Stieß der Zorn ins Auge, sie vergoß der Grimm;

O! mich schmelzen keine Mädchenmienen,   15
Nur der Freiheit brauste dieses Ungestüm.

Aber wie? dein Stolz hat sich betrogen,
Siehe! Lügen straft die Liebe mich;
Männergröße hat dein Herz gelogen,
Und im schwachen Kampf verkennst du dich.   20
Stolz verschmähst du alle Mädchenherzen,
Weil dir Luzia ihr großes Herz nicht gibt,
Kindisch heuchelst du verbißne Schmerzen
Armer Heuchler! weil dich Luzia nicht liebt.

Weh! sie kann, sie kann mich nimmer lieben,   25
Mir geraubt durch ein tyrannisch Joch,
Nur die Wunde noch ist mir geblieben,
Fühlst dus? Fühlst dus? Weib! die Wunde noch.
Ha! ein Abgrund droht vor meinen Sinnen –
Laß mich! laß mich! todesvolle Leidenschaft!   30
Höllenflamme? wilt du ewig brennen?
Schone! schone! sie ist hin, des Kämpfers Kraft.

HERO

Lange schlummern ruhig all' die Meinen
Stille atmet durch die Mitternacht;
Auf dann! Hero! auf und laß das Weinen!
Dank euch, Götter! Heros Mut erwacht.
Fort ans Meer! ans Meer! es schäume die Welle,   5
Brause der Sturm mir immer ins Angesicht!
Fort ans Meer! ohn' ihn ist alles Hölle –
Liebe ängstet mich arme – Sturm und Welle nicht.

Ruhig will ich da hinüberlauschen
Wo sein Hüttgen über Felsen hängt,   10
Rufen will ichs in der Woge Rauschen,
Wie sein Zaudern seine Hero kränkt.

Ha! da wird er sich mutig von seinem Gestade
Stürzen, Posidaons Kraft ihm Liebe verleihn,
15 Lieb' ihn leiten des Meeres furchtbare Pfade,
Götter! wie wird – wie wird uns wieder sein?
                    sie kommt ans Meer

Aber Himmel! – wie hoch die Wogen schäumen!
So hätt' ich den Sturm mir nicht gedacht.
Weh! wie sie dräuend gegen mein Ufer sich bäumen!
20 Stärkt mich, Götter, in dieser ernsten Nacht! –
Nein! mir banget nicht um Tod und Leben –
Tod und Leben, wie das Schicksal will!
Liebe besieget die Schrecken, die um mich schweben
Schlangengezisch, und Skorpionen, und Löwengebrüll.

25 Jüngling! sieben solche Schreckennächte
Harr' ich deiner, zager Jüngling, schon,
Wenn mein Jüngling meiner Angst gedächte,
O! er spräch' Orkanen und Wogen Hohn.
Oder hätt' er den furchtbaren Eid gebrochen,
30 Spottet er meiner im Arm der Buhlerin –
Ha! so bin ich so leicht, so schön gerochen,
Leicht und schön gerochen – ich sterbe hier um ihn.

Aber weg von mir! du Donnergedanke!
Weg, das flüsterte mir die Hölle zu,
35 Daß mein Jüngling, mein Leander wanke,
Nein! Geliebter! bleibe, bleibe du!
Wann ich dich in diesen Wogen dächte,
Deinen Pfad so schröcklich ungewiß,
Nein! ich will einsam durchirren die Schreckennächte,
40 Dein zu harren, Geliebter, ist ja schon so süß.

Aber horch! – o Himmel! – diese Töne –
Wahrlich! es waren des Sturmes Töne nicht –
Bist dus? – oder spielt die Narrenszene
Täuschend mit mir ein grausames Traumgesicht?

Götter! da ruft es ja wieder Hero! herüber,   45
Flüstert ja wieder die Stimme der Liebe mir her –
Auf! zu ihm, zu ihm in die Wogen hinüber,
Wenn er ermattete – auf dem Geliebten entgegen ins Meer.

Sieh! wie im Tanze, stürz ich zu dir vom Gestade,
Liebe soll mir Posidaons Kraft verleihn,   50
Liebe mich leiten des Meeres furchtbare Pfade –
Götter! Götter! wie wird uns wieder sein!
Kämpfend über den Wogen will ich ihn drücken,
Drücken an Brust und Lippe mit Todesgefahr,
Ha! und sink' ich, so träumet mein Entzücken   55
Noch im Abgrund fort, wie schön die Stunde war.

Aber Götter! was seh' ich? meinem Gestade
Schon so nahe? – Gesiegt! mein Held hat gesiegt!
Siehe! er schwebet verachtend die furchtbare Pfade
Mutig einher vom Meere gefällig gewiegt.   60
freudig Ha! er soll mich suchen – da will ich lauschen
Hinter diesem Felsen – *leise* Götter! wie schön!
Wie die weiße Arme durch die Welle rauschen
Ach! so sehnend, so strebend nach Heros Ufer hin.

Aber Grauen des Orkus! Sterbegewimmer!   65
Grauen des Orkus! dort dem Felsen zu!
Wie? – so kenn ich diese Todentrümmer!
Wehe! wehe also siegtest du? –
Aber weg! ihr höllische Schreckengesichte!
Täuschende Furien! weg! er ist es nicht!   70
So zerschmettern nicht der Götter Gerichte –
          sie hält ihre Leuchte über den Toten hin
Aber dieses Lächeln auf dem Todengesicht –

Kennst dus? Hero! kennst dus? – Nimmer, nimmer
Spricht das tode Lächeln Liebe dir – *sie weint heftig*
Engelsauge! so ist erloschen dein Schimmer –   75
Blicktest einst so heiße Liebe mir.

Jüngling! erwecken dich nicht der Geliebten Tränen?
Nicht die blutige Umarmungen?
Jüngling! Jüngling! diese Todesmienen –
80 Wehe! sie töden mich! wehe! diese Zuckungen.

Und er dacht in seiner Todesstunde,
In der Kämpfe furchtbarstem noch dein –
Hero! stammelt' er noch mit sterbendem Munde –
Und so schröcklich muß sein Ende sein?
85 Ha! und diese Liebe überleben –
Ohne diesen Toden in der Welt –
Weg! vor dem wird Hero nicht erbeben,
Der zu diesem Toden die Einsame gesellt.

Wenig kurze schröckende Sekunden –
90 Und du sinkst an deines Jünglings Brust,
Und du hast ihn auf ewig wiedergefunden
Ewig umlächelt von hoher Elisiumslust – –
Pause
Ha! ich habe gesiegt! an des Orkus Pforte
Anzuklopfen – nein! ich bin nicht zu schwach!
95 Hero! Hero! rief er, Götterworte!
Stärkt mich! stärkt durchs dunkle mich! ich folge nach.

DIE TECK

Ah! so hab' ich noch die Traubenhügel erstiegen
Ehe der leuchtende Strahl an der güldenen Ferne
                                        hinabsinkt.
Und wie wohl ist mir! Ich streck' im stolzen Gefühle –
Als umschlänge mein Arm das Unendliche – auf zu den
                                        Wolken
5 Meine gefaltete Hände, zu danken im edlen Gefühle
Daß er ein Herz mir gab, dem Schaffer der edlen Gefühle.
Mich mit den frohen zu freuen, zu schauen den
                                        herbstlichen Jubel,

Wie sie die köstliche Traube mit heiterstaunendem Blicke
Über sich halten, und lange noch zaudern, die glänzende
            Beere
In des Kelterers Hände zu geben – wie der gerührte   10
Silberlockigte Greis an der abgeernteten Rebe
Königlich froh zum herbstlichen Mahle sich setzt mit
            den Kleinen
O! und zu ihnen spricht aus der Fülle des dankenden
            Herzens
Kinder! am Segen des Herrn ist alles, alles gelegen – –
Mich mit den frohen zu freuen, zu schauen den
            herbstlichen Jubel   15
War ich herauf von den Hütten der gastlichen
            Freundschaft gegangen.
Aber siehe! allmächtig reißen mich hin in ernste
            Bewundrung
Gegenüber die waldichte Riesengebirge. – Laß mich
            vergessen
Laß mich deine Lust, du falbigte Rebe, vergessen,
Daß ich mit voller Seele sie schaue die Riesengebirge!   20
Ha! wie jenes so königlich über die Brüder emporragt!
Tek ist sein Name. Da klangen einst Harnische,
            Schwerder ertönten
Zwischen den moosigten Mauren der Fürsten und
            blinkende Helme.
Eisern waren und groß und bieder seine Bewohner.
Mit dem kommenden Tag stand über den moosigten
            Mauren   25
In der ehernen Rüstung der Fürst, sein Gebirge zu schauen.
Mein dies Riesengebirge – so stolz – so königlich
            herrlich –?
Sprach er mit ernsterer Stirne, mit hohem, denkendem
            Auge –
Mein die trotzende Felsen? die tausendjährige Eichen?
Ha! und ich? – und ich? – bald wäre mein Harnisch gerostet   30
O! der Schande! mein Harnisch gerostet in diesem Gebirge.
Aber ich schwör' – ich schwör', ich meide mein
            Riesengebirge,

Fliehe mein Weib, verlasse das blaue redliche Auge,
Bis ich dreimal gesiegt im Kampfe des Bluts und der Ehre.
35 Trage mich mein Roß zu deutscher stattlicher Fehde
Oder wider der Christenfeinde wütende Säbel –
Bis ich dreimal gesiegt, verlass' ich das stolze Gebirge.
Unerträglich! stärker als ich, die trotzende Felsen,
Ewiger, als mein Name, die tausendjährige Eichen!
40 Bis ich dreimal gesiegt, verlass' ich das stolze Gebirge.
Und er ging und schlug, der feurige Fürst des Gebirges.
Ja! so erheben die Seele, so reißen sie hin in Bewundrung
Diese felsigte Mitternachtswälder, so allerschütternd
Ist sie, die Stunde, da ganz es fühlen, dem Herzen
                                        vergönnt ist. –
45 Bringet ihn her, den frechen Spötter der heilsamen
                                        Wahrheit,
O! und kommet die Stunde, wie wird er staunen, und
                                        sprechen:
Wahrlich! ein Gott, ein Gott hat dieses Gebirge geschaffen.
Bringet sie her, des Auslands häßlich gekünstelte Affen
Bringet sie her, die hirnlos hüpfende Puppen, zu schauen ·
50 Dieses Riesengebirge so einfach schön, so erhaben;
O und kommet die Stunde, wie werden die Knaben
                                        erröten,
Daß sie Gottes herrlichstes Werk so elend verzerren. –
Bringet sie her der deutschen Biedersitte Verächter,
Übernachtet mit ihnen, wo Moder und Disteln die graue
55 Trümmer der fürstlichen Mauern, der stolzen Pforten
                                        bedecken,
Wo der Eule Geheul, und des Uhus Totengewimmer
Ihnen entgegenruft aus schwarzen, sumpfigten Höhlen.
Wehe! wehe! so flüstern im Sturme die Geister der Vorzeit
Ausgetilget aus Suevia redliche biedere Sitte!
60 Ritterwort, und Rittergruß, und traulicher Handschlag! –
Laßt euch mahnen, Suevias Söhne! Die Trümmer der
                                        Vorzeit!
Laßt sie euch mahnen! Einst standen sie hoch, die
                                        gefallene Trümmer,

Aber ausgetilget ward der trauliche Handschlag,
Ausgetilget das eiserne Wort, da sanken sie gerne,
Gerne hin in den Staub, zu beweinen Suevias Söhne.   65
Laßt sie euch mahnen, Suevias Söhne! die Trümmer der
                                    Vorzeit!
Beben werden sie dann der Biedersitte Verächter,
Und noch lange sie seufzen, die fallverkündende Worte –
Ausgetilget aus Suevia redliche biedere Sitte!
Aber nein! nicht ausgetilget ist biedere Sitte   70
Nicht ganz ausgetilget aus Suevias friedlichen Landen – –
O mein Tal! mein Teckbenachbartes Tal! – ich verlasse
Mein Gebirge, zu schauen im Tale die Hütten der
                                    Freundschaft.
Wie sie von Linden umkränzt bescheiden die rauchende
                                    Dächer
Aus den Fluren erheben, die Hütten der biederen
                                    Freundschaft.   75
O ihr, die ihr fern und nahe mich liebet, Geliebte!
Wär't ihr um mich, ich drückte so warm euch die
                                    Hände, Geliebte!
Jetzt, o! jetzt über all' den Lieblichkeiten des Abends.
Schellend kehren zurück von schattigten Triften die
                                    Herden,
Und fürs dritte Gras der Wiesen, im Herbste noch
                                    fruchtbar,   80
Schneidend geklopfet ertönt des Mähers blinkende Sense.
Traulich summen benachbarte Abendglocken zusammen,
Und es spielet der fröhliche Junge dem lauschenden
                                    Mädchen
Zwischen den Lippen mit Birnbaumblättern ein
                                    scherzendes Liedchen.
Hütten der Freundschaft, der Segen des Herrn sei über
                                    euch allen!   85
Aber indessen hat mein hehres Riesengebirge
Sein gepriesenes Haupt in nächtliche Nebel verhüllet,
Und ich kehre zurück in die Hütten der biederen
                                    Freundschaft.

AM TAGE
DER FREUNDSCHAFTSFEIER

Ihr Freunde! mein Wunsch ist Helden zu singen,
Meiner Harfe erster Laut,
Glaubt es, ihr Freunde!
Durchschleich' ich schon so stille mein Tal,
5   Flammt schon mein Auge nicht feuriger,
Meiner Harfe erster Laut
War Kriegergeschrei und Schlachtengetümmel.

Ich sah, Brüder! ich sah
Im Schlachtengetümmel das Roß
10 Auf röchelnden Leichnamen stolpern,
Und zucken am sprudelnden Rumpf
Den grausen gespaltenen Schädel,
Und blitzen und treffen das rauchende Schwert,
Und dampfen und schmettern die Donnergeschütze,
15 Und Reuter hin auf Lanzen gebeugt
Mit grimmiger Miene Reuter sich stürzen
Und unbeweglich, wie eherne Mauren
Mit furchtbarer Stille
Und Todverhöhnender Ruhe
20 Den Reutern entgegen sich strecken die Lanzen.

Ich sah, Brüder! ich sah
Des kriegrischen Suezias eiserne Söhne
Geschlagen von Pultawas wütender Schlacht.
Kein wehe! sprachen die Krieger,
25 Von den blutiggebißnen Lippen
Ertönte kein Lebewohl –
Verstummet standen sie da
In wilder Verzweiflung da
Und blickten es an das rauchende Schwert
30 Und schwangen es höher das rauchende Schwert,
Und zielten – und zielten –

Und stießen es sich bitterlächelnd
In die wilde brausende Brust.

Noch vieles will ich sehen,
Ha! vieles noch! vieles noch!   35
Noch sehen Gustavs Schwertschlag
Noch sehen Eugenius' Siegerfaust.
Doch möcht ich, Brüder! zuvor
In euren Armen ausruh'n,
Dann schweb' ich wieder mutiger auf,   40
Zu sehen Gustavs Schwertschlag,
Zu sehen Eugenius' Siegerfaust.

Willkommen, du! –
Und du! – Willkommen!
Wir drei sinds?   45
Nun! so schließet die Halle.
Ihr staunt, mit Rosen bestreut
Die Tische zu sehen, und Weihrauch
Am Fenster dampfend,
Und meine Laren –   50
Den Schatten meiner Stella,
Und Klopstocks Bild und Wielands, –
Mit Blumen umhängt zu sehen.

Ich wollt' in meiner Halle Chöre versammeln
Von singenden rosichten Mädchen   55
Und kränzetragenden blühenden Knaben,
Und euch empfangen mit Saitenspiel,
Und Flötenklang, und Hörnern, und Hoboën.

Doch – schwur ich nicht, ihr Freunde
Am Mahle bei unsers Fürsten Fest,   60
Nur Einen Tag mit Saitenspiel
Und Flötenklang, und Hörnern und Hoboën,
Mit Chören von singenden rosichten Mädchen,
Und kränzetragenden blühenden Knaben
Nur Einen Tag zu feiern?   65

Den Tag, an dem ein Weiser
Und biedere Jünglinge,
Und deutsche Mädchen
Zu meiner Harfe sprächen,
70   Du tönst uns Harfe lieblich ins Ohr,
Und hauchst uns Edelmut,
Und hauchst uns Sanftmut in die Seele.

Aber heute, Brüder!
O, kommt in meine Arme!
75   Wir feiern das Fest
Der Freundschaft heute.

Als jüngst zum erstenmal wieder
Der Mäher des Morgens die Wiese
Entkleidete, und der Heugeruch
80   Jetzt wieder zum erstenmal
Durchdüftete mein Tal:

Da war es Brüder!
O da war es!
Da schlossen wir unsern Bund
85   Den schönen, seligen, ewigen Bund.

Ihr hörtet so oft mich sprechen,
Wie lang' es mir werde
Bei diesem Geschlechte zu wohnen,
Ihr sahet den Lebensmüden
90   In den Stunden seiner Klage so oft.

Da stürmt' ich hinaus in den Sturm
Da sah' ich aus der vorüberjagenden Wolke
Die Helden der eisernen Tage herunterschau'n.
Da rief' ich den Namen der Helden
95   In des hohlen Felsen finstres Geklüft,
Und siehe! der Helden Namen
Rief ernster mir zurück
Des hohlen Felsen finstres Geklüft.

Da stolpert' ich hin auf dornigten Trümmern
Und drang durchs Schlehengebüsch in den alternden Turm 100
Und lehnte mich hin an die schwärzliche Wände
Und sprach mit schwärmendem Auge an ihm hinauf:

Ihr Reste der Vorzeit!
Euch hat ein nervigter Arm gebaut,
Sonst hätte der Sturm die Wände gespalten 105
Der Winter den moosigten Wipfel gebeugt;
Da sollten Greise um sich
Die Knaben und Mädchen versammlen
Und küssen die moosigte Schwelle,
Und sprechen – seid wie eure Väter! 110
Aber an euren steinernen Wänden
Rauschet dorrendes Gras herab,
In euren Wölbungen hangt
Zerrißnes Spinnengewebe –
Warum, ihr Reste der Vorzeit 115
Den Fäusten des Sturmes trotzen, den Zähnen des Winters.

O Brüder! Brüder!
Da weinte der Schwärmer blutige Tränen,
Auf die Disteln des Turmes,
Daß er vielleicht noch lange 120
Verweilen müsse unter diesem Geschlechte,
Da sah' er all' die Schande
Der weichlichen Teutonssöhne,
Und fluchte dem verderblichen Ausland,
Und fluchte den verdorbnen Affen des Auslands, 125
Und weinte blutige Tränen,
Daß er vielleicht noch lange
Verweilen müsse unter diesem Geschlechte.

Doch siehe es kam
Der selige Tag – 130
O Brüder in meine Arme! –
O Brüder, da schlossen wir unsern Bund,
Den schönen, seligen, ewigen Bund.

Da fand ich Herzen, –
135 Brüder in meine Arme! –
Da fand ich eure Herzen.

Jetzt wohn' ich gerne
Unter diesem Geschlechte,
Jetzt werde der Toren
140 Immer mehr! immer mehr!
Ich habe eure Herzen.

Und nun – ich dachte bei mir
An jenem Tage,
Wann zum erstenmal wieder
145 Des Schnitters Sichel
Durch die goldene Ähren rauscht;
So feir' ich ihn, den seligen Tag.

Und nun – es rauschet zum erstenmal wieder
Des Schnitters Sichel durch die goldene Saat,
150 Jetzt laßt uns feiern,
Laßt uns feiern
In meiner Halle den seligen Tag.

Es warten jetzt in euren Armen
Der Freuden so viel' auf mich,
155 O Brüder! Brüder!
Der edlen Freuden so viel.

Und hab' ich dann ausgeruht
In euren Armen,
So schweb' ich mutiger auf,
160 Zu schauen Gustavs Schwertschlag
Zu schauen Eugenius' Siegerfaust.

AN LOUISE NAST

Laß sie drohen die Stürme, die Leiden
  Laß trennen – der Trennung Jahre
    Sie trennen uns nicht!
      Sie trennen uns nicht!
Denn mein bist du! Und über das Grab hinaus   5
  Soll sie dauern die unzertrennbare Liebe.

O! wenn's einst da ist
  Das große selige Jenseits
    Wo die Krone dem leidenden Pilger
      Die Palme dem Sieger blinkt   10
Dann Freundin – lohnet auch Freundschaft –
  Auch Freundschaft – der Ewige.

GEDICHTE
1788-1793

MÄNNERJUBEL

Erhabne Tochter Gottes! Gerechtigkeit,
  Die du den Dreimalheilgen von Anbeginn
    Umstrahltest, und umstrahlen wirst am
      Tage der ernsten Gerichtsposaune.

Und du, o Freiheit! heiliger Überrest   5
  Aus Edens Tagen! Perle der Redlichen!
    In deren Halle sich der Völker
      Kronen begrüßen, und Taten schwören.

Und du, der Geisterkräfte gewaltigste!
  Du löwenstolze! Liebe des Vaterlands!   10
    Die du auf Mordgerüsten lächelst,
      Und in dem Blute gewälzt, noch siegest.

Wer wagts, zu türmen Riesengebirge sich,
  Zu schau'n den Anfang eurer Erhabenheit?
    Wer gründt der Tiefen tiefste aus, nach   15
      Euch sich zu beugen vor euch, Erhabne?

Und wir – o tönet, tönet den Jubel nach,
  Ihr ferne Glanzgefilde des Uranus!
    O beugt euch nieder, Orione!
      Beugt euch! wir sind der Erhabnen Söhne.   20

Es glimmt in uns ein Funke der Göttlichen;
  Und diesen Funken soll aus der Männerbrust
    Der Hölle Macht uns nicht entreißen!
      Hört es, Despotengerichte, hört es!

25   Ihn senkte seine Welt zu verherrlichen
        Der Gott der Götter Adams Geschlecht ins Herz,
        Des preisen wir den Gott der Götter!
            Hört es, ihr Knechte des Lügners, hört es!

      Was überwiegt die Wonne, der Herrlichen,
30   Der Töchter Gottes würdiger Sohn zu sein?
        Den Stolz, in ihrem Heiligtum zu
            Wandeln, zu dulden um ihretwillen?

      Und lärmten gleich dem hadernden Ozean
        Despotenflüche geifernd auf uns herab,
35   Vergiftete das Schnauben ihrer
            Rache, wie Syrias Abendlüfte –

      Und dräute tausendarmigter Pöbel, uns
        Zu würgen, tausendzüngigte Pfaffenwut
        Mit Bann den Neuerern; es lachen
40   Ihrer die Söhne der Töchter Gottes.

      Und würden unsre Kinder vom Schwert verfolgt,
        Zu heulen über uns in der Finsternis
        Des Wolfs, und mit dem Löwen seine
            Beute zu teilen, bei Kannibalen

45   Sich Väter, und im Sande von Afrika
        Das Gastrecht aufzusuchen, sie dulden gern,
        Verlachen eure Blutgerüste,
            Folgen den Vätern zu Schwert und Folter.

      Drum tönet, tönet, tönet den Jubel nach
50   Ihr ferne Glanzgefilde des Uranus,
        Drum beugt euch nieder, Orione!
            Beugt euch! wir sind der Erhabnen Söhne.

DIE BÜCHER DER ZEITEN

Herr! Herr!
   Unterwunden hab' ich mich,
      Zu singen dir
         Bebenden Lobgesang.

Dort oben
   In all der Himmel höchstem Himmel,
      Hoch über dem Siriusstern,
         Hoch über Uranus Scheitel,

Wo von Anbeginn
   Wandelte der heilige Seraph
      Mit feirender, erbebender Anbetung
         Ums Heiligtum des Unnennbaren.

Da steht im Heiligtum ein Buch
   Und im Buche geschrieben
      All die Millionenreihen
         Menschentage –

Da steht geschrieben –
   Länderverwüstung und Völkerverheerung,
   Und feindliches Kriegergemetzel,
   Und würgende Könige –
   Mit Ross' und Wagen,
   Und Reuter und Waffen,
   Und Szepter um sich her;
   Und giftge Tyrannen,
   Mit grimmigem Stachel,
   Tief in der Unschuld Herz.
   Und schröckliche Fluten
   Verschlingend die Frommen,
   Verschlingend die Sünder,
   Zerreißend die Häuser

Der Frommen, der Sünder.
Und fressende Feuer –
Paläste und Türme
Mit ehernen Toren,
35   Gigantischen Mauern
Zernichtend im Augenblick.
Geöffnete Erden
Mit schwefelndem Rachen
Ins rauchende Dunkel
40   Den Vater, die Kinder,
Die Mutter, den Säugling,
In Wehegeröchel
Und Sterbegewinsel
Hinuntergurgelnd. –.

45   Da steht geschrieben
Vatermord! Brudermord!
Säuglinge blaugewürgt!
Greulich! Greulich!
Um ein Linsengericht
50   Därmzerfressendes Gift
Dem guten, sicheren Freund gemischt. –.
Hohlaugigte Krüppel
Ihrer Onansschande
Teuflische Opfer–.
55   Kannibalen
Von Menschenbraten gemästet –
Nagend an Menschengebein,
Aus Menschenschädel saufend
Rauchendes Menschenblut.
60   Wütendes Schmerzgeschrei
Der Geschlachteten über dem
Bauchzerschlitzenden Messer.
Des Feindes Jauchzen
Über dem Wohlgeruch,
65   Welcher warm dampft
Aus dem Eingeweid. –.

Da steht geschrieben –
　　Die Verzweiflung schwarz
　　Am Strick um Mitternacht
　　Noch im quälenden Lebenskampf　　　　　70
　　Die Seel – am höllenahenden Augenblick.

Da steht geschrieben –
　　Der Vater verlassend
　　Weib und Kind im Hunger,
　　Zustürzend im Taumel　　　　　75
　　Dem lockenden süßlichen Lasterarm. –.
　　Im Staub das Verdienst
　　Zurück von der Ehre
　　Ins Elend gestoßen
　　Vom Betrüger –　　　　　80
　　Im Lumpengewand
　　Einher der Wanderer
　　Bettelnahrung zu suchen
　　Dem zerstümmelten Gliederbau.

Da steht geschrieben　　　　　85
　　Des heitern, rosigen Mädchens
　　Grabenaher Fieberkampf;
　　Der Mutter Händeringen,
　　Des donnergerührten Jünglings
　　Wilde stumme Betäubung.　　　　　90
　　　　Eine Pause im Gefühl.

Furchtbarer, Furchtbarer!
　　Das all, all im Buche geschrieben
　　　Furchtbarer, Furchtbarer!

Ha die Greuel des Erdgeschlechts!
　　Richter! Richter!　　　　　95
　　　Warum vertilgt mit dem Flammenschwert
　　　All die Greuel von der Erde
　　　Der Todesengel nicht?

Gerechter sieh die Gerichte
    Treffen den Frommen den Sünder
      Die Fluten die Feuer
       Die Erdegerichte all'.

Aber sieh ich schweige –
    Das sei dir Lobgesang!
      Du, der du lenkst
       Mit weiser weiser Allmachtshand
       Das bunte Zeitengewimmel.
       Wieder eine Pause

Hallelujah, Hallelujah,
    Der da denkt
      Das bunte Zeitengewimmel
      Ist Liebe!!!
       Hörs Himmel und Erde!
       Unbegreiflich Liebe!

Es steht im Heiligtum ein Buch
    Und im Buche geschrieben
      All die Millionenreihen
      Menschentage –

Da steht geschrieben
    Jesus Christus Kreuzestod!
    Des Sohnes Gottes Kreuzestod!
    Des Lamms auf dem Throne Kreuzestod!
    Selig zu machen alle Welt,
    Engelswonne zu geben
    Seinen Glaubigen. –.
    Der Seraphim, Cherubim
    Staunende Still
    Weit in den Himmelsgefilden umher –
    Des Harfenklangs Verstummen,
    Kaum atmend der Strom ums Heiligtum.
    Anbetung – Anbetung –

Über des Sohnes Werk
Welcher erlöst
Ein gefallen Greuelgeschlecht.

Da steht geschrieben –
 Der gestorben ist,   135
 Jesus Christus,
 Abschüttelnd im Felsen den Tod!
 Heraus in der Gotteskraft Allgewalt!
 Und lebend – lebend –
 Zu rufen dereinst dem Staub;   140
 Kommet wieder, Menschenkinder!
 Jetzt tönt die Posaun'
 Ins unabsehliche Menschengewimmel
 Zum Richtstuhl hinan! Zum Richtstuhl!
 Zum Lohn, der aufstellt   145
 Der Gerechtigkeit Gleichgewicht!

  Jammerst du jetzt noch, Frommer?
  Unter der Menschheit Druck?
  Und, Spötter, spottest du
  In tanzenden Freuden   150
  Noch des furchtbarn Richtstuhls?

Da steht geschrieben –
 Menschliches Riesenwerk
 Stattlich einherzugehn
 Auf Meerestiefen!   155
 Ozeanswanderer! Stürmebezwinger!
 Schnell mit der Winde Fron
 Niegesehene Meere
 Ferne von Menschen und Land
 Mit stolzen brausenden Segeln 160
 Und schaurlichen Masten durchkreuzend.
 Leviathanserleger
 Lachend des Eisgebürgs
 Weltenentdecker
 Niegedacht von Anbeginn.   165

Da steht geschrieben –
Völkersegen,
Brots die Fülle,
Lustgefilde
170   Überall –
Allweit Freude
Niederströmend
Von der guten
Fürstenhand.

AN DIE VOLLENDUNG

Vollendung! Vollendung! –
O du der Geister heiliges Ziel!
Wann werd ich siegestrunken
Dich umfahen und ewig ruhn?

5   Und frei und groß
Entgegenlächeln der Heerschar
Die zahllos aus den Welten
In den Schoß dir strömt?

Ach ferne, ferne von dir!
10   Mein göttlichster schönster Gedanke
War, wie der Welten
Fernstes Ende, ferne von dir!

Und fleugt auf des Sturmes Flügeln
Äonen lang die Liebe dir zu,
15   Noch schmachtet sie ferne von dir,
Ach! ferne ferne von dir!

Doch kühner gewaltiger
Unaufhaltbarer immer
Fleugt durch Myriaden Äonen
20   Dir zu die glühende Liebe.

Voll hoher Einfalt
Einfältig still und groß
Rangen des Siegs gewiß
Rangen dir zu die Väter.

Ihre Hülle verschlang die Zeit   25
Verwest, zerstreut ist der Staub
Doch rang des Sieges gewiß
Der Funke Gottes, ihr Geist dir zu.

Sind sie eingegangen zu dir
Die da lebten im Anbeginn?   30
Ruhen, ruhen sie nun
Die frommen Väter?

Vollendung! Vollendung!
Der Geister heiliges Ziel!
Wann werd ich siegestrunken   35
Dich umfahen und ewig ruhn?

DIE HEILIGE BAHN

Ist also dies die heilige Bahn?
    Herrlicher Blick – o trüge mich nicht!
        Diese geh' ich?? schwebend auf des Liedes
            Hoher fliegender Morgenwolke?

Und welch' ist jene? künstlich gebaut   5
    Eben hinaus mit Marmor beschränkt
        Prächtig gerad, gleich den Sonnenstrahlen –
            An der Pforte ein hoher Richtstuhl?

Ha! wie den Richtstuhl Purpur umfließt
    Und der Smaragd wie blendend er glänzt   10
        Und auf dem Stuhl, mit dem großen Szepter
            Aristoteles hinwärts blickend

Mit hellem scharfem Aug' auf des Lieds
Feurigen Lauf – und jenes Gebirg'
15   Eilt sie hinweg – mutig in die Täler
Stürzt sie, ungestüm, und ihr Boden

Ist wie des Nordens Flammengewölk
Wallend vom Tritt des rennenden Gangs –
Waffengeräusch rauschen seine Tritte
20   Über alternde Wolkenfelsen.

Ha! sie ist heiß die heilige Bahn –
Ach wie geübt der Große dort rennt
Um ihn herum – wie da Staunen wimmelt
Freunde – Vaterland – fernes Ausland.

25   Und ich um ihn mit Mückengesums
Niedrig – im Staub – Nein Großer, das nicht.
Mutig hinan! –! – Wanns nun da ist, voll ist

KEPPLER

Unter den Sternen ergehet sich
Mein Geist, die Gefilde des Uranus
Überhin schwebt er und sinnt; einsam ist
Und gewagt, ehernen Tritt heischet die Bahn.

5   Wandle mit Kraft, wie der Held, einher!
Erhebe die Miene! doch nicht zu stolz,
Denn es naht, siehe es naht, hoch herab
Vom Gefild, wo der Triumph jubelt, der Mann,

Welcher den Denker in Albion,
10   Den Späher des Himmels um Mitternacht
Ins Gefild tiefern Beschauns leitete,
Und voran leuchtend sich wagt' ins Labyrinth,

Daß der erhabenen Themse Stolz
  Im Geiste sich beugend vor seinem Grab,
    Ins Gefild würdigern Lohns nach ihm rief: 15
      »Du begannst, Suevias Sohn! wo es dem Blick

Aller Jahrtausende schwindelte;
  Und ha! ich vollende, was du begannst,
    Denn voran leuchtetest du, Herrlicher!
      Im Labyrinth, Strahlen beschwurst du in die Nacht. 20

Möge verzehren des Lebens Mark
  Die Flamm' in der Brust − ich ereile dich,
    Ich vollends! denn sie ist groß, ernst und groß,
      Deine Bahn, höhnet des Golds, lohnet sich selbst.«

Wonne Walhallas! und ihn gebar   25
  Mein Vaterland? ihn, den die Themse pries?
    Der zuerst ins Labyrinth Strahlen schuf,
      Und den Pfad, hin an dem Pol, wies dem Gestirn.

Heklas Gedonner vergäß' ich so,
  Und, ging' ich auf Ottern, ich bebte nicht   30
    In dem Stolz, daß er aus dir, Suevia!
      Sich erhub, unser der Dank Albions ist.

Mutter der Redlichen! Suevia!
  Du stille! dir jauchzen Äonen zu,
    Du erzogst Männer des Lichts ohne Zahl,   35
      Des Geschlechts Mund, das da kommt, huldiget
                         dir.

AN THILLS GRAB

Der Leichenreihen wandelte still hinan,
  Und Fackelnschimmer schien' auf des Teuren Sarg,
    Und du, geliebte gute Mutter!
      Schautest entseelt aus der Jammerhütte,

₅ Als ich ein schwacher stammelnder Knabe noch,
     O Vater! lieber Seliger! dich verlor,
          Da fühlt' ichs nicht, was du mir warst, doch
               Mißte dich bald der verlaßne Waise.

So weint' ich leisen Knabengefühles schon,
₁₀   Der Wehmut Träne über dein traurig Los,
          Doch jetzt, o Thill! jetzt fühl' ichs ernster,
               Schmerzender jetzt über deinem Hügel,

Was hier im Grab den Redlichen Suevias
     Verwest, den himmelnahenden Einsamen.
₁₅   Und, o mein Thill! du ließst sie Waisen?
               Eiltest so frühe dahin, du guter?

Ihr stille Schatten seines Holunderbaums!
     Verbergt mich, daß kein Spötter die Tränen sieht
          Und lacht, wann ich geschmiegt an seinen
₂₀   Hügel die bebenden Wangen trockne.

O wohl dir! wohl dir, guter! du schläfst so sanft
     Im stillen Schatten deines Holunderbaums.
          Dein Monument ist er, und deine
               Lieder bewahren des Dorfes Greisen.

₂₅ O daß auch mich dein Hügel umschattete,
     Und Hand in Hand wir schliefen, bis Ernte wird,
          Da schielten keine Vorurteile,
               Lachte kein Affe des stillen Pilgers.

O Thill! Ich zage, denn er ist dornenvoll,
₃₀   Und noch so fern der Pfad zur Vollkommenheit;
          Die Starken beugen ja ihr Haupt, wie
               Mag ihn erkämpfen der schwache Jüngling?

Doch nein! ich wag's! es streitet zur Seite ja
     Ein felsentreuer, mutiger Bruder mir.

O freut euch, selige Gebeine!   35
Über dem Namen! Es ist – mein Neuffer.

GUSTAV ADOLF

Kommt, ihr Kinder von Teut!
Ihr Kinder von Teut! zum Tale der Schlacht
Entblößet die Häupter, ihr Kinder von Teut!
Und schauet nieder mit heiligem Blick!
Denn hier – hier starb der Mann,   5
Des Taten die Lande sah'n,
Und ihren Felsen geboten
Zu beugen die Scheitel den Taten des Manns
Und ihren Hügeln geboten
Zu beugen ihr Haupt den Taten des Manns;   10
Des Taten die Meere sah'n,
Und Wogen türmten,
Und Stürme beriefen
Zu donnern ein Lob den Taten des Manns;
Entblößet die Häupter, ihr Kinder von Teut!   15
Denn hier – hier starb der Mann,
Des Name, wann einst
Des Ozeans Inseln sich küssen,
Und Kolumbens Welt Lusitanias Küsten umarmt,
Von fernen Völkern gepriesen,   20
Von fremden Zungen genannt,
Am heiligen Denkmal, im Herzen der Edlen
Noch ewig, wie Gottes Gestirne steht,
Entblößet die Häupter, ihr Kinder von Teut!
Und schauet nieder mit heiligem Blick!   25
Denn hier – starb – Gustav.

Es lärmt im Tale die Schlacht
Die Siege zu krönen, die blutige Schlacht,
Und Heldenknie sanken, und Felsenherzen erbebten
Vor Gustav Adolfs Schwert,   30

Und Blut der Räuber floß,
Und Blut der Witwenmörder,
Und Blut der Schänder der Freiheit floß,
Und hinan im Blute der Räuber hinan
35 Stürzt', als ein Racheblitz des Rächers,
Mit seinen Treuen Gustav hinan.
Er gedachte seiner Taten,
Da flammte sein Auge von Götterlust,
Seiner Taten vor Gott,
40 Und Himmelsruhe verklärte sein Angesicht
Und hinan, in seiner Himmelsruhe
Stürzt' an der Spitze der Treuen Gustav hinan –
Doch wehe! unter den Treuen
Lauscht' ein Verräter;
45 Er dachte – der Verräter – den Höllengedanken,
Und – Gustav – sank.

Ha! Verräter! Verräter!
Daß in der Todesstunde dein Weib dich verdamme,
Und wehe! über dich rufen deine Söhne,
50 Und deine Enkel die Tat ins Ohr dir heulen,
Bis deine Blicke erstarren im Grauen des Meuchelmords,
Und deine Seele flieht vor den Schrecken der Ewigkeit.

Wir wollten segnen
In deinem Tale, du Herrlicher!
55 Und schänden die heilige Stätte mit Fluch?
O Gustav! Gustav! vergib,
Vergib den Eifer der Deinen,
Und neige dich freundlich herab vom Gefilde des Lohns,
Zu den Stimmen des dankenden Lobgesangs.

60 Dank dem Retter der Freiheit!
Dem Richter der Witwenmörder!
Dank dem Sieger bei Lipsia!
Dank dem Sieger am Lechus!
Dank dem Sieger im Todestal!

Dank und Ruhm dem Bruder des Schwachen,   65
Dem gnadelächelnden Sieger!
Dank und Ruhm dem Erwäger des Rechts,
Dem Feind des Erobrers, dem Hasser des Stolzen,
Dem weichen Weiner an Tillys Grab!
Dank und Ruhm und Heil dem Schützer des Frommen,   70
Dem Trockner der Märtyrerstränen,
Dem Steurer der Pfaffenwut – –

O Gustav! Gustav!
Es verstummt der Segen der Deinen,
Der Segen des Ewigen lohnet dich nur,   75
Der donnernde Jubel des Weltgerichts.

ENDE EINER GEDICHTFOLGE
AUF GUSTAV ADOLF

Erscholl von jeder Heide, jedem Hügel
Das Schreckengelärm gewappneter Wütriche her.
Doch wenig Stunden sann um Mitternacht der Held
Vollbrachte mit stürmender Hand, was er sann am
                                        geflügelten Tag,
Und ha! wo war er nun der Fremdlinge Grimm?   5
Die Racheblicke, wie so bange rollten sie?
Der Rosse Schnauben hatt' in Röcheln sich gewandelt,
Zerrissen moderten im Blut des Flüchtlings
Die güldenen Paniere, Raben krächzten
Im leichenvollen Hinterhalt, und Angstgeheul   10
Erscholl von jeder Heide, jedem Hügel.
Verschlungen hatte sie der größre Strom.

Der Tag des Weltgerichts – auch er! auch er!
Wird zeugen einst im Angesicht der Völker.
So spricht Jehovah: herrlich sei dein Lohn!   15
Sie schändeten zum blutbefleckten Greu'l
Die Fahne meines Reichs – die Lehre meines Mundes

Zur Menschenwürgerin, zur Brudermörderin.
Mit Henkersfäusten trieben sie vom Vaterland
Die Kinder meines Luthers, die das Joch des Wahns
Vom Nacken schüttelten, in Todeswüsten hin.
Da trocknet' ihre Tränen Gustav ab,
Der Fromme baute Häuser meinen Irrenden.
Dein Lohn sei herrlich! du Gesegneter!
So spricht Jehovah, und die Myriaden
Versammleter erheben ihre Häupter
Und breiten ihre Arme gegen Gustav aus,
Und jubeln: Amen! herrlich ist sein Lohn.

O Gustav! Gustav! hast du dein Ohr geneigt
   Den Zeugen deiner Größe – du herrlicher!
     Und zürnst du nicht, und lächelst du im
       Arme der Helden zu uns herunter?

Verzeih, du Liebling Gottes! ich liebe dich! –
   Wann Donner rollen über mein trautes Tal,
     So denk' ich dein, und wenn der Obstbaum
       Freundlich den Apfel herunterreichet

So nenn' ich deinen Namen. Denn ringsum sieht
   Ein Denkmal deiner Taten mein staunend Aug'.
     Und ha! wie wird dies Auge staunen,
       Führet mich förder hinauf zum Tempel,

Zum höchsten Tempel seiner Erhabenheit
   Mit wolkenlosem Mut die Begeisterung –
     Hinauf, wo es dem Tändler schwindelt,
       Wo der gebrechliche nie hinanklimmt!

Umdonnert, Meereswogen! die einsame
   Gewagte Bahn! euch bebet die Saite nicht!
     Ertürmt euch, Felsen! ihr ermüdet
       Nicht den geflügelten Fuß des Sängers.

Nur daß ich nie der ernsten Bewundrung Lied
Mit Tand entweihe – ferne von Gleisnerslob! 50
Und seiner gottgesandten Taten
Keine vergesse – denn dies ist Lästrung!

SCHWABENS MÄGDELEIN

So lieb, wie Schwabens Mägdelein
Gibts keine weit und breit
Die Engel in dem Himmel freu'n
Sich ihrer Herzlichkeit.

Mir war noch immer wohl zu Sinn 5
So lang' ich bei ihr war
Bei meiner Herzenskönigin
Im blonden Lockenhaar.

Sie blickt des lieben Herrgotts Welt
So traut so freundlich an 10
Und geht gerad und unverstellt
Den Lebensweg hinan.

Die Blumen wachsen sichtbarlich
Wenn sie das Land begießt
Es beuget Birk' und Erle sich 15
Wenn sie den Hain begrüßt.

Entgegen hüpft ihr jedes Kind
Und schmiegt sich traulich an
Die Mütter in dem Dorfe sind
Ihr sonders zugetan. 20

Es freun sich alle, fern und nah,
Die meine Holdin sehn
Du lieber Gott! wie sollt ich da
Die süße Minne schmähn.

25   Nicht minder lob ich alle mir
Die Schwabenmägdelein
Und tracht im Herzen für und für
Mich ihrer Gunst zu freun.

Und zieh' ich einst um Ruhmsgewinn
30 In Helm und Harnisch aus —
Kommt ihr, ihr Lieben, mir in Sinn,
Stracks kehrt der Held nach Haus.

Und trauft mir einst von Honigseim
Das Land Arabia,
35 So ruft: Herr Schwabe, komm er heim!
Flugs bin ich wieder da.

Wes Herz die Holden nicht verehrt
Der höre meinen Hohn
Er ist des Vaterlands nicht wert,
40 Er ist kein Schwabensohn.

Er schmähe mir die Minne nicht
Die Minne treu und rein;
Es spricht der Tor: die Rose sticht
Laß Rose Rose sein.

ZORNIGE SEHNSUCHT

Ich duld' es nimmer! ewig und ewig so
   Die Knabenschritte, wie ein Gekerkerter
     Die kurzen vorgemeßnen Schritte
        Täglich zu wandeln, ich duld es nimmer!

5 Ists Menschenlos — ists meines? ich trag es nicht
   Mich reizt der Lorbeer, — Ruhe beglückt mich nicht
     Gefahren zeugen Männerkräfte
        Leiden erheben die Brust des Jünglings.

Was bin ich dir, was bin ich mein Vaterland?
  Ein siecher Säugling, welchen mit tränendem   10
    Mit hoffnungslosem Blick die Mutter
      In den gedultigen Armen schaukelt.

Mich tröstete das blinkende Kelchglas nie
  Mich nie der Blick der lächelnden Tändlerin,
    Soll ewig trauern mich umwolken?   15
      Ewig mich töten die zornge Sehnsucht?

Was soll des Freundes traulicher Handschlag mir,
  Was mir des Frühlings freundlicher Morgengruß
    Was mir der Eiche Schatten? was der
      Blühenden Rebe, der Linde Düfte?   20

Beim grauen Mana! nimmer genieß ich dein
  Du Kelch der Freuden, blinktest du noch so schön
    Bis mir ein Männerwerk gelinget
      Bis ich ihn hasche, den ersten Lorbeer.

Der Schwur ist groß. Er zeuget im Auge mir   25
  Die Trän' und wohl mir wenn ihn Vollendung krönt
    Dann jauchz auch ich du Kreis der Frohen,
      Dann o Natur, ist dein Lächeln Wonne.

                    AN DIE RUHE

Vom Gruß des Hahns, vom Sichelgetön' erweckt,
  Gelobt' ich dir, Beglückerin! Lobgesang,
    Und siehe da, am heitern Mittag
      Schläget sie mir, der Begeist'rung Stunde.

Erquicklich, wie die heimische Ruhebank   5
  Im fernen Schlachtgetümmel dem Krieger deucht,
    Wenn die zerfleischten Arme sinken,
      Und der geschmetterte Stahl im Blut liegt –

So bist du, Ruhe! freundliche Trösterin!
Du schenkest Riesenkraft dem Verachteten;
   Er höhnet Dominiksgesichtern,
      Höhnet der zischenden Natterzunge.

Im Veilchental, vom dämmernden Hain umbraust,
Entschlummert er, von süßen Begeist'rungen
   Der Zukunft trunken, von der Unschuld
      Spielen im flatternden Flügelkleide.

Da weiht der Ruhe Zauber den Schlummernden,
Mit Mut zu schwingen im Labyrinth sein Licht,
   Die Fahne rasch voranzutragen,
      Wo sich der Dünkel entgegenstemmet.

Auf springt er, wandelt ernster den Bach hinab
Nach seiner Hütte. Siehe! das Götterwerk,
   Es keimet in der großen Seele.
      Wieder ein Lenz, – und es ist vollendet.

An jener Stätte bauet der Herrliche
Dir, gottgesandte Ruhe! den Dankaltar.
   Dort harrt er, wonnelächelnd, wie die
      Scheidende Sonne, des längern Schlummers.

Denn sieh', es wallt der Enkel zu seinem Grab,
Voll hohen Schauers, wie zu des Weisen Grab,
   Des Herrlichen, der, von der Pappel
      Säuseln umweht, auf der Insel schlummert.

AN DIE EHRE

Einst war ich ruhig, schlummerte sorgenfrei
Am stillen Moosquell, träumte von Stellas Kuß –
   Da riefst du, daß der Waldstrom stille
      Stand und erbebte, vom Eichenwipfel –

Auf sprang ich, fühlte taumelnd die Zauberkraft,   5
  Hin flog mein Atem, wo sie den Lieblingen
    Die schweißbetraufte Stirn im Haine
      Kühlend, die Eich und die Palme spendet.

Umdonnert Meereswogen die einsame
  Gewagte Bahn! euch höhnet mein kühnes Herz,   10
    Ertürmt euch Felsen ihr ermüdet
      Nie den geflügelten Fuß des Sängers.

So rief ich – stürzt' im Zauber des Aufrufs hin –
  Doch ha! der Täuschung – wenige Schritte sinds!
    Bemerkbar kaum! und Hohn der Spötter,   15
      Freude der Feigen umzischt den Armen.

Ach! schlummert' ich am murmelnden Moosquell noch,
Ach! träumt' ich noch von Stellas Umarmungen.
    Doch nein! bei Mana nein! auch Streben
      Ziert, auch der Schwächeren Schweiß ist edel.   20

EINST UND JETZT

Einst, tränend Auge! sahst du so hell empor!
  Einst schlugst du mir so ruhig, empörtes Herz!
    So, wie die Wallungen des Bächleins
      Wo die Forell' am Gestade hinschlüpft.

Einst in des Vaters Schoße, – des liebenden   5
  Geliebten Vaters – aber der Würger kam
    Wir weinten, flehten, doch der Würger
      Schnellte den Pfeil; und es sank die Stütze!

Ha! du gerechte Vorsicht! so bald begann
  Der Sturm, so bald? – Doch – straft mich des
                      Undanks nicht,   10
    Ihr Stunden meiner Knabenfreude
      Stunden des Spiels und des Ruhelächelns!

Ich seh' euch wieder – herrlicher Augenblick!
   Da füttert' ich mein Hühnchen, da pflanzt' ich Kohl
15   Und Nelken – freute so des Frühlings
       Mich und der Ernt', und des Herbstgewimmels.

  Da sucht' ich Maienblümchen im Walde mir,
   Da wälzt' ich mich im duftenden Heu' umher,
   Da brockt' ich Milch mit Schnittern ein, da
20   Schleudert' ich Schwärmer am Rebenberge.

  Und o! wie warm, wie hing ich so warm an euch
   Gespielen meiner Einfalt, wie stürmten wir
   In offner Feldschlacht, lehrten uns den
     Strudel durchschwimmen, die Eich' ersteigen?

25 Jetzt wandl' ich einsam an dem Gestade hin,
   Ach keine Seele keine für dieses Herz?
   Ihr frohen Reigen? Aber weh dir
     Sehnender Jüngling! sie gehn vorüber!

  Zurück denn in die Zelle, Verachteter!
30   Zurück zur Kummerstätte, wo schlaflos du
   So manche Mitternächte weintest
     Weintest im Durste nach Lieb' und Lorbeer.

  Lebt wohl, ihr güldnen Stunden vergangner Zeit,
   Ihr lieben Kinderträume von Größ' und Ruhm,
35   Lebt wohl, lebt wohl ihr Spielgenossen,
     Weint um den Jüngling er ist verachtet!

DIE WEISHEIT DES TRAURERS

Hinweg, ihr Wünsche! Quäler des Unverstands!
Hinweg von dieser Stätte Vergänglichkeit!
   Ernst, wie das Grab, sei meine Seele!
     Heilig mein Sang, wie die Totenglocke!

Du, stille Weisheit! öffne dein Heiligtum. 5
　　Laß, wie den Greis am Grabe Cecilias
　　　　Mich lauschen deinen Göttersprüchen,
　　　　　　Ehe der Toten Gericht sie donnert.

Da unbestochne Richterin richtest du
　　Tirannenfeste, wo sich der Höflinge 10
　　　　Entmanntes Heer zu Trug begeistert,
　　　　　　Wo des geschändeten Römers Kehle

Die schweißerrungne Habe des Pflügers stiehlt,
　　Wo tolle Lust in güldnen Pokalen schäumt,
　　　　Und ha! des Greuels! an getürmten 15
　　　　　　Silbergefäßen des Landes Mark klebt.

Halt ein! Tyrann! Es fähret des Würgers Pfeil
　　Daher. Halt ein! es nahet der Rache Tag
　　　　Daß er, wie Blitz die giftge Staude,
　　　　　　Nieder den taumelnden Schädel schmett're. 20

Doch ach! am grimmen richtenden Saitenspiel
　　Hinunter wankt die zitternde Rechte mir.
　　　　In licht're Hallen, gute Göttin! –
　　　　　　Wandle der Sturm sich in Haingeflüster!

Da schlingst du liebevoll um die Jammernde 25
　　Am Grabe des Erwählten den Mutterarm,
　　　　Vor Menschentrost dein Kind zu schützen,
　　　　　　Schenkest ihr Tränen, und lispelst leise

Vom Wiederseh'n vom seligen Einst ins Herz –
　　Da schläft in deiner Halle der Jammermann 30
　　　　Dem Priesterhaß das Herz zerfleischet,
　　　　　　Den ihr Gericht im Gewahrsam foltert,

Der bleiche Jüngling, der in des Herzens Durst
Nach Ehre rastlos klomm auf der Felsenbahn
35   Und ach umsonst! wie wandelt er so
Ruhig umher in der stillen Halle.

Mit Brudersinn zu heitern den Kummerblick
Der Kleinen Herz zu leiten am Gängelband,
Sein Haus zu bau'n, sein Feld zu pflügen
40   Wird ihm Beruf! und die Wünsche schweigen.

Verzeih der bangen Träne du Göttliche!
Auch ich vielleicht! – zwar glühet im Busen mir
Die Flamme rein und kühn, und ewig –
Aber zurück aus den Lorbeerhainen

45   Stieß unerweicht die Ehre den Traurenden
So lang entflohn dem lachenden Knabenspiel
Verhöhnend all' die Taumelfreuden
Treu und   mein Herz ihr huldigt.

Drum öffne du die Arme dem Traurenden
50   Laß deines Labebechers mich oft und viel
Und einzig kosten, nenne Sohn mich!
Gürte mit Stolz mich, und Kraft und Wahrheit!

Denn viel der Stürme harren des Jünglings noch
Der falschen Gruben viele des Wanderers,
55   Sie alle wird dein Sohn besiegen
So du mit stützendem Arm ihn leitest.

SELBSTQUÄLEREI

Ich hasse mich! es ist ein ekles Ding
Des Menschen Herz, so kindischschwach, so stolz,
So freundlich wie Tobias Hündlein ist,
Und doch so hämisch wieder! weg! ich hasse mich!

So schwärmerisch wenn es des Dichters Flamme wärmt,   5
Und ha wenn sich ein freundeloser Junge
An unsre Seite schmiegt, so stolz so kalt!
So fromm, wenn uns des Lebens Sturm
Den Nacken beugt,

BURG TÜBINGEN

Still und öde steht der Väter Veste,
Schwarz und moosbewachsen Pfort' und Turm,
Durch der Felsenwände trübe Reste
Saust um Mitternacht der Wintersturm,
Dieser schaurigen Gemache Trümmer   5
Heischen sich umsonst ein Siegesmal
Und des Schlachtgerätes Heiligtümer
Schlummern Todesschlaf im Waffensaal.

Hier ertönen keine Festgesänge
Lobzupreisen Manas Heldenland   10
Keine Fahne weht im Siegsgepränge
Hochgehoben in des Kriegers Hand,
Keine Rosse wiehern in den Toren
Bis die Edeln zum Turniere nah'n
Keine Doggen, treu, und auserkoren   15
Schmiegen sich den blanken Panzern an.

Bei des Hiefhorns schallendem Getöne
Zieht kein Fräulein in der Hirsche Tal,
Siegesdürstend gürten keine Söhne
Um die Lenden ihrer Väter Stahl,   20
Keine Mütter jauchzen von der Zinne
Ob der Knaben stolzer Wiederkehr,
Und den ersten Kuß verschämter Minne
Weihn der Narbe keine Bräute mehr.

25   Aber schaurige Begeisterungen
        Weckt die Riesin in des Enkels Brust
        Sänge, die der Väter Mund gesungen
        Zeugt der Wehmut zauberische Lust,
        Ferne von dem törigen Gewühle,
30   Von dem Stolze der Gefallenen,
        Dämmern niegeahndete Gefühle
        In der Seele des Begeisterten.

        Hier im Schatten grauer Felsenwände,
        Von des Städters Blicken unentweiht,
35   Knüpfe Freundschaft deutsche Biederhände
        Schwöre Liebe für die Ewigkeit,
        Hier wo Heldenschatten niederrauschen
        Traufe Vatersegen auf den Sohn
        Wo den Lieblingen die Geister lauschen
40   Spreche Freiheit den Tyrannen Hohn!

        Hier verweine die verschloßne Zähre
        Wer umsonst nach Menschenfreude ringt
        Wen die Krone nicht der Bardenehre
        Nicht des Liebchens Schwanenarm umschlingt,
45   Wer von Zweifeln ohne Rast gequälet,
        Von des Irrtums peinigendem Los,
        Schlummerlose Mitternächte zählet,
        Komme zu genesen in der Ruhe Schoß.

        Aber wer des Bruders Fehle rüget
50   Mit der Schlangenzunge losem Spott
        Wem für Adeltaten Gold genüget
        Sei er Sklave oder Erdengott
        Er entweihe nicht die heilge Reste
        Die der Väter stolzer Fuß betrat,
55   Oder walle zitternd zu der Veste
        Abzuschwören da der Schande Pfad.

Denn der Heldenkinder Herz zu stählen
Atmet Freiheit hier und Männermut
In der Halle weilen Väterseelen
Sich zu freuen ob Thuiskons Blut,   60
Aber ha! den Spöttern und Tyrannen
Weht Entsetzen ihr Verdammerspruch
Rache dräuend jagt er sie von dannen
Des Gewissens fürchterlicher Fluch.

Wohl mir! daß ich süßen Ernstes scheide,   65
Daß die Harfe schreckenlos ertönt
Daß ein Herz mir schlägt für Menschenfreude
Daß die Lippe nicht der Einfalt höhnt.
Süßen Ernstes will ich wiederkehren
Einzutrinken freien Männermut   70
Bis umschimmert von den Geisterheeren
In Walhallas Schoß die Seele ruht.

LIED DER FREUNDSCHAFT
Erste Fassung

Frei, wie Götter an dem Mahle,
Singen wir um die Pokale,
Wo der edle Trank erglüht,
Voll von Schauern, ernst und stille,
In des Dunkels heil'ger Hülle   5
Singen wir der Freundschaft Lied.

Schwebt herab aus kühlen Lüften,
Schwebet aus den Schlummergrüften,
Helden der Vergangenheit!
Kommt in unsern Kreis hernieder,   10
Staunt und sprecht: da ist sie wieder
Unsre deutsche Herzlichkeit.

Singe von ihr Jubellieder
Von der Wonne deutscher Brüder,
Chronos! in dem ew'gen Lauf;
Singe, Sohn der Afterzeiten!
Sing': Elysens Herrlichkeiten
Wog ein deutscher Handschlag auf.

Ha! der hohen Götterstunden!
Wann der Edle sich gefunden,
Der für unser Herz gehört;
So begeisternd zu den Höhen,
Die um uns, wie Riesen, stehen!
So des deutschen Jünglings wert!

Froher schlägt das Herz, und freier!
Reichet zu des Bundes Feier
Uns der Freund den Becher dar;
Ohne Freuden, ohne Leben
Erntet' er Lyäus Reben
Als er ohne Freunde war.

Stärke, wenn Verleumder schreien
Wahrheit, wenn Despoten dräuen
Männermut im Mißgeschick,
Duldung, wenn die Schwachen sinken,
Liebe, Duldung, Wärme trinken
Freunde von des Freundes Blick.

Sanfter atmen Frühlingslüfte,
Süßer sind der Linde Düfte,
Kühliger der Eichenhain,
Wenn bekränzt mit jungen Rosen
Freunde bei den Bechern kosen
Freunde sich des Abends freu'n.

Brüder! laßt die Toren sinnen,
Wie sie Fürstengunst gewinnen,

Häufen mögen Gut und Gold; 45
Lächelnd kanns der Edle missen,
Sich geliebt, geliebt zu wissen
Dies ist seiner Taten Sold.

Schmettert aus der trauten Halle
Auch die Auserwählten alle 50
In die Ferne das Geschick;
Wandelt er mit Schmerz beladen
Nun auf freundelosen Pfaden
Schwarzen Gram im bangen Blick;

Wankt er, wenn sich Wolken türmen, 55
Wankt er nun in Winterstürmen
Ohne Leiter, ohne Stab;
Lauscht er abgebleicht und düster
Bangem Mitternachtsgeflüster
Ahndungsvoll am frischen Grab; 60

O da kehren all' die Stunden,
So in Freundesarm verschwunden,
Unter Schwüren, wahr, und warm,
All' umfaßt mit sanftem Sehnen
Seine Seele, süße Tränen 65
Schaffen Ruhe nach dem Harm.

Rauscht ihm dann des Todes Flügel;
Schläft er ruhig unter'm Hügel,
Wo sein Bund den Kranz ihm flicht;
In die Locken seiner Brüder 70
Säuselt noch sein Geist hernieder,
Lispelt leis: Vergeßt mich nicht!

LIED DER FREUNDSCHAFT
Zweite Fassung

Wie der Held am Siegesmahle
Ruhen wir um die Pokale
Wo der edle Wein erglüht,
Feurig Arm in Arm geschlungen
Trunken von Begeisterungen
Singen wir der Freundschaft Lied.

Schwebt herab aus kühlen Lüften
Schwebet aus den Schlummergrüften
Helden der Vergangenheit!
Kommt in unsern Kreis hernieder
Staunt und sprecht: da ist sie wieder
Unsre deutsche Herzlichkeit!

Uns ist Wonne, Gut und Leben
Für den Edlen hinzugeben,
Der für unser Herz gehört,
Der zu groß, in stolzen Reigen
Sich vor eitlem Tand zu beugen,
Gott und Vaterland nur ehrt.

Schon erhebt das Herz sich freier,
Wärmer reicht zur frohen Feier
Schon der Freund den Becher dar,
Ohne Freuden, ohne Leben
Kostet' er den Saft der Reben,
Als er ohne Freunde war.

Bruder! schleichen bang und trübe
Deine Tage? beugt der Liebe
Folterpein das Männerherz?
Stürzt im heißen Durst nach Ehre
Dir um Mitternacht die Zähre?
Bruder segne deinen Schmerz!

Könnten wir aus Götterhänden
Freuden dir und Leiden spenden
Ferne wärst du da von Harm
Weiser ist der Gott der Liebe
Sorgen gibt er bang und trübe,   35
Freunde gibt er treu und warm.

Stärke, wenn Verleumder schreien
Wahrheit, wenn Despoten dräuen,
Männermut im Mißgeschick
Duldung, wenn die Schwachen sinken 40
Liebe, Duldung, Wärme trinken
Freunde von des Freundes Blick.

Lieblich, wie der Sommerregen
Reich, wie er, an Erntesegen
Wie die Perle klar und hell,   45
Still, wie Edens Ströme gleiten,
Endlos, wie die Ewigkeiten
Fleußt der Freundschaft Silberquell.

Drum, so wollen, eh die Freuden
Trennungen und Tode neiden   50
Wir im hehren Eichenhain
Oder unter Frühlingsrosen
Wenn am Becher Weste kosen
Würdig uns der Freundschaft freu'n.

Rufet aus der trauten Halle   55
Auch die Auserwählten alle
In die Ferne das Geschick,
Bleibt, auf freundelosen Pfaden
Hinzugeh'n mit Schmerz beladen
Tränend Einer nur zurück.   60

Wankt er nun in Winterstürmen
Wankt er, wo sich Wolken türmen

Ohne Leiter, ohne Stab;
Lauscht er abgebleicht und düster
Bangem Mitternachtsgeflüster
Ahndungsvoll am frischen Grab;

O da kehren all die Stunden
Lächelnd, wie sie hingeschwunden
Unter Schwüren, wahr und warm,
Still und sanft, wie Blumen sinken
Ruht er, bis die Väter winken
Dir, Erinnerung! im Arm.

Rauscht ihm dann des Todes Flügel,
Schläft er ruhig unter'm Hügel
Wo sein Bund den Kranz ihm flicht
In den Locken seiner Brüder
Säuselt noch sein Geist hernieder
Lispelt leis: vergeßt mich nicht!

LIED DER LIEBE
Erste Fassung

Engelfreuden ahndend wallen
Wir hinaus auf Gottes Flur
Wo die Jubel widerhallen
In dem Tempel der Natur;
Heute soll kein Auge trübe,
Sorge nicht hienieden sein,
Jedes Wesen soll der Liebe
Wonniglich, wie wir, sich freu'n.

Singt den Jubel, Schwestern! Brüder!
Festgeschlungen! Hand in Hand!
Singt das heiligste der Lieder
Von dem hohen Wesenband!
Steigt hinauf am Rebenhügel,

Blickt hinab ins Schattental!
Überall der Liebe Flügel,   15
Wonnerauschend überall!

Liebe lehrt das Lüftchen kosen
Mit den Blumen auf der Au,
Lockt zu jungen Frühlingsrosen
Aus der Wolke Morgentau   20
Liebe ziehet Well' an Welle
Freundlichmurmelnd näher hin,
Leitet aus der Kluft die Quelle
Sanft hinab ins Wiesengrün.

Berge knüpft mit eh'rner Kette   25
Liebe an das Firmament,
Donner ruft sie an die Stätte
Wo der Sand die Pflanze brennt,
Um die hehre Sonne leitet
Sie die treuen Sterne her,   30
Folgsam ihrem Winke gleitet
Jeder Strom ins weite Meer.

Liebe wallt in Wüsteneien,
Höhnt des Dursts im dürren Sand,
Sieget, wo Tyrannen dräuen,   35
Steigt hinab ins Totenland;
Liebe trümmert Felsen nieder
Zaubert Paradiese hin,
Schaffet Erd und Himmel wieder
Göttlich, wie im Anbeginn.   40

Liebe schwingt den Seraphsflügel
Wo der Gott der Götter wohnt
Lohnt den Schweiß am Felsenhügel
Wann der Richter einst belohnt,
Wann die Königsstühle trümmern,   45
Hin ist jede Scheidewand

Adeltaten heller schimmern
Reiner, denn der Krone Tand.

Mag uns jetzt die Stunde schlagen
50   Jetzt der letzte Othem weh'n!
Brüder! drüben wird es tagen,
Schwestern! dort ist Wiedersehn;
Jauchzt dem heiligsten der Triebe,
Die der Gott der Götter gab,
55   Brüder! Schwestern! jauchzt der Liebe!
Sie besieget Zeit und Grab!

LIED DER LIEBE
Zweite Fassung

Engelfreuden ahndend, wallen
Wir hinaus auf Gottes Flur,
Daß von Jubel widerhallen
Höh'n und Tiefen der Natur.
5   Heute soll kein Auge trübe,
Sorge nicht hienieden sein,
Jedes Wesen soll der Liebe
Frei und froh, wie wir, sich weih'n!

Singt den Jubel, Schwestern, Brüder,
10   Fest geschlungen, Hand in Hand!
Hand in Hand das Lied der Lieder,
Selig an der Liebe Band!
Steigt hinauf am Rebenhügel,
Blickt hinab ins Schattental!
15   Überall der Liebe Flügel,
Hold und herrlich überall!

Liebe lehrt das Lüftchen kosen
Mit den Blumen auf der Au,
Lockt zu jungen Frühlingsrosen

Aus der Wolke Morgentau,   20
Liebe ziehet Well' an Welle
Freundlich murmelnd näher hin,
Leitet aus der Kluft die Quelle
Sanft hinab ins Wiesengrün.

Berge knüpft mit ehrner Kette   25
Liebe an das Firmament,
Donner ruft sie an die Stätte,
Wo der Sand die Pflanze brennt.
Um die hehre Sonne leitet
Sie die treuen Sterne her,   30
Folgsam ihrem Winke gleitet
Jeder Strom ins weite Meer.

Liebe wallt durch Ozeane,
Durch der dürren Wüste Sand
Blutet an der Schlachtenfahne,   35
Steigt hinab ins Totenland!
Liebe trümmert Felsen nieder,
Zaubert Paradiese hin,
Schaffet Erd und Himmel wieder –
Göttlich, wie im Anbeginn.   40

Liebe schwingt den Seraphsflügel
Wo der Gott der Götter thront,
Lohnt die Trän' am Felsenhügel,
Wann der Richter einst belohnt,
Wann die Königsstühle trümmern,   45
Hin ist jede Scheidewand,
Biedre Herzen heller schimmern
Reiner, denn der Krone Tand.

Laßt die Scheidestunde schlagen,
Laßt des Würgers Flügel wehn!   50
Brüder, drüben wird es tagen!
Schwestern, dort ist Wiedersehn!

Jauchzt dem Heiligsten der Triebe,
Den der Gott der Götter gab,
Brüder, Schwestern, jauchzt der Liebe,
Sie besieget Zeit und Grab!

AN DIE STILLE

Dort im waldumkränzten Schattentale
Schlürft' ich, schlummernd unter'm Rosenstrauch
Trunkenheit aus deiner Götterschale,
Angeweht von deinem Liebeshauch.
Sieh' es brennt an deines Jünglings Wange
Heiß und glühend noch Begeisterung,
Voll ist mir das Herz vom Lobgesange,
Und der Fittig heischet Adlerschwung.

Stieg ich kühnen Sinns zum Hades nieder
Wo kein Sterblicher dich noch ersah,
Schwänge sich das mutige Gefieder
Zum Orion auf, so wär'st du da;
Wie ins weite Meer die Ströme gleiten
Stürzen dir die Zeiten alle zu
In dem Schoß der alten Ewigkeiten,
In des Chaos Tiefen wohntest du.

In der Wüste dürrem Schreckgefilde,
Wo der Hungertod des Wallers harrt,
In der Stürme Land, wo schwarz und wilde
Das Gebirg' im kalten Panzer starrt,
In der Sommernacht, in Morgenlüften,
In den Hainen weht dein Schwestergruß,
Über schauerlichen Schlummergrüften
Stärkt die Lieblinge dein Götterkuß.

Ruhe fächelst du der Heldenseele
In der Halle, wann die Schlacht beginnt,

Hauchst Begeist'rung in der Felsenhöhle,
Wo um Mitternacht der Denker sinnt,
Schlummer träuf'st du auf die düstre Zelle,
Daß der Dulder seines Grams vergißt,   30
Lächelst traulich aus der Schattenquelle,
Wo den ersten Kuß das Mädchen küßt.

Ha! dir träuft die wonnetrunkne Zähre
Und Entzückung strömt in mein Gebein
Millionen bauen dir Altäre   35
Zürne nicht! auch dieses Herz ist dein!
Dort im Tale will ich Wonne trinken
Wiederkehren in die Schattenkluft,
Bis der Göttin Arme trauter winken,
Bis die Braut zum stillen Bunde ruft.   40

Keine Lauscher nah'n der Schlummerstätte,
Kühl und schattig ists im Leichentuch,
Abgeschüttelt ist die Sklavenkette,
Maigesäusel wird Gewitterfluch;
Schöner rauscht die träge Flut der Zeiten,   45
Rings umdüstert von der Sorgen Schwarm;
Wie ein Traum verfliegen Ewigkeiten
Schläft der Jüngling seiner Braut im Arm.

HYMNE AN DIE UNSTERBLICHKEIT

Froh, als könnt' ich Schöpfungen beglücken,
Stolz, als huldigten die Sterne mir,
Fleugt, ins Strahlenauge dir zu blicken,
Mit der Liebe Kraft mein Geist zu dir.
Schon erglüht dem wonnetrunknen Seher   5
Deiner Halle gold'nes Morgenrot,
Ha, und deinem Götterschoße näher
Höhnt die Siegesfahne Grab und Tod.

Mich umschimmern Orionenheere,
Stolz ertönet der Plejaden Gang.
Ha, sie wähnen, Ewigkeiten währe
Ihrer Pole wilder Donnerklang.
Majestätisch auf dem Flammenwagen
Durchs Gefild' der Unermeßlichkeit,
Seit das Chaos kreiste, fortgetragen,
Heischt sich Helios Unsterblichkeit.

Auch die Riesen dort im Gräberlande,
Felsgebirg' und Sturm und Ozean,
Wähnen endlos ihrer Schöpfung Bande,
Wurzelnd in dem ew'gen Weltenplan;
Doch es nahen die Vernichtungsstunden,
Wie des Siegers Klinge, schrecklichschön. –
Erd' und Himmel ist dahin geschwunden,
Schnell, wie Blitze kommen und vergeh'n.

Aber kehre, strahlendes Gefieder,
Zu der Halle, wo das Leben wohnt!
Triumphiere, triumphiere wieder,
Siegesfahne, wo die Göttin thront!
Wenn die Pole schmettern, Sonnen sinken
In den Abgrund der Vergangenheit,
Wird die Seele Siegeswonne trinken,
Hocherhaben über Grab und Zeit.

Ach, wie oft in grausen Mitternächten,
Wenn die heiße Jammerträne rann,
Wenn mit Gott und Schicksal schon zu rechten
Der verzweiflungsvolle Mensch begann,
Blicktest du aus trüber Wolkenhülle
Tröstend nieder auf den Schmerzenssohn!
Drüben, riefst du liebevoll und stille,
Drüben harrt des Dulders schöner Lohn.

Müßte nicht der Mensch des Lebens fluchen,
Nicht die Tugend auf der Dornenbahn
Trost im Arme der Vernichtung suchen,
Täuschte sie ein lügenhafter Wahn?
Trümmern möchte der Natur Gesetze   45
Menschenfreiheit, möcht' in blinder Wut,
Wie die Reue die gestohlnen Schätze,
Niederschmettern ihr ererbtes Gut.

Aber nein, so wahr die Seele lebet,
Und ein Gott im Himmel oben ist,   50
Und ein Richter, dem die Hölle bebet,
Nein, Unsterblichkeit, du bist, du bist!
Mögen Spötter ihrer Schlangenzungen,
Zweifler ihres Flattersinns sich freu'n,
Der Unsterblichkeit Begeisterungen   55
Kann die freche Lüge nicht entweih'n.

Heil uns, Heil uns, wenn die freie Seele,
Traulich an die Führerin geschmiegt,
Treu dem hohen göttlichen Befehle,
Jede nied're Leidenschaft besiegt!   60
Wenn mit tiefem Ernst der Denker spähet
Und durch dich sein Wesen erst begreift,
Weil ihm Lebenslust vom Lande wehet,
Wo das Samenkorn zur Ernte reift!

Wenn im Heiligtume alter Eichen   65
Männer um der Königin Altar
Sich die Bruderhand zum Bunde reichen,
Zu dem Bunde freudiger Gefahr;
Wenn entzückt von ihren Götterküssen
Jeglicher, des schönsten Lorbeers wert,   70
Lieb' und Lorbeer ohne Gram zu missen
Zu dem Heil des Vaterlandes schwört!

Wenn die Starken den Despoten wecken,
Ihn zu mahnen an das Menschenrecht,
75   Aus der Lüste Taumel ihn zu schrecken,
Mut zu predigen dem feilen Knecht!
Wenn in todesvollen Schlachtgewittern,
Wo der Freiheit Heldenfahne weht,
Mutig, bis die müden Arme splittern,
80   Ruhmumstrahlter Sparter Phalanx steht!

Allgewaltig ist im Gräbertale,
Herrscherin, dein segensvoller Lohn!
Aus der Zukunft zauberischer Schale
Trinkt sich stolzen Mut der Erdensohn.
85   Hoffend endet er sein Erdenleben,
Um an deiner mütterlichen Hand
Siegestrunken einst empor zu schweben
In der Geister hohes Vaterland:

Wo der Tugend königliche Blume
90   Unbetastet von dem Wurme blüht,
Wo der Denker in dem Heiligtume
Hell und offen alle Tiefen sieht,
Wo auf Trümmern kein Tyrann mehr thronet,
Keine Fessel mehr die Seele bannt,
95   Wo den Heldentod die Palme lohnet,
Engelkuß den Tod fürs Vaterland.

Harret eine Weile, Orione!
Schweige, Donner der Plejadenbahn!
Hülle, Sonne, deine Strahlenkrone,
100   Atme leiser, Sturm und Ozean!
Eilt zu feierlichen Huldigungen,
All ihr großen Schöpfungen der Zeit,
Denn, verloren in Begeisterungen,
Denkt der Seher der Unsterblichkeit!

Siehe! da verstummen Menschenlieder,   105
Wo der Seele Lust unnennbar ist,
Schüchtern sinkt des Lobgesangs Gefieder,
Wo der Endlichkeit der Geist vergißt.
Wann vor Gott sich einst die Geister sammeln,
Aufzujauchzen ob der Seele Sieg,   110
Mag Entzückungen der Seraph stammeln,
Wo die trunkne Menschenlippe schwieg.

MEINE GENESUNG
An Lyda

Jede Blüte war gefallen
Von dem Stamme; Mut und Kraft,
Fürder meine Bahn zu wallen,
War im Kampfe mir erschlafft;
Weggeschwunden Lust und Leben,   5
Früher Jahre stolze Ruh;
Meinem Grame hingegeben,
Wankt' ich still dem Grabe zu.

Himmel, wie das Herz vergebens
Oft nach edler Liebe rang,   10
Oft getäuscht des Erdelebens
Träum' und Hoffnungen umschlang!
Ach, den Kummer abzuwenden,
Bat ich, freundliche Natur!
Oft von deinen Mutterhänden   15
Einen Tropfen Freude nur.

Ha, an deinem Göttermahle
Trink ich nun Vergessenheit,
In der vollen Zauberschale
Reichst du Kraft und Süßigkeit.   20
In Entzückungen verloren
Staun' ich die Verwandlung an!

Flur und Hain ist neugeboren,
Göttlich strahlt der Lenz heran. –

25 Daß ich wieder Kraft gewinne,
Frei wie einst und selig bin,
Dank ich deinem Himmelssinne,
Lyda, süße Retterin!
Labung lächelte dem Müden,
30 Hohen Mut dein Auge zu,
Hohen Mut, wie du zufrieden,
Gut zu sein und groß wie du.

Stark in meiner Freuden Fülle
Wall ich fürder nun die Bahn,
35 Reizend in der Wolkenhülle
Flammt das ferne Ziel mich an.
Mags den Peinigern gelingen!
Mag die bleiche Sorge sich
Um die stille Klause schwingen!
40 Lyda! Lyda tröstet mich!

MELODIE
An Lyda

Lyda, siehe! zauberisch umwunden
Hält das All der Liebe Schöpferhand,
Erd' und Himmel wandeln treu verbunden,
Laut und Seele knüpft der Liebe Band.
5 Lüftchen säuseln, Donner rollen nieder –
Staune, Liebe! staun' und freue dich!
Seelen finden sich im Donner wieder,
Seelen kennen in dem Lüftchen sich.

Am Gesträuche lullt in Liebesträume
10 Süße Trunkenheit das Mädchen ein,
Haucht der Frühling durch die Blütenbäume,

Summen Abendsang die Käferlein;
Helden springen von der Schlummerstätte,
Grüßt sie brüderlich der Nachtorkan;
Hinzuschmettern die Tyrannenkette   15
Wallen sie die traute Schreckenbahn.

Wo der Totenkranz am Grabe flüstert,
Wo der Wurm in schwarzen Wunden nagt,
Wo, vom grauen Felsenstrauch umdüstert,
Durch die Heide hin der Rabe klagt;   20
Wo die Lerch' im Tale froher Lieder,
Plätschernd die Forell' im Bache tanzt;
Tönt die Seele Sympathien wider,
Von der Liebe Zauber eingepflanzt.

Wo des Geiers Schrei des Raubs sich freuet,   25
Wo der Aar dem Felsennest entbraust,
Wo Gemäuer ächzend niederdräuet,
Wo der Wintersturm in Trümmern saust,
Wo die Woge, vom Orkan bezwungen,
Wieder auf zum schwarzen Himmel tost,   30
Trinkt das Riesenherz Begeisterungen,
Von den Schmeicheltönen liebgekost.

Felsen zwingt zu trauten Mitgefühlen
Tausendstimmiger Naturgesang,
Aber süßer tönt von Saitenspielen   35
Allgewaltiger ihr Zauberklang;
Rascher pocht im angestammten Triebe,
Bang und süße, wie der jungen Braut,
Jeder Aderschlag, in trunkner Liebe
Find't das Herz den brüderlichen Laut.   40

Aus des Jammerers erstarrtem Blicke
Locket Labetränen Flötenton,
Im Gedränge schwarzer Mißgeschicke
Schafft die Schlachttrommete Siegeslohn,

45 Wie der Stürme Macht im Rosenstrauche,
Reißt dahin der Saiten Ungestüm,
Kosend huldiget dem Liebeshauche
Sanfter Melodie der Rache Grimm.

Reizender erglüht der Wangen Rose,
50 Flammenatem haucht der Purpurmund,
Hingebannt bei lispelndem Gekose
Schwört die Liebe den Vermählungsbund;
Niegesung'ne königliche Lieder
Sprossen in des Sängers Brust empor,
55 Stolzer schwebt des Hochgesangs Gefieder,
Rührt der Töne Reigentanz das Ohr;

Wie sie langsam erst am Hügel wallen,
Majestätisch dann wie Siegersgang,
Hochgehoben zu der Freude Hallen,
60 Liebe singen und Triumphgesang;
Dann durch Labyrinthe hingetragen
Fürder schleichen in dem Todestal,
Bis die Nachtgefilde schöner tagen,
Bis Entzückung jauchzt am Göttermahl.

65 Ha! und wann mir in des Sanges Tönen
Näher meiner Liebe Seele schwebt,
Hingegossen in Entzückungstränen
Näher ihr des Sängers Seele bebt,
Wähn' ich nicht vom Körper losgebunden
70 Hinzujauchzen in der Geister Land? –
Lyda! Lyda! zauberisch umwunden
Hält das All der Liebe Schöpferhand.

HYMNE AN DEN
GENIUS GRIECHENLANDS

Jubel! Jubel
Dir auf der Wolke!
Erstgeborner
Der hohen Natur!
Aus Kronos Halle   5
Schwebst du herab,
Zu neuen, geheiligten Schöpfungen
Hold und majestätisch herab.

Ha! bei der Unsterblichen
Die dich gebar,   10
Dir gleichet keiner
Unter den Brüdern
Den Völkerbeherrschern
Den Angebeteten allen!

Dir sang in der Wiege den Weihgesang   15
Im blutenden Panzer die ernste Gefahr
Zu gerechtem Siege reichte den Stahl
Die heilige Freiheit dir.
Von Freude glühten
Von zaubrischer Liebe deine Schläfe   20
Die goldgelockten Schläfe.

Lange säumtest du unter den Göttern
Und dachtest der kommenden Wunder.
Vorüber schwebten wie silbern Gewölk
Am liebenden Auge dir   25
Die Geschlechter alle!
Die seligen Geschlechter.

Im Angesichte der Götter
Beschloß dein Mund

30   Auf Liebe dein Reich zu gründen.
        Da staunten die Himmlischen alle.
        Zu brüderlicher Umarmung,
        Neigte sein königlich Haupt
        Der Donnerer nieder zu dir.
35   Du gründest auf Liebe dein Reich.

        Du kommst und Orpheus Liebe
        Schwebet empor zum Auge der Welt
        Und Orpheus Liebe
        Wallet nieder zum Acheron.
40   Du schwingest den Zauberstab,
        Und Aphroditäs Gürtel ersieht

        Der trunkene Mäonide.
        Ha! Mäonide! wie du!
        So liebte keiner, wie du;
45   Die Erd' und Ozean
        Und die Riesengeister, die Helden der Erde
        Umfaßte dein Herz!
        Und die Himmel und alle die Himmlischen
        Umfaßte dein Herz.
50   Auch die Blumen, die Bien' auf der Blume
        Umfaßte liebend dein Herz! –

        Ach Ilion! Ilion!
        Wie jammertest, hohe Gefallene, du
        Im Blute der Kinder!
55   Nun bist du getröstet, dir scholl
        Groß und warm wie sein Herz
        Des Mäoniden Lied.

        Ha! bei der Unsterblichen
        Die dich gebar,
60   Dich, der du Orpheus Liebe,
        Der du schufest Homeros Gesang

AN LYDA

Trunken, wie im hellen Morgenstrahle
Der Pilote seinen Ozean,
Wie die Seligen Elysens Tale
Staunt' ich meiner Liebe Freuden an,
Tal' und Haine lachten neugeboren   5
Wo ich wallte trank ich Göttlichkeit
Ha! von ihr zum Liebling' auserkoren
Höhnt ich stolzen Muts Geschick und Zeit.

Stolzer ward und edler das Verlangen
Als mein Geist der Liebe Kraft erschwang,   10
Myriaden wähnt' ich zu umfangen
Wenn ich Liebe, trunken Liebe sang,
Wie der Frühlingshimmel, weit und helle,
Wie die Perle schön und ungetrübt,
Rein und stille wie der Weisheit Quelle   15
War das Herz von ihr, von ihr geliebt.

Sieh! im Stolze hatt' ich oft geschworen,
Unvergänglich dieser Herzverein!
Lyda mir, zum Heile mir geboren
Lyda mein, wie meine Seele mein,   20
Aber neidisch trat die Scheidestunde,
Treues Mädchen! zwischen mich und dich,
Nimmer, nimmer auf dem Erdenrunde,
Lyda! nahn die trauten Arme sich.

Stille wallst du nun am Rebenhügel   25
Wo ich dich und deinen Himmel fand,
Wo dein Auge, deiner Würde Spiegel
Mich allmächtig, ewig an dich band!
Schnell ist unser Frühling hingeflogen!
O du Einzige! vergib, vergib!   30
Deinen Frieden hat sie dir entzogen
Meine Liebe, tränenvoll und trüb.

Als ich deinem Zauber hingegeben
Erd und Himmel über dir vergaß
35   Ach! so selig in der Liebe Leben
Lyda! meine Lyda! dacht' ich das?

HYMNE AN DIE GÖTTIN
DER HARMONIE

Urania, die glänzende Jungfrau, hält mit ihrem Zaubergürtel das Weltall in tobendem Entzücken zusammen.
                                        Ardinghello

Froh, als könnt' ich Schöpfungen beglücken,
Kühn, als huldigten die Geister mir,
Nahet, in dein Heiligtum zu blicken,
Hocherhab'ne! meine Liebe dir;
5   Schon erglüht der wonnetrunkne Seher
Von den Ahndungen der Herrlichkeit,
Ha, und deinem Götterschoße näher
Höhnt des Siegers Fahne Grab und Zeit.

Tausendfältig, wie der Götter Wille,
10   Weht Begeisterung den Sänger an,
Unerschöpflich ist der Schönheit Fülle,
Grenzenlos der Hoheit Ozean.
Doch vor Allem hab ich dich erkoren,
Bebend, als ich ferne dich ersah,
15   Bebend hab ich Liebe dir geschworen,
Königin der Welt! Urania.

Was der Geister stolzestes Verlangen
In den Tiefen und den Höh'n erzielt,
Hab ich allzumal in dir empfangen,
20   Sint dich ahndend meine Seele fühlt.
Dir entsprossen Myriaden Leben,
Als die Strahlen deines Angesichts,

Wendest du dein Angesicht, so beben
Und vergeh'n sie, und die Welt ist Nichts.

Thronend auf des alten Chaos Wogen,   25
Majestätisch lächelnd winktest du,
Und die wilden Elemente flogen
Liebend sich auf deine Winke zu.
Froh der seligen Vermählungsstunde
Schlangen Wesen nun um Wesen sich,   30
In den Himmeln, auf dem Erdenrunde
Sahst du, Meisterin! im Bilde dich. –

Ausgegossen ist des Lebens Schale,
Bächlein, Sonnen treten in die Bahn,
Liebetrunken schmiegen junge Tale   35
Sich den liebetrunknen Hügeln an:
Schön und stolz wie Göttersöhne hangen
Felsen an der mütterlichen Brust,
Von der Meere wildem Arm umfangen,
Bebt das Land in niegefühlter Lust.   40

Warm und leise wehen nun die Lüfte,
Liebend sinkt der holde Lenz ins Tal:
Haine sprossen an dem Felsgeklüfte,
Gras und Blumen zeugt der junge Strahl.
Siehe, siehe, vom empörten Meere,   45
Von den Hügeln, von der Tale Schoß,
Winden sich die ungezählten Heere
Freudetaumelnder Geschöpfe los.

Aus den Hainen wallt ins Lenzgefilde
Himmlischschön der Göttin Sohn hervor,   50
Den zum königlichen Ebenbilde
Sie im Anbeginne sich erkor:
Sanftbegrüßt von Paradiesesdüften
Steht er wonniglichen Staunens da,
Und der Liebe großen Bund zu stiften,   55
Singt entgegen ihm Urania:

»Komm, o Sohn! der süßen Schöpfungsstunde
Auserwählter, komm und liebe mich!
Meine Küsse weihten dich zum Bunde,
60 Hauchten Geist von meinem Geist in dich. –
Meine Welt ist deiner Seele Spiegel,
Meine Welt, o Sohn! ist Harmonie,
Freue dich! Zum offenbaren Siegel
Meiner Liebe schuf ich dich und sie.

65 Trümmer ist der Wesen schöne Hülle,
Knüpft sie meiner Rechte Kraft nicht an.
Mir entströmt der Schönheit ew'ge Fülle,
Mir der Hoheit weiter Ozean.
Danke mir der zauberischen Liebe,
70 Mir der Freude stärkenden Genuß,
Deine Tränen, deine schönsten Triebe
Schuf, oh Sohn! der schöpferische Kuß.

Herrlicher mein Bild in dir zu finden,
Haucht' ich Kräfte dir und Kühnheit ein,
75 Meines Reichs Gesetze zu ergründen,
Schöpfer meiner Schöpfungen zu sein.
Nur im Schatten wirst du mich erspähen,
Aber liebe, liebe mich, o Sohn!
Drüben wirst du meine Klarheit sehen,
80 Drüben kosten deiner Liebe Lohn.«

Nun, o Geister! in der Göttin Namen,
Die uns schuf im Anbeginn der Zeit,
Uns, die Sprößlinge von ihrem Samen,
Uns, die Erben ihrer Herrlichkeit,
85 Kommt zu feierlichen Huldigungen
Mit der Seele ganzer Götterkraft,
Mit der höchsten der Begeisterungen
Schwört vor ihr, die schuf und ewig schafft.

Frei und mächtig, wie des Meeres Welle,
Rein wie Bächlein in Elysium,   90
Sei der Dienst an ihres Tempels Schwelle,
Sei der Wahrheit hohes Priestertum.
Nieder, nieder mit verjährtem Wahne!
Stolzer Lüge Fluch und Untergang,
Ruhm der Weisheit unbefleckter Fahne,   95
Den Gerechten Ruhm und Siegsgesang!

Ha, der Lüge Quell – wie tot und trübe!
Kräftig ist der Weisheit Quell und süß!
Geister! Brüder! dieser Quell ist Liebe,
Ihn umgrünt der Freuden Paradies.   100
Von des Erdelebens Tand geläutert,
Ahndet Götterlust der zarte Sinn,
Von der Liebe Labetrunk erheitert,
Naht die Seele sich der Schöpferin.

Geister! Brüder! unser Bund erglühe   105
Von der Liebe göttlicher Magie.
Unbegrenzte, reine Liebe ziehe
Freundlich uns zur hohen Harmonie.
Sichtbar adle sie die treuen Söhne,
Schaff' in ihnen Ruhe, Mut und Tat,   110
Und der heiligen Entzückung Träne,
Wenn Urania der Seele naht.

Siehe, Stolz und Hader ist vernichtet,
Trug ist nun und blinde Lüge stumm,
Streng' ist Licht und Finsternis gesichtet,   115
Rein der Wahrheit stilles Heiligtum.
Unsrer Wünsche Kampf ist ausgerungen,
Himmelsruh errang der heiße Streit,
Und die priesterlichen Huldigungen
Lohnet göttliche Genügsamkeit.   120

Stark und selig in der Liebe Leben
Staunen wir des Herzens Himmel an,
Schnell wie Seraphin im Fluge, schweben
Wir zur hohen Harmonie hinan.
125 Das vermag die Saite nicht zu künden,
Was Urania den Sehern ist,
Wenn von hinnen Nacht und Wolke schwinden,
Und in ihr die Seele sich vergißt.

Kommt den Jubelsang mit uns zu singen,
130 Denen Liebe gab die Schöpferin!
Millionen, kommt emporzuringen
Im Triumphe zu der Königin!
Erdengötter, werft die Kronen nieder!
Jubelt Millionen fern und nah!
135 Und ihr Orione hallt es wider:
Heilig, heilig ist Urania!

HYMNE AN DIE MUSE

Schwach zu königlichem Feierliede,
Schloß ich lang genug geheim und stumm
Deine Freuden, hohe Pieride!
In des Herzens stilles Heiligtum;
5 Endlich, endlich soll die Saite künden,
Wie von Liebe mir die Seele glüht,
Unzertrennbarer den Bund zu binden,
Soll dir huldigen dies Feierlied.

Auf den Höh'n, am ernsten Felsenhange,
10 Wo so gerne mir die Träne rann,
Säuselte die frühe Knabenwange
Schon dein zauberischer Othem an; –
Bin ich, Himmlische, der Göttergnaden?
Königin der Geister, bin ich wert,
15 Daß mich oft, des Erdetands entladen,
Dein allmächtiges Umarmen ehrt? –

Ha! vermöcht' ich nun, dir nachzuringen,
Königin! in deiner Götterkraft
Deines Reiches Grenze zu erschwingen,
Auszusprechen, was dein Zauber schafft! –   20
Siehe! die geflügelten Äonen
Hält gebieterisch dein Othem an,
Deinem Zauber huldigen Dämonen,
Staub und Äther ist dir untertan.

Wo der Forscher Adlersblicke beben,   25
Wo der Hoffnung kühner Flügel sinkt,
Keimet aus der Tiefe Lust und Leben,
Wenn die Schöpferin vom Throne winkt;
Seiner Früchte süßestes bereitet
Ihr der Wahrheit grenzenloses Land;   30
Und der Liebe schöne Quelle leitet
In der Weisheit Hain der Göttin Hand.

Was vergessen wallt an Lethes Strande,
Was der Enkel eitle Ware deckt,
Strahlt heran im blendenden Gewande,   35
Freundlich von der Göttin auferweckt;
Was in Hütten und in Heldenstaaten
In der göttergleichen Väter Zeit
Große Seelen duldeten und taten,
Lohnt die Muse mit Unsterblichkeit.   40

Sieh'! am Dornenstrauche keimt die Rose,
So des Lenzes holder Strahl erglüht; –
In der Pieride Mutterschoße
Ist der Menschheit Adel aufgeblüht;
Auf des Wilden krausgelockte Wange   45
Drückt sie zauberisch den Götterkuß,
Und im ersten glühenden Gesange
Fühlt er staunend geistigen Genuß.

Liebend lächelt nun der Himmel nieder,
50 Leben atmen alle Schöpfungen,
Und im morgenrötlichen Gefieder
Nahen freundlich die Unsterblichen.
Heilige Begeisterung erbauet
In dem Haine nun ein Heiligtum,
55 Und im Todesvollen Kampfe schauet
Der Heroë nach Elysium.

Öde stehn und dürre die Gefilde,
Wo die Blüten das Gesetz erzwingt;
Aber wo in königlicher Milde
60 Ihren Zauberstab die Muse schwingt,
Blühen schwelgerisch und kühn die Saaten,
Reifen, wie der Wandelsterne Lauf,
Schnell und herrlich Hoffnungen und Taten
Der Geschlechter zur Vollendung auf.

65 Laß der Wonne Zähre dir gefallen!
Laß die Seele des Begeisterten
In der Liebe Taumel überwallen!
Laß, o Göttin! laß mich huldigen! –
Siehe! die geflügelten Äonen
70 Hält gebieterisch dein Othem an,
Deinem Zauber huldigen Dämonen –
Ewig bin auch ich dir untertan.

Mag der Pöbel seinen Götzen zollen,
Mag, aus deinem Heiligtum verbannt
75 Deinen Lieblingen das Laster grollen,
Mag, in ihrer Schwäche Schmerz entbrannt,
Stolze Lüge deine Würde schänden,
Und dein Edelstes dem Staube weih'n,
Mag sie Blüte mir und Kraft verschwenden,
80 Meine Liebe! – dieses Herz ist dein!

In der Liebe volle Lust zerflossen,
Höhnt das Herz der Zeiten trägen Lauf,
Stark und rein im Innersten genossen,
Wiegt der Augenblick Äonen auf; –
Wehe! wem des Lebens schöner Morgen 85
Freude nicht und trunkne Liebe schafft,
Wem am Sklavenbande bleicher Sorgen
Zum Genusse Kraft und Mut erschlafft.

Deine Priester, hohe Pieride!
Schwingen frei und froh den Pilgerstab, 90
Mit der allgewaltigen Ägide
Lenkst du mütterlich die Sorgen ab;
Schäumend beut die zauberische Schale
Die Natur den Auserkornen dar,
Trunken von der Schönheit Göttermahle 95
Höhnet Glück und Zeit die frohe Schar.

Frei und mutig, wie im Siegesliede,
Wallen sie der edeln Geister Bahn,
Dein Umarmen, hohe Pieride!
Flammt zu königlichen Taten an; – 100
Laßt die Mietlinge den Preis erspähen!
Laßt sie seufzend für die Tugenden,
Für den Schweiß am Joche Lohn erflehen!
Mut und Tat ist Lohn den Edleren!

Ha! von ihr, von ihr emporgehoben 105
Blickt dem Ziele zu der trunkne Sinn –
Hör' es, Erd' und Himmel! wir geloben,
Ewig Priestertum der Königin!
Kommt zu süßem brüderlichem Bunde,
Denen sie den Adel anerschuf, 110
Millionen auf dem Erdenrunde!
Kommt zu neuem seligem Beruf!

Ewig sei ergrauter Wahn vergessen!
Was der reinen Geister Aug' ermißt,
Hoffe nie die Spanne zu ermessen! –
Betet an, was schön und herrlich ist!
Kostet frei, was die Natur bereitet,
Folgt der Pieride treuen Hand,
Geht, wohin die reine Liebe leitet,
Liebt und sterbt für Freund und Vaterland!

HYMNE AN DIE FREIHEIT

Wie den Aar im grauen Felsenhange
Wildes Sehnen zu der Sterne Bahn,
Flammt zu majestätischem Gesange
Meiner Freuden Ungestüm mich an;
Ha! das neue niegenoss'ne Leben
Schaffet neuen glühenden Entschluß!
Über Wahn und Stolz emporzuschweben,
Süßer unaussprechlicher Genuß!

Sint dem Staube mich ihr Arm entrissen,
Schlägt das Herz so kühn und selig ihr;
Angeflammt von ihren Götterküssen
Glühet noch die heiße Wange mir;
Jeder Laut von ihrem Zaubermunde
Adelt noch den neugeschaff'nen Sinn –
Hört, o Geister! meiner Göttin Kunde,
Hört, und huldiget der Herrscherin!

»Als die Liebe noch im Schäferkleide
Mit der Unschuld unter Blumen ging,
Und der Erdensohn in Ruh' und Freude
Der Natur am Mutterbusen hing,
Nicht der Übermut auf Richterstühlen
Blind und fürchterlich das Band zerriß;
Tauscht' ich gerne mit der Götter Spielen
Meiner Kinder stilles Paradies.

Liebe rief die jugendlichen Triebe 25
Schöpferisch zu hoher stiller Tat,
Jeden Keim entfaltete der Liebe
Wärm' und Licht zu schwelgerischer Saat;
Deine Flügel, hohe Liebe! trugen
Lächelnd nieder die Olympier; 30
Jubeltöne klangen – Herzen schlugen
An der Götter Busen göttlicher.

Freundlich bot der Freuden süße Fülle
Meinen Lieblingen die Unschuld dar;
Unverkennbar in der schönen Hülle 35
Wußte Tugend nicht, wie schön sie war;
Friedlich hausten in der Blumenhügel
Kühlem Schatten die Genügsamen –
Ach! des Haders und der Sorge Flügel
Rauschte ferne von den Glücklichen. 40

Wehe nun! – mein Paradies erbebte!
Fluch verhieß der Elemente Wut!
Und der Nächte schwarzem Schoß' entschwebte
Mit des Geiers Blick der Übermut;
Wehe! weinend floh' ich mit der Liebe 45
Mit der Unschuld in die Himmel hin –
Welke, Blume! rief ich ernst und trübe,
Welke, nimmer, nimmer aufzublüh'n!

Keck erhub sich des Gesetzes Rute,
Nachzubilden, was die Liebe schuf; 50
Ach! gegeißelt von dem Übermute
Fühlte keiner göttlichen Beruf;
Vor dem Geist in schwarzen Ungewittern,
Vor dem Racheschwerte des Gerichts
Lernte so der blinde Sklave zittern, 55
Frönt' und starb im Schrecken seines Nichts.

Kehret nun zu Lieb' und Treue wieder –
Ach! es zieht zu langentbehrter Lust
Unbezwinglich mich die Liebe nieder –
60   Kinder! kehret an die Mutterbrust!
Ewig sei vergessen und vernichtet,
Was ich zürnend vor den Göttern schwur;
Liebe hat den langen Zwist geschlichtet,
Herrschet wieder! Herrscher der Natur!«

65   Froh und göttlichgroß ist deine Kunde,
Königin! dich preise Kraft und Tat!
Schon beginnt die neue Schöpfungsstunde,
Schon entkeimt die segenschwang're Saat:
Majestätisch, wie die Wandelsterne,
70   Neuerwacht am off'nen Ozean,
Strahlst du uns in königlicher Ferne,
Freies kommendes Jahrhundert! an.

Staunend kennt der große Stamm sich wieder,
Millionen knüpft der Liebe Band;
75   Glühend steh'n, und stolz, die neuen Brüder,
Stehn und dulden für das Vaterland;
Wie der Efeu, treu und sanft umwunden,
Zu der Eiche stolzen Höh'n hinauf,
Schwingen, ewig brüderlich verbunden,
80   Nun am Helden Tausende sich auf.

Nimmer beugt, vom Übermut belogen,
Sich die freie Seele grauem Wahn;
Von der Muse zarter Hand erzogen
Schmiegt sie kühn an Göttlichkeit sich an;
85   Götter führt in brüderlicher Hülle
Ihr die zauberische Muse zu,
Und gestärkt in reiner Freuden Fülle,
Kostet sie der Götter stolze Ruh!

Froh verhöhnt das königliche Leben
Deine Taumel, niedre feige Lust! 90
Der Vollendung Ahndungen erheben
Über Glück und Zeit die stolze Brust. –
Ha! getilget ist die alte Schande!
Neuerkauft das angestammte Gut!
In dem Staube modern alle Bande, 95
Und zur Hölle flieht der Übermut!

Dann am süßen heißerrungnen Ziele,
Wenn der Ernte großer Tag beginnt,
Wenn verödet die Tirannenstühle,
Die Tirannenknechte Moder sind, 100
Wenn im Heldenbunde meiner Brüder
Deutsches Blut und deutsche Liebe glüht;
Dann, o Himmelstochter! sing' ich wieder,
Singe sterbend dir das letzte Lied.

KANTON SCHWEIZ
An meinen lieben Hiller

Hier, in ermüdender Ruh', im bittersüßen Verlangen,
Da zu sein, wo mein Herz, und jeder beßre Gedank' ist,
Reichet doch Erinnerung mir den zaubrischen Becher
Schäumend und voll, und hoher Genuß der kehrenden
                                        Bilder
Weckt die schlummernden Fittige mir zu trautem Gesange. 5

Bruder! dir gab ein Gott der Liebe göttlichen Funken,
Zarten geläuterten Sinn, zu erspäh'n, was herrlich und
                                        schön ist;
Stolzer Freiheit glühet dein Herz, und kindlicher Einfalt –
Bruder! komm' und koste mit mir des zaubrischen Bechers.

Dort, wo der Abendstrahl die Westgewölke vergüldet, 10
Dorthin wende den Blick, und weine die Träne der
                                        Sehnsucht!

Ach! dort wandelten wir! dort flog und schwelgte das Auge
Unter den Herrlichkeiten umher! – wie dehnte der Busen
Diesen Himmel zu fassen, sich aus! – wie brannte die Wange
15 Süß von Morgenlüften gekühlt, als unter Gesängen
Zürch den Scheidenden schwand im sanfthingleitenden
                                    Boote!
Lieber! wie drücktest du mir die heiße zitternde Rechte,
Sahst so glühend und ernst mich an im donnernden
                                    Rheinsturz!
Aber selig, wie du, o Tag am Quelle der Freiheit!
20 Festlich, wie du, sank keiner auf uns vom rosigen Himmel.

Ahndung schwellte das Herz. Schon war des feiernden
                                    Klosters[1]
Ernste Glocke verhallt. Schon schwanden die friedlichen
                                    Hütten
Rund an Blumenhügeln umher, am rollenden Gießbach,
Unter Fichten im Tal, wo dem Ahn in heiliger Urzeit
25 Füglich däuchte der Grund zum Erbe genügsamer Enkel.
Schaurig und kühl empfing uns die Nacht in ewigen
                                    Wäldern,
Und wir klommen hinauf am furchtbarherrlichen Haken.
Nächtlicher immer wards und enger im Riesengebürge.
Jäher herunter hing der Pfad zu den einsamen Wallern.
30 Dicht zur Rechten donnert hinab der zürnende Waldstrom:
Nur sein Donner berauscht den Sinn. Die schäumenden
                                    Wogen
Birgt uns Felsengesträuch, und modernde Tannen am
                                    Abhang,
Vom Orkane gestürzt. – Nun tagte die Nacht am Gebirge
Schaurig und wundersam, wie Heldengeister am Lego,
35 Wälzten sich kämpfende Wolken heran auf schneeiger
                                    Heide.
Sturm und Frost entschwebte der Kluft. Vom Sturme
                                    getragen

---

1 Marien-Einsiedel.

Schrie und stürzte der Aar, die Beut' im Tale zu haschen.
Und der Wolken Hülle zerriß, und im ehernen Panzer
Kam die Riesin heran, die majestätische Myten.[2]
Staunend wandelten wir vorüber. – Ihr Väter der Freien! 40
Heilige Schar! nun schau'n wir hinab, hinab, und erfüllt ist
Was der Ahndungen kühnste versprach, was süße
                              Begeist'rung
Einst mich lehrt' im Knabengewande, gedacht' ich des
                              hohen
Hirten in Mamre's Hain' und der schönen Tochter von
                              Laban,
Ach! es kehrt so warm in die Brust; – Arkadiens Friede 45
Köstlicher, unerkannter, und du, allheilige Einfalt,
Wie so anders blüht in eurem Strahle die Freude! –
Vor entweihendem Prunk, vor Stolz und knechtischer Sitte
Von den ewigen Wächtern geschirmt, den Riesengebirgen,
Lachte das heilige Tal uns an, die Quelle der Freiheit. 50
Freundlich winkte der See[3] vom fernen Lager; die
                              Schrecken
Seiner Arme verbarg die schwarze Kluft im Gebirge:
Freundlicher sahn aus der Tiefe herauf, in blühende Zweige
Reizend verhüllt, und kindlichfroh der jauchzenden Herde
Und des tiefen Grases umher, die friedsamen Hütten. 55
Und wir eilten hinab in Liebe; kosteten lächelnd
Auf dem Pfade des Sauerklees, und erfrischender Ampfer,
Bis der begeisternde Sohn der schwarzen italischen Traube
Uns mit Lächeln gereicht in der herzerfreuenden Hütte
Neues Leben in uns gebar, und die schäumenden Gläser 60
Unter Jubelgesang erklangen, zur Ehre der Freiheit.
Lieber! wie war uns da! – bei solchem Mahle begehret
Nichts auf Erden die Brust, und alle Kräfte gedeihen.

Lieber! er schwand so schnell, der köstliche Tag; in der
                              kühlen

---

2 Ein ungeheurer pyramidalischer Fels auf der Spitze des Haken-
  bergs.
3 Der Waldstättersee.

Dämmerung schieden wir; an den Heiligtümern der
65   Freiheit
Wallten wir dann vorbei in frommer seliger Stille,
Faßten sie tief in's Herz, und segneten sie, und schieden!

Lebt dann wohl, ihr Glücklichen dort! im friedsamen Tale
Lebe wohl, du Stätte des Schwurs![4] dir jauchz'ten die
                              Sterne,
70 Als in heiliger Nacht der ernste Bund dich besuchte.
Herrlich Gebirg! wo der bleiche Tyrann den Knechten
                            vergebens,
Zahm und schmeichlerisch Mut gebot – zu gewaltig
                            erhub sich
Wider den Trotz die gerechte, die unerbittliche Rache –
Lebe wohl, du herrlich Gebirg.[5] Dich schmückte der Freien
75 Opferblut – es wehrte der Träne der einsame Vater.
Schlummre sanft, du Heldengebein! o schliefen auch wir
                            dort
Deinen eisernen Schlaf, dem Vaterlande geopfert,
Walthers Gesellen und Tells, im schönen Kampfe der
                            Freiheit!

Könnt' ich dein vergessen, o Land, der göttlichen Freiheit!
80 Froher wär' ich; zu oft befällt die glühende Scham mich,
Und der Kummer, gedenk' ich dein, und der heiligen
                            Kämpfer.
Ach! da lächelt Himmel und Erd' in fröhlicher Liebe
Mir umsonst, umsonst der Brüder forschendes Auge.
Doch ich vergesse dich nicht! ich hoff' und harre des Tages,
85 Wo in erfreuende Tat sich Scham und Kummer verwandelt.

---

4 Rütli, eine Wiese nah am Waldstättersee, dem Mytenstein ge-
    genüber, wo Walther Fürst und seine Gesellen schwuren: »frei
    zu leben oder zu sterben!«
5 Morgarten, auf dem Sattelberge.

HYMNE AN DIE MENSCHHEIT

Les bornes du possible dans les choses morales sont moins étroites,
que nous ne pensons. Ce sont nos foiblesses, nos vices, nos pré-
jugés, qui les rétrécissent. Les ames basses ne croient point aux
grands hommes: de vils esclaves sourient d'un air moqueur à ce
mot de liberté.

J. J. Rousseau

Die ernste Stunde hat geschlagen;
Mein Herz gebeut; erkoren ist die Bahn!
Die Wolke fleucht, und neue Sterne tagen,
Und Hesperidenwonne lacht mich an!
Vertrocknet ist der Liebe stille Zähre,   5
Für dich geweint, mein brüderlich Geschlecht!
Ich opfre dir; bei deiner Väter Ehre!
Beim nahen Heil! das Opfer ist gerecht.

Schon wölbt zu reinerem Genusse
Dem Auge sich der Schönheit Heiligtum;   10
Wir kosten oft, von ihrem Mutterkusse
Geläutert und gestärkt, Elysium;
Des Schaffens süße Lust, wie sie, zu fühlen,
Belauscht sie kühn der zartgewebte Sinn,
Und magisch tönt von unsern Saitenspielen   15
Die Melodie der ernsten Meisterin.

Schon lernen wir das Band der Sterne,
Der Liebe Stimme männlicher versteh'n,
Wir reichen uns die Bruderrechte gerne,
Mit Heereskraft der Geister Bahn zu geh'n;   20
Schon höhnen wir des Stolzes Ungebärde,
Die Scheidewand, von Flittern aufgebaut;
Und an des Pflügers unentweihtem Herde
Wird sich die Menschheit wieder angetraut.

25 Schon fühlen an der Freiheit Fahnen
Sich Jünglinge, wie Götter, gut und groß,
Und, ha! die stolzen Wüstlinge zu mahnen,
Bricht jede Kraft von Bann und Kette los;
Schon schwingt er kühn und zürnend das Gefieder,
30 Der Wahrheit unbesiegter Genius,
Schon trägt der Aar des Rächers Blitze nieder,
Und donnert laut, und kündet Siegsgenuß.

So wahr, von Giften unbetastet,
Elysens Blüte zur Vollendung eilt,
35 Der Heldinnen, der Sonnen keine rastet,
Und Orellana nicht im Sturze weilt!
Was unsre Lieb' und Siegeskraft begonnen,
Gedeih't zu üppiger Vollkommenheit;
Der Enkel Heer geneußt der Ernte Wonnen;
40 Uns lohnt die Palme der Unsterblichkeit.

Hinunter dann mit deinen Taten,
Mit deinen Hoffnungen, o Gegenwart!
Von Schweiß betaut, entkeimten unsre Saaten!
Hinunter dann, wo Ruh' der Kämpfer harrt!
45 Schon geh't verherrlichter aus unsern Grüften
Die Glorie der Endlichkeit hervor;
Auf Gräbern hier Elysium zu stiften,
Ringt neue Kraft zu Göttlichem empor.

In Melodie den Geist zu wiegen,
50 Ertönet nun der Saite Zauber nur;
Der Tugend winkt zu gleichen Meisterzügen
Die Grazie der göttlichen Natur;
In Fülle schweben lesbische Gebilde,
Begeisterung, vom Segenshorne dir!
55 Und in der Schönheit weitem Lustgefilde
Verhöhnt das Leben knechtische Begier.

Gestärkt von hoher Lieb' ermüden
Im Fluge nun die jungen Aare nie,
Zum Himmel führt die neuen Tyndariden
Der Freundschaft allgewaltige Magie;   60
Veredelt schmiegt an tatenvoller Greise
Begeisterung des Jünglings Flamme sich;
Sein Herz bewahrt der lieben Väter Weise,
Wird kühn, wie sie, und froh und brüderlich.

Er hat sein Element gefunden,   65
Das Götterglück, sich eig'ner Kraft zu freu'n;
Den Räubern ist das Vaterland entwunden,
Ist ewig nun, wie seine Seele, sein!
Kein eitel Ziel entstellt die Göttertriebe,
Ihm winkt umsonst der Wollust Zauberhand;   70
Sein höchster Stolz und seine wärmste Liebe,
Sein Tod, sein Himmel ist das Vaterland.

Zum Bruder hat er dich erkoren,
Geheiliget von deiner Lippe Kuß
Unwandelbare Liebe dir geschworen,   75
Der Wahrheit unbesiegter Genius!
Emporgereift in deinem Himmelslichte,
Strahlt furchtbarherrliche Gerechtigkeit,
Und hohe Ruh' vom Heldenangesichte –
Zum Herrscher ist der Gott in uns geweih't.   80

So jubelt, Siegsbegeisterungen!
Die keine Lipp' in keiner Wonne sang;
Wir ahndeten – und endlich ist gelungen,
Was in Äonen keiner Kraft gelang –
Vom Grab' ersteh'n der alten Väter Heere,   85
Der königlichen Enkel sich zu freu'n;
Die Himmel kündigen des Staubes Ehre,
Und zur Vollendung geht die Menschheit ein.

HYMNE AN DIE SCHÖNHEIT
Erste Fassung

Hab ich vor der Götter Ohren
Zauberische Muse, dir
Lieb und Treue nicht geschworen?
Sankst du nicht in Lust verloren
Glühend in die Arme mir? –
Ha! so wall' ich ohne Zagen
Durch die Liebe froh und kühn,
Lächelnd zu den Höhen hin
Wo die letzten Nächte tagen,
Wo der Sonnen letzte schien.

Waltend über Orionen,
Wo der Sterne Klang verhallt,
Lächelt, opfernden Dämonen
Mit der Liebe Blick zu lohnen
Schönheit in der Urgestalt;
Dort dem hohen Götterglanze
Der Gebieterin zu nah'n,
Flammet Lieb' und Stolz mich an,
Denn mit hellem Siegeskranze
Lohnet sie die kühne Bahn.

Reinere Begeisterungen
Trinkt die freie Seele schon,
Meines Lebens Peinigungen
Hat die neue Lust verschlungen,
Nacht und Wolke sind entflohn;
Wann im schreckenden Gerichte
Schnell der Welten Achse bricht
Hier erbebt die Liebe nicht,
Wo von ihrem Angesichte
Lieb' und Göttergröße spricht.

Stiegst du so zur Erde nieder,
Hohe süße Zauberin!
Ha! der Staub erwachte wieder
Und des Kummers morsche Glieder
Hüpften üppig vor dir hin;   35
Von der Liebe Blick betroffen
Bebt' und küßte brüderlich
Groll und wilder Hader sich,
Wie der Himmel, hell und offen
Grüßten Wahn und Irre dich.   40

Schon im grünen Erdenrunde
Schmeckt ich hohen Vorgenuß
Bebend dir am Göttermunde
Trank ich früh der Weihestunde
Süßen mütterlichen Kuß;   45
Fremde meinem Kindersinne
Folgte mir zu Wies' und Wald
Die arkadische Gestalt.
Ha! und staunend ward ich inne
Ihres Zaubers Allgewalt.   50

In den Tiefen und den Höhen
Der erfreuenden Natur
Fand' ich, Wonne zu erspähen
Von der Holdin ausersehen
Liebetrunken ihre Spur;   55
Wo das Tal der Blumenhügel
Freundlich in die Arme schloß,
Wo die Quelle niederfloß
In den klaren Wasserspiegel
Fand ich Spuren, hold und groß!   60

Glühend an der Purpurwange
Sanft berührt vom Lockenhaar
Von der Lippe, süß und bange
Bebend in dem Liebesdrange

65   Vom geschloßnen Augenpaar, –
          In der hohen Meisterzüge
          Wonniglicher Harmonie
          In der Stimme Melodie
          Fand, verraten ihrem Siege
70   Fand die trunkne Seele Sie.

            HYMNE AN DIE SCHÖNHEIT
                Zweite Fassung

Die Natur in ihren schönen Formen spricht figürlich zu uns, und
die Auslegungsgabe ihrer Chiffernschrift ist uns im moralischen
Gefühl verliehen.   Kant

          Hat vor aller Götter Ohren
          Zauberische Muse! dir
          Treue bis zu Orkus Toren
          Meine Seele nicht geschworen?
5   Lachte nicht dein Auge mir?
          Ha! so wall' ich ohne Beben,
          Durch die Liebe froh und kühn,
          Zu den ernsten Höhen hin,
          Wo in ewig jungem Leben
10   Kränze für den Sänger blüh'n.

          Waltend über Orionen,
          Wo der Pole Klang verhallt,
          Lacht vollendeter Dämonen
          Priesterlichen Dienst zu lohnen,
15   Schönheit in der Urgestalt;
          Dort im Glanze mich zu sonnen,
          Dort der Schöpferin zu nah'n,
          Flammet stolzer Wunsch mich an,
          Denn mit hohen Siegeswonnen
20   Lohnet sie die kühne Bahn.

Reinere Begeisterungen
Trinkt die freie Seele schon;
Meines Lebens Peinigungen
Hat die neue Lust verschlungen,
Nacht und Wolke sind entfloh'n;   25
Wenn im schreckenden Gerichte
Schnell der Welten Achse bricht –
Hier erbleicht die Freude nicht,
Wo von ihrem Angesichte
Lieb' und stille Größe spricht.   30

Stiegst du so zur Erde nieder,
Königin im Lichtgewand'!
Ha! der Staub erwachte wieder,
Und des Kummers morsch Gefieder
Schwänge sich in's Jubelland;   35
Durch der Liebe Blick genesen
Freut' und küßte brüderlich
Groll und wilder Hader sich;
Jubelnd fühlten alle Wesen
Auf erhöhter Stufe dich.   40

Schon im grünen Erdenrunde
Schmeckt' ich hohen Vorgenuß;
Bebend dir am Göttermunde,
Trank ich früh der Weihestunde
Süßen mütterlichen Kuß;   45
Fremde meinem Kindersinne
Folgte mir zu Wies' und Wald
Die arkadische Gestalt –
Ha! und staunend ward ich inne
Ihres Zaubers Allgewalt.   50

In den Tiefen und den Höhen
Ihrer Tochter, der Natur,
Fand ich, Wonne zu erspähen
Von der Holdin ausersehen,

55 Rein und trunken ihre Spur;
Wo das Tal der Tannenhügel
Freundlich in die Arme schloß,
Wo die Quelle niederfloß
In dem blauen Wasserspiegel,
60 Fühlt' ich selig mich und groß. –

Lächle, Grazie der Wange!
Götterauge, rein und mild!
Leihe, daß er leb' und prange
Deinen Adel dem Gesange,
65 Meiner Antiphile Bild. –
Mutter! dich erspäht der Söhne
Kühne Liebe fern und nah;
Schon im holden Schleier sah,
Schon in Antiphilens Schöne
70 Kannt' ich dich, Urania!

Siehe! mild, wie du, erlaben
Sinn und Herz dem Endlichen,
Über Preis und Lohn erhaben,
Deiner Priester Wundergaben,
75 Deiner Söhne Schöpfungen;
Ha! mit tausend Huldigungen
Glühend, wie sich Jachus freut,
Kost' ich eurer Göttlichkeit,
Söhne der Begeisterungen!
80 Kost' und jauchze Trunkenheit.

Schar, zu kühnem Ziel' erkoren!
Still und mächtig Priestertum!
Lieblinge! von euch beschworen,
Blüht im Kreise güldner Horen,
85 Wo ihr wallt, Elysium; –
O! so lindert, ihr Geweihten!
Der gedrückten Brüder Last!
Seid der Tyrannei verhaßt!

Kostet *eurer* Seligkeiten!
Darbet, wo der Schmeichler praßt!   90

Ha! die schönsten Keim' entfalten
In der Priester Dienste sich; –
Freuden, welche nie veralten,
Lächeln, wo die Götter walten –
Diese Freuden ahndet' ich!   95
Hier im Glanze mich zu sonnen,
Hier der Schöpferin zu nah'n,
Flammte stolzer Wunsch mich an,
Und mit hohen Siegeswonnen
Lohnet sie die kühne Bahn.   100

Feiert, wie an Hochaltären
Dieser Geister lichte Schar,
Brüder! bringt der Liebe Zähren,
Bringt, die Göttliche zu ehren,
Mut und Tat zum Opfer dar!   105
Huldiget! von diesem Throne
Donnert ewig kein Gericht,
Ihres Reiches süße Pflicht
Kündet sie im Muttertone –
Hört! die Götterstimme spricht: 110

»Mahnt im seligen Genieße,
Mahnet nicht, am Innern sie
Nachzubilden, jede süße
Stelle meiner Paradiese,
Jede Weltenharmonie?   115
Mein ist, wem des Bildes Adel
Zauberisch das Herz verschönt,
Daß er niedre Gier verhöhnt,
Und im Leben ohne Tadel
Reine Götterlust ersehnt.   120

Was im eisernen Gebiete
Mühsam das Gesetz erzwingt,
Reift, wie Hesperidenblüte,
Schnell zu wandelloser Güte,
So mein Strahl an's Innre dringt;
Knechte, vom Gesetz gedungen,
Heischen ihrer Mühe Lohn;
Meiner Gottheit großen Sohn
Lohnt der treuen Huldigungen,
Lohnt der Liebe Wonne schon.

Rein, wie diese Sterne klingen,
Wie melodisch himmelwärts
Auf der kühnen Freude Schwingen
Süße Preisgesänge dringen,
Naht sich mir des Sohnes Herz:
Schöner blüht der Liebe Rose!
Ewig ist die Klage stumm!
Aus des Geistes Heiligtum',
Und, Natur! in deinem Schoße
Lächelt ihm Elysium.«

HYMNE AN DIE FREIHEIT

Wonne säng' ich an des Orkus Toren,
Und die Schatten lehrt' ich Trunkenheit,
Denn ich sah', vor tausenden erkoren,
Meiner Göttin ganze Göttlichkeit;
Wie nach dumpfer Nacht im Purpurscheine
Der Pilote seinen Ozean,
Wie die Seligen Elysens Haine,
Staun' ich dich geliebtes Wunder! an.

Ehrerbietig senkten ihre Flügel,
Ihres Raubs vergessen, Falk und Aar,
Und getreu dem diamantnen Zügel

Schritt vor ihr ein trotzig Löwenpaar;
Jugendliche wilde Ströme standen,
Wie mein Herz, vor banger Wonne stumm;
Selbst die kühnen Boreasse schwanden,   15
Und die Erde ward zum Heiligtum.

Ha! zum Lohne treuer Huldigungen
Bot die Königin die Rechte mir,
Und von zauberischer Kraft durchdrungen
Jauchzte Sinn und Herz verschönert ihr;   20
Was sie sprach, die Richterin der Kronen,
Ewig tönts in dieser Seele nach,
Ewig in der Schöpfung Regionen –
Hört, o Geister, was die Mutter sprach!

»Taumelnd in des alten Chaos Wogen,   25
Froh und wild, wie Evans Priesterin,
Von der Jugend kühner Lust betrogen,
Nannt' ich mich der Freiheit Königin;
Doch es winkte der Vernichtungsstunde
Zügelloser Elemente Streit;   30
Da berief zu brüderlichem Bunde
Mein Gesetz die Unermeßlichkeit.«

»Mein Gesetz, es tötet zartes Leben,
Kühnen Mut, und bunte Freude nicht,
Jedem ward der Liebe Recht gegeben,   35
Jedes übt der Liebe süße Pflicht;
Froh und stolz im ungestörten Gange
Wandelt Riesenkraft die weite Bahn,
Sicher schmiegt in süßem Liebesdrange
Schwächeres der großen Welt sich an.«   40

»Kann ein Riese meinen Aar entmannen?
Hält ein Gott die stolzen Donner auf?
Kann Tyrannenspruch die Meere bannen?
Hemmt Tyrannenspruch der Sterne Lauf? –

45   Unentweiht von selbsterwählten Götzen,
        Unzerbrüchlich ihrem Bunde treu,
        Treu der Liebe seligen Gesetzen,
        Lebt die Welt ihr heilig Leben frei.«

        »Mit gerechter Herrlichkeit zufrieden
50   Flammt Orions helle Rüstung nie
        Auf die brüderlichen Tyndariden,
        Selbst der Löwe grüßt in Liebe sie;
        Froh des Götterloses, zu erfreuen,
        Lächelt Helios in süßer Ruh
55   Junges Leben, üppiges Gedeihen
        Dem geliebten Erdenrunde zu.«

        »Unentweiht von selbsterwählten Götzen,
        Unzerbrüchlich ihrem Bunde treu,
        Treu der Liebe seligen Gesetzen,
60   Lebt die Welt ihr heilig Leben frei;
        Einer, Einer nur ist abgefallen,
        Ist gezeichnet mit der Hölle Schmach;
        Stark genug, die schönste Bahn zu wallen,
        Kriecht der Mensch am trägen Joche nach.«

65   »Ach! er war das göttlichste der Wesen,
        Zürn' ihm nicht, getreuere Natur!
        Wunderbar und herrlich zu genesen
        Trägt er noch der Heldenstärke Spur; –
        Eil', o eile, neue Schöpfungsstunde,
70   Lächle nieder, süße güldne Zeit!
        Und im schöner'n, unverletzten Bunde,
        Feire dich die Unermeßlichkeit.«

        Nun, o Brüder! wird die Stunde säumen?
        Brüder! um der tausend Jammernden,
75   Um der Enkel, die der Schande keimen,
        Um der königlichen Hoffnungen,
        Um der Güter, so die Seele füllen,

Um der angestammten Göttermacht,
Brüder ach! um unsrer Liebe willen
Könige der Endlichkeit, erwacht! –   80

Gott der Zeiten! in der Schwüle fächeln
Kühlend deine Tröstungen uns an;
Süße rosige Gesichte lächeln
Uns so gern auf öder Dornenbahn;
Wenn der Schatten väterlicher Ehre,   85
Wenn der Freiheit letzter Rest zerfällt,
Weint mein Herz der Trennung bittre Zähre
Und entflieht in seine schön're Welt.

Was zum Raube sich die Zeit erkoren,
Morgen steht's in neuer Blüte da;   90
Aus Zerstörung wird der Lenz geboren,
Aus den Fluten stieg Urania;
Wenn ihr Haupt die bleichen Sterne neigen,
Strahlt Hyperion im Heldenlauf –
Modert, Knechte! freie Tage steigen   95
Lächelnd über euern Gräbern auf.

Lange war zu Minos ernsten Hallen
Weinend die Gerechtigkeit entfloh'n –
Sieh! in mütterlichem Wohlgefallen
Küßt sie nun den treuen Erdensohn;   100
Ha! der göttlichen Catone Manen
Triumphieren in Elysium,
Zahllos weh'n der Tugend stolze Fahnen,
Heere lohnt des Ruhmes Heiligtum.

Aus der guten Götter Schoße regnet   105
Trägem Stolze nimmermehr Gewinn,
Ceres heilige Gefilde segnet
Freundlicher die braune Schnitterin,
Lauter tönt am heißen Rebenhügel,
Mutiger des Winzers Jubelruf,   110

Unentheiligt von der Sorge Flügel
Blüht und lächelt, was die Freude schuf.

Aus den Himmeln steigt die Liebe nieder,
Männermut, und hoher Sinn gedeiht,
115 Und du bringst die Göttertage wieder,
Kind der Einfalt! süße Traulichkeit!
Treue gilt! und Freundesretter fallen,
Majestätisch, wie die Zeder fällt,
Und des Vaterlandes Rächer wallen
120 Im Triumphe nach der bessern Welt.

Lange schon vom engen Haus umschlossen,
Schlummre dann im Frieden mein Gebein! –
Hab' ich doch der Hoffnung Kelch genossen,
Mich gelabt am holden Dämmerschein!
125 Ha! und dort in wolkenloser Ferne,
Winkt auch mir der Freiheit heilig Ziel!
Dort, mit euch, ihr königlichen Sterne,
Klinge festlicher mein Saitenspiel!

HYMNE AN DIE FREUNDSCHAFT
An Neuffer und Magenau

Rings in schwesterlicher Stille
Lauscht die blühende Natur;
Aus des kühnen Herzens Fülle
Tönt des Bundes Stimme nur;
5 Leise rauscht's im Eichenhaine
Nie gefühlte Lüfte weh'n,
Wo in höhrem Sternenscheine
Wir das ernste Fest begeh'n.

Ha! in süßem Wohlgefallen
10 Säuselt hier der Väter Schar,
Abgeschiedne Freunde wallen

Lächelnd um den Moosaltar;
Und der hellen Tyndariden
Brüderliches Auge lacht
Froh wie wir in deinem Frieden,   15
Schöne feierliche Nacht!

Heiliger und reiner tönte
Dieser Herzen Jubel nie,
Unter Schwur und Kuß verschönte,
Freundschaft! deine Milde sie;   20
Zürne nicht der Wonne Zähren!
Laß, o laß uns huldigen,
Schönste von Olympos Heeren,
Krone der Unsterblichen!

Als der Geister Wunsch gelungen,   25
Und gereift die Stunde war,
Da von Ares' Arm umschlungen,
Cytherea dich gebar;
Als die Heldin ohne Tadel
Nun der Erde Sohn so nah',   30
Staunend in des Vaters Adel,
In der Mutter Gürtel sah';

Da begann zu Sonnenhöhen
Nie versuchten Adlerflug,
Was von Göttern ausersehen   35
Kraft und Lieb' im Busen trug;
Stolzer hub des Sieges Flügel,
Rosiger der Friede sich;
Jauchzend um die Blumenhügel
Grüßte Gram und Sorge dich.   40

Blutend trug die Siegesfahne,
In der Stürme Donner schwamm
Durch die wilden Ozeane,
Wer aus deinem Schoße kam;

45 Deiner Riesen Wehre klangen
Bis hinab zur alten Nacht –
Ha! des Orkus Tore sprangen,
Zitternd deiner Zaubermacht!

Trunken, wie von Hebe's Schale,
50 Kos'ten sie in süßer Rast
Am ersehnten Opfermahle
Nach der schwülen Tage Last;
Göttern glich der Freunde Rächer,
Wenn die stolze Zähre sank
55 In den vollen Labebecher,
Den er seinem Siege trank.

Liebend stieg die Muse nieder,
Als sie in Arkadia
Dich im göttlichen Gefieder
60 Schwebend um die Schäfer sah';
Mutter! Herz und Lippe brannten,
Feierten im Liede dich,
Und am süßen Laute kannten
Jubelnd deine Söhne sich. –

65 Ha! in deinem Schoße schwindet
Jede Sorg' und fremde Lust;
Nur in deinem Himmel findet
Sättigung die wilde Brust;
Frommen Kindersinnes wiegen
70 Sich im Schoße der Natur –
Über Stolz und Lüge siegen
Deine Auserwählten nur. –

Dank, o milde Segensrechte!
Für die Wonn' und Heiligkeit,
75 Für der hohen Bundesnächte
Süße kühne Trunkenheit;
Für des Trostes Melodien,

Für der Hoffnung Labetrank,
Für die tausend Liebesmühen
Weinenden entflammten Dank! 80

Siehe, Frücht' und Äste fallen,
Felsen stürzt der Zeitenfluß;
Freundlich winkt zu Minos Hallen
Bald der stille Genius;
Doch es lebe, was hienieden 85
Schönes, göttliches verblüht,
Hier, o Brüder! Tyndariden!
Wo die reine Flamme glüh't. –

Ha! die frohen Geister ringen
Zur Unendlichkeit hinan, 90
Tiefer ahndungsvoller dringen
Wir in diesen Ozean!
Hin zu deiner Wonne schweben
Wir aus Sturm und Dämmerung,
Du, der Myriaden Leben 95
Heilig Ziel! Vereinigung!

Wo in seiner Siegesfeier
Götterlust der Geist genießt,
Süßer, heiliger und freier
Seel' in Seele sich ergießt, 100
Wo in's Meer die Ströme rinnen,
Singen bei der Pole Klang
Wir der Geisterköniginnen
Schönster einst Triumphgesang.

HYMNE AN DIE LIEBE

Froh der süßen Augenweide
Wallen wir auf grüner Flur;
Unser Priestertum ist Freude,

Unser Tempel die Natur; –
Heute soll kein Auge trübe,
Sorge nicht hienieden sein!
Jedes Wesen soll der Liebe,
Frei und froh, wie wir, sich freu'n!

Höhnt im Stolze, Schwestern, Brüder!
Höhnt der scheuen Knechte Tand!
Jubelt kühn das Lied der Lieder,
Festgeschlungen Hand in Hand!
Steigt hinauf am Rebenhügel,
Blickt hinab ins weite Tal!
Überall der Liebe Flügel,
Hold und herrlich überall!

Liebe bringt zu jungen Rosen
Morgentau von hoher Luft,
Lehrt die warmen Lüfte kosen
In der Maienblume Duft;
Um die Orione leitet
Sie die treuen Erden her,
Folgsam ihrem Winke, gleitet
Jeder Strom in's weite Meer;

An die wilden Berge reihet
Sie die sanften Täler an,
Die entbrannte Sonn' erfreuet
Sie im stillen Ozean;
Siehe! mit der Erde gattet
Sich des Himmels heil'ge Lust,
Von den Wettern überschattet
Bebt entzückt der Mutter Brust.

Liebe wallt durch Ozeane,
Höhnt der dürren Wüste Sand,
Blutet an der Siegesfahne
Jauchzend für das Vaterland;

Liebe trümmert Felsen nieder,
Zaubert Paradiese hin –
Lächelnd kehrt die Unschuld wieder,
Göttlichere Lenze blüh'n. 40

Mächtig durch die Liebe, winden
Von der Fessel wir uns los,
Und die trunknen Geister schwinden
Zu den Sternen, frei und groß!
Unter Schwur und Kuß vergessen 45
Wir die träge Flut der Zeit,
Und die Seele naht vermessen
Deiner Lust, Unendlichkeit!

HYMNE AN DEN GENIUS
DER JUGEND

Heil! das schlummernde Gefieder
Ist zu neuem Flug' erwacht,
Triumphierend fühl' ich wieder
Lieb' und stolze Geistesmacht;
Siehe! deiner Himmelsflamme, 5
Deiner Freud' und Stärke voll,
Herrscher in der Götter Stamme!
Sei der kühnen Liebe Zoll.

Ha! der brüderlichen Milde,
So von deiner Stirne spricht! 10
Solch' harmonisches Gebilde
Weidete kein Auge nicht;
Wie um ihn die Aare schweben,
Wie die Lock' im Fluge weht! –
Wo im ungemeßnen Leben 15
Lebt so süße Majestät?

Lächelnd sah' der Holde nieder
Auf die winterliche Flur,
Und sie lebt und liebet wieder
20   Die entschlummerte Natur;
Um die Hügel und die Tale
Jauchz' ich nun im Vollgenuß,
Über deinem Freudenmahle,
Königlicher Genius!

25   Ha! wie diese Götteraue
Wieder lächelt und gedeiht!
Alles, was ich fühl' und schaue,
Eine Lieb' und Seligkeit!
Felsen hat der Falk' erschwungen,
30   Sich, wie dieses Herz, zu freu'n,
Und, von gleicher Kraft durchdrungen,
Strebt und rauscht der Eichenhain.

Unter liebendem Gekose
Schmieget Well' an Welle sich;
35   Liebend fühlt die süße Rose,
Fühlt die heil'ge Myrte dich;
Tausend frohe Leben winden
Schüchtern sich um Tellus Brust,
Und dem blauen Äther künden
40   Tausend Jubel deine Lust.

Doch des Herzens schöne Flamme,
Die mir deine Huld verlieh,
Herrscher in der Götter Stamme!
Süßer, stolzer fühl' ich sie;
45   Deine Frühlinge verblühten,
Manch' Geliebtes welkte dir; –
Wie vor Jahren sie erglühten,
Glühen Herz und Stirne mir.

O! du lohnst die stille Bitte
Noch mit innigem Genuß,   50
Leitest noch des Pilgers Tritte
Zu der Freude Götterkuß;
Mit der Balsamtropfe kühlen
Hoffnungen die Wunde doch,
Süße Täuschungen umspielen   55
Doch die dürren Pfade noch.

Jedem Adel hingegeben,
Jeder lesbischen Gestalt,
Huldiget das trunkne Leben
Noch der Schönheit Allgewalt;   60
Törig hab' ich oft gerungen,
Dennoch herrscht zu höchster Lust,
Herrscht zu süßen Peinigungen
Liebe noch, in dieser Brust.

An der alten Taten Heere   65
Weidet noch das Auge sich.
Ha! der großen Väter Ehre
Spornet noch zum Ziele mich;
Rastlos, bis in Plutons Hallen
Meiner Sorgen schönste ruht,   70
Die erkorne Bahn zu wallen,
Fühl' ich Stärke noch und Mut.

Wo die Nektarkelche glühen,
Seiner Siege Zeus genießt,
Und sein Aar, von Melodien   75
Süß berauscht, das Auge schließt,
Wo, mit heil'gem Laub' umwunden,
Der Heroen Schar sich freut,
Fühlt noch oft, von dir entbunden,
Meine Seele Göttlichkeit.   80

Preis, o Schönster der Dämonen!
Preis dir, Herrscher der Natur!
Auch der Götter Regionen
Blüh'n durch deine Milde nur;
85 Trübte sich in heil'gem Zorne
Je dein strahlend Angesicht –
Ha! sie tränken aus dem Borne
Ew'ger Lust und Schöne nicht!

Eos, glühend vom Genusse,
90 Durch die Liebe schön und groß,
Wände sich von Tithons Kusse
Alternd und verkümmert los;
Der in königlicher Eile
Lächelnd durch den Äther wallt,
95 Phoebus trauert' um die Pfeile,
Um die Kühnheit und Gestalt.

Träg zu lieben, und zu hassen,
Ganz, von ihrer Siegeslust,
Ihrer wilden Kraft verlassen,
100 Schlummert' Ares stolze Brust;
Ha! den Todesbecher tränke
Selbst des Donnergottes Macht! –
Erd' und Firmament versänke
Wimmernd in des Chaos Nacht.

105 Doch in namenlosen Wonnen
Feiern ewig Welten dich,
In der Jugend Strahlen sonnen
Ewig alle Geister sich; –
Mag des Herzens Glut erkalten,
110 Mag im langen Kampfe mir
Jede süße Kraft veralten,
Neuverschönt erwacht sie dir!

AN EINE ROSE

Ewig trägt im Mutterschoße,
Süße Königin der Flur!
Dich und mich die stille, große,
Allbelebende Natur;
Röschen! unser Schmuck veraltet,   5
Stürm' entblättern dich und mich,
Doch der ewge Keim entfaltet
Bald zu neuer Blüte sich.

AN HILLER

Du lebtest, Freund! – Wer nicht die köstliche
Reliquie des Paradieses, nicht
Der Liebe goldne königliche Frucht,
Wie du, auf seinem Lebenswege brach,
Wem nie im Kreise freier Jünglinge   5
In süßem Ernst der Freundschaft trunkne Zähre
Hinab ins Blut der heil'gen Rebe rann,
Wer nicht, wie du, aus dem begeisternden
Dem ewigvollen Becher der Natur
Sich Mut und Kraft, und Lieb' und Freude trank,   10
Der lebte nie, und wenn sich ein Jahrhundert,
Wie eine Last, auf seiner Schulter häuft. –
Du lebtest, Freund! es blüht nur wenigen
Des Lebens Morgen, wie er dir geblüht;
Du fandest Herzen, dir an Einfalt, dir   15
An edlem Stolze gleich; es sproßten dir
Viel schöne Blüten der Geselligkeit;
Auch adelte die innigere Lust,
Die Tochter weiser Einsamkeit, dein Herz;
Für jeden Reiz der Hügel und der Tale,   20
Für jede Grazien des Frühlings ward
Ein offnes unumwölktes Auge dir.

Dich, Glücklicher, umfing die Riesentochter
Der schaffenden Natur, Helvetia;
25   Wo frei und stark, der alte, stolze Rhein
Vom Fels hinunter donnert, standest du
Und jubeltest ins herrliche Getümmel.
Wo Fels und Wald ein holdes zauberisches
Arkadien umschließt, wo himmelhoch Gebirg,
30   Deß tausendjähr'gen Scheitel ew'ger Schnee,
Wie Silberhaar des Greisen Stirne, kränzt,
Umschwebt von Wetterwolken und von Adlern,
Sich unabsehbar in die Ferne dehnt,
Wo Tells und Walthers heiliges Gebein
35   Der unentweihten freundlichen Natur
Im Schoße schläft, und manches Helden Staub
Vom leisen Abendwind emporgeweht,
Des Sennen sorgenfreies Dach umwallt,
Dort fühltest du, was groß und göttlich ist,
40   Von seligen Entwürfen glühte dir,
Von tausend goldnen Träumen deine Brust;
Und als du nun vom lieben heilgen Lande
Der Einfalt und der freien Künste schiedst,
Da wölkte freilich sich die Stirne dir,
45   Doch schuf dir bald mit ihrem Zauberstabe
Manch selig Stündchen die Erinnerung.

Wohl ernster schlägt sie nun, die Scheidestunde;
Denn ach! sie mahnt, die unerbittliche,
Daß unser liebstes welkt, daß ew'ge Jugend
50   Nur drüben im Elysium gedeiht;
Sie wirft uns auseinander, Herzensfreund!
Wie Mast und Segel vom zerriss'nen Schiffe
Im wilden Ozean der Sturm zerstreut.
Vielleicht indes uns andre nah und ferne
55   Der unerforschten Pepromene Wink
Durch Steppen oder Paradiese führt,
Fliegst du der jungen seligeren Welt
Auf deiner Philadelphier Gestaden

Voll frohen Muts im fernen Meere zu;
Vielleicht, daß auch ein süßes Zauberband 60
Ans abgelebte feste Land dich fesselt!
Denn traun! ein Rätsel ist des Menschen Herz!
Oft flammt der Wunsch, unendlich fortzuwandern,
Unwiderstehlich herrlich in uns auf;
Oft däucht uns auch im engbeschränkten Kreise 65
Ein Freund, ein Hüttchen, und ein liebes Weib
Zu aller Wünsche Sättigung genug. –
Doch werfe, wie sie will, die Scheidestunde
Die Herzen, die sich lieben, auseinander!
Es scheuet ja der Freundschaft heil'ger Fels 70
Die träge Zeit, und auch die Ferne nicht.
Wir kennen uns, du Teurer! – Lebe wohl!

EINLADUNG AN NEUFFER

Dein Morgen, Bruder, ging so schön hervor,
So herrlich schimmerte dein Morgenrot –
Und doch – und doch besiegt ein schwarzer Sturm
Das hehre Licht – und wälzet schreckenvoll
Den grimmen Donner auf dein sichres Haupt! 5
O Bruder! Bruder! daß dein Bild so wahr
So schrecklich wahr des Lebens Wechsel deutet!
Daß Disteln hinter Blumengängen lauern –
Und Jammer auf die Rosenwange schielt!
Und bleicher Tod in Jünglingsadern schleicht, 10
Und bange Trennung treuer Freunde Los
Und edler Herzen Schicksal Druck und Kummer ist!
Da baun wir Plane, träumen so entzückt
Vom nahen Ziel – und plötzlich, plötzlich zuckt
Ein Blitz herab, und öffnet uns die Augen! 15
Du frägst warum dies all'? – aus heller Laune.
Ich sah' im Geist sich deine Stirne wölken,
In deiner Eingezogenheit – da ging
Ich trüben Blicks hinab zu meinem Neckar

20 Und sah' in seine Wogen, bis mir schwindelte –
   Und kehrte still und voll der dunklen Zukunft,
   Und voll des Schicksals, welches unsrer wartet,
   Zurück – und setzte mich, und also ward
   Die – freilich nicht erbauliche – Tirade
25 Vom ungewissen Wechsel unsers Lebens.
   Doch – komme du – du scherze mir Tiraden
   Und Ahndungen der Zukunft von der Stirne weg,
   O komm – es harret dein ein eigen Deckelglas –
   Stiefmütterlich soll wahrlich nicht mein Fäßchen sein.
30 Und findst du schon kein Städtermahl, so würzet es
   Doch meine Freundschaft, und der Meinen guter Wille.

DEM GENIUS DER KÜHNHEIT
Eine Hymne

Wer bist du? wie zur Beute, breitet
Das Unermeßliche vor dir sich aus,
Du Herrlicher! mein Saitenspiel geleitet
Dich auch hinab in Plutons dunkles Haus;
5 So flogen auf Ortygias Gestaden,
Indes der Lieder Sturm die Wolken brach,
Dem Rebengott die taumelnden Mänaden
In wilder Lust durch Hain und Klüfte nach.

Einst war, wie mir, der stille Funken
10 Zu freier heitrer Flamme dir erwacht,
Du braustest so, von junger Freude trunken,
Voll Übermuts durch deiner Wälder Nacht,
Als von der Meisterin, der Not, geleitet,
Dein ungewohnter Arm die Keule schwang,
15 Und drohend sich, vom ersten Feind erbeutet,
Die Löwenhaut um deine Schulter schlang. –

Wie nun in jugendlichem Kriege
Heroënkraft mit der Natur sich maß!

Ach! wie der Geist vom wunderbaren Siege
Berauscht, der armen Sterblichkeit vergaß!   20
Die stolzen Jünglinge! die kühnen!
Sie legten froh dem Tyger Fesseln an,
Sie bändigten, von staunenden Delphinen
Umtanzt, den königlichen Ozean.

Oft hör' ich deine Wehre rauschen,   25
Du Genius der Kühnen! und die Lust,
Den Wundern deines Heldenvolks zu lauschen,
Sie stärkt mir oft die lebensmüde Brust;
Doch weilst du freundlicher um stille Laren,
Wo eine Welt der Künstler kühn belebt,   30
Wo um die Majestät des Unsichtbaren
Ein edler Geist der Dichtung Schleier webt.

Den Geist des Alls, und seine Fülle
Begrüßte Mäons Sohn auf heil'ger Spur,
Sie stand vor ihm, mit abgelegter Hülle,   35
Voll Ernstes da, die ewige Natur;
Er rief sie kühn vom dunklen Geisterlande,
Und lächelnd trat, in aller Freuden Chor,
Entzückender im menschlichen Gewande
Die namenlose Königin hervor.   40

Er sah die dämmernden Gebiete,
Wohin das Herz in banger Lust begehrt,
Er streuete der Hoffnung süße Blüte
Ins Labyrinth, wo keiner wiederkehrt,
Dort glänzte nun in mildem Rosenlichte   45
Der Lieb' und Ruh' ein lächelnd Heiligtum,
Er pflanzte dort der Hesperiden Früchte,
Dort stillt die Sorgen nun Elysium.

Doch schrecklich war, du Gott der Kühnen!
Dein heilig Wort, wenn unter Nacht und Schlaf   50
Verkündiger des ew'gen Lichts erschienen,

Und den Betrug der Wahrheit Flamme traf;
Wie seinen Blitz aus hohen Wetternächten
Der Donnerer auf bange Tale streut,
55   So zeigtest du entarteten Geschlechten
Der Riesen Sturz, der Völker Sterblichkeit.

Du wogst mit strenggerechter Schale,
Wenn mit der Toge du das Schwert vertauscht,
Du sprachst, sie wankten, die Sardanapale,
60   Vom Taumelkelche deines Zorns berauscht;
Es schröckt' umsonst mit ihrem Tygergrimme
Dein Tribunal die alte Finsternis,
Du hörtest ernst der Unschuld leise Stimme,
Und opfertest der heil'gen Nemesis.

65   Verlaß mit deinem Götterschilde,
Verlaß, o du der Kühnen Genius!
Die Unschuld nie. Gewinne dir und bilde
Das Herz der Jünglinge mit Siegsgenuß!
O säume nicht! ermahne, strafe, siege!
70   Und sichre stets der Wahrheit Majestät,
Bis aus der Zeit geheimnisvoller Wiege
Des Himmels Kind, der ew'ge Friede geht.

GRIECHENLAND
An St.

Hätt' ich dich im Schatten der Platanen,
Wo durch Blumen der Cephissus rann,
Wo die Jünglinge sich Ruhm ersannen,
Wo die Herzen Sokrates gewann,
5   Wo Aspasia durch Myrten wallte,
Wo der brüderlichen Freude Ruf
Aus der lärmenden Agora schallte,
Wo mein Plato Paradiese schuf,

Wo den Frühling Festgesänge würzten,
Wo die Ströme der Begeisterung   10
Von Minervens heil'gem Berge stürzten –
Der Beschützerin zur Huldigung –
Wo in tausend süßen Dichterstunden,
Wie ein Göttertraum, das Alter schwand,
Hätt' ich da, Geliebter! dich gefunden,   15
Wie vor Jahren dieses Herz dich fand;

Ach! wie anders hätt' ich dich umschlungen! –
Marathons Heroën sängst du mir,
Und die schönste der Begeisterungen
Lächelte vom trunknen Auge dir,   20
Deine Brust verjüngten Siegsgefühle,
Deinen Geist, vom Lorbeerzweig umspielt,
Drückte nicht des Lebens stumpfe Schwüle,
Die so karg der Hauch der Freude kühlt.

Ist der Stern der Liebe dir verschwunden?   25
Und der Jugend holdes Rosenlicht?
Ach! umtanzt von Hellas goldnen Stunden,
Fühltest du die Flucht der Jahre nicht,
Ewig, wie der Vesta Flamme, glühte
Mut und Liebe dort in jeder Brust,   30
Wie die Frucht der Hesperiden, blühte
Ewig dort der Jugend stolze Lust.

Ach! es hätt' in jenen bessern Tagen
Nicht umsonst so brüderlich und groß
Für das Volk dein liebend Herz geschlagen,   35
Dem so gern der Freude Zähre floß! –
Harre nun! sie kömmt gewiß die Stunde,
Die das Göttliche vom Kerker trennt –
Stirb! du suchst auf diesem Erdenrunde,
Edler Geist! umsonst dein Element.   40

Attika, die Heldin, ist gefallen;
Wo die alten Göttersöhne ruhn,
Im Ruin der schönen Marmorhallen
Steht der Kranich einsam trauernd nun;
45 Lächelnd kehrt der holde Frühling nieder,
Doch er findet seine Brüder nie
In Ilissus heilgem Tale wieder –
Unter Schutt und Dornen schlummern sie.

Mich verlangt ins ferne Land hinüber
50 Nach Alcäus und Anakreon,
Und ich schlief' im engen Hause lieber,
Bei den Heiligen in Marathon;
Ach! es sei die letzte meiner Tränen,
Die dem lieben Griechenlande rann,
55 Laßt, o Parzen, laßt die Schere tönen,
Denn mein Herz gehört den Toten an!

GEDICHTE
1794-1795

AN NEUFFER
Im März. 1794

Noch kehrt in mich der süße Frühling wieder,
Noch altert nicht mein kindischfröhlich Herz,
Noch rinnt vom Auge mir der Tau der Liebe nieder,
Noch lebt in mir der Hoffnung Lust und Schmerz.

Noch tröstet mich mit süßer Augenweide   5
Der blaue Himmel und die grüne Flur,
Mir reicht die Göttliche den Taumelkelch der Freude,
Die jugendliche freundliche Natur.

Getrost! es ist der Schmerzen wert, dies Leben,
So lang uns Armen Gottes Sonne scheint,   10
Und Bilder beßrer Zeit um unsre Seele schweben,
Und ach! mit uns ein freundlich Auge weint.

DAS SCHICKSAL

Προσκυνουντες την ειμαρμενην, σοφοι.
Aeschylus

Als von des Friedens heil'gen Talen,
Wo sich die Liebe Kränze wand,
Hinüber zu den Göttermahlen
Des goldnen Alters Zauber schwand,
Als nun des Schicksals eh'rne Rechte,   5
Die große Meisterin, die Not,
Dem übermächtigen Geschlechte
Den langen, bittern Kampf gebot;

Da sprang er aus der Mutter Wiege,
Da fand er sie, die schöne Spur
Zu seiner Tugend schwerem Siege,
Der Sohn der heiligen Natur;
Der hohen Geister höchste Gabe,
Der Tugend Löwenkraft begann
Im Siege, den ein Götterknabe
Den Ungeheuern abgewann.

Es kann die Lust der goldnen Ernte
Im Sonnenbrande nur gedeih'n;
Und nur in seinem Blute lernte
Der Kämpfer, frei und stolz zu sein;
Triumph! die Paradiese schwanden,
Wie Flammen aus der Wolke Schoß,
Wie Sonnen aus dem Chaos, wanden
Aus Stürmen sich Heroën los.

Der Not ist jede Lust entsprossen,
Und unter Schmerzen nur gedeiht
Das Liebste, was mein Herz genossen,
Der holde Reiz der Menschlichkeit;
So stieg, in tiefer Flut erzogen,
Wohin kein sterblich Auge sah,
Stillächelnd aus den schwarzen Wogen
In stolzer Blüte Cypria.

Durch Not vereiniget, beschwuren
Vom Jugendtraume süß berauscht
Den Todesbund die Dioskuren,
Und Schwert und Lanze ward getauscht;
In ihres Herzens Jubel eilten
Sie, wie ein Adlerpaar, zum Streit,
Wie Löwen ihre Beute, teilten
Die Liebenden Unsterblichkeit. –

Die Klagen lehrt die Not verachten,
Beschämt und ruhmlos läßt sie nicht
Die Kraft der Jünglinge verschmachten,
Gibt Mut der Brust, dem Geiste Licht;
Der Greise Faust verjüngt sie wieder;   45
Sie kömmt, wie Gottes Blitz, heran,
Und trümmert Felsenberge nieder,
Und wallt auf Riesen ihre Bahn.

Mit ihrem heil'gen Wetterschlage,
Mit Unerbittlichkeit vollbringt   50
Die Not an Einem großen Tage,
Was kaum Jahrhunderten gelingt;
Und wenn in ihren Ungewittern
Selbst ein Elysium vergeht,
Und Welten ihrem Donner zittern –   55
Was groß und göttlich ist, besteht. –

O du, Gespielin der Kolossen,
O weise, zürnende Natur,
Was je ein Riesenherz beschlossen,
Es keimt' in deiner Schule nur.   60
Wohl ist Arkadien entflohen;
Des Lebens beßre Frucht gedeiht
Durch sie, die Mutter der Heroën,
Die eherne Notwendigkeit. –

Für meines Lebens goldnen Morgen   65
Sei Dank, o Pepromene, dir!
Ein Saitenspiel und süße Sorgen
Und Träum' und Tränen gabst du mir;
Die Flammen und die Stürme schonten
Mein jugendlich Elysium,   70
Und Ruh' und stille Liebe thronten
In meines Herzens Heiligtum.

Es reife von des Mittags Flamme,
Es reife nun vom Kampf und Schmerz
75   Die Blüt' am grenzenlosen Stamme,
Wie Sprosse Gottes, dieses Herz!
Beflügelt von dem Sturm, erschwinge
Mein Geist des Lebens höchste Lust,
Der Tugend Siegeslust verjünge
80   Bei kargem Glücke mir die Brust!

Im heiligsten der Stürme falle
Zusammen meine Kerkerwand,
Und herrlicher und freier walle
Mein Geist in's unbekannte Land!
85   Hier blutet oft der Adler Schwinge;
Auch drüben warte Kampf und Schmerz!
Bis an der Sonnen letzte ringe,
Genährt vom Siege, dieses Herz.

FREUNDESWUNSCH
An Rosine St. –

Wenn vom Frühling rund umschlungen,
Von des Morgens Hauch umweht,
Trunken nach Erinnerungen
Meine wache Seele späht,
5   Wenn, wie einst am fernen Herde,
Mir so süß die Sonne blinkt,
Und ihr Strahl ins Herz der Erde,
Und der Erdenkinder dringt;

Wenn umdämmert von der Weide,
10   Wo der Bach vorüber rinnt,
Tief bewegt von Leid und Freude
Meine Seele träumt, und sinnt,
Wenn im Haine Geister säuseln,
Wenn im Mondenschimmer sich

Kaum die stillen Teiche kräuseln,　　　　　15
Schau ich oft und grüße dich.

Edles Herz, du bist der Sterne
Und der schönen Erde wert,
Bist des wert, so viel die ferne
Nahe Mutter dir beschert.　　　　　　　20
Sieh, mit deiner Liebe lieben
Schöner die Erwählten nur;
Denn du bist ihr treu geblieben,
Deiner Mutter, der Natur!

Der Gesang der Haine schalle　　　　　　25
Froh, wie du, um deinen Pfad;
Sanft bewegt vom Weste, walle,
Wie dein friedlich Herz, die Saat.
Deine liebste Blüte regne,
Wo du wandelst, auf die Flur,　　　　　　30
Wo dein Auge weilt, begegne
Dir das Lächeln der Natur.

Oft im stillen Tannenhaine
Webe dir ums Angesicht
Seine zauberische reine　　　　　　　　35
Glorie das Abendlicht!
Deines Herzens Sorge wiege
Drauf die Nacht in süße Ruh,
Und die freie Seele fliege
Liebend den Gestirnen zu.　　　　　　　40

DER GOTT DER JUGEND

Gehn dir im Dämmerlichte,
Wenn in der Sommernacht
Für selige Gesichte
Dein liebend Auge wacht,

Noch oft der Freunde Manen
Und, wie der Sterne Chor,
Die Geister der Titanen
Des Altertums empor;

Wird da, wo sich im Schönen
Das Göttliche verhüllt,
Noch oft das tiefe Sehnen
Der Liebe dir gestillt;
Belohnt des Herzens Mühen
Der Ruhe Vorgefühl,
Und tönt von Melodien
Der Seele Saitenspiel;

So such' im stillsten Tale
Den blütenreichsten Hain,
Und gieß' aus goldner Schale
Den frohen Opferwein!
Noch lächelt unveraltet
Des Herzens Frühling dir,
Der Gott der Jugend waltet
Noch über dir und mir.

Wie unter Tiburs Bäumen,
Wenn da der Dichter saß,
Und unter Götterträumen
Der Jahre Flucht vergaß,
Wenn ihn die Ulme kühlte,
Und wenn sie stolz und froh
Um Silberblüten spielte,
Die Flut des Anio;

Und wie um Platons Hallen,
Wenn durch der Haine Grün,
Begrüßt von Nachtigallen,
Der Stern der Liebe schien,
Wenn alle Lüfte schliefen,

Und, sanft bewegt vom Schwan,
Cephissus durch Oliven
Und Myrtensträuche rann;   40

So schön ist's noch hienieden!
Auch unser Herz erfuhr
Das Leben und den Frieden
Der freundlichen Natur;
Noch blüht des Himmels Schöne,   45
Noch mischen brüderlich
In unsers Herzens Töne
Des Frühlings Laute sich.

Drum such' im stillsten Tale
Den düftereichsten Hain,   50
Und gieß' aus goldner Schale
Den frohen Opferwein,
Noch lächelt unveraltet
Das Bild der Erde dir,
Der Gott der Jugend waltet   55
Noch über dir und mir.

AN DIE NATUR

Da ich noch um deinen Schleier spielte,
Noch an dir, wie eine Blüte hing,
Noch dein Herz in jedem Laute fühlte,
Der mein zärtlichbebend Herz umfing,
Da ich noch mit Glauben und mit Sehnen   5
Reich, wie du, vor deinem Bilde stand,
Eine Stelle noch für meine Tränen,
Eine Welt für meine Liebe fand,

Da zur Sonne noch mein Herz sich wandte,
Als vernähme seine Töne sie,   10
Und die Sterne seine Brüder nannte

Und den Frühling Gottes Melodie,
Da im Hauche, der den Hain bewegte,
Noch dein Geist, dein Geist der Freude sich
15   In des Herzens stiller Welle regte,
Da umfingen goldne Tage mich.

Wenn im Tale, wo der Quell mich kühlte,
Wo der jugendlichen Sträuche Grün
Um die stillen Felsenwände spielte
20   Und der Äther durch die Zweige schien,
Wenn ich da, von Blüten übergossen,
Still und trunken ihren Othem trank
Und zu mir, von Licht und Glanz umflossen,
Aus den Höh'n die goldne Wolke sank –

25   Wenn ich fern auf nackter Heide wallte,
Wo aus dämmernder Geklüfte Schoß
Der Titanensang der Ströme schallte
Und die Nacht der Wolken mich umschloß,
Wenn der Sturm mit seinen Wetterwogen
30   Mir vorüber durch die Berge fuhr
Und des Himmels Flammen mich umflogen,
Da erschienst du, Seele der Natur!

Oft verlor ich da mit trunknen Tränen
Liebend, wie nach langer Irre sich
35   In den Ozean die Ströme sehnen,
Schöne Welt! in deiner Fülle mich;
Ach! da stürzt' ich mit den Wesen allen
Freudig aus der Einsamkeit der Zeit,
Wie ein Pilger in des Vaters Hallen,
40   In die Arme der Unendlichkeit. –

Seid gesegnet, goldne Kinderträume,
Ihr verbargt des Lebens Armut mir,
Ihr erzogt des Herzens gute Keime,
Was ich nie erringe, schenktet ihr!

O Natur! an deiner Schönheit Lichte,   45
Ohne Müh' und Zwang entfalteten
Sich der Liebe königliche Früchte,
Wie die Ernten in Arkadien.

Tot ist nun, die mich erzog und stillte,
Tot ist nun die jugendliche Welt,   50
Diese Brust, die einst ein Himmel füllte,
Tot und dürftig, wie ein Stoppelfeld;
Ach! es singt der Frühling meinen Sorgen
Noch, wie einst, ein freundlich tröstend Lied,
Aber hin ist meines Lebens Morgen,   55
Meines Herzens Frühling ist verblüht.

Ewig muß die liebste Liebe darben,
Was wir lieben, ist ein Schatten nur,
Da der Jugend goldne Träume starben,
Starb für mich die freundliche Natur;   60
Das erfuhrst du nicht in frohen Tagen,
Daß so ferne dir die Heimat liegt,
Armes Herz, du wirst sie nie erfragen,
Wenn dir nicht ein Traum von ihr genügt.

GEDICHTE
1796-1798

AN DIE UNERKANNTE

Kennst du sie, die selig, wie die Sterne,
Von des Lebens dunkler Woge ferne
Wandellos in stiller Schöne lebt,
Die des Herzens löwenkühne Siege
Des Gedankens fesselfreie Flüge,   5
Wie der Tag den Adler, überschwebt?

Die uns trifft mit ihren Mittagsstrahlen
Uns entflammt mit ihren Idealen,
Wie vom Himmel, uns Gebote schickt
Die die Weisen nach dem Wege fragen,   10
Stumm und ernst, wie von dem Sturm verschlagen
Nach dem Orient der Schiffer blickt?

Die das Beste gibt aus schöner Fülle
Wenn aus ihr die Riesenkraft der Wille
Und der Geist sein stilles Urteil nimmt,   15
Die dem Lebensliede seine Weise,
Die das Maß der Ruhe, wie dem Fleiße
Durch den Mittler unsern Geist bestimmt?

Die, wenn uns des Lebens Leere tötet
Magisch uns die welken Schläfe rötet,   20
Uns mit Hoffnungen das Herz verjüngt,
Die den Dulder, den der Sturm zertrümmert,
Den sein fernes Ithaka bekümmert,
In Alcinous Gefilde bringt?

Kennst du sie, die uns mit Lorbeerkronen   25
Mit der Freude beßrer Regionen
Ehe wir zu Grabe gehn, vergilt
Die der Liebe göttlichstes Verlangen,

Die das schönste, was wir angefangen,
30   Mühelos im Augenblick erfüllt?

Die der Kindheit Wiederkehr beschleunigt,
Die den Halbgott, unsern Geist, vereinigt
Mit den Göttern, die er kühn verstößt,
Die des Schicksals eh'rne Schlüsse mildert,
35   Und im Kampfe, wenn das Herz verwildert,
Uns besänftigend den Harnisch löst?

Die das Eine, das im Raum der Sterne,
Das du suchst in aller Zeiten Ferne
Unter Stürmen, auf verwegner Fahrt,
40   Das kein sterblicher Verstand ersonnen,
Keine, keine Tugend noch gewonnen,
Die des Friedens goldne Frucht bewahrt?

AN HERKULES

In der Kindheit Schlaf begraben
Lag ich, wie das Erz im Schacht;
Dank, mein Herkules! den Knaben
Hast zum Manne du gemacht,
5   Reif bin ich zum Königssitze
Und mir brechen stark und groß
Taten, wie Kronions Blitze,
Aus der Jugend Wolke los.

Wie der Adler seine Jungen,
10   Wenn der Funk' im Auge klimmt,
Auf die kühnen Wanderungen
In den frohen Äther nimmt,
Nimmst du aus der Kinderwiege,
Von der Mutter Tisch' und Haus
15   In die Flamme deiner Kriege,
Hoher Halbgott mich hinaus.

Wähntest du, dein Kämpferwagen
Rolle mir umsonst ins Ohr?
Jede Last, die du getragen,
Hub die Seele mir empor,   20
Zwar der Schüler mußte zahlen;
Schmerzlich brannten, stolzes Licht
Mir im Busen deine Strahlen,
Aber sie verzehrten nicht.

Wenn für deines Schicksals Wogen   25
Hohe Götterkräfte dich,
Kühner Schwimmer! auferzogen,
Was erzog dem Siege mich?
Was berief den Vaterlosen,
Der in dunkler Halle saß,   30
Zu dem Göttlichen und Großen,
Daß er kühn an dir sich maß?

Was ergriff und zog vom Schwarme
Der Gespielen mich hervor?
Was bewog des Bäumchens Arme   35
Nach des Äthers Tag empor?
Freundlich nahm des jungen Lebens
Keines Gärtners Hand sich an,
Aber kraft des eignen Strebens
Blickt und wuchs ich himmelan.   40

Sohn Kronions! an die Seite
Tret' ich nun errötend dir,
Der Olymp ist deine Beute;
Komm und teile sie mit mir!
Sterblich bin ich zwar geboren,   45
Dennoch hat Unsterblichkeit
Meine Seele sich geschworen,
Und sie hält, was sie gebeut.

DIOTIMA
Bruchstücke einer älteren Fassung

Lange tot und tiefverschlossen,
Grüßt mein Herz die schöne Welt,
Seine Zweige blühn und sprossen,
Neu von Lebenskraft geschwellt;
O! ich kehre noch in's Leben,
Wie heraus in Luft und Licht,
Meiner Blumen selig Streben
Aus der dürren Hülse bricht.

Die ihr meine Klage kanntet,
Die ihr liebezürnend oft
Meines Sinnes Fehle nanntet
Und geduldet und gehofft,
Eure Not ist aus, ihr Lieben!
Und das Dornenbett ist leer,
Und ihr kennt den immertrüben
Kranken Weinenden nicht mehr.

Wie so anders ist's geworden!
Alles was ich haßt und mied,
Stimmt in freundlichen Akkorden
Nun in meines Lebens Lied,
Und mit jedem Stundenschlage
Werd ich wunderbar gemahnt
An der Kindheit goldne Tage,
Seit ich dieses Eine fand.

Diotima! selig Wesen!
Herrliche, durch die mein Geist
Von des Lebens Angst genesen
Götterjugend sich verheißt!
Unser Himmel wird bestehen,
Unergründlich sich verwandt

Hat, noch eh' wir uns gesehen
Unser Wesen sich gekannt.

Da ich noch in Kinderträumen
Friedlich wie der blaue Tag,
Unter meines Gartens Bäumen 35
Auf der warmen Erde lag,
Da mein erst Gefühl sich regte,
Da zum erstenmale sich
Göttliches in mir bewegte,
Säuselte dein Geist um mich. 40

Ach und da mein schöner Friede
Wie ein Saitenspiel, zerriß,
Da von Haß und Liebe müde
Mich mein guter Geist verließ,
Kamst du, wie vom Himmel nieder 45
Und es gab mein einzig Glück
Meines Sinnes Wohllaut wieder
Mir ein Traum von dir zurück.

Da ich flehend mich vergebens
An der Wesen kleinstes hing, 50
Durch den Sonnenschein des Lebens
Einsam, wie ein Blinder, ging,
Oft vor treuem Angesichte
Stand und keine Deutung fand,
Darbend vor des Himmels Lichte, 55
Vor der Mutter Erde stand,

Lieblich Bild mit deinem Strahle
Drangst du da in meine Nacht!
Neu an meinem Ideale
Neu und stark war ich erwacht; 60
Dich zu finden, warf ich wieder
Warf ich meinen trägen Kahn
Von dem toten Porte nieder
In den blauen Ozean. –

65   Nun ich habe dich gefunden!
Schöner, als ich ahndend sah
In der Liebe Feierstunden,
Hohe Gute! bist du da;
O der armen Phantasien!
70   Dieses Eine bildest nur
Du in deinen Harmonien
Frohvollendete Natur!

Wie auf schwanker Halme Bogen
Sich die trunkne Biene wiegt,
75   Hin und wieder angezogen
Taumelnd hin und wider fliegt,
Wankt und weilt vor diesem Bilde

97   Hab', ins tiefste Herz getroffen,
Oft um Schonung sie gefleht,
Wenn so klar und heilig offen
100   Mir ihr eigner Himmel steht,
Wenn die Schlacken, die mich kümmern,
Dieses Engelsauge sieht,
Wenn vor meines Friedens Trümmern
Dieser Unschuld Blume blüht;

105   Habe, wenn in reicher Stille
Wenn in einem Blick und Laut
Seine Ruhe, seine Fülle
Mir ihr Genius vertraut,
Wenn ihr Geist, der mich begeistert,
110   An der hohen Stirne tagt,
Von Bewundrung übermeistert,
Zürnend ihr mein Nichts geklagt.

Aber, wie in zarten Zweigen,
Liebend oft von mir belauscht,
Traulich durch der Haine Schweigen 115
Mir ein Gott vorüberrauscht,
So umfängt ihr himmlisch Wesen
Auch im Kinderspiele mich,
Und in süßem Zauber lösen
Freudig meine Bande sich. 120

DIOTIMA
Mittlere Fassung

Lange tot und tiefverschlossen,
Grüßt mein Herz die schöne Welt;
Seine Zweige blühn und sprossen,
Neu von Lebenskraft geschwellt;
O! ich kehre noch in's Leben, 5
Wie heraus in Luft und Licht
Meiner Blumen selig Streben
Aus der dürren Hülse bricht.

Wie so anders ists geworden!
Alles, was ich haßt' und mied, 10
Stimmt in freundlichen Akkorden
Nun in meines Lebens Lied,
Und mit jedem Stundenschlage
Werd' ich wunderbar gemahnt
An der Kindheit goldne Tage, 15
Seit ich dieses Eine fand.

Diotima! selig Wesen!
Herrliche, durch die mein Geist,
Von des Lebens Angst genesen,
Götterjugend sich verheißt! 20
Unser Himmel wird bestehen,
Unergründlich sich verwandt,

Hat sich, eh wir uns gesehen,
Unser Innerstes gekannt.

25 Da ich noch in Kinderträumen,
Friedlich, wie der blaue Tag,
Unter meines Gartens Bäumen
Auf der warmen Erde lag,
Und in leiser Lust und Schöne
30 Meines Herzens Mai begann,
Säuselte, wie Zephirstöne,
Diotimas Geist mich an.

Ach! und da, wie eine Sage,
Mir des Lebens Schöne schwand,
35 Da ich vor des Himmels Tage
Darbend, wie ein Blinder, stand,
Da die Last der Zeit mich beugte,
Und mein Leben, kalt und bleich,
Sehnend schon hinab sich neigte
40 In der Schatten stummes Reich;

Da, da kam vom Ideale,
Wie vom Himmel, Mut und Macht,
Du erscheinst mit deinem Strahle,
Götterbild! in meiner Nacht;
45 Dich zu finden, warf ich wieder,
Warf ich den entschlafnen Kahn
Von dem toten Porte nieder
In den blauen Ozean. —

Nun! ich habe dich gefunden,
50 Schöner, als ich ahndend sah
In der Liebe Feierstunden,
Hohe! Gute! bist du da;
O der armen Phantasien!
Dieses Eine bildest nur
55 Du, in ew'gen Harmonien
Frohvollendete Natur!

Wie die Seligen dort oben,
Wo hinauf die Freude flieht,
Wo, des Daseins überhoben,
Wandellose Schöne blüht,   60
Wie melodisch bei des alten
Chaos Zwist Urania,
Steht sie, göttlich rein erhalten,
Im Ruin der Zeiten da.

Unter tausend Huldigungen   65
Hat mein Geist, beschämt, besiegt,
Sie zu fassen schon gerungen,
Die sein Kühnstes überfliegt.
Sonnenglut und Frühlingsmilde,
Streit und Frieden wechselt hier   70
Vor dem schönen Engelsbilde
In des Busens Tiefe mir.

Viel der heil'gen Herzenstränen
Hab' ich schon vor ihr geweint,
Hab' in allen Lebenstönen   75
Mit der Holden mich vereint,
Hab', ins tiefste Herz getroffen,
Oft um Schonung sie gefleht,
Wenn so klar und heilig offen
Mir ihr eigner Himmel steht;   80

Habe, wenn in reicher Stille,
Wenn in einem Blick und Laut
Seine Ruhe, seine Fülle
Mir ihr Genius vertraut,
Wenn der Gott, der mich begeistert,   85
Mir an ihrer Stirne tagt,
Von Bewundrung übermeistert,
Zürnend ihr mein Nichts geklagt;

Dann umfängt ihr himmlisch Wesen
Süß im Kinderspiele mich,
Und in ihrem Zauber lösen
Freudig meine Bande sich;
Hin ist dann mein dürftig Streben,
Hin des Kampfes letzte Spur,
Und ins volle Götterleben
Tritt die sterbliche Natur.

Ha! wo keine Macht auf Erden,
Keines Gottes Wink uns trennt,
Wo wir Eins und Alles werden,
Da ist nur mein Element;
Wo wir Not und Zeit vergessen,
Und den kärglichen Gewinn
Nimmer mit der Spanne messen,
Da, da sag' ich, daß ich bin.

Wie der Stern der Tyndariden
Der in leichter Majestät
Seine Bahn, wie wir, zufrieden
Dort in dunkler Höhe geht,
Nun in heitre Meereswogen,
Wo die schöne Ruhe winkt,
Von des Himmels steilem Bogen
Klar und groß hinuntersinkt;

O Begeisterung! so finden
Wir in dir ein selig Grab,
Tief in deine Woge schwinden,
Stillfrohlockend wir hinab,
Bis der Hore Ruf wir hören,
Und mit neuem Stolz erwacht,
Wie die Sterne, wieder kehren
In des Lebens kurze Nacht.

DIOTIMA
Jüngere Fassung

Leuchtest du wie vormals nieder,
Goldner Tag! und sprossen mir
Des Gesanges Blumen wieder
Lebenatmend auf zu dir?
Wie so anders ist's geworden!   5
Manches, was ich trauernd mied,
Stimmt in freundlichen Akkorden
Nun in meiner Freude Lied,
Und mit jedem Stundenschlage
Werd' ich wunderbar gemahnt   10
An der Kindheit stille Tage,
Seit ich Sie, die Eine, fand.

Diotima! edles Leben!
Schwester, heilig mir verwandt!
Eh' ich dir die Hand gegeben,   15
Hab' ich ferne dich gekannt.
Damals schon, da ich in Träumen,
Mir entlockt vom heitern Tag,
Unter meines Gartens Bäumen,
Ein zufriedner Knabe lag,   20
Da in leiser Lust und Schöne
Meiner Seele Mai begann,
Säuselte, wie Zephirstöne,
Göttliche! dein Geist mich an.

Ach! und da, wie eine Sage,   25
Jeder frohe Gott mir schwand,
Da ich vor des Himmels Tage
Darbend, wie ein Blinder, stand,
Da die Last der Zeit mich beugte,
Und mein Leben, kalt und bleich,   30
Sehnend schon hinab sich neigte

In der Toten stummes Reich:
Wünscht' ich öfters noch, dem blinden
Wanderer, dies Eine mir,
35   Meines Herzens Bild zu finden
Bei den Schatten oder hier.

Nun! ich habe dich gefunden!
Schöner, als ich ahndend sah,
Hoffend in den Feierstunden,
40   Holde Muse! bist du da;
Von den Himmlischen dort oben,
Wo hinauf die Freude flieht,
Wo des Alterns überhoben,
Immerheitre Schöne blüht,
45   Scheinst du mir herabgestiegen,
Götterbotin! weiltest du
Nun in gütigem Genügen
Bei dem Sänger immerzu.

Sommerglut und Frühlingsmilde,
50   Streit und Frieden wechselt hier
Vor dem stillen Götterbilde
Wunderbar im Busen mir;
Zürnend unter Huldigungen
Hab' ich oft, beschämt, besiegt,
55   Sie zu fassen, schon gerungen,
Die mein Kühnstes überfliegt;
Unzufrieden im Gewinne,
Hab' ich stolz darob geweint,
Daß zu herrlich meinem Sinne
60   Und zu mächtig sie erscheint.

Ach! an deine stille Schöne,
Selig holdes Angesicht!
Herz! an deine Himmelstöne
Ist gewohnt das meine nicht;
65   Aber deine Melodien

Heitern mählig mir den Sinn,
Daß die trüben Träume fliehen,
Und ich selbst ein andrer bin;
Bin ich dazu denn erkoren?
Ich zu deiner hohen Ruh,   70
So zu Licht und Lust geboren,
Göttlichglückliche! wie du? –

Wie dein Vater und der meine,
Der in heitrer Majestät
Über seinem Eichenhaine   75
Dort in lichter Höhe geht,
Wie er in die Meereswogen,
Wo die kühle Tiefe blaut,
Steigend von des Himmels Bogen,
Klar und still herunterschaut: 80
So will ich aus Götterhöhen,
Neu geweiht in schön'rem Glück,
Froh zu singen und zu sehen,
Nun zu Sterblichen zurück.

DIE EICHBÄUME

Aus den Gärten komm' ich zu euch, ihr Söhne des Berges!
Aus den Gärten, da lebt die Natur geduldig und häuslich,
Pflegend und wieder gepflegt mit dem fleißigen
                        Menschen zusammen.
Aber ihr, ihr Herrlichen! steht, wie ein Volk von Titanen
In der zahmeren Welt und gehört nur euch und dem
                        Himmel,   5
Der euch nährt' und erzog und der Erde, die euch geboren.
Keiner von euch ist noch in die Schule der Menschen
                        gegangen,
Und ihr drängt euch fröhlich und frei, aus der kräftigen
                        Wurzel,
Unter einander herauf und ergreift, wie der Adler die Beute,

10 Mit gewaltigem Arme den Raum, und gegen die Wolken
Ist euch heiter und groß die sonnige Krone gerichtet.
Eine Welt ist jeder von euch, wie die Sterne des Himmels
Lebt ihr, jeder ein Gott, in freiem Bunde zusammen.
Könnt' ich die Knechtschaft nur erdulden, ich neidete
                                          nimmer
15 Diesen Wald und schmiegte mich gern ans gesellige Leben.
Fesselte nur nicht mehr ans gesellige Leben das Herz mich,
Das von Liebe nicht läßt, wie gern würd' ich unter euch
                                          wohnen!

AN DEN ÄTHER

Treu und freundlich, wie du, erzog der Götter und
                                          Menschen
Keiner, o Vater Äther! mich auf; noch ehe die Mutter
In die Arme mich nahm und ihre Brüste mich tränkten,
Faßtest du zärtlich mich an und gossest himmlischen
                                          Trank mir,
5 Mir den heiligen Othem zuerst in den keimenden Busen.

Nicht von irdischer Kost gedeihen einzig die Wesen,
Aber du nährst sie all' mit deinem Nektar, o Vater!
Und es drängt sich und rinnt aus deiner ewigen Fülle
Die beseelende Luft durch alle Röhren des Lebens.
10 Darum lieben die Wesen dich auch und ringen und streben
Unaufhörlich hinauf nach dir in freudigem Wachstum.

Himmlischer! sucht nicht dich mit ihren Augen die Pflanze,
Streckt nach dir die schüchternen Arme der niedrige
                                          Strauch nicht?
Daß er dich finde, zerbricht der gefangene Same die Hülse,
15 Daß er belebt von dir in deiner Welle sich bade,
Schüttelt der Wald den Schnee, wie ein überlästig
                                          Gewand ab.
Auch die Fische kommen herauf und hüpfen verlangend

Über die glänzende Fläche des Stroms, als begehrten
                 auch diese
Aus der Wiege zu dir; auch den edeln Tieren der Erde
Wird zum Fluge der Schritt, wenn oft das gewaltige Sehnen   20
Die geheime Liebe zu dir sie ergreift, sie hinaufzieht.

Stolz verachtet den Boden das Roß, wie gebogener Stahl
                 strebt
In die Höhe sein Hals, mit der Hufe berührt es den
                 Sand kaum.
Wie zum Scherze, berührt der Fuß der Hirsche den
                 Grashalm,
Hüpft, wie ein Zephyr, über den Bach, der reißend
                 hinabschäumt,   25
Hin und wider und schweift kaum sichtbar durch die
                 Gebüsche.

Aber des Äthers Lieblinge, sie, die glücklichen Vögel
Wohnen und spielen vergnügt in der ewigen Halle des
                 Vaters!
Raums genug ist für alle. Der Pfad ist keinem bezeichnet,
Und es regen sich frei im Hause die Großen und Kleinen.   30
Über dem Haupte frohlocken sie mir und es sehnt sich
                 auch mein Herz
Wunderbar zu ihnen hinauf; wie die freundliche Heimat
Winkt es von oben herab und auf die Gipfel der Alpen
Möcht' ich wandern und rufen von da dem eilenden Adler,
Daß er, wie einst in die Arme des Zeus den seligen Knaben,   35
Aus der Gefangenschaft in des Äthers Halle mich trage.

Töricht treiben wir uns umher; wie die irrende Rebe,
Wenn ihr der Stab gebricht, woran zum Himmel sie
                 aufwächst,
Breiten wir über dem Boden uns aus und suchen und
                 wandern
Durch die Zonen der Erd', o Vater Äther! vergebens,   40
Denn es treibt uns die Lust in deinen Gärten zu wohnen.

In die Meersflut werfen wir uns, in den freieren Ebnen
Uns zu sättigen, und es umspielt die unendliche Woge
Unsern Kiel, es freut sich das Herz an den Kräften des
                                        Meergotts.
45 Dennoch genügt ihm nicht; denn der tiefere Ozean reizt
                                        uns,
Wo die leichtere Welle sich regt – o wer dort an jene
Goldnen Küsten das wandernde Schiff zu treiben
                                        vermöchte!

Aber indes ich hinauf in die dämmernde Ferne mich sehne,
Wo du fremde Gestad' umfängst mit der bläulichen Woge,
50 Kömmst du säuselnd herab von des Fruchtbaums
                                        blühenden Wipfeln,
Vater Äther! und sänftigest selbst das strebende Herz mir,
Und ich lebe nun gern, wie zuvor, mit den Blumen der
                                        Erde.

DER WANDERER

Einsam stand ich und sah in die Afrikanischen dürren
    Ebnen hinaus; vom Olymp regnete Feuer herab.
Fernhin schlich das hagre Gebirg, wie ein wandelnd
                                        Gerippe,
    Hohl und einsam und kahl blickt' aus der Höhe sein
                                        Haupt.
5   Ach! nicht sprang, mit erfrischendem Grün der
                                        schattende Wald hier
    In die säuselnde Luft üppig und herrlich empor,
Bäche stürzten hier nicht in melodischem Fall vom
                                        Gebirge,
    Durch das blühende Tal schlingend den silbernen Strom,
Keiner Herde verging am plätschernden Brunnen der
                                        Mittag,
10   Freundlich aus Bäumen hervor blickte kein wirtliches
                                        Dach.

Unter dem Strauche saß ein ernster Vogel gesanglos,
   Ängstig und eilend flohn wandernde Störche vorbei.
Nicht um Wasser rief ich dich an, Natur! in der Wüste,
   Wasser bewahrte mir treulich das fromme Kamel.
Um der Haine Gesang, um Gestalten und Farben des
                      Lebens   15
   Bat ich, vom lieblichen Glanz heimischer Fluren
                      verwöhnt.
Aber ich bat umsonst; du erschienst mir feurig und
                      herrlich,
   Aber ich hatte dich einst göttlicher, schöner gesehn.

Auch den Eispol hab' ich besucht; wie ein starrendes Chaos
   Türmte das Meer sich da schröcklich zum Himmel
                      empor.   20
Tot in der Hülse von Schnee schlief hier das gefesselte
                      Leben,
   Und der eiserne Schlaf harrte des Tages umsonst.
Ach! nicht schlang um die Erde den wärmenden Arm
                  der Olymp hier
   Wie Pygmalions Arm um die Geliebte sich schlang.
Hier bewegt' er ihr nicht mit dem Sonnenblicke den Busen, 25
   Und in Regen und Tau sprach er nicht freundlich zu ihr.
Mutter Erde! rief ich, du bist zur Witwe geworden,
   Dürftig und kinderlos lebst du in langsamer Zeit.
Nichts zu erzeugen und nichts zu pflegen in sorgender
                      Liebe,
   Alternd im Kinde sich nicht wiederzusehn, ist der Tod. 30
Aber vielleicht erwarmst du dereinst am Strahle des
                    Himmels,
   Aus dem dürftigen Schlaf schmeichelt sein Othem
                    dich auf;
Und, wie ein Samenkorn, durchbrichst du die eherne
                    Hülse,
   Und die knospende Welt windet sich schüchtern heraus.
Deine gesparte Kraft flammt auf in üppigem Frühling, 35
   Rosen glühen und Wein sprudelt im kärglichen Nord.

Aber jetzt kehr' ich zurück an den Rhein, in die glückliche
Heimat,
Und es wehen, wie einst, zärtliche Lüfte mich an.
Und das strebende Herz besänftigen mir die vertrauten
40   Friedlichen Bäume, die einst mich in den Armen
gewiegt,
Und das heilige Grün, der Zeuge des ewigen, schönen
Lebens der Welt, es erfrischt, wandelt zum Jüngling
mich um.
Alt bin ich geworden indes, mich bleichte der Eispol,
Und im Feuer des Süds fielen die Locken mir aus.
45   Doch, wie Aurora den Tithon, umfängst du in
lächelnder Blüte
Warm und fröhlich, wie einst, Vaterlandserde, den Sohn.
Seliges Land! kein Hügel in dir wächst ohne den Weinstock,
Nieder ins schwellende Gras regnet im Herbste das Obst.
Fröhlich baden im Strome den Fuß die glühenden Berge,
50   Kränze von Zweigen und Moos kühlen ihr sonniges
Haupt.
Und, wie die Kinder hinauf zur Schulter des herrlichen
Ahnherrn
Steigen am dunkeln Gebirg Festen und Hütten hinauf.
Friedsam geht aus dem Walde der Hirsch ans freundliche
Tagslicht;
Hoch in heiterer Luft siehet der Falke sich um.
55   Aber unten im Tal, wo die Blume sich nährt von der Quelle,
Streckt das Dörfchen vergnügt über die Wiese sich aus.
Still ists hier: kaum rauschet von fern die geschäftige
Mühle,
Und vom Berge herab knarrt das gefesselte Rad.
Lieblich tönt die gehämmerte Sens' und die Stimme des
Landmanns,
60   Der am Pfluge dem Stier lenkend die Schritte gebeut,
Lieblich der Mutter Gesang, die im Grase sitzt mit dem
Söhnlein,
Das die Sonne des Mais schmeichelt in lächelnden Schlaf.

Aber drüben am See, wo die Ulme das alternde Hoftor
   Übergrünt und den Zaun wilder Holunder umblüht,
Da empfängt mich das Haus und des Gartens heimliches
                             Dunkel,   65
   Wo mit den Pflanzen mich einst liebend mein Vater
                           erzog,
Wo ich froh, wie das Eichhorn, spielt' auf den
                      lispelnden Ästen,
   Oder in's duftende Heu träumend die Stirne verbarg.
Heimatliche Natur! wie bist du treu mir geblieben!
   Zärtlichpflegend, wie einst, nimmst du den Flüchtling
                     noch auf.   70
Noch gedeihn die Pfirsiche mir, noch wachsen gefällig
   Mir an's Fenster, wie sonst, köstliche Trauben herauf.
Lockend röten sich noch die süßen Früchte des
                   Kirschbaums,
   Und der pflückenden Hand reichen die Zweige sich
                     selbst.
Schmeichelnd zieht mich, wie sonst, in des Walds
                unendliche Laube   75
   Aus dem Garten der Pfad, oder hinab an den Bach,
Und die Pfade rötest du mir, es wärmt mich und spielt mir
   Um das Auge, wie sonst, Vaterlandssonne! dein Licht;
Feuer trink ich und Geist aus deinem freudigen Kelche,
   Schläfrig lässest du nicht werden mein alterndes Haupt.   80
Die du einst mir die Brust erwecktest vom Schlafe der
                   Kindheit
   Und mit sanfter Gewalt höher und weiter mich triebst,
Mildere Sonne! zu dir kehr' ich getreuer und weiser,
   Friedlich zu werden und froh unter den Blumen zu ruhn.

AN DIE KLUGEN RATGEBER

Ich sollte nicht im Lebensfelde ringen,
   So lang mein Herz nach höchster Schöne strebt,
Ich soll mein Schwanenlied am Grabe singen,

Wo ihr so gern lebendig uns begräbt?
5   O! schonet mein und laßt das rege Streben,
Bis seine Flut in's fernste Meer sich stürzt,
Laßt immerhin, ihr Ärzte, laßt mich leben,
So lang die Parze nicht die Bahn verkürzt.

Des Weins Gewächs verschmäht die kühlen Tale,
10   Hesperiens beglückter Garten bringt
Die goldnen Früchte nur im heißen Strahle,
Der, wie ein Pfeil, in's Herz der Erde dringt;
Was warnt ihr dann, wenn stolz und ungeschändet
Des Menschen Herz von kühnem Zorn entbrennt,
15   Was nimmt ihr ihm, der nur im Kampf vollendet,
Ihr Weichlinge, sein glühend Element?

Er hat das Schwert zum Spiele nicht genommen,
Der Richter, der die alte Nacht verdammt,
Er ist zum Schlafe nicht herabgekommen,
20   Der reine Geist, der aus dem Äther stammt;
Er strahlt heran, er schröckt, wie Meteore,
Befreit und bändigt, ohne Ruh' und Sold,
Bis, wiederkehrend durch des Himmels Tore,
Sein Kämpferwagen im Triumphe rollt.

25   Und ihr, ihr wollt des Rächers Arme lähmen,
Dem Geiste, der mit Götterrecht gebeut,
Bedeutet ihr, sich knechtisch zu bequemen,
Nach eures Pöbels Unerbittlichkeit?
Das Irrhaus wählt ihr euch zum Tribunale,
30   Dem soll der Herrliche sich unterzieh'n,
Den Gott in uns, den macht ihr zum Skandale,
Und setzt den Wurm zum König über ihn. –

Sonst ward der Schwärmer doch ans Kreuz geschlagen,
Und oft in edlem Löwengrimme rang
35   Der Mensch an donnernden Entscheidungstagen,
Bis Glück und Wut das kühne Recht bezwang;

Ach! wie die Sonne, sank zur Ruhe nieder
Wer unter Kampf ein herrlich Werk begann,
Er sank und morgenrötlich hub er wieder
In seinen Lieblingen zu leuchten an.   40

Jetzt blüht die neue Kunst, das Herz zu morden,
Zum Todesdolch in meuchlerischer Hand
Ist nun der Rat des klugen Manns geworden,
Und furchtbar, wie ein Scherge, der Verstand;
Bekehrt von euch zu feiger Ruhe, findet   45
Der Geist der Jünglinge sein schmählich Grab,
Ach! ruhmlos in die Nebelnächte schwindet
Aus heitrer Luft manch schöner Stern hinab.

Umsonst, wenn auch der Geister Erste fallen,
Die starken Tugenden, wie Wachs, vergehn,   50
Das Schöne muß aus diesen Kämpfen allen,
Aus dieser Nacht der Tage Tag entstehn;
Begräbt sie nur, ihr Toten, eure Toten!
Indes ihr noch die Leichenfackel hält,
Geschiehet schon, wie unser Herz geboten,   55
Bricht schon herein die neue beßre Welt.

DER JÜNGLING
AN DIE KLUGEN RATGEBER

Ich sollte ruhn? Ich soll die Liebe zwingen,
Die feurigfroh nach hoher Schöne strebt?
Ich soll mein Schwanenlied am Grabe singen,
Wo ihr so gern lebendig uns begräbt?
O schonet mein! Allmächtig fortgezogen,   5
Muß immerhin des Lebens frische Flut
Mit Ungeduld im engen Bette wogen,
Bis sie im heimatlichen Meere ruht.

Des Weins Gewächs verschmäht die kühlen Tale,
10   Hesperiens beglückter Garten bringt
Die goldnen Früchte nur im heißen Strahle,
Der, wie ein Pfeil, ins Herz der Erde dringt.
Was sänftiget ihr dann, wenn in den Ketten
Der ehrnen Zeit die Seele mir entbrennt,
15   Was nimmt ihr mir, den nur die Kämpfe retten,
Ihr Weichlinge! mein glühend Element?

Das Leben ist zum Tode nicht erkoren,
Zum Schlafe nicht der Gott, der uns entflammt,
Zum Joch' ist nicht der Herrliche geboren,
20   Der Genius, der aus dem Äther stammt;
Er kommt herab; er taucht sich, wie zum Bade,
In des Jahrhunderts Strom und glücklich raubt
Auf eine Zeit den Schwimmer die Najade,
Doch hebt er heitrer bald sein leuchtend Haupt.

25   Drum laßt die Lust, das Große zu verderben,
Und geht und sprecht von eurem Glücke nicht!
Pflanzt keinen Zedernbaum in eure Scherben!
Nimmt keinen Geist in eure Söldnerspflicht!
Versucht es nicht, das Sonnenroß zu lähmen!
30   Laßt immerhin den Sternen ihre Bahn!
Und mir, mir ratet nicht, mich zu bequemen,
Und macht mich nicht den Knechten untertan.

Und könnt ihr ja das Schöne nicht ertragen,
So führt den Krieg mit offner Kraft und Tat!
35   Sonst ward der Schwärmer doch ans Kreuz geschlagen,
Jetzt mordet ihn der sanfte kluge Rat;
Wie manchen habt ihr herrlich zubereitet
Fürs Reich der Not! wie oft auf euern Sand
Den hoffnungsfrohen Steuermann verleitet
40   Auf kühner Fahrt in's warme Morgenland!

Umsonst! mich hält die dürre Zeit vergebens,
Und mein Jahrhundert ist mir Züchtigung;
Ich sehne mich in's grüne Feld des Lebens
Und in den Himmel der Begeisterung;
Begrabt sie nur, ihr Toten, eure Toten,   45
Und preist das Menschenwerk und scheltet nur!
Doch reift in mir, so wie mein Herz geboten,
Die schöne, die lebendige Natur.

SÖMMERINGS SEELENORGAN
UND DAS PUBLIKUM

Gerne durchschaun sie mit ihm das herrliche
                                    Körpergebäude,
Doch zur Zinne hinauf werden die Treppen zu steil.

SÖMMERINGS SEELENORGAN
UND DIE DEUTSCHEN

Viele gesellten sich ihm, da der Priester wandelt' im Vorhof,
Aber ins Heiligtum wagten sich wenige nach.

GEBET FÜR DIE UNHEILBAREN

Eil, o zaudernde Zeit, sie ans Ungereimte zu führen,
Anders belehrest du sie nie wie verständig sie sind.
Eile, verderbe sie ganz, und führ' ans furchtbare Nichts sie,
Anders glauben sie dir nie, wie verdorben sie sind.
Diese Toren bekehren sich nie, wenn ihnen nicht
                                    schwindelt,   5
Diese   sich nie, wenn sie Verwesung nicht sehn.

GUTER RAT

Hast du Verstand und ein Herz, so zeige nur eines von
                                                    beiden,
  Beides verdammen sie dir, zeigest du beides zugleich.

ADVOCATUS DIABOLI

Tief im Herzen haß ich den Troß der Despoten und Pfaffen
  Aber noch mehr das Genie, macht es gemein sich damit.

DIE VORTREFFLICHEN

Lieben Brüder! versucht es nur nicht, vortrefflich zu
                                                    werden
  Ehrt das Schicksal und tragts, Stümper auf Erden zu
                                                    sein
  Denn ist Einmal der Kopf voran, so folget der Schweif
                                                    auch
  Und die klassische Zeit deutscher Poëten ist aus.

DIE BESCHREIBENDE POËSIE

Wißt! Apoll ist der Gott der Zeitungsschreiber geworden
  Und sein Mann ist, wer ihm treulich das Factum erzählt.

FALSCHE POPULARITÄT

O der Menschenkenner! er stellt sich kindisch mit Kindern
  Aber der Baum und das Kind suchet, was über ihm ist.

AN DIOTIMA

Schönes Leben! du lebst, wie die zarten Blüten im Winter,
  In der gealterten Welt blühst du verschlossen, allein.
Liebend strebst du hinaus, dich zu sonnen am Lichte des
                                              Frühlings,
  Zu erwarmen an ihr suchst du die Jugend der Welt.
Deine Sonne, die schönere Zeit, ist untergegangen   5
Und in frostiger Nacht zanken Orkane sich nun.

DIOTIMA

Komm und besänftige mir, die du einst Elemente
                                    versöhntest
  Wonne der himmlischen Muse das Chaos der Zeit,
Ordne den tobenden Kampf mit Friedenstönen des
                                        Himmels
  Bis in der sterblichen Brust sich das entzweite vereint,
Bis der Menschen alte Natur die ruhige große,   5
  Aus der gärenden Zeit, mächtig und heiter sich hebt.
Kehr' in die dürftigen Herzen des Volks, lebendige
                                        Schönheit!
  Kehr an den gastlichen Tisch, kehr in die Tempel zurück!
Denn Diotima lebt, wie die zarten Blüten im Winter,
  Reich an eigenem Geist sucht sie die Sonne doch auch.   10
Aber die Sonne des Geists, die schönere Welt ist hinunter
Und in frostiger Nacht zanken Orkane sich nur.

EINLADUNG
Seinem Freund Neuffer

Dein Morgen, Bruder, ging so schön hervor,
Ein heitres Frührot glänzte dir entgegen,
Den wonnevollsten Lebenstag verheißend.

Die Musen weihten dich zu ihrem Priester,
Die Liebe kränzte dir das Haupt mit Rosen,
Und goß die reinsten Freuden in dein Herz.
Wer war wie du beglückt? Das Schicksal hat
Es anders nun gemacht; ein schwarzer Sturm
Verschlang des Tages Licht; der Donner rollte
Und traf dein sichres Haupt; im Grabe liegt,
Was du geliebt; dein Eden ist vernichtet.

O Bruder, Bruder, daß dein Schicksal mir
So schrecklichwahr des Lebens Wechsel deutet!
Daß Disteln hinter Blumengängen lauern,
Daß gift'ger Tod in Jugendadern schleicht,
Daß bittre Trennung selbst den Freunden oft
Den armen Trost versagt, den Schmerz zu teilen!
Da bau'n wir Plane, träumen so entzückt
Vom nahen Ziel, und plötzlich, plötzlich zuckt
Ein Blitz herab, und öffnet uns das Grab.
Ich sah im Geist dein Leiden all. Da ging
Ich trüben Blicks hinab am Maingestade,
Sah in die Wogen, bis mir schwindelte,
Und kehrte still und voll der dunkeln Zukunft,
Und voll des Schicksals, welches unser wartet,
Beim Untergang der Sonn' in meine Klause.

O Bruder, komm nach jahrelanger Trennung
An meine Brust! Vielleicht gelingt es uns
Noch einen jener schönen Abende,
Die wir so oft am Herzen der Natur
Mit reinem Sinn und mit Gesang gefeiert,
Zurück zu zaubern, und noch einmal froh
Hinein zu schauen in das Leben! Komm,
Es wartet dein ein eigen Deckelglas,
Stiefmütterlich soll nicht mein Fäßchen fließen.
Es wartet dein ein freundliches Gemach,
Wo unsre Herzen liebend sich ergießen!
Komm, eh der Herbst der Gärten Schmuck verderbt,

Bevor die schönen Tage von uns eilen,
Und laß durch Freundschaft uns des Herzens Wunden
heilen. 40

DIE MUSSE

Sorglos schlummert die Brust und es ruhn die strengen
Gedanken.
Auf die Wiese geh' ich hinaus, wo das Gras aus der
Wurzel
Frisch, wie die Quelle mir keimt, wo die liebliche Lippe
der Blume
Mir sich öffnet und stumm mit süßem Othem mich
anhaucht,
Und an tausend Zweigen des Hains, wie an brennenden
Kerzen 5
Mir das Flämmchen des Lebens glänzt, die rötliche Blüte,
Wo im sonnigen Quell die zufriednen Fische sich regen,
Wo die Schwalbe das Nest mit den törigen Jungen
umflattert,
Und die Schmetterlinge sich freun und die Bienen, da
wandl' ich
Mitten in ihrer Lust; ich steh im friedlichen Felde 10
Wie ein liebender Ulmbaum da, und wie Reben und
Trauben
Schlingen sich rund um mich die süßen Spiele des Lebens.

Oder schau ich hinauf zum Berge, der mit Gewölken
Sich die Scheitel umkränzt und die düstern Locken im
Winde
Schüttelt, und wenn er mich trägt auf seiner kräftigen
Schulter, 15
Wenn die leichtere Luft mir alle Sinne bezaubert
Und das unendliche Tal, wie eine farbige Wolke
Unter mir liegt, da werd' ich zum Adler, und ledig des
Bodens

Wechselt mein Leben im All der Natur wie Nomaden
                      den Wohnort.
20 Und nun führt mich der Pfad zurück ins Leben der
                      Menschen,
Fernher dämmert die Stadt, wie eine eherne Rüstung
Gegen die Macht des Gewittergotts und der Menschen
                      geschmiedet,
Majestätisch herauf, und ringsum ruhen die Dörfchen;
Und die Dächer umhüllt, vom Abendlichte gerötet
25 Freundlich der häusliche Rauch; es ruhn die sorglich
                      umzäunten
Gärten, es schlummert der Pflug auf den gesonderten
                      Feldern.

Aber ins Mondlicht steigen herauf die zerbrochenen Säulen
Und die Tempeltore, die einst der Furchtbare traf, der
                      geheime
Geist der Unruh, der in der Brust der Erd' und der
                      Menschen
30 Zürnet und gärt, der Unbezwungne, der alte Erobrer
Der die Städte, wie Lämmer, zerreißt, der einst den
                      Olympus
Stürmte, der in den Bergen sich regt, und Flammen
                      herauswirft,
Der die Wälder entwurzelt und durch den Ozean hinfährt
Und die Schiffe zerschlägt und doch in der ewigen
                      Ordnung
35 Niemals irre dich macht, auf der Tafel deiner Gesetze
Keine Sylbe verwischt, der auch dein Sohn, o Natur, ist
Mit dem Geiste der Ruh' aus Einem Schoße geboren. –

Hab' ich zu Hause dann, wo die Bäume das Fenster
                      umsäuseln
Und die Luft mit dem Lichte mir spielt, von
                      menschlichem Leben
40 Ein erzählendes Blatt zu gutem Ende gelesen:
Leben! Leben der Welt! du liegst wie ein heiliger Wald da,

Sprech ich dann, und es nehme die Axt, wer will dich
zu ebnen,
Glücklich wohn' ich in dir.

AN DIE PARZEN

Nur Einen Sommer gönnt, ihr Gewaltigen!
  Und einen Herbst zu reifem Gesange mir,
    Daß williger mein Herz, vom süßen
      Spiele gesättiget, dann mir sterbe.

Die Seele, der im Leben ihr göttlich Recht   5
  Nicht ward, sie ruht auch drunten im Orkus nicht;
    Doch ist mir einst das Heil'ge, das am
      Herzen mir liegt, das Gedicht gelungen,

Willkommen dann, o Stille der Schattenwelt!
  Zufrieden bin ich, wenn auch mein Saitenspiel   10
    Mich nicht hinab geleitet; Einmal
      Lebt ich, wie Götter, und mehr bedarfs nicht.

DIOTIMA

Du schweigst und duldest, und sie versteh'n dich nicht,
  Du heilig Leben! welkest hinweg und schweigst,
    Denn ach, vergebens bei Barbaren
      Suchst du die Deinen im Sonnenlichte,

Die zärtlichgroßen Seelen, die nimmer sind!   5
  Doch eilt die Zeit. Noch siehet mein sterblich Lied
    Den Tag, der, Diotima! nächst den
      Göttern mit Helden dich nennt, und dir gleicht.

AN IHREN GENIUS

Send' ihr Blumen und Frücht' aus nieversiegender Fülle,
  Send' ihr, freundlicher Geist, ewige Jugend herab!
Hüll' in deine Wonnen sie ein und laß sie die Zeit nicht
  Sehn, wo einsam und fremd sie, die Athenerin, lebt,
5 Bis sie im Lande der Seligen einst die fröhlichen
                                        Schwestern,
  Die zu Phidias Zeit herrschten und liebten, umfängt.

ABBITTE

Heilig Wesen! gestört hab' ich die goldene
  Götterruhe dir oft, und der geheimeren,
    Tiefern Schmerzen des Lebens
      Hast du manche gelernt von mir.

5 O vergiß es, vergib! gleich dem Gewölke dort
  Vor dem friedlichen Mond, geh' ich dahin, und du
    Ruhst und glänzest in deiner
      Schöne wieder, du süßes Licht!

STIMME DES VOLKS

Du seiest Gottes Stimme, so ahndet' ich
  In heil'ger Jugend; ja, und ich sag' es noch. –
    Um meine Weisheit unbekümmert
      Rauschen die Wasser doch auch, und dennoch

5 Hör' ich sie gern, und öfters bewegen sie
  Und stärken mir das Herz, die gewaltigen;
    Und meine Bahn nicht, aber richtig
      Wandeln in's Meer sie die Bahn hinunter.

EHMALS UND JETZT

In jüngern Tagen war ich des Morgens froh,
    Des Abends weint' ich; jetzt, da ich älter bin,
        Beginn ich zweifelnd meinen Tag, doch
            Heilig und heiter ist mir sein Ende.

LEBENSLAUF

Hoch auf strebte mein Geist, aber die Liebe zog
    Schön ihn nieder; das Leid beugt ihn gewaltiger;
        So durchlauf ich des Lebens
            Bogen und kehre, woher ich kam.

DIE KÜRZE

»Warum bist du so kurz? liebst du, wie vormals, denn
    Nun nicht mehr den Gesang? fandst du, als Jüngling,
                                                doch,
        In den Tagen der Hoffnung,
            Wenn du sangest, das Ende nie!«

Wie mein Glück, ist mein Lied. – Willst du im Abendrot   ₅
    Froh dich baden? hinweg ists! und die Erd' ist kalt,
        Und der Vogel der Nacht schwirrt
            Unbequem vor das Auge dir.

DIE LIEBENDEN

Trennen wollten wir uns, wähnten es gut und klug;
    Da wir's taten, warum schröckt' uns, wie Mord, die Tat?
        Ach! wir kennen uns wenig,
            Denn es waltet ein Gott in uns.

MENSCHENBEIFALL

Ist nicht heilig mein Herz, schöneren Lebens voll,
   Seit ich liebe? warum achtetet ihr mich mehr,
      Da ich stolzer und wilder,
         Wortereicher und leerer war?

5   Ach! der Menge gefällt, was auf den Marktplatz taugt,
   Und es ehret der Knecht nur den Gewaltsamen;
      An das Göttliche glauben
         Die allein, die es selber sind.

DIE HEIMAT

Froh kehrt der Schiffer heim an den stillen Strom
   Von fernen Inseln, wo er geerntet hat;
      Wohl möcht' auch ich zur Heimat wieder;
         Aber was hab' ich, wie Leid, geerntet? –

5   Ihr holden Ufer, die ihr mich auferzogt,
   Stillt ihr der Liebe Leiden? ach! gebt ihr mir,
      Ihr Wälder meiner Kindheit, wann ich
         Komme, die Ruhe noch Einmal wieder?

DER GUTE GLAUBE

Schönes Leben! du liegst krank, und das Herz ist mir
   Müd vom Weinen und schon dämmert die Furcht in mir,
      Doch, doch kann ich nicht glauben,
         Daß du sterbest, so lang du liebst.

IHRE GENESUNG

Deine Freundin, Natur! leidet und schläft und du
  Allbelebende, säumst? ach! und ihr heilt sie nicht,
      Mächt'ge Lüfte des Äthers,
        Nicht ihr Quellen des Sonnenlichts?

Alle Blumen der Erd', alle die fröhlichen,   5
  Schönen Früchte des Hains, heitern sie alle nicht
      Dieses Leben, ihr Götter!
        Das ihr selber in Lieb' erzogt? —

Ach! schon atmet und tönt heilige Lebenslust
  Ihr im reizenden Wort wieder wie sonst und schon   10
      Glänzt das Auge des Lieblings
        Freundlichoffen, Natur! dich an.

DAS UNVERZEIHLICHE

Wenn ihr Freunde vergeßt, wenn ihr den Künstler höhnt,
  Und den tieferen Geist klein und gemein versteht,
      Gott vergibt es, doch stört nur
        Nie den Frieden der Liebenden.

AN DIE JUNGEN DICHTER

Lieben Brüder! es reift unsere Kunst vielleicht,
  Da, dem Jünglinge gleich, lange sie schon gegärt,
      Bald zur Stille der Schönheit;
        Seid nur fromm, wie der Grieche war!

⁵   Liebt die Götter und denkt freundlich der Sterblichen!
Haßt den Rausch, wie den Frost! lehrt und
                            beschreibet nicht!
    Wenn der Meister euch ängstigt,
      Fragt die große Natur um Rat.

AN DIE DEUTSCHEN

Spottet ja nicht des Kinds, wenn es mit Peitsch' und Sporn
Auf dem Rosse von Holz mutig und groß sich dünkt,
    Denn, ihr Deutschen, auch ihr seid
      Tatenarm und gedankenvoll.

⁵ Oder kömmt, wie der Strahl aus dem Gewölke kömmt,
Aus Gedanken die Tat? Leben die Bücher bald?
    O ihr Lieben, so nimmt mich,
      Daß ich büße die Lästerung.

DIE SCHEINHEILIGEN DICHTER

Ihr kalten Heuchler, sprecht von den Göttern nicht!
Ihr habt Verstand! ihr glaubt nicht an Helios,
    Noch an den Donnerer und Meergott;
      Tot ist die Erde, wer mag ihr danken? –

⁵   Getrost ihr Götter! zieret ihr doch das Lied,
    Wenn schon aus euren Namen die Seele schwand,
      Und ist ein großes Wort vonnöten,
        Mutter Natur! so gedenkt man deiner.

DEM SONNENGOTT

Wo bist du? trunken dämmert die Seele mir
  Von aller deiner Wonne; denn eben ists,
    Daß ich gesehn, wie, müde seiner
      Fahrt, der entzückende Götterjüngling

Die jungen Locken badet' im Goldgewölk';   5
  Und jetzt noch blickt mein Auge von selbst nach ihm;
    Doch fern ist er zu frommen Völkern,
      Die ihn noch ehren, hinweggegangen.

Dich lieb' ich, Erde! trauerst du doch mit mir!
  Und unsre Trauer wandelt, wie Kinderschmerz,   10
    In Schlummer sich, und wie die Winde
      Flattern und flüstern im Saitenspiele,

Bis ihm des Meisters Finger den schönern Ton
  Entlockt, so spielen Nebel und Träum' um uns,
    Bis der Geliebte wiederkömmt und   15
      Leben und Geist sich in uns entzündet.

SONNENUNTERGANG

  Wo bist du? trunken dämmert die Seele mir
    Von aller deiner Wonne; denn eben ist's,
      Daß ich gelauscht, wie, goldner Töne
        Voll, der entzückende Sonnenjüngling

  Sein Abendlied auf himmlischer Leier spielt';   5
    Es tönten rings die Wälder und Hügel nach.
      Doch fern ist er zu frommen Völkern,
        Die ihn noch ehren, hinweggegangen.

DER MENSCH

Kaum sproßten aus den Wassern, o Erde, dir
  Der jungen Berge Gipfel und dufteten
    Lustatmend, immergrüner Haine
      Voll, in des Ozeans grauer Wildnis

Die ersten holden Inseln; und freudig sah
  Des Sonnengottes Auge die Neulinge
    Die Pflanzen, seiner ew'gen Jugend
      Lächelnde Kinder, aus dir geboren.

Da auf der Inseln schönster, wo immerhin
  Den Hain in zarter Ruhe die Luft umfloß,
    Lag unter Trauben einst, nach lauer
      Nacht, in der dämmernden Morgenstunde

Geboren, Mutter Erde! dein schönstes Kind; –
  Und auf zum Vater Helios sieht bekannt
    Der Knab', und wacht und wählt die süßen
      Beere versuchend, die heil'ge Rebe

Zur Amme sich; und bald ist er groß; ihn scheun
  Die Tiere, denn ein anderer ist, wie sie
    Der Mensch; nicht dir und nicht dem Vater
      Gleicht er, denn kühn ist in ihm und einzig

Des Vaters hohe Seele mit deiner Lust,
  O Erd'! und deiner Trauer von je vereint;
    Der Göttermutter, der Natur, der
      Allesumfassenden möcht' er gleichen!

Ach! darum treibt ihn, Erde! vom Herzen dir
  Sein Übermut, und deine Geschenke sind
    Umsonst und deine zarten Bande;
      Sucht er ein Besseres doch, der Wilde!

Von seines Ufers duftender Wiese muß
  Ins blütenlose Wasser hinaus der Mensch,   30
    Und glänzt auch, wie die Sternenacht, von
      Goldenen Früchten sein Hain, doch gräbt er

Sich Höhlen in den Bergen und späht im Schacht
  Von seines Vaters heiterem Lichte fern,
    Dem Sonnengott auch ungetreu, der   35
      Knechte nicht liebt und der Sorge spottet.

Denn freier atmen Vögel des Walds, wenn schon
  Des Menschen Brust sich herrlicher hebt, und der
    Die dunkle Zukunft sieht, er muß auch
      Sehen den Tod und allein ihn fürchten.   40

Und Waffen wider alle, die atmen, trägt
  In ewigbangem Stolze der Mensch; im Zwist
    Verzehrt er sich und seines Friedens
      Blume, die zärtliche, blüht nicht lange.

Ist er von allen Lebensgenossen nicht   45
  Der seligste? Doch tiefer und reißender
    Ergreift das Schicksal, allausgleichend,
      Auch die entzündbare Brust dem Starken.

SOKRATES UND ALCIBIADES

»Warum huldigest du, heiliger Sokrates,
  Diesem Jünglinge stets? kennest du Größers nicht?
    Warum siehet mit Liebe,
      Wie auf Götter, dein Aug' auf ihn?«

Wer das Tiefste gedacht, liebt das Lebendigste,   5
  Hohe Jugend versteht, wer in die Welt geblickt
    Und es neigen die Weisen
      Oft am Ende zu Schönem sich.

VANINI

Den Gottverächter schalten sie dich? mit Fluch
    Beschwerten sie dein Herz dir und banden dich
        Und übergaben dich den Flammen,
            Heiliger Mann! o warum nicht kamst du

5   Vom Himmel her in Flammen zurück, das Haupt
    Der Lästerer zu treffen und riefst dem Sturm;
        Daß er die Asche der Barbaren
            Fort aus der Erd', aus der Heimat werfe!

Doch die du lebend liebtest, die dich empfing,
10 Den Sterbenden, die heil'ge Natur vergißt
        Der Menschen Tun und deine Feinde
            Kehrten, wie du, in den alten Frieden.

AN UNSRE GROSSEN DICHTER

Des Ganges Ufer hörten des Freudengotts
    Triumph, als allerobernd vom Indus her
        Der junge Bacchus kam, mit heilgem
            Weine vom Schlafe die Völker weckend.

5   O weckt, ihr Dichter! weckt sie vom Schlummer auch,
    Die jetzt noch schlafen, gebt die Gesetze, gebt
        Uns Leben, siegt, Heroën! ihr nur
            Habt der Eroberung Recht, wie Bacchus.

HYPERIONS SCHICKSALSLIED

Ihr wandelt droben im Licht
  Auf weichem Boden, selige Genien!
    Glänzende Götterlüfte
     Rühren euch leicht,
      Wie die Finger der Künstlerin   5
      Heilige Saiten.

Schicksallos, wie der schlafende
  Säugling, atmen die Himmlischen;
   Keusch bewahrt
    In bescheidener Knospe,   10
     Blühet ewig
      Ihnen der Geist,
       Und die seligen Augen
      Blicken in stiller
       Ewiger Klarheit.   15

Doch uns ist gegeben,
  Auf keiner Stätte zu ruhn,
   Es schwinden, es fallen
    Die leidenden Menschen
     Blindlings von einer   20
     Stunde zur andern,
      Wie Wasser von Klippe
      Zu Klippe geworfen,
       Jahr lang ins Ungewisse hinab.

DA ICH EIN KNABE WAR . . .

Da ich ein Knabe war,
  Rettet' ein Gott mich oft
    Vom Geschrei und der Rute der Menschen,
  Da spielt' ich sicher und gut
5   Mit den Blumen des Hains,
      Und die Lüftchen des Himmels
    Spielten mit mir.

Und wie du das Herz
Der Pflanzen erfreust,
10 Wenn sie entgegen dir
Die zarten Arme strecken,

So hast du mein Herz erfreut
Vater Helios! und, wie Endymion,
War ich dein Liebling,
15 Heilige Luna!

O all ihr treuen
Freundlichen Götter!
Daß ihr wüßtet,
Wie euch meine Seele geliebt!

20 Zwar damals rief ich noch nicht
Euch mit Namen, auch ihr
Nanntet mich nie, wie die Menschen sich nennen
Als kennten sie sich.

Doch kannt' ich euch besser,
25 Als ich je die Menschen gekannt,
Ich verstand die Stille des Äthers
Der Menschen Worte verstand ich nie.

Mich erzog der Wohllaut
Des säuselnden Hains
Und lieben lernt' ich   30
Unter den Blumen.

Im Arme der Götter wuchs ich groß.

GEDICHTE
1798-1800

ACHILL

Herrlicher Göttersohn! da du die Geliebte verloren,
  Gingst du ans Meergestad, weintest hinaus in die Flut,
Weheklagend hinab verlangt' in den heiligen Abgrund,
  In die Stille dein Herz, wo, von der Schiffe Gelärm
Fern, tief unter den Wogen, in friedlicher Grotte die blaue   5
  Thetis wohnte, die dich schützte, die Göttin des Meers.
Mutter war dem Jünglinge sie, die mächtige Göttin,
  Hatte den Knaben einst liebend, am Felsengestad
Seiner Insel, gesäugt, mit dem kräftigen Liede der Welle
  Und im stärkenden Bad' ihn zum Heroën genährt.   10
Und die Mutter vernahm die Weheklage des Jünglings,
  Stieg vom Grunde der See, trauernd, wie Wölkchen,
                                                          herauf,
Stillte mit zärtlichem Umfangen die Schmerzen des
                                                          Lieblings,
  Und er hörte, wie sie schmeichelnd zu helfen versprach.

Göttersohn! o wär ich, wie du, so könnt' ich vertraulich   15
  Einem der Himmlischen klagen mein heimliches Leid.
Sehen soll ich es nicht, soll tragen die Schmach, als
                                                          gehört ich
  Nimmer zu ihr, die doch meiner mit Tränen gedenkt.
Gute Götter! doch hört ihr jegliches Flehen des Menschen,
  Ach! und innig und fromm liebt' ich dich heiliges Licht,   20
Seit ich lebe, dich Erd' und deine Quellen und Wälder,
  Vater Äther und dich fühlte zu sehnend und rein
Dieses Herz – o sänftiget mir, ihr Guten, mein Leiden,
  Daß die Seele mir nicht allzu frühe verstummt,
Daß ich lebe und euch, ihr hohen himmlischen Mächte,   25
  Noch am fliehenden Tag danke mit frommem Gesang,
Danke für voriges Gut, für Freuden vergangener Jugend,
  Und dann nehmet zu euch gütig den Einsamen auf.

MEINER VEREHRUNGSWÜRDIGEN
GROSSMUTTER
Zu ihrem 72sten Geburtstag

Vieles hast du erlebt, du teure Mutter! und ruhst nun
   Glücklich, von Fernen und Nah'n liebend beim
              Namen genannt,
Mir auch herzlich geehrt in des Alters silberner Krone
   Unter den Kindern, die dir reifen und wachsen und
              blühn.
5 Langes Leben hat dir die sanfte Seele gewonnen
   Und die Hoffnung, die dich freundlich in Leiden geführt.
Denn zufrieden bist du und fromm, wie die Mutter, die
              einst den
   Besten der Menschen, den Freund unserer Erde gebar. –
Ach! sie wissen es nicht, wie der Hohe wandelt im Volke,
10 Und vergessen ist fast, was der Lebendige war.
Wenige kennen ihn doch und oft erscheinet erheiternd
   Mitten in stürmischer Zeit ihnen das himmlische Bild.
Allversöhnend und still mit den armen Sterblichen ging er,
   Dieser einzige Mann, göttlich im Geiste, dahin.
15 Keines der Lebenden war aus seiner Seele geschlossen
   Und die Leiden der Welt trug er an liebender Brust.
Mit dem Tode befreundet er sich, im Namen der andern
   Ging er aus Schmerzen und Müh' siegend zum Vater
              zurück.
Und du kennest ihn auch, du teure Mutter! und wandelst
20 Glaubend und duldend und still ihm, dem Erhabenen,
              nach.
Sieh! es haben mich selbst verjüngt die kindlichen Worte,
   Und es rinnen, wie einst, Tränen vom Auge mir noch;
Und ich denke zurück an längst vergangene Tage,
   Und die Heimat erfreut wieder mein einsam Gemüt,
25 Und das Haus, wo ich einst bei deinen Segnungen
              aufwuchs,
   Wo, von Liebe genährt, schneller der Knabe gedieh.

Ach! wie dacht' ich dann oft, du solltest meiner dich freuen,
  Wann ich ferne mich sah wirkend in offener Welt.
Manches hab' ich versucht und geträumt und habe die
                                            Brust mir
Wund gerungen indes, aber ihr heilet sie mir,   30
O ihr Lieben! und lange, wie du, o Mutter! zu leben
  Will ich lernen; es ist ruhig das Alter und fromm.
Kommen will ich zu dir; dann segne den Enkel noch
                                            Einmal,
  Daß dir halte der Mann, was er, als Knabe, gelobt.

GÖTTER WANDELTEN EINST . . .

Götter wandelten einst bei Menschen, die herrlichen Musen
  Und der Jüngling, Apoll, heilend, begeisternd wie du.
Und du bist mir, wie sie, als hätte der Seligen Einer
  Mich ins Leben gesandt, geh ich, es wandelt das Bild
Meiner Heldin mit mir, wo ich duld' und bilde, mit Liebe   5
  Bis in den Tod, denn dies lernt' ich und hab' ich von ihr.

Laß uns leben, o du mit der ich leide, mit der ich
  Innig und glaubig und treu ringe nach schönerer Zeit.
Sind doch wirs! und wüßten sie noch in kommenden Jahren
  Von uns beiden, wenn einst wieder der Genius gilt,   10
Sprächen sie: es schufen sich einst die Einsamen liebend
  Nur von Göttern gekannt ihre geheimere Welt.
Denn die Sterbliches nur besorgt, es empfängt sie die Erde
  Aber näher zum Licht wandern, zum Äther hinauf
Sie, die inniger Liebe treu, und göttlichem Geiste   15
  Hoffend und duldend und still über das Schicksal
                                            gesiegt.

DIE LAUNISCHEN

Hör' ich ferne nur her, wenn ich für mich geklagt,
   Saitenspiel und Gesang, schweigt mir das Herz doch
                            gleich;
      Bald auch bin ich verwandelt,
        Blinkst du, purpurner Wein! mich an

5 Unter Schatten des Walds, wo die gewaltige
   Mittagssonne mir sanft über dem Laube glänzt;
      Ruhig sitz' ich daselbst, wenn
        Zürnend schwerer Beleidigung

Ich im Felde geirrt – Zürnen zu gerne doch
10   Deine Dichter, Natur! trauern und weinen leicht,
      Die Beglückten; wie Kinder,
        Die zu zärtlich die Mutter hält,

Sind sie mürrisch und voll herrischen Eigensinns;
   Wandeln still sie des Wegs, irret Geringes doch
15   Bald sie wieder; sie reißen
       Aus dem Gleise sich sträubend dir.

Doch du rührest sie kaum, Liebende! freundlich an,
   Sind sie friedlich und fromm; fröhlich gehorchen sie;
      Du lenkst, Meisterin! sie mit
20   Weichem Zügel, wohin du willst.

DER TOD FÜRS VATERLAND

Du kömmst, o Schlacht! schon wogen die Jünglinge
   Hinab von ihren Hügeln, hinab in's Tal,
      Wo keck herauf die Würger dringen,
        Sicher der Kunst und des Arms, doch sichrer

Kömmt über sie die Seele der Jünglinge, 5
  Denn die Gerechten schlagen, wie Zauberer,
    Und ihre Vaterlandsgesänge
      Lähmen die Kniee den Ehrelosen.

O nimmt mich, nimmt mich mit in die Reihen auf,
  Damit ich einst nicht sterbe gemeinen Tods! 10
    Umsonst zu sterben, lieb' ich nicht, doch
      Lieb' ich, zu fallen am Opferhügel

Für's Vaterland, zu bluten des Herzens Blut
  Für's Vaterland – und bald ist's gescheh'n! Zu euch
    Ihr Teuern! komm' ich, die mich leben 15
      Lehrten und sterben, zu euch hinunter!

Wie oft im Lichte dürstet' ich euch zu seh'n,
  Ihr Helden und ihr Dichter aus alter Zeit!
    Nun grüßt ihr freundlich den geringen
      Fremdling und brüderlich ist's hier unten; 20

Und Siegesboten kommen herab: Die Schlacht
  Ist unser! Lebe droben, o Vaterland,
    Und zähle nicht die Toten! Dir ist,
      Liebes! nicht Einer zu viel gefallen.

DER ZEITGEIST

Zu lang schon waltest über dem Haupte mir
  Du in der dunkeln Wolke, du Gott der Zeit!
    Zu wild, zu bang ist's ringsum, und es
      Trümmert und wankt ja, wohin ich blicke.

Ach! wie ein Knabe, seh' ich zu Boden oft, 5
  Such' in der Höhle Rettung von dir, und möcht'
    Ich Blöder, eine Stelle finden,
      Alleserschütt'rer! wo du nicht wärest.

Lass' endlich, Vater! offenen Aug's mich dir
10   Begegnen! hast denn du nicht zuerst den Geist
        Mit deinem Strahl aus mir geweckt? mich
            Herrlich an's Leben gebracht, o Vater! –

Wohl keimt aus jungen Reben uns heil'ge Kraft;
        In milder Luft begegnet den Sterblichen,
15   Und wenn sie still im Haine wandeln,
            Heiternd ein Gott; doch allmächt'ger weckst du

Die reine Seele Jünglingen auf, und lehrst
        Die Alten weise Künste; der Schlimme nur
            Wird schlimmer, daß er bälder ende,
20   Wenn du, Erschütterer! ihn ergreifest.

ABENDPHANTASIE

Vor seiner Hütte ruhig im Schatten sitzt
        Der Pflüger, dem Genügsamen raucht sein Herd.
            Gastfreundlich tönt dem Wanderer im
            Friedlichen Dorfe die Abendglocke.

5   Wohl kehren itzt die Schiffer zum Hafen auch,
        In fernen Städten, fröhlich verrauscht des Markts
            Geschäft'ger Lärm; in stiller Laube
            Glänzt das gesellige Mahl den Freunden.

Wohin denn ich? Es leben die Sterblichen
10   Von Lohn und Arbeit; wechselnd in Müh' und Ruh'
            Ist alles freudig; warum schläft denn
            Nimmer nur mir in der Brust der Stachel?

Am Abendhimmel blühet ein Frühling auf;
        Unzählig blühn die Rosen und ruhig scheint
15   Die goldne Welt; o dorthin nimmt mich
            Purpurne Wolken! und möge droben

In Licht und Luft zerrinnen mir Lieb' und Leid! –
　　Doch, wie verscheucht von töriger Bitte, flieht
　　　　Der Zauber; dunkel wirds und einsam
　　　　　　Unter dem Himmel, wie immer, bin ich – 　　　20

Komm du nun, sanfter Schlummer! zu viel begehrt
　　Das Herz; doch endlich, Jugend! verglühst du ja,
　　　　Du ruhelose, träumerische!
　　　　　　Friedlich und heiter ist dann das Alter.

DES MORGENS

Vom Taue glänzt der Rasen; beweglicher
　　Eilt schon die wache Quelle; die Buche neigt
　　　　Ihr schwankes Haupt und im Geblätter
　　　　　　Rauscht es und schimmert; und um die grauen

Gewölke streifen rötliche Flammen dort,　　　　　　5
　　Verkündende, sie wallen geräuschlos auf;
　　　　Wie Fluten am Gestade, wogen
　　　　　　Höher und höher die Wandelbaren.

Komm nun, o komm, und eile mir nicht zu schnell,
　　Du goldner Tag, zum Gipfel des Himmels fort!　　10
　　　　Denn offner fliegt, vertrauter dir mein
　　　　　　Auge, du Freudiger! zu, so lang du

In deiner Schöne jugendlich blickst und noch
　　Zu herrlich nicht, zu stolz mir geworden bist;
　　　　Du möchtest immer eilen, könnt ich,　　　　　15
　　　　　　Göttlicher Wandrer, mit dir! – doch lächelst

Des frohen Übermütigen du, daß er
　　Dir gleichen möchte; segne mir lieber dann
　　　　Mein sterblich Tun und heitre wieder
　　　　　　Gütiger! heute den stillen Pfad mir.　　　20

DER MAIN

Wohl manches Land der lebenden Erde möcht'
Ich sehn, und öfters über die Berg' enteilt
   Das Herz mir, und die Wünsche wandern
      Über das Meer, zu den Ufern, die mir

5   Vor andern, so ich kenne, gepriesen sind;
Doch lieb ist in der Ferne nicht Eines mir,
   Wie jenes, wo die Göttersöhne
      Schlafen, das trauernde Land der Griechen.

Ach! einmal dort an Suniums Küste möcht'
10   Ich landen, deine Säulen, Olympion!
   Erfragen, dort, noch eh der Nordsturm
      Hin in den Schutt der Athenertempel

Und ihrer Götterbilder auch dich begräbt;
Denn lang schon einsam stehst du, o Stolz der Welt,
15   Die nicht mehr ist! – und o ihr schönen
      Inseln Ioniens, wo die Lüfte

Vom Meere kühl an warme Gestade wehn,
Wenn unter kräft'ger Sonne die Traube reift,
   Ach! wo ein goldner Herbst dem armen
20   Volk in Gesänge die Seufzer wandelt,

Wenn die Betrübten itzt ihr Limonenwald
Und ihr Granatbaum, purpurner Äpfel voll
   Und süßer Wein und Pauk' und Zithar
      Zum labyrinthischen Tanze ladet –

25   Zu euch vielleicht, ihr Inseln! gerät noch einst
Ein heimatloser Sänger; denn wandern muß
   Von Fremden er zu Fremden, und die
      Erde, die freie, sie muß ja leider!

Statt Vaterlands ihm dienen, so lang er lebt,
   Und wenn er stirbt – doch nimmer vergeß ich dich,   30
      So fern ich wandre, schöner Main! und
        Deine Gestade, die vielbeglückten.

Gastfreundlich nahmst du Stolzer! bei dir mich auf
   Und heitertest das Auge dem Fremdlinge,
      Und still hingleitende Gesänge   35
        Lehrtest du mich und geräuschlos Leben.

O ruhig mit den Sternen, du Glücklicher!
   Wallst du von deinem Morgen zum Abend fort,
      Dem Bruder zu, dem Rhein; und dann mit
        Ihm in den Ozean freudig nieder!   40

ΠΡΟΣ ΕΑΥΤΟΝ

Lern im Leben die Kunst, im Kunstwerk lerne das Leben,
   Siehst du das Eine recht, siehst du das andere auch.

SOPHOKLES

Viele versuchten umsonst das Freudigste freudig zu sagen
   Hier spricht endlich es mir, hier in der Trauer sich aus.

DER ZÜRNENDE DICHTER

Fürchtet den Dichter nicht, wenn er edel zürnet, sein
                            Buchstab
   Tötet, aber es macht Geister lebendig der Geist.

DIE SCHERZHAFTEN

Immer spielt ihr und scherzt? ihr *müßt*! o Freunde! mir geht
                                                           dies
In die Seele, denn dies müssen Verzweifelte nur.

WURZEL ALLES ÜBELS

Einig zu sein, ist göttlich und gut; woher ist die Sucht denn
Unter den Menschen, daß nur Einer und Eines nur sei?

MEIN EIGENTUM

In seiner Fülle ruhet der Herbsttag nun,
    Geläutert ist die Traub und der Hain ist rot
        Vom Obst, wenn schon der holden Blüten
            Manche der Erde zum Danke fielen.

5   Und rings im Felde, wo ich den Pfad hinaus
    Den stillen wandle, ist den Zufriedenen
        Ihr Gut gereift, und viel der frohen
            Mühe gewähret der Reichtum ihnen.

    Vom Himmel blicket zu den Geschäftigen
10   Durch ihre Bäume milde das Licht herab,
        Die Freude teilend, denn es wuchs durch
            Hände der Menschen allein die Frucht nicht.

    Und leuchtest du, o Goldnes, auch mir, und wehst
    Auch du mir wieder Lüftchen, als segnetest
15   Du eine Freude mir, wie einst, und
            Irrst, wie um Glückliche, mir am Busen?

Einst war ichs, doch wie Rosen, vergänglich war
　　Das fromme Leben, ach und es mahnen noch
　　　Die blühend mir geblieben sind, die
　　　　Holden Gestirne zu oft mich dessen.　　　　　20

Beglückt, wer, ruhig liebend ein frommes Weib,
　　Am eignen Herd in rühmlicher Heimat lebt,
　　　Es leuchtet über festem Boden
　　　　Schöner dem sicheren Mann sein Himmel.

Denn, wie die Pflanze, wurzelt auf eignem Grund　　25
　　Sie nicht, verglüht die Seele des Sterblichen,
　　　Der mit dem Tageslichte nur, ein
　　　　Armer, auf heiliger Erde wandelt.

Zu mächtig ach! ihr himmlischen Höhen zieht
　　Ihr mich empor; bei Stürmen, am heitern Tag　　30
　　　Fühl ich verzehrend euch im Busen
　　　　Wechseln, ihr wandelnden Götterkräfte.

Doch heute laß mich stille den trauten Pfad
　　Zum Haine gehn, dem golden die Wipfel schmückt
　　　Sein sterbend Laub, und kränzt auch mir die　　35
　　　　Stirne, ihr holden Erinnerungen!

Und daß auch mir zu retten mein sterblich Herz,
　　Wie andern eine bleibende Stätte sei,
　　　Und heimatlos die Seele mir nicht
　　　　Über das Leben hinweg sich sehne　　　　　40

Sei du, Gesang, mein freundlich Asyl! sei du
　　Beglückender! mit sorgender Liebe mir
　　　Gepflegt, der Garten, wo ich, wandelnd
　　　　Unter den Blüten, den immerjungen

45   In sichrer Einfalt wohne, wenn draußen mir
        Mit ihren Wellen alle die mächtge Zeit
            Die Wandelbare fern rauscht und die
                Stillere Sonne mein Wirken fördert.

        Ihr segnet gütig über den Sterblichen
50   Ihr Himmelskräfte! jedem sein Eigentum,
            O segnet meines auch und daß zu
                Frühe die Parze den Traum nicht ende.

                GESANG DES DEUTSCHEN

        O heilig Herz der Völker, o Vaterland!
            Allduldend, gleich der schweigenden Mutter Erd',
                Und allverkannt, wenn schon aus deiner
                    Tiefe die Fremden ihr Bestes haben!

5   Sie ernten den Gedanken, den Geist von dir,
            Sie pflücken gern die Traube, doch höhnen sie
                Dich, ungestalte Rebe! daß du
                    Schwankend den Boden und wild umirrest.

        Du Land des hohen ernsteren Genius!
10   Du Land der Liebe! bin ich der deine schon,
            Oft zürnt' ich weinend, daß du immer
                Blöde die eigene Seele leugnest.

        Doch magst du manches Schöne nicht bergen mir;
            Oft stand ich überschauend das holde Grün,
15   Den weiten Garten hoch in deinen
                    Lüften auf hellem Gebirg' und sah dich.

        An deinen Strömen ging ich und dachte dich,
            Indes die Töne schüchtern die Nachtigall
                Auf schwanker Weide sang, und still auf
20   Dämmerndem Grunde die Welle weilte.

Und an den Ufern sah ich die Städte blühn,
   Die Edlen, wo der Fleiß in der Werkstatt schweigt,
     Die Wissenschaft, wo deine Sonne
       Milde dem Künstler zum Ernste leuchtet.

Kennst du Minervas Kinder? sie wählten sich   25
   Den Ölbaum früh zum Lieblinge; kennst du sie?
     Noch lebt, noch waltet der Athener
       Seele, die sinnende, still bei Menschen,

Wenn Platons frommer Garten auch schon nicht mehr
   Am alten Strome grünt und der dürftge Mann   30
     Die Heldenasche pflügt, und scheu der
       Vogel der Nacht auf der Säule trauert.

O heilger Wald! o Attika! traf Er doch
   Mit seinem furchtbarn Strahle dich auch, so bald,
     Und eilten sie, die dich belebt, die   35
       Flammen entbunden zum Äther über?

Doch, wie der Frühling, wandelt der Genius
   Von Land zu Land. Und wir? ist denn Einer auch
     Von unsern Jünglingen, der nicht ein
       Ahnden, ein Rätsel der Brust, verschwiege?   40

Den deutschen Frauen danket! sie haben uns
   Der Götterbilder freundlichen Geist bewahrt,
     Und täglich sühnt der holde klare
       Friede das böse Gewirre wieder.

Wo sind jetzt Dichter, denen der Gott es gab,   45
   Wie unsern Alten, freudig und fromm zu sein,
     Wo Weise, wie die unsre sind? die
       Kalten und Kühnen, die Unbestechbarn!

Nun! sei gegrüßt in deinem Adel, mein Vaterland,
50   Mit neuem Namen, reifeste Frucht der Zeit!
        Du letzte und du erste aller
            Musen, Urania, sei gegrüßt mir!

Noch säumst und schweigst du, sinnest ein freudig Werk,
    Das von dir zeuge, sinnest ein neu Gebild,
55   Das einzig, wie du selber, das aus
            Liebe geboren und gut, wie du, sei –

Wo ist dein Delos, wo dein Olympia,
    Daß wir uns alle finden am höchsten Fest? –
        Doch wie errät der Sohn, was du den
60   Deinen, Unsterbliche, längst bereitest?

DER PRINZESSIN AUGUSTE
VON HOMBURG
Den 28ten Nov. 1799

Noch freundlichzögernd scheidet vom Auge dir
    Das Jahr, und in hesperischer Milde glänzt
        Der Winterhimmel über deinen
            Gärten, den dichtrischen, immergrünen.

5   Und da ich deines Festes gedacht' und sann,
        Was ich dir dankend reichte, da weilten noch
            Am Pfade Blumen, daß sie dir zur
                Blühenden Krone, du Edle, würden.

Doch Andres beut dir, Größeres, hoher Geist!
10   Die festlichere Zeit, denn es hallt hinab
        Am Berge das Gewitter, sieh! und
            Klar, wie die ruhigen Sterne, gehen

Aus langem Zweifel reine Gestalten auf;
  So dünkt es mir; und einsam, o Fürstin! ist
    Das Herz der Freigebornen wohl nicht   15
      Länger im eigenen Glück; denn würdig

Gesellt im Lorbeer ihm der Heroë sich,
  Der schöngereifte, echte; die Weisen auch,
    Die Unsern sind es wert; sie blicken
      Still aus der Höhe des Lebens, die ernsten Alten.   20

Geringe dünkt der träumende Sänger sich,
  Und Kindern gleich am müßigen Saitenspiel,
    Wenn ihn der Edlen Glück, wenn ihn die
      Tat und der Ernst der Gewalt'gen aufweckt.

Doch herrlicht mir dein Name das Lied; dein Fest   25
  Augusta! durft' ich feiern; Beruf ist mirs,
    Zu rühmen Höhers, darum gab die
      Sprache der Gott und den Dank ins Herz mir.

O daß von diesem freudigen Tage mir
  Auch meine Zeit beginne, daß endlich auch   30
    Mir ein Gesang in deinen Hainen,
      Edle! gedeihe, der deiner wert sei.

DER FRIEDEN

Wie wenn die alten Wasser, die
                              in andern Zorn
    In schröcklichern verwandelt wieder
      Kämen, zu reinigen, da es not war,

So gählt und wuchs und wogte von Jahr zu Jahr   5
  Rastlos und überschwemmte das bange Land
    Die unerhörte Schlacht, daß weit hüllt
      Dunkel und Blässe das Haupt der Menschen.

Die Heldenkräfte flogen, wie Wellen, auf
10   Und schwanden weg, du kürztest o Rächerin!
Den Dienern oft die Arbeit schnell und
        Brachtest in Ruhe sie heim, die Streiter.

O du die unerbittlich und unbesiegt
Den Feigern und den Übergewaltgen trifft,
15   Daß bis ins letzte Glied hinab vom
        Schlage sein armes Geschlecht erzittert,

Die du geheim den Stachel und Zügel hältst
Zu hemmen und zu fördern, o Nemesis,
Strafst du die Toten noch, es schliefen
20   Unter Italiens Lorbeergärten

Sonst ungestört die alten Eroberer.
Und schonst du auch des müßigen Hirten nicht,
Und haben endlich wohl genug den
        Üppigen Schlummer gebüßt die Völker?

25   Komm du nun, du der heiligen Musen all,
Und der Gestirne Liebling, verjüngender
Ersehnter Friede, komm mit deinen
        Freundlichen und ⟨   ⟩

Mit deinem stillen Ruhme, genügsamer!
30   Mit deinen ungeschriebnen Gesetzen auch,
Mit deiner Liebe komm und gib ein
        Bleiben im Leben, ein Herz uns wieder.

Unschuldiger! sind klüger die Kinder doch
Beinahe, denn wir Alten; es irrt der Zwist
35   Den Guten nicht den Sinn, und klar und
        Freudig ist ihnen ihr Auge blieben.

Wer hub es an? wer brachte den Fluch? von heut
   Ists nicht und nicht von gestern, und die zuerst
      Das Maß verloren, unsre Väter
         Wußten es nicht, und es trieb ihr Geist sie.   40

Zu lang, zu lang schon treten die Sterblichen
   Sich gern aufs Haupt, und zanken um Herrschaft sich,
      Den Nachbar fürchtend, und es hat auf
         Eigenem Boden der Mann nicht Segen.

Und unstet wehn und irren, dem Chaos gleich,   45
   Dem gärenden Geschlechte die Wünsche noch
      Umher und wild ist und verzagt und kalt von
         Sorgen das Leben der Armen immer.

Du aber wandelst ruhig die sichre Bahn
   O Mutter Erd im Lichte. Dein Frühling blüht,   50
      Melodischwechselnd gehn dir hin die
         Wachsenden Zeiten, du Lebensreiche!

Und wie mit andern Schauenden lächelnd ernst
   Der Richter auf der Jünglinge Rennbahn sieht,
      Wo glühend sich die Kämpfer und die   55
         Wagen in stäubende Wolken treiben,

So steht und lächelt Helios über uns
   Und einsam ist der Göttliche, Frohe nie,
      Denn ewig wohnen sie, des Äthers
         Blühende Sterne, die Heiligfreien.   60

GEDICHTE
1800-1805

DER PRINZESSIN AMALIE VON DESSAU

Aus stillem Hause senden die Götter oft
  Auf kurze Zeit zu Fremden die Lieblinge
    Damit, erinnert, sich am edlen
      Bilde der Sterblichen Herz erfreue.

So kommst du aus Luisiums Hainen auch   5
  Aus heilger Schwelle dort, wo geräuschlos rings
    Die Lüfte sind und friedlich um dein
      Dach die geselligen Bäume spielen,

Aus deines Tempels Freuden o Priesterin!
  Zu uns, wenn schon die Wolke das Haupt uns beugt   10
    Und längst ein göttlich Ungewitter
      über dem Haupt uns wandelt.

O teuer warst du Priesterin! da du dort
  Im Stillen göttlich Feuer behütetest,
    Doch teurer heute, da du Zeiten   15
      Unter den Zeitlichen segnend feierst.

Denn wo die Reinen wandeln, vernehmlicher
  Ist da der Geist und offen und heiter blühn
    Des Lebens dämmernde Gestalten
      Da, wo ein sicheres Licht erscheinet.   20

Und wie auf dunkler Wolke der schweigende
  Der schöne Bogen blühet, ein Zeichen ist
    Er künftger Zeit, ein Angedenken
      Seliger Tage, die einst gewesen,

25   So ist dein Leben, heilige Fremdlingin!
    Wenn du Vergangnes über Italiens
        Zerbrochnen Säulen, wenn du neues
            Grünen aus stürmischer Zeit betrachtest.

WOHL GEH' ICH TÄGLICH . . .

Wohl geh' ich täglich andere Pfade, bald
    Ins grüne   im Walde, zur Quelle bald,
        Zum Felsen, wo die Rosen blühen,
            Blicke vom Hügel ins Land, doch nirgend

5   Du Holde, nirgend find ich im Lichte dich
    Und in die Lüfte schwinden die Worte mir
        Die frommen, die bei dir ich ehmals

Ja ferne bist du, seliges Angesicht!
    Und deines Lebens Wohllaut verhallt von mir
10   Nicht mehr belauscht, und ach! wo seid ihr
            Zaubergesänge, die einst das Herz mir

Besänftiget mit Ruhe der Himmlischen?
    Wie lang ist's! o wie lange! der Jüngling ist
        Gealtert, selbst die Erde, die mir
15   Damals gelächelt, ist anders worden.

Leb immer wohl! es scheidet und kehrt zu dir
    Die Seele jeden Tag und es weint um dich
        Das Auge, daß es helle wieder
            Dort wo du säumest, hinüberblicke.

GEH UNTER, SCHÖNE SONNE . . .

Geh unter, schöne Sonne, sie achteten
   Nur wenig dein, sie kannten dich, Heilge, nicht,
      Denn mühelos und stille bist du
        Über den mühsamen aufgegangen.

Mir gehst du freundlich unter und auf, o Licht!   5
   Und wohl erkennt mein Auge dich, herrliches!
      Denn göttlich stille ehren lernt' ich
        Da Diotima den Sinn mir heilte.

O du des Himmels Botin! wie lauscht ich dir!
   Dir, Diotima! Liebe! wie sah von dir   10
      Zum goldnen Tage dieses Auge
        Glänzend und dankend empor. Da rauschten

Lebendiger die Quellen, es atmeten
   Der dunkeln Erde Blüten mich liebend an,
      Und lächelnd über Silberwolken   15
        Neigte sich segnend herab der Äther.

AN DIE DEUTSCHEN

Spottet nimmer des Kinds, wenn noch das alberne
   Auf dem Rosse von Holz herrlich und viel sich dünkt,
      O ihr Guten! auch wir sind
        Tatenarm und gedankenvoll!

Aber kommt, wie der Strahl aus dem Gewölke kommt,   5
   Aus Gedanken vielleicht, geistig und reif die Tat?
      Folgt die Frucht, wie des Haines
        Dunklem Blatte, der stillen Schrift?

Und das Schweigen im Volk, ist es die Feier schon
10   Vor dem Feste? die Furcht, welche den Gott ansagt?
    O dann nimmt mich, ihr Lieben!
        Daß ich büße die Lästerung.

Schon zu lange, zu lang irr ich, dem Laien gleich,
    In des bildenden Geists werdender Werkstatt hier,
15   Nur was blühet, erkenn ich,
        Was er sinnet, erkenn ich nicht.

Und zu ahnen ist süß, aber ein Leiden auch,
    Und schon Jahre genug leb' ich in sterblicher
    Unverständiger Liebe
20   Zweifelnd, immer bewegt vor ihm,

Der das stetige Werk immer aus liebender
    Seele näher mir bringt, lächelnd dem Sterblichen
    Wo ich zage, des Lebens
        Reine Tiefe zu Reife bringt.

25 Schöpferischer, o wann, Genius unsers Volks,
    Wann erscheinest du ganz, Seele des Vaterlands,
    Daß ich tiefer mich beuge
        Daß die leiseste Saite selbst

Mir verstumme vor dir, daß ich beschämt
30   Eine Blume der Nacht, himmlischer Tag, vor dir
    Enden möge mit Freuden
        Wenn sie alle, mit denen ich

Vormals trauerte, wenn unsere Städte nun
    Hell und offen und wach, reineren Feuers voll
35   Und die Berge des deutschen
        Landes Berge der Musen sind,

Wie die herrlichen einst, Pindos und Helikon,
    Und Parnassos, und rings unter des Vaterlands
    Goldnem Himmel die freie
40   Klare geistige Freude glänzt.

Wohl ist enge begrenzt unsere Lebenszeit,
  Unserer Jahre Zahl sehen und zählen wir,
    Doch die Jahre der Völker,
      Sah ein sterbliches Auge sie?

Wenn die Seele dir auch über die eigne Zeit   45
  Sich die sehnende schwingt, trauernd verweilest du
    Dann am kalten Gestade
      Bei den Deinen und kennst sie nie,

Und die Künftigen auch, sie, die Verheißenen
  Wo, wo siehest du sie, daß du an Freundeshand   50
    Einmal wieder erwarmest,
      Einer Seele vernehmlich seist?

Klanglos,   ists in der Halle längst,
  Armer Seher! bei dir, sehnend verlischt dein Aug
    Und du schlummerst hinunter   55
      Ohne Namen und unbeweint.

ROUSSEAU

Wie eng begrenzt ist unsere Tageszeit.
  Du warst und sahst und stauntest, schon Abend ists,
    Nun schlafe, wo unendlich ferne
      Ziehen vorüber der Völker Jahre.

Und mancher siehet über die eigne Zeit   5
  Ihm zeigt ein Gott ins Freie, doch sehnend stehst
    Am Ufer du, ein Ärgernis den
      Deinen, ein Schatten, und liebst sie nimmer,

Und jene, die du nennst, die Verheißenen,
  Wo sind die Neuen, daß du an Freundeshand   10
    Erwarmst, wo nahn sie, daß du einmal
      Einsame Rede, vernehmlich seiest?

Klanglos ists, armer Mann, in der Halle dir,
  Und gleich den Unbegrabenen, irrest du
15   Unstet und suchest Ruh und niemand
        Weiß den beschiedenen Weg zu weisen.

Sei denn zufrieden!   der Baum entwächst
  Dem heimatlichen Boden, aber es sinken ihm
    Die liebenden, die jugendlichen
20   Arme, und trauernd neigt er sein Haupt.

Des Lebens Überfluß, das Unendliche,
  Das um ihn   und dämmert, er faßt es nie.
    Doch lebts in ihm und gegenwärtig,
      Wärmend und wirkend, die Frucht entquillt ihm.

25 Du hast gelebt!   auch dir, auch dir
  Erfreuet die ferne Sonne dein Haupt,
    Und Strahlen aus der schönern Zeit. Es
      Haben die Boten dein Herz gefunden.

Vernommen hast du sie verstanden die Sprache der
                                    Fremdlinge,
30   Gedeutet ihre Seele! Dem Sehnenden war
    Der Wink genug, und Winke sind
      Von Alters her die Sprache der Götter.

Und wunderbar, als hätte von Anbeginn
  Des Menschen Geist das Werden und Wirken all,
35   Des Lebens alte Weise
              schon erfahren

Kennt er im ersten Zeichen Vollendetes schon,
  Und fliegt, der kühne Geist, wie Adler den
    Gewittern, weissagend seinen
      Kommenden Göttern, voraus,

WIE WENN AM FEIERTAGE . . .

Wie wenn am Feiertage, das Feld zu sehn
Ein Landmann geht, des Morgens, wenn
Aus heißer Nacht die kühlenden Blitze fielen
Die ganze Zeit und fern noch tönet der Donner,
In sein Gestade wieder tritt der Strom,   5
Und frisch der Boden grünt
Und von des Himmels erfreuendem Regen
Der Weinstock trauft und glänzend
In stiller Sonne stehn die Bäume des Haines:

So stehn sie unter günstiger Witterung   10
Sie die kein Meister allein, die wunderbar
Allgegenwärtig erzieht in leichtem Umfangen
Die mächtige, die göttlichschöne Natur.
Drum wenn zu schlafen sie scheint zu Zeiten des Jahrs
Am Himmel oder unter den Pflanzen oder den Völkern   15
So trauert der Dichter Angesicht auch,
Sie scheinen allein zu sein, doch ahnen sie immer.
Denn ahnend ruhet sie selbst auch.

Jetzt aber tagts! Ich harrt und sah es kommen,
Und was ich sah, das Heilige sei mein Wort.   20
Denn sie, sie selbst, die älter denn die Zeiten
Und über die Götter des Abends und Orients ist,
Die Natur ist jetzt mit Waffenklang erwacht,
Und hoch vom Äther bis zum Abgrund nieder
Nach festem Gesetze, wie einst, aus heiligem Chaos
                                    gezeugt,   25
Fühlt neu die Begeisterung sich,
Die Allerschaffende wieder.

Und wie im Aug' ein Feuer dem Manne glänzt,
Wenn hohes er entwarf; so ist
Von neuem an den Zeichen, den Taten der Welt jetzt   30

Ein Feuer angezündet in Seelen der Dichter.
Und was zuvor geschah, doch kaum gefühlt,
Ist offenbar erst jetzt,
Und die uns lächelnd den Acker gebauet,
35 In Knechtsgestalt, sie sind erkannt,
Die Allebendigen, die Kräfte der Götter.

Erfrägst du sie? im Liede wehet ihr Geist
Wenn es der Sonne des Tags und warmer Erd
Entwächst, und Wettern, die in der Luft, und andern
40 Die vorbereiteter in Tiefen der Zeit,
Und deutungsvoller, und vernehmlicher uns
Hinwandeln zwischen Himmel und Erd und unter den
                                                    Völkern
Des gemeinsamen Geistes Gedanken sind,
Still endend in der Seele des Dichters,

45 Daß schnellbetroffen sie, Unendlichem
Bekannt seit langer Zeit, von Erinnerung
Erbebt, und ihr, von heilgem Strahl entzündet,
Die Frucht in Liebe geboren, der Götter und Menschen
                                                    Werk
Der Gesang, damit er beiden zeuge, glückt.
50 So fiel, wie Dichter sagen, da sie sichtbar
Den Gott zu sehen begehrte, sein Blitz auf Semeles Haus
Und die göttlichgetroffne gebar,
Die Frucht des Gewitters, den heiligen Bacchus.

Und daher trinken himmlisches Feuer jetzt
55 Die Erdensöhne ohne Gefahr.
Doch uns gebührt es, unter Gottes Gewittern,
Ihr Dichter! mit entblößtem Haupte zu stehen,
Des Vaters Strahl, ihn selbst, mit eigner Hand
Zu fassen und dem Volk ins Lied
60 Gehüllt die himmlische Gabe zu reichen.
Denn sind nur reinen Herzens,
Wie Kinder, wir, sind schuldlos unsere Hände,

Des Vaters Strahl, der reine versengt es nicht
Und tieferschüttert, die Leiden des Stärkeren
Mitleidend, bleibt in den hochherstürzenden Stürmen   65
Des Gottes, wenn er nahet, das Herz doch fest.
Doch weh mir! wenn von

Weh mir!

Und sag ich gleich,

Ich sei genaht, die Himmlischen zu schauen,   70
Sie selbst, sie werfen mich tief unter die Lebenden
Den falschen Priester, ins Dunkel, daß ich
Das warnende Lied den Gelehrigen singe.
Dort

EMPEDOKLES

Das Leben suchst du, suchst, und es quillt und glänzt
  Ein göttlich Feuer tief aus der Erde dir,
    Und du in schauderndem Verlangen
      Wirfst dich hinab, in des Ätna Flammen.

So schmelzt' im Weine Perlen der Übermut   5
  Der Königin; und mochte sie doch! hättst du
    Nur deinen Reichtum nicht, o Dichter
      Hin in den gärenden Kelch geopfert!

Doch heilig bist du mir, wie der Erde Macht,
  Die dich hinwegnahm, kühner Getöteter!   10
    Und folgen möcht' ich in die Tiefe,
      Hielte die Liebe mich nicht, dem Helden.

HEIDELBERG

Lange lieb' ich dich schon, möchte dich, mir zur Lust,
    Mutter nennen, und dir schenken ein kunstlos Lied,
        Du, der Vaterlandsstädte
        Ländlichschönste, so viel ich sah.

5 Wie der Vogel des Walds über die Gipfel fliegt,
    Schwingt sich über den Strom, wo er vorbei dir glänzt,
        Leicht und kräftig die Brücke,
        Die von Wagen und Menschen tönt.

Wie von Göttern gesandt, fesselt' ein Zauber einst
10   Auf die Brücke mich an, da ich vorüber ging,
        Und herein in die Berge
        Mir die reizende Ferne schien,

Und der Jüngling, der Strom, fort in die Ebne zog,
    Traurigfroh, wie das Herz, wenn es, sich selbst zu schön,
15   Liebend unterzugehen,
        In die Fluten der Zeit sich wirft.

Quellen hattest du ihm, hattest dem Flüchtigen
    Kühle Schatten geschenkt, und die Gestade sahn
        All' ihm nach, und es bebte
20   Aus den Wellen ihr lieblich Bild.

Aber schwer in das Tal hing die gigantische,
    Schicksalskundige Burg nieder bis auf den Grund
        Von den Wettern zerrissen;
        Doch die ewige Sonne goß

25 Ihr verjüngendes Licht über das alternde
    Riesenbild, und umher grünte lebendiger
        Efeu; freundliche Wälder
        Rauschten über die Burg herab.

Sträuche blühten herab, bis wo im heitern Tal,
An den Hügel gelehnt, oder dem Ufer hold,   30
Deine fröhlichen Gassen
Unter duftenden Gärten ruhn.

DIE GÖTTER

Du stiller Äther! immer bewahrst du schön
Die Seele mir im Schmerz, und es adelt sich
Zur Tapferkeit vor deinen Strahlen,
Helios! oft die empörte Brust mir.

Ihr guten Götter! arm ist, wer euch nicht kennt,   5
Im rohen Busen ruhet der Zwist ihm nie,
Und Nacht ist ihm die Welt und keine
Freude gedeihet und kein Gesang ihm.

Nur ihr, mit eurer ewigen Jugend, nährt
In Herzen die euch lieben, den Kindersinn,   10
Und laßt in Sorgen und in Irren
Nimmer den Genius sich vertrauern.

DER NECKAR

In deinen Tälern wachte mein Herz mir auf
Zum Leben, deine Wellen umspielten mich,
Und all der holden Hügel, die dich
Wanderer! kennen, ist keiner fremd mir.

Auf ihren Gipfeln löste des Himmels Luft   5
Mir oft der Knechtschaft Schmerzen; und aus dem Tal,
Wie Leben aus dem Freudebecher,
Glänzte die bläuliche Silberwelle.

Der Berge Quellen eilten hinab zu dir,
10   Mit ihnen auch mein Herz und du nahmst uns mit,
        Zum stillerhabnen Rhein, zu seinen
            Städten hinunter und lustgen Inseln.

Noch dünkt die Welt mir schön, und das Aug entflieht
    Verlangend nach den Reizen der Erde mir,
15   Zum goldenen Paktol, zu Smirnas
            Ufer, zu Ilions Wald. Auch möcht ich

Bei Sunium oft landen, den stummen Pfad
    Nach deinen Säulen fragen, Olympion!
        Noch eh der Sturmwind und das Alter
20   Hin in den Schutt der Athenertempel

Und ihrer Gottesbilder auch dich begräbt,
    Denn lang schon einsam stehst du, o Stolz der Welt,
        Die nicht mehr ist. Und o ihr schönen
            Inseln Ioniens! wo die Meerluft

25 Die heißen Ufer kühlt und den Lorbeerwald
        Durchsäuselt, wenn die Sonne den Weinstock wärmt,
        Ach! wo ein goldner Herbst dem armen
            Volk in Gesänge die Seufzer wandelt,

Wenn sein Granatbaum reift, wenn aus grüner Nacht
30   Die Pomeranze blinkt, und der Mastyxbaum
        Von Harze träuft und Pauk und Cymbel
            Zum labyrinthischen Tanze klingen.

Zu euch, ihr Inseln! bringt mich vielleicht, zu euch
    Mein Schutzgott einst; doch weicht mir aus treuem Sinn
35   Auch da mein Neckar nicht mit seinen
            Lieblichen Wiesen und Uferweiden.

DIE HEIMAT

Froh kehrt der Schiffer heim an den stillen Strom,
  Von Inseln fernher, wenn er geerntet hat;
    So käm' auch ich zur Heimat, hätt' ich
      Güter so viele, wie Leid, geerntet.

Ihr teuern Ufer, die mich erzogen einst,   5
  Stillt ihr der Liebe Leiden, versprecht ihr mir,
    Ihr Wälder meiner Jugend, wenn ich
      Komme, die Ruhe noch einmal wieder?

Am kühlen Bache, wo ich der Wellen Spiel,
  Am Strome, wo ich gleiten die Schiffe sah,   10
    Dort bin ich bald; euch traute Berge,
      Die mich behüteten einst, der Heimat

Verehrte sichre Grenzen, der Mutter Haus
  Und liebender Geschwister Umarmungen
    Begrüß' ich bald und ihr umschließt mich,   15
      Daß, wie in Banden, das Herz mir heile,

Ihr treugebliebnen! aber ich weiß, ich weiß,
  Der Liebe Leid, dies heilet so bald mir nicht,
    Dies singt kein Wiegensang, den tröstend
      Sterbliche singen, mir aus dem Busen.   20

Denn sie, die uns das himmlische Feuer leihn,
  Die Götter schenken heiliges Leid uns auch,
    Drum bleibe dies. Ein Sohn der Erde
      Schein' ich; zu lieben gemacht, zu leiden.

DIE LIEBE

Wenn ihr Freunde vergeßt, wenn ihr die Euern all,
  O ihr Dankbaren, sie, euere Dichter schmäht,
      Gott vergeb' es, doch ehret
          Nur die Seele der Liebenden.

5 Denn o saget, wo lebt menschliches Leben sonst,
      Da die knechtische jetzt alles, die Sorge zwingt?
          Darum wandelt der Gott auch
              Sorglos über dem Haupt uns längst.

Doch, wie immer das Jahr kalt und gesanglos ist
10   Zur beschiedenen Zeit, aber aus weißem Feld
          Grüne Halme doch sprossen,
              Oft ein einsamer Vogel singt,

Wenn sich mählig der Wald dehnet, der Strom sich regt,
      Schon die mildere Luft leise von Mittag weht
15   Zur erlesenen Stunde,
              So ein Zeichen der schönern Zeit,

Die wir glauben, erwächst einziggenügsam noch,
      Einzig edel und fromm über dem ehernen,
          Wilden Boden die Liebe,
20   Gottes Tochter, von ihm allein.

Sei gesegnet, o sei, himmlische Pflanze, mir
      Mit Gesange gepflegt, wenn des ätherischen
          Nektars Kräfte dich nähren,
              Und der schöpfrische Strahl dich reift.

25 Wachs und werde zum Wald! eine beseeltere,
      Vollentblühende Welt! Sprache der Liebenden
          Sei die Sprache des Landes,
              Ihre Seele der Laut des Volks!

LEBENSLAUF

Größers wolltest auch du, aber die Liebe zwingt
   All uns nieder, das Leid beuget gewaltiger,
      Doch es kehret umsonst nicht
        Unser Bogen, woher er kommt.

Aufwärts oder hinab! herrschet in heil'ger Nacht,   5
   Wo die stumme Natur werdende Tage sinnt,
      Herrscht im schiefesten Orkus
        Nicht ein Grades, ein Recht noch auch?

Dies erfuhr ich. Denn nie, sterblichen Meistern gleich,
   Habt ihr Himmlischen, ihr Alleserhaltenden,   10
      Daß ich wüßte, mit Vorsicht,
        Mich des ebenen Pfads geführt.

Alles prüfe der Mensch, sagen die Himmlischen,
   Daß er, kräftig genährt, danken für Alles lern',
      Und verstehe die Freiheit,   15
        Aufzubrechen, wohin er will.

IHRE GENESUNG

Sieh! dein Liebstes, Natur, leidet und schläft und du
   Allesheilende, säumst? oder ihr seids nicht mehr,
      Zarte Lüfte des Äthers,
        Und ihr Quellen des Morgenlichts?

Alle Blumen der Erd, alle die goldenen   5
   Frohen Früchte des Hains, alle sie heilen nicht
      Dieses Leben, ihr Götter,
        Das ihr selber doch euch erzogt?

Ach! schon atmet und tönt heilige Lebenslust
10   Ihr im reizenden Wort wieder, wie sonst und schon
        Glänzt in zärtlicher Jugend
          Deine Blume wie sonst, dich an,

Heilge Natur, o du, welche zu oft, zu oft,
    Wenn ich trauernd versank, lächelnd das zweifelnde
15   Haupt mit Gaben umkränzte,
          Jugendliche, nun auch, wie sonst!

Wenn ich altre dereinst, siehe so geb ich dir,
    Die mich täglich verjüngt, Allesverwandelnde,
        Deiner Flamme die Schlacken,
20   Und ein anderes leb ich auf.

DER ABSCHIED
Erste Fassung

Trennen wollten wir uns? wähnten es gut und klug?
    Da wirs taten, warum schröckte, wie Mord, die Tat?
        Ach! wir kennen uns wenig,
          Denn es waltet ein Gott in uns.

5   Den verraten? ach ihn, welcher uns alles erst,
    Sinn und Leben erschuf, ihn, den beseelenden
        Schutzgott unserer Liebe,
          Dies, dies Eine vermag ich nicht.

Aber anderen Fehl denket der Menschen Sinn,
10   Andern ehernen Dienst übt er und anders Recht,
        Und es fodert die Seele
          Tag für Tag der Gebrauch uns ab.

Wohl! ich wußt' es zuvor. Seit der gewurzelte
    Allentzweiende Haß Götter und Menschen trennt,
15   Muß, mit Blut sie zu sühnen,
          Muß der Liebenden Herz vergehn.

Laß mich schweigen! o laß nimmer von nun an mich
   Dieses Tödliche sehn, daß ich im Frieden doch
      Hin ins Einsame ziehe,
         Und noch unser der Abschied sei!   20

Reich die Schale mir selbst, daß ich des rettenden
   Heilgen Giftes genug, daß ich des Lethetranks
      Mit dir trinke, daß alles
         Haß und Liebe vergessen sei!

Hingehn will ich. Vielleicht seh' ich in langer Zeit   25
   Diotima! dich hier. Aber verblutet ist
      Dann das Wünschen und friedlich
         Gleich den Seligen, fremd sind wir,

Und ein ruhig Gespräch führet uns auf und ab,
   Sinnend, zögernd, doch itzt faßt die Vergessenen   30
      Hier die Stelle des Abschieds,
         Es erwarmet ein Herz in uns,

Staunend seh' ich dich an, Stimmen und süßen Sang,
   Wie aus voriger Zeit hör' ich und Saitenspiel,
      Und befreit, in Lüfte   35
         Fliegt in Flammen der Geist uns auf.

DER ABSCHIED
Zweite Fassung

Trennen wollten wir uns? wähnten es gut und klug?
   Da wirs taten, warum schröckte, wie Mord, die Tat?
      Ach! wir kennen uns wenig,
         Denn es waltet ein Gott in uns.

Den verraten? ach ihn, welcher uns alles erst,   5
   Sinn und Leben erschuf, ihn, den beseelenden
      Schutzgott unserer Liebe,
         Dies, dies Eine vermag ich nicht.

Aber anderen Fehl denket der Weltsinn sich,
10   Andern ehernen Dienst übt er und anders Recht,
        Und es listet die Seele
            Tag für Tag der Gebrauch uns ab.

Wohl! ich wußt' es zuvor. Seit die gewurzelte
    Ungestalte die Furcht Götter und Menschen trennt,
15   Muß, mit Blut sie zu sühnen,
            Muß der Liebenden Herz vergehn.

Laß mich schweigen! o laß nimmer von nun an mich
    Dieses Tödliche sehn, daß ich im Frieden doch
        Hin ins Einsame ziehe,
20   Und noch unser der Abschied sei!

Reich die Schale mir selbst, daß ich des rettenden
    Heilgen Giftes genug, daß ich des Lethetranks
        Mit dir trinke, daß alles
            Haß und Liebe vergessen sei!

25 Hingehn will ich. Vielleicht seh' ich in langer Zeit
    Diotima! dich hier. Aber verblutet ist
        Dann das Wünschen und friedlich
            Gleich den Seligen, fremde gehn

Wir umher, ein Gespräch führet uns ab und auf,
30   Sinnend, zögernd, doch itzt mahnt die Vergessenen
        Hier die Stelle des Abschieds,
            Es erwarmet ein Herz in uns,

Staunend seh' ich dich an, Stimmen und süßen Sang,
    Wie aus voriger Zeit hör' ich und Saitenspiel,
35   Und die Lilie duftet
            Golden über dem Bach uns auf.

DIOTIMA

Du schweigst und duldest, denn sie verstehn dich nicht,
  Du edles Leben! siehest zur Erd' und schweigst
    Am schönen Tag, denn ach! umsonst nur
      Suchst du die Deinen im Sonnenlichte,

Die Königlichen, welche, wie Brüder doch,   5
  Wie eines Hains gesellige Gipfel sonst
    Der Lieb' und Heimat sich und ihres
      Immerumfangenden Himmels freuten,

Des Ursprungs noch in tönender Brust gedenk;
  Die Dankbarn, sie, sie mein' ich, die einzigtreu   10
    Bis in den Tartarus hinab die Freude
      Brachten, die Freien, die Göttermenschen,

Die zärtlichgroßen Seelen, die nimmer sind;
  Denn sie beweint, so lange das Trauerjahr
    Schon dauert, von den vor'gen Sternen   15
      Täglich gemahnet, das Herz noch immer

Und diese Totenklage, sie ruht nicht aus.
  Die Zeit doch heilt. Die Himmlischen sind jetzt stark,
    Sind schnell. Nimmt denn nicht schon ihr altes
      Freudiges Recht die Natur sich wieder?   20

Sieh! eh noch unser Hügel, o Liebe, sinkt,
  Geschiehts, und ja! noch siehet mein sterblich Lied
    Den Tag, der, Diotima! nächst den
      Göttern mit Helden dich nennt, und dir gleicht.

RÜCKKEHR IN DIE HEIMAT

Ihr milden Lüfte! Boten Italiens!
  Und du mit deinen Pappeln, geliebter Strom!
    Ihr wogenden Gebirg! o all ihr
      Sonnigen Gipfel, so seid ihrs wieder?

Du stiller Ort! in Träumen erschienst du fern
  Nach hoffnungslosem Tage dem Sehnenden,
    Und du mein Haus, und ihr Gespielen,
      Bäume des Hügels, ihr wohlbekannten!

Wie lang ists, o wie lange! des Kindes Ruh
  Ist hin, und hin ist Jugend und Lieb' und Lust;
    Doch du, mein Vaterland! du heilig-
      Duldendes! siehe, du bist geblieben.

Und darum, daß sie dulden mit dir, mit dir
  Sich freun, erziehst du, teures! die Deinen auch
    Und mahnst in Träumen, wenn sie ferne
      Schweifen und irren, die Ungetreuen.

Und wenn im heißen Busen dem Jünglinge
  Die eigenmächt'gen Wünsche besänftiget
    Und stille vor dem Schicksal sind, dann
      Gibt der Geläuterte dir sich lieber.

Lebt wohl dann, Jugendtage, du Rosenpfad
  Der Lieb', und all' ihr Pfade des Wanderers,
    Lebt wohl! und nimm und segne du mein
      Leben, o Himmel der Heimat, wieder!

DER ARCHIPELAGUS

Kehren die Kraniche wieder zu dir, und suchen zu deinen
Ufern wieder die Schiffe den Lauf? umatmen erwünschte
Lüfte dir die beruhigte Flut, und sonnet der Delphin,
Aus der Tiefe gelockt, am neuen Lichte den Rücken?
Blüht Ionien? ists die Zeit? denn immer im Frühling,   5
Wenn den Lebenden sich das Herz erneut und die erste
Liebe den Menschen erwacht und goldner Zeiten
                                        Erinnrung,
Komm' ich zu dir und grüß' in deiner Stille dich, Alter!

Immer, Gewaltiger! lebst du noch und ruhest im Schatten
Deiner Berge, wie sonst; mit Jünglingsarmen umfängst du   10
Noch dein liebliches Land, und deiner Töchter, o Vater!
Deiner Inseln ist noch, der blühenden, keine verloren.
Kreta steht und Salamis grünt, umdämmert von Lorbeern,
Rings von Strahlen umblüht, erhebt zur Stunde des
                                        Aufgangs
Delos ihr begeistertes Haupt, und Tenos und Chios   15
Haben der purpurnen Früchte genug, von trunkenen
                                        Hügeln
Quillt der Cypriertrank, und von Kalauria fallen
Silberne Bäche, wie einst, in die alten Wasser des Vaters.
Alle leben sie noch, die Heroënmütter, die Inseln,
Blühend von Jahr zu Jahr, und wenn zu Zeiten, vom
                                        Abgrund   20
Losgelassen, die Flamme der Nacht, das untre Gewitter,
Eine der holden ergriff, und die Sterbende dir in den
                                        Schoß sank,
Göttlicher! du, du dauertest aus, denn über den dunkeln
Tiefen ist manches schon dir auf und untergegangen.

Auch die Himmlischen, sie, die Kräfte der Höhe, die stillen, 25
Die den heiteren Tag und süßen Schlummer und Ahnung
Fernher bringen über das Haupt der fühlenden Menschen

Aus der Fülle der Macht, auch sie, die alten Gespielen,
Wohnen, wie einst, mit dir, und oft am dämmernden
                                             Abend,
30 Wenn von Asiens Bergen herein das heilige Mondlicht
Kömmt und die Sterne sich in deiner Woge begegnen,
Leuchtest du von himmlischem Glanz, und so, wie sie
                                             wandeln,
Wechseln die Wasser dir, es tönt die Weise der Brüder
Droben, ihr Nachtgesang, im liebenden Busen dir wider.
35 Wenn die allverklärende dann, die Sonne des Tages,
Sie, des Orients Kind, die Wundertätige, da ist,
Dann die Lebenden all' im goldenen Traume beginnen,
Den die Dichtende stets des Morgens ihnen bereitet,
Dir, dem trauernden Gott, dir sendet sie froheren Zauber,
40 Und ihr eigen freundliches Licht ist selber so schön nicht
Denn das Liebeszeichen, der Kranz, den immer, wie
                                             vormals,
Deiner gedenk, doch sie um die graue Locke dir windet.
Und umfängt der Äther dich nicht, und kehren die Wolken,
Deine Boten, von ihm mit dem Göttergeschenke, dem
                                             Strahle
45 Aus der Höhe dir nicht? dann sendest du über das Land sie,
Daß am heißen Gestad die gewittertrunkenen Wälder
Rauschen und wogen mit dir, daß bald, dem
                                             wandernden Sohn gleich,
Wenn der Vater ihn ruft, mit den tausend Bächen Mäander
Seinen Irren enteilt und aus der Ebne Kayster
50 Dir entgegenfrohlockt, und der Erstgeborne, der Alte,
Der zu lange sich barg, dein majestätischer Nil itzt
Hochherschreitend aus fernem Gebirg, wie im Klange
                                             der Waffen,
Siegreich kömmt, und die offenen Arme der sehnende
                                             reichet.

Dennoch einsam dünkest du dir; in schweigender Nacht
                                             hört
55 Deine Weheklage der Fels, und öfters entflieht dir

Zürnend von Sterblichen weg die geflügelte Woge zum
                                                    Himmel.
Denn es leben mit dir die edlen Lieblinge nimmer,
Die dich geehrt, die einst mit den schönen Tempeln und
                                                    Städten
Deine Gestade bekränzt, und immer suchen und missen,
Immer bedürfen ja, wie Heroën den Kranz, die geweihten   60
Elemente zum Ruhme das Herz der fühlenden Menschen.

Sage, wo ist Athen? ist über den Urnen der Meister
Deine Stadt, die geliebteste dir, an den heiligen Ufern,
Trauernder Gott! dir ganz in Asche zusammengesunken,
Oder ist noch ein Zeichen von ihr, daß etwa der Schiffer,   65
Wenn er vorüberkommt, sie nenn' und ihrer gedenke?
Stiegen dort die Säulen empor und leuchteten dort nicht
Sonst vom Dache der Burg herab die Göttergestalten?
Rauschte dort die Stimme des Volks, die stürmischbewegte,
Aus der Agora nicht her, und eilten aus freudigen Pforten   70
Dort die Gassen dir nicht zu gesegnetem Hafen herunter?
Siehe! da löste sein Schiff der fernhinsinnende Kaufmann,
Froh, denn es wehet' auch ihm die beflügelnde Luft und
                                                    die Götter
Liebten so, wie den Dichter, auch ihn, dieweil er die guten
Gaben der Erd' ausglich und Fernes Nahem vereinte.   75
Fern nach Cypros ziehet er hin und ferne nach Tyros,
Strebt nach Kolchis hinauf und hinab zum alten Ägyptos,
Daß er Purpur und Wein und Korn und Vliese gewinne
Für die eigene Stadt, und öfters über des kühnen
Herkules Säulen hinaus, zu neuen seligen Inseln   80
Tragen die Hoffnungen ihn und des Schiffes Flügel,
                                                    indessen
Anders bewegt, am Gestade der Stadt ein einsamer
                                                    Jüngling
Weilt und die Woge belauscht, und Großes ahndet der
                                                    Ernste,
Wenn er zu Füßen so des erderschütternden Meisters
Lauschet und sitzt, und nicht umsonst erzog ihn der
                                                    Meergott.   85

Denn des Genius Feind, der vielgebietende Perse,
Jahrlang zählt' er sie schon, der Waffen Menge, der
                                             Knechte,
Spottend des griechischen Lands und seiner wenigen
                                             Inseln,
Und sie deuchten dem Herrscher ein Spiel, und noch,
                                    wie ein Traum, war
90 Ihm das innige Volk, vom Göttergeiste gerüstet.
Leicht aus spricht er das Wort und schnell, wie der
                                   flammende Bergquell,
Wenn er furchtbar umher vom gärenden Ätna gegossen,
Städte begräbt in der purpurnen Flut und blühende Gärten,
Bis der brennende Strom im heiligen Meere sich kühlet,
95 So mit dem Könige nun, versengend, städteverwüstend,
Stürzt von Ekbatana daher sein prächtig Getümmel;
Weh! und Athene, die herrliche, fällt; wohl schauen und
                                             ringen
Vom Gebirg, wo das Wild ihr Geschrei hört, fliehende
                                             Greise
Nach den Wohnungen dort zurück und den rauchenden
                                             Tempeln;
100 Aber es weckt der Söhne Gebet die heilige Asche
Nun nicht mehr, im Tal ist der Tod, und die Wolke des
                                             Brandes
Schwindet am Himmel dahin, und weiter im Lande zu
                                             ernten,
Zieht, vom Frevel erhitzt, mit der Beute der Perse vorüber.

Aber an Salamis Ufern, o Tag an Salamis Ufern!
105 Harrend des Endes stehn die Athenerinnen, die Jungfraun,
Stehn die Mütter, wiegend im Arm das gerettete Söhnlein,
Aber den Horchenden schallt von Tiefen die Stimme des
                                             Meergotts
Heilweissagend herauf, es schauen die Götter des Himmels
Wägend und richtend herab, denn dort an den bebenden
                                             Ufern
110 Wankt seit Tagesbeginn, wie langsamwandelnd Gewitter,

Dort auf schäumenden Wassern die Schlacht, und es
                  glühet der Mittag,
Unbemerket im Zorn, schon über dem Haupte den
                  Kämpfern.
Aber die Männer des Volks, die Heroënenkel, sie walten
Helleren Auges jetzt, die Götterlieblinge denken
Des beschiedenen Glücks, es zähmen die Kinder Athenes   115
Ihren Genius, ihn, den todverachtenden, jetzt nicht.
Denn wie aus rauchendem Blut das Wild der Wüste
                  noch einmal
Sich zuletzt verwandelt erhebt, der edleren Kraft gleich,
Und den Jäger erschröckt; kehrt jetzt im Glanze der
                  Waffen,
Bei der Herrscher Gebot, furchtbargesammelt den Wilden,   120
Mitten im Untergang die ermattete Seele noch einmal.
Und entbrannter beginnts; wie Paare ringender Männer
Fassen die Schiffe sich an, in die Woge taumelt das Steuer,
Unter den Streitern bricht der Boden, und Schiffer und
                  Schiff sinkt.

Aber in schwindelnden Traum vom Liede des Tages
                  gesungen,   125
Rollt der König den Blick; irrlächelnd über den Ausgang
Droht er, und fleht, und frohlockt, und sendet, wie
                  Blitze, die Boten.
Doch er sendet umsonst, es kehret keiner ihm wieder.
Blutige Boten, Erschlagne des Heers, und berstende
                  Schiffe,
Wirft die Rächerin ihm zahllos, die donnernde Woge,   130
Vor den Thron, wo er sitzt am bebenden Ufer, der Arme,
Schauend die Flucht, und fort in die fliehende Menge
                  gerissen,
Eilt er, ihn treibt der Gott, es treibt sein irrend Geschwader
Über die Fluten der Gott, der spottend sein eitel
                  Geschmeid ihm
Endlich zerschlug und den Schwachen erreicht' in der
                  drohenden Rüstung.   135

Aber liebend zurück zum einsamharrenden Strome
Kommt der Athener Volk und von den Bergen der Heimat
Wogen, freudig gemischt, die glänzenden Scharen herunter
Ins verlassene Tal, ach! gleich der gealterten Mutter,
140 Wenn nach Jahren das Kind, das verlorengeachtete, wieder
Lebend ihr an die Brüste kehrt, ein erwachsener Jüngling,
Aber im Gram ist ihr die Seele gewelkt und die Freude
Kommt der hoffnungsmüden zu spät und mühsam
                                        vernimmt sie,
Was der liebende Sohn in seinem Danke geredet;
145 So erscheint den Kommenden dort der Boden der Heimat.
Denn es fragen umsonst nach ihren Hainen die Frommen,
Und die Sieger empfängt die freundliche Pforte nicht
                                        wieder,
Wie den Wanderer sonst sie empfing, wenn er froh von
                                        den Inseln
Wiederkehrt' und die selige Burg der Mutter Athene
150 Über sehnendem Haupt ihm fernherglänzend heraufging.
Aber wohl sind ihnen bekannt die verödeten Gassen
Und die trauernden Gärten umher und auf der Agora,
Wo des Portikus Säulen gestürzt und die göttlichen Bilder
Liegen, da reicht in der Seele bewegt, und der Treue
                                        sich freuend,
155 Jetzt das liebende Volk zum Bunde die Hände sich wieder.
Bald auch suchet und sieht den Ort des eigenen Hauses
Unter dem Schutt der Mann; ihm weint am Halse, der
                                        trauten
Schlummerstätte gedenk, sein Weib, es fragen die Kindlein
Nach dem Tische, wo sonst in lieblicher Reihe sie saßen,
160 Von den Vätern gesehn, den lächelnden Göttern des
                                        Hauses.
Aber Gezelte bauet das Volk, es schließen die alten
Nachbarn wieder sich an, und nach des Herzens
                                        Gewohnheit
Ordnen die luftigen Wohnungen sich umher an den
                                        Hügeln.
So indessen wohnen sie nun, wie die Freien, die Alten,

Die, der Stärke gewiß und dem kommenden Tage
vertrauend, 165
Wandernden Vögeln gleich, mit Gesange von Berge zu
Berg' einst
Zogen, die Fürsten des Forsts und des weitumirrenden
Stromes.
Doch umfängt noch, wie sonst, die Muttererde, die treue,
Wieder ihr edel Volk, und unter heiligem Himmel
Ruhen sie sanft, wenn milde, wie sonst, die Lüfte der
Jugend 170
Um die Schlafenden wehn, und aus Platanen Ilissus
Ihnen herüberrauscht, und neue Tage verkündend,
Lockend zu neuen Taten, bei Nacht die Woge des Meergotts
Fernher tönt und fröhliche Träume den Lieblingen sendet.
Schon auch sprossen und blühn die Blumen mählig, die
goldnen, 175
Auf zertretenem Feld, von frommen Händen gewartet,
Grünet der Ölbaum auf, und auf Kolonos Gefilden
Nähren friedlich, wie sonst, die Athenischen Rosse sich
wieder.

Aber der Muttererd' und dem Gott der Woge zu Ehren
Blühet die Stadt itzt auf, ein herrlich Gebild, dem
Gestirn gleich 180
Sichergegründet, des Genius Werk, denn Fesseln der Liebe
Schafft er gerne sich so, so hält in großen Gestalten,
Die er selbst sich erbaut, der immerrege sich bleibend.
Sieh! und dem Schaffenden dienet der Wald, ihm reicht
mit den andern
Bergen nahe zur Hand der Pentele Marmor und Erze, 185
Aber lebend, wie er, und froh und herrlich entquillt es
Seinen Händen, und leicht, wie der Sonne, gedeiht das
Geschäft ihm.
Brunnen steigen empor und über die Hügel in reinen
Bahnen gelenkt, ereilt der Quell das glänzende Becken;
Und umher an ihnen erglänzt, gleich festlichen Helden 190
Am gemeinsamen Kelch, die Reihe der Wohnungen,
hoch ragt

Der Prytanen Gemach, es stehn Gymnasien offen,
Göttertempel entstehn, ein heiligkühner Gedanke
Steigt, Unsterblichen nah, das Olympion auf in den Äther
195 Aus dem seligen Hain; noch manche der himmlischen
                                                        Hallen!
Mutter Athene, dir auch, dir wuchs dein herrlicher Hügel
Stolzer aus der Trauer empor und blühte noch lange,
Gott der Wogen und dir, und deine Lieblinge sangen
Frohversammelt noch oft am Vorgebirge den Dank dir.

200 O die Kinder des Glücks, die frommen! wandeln sie
                                                    fern nun
Bei den Vätern daheim, und der Schicksalstage vergessen,
Drüben am Lethestrom, und bringt kein Sehnen sie wieder?
Sieht mein Auge sie nie? ach! findet über den tausend
Pfaden der grünenden Erd', ihr göttergleichen Gestalten!
205 Euch das Suchende nie, und vernahm ich darum die
                                                      Sprache,
Darum die Sage von euch, daß immertrauernd die Seele
Vor der Zeit mir hinab zu euern Schatten entfliehe?
Aber näher zu euch, wo eure Haine noch wachsen,
Wo sein einsames Haupt in Wolken der heilige Berg hüllt,
210 Zum Parnassos will ich, und wenn im Dunkel der Eiche
Schimmernd, mir Irrenden dort Kastalias Quelle begegnet,
Will ich, mit Tränen gemischt, aus blütenumdufteter Schale
Dort, auf keimendes Grün, das Wasser gießen, damit doch,
O ihr Schlafenden all! ein Totenopfer euch werde.
215 Dort im schweigenden Tal, an Tempes hangenden Felsen,
Will ich wohnen mit euch, dort oft, ihr herrlichen Namen!
Her euch rufen bei Nacht, und wenn ihr zürnend
                                                  erscheinet,
Weil der Pflug die Gräber entweiht, mit der Stimme des
                                                    Herzens
Will ich, mit frommem Gesang euch sühnen, heilige
                                                  Schatten!
220 Bis zu leben mit euch, sich ganz die Seele gewöhnet.
Fragen wird der Geweihtere dann euch manches, ihr Toten!

Euch, ihr Lebenden auch, ihr hohen Kräfte des Himmels,
Wenn ihr über dem Schutt mit euren Jahren vorbeigeht,
Ihr in der sicheren Bahn! denn oft ergreifet das Irrsal
Unter den Sternen mir, wie schaurige Lüfte, den Busen,   225
Daß ich spähe nach Rat, und lang schon reden sie nimmer
Trost den Bedürftigen zu, die prophetischen Haine
                                        Dodonas,
Stumm ist der delphische Gott, und einsam liegen und öde
Längst die Pfade, wo einst, von Hoffnungen leise geleitet,
Fragend der Mann zur Stadt des redlichen Sehers
                                        heraufstieg.   230
Aber droben das Licht, es spricht noch heute zu Menschen,
Schöner Deutungen voll und des großen Donnerers
                                        Stimme
Ruft es: denket ihr mein? und die trauernde Woge des
                                        Meergotts
Hallt es wider: gedenkt ihr nimmer meiner, wie vormals?
Denn es ruhn die Himmlischen gern am fühlenden Herzen;   235
Immer, wie sonst, geleiten sie noch, die begeisternden
                                        Kräfte,
Gerne den strebenden Mann und über Bergen der Heimat
Ruht und waltet und lebt allgegenwärtig der Äther,
Daß ein liebendes Volk in des Vaters Armen gesammelt,
Menschlich freudig, wie sonst, und Ein Geist allen
                                        gemein sei.   240
Aber weh! es wandelt in Nacht, es wohnt, wie im Orkus,
Ohne Göttliches unser Geschlecht. Ans eigene Treiben
Sind sie geschmiedet allein, und sich in der tosenden
                                        Werkstatt
Höret jeglicher nur und viel arbeiten die Wilden
Mit gewaltigem Arm, rastlos, doch immer und immer   245
Unfruchtbar, wie die Furien, bleibt die Mühe der Armen.
Bis, erwacht vom ängstigen Traum, die Seele den Menschen
Aufgeht, jugendlich froh, und der Liebe segnender Othem
Wieder, wie vormals oft, bei Hellas blühenden Kindern,
Wehet in neuer Zeit und über freierer Stirne   250
Uns der Geist der Natur, der fernherwandelnde, wieder

Stilleweilend der Gott in goldnen Wolken erscheinet.
Ach! und säumest du noch? und jene, die göttlichgebornen,
Wohnen immer, o Tag! noch als in Tiefen der Erde
255 Einsam unten, indes ein immerlebender Frühling
Unbesungen über dem Haupt den Schlafenden dämmert?
Aber länger nicht mehr! schon hör' ich ferne des Festtags
Chorgesang auf grünem Gebirg' und das Echo der Haine,
Wo der Jünglinge Brust sich hebt, wo die Seele des
                                        Volks sich
260 Stillvereint im freieren Lied, zur Ehre des Gottes,
Dem die Höhe gebührt, doch auch die Tale sind heilig;
Denn, wo fröhlich der Strom in wachsender Jugend
                                        hinauseilt,
Unter Blumen des Lands, und wo auf sonnigen Ebnen
Edles Korn und der Obstwald reift, da kränzen am Feste
265 Gerne die Frommen sich auch, und auf dem Hügel der
                                        Stadt glänzt,
Menschlicher Wohnung gleich, die himmlische Halle der
                                        Freude.
Denn voll göttlichen Sinns ist alles Leben geworden,
Und vollendend, wie sonst, erscheinst du wieder den
                                        Kindern
Überall, o Natur! und, wie vom Quellengebirg, rinnt
270 Segen von da und dort in die keimende Seele dem Volke.
Dann, dann, o ihr Freuden Athens! ihr Taten in Sparta!
Köstliche Frühlingszeit im Griechenlande! wenn unser
Herbst kömmt, wenn ihr gereift, ihr Geister alle der
                                        Vorwelt!
Wiederkehret und siehe! des Jahrs Vollendung ist nahe!
275 Dann erhalte das Fest auch euch, vergangene Tage!
Hin nach Hellas schaue das Volk, und weinend und
                                        dankend
Sänftige sich in Erinnerungen der stolze Triumphtag!

Aber blühet indes, bis unsre Früchte beginnen,
Blüht, ihr Gärten Ioniens! nur, und die an Athens Schutt
280 Grünen, ihr Holden! verbergt dem schauenden Tage die
                                        Trauer!

Kränzt mit ewigem Laub, ihr Lorbeerwälder! die Hügel
Eurer Toten umher, bei Marathon dort, wo die Knaben
Siegend starben, ach! dort auf Chäroneas Gefilden,
Wo mit den Waffen ins Blut die letzten Athener enteilten,
Fliehend vor dem Tage der Schmach, dort, dort von den
                                 Bergen   285
Klagt ins Schlachttal täglich herab, dort singet von Oetas
Gipfeln das Schicksalslied, ihr wandelnden Wasser,
                                 herunter!
Aber du, unsterblich, wenn auch der Griechengesang
                                 schon
Dich nicht feiert, wie sonst, aus deinen Wogen, o Meergott!
Töne mir in die Seele noch oft, daß über den Wassern   290
Furchtlosrege der Geist, dem Schwimmer gleich, in der
                                 Starken
Frischem Glücke sich üb', und die Göttersprache, das
                                 Wechseln
Und das Werden versteh', und wenn die reißende Zeit mir
Zu gewaltig das Haupt ergreift und die Not und das Irrsal
Unter Sterblichen mir mein sterblich Leben erschüttert,   295
Laß der Stille mich dann in deiner Tiefe gedenken.

ELEGIE

Täglich geh' ich heraus und such' ein Anderes immer,
    Habe längst sie befragt, alle die Pfade des Lands;
Droben die kühlenden Höhn, die Schatten alle besuch' ich,
    Und die Quellen; hinauf irret der Geist und hinab,
Ruh' erbittend; so flieht das getroffene Wild in die Wälder,   5
    Wo es um Mittag sonst sicher im Dunkel geruht;
Aber nimmer erquickt sein grünes Lager das Herz ihm,
    Wieder und schlummerlos treibt es der Stachel umher.
Nicht die Wärme des Lichts und nicht die Kühle der
                                Nacht hilft
Und in Wogen des Stroms taucht es die Wunden
                          umsonst.   10

Ihm bereitet umsonst die Erd' ihr stärkendes Heilkraut
    Und sein schäumendes Blut stillen die Lüftchen umsonst.

Wehe! so ists auch, so, ihr Todesgötter! vergebens,
    Wenn ihr ihn haltet und fest habt den bezwungenen
                                                    Mann,
15 Wenn ihr einmal hinab in eure Nacht ihn gerissen,
    Dann zu suchen zu flehn, oder zu zürnen mit euch,
    Oder geduldig auch wohl in euren Banden zu wohnen
    Und mit Lächeln von euch hören das furchtbare Lied.
    Denn bestehn, wie anderes, muß in seinem Gesetze,
20   Immer altern und nie enden das schaurige Reich.
    Aber noch immer nicht, o meine Seele! noch kannst dus
    Nicht gewohnen und träumst mitten im eisernen Schlaf.

Tag der Liebe! scheinest du auch den Toten, du goldner!
    Bilder aus hellerer Zeit leuchtet ihr mir in die Nacht?
25 Liebliche Gärten, seid, ihr abendrötlichen Berge,
    Seid willkommen, und ihr, schweigende Pfade des
                                                    Hains.
    Zeugen himmlischen Glücks! und ihr, allschauende Sterne,
    Die mir damals oft segnende Blicke gegönnt!
    Euch, ihr Liebenden, auch, ihr schönen Kinder des
                                                    Frühlings,
30   Stille Rosen und euch, Lilien! nenn' ich noch oft, –
    Ihr Vertrauten! ihr Lebenden all', einst nahe dem Herzen,
    Einst wahrhaftiger, einst heller und schöner gesehn!
    Tage kommen und gehn, ein Jahr verdränget das andre,
    Wechselnd und streitend; so tost furchtbar vorüber
                                                    die Zeit
35 Über sterblichem Haupt, doch nicht vor seligen Augen,
    Und den Liebenden ist anderes Leben gewährt.
    Denn sie alle die Tag' und Stunden und Jahre der Sterne
    Und der Menschen, zur Lust anders und anders bekränzt
    Fröhlicher, ernster, sie all', als echte Kinder des Äthers
40   Lebten, in Wonne vereint, innig und ewig um uns.
    Aber wir, unschädlich gesellt, wie die friedlichen Schwäne,
    Wenn sie ruhen am See, oder, auf Wellen gewiegt,

Niedersehn in die Wasser, wo silberne Wolken sich
                              spiegeln,
  Und das himmlische Blau unter den Schiffenden wallt,
So auf Erden wandelten wir. Und drohte der Nord auch, 45
  Er, der Liebenden Feind, sorgenbereitend, und fiel
Von den Ästen das Laub und flog im Winde der Regen,
  Lächelten ruhig wir, fühlten den Gott und das Herz
Unter trautem Gespräch, im hellen Seelengesange,
  So im Frieden mit uns kindlich und selig allein. 50

Ach! wo bist du, Liebende, nun? Sie haben mein Auge
  Mir genommen, mein Herz hab' ich verloren mit ihr.
Darum irr' ich umher, und wohl, wie die Schatten, so
                              muß ich
  Leben und sinnlos dünkt lange das Übrige mir.
Danken möcht' ich, aber wofür? verzehret das Letzte 55
  Selbst die Erinnerung nicht? nimmt von der Lippe
                             denn nicht
Bessere Rede mir der Schmerz, und lähmet ein Fluch nicht
  Mir die Sehnen und wirft, wo ich beginne, mich weg?
Daß ich fühllos sitze den Tag und stumm, wie die Kinder,
  Nur vom Auge mir kalt öfters die Tropfe noch schleicht, 60
Und in schaudernder Brust die allerwärmende Sonne
  Kühl und fruchtlos mir dämmert, wie Strahlen der
                              Nacht,
Sonst mir anders bekannt! O Jugend! und bringen Gebete
  Dich nicht wieder, dich nie? führet kein Pfad mich
                              zurück?
Soll es werden auch mir, wie den Tausenden, die in den
                              Tagen 65
  Ihres Frühlings doch auch ahndend und liebend gelebt,
Aber am trunkenen Tag von den rächenden Parzen
                              ergriffen,
  Ohne Klag' und Gesang heimlich hinuntergeführt
Dort im allzunüchternen Reich, dort büßen im Dunkeln,
  Wo bei trügrischem Schein irres Gewimmel sich
                              treibt, 70

Wo die langsame Zeit bei Frost und Dürre sie zählen,
   Nur in Seufzern der Mensch noch die Unsterblichen
                        preist?

Aber o du, die noch am Scheidewege mir damals,
   Da ich versank vor dir, tröstend ein Schöneres wies,
75   Du, die Großes zu sehn und die schweigenden Götter
                        zu singen,
   Selber schweigend mich einst stillebegeisternd gelehrt,
Götterkind! erscheinest du mir und grüßest, wie einst,
                        mich,
   Redest wieder, wie einst, Leben und Frieden mir zu?
Siehe! weinen vor dir und klagen muß ich, wenn schon
                        noch
80   Denkend der edleren Zeit, dessen die Seele sich schämt.
Denn zu lange, zu lang' auf matten Pfaden der Erde
   Bin ich, deiner gewohnt, einsam gegangen indes,
   O mein Schutzgeist! denn wie der Nord die Wolke des
                        Herbsttags
   Scheuchten von Ort zu Ort feindliche Geister mich fort.
85 So zerrann mein Leben, ach! so ists anders geworden,
   Seit, o Liebe, wir einst gingen am ruhigen Strom.
Aber dich, dich erhielt dein Licht, o Heldin! im Lichte,
   Und dein Dulden erhielt liebend, o Himmlische! dich.
Und sie selbst, die Natur und ihre melodischen Musen
90   Sangen aus heimischen Höhn Wiegengesänge dir zu.
Noch, noch ist sie es ganz! noch schwebt vom Haupte
                        zur Sohle,
   Stillhinwandelnd, wie sonst, mir die Athenerin vor.
Selig, selig ist sie! denn es scheut die Kinder des Himmels
   Selbst der Orkus, es rinnt, gleich den Unsterblichen
                        selbst,
95 Ihnen der milde Geist von heitersinnender Stirne,
   Wo sie auch wandeln und sind, segnend und sicher herab.

Darum möcht', ihr Himmlischen! euch ich danken und
                        endlich
   Tönet aus leichter Brust wieder des Sängers Gebet.

Und, wie wenn ich mit ihr auf Bergeshöhen mit ihr stand,
   Wehet belebend auch mich, göttlicher Othem mich an.   100
Leben will ich denn auch! schon grünen die Pfade der Erde
   Schöner und schöner schließt wieder die Sonne sich auf.
Komm! es war, wie ein Traum! die blutenden Fittige
                                   sind ja
   Schon genesen, verjüngt wachen die Hoffnungen all.
Dien' im Orkus, wem es gefällt! wir, welche die stille   105
   Liebe bildete, wir suchen zu Göttern die Bahn.
Und geleitet ihr uns, ihr Weihestunden! ihr ernsten,
   Jugendlichen! o bleibt, heilige Ahnungen, ihr,
Fromme Bitten, und ihr Begeisterungen, und all ihr
   Schönen Genien, die gerne bei Liebenden sind,   110
Bleibet, bleibet mit uns, bis wir auf seligen Inseln,
   Wo die Unsern vielleicht, Dichter der Liebe, mit uns,
Oder auch, wo die Adler sind, in Lüften des Vaters,
   Dort, wo die Musen, woher all' die Unsterblichen sind,
Dort uns staunend und fremd und bekannt uns wieder
                                 begegnen,   115
   Und von neuem ein Jahr unserer Liebe beginnt.

MENONS KLAGEN UM DIOTIMA

I

Täglich geh' ich heraus, und such' ein Anderes immer,
   Habe längst sie befragt alle die Pfade des Lands;
Droben die kühlenden Höhn, die Schatten alle besuch' ich,
   Und die Quellen; hinauf irret der Geist und hinab,
Ruh' erbittend; so flieht das getroffene Wild in die Wälder,   5
   Wo es um Mittag sonst sicher im Dunkel geruht;
Aber nimmer erquickt sein grünes Lager das Herz ihm,
   Jammernd und schlummerlos treibt es der Stachel
                                  umher.
Nicht die Wärme des Lichts, und nicht die Kühle der
                               Nacht hilft,
   Und in Wogen des Stroms taucht es die Wunden
                               umsonst.   10

Und wie ihm vergebens die Erd' ihr fröhliches Heilkraut
  Reicht, und das gärende Blut keiner der Zephyre stillt,
So, ihr Lieben! auch mir, so will es scheinen, und niemand
  Kann von der Stirne mir nehmen den traurigen Traum?

2

15 Ja! es frommet auch nicht, ihr Todesgötter! wenn einmal
  Ihr ihn haltet, und fest habt den bezwungenen Mann,
Wenn ihr Bösen hinab in die schaurige Nacht ihn
                              genommen,
  Dann zu suchen, zu flehn, oder zu zürnen mit euch,
Oder geduldig auch wohl im furchtsamen Banne zu
                              wohnen,
20 Und mit Lächeln von euch hören das nüchterne Lied.
Soll es sein, so vergiß dein Heil, und schlummere klanglos!
  Aber doch quillt ein Laut hoffend im Busen dir auf,
Immer kannst du noch nicht, o meine Seele! noch
                              kannst du's
  Nicht gewohnen, und träumst mitten im eisernen Schlaf!
25 Festzeit hab' ich nicht, doch möcht' ich die Locke
                              bekränzen;
  Bin ich allein denn nicht? aber ein Freundliches muß
Fernher nahe mir sein, und lächeln muß ich und staunen,
  Wie so selig doch auch mitten im Leide mir ist.

3

Licht der Liebe! scheinest du denn auch Toten, du goldnes!
30 Bilder aus hellerer Zeit leuchtet ihr mir in die Nacht?
Liebliche Gärten seid, ihr abendrötlichen Berge,
  Seid willkommen und ihr, schweigende Pfade des Hains,
Zeugen himmlischen Glücks, und ihr, hochschauende
                              Sterne,
  Die mir damals so oft segnende Blicke gegönnt!
35 Euch, ihr Liebenden auch, ihr schönen Kinder des Maitags,
  Stille Rosen und euch, Lilien, nenn' ich noch oft!
Wohl gehn Frühlinge fort, ein Jahr verdränget das andre,
  Wechselnd und streitend, so tost droben vorüber die Zeit

Über sterblichem Haupt, doch nicht vor seligen Augen,
    Und den Liebenden ist anderes Leben geschenkt.   40
Denn sie alle die Tag' und Jahre der Sterne, sie waren
    Diotima! um uns innig und ewig vereint;

4

Aber wir, zufrieden gesellt, wie die liebenden Schwäne,
    Wenn sie ruhen am See, oder, auf Wellen gewiegt,
Niedersehn in die Wasser, wo silberne Wolken sich
                        spiegeln,   45
    Und ätherisches Blau unter den Schiffenden wallt,
So auf Erden wandelten wir. Und drohte der Nord auch,
    Er, der Liebenden Feind, klagenbereitend, und fiel
Von den Ästen das Laub, und flog im Winde der Regen,
    Ruhig lächelten wir, fühlten den eigenen Gott   50
Unter trautem Gespräch; in Einem Seelengesange,
    Ganz in Frieden mit uns kindlich und freudig allein.
Aber das Haus ist öde mir nun, und sie haben mein Auge
    Mir genommen, auch mich hab' ich verloren mit ihr.
Darum irr' ich umher, und wohl, wie die Schatten, so
                        muß ich   55
    Leben, und sinnlos dünkt lange das Übrige mir.

5

Feiern möcht' ich; aber wofür? und singen mit Andern,
    Aber so einsam fehlt jegliches Göttliche mir.
Dies ist's, dies mein Gebrechen, ich weiß, es lähmet ein
                        Fluch mir
    Darum die Sehnen, und wirft, wo ich beginne, mich hin,   60
Daß ich fühllos sitze den Tag, und stumm wie die Kinder,
    Nur vom Auge mir kalt öfters die Träne noch schleicht,
Und die Pflanze des Felds, und der Vögel Singen mich
                        trüb macht,
    Weil mit Freuden auch sie Boten des Himmlischen sind,
Aber mir in schaudernder Brust die beseelende Sonne,   65
    Kühl und fruchtlos mir dämmert, wie Strahlen der
                        Nacht,

Ach! und nichtig und leer, wie Gefängniswände, der
                               Himmel
  Eine beugende Last über dem Haupte mir hängt!

6
Sonst mir anders bekannt! o Jugend, und bringen Gebete
70   Dich nicht wieder, dich nie? führet kein Pfad mich
                              zurück?
Soll es werden auch mir, wie den Götterlosen, die vormals
  Glänzenden Auges doch auch saßen an seligem Tisch',
Aber übersättiget bald, die schwärmenden Gäste,
  Nun verstummet, und nun, unter der Lüfte Gesang,
75 Unter blühender Erd' entschlafen sind, bis dereinst sie
  Eines Wunders Gewalt sie, die Versunkenen, zwingt,
Wiederzukehren, und neu auf grünendem Boden zu
                          wandeln. –
Heiliger Othem durchströmt göttlich die lichte Gestalt,
  Wenn das Fest sich beseelt, und Fluten der Liebe sich regen,
80 Und vom Himmel getränkt, rauscht der lebendige
                            Strom,
Wenn es drunten ertönt, und ihre Schätze die Nacht zollt,
  Und aus Bächen herauf glänzt das begrabene Gold. –

7
Aber o du, die schon am Scheidewege mir damals,
  Da ich versank vor dir, tröstend ein Schöneres wies,
85 Du, die Großes zu sehn, und froher die Götter zu singen,
  Schweigend, wie sie, mich einst stille begeisternd
                            gelehrt;
Götterkind! erscheinest du mir, und grüßest, wie einst,
                            mich,
  Redest wieder, wie einst, höhere Dinge mir zu?
Siehe! weinen vor dir, und klagen muß ich, wenn schon
                            noch,
90 Denkend edlerer Zeit, dessen die Seele sich schämt.
Denn so lange, so lang auf matten Pfaden der Erde
  Hab' ich, deiner gewohnt, dich in der Irre gesucht,

Freudiger Schutzgeist! aber umsonst, und Jahre zerrannen,
  Seit wir ahnend um uns glänzen die Abende sahn.

8

Dich nur, dich erhält dein Licht, o Heldin! im Lichte,   95
  Und dein Dulden erhält liebend, o Gütige, dich;
Und nicht einmal bist du allein; Gespielen genug sind,
  Wo du blühest und ruhst unter den Rosen des Jahrs;
Und der Vater, er selbst, durch sanftumatmende Musen
  Sendet die zärtlichen Wiegengesänge dir zu.   100
Ja! noch ist sie es ganz! noch schwebt vom Haupte zur
                                                  Sohle,
  Stillherwandelnd, wie sonst, mir die Athenerin vor.
Und wie, freundlicher Geist! von heitersinnender Stirne
  Segnend und sicher dein Strahl unter die Sterblichen
                                                  fällt;
So bezeugest du mir's, und sagst mir's, daß ich es andern   105
  Wiedersage, denn auch Andere glauben es nicht,
Daß unsterblicher doch, denn Sorg' und Zürnen, die
                                                  Freude
  Und ein goldener Tag täglich am Ende noch ist.

9

So will ich, ihr Himmlischen! denn auch danken, und
                                                  endlich
  Atmet aus leichter Brust wieder des Sängers Gebet.   110
Und wie, wenn ich mit ihr, auf sonniger Höhe mit ihr stand,
  Spricht belebend ein Gott innen vom Tempel mich an.
Leben will ich denn auch! schon grünt's! wie von
                                                  heiliger Leier
  Ruft es von silbernen Bergen Apollons voran!
Komm! es war wie ein Traum! Die blutenden Fittige
                                                  sind ja   115
  Schon genesen, verjüngt leben die Hoffnungen all.
Großes zu finden, ist viel, ist viel noch übrig, und wer so
  Liebte, gehet, er muß, gehet zu Göttern die Bahn.
Und geleitet ihr uns, ihr Weihestunden! ihr ernsten,
  Jugendlichen! o bleibt, heilige Ahnungen, ihr   120

Fromme Bitten! und ihr Begeisterungen und all ihr
  Guten Genien, die gerne bei Liebenden sind;
Bleibt so lange mit uns, bis wir auf gemeinsamem Boden
  Dort, wo die Seligen all niederzukehren bereit,
125   Dort, wo die Adler sind, die Gestirne, die Boten des Vaters,
  Dort, wo die Musen, woher Helden und Liebende sind,
Dort uns, oder auch hier, auf tauender Insel begegnen,
  Wo die Unsrigen erst, blühend in Gärten gesellt,
Wo die Gesänge wahr, und länger die Frühlinge schön sind,
130   Und von neuem ein Jahr unserer Seele beginnt.

DER WANDERER

Einsam stand ich und sah in die Afrikanischen dürren
  Ebnen hinaus; vom Olymp regnete Feuer herab,
Reißendes! milder kaum, wie damals, da das Gebirg hier
  Spaltend mit Strahlen der Gott Höhen und Tiefen
                                            gebaut.
5   Aber auf denen springt kein frischaufgrünender Wald nicht
  In die tönende Luft üppig und herrlich empor.
Unbekränzt ist die Stirne des Bergs und beredsame Bäche
  Kennet er kaum, es erreicht selten die Quelle das Tal.
Keiner Herde vergeht am plätschernden Brunnen der
                                            Mittag,
10   Freundlich aus Bäumen hervor blickte kein gastliches
                                            Dach.
Unter dem Strauche saß ein ernster Vogel gesanglos,
  Aber die Wanderer flohn eilend, die Störche, vorbei.
Da bat ich um Wasser dich nicht, Natur! in der Wüste,
  Wasser bewahrte mir treulich das fromme Kamel.
15   Um der Haine Gesang, ach! um die Gärten des Vaters
  Bat ich vom wandernden Vogel der Heimat gemahnt.
Aber du sprachst zu mir: auch hier sind Götter und walten,
  Groß ist ihr Maß, doch es mißt gern mit der Spanne
                                            der Mensch.

Und es trieb die Rede mich an, noch Andres zu suchen,
    Fern zum nördlichen Pol kam ich in Schiffen herauf.   20
Still in der Hülse von Schnee schlief da das gefesselte
                                Leben,
    Und der eiserne Schlaf harrte seit Jahren des Tags.
Denn zu lang nicht schlang um die Erde den Arm der
                              Olymp hier,
    Wie Pygmalions Arm um die Geliebte sich schlang.
Hier bewegt' er ihr nicht mit dem Sonnenblicke den Busen,   25
    Und in Regen und Tau sprach er nicht freundlich zu ihr;
Und mich wunderte des und töricht sprach ich: o Mutter
    Erde, verlierst du denn immer, als Witwe, die Zeit?
Nichts zu erzeugen ist ja und nichts zu pflegen in Liebe,
    Alternd im Kinde sich nicht wieder zu sehn, wie der Tod.   30
Aber vielleicht erwarmst du dereinst am Strahle des
                               Himmels,
    Aus dem dürftigen Schlaf schmeichelt sein Othem dich
                                auf;
Daß, wie ein Samkorn, du die eherne Schale zersprengest,
    Los sich reißt und das Licht grüßt die entbundene Welt,
All' die gesammelte Kraft aufflammt in üppigem Frühling,   35
    Rosen glühen und Wein sprudelt im kärglichen Nord.

Also sagt' ich und jetzt kehr' ich an den Rhein, in die
                              Heimat,
    Zärtlich, wie vormals, weh'n Lüfte der Jugend mich an;
Und das strebende Herz besänftigen mir die vertrauten
    Offnen Bäume, die einst mich in den Armen gewiegt,   40
Und das heilige Grün, der Zeuge des seligen, tiefen
    Lebens der Welt, es erfrischt, wandelt zum Jüngling
                              mich um.
Alt bin ich geworden indes, mich bleichte der Eispol,
    Und im Feuer des Süds fielen die Locken mir aus.
Aber wenn einer auch am letzten der sterblichen Tage,   45
    Fernher kommend und müd bis in die Seele noch jetzt
Wiedersähe dies Land, noch Einmal müßte die Wang' ihm
    Blüh'n, und erloschen fast glänzte sein Auge noch auf.

Seliges Tal des Rheins! kein Hügel ist ohne den Weinstock,
50   Und mit der Traube Laub Mauer und Garten bekränzt,
Und des heiligen Tranks sind voll im Strome die Schiffe,
    Städt' und Inseln sie sind trunken von Weinen und Obst.
Aber lächelnd und ernst ruht droben der Alte, der Taunus,
Und mit Eichen bekränzt neiget der Freie das Haupt.

55   Und jetzt kommt vom Walde der Hirsch, aus Wolken
                                das Tagslicht,
    Hoch in heiterer Luft siehet der Falke sich um.
Aber unten im Tal, wo die Blume sich nähret von Quellen,
    Streckt das Dörfchen bequem über die Wiese sich aus.
Still ists hier. Fern rauscht die immer geschäftige Mühle,
60   Aber das Neigen des Tags künden die Glocken mir an.
Lieblich tönt die gehämmerte Sens' und die Stimme des
                                Landmanns,
    Der heimkehrend dem Stier gerne die Schritte gebeut,
Lieblich der Mutter Gesang, die im Grase sitzt mit dem
                                Söhnlein;
    Satt vom Sehen entschlies; aber die Wolken sind rot,
65   Und am glänzenden See, wo der Hain das offene Hoftor
    Übergrünt und das Licht golden die Fenster umspielt,
Dort empfängt mich das Haus und des Gartens
                                heimliches Dunkel,
    Wo mit den Pflanzen mich einst liebend der Vater erzog;
Wo ich frei, wie Geflügelte, spielt' auf luftigen Ästen,
70   Oder ins treue Blau blickte vom Gipfel des Hains.
Treu auch bist du von je, treu auch dem Flüchtlinge
                                blieben,
    Freundlich nimmst du, wie einst, Himmel der Heimat,
                                mich auf.

Noch gedeihn die Pfirsiche mir, mich wundern die Blüten,
    Fast, wie die Bäume, steht herrlich mit Rosen der Strauch.
75   Schwer ist worden indes von Früchten dunkel mein
                                Kirschbaum,
    Und der pflückenden Hand reichen die Zweige sich
                                selbst.

Auch zum Walde zieht mich, wie sonst, in die freiere Laube
　　Aus dem Garten der Pfad oder hinab an den Bach,
Wo ich lag, und den Mut erfreut' am Ruhme der Männer
　　Ahnender Schiffer; und das konnten die Sagen von euch, 80
Daß in die Meer' ich fort, in die Wüsten mußt', ihr
　　　　　　　　　　　　　　Gewalt'gen!
　　Ach! indes mich umsonst Vater und Mutter gesucht.
Aber wo sind sie? du schweigst? du zögerst? Hüter des
　　　　　　　　　　　　　　Hauses!
　　Hab' ich gezögert doch auch! habe die Schritte gezählt,
Da ich nahet', und bin, gleich Pilgern, stille gestanden. 85
　　Aber gehe hinein, melde den Fremden, den Sohn,
Daß sich öffnen die Arm' und mir ihr Segen begegne,
　　Daß ich geweiht und gegönnt wieder die Schwelle
　　　　　　　　　　　　　　mir sei!
Aber ich ahn' es schon, in heilige Fremde dahin sind
　　Nun auch sie mir, und nie kehret ihr Lieben zurück. 90

Vater und Mutter? und wenn noch Freunde leben, sie haben
　　Andres gewonnen, sie sind nimmer die Meinigen mehr.
Kommen werd' ich, wie sonst, und die alten, die Namen
　　　　　　　　　　　　　　der Liebe
　　Nennen, beschwören das Herz, ob es noch schlage,
　　　　　　　　　　　　　　wie sonst,
Aber stille werden sie sein. So bindet und scheidet 95
　　Manches die Zeit. Ich dünk' ihnen gestorben, sie mir.
Und so bin ich allein. Du aber, über den Wolken,
　　Vater des Vaterlands! mächtiger Äther! und du
Erd' und Licht! ihr einigen drei, die walten und lieben,
　　Ewige Götter! mit euch brechen die Bande mir nie. 100
Ausgegangen von euch, mit euch auch bin ich gewandert,
　　Euch, ihr Freudigen, euch bring' ich erfahrner zurück.
Darum reiche mir nun, bis oben an von des Rheines
　　Warmen Bergen mit Wein reiche den Becher gefüllt!
Daß ich den Göttern zuerst und das Angedenken der
　　　　　　　　　　　　　　Helden 105
　　Trinke, der Schiffer, und dann eures, ihr Trautesten! auch

Eltern und Freund'! und der Mühn und aller Leiden
                                        vergesse
Heut' und morgen und schnell unter den Heimischen sei.

DER GANG AUFS LAND
An Landauer

Komm! ins Offene, Freund! zwar glänzt ein Weniges heute
    Nur herunter und eng schließet der Himmel uns ein.
Weder die Berge sind noch aufgegangen des Waldes
    Gipfel nach Wunsch und leer ruht von Gesange die Luft.
5 Trüb ists heut, es schlummern die Gäng' und die Gassen
                                        und fast will
    Mir es scheinen, es sei, als in der bleiernen Zeit.
Dennoch gelinget der Wunsch, Rechtglaubige zweifeln
                                        an Einer
    Stunde nicht und der Lust bleibe geweihet der Tag.
Denn nicht wenig erfreut, was wir vom Himmel
                                        gewonnen,
10   Wenn ers weigert und doch gönnet den Kindern zuletzt.
Nur daß solcher Reden und auch der Schritt und der Mühe
    Wert der Gewinn und ganz wahr das Ergötzliche sei.
Darum hoff ich sogar, es werde, wenn das Gewünschte
    Wir beginnen und erst unsere Zunge gelöst,
15 Und gefunden das Wort, und aufgegangen das Herz ist,
    Und von trunkener Stirn' höher Besinnen entspringt,
Mit der unsern zugleich des Himmels Blüte beginnen,
    Und dem offenen Blick offen der Leuchtende sein.

Denn nicht Mächtiges ists, zum Leben aber gehört es,
20   Was wir wollen, und scheint schicklich und freudig
                                        zugleich.
Aber kommen doch auch der segenbringenden Schwalben
    Immer einige noch, ehe der Sommer ins Land.
Nämlich droben zu weihn bei guter Rede den Boden,
    Wo den Gästen das Haus baut der verständige Wirt;

Daß sie kosten und schaun das Schönste, die Fülle des
Landes, 25
Daß, wie das Herz es wünscht, offen, dem Geiste gemäß
Mahl und Tanz und Gesang und Stutgards Freude
gekrönt sei,
Deshalb wollen wir heut wünschend den Hügel hinauf.
Mög' ein Besseres noch das menschenfreundliche Mailicht
Drüber sprechen, von selbst bildsamen Gästen erklärt, 30
Oder, wie sonst, wenns andern gefällt, denn alt ist die Sitte,
Und es schauen so oft lächelnd die Götter auf uns,
Möge der Zimmermann vom Gipfel des Daches den
Spruch tun,
Wir, so gut es gelang, haben das Unsre getan.

Aber schön ist der Ort, wenn in Feiertagen des Frühlings 35
Aufgegangen das Tal, wenn mit dem Neckar herab
Weiden grünend und Wald und all die grünenden Bäume
Zahllos, blühend weiß, wallen in wiegender Luft
Aber mit Wölkchen bedeckt an Bergen herunter der
Weinstock
Dämmert und wächst und erwarmt unter dem
sonnigen Duft. 40

DAS AHNENBILD

Ne virtus ulla pereat!

Alter Vater! Du blickst immer, wie ehmals, noch,
Da du gerne gelebt unter den Sterblichen,
Aber ruhiger nur, und
Wie die Seligen, heiterer

In die Wohnung, wo dich, Vater! das Söhnlein nennt, 5
Wo es lächelnd vor dir spielt und den Mutwill übt,
Wie die Lämmer im Feld', auf
Grünem Teppiche, den zur Lust

Ihm die Mutter gegönnt. Ferne sich haltend, sieht
10   Ihm die Liebende zu, wundert der Sprache sich
      Und des jungen Verstandes
        Und des blühenden Auges schon.

Und an andere Zeit mahnt sie der Mann, dein Sohn;
   An die Lüfte des Mais, da er geseufzt um sie,
15   An die Bräutigamstage,
       Da der Stolze die Demut lernt.

Doch es wandte sich bald: Sicherer, denn er war,
   Ist er, herrlicher ist unter den Seinigen
     Nun der Zweifachgeliebte,
20   Und ihm gehet sein Tagewerk.

Stiller Vater! auch du lebtest und liebtest so;
   Darum wohnest du nun, als ein Unsterblicher,
     Bei den Kindern, und Leben
       Wie vom schweigenden Äther, kommt

25 Öfters über das Haus, ruhiger Mann! von dir,
   Und es mehrt sich, es reift, edler von Jahr zu Jahr,
     In bescheidenem Glücke,
       Was mit Hoffnungen du gepflanzt.

Die du liebend erzogst, siehe! sie grünen dir,
30   Deine Bäume, wie sonst, breiten ums Haus den Arm,
     Voll von dankenden Gaben;
       Sichrer stehen die Stämme schon;

Und am Hügel hinab, wo du den sonnigen
   Boden ihnen gebaut, neigen und schwingen sich
35   Deine freudigen Reben,
       Trunken, purpurner Trauben voll.

Aber unten im Haus ruhet, besorgt von dir,
  Der gekelterte Wein. Teuer ist der dem Sohn',
    Und er sparet zum Fest das
      Alte, lautere Feuer sich.   40

Dann beim nächtlichen Mahl, wenn er, in Lust und Ernst,
  Von Vergangenem viel, vieles von Künftigem
    Mit den Freunden gesprochen,
      Und der letzte Gesang noch hallt,

Hält er höher den Kelch, siehet dein Bild und spricht: 45
  Deiner denken wir nun, dein, und so werd' und bleib'
    Ihre Ehre des Hauses
      Guten Genien, hier und sonst!

Und es tönen zum Dank hell die Krystalle dir;
  Und die Mutter, sie reicht, heute zum erstenmal,   50
    Daß es wisse vom Feste,
      Auch dem Kinde von deinem Trank.

DIE ENTSCHLAFENEN

Einen vergänglichen Tag lebt' ich und wuchs mit den
                                            Meinen,
  Eins um's andere schon schläft mir und fliehet dahin.
Doch ihr Schlafenden wacht am Herzen mir, in verwandter
  Seele ruhet von euch mir das entfliehende Bild.
Und lebendiger lebt ihr dort, wo des göttlichen Geistes 5
  Freude die Alternden all, alle die Toten verjüngt.

AN LANDAUER

Sei froh! Du hast das gute Los erkoren,
  Denn tief und treu ward eine Seele dir;
Der Freunde Freund zu sein, bist du geboren,
  Dies zeugen dir am Feste wir.

5   Und selig, wer im eignen Hause Frieden,
       Wie du, und Lieb' und Fülle sieht und Ruh;
       Manch Leben ist, wie Licht und Nacht, verschieden,
       In goldner Mitte wohnest du.

       Dir glänzt die Sonn' in wohlgebauter Halle,
10   Am Berge reift die Sonne dir den Wein,
       Und immer glücklich führt die Güter alle
       Der kluge Gott dir aus und ein.

       Und Kind gedeiht, und Mutter um den Gatten,
       Und wie den Wald die goldne Wolke krönt,
15   So seid auch ihr um ihn, geliebte Schatten!
       Ihr Seligen, an ihn gewöhnt!

       O seid mit ihm! denn Wolk' und Winde ziehen
       Unruhig öfters über Land und Haus,
       Doch ruht das Herz bei allen Lebensmühen
20   Im heil'gen Angedenken aus.

       Und sieh! aus Freude sagen wir von Sorgen;
       Wie dunkler Wein, erfreut auch ernster Sang;
       Das Fest verhallt, und jedes gehet morgen
       Auf schmaler Erde seinen Gang.

AN EINE VERLOBTE

Des Wiedersehens Tränen, des Wiedersehns
    Umfangen, und dein Auge bei seinem Gruß, –
    Weissagend möcht' ich dies und all' der
        Zaubrischen Liebe Geschick dir singen.

5   Zwar jetzt auch, junger Genius! bist du schön,
        Auch einsam, und es freuet sich in sich selbst,
        Es blüht von eignem Geist und liebem
            Herzensgesange die Musentochter.

Doch anders ist's in seliger Gegenwart,
  Wenn an des Neugefundnen Blicke dein Geist sich kennt,   10
    Wenn friedlich du vor seinem Anschaun
      Wieder in goldener Wolke wandelst.

Indessen denk', ihm leuchte das Sonnenlicht,
  Ihn tröst' und mahne, wenn er im Felde schläft,
    Der Liebe Stern, und heitre Tage   15
      Spare zum Ende das Herz sich immer.

Und wenn er da ist, und die geflügelten,
  Die Liebesstunden schneller und schneller sind,
    Dann sich dein Brauttag neigt und trunkner
      Schon die beglückenden Sterne leuchten –   20

Nein, ihr Geliebten! nein, ich beneid' euch nicht!
  Unschädlich, wie vom Lichte die Blume lebt,
    So leben, gern vom schönen Bilde
      Träumend, und selig und arm, die Dichter.

STUTGARD
An Siegfried Schmidt

I

Wieder ein Glück ist erlebt. Die gefährliche Dürre geneset,
  Und die Schärfe des Lichts senget die Blüte nicht mehr.
Offen steht jetzt wieder ein Saal, und gesund ist der Garten,
  Und von Regen erfrischt rauschet das glänzende Tal,
Hoch von Gewächsen, es schwellen die Bäch' und alle
                                              gebundnen   5
  Fittige wagen sich wieder ins Reich des Gesangs.
Voll ist die Luft von Fröhlichen jetzt und die Stadt und
                                              der Hain ist
  Rings von zufriedenen Kindern des Himmels erfüllt.
Gerne begegnen sie sich, und irren untereinander,
  Sorgenlos, und es scheint keines zu wenig, zu viel.   10

Denn so ordnet das Herz es an, und zu atmen die Anmut,
    Sie, die geschickliche, schenkt ihnen ein göttlicher Geist.
Aber die Wanderer auch sind wohlgeleitet und haben
    Kränze genug und Gesang, haben den heiligen Stab
15 Vollgeschmückt mit Trauben und Laub bei sich und der
                                         Fichte
    Schatten; von Dorfe zu Dorf jauchzt es, von Tage zu Tag,
Und wie Wagen, bespannt mit freiem Wilde, so ziehn die
    Berge voran und so träget und eilet der Pfad.

2

Aber meinest du nun, es haben die Tore vergebens
20   Aufgetan und den Weg freudig die Götter gemacht?
Und es schenken umsonst zu des Gastmahls Fülle die Guten
    Nebst dem Weine noch auch Beeren und Honig und
                                         Obst?
Schenken das purpurne Licht zu Festgesängen und kühl
                                         und
    Ruhig zu tieferem Freundesgespräche die Nacht?
25 Hält ein Ernsteres dich, so spars dem Winter und willst du
    Freien, habe Geduld, Freier beglücket der Mai.
Jetzt ist Anderes Not, jetzt komm’ und feire des Herbstes
    Alte Sitte, noch jetzt blühet die Edle mit uns.
Eins nur gilt für den Tag, das Vaterland und des Opfers
30   Festlicher Flamme wirft jeder sein Eigenes zu.
Darum kränzt der gemeinsame Gott umsäuselnd das
                                     Haar uns,
    Und den eigenen Sinn schmelzet, wie Perlen, der Wein.
Dies bedeutet der Tisch, der geehrte, wenn, wie die Bienen,
    Rund um den Eichbaum, wir sitzen und singen um ihn,
35 Dies der Pokale Klang, und darum zwinget die wilden
    Seelen der streitenden Männer zusammen der Chor.

3

Aber damit uns nicht, gleich Allzuklugen, entfliehe
    Diese neigende Zeit, komm’ ich entgegen sogleich,
Bis an die Grenze des Lands, wo mir den lieben Geburtsort
40   Und die Insel des Stroms blaues Gewässer umfließt.

Heilig ist mir der Ort, an beiden Ufern, der Fels auch,
    Der mit Garten und Haus grün aus den Wellen sich hebt.
Dort begegnen wir uns; o gütiges Licht! wo zuerst mich
    Deiner gefühlteren Strahlen mich einer betraf.
Dort begann und beginnt das liebe Leben von neuem;   45
    Aber des Vaters Grab seh' ich und weine dir schon?
Wein' und halt' und habe den Freund und höre das
                                        Wort, das
    Einst mir in himmlischer Kunst Leiden der Liebe
                                        geheilt.
Andres erwacht! ich muß die Landesheroën ihm nennen,
    Barbarossa! dich auch, gütiger Kristoph, und dich,   50
Konradin! wie du fielst, so fallen Starke, der Efeu
    Grünt am Fels und die Burg deckt das bacchantische
                                        Laub,
Doch Vergangenes ist, wie Künftiges heilig den Sängern,
    Und in Tagen des Herbsts sühnen die Schatten wir uns.

                                  4
So der Gewaltgen gedenk und des herzerhebenden
                                        Schicksals,   55
    Tatlos selber, und leicht, aber vom Äther doch auch
Angeschauet und fromm, wie die Alten, die
                                        göttlicherzognen
    Freudigen Dichter ziehn freudig das Land wir hinauf.
Groß ist das Werden umher. Dort von den äußersten
                                        Bergen
    Stammen der Jünglinge viel, steigen die Hügel herab.   60
Quellen rauschen von dort und hundert geschäftige Bäche,
    Kommen bei Tag und Nacht nieder und bauen das Land.
Aber der Meister pflügt die Mitte des Landes, die
                                        Furchen
    Ziehet der Neckarstrom, ziehet den Segen herab.
Und es kommen mit ihm Italiens Lüfte, die See schickt   65
    Ihre Wolken, sie schickt prächtige Sonnen mit ihm.
Darum wächset uns auch fast über das Haupt die gewaltge
    Fülle, denn hieher ward, hier in die Ebne das Gut

Reicher den Lieben gebracht, den Landesleuten, doch
                neidet
70   Keiner an Bergen dort ihnen die Gärten, den Wein
Oder das üppige Gras und das Korn und die glühenden
                Bäume,
   Die am Wege gereiht über den Wanderern stehn.

5

Aber indes wir schaun und die mächtige Freude
              durchwandeln,
   Fliehet der Weg und der Tag uns, wie den Trunkenen,
              hin.
75 Denn mit heiligem Laub umkränzt erhebet die Stadt schon
   Die gepriesene, dort leuchtend ihr priesterlich Haupt.
Herrlich steht sie und hält den Rebenstab und die Tanne
   Hoch in die seligen purpurnen Wolken empor.
Sei uns hold! dem Gast und dem Sohn, o Fürstin der
              Heimat!
80   Glückliches Stutgard, nimm freundlich den Fremdling
              mir auf!
Immer hast du Gesang mit Flöten und Saiten gebilligt,
   Wie ich glaub' und des Lieds kindlich Geschwätz und
              der Mühn
Süße Vergessenheit bei gegenwärtigem Geiste,
   Drum erfreuest du auch gerne den Sängern das Herz.
85 Aber ihr, ihr Größeren auch, ihr Frohen, die allzeit
   Leben und walten, erkannt, oder gewaltiger auch,
Wenn ihr wirket und schafft in heiliger Nacht und allein
              herrscht
   Und allmächtig empor ziehet ein ahnendes Volk,
Bis die Jünglinge sich der Väter droben erinnern,
90   Mündig und hell vor euch steht der besonnene
              Mensch –

6

Engel des Vaterlands! o ihr, vor denen das Auge,
   Sei's auch stark und das Knie bricht dem vereinzelten
              Mann,

Daß er halten sich muß an die Freund' und bitten die
Teuern,
    Daß sie tragen mit ihm all die beglückende Last,
Habt, o Gütige, Dank für den und alle die Andern,   95
    Die mein Leben, mein Gut unter den Sterblichen sind.
Aber die Nacht kommt! laß uns eilen, zu feiern das
Herbstfest
Heut noch! voll ist das Herz, aber das Leben ist kurz,
Und was uns der himmlische Tag zu sagen geboten,
    Das zu nennen, mein Schmidt! reichen wir beide nicht
aus.   100
Treffliche bring' ich dir und das Freudenfeuer wird hoch
auf
    Schlagen und heiliger soll sprechen das kühnere Wort.
Siehe! da ist es rein! und des Gottes freundliche Gaben
    Die wir teilen, sie sind zwischen den Liebenden nur.
Anderes nicht – o kommt! o macht es wahr! denn allein ja   105
    Bin ich und niemand nimmt mir von der Stirne den
Traum?
Kommt und reicht, ihr Lieben, die Hand! das möge
genug sein,
Aber die größere Lust sparen dem Enkel wir auf.

BROT UND WEIN
An Heinze

I

Rings um ruhet die Stadt; still wird die erleuchtete Gasse,
    Und, mit Fackeln geschmückt, rauschen die Wagen
hinweg.
Satt gehn heim von Freuden des Tags zu ruhen die
Menschen,
    Und Gewinn und Verlust wäget ein sinniges Haupt
Wohlzufrieden zu Haus; leer steht von Trauben und
Blumen,   5
    Und von Werken der Hand ruht der geschäftige Markt.

Aber das Saitenspiel tönt fern aus Gärten; vielleicht, daß
   Dort ein Liebendes spielt oder ein einsamer Mann
Ferner Freunde gedenkt und der Jugendzeit; und die
                        Brunnen
10   Immerquillend und frisch rauschen an duftendem Beet.
Still in dämmriger Luft ertönen geläutete Glocken,
   Und der Stunden gedenk rufet ein Wächter die Zahl.
Jetzt auch kommet ein Wehn und regt die Gipfel des
                       Hains auf,
   Sieh! und das Schattenbild unserer Erde, der Mond
15 Kommet geheim nun auch; die Schwärmerische, die
                      Nacht kommt,
   Voll mit Sternen und wohl wenig bekümmert um uns,
Glänzt die Erstaunende dort, die Fremdlingin unter den
                     Menschen
   Über Gebirgeshöhn traurig und prächtig herauf.

2

Wunderbar ist die Gunst der Hocherhabnen und niemand
20   Weiß von wannen und was einem geschiehet von ihr.
So bewegt sie die Welt und die hoffende Seele der
                      Menschen,
   Selbst kein Weiser versteht, was sie bereitet, denn so
Will es der oberste Gott, der sehr dich liebet, und darum
   Ist noch lieber, wie sie, dir der besonnene Tag.
25 Aber zuweilen liebt auch klares Auge den Schatten
   Und versuchet zu Lust, eh' es die Not ist, den Schlaf,
Oder es blickt auch gern ein treuer Mann in die Nacht hin,
   Ja, es ziemet sich ihr Kränze zu weihn und Gesang,
Weil den Irrenden sie geheiliget ist und den Toten,
30   Selber aber besteht, ewig, in freiestem Geist.
Aber sie muß uns auch, daß in der zaudernden Weile,
   Daß im Finstern für uns einiges Haltbare sei,
Uns die Vergessenheit und das Heiligtrunkene gönnen,
   Gönnen das strömende Wort, das, wie die Liebenden, sei,
35 Schlummerlos und vollern Pokal und kühneres Leben,
   Heilig Gedächtnis auch, wachend zu bleiben bei Nacht.

3

Auch verbergen umsonst das Herz im Busen, umsonst nur
  Halten den Mut noch wir, Meister und Knaben, denn
                                      wer
Möcht' es hindern und wer möcht' uns die Freude
                               verbieten?
  Göttliches Feuer auch treibet, bei Tag und bei Nacht,   40
Aufzubrechen. So komm! daß wir das Offene schauen,
  Daß ein Eigenes wir suchen, so weit es auch ist.
Fest bleibt Eins; es sei um Mittag oder es gehe
  Bis in die Mitternacht, immer bestehet ein Maß,
Allen gemein, doch jeglichem auch ist eignes beschieden,   45
  Dahin gehet und kommt jeder, wohin er es kann.
Drum! und spotten des Spotts mag gern frohlockender
                               Wahnsinn,
  Wenn er in heiliger Nacht plötzlich die Sänger ergreift.
Drum an den Isthmos komm! dorthin, wo das offene
                            Meer rauscht
  Am Parnaß und der Schnee delphische Felsen umglänzt,   50
Dort ins Land des Olymps, dort auf die Höhe Kithärons,
  Unter die Fichten dort, unter die Trauben, von wo
Thebe drunten und Ismenos rauscht im Lande des
                          Kadmos,
  Dorther kommt und zurück deutet der kommende Gott.

4

Seliges Griechenland! du Haus der Himmlischen alle,   55
  Also ist wahr, was einst wir in der Jugend gehört?
Festlicher Saal! der Boden ist Meer! und Tische die Berge,
  Wahrlich zu einzigem Brauche vor Alters gebaut!
Aber die Thronen, wo? die Tempel, und wo die Gefäße,
  Wo mit Nektar gefüllt, Göttern zu Lust der Gesang?   60
Wo, wo leuchten sie denn, die fernhintreffenden Sprüche?
  Delphi schlummert und wo tönet das große Geschick?
Wo ist das schnelle? wo brichts, allgegenwärtigen
                            Glücks voll
  Donnernd aus heiterer Luft über die Augen herein?

65 Vater Äther! so riefs und flog von Zunge zu Zunge
    Tausendfach, es ertrug keiner das Leben allein;
Ausgeteilet erfreut solch Gut und getauschet, mit Fremden,
    Wirds ein Jubel, es wächst schlafend des Wortes Gewalt
Vater! heiter! und hallt, so weit es gehet, das uralt
70   Zeichen, von Eltern geerbt, treffend und schaffend
                          hinab.
Denn so kehren die Himmlischen ein, tiefschütternd
                    gelangt so
Aus den Schatten herab unter die Menschen ihr Tag.

5

Unempfunden kommen sie erst, es streben entgegen
    Ihnen die Kinder, zu hell kommet, zu blendend das
                    Glück,
75 Und es scheut sie der Mensch, kaum weiß zu sagen ein
                    Halbgott,
Wer mit Namen sie sind, die mit den Gaben ihm nahn.
Aber der Mut von ihnen ist groß, es füllen das Herz ihm
    Ihre Freuden und kaum weiß er zu brauchen das Gut,
Schafft, verschwendet und fast ward ihm Unheiliges heilig,
80   Das er mit segnender Hand törig und gütig berührt.
Möglichst dulden die Himmlischen dies; dann aber in
                    Wahrheit
Kommen sie selbst und gewohnt werden die
                    Menschen des Glücks
Und des Tags und zu schaun die Offenbaren, das Antlitz
    Derer, welche, schon längst Eines und Alles genannt,
85 Tief die verschwiegene Brust mit freier Genüge gefüllet,
    Und zuerst und allein alles Verlangen beglückt;
So ist der Mensch; wenn da ist das Gut, und es sorget
                    mit Gaben
Selber ein Gott für ihn, kennet und sieht er es nicht.
Tragen muß er, zuvor; nun aber nennt er sein Liebstes,
90   Nun, nun müssen dafür Worte, wie Blumen, entstehn.

6

Und nun denkt er zu ehren in Ernst die seligen Götter,
    Wirklich und wahrhaft muß alles verkünden ihr Lob.
Nichts darf schauen das Licht, was nicht den Hohen
                            gefället,
    Vor den Äther gebührt müßigversuchendes nicht.
Drum in der Gegenwart der Himmlischen würdig zu
                            stehen,   95
    Richten in herrlichen Ordnungen Völker sich auf
Untereinander und baun die schönen Tempel und Städte
    Fest und edel, sie gehn über Gestaden empor –
Aber wo sind sie? wo blühn die Bekannten, die Kronen
                        des Festes?
    Thebe welkt und Athen; rauschen die Waffen nicht mehr   100
In Olympia, nicht die goldnen Wagen des Kampfspiels,
    Und bekränzen sich denn nimmer die Schiffe Korinths?
Warum schweigen auch sie, die alten heilgen Theater?
    Warum freuet sich denn nicht der geweihete Tanz?
Warum zeichnet, wie sonst, die Stirne des Mannes ein
                        Gott nicht,   105
    Drückt den Stempel, wie sonst, nicht dem
                        Getroffenen auf?
Oder er kam auch selbst und nahm des Menschen
                        Gestalt an
Und vollendet' und schloß tröstend das himmlische Fest.

7

Aber Freund! wir kommen zu spät. Zwar leben die Götter,
    Aber über dem Haupt droben in anderer Welt.   110
Endlos wirken sie da und scheinens wenig zu achten,
    Ob wir leben, so sehr schonen die Himmlischen uns.
Denn nicht immer vermag ein schwaches Gefäß sie zu
                        fassen,
    Nur zu Zeiten erträgt göttliche Fülle der Mensch.
Traum von ihnen ist drauf das Leben. Aber das Irrsal   115
    Hilft, wie Schlummer und stark machet die Not und
                        die Nacht,

Bis daß Helden genug in der ehernen Wiege gewachsen,
   Herzen an Kraft, wie sonst, ähnlich den Himmlischen
                             sind.
Donnernd kommen sie drauf. Indessen dünket mir öfters
120   Besser zu schlafen, wie so ohne Genossen zu sein,
So zu harren und was zu tun indes und zu sagen,
   Weiß ich nicht und wozu Dichter in dürftiger Zeit?
Aber sie sind, sagst du, wie des Weingotts heilige Priester,
   Welche von Lande zu Land zogen in heiliger Nacht.

8

125 Nämlich, als vor einiger Zeit, uns dünket sie lange,
   Aufwärts stiegen sie all, welche das Leben beglückt,
Als der Vater gewandt sein Angesicht von den Menschen,
   Und das Trauern mit Recht über der Erde begann,
Als erschienen zu letzt ein stiller Genius, himmlisch
130   Tröstend, welcher des Tags Ende verkündet' und
                      schwand,
Ließ zum Zeichen, daß einst er da gewesen und wieder
   Käme, der himmlische Chor einige Gaben zurück,
Derer menschlich, wie sonst, wir uns zu freuen
                     vermöchten,
   Denn zur Freude, mit Geist, wurde das Größre zu groß
135 Unter den Menschen und noch, noch fehlen die Starken
                  zu höchsten
Freuden, aber es lebt stille noch einiger Dank.
Brot ist der Erde Frucht, doch ists vom Lichte gesegnet,
   Und vom donnernden Gott kommet die Freude des
                  Weins.
Darum denken wir auch dabei der Himmlischen, die sonst
140   Da gewesen und die kehren in richtiger Zeit,
Darum singen sie auch mit Ernst die Sänger den Weingott
   Und nicht eitel erdacht tönet dem Alten das Lob.

9

Ja! sie sagen mit Recht, er söhne den Tag mit der Nacht aus,
   Führe des Himmels Gestirn ewig hinunter, hinauf,

Allzeit froh, wie das Laub der immergrünenden Fichte,   145
    Das er liebt, und der Kranz, den er von Efeu gewählt,
Weil er bleibet und selbst die Spur der entflohenen Götter
    Götterlosen hinab unter das Finstere bringt.
Was der Alten Gesang von Kindern Gottes geweissagt,
    Siehe! wir sind es, wir; Frucht von Hesperien ists!   150
Wunderbar und genau ists als an Menschen erfüllet,
    Glaube, wer es geprüft! aber so vieles geschieht,
Keines wirket, denn wir sind herzlos, Schatten, bis unser
    Vater Äther erkannt jeden und allen gehört.
Aber indessen kommt als Fackelschwinger des Höchsten   155
    Sohn, der Syrier, unter die Schatten herab.
Selige Weise sehns; ein Lächeln aus der gefangnen
    Seele leuchtet, dem Licht tauet ihr Auge noch auf.
Sanfter träumet und schläft in Armen der Erde der Titan,
    Selbst der neidische, selbst Cerberus trinket und schläft.   160

HEIMKUNFT
An die Verwandten

I

Drin in den Alpen ists noch helle Nacht und die Wolke,
    Freudiges dichtend, sie deckt drinnen das gähnende Tal.
Dahin, dorthin toset und stürzt die scherzende Bergluft,
    Schroff durch Tannen herab glänzet und schwindet ein
                                                        Strahl.
Langsam eilt und kämpft das freudigschauernde Chaos,   5
    Jung an Gestalt, doch stark, feiert es liebenden Streit
Unter den Felsen, es gärt und wankt in den ewigen
                                                Schranken,
    Denn bacchantischer zieht drinnen der Morgen herauf.
Denn es wächst unendlicher dort das Jahr und die heilgen
    Stunden, die Tage, sie sind kühner geordnet, gemischt.   10
Dennoch merket die Zeit der Gewittervogel und zwischen
    Bergen, hoch in der Luft weilt er und rufet den Tag.

Jetzt auch wachet und schaut in der Tiefe drinnen das
                              Dörflein
Furchtlos, Hohem vertraut, unter den Gipfeln hinauf.
15 Wachstum ahnend, denn schon, wie Blitze, fallen die alten
    Wasserquellen, der Grund unter den Stürzenden dampft,
Echo tönet umher, und die unermeßliche Werkstatt
    Reget bei Tag und Nacht, Gaben versendend, den Arm.

                              2
Ruhig glänzen indes die silbernen Höhen darüber,
20 Voll mit Rosen ist schon droben der leuchtende Schnee.
Und noch höher hinauf wohnt über dem Lichte der reine
    Selige Gott vom Spiel heiliger Strahlen erfreut.
Stille wohnt er allein und hell erscheinet sein Antlitz,
    Der ätherische scheint Leben zu geben geneigt,
25 Freude zu schaffen, mit uns, wie oft, wenn, kundig des
                              Maßes,
    Kundig der Atmenden auch zögernd und schonend
                              der Gott
Wohlgediegenes Glück den Städten und Häusern und
                              milde
    Regen, zu öffnen das Land, brütende Wolken, und euch,
Trauteste Lüfte dann, euch, sanfte Frühlinge, sendet,
30 Und mit langsamer Hand Traurige wieder erfreut,
Wenn er die Zeiten erneut, der Schöpferische, die stillen
    Herzen der alternden Menschen erfrischt und ergreift,
Und hinab in die Tiefe wirkt, und öffnet und aufhellt,
    Wie ers liebet, und jetzt wieder ein Leben beginnt,
35 Anmut blühet, wie einst, und gegenwärtiger Geist kömmt,
    Und ein freudiger Mut wieder die Fittige schwellt.

                              3
Vieles sprach ich zu ihm, denn, was auch Dichtende sinnen
    Oder singen, es gilt meistens den Engeln und ihm;
Vieles bat ich, zu lieb dem Vaterlande, damit nicht
40 Ungebeten uns einst plötzlich befiele der Geist;
Vieles für euch auch, die im Vaterlande besorgt sind,
    Denen der heilige Dank lächelnd die Flüchtlinge bringt,

Landesleute! für euch, indessen wiegte der See mich,
　　Und der Ruderer saß ruhig und lobte die Fahrt.
Weit in des Sees Ebene wars Ein freudiges Wallen　　　　　45
　　Unter den Segeln und jetzt blühet und hellet die Stadt
Dort in der Frühe sich auf, wohl her von schattigen Alpen
　　Kommt geleitet und ruht nun in dem Hafen das Schiff.
Warm ist das Ufer hier und freundlich offene Tale,
　　Schön von Pfaden erhellt grünen und schimmern
　　　　　　　　　　　　　　　　　　mich an.　　50
Gärten stehen gesellt und die glänzende Knospe beginnt
　　　　　　　　　　　　　　　　　　schon,
　　Und des Vogels Gesang ladet den Wanderer ein.
Alles scheinet vertraut, der vorübereilende Gruß auch
　　Scheint von Freunden, es scheint jegliche Miene
　　　　　　　　　　　　　　　　　　verwandt.

4

Freilich wohl! das Geburtsland ists, der Boden der Heimat,　55
　　Was du suchest, es ist nahe, begegnet dir schon.
Und umsonst nicht steht, wie ein Sohn, am
　　　　　　　　　　　　　　wellenumrauschten
　　Tor' und siehet und sucht liebende Namen für dich,
Mit Gesang ein wandernder Mann, glückseliges Lindau!
　　Eine der gastlichen Pforten des Landes ist dies,　　　60
Reizend hinauszugehn in die vielversprechende Ferne,
　　Dort, wo die Wunder sind, dort, wo das göttliche Wild
Hoch in die Ebnen herab der Rhein die verwegene Bahn
　　　　　　　　　　　　　　　　　　bricht,
　　Und aus Felsen hervor ziehet das jauchzende Tal,
Dort hinein, durchs helle Gebirg, nach Komo zu wandern,　65
　　Oder hinab, wie der Tag wandelt, den offenen See;
Aber reizender mir bist du, geweihete Pforte!
　　Heimzugehn, wo bekannt blühende Wege mir sind,
Dort zu besuchen das Land und die schönen Tale des
　　　　　　　　　　　　　　　　　　Neckars,
　　Und die Wälder, das Grün heiliger Bäume, wo gern　70
Sich die Eiche gesellt mit stillen Birken und Buchen,
　　Und in Bergen ein Ort freundlich gefangen mich nimmt.

5

Dort empfangen sie mich. O Stimme der Stadt, der Mutter!
　　O du triffest, du regst Langegelerntes mir auf!
75 Dennoch sind sie es noch! noch blühet die Sonn' und
　　　　　　　　　　die Freud' euch,
　　O ihr Liebsten! und fast heller im Auge, wie sonst.
Ja! das Alte noch ists! Es gedeihet und reifet, doch keines
　　Was da lebet und liebt, lässet die Treue zurück.
Aber das Beste, der Fund, der unter des heiligen Friedens
80　　Bogen lieget, er ist Jungen und Alten gespart.
Törig red ich. Es ist die Freude. Doch morgen und künftig
　　Wenn wir gehen und schaun draußen das lebende Feld
Unter den Blüten des Baums, in den Feiertagen des
　　　　　　　　　　　　Frühlings
　　Red' und hoff' ich mit euch vieles, ihr Lieben! davon.
85 Vieles hab' ich gehört vom großen Vater und habe
　　Lange geschwiegen von ihm, welcher die wandernde
　　　　　　　　　　　　　Zeit
　　Droben in Höhen erfrischt, und waltet über Gebirgen
　　Der gewähret uns bald himmlische Gaben und ruft
Hellern Gesang und schickt viel gute Geister. O säumt
　　　　　　　　　　　　　nicht,
90　　Kommt, Erhaltenden ihr! Engel des Jahres! und ihr,

6

Engel des Hauses, kommt! in die Adern alle des Lebens,
　　Alle freuend zugleich, teile das Himmlische sich!
Adle! verjünge! damit nichts Menschlichgutes, damit nicht
　　Eine Stunde des Tags ohne die Frohen und auch
95 Solche Freude, wie jetzt, wenn Liebende wieder sich
　　　　　　　　　　　　finden,
　　Wie es gehört für sie, schicklich geheiliget sei.
Wenn wir segnen das Mahl, wen darf ich nennen und
　　　　　　　　　　wenn wir
　　Ruhn vom Leben des Tags, saget, wie bring' ich den
　　　　　　　　　　　　Dank?

Nenn' ich den Hohen dabei? Unschickliches liebet ein
　　　　　　　　　　　Gott nicht,
　　Ihn zu fassen, ist fast unsere Freude zu klein.
Schweigen müssen wir oft; es fehlen heilige Namen,
　　Herzen schlagen und doch bleibet die Rede zurück?
Aber ein Saitenspiel leiht jeder Stunde die Töne,
　　Und erfreuet vielleicht Himmlische, welche sich nahn.
Das bereitet und so ist auch beinahe die Sorge
　　Schon befriediget, die unter das Freudige kam.
Sorgen, wie diese, muß, gern oder nicht, in der Seele
　　Tragen ein Sänger und oft, aber die anderen nicht.

ERMUNTERUNG
Erste Fassung

Echo des Himmels! heiliges Herz! warum,
　　Warum verstummst du unter den Sterblichen?
　　　　Und schlummerst, von den Götterlosen
　　　　　　Täglich hinab in die Nacht verwiesen?

Blüht denn, wie sonst, die Mutter, die Erde dir,
　　Blühn denn am hellen Äther die Sterne nicht?
　　　　Und übt das Recht nicht überall der
　　　　　　Geist und die Liebe, nicht jetzt und immer?

Nur du nicht mehr! doch mahnen die Himmlischen,
　　Und stillebildend wallt, wie um kahl Gefild,
　　　　Der Othem der Natur um uns, der
　　　　　　Alleserheiternde, seelenvolle.

O Hoffnung! bald, bald singen die Haine nicht
　　Der Götter Lob allein, denn es kommt die Zeit,
　　　　Daß aus der Menschen Munde sich die
　　　　　　Seele, die göttliche, neuverkündet.

Daß unsre Tage wieder, wie Blumen, sind,
    Wo, ausgeteilt im Wechsel, ihr Ebenbild
        Des Himmels stille Sonne sieht und
20   Froh in den Frohen das Licht sich kennet,

Daß liebender, im Bunde mit Sterblichen
    Das Element dann lebet und dann erst reich,
        Bei frommer Kinder Dank, der Erde
            Kraft, die unendliche, sich entfaltet,

25 Und er, der sprachlos waltet, und unbekannt
    Zukünftiges bereitet, der Gott, der Geist
        Im Menschenwort, am schönen Tage
            Wieder mit Namen, wie einst, sich nennet.

ERMUNTERUNG
Zweite Fassung

Echo des Himmels! heiliges Herz! warum,
    Warum verstummst du unter den Lebenden,
        Schläfst, freies! von den Götterlosen
            Ewig hinab in die Nacht verwiesen?

5 Wacht denn, wie vormals, nimmer des Äthers Licht?
    Und blüht die alte Mutter, die Erde nicht?
        Und übt der Geist nicht da und dort, nicht
            Lächelnd die Liebe das Recht noch immer?

Nur du nicht mehr! doch mahnen die Himmlischen,
10 Und stillebildend weht, wie ein kahl Gefild,
        Der Othem der Natur dich an, der
            Alleserheiternde, seelenvolle.

O Hoffnung! bald, bald singen die Haine nicht
    Des Lebens Lob allein, denn es ist die Zeit,
15   Daß aus der Menschen Munde sie, die
            Schönere Seele sich neuverkündet,

Dann liebender im Bunde mit Sterblichen
   Das Element sich bildet, und dann erst reich,
      Bei frommer Kinder Dank, der Erde
         Brust, die unendliche, sich entfaltet   20

Und unsre Tage wieder, wie Blumen, sind,
   Wo sie, des Himmels Sonne sich ausgeteilt
      Im stillen Wechsel sieht und wieder
         Froh in den Frohen das Licht sich findet,

Und er, der sprachlos waltet und unbekannt   25
   Zukünftiges bereitet, der Gott, der Geist
      Im Menschenwort, am schönen Tage
         Kommenden Jahren, wie einst, sich ausspricht.

                   NATUR UND KUNST
                           oder
                 SATURN UND JUPITER

Du waltest hoch am Tag' und es blühet dein
   Gesetz, du hältst die Waage, Saturnus Sohn!
      Und teilst die Los' und ruhest froh im
         Ruhm der unsterblichen Herrscherkünste.

Doch in den Abgrund, sagen die Sänger sich,   5
   Habst du den heil'gen Vater, den eignen, einst
      Verwiesen und es jammre drunten,
         Da, wo die Wilden vor dir mit Recht sind,

Schuldlos der Gott der goldenen Zeit schon längst:
   Einst mühelos, und größer, wie du, wenn schon   10
      Er kein Gebot aussprach und ihn der
         Sterblichen keiner mit Namen nannte.

Herab denn! oder schäme des Danks dich nicht!
Und willst du bleiben, diene dem Älteren,
15   Und gönn' es ihm, daß ihn vor Allen,
        Göttern und Menschen, der Sänger nenne!

Denn, wie aus dem Gewölke dein Blitz, so kömmt
Von ihm, was dein ist, siehe! so zeugt von ihm,
        Was du gebeutst, und aus Saturnus
20   Frieden ist jegliche Macht erwachsen.

Und hab' ich erst am Herzen Lebendiges
Gefühlt und dämmert, was du gestaltetest,
        Und war in ihrer Wiege mir in
        Wonne die wechselnde Zeit entschlummert:

25   Dann kenn' ich dich, Kronion! dann hör' ich dich,
Den weisen Meister, welcher, wie wir, ein Sohn
        Der Zeit, Gesetze gibt und, was die
        Heilige Dämmerung birgt, verkündet.

AN EDUARD
Erste Fassung

Euch alten Freunde droben, unsterbliches
Gestirn! euch frag' ich, Helden! woher es ist,
        Daß ich so untertan ihm bin, und
        So der Gewaltige sein mich nennet?

5   Denn wenig kann ich bieten, nur weniges
Kann ich verlieren, aber ein liebes Glück,
        Ein einziges, zum Angedenken
        Reicherer Tage zurückgeblieben;

Und so er mir's geböte, dies Eine noch,
10   Mein Saitenspiel, ich wagt' es, wohin er wollt',
        Und mit Gesange folgt' ich, selbst in's
        Ende der Tapferen ihm hinunter.

»Die Wolke« – säng' ich – »tränket mit Regen dich,
    Du Mutterboden! aber mit Blut der Mensch;
        So ruht, so kühlt die Liebe sich, die   15
            Droben und drunten nicht Gleiches findet.

Wo ist am Tag ihr Zeichen? wo spricht das Herz
    Sich aus? und wann im Leben, wann ist es frei,
        Was unser Wort nicht nennt, wann wird, was
            Trauert, gebannt in die Nacht, sein Wunsch ihm? –   20

Jetzt, wann die Opfer fallen, ihr Freunde! jetzt!
    Schon tritt hinzu der festliche Zug, schon blinkt
        Der Stahl, die Wolke dampft, sie fallen, und es
            Hallt in der Luft, und die Erde rühmt es!«

Wenn ich so singend fiele, dann rächtest du   25
    Mich, mein Achill! und sprächest: »er lebte doch
        Treu bis zuletzt!« das ernste Wort, das
            Spräche mein Feind, und der Totenrichter!

Doch weilen wir in Ruhe, du Lieber, noch;
    Uns birgt der Wald, es hält das Gebirge dort   30
        Das mütterliche, noch die beiden
            Brüder in sicherem Arm gefangen.

Uns ist die Weisheit Wiegengesang; sie webt
    Um's Aug' ihr heilig Dunkel; doch öfters kömmt
        Aus fernetönendem Gewölk die   35
            Mahnende Flamme des Zeitengottes.

Es regt sein Sturm die Schwingen dir auf, dich ruft
    Dich nimmt der mächtge Vater hinauf; o nimm
        Mich du, und trage deine leichte
            Beute dem lächelnden Gott entgegen!   40

AN EDUARD
Zweite Fassung

Euch alten Freunde droben, unsterbliches
  Gestirn, euch frag' ich, Helden! woher es ist,
    Daß ich so untertan ihm bin, und
      So der Gewaltige sein mich nennet?

5 Nicht vieles kann ich bieten, nur weniges
  Kann ich verlieren, aber ein liebes Glück,
    Ein einziges, zum Angedenken
      Reicherer Tage zurückgeblieben,

Und dies, so ers geböte, dies Eine noch,
10 Mein Saitenspiel, ich wagt' es, wohin er wollt'
    Und mit Gesange folgt' ich, selbst ins
      Ende der Tapfern hinab dem Teuern.

Mit Wolken, säng' ich, tränkt das Gewitter dich,
  Du dunkler Boden, aber mit Blut der Mensch;
15   So schweigt, so ruht er, der sein Gleiches
      Droben und drunten umsonst erfragte.

Wo ist der Liebe Zeichen am Tag? wo spricht
  Sich aus das Herz? wo ruhet es endlich? wo
    Wirds wahr, was uns, bei Nacht und Tag, zu
20   Lange der glühende Traum verkündet?

Hier, wo die Opfer fallen, ihr Lieben, hier!
  Und schon tritt hin der festliche Zug! schon blinkt
    Der Stahl! die Wolke dampft! sie fallen und es
      Hallt in der Luft und die Erde rühmt es!

25 Wenn ich so singend fiele, dann rächtest du
  Mich, mein Achill! und sprächest, er lebte doch
    Treu bis zuletzt! das ernste Wort, das
      Richtet mein Feind und der Totenrichter!

Zwar hab' ich dich in Ruhe noch itzt; dich birgt
  Der ernste Wald, es hält das Gebirge dich   30
    Das mütterliche noch den edlen
      Zögling in sicherem Arm, die Weisheit

Singt dir den alten Wiegengesang, sie webt
  Ums Aug' ihr heilig Dunkel, doch sieh! es flammt
    Aus fernetönendem Gewölk die   35
      Mahnende Flamme des Zeitengottes.

Es regt sein Sturm die Schwingen dir auf, dich ruft,
  Dich nimmt der Herr der Helden hinauf; o nimm
    Mich du! mit dir! und bringe sie dem
      Lächelnden Gotte, die leichte Beute!   40

UNTER DEN ALPEN GESUNGEN

Heilige Unschuld, du der Menschen und der
  Götter liebste vertrauteste! du magst im
    Hause oder draußen ihnen zu Füßen
      Sitzen, den Alten,

Immerzufriedner Weisheit voll; denn manches   5
  Gute kennet der Mann, doch staunet er, dem
    Wild gleich, oft zum Himmel, aber wie rein ist
      Reine, dir alles!

Siehe! das rauhe Tier des Feldes, gerne
  Dient und trauet es dir, der stumme Wald spricht   10
    Wie vor Alters, seine Sprüche zu dir, es
      Lehren die Berge

Heil'ge Gesetze dich, und was noch jetzt uns
  Vielerfahrenen offenbar der große
    Vater werden heißt, du darfst es allein uns   15
      Helle verkünden.

So mit den Himmlischen allein zu sein, und
Geht vorüber das Licht, und Strom und Wind, und
Zeit eilt hin zum Ort, vor ihnen ein stetes
   Auge zu haben,

Seliger weiß und wünsch' ich nichts, so lange
Nicht auch mich, wie die Weide, fort die Flut nimmt,
Daß wohl aufgehoben, schlafend dahin ich
   Muß in den Wogen;

Aber es bleibt daheim gern, wer in treuem
Busen Göttliches hält, und frei will ich, so
Lang ich darf, euch all', ihr Sprachen des Himmels!
   Deuten und singen.

DICHTERMUT
Erste Fassung

Sind denn dir nicht verwandt alle Lebendigen?
 Nährt zum Dienste denn nicht selber die Parze dich?
  Drum! so wandle nur wehrlos
   Fort durch's Leben und sorge nicht!

Was geschiehet, es sei alles gesegnet dir,
 Sei zur Freude gewandt! oder was könnte denn
  Dich beleidigen, Herz! was
   Da begegnen, wohin du sollst?

Denn, wie still am Gestad, oder in silberner
 Fernhintönender Flut, oder auf schweigenden
  Wassertiefen der leichte
   Schwimmer wandelt, so sind auch wir,

Wir, die Dichter des Volks, gerne, wo Lebendes
 Um uns atmet und wallt, freudig, und jedem hold,
  Jedem trauend; wie sängen
   Sonst wir jedem den eignen Gott?

Wenn die Woge denn auch einen der Mutigen,
   Wo er treulich getraut, schmeichlend hinunterzieht,
     Und die Stimme des Sängers
       Nun in blauender Halle schweigt;   20

Freudig starb er und noch klagen die Einsamen,
   Seine Haine, den Fall ihres Geliebtesten;
     Öfters tönet der Jungfrau
       Vom Gezweige sein freundlich Lied.

Wenn des Abends vorbei Einer der Unsern kömmt, 25
   Wo der Bruder ihm sank, denket er manches wohl
     An der warnenden Stelle,
       Schweigt und gehet gerüsteter.

DICHTERMUT
Zweite Fassung

Sind denn dir nicht verwandt alle Lebendigen,
   Nährt die Parze denn nicht selber im Dienste dich?
     Drum, so wandle nur wehrlos
       Fort durchs Leben, und fürchte nichts!

Was geschiehet, es sei alles gesegnet dir,   5
   Sei zur Freude gewandt! oder was könnte denn
     Dich beleidigen, Herz! was
       Da begegnen, wohin du sollst?

Denn, seitdem der Gesang sterblichen Lippen sich
   Friedenatmend entwand, frommend in Leid und Glück 10
     Unsre Weise der Menschen
       Herz erfreute, so waren auch

Wir, die Sänger des Volks, gerne bei Lebenden
   Wo sich vieles gesellt, freudig und jedem hold,
     Jedem offen; so ist ja   15
       Unser Ahne, der Sonnengott,

Der den fröhlichen Tag Armen und Reichen gönnt,
    Der in flüchtiger Zeit uns, die Vergänglichen,
        Aufgerichtet an goldnen
20   Gängelbanden, wie Kinder, hält.

Ihn erwartet, auch ihn nimmt, wo die Stunde kömmt,
    Seine purpurne Flut; sieh! und das edle Licht
        Gehet, kundig des Wandels,
            Gleichgesinnet hinab den Pfad.

25 So vergehe denn auch, wenn es die Zeit einst ist
    Und dem Geiste sein Recht nirgend gebricht, so sterb'
        Einst im Ernste des Lebens
            Unsre Freude, doch schönen Tod!

DER GEFESSELTE STROM

Was schläfst und träumst du, Jüngling, gehüllt in dich,
    Und säumst am kalten Ufer, Geduldiger,
        Und achtest nicht des Ursprungs, du, des
            Ozeans Sohn, des Titanenfreundes!

5   Die Liebesboten, welche der Vater schickt,
    Kennst du die lebenatmenden Lüfte nicht?
        Und trifft das Wort dich nicht, das hell von
            Oben der wachende Gott dir sendet?

Schon tönt, schon tönt es ihm in der Brust, es quillt,
10   Wie, da er noch im Schoße der Felsen spielt',
        Ihm auf, und nun gedenkt er seiner
            Kraft, der Gewaltige, nun, nun eilt er,

Der Zauderer, er spottet der Fesseln nun,
    Und nimmt und bricht und wirft die Zerbrochenen
15   Im Zorne, spielend, da und dort zum
            Schallenden Ufer und an der Stimme

Des Göttersohns erwachen die Berge rings,
  Es regen sich die Wälder, es hört die Kluft
    Den Herold fern und schaudernd regt im
      Busen der Erde sich Freude wieder.   20

Der Frühling kommt; es dämmert das neue Grün;
  Er aber wandelt hin zu Unsterblichen;
    Denn nirgend darf er bleiben, als wo
      Ihn in die Arme der Vater aufnimmt.

DICHTERBERUF

Des Ganges Ufer hörten des Freudengotts
  Triumph, als alleroberud vom Indus her
    Der junge Bacchus kam, mit heilgem
      Weine vom Schlafe die Völker weckend.

Und du, des Tages Engel! erweckst sie nicht,   5
  Die jetzt noch schlafen? gib die Gesetze, gib
    Uns Leben, siege, Meister, du nur
      Hast der Eroberung Recht, wie Bacchus.

Nicht, was wohl sonst des Menschen Geschick und Sorg'
  Im Haus und unter offenem Himmel ist,   10
    Wenn edler, denn das Wild, der Mann sich
      Wehret und nährt! denn es gilt ein anders,

Zu Sorg' und Dienst den Dichtenden anvertraut!
  Der Höchste, der ists, dem wir geeignet sind,
    Daß näher, immerneu besungen   15
      Ihn die befreundete Brust vernehme.

Und dennoch, o ihr Himmlischen all, und all
  Ihr Quellen und ihr Ufer und Hain' und Höhn,
    Wo wunderbar zuerst, als du die
      Locken ergriffen, und unvergeßlich   20

Der unverhoffte Genius über uns
Der schöpferische, göttliche kam, daß stumm
Der Sinn uns ward und, wie vom
    Strahle gerührt das Gebein erbebte,

25 Ihr ruhelosen Taten in weiter Welt!
    Ihr Schicksalstag', ihr reißenden, wenn der Gott
Stillsinnend lenkt, wohin zorntrunken
    Ihn die gigantischen Rosse bringen,

Euch sollten wir verschweigen, und wenn in uns
30 Vom stetigstillen Jahre der Wohllaut tönt,
So sollt' es klingen, gleich als hätte
    Mutig und müßig ein Kind des Meisters

Geweihte, reine Saiten im Scherz gerührt?
Und darum hast du, Dichter! des Orients
35 Propheten und den Griechensang und
    Neulich die Donner gehört, damit du

Den Geist zu Diensten brauchst und die Gegenwart
Des Guten übereilest, in Spott, und den Albernen
Verleugnest, herzlos, und zum Spiele
40 Feil, wie gefangenes Wild, ihn treibest?

Bis aufgereizt vom Stachel im Grimme der
Des Ursprungs sich erinnert und ruft, daß selbst
Der Meister kommt, dann unter heißen
    Todesgeschossen entseelt dich lässet.

45 Zu lang ist alles Göttliche dienstbar schon
    Und alle Himmelskräfte verscherzt, verbraucht
Die Gütigen, zur Lust, danklos, ein
    Schlaues Geschlecht und zu kennen wähnt es,

Wenn ihnen der Erhabne den Acker baut,
  Das Tagslicht und den Donnerer, und es späht   50
    Das Sehrohr wohl sie all und zählt und
      Nennet mit Namen des Himmels Sterne.

Der Vater aber decket mit heilger Nacht,
  Damit wir bleiben mögen, die Augen zu.
    Nicht liebt er Wildes! Doch es zwinget   55
      Nimmer die weite Gewalt den Himmel.

Noch ists auch gut, zu weise zu sein. Ihn kennt
  Der Dank. Doch nicht behält er es leicht allein,
    Und gern gesellt, damit verstehn sie
      Helfen, zu anderen sich ein Dichter.   60

Furchtlos bleibt aber, so er es muß, der Mann
  Einsam vor Gott, es schützet die Einfalt ihn,
    Und keiner Waffen brauchts und keiner
      Listen, so lange, bis Gottes Fehl hilft.

DER BLINDE SÄNGER

Ελυσεν αινον αχος απ' ομματων Αρης
Sophokles

Wo bist du, Jugendliches! das immer mich
  Zur Stunde weckt des Morgens, wo bist du, Licht!
    Das Herz ist wach, doch bannt und hält in
      Heiligem Zauber die Nacht mich immer.

Sonst lausch' ich um die Dämmerung gern, sonst harrt'   5
  Ich gerne dein am Hügel, und nie umsonst!
    Nie täuschten mich, du Holdes, deine
      Boten, die Lüfte, denn immer kamst du,

Kamst allbeseligend den gewohnten Pfad
Herein in deiner Schöne, wo bist du, Licht!
   Das Herz ist wieder wach, doch bannt und
     Hemmt die unendliche Nacht mich immer.

Mir grünten sonst die Lauben; es leuchteten
Die Blumen, wie die eigenen Augen, mir;
   Nicht ferne war das Angesicht der
     Meinen und leuchtete mir und droben

Und um die Wälder sah ich die Fittige
Des Himmels wandern, da ich ein Jüngling war;
   Nun sitz ich still allein, von einer
     Stunde zur anderen und Gestalten

Aus Lieb und Leid der helleren Tage schafft
Zur eignen Freude nun mein Gedanke sich,
   Und ferne lausch' ich hin, ob nicht ein
     Freundlicher Retter vielleicht mir komme.

Dann hör ich oft die Stimme des Donnerers
Am Mittag, wenn der eherne nahe kommt,
   Wenn ihm das Haus bebt und der Boden
     Unter ihm dröhnt und der Berg es nachhallt.

Den Retter hör' ich dann in der Nacht, ich hör'
Ihn tötend, den Befreier, belebend ihn,
   Den Donnerer vom Untergang zum
     Orient eilen und ihm nach tönt ihr

Ihm nach, ihr meine Saiten! es lebt mit ihm
Mein Lied und wie die Quelle dem Strome folgt,
   Wohin er denkt, so muß ich fort und
     Folge dem Sicheren auf der Irrbahn.

Wohin? wohin? ich höre dich da und dort
  Du Herrlicher! und rings um die Erde tönts.
    Wo endest du? und was, was ist es
      Über den Wolken und o wie wird mir?   40

Tag! Tag! du über stürzenden Wolken! sei
  Willkommen mir! es blühet mein Auge dir.
    O Jugendlicht! o Glück! das alte
      Wieder! doch geistiger rinnst du nieder

Du goldner Quell aus heiligem Kelch! und du,   45
  Du grüner Boden, friedliche Wieg'! und du,
    Haus meiner Väter! und ihr Lieben,
      Die mir begegneten einst, o nahet,

O kommt, daß euer, euer die Freude sei,
  Ihr alle, daß euch segne der Sehende!   50
    O nimmt, daß ichs ertrage, mir das
      Leben, das Göttliche mir vom Herzen.

STIMME DES VOLKS
Erste Fassung

Du seiest Gottes Stimme, so glaubt ich sonst,
  In heilger Jugend; ja und ich sag es noch!
    Um unsre Weisheit unbekümmert
      Rauschen die Ströme doch auch, und dennoch

Wer liebt sie nicht? und immer bewegen sie   5
  Das Herz mir, hör ich ferne die Schwindenden
    Die Ahnungsvollen, meine Bahn nicht
      Aber gewisser ins Meer hin eilen.

Denn selbstvergessen, allzubereit den Wunsch
  Der Götter zu erfüllen, ergreift zu gern   10
    Was sterblich ist und einmal offnen
      Auges auf eigenem Pfade wandelt,

Ins All zurück die kürzeste Bahn, so stürzt
   Der Strom hinab, er suchet die Ruh, es reißt
15   Es ziehet wider Willen ihn von
      Klippe zu Klippe den Steuerlosen

Das wunderbare Sehnen dem Abgrund zu,
   Und kaum der Erd' entstiegen, desselben Tags
     Kehrt weinend zum Geburtort schon aus
20   Purpurner Höhe die Wolke wieder.

Und Völker auch ergreifet die Todeslust,
   Und Heldenstädte sinken; die Erde grünt
     Und stille vor den Sternen liegt, den
      Betenden gleich, in den Staub geworfen

25   Freiwillig überwunden die lange Kunst
   Vor jenen Unnachahmbaren da; er selbst,
     Der Mensch mit eigner Hand zerbrach, die
      Hohen zu ehren, sein Werk der Künstler.

Doch minder nicht sind jene den Menschen hold
30   Sie lieben wieder, so, wie geliebt sie sind
     Und hemmen öfters, daß er lang' im
      Lichte sich freue, die Bahn des Menschen.

Und wie des Adlers Jungen, er wirft sie selbst
   Der Vater aus dem Neste, damit sie sich
35   Im Felde Beute suchen, so auch
     Treiben uns lächelnd hinaus die Götter.

Wohl allen, die zur Ruhe gegangen sind
   Und vor der Zeit gefallen, auch sie, auch sie
     Geopfert gleich den Erstlingen der
40   Ernte sie haben ihr Teil gewonnen!

Nicht, o ihr Teuern, ohne die Wonnen all
Des Lebens gingt ihr unter, ein Festtag ward
Noch Einer euch zuvor, und dem gleich
Haben die Anderen keins gefunden.

Doch sichrer ists und größer und ihrer mehr 45
Die Allen Alles ist, der Mutter wert,
In Eile zögernd, mit des Adlers
Lust die geschwungnere Bahn zu wandeln.

Drum weil sie fromm ist, ehre den Göttern ich
Zu lieb des Volkes Stimme, die ruhige, 50
Doch um der Götter und der Menschen
Willen, sie ruhe zu gern nicht immer.

STIMME DES VOLKS
Zweite Fassung

Du seiest Gottes Stimme, so glaubt' ich sonst
In heil'ger Jugend; ja, und ich sag' es noch!
Um unsre Weisheit unbekümmert
Rauschen die Ströme doch auch, und dennoch,

Wer liebt sie nicht? und immer bewegen sie 5
Das Herz mir, hör' ich ferne die Schwindenden,
Die Ahnungsvollen meine Bahn nicht,
Aber gewisser ins Meer hin eilen.

Denn selbstvergessen, allzubereit den Wunsch
Der Götter zu erfüllen, ergreift zu gern 10
Was sterblich ist, wenn offnen Augs auf
Eigenen Pfaden es einmal wandelt,

Ins All zurück die kürzeste Bahn; so stürzt
Der Strom hinab, er suchet die Ruh, es reißt,
Es ziehet wider Willen ihn, von 15
Klippe zu Klippe den Steuerlosen

Das wunderbare Sehnen dem Abgrund zu;
Das Ungebundne reizet und Völker auch
Ergreift die Todeslust und kühne
20   Städte, nachdem sie versucht das Beste,

Von Jahr zu Jahr forttreibend das Werk, sie hat
Ein heilig Ende troffen; die Erde grünt
Und stille vor den Sternen liegt, den
Betenden gleich, in den Sand geworfen

25   Freiwillig überwunden die lange Kunst
Vor jenen Unnachahmbaren da; er selbst,
Der Mensch, mit eigner Hand zerbrach, die
Hohen zu ehren, sein Werk der Künstler.

Doch minder nicht sind jene den Menschen hold,
30   Sie lieben wieder, so wie geliebt sie sind,
Und hemmen öfters, daß er lang im
Lichte sich freue, die Bahn des Menschen.

Und, nicht des Adlers Jungen allein, sie wirft
Der Vater aus dem Neste, damit sie nicht
35   Zu lang' ihm bleiben, uns auch treibt mit
Richtigem Stachel hinaus der Herrscher.

Wohl jenen, die zur Ruhe gegangen sind,
Und vor der Zeit gefallen, auch die, auch die
Geopfert, gleich den Erstlingen der
40   Ernte, sie haben ein Teil gefunden.

Am Xanthos lag, in griechischer Zeit, die Stadt,
Jetzt aber, gleich den größeren die dort ruhn
Ist durch ein Schicksal sie dem heilgen
Lichte des Tages hinweggekommen.

Sie kamen aber nicht in der offnen Schlacht   45
  Durch eigne Hand um. Fürchterlich ist davon,
    Was dort geschehn, die wunderbare
      Sage von Osten zu uns gelanget.

Es reizte sie die Güte von Brutus. Denn
  Als Feuer ausgegangen, so bot er sich   50
    Zu helfen ihnen, ob er gleich, als Feldherr,
      Stand in Belagerung vor den Toren.

Doch von den Mauern warfen die Diener sie
  Die er gesandt. Lebendiger ward darauf
    Das Feuer und sie freuten sich und ihnen   55
      Strecket' entgegen die Hände Brutus

Und alle waren außer sich selbst. Geschrei
  Entstand und Jauchzen. Drauf in die Flamme warf
    Sich Mann und Weib, von Knaben stürzt' auch
      Der von dem Dach, in der Väter Schwert der.   60

Nicht rätlich ist es, Helden zu trotzen. Längst
  Wars aber vorbereitet. Die Väter auch
    Da sie ergriffen waren, einst, und
      Heftig die persischen Feinde drängten,

Entzündeten, ergreifend des Stromes Rohr,   65
  Daß sie das Freie fänden, die Stadt. Und Haus
    Und Tempel nahm, zum heilgen Äther
      Fliegend, und Menschen hinweg die Flamme.

So hatten es die Kinder gehört, und wohl
  Sind gut die Sagen, denn ein Gedächtnis sind   70
    Dem Höchsten sie, doch auch bedarf es
      Eines, die heiligen auszulegen.

CHIRON

Wo bist du, Nachdenkliches! das immer muß
    Zur Seite gehn, zu Zeiten, wo bist du, Licht?
        Wohl ist das Herz wach, doch mir zürnt, mich
            Hemmt die erstaunende Nacht nun immer.

5   Sonst nämlich folgt' ich Kräutern des Walds und lauscht'
    Ein weiches Wild am Hügel; und nie umsonst.
        Nie täuschten, auch nicht einmal deine
            Vögel; denn allzubereit fast kamst du,

So Füllen oder Garten dir labend ward,
10   Ratschlagend, Herzens wegen; wo bist du, Licht?
        Das Herz ist wieder wach, doch herzlos
            Zieht die gewaltige Nacht mich immer.

Ich war's wohl. Und von Krokus und Thymian
    Und Korn gab mir die Erde den ersten Strauß.
15   Und bei der Sterne Kühle lernt' ich,
            Aber das Nennbare nur. Und bei mir

Das wilde Feld entzaubernd, das traur'ge, zog
    Der Halbgott, Zevs Knecht, ein, der gerade Mann;
        Nun sitz' ich still allein, von einer
20   Stunde zur anderen, und Gestalten

Aus frischer Erd' und Wolken der Liebe schafft,
    Weil Gift ist zwischen uns, mein Gedanke nun;
        Und ferne lausch' ich hin, ob nicht ein
            Freundlicher Retter vielleicht mir komme.

25 Dann hör' ich oft den Wagen des Donnerers
    Am Mittag, wenn er naht, der bekannteste,
        Wenn ihm das Haus bebt und der Boden
            Reiniget sich, und die Qual Echo wird.

Den Retter hör' ich dann in der Nacht, ich hör'
   Ihn tötend, den Befreier, und drunten voll   30
      Von üpp'gem Kraut, als in Gesichten
         Schau ich die Erd', ein gewaltig Feuer;

Die Tage aber wechseln, wenn einer dann
   Zusiehet denen, lieblich und bös', ein Schmerz,
      Wenn einer zweigestalt ist, und es   35
         Kennet kein einziger nicht das Beste;

Das aber ist der Stachel des Gottes; nie
   Kann einer lieben göttliches Unrecht sonst.
      Einheimisch aber ist der Gott dann
         Angesichts da, und die Erd' ist anders.   40

Tag! Tag! Nun wieder atmet ihr recht; nun trinkt,
   Ihr meiner Bäche Weiden! ein Augenlicht,
      Und rechte Stapfen gehn, und als ein
         Herrscher, mit Sporen, und bei dir selber

Örtlich, Irrstern des Tages, erscheinest du,   45
   Du auch, o Erde, friedliche Wieg', und du,
      Haus meiner Väter, die unstädtisch
         Sind, in den Wolken des Wilds, gegangen.

Nimm nun ein Roß, und harnische dich und nimm
   Den leichten Speer, o Knabe! Die Wahrsagung   50
      Zerreißt nicht, und umsonst nicht wartet,
         Bis sie erscheinet, Herakles Rückkehr.

TRÄNEN

Himmlische Liebe! zärtliche! wenn ich dein
   Vergäße, wenn ich, o ihr geschicklichen,
      Ihr feur'gen, die voll Asche sind und
         Wüst und vereinsamet ohnedies schon,

5   Ihr lieben Inseln, Augen der Wunderwelt!
        Ihr nämlich geht nun einzig allein mich an,
          Ihr Ufer, wo die abgöttische
            Büßet, doch Himmlischen nur, die Liebe.

        Denn allzudankbar haben die Heiligen
10   Gedienet dort in Tagen der Schönheit und
          Die zorn'gen Helden; und viel Bäume
            Sind, und die Städte daselbst gestanden,

        Sichtbar, gleich einem sinnigen Mann; itzt sind
          Die Helden tot, die Inseln der Liebe sind
15   Entstellt fast. So muß übervorteilt,
            Albern doch überall sein die Liebe.

        Ihr weichen Tränen, löschet das Augenlicht
          Mir aber nicht ganz aus; ein Gedächtnis doch,
            Damit ich edel sterbe, laßt ihr
20   Trügrischen, Diebischen, mir nachleben.

                    AN DIE HOFFNUNG

        O Hoffnung! holde! gütiggeschäftige!
          Die du das Haus der Trauernden nicht verschmähst,
            Und gerne dienend, Edle! zwischen
              Sterblichen waltest und Himmelsmächten,

5   Wo bist du? wenig lebt' ich; doch atmet kalt
          Mein Abend schon. Und stille, den Schatten gleich,
            Bin ich schon hier; und schon gesanglos
              Schlummert das schaudernde Herz im Busen.

        Im grünen Tale, dort, wo der frische Quell
10   Vom Berge täglich rauscht, und die liebliche
            Zeitlose mir am Herbsttag aufblüht,
              Dort, in der Stille, du Holde, will ich

Dich suchen, oder wenn in der Mitternacht
   Das unsichtbare Leben im Haine wallt,
      Und über mir die immerfrohen   15
         Blumen, die blühenden Sterne glänzen,

O du des Äthers Tochter! erscheine dann
   Aus deines Vaters Gärten, und darfst du nicht
      Ein Geist der Erde, kommen, schröck', o
         Schröcke mit anderem nur das Herz mir.   20

VULKAN

Jetzt komm und hülle, freundlicher Feuergeist,
   Den zarten Sinn der Frauen in Wolken ein,
      In goldne Träum' und schütze sie, die
         Blühende Ruhe der Immerguten.

Dem Manne laß sein Sinnen, und sein Geschäft,   5
   Und seiner Kerze Schein, und den künftgen Tag
      Gefallen, laß des Unmuts ihm, der
         Häßlichen Sorge zu viel nicht werden,

Wenn jetzt der immerzürnende Boreas,
   Mein Erbfeind, über Nacht mit dem Frost das Land   10
      Befällt, und spät, zur Schlummerstunde,
         Spottend der Menschen, sein schröcklich Lied
                                                 singt,

Und unsrer Städte Mauren und unsern Zaun,
   Den fleißig wir gesetzt, und den stillen Hain
      Zerreißt, und selber im Gesang die   15
         Seele mir störet, der Allverderber,

Und rastlos tobend über den sanften Strom
   Sein schwarz Gewölk ausschüttet, daß weit umher
      Das Tal gärt, und, wie fallend Laub, vom
         Berstenden Hügel herab der Fels fällt.   20

Wohl frömmer ist, denn andre Lebendige,
  Der Mensch; doch zürnt es draußen, gehöret der
    Auch eigner sich, und sinnt und ruht in
      Sicherer Hütte, der Freigeborne.

25 Und immer wohnt der freundlichen Genien
  Noch Einer gerne segnend mit ihm, und wenn
    Sie zürnten all', die ungelehrgen
      Geniuskräfte, doch liebt die Liebe.

BLÖDIGKEIT

Sind denn dir nicht bekannt viele Lebendigen?
  Geht auf Wahrem dein Fuß nicht, wie auf Teppichen?
    Drum, mein Genius! tritt nur
      Bar in's Leben, und sorge nicht!

5 Was geschiehet, es sei alles gelegen dir!
  Sei zur Freude gereimt, oder was könnte denn
    Dich beleidigen, Herz, was
      Da begegnen, wohin du sollst?

Denn, seit Himmlischen gleich Menschen, ein einsam Wild
10 Und die Himmlischen selbst führet, der Einkehr zu,
    Der Gesang und der Fürsten
      Chor, nach Arten, so waren auch

Wir, die Zungen des Volks, gerne bei Lebenden,
  Wo sich vieles gesellt, freudig und jedem gleich,
15   Jedem offen, so ist ja
      Unser Vater, des Himmels Gott,

Der den denkenden Tag Armen und Reichen gönnt,
  Der, zur Wende der Zeit, uns die Entschlafenden
    Aufgerichtet an goldnen
20   Gängelbanden, wie Kinder, hält.

Gut auch sind und geschickt einem zu etwas wir,
　　Wenn wir kommen, mit Kunst, und von den
　　　　　　　　　　　　　　　　　Himmlischen
　　　　Einen bringen. Doch selber
　　　　Bringen schickliche Hände wir.

GANYMED

Was schläfst du, Bergsohn, liegest in Unmut, schief,
　　Und frierst am kahlen Ufer, Gedultiger!
　　　　Denkst nicht der Gnade du, wenn's an den
　　　　Tischen die Himmlischen sonst gedürstet?

Kennst drunten du vom Vater die Boten nicht,　　　　　　5
　　Nicht in der Kluft der Lüfte geschärfter Spiel?
　　　　Trifft nicht das Wort dich, das voll alten
　　　　Geists ein gewanderter Mann dir sendet?

Schon tönet's aber ihm in der Brust. Tief quillt's,
　　Wie damals, als hoch oben im Fels er schlief,　　　　10
　　　　Ihm auf. Im Zorne reinigt aber
　　　　Sich der Gefesselte nun, nun eilt er

Der Linkische; der spottet der Schlacken nun,
　　Und nimmt und bricht und wirft die Zerbrochenen
　　　　Zorntrunken, spielend, dort und da zum　　　　15
　　　　Schauenden Ufer und bei des Fremdlings

Besondrer Stimme stehen die Herden auf,
　　Es regen sich die Wälder, es hört tief Land
　　　　Den Stromgeist fern, und schaudernd regt im
　　　　Nabel der Erde der Geist sich wieder.　　　　20

Der Frühling kömmt. Und jedes, in seiner Art,
　　Blüht. Der ist aber ferne; nicht mehr dabei.
　　　　Irr ging er nun; denn allzugut sind
　　　　Genien; himmlisch Gespräch ist sein nun.

HÄLFTE DES LEBENS

Mit gelben Birnen hänget
Und voll mit wilden Rosen
Das Land in den See,
Ihr holden Schwäne,
Und trunken von Küssen
Tunkt ihr das Haupt
Ins heilignüchterne Wasser.

Weh mir, wo nehm' ich, wenn
Es Winter ist, die Blumen, und wo
Den Sonnenschein,
Und Schatten der Erde?
Die Mauern stehn
Sprachlos und kalt, im Winde
Klirren die Fahnen.

LEBENSALTER

Ihr Städte des Euphrats!
Ihr Gassen von Palmyra!
Ihr Säulenwälder in der Eb'ne der Wüste,
Was seid ihr?
Euch hat die Kronen,
Dieweil ihr über die Grenze
Der Othmenden seid gegangen,
Von Himmlischen der Rauchdampf und
Hinweg das Feuer genommen;
Jetzt aber sitz' ich unter Wolken (deren
Ein jedes eine Ruh' hat eigen) unter
Wohleingerichteten Eichen, auf
Der Heide des Rehs, und fremd
Erscheinen und gestorben mir
Der Seligen Geister.

DER WINKEL VON HAHRDT

Hinunter sinket der Wald,
Und Knospen ähnlich, hängen
Einwärts die Blätter, denen
Blüht unten auf ein Grund,
Nicht gar unmündig.   5
Da nämlich ist Ulrich
Gegangen; oft sinnt, über den Fußtritt,
Ein groß Schicksal
Bereit, an übrigem Orte.

AM QUELL DER DONAU

                                                       5

                                                       10

                                                       15

                                                       20

Denn, wie wenn hoch von der herrlichgestimmten, der
                                            Orgel   25
Im heiligen Saal,
Reinquillend aus den unerschöpflichen Röhren,
Das Vorspiel, weckend, des Morgens beginnt
Und weitumher, von Halle zu Halle,
Der erfrischende nun, der melodische Strom rinnt,   30
Bis in den kalten Schatten das Haus
Von Begeisterungen erfüllt,
Nun aber erwacht ist, nun, aufsteigend ihr,
Der Sonne des Fests, antwortet

35 Der Chor der Gemeinde; so kam
    Das Wort aus Osten zu uns,
    Und an Parnassos Felsen und am Kithäron hör' ich
    O Asia, das Echo von dir und es bricht sich
    Am Kapitol und jählings herab von den Alpen

40 Kommt eine Fremdlingin sie
    Zu uns, die Erweckerin,
    Die menschenbildende Stimme.
    Da faßt' ein Staunen die Seele
    Der Getroffenen all und Nacht
45 War über den Augen der Besten.
    Denn vieles vermag
    Und die Flut und den Fels und Feuersgewalt auch
    Bezwinget mit Kunst der Mensch
    Und achtet, der Hochgesinnte, das Schwert
50 Nicht, aber es steht
    Vor Göttlichem der Starke niedergeschlagen,

    Und gleichet dem Wild fast; das,
    Von süßer Jugend getrieben,
    Schweift rastlos über die Berg'
55 Und fühlet die eigene Kraft
    In der Mittagshitze. Wenn aber
    Herabgeführt, in spielenden Lüften,
    Das heilige Licht, und mit dem kühleren Strahl
    Der freudige Geist kommt zu
60 Der seligen Erde, dann erliegt es, ungewohnt
    Des Schönsten und schlummert wachenden Schlaf,
    Noch ehe Gestirn naht. So auch wir. Denn manchen
                                              erlosch
    Das Augenlicht schon vor den göttlichgesendeten Gaben,

    Den freundlichen, die aus Ionien uns,
65 Auch aus Arabia kamen, und froh ward
    Der teuern Lehr' und auch der holden Gesänge
    Die Seele jener Entschlafenen nie,

Doch einige wachten. Und sie wandelten oft
Zufrieden unter euch, ihr Bürger schöner Städte,
Beim Kampfspiel, wo sonst unsichtbar der Heros   70
Geheim bei Dichtern saß, die Ringer schaut und lächelnd
Pries, der gepriesene, die müßigernsten Kinder.
Ein unaufhörlich Lieben wars und ists.
Und wohlgeschieden, aber darum denken
Wir aneinander doch, ihr Fröhlichen am Isthmos,   75
Und am Cephyß und am Taygetos,
Auch eurer denken wir, ihr Tale des Kaukasos,
So alt ihr seid, ihr Paradiese dort
Und deiner Patriarchen und deiner Propheten,

O Asia, deiner Starken, o Mutter!   80
Die furchtlos vor den Zeichen der Welt,
Und den Himmel auf Schultern und alles Schicksal,
Taglang auf Bergen gewurzelt,
Zuerst es verstanden,
Allein zu reden   85
Zu Gott. Die ruhn nun. Aber wenn ihr
Und dies ist zu sagen,
Ihr Alten all, nicht sagtet, woher?
Wir nennen dich, heiliggenötiget, nennen,
Natur! dich wir, und neu, wie dem Bad entsteigt   90
Dir alles Göttlichgeborne.

Zwar gehn wir fast, wie die Waisen;
Wohl ists, wie sonst, nur jene Pflege nicht wieder;
Doch Jünglinge, der Kindheit gedenk,
Im Hause sind auch diese nicht fremde.   95
Sie leben dreifach, eben wie auch
Die ersten Söhne des Himmels.
Und nicht umsonst ward uns
In die Seele die Treue gegeben.
Nicht uns, auch Eures bewahrt sie,   100
Und bei den Heiligtümern, den Waffen des Worts
Die scheidend ihr den Ungeschickteren uns
Ihr Schicksalssöhne, zurückgelassen

Ihr guten Geister, da seid ihr auch,
105 Oftmals, wenn einen dann die heilige Wolk umschwebt,
Da staunen wir und wissens nicht zu deuten.
Ihr aber würzt mit Nektar uns den Othem
Und dann frohlocken wir oft oder es befällt uns
Ein Sinnen, wenn ihr aber einen zu sehr liebt
110 Er ruht nicht, bis er euer einer geworden.
Darum, ihr Gütigen! umgebet mich leicht,
Damit ich bleiben möge, denn noch ist manches zu singen,
Jetzt aber endiget, seligweinend,
Wie eine Sage der Liebe,
115 Mir der Gesang, und so auch ist er
Mir, mit Erröten, Erblassen,
Von Anfang her gegangen. Doch Alles geht so.

DIE WANDERUNG

Glückselig Suevien, meine Mutter,
Auch du, der glänzenderen, der Schwester
Lombarda drüben gleich,
Von hundert Bächen durchflossen!
5 Und Bäume genug, weißblühend und rötlich,
Und dunklere, wild, tiefgrünenden Laubs voll
Und Alpengebirg der Schweiz auch überschattet
Benachbartes dich; denn nah dem Herde des Hauses
Wohnst du, und hörst, wie drinnen
10 Aus silbernen Opferschalen
Der Quell rauscht, ausgeschüttet
Von reinen Händen, wenn berührt

Von warmen Strahlen
Krystallenes Eis und umgestürzt
15 Vom leichtanregenden Lichte
Der schneeige Gipfel übergießt die Erde
Mit reinestem Wasser. Darum ist
Dir angeboren die Treue. Schwer verläßt,

Was nahe dem Ursprung wohnet, den Ort.
Und deine Kinder, die Städte,   20
Am weithindämmernden See,
An Neckars Weiden, am Rheine,
Sie alle meinen, es wäre
Sonst nirgend besser zu wohnen.

Ich aber will dem Kaukasos zu!   25
Denn sagen hört' ich
Noch heut in den Lüften:
Frei sei'n, wie Schwalben, die Dichter.
Auch hat mir ohnedies
In jüngeren Tagen Eines vertraut,   30
Es seien vor alter Zeit
Die Eltern einst, das deutsche Geschlecht,
Still fortgezogen von Wellen der Donau
Am Sommertage, da diese
Sich Schatten suchten, zusammen   35
Mit Kindern der Sonn'
Am schwarzen Meere gekommen;
Und nicht umsonst sei dies
Das gastfreundliche genennet.

Denn, als sie erst sich angesehen,   40
Da nahten die Anderen erst; dann satzten auch
Die Unseren sich neugierig unter den Ölbaum.
Doch als sich ihre Gewande berührt,
Und keiner vernehmen konnte
Die eigene Rede des andern, wäre wohl   45
Entstanden ein Zwist, wenn nicht aus Zweigen herunter
Gekommen wäre die Kühlung,
Die Lächeln über das Angesicht
Der Streitenden öfters breitet, und eine Weile
Sahn still sie auf, dann reichten sie sich   50
Die Hände liebend einander. Und bald

   Vertauschten sie Waffen und all
Die lieben Güter des Hauses,
Vertauschten das Wort auch und es wünschten
55 Die freundlichen Väter umsonst nichts
Beim Hochzeitjubel den Kindern.
Denn aus den heiligvermählten
Wuchs schöner, denn Alles,
Was vor und nach
60 Von Menschen sich nannt', ein Geschlecht auf. Wo,
Wo aber wohnt ihr, liebe Verwandten,
Daß wir das Bündnis wiederbegehn
Und der teuern Ahnen gedenken?

Dort an den Ufern, unter den Bäumen
65 Ionias, in Ebenen des Kaisters,
Wo Kraniche, des Äthers froh,
Umschlossen sind von fernhindämmernden Bergen;
Dort wart auch ihr, ihr Schönsten! oder pflegtet
Der Inseln, die mit Wein bekränzt,
70 Voll tönten von Gesang; noch andere wohnten
Am Tayget, am vielgepriesnen Himettos,
Die blühten zuletzt; doch von
Parnassos Quell bis zu des Tmolos
Goldglänzenden Bächen erklang
75 Ein ewiges Lied; so rauschten
Damals die Wälder und all
Die Saitenspiele zusamt
Von himmlischer Milde gerühret.

O Land des Homer!
80 Am purpurnen Kirschbaum oder wenn
Von dir gesandt im Weinberg mir
Die jungen Pfirsiche grünen,
Und die Schwalbe fernher kommt und vieles erzählend
An meinen Wänden ihr Haus baut, in
85 Den Tagen des Mais, auch unter den Sternen
Gedenk' ich, o Ionia, dein! doch Menschen

Ist Gegenwärtiges lieb. Drum bin ich
Gekommen, euch, ihr Inseln, zu sehn, und euch,
Ihr Mündungen der Ströme, o ihr Hallen der Thetis,
Ihr Wälder, euch, und euch, ihr Wolken des Ida!   90

Doch nicht zu bleiben gedenk ich.
Unfreundlich ist und schwer zu gewinnen
Die Verschlossene, der ich entkommen, die Mutter.
Von ihren Söhnen einer, der Rhein,
Mit Gewalt wollt' er ans Herz ihr stürzen und schwand   95
Der Zurückgestoßene, niemand weiß, wohin, in die Ferne.
Doch so nicht wünscht' ich gegangen zu sein,
Von ihr und nur, euch einzuladen,
Bin ich zu euch, ihr Grazien Griechenlands,
Ihr Himmelstöchter, gegangen,   100
Daß, wenn die Reise zu weit nicht ist,
Zu uns ihr kommet, ihr Holden!

Wenn milder atmen die Lüfte,
Und liebende Pfeile der Morgen
Uns Allzugedultigen schickt,   105
Und leichte Gewölke blühn
Uns über den schüchternen Augen,
Dann werden wir sagen, wie kommt
Ihr, Charitinnen, zu Wilden?
Die Dienerinnen des Himmels   110
Sind aber wunderbar,
Wie alles Göttlichgeborne.
Zum Traume wirds ihm, will es Einer
Beschleichen und straft den, der
Ihm gleichen will mit Gewalt;   115
Oft überraschet es einen,
Der eben kaum es gedacht hat.

DER RHEIN
An Isaak von Sinclair

Im dunkeln Efeu saß ich, an der Pforte
Des Waldes, eben, da der goldene Mittag,
Den Quell besuchend, herunterkam
Von Treppen des Alpengebirgs,
5   Das mir die göttlichgebaute,
Die Burg der Himmlischen heißt
Nach alter Meinung, wo aber
Geheim noch manches entschieden
Zu Menschen gelanget; von da
10   Vernahm ich ohne Vermuten
Ein Schicksal, denn noch kaum
War mir im warmen Schatten
Sich manches beredend, die Seele
Italia zu geschweift
15   Und fernhin an die Küsten Moreas.

Jetzt aber, drin im Gebirg,
Tief unter den silbernen Gipfeln
Und unter fröhlichem Grün,
Wo die Wälder schauernd zu ihm,
20   Und der Felsen Häupter übereinander
Hinabschaun, taglang, dort
Im kältesten Abgrund hört'
Ich um Erlösung jammern
Den Jüngling, es hörten ihn, wie er tobt',
25   Und die Mutter Erd' anklagt',
Und den Donnerer, der ihn gezeuget,
Erbarmend die Eltern, doch
Die Sterblichen flohn von dem Ort,
Denn furchtbar war, da lichtlos er
30   In den Fesseln sich wälzte,
Das Rasen des Halbgotts.

Die Stimme wars des edelsten der Ströme,
Des freigeborenen Rheins,
Und anderes hoffte der, als droben von den Brüdern,
Dem Tessin und dem Rhodanus, 35
Er schied und wandern wollt', und ungeduldig ihn
Nach Asia trieb die königliche Seele.
Doch unverständig ist
Das Wünschen vor dem Schicksal.
Die Blindesten aber 40
Sind Göttersöhne. Denn es kennet der Mensch
Sein Haus und dem Tier ward, wo
Es bauen solle, doch jenen ist
Der Fehl, daß sie nicht wissen wohin?
In die unerfahrne Seele gegeben. 45

Ein Rätsel ist Reinentsprungenes. Auch
Der Gesang kaum darf es enthüllen. Denn
Wie du anfingst, wirst du bleiben,
So viel auch wirket die Not,
Und die Zucht, das meiste nämlich 50
Vermag die Geburt,
Und der Lichtstrahl, der
Dem Neugebornen begegnet.
Wo aber ist einer,
Um frei zu bleiben 55
Sein Leben lang, und des Herzens Wunsch
Allein zu erfüllen, so
Aus günstigen Höhn, wie der Rhein,
Und so aus heiligem Schoße
Glücklich geboren, wie jener? 60

Drum ist ein Jauchzen sein Wort.
Nicht liebt er, wie andere Kinder,
In Wickelbanden zu weinen;
Denn wo die Ufer zuerst
An die Seit ihm schleichen, die krummen, 65
Und durstig umwindend ihn,

Den Unbedachten, zu ziehn
Und wohl zu behüten begehren
Im eigenen Zahne, lachend
70 Zerreißt er die Schlangen und stürzt
Mit der Beut und wenn in der Eil'
Ein Größerer ihn nicht zähmt,
Ihn wachsen läßt, wie der Blitz, muß er
Die Erde spalten, und wie Bezauberte fliehn
75 Die Wälder ihm nach und zusammensinkend die Berge.

Ein Gott will aber sparen den Söhnen
Das eilende Leben und lächelt,
Wenn unenthaltsam, aber gehemmt
Von heiligen Alpen, ihm
80 In der Tiefe, wie jener, zürnen die Ströme.
In solcher Esse wird dann
Auch alles Lautre geschmiedet,
Und schön ists, wie er drauf,
Nachdem er die Berge verlassen,
85 Stillwandelnd sich im deutschen Lande
Begnüget und das Sehnen stillt
Im guten Geschäfte, wenn er das Land baut
Der Vater Rhein und liebe Kinder nährt
In Städten, die er gegründet.

90 Doch nimmer, nimmer vergißt ers.
Denn eher muß die Wohnung vergehn,
Und die Satzung und zum Unbild werden
Der Tag der Menschen, ehe vergessen
Ein solcher dürfte den Ursprung
95 Und die reine Stimme der Jugend.
Wer war es, der zuerst
Die Liebesbande verderbt
Und Stricke von ihnen gemacht hat?
Dann haben des eigenen Rechts
100 Und gewiß des himmlischen Feuers
Gespottet die Trotzigen, dann erst

Die sterblichen Pfade verachtend
Verwegnes erwählt
Und den Göttern gleich zu werden getrachtet.

Es haben aber an eigner 105
Unsterblichkeit die Götter genug, und bedürfen
Die Himmlischen eines Dings,
So sinds Heroën und Menschen
Und Sterbliche sonst. Denn weil
Die Seligsten nichts fühlen von selbst, 110
Muß wohl, wenn solches zu sagen
Erlaubt ist, in der Götter Namen
Teilnehmend fühlen ein Andrer,
Den brauchen sie; jedoch ihr Gericht
Ist, daß sein eigenes Haus 115
Zerbreche der und das Liebste
Wie den Feind schelt' und sich Vater und Kind
Begrabe unter den Trümmern,
Wenn einer, wie sie, sein will und nicht
Ungleiches dulden, der Schwärmer. 120

Drum wohl ihm, welcher fand
Ein wohlbeschiedenes Schicksal,
Wo noch der Wanderungen
Und süß der Leiden Erinnerung
Aufrauscht am sichern Gestade, 125
Daß da und dorthin gern
Er sehn mag bis an die Grenzen
Die bei der Geburt ihm Gott
Zum Aufenthalte gezeichnet.
Dann ruht er, seligbescheiden, 130
Denn alles, was er gewollt,
Das Himmlische, von selber umfängt
Es unbezwungen, lächelnd
Jetzt, da er ruhet, den Kühnen.

135   Halbgötter denk' ich jetzt
Und kennen muß ich die Teuern,
Weil oft ihr Leben so
Die sehnende Brust mir beweget.
Wem aber, wie, Rousseau, dir,
140 Unüberwindlich die Seele
Die starkausdauernde ward,
Und sicherer Sinn
Und süße Gabe zu hören,
Zu reden so, daß er aus heiliger Fülle
145 Wie der Weingott, törig göttlich
Und gesetzlos sie die Sprache der Reinesten gibt
Verständlich den Guten, aber mit Recht
Die Achtungslosen mit Blindheit schlägt
Die entweihenden Knechte, wie nenn ich den Fremden?

150 Die Söhne der Erde sind, wie die Mutter,
Alliebend, so empfangen sie auch
Mühlos, die Glücklichen, Alles.
Drum überraschet es auch
Und schröckt den sterblichen Mann,
155 Wenn er den Himmel, den
Er mit den liebenden Armen
Sich auf die Schultern gehäuft,
Und die Last der Freude bedenket;
Dann scheint ihm oft das Beste,
160 Fast ganz vergessen da,
Wo der Strahl nicht brennt,
Im Schatten des Walds
Am Bielersee in frischer Grüne zu sein,
Und sorglosarm an Tönen,
165 Anfängern gleich, bei Nachtigallen zu lernen.

Und herrlich ists, aus heiligem Schlafe dann
Erstehen und aus Waldes Kühle
Erwachend, Abends nun
Dem milderen Licht entgegenzugehn,

Wenn, der die Berge gebaut   170
Und den Pfad der Ströme gezeichnet,
Nachdem er lächelnd auch
Der Menschen geschäftiges Leben
Das othemarme, wie Segel
Mit seinen Lüften gelenkt hat,   175
Auch ruht und zu der Schülerin jetzt,
Der Bildner, Gutes mehr
Denn Böses findend,
Zur heutigen Erde der Tag sich neiget. –

Dann feiern das Brautfest Menschen und Götter,   180
Es feiern die Lebenden all,
Und ausgeglichen
Ist eine Weile das Schicksal.
Und die Flüchtlinge suchen die Herberg,
Und süßen Schlummer die Tapfern,   185
Die Liebenden aber
Sind, was sie waren, sie sind
Zu Hause, wo die Blume sich freuet
Unschädlicher Glut und die finsteren Bäume
Der Geist umsäuselt, aber die Unversöhnten   190
Sind umgewandelt und eilen
Die Hände sich ehe zu reichen,
Bevor das freundliche Licht
Hinuntergeht und die Nacht kommt.

Doch einigen eilt   195
Dies schnell vorüber, andere
Behalten es länger.
Die ewigen Götter sind
Voll Lebens allzeit; bis in den Tod
Kann aber ein Mensch auch   200
Im Gedächtnis doch das Beste behalten,
Und dann erlebt er das Höchste.
Nur hat ein jeder sein Maß.
Denn schwer ist zu tragen

205   Das Unglück, aber schwerer das Glück.
       Ein Weiser aber vermocht es
       Vom Mittag bis in die Mitternacht,
       Und bis der Morgen erglänzte,
       Beim Gastmahl helle zu bleiben.

210   Dir mag auf heißem Pfade unter Tannen oder
       Im Dunkel des Eichwalds gehüllt
       In Stahl, mein Sinklair! Gott erscheinen oder
       In Wolken, du kennst ihn, da du kennest, jugendlich,
       Des Guten Kraft, und nimmer ist dir
215   Verborgen das Lächeln des Herrschers
       Bei Tage, wenn
       Es fieberhaft und angekettet das
       Lebendige scheinet oder auch
       Bei Nacht, wenn alles gemischt
220   Ist ordnungslos und wiederkehrt
       Uralte Verwirrung.

                    GERMANIEN

       Nicht sie, die Seligen, die erschienen sind,
       Die Götterbilder in dem alten Lande,
       Sie darf ich ja nicht rufen mehr, wenn aber
       Ihr heimatlichen Wasser! jetzt mit euch
5   Des Herzens Liebe klagt, was will es anders,
       Das Heiligtrauernde? Denn voll Erwartung liegt
       Das Land und als in heißen Tagen
       Herabgesenkt, umschattet heut
       Ihr Sehnenden! uns ahnungsvoll ein Himmel.
10   Voll ist er von Verheißungen und scheint
       Mir drohend auch, doch will ich bei ihm bleiben,
       Und rückwärts soll die Seele mir nicht fliehn
       Zu euch, Vergangene! die zu lieb mir sind.
       Denn euer schönes Angesicht zu sehn,
15   Als wärs, wie sonst, ich fürcht' es, tödlich ists,
       Und kaum erlaubt, Gestorbene zu wecken.

Entflohene Götter! auch ihr, ihr gegenwärtigen, damals
Wahrhaftiger, ihr hattet eure Zeiten!
Nichts leugnen will ich hier und nichts erbitten.
Denn wenn es aus ist, und der Tag erloschen   20
Wohl triffts den Priester erst, doch liebend folgt
Der Tempel und das Bild ihm auch und seine Sitte
Zum dunkeln Land und keines mag noch scheinen.
Nur als von Grabesflammen, ziehet dann
Ein goldner Rauch, die Sage drob hinüber,   25
Und dämmert jetzt uns Zweifelnden um das Haupt,
Und keiner weiß, wie ihm geschieht. Er fühlt
Die Schatten derer, so gewesen sind,
Die Alten, so die Erde neubesuchen.
Denn die da kommen sollen, drängen uns,   30
Und länger säumt von Göttermenschen
Die heilige Schar nicht mehr im blauen Himmel.

Schon grünet ja, im Vorspiel rauherer Zeit
Für sie erzogen das Feld, bereitet ist die Gabe
Zum Opfermahl und Tal und Ströme sind   35
Weitoffen um prophetische Berge,
Daß schauen mag bis in den Orient
Der Mann und ihn von dort der Wandlungen viele
                                                   bewegen.
Vom Äther aber fällt
Das treue Bild und Göttersprüche regnen   40
Unzählbare von ihm, und es tönt im innersten Haine.
Und der Adler, der vom Indus kömmt,
Und über des Parnassos
Beschneite Gipfel fliegt, hoch über den Opferhügeln
Italias, und frohe Beute sucht   45
Dem Vater, nicht wie sonst, geübter im Fluge
Der Alte, jauchzend überschwingt er
Zuletzt die Alpen und sieht die vielgearteten Länder.

Die Priesterin, die stillste Tochter Gottes,
Sie, die zu gern in tiefer Einfalt schweigt,   50

Sie suchet er, die offnen Auges schaute,
Als wüßte sie es nicht, jüngst, da ein Sturm
Toddrohend über ihrem Haupt ertönte;
Es ahnete das Kind ein Besseres,
55 Und endlich ward ein Staunen weit im Himmel
Weil Eines groß an Glauben, wie sie selbst,
Die segnende, die Macht der Höhe sei;
Drum sandten sie den Boten, der, sie schnell erkennend,
Denkt lächelnd so: Dich, unzerbrechliche, muß
60 Ein ander Wort erprüfen und ruft es laut,
Der Jugendliche, nach Germania schauend:
»Du bist es, auserwählt,
Alliebend und ein schweres Glück
Bist du zu tragen stark geworden,

65 Seit damals, da im Walde versteckt und blühendem Mohn
Voll süßen Schlummers, trunkene, meiner du
Nicht achtetest, lang, ehe noch auch geringere fühlten
Der Jungfrau Stolz und staunten wes du wärst und woher,
Doch du es selbst nicht wußtest. Ich mißkannte dich nicht,
70 Und heimlich, da du träumtest, ließ ich
Am Mittag scheidend dir ein Freundeszeichen,
Die Blume des Mundes zurück und du redetest einsam.
Doch Fülle der goldenen Worte sandtest du auch
Glückselige! mit den Strömen und sie quillen
                                        unerschöpflich
75 In die Gegenden all. Denn fast, wie der heiligen,
Die Mutter ist von allem,
Die Verborgene sonst genannt von Menschen,
So ist von Lieben und Leiden
Und voll von Ahnungen dir
80 Und voll von Frieden der Busen.

O trinke Morgenlüfte,
Bis daß du offen bist,
Und nenne, was vor Augen dir ist,
Nicht länger darf Geheimnis mehr

Das Ungesprochene bleiben, 85
Nachdem es lange verhüllt ist;
Denn Sterblichen geziemet die Scham,
Und so zu reden die meiste Zeit,
Ist weise auch von Göttern.
Wo aber überflüssiger, denn lautere Quellen 90
Das Gold und ernst geworden ist der Zorn an dem
Himmel,
Muß zwischen Tag und Nacht
Einsmals ein Wahres erscheinen.
Dreifach umschreibe du es,
Doch ungesprochen auch, wie es da ist, 95
Unschuldige, muß es bleiben.

O nenne Tochter du der heiligen Erd'
Einmal die Mutter. Es rauschen die Wasser am Fels
Und Wetter im Wald und bei dem Namen derselben
Tönt auf aus alter Zeit Vergangengöttliches wieder. 100
Wie anders ists! und rechthin glänzt und spricht
Zukünftiges auch erfreulich aus den Fernen.
Doch in der Mitte der Zeit
Lebt ruhig mit geweihter
Jungfräulicher Erde der Äther 105
Und gerne, zur Erinnerung, sind
Die unbedürftigen sie
Gastfreundlich bei den unbedürftgen
Bei deinen Feiertagen
Germania, wo du Priesterin bist 110
Und wehrlos Rat gibst rings
Den Königen und den Völkern.«

FRIEDENSFEIER.

von

FRIEDRICH HÖLDERLIN

Ich bitte dieses Blatt nur gutmütig zu lesen. So wird es
sicher nicht unfaßlich, noch weniger anstößig sein. Sollten
aber dennoch einige eine solche Sprache zu wenig konventionell finden, so muß ich ihnen gestehen: ich kann nicht
5 anders. An einem schönen Tage läßt sich ja fast jede Sangart
hören, und die Natur, wovon es her ist, nimmts auch wieder.

Der Verfasser gedenkt dem Publikum eine ganze Sammlung von dergleichen Blättern vorzulegen, und dieses soll
10 irgend eine Probe sein davon.

Der himmlischen, still widerklingenden,
Der ruhigwandelnden Töne voll,
Und gelüftet ist der altgebaute,
Seliggewohnte Saal; um grüne Teppiche duftet
Die Freudenwolk' und weithinglänzend stehn,   5
Gereiftester Früchte voll und goldbekränzter Kelche,
Wohlangeordnet, eine prächtige Reihe,
Zur Seite da und dort aufsteigend über dem
Geebneten Boden die Tische.
Denn ferne kommend haben   10
Hieher, zur Abendstunde,
Sich liebende Gäste beschieden.

Und dämmernden Auges denk' ich schon,
Vom ernsten Tagwerk lächelnd,
Ihn selbst zu sehn, den Fürsten des Fests.   15
Doch wenn du schon dein Ausland gern verleugnest,
Und als vom langen Heldenzuge müd,
Dein Auge senkst, vergessen, leichtbeschattet,
Und Freundesgestalt annimmst, du Allbekannter, doch
Beugt fast die Knie das Hohe. Nichts vor dir,   20
Nur Eines weiß ich, Sterbliches bist du nicht.
Ein Weiser mag mir manches erhellen; wo aber
Ein Gott noch auch erscheint,
Da ist doch andere Klarheit.

Von heute aber nicht, nicht unverkündet ist er;   25
Und einer, der nicht Flut noch Flamme gescheuet,
Erstaunet, da es stille worden, umsonst nicht, jetzt,
Da Herrschaft nirgend ist zu sehn bei Geistern und
                                        Menschen.
Das ist, sie hören das Werk,
Längst vorbereitend, von Morgen nach Abend, jetzt erst,   30
Denn unermeßlich braust, in der Tiefe verhallend,

Des Donnerers Echo, das tausendjährige Wetter,
Zu schlafen, übertönt von Friedenslauten, hinunter.
Ihr aber, teuergewordne, o ihr Tage der Unschuld,
35 Ihr bringt auch heute das Fest, ihr Lieben! und es blüht
Rings abendlich der Geist in dieser Stille;
Und raten muß ich, und wäre silbergrau
Die Locke, o ihr Freunde!
Für Kränze zu sorgen und Mahl, jetzt ewigen
                                    Jünglingen ähnlich.

40 Und manchen möcht' ich laden, aber o du,
Der freundlichernst den Menschen zugetan,
Dort unter syrischer Palme,
Wo nahe lag die Stadt, am Brunnen gerne war;
Das Kornfeld rauschte rings, still atmete die Kühlung
45 Vom Schatten des geweiheten Gebirges,
Und die lieben Freunde, das treue Gewölk,
Umschatteten dich auch, damit der heiligkühne
Durch Wildnis mild dein Strahl zu Menschen kam, o
                                    Jüngling!
Ach! aber dunkler umschattete, mitten im Wort, dich
50 Furchtbarentscheidend ein tödlich Verhängnis. So ist schnell
Vergänglich alles Himmlische; aber umsonst nicht;

Denn schonend rührt des Maßes allzeit kundig
Nur einen Augenblick die Wohnungen der Menschen
Ein Gott an, unversehn, und keiner weiß es, wenn?
55 Auch darf alsdann das Freche drüber gehn,
Und kommen muß zum heilgen Ort das Wilde
Von Enden fern, übt rauhbetastend den Wahn,
Und trifft daran ein Schicksal, aber Dank,
Nie folgt der gleich hernach dem gottgegebnen Geschenke;
60 Tiefprüfend ist es zu fassen.
Auch wär' uns, sparte der Gebende nicht
Schon längst vom Segen des Herds
Uns Gipfel und Boden entzündet.

Des Göttlichen aber empfingen wir
Doch viel. Es ward die Flamm' uns   65
In die Hände gegeben, und Ufer und Meersflut.
Viel mehr, denn menschlicher Weise
Sind jene mit uns, die fremden Kräfte, vertrauet.
Und es lehret Gestirn dich, das
Vor Augen dir ist, doch nimmer kannst du ihm gleichen.   70
Vom Allebendigen aber, von dem
Viel Freuden sind und Gesänge,
Ist einer ein Sohn, ein Ruhigmächtiger ist er,
Und nun erkennen wir ihn,
Nun, da wir kennen den Vater   75
Und Feiertage zu halten
Der hohe, der Geist
Der Welt sich zu Menschen geneigt hat.

Denn längst war der zum Herrn der Zeit zu groß
Und weit aus reichte sein Feld, wann hats ihn aber
                                        erschöpfet?   80
Einmal mag aber ein Gott auch Tagewerk erwählen,
Gleich Sterblichen und teilen alles Schicksal.
Schicksalgesetz ist dies, daß Alle sich erfahren,
Daß, wenn die Stille kehrt, auch eine Sprache sei.
Wo aber wirkt der Geist, sind wir auch mit, und streiten, 85
Was wohl das Beste sei. So dünkt mir jetzt das Beste,
Wenn nun vollendet sein Bild und fertig ist der Meister,
Und selbst verklärt davon aus seiner Werkstatt tritt,
Der stille Gott der Zeit und nur der Liebe Gesetz,
Das schönausgleichende gilt von hier an bis zum Himmel. 90

Viel hat von Morgen an,
Seit ein Gespräch wir sind und hören voneinander,
Erfahren der Mensch; bald sind wir aber Gesang.
Und das Zeitbild, das der große Geist entfaltet,
Ein Zeichen liegts vor uns, daß zwischen ihm und andern 95
Ein Bündnis zwischen ihm und andern Mächten ist.

Nicht er allein, die Unerzeugten, Ew'gen
Sind kennbar alle daran, gleichwie auch an den Pflanzen
Die Mutter Erde sich und Licht und Luft sich kennet.
100 Zuletzt ist aber doch, ihr heiligen Mächte, für euch
Das Liebeszeichen, das Zeugnis
Daß ihrs noch seiet, der Festtag,

Der Allversammelnde, wo Himmlische nicht
Im Wunder offenbar, noch ungesehn im Wetter,
105 Wo aber bei Gesang gastfreundlich untereinander
In Chören gegenwärtig, eine heilige Zahl
Die Seligen in jeglicher Weise
Beisammen sind, und ihr Geliebtestes auch,
An dem sie hängen, nicht fehlt; denn darum rief ich
110 Zum Gastmahl, das bereitet ist,
Dich, Unvergeßlicher, dich, zum Abend der Zeit,
O Jüngling, dich zum Fürsten des Festes; und eher legt
Sich schlafen unser Geschlecht nicht,
Bis ihr Verheißenen all,
115 All ihr Unsterblichen, uns
Von eurem Himmel zu sagen,
Da seid in unserem Hause.

Leichtatmende Lüfte
Verkünden euch schon,
120 Euch kündet das rauchende Tal
Und der Boden, der vom Wetter noch dröhnet,
Doch Hoffnung rötet die Wangen,
Und vor der Türe des Hauses
Sitzt Mutter und Kind,
125 Und schauet den Frieden
Und wenige scheinen zu sterben
Es hält ein Ahnen die Seele,
Vom goldnen Lichte gesendet,
Hält ein Versprechen die Ältesten auf.

Wohl sind die Würze des Lebens,   130
Von oben bereitet und auch
Hinausgeführet, die Mühen.
Denn Alles gefällt jetzt,
Einfältiges aber
Am meisten, denn die langgesuchte,   135
Die goldne Frucht,
Uraltem Stamm
In schütternden Stürmen entfallen,
Dann aber, als liebstes Gut, vom heiligen Schicksal selbst,
Mit zärtlichen Waffen umschützt,   140
Die Gestalt der Himmlischen ist es.

Wie die Löwin, hast du geklagt,
O Mutter, da du sie,
Natur, die Kinder verloren.
Denn es stahl sie, Allzuliebende, dir   145
Dein Feind, da du ihn fast
Wie die eigenen Söhne genommen,
Und Satyren die Götter gesellt hast.
So hast du manches gebaut,
Und manches begraben,   150
Denn es haßt dich, was
Du, vor der Zeit
Allkräftige, zum Lichte gezogen.
Nun kennest, nun lässest du dies;
Denn gerne fühllos ruht,   155
Bis daß es reift, furchtsamgeschäftiges drunten.

DER EINZIGE
Erste Fassung

Was ist es, das
An die alten seligen Küsten
Mich fesselt, daß ich mehr noch
Sie liebe, als mein Vaterland?

Denn wie in himmlische
Gefangenschaft verkauft
Dort bin ich, wo Apollo ging
In Königsgestalt,
Und zu unschuldigen Jünglingen sich
Herabließ Zevs und Söhn' in heiliger Art
Und Töchter zeugte
Der Hohe unter den Menschen?

Der hohen Gedanken
Sind nämlich viel
Entsprungen des Vaters Haupt
Und große Seelen
Von ihm zu Menschen gekommen.
Gehöret hab' ich
Von Elis und Olympia, bin
Gestanden oben auf dem Parnaß,
Und über Bergen des Isthmus,
Und drüben auch
Bei Smyrna und hinab
Bei Ephesos bin ich gegangen;

Viel hab' ich schönes gesehn,
Und gesungen Gottes Bild,
Hab' ich, das lebet unter
Den Menschen, aber dennoch
Ihr alten Götter und all
Ihr tapfern Söhne der Götter
Noch Einen such ich, den
Ich liebe unter euch,
Wo ihr den letzten eures Geschlechts
Des Hauses Kleinod mir
Dem fremden Gaste verberget.

Mein Meister und Herr!
O du, mein Lehrer!
Was bist du ferne

Geblieben? und da
Ich fragte unter den Alten,   40
Die Helden und
Die Götter, warum bliebest
Du aus? Und jetzt ist voll
Von Trauern meine Seele
Als eifertet, ihr Himmlischen, selbst   45
Daß, dien' ich einem, mir
Das andere fehlet.

Ich weiß es aber, eigene Schuld
Ists! Denn zu sehr,
O Christus! häng' ich an dir,   50
Wiewohl Herakles Bruder
Und kühn bekenn' ich, du
Bist Bruder auch des Eviers, der
An den Wagen spannte
Die Tyger und hinab   55
Bis an den Indus
Gebietend freudigen Dienst
Den Weinberg stiftet und
Den Grimm bezähmte der Völker.

Es hindert aber eine Scham   60
Mich dir zu vergleichen
Die weltlichen Männer. Und freilich weiß
Ich, der dich zeugte, dein Vater,
Derselbe der,

Denn nimmer herrscht er allein.   71

83 Es hänget aber an Einem
Die Liebe. Diesesmal
85 Ist nämlich vom eigenen Herzen
Zu sehr gegangen der Gesang,
Gut machen will ich den Fehl
Wenn ich noch andere singe.
Nie treff ich, wie ich wünsche,
90 Das Maß. Ein Gott weiß aber
Wenn kommet, was ich wünsche das Beste.
Denn wie der Meister
Gewandelt auf Erden

Ein gefangener Aar,
95 Und viele, die
Ihn sahen, fürchteten sich,
Dieweil sein Äußerstes tat
Der Vater und sein Bestes unter
Den Menschen wirkete wirklich,
100 Und sehr betrübt war auch
Der Sohn so lange, bis er
Gen Himmel fuhr in den Lüften,
Dem gleich ist gefangen die Seele der Helden.
Die Dichter müssen auch
105 Die geistigen weltlich sein.

DER EINZIGE
Zweite Fassung

Was ist es, das
An die alten seligen Küsten
Mich fesselt, daß ich mehr noch
Sie liebe, als mein Vaterland?
Denn wie in himmlischer   5
Gefangenschaft gebückt, in flammender Luft
Dort bin ich, wo, wie Steine sagen Apollo ging
In Königsgestalt,
Und zu unschuldigen Jünglingen sich
Herabließ Zevs und Söhn in heiliger Art   10
Und Töchter zeugte
Der Hohe unter den Menschen?

Der hohen Gedanken
Sind nämlich viel
Entsprungen des Vaters Haupt   15
Und große Seelen
Von ihm zu Menschen gekommen.
Gehöret hab' ich
Von Elis und Olympia, bin
Gestanden oben auf dem Parnaß,   20
Und über Bergen des Isthmus,
Und drüben auch
Bei Smyrna und hinab
Bei Ephesos bin ich gegangen;

Viel hab' ich schönes gesehn,   25
Und gesungen Gottes Bild
Hab' ich, das lebet unter
Den Menschen, denn sehr dem Raum gleich ist
Das Himmlische reichlich in
Der Jugend zählbar, aber dennoch   30
O du der Sterne Leben und all

Ihr tapfern Söhne des Lebens
Noch Einen such ich, den
Ich liebe unter euch,
35 Wo ihr den letzten eures Geschlechts
Des Hauses Kleinod mir
Dem fremden Gaste verberget.

Mein Meister und Herr!
O du, mein Lehrer!
40 Was bist du ferne
Geblieben? und da
Ich fragte unter den Alten,
Die Helden und
Die Götter, warum bliebest
45 Du aus? Und jetzt ist voll
Von Trauern meine Seele
Als eifertet, ihr Himmlischen, selbst
Daß, dien' ich einem, mir
Das andere fehlet.

50 Ich weiß es aber, eigene Schuld
Ists! Denn zu sehr
O Christus! häng' ich an dir,
Wiewohl Herakles Bruder
Und kühn bekenn' ich, du
55 Bist Bruder auch des Eviers, der
Die Todeslust der Völker aufhält und zerreißet den
                                        Fallstrick,
Fein sehen die Menschen, daß sie
Nicht gehn den Weg des Todes und hüten das Maß, daß
                                        einer
Etwas für sich ist, den Augenblick
60 Das Geschick der großen Zeit auch
Ihr Feuer fürchtend, treffen sie, und wo
Des Wegs ein anderes geht, da sehen sie
Auch, wo ein Geschick sei, machen aber
Das sicher, Menschen gleichend oder Gesetzen.

Es entbrennet aber sein Zorn; daß nämlich   65
Das Zeichen die Erde berührt, allmählich
Aus Augen gekommen, als an einer Leiter.
Diesmal. Eigenwillig sonst, unmäßig
Grenzlos, daß der Menschen Hand
Anficht das Lebende, mehr auch, als sich schicket   70
Für einen Halbgott, heiliggesetztes übergeht
Der Entwurf. Seit nämlich böser Geist sich
Bemächtiget des glücklichen Altertums, unendlich,
Langher währt Eines, gesangsfeind, klanglos, das
In Maßen vergeht, des Sinnes gewaltsames.
                              Ungebundenes aber   75
Hasset Gott. Fürbittend aber

Hält ihn der Tag von dieser Zeit, stillschaffend,
Des Weges gehend, die Blüte der Jahre.
Und Kriegsgetön, und Geschichte der Helden unterhält,
                        hartnäckig Geschick,
Die Sonne Christi, Gärten der Büßenden, und   80
Der Pilgrime Wandern und der Völker ihn, und des
                                 Wächters
Gesang und die Schrift
Des Barden oder Afrikaners. Ruhmloser auch
Geschick hält ihn, die an den Tag
Jetzt erst recht kommen, das sind väterliche Fürsten.
                      Denn viel ist der Stand   85
Gottgleicher, denn sonst. Denn Männern mehr
Gehöret das Licht. Nicht Jünglingen.
Das Vaterland auch. Nämlich frisch

Noch unerschöpfet und voll mit Locken.
Der Vater der Erde freuet nämlich sich des   90
Auch, daß Kinder sind, so bleibet eine Gewißheit
Des Guten. So auch freuet
Das ihn, daß eines bleibet.
Auch einige sind, gerettet, als
Auf schönen Inseln. Gelehrt sind die.   95

Versuchungen sind nämlich
Grenzlos an die gegangen.
Zahllose gefallen. Also ging es, als
Der Erde Vater bereitet ständiges
100   In Stürmen der Zeit. Ist aber geendet.

PATMOS
Dem Landgrafen von Homburg

Nah ist
Und schwer zu fassen der Gott.
Wo aber Gefahr ist, wächst
Das Rettende auch.
5   Im Finstern wohnen
Die Adler und furchtlos gehn
Die Söhne der Alpen über den Abgrund weg
Auf leichtgebaueten Brücken.
Drum, da gehäuft sind rings
10   Die Gipfel der Zeit, und die Liebsten
Nah wohnen, ermattend auf
Getrenntesten Bergen,
So gib unschuldig Wasser,
O Fittige gib uns, treuesten Sinns
15   Hinüberzugehn und wiederzukehren.

So sprach ich, da entführte
Mich schneller, denn ich vermutet
Und weit, wohin ich nimmer
Zu kommen gedacht, ein Genius mich
20   Vom eigenen Haus'. Es dämmerten
Im Zwielicht, da ich ging
Der schattige Wald
Und die sehnsüchtigen Bäche
Der Heimat; nimmer kannt' ich die Länder;
25   Doch bald, in frischem Glanze,
Geheimnisvoll

Im goldenen Rauche, blühte
Schnellaufgewachsen,
Mit Schritten der Sonne,
Mit tausend Gipfeln duftend,   30

Mir Asia auf, und geblendet sucht'
Ich eines, das ich kennete, denn ungewohnt
War ich der breiten Gassen, wo herab
Vom Tmolus fährt
Der goldgeschmückte Paktol   35
Und Taurus stehet und Messogis,
Und voll von Blumen der Garten,
Ein stilles Feuer; aber im Lichte
Blüht hoch der silberne Schnee;
Und Zeug unsterblichen Lebens   40
An unzugangbaren Wänden
Uralt der Efeu wächst und getragen sind
Von lebenden Säulen, Zedern und Lorbeern
Die feierlichen,
Die göttlichgebauten Paläste.   45

Es rauschen aber um Asias Tore
Hinziehend da und dort
In ungewisser Meeresebene
Der schattenlosen Straßen genug,
Doch kennt die Inseln der Schiffer.   50
Und da ich hörte
Der nahegelegenen eine
Sei Patmos,
Verlangte mich sehr,
Dort einzukehren und dort   55
Der dunkeln Grotte zu nahn.
Denn nicht, wie Cypros,
Die quellenreiche, oder
Der anderen eine
Wohnt herrlich Patmos,   60 ·

Gastfreundlich aber ist
Im ärmeren Hause
Sie dennoch
Und wenn vom Schiffbruch oder klagend
65 Um die Heimat oder
Den abgeschiedenen Freund
Ihr nahet einer
Der Fremden, hört sie es gern, und ihre Kinder
Die Stimmen des heißen Hains,
70 Und wo der Sand fällt, und sich spaltet
Des Feldes Fläche, die Laute
Sie hören ihn und liebend tönt
Es wider von den Klagen des Manns. So pflegte
Sie einst des gottgeliebten,
75 Des Sehers, der in seliger Jugend war

Gegangen mit
Dem Sohne des Höchsten, unzertrennlich, denn
Es liebte der Gewittertragende die Einfalt
Des Jüngers und es sahe der achtsame Mann
80 Das Angesicht des Gottes genau,
Da, beim Geheimnisse des Weinstocks, sie
Zusammensaßen, zu der Stunde des Gastmahls,
Und in der großen Seele, ruhigahnend den Tod
Aussprach der Herr und die letzte Liebe, denn nie genug
85 Hatt' er von Güte zu sagen
Der Worte, damals, und zu erheitern, da
Ers sahe, das Zürnen der Welt.
Denn alles ist gut. Drauf starb er. Vieles wäre
Zu sagen davon. Und es sahn ihn, wie er siegend blickte
90 Den Freudigsten die Freunde noch zuletzt,

Doch trauerten sie, da nun
Es Abend worden, erstaunt,
Denn Großentschiedenes hatten in der Seele
Die Männer, aber sie liebten unter der Sonne
95 Das Leben und lassen wollten sie nicht

Vom Angesichte des Herrn
Und der Heimat. Eingetrieben war,
Wie Feuer im Eisen, das, und ihnen ging
Zur Seite der Schatte des Lieben.
Drum sandt' er ihnen   100
Den Geist, und freilich bebte
Das Haus und die Wetter Gottes rollten
Ferndonnernd über
Die ahnenden Häupter, da, schwersinnend
Versammelt waren die Todeshelden,   105

Itzt, da er scheidend
Noch einmal ihnen erschien.
Denn itzt erlosch der Sonne Tag
Der Königliche und zerbrach
Den geradestrahlenden,   110
Den Zepter, göttlichleidend, von selbst,
Denn wiederkommen sollt es
Zu rechter Zeit. Nicht wär es gut
Gewesen, später, und schroffabbrechend, untreu,
Der Menschen Werk, und Freude war es   115
Von nun an,
Zu wohnen in liebender Nacht, und bewahren
In einfältigen Augen, unverwandt
Abgründe der Weisheit. Und es grünen
Tief an den Bergen auch lebendige Bilder,   120

Doch furchtbar ist, wie da und dort
Unendlich hin zerstreut das Lebende Gott.
Denn schon das Angesicht
Der teuern Freunde zu lassen
Und fernhin über die Berge zu gehn   125
Allein, wo zweifach
Erkannt, einstimmig
War himmlischer Geist; und nicht geweissagt war es,
                                        sondern
Die Locken ergriff es, gegenwärtig,

130 Wenn ihnen plötzlich
    Ferneilend zurück blickte
    Der Gott und schwörend,
    Damit er halte, wie an Seilen golden
    Gebunden hinfort
135 Das Böse nennend, sie die Hände sich reichten –

    Wenn aber stirbt alsdenn
    An dem am meisten
    Die Schönheit hing, daß an der Gestalt
    Ein Wunder war und die Himmlischen gedeutet
140 Auf ihn, und wenn, ein Rätsel ewig füreinander
    Sie sich nicht fassen können
    Einander, die zusammenlebten
    Im Gedächtnis, und nicht den Sand nur oder
    Die Weiden es hinwegnimmt und die Tempel
145 Ergreift, wenn die Ehre
    Des Halbgotts und der Seinen
    Verweht und selber sein Angesicht
    Der Höchste wendet
    Darob, daß nirgend ein
150 Unsterbliches mehr am Himmel zu sehn ist oder
    Auf grüner Erde, was ist dies?

    Es ist der Wurf des Säemanns, wenn er faßt
    Mit der Schaufel den Weizen,
    Und wirft, dem Klaren zu, ihn schwingend über die Tenne.
155 Ihm fällt die Schale vor den Füßen, aber
    Ans Ende kommet das Korn,
    Und nicht ein Übel ists, wenn einiges
    Verloren gehet und von der Rede
    Verhallet der lebendige Laut,
160 Denn göttliches Werk auch gleichet dem unsern,
    Nicht alles will der Höchste zumal.
    Zwar Eisen träget der Schacht,
    Und glühende Harze der Ätna,
    So hätt' ich Reichtum,

Ein Bild zu bilden, und ähnlich   165
Zu schaun, wie er gewesen, den Christ,

Wenn aber einer spornte sich selbst,
Und traurig redend, unterweges, da ich wehrlos wäre
Mich überfiele, daß ich staunt' und von dem Gotte
Das Bild nachahmen möcht' ein Knecht –   170
Im Zorne sichtbar sah' ich einmal
Des Himmels Herrn, nicht, daß ich sein sollt etwas,
                                                 sondern
Zu lernen. Gütig sind sie, ihr Verhaßtestes aber ist,
So lange sie herrschen, das Falsche, und es gilt
Dann Menschliches unter Menschen nicht mehr.   175
Denn sie nicht walten, es waltet aber
Unsterblicher Schicksal und es wandelt ihr Werk
Von selbst, und eilend geht es zu Ende.
Wenn nämlich höher gehet himmlischer
Triumphgang, wird genennet, der Sonne gleich   180
Von Starken der frohlockende Sohn des Höchsten,

Ein Losungszeichen, und hier ist der Stab
Des Gesanges, niederwinkend,
Denn nichts ist gemein. Die Toten wecket
Er auf, die noch gefangen nicht   185
Vom Rohen sind. Es warten aber
Der scheuen Augen viele
Zu schauen das Licht. Nicht wollen
Am scharfen Strahle sie blühn,
Wiewohl den Mut der goldene Zaum hält.   190
Wenn aber, als
Von schwellenden Augenbraunen
Der Welt vergessen
Stilleuchtende Kraft aus heiliger Schrift fällt, mögen
Der Gnade sich freuend, sie   195
Am stillen Blicke sich üben.

Und wenn die Himmlischen jetzt
So, wie ich glaube, mich lieben
Wie viel mehr Dich,
200 Denn Eines weiß ich,
Daß nämlich der Wille
Des ewigen Vaters viel
Dir gilt. Still ist sein Zeichen
Am donnernden Himmel. Und Einer stehet darunter
205 Sein Leben lang. Denn noch lebt Christus.
Es sind aber die Helden, seine Söhne
Gekommen all und heilige Schriften
Von ihm und den Blitz erklären
Die Taten der Erde bis itzt,
210 Ein Wettlauf unaufhaltsam. Er ist aber dabei. Denn seine
                                        Werke sind
Ihm alle bewußt von jeher.

Zu lang, zu lang schon ist
Die Ehre der Himmlischen unsichtbar.
Denn fast die Finger müssen sie
215 Uns führen und schmählich
Entreißt das Herz uns eine Gewalt.
Denn Opfer will der Himmlischen jedes,
Wenn aber eines versäumt ward,
Nie hat es Gutes gebracht.
220 Wir haben gedienet der Mutter Erd'
Und haben jüngst dem Sonnenlichte gedient,
Unwissend, der Vater aber liebt,
Der über allen waltet,
Am meisten, daß gepfleget werde
225 Der feste Buchstab, und bestehendes gut
Gedeutet. Dem folgt deutscher Gesang.

PATMOS
Dem Landgrafen von Homburg

Bruchstücke der späteren Fassung

Voll Güt' ist; keiner aber fasset
Allein Gott.
Wo aber Gefahr ist, wächst
Das Rettende auch.
Im Finstern wohnen   5
Die Adler, und furchtlos gehn
Die Söhne der Alpen über den Abgrund weg
Auf leichtgebaueten Brücken.
Drum, da gehäuft sind rings, um Klarheit,
Die Gipfel der Zeit,   10
Und die Liebsten nahe wohnen, ermattend auf
Getrenntesten Bergen,
So gib unschuldig Wasser,
O Fittige gib uns, treuesten Sinns
Hinüberzugehn und wiederzukehren.   15

So sprach ich, da entführte
Mich künstlicher, denn ich vermutet
Und weit, wohin ich nimmer
Zu kommen gedacht, ein Genius mich
Vom eigenen Haus'. Es kleideten sich   20
Im Zwielicht, Menschen ähnlich, da ich ging
Der schattige Wald
Und die sehnsüchtigen Bäche
Der Heimat; nimmer kannt' ich die Länder.
Viel aber mitgelitten haben wir, viel Male. So   25
In frischem Glanze, geheimnisvoll,
In goldenem Rauche blühte
Schnellaufgewachsen,
Mit Schritten der Sonne,
Von tausend Tischen duftend, jetzt,   30

    Mir Asia auf und geblendet ganz
Sucht' eins ich, das ich kennete, denn ungewohnt
War ich der breiten Gassen, wo herab
Vom Tmolus fährt
35 Der goldgeschmückte Paktol
Und Taurus stehet und Messogis,
Und schläfrig fast von Blumen der Garten,

Vom Jordan und von Nazareth
Und fern vom See, an Capernaum,
40 Und Galiläa die Lüfte, und von Cana.
Eine Weile bleib ich, sprach er. Also mit Tropfen
Stillt er das Seufzen des Lichts, das durstigem Wild
War ähnlich in den Tagen, als um Syrien
Jammert der getöteten Kindlein heimatliche
45 Anmut im Sterben, und das Haupt
Des Täufers gepflückt, war unverwelklicher Schrift gleich
Sichtbar auf weilender Schüssel. Wie Feuer
Sind Stimmen Gottes. Schwer ists aber
Im Großen zu behalten das Große.
50 Nicht eine Weide. Daß einer
Bleibet im Anfang. Jetzt aber
Geht dieses wieder, wie sonst.

Johannes. Christus. Diesen möcht'
Ich singen, gleich dem Herkules, oder
55 Der Insel, welche festgehalten und gerettet, erfrischend

Die benachbarte mit kühlen Meereswassern aus der Wüste
Der Flut, der weiten, Peleus. Das geht aber
Nicht. Anders ists ein Schicksal. Wundervoller.
Reicher, zu singen. Unabsehlich
Seit jenem die Fabel. Und jetzt   60
Möcht' ich die Fahrt der Edelleute nach
Jerusalem, und das Leiden irrend in Canossa,
Und den Heinrich singen. Daß aber
Der Mut nicht selber mich aussetze. Begreifen müssen
Dies wir zuvor. Wie Morgenluft sind nämlich die Namen 65
Seit Christus. Werden Träume. Fallen, wie Irrtum
Auf das Herz und tötend, wenn nicht einer

Erwäget, was sie sind und begreift.
Es sah aber der achtsame Mann
Das Angesicht des Gottes,   70
Damals, da, beim Geheimnisse des Weinstocks sie
Zusammensaßen, zu der Stunde des Gastmahls,
Und in der großen Seele, wohlauswählend, den Tod
Aussprach der Herr, und die letzte Liebe, denn nie genug
Hatt er, von Güte, zu sagen   75
Der Worte, damals, und zu bejahn bejahendes. Aber sein
                             Licht war
Tod. Denn karg ist das Zürnen der Welt.
Das aber erkannt' er. Alles ist gut. Drauf starb er.
Es sahen aber, gebückt, des ungeachtet, vor Gott die
                             Gestalt
Des Verleugnenden, wie wenn   80
Ein Jahrhundert sich biegt, nachdenklich, in der Freude
                           der Wahrheit
Noch zuletzt die Freunde,

Doch trauerten sie, da nun
Es Abend worden. Nämlich rein
Zu sein, ist Geschick, ein Leben, das ein Herz hat,   85
Vor solchem Angesicht', und dauert über die Hälfte.
Zu meiden aber ist viel. Zu viel aber

Der Liebe, wo Anbetung ist,
Ist gefahrreich, triffet am meisten. Jene wollten aber
90 Vom Angesichte des Herrn
Nicht lassen und der Heimat. Eingeboren
Wie Feuer war in dem Eisen das, und ihnen
Zur Seite ging, wie eine Seuche, der Schatte des Lieben.
Drum sandt er ihnen
95 Den Geist, und freilich bebte
Das Haus und die Wetter Gottes rollten
Ferndonnernd, Männer schaffend, wie wenn
            Drachenzähne, prächtigen Schicksals,

ANDENKEN

Der Nordost wehet,
Der liebste unter den Winden
Mir, weil er feurigen Geist
Und gute Fahrt verheißet den Schiffern.
5 Geh aber nun und grüße
Die schöne Garonne,
Und die Gärten von Bourdeaux
Dort, wo am scharfen Ufer
Hingehet der Steg und in den Strom
10 Tief fällt der Bach, darüber aber
Hinschauet ein edel Paar
Von Eichen und Silberpappeln;

Noch denket das mir wohl und wie
Die breiten Gipfel neiget
15 Der Ulmwald, über die Mühl',
Im Hofe aber wächset ein Feigenbaum.
An Feiertagen gehn

Die braunen Frauen daselbst
Auf seidnen Boden,
Zur Märzenzeit,   20
Wenn gleich ist Nacht und Tag,
Und über langsamen Stegen,
Von goldenen Träumen schwer,
Einwiegende Lüfte ziehen.

Es reiche aber,   25
Des dunkeln Lichtes voll,
Mir einer den duftenden Becher,
Damit ich ruhen möge; denn süß
Wär' unter Schatten der Schlummer.
Nicht ist es gut,   30
Seellos von sterblichen
Gedanken zu sein. Doch gut
Ist ein Gespräch und zu sagen
Des Herzens Meinung, zu hören viel
Von Tagen der Lieb',   35
Und Taten, welche geschehen.

Wo aber sind die Freunde? Bellarmin
Mit dem Gefährten? Mancher
Trägt Scheue, an die Quelle zu gehn;
Es beginnet nämlich der Reichtum   40
Im Meere. Sie,
Wie Maler, bringen zusammen
Das Schöne der Erd' und verschmähn
Den geflügelten Krieg nicht, und
Zu wohnen einsam, jahrlang, unter   45
Dem entlaubten Mast, wo nicht die Nacht durchglänzen
Die Feiertage der Stadt,
Und Saitenspiel und eingeborener Tanz nicht.

Nun aber sind zu Indiern
Die Männer gegangen,   50
Dort an der luftigen Spitz'

An Traubenbergen, wo herab
Die Dordogne kommt,
Und zusammen mit der prächt'gen
Garonne meerbreit
Ausgehet der Strom. Es nehmet aber
Und gibt Gedächtnis die See,
Und die Lieb' auch heftet fleißig die Augen,
Was bleibet aber, stiften die Dichter.

DER ISTER

Jetzt komme, Feuer!
Begierig sind wir
Zu schauen den Tag,
Und wenn die Prüfung
Ist durch die Knie gegangen,
Mag einer spüren das Waldgeschrei.
Wir singen aber vom Indus her
Fernangekommen und
Vom Alpheus, lange haben
Das Schickliche wir gesucht,
Nicht ohne Schwingen mag
Zum Nächsten einer greifen
Geradezu
Und kommen auf die andere Seite.
Hier aber wollen wir bauen.
Denn Ströme machen urbar
Das Land. Wenn nämlich Kräuter wachsen
Und an denselben gehn
Im Sommer zu trinken die Tiere,
So gehn auch Menschen daran.

Man nennet aber diesen den Ister.
Schön wohnt er. Es brennet der Säulen Laub,
Und reget sich. Wild stehn
Sie aufgerichtet, untereinander; darob
Ein zweites Maß, springt vor

Von Felsen das Dach. So wundert
Mich nicht, daß er
Den Herkules zu Gaste geladen,
Fernglänzend, am Olympos drunten,
Da der, sich Schatten zu suchen   30
Vom heißen Isthmos kam,
Denn voll des Mutes waren
Daselbst sie, es bedarf aber, der Geister wegen,
Der Kühlung auch. Darum zog jener lieber
An die Wasserquellen hieher und gelben Ufer,   35
Hoch duftend oben, und schwarz
Vom Fichtenwald, wo in den Tiefen
Ein Jäger gern lustwandelt
Mittags, und Wachstum hörbar ist
An harzigen Bäumen des Isters,   40

Der scheinet aber fast
Rückwärts zu gehen und
Ich mein, er müsse kommen
Von Osten.
Vieles wäre   45
Zu sagen davon. Und warum hängt er
An den Bergen gerad? Der andre
Der Rhein ist seitwärts
Hinweggegangen. Umsonst nicht gehn
Im Trocknen die Ströme. Aber wie? Ein Zeichen
                          braucht es   50
Nichts anderes, schlecht und recht, damit es Sonn
Und Mond trag' im Gemüt', untrennbar,
Und fortgeh, Tag und Nacht auch, und
Die Himmlischen warm sich fühlen aneinander.
Darum sind jene auch   55
Die Freude des Höchsten. Denn wie käm er
Herunter? Und wie Hertha grün,
Sind sie die Kinder des Himmels. Aber allzugeduldig
Scheint der mir, nicht
Freier, und fast zu spotten. Nämlich wenn   60

Angehen soll der Tag
In der Jugend, wo er zu wachsen
Anfängt, es treibet ein anderer da
Hoch schon die Pracht, und Füllen gleich
65 In den Zaum knirscht er, und weithin hören
Das Treiben die Lüfte,
Ist der zufrieden;
Es brauchet aber Stiche der Fels
Und Furchen die Erd',
70 Unwirtbar wär es, ohne Weile;
Was aber jener tuet der Strom,
Weiß niemand.

MNEMOSYNE

Reif sind, in Feuer getaucht, gekochet
Die Frücht und auf der Erde geprüfet und ein Gesetz ist
Daß alles hineingeht, Schlangen gleich,
Prophetisch, träumend auf
5 Den Hügeln des Himmels. Und vieles
Wie auf den Schultern eine
Last von Scheitern ist
Zu behalten. Aber bös sind
Die Pfade. Nämlich unrecht,
10 Wie Rosse, gehn die gefangenen
Element' und alten
Gesetze der Erd. Und immer
Ins Ungebundene gehet eine Sehnsucht. Vieles aber ist
Zu behalten. Und Not die Treue.
15 Vorwärts aber und rückwärts wollen wir
Nicht sehn. Uns wiegen lassen, wie
Auf schwankem Kahne der See.

Wie aber liebes? Sonnenschein
Am Boden sehen wir und trockenen Staub
20 Und heimatlich die Schatten der Wälder und es blühet

An Dächern der Rauch, bei alter Krone
Der Türme, friedsam; gut sind nämlich
Hat gegenredend die Seele
Ein Himmlisches verwundet, die Tageszeichen.
Denn Schnee, wie Maienblumen   25
Das Edelmütige, wo
Es seie, bedeutend, glänzet auf
Der grünen Wiese
Der Alpen, hälftig, da, vom Kreuze redend, das
Gesetzt ist unterwegs einmal   30
Gestorbenen, auf hoher Straß
Ein Wandersmann geht zornig,
Fern ahnend mit
Dem andern, aber was ist dies?

Am Feigenbaum ist mein   35
Achilles mir gestorben,
Und Ajax liegt
An den Grotten der See,
An Bächen, benachbart dem Skamandros.
An Schläfen Sausen einst, nach   40
Der unbewegten Salamis steter
Gewohnheit, in der Fremd', ist groß
Ajax gestorben
Patroklos aber in des Königes Harnisch. Und es starben
Noch andere viel. Am Kithäron aber lag   45
Elevtherä, der Mnemosyne Stadt. Der auch als
Ablegte den Mantel Gott, das abendliche nachher löste
Die Locken. Himmlische nämlich sind
Unwillig, wenn einer nicht die Seele schonend sich
Zusammengenommen, aber er muß doch; dem   50
Gleich fehlet die Trauer.

ENTWÜRFE, GRÖSSERE FRAGMENTE UND SKIZZEN
1793-1806

AN DEN FRÜHLING

Wangen sah' ich verblühn, und die Kraft der Arme
veralten

Du mein Herz! noch alterst du nicht; wie Luna den Liebling
Weckte des Himmels Kind, die Freude vom Schlafe dich
wieder;
Denn Sie erwacht mit mir zu neuer, glühender Jugend
Meine Schwester, die süße Natur, und meine geliebten   5
Tale lächeln mich an, und meine geliebteren Haine,
Voll erfreulichen Vogelgesangs, und scherzender Lüfte
Jauchzen in wilder Lust der freundlichen Gruß mir
entgegen.
Der du Herzen verjüngst, und Fluren, heiliger Frühling
Heil dir! Erstgeborner der Zeit! erquickender Frühling   10
Erstgeborner im Schoße der Zeit! Gewaltiger! Heil dir
Heil! die Fessel zerriß, und tönt dir Feiergesänge,
Daß die Gestad' erbeben, der Strom; wir Jünglinge
taumeln
Jauchzen hinaus wo der Strom dich preist, wir enthüllen
du Holder
Deinem Liebeshauche die glühende Brust, und stürzen
hinunter   15
In den Strom, und jauchzen mit ihm, und nennen dich
Bruder.

Bruder! wie tanzt so schön, mit tausendfältiger Freude
Ach! und tausendfältiger Lieb' im lächelnden Äther
Deine Erde dahin, seit aus Elysiums Talen
Du mit dem Zauberstab ihr nahtest, himmlischer Jüngling!   20

Sahn wir nicht, wie sie freundlicher nun den stolzen
      Geliebten
Grüßt', den heiligen Tag, wenn er kühn vom Siege der
      Schatten
Über die Berge flammt! wie sie sanfterrötend im Schleier
Silberner Düfte verhüllt, in süßen Erwartungen aufblickt,
25 Bis sie glühet von ihm, und ihre friedlichen Kinder
Alle, Blumen und Hain', und Saaten und sprossende Reben,

Schlummre, schlummre nun, mit deinen friedlichen
      Kindern
Mutter Erde! denn Helios hat die glühenden Rosse
Längst zur Ruhe gelenkt, und die freundlichen Helden
      des Himmels
30 Perseus dort, und Herkules dort sie wallen in stiller
Liebe vorbei, und leise durchstreift der flüsternde
      Nachthauch
Deine fröhliche Saat, und die fernher tönenden Bäche
Lispeln Schlummergesänge darein,

AN EINEN BAUM

    und die ewigen Bahnen
Lächelnd über uns hin zögen die Herrscher der Welt,
Sonne und Mond und Sterne, und auch die Blitze der
      Wolken
Spielten, des Augenblicks feurige Kinder, um uns,
5 Aber in unsrem Innern, ein Bild der Fürsten des Himmels,
Wandelte neidlos der Gott unserer Liebe dahin,
Und er mischte den Duft, die reine, heilige Seele,
Die, von des Frühlinges silberner Stunde genährt,
Oft überströmte, hinaus in's glänzende Meer des Tages,
10 Und in das Abendrot und in die Wogen der Nacht,
Ach! wir lebten so frei im innig unendlichen Leben,
Unbekümmert und still, selber ein seliger Traum,

Jetzt uns selber genug und jetzt in's Weite verfliegend,
    Aber im Innersten doch immer lebendig und eins.
Glücklicher Baum! wie lange, wie lange könnt' ich noch
                                 singen 15
    Und vergehen im Blick auf dein erbebendes Haupt,
Aber siehe! dort regt sich's, es wandeln in Schleiern die
                             Jungfrau'n
    Und wer weiß es, vielleicht wäre mein Mädchen dabei;
Laß mich, laß mich, ich muß – lebwohl! es reißt mich
                           in's Leben,
    Daß ich im kindischen Gang folge der lieblichen Spur, 20
Aber du Guter, dich will, dich will ich nimmer vergessen,
    Ewig bist du und bleibst meiner Geliebtesten Bild.
Und käm' einmal ein Tag, wo sie die meinige wäre
    O! dann ruht' ich mit ihr, unter dir, Freundlicher, aus
Und du zürnetest nicht, du gössest Schatten und Düfte 25
    Und ein rauschendes Lied über die Glücklichen aus.

AN DIOTIMA

Komm und siehe die Freude um uns; in kühlenden Lüften
        Fliegen die Zweige des Hains,
Wie die Locken im Tanz'; und wie auf tönender Leier
        Ein erfreulicher Geist
Spielt mit Regen und Sonnenschein auf der Erde der
                       Himmel 5
        Wie in liebendem Streit
Über dem Saitenspiel' ein tausendfältig Gewimmel
        Flüchtiger Töne sich regt,
Wandelt Schatten und Licht in süßmelodischem Wechsel
        Über die Berge dahin. 10
Leise berührte der Himmel zuvor mit der silbernen Tropfe
        Seinen Bruder den Strom
Nah ist er nun, nun schüttet er ganz, die köstliche Fülle
        Die er am Herzen trug
Über den Hain und den Strom, und 15

Und das Grünen des Hains, und des Himmels Bild in
             dem Strome
    Dämmert und schwindet vor uns
Und des einsamen Berges Haupt mit den Hütten und Felsen
    Die er im Schoße verbirgt,
20 Und die Hügel, die um ihn her, wie Lämmer, gelagert
    Und in blühend Gesträuch
Wie in zarte Wolle gehüllt, sich nähren von klaren
    Kühlenden Quellen des Bergs,
Und das dampfende Tal mit seinen Saaten und Blumen,
25   Und der Garten vor uns
Nah und fernes entweicht, verliert sich in froher
                 Verwirrung
    Und die Sonne verlischt.
Aber vorübergerauscht sind nun die Fluten des Himmels
    Und geläutert, verjüngt
30 Geht mit den seligen Kindern hervor die Erd' aus dem
             Bade.
    Froher lebendiger
Glänzt im Haine das Grün, und goldner funkeln die
             Blumen,

Weiß, wie die Herde, die in den Strom, der Schäfer
             geworfen,

AN NEUFFER

Brüderlich Herz! ich komme zu dir, wie der tauende
             Morgen
    Schließe du, wie der Kelch zärtlicher Blumen dich auf
Einen Himmel empfängst du, der Freude goldene Wolke
    Rieselt in eilenden freundlichen Tönen herab.
5 Freund! ich kenne mich nicht, ich kenne nimmer den
             Menschen,
    Und es schämet der Geist aller Gedanken sich nun.
Fassen wollt' er auch sie, wie er faßt die Dinge der Erde
    Fassen

Aber ein Schwindel ergriff ihn süß, und die ewige Veste
Seiner Gedanken stürzt'   10

DIE VÖLKER SCHWIEGEN,
SCHLUMMERTEN . . .

Die Völker schwiegen, schlummerten, da sahe
Das Schicksal, daß sie nicht entschliefen und es kam
Der unerbittliche, der furchtbare
Sohn der Natur, der alte Geist der Unruh.
Der regte sich, wie Feuer, das im Herzen   5
Der Erde gärt, das wie den reifen Obstbaum
Die alten Städte schüttelt, das die Berge
Zerreißt, und die Eichen hinabschlingt und die Felsen.

Und Heere tobten, wie die kochende See.
Und wie ein Meergott, herrscht' und waltete   10
Manch großer Geist im kochenden Getümmel.
Manch feurig Blut zerrann im Todesfeld
Und jeder Wunsch und jede Menschenkraft
Vertobt auf Einer da, auf ungeheurer Walstatt
Wo von dem blauen Rheine bis zur Tyber   15
Die unaufhaltsame die jahrelange Schlacht
In wilder Ordnung sich umherbewegte.
Es spielt' ein kühnes Spiel in dieser Zeit
Mit allen Sterblichen das mächtge Schicksal.

Und blinken goldne Früchte wieder dir   20
Wie heitre holde Sterne, durch die kühle Nacht
Der Pomeranzenwälder in Italien.

BUONAPARTE

Heilige Gefäße sind die Dichter,
   Worin des Lebens Wein, der Geist
   Der Helden sich aufbewahrt,

Aber der Geist dieses Jünglings
5   Der schnelle, müßt' er es nicht zersprengen
   Wo es ihn fassen wollte, das Gefäß?

Der Dichter laß ihn unberührt wie den Geist der Natur,
   An solchem Stoffe wird zum Knaben der Meister.

Er kann im Gedichte nicht leben und bleiben,
10   Er lebt und bleibt in der Welt.

DEM ALLBEKANNTEN

Frei wie die Schwalben, ist der Gesang, sie fliegen und
                     wandern
Fröhlich von Land zu Land, und ferne suchet den Sommer
Sich das heilge Geschlecht, denn heilig war es den Vätern
Und nun sing ich den Fremdling, ihn,

5 Dies neide mir keiner der andern, gleichst du dem Ernsten
Oder gleichst du ihm nicht, laß jetzt in Ruhe mich sprechen
Denn der Herrliche selbst er gönnet gerne mein Spiel mir.
Fragen möcht' ich, woher er ist? am Rheine der Deutschen
Wuchs er nicht auf wenn schon nicht arm an Männern
                     das Land ist,
10 Das bescheidene, und an allernährender Sonne
Schön auch da der Genius reift,

HÖRT' ICH DIE WARNENDEN ITZT . . .

Hört' ich die Warnenden itzt, sie lächelten meiner und
                                        dächten,
  Früher anheim uns fiel, weil er uns scheute, der Tor.
Und sie achtetens keinen Gewinn,

Singt, o singet mir nur, unglückweissagend, ihr Furchtbarn
  Schicksalsgötter das Lied immer und immer ums Ohr   5
Euer bin ich zuletzt, ich weiß es, doch will zuvor ich
  Mir gehören und mir Leben erbeuten und Ruhm.

ABSCHIED

Wenn ich sterbe mit Schmach, wenn an den Frechen nicht
  Meine Seele sich rächt, wenn ich hinunter bin
    Von des Genius Feinden
      Überwunden, ins feige Grab,

Dann vergiß mich, o dann rette vom Untergang   5
  Meinen Namen auch du, gütiges Herz! nicht mehr
    Dann erröte, die du mir
      Hold gewesen, doch eher nicht!

Aber weiß ich es nicht? Wehe! du liebender
  Schutzgeist! ferne von dir spielen zerreißend bald   10
    Auf den Saiten des Herzens
      Alle Geister des Todes mir.

O so bleiche dich denn Locke der mutigen
  Jugend! heute noch, du lieber als morgen mir,

15   hier wo am einsamen
     Scheidewege der Schmerz mich,
     Mich der Tötende niederwirft.

PALINODIE

Was dämmert um mich, Erde! dein freundlich Grün?
   Was wehst du wieder, Lüftchen, wie einst, mich an?
     In allen Wipfeln rauschts,

Was weckt ihr mir die Seele? was regt ihr mir
5   Vergangnes auf, ihr Guten! o schonet mein
     Und laßt sie ruhn, die Asche meiner
        Freuden, ihr spottetet nur! o wandelt,

Ihr schicksallosen Götter, vorbei und blüht
   In eurer Jugend über den Alternden
10   Und wollt ihr zu den Sterblichen euch
        Gerne gesellen, so blühn der Jungfraun

Euch viel, der jungen Helden, und schöner spielt
   Der Morgen um die Wange der Glücklichen
     Denn um ein trübes Aug' und lieblich
15   Tönen die Sänge der Mühelosen.

Ach! vormals rauschte leicht des Gesanges Quell
   Auch mir vom Busen, da noch die Freude mir
     Die himmlische vom Auge glänzte

Versöhnung o Versöhnung, ihr gütigen
20   Ihr immergleichen Götter und haltet ein
     Weil ihr die reinen Quellen liebt

DER MUTTER ERDE
Gesang der Brüder
Ottmar   Hom   Tello

OTTMAR

Statt offner Gemeine sing' ich Gesang.
So spielt von erfreulichen Händen
Wie zum Versuche berühret, eine Saite
Von Anfang. Aber freudig ernster neigt
Bald über die Harfe   5
Der Meister das Haupt und die Töne
Bereiten sich ihm, und werden geflügelt
So viele sie sind und zusammen tönt es unter dem Schlage
Des Weckenden und voll, wie aus Meeren schwingt
Unendlich sich in die Lüfte die Wolke des Wohllauts.   10

Doch wird ein anderes noch
Wie der Harfe Klang
Der Gesang sein
Der Chor des Volks.
Denn wenn er schon der Zeichen genug   15
Und Fluten in seiner Macht und Wetterflammen
Wie Gedanken hat der heilige Vater,
    unaussprechlich wär er wohl
Und nirgend fänd er wahr sich unter den Lebenden wieder
Wenn zum Gesange nicht hätt ein Herz die Gemeinde.   20

Noch aber

Doch wie der Fels erst ward,
Und geschmiedet wurden in schattiger Werkstatt,
        die ehernen Festen der Erde,   25
Noch ehe Bäche rauschten von den Bergen
Und Hain' und Städte blüheten an den Strömen,

So hat er donnernd schon
Geschaffen ein reines Gesetz,
30 Und reine Laute gegründet.

HOM

Indessen schon', o Mächtiger des
Der einsam singt, und gib uns Lieder genug,
Bis ausgesprochen ist, wie wir
Es meinen unserer Seele Geheimnis.
35 Denn öfters hört' ich
Des alten Priesters Gesänge

und so
Zu danken bereite die Seele mir auch.

40 Doch wandeln im Waffensaale
Mit gebundener Hand in müßigen Zeiten
Die Männer und schauen die Rüstungen an,
Voll Ernstes stehen sie und einer erzählt,
Wie die Väter sonst den Bogen gespannet
45 Fernhin des Zieles gewiß,
Und alle glauben es ihm
Doch keiner darf es versuchen
Wie ein Gott   sinken die Arme
Der Menschen,
50 Auch ziemt ein Feiergewand an jedem Tage sich nicht.

Die Tempelsäulen stehn
Verlassen in Tagen der Not,
Wohl tönet des Nordsturms Echo
          tief in den Hallen,
55 Und der Regen machet sie rein,
Und Moos wächst und es kehren die Schwalben,
In Tagen des Frühlings, namlos aber ist
In ihnen der Gott, und die Schale des Danks

Und Opfergefäß und alle Heiligtümer
Begraben dem Feind in verschwiegener Erde.   60

TELLO

Wer will auch danken, eh' er empfängt,
Und Antwort geben, eh' er gehört hat?
Ni   indes ein Höherer spricht,
Zu fallen in die tönende Rede.
Viel hat er zu sagen und anders Recht,   65
Und Einer ist, der endet in Stunden nicht,
Und die Zeiten des Schaffenden sind,
Wie Gebirg,
Das hochaufwogend von Meer zu Meer
Hinziehet über die Erde,   70

Es sagen der Wanderer viele davon,
Und das Wild irrt in den Klüften,
Und die Horde schweifet über die Höhen,
In heiligem Schatten aber,
Am grünen Abhang wohnet   75
Der Hirt und schauet die Gipfel.
So

DEUTSCHER GESANG

Wenn der Morgen trunken begeisternd heraufgeht
Und der Vogel sein Lied beginnt,
Und Strahlen der Strom wirft, und rascher hinab
Die rauhe Bahn geht über den Fels,
Weil ihn die Sonne gewärmet.   5

Und der
Verlangend in anders Land
Die Jünglinge

Und das Tor erwacht und der Marktplatz,
10 Und von heiligen Flammen des Herds
Der rötliche Duft steigt, dann schweigt er allein,
Dann hält er still im Busen das Herz,
Und sinnt in einsamer Halle.

Doch wenn

15   dann sitzt im tiefen Schatten,
Wenn über dem Haupt die Ulme säuselt,
Am kühlatmenden Bache der deutsche Dichter
Und singt, wenn er des heiligen nüchternen Wassers
Genug getrunken, fernhin lauschend in die Stille,
20 Den Seelengesang.
Und noch, noch ist er des Geistes zu voll,
Und die reine Seele

Bis zürnend er

Und es glühet ihm die Wange vor Scham,
25 Unheilig jeder Laut des Gesangs.

Doch lächeln über des Mannes Einfalt
Die Gestirne, wenn vom Orient her
Weissagend über den Bergen unseres Volks
Sie verweilen
30 Und wie des Vaters Hand ihm über den Locken geruht,
In Tagen der Kindheit,
So krönet, daß er schaudernd es fühlt
Ein Segen das Haupt des Sängers,
Wenn dich, der du
35 Um deiner Schöne willen, bis heute,

Namlos geblieben o göttlichster!
O guter Geist des Vaterlands
Sein Wort im Liede dich nennet.

WIE VÖGEL LANGSAM ZIEHN ...

Wie Vögel langsam ziehn
Es blicket voraus
Der Fürst und kühl wehn
An die Brust ihm die Begegnisse wenn
Es um ihn schweiget, hoch   5
In der Luft, reich glänzend aber hinab
Das Gut ihm liegt der Länder, und mit ihm sind
Das erstemal siegforschend die Jungen.
Er aber mäßiget mit
Der Fittige Schlag.   10

WIE MEERESKÜSTEN ...

Wie Meeresküsten, wenn zu baun
Anfangen die Himmlischen und herein
Schifft unaufhaltsam, eine Pracht, das Werk
Der Wogen, eins ums andere, und die Erde
Sich rüstet aus, darauf vom Freudigsten eines   5
Mit guter Stimmung, zu recht es legend also schlägt es
Dem Gesang, mit dem Weingott, vielverheißend dem
                                        bedeutenden
Und der Lieblingin
Des Griechenlandes
Der meergeborenen, schicklich blickenden   10
Das gewaltige Gut ans Ufer.

HEIMAT

Und niemand weiß

Indessen laß mich wandeln
Und wilde Beeren pflücken
Zu löschen die Liebe zu dir
5   An deinen Pfaden, o Erd'

Hier wo – – –
            und Rosendornen
Und süße Linden duften neben
Den Buchen, des Mittags, wenn im falben Kornfeld
10   Das Wachstum rauscht, an geradem Halm,
Und den Nacken die Ähre seitwärts beugt
Dem Herbste gleich, jetzt aber unter hohem
Gewölbe der Eichen, da ich sinn
Und aufwärts frage, der Glockenschlag
15   Mir wohlbekannt
Fernher tönt, goldenklingend, um die Stunde, wenn
Der Vogel wieder wacht. So gehet es wohl.

WENN NÄMLICH DER REBE SAFT . . .

Wenn nämlich der Rebe Saft,
Das milde Gewächs suchet Schatten
Und die Traube wächset unter dem kühlen
Gewölbe der Blätter,

Den Männern eine Stärke,   5
Wohl aber duftend den Jungfraun,
Und Bienen,
Wenn sie, vom Wohlgeruche
Des Frühlings trunken, der Geist
Der Sonne rühret, irren ihr nach   10
Die Getriebenen, wenn aber
Ein Strahl brennt, kehren sie
Mit Gesumm, vielahnend
                darob
            die Eiche rauschet,   15

AUF FALBEM LAUBE ...

Auf falbem Laube ruhet
Die Traube, des Weines Hoffnung, also ruhet auf der Wange
Der Schatten von dem goldenen Schmuck, der hängt
Am Ohre der Jungfrau.

Und ledig soll ich bleiben   5
Leicht fanget aber sich
In der Kette, die
Es abgerissen, das Kälblein.

Fleißig

Es liebet aber der Sämann   10
Zu sehen eine,
Des Tages schlafend über
Dem Strickstrumpf.

Nicht will wohllauten
Der deutsche Mund   15

Aber lieblich
Am stechenden Bart rauschen
Die Küsse.

WAS IST DER MENSCHEN LEBEN . . .

Was ist der Menschen Leben   ein Bild der Gottheit.
Wie unter dem Himmel wandeln die Irdischen alle, sehen
Sie diesen. Lesend aber gleichsam, wie
In einer Schrift, die Unendlichkeit nachahmen und den
                                                    Reichtum
5 Menschen. Ist der einfältige Himmel
Denn reich? Wie Blüten sind ja
Silberne Wolken. Es regnet aber von daher
Der Tau und das Feuchte. Wenn aber
Das Blau ist ausgelöscht, das Einfältige, scheint
10 Das Matte, das dem Marmelstein gleichet, wie Erz,
Anzeige des Reichtums.

WAS IST GOTT? . . .

Was ist Gott? unbekannt, dennoch
Voll Eigenschaften ist das Angesicht
Des Himmels von ihm. Die Blitze nämlich
Der Zorn sind eines Gottes. Jemehr ist eins
5 Unsichtbar,   schicket es sich in Fremdes. Aber der
                                                    Donner
Der Ruhm ist Gottes. Die Liebe zur Unsterblichkeit
Das Eigentum auch, wie das unsere,
Ist eines Gottes.

AN DIE MADONNA

Viel hab' ich dein
Und deines Sohnes wegen
Gelitten, o Madonna,
Seit ich gehöret von ihm
In süßer Jugend;   5
Denn nicht der Seher allein,
Es stehen unter einem Schicksal
Die Dienenden auch. Denn weil ich

Und manchen Gesang, den ich
Dem höchsten zu singen, dem Vater   10
Gesonnen war, den hat
Mir weggezehret die Schwermut.

Doch Himmlische, doch will ich
Dich feiern und nicht soll einer
Der Rede Schönheit mir   15
Die heimatliche, vorwerfen,
Dieweil ich allein
Zum Felde gehe, wo wild
Die Lilie wächst, furchtlos,
Zum unzugänglichen,   20
Uralten Gewölbe
Des Waldes,
        das Abendland,

                und gewaltet über
Den Menschen hat, statt anderer Gottheit sie   25
Die allvergessende Liebe.

    Denn damals sollt es beginnen
Als

Geboren dir im Schoße
30 Der göttliche Knabe und um ihn
Der Freundin Sohn, Johannes genannt
Vom stummen Vater, der kühne
Dem war gegeben
Der Zunge Gewalt,
35 Zu deuten

Und die Furcht der Völker und
Die Donner und
Die stürzenden Wasser des Herrn.

Denn gut sind Satzungen, aber
40 Wie Drachenzähne, schneiden sie
Und töten das Leben, wenn im Zorne sie schärft
Ein Geringer oder ein König.
Gleichmut ist aber gegeben
Den Liebsten Gottes. So dann starben jene.
45 Die Beiden,   so auch sahst
Du göttlichtrauernd in der starken Seele sie sterben.
Und wohnst deswegen

                            und wenn in heiliger Nacht
Der Zukunft einer gedenkt und Sorge für
50 Die sorglosschlafenden trägt
Die frischaufblühenden Kinder
Kömmst lächelnd du, und fragst, was er, wo du
Die Königin seiest, befürchte.

Denn nimmer vermagst du es
55 Die keimenden Tage zu neiden,
Denn lieb ist dirs, von je,
Wenn größer die Söhne sind,
Denn ihre Mutter. Und nimmer gefällt es dir
Wenn rückwärtsblickend
60 Ein Älteres spottet des Jüngern.

Wer denkt der teuern Väter
Nicht gern und erzählet
Von ihren Taten,

                wenn aber Verwegnes geschah,
Und Undankbare haben   65
Das Ärgernis   gegeben
Zu gerne blickt
Dann   zum
Und tatenscheu
Unendliche Reue und es haßt das Alte die Kinder.   70

Darum beschütze
Du Himmlische sie
Die jungen Pflanzen und wenn
Der Nord kömmt oder giftiger Tau weht oder
Zu lange dauert die Dürre   75
Und wenn sie üppigblühend
Versinken unter der Sense
Der allzuscharfen, gib erneuertes Wachstum.
Und daß nur niemals nicht
Vielfältig, in schwachem Gezweige   80
Die Kraft mir vielversuchend
Zerstreue das frische Geschlecht, stark aber sei
Zu wählen aus Vielem das beste.

Nichts ists, das Böse. Das soll
Wie der Adler den Raub   85
Mir Eines begreifen.
Die Andern dabei. Damit sie nicht
Die Amme, die
Den Tag gebieret
Verwirren, falsch anklebend   90
Der Heimat und der Schwere spottend
Der Mutter ewig sitzen
Im Schoße. Denn groß ist
Von dem sie erben den Reichtum.
Der   95

Vor allem, daß man schone
Der Wildnis göttlichgebaut
Im reinen Gesetze, woher
Es haben die Kinder
100 Des Gotts, lustwandelnd unter
Den Felsen und Heiden purpurn blühn
Und dunkle Quellen
Dir, o Madonna und
Dem Sohne, aber den anderen auch
105 Damit nicht, als von Knechten,
Mit Gewalt das ihre nehmen
Die Götter.

An den Grenzen aber, wo stehet
Der Knochenberg, so nennet man ihn
110 Heut, aber in alter Sprache heißet
Er Ossa, Teutoburg ist
Daselbst auch und voll geistigen Wassers
Umher das Land, da
Die Himmlischen all
115 Sich Tempel

Ein Handwerksmann.

Uns aber die wir
Daß

Und zu sehr zu fürchten die Furcht nicht!
120 Denn du nicht, holde

aber es gibt
Ein finster Geschlecht, das weder einen Halbgott
Gern hört, oder wenn mit Menschen ein Himmlisches oder
In Wogen erscheint, gestaltlos, oder das Angesicht
125 Des reinen ehrt, des nahen
Allgegenwärtigen Gottes.

Doch wenn unheilige schon
        in Menge
          und frech

Was kümmern sie dich   130
O Gesang den Reinen, ich zwar
Ich sterbe, doch du
Gehest andere Bahn, umsonst
Mag dich ein Neidisches hindern.

Wenn dann in kommender Zeit   135
Du einem Guten begegnest
So grüß ihn, und er denkt,
Wie unsere Tage wohl
Voll Glücks, voll Leidens gewesen.
Von einem gehet zum andern   140

Noch Eins ist aber
Zu sagen. Denn es wäre
Mir fast zu plötzlich
Das Glück gekommen,
Das Einsame, daß ich unverständig   145
Im Eigentum
Mich an die Schatten gewandt,
Denn weil du gabst
Den Sterblichen
Versuchend Göttergestalt,   150
Wofür ein Wort? so meint' ich, denn es hasset die Rede, wer
Das Lebenslicht das herzernährende sparet.
Es deuteten vor Alters
Die Himmlischen sich, von selbst, wie sie
Die Kraft der Götter hinweggenommen.   155

Wir aber zwingen
Dem Unglück ab und hängen die Fahnen
Dem Siegsgott, dem befreienden auf, darum auch
Hast du Rätsel gesendet. Heilig sind sie
160 Die Glänzenden, wenn aber alltäglich
Die Himmlischen und gemein
Das Wunder scheinen will, wenn nämlich
Wie Raub Titanenfürsten die Gaben
Der Mutter greifen, hilft ein Höherer ihr.

DIE TITANEN

Nicht ist es aber
Die Zeit. Noch sind sie
Unangebunden. Göttliches trifft unteilnehmende nicht.
Dann mögen sie rechnen
5 Mit Delphi. Indessen, gib in Feierstunden
Und daß ich ruhen möge, der Toten
Zu denken. Viele sind gestorben
Feldherrn in alter Zeit
Und schöne Frauen und Dichter
10 Und in neuer
Der Männer viel
Ich aber bin allein.

   und in den Ozean schiffend
Die duftenden Inseln fragen
15 Wohin sie sind.

Denn manches von ihnen ist
In treuen Schriften überblieben
Und manches in Sagen der Zeit.
Viel offenbaret der Gott.
20 Denn lang schon wirken
Die Wolken hinab

Und es wurzelt vielesbereitend heilige Wildnis.
Heiß ist der Reichtum. Denn es fehlet
An Gesang, der löset den Geist.
Verzehren würd' er   25
Und wäre gegen sich selbst
Denn nimmer duldet
Die Gefangenschaft das himmlische Feuer.

Es erfreuet aber
Das Gastmahl oder wenn am Feste   30
Das Auge glänzet und von Perlen
Der Jungfrau Hals.
Auch Kriegesspiel

                        und durch die Gänge
Der Gärten schmettert   35
Das Gedächtnis der Schlacht und besänftiget
An schlanker Brust
Die tönenden Wehre ruhn
Von Heldenvätern den Kindern.
Mich aber umsummet   40
Die Bien und wo der Ackersmann
Die Furchen machet singen gegen
Dem Lichte die Vögel. Manche helfen
Dem Himmel. Diese siehet
Der Dichter. Gut ist es, an andere sich   45
Zu halten. Denn keiner trägt das Leben allein.

Wenn aber ist entzündet
Der geschäftige Tag
Und an der Kette, die
Den Blitz ableitet   50
Von der Stunde des Aufgangs
Himmlischer Tau glänzt,
Muß unter Sterblichen auch
Das Hohe sich fühlen.
Drum bauen sie Häuser   55

Und die Werkstatt gehet
Und über Strömen das Schiff.
Und es bieten tauschend die Menschen
Die Händ' einander, sinnig ist es
60   Auf Erden und es sind nicht umsonst
Die Augen an den Boden geheftet.

Ihn fühlet aber
Auch andere Art.
Denn unter dem Maße
65   Des Rohen brauchet es auch
Damit das Reine sich kenne.
Wenn aber

Und in die Tiefe greifet
Daß es lebendig werde
70   Der Allerschütterer, meinen die
Es komme der Himmlische
Zu Toten herab und gewaltig dämmerts
Im ungebundenen Abgrund
Im allesmerkenden auf.
75   Nicht möcht ich aber sagen
Es werden die Himmlischen schwach
Wenn schon es aufgärt.
Wenn aber
          und es gehet

80   An die Scheitel dem Vater, daß

          und der Vogel des Himmels ihm
Es anzeigt. Wunderbar
Im Zorne kommet er drauf.

EINST HAB ICH DIE MUSE GEFRAGT ...

Einst hab ich die Muse gefragt, und sie
Antwortete mir
Am Ende wirst du es finden.
Kein Sterblicher kann es fassen.
Vom Höchsten will ich schweigen.   5
Verbotene Frucht, wie der Lorbeer, aber ist
Am meisten das Vaterland. Die aber kost'
Ein jeder zuletzt,

Viel täuschet Anfang
Und Ende.   10
Das letzte aber ist
Das Himmelszeichen, das reißt
            und   Menschen
Hinweg. Wohl hat Herkules das
Gefürchtet. Aber da wir träge   15
Geboren sind, bedarf es des Falken, dem
Befolgt' ein Reuter, wenn
Er jaget, den Flug.

Im   wenn
Und der Fürst   20

        und Feuer und Rauchdampf blüht
Auf dürrem Rasen
Doch ungemischet darunter
Aus guter Brust, das Labsal
Der Schlacht, die Stimme quillet des Fürsten.   25

Gefäße machet ein Künstler.
Und es kaufet

                    wenn es aber
Zum Urteil kommt
30   Und keusch hat es die Lippe
Von einem Halbgott berührt

Und schenket das Liebste
Den Unfruchtbaren
Denn nimmer, von nun an
35   Taugt zum Gebrauche das Heilge.

WENN ABER DIE HIMMLISCHEN . . .

Wenn aber die Himmlischen haben
Gebaut, still ist es
Auf Erden, und wohlgestalt stehn
Die betroffenen Berge. Gezeichnet
5   Sind ihre Stirnen. Denn es traf
Sie, da den Donnerer hielt
Unzärtlich die gerade Tochter
Des Gottes bebender Strahl
Und wohl duftet gelöscht
10   Von oben der Aufruhr.
Wo inne stehet, beruhiget, da
Und dort,   das Feuer.
Denn Freude schüttet
Der Donnerer aus und hätte fast

Des Himmels vergessen   15
Damals im Zorne, hätt ihn nicht
Das Weise gewarnet.
Jetzt aber blüht es
Am armen Ort.
Und wunderbar groß will   20
Es stehen.
Gebirg hänget   See,
Warme   Tiefe   es kühlen aber die Lüfte
Inseln und Halbinseln,
Grotten zu beten,   25

Ein glänzender Schild
Und schnell, wie Rosen,

                              oder es schafft
Auch andere Art,
Es sprosset aber   30

                              viel üppig neidiges
Unkraut, das blendet, schneller schießet
Es auf, das ungelenke, denn es scherzet
Der Schöpferische, sie aber
Verstehen es nicht. Zu zornig greift   35
Es und wächst. Und dem Brande gleich,
Der Häuser verzehrt, schlägt
Empor, achtlos, und schonet
Den Raum nicht, und die Pfade bedecket,
Weitgärend, ein dampfend Gewölk   40
                    die unbeholfene Wildnis.
So will es göttlich scheinen. Aber
Furchtbar ungastlich windet
Sich durch den Garten die Irre,
Die augenlose, da den Ausgang   45

Mit reinen Händen kaum
Erfindet ein Mensch. Der gehet, gesandt,
Und suchet, dem Tier gleich, das
Notwendige. Zwar mit Armen,
50 Der Ahnung voll, mag einer treffen
Das Ziel. Wo nämlich
Die Himmlischen eines Zaunes oder Merkmals,
Das ihren Weg
Anzeige, oder eines Bades
55 Bedürfen, reget es wie Feuer
In der Brust der Männer sich.

Noch aber hat andre
Bei sich der Vater.
Denn über den Alpen
60 Weil an den Adler
Sich halten müssen, damit sie nicht
Mit eigenem Sinne zornig deuten
Die Dichter, wohnen über dem Fluge
Des Vogels, um den Thron
65 Des Gottes der Freude
Und decken den Abgrund
Ihm zu, die gelbem Feuer gleich, in reißender Zeit
Sind über Stirnen der Männer,
Die Prophetischen, denen möchten
70 Es neiden, weil die Furcht
Sie lieben, Schatten der Hölle,

Sie aber trieb,
Ein rein Schicksal
Eröffnend   von
75 Der Erde heiligen Tischen
Der Reiniger Herkules,
Der bleibet immer lauter, jetzt noch,
Mit dem Herrscher, und othembringend steigen
Die Dioskuren ab und auf,
80 An unzugänglichen Treppen, wenn von himmlischer Burg

Die Berge fernhinziehen
Bei Nacht, und hin
Die Zeiten
Pythagoras

Im Gedächtnis aber lebet Philoktetes,   85

Die helfen dem Vater.
Denn ruhen mögen sie. Wenn aber
Sie reizet unnütz Treiben
Der Erd' und es nehmen
Den Himmlischen   90
                        die Sinne, brennend kommen
Sie dann,

Die othemlosen –

Denn es hasset
Der sinnende Gott   95
Unzeitiges Wachstum.

SONST NÄMLICH, VATER ZEVS . . .

        Sonst nämlich, Vater Zevs

        Denn

        Jetzt aber hast du
        Gefunden anderen Rat

5 Darum geht schröcklich über
Der Erde Diana
Die Jägerin und zornig erhebt
Unendlicher Deutung voll
Sein Antlitz über uns
10 Der Herr. Indes das Meer seufzt, wenn
Er kommt

O wär es möglich
Zu schonen mein Vaterland

Doch allzuscheu nicht,

15 Es würde   lieber sei
Unschicklich und gehe, mit der Erinnys, fort
Mein Leben.
Denn über der Erde wandeln
Gewaltige Mächte,
20 Und es ergreifet ihr Schicksal
Den der es leidet und zusieht,
Und ergreift den Völkern das Herz.

Denn alles fassen muß
Ein Halbgott oder ein Mensch, dem Leiden nach,
25 Indem er höret, allein, oder selber
Verwandelt wird, fernahnend die Rosse des Herrn,

. . MEINEST DU ES SOLLE GEHEN . . .

                    meinest du
Es solle gehen,
Wie damals? Nämlich sie wollten stiften
Ein Reich der Kunst. Dabei ward aber
Das Vaterländische von ihnen   5
Versäumet und erbärmlich ging
Das Griechenland, das schönste, zu Grunde.
Wohl hat es andere
Bewandtnis jetzt.
Es sollten nämlich die Frommen   10

                    und alle Tage wäre
Das Fest.
                         Also darf nicht
Ein ehrlich Meister

                         und wie mit Diamanten   15
In die Fenster machte, des Müßiggangs wegen
Mit meinen Fingern, hindert

                         so hat mir
Das Kloster etwas genützet,

DER ADLER

Mein Vater ist gewandert, auf dem Gotthard,
Da wo die Flüsse, hinab,
Wohl nach Hetruria seitwärts,
Und des geraden Weges
Auch über den Schnee,   5
Zu dem Olympos und Hämos
Wo den Schatten der Athos wirft,
Nach Höhlen in Lemnos.

Anfänglich aber sind
Aus Wäldern des Indus
Starkduftenden
Die Eltern gekommen.
Der Urahn aber
Ist geflogen über der See
Scharfsinnend, und es wunderte sich
Des Königes goldnes Haupt
Ob dem Geheimnis der Wasser,
Als rot die Wolken dampften
Über dem Schiff und die Tiere stumm
Einander schauend
Der Speise gedachten, aber
Es stehen die Berge doch still,
Wo wollen wir bleiben?

Der Fels ist zu Weide gut,
Das Trockne zu Trank.
Das Nasse aber zu Speise.
Will einer wohnen,
So sei es an Treppen,
Und wo ein Häuslein hinabhängt
Am Wasser halte dich auf.
Und was du hast, ist
Atem zu holen.
Hat einer ihn nämlich hinauf
Am Tage gebracht,
Er findet im Schlaf ihn wieder.
Denn wo die Augen zugedeckt,
Und gebunden die Füße sind,
Da wirst du es finden.
Denn wo erkennest,

IHR SICHERGEBAUETEN ALPEN ...

Ihr sichergebaueten Alpen!
Die

Und ihr sanftblickenden Berge,
Wo über buschigem Abhang
Der Schwarzwald saust,   5
Und Wohlgerüche die Locke
Der Tannen herabgießt,
Und der Neckar

       und die Donau!
Im Sommer liebend Fieber   10
Umherwehet der Garten
Und Linden des Dorfs, und wo
Die Pappelweide blühet
Und der Seidenbaum
Auf heiliger Weide,   15

Und

Ihr guten Städte!
Nicht ungestalt, mit dem Feinde
Gemischet unmächtig

Was   20
Auf einmal gehet es weg
Und siehet den Tod nicht.
Wann aber

Und Stutgard, wo ich
Ein Augenblicklicher begraben   25
Liegen dürfte, dort,
Wo sich die Straße

Bieget, und
     um die Weinsteig,
30 Und der Stadt Klang wieder
Sich findet drunten auf ebenem Grün
Stilltönend unter den Apfelbäumen

Des Tübingens wo
und Blitze fallen
35 Am hellen Tage
Und Römisches tönend ausbeuget der Spitzberg
Und Wohlgeruch

Und Tills Tal, das

DAS NÄCHSTE BESTE
Erster Ansatz

8   Viel tuet die gute Stunde.
    Drum wie die Staren
10   Mit Freudengeschrei,
    Wenn im Olivenland
12   In liebenswürdiger Fremde
15   Die Sonne sticht,
    Und das Herz der Erde tuet
    Sich auf

20   und wo
22   Gastfreundlich die Schwellen sind,
    An blütenbekränzter Straß',
    Sie spüren nämlich die Heimat,
    Wenn

Auf feuchter Wiese der Charente, 28

Und ihnen machet wacker 31
Scharfwehend die Augen der Nordost, fliegen sie auf,

DAS NÄCHSTE BESTE
Zweiter Ansatz

offen die Fenster des Himmels
Und freigelassen der Nachtgeist
Der himmelstürmende, der hat unser Land
Beschwätzet, mit Sprachen viel, unbändigen, und
Den Schutt gewälzet 5
Bis diese Stunde.
Doch kommt das, was ich will,
Wenn
Drum wie die Staren
Mit Freudengeschrei, 10
Wenn im Olivenland
In liebenswürdiger Fremde 12
Die Sonne sticht, 15
Und das Herz der Erde tuet
Sich auf

und wo 20
Gastfreundlich die Schwellen sind, 22
An blütenbekränzter Straß',
Sie spüren nämlich die Heimat,
Wenn

Auf feuchter Wiese der Charente, 28

31   Und ihnen machet wacker
Scharfwehend die Augen der Nordost, fliegen sie auf,

40   der Katten Land
Und des Wirtemberges
Kornebene,

46   Und wo berühmt wird

47   ihr ewigen Besänftigungen

48   wo dich, und der Winkel,

49   und wo die Knaben gespielt

53   Viel sind in Deutschland

55   Wohnsitze sind da freundlicher Geister, die
Zusammengehören, so die Keuschen
Unterscheidet ein gleiches Gesetz.

Wenn das Tagwerk aber bleibt, 62
Der Erde Vergessenheit,
Wahrheit schenkt aber dazu
Den Atmenden der ewige Vater. 65

DAS NÄCHSTE BESTE
Dritter Ansatz

  offen die Fenster des Himmels
Und freigelassen der Nachtgeist
Der himmelstürmende, der hat unser Land
Beschwätzet, mit Sprachen viel, unbändigen, und
Den Schutt gewälzet 5
Bis diese Stunde.
Doch kommt das, was ich will,
Wenn
Drum wie die Staren
Mit Freudengeschrei, wenn auf Gasgogne, Orten, wo
                    viel Gärten sind, 10
Wenn im Olivenland, und
In liebenswürdiger Fremde,
Springbrunnen an grasbewachsnen Wegen
Die Bäum unwissend in der Wüste
Die Sonne sticht, 15
Und das Herz der Erde tuet
Sich auf, wo um
Den Hügel von Eichen
Aus brennendem Lande
Die Ströme und wo 20
Des Sonntags unter Tänzen
Gastfreundlich die Schwellen sind,
An blütenbekränzten Straßen, stillegehend.
Sie spüren nämlich die Heimat,

25 Wenn grad   aus falbem Stein,
Die Wasser silbern rieseln
Und heilig Grün sich zeigt
Auf feuchter Wiese der Charente,

Die klugen Sinne pflegend.   wenn aber
30 Die Luft sich bahnt,
Und ihnen machet wacker
Scharfwehend die Augen der Nordost, fliegen sie auf,
Und Eck um Ecke
Das Liebere gewahrend
35 Denn immer halten die sich genau an das Nächste,
Sehn sie die heiligen Wälder und die Flamme,
                              blühendduftend
Des Wachstums und die Wolken des Gesanges fern und
                              atmen Othem
Der Gesänge. Menschlich ist
Das Erkenntnis. Aber die Himmlischen
40 Auch haben solches mit sich, und des Morgens beobachten
Die Stunden und des Abends die Vögel. Himmlischen auch
Gehöret also solches. Wohlan nun. Sonst in Zeiten
Des Geheimnisses hätt ich, als von Natur, gesagt,
Sie kommen, in Deutschland. Jetzt aber, weil, wie die See
45 Die Erd ist und die Länder, Männern gleich, die nicht
Vorüber gehen können, einander, untereinander
Sich schelten fast, so sag ich. Abendlich wohlgeschmiedet
Vom Oberlande biegt sich das Gebirg, wo auf hoher
                              Wiese die Wälder sind wohl an
Der bairischen Ebne. Nämlich Gebirg
50 Geht weit und strecket, hinter Amberg sich und
Fränkischen Hügeln. Berühmt ist dieses. Umsonst nicht hat
Seitwärts gebogen Einer von Bergen der Jugend
Das Gebirg, und gerichtet das Gebirg
Heimatlich. Wildnis nämlich sind ihm die Alpen und
55 Das Gebirg, das teilet die Tale und die Länge lang
Geht über die Erd. Dort aber

Gehn mags nun. Fast, unrein, hatt sehn lassen und das
Eingeweid
Der Erde.   Bei Ilion aber
War auch das Licht der Adler. Aber in der Mitte
Der Himmel der Gesänge. Neben aber   60
Am Ufer zornige Greise, der Entscheidung nämlich, die
alle
Drei unser sind.

TINIAN

Süß ists, zu irren
In heiliger Wildnis,

– – – –

Und an der Wölfin Euter, o guter Geist,
Der Wasser, die   5
Durchs heimatliche Land
Mir irren,
             , wilder sonst,
Und jetzt gewöhnt, zu trinken, Findlingen gleich;
Des Frühlings, wenn im warmen Grunde   10
Des Haines wiederkehrend fremde Fittige

                  ausruhend in Einsamkeit,
Und an Palmtagsstauden
Wohlduftend
Mit Sommervögeln   15
Zusammenkommen die Bienen,
Und deinen Alpen

Von Gott geteilet

Der Weltteil,

20   zwar sie stehen
        Gewappnet,

        Und lustzuwandeln, zeitlos

                              denn es haben
        Wie Wagenlauf uns falkenglänzend, oder
25   Dem Tierskampf gleich, als Muttermal
        Wes Geistes Kind
        Die Abendländischen sein, die Himmlischen
        Uns diese Zierde geordnet;

                              Die Blumen gibt es,
30   Nicht von der Erde gezeugt, von selber
        Aus lockerem Boden sprossen die,
        Ein Widerstrahl des Tages, nicht ist
        Es ziemend, diese zu pflücken,
        Denn golden stehen,
35   Unzubereitet,
        Ja schon die unbelaubten
        Gedanken gleich,

                    KOLOMB

        Wünscht' ich der Helden einer zu sein
        Und dürfte frei   es bekennen
        So wär' es ein Seeheld.

                  und es ist not, 10
Den Himmel zu fragen.

Wenn du sie aber nennest
Anson und Gama 15

Gewaltig ist die Zahl 22
Gewaltiger aber sind sie selbst
Und machen stumm

                  die Männer. 26
Dennoch 27

Und hin nach Genua will ich 30
Zu erfragen Kolombos Haus
Wo er

In süßer Jugend gewohnet. 35

                 meinest du 38

So du
Mich aber fragest

47   So weit das Herz
Mir reichet, wird es gehen.

60   Ein Murren war es, ungedultig

66   Doch da hinaus, damit
Vom Platze
Wir kommen, also rief
Gewaltig richtend
70   Die Gesellen die Stimme des Meergotts,
Die reine, daran
Heroen erkennen, ob sie recht
73   Geraten oder nicht.

Sie sahn nun,   117

Es waren nämlich viele,
Der schönen Inseln,   120

                        damit
Mit Lissabon   123

Und Genua teilten;   125

Denn einsam kann
Von Himmlischen den Reichtum tragen
Nicht eins; wohl nämlich mag
Den Harnisch dehnen   130
                        ein Halbgott, dem Höchsten aber
Ist fast zu wenig
Das Wirken   wo das Tagslicht scheinet,
Und der Mond,
                Darum auch   135

                        so   138

Nämlich öfters, wenn   141
Den Himmlischen zu einsam
Es wird, daß sie
Allein zusammenhalten

                oder die Erde; denn allzurein ist   146
Entweder

151   Dann aber

155   die Spuren der alten Zucht,

DEM FÜRSTEN
Erster Ansatz

Laß in der Wahrheit immerdar
Mich bleiben

5   Niemals im Unglück,

                     aber zu singen

10   Ihr Wohnungen des Himmels

              wo sie den Tempel gebaut
Und Dreifuß und Altar
15   aber

              herab von den Gipfeln

20
                     zu singen den Helden

Deutsche Jugend –   Zorn der alten Staaten –   25

hat ein Bürger   36

DEM FÜRSTEN
Zweiter Ansatz

Laß in der Wahrheit immerdar
Mich bleiben

Niemals im Unglück, jenes wegen   5
Sagen etwas
                         Vatersegen aber bauet
Den Kindern Häuser   aber zu singen

                                         10
Ihr Wohnungen des Himmels, deren freundlich Gespräche
Von Geheimnisse voll
Heiliger Schule, wo sie den Tempel gebaut
Und Dreifuß und Altar
aber   15

            herab von den Gipfeln denn es haben
Wenn einer der Sonne nicht traut
                         und von der Vaterlanderde

20 Das Rauschen nicht liebt
    Unheimisch diesen die Todesgötter
                    zu singen den Helden
    Was kann man aber von Fürsten denken
    Wenn man vom Nachtmahl
25 So wenig hält
    Daß man Sünden
    Fünf Jahre oder sieben
    Nachträgt

30

36   hat ein Bürger

                        fast hatte
    Licht meines Tags tieffurchend
40 Der Tag von deinem Herzen
    Mein Kurfürst! mich
    Hinweggeschwatzt und auch die süße Heimat wo
    Viel Blumen blühen gesehn
    Als im Gesetze deiner Gärten, in der Gestalt
45 Des Erdballs

                    König
    Zu Jerusalem
                        der müde Sohn
50   der Erde
                        Der Meister aber
    In der Weinstadt bleibet
    Im hohen Styl
    Viel öfter, als der Mode.
55   Tuest braun oder
                            blau,

UND MITZUFÜHLEN DAS LEBEN . . .

Und mitzufühlen das Leben
Der Halbgötter oder Patriarchen, sitzend
Zu Gericht. Nicht aber überall ists
Ihnen gleich um diese, sondern Leben, summendheißes
                  auch von Schatten Echo
Als in einen Brennpunkt   5
Versammelt. Goldne Wüste. Oder wohlunterhalten dem
                  Feuerstahl des lebenswarmen
Herds gleich schlägt dann die Nacht Funken, aus
                  geschliffnem Gestein
Des Tages, und um die Dämmerung noch
Ein Saitenspiel tönt. Gegen das Meer zischt
Der Knall der Jagd. Die Ägypterin aber, offnen Busens
                      sitzt   10
Immer singend wegen Mühe gichtisch das Gelenk
Im Wald, am Feuer. Recht Gewissen bedeutend
Der Wolken und der Seen des Gestirns
Rauscht in Schottland wie an dem See
Lombardas dann ein Bach vorüber. Knaben spielen   15
Perlfrischen Lebens gewohnt so um Gestalten
Der Meister, oder der Leichen, oder es rauscht so um
                  der Türme Kronen
Sanfter Schwalben Geschrei.

Nein wahrhaftig der Tag
Bildet keine
Menschenformen. Aber erstlich   20
Ein alter Gedanke, Wissenschaft
Elysium.

VOM ABGRUND NÄMLICH . . .

Vom Abgrund nämlich haben
Wir angefangen und gegangen
Dem Leuen gleich, in Zweifel und Ärgernis,
Denn sinnlicher sind Menschen
5 In dem Brand
Der Wüste
Lichttrunken und der Tiergeist ruhet
Mit ihnen. Bald aber wird, wie ein Hund, umgehn
In der Hitze meine Stimme auf den Gassen der Gärten
10 In denen wohnen Menschen
In Frankreich
Der Schöpfer
Frankfurt aber, nach der Gestalt, die
Abdruck ist der Natur zu reden
15 Des Menschen nämlich, ist der Nabel
Dieser Erde, diese Zeit auch
Ist Zeit, und deutschen Schmelzes.
Ein wilder Hügel aber stehet über dem Abhang
Meiner Gärten. Kirschenbäume. Scharfer Othem aber
                          wehet
20 Um die Löcher des Felses. Allda bin ich
Alles miteinander. Wunderbar
Aber über Quellen beuget schlank
Ein Nußbaum und   sich. Beere, wie Korall
Hängen an dem Strauche über Röhren von Holz,
25 Aus denen
Ursprünglich aus Korn, nun aber zu gestehen,
                 befestigter Gesang von Blumen als
Neue Bildung aus der Stadt, wo
Bis zu Schmerzen aber der Nase steigt
Zitronengeruch auf und das Öl, aus der Provence, und
                      es haben diese
30 Dankbarkeit mir die Gasgognischen Lande
Gegeben. Gezähmet aber, noch zu sehen, und genährt
                   hat mich

Die Rappierlust und des Festtags gebraten Fleisch
Der Tisch und braune Trauben, braune
                              und mich leset o
Ihr Blüten von Deutschland, o mein Herz wird   35
Untrügbarer Krystall an dem
Das Licht sich prüfet wenn   Deutschland

                    . . DER VATIKAN . . .

                         der Vatikan,
Hier sind wir   in der Einsamkeit
Und drunten gehet der Bruder, ein Esel auch dem
                              braunen Schleier nach
Wenn aber der Tag   , allbejahend von wegen
.   des Spotts
Schicksale macht, denn aus Zorn der Natur-   5
Göttin, wie ein Ritter gesagt von Rom, in derlei
Palästen, gehet itzt viel Irrsal, und alle Schlüssel des
                              Geheimnisses wissend
Fragt bös Gewissen
Und Julius Geist um derweil, welcher Kalender
Gemachet, und dort drüben, in Westfalen,   10
Mein ehrlich Meister.
Gott rein und mit Unterscheidung
Bewahren, das ist uns vertrauet,
Damit nicht, weil an diesem
Viel hängt, über der Büßung, über einem Fehler   15
Des Zeichens
Gottes Gericht entstehet.
Ach! kennet ihr den nicht mehr
Den Meister des Forsts, und den Jüngling in der Wüste,
                              der von Honig
Und Heuschrecken sich nährt. Still Geists ists. Fraun   20
                    Oben wohl
Auf Monte   , wohl auch seitwärts,
Irr ich herabgekommen

Über Tyrol, Lombarda, Loretto, wo des Pilgrims Heimat
25   auf dem Gotthard, gezäunt, nachlässig,
                     unter Gletschern
Karg wohnt jener, wo der Vogel
Mit Eiderdünnen, eine Perle des Meers
Und der Adler den Akzent rufet, vor Gott, wo das
               Feuer läuft der Menschen wegen
Des Wächters Horn tönt aber über den Garden
30 Der Kranich hält die Gestalt aufrecht
Die Majestätische, keusche, drüben
In Patmos, Morea, in der Pestluft.
Türkisch. und die Eule, wohlbekannt der Schriften
Spricht, heischern Fraun gleich in zerstörten Städten. Aber
35 Die erhalten den Sinn. Oft aber wie ein Brand
Entstehet Sprachverwirrung. Aber wie ein Schiff,
Das lieget im Hafen, des Abends, wenn die Glocke lautet
Des Kirchturms, und es nachhallt unten
Im Eingeweid des Tempels und der Mönch
40 Und Schäfer Abschied nehmet, vom Spaziergang
Und Apollon, ebenfalls
Aus Roma, derlei Palästen, sagt
Ade! unreinlich bitter, darum!
Dann kommt das Brautlied des Himmels.
45 Vollendruhe. Goldrot. Und die Rippe tönet
Des sandigen Erdballs in Gottes Werk
Ausdrücklicher Bauart, grüner Nacht
Und Geist, der Säulenordnung, wirklich
Ganzem Verhältnis, samt der Mitt,
50 Und glänzenden

GRIECHENLAND
Erster Ansatz

           Wege des Wanderers!
Denn   Schatten der Bäume
Und Hügel, sonnig, wo

Der Weg geht
Zur Kirche,   5
                    Regen, wie Pfeilenregen
Und Bäume stehen, schlummernd, doch
Eintreffen Schritte der Sonne,
Denn eben so, wie sie heißer
Brennt über der Städte Dampf   10
So gehet über des Regens
Behangene Mauren die Sonne

Wie Efeu nämlich hänget
Astlos der Regen herunter. Schöner aber
Blühn Reisenden die Wege   15
      im Freien   wechselt wie Korn.
Avignon waldig über den Gotthardt
Tastet das Roß, Lorbeern
Rauschen um Virgilius und daß
Die Sonne nicht   20
Unmännlich suchet, das Grab. Moosrosen
Wachsen
Auf den Alpen. Blumen fangen
Vor Toren der Stadt an, auf geebneten Wegen
                                                unbegünstiget
Gleich Krystallen in der Wüste wachsend des Meers.   25
Gärten wachsen um Windsor. Hoch
Ziehet, aus London,
Der Wagen des Königs.
Schöne Gärten sparen die Jahrzeit.
Am Kanal. Tief aber liegt   30
Das ebene Weltmeer, glühend.

GRIECHENLAND
Zweiter Ansatz

O ihr Stimmen des Geschicks, ihr Wege des Wanderers
Denn an dem Himmel
Tönt wie der Amsel Gesang
Der Wolken sichere Stimmung gut
5 Gestimmt vom Dasein Gottes, dem Gewitter.
Und Rufe, wie hinausschauen, zur
Unsterblichkeit und Helden;
Viel sind Erinnerungen.
Und wo die Erde, von Verwüstungen her, Versuchungen
der Heiligen
10 Großen Gesetzen nachgeht, die Einigkeit
Und Zärtlichkeit und den ganzen Himmel nachher
Erscheinend singen
Gesangeswolken. Denn immer lebt
Die Natur. Wo aber allzusehr sich
15 Das Ungebundene zum Tode sehnet
Himmlisches einschläft, und die Treue Gottes,
Das Verständige fehlt.
Aber wie der Reigen
Zur Hochzeit,
20 Zu Geringem auch kann kommen
Großer Anfang.
Alltag aber wunderbar
Gott an hat ein Gewand.
Und Erkenntnissen verberget sich sein Angesicht
25 Und decket die Lüfte mit Kunst.
Und Luft und Zeit deckt
Den Schröcklichen, wenn zu sehr ihn
Eins liebet mit Gebeten oder
Die Seele.

GRIECHENLAND
Dritter Ansatz

O ihr Stimmen des Geschicks, ihr Wege des Wanderers
Denn an der Schule Blau,
Fernher, am Tosen des Himmels
Tönt wie der Amsel Gesang
Der Wolken heitere Stimmung gut 5
Gestimmt vom Dasein Gottes, dem Gewitter.
Und Rufe, wie hinausschauen, zur
Unsterblichkeit und Helden;
Viel sind Erinnerungen. Wo darauf
Tönend, wie des Kalbs Haut 10
Die Erde, von Verwüstungen her, Versuchungen der
                                                    Heiligen
Denn anfangs bildet das Werk sich
Großen Gesetzen nachgehet, die Wissenschaft
Und Zärtlichkeit und den Himmel breit lauter Hülle
                                                    nachher
Erscheinend singen Gesangeswolken. 15
Denn fest ist der Erde
Nabel. Gefangen nämlich in Ufern von Gras sind
Die Flammen und die allgemeinen
Elemente. Lauter Besinnung aber oben lebt der Äther.
                                                    Aber silbern
An reinen Tagen 20
Ist das Licht. Als Zeichen der Liebe
Veilchenblau die Erde.
Zu Geringem auch kann kommen
Großer Anfang.
Alltag aber wunderbar zu lieb den Menschen 25
Gott an hat ein Gewand.
Und Erkenntnissen verberget sich sein Angesicht
Und decket die Lüfte mit Kunst.
Und Luft und Zeit deckt
Den Schröcklichen, daß zu sehr nicht eins 30

Ihn liebet mit Gebeten oder
Die Seele. Denn lange schon steht offen
Wie Blätter, zu lernen, oder Linien und Winkel
Die Natur
35 Und gelber die Sonnen und die Monde,
Zu Zeiten aber
Wenn ausgehn will die alte Bildung
Der Erde, bei Geschichten nämlich
Gewordnen, mutig fechtenden, wie auf Höhen führet
40 Die Erde Gott. Ungemessene Schritte
Begrenzt er aber, aber wie Blüten golden tun
Der Seele Kräfte dann der Seele Verwandtschaften sich
                                        zusammen,
Daß lieber auf Erden
Die Schönheit wohnt und irgend ein Geist
45 Gemeinschaftlicher sich zu Menschen gesellet.

Süß ists, dann unter hohen Schatten von Bäumen
Und Hügeln zu wohnen, sonnig, wo der Weg ist
Gepflastert zur Kirche. Reisenden aber, wem,
Aus Lebensliebe, messend immerhin,
50 Die Füße gehorchen, blühn
Schöner die Wege, wo das Land

PLÄNE, BRUCHSTÜCKE, NOTIZEN

1   DER WINKEL VON HAHRDT

2   Der Empfindsame – der grausame Stoiker, – die
                      Vorzüge
des Knaben, Jünglings, Mannes, und hohen Alters.

3   Allmacht des Schaffenden
Sohn der Nacht

4   LIED DES SCHWEDEN

Aber ich will nimmer leben

Schlafenden

brüllen
spielen
Mord und Tod!   5

5   KOLOMB

6   SHAKESPEAR

7   An der . . . stehn,
      Wildharrend in der furchtbaren Rüstung,
                                    Jahrtausende.

8   Wandelt ewig freigegeben
      Frei in stiller Selbstgewalt
      Unter euch ein

9   DIOTIMA

      Die Helden könnt' ich nennen
         Und schweigen von der schönsten der Heldinnen,

10   DIE VERJÜNGUNG

      Das Sonnenlicht weckt vergangne Freuden mir auf,

11   SCHILLER

      Götter zogen dich auf, Jüngling,

12   PALINGENESIE

Mit der Sonne sehn' ich mich oft vom Aufgang bis zum
Niedergang den weiten Bogen schnell hineilend zu wandeln, oft, mit Gesang zu folgen dem großen dem Vollen-
dungsgange der alten Natur,

Und, wie der Feldherr auf dem Helme den Adler trägt in 5
Kampf und Triumph, so möcht ich daß sie mich trüge
Mächtig das Sehnen der Sterblichen.
Aber es wohnet auch ein Gott in dem Menschen daß er
Vergangenes und Zukünftiges sieht und wie vom Strom
ins Gebirg hinauf an die Quelle lustwandelt er durch Zeiten 10
Aus ihrer Taten stillem Buch ist Vergangenem bekannt er
durch – – die goldenes beut

13   Geist der Natur.

14   Aber nun ruhet er eine Weile,

15   GESANG DER MUSEN AM MITTAG

     Katastrophe Phaeton

16   ZU SOKRATES ZEITEN

Vormals richtete Gott.

          Könige.

Weise.

wer richtet denn itzt?

5 Richtet das einige
Volk? die heilge Gemeinde?
Nein! o nein! wer richtet denn itzt?
ein Natterngeschlecht!   feig und
falsch
das edlere Wort nicht mehr
10   Über die Lippe
O im Namen
ruf ich
Alter Dämon! dich herab

Oder   sende
15   Einen Helden

Oder
die Weisheit.

17   EMPEDOKLES AUF DEM ÄTNA

18   AN

Elysium

Dort find ich ja

Zu euch ihr Todesgötter

Dort Diotima   Heroen.

Singen möcht ich von dir   5

Aber nur Tränen.

Und in der Nacht in der ich wandle erlösch
                                                mir dein

Klares Auge!

himmlischer Geist.

19   AN MEINE SCHWESTER

Übernacht' ich im Dorf

Albluft

Straße hinunter

Haus   Wiedersehn.   Sonne der Heimat

Kahnfahrt,   5
Freunde   Männer und Mutter.
Schlummer.

20   DER CYPRIER

21   OVIDS RÜCKKEHR NACH ROM

Klima   id. n. her. id. n. h. id.
Heimat
Scythen
Rom
5 Tyber Völker
Heroen
Götter

22   GESTALT UND GEIST

Alles ist innig

  Das scheidet

So birgt der Dichter

Verwegner! möchtest von Angesicht zu Angesicht
5   Die Seele sehn
            Du gehest in Flammen unter.

23   SYBILLE

Der Sturm
            Aber sie schmähn
            Schütteln gewaltig den Baum doch auch
            die törigen Kinder werfen mit Steinen
      die Äste beugt   5
            Und der Rabe singt
So wandert das Wetter Gottes über

      Aber du heilger Gesang.

Und suchst armer Schiffer den gewohnten

Zu den Sternen siehe.   10

24   DER BAUM

Da ich ein Kind, zag pflanzt ich dich

   Schöne Pflanze! wie sehn wir nun verändert uns
Herrlich stehest   und

                  wie ein Kind vor.

25   Ode an Buonaparte

26   Aber die Sprache –
      Im Gewitter spricht der
      Gott.
      Öfters hab' ich die Sprache
5   sie sagte der Zorn sei genug und gelte für den
                                                Apollo –
      Hast du Liebe genug so zürn aus Liebe nur immer,
      Öfters hab ich Gesang versucht, aber sie hörten
                                          dich nicht. Denn
      so wollte die heilige Natur. Du sangest du für sie
                                          in deiner Jugend
      nicht singend
10   Du sprachest zur Gottheit,
      aber dies habt ihr all vergessen, daß immer die
                                          Erstlinge Sterblichen
      nicht, daß sie den Göttern gehören.
      gemeiner muß alltäglicher muß
      die Frucht erst werden, dann wird
15   sie den Sterblichen eigen.

27   am stürzenden Strom,

          Die Städte.

28   DER GOTTHARD

29   Und wenig Wissen, aber der Freude viel
          Ist Sterblichen gegeben,

Warum, o schöne Sonne, genügst du mir
  Du Blüte meiner Blüten! am Maitag nicht?
    Was weiß ich höhers denn?   5

O daß ich lieber wäre, wie Kinder sind!
  Daß ich, wie Nachtigallen, ein sorglos Lied
    Von meiner Wonne sänge!

30   FRÜHLINGSANFANG

Schon
  Und anders will es werden, wo ich es nicht
    Gedacht',
              versagte.

Ach! immer immer ziehest du doch uns nach   5
  An deinem Siegeswagen, du freundlich Jahr!
    Es hilft die Weisheit nicht, und
      Ruhig und liebend und wirkend wandeln

Von einer Zeit zu anderen wir mit dir,
  Doch wenn es gält' und Einer das Herz uns
              schmäht 10
    Nicht Ruh und Lieb und Ehr' ihm
      Gönnet, dann ruhet, dann liebts auch
              nimmer!

31   TASSO AN LEONOREN

  Abschied von ihr.

32   AN SIEGFRIED SCHMIDT

33   WILLKOMM NACH DEM KRIEGE

34   KLEISTS TOD

35   VOMERS LANDGUT

36   Oceaniden.

37   IM WALDE

Du edles Wild.
Aber in Hütten wohnet der Mensch, und hüllet sich ein ins
verschämte Gewand, denn inniger ist achtsamer auch und
daß er bewahre den Geist, wie die Priesterin die himmlische
5   Flamme, dies ist sein Verstand. Und darum ist die Willkür
ihm und höhere Macht zu fehlen und zu vollbringen dem
Götterähnlichen, der Güter Gefährlichstes, die Sprache
dem Menschen gegeben, damit er schaffend, zerstörend,
und untergehend, und wiederkehrend zur ewiglebenden,
10   zur Meisterin und Mutter, damit er zeuge, was er sei geerbet
zu haben, gelernt von ihr, ihr Göttlichstes, die allerhaltende
Liebe.

38 Denn nirgend bleibt er.
    Es fesselt
    Kein Zeichen.
    Nicht immer

    Ein Gefäß ihn zu fassen.   5

39 Von Gott aus gehet mein Werk.

40   LUTHER

41 Denn gute Dinge sind drei.

    Nicht will ich
    Die Bilder dir stürmen.

      und das Sakrament
    Heilig behalten, das hält unsre Seele   5
    Zusammen, die uns gönnet Gott, das Lebenslicht
    Das gesellige
    Bis an unser End

42   CÄCILIA

43   DIE ENTSCHEIDUNG

44   Ein anderes freilich ists,

                  Unterschiedenes ist
       gut. Ein jeder
                und es hat
5   Ein jeder das Seine.

45   Die Instinkte der Menschen zur Musenzeit.

46   wir aber singen
      Den Schicksalshügel, nämlich

              die Berge
      Des Frankenlandes,

5   und die Wartburg
      Schon blühen   daselbst

           heiligen Namen, o Gesang, aber
      Den Bußort
      Von Deutschland nennest du ihn;

47   dem dunklen Blatte,
         Und es war
      Das Wachstum vernehmlich
         und   der syrische
                 Boden,

zerschmettert, und Flammen gleich unter
den Sohlen 5
Es stach
Und der Ekel mich
Ankömmt vom wütenden Hunger
Friedrich mit der gebißnen Wange
Eisenach 10
Die ruhmvollen

Barbarossa
Der Conradin

Ugolino –

Eugen 15
Himmelsleiter

Der Abschied der Zeit
und es scheiden im Frieden
voneinander

48   So Mahomed †, Rinald,
Barbarossa, als freier Geist,

Kaiser Heinrich.
Wir bringen aber die Zeiten
untereinander 5
Demetrius Poliorcetes
Peter der Große
Heinrichs
Alpenübergang und daß
die Leute mit eigner Hand er gespeiset 10

und getränket und sein Sohn Konrad an Gift
                                        starb
Muster eines Zeitveränderers
Reformators
Conradin u. s. w.

15   alle, als Verhältnisse
        bezeichnend.

---

        † Höret das Horn des Wächters bei Nacht
          Nach Mitternacht ists um die fünfte Stunde

49   Ursprung der Loyoté
        Ευνομια, κασιγνηται τε, βαθρον πολιων, ασφαλης
                                        δικα
        και ομοτροπος ειρανα, ταμιαι ανδρασι πλουτου,
                                        χρυσεαι
        παιδες ευβουλου Θεμιτος.

50   Wenn über dem Weinberg es flammt
        Und schwarz wie Kohlen
        Aussiehet um die Zeit
        Des Herbstes der Weinberg, weil
5   Die Röhren des Lebens feuriger atmen
        In den Schatten des Weinstocks. Aber
        Schön ists, die Seele
        Zu entfalten und das kurze Leben

51   Bei Thebe und Tiresias!
        Mir will der Boden zu kahl sein.

52 Wie aber jetzt?
Nicht ist ein Feldherr daß, wenn einer käme, oder
Ein Mann uns vorgegeben, daß wir

Dennoch damit uns nicht
Die gingen haben, die Todesgötter   5

   das Saitenspiel
Das hochgestimmte, silbertönende zwar,

53 Und der Himmel wird wie eines Malers Haus
Wenn seine Gemälde sind aufgestellet.

54 Süß ists,
    und genährt zu sein vom Schönen
Der Welt,
Denn

        Gotts Lohn 5

So schlägt die Leier Apoll.

Und zu schauen
Die Länder

Ist dir gegeben.

55   Joseph
        Weltlauf und Gelehrtensentimentalität
        Im Vorurteil des Moralisten gegen Friedrich
        Im Gegenteil Rabener

56   Viel Unbefangenheit
     Der großen Zeit, und Bündnisse, durch
     Kleinigkeiten bewerkstelliget,
     Gott in Anmut aber nicht
5   Nachdenklich oder gereizt, empfindlich gemacht, in
                                einer Geschichte,
     Oder zweifelhaft.

57   Ähnlich dem Manne, der Menschen frisset
        Ist einer, der lebt ohne
        (Liebe)

            und Schatten beschreibend hätt er
5   Der Augen Zorn

58   DER TOTENGRÄBER

59   Es hat aber

Klopstock gestorben am
Jahrtausend. Also heißet um die Alten
Die Trauer.
Furchtbar scheint mir das und als ein   5

Oft hab ich

Denn den hat göttlichbüßend der Eltern Sonne
                                        getötet
Mit den Genossen
Er hätte Flammen vom Altare

        wär er auch Prometheus   10
Ob aber mannigfaltig kommet das Licht,
    aber ist es das unschuldigste.
Nicht ist vorauszusagen.
        wie Gott hinwegnimmt auf dem Wagen
In der Erde Gesetzen einen Heiligen oder Seher.
                        Aber es sind   15
Im Griechenland auch solche gewesen, sieben
                                Weise.
    Jetzt aber geschiehet

60   Schlechthin
                    diesesmal, oft aber
            Geschiehet etwas um die Schläfe, nicht ist
            Es zu verstehen, wenn aber eines Weges
            Ein Freier herausgeht, findet   5
            Daselbst es bereitet.

61   Zu Rossen, ewige Lust
        Zu Leben, wie wenn Nachtigallen
        Süßen Ton der Heimat oder die Schneegans
        Den Ton anstimmet über
5   Dem Erdkreis, sehnend,

62   Seines jedem und ein Ende der Wanderschaft
        Einen Orden oder
        Feierlichkeit geben oder Gesetze
        Die Geister des Gemeingeists
5   Die Geister Jesu
        Christi

63   und wie der Ratsherr
        Sacktuch

64   Immer, Liebes! gehet
        Die Erd und der Himmel hält.

65   Streifen blauer Lilien
        Kennest du   der Arbeit
        Von Künstlern allein oder gleich
        Dem Hirsch, der schweifet in der Hitze. Nicht
5   Ohn' Einschränkung.

66   Eine beständige Vision ist aber
        nach der Himmelsleiter
        das Elysium

67   Narcyssen Ranunklen und
       Siringen aus Persien
       Blumen Nelken, gezogen perlenfarb
       Und schwarz und Hyazinthen,
       Wie wenn es riechet, statt Musik   5
       Des Eingangs, dort, wo böse Gedanken,
       Liebende mein Sohn vergessen sollen
                              einzugehen
       Verhältnisse und dies Leben
       Christophori   der Drache vergleicht der
                                  Natur
       Gang und Geist und Gestalt.   10

68   Da soll er alles
       Hinausführen
       Außer dem Lager
       An eine reine Stätte
       Da man die Asche   5
       Hinschüttet, und solls
       Verbrennen auf dem Holz mit Feuer.

69   Bauen möcht

       und neu errichten
       des Theseus Tempel und die Stadien
       und wo Perikles gewohnet

       Es fehlet aber das Geld, denn zu viel   5
       ist ausgegeben heute. Zu Gaste nämlich hatt
       ich geladen   und wir saßen beieinander

70   *Carrieres de greve*
      Sagen für Künstler

      Krone auf dem Capitol

      Tasso
5   politisch Sorgen herzungewisse

71   Heidnisches
      Jo Bacche, daß sie lernen der Hände Geschick
      Samt selbigem,
      Gerächet oder vorwärts. Die Rache gehe
5   Nämlich zurück. Und daß uns nicht
      Dieweil wir roh sind,
      Mit Wasserwellen Gott
                  schlage. Nämlich
      Gottlosen auch
10   Wir aber sind
      Gemeinen gleich,
      Die, gleich
      Edeln Gott versuchet, ein Verbot
      Ist aber, des sich rühmen. Ein Herz sieht aber
15   Helden. Mein ist
      Die Rede vom Vaterland. Das neide
      Mir keiner. Auch so machet
      Das Recht des Zimmermannes
      Das Kreuz.

72   Arm und Bein

            denn schlank steht
      mit getreuem Rücken

der Deutschen Geschlecht.

73   Und gehet
beim Hochzeit-
reigen und Wan-
derstrauß

74   Schwert
und heimlich Messer, wenn einer
        geschliffen
                    mittelmäßig Gut,
Daß aber uns das Vaterland nicht werde   5
Zum kleinen Raum. Schwer ist der
Zu liegen, mit Füßen, den Händen auch.
Nur Luft.

75   Es will uns aber geschehen, um
Die warme Scheue
Abzulegen, an der Leber
Ein linkisches.

76
Wohl muß
Umsonst nicht ehren der Geist
Das Schicksal. Das will heißen
Der Sonne Peitsch und Zügel.
5   Des Menschen Herz betrüblich.

77   DIE SCHLANGE

                        und an der
Den Besten ziehen die Vögel

78   spitzbübisch schnakisch
         Lächeln, wenn dem Menschen
     seine kühnsten Hoffnungen
         erfüllt werden

79   und kehr' in Hahnenschrei
                        der Augenblick des Triumphs
     Werber!

80   keine Polaken sind wir
     Der Gelehrten halb

81   Die *apriorität* des Individuellen
     über das Ganze

82   Jaunerloch gebildeter Herren zu reden.

83   Zwei Bretter und zwei
        Brettchen *apoll envers terre*

84   doch am meisten dem Pöbel exponiert,

85   Tende   Strömfeld   Simonetta.
        Teufen   Amyklä   Aveiro am Flusse
        Fouga   die Familie   Alencastro den
        Namen davon   Amalasuntha Antegon
        Anathem Ardinghellus Sorbonne Cölestin   5
        und Inozentius haben die Rede unter-
        brochen und sie genannt den Pflanz-
        garten der Französischen Bischöfe –
        Aloisia Sigea *differentia vitae*
        urbanae et rusticae Thermodon   10
        ein Fluß in Cappadocien Val-
        telino Schönberg Scotus Schönberg Teneriffa

        Sulaco   Venafro
                    Gegend
        des Olympos.   Weißbrun in Nieder-   15
        ungarn. Zamora Jacca Baccho
        Imperiali.   Genua   Larissa in Syrien

86 Nun versteh' ich den Menschen erst, da ich fern
                                        von ihm
    und in der Einsamkeit lebe!

87   DER FRÜHLING

88   DER HERBST

89   BLEIBENDER WERT

90   DAS LEBEN

91   HÖHE DES MENSCHEN

92   wie Wolken um die Zeiten legt

SPÄTESTE GEDICHTE

FREUNDSCHAFT, LIEBE . . .

Freundschaft, Liebe, Kirch und Heilge, Kreuze, Bilder,
Altar und Kanzel und Musik. Es tönet ihm die Predigt.
Die Kinderlehre scheint nach Tisch ein schlummernd
                                                    müßig
Gespräch für Mann und Kind und Jungfraun, fromme
                                                    Frauen;
Hernach geht er, der Herr, der Burgersmann und Künstler   5
Auf Feldern froh umher und heimatlichen Auen,
Die Jugend geht betrachtend auch.

WENN AUS DER FERNE . . .

Wenn aus der Ferne, da wir geschieden sind,
    Ich dir noch kennbar bin, die Vergangenheit
        O du Teilhaber meiner Leiden!
            Einiges Gute bezeichnen dir kann,

So sage, wie erwartet die Freundin dich   5
    In jenen Gärten, da nach entsetzlicher
        Und dunkler Zeit wir uns gefunden?
            Hier an den Strömen der heilgen Urwelt.

Das muß ich sagen, einiges Gutes war
    In deinen Blicken, als in den Fernen du   10
        Dich einmal fröhlich umgesehen
            Immer verschlossener Mensch, mit finstrem

Aussehn. Wie flossen Stunden dahin, wie still
    War meine Seele über der Wahrheit daß
        Ich so getrennt gewesen wäre?   15
            Ja! ich gestand es, ich war die deine.

Wahrhaftig! wie du alles Bekannte mir
In mein Gedächtnis bringen und schreiben willst,
Mit Briefen, so ergeht es mir auch
20 Daß ich Vergangenes alles sage.

Wars Frühling? war es Sommer? die Nachtigall
Mit süßem Liede lebte mit Vögeln, die
Nicht ferne waren im Gebüsche
Und mit Gerüchen umgaben Bäum' uns.

25 Die klaren Gänge, niedres Gesträuch und Sand
Auf dem wir traten, machten erfreulicher
Und lieblicher die Hyazinthe
Oder die Tulpe, Viole, Nelke.

Um Wänd und Mauern grünte der Efeu, grünt'
30 Ein selig Dunkel hoher Alleen. Oft
Des Abends, Morgens waren dort wir
Redeten manches und sahn uns froh an.

In meinen Armen lebte der Jüngling auf,
Der, noch verlassen, aus den Gefilden kam,
35 Die er mir wies, mit einer Schwermut,
Aber die Namen der seltnen Orte

Und alles Schöne hatt' er behalten, das
An seligen Gestaden, auch mir sehr wert
Im heimatlichen Lande blühet
40 Oder verborgen, aus hoher Aussicht,

Allwo das Meer auch einer beschauen kann,
Doch keiner sein will. Nehme vorlieb, und denk
An die, die noch vergnügt ist, darum,
Weil der entzückende Tag uns anschien,

Der mit Geständnis oder der Hände Druck   45
   Anhub, der uns vereinet. Ach! wehe mir!
     Es waren schöne Tage. Aber
       Traurige Dämmerung folgte nachher.

Du seiest so allein in der schönen Welt
   Behauptest du mir immer, Geliebter! das   50
     Weißt aber du nicht,

AUF DEN TOD EINES KINDES

   Die Schönheit ist den Kindern eigen,
   Ist Gottes Ebenbild vielleicht, –
   Ihr Eigentum ist Ruh und Schweigen,
   Das Engeln auch zum Lob gereicht.

DER RUHM

Es knüpft an Gott der Wohllaut, der geleitet
Ein sehr berühmtes Ohr, denn wunderbar
Ist ein berühmtes Leben groß und klar,
Es geht der Mensch zu Fuße oder reitet.

Der Erde Freuden, Freundlichkeit und Güter,   5
Der Garten, Baum, der Weinberg mit dem Hüter,
Sie scheinen mir ein Widerglanz des Himmels,
Gewähret von dem Geist den Söhnen des Gewimmels. –

Wenn Einer ist mit Gütern reich beglücket,
Wenn Obst den Garten ihm, und Gold ausschmücket   10
Die Wohnung und das Haus, was mag er haben
Noch mehr in dieser Welt, sein Herz zu laben?

AUF DIE GEBURT EINES KINDES

Wie wird des Himmels Vater schauen
Mit Freude das erwachs'ne Kind,
Gehend auf blumenreichen Auen,
Mit andern, welche lieb ihm sind.

5   Indessen freue dich des Lebens,
Aus einer guten Seele kommt
Die Schönheit herrlichen Bestrebens,
Göttlicher Grund dir mehr noch frommt.

DAS ANGENEHME DIESER WELT . . .

Das Angenehme dieser Welt hab' ich genossen,
Die Jugendstunden sind, wie lang! wie lang! verflossen,
April und Mai und Julius sind ferne,
Ich bin nichts mehr, ich lebe nicht mehr gerne!

AN ZIMMERN

Die Linien des Lebens sind verschieden
Wie Wege sind, und wie der Berge Grenzen.
Was hier wir sind, kann dort ein Gott ergänzen
Mit Harmonien und ewigem Lohn und Frieden.

WENN AUS DEM HIMMEL . . .

Wenn aus dem Himmel hellere Wonne sich
Herabgießt, eine Freude den Menschen kommt,
Daß sie sich wundern über manches
Sichtbares, Höheres, Angenehmes:

Wie tönet lieblich heilger Gesang dazu!   5
  Wie lacht das Herz in Liedern die Wahrheit an,
    Daß Freudigkeit an einem Bildnis –
      Über dem Stege beginnen Schafe

Den Zug, der fast in dämmernde Wälder geht.
  Die Wiesen aber, welche mit lautrem Grün   10
    Bedeckt sind, sind wie jene Heide,
      Welche gewöhnlicher Weise nah ist

Dem dunkeln Walde. Da, auf den Wiesen auch
  Verweilen diese Schafe. Die Gipfel, die
    Umher sind, nackte Höhen sind mit   15
      Eichen bedecket und seltnen Tannen.

Da, wo des Stromes regsame Wellen sind,
  Daß einer, der vorüber des Weges kommt,
    Froh hinschaut, da erhebt der Berge
      Sanfte Gestalt und der Weinberg hoch sich.   20

Zwar gehn die Treppen unter den Reben hoch
  Herunter, wo der Obstbaum blühend darüber steht
    Und Duft an wilden Hecken weilet,
      Wo die verborgenen Veilchen sprossen;

Gewässer aber rieseln herab, und sanft   25
  Ist hörbar dort ein Rauschen den ganzen Tag;
    Die Orte aber in der Gegend
      Ruhen und schweigen den Nachmittag durch.

AN ZIMMERN

Von einem Menschen sag ich, wenn der ist gut
  Und weise, was bedarf er? Ist irgend eins
    Das einer Seele gnüget? ist ein Halm, ist
      Eine gereifteste Reb' auf Erden

5   Gewachsen, die ihn nähre? Der Sinn ist des
      Also. Ein Freund ist oft die Geliebte, viel
        Die Kunst. O Teurer, dir sag ich die Wahrheit.
          Dädalus Geist und des Walds ist deiner.

DER FRÜHLING

Wenn auf Gefilden neues Entzücken keimt
  Und sich die Ansicht wieder verschönt und sich
    An Bergen, wo die Bäume grünen,
      Hellere Lüfte, Gewölke zeigen,

5 O! welche Freude haben die Menschen! froh
  Gehn an Gestaden Einsame, Ruh und Lust
    Und Wonne der Gesundheit blühet,
      Freundliches Lachen ist auch nicht ferne.

DER MENSCH

Wer Gutes ehrt, er macht sich keinen Schaden,
Er hält sich hoch, er lebt den Menschen nicht vergebens,
Er kennt den Wert, den Nutzen solchen Lebens,
Er traut dem Bessern sich, er geht auf Segenspfaden.
                Hölderlin.

DAS GUTE

Wenn Inneres sich bewährt, ist Gutes zu erkennen,
Es ist zu würdigen, von Menschen zu benennen,
Ist anwendbar, wie sehr die Menschen widerstreben,
Es ist zu achten, nützt und ist nötig in dem Leben.
                Hölderlin

DAS FRÖHLICHE LEBEN

Wenn ich auf die Wiese komme,
Wenn ich auf dem Felde jetzt,
Bin ich noch der Zahme, Fromme
Wie von Dornen unverletzt.
Mein Gewand in Winden wehet,   5
Wie der Geist mir lustig fragt,
Worin Inneres bestehet,
Bis Auflösung diesem tagt.

O vor diesem sanften Bilde,
Wo die grünen Bäume stehn,   10
Wie vor einer Schenke Schilde
Kann ich kaum vorübergehn.
Denn die Ruh an stillen Tagen
Dünkt entschieden trefflich mir,
Dieses mußt du gar nicht fragen,   15
Wenn ich soll antworten dir.

Aber zu dem schönen Bache
Such' ich einen Lustweg wohl,
Der, als wie in dem Gemache,
Schleicht durch's Ufer wild und hohl,   20
Wo der Steg darüber gehet,
Geht's den schönen Wald hinauf,
Wo der Wind den Steg umwehet,
Sieht das Auge fröhlich auf.

Droben auf des Hügels Gipfel   25
Sitz' ich manchen Nachmittag,
Wenn der Wind umsaust die Wipfel,
Bei des Turmes Glockenschlag,
Und Betrachtung gibt dem Herzen
Frieden, wie das Bild auch ist,   30
Und Beruhigung den Schmerzen,
Welche reimt Verstand und List.

    Holde Landschaft! wo die Straße
Mitten durch sehr eben geht,
Wo der Mond aufsteigt, der blasse,
Wenn der Abendwind entsteht,
Wo die Natur sehr einfältig,
Wo die Berg' erhaben stehn,
Geh' ich heim zuletzt, haushältig,
Dort nach goldnem Wein zu sehn.

DER SPAZIERGANG

Ihr Wälder schön an der Seite,
Am grünen Abhang gemalt,
Wo ich umher mich leite,
Durch süße Ruhe bezahlt
Für jeden Stachel im Herzen,
Wenn dunkel mir ist der Sinn,
Den Kunst und Sinnen hat Schmerzen
Gekostet von Anbeginn.
Ihr lieblichen Bilder im Tale,
Zum Beispiel Gärten und Baum,
Und dann der Steg der schmale,
Der Bach zu sehen kaum,
Wie schön aus heiterer Ferne
Glänzt Einem das herrliche Bild
Der Landschaft, die ich gerne
Besuch' in Witterung mild.
Die Gottheit freundlich geleitet
Uns erstlich mit Blau,
Hernach mit Wolken bereitet,
Gebildet wölbig und grau,
Mit sengenden Blitzen und Rollen
Des Donners, mit Reiz des Gefilds,
Mit Schönheit, die gequollen
Vom Quell ursprünglichen Bilds.

DER KIRCHHOF

Du stiller Ort, der grünt mit jungem Grase,
Da liegen Mann und Frau, und Kreuze stehn,
Wohin hinaus geleitet Freunde gehn,
Wo Fenster sind glänzend mit hellem Glase.

Wenn glänzt an dir des Himmels hohe Leuchte   5
Des Mittags, wann der Frühling dort oft weilt,
Wenn geistige Wolke dort, die graue, feuchte
Wenn sanft der Tag vorbei mit Schönheit eilt!

Wie still ist's nicht an jener grauen Mauer,
Wo drüber her ein Baum mit Früchten hängt;   10
Mit schwarzen tauigen, und Laub voll Trauer,
Die Früchte aber sind sehr schön gedrängt.

Dort in der Kirch' ist eine dunkle Stille
Und der Altar ist auch in dieser Nacht geringe,
Noch sind darin einige schöne Dinge,   15
Im Sommer aber singt auf Feldern manche Grille.

Wenn Einer dort Reden des Pfarrherrn hört,
Indes die Schar der Freunde steht daneben,
Die mit dem Toten sind, welch eignes Leben
Und welcher Geist, und fromm sein ungestört.   20

DIE ZUFRIEDENHEIT

Wenn aus dem Leben kann ein Mensch sich finden,
Und das begreifen, wie das Leben sich empfindet,
So ist es gut; wer aus Gefahr sich windet,
Ist wie ein Mensch, der kommt aus Sturm' und Winden.

5   Doch besser ists, die Schönheit auch zu kennen,
Einrichtung, die Erhabenheit des ganzen Lebens,
Wenn Freude kommt aus Mühe des Bestrebens,
Und wie die Güter all' in dieser Zeit sich nennen.

Der Baum, der grünt, die Gipfel von Gezweigen,
10   Die Blumen, die des Stammes Rind' umgeben,
Sind aus der göttlichen Natur, sie sind ein Leben,
Weil über dieses sich des Himmels Lüfte neigen.

Wenn aber mich neugier'ge Menschen fragen,
Was dieses sei, sich für Empfindung wagen,
15   Was die Bestimmung sei, das Höchste, das Gewinnen,
So sag' ich, das ist es, das Leben, wie das Sinnen.

Wen die Natur gewöhnlich, ruhig machet,
Er mahnet mich, den Menschen froh zu leben,
Warum? die Klarheit ist's, vor der auch Weise beben,
20   Die Freudigkeit ist schön, wenn alles scherzt und lachet.

Der Männer Ernst, der Sieg und die Gefahren,
Sie kommen aus Gebildetheit, und aus Gewahren,
Es geb' ein Ziel; das Hohe von den Besten
Erkennt sich an dem Sein, und schönen Überresten.

25   Sie selber aber sind, wie Auserwählte,
Von ihnen ist das Neue, das Erzählte,
Die Wirklichkeit der Taten geht nicht unter,
Wie Sterne glänzen, gibts ein Leben groß und munter.

Das Leben ist aus Taten und verwegen,
30   Ein hohes Ziel, gehaltener's Bewegen,
Der Gang und Schritt, doch Seligkeit aus Tugend,
Und großer Ernst, und dennoch lautre Jugend.

Die Reu, und die Vergangenheit in diesem Leben
Sind ein verschiednes Sein, die Eine glücket

Zu Ruhm und Ruh', und allem, was entrücket,   35
Zu hohen Regionen, die gegeben;

Die Andre führt zu Qual, und bittern Schmerzen
Wenn Menschen untergehn, die mit dem Leben scherzen,
Und das Gebild' und Antlitz sich verwandelt
Von Einem, der nicht gut und schön gehandelt.   40

Die Sichtbarkeit lebendiger Gestalt, das Währen
In dieser Zeit, wie Menschen sich ernähren,
Ist fast ein Zwist, der lebet der Empfindung,
Der andre strebt nach Mühen und Erfindung.

NICHT ALLE TAGE . . .

Nicht alle Tage nennet die schönsten der,
    Der sich zurücksehnt unter die Freuden wo
        Ihn Freunde liebten wo die Menschen
            Über dem Jüngling mit Gunst verweilten.

AUSSICHT

Wenn Menschen fröhlich sind, ist dieses vom Gemüte,
Und aus dem Wohlergehn, doch aus dem Felde kommet,
Zu schaun der Bäume Wuchs, die angenehme Blüte,
Da Frucht der Ernte noch den Menschen wächst und
                                        frommet.

Gebirg umgibt das Feld, vom Himmel hoch entstehet   5
Die Dämmerung und Luft, der Ebnen sanfte Wege
Sind in den Feldern fern, und über Wasser gehet
Der Mensch zu Örtern dort die kühn erhöhten Stege.

Erinnerung ist auch dem Menschen in den Worten,
Und der Zusammenhang der Menschen gilt die Tage   10

Des Lebens durch zum Guten in den Orten,
Doch zu sich selber macht der Mensch des Wissens Frage.

Die Aussicht scheint Ermunterung, der Mensch erfreuet
Am Nutzen sich, mit Tagen dann erneuet
15 Sich sein Geschäft, und um das Gute waltet
Die Vorsicht gut, zu Dank, der nicht veraltet.

DEM GNÄDIGSTEN HERRN VON LEBRET

Sie, Edler! sind der Mensch, von dem das Beste sagen
Nicht fälschlich ist, da jeder Mensch es kennet,
Doch die Vollkommenheit enthält verschiedne Fragen,
Wenn schon der Mensch es leicht bezeuget nennet.

5 Sie aber haben dies in recht gewohntem Leben,
In der Gewogenheit, von der sich Menschen ehren,
Das ist den Würdigern als wie ein Gut gegeben,
Da viele sich in Not und Gram verzehren.

So unverlierbar dies, so geht es, hoch zu gelten,
10 Aus der Gewogenheit; die Menschen leben nimmer
Allein und schlechterdings von ihrem Schein und
                                    Schimmer,
Der Mensch bezeuget dies und Weisheit geht in Welten.

DER FRÜHLING

Wie selig ists, zu sehn, wenn Stunden wieder tagen,
Wo sich vergnügt der Mensch umsieht in den Gefilden,
Wenn Menschen sich um das Befinden fragen,
Wenn Menschen sich zum frohen Leben bilden.

5 Wie sich der Himmel wölbt, und auseinander dehnet,
So ist die Freude dann an Ebnen und im Freien,

Wenn sich das Herz nach neuem Leben sehnet,
Die Vögel singen, zum Gesange schreien.

Der Mensch, der oft sein Inneres gefraget,
Spricht von dem Leben dann, aus dem die Rede gehet,   10
Wenn nicht der Gram an einer Seele naget,
Und froh der Mann vor seinen Gütern stehet.

Wenn eine Wohnung prangt, in hoher Luft gebauet,
So hat der Mensch das Feld geräumiger und Wege
Sind weit hinaus, daß Einer um sich schauet,   15
Und über einen Bach gehen wohlgebaute Stege.

DER HERBST

Die Sagen, die der Erde sich entfernen,
Vom Geiste, der gewesen ist und wiederkehret,
Sie kehren zu der Menschheit sich, und vieles lernen
Wir aus der Zeit, die eilends sich verzehret.

Die Bilder der Vergangenheit sind nicht verlassen   5
Von der Natur, als wie die Tag' verblassen
Im hohen Sommer, kehrt der Herbst zur Erde nieder,
Der Geist der Schauer findet sich am Himmel wieder.

In kurzer Zeit hat vieles sich geendet,
Der Landmann, der am Pfluge sich gezeiget,   10
Er siehet, wie das Jahr sich frohem Ende neiget,
In solchen Bildern ist des Menschen Tag vollendet.

Der Erde Rund mit Felsen ausgezieret
Ist wie die Wolke nicht, die Abends sich verlieret,
Es zeiget sich mit einem goldnen Tage,   15
Und die Vollkommenheit ist ohne Klage.

DER SOMMER

Das Erntefeld erscheint, auf Höhen schimmert
Der hellen Wolke Pracht, indes am weiten Himmel
In stiller Nacht die Zahl der Sterne flimmert,
Groß ist und weit von Wolken das Gewimmel.

5 Die Pfade gehn entfernter hin, der Menschen Leben
Es zeiget sich auf Meeren unverborgen,
Der Sonne Tag ist zu der Menschen Streben
Ein hohes Bild, und golden glänzt der Morgen.

Mit neuen Farben ist geschmückt der Gärten Breite,
10 Der Mensch verwundert sich, daß sein Bemühn gelinget,
Was er mit Tugend schafft, und was er hoch vollbringet,
Es steht mit der Vergangenheit in prächtigem Geleite.

DER FRÜHLING

Es kommt der neue Tag aus fernen Höhn herunter,
Der Morgen der erwacht ist aus den Dämmerungen,
Er lacht die Menschheit an, geschmückt und munter,
Von Freuden ist die Menschheit sanft durchdrungen.

5 Ein neues Leben will der Zukunft sich enthüllen,
Mit Blüten scheint, dem Zeichen froher Tage,
Das große Tal, die Erde sich zu füllen,
Entfernt dagegen ist zur Frühlingszeit die Klage.

Mit Untertänigkeit
10   d: 3$\underline{\text{ten}}$ März 1648.   Scardanelli.

AUSSICHT

Der offne Tag ist Menschen hell mit Bildern,
Wenn sich das Grün aus ebner Ferne zeiget,
Noch eh' des Abends Licht zur Dämmerung sich neiget,
Und Schimmer sanft den Glanz des Tages mildern.
Oft scheint die Innerheit der Welt umwölkt verschlossen,   5
Des Menschen Sinn von Zweifeln voll, verdrossen,
Die prächtige Natur erheitert seine Tage,
Und ferne steht des Zweifels dunkle Frage.

                              Mit Untertänigkeit
     Den 24ten März 1871   Scardanelli.   10

DER FRÜHLING

    Die Sonne glänzt, es blühen die Gefilde,
    Die Tage kommen blütenreich und milde,
    Der Abend blüht hinzu, und helle Tage gehen
    Vom Himmel abwärts, wo die Tag' entstehen.

    Das Jahr erscheint mit seinen Zeiten   5
    Wie eine Pracht, wo Feste sich verbreiten,
    Der Menschen Tätigkeit beginnt mit neuem Ziele,
    So sind die Zeichen in der Welt, der Wunder viele.

              mit Untertänigkeit
       d. 24 April   Scardanelli.   10
         1839.

HÖHERES LEBEN

Der Mensch erwählt sein Leben, sein Beschließen,
Von Irrtum frei kennt Weisheit er, Gedanken,

Erinnrungen, die in der Welt versanken,
Und nichts kann ihm der innern Wert verdrießen.

Die prächtige Natur verschönet seine Tage,
Der Geist in ihm gewährt ihm neues Trachten
In seinem Innern oft, und das, die Wahrheit achten,
Und höhern Sinn, und manche seltne Frage.

Dann kann der Mensch des Lebens Sinn auch kennen,
Das Höchste seinem Zweck, das Herrlichste benennen,
Gemäß der Menschheit so des Lebens Welt betrachten,
Und hohen Sinn als höhres Leben achten.

Scardanelli.

HÖHERE MENSCHHEIT

Den Menschen ist der Sinn ins Innere gegeben,
Daß sie als anerkannt das Beßre wählen,
Es gilt als Ziel, es ist das wahre Leben,
Von dem sich geistiger des Lebens Jahre zählen.

Scardanelli.

DES GEISTES WERDEN . . .

Des Geistes Werden ist den Menschen nicht verborgen,
Und wie das Leben ist, das Menschen sich gefunden,
Es ist des Lebens Tag, es ist des Lebens Morgen,
Wie Reichtum sind des Geistes hohe Stunden.

Wie die Natur sich dazu herrlich findet,
Ist, daß der Mensch nach solcher Freude schauet,
Wie er dem Tage sich, dem Leben sich vertrauet,
Wie er mit sich den Bund des Geistes bindet.

DER FRÜHLING

Der Mensch vergißt die Sorgen aus dem Geiste,
Der Frühling aber blüh't, und prächtig ist das Meiste,
Das grüne Feld ist herrlich ausgebreitet
Da glänzend schön der Bach hinuntergleitet.

Die Berge stehn bedecket mit den Bäumen,   5
Und herrlich ist die Luft in offnen Räumen,
Das weite Tal ist in der Welt gedehnet
Und Turm und Haus an Hügeln angelehnet.

                    Mit Untertänigkeit
                    Scardanelli   10

DER SOMMER

Wenn dann vorbei des Frühlings Blüte schwindet,
So ist der Sommer da, der um das Jahr sich windet.
Und wie der Bach das Tal hinuntergleitet,
So ist der Berge Pracht darum verbreitet.
Daß sich das Feld mit Pracht am meisten zeiget,   5
Ist, wie der Tag, der sich zum Abend neiget;
Wie so das Jahr verweilt, so sind des Sommers Stunden
Und Bilder der Natur dem Menschen oft verschwunden.

d. 24 Mai
   1778.   Scardanelli.   10

DER WINTER

Wenn bleicher Schnee verschönert die Gefilde,
Und hoher Glanz auf weiter Ebne blinkt,
So reizt der Sommer fern, und milde
Naht sich der Frühling oft, indes die Stunde sinkt.

5   Die prächtige Erscheinung ist, die Luft ist feiner,
Der Wald ist hell, es geht der Menschen keiner
Auf Straßen, die zu sehr entlegen sind, die Stille machet
Erhabenheit, wie dennoch alles lachet.

Der Frühling scheint nicht mit Blüten Schimmer
10 Dem Menschen so gefallend, aber Sterne
Sind an dem Himmel hell, man siehet gerne
Den Himmel fern, der ändert fast sich nimmer.

Die Ströme sind, wie Ebnen, die Gebilde
Sind, auch zerstreut, erscheinender, die Milde
15 Des Lebens dauert fort, der Städte Breite
Erscheint besonders gut auf ungemeßner Weite.

WINTER

Wenn sich das Laub auf Ebnen weit verloren,
So fällt das Weiß herunter auf die Tale,
Doch glänzend ist der Tag vom hohen Sonnenstrahle,
Es glänzt das Fest den Städten aus den Toren.

5   Es ist die Ruhe der Natur, des Feldes Schweigen
Ist wie des Menschen Geistigkeit, und höher zeigen
Die Unterschiede sich, daß sich zu hohem Bilde
Sich zeiget die Natur, statt mit des Frühlings Milde.

d. 25 Dezember
10   1841.
Dero
untertänigster
Scardanelli.

DER WINTER

Das Feld ist kahl, auf ferner Höhe glänzet
Der blaue Himmel nur, und wie die Pfade gehen
Erscheinet die Natur, als Einerlei, das Wehen
Ist frisch, und die Natur von Helle nur umkränzet.

Der Erde Stund ist sichtbar von dem Himmel   5
Den ganzen Tag, in heller Nacht umgeben
Wenn hoch erscheint von Sternen das Gewimmel,
Und geistiger das weit gedehnte Leben.

DER SOMMER

Noch ist die Zeit des Jahrs zu sehn, und die Gefilde
Des Sommers stehn in ihrem Glanz, in ihrer Milde;
Des Feldes Grün ist prächtig ausgebreitet,
Allwo der Bach hinab mit Wellen gleitet.

So zieht der Tag hinaus durch Berg und Tale,   5
Mit seiner Unaufhaltsamkeit und seinem Strahle,
Und Wolken ziehn in Ruh', in hohen Räumen,
Es scheint das Jahr mit Herrlichkeit zu säumen.

                         Mit Untertänigkeit
    d. 9ten März   Scardanelli   10
       1940.

DER FRÜHLING

Wenn neu das Licht der Erde sich gezeiget,
Von Frühlingsregen glänzt das grüne Tal und munter
Der Blüten Weiß am hellen Strom hinunter,
Nachdem ein heitrer Tag zu Menschen sich geneiget.

Die Sichtbarkeit gewinnt von hellen Unterschieden,
Der Frühlingshimmel weilt mit seinem Frieden,
Daß ungestört der Mensch des Jahres Reiz betrachtet,
Und auf Vollkommenheit des Lebens achtet.
                                          Mit
                                  Untertänigkeit
    d. 15 März   Scardanelli.
        1842

DER HERBST

Das Glänzen der Natur ist höheres Erscheinen,
Wo sich der Tag mit vielen Freuden endet,
Es ist das Jahr, das sich mit Pracht vollendet,
Wo Früchte sich mit frohem Glanz vereinen.

Das Erdenrund ist so geschmückt, und selten lärmet
Der Schall durchs offne Feld, die Sonne wärmet
Den Tag des Herbstes mild, die Felder stehen
Als eine Aussicht weit, die Lüfte wehen

Die Zweig' und Äste durch mit frohem Rauschen
Wenn schon mit Leere sich die Felder dann vertauschen,
Der ganze Sinn des hellen Bildes lebet
Als wie ein Bild, das goldne Pracht umschwebet.
            d. 15^{ten}Nov.
                1759.

DER SOMMER

Im Tale rinnt der Bach, die Berg' an hoher Seite,
Sie grünen weit umher an dieses Tales Breite,
Und Bäume mit dem Laube stehn gebreitet,
Daß fast verborgen dort der Bach hinunter gleitet.

So glänzt darob des schönen Sommers Sonne,   5
Daß fast zu eilen scheint des hellen Tages Wonne,
Der Abend mit der Frische kommt zu Ende,
Und trachtet, wie er das dem Menschen noch vollende.

                    mit Untertänigkeit
d. 24 Mai   Scardanelli.   10
  1758.

DER SOMMER

Die Tage gehn vorbei mit sanfter Lüfte Rauschen,
Wenn mit der Wolke sie der Felder Pracht vertauschen,
Des Tales Ende trifft der Berge Dämmerungen,
Dort, wo des Stromes Wellen sich hinabgeschlungen.

Der Wälder Schatten sind umhergebreitet,   5
Wo auch der Bach entfernt hinuntergleitet,
Und sichtbar ist der Ferne Bild in Stunden,
Wenn sich der Mensch zu diesem Sinn gefunden.

d. 24 Mai   Scardanelli.
  1758.   10

DER MENSCH

Wenn aus sich lebt der Mensch und wenn sein Rest sich
                                 zeiget,
So ist's, als wenn ein Tag sich Tagen unterscheidet,
Daß ausgezeichnet sich der Mensch zum Reste neiget,
Von der Natur getrennt und unbeneidet.

5　　Als wie allein ist er im andern weiten Leben,
　　Wo rings der Frühling grünt, der Sommer freundlich weilet
　　Bis daß das Jahr im Herbst hinunter eilet,
　　Und immerdar die Wolken uns umschweben.

　　d. 28ten Juli　　　　　　　　mit Untertänigkeit
10　　1842.　　　　　　　　　　　Scardanelli.

DER WINTER

　　Wenn ungesehn und nun vorüber sind die Bilder
　　Der Jahreszeit, so kommt des Winters Dauer,
　　Das Feld ist leer, die Ansicht scheinet milder,
　　Und Stürme wehn umher und Regenschauer.

5　　Als wie ein Ruhetag, so ist des Jahres Ende,
　　Wie einer Frage Ton, daß dieser sich vollende,
　　Alsdann erscheint des Frühlings neues Werden,
　　So glänzet die Natur mit ihrer Pracht auf Erden.

　　　　　　　　　　Mit Untertänigkeit
10　　d. 24 April　　　　　　　Scardanelli.
　　　1849

DER WINTER

　　Wenn sich das Jahr geändert, und der Schimmer
　　Der prächtigen Natur vorüber, blühet nimmer
　　Der Glanz der Jahreszeit, und schneller eilen
　　Die Tage dann vorbei, die langsam auch verweilen.

Der Geist des Lebens ist verschieden in den Zeiten
Der lebenden Natur, verschiedne Tage breiten
Das Glänzen aus, und immerneues Wesen
Erscheint den Menschen recht, vorzüglich und erlesen.

                    Mit Untertänigkeit
                           Scardanelli.
d. 24 Januar
   1676.

                    DER WINTER

Wenn sich der Tag des Jahrs hinabgeneiget
Und rings das Feld mit den Gebirgen schweiget,
So glänzt das Blau des Himmels an den Tagen,
Die wie Gestirn in heitrer Höhe ragen.

Der Wechsel und die Pracht ist minder umgebreitet,
Dort, wo ein Strom hinab mit Eile gleitet,
Der Ruhe Geist ist aber in den Stunden
Der prächtigen Natur mit Tiefigkeit verbunden.
                           Mit Untertänigkeit
   d. 24.   Scardanelli.
   Januar
   1743.

GRIECHENLAND

Wie Menschen sind, so ist das Leben prächtig,
Die Menschen sind der Natur öfters mächtig,
Das prächt'ge Land ist Menschen nicht verborgen
Mit Reiz erscheint der Abend und der Morgen.
Die offnen Felder sind als in der Ernte Tage
Mit Geistigkeit ist weit umher die alte Sage,
Und neues Leben kommt aus Menschheit wieder
So sinkt das Jahr mit einer Stille nieder.

                              Mit Untertänigkeit
Den 24t. Mai 1748   Scardanelli.

DER FRÜHLING

Der Tag erwacht, und prächtig ist der Himmel,
Entschwunden ist von Sternen das Gewimmel,
Der Mensch empfindet sich, wie er betrachtet,
Der Anbeginn des Jahrs wird hoch geachtet.

Erhaben sind die Berge, wo die Ströme glänzen,
Die Blütenbäume sind, als wie mit Kränzen,
Das junge Jahr beginnt, als wie mit Festen,
Die Menschen bilden mit Höchsten sich und Besten.
                              mit Untertänigkeit
d. 24 Mai   Scardanelli.
   1748.

DER FRÜHLING

Die Sonne kehrt zu neuen Freuden wieder,
Der Tag erscheint mit Strahlen, wie die Blüte,
Die Zierde der Natur erscheint sich dem Gemüte,
Als wie entstanden sind Gesang und Lieder.

Die neue Welt ist aus der Tale Grunde,   5
Und heiter ist des Frühlings Morgenstunde,
Aus Höhen glänzt der Tag, des Abends Leben
Ist der Betrachtung auch des innern Sinns gegeben.

d. 20   Mit Untertänigkeit
Jan.   10
1758.   Scardanelli.

DER FRÜHLING

Wenn aus der Tiefe kommt der Frühling in das Leben,
Es wundert sich der Mensch, und neue Worte streben
Aus Geistigkeit, die Freude kehret wieder
Und festlich machen sich Gesang und Lieder.

Das Leben findet sich aus Harmonie der Zeiten,   5
Daß immerdar den Sinn Natur und Geist geleiten,
Und die Vollkommenheit ist Eines in dem Geiste,
So findet vieles sich, und aus Natur das Meiste.

                          Mit Untertänigkeit
d. 24 Mai   Scardanelli.   10
1758.

DER ZEITGEIST

Die Menschen finden sich in dieser Welt zum Leben,
Wie Jahre sind, wie Zeiten höher streben,
So wie der Wechsel ist, ist übrig vieles Wahre,
Daß Dauer kommt in die verschied'nen Jahre;
Vollkommenheit vereint sich so in diesem Leben,   5
Daß diesem sich bequemt der Menschen edles Streben.

                  Mit Untertänigkeit
24. Mai 1748.   Scardanelli.

FREUNDSCHAFT

Wenn Menschen sich aus innrem Werte kennen,
So können sie sich freudig Freunde nennen,
Das Leben ist den Menschen so bekannter,
Sie finden es im Geist interessanter.

Der hohe Geist ist nicht der Freundschaft ferne,
Die Menschen sind den Harmonien gerne
Und der Vertrautheit hold, daß sie der Bildung leben,
Auch dieses ist der Menschheit so gegeben.

                                    Mit Untertänigkeit
d. 20 Mai   Scardanelli.
   1758.

DIE AUSSICHT

Wenn in die Ferne geht der Menschen wohnend Leben,
Wo in die Ferne sich erglänzt die Zeit der Reben,
Ist auch dabei des Sommers leer Gefilde,
Der Wald erscheint mit seinem dunklen Bilde.

Daß die Natur ergänzt das Bild der Zeiten,
Daß die verweilt, sie schnell vorübergleiten,
Ist aus Vollkommenheit, des Himmels Höhe glänzet
Den Menschen dann, wie Bäume Blüt' umkränzet.

                                    Mit Untertänigkeit
d. 24 Mai   Scardanelli.
   1748.

ANHANG

IN LIEBLICHER BLÄUE . . .

In lieblicher Bläue blühet mit dem metallenen Dache der
Kirchturm. Den umschwebet Geschrei der Schwalben, den
umgibt die rührendste Bläue. Die Sonne gehet hoch darüber und färbet das Blech, im Winde aber oben stille krähet
die Fahne. Wenn einer unter der Glocke dann herabgeht, 5
jene Treppen, ein stilles Leben ist es, weil, wenn abgeson-
dert so sehr die Gestalt ist, die Bildsamkeit herauskommt
dann des Menschen. Die Fenster, daraus die Glocken tönen, sind wie Tore an Schönheit. Nämlich, weil noch der
Natur nach sind die Tore, haben diese die Ähnlichkeit von 10
Bäumen des Walds. Reinheit aber ist auch Schönheit. Innen
aus Verschiedenem entsteht ein ernster Geist. So sehr einfältig aber die Bilder, so sehr heilig sind die, daß man
wirklich oft fürchtet, die zu beschreiben. Die Himmlischen
aber, die immer gut sind, alles zumal, wie Reiche, haben 15
diese, Tugend und Freude. Der Mensch darf das nachahmen. Darf, wenn lauter Mühe das Leben, ein Mensch
aufschauen und sagen: so will ich auch sein? Ja. So lange die
Freundlichkeit noch am Herzen, die Reine, dauert, misset
nicht unglücklich der Mensch sich mit der Gottheit. Ist 20
unbekannt Gott? Ist er offenbar wie der Himmel? dieses
glaub' ich eher. Des Menschen Maß ist's. Voll Verdienst,
doch dichterisch, wohnet der Mensch auf dieser Erde.
Doch reiner ist nicht der Schatten der Nacht mit den Sternen, wenn ich so sagen könnte, als der Mensch, der heißet 25
ein Bild der Gottheit.

Gibt es auf Erden ein Maß? Es gibt keines. Nämlich es
hemmen den Donnergang nie die Welten des Schöpfers.
Auch eine Blume ist schön, weil sie blühet unter der Sonne. 30
Es findet das Aug' oft im Leben Wesen, die viel schöner

noch zu nennen wären als die Blumen. O! ich weiß das
wohl! Denn zu bluten an Gestalt und Herz, und ganz nicht
mehr zu sein, gefällt das Gott? Die Seele aber, wie ich
glaube, muß rein bleiben, sonst reicht an das Mächtige auf
5 Fittigen der Adler mit lobendem Gesange und der Stimme
so vieler Vögel. Es ist die Wesenheit, die Gestalt ist's. Du
schönes Bächlein, du scheinest rührend, indem du rollest so
klar, wie das Auge der Gottheit, durch die Milchstraße. Ich
kenne dich wohl, aber Tränen quillen aus dem Auge. Ein
10 heiteres Leben seh' ich in den Gestalten mich umblühen der
Schöpfung, weil ich es nicht unbillig vergleiche den einsamen Tauben auf dem Kirchhof. Das Lachen aber scheint
mich zu grämen der Menschen, nämlich ich hab' ein Herz.
Möcht' ich ein Komet sein? Ich glaube. Denn sie haben die
15 Schnelligkeit der Vögel; sie blühen an Feuer, und sind wie
Kinder an Reinheit. Größeres zu wünschen, kann nicht des
Menschen Natur sich vermessen. Der Tugend Heiterkeit
verdient auch gelobt zu werden vom ernsten Geiste, der
zwischen den drei Säulen wehet des Gartens. Eine schöne
20 Jungfrau muß das Haupt umkränzen mit Myrtenblumen,
weil sie einfach ist ihrem Wesen nach und ihrem Gefühl.
Myrten aber gibt es in Griechenland.

––––––––––

Wenn einer in den Spiegel siehet, ein Mann, und siehet
darin sein Bild, wie abgemalt; es gleicht dem Manne. Augen
25 hat des Menschen Bild, hingegen Licht der Mond. Der
König Oedipus hat ein Auge zuviel vielleicht. Diese Leiden
dieses Mannes, sie scheinen unbeschreiblich, unaussprechlich, unausdrücklich. Wenn das Schauspiel ein solches darstellt, kommt's daher. Wie ist mir's aber, gedenk' ich deiner
30 jetzt? Wie Bäche reißt das Ende von Etwas mich dahin,
welches sich wie Asien ausdehnet. Natürlich dieses Leiden,
das hat Oedipus. Natürlich ist's darum. Hat auch Herkules
gelitten? Wohl. Die Dioskuren in ihrer Freundschaft haben
die nicht Leiden auch getragen? Nämlich wie Herkules mit
35 Gott zu streiten, das ist Leiden. Und die Unsterblichkeit im

Neide dieses Lebens, diese zu teilen, ist ein Leiden auch.
Doch das ist auch ein Leiden, wenn mit Sommerflecken ist
bedeckt ein Mensch, mit manchen Flecken ganz überdeckt
zu sein! Das tut die schöne Sonne: nämlich die ziehet alles
auf. Die Jünglinge führt die Bahn sie mit Reizen ihrer   5
Strahlen wie mit Rosen. Die Leiden scheinen so, die Oedipus getragen, als wie ein armer Mann klagt, daß ihm etwas
fehle. Sohn Laios, armer Fremdling in Griechenland!
Leben ist Tod, und Tod ist auch ein Leben.

———————

KOMMENTAR

HÖLDERLINS GEDICHTE

Hölderlin hat nie einen Band mit seinen Gedichten herausgeben können. Erst 1826, als er schon zwanzig Jahre umnachtet war, erschien ein von Ludwig Uhland und Gustav Schwab zusammengestelltes Bändchen, das noch nicht einmal die Hälfte des überlieferten lyrischen Werks enthielt. Immerhin aber brachte es eine erste Sammlung an die Öffentlichkeit. Was Hölderlin selbst veröffentlicht hatte, war weit zerstreut in Musenalmanachen und literarischen Zeitschriften, anderes blieb in oft schwer entzifferbaren Handschriften bis ins 20. Jahrhundert verborgen, und erst im Jahre 1954 entdeckte man eine seiner bedeutendsten Hymnen, die *Friedensfeier*.

Dem 19. Jahrhundert war allenfalls der Dichter des *Hyperion* ein Begriff; von den Gedichten fand nur weniges und bei wenigen Beachtung. Selbst vor Versen, die heute zu den berühmtesten der deutschen Literatur zählen, vor *Hälfte des Lebens*, versagte das Verständnis der Zeitgenossen. Die Wende kam zu Beginn des 20. Jahrhunderts. Sehr schnell erhob eine neue, durch die moderne Lyrik gesteigerte Sensibilität den Lyriker Hölderlin zu höchstem Rang. Die Intensität eines von allem bloß Dekorativen befreiten Sagens, die Kühnheit der Metaphorik, die Sprengung konventioneller Normen insbesondere in den Gedichten nach 1800 – in all dem glaubte man Hölderlin nun als Vorboten und zugleich schon frühen Vollender eigener Ausdruckskunst zu erkennen. Seit Norbert von Hellingrath im Jahre 1916 den epochemachenden Band mit Hölderlins später Lyrik erscheinen ließ, hat diese Faszination eher noch zugenommen. Nicht umsonst haben auch die großen Lyriker des zwanzigsten Jahrhunderts, von Rilke bis zu Celan, Hölderlin als Leitfigur begriffen.

Sieht man von den noch aus der Schulzeit stammenden
Gedichten und von denjenigen ab, die in den langen Jahrzehnten der Umnachtung zwischen 1806 und seinem Tod
im Jahr 1843 entstanden, dann hat Hölderlin seine Lyrik im
wesentlichen zwischen seinem 18. und 33. Lebensjahr geschrieben – von seinem Einzug ins Tübinger Stift im
Herbst 1788 bis zum Jahr 1803. Was dann noch bis zum
Frühjahr 1806 entstand, als der Nervenkranke von Homburg nach Tübingen verbracht wurde, läßt sich mangels
sicherer Datierungskriterien schwer entscheiden – wahrscheinlich nur noch eine Anzahl von Entwürfen und Bruchstücken sowie einige fragmentarische Überarbeitungen früher niedergeschriebener Gedichte.

Die Phasen des lyrischen Schaffens heben sich klar ab.
Die Schülergedichte (1784-1788), noch kaum von poetischem Wert, sind doch aufschlußreich für die frühe Prägung in einer religiös-pietistisch bestimmten Umwelt. Sie
bringen das Leiden an der lebensfeindlichen Enge und
Strenge der Klosterschulen in Denkendorf und Maulbronn
zum Ausdruck, die melancholische Einsamkeitsempfin-
dung und das Bedürfnis nach Freundschaft, den Rückzug
in die Innerlichkeit und andererseits einen ausgreifenden
Ehrgeiz; einen Ehrgeiz, der sich nur wieder in dieser Sphäre der Innerlichkeit Raum zu schaffen vermag, indem er
sich auf das Ziel großen Dichtertums richtet. Die Orien-
tierungsmuster sind Klopstock und der Hainbund, Schubart und der frühe Schiller, die Weltschmerz- und Ruinenpoesie, wie sie in der Zeit der Empfindsamkeit weitverbreitet war.

Diese Linie setzt sich noch 1789 fort, im ersten Jahr der
Zeit im Tübinger Stift, das Hölderlin mit den anderen zum
Studium der Theologie bestimmten Absolventen der württembergischen Klosterschulen – unter ihnen Hegel und
Schelling – bis Ende 1793 besuchte. Aber schon 1790 führt
die im Kreis republikanisch gesinnter Stiftskameraden begeistert begrüßte Französische Revolution und die Begegnung mit Kants kritischer Philosophie sowie die beginnen-

de intensive Aufnahme griechischer Literatur und Philosophie zu einer neuen Konstellation. Sie prägt auch weitgehend die Gedichte dieser Periode. Die sogenannten ›Tübinger Hymnen‹ besingen die Ideale der revolutionär befreiten Menschheit: Freiheit, Gleichheit, Brüderlichkeit. Die sich aus den Fesseln der politischen, sozialen und nicht zuletzt geistigen Knechtschaft befreiende ›Menschheit‹ – die *Hymne an die Menschheit* (1791) ist ein Schlüsseltext dieser Zeit – bildet das große Anliegen. Zugleich ist dieses ›Menschheits‹-Denken noch in die Sphäre der für das 18. Jahrhundert charakteristischen kosmologischen Harmonievorstellungen einbezogen, wofür Schillers Lied *An die Freude* das poetische Muster bot. Sie kommen besonders in der *Hymne an die Göttin der Harmonie* und in der *Hymne an die Liebe* zum Ausdruck. Getragen sind alle diese Reimhymnen von einer idealistisch-abstrakten Emphase, die das Konkrete und Reale überhöht und verflüchtigt. Hölderlin steht damit in einem größeren Umfeld: nachdem schon Opitz in seinem *Buch von der Deutschen Poeterey* auch abstrakte und mythologische Begriffe als Gegenstand hymnischer Dichtung genannt hatte, waren Hymnen dieser Art gerade in den letzten Jahrzehnten des 18. Jahrhunderts beliebt – Hymnen an die Einsamkeit, an die Fröhlichkeit, an die Ewigkeit usw. Bis in das gereimte Pathos und in die Versform folgt Hölderlins Jünglingspoesie aber vor allem Schillers Vorbild; einem Vorbild, das auch noch über die Tübinger Stiftszeit hinaus in den Jahren wirksam bleibt, die Hölderlin auf Schillers Empfehlung in Waltershausen als Erzieher im Hause Charlotte von Kalbs, und dann in Jena und in Nürtingen verbringt (1794/1795). Am deutlichsten ist die Adaption des Schillerschen Ethos und Pathos im Kult des Kämpferisch-Heroischen. Sein Paradigma ist der Tugendheld Herakles. Schon die 1793 entstandene Hymne *Dem Genius der Kühnheit* deutet darauf, und die wichtigste der frühen Hymnen, die Hymne *Das Schicksal* (1794), ja noch die an den Beginn der Frankfurter Zeit gehörende Hymne *An Herkules* (1796), ist auf diese Leitfigur angelegt.

Damit erreicht Hölderlin eine Grenze, an der er sich selbst seiner ganz anderen Sensibilität entfremdet fühlen mußte. In der 1798 entstandenen Ode *Menschenbeifall* hat er, im Bewußtsein, nun zu seiner wahren dichterischen Art gefunden zu haben, rückblickend den angenommenen Habitus der früheren Periode als leeres Pathos charakterisiert:

> Ist nicht heilig mein Herz, schöneren Lebens voll,
> Seit ich liebe? warum achtetet ihr mich mehr,
>   Da ich stolzer und wilder,
>   Wortereicher und leerer war?

Immerhin aber hatten die Tübinger Reimhymnen ein erstes dichterisches Selbstgefühl und erste Anerkennung gebracht: Stäudlin veröffentlichte in seinem ›Musenalmanach für das Jahr 1792‹ erstmals Gedichte des nun Zweiundzwanzigjährigen, und bald folgten weitere Veröffentlichungen. Die ersten poetischen Erfolge bestärkten Hölderlin darin, seine Berufung in der Dichtung zu sehen; ohnehin war der Entschluß, der Theologie den Rücken zu kehren, schon gefaßt.

In die Zeit nach dem Abschied von Tübingen gehören die Anfänge des *Hyperion*. Auf ihn konzentrierte sich Hölderlin neben der Brotarbeit als Hauslehrer in den Jahren 1794 bis 1799. Daß Schiller den *Hyperion* am 9. 3. 1795 Cotta zum Verlag empfohlen hatte und selber ein Fragment des Romans in seiner Zeitschrift ›Thalia‹ veröffentlichte, mußte Hölderlin zum energischen Verfolgen dieses Projekts ermutigen. Darum blieb in den Jahren bis zum Erscheinen des zweiten *Hyperion*-Bandes (1799) das lyrische Schaffen eher schmal; aber durch die Arbeit am *Hyperion* wuchs dem Autor eine Breite und Fülle dichterischer Ausdrucksmöglichkeiten zu, ohne die das nach der *Hyperion*-Zeit entstehende lyrische Werk nicht denkbar ist. Nicht zuletzt gingen in einem für die Romangattung ganz ungewöhnlichen Maß lyrische Energien in den *Hyperion* selbst ein.

In den Frankfurter Jahren (1796-1798), der Zeit der Liebe zu Susette Gontard, die Hölderlin dichterisch idealisie-

rend »Diotima« nannte, behielt er noch für kurze Zeit die
Form der »wortereich«-vielstrophigen Reimhymne bei, so
in der in mehreren Fassungen vorliegenden Reimhymne
Diotima. Auch ideell führt sie noch das Frühere fort, denn
Diotima ist nun die Repräsentantin derselben universalen
kosmischen Harmonie, die früher die große Reimhymne an
die »Göttin der Harmonie« feierte. Zwar beseelt die späteren von den zahlreichen Diotima-Gedichten eine tiefer ge-
tönte, reichere und lebendigere Empfindung; aber wie im
Hyperion ist Diotima auch hier von ideellen Horizonten her
konturiert: von Winckelmanns klassizistischem Griechen-
verständnis, das in der Formel »edle Einfalt und stille
Größe« Ausdruck gefunden hatte, und von Platons ideali-
stisch-sublimierender Eros-Konzeption. Dem *Symposion*, in
dem Platon diese Eros-Konzeption schuf, entstammt der
Name Diotima selbst.

Bald gab Hölderlin die lediglich noch am Anfang der
Frankfurter Zeit beibehaltene Form der Reimhymne auf
und wählte ganz andere Vers- und Strophenformen. Er
schreibt Hexameter-Gedichte, wie das Gedicht *An den
Äther*, eine erste Elegie: *Der Wanderer* (1. Fassung), ein
Gedicht in Blankversen: *Die Völker schwiegen, schlummerten . . .*, er experimentiert auch mit eigenen Formen, etwa in
Hyperions Schicksalslied; vor allem aber erobert er sich die
Meisterschaft als Oden-Dichter. Damit beginnt sich die bis
zum Ende seiner Schaffenszeit reichende lyrische Gattung
zu entfalten, in der er der mit Abstand bedeutendste Dichter deutscher Sprache wurde. Schon in seiner Schüler-
Poesie hatte sich Hölderlin einige Male in der Odendichtung versucht und auch bereits die beiden Odenstrophen
verwendet, die er von nun an mit einer einzigen Ausnahme
– der sapphischen Ode *Unter den Alpen gesungen* (1801) –
ausschließlich wählte: die alkäische und die asklepiadeische
Odenstrophe. Maßgebend war das klassische und im
18. Jahrhundert, nicht zuletzt von Klopstock, besonders
kultivierte Muster des Horaz.

In der Frankfurter Zeit schrieb Hölderlin fast nur Kurzoden. Sie haben nicht mehr als zwei oder drei Strophen (S. 197-S. 206 dieser Ausgabe). Unverkennbar ist die Reaktion auf die unmittelbar vorhergehende Phase der in langen Strophenfolgen dahinflutenden Reimhymnen. Nun diszipliniert sich Hölderlin zum knappen Kontur, zur konzisen Diktion, zur bündig treffenden Formulierung. Dazu mag auch Goethes Empfehlung beigetragen haben, »kleine Gedichte zu machen und sich zu jedem einen menschlich interessanten Gegenstand zu wählen« (laut Goethes Bericht in seinem Brief an Schiller vom 23. August 1797); ebenso Schillers Rat in seinem Brief vom 24. November 1796, die »Nüchternheit in der Begeisterung« nicht zu verlieren und die »Weitschweifigkeit« zu vermeiden.

Die alkäische Strophe hat diese Form:

∪ – ∪ – ∪ │ – ∪ ∪ – ∪ –	(alk. Elfsilbler)
∪ – ∪ – ∪ │ – ∪ ∪ – ∪ –	(alk. Elfsilbler)
∪ – ∪ – ∪ – ∪ – ∪	(alk. Neunsilbler)
– ∪ ∪ – ∪ ∪ – ∪ – ∪	(alk. Zehnsilbler)

Die asklepiadeische diese:

– ∪ – ∪ ∪ – │ – ∪ ∪ – ∪ –	(Asklepiadeus)
– ∪ – ∪ ∪ – │ – ∪ ∪ – ∪ –	(Asklepiadeus)
– ∪ – ∪ ∪ – ∪̄	(Pherekrateus)
– ∪ – ∪ ∪ – ∪ –	(Glykoneus)

Beiden Strophenformen gemeinsam ist der analoge Bau der ersten beiden Verse im Unterschied zu den dann folgenden sowie die größere Amplitude der beiden ersten Verse und ihre Gliederung durch eine Zäsur – die beiden letzten Verse sind jeweils kurz und zäsurlos. Dennoch sorgt das Metrum für einen völlig verschiedenen Ausdruckswert. In den beiden Anfangsversen der alkäischen Strophe folgt an der Zäsur auf die Senkung eine Hebung, so daß sich der Vers, wenn kein syntaktischer Einschnitt an der Zäsur liegt, in einem gleichmäßigen Auf und Ab über diese Binnengrenze hinwegbewegt. Das gleiche wie für die beiden Teile der Anfangsverse gilt für die Verse im ganzen: immer bleibt das Auf und Ab von Hebung und Senkung (oder umgekehrt) vom Ende eines Verses zum Anfang des folgenden erhalten.

Ganz anders in der asklepiadeischen Strophe. Sowohl an
der Zäsur der beiden Anfangsverse wie an den Versgrenzen
(wenn nicht am anceps, d. h. doppelwertig notierten Ende
des Pherekrateus eine Senkung steht) stoßen jeweils He-
bungen aufeinander: Es kommt zum sogenannten ›He-
bungsprall‹. Während die alkäische Strophe mit ihrer
weiterlaufenden Wellenbewegung weich und fließend
wirkt, hat die asklepiadeische Strophe durch den Hebungs-
prall, der zumindest zwischen den Anfangsversen und in
deren Innerem immer wiederkehrt, einen markanten Bau:
Er setzt die einzelnen Verse und Binnenteile der Verse entschieden gegeneinander ab. Natürlich kommt diese unter-
schiedliche Struktur der beiden Strophenformen nur dort
idealtypisch zur Geltung, wo sich die syntaktische und lo-
gische Gliederung mit der metrischen deckt, wie etwa in
der Schlußstrophe der asklepiadeischen Ode *Sokrates und
Alcibiades*:

> Wer das Tiefste gedacht, liebt das Lebendigste,
>   Hohe Jugend versteht, wer in die Welt geblickt,
>   Und es neigen die Weisen
>   Oft am Ende zu Schönem sich.

Nachdem sich Hölderlin mit seiner Odendichtung in der
Frankfurter Zeit nicht ganz, aber doch weitgehend auf
Kurzoden beschränkt hatte, greift er wieder weiter aus.
Und dies nicht zuletzt in der Odenform selbst, die er bis
zum Schluß beibehält, auch in der Elegienzeit und in der
Zeit der späten Hymnen. Er schreibt nun oft große, viel-
strophige Oden und gestaltet eine Reihe der Kurzoden aus
der Frankfurter Zeit zu umfangreichen Oden aus.

Brachten die beiden Frankfurter Jahre neben dem entscheidenden Fortschritt des *Hyperion* die Meisterschaft in
der Odenform, so führten sie *ideell* in den Horizont, der von
nun an bestimmend blieb: Hölderlin bildete eine vom zeitgenössischen Spinozismus inspirierte pantheistische Weltanschauung aus, die sich mit dem von Rousseau vermittelten Kult der Natur verschmolz. Hauptzeugnis dafür ist der
Hyperion. Aber auch in den Gedichten findet diese pan-

theistische Weltanschauung intensiven Ausdruck. Geradezu systematisch – und noch etwas schematisch – vorgeführt wird sie in dem Hexameterhymnus *An den Äther*, der das alte stoisch-pantheistische Hauptsymbol, den Äther, als Inbegriff der alles durchwaltenden und beseelenden Naturmacht schon im Titel trägt (vgl. den Überblickskommentar S. 598-601). Bis in die großen Dichtungen der Jahre 1800/1801, in den *Archipelagus* sowie in die Elegien *Brot und Wein* und *Heimkunft* hinein bleibt der »Äther« ein pantheistisches Kennwort. Daß der Äther vergöttlicht wird, deutet auf die neue Heiligung der Natur. Ja, die Rede vom ›Göttlichen‹ überhaupt entspringt dieser Heiligung der Natur als des alles tragenden und legitimierenden Lebensgrundes. Diese Rede vom ›Göttlichen‹ meint gerade *nicht* Jenseitiges. Die Entschiedenheit der Absage an die Transzendenz, die Entschlossenheit der Umwertung, welche die ehemals der Transzendenz zugeschriebenen Qualitäten in die Immanenz der ›Natur‹ zurückholt, zeigt sich beispielhaft deutlich in der Kurzode *Vanini*. Sie ist zugleich ein Muster der dialektisch zugespitzten Form der Kurzode.

Nach dem notwendig gewordenen Abschied vom Hause Gontard blieb Hölderlin vom September 1798 bis zum Juni 1800 in nächster Nähe von Frankfurt: in Homburg, von wo aus er die Geliebte noch gelegentlich treffen konnte. Der Freund Sinclair hatte ihn eingeladen, und daher kam Hölderlin in näheren Kontakt mit der Familie des Landgrafen von Homburg, in dessen Diensten Sinclair stand. In diese Sphäre des Lebens am Homburger Hof gehören die Oden *Der Prinzessin Auguste von Homburg* und *Der Prinzessin Amalie von Dessau*, die beide im Herbst 1799 entstanden. Der Schmerz der Trennung und dann des Abschieds von Susette Gontard drückte sich in einer Reihe von Liebesgedichten aus, von denen die wohl erst im Sommer 1800 aus der *Elegie* entstandene große Abschiedselegie *Menons Klagen um Diotima* sowie die Ode *Der Abschied* zu den bedeutendsten der deutschen Literatur gehören.

Die Schatten des Lebensunglücks werden noch tiefer, als

der Plan scheitert, durch die Herausgabe einer literarischen Zeitschrift eine feste Daseinsgrundlage zu gewinnen. Damit hatte sich Hölderlin von der als entwürdigend empfundenen Abhängigkeit in wechselnden Hauslehrerstellen befreien wollen. Im Zusammenhang mit der Planung der Zeitschrift, für die er auch eigene Beiträge vorsah, entstanden mehrere dichtungstheoretische Aufsätze – und dieses Thema des Dichtertums wird nun auch in den Gedichten zentral. Sie reflektieren zunächst das dem Dichter auferlegte Los. Es erscheint als tragisch, weil es den Dichter allen menschlichen Lebenszusammenhängen entfremdet. Dieses tragische Gefühl der Entfremdung, Vereinsamung, ja Ausgesetztheit spricht sich besonders in den beiden wahrhaft ergreifenden Oden *Abendphantasie* und *Mein Eigentum* aus. Der »Gesang« wird dem Dichter selbst zum »Asyl«, zum einzigen Glück, da ihm das Lebensglück versagt bleibt. Noch in scheinbar ganz positiv gestimmten Gedichten wie *Dichtermut* läßt sich das Gefühl schmerzlichen Verlusts wahrnehmen. Der Dichter versucht sich darin selbst Mut zuzusprechen, indem er einen apriorischen Lebenszusammenhang an Stelle des real verschlossenen Lebenszusammenhangs imaginiert.

Andererseits folgt Hölderlin in den Gedichten wie auch sonst in seinen Werken, nicht zuletzt in dem zur gleichen Zeit entstehenden Empedokles-Drama, der Tendenz, das bloß Subjektive, Individuelle und Persönliche zu übersteigen, indem er auf die Legitimation des Dichters reflektiert. Dies geschieht auf markante Weise in der ersten seiner späten Hymnen, in der Ende 1799 entstandenen Hymne *Wie wenn am Feiertage . . .*, und in der wohl erst kurz nach dem Weggang aus Homburg begonnenen Ode *Dichterberuf*. Dichterische Selbstreflexion ist seit der Homburger Zeit und noch bis unmittelbar vor dem Zusammenbruch ein Grundzug in Hölderlins Gedichten. Nicht zu Unrecht hat man ihn den »Dichter des Dichters« genannt.

Mit dieser Reflexion auf die Legitimation des Dichters verbindet sich die Bestimmung seiner objektiven Aufgabe.

Hölderlin sieht sie in der geistigen Vermittlung eines ganzheitlichen Sinnzusammenhangs, den er immer wieder mythologisierend als das »Göttliche« bezeichnet und den er in der Offenheit für das Leben der – pantheistisch verstandenen – Natur begründet sieht. Daraus ergeben sich für ihn zwei Perspektiven. Erstens entwickelt er mit evokativer Kraft die Vorstellung einer wahren *Kultur*, einer Kultur, die aus der harmonischen menschlichen Verbundenheit mit dem universalen Lebenszusammenhang der »Natur« hervorgeht. Beispielhaft verwirklicht sieht er sie in Griechenland, und in diesem Horizont, nicht etwa mit dem Ziel einer ästhetischen Nachahmung der Griechen, wie sie die Klassizisten wollten, vergegenwärtigt er seinen Zeitgenossen immer wieder gerade die griechische Kultur. Am vollkommensten entwickelt er diesen Zusammenhang in der gewaltigen Hexameterhymne *Der Archipelagus* (vgl. den Überblickskommentar S. 682-689), sowie in *Brot und Wein*, der schönsten seiner Elegien, die um die Jahreswende 1800/ 1801 entstand. Zweitens hofft er, daß Deutschland zur Hervorbringung einer solchen Kultur berufen sei, und dies trotz der Scheltrede im *Hyperion* auf die der Natur barbarisch entfremdeten, ganz in ihrem spezialistenhaften, partikularisierten Alltagstun aufgehenden Deutschen. Denn nach der Enttäuschung durch den Verlauf der Französischen Revolution, die er zuerst begeistert begrüßt hatte und deren Idealen er weiterhin anhing, glaubte er nicht mehr, daß von Frankreich aus die Menschheit sich erneuern könne. Nach dem Scheitern der Revolution in Frankreich setzt er auf die *Evolution* in Deutschland als Weg zur geschichtlichen Vollendung – und gerade mit dem evolutionären Geschichtsmodell war ein naturhaft-ganzheitliches Konzept ideal zu verbinden. Deutschland war zwar politisch ohnmächtig, hatte aber ein vielversprechendes literarisches und künstlerisches Leben in den letzten Jahrzehnten des 18. Jahrhunderts entwickelt, und wie andere Zeitgenossen hielt Hölderlin gerade eine im weitesten Sinne kulturelle Vollendung in Deutschland für möglich. Davon

zeugt die im Jahr 1799 entstandene Ode *Gesang des Deutschen*
(vgl. den Überblickskommentar S. 633-640); die gleiche
Hoffnung einer sich in Deutschland entfaltenden, naturhaft
und ganzheitlich begründeten Kultur trägt noch die zwei
Jahre später, Ende 1801, entstandene Hymne *Germanien*.

Das heißt nicht, daß Hölderlin dem Politischen im engeren Sinne gänzlich abgeschworen hätte. Dafür nahm er
am Zeitgeschehen zu leidenschaftlich Anteil, und gelegentlich, wenn sich die Situation zuspitzte, konnte er durchaus
wieder an revolutionären Kampf denken. So in der ebenfalls in der Homburger Zeit entstandenen, dichterisch nicht
bedeutenden, aber politisch aufschlußreichen Ode *Der Tod
fürs Vaterland* (vgl. den Überblickskommentar S. 624-627).
Insgesamt zeigen die Zeitgedichte, wie intensiv Hölderlin
im Kreise seiner gleichgesinnten Freunde in Homburg die
Ereignisse verfolgte, auch wenn er sie meist in eine höhere
Sphäre hob. Im Mai 1799 schreibt der Freund Böhlendorff
über Sinclair und Hölderlin aus Homburg: »Ich habe hier
einen Freund, der Republikaner mit Leib und Leben ist –
auch einen andern Freund, der es im Geist und in der Wahrheit ist«.

Nach einem letzten Wiedersehen mit Susette Gontard am
8. Mai 1800 – im Herbst 1799 hatte er ihr noch den 2. Band
des *Hyperion* mit der Widmung »Wem sonst als Dir« übergeben können – brach Hölderlin im Juni 1800 von Homburg in die schwäbische Heimat auf, wo er nun bis zum
Ende des Jahres im Hause des Stuttgarter Kaufmanns Christian Landauer freundschaftliche Aufnahme fand. Gerade
das Gefühl der Entfremdung seiner dichterischen Existenz
von allen normalen menschlichen Lebensmöglichkeiten
und der endgültige Verlust Susette Gontards machte ihn
nun um so empfänglicher für ein, wenn auch nur zeitwei-
liges, »Bleiben im Leben«. Aus der Empfindung tragischer
Heimatlosigkeit, die ebenso äußeres Los wie inneres Verhängnis ist, erlebt er die heimatliche Landschaft und das
gesellige Leben im Kreis der Stuttgarter Freunde mit doppelter Intensität. Vom Sommer 1800 ab schreibt er Oden

und Elegien, die ganz erfüllt sind von diesem Erlebnis. Dem Heimat-Strom, dem Neckar, widmet er ein Gedicht (*Der Neckar*), der schon »lange geliebten« Stadt Heidelberg ein anderes – die Ode *Heidelberg* zählt zu Hölderlins berühmtesten. Eine weitere Ode trägt den Titel *Rückkehr in die Heimat*. In den Elegien, die in rascher Folge entstehen und einen besonderen Schwerpunkt dieser fruchtbaren Monate bilden, wird die reale Heimat immer zugleich auf eine ideale Heimat transparent. Sie führen zur Andeutung eines höheren Erfüllungsgeschehens, in das Hölderlin die im Gedicht angesprochenen Freunde, Verwandten, Landsleute miteinschließt. Von der Elegie *Der Wanderer* (2. Fassung), einer poetischen Wanderung in die Heimat, reicht diese Grundstruktur über die Elegie *Stutgard*, die wie schon die Heidelberg-Ode das antike, insbesondere pindarische Muster des Städtepreises aufnimmt, bis zu der Anfangspartie von *Brot und Wein* und zu der letzten Elegie *Heimkunft*. Diese »Heimkunft« bezieht sich schon auf die Rückkehr von dem kurzen Aufenthalt in der Schweiz im Frühjahr 1801.

Hatte Hölderlin in der Frankfurter Zeit, 1796-1798, die Meisterschaft in der Ode erreicht, so brachte die zweite Hälfte des Jahres 1800 die Vollendung in der Elegiendichtung, nachdem er in früheren Jahren nur gelegentliche Versuche in dieser Form unternommen hatte. Aber während er auch weiterhin bedeutende Oden schuf, war damit, wenn man noch die Elegie *Heimkunft* aus dem Frühling 1801 hinzunimmt, das Elegienwerk auch schon abgeschlossen. Die vielleicht schon 1799 geschriebene *Elegie*, die er im Sommer 1800 zu *Menons Klagen um Diotima* umgestaltete, war ganz von der römischen Dichtung her definiert, derzufolge eine Elegie immer Liebesdichtung ist. Vor dem Hintergrund dieser römischen Gattungstradition hatte Hölderlin den lapidaren Titel *Elegie* gewählt. Die späteren Elegien folgen der offeneren und weiteren Gattungstradition der griechischen Elegie. Keineswegs dominiert in ihnen das im engeren Sinn »Elegische«. Sie umschließen ein reiches Spektrum poetischer Stimmung und poetischen

Ausdrucks. Ja, »Freude« ist ein Schlüsselwort in ihnen. Die begeisterte Feier mit Freunden in dionysisch verklärter Landschaft gehört zu ihren Grundzügen. Das weit ausschwingende elegische Distichon, das dem Epischen zuneigt, eignete sich zur Aufnahme vieler konkret-bildhafter Eindrücke und sogar individueller Besonderheiten. Manchmal erhält die Heimatlandschaft eine geradezu szenische Qualität. Doch leben die Elegien aus der Spannung zwischen farbiger Eindrucksfülle und hoher Vergeistigung. Eine gewisse Sonderstellung nimmt *Brot und Wein* ein. Was in den anderen Elegien Wanderung in einer verklärten und sublim mythisierten Heimatlandschaft ist, wird nun zu einer imaginären Reise – zu einer Reise aus der dionysisch inspirierenden heimatlichen Gegenwart in den ganz anderen Bereich, nach Hellas als Inbegriff der eigenen idealen Utopie. Die hochpoetische Impression der Abend- und Nachtstimmung in der heimatlichen Stadt dient nun nur noch als Impuls für die Doppelbewegung des erinnernden und zugleich utopisch entwerfenden Geistes. Damit eröffnet sich, wie in dem verwandten *Archipelagus*, der Raum der *geschichtlichen* Erinnerung. Kein anderer Dichter hat so sehr Erinnerung und Geschichte zum Wesenszug seiner Gedichte gemacht wie Hölderlin auf dem Höhepunkt seines Schaffens in den Jahren 1800-1803.

Denn auch die Mehrzahl der von 1801 bis 1803 entstandenen späten Hymnen ist von diesem Duktus der Erinnerung, insbesondere der geschichtlichen und mythischen Erinnerung getragen. Oft verbindet sich damit das Motiv des Wanderns, der imaginären Reise nach Pindars Vorbild. So bereits in der ersten dieser späten Hymnen mit dem bezeichnenden Titel *Die Wanderung*, so in *Patmos* und in *Andenken*. Wie in *Andenken* wird die Erinnerung schon im Titel der letzten Hymne *Mnemosyne* zum Thema; Erinnerung bestimmt aber auch mehrere von den späten Oden, so die zweite Fassung der Ode *Stimme des Volks* und die Oden *Tränen* und *Ganymed*. Erinnerung wird schließlich zur durchgehenden poetischen Struktur des am meisten von

allen Gedichten Hölderlins mythologisch geprägten Gebil-
des: der großartigen Ode *Chiron*. Indem sämtliche Vorstellungen hier in der Figuration des Mythos erscheinen, gerät
das Gedicht selbst ganz zur Deutung des *Erinnerten*, des
Mythos.

Geschichte stellt sich unter zwei Hauptaspekten dar. Erstens unter dem Aspekt der *Kulturwanderung*. Immer wieder,
etwa in den Hymnen *Am Quell der Donau, Germanien* und
Der Ister und noch in dem späten hymnischen Entwurf *Der
Adler*, übernimmt Hölderlin die von der Antike über den
Humanismus bis ins 18. Jahrhundert tradierte Vorstellung
von der Kulturwanderung (»translatio artium«, vgl. hierzu
den Überblickskommentar zu der Hymne *Am Quell der
Donau*, S. 843-845). Ihr zufolge gleicht die Kulturgeschich-
te der Menschheit einer Wanderung vom Orient zum
Okzident. Damit verbindet sich Hölderlins Hoffnung, daß
der geschichtliche Augenblick gekommen ist, in dem die im
weitesten Sinne ›kulturelle‹ Erfüllung, die einst dem
Orient, Griechenland und Rom zuteil wurde, nun Deutschland oder, wie er auch sagt, »Hesperien« erreicht. Auch der
Elegie *Brot und Wein* und besonders einer vieldiskutierten
späten Überarbeitung von *Brot und Wein* liegt diese Vorstellung der Geschichte als Kulturwanderung zugrunde. Deren mythologische Metapher ist der Zug des Dionysos von
Indien nach Westen (vgl. S. 747-749).

Zweitens erscheint Geschichte nun unter einem teleologischen Aspekt. Noch über das Jahr 1800 hinaus war
Hölderlins Geschichtsauffassung im wesentlichen zyklisch
gewesen. Oft spricht er in seinen früheren Dichtungen von
dem periodischen Wechsel von »Tag« und »Nacht«, d. h.
von unerfüllten und erfüllten Zeiten. Noch in der Rhein-
hymne (1801) folgt er diesem zyklischen Konzept, und er
gibt ihm eine systematische Begründung (vgl. den Überblickskommentar S. 857-859). In den späteren Hymnen
Friedensfeier, Der Einzige und *Patmos* aber verläuft die Geschichte linear-teleologisch. Sie führt zu einem Ende in
irdischer Vollkommenheit. Diese irdische Vollkommenheit

steht im Horizont universaler Versöhnung und durch den
»Geist« bewirkter Vermittlung (vgl. die Überblickskommentare zu den drei Hymnen). Mythologische Metapher
der universalen Versöhnung ist die Vereinigung aller ›göttlichen‹ Gestalten und Mächte, die in der Geschichte gewirkt haben, auch über den traditionellen großen Ge-
schichtseinschnitt, die ›Zeitenwende‹ von der vorchristlichen Antike zum Christentum hinweg. Deshalb nennt
Hölderlin Dionysos, Herakles und Christus »Brüder«. So
erfährt auch das Toleranzideal der Aufklärung eine univer-
salhistorische Steigerung.

Unverkennbar ist die Tendenz zur Vergeschichtlichung
des pantheistischen Verständnisses der »Natur« als eines
alles einzelne Leben zum Ganzen hin vermittelnden Allzu-
sammenhangs. Die Geschichte wird als ein fortschreiten-
der, alles vermittelnder Prozeß der Vergeistigung aufgefaßt. Auch darin zeigt sich, wie sehr Hölderlin im Horizont
des idealistischen Geist-Denkens steht, obwohl er in seiner
Auseinandersetzung mit Fichte schon längst dem spezifisch
›subjektiven‹ Idealismus mit seiner Absolutsetzung des
Subjekts kritisch ablehnend gegenüberstand. Den teleologischen Gang der Geschichte in den geschichtsphilosophischen Hymnen *Friedensfeier* und *Patmos* bestimmt nicht der
menschliche »Geist« mit seinen Sinn-Entwürfen, vielmehr
ein ganz objektiv gewordener Geist, der sich im Prozeß der
Geschichte überhaupt erst herausbildet als »Geist der
Welt«, wie es in der *Friedensfeier* heißt. So wird Heilsgeschichte säkularisierend in Natur- und »Geistes«-Ge-
schichte verwandelt.

Jenseits dieser poetischen Visionen eines kulturge-
schichtlich akzentuierten Erfüllungsgeschehens und eines
universalgeschichtlichen, geradezu zur Aufhebung von
Zeit und Geschichte selbst führenden Vollendungsgeschehens kommt in den Gedichten der letzten Jahre vor dem
Zusammenbruch immer wieder eine Problematik zum Ausdruck, die man als Hölderlins eigenste bezeichnen kann. Sie
deutet sich schon früh an, erhält im Empedokles-Drama

großen Ausdruck, und steigert sich nun, gegen Ende, zu bedrohlicher Intensität. Es ist ein tödlicher Drang zu radikaler Befreiung, zum Ausbrechen aus den Grenzen des Daseins. Die letzte Hymne, *Mnemosyne*, bringt dies auf die Formel »Und immer | Ins Ungebundene gehet eine Sehnsucht«. Andere Gedichte sprechen von der »Todeslust«. Hölderlin sieht diesen tödlich-tragischen Entgrenzungsdrang im »furor heroicus« der »Helden«, denen er sich mit seinem »furor poeticus« an die Seite stellt; er sieht ihn aber auch, in gewaltiger Steigerung zum kollektiven Schicksal, in ganzen Völkern und Städten wirksam. Haupttexte hierfür sind *Stimme des Volks* (insbesondere die 2. Fassung), *Tränen, Lebensalter* und *Mnemosyne*, auch noch der späte hymnische Entwurf *Griechenland*.

Zugleich aber artikuliert sich jetzt, wo Hölderlin sich selbst aufs äußerste bedroht fühlt, immer wieder eine beinahe verzweifelte Gegenwehr gegen diesen Entgrenzungsdrang, überhaupt gegen alles Ekstatische. So ebenfalls in *Mnemosyne* – als antagonistischer Reflex gegen die »ins Ungebundene« gehende »Sehnsucht« – und in dem späten hymnischen Entwurf *Griechenland*, auch in der 2. Fassung des *Einzigen*. Ja, manche früheren Gedichte erfahren nun eine tiefgreifende Neufassung mit dem Ziel, das Feste, Gesetzliche, Mittelbare, das Maß, das Endliche, die Individualität und das seiner selbst mächtige Bewußtsein gegen das Elementare, Grenzenlose, Diffuse, insbesondere gegen die Unmittelbarkeit des Erlebens, das Übermaß des Gefühls und gegen die ekstatische Hingerissenheit energisch zu markieren. Entschieden geprägt von dieser Tendenz ist die Umarbeitung der Oden *Der blinde Sänger* zu *Chiron* und *Dichtermut* zu *Blödigkeit*.

Nicht nur dem ideellen Gehalt nach, auch in der sprachlichen Form geht Hölderlins späte Lyrik ins Ungewöhnliche, Extreme. Zu ihren Merkmalen gehören kühne Metaphorik und zugleich abstrakte Härte, glühende Bildfülle und schlichtes Sagen, weitgespannte, rhythmisch stark bewegte Großperioden und lapidare Kürze. Eines ihrer auffallendsten Elemente ist die sogenannte »harte Fügung«, der »herbe Stil« (ἁρμονία αὐστηρά) – ein Begriff, den der antike Rhetoriker Dionysius von Halicarnassus vor allem auf Pindar, Hölderlins Vorbild in diesen letzten Jahren, angewandt hatte. Hölderlin selbst besaß eine größere Abhandlung über Pindar, welche die Stilkriterien des Dionysius von Halicarnassus für Pindar entwickelt: Johann Gottlob Schneiders *Versuch über Pindars Leben und Schriften* (Straßburg 1774). Dionysius nennt die Kennzeichen des herben Stils, die auch für Hölderlins späte Lyrik zutreffen. »Der Charakter des herben Stils«, so schreibt er in seiner Abhandlung *Über die Fügung der Worte* (περὶ συνθέσεως ὀνομάτων, Kap. 22), »ist folgender: er strebt eine feste Verankerung und kraftvolle Stellung der Worte an, so daß jedes sich nach allen Seiten hin deutlich abhebt; ferner eine durch Pausen bewirkte merkliche Trennung der einzelnen Teile voneinander. Er scheut nicht den häufigen Gebrauch rauher und klaffender Fugen, wie sie beim Zusammensetzen für den Hausbau aufgelesener Steinblöcke entstehn, wenn diese nicht wohlgekantet und zurechtgehauen, sondern rauh und urgesteinshaft sind. Oft und gern schafft er sich in gewaltig ausladenden Worten Raum ⟨. . .⟩ Was die Satzglieder angeht, so strebt er ebendies für die großartigen und prachtvollen Rhythmen an; er will nicht gleiche oder ähnliche oder in ein Schema gepreßte, sondern vornehmselbständige, strahlendfreie Glieder. Sie sollen mehr nach Natur als nach Kunst und mehr nach leidenschaftlicher Empfindung (πάθος) als nach konventioneller Haltung (ἦθος) aussehn. Die Perioden will er nicht so konstruieren, daß sie den Sinn der Aussage voll in sich einschließen. Wenn es aber einmal von ungefähr dazu kommt, so will er das Unwillkürliche und Schlichte besonders betonen, indem er weder ergänzende Worte gebraucht, welche den Satz abrunden, aber nichts zum Sinn beitragen, noch darauf aus ist, die Sprechtakte zu feilen und zu glätten, noch indem er diese zurechtschneidert, damit sie dem Atem des Sprechenden genügen ⟨. . .⟩ Ferner ist diesem Stil ⟨. . .⟩ ein

Reichtum von Figuren zu eigen; er hat wenig Bindungen,
läßt gern den Artikel weg, berücksichtigt nicht die natürliche Reihenfolge, er ist alles andere als zierlich: er ist
aristokratisch, selbstbewußt eigenständig, ungeschminkt,
von archaisch kraftgeladener Schönheit«. Als Beispiele für
diesen herben Stil nennt Dionysius Pindar, Aischylos, Thu-
kydides.

Zu dieser harten, oft hochkomplexen Fügung tritt eine –
und dies hängt mit der Dominanz der ›Erinnerung‹ in der
späten Lyrik zusammen – in ihrer Andeutungsfülle ans Un-
durchdringliche grenzende, historisch und mythologisch
aufgeladene Bilderwelt. Dies sind die Hauptkennzeichen
des Spätstils in den Oden und Hymnen von 1801 an. Oft ist
die Aussage nicht mehr entfaltet, sondern verschlossen im
Zeichenhaften. Nicht umsonst wird nun das Wort »Zeichen« zu einem Schlüsselwort.

Schwer läßt sich entscheiden, wie weit sich Hölderlin in
diesem dichterischen Verfahren, das sich dem Hermetischen nähert, bewußt der Tradition des »dunklen Dichters«, des »poeta obscurus«, anschließt. Dieser Typus war
seit der Antike ausgebildet. Früh schon hatte er einen Vor-
läufer in dem für Hölderlin seit langem wichtigen und von
ihm immer wieder zitierten Heraklit, der den stehenden
Zunamen »der Dunkle« (ὁ σκοτεινός) trug. Für die Römer
war Persius der »poeta obscurus« schlechthin. In der deutschen Literatur hatte sich Hamann, in hochmanieristischer
Adaption, in diese Tradition gestellt. Für Hölderlins späte
Oden und Hymnen von 1801 bis 1803 sind die beiden schon
längst feststehenden Grundelemente dieses dichterischen
Typus ebenfalls konstitutiv: der enthusiastisch-inspirierte
Gestus, der im Extremfall zur Prophetie gehört, und die
von gelehrtem Wissen geprägte Darstellung, die im andern
Extremfall zum Rätsel führt. Der Mischung dieser Grundelemente entspricht die Verbindung der beiden Dichter-
typen: des Seher-Dichters (»poeta vates«) und des »poeta
doctus« zu dem des »poeta obscurus«. Die Dunkelheit des
einen ist im Prinzip emotional oder intuitiv, weil aus der

Inspiration, die des andern rational, weil aus der Fülle zeichenhaft oder sogar verschlüsselt eingesetzten Wissens definiert.

Für die späten Hymnen, die nach einem ersten Experiment aus dem Jahre 1799 in Gestalt der Hymne *Wie wenn am Feiertage* . . . zwischen 1801 und 1803 entstanden, ist im Stil wie im Aufbau vor allem Pindar maßgebend gewesen. Zu den wichtigsten der von Pindar übernommenen Elemente gehören die großartigen, in kühnen Ausmaßen gestalteten Präludien, wie sie sich bei Hölderlin in den Hymnen *Wie wenn am Feiertage . . ., Am Quell der Donau, Die Wanderung, Friedensfeier*, in der zweiten und dritten Strophe von *Patmos*, bei Pindar in der siebten olympischen, sechsten nemeischen und vor allem in der ersten pythischen Ode finden. Diese mächtigen Eröffnungsteile – Pindar geht auf ihre Funktion in der sechsten olympischen Ode programmatisch ein – haben die Aufgabe, eine Atmosphäre hoher Feierlichkeit, emphatischen Ernstes, ja visionärer Begeisterung zu schaffen, die den dichterischen Gedanken zu entzünden und durch das Gedicht zu tragen vermag. Spezifisch hymnisch wirkt auch das strukturbildende Element der ›imaginären Reise‹. Pindars sechste olympische Ode bietet das bedeutendste Vorbild. In der *Wanderung*, in *Patmos* und mehreren anderen Hymnen, aber auch schon in der hymnisch bewegten Elegie *Brot und Wein* verwendet Hölderlin dieses Kunstmittel im großen Stil. Die imaginäre Reise ist Ausdruck der weder an Ort noch Zeit gebundenen Souveränität des dichterischen Geistes. Sie zeugt von der visionären Kraft des von seiner Inspiration über alles Hier und Jetzt Hinausgerissenen. Von Pindar hat Hölderlin auch den sogenannten ›gleitenden Übergang‹. Er ist nicht linear-logisch, sondern assoziativ und entspricht damit dem Sprunghaften und zugleich Dunklen, Rätselvollen der hohen Ode (›Hymne‹) als typisches Merkmal.

Indes wäre es einseitig, nur diejenigen von den Pindarischen Elementen in Hölderlins späten Hymnen zu nennen, die zur Sphäre des Dithyrambischen, großartig Bewegten und Erregten gehören. Sie stehen in ausdrucksstarkem Kontrast zu einer Gegensphäre lapidar-formelhafter Prägnanz. Dazu gehören die ebenfalls von Pindar stammenden ›Gnomen‹. Das sind bündig formulierte Einsichten wie etwa v. 46 der Rheinhymne »Ein Rätsel ist Reinentsprungenes« oder die Verse am Beginn der Patmoshymne (v. 3f.): »Wo aber Gefahr ist, wächst / Das Rettende auch«, oder die prägnante Verdichtung in der zentralen Aussage von *Mnemosyne* (v. 12f.): »Und immer / Ins Ungebundene gehet eine Sehnsucht«, oder der Schlußvers von *Andenken*: »Was bleibet aber, stiften die Dichter«. Die Verallgemeinerung der Aussage zum schlechthin Gültigen bedingt eine entschiedene Abstraktheit solcher Gnomen, und diese Abstraktheit bildet einen markanten Kontrast zu der mythologischen Plastik und kühnen Metaphorik, auch zu der oft auffallend intensiven geographischen und historischen Konkretheit der Hymnen. Kontrastiv wirkt auch das Statische und Geschlossene solcher Formeln im Verhältnis zur großen hymnischen Gesamtbewegung, in welcher der für Hölderlins Gedichte überhaupt charakteristische prozeßhafte Duktus seine höchste Steigerung erfährt. Was derartige Gnomen von bloßen Sentenzen oder gar geflügelten Worten, etwa nach Schillers Art, unterscheidet: Sie bringen nicht das leicht Faßliche und dem Gehalt der Aussage nach schon allgemein Verständliche in die entsprechende Form, wodurch das Populäre der ›gängigen Münze‹ entsteht; vielmehr sind sie schwer auslotbare Konzentrationen der im Gedicht sich vollziehenden geistigen Bewegung, mehr Verdichtungen als offene Entfaltungen eines Denkens und Erfahrens, das noch in der gnomischen Ausformulierung Herausforderung und Anspruch an den Leser bleibt.

Nicht zuletzt hat Hölderlin die Architektur seiner späten Hymnen nach Pindars Vorbild eingerichtet. Pindars Siegeslieder sind triadisch gebaut: Auf die Strophe folgt eine metrisch genau entsprechende Antistrophe und auf diese eine metrisch selbständige dritte Strophe (›Epode‹). Dieses Dreierschema konnte beliebig oft wiederholt werden. Pindars Oden haben bis zu drei, vier, fünf und sogar noch mehr Triaden. Nach dem vermittelnden Vorbild von Ronsards pindarischen Oden war dieser dreiteilige Aufbau in der pindarisierenden Ode der deutschen Barockzeit kanonisch, bei Opitz, Gryphius und zahlreichen anderen Dichtern. Opitz gibt in seinem *Buch von der Deutschen Poeterey* (1624) einen geradezu schulmäßigen Unterricht zu diesem Strukturschema. Ihm schließt sich im 18. Jahrhundert Gottsched in seiner *Critischen Dichtkunst* (1730) an, indem er das Strukturschema zuerst abstrakt formuliert und dann durch ein Beispiel sinnfällig macht. Zedlers Universallexikon von 1740 übernimmt in seinem Artikel ›Ode‹ wörtlich Gottscheds Formulierungen. Die Kenntnis des Pindarischen Strukturschemas gehörte also zum Standardwissen, und dies war um so selbstverständlicher, als die großen Editionen seit jeher Pindars Odenstrophen durch den Zusatz »Strophe«, »Antistrophe«, »Epode« markierten. Schon in dieser Hinsicht steht Hölderlin in einer etablierten Tradition der Pindar-Kenntnis und des pindarisierenden Dichtens, wenn er fast alle seine Hymnen (bedeutende Ausnahmen: *Germanien* und *Andenken*) nach dem Pindarischen Triadenschema strukturiert.

Da das triadische Schema beliebig oft wiederholt werden konnte, hatte sich in der pindarisierenden Ode immer schon die Möglichkeit zu einer gewaltig ausladenden lyrischen Dichtung geboten. Sie erlaubte die Episierung (auch dies läßt sich deutlich in einigen von Hölderlins Hymnen erkennen), kam aber ebenso dem barocken Pathosbedürfnis oder dem großen subjektiv-genialischen Gefühlsanspruch bei Klopstock und beim jungen Goethe entgegen. Hölderlin, der doch manches auch hiervon bewahrt, nahm die weite Amplitude der pindarischen hohen ›Ode‹ vor allem wahr, weil sie der ausgreifenden idealistischen Ganzheitssystematik und der perspektivischen Tiefe eines sich prozessual entfaltenden dichterischen Denkens den angemessenen Raum bot.

Die Verszahlen innerhalb der drei Strophen einer Triade

und im Verhältnis der Triaden zueinander ordnet Hölderlin nach dem Strukturschema, aber mit gelegentlichen Abweichungen; schon nach einem ersten Versuch in der Hymne *Wie wenn am Feiertage* . . . gibt er die metrische Durchgestaltung auf. Auch solche Freiheiten sind in der pindarisierenden Ode seit der Renaissance bereits Tradition. Hölderlins späte Hymnen sind metrisch ungebundene, sogenannte freirhythmische Hymnen, wie sie in Deutschland seit Klopstock und den Sturm- und Dranghymnen des jungen Goethe bekannt waren.

Mit seiner für die späten Hymnen strukturbildenden Pindar-Rezeption steht Hölderlin in einer historischen Kontinuität, und dies um so entschiedener, als Pindar nach Quintilians kanonbildender Wertung als größter aller Lyriker, als »princeps lyricorum« galt – einen frühen Reflex dieser Wertung zeigt schon Hölderlins Magisterarbeit *Geschichte der schönen Künste unter den Griechen*, in der er Pindar als »Summum der Dichtkunst« feiert. Eine lange, von der europäischen Renaissance mit Ronsards *Pindarischen Oden* ausgehende Tradition pindarisierenden Dichtens reicht in Deutschland über Opitz bis ins 18. Jahrhundert, und für die pindarische Konzeption von Hölderlins späten Hymnen ist es entscheidend, daß sich die Theorie der ›hohen Ode‹ (modern: Hymne) fest mit Pindar verbunden hatte: Seine späten Hymnen stehen im Horizont einer bereits *gattungstheoretisch* ausgeprägten Pindar-Rezeption. Besonders im 18. Jahrhundert war Pindars Dichtung als Muster der elementar-naturhaften, regellos-enthusiastischen ›hohen Ode‹ maßgeblich bestimmt durch Horazens berühmtes Pindar-Carmen IV 2 (vgl. hierzu den Überblickskommentar zur Hymne *Der Rhein*, S. 857). Klopstock hatte dieses Pindar-Verständnis in seiner 1747 erschienenen Ode *An meine Freunde* programmatisch aufgegriffen, und viele andere folgten ihm. Es ist also nicht einfach der Griechenkenner und -übersetzer Hölderlin, der sich Pindar individuell aneignet; vielmehr aktualisiert er eine schon in wesentlichen Elementen vorgeprägte Pindar-Rezeption und eine entsprechende Theorie der ›hohen Ode‹. Zwar übernimmt er nicht den manierierenden Irrationalismus der Geniezeit, aber sein Interesse an Pindar ist immer noch von dem Versuch bestimmt, eine unkonventionelle Form dichterischen Sprechens zu finden. Programmatisch spricht die Vorbemerkung der *Friedensfeier* (S. 338) von einem solch nicht »konventionellen«, sondern aus der »Natur« stammenden Dichten. Die späten Hymnen haben diese Form gefunden.

Für Hölderlin steht Pindar immer noch für die paradoxe Tradition des Traditionsbruchs. Er wird zum Medium des Anspruchs auf eine ganz eigene, gerade *nicht* klassizistisch die Griechen nachahmende dichterische Ausdrucksweise; auf eine poetische Sprache, die Hölderlin vorzugsweise als »vaterländisch« und »natürlich« bezeichnet. So schrieb er im zweiten Brief an Böhlendorff (Nr. 241) über seine Absicht, *»vaterländisch und natürlich, eigentlich originell* zu singen«. Und im Brief an seinen Verleger Friedrich Wilmans vom 28. September 1803 bemerkt er, er könne jetzt »mehr aus dem Sinne der *Natur* und mehr des *Vaterlandes* schreiben ⟨...⟩ als sonst«. Mit einem Hinweis auf Klopstock endlich findet Hölderlin in einem Brief an Wilmans vom Dezember 1803 (Nr. 244) die oft zitierte, aber kaum verstandene Formel vom »hohen und reinen Frohlocken vaterländischer Gesänge«. Sie läßt sich nur vor dem historischen Hintergrund der Odentheorie verstehen.

Schon das Wort »Gesang« ist eine wörtliche Übersetzung des griechischen Worts »Ode« (ᾠδή). Das »Frohlocken« meint nichts anderes als den in der Theorie der hohen, pindarischen Ode fest verankerten Begriff des Enthusiasmus, also nicht etwa Jubel – schon ein erster Blick auf die späten Hymnen zeigt, daß es sich darum nicht handeln kann –, vielmehr den Ton hoher Inspiration und gesteigerter geistiger Erfahrung, die sich bis zum Visionären erhebt. In der Odentheorie gehörte es seit langem zu den festen Bestimmungen der ›hohen Ode‹, daß sie aus innerer Begeisterung hervorgehen müsse. Damit verbindet sich die Vorstellung besonderer Intensität, welche die ›hohe Ode‹ zur *reinsten* Form der Poesie macht. Hölderlin aber spricht nicht nur vom »reinen«, sondern zuallererst vom »hohen« Frohlocken solcher Gesänge. Er benennt so nicht auf beliebigpersönliche Weise die gemeinte Dichtungsart, vielmehr greift er einen ästhetischen Schlüsselbegriff des 18. Jahrhunderts auf: den der *Erhabenheit*, der ›Höhe‹. Er stammte aus der im 18. Jahrhundert kanonischen Schrift des Pseudo-Longinus *Über das Erhabene* (περὶ ὕψους, wörtlich übersetzt: *Über die Höhe*).

Damit ist der wesentliche *ästhetische* Horizont erreicht, in den die Gattung der ›hohen Ode‹ gehört und in dem auch Hölderlins späte Hymnen stehen. Longinus versteht das Erhabene (»Sublime«) als Stimulans der Steigerung und Erhebung der Seele über das normale Menschenmaß hinaus. Das Erhabene dient dem Aufschwung über die gewöhnliche Realität ins Reich der Idealität, und insofern gehört es zu einem spezifisch idealistischen Dichten. Die Natur, so sagt Longinus, den schon der junge Hölderlin voller Zustimmung studierte (dies geht aus dem Brief Magenaus an Hölderlin vom 10. Juli 1788 hervor), die Natur habe den Menschen zu nichts anderem bestimmt, als zum Betrachten des ganzen Kosmos; sie habe ihn mit einem unbezähmbaren Verlangen nach dem Großen und Göttlichen erfüllt, so daß sein Denken über die Grenzen der ihn umgebenden Welt hinausstrebe. So erkläre sich, daß er nicht die kleinen Rinnsale bewundere, obwohl sie klar und nützlich seien, sondern die Donau und den Rhein. Longins Forderung, die Dichtung habe sich auf kosmische Weite und Größe zu orientieren, findet bei keinem Dichter eine so vollkommene Entsprechung wie bei Hölderlin, wenn man einmal von Klopstocks noch abstrakterem Verfahren absieht. Ein Hauptkennzeichen seines Werks und insbesondere seiner späten Hymnen ist gerade eine Länder und Meere, ja die Zeiträume der Geschichte kühn überfliegende Vorstellungskraft. Longins Plädoyer für die dichterische Wahrnehmung der großen Naturphänomene, vorzugsweise gewaltiger Ströme, wie des Rheins und der Donau, führt sogar schon motivisch zu Hölderlins späten Hymnen – zu den Hymnen *Der Rhein, Am Quell der Donau, Der Ister.* Zum ›Erhabenen‹ gehört bei ihm aber vor allem die Erhebung zur Sphäre des ›Göttlichen‹ und zu der ihr nahen Sphäre der ›Helden‹ und ›Halbgötter‹, die das normale Menschenmaß übersteigen. Repräsentiert werden sie von den großen homerischen Helden, deren Erinnerung noch seine letzte Hymne *Mnemosyne* gilt, aber auch von Dionysos, Herakles und Christus. Die Hymne *Der Einzige* ist gerade diesen drei ›halbgöttlichen‹ Gestalten gewidmet, und in mehreren anderen der späten Hymnen sind sie ebenfalls direkt oder indirekt von strukturbildender Bedeutung. Zu dieser Dimensionierung der späten Hymnen nach dem Maß des ›Erhabenen‹ gehört auch die Stilisierung historisch noch naher Gestalten, wie etwa Rousseaus in der Rheinhymne – die ihm gewidmete Strophenpartie eröffnet Hölderlin mit den bezeichnenden Worten (v. 135): »Halbgötter denk' ich jetzt«.

Der Erhebung der dichterischen Vorstellungskraft zum Höchsten entspricht es endlich, daß Hölderlin auch den Dichter selbst, eben weil seine dichterische Vorstellungskraft dies zu leisten hat, in der Sphäre des ›Erhabenen‹ ansiedelt. Das geschieht gelegentlich schon im Bereich bildhafter Vorstellung, etwa wenn er in *Mnemosyne* dem »Wandersmann« – hier wie auch sonst ist der Wanderer die bevorzugte Chiffre für den Dichter – »auf *hoher* Straß« (v. 31) der Alpen als an einem Ort einsam-hoher Überschau seine in ferne Vergangenheit zurückreichende Vision zuteil werden läßt. Vor allem aber zeigt es sich in der zum Höchsten gesteigerten Aufgabe und Würde des Dichters; auch in der Tragik des Dichters, in der er sich, wie in den Schlußversen der Hymnen *Der Einzige* und *Mnemosyne*, den »Helden« gleich weiß.

Angeregt von zahlreichen französischen und englischen Schriften über das Erhabene, unter denen Edmund Burkes Schrift *A Philosophical Enquiry into the Origin of Our Ideas of the Sublime and Beautiful* (1757) herausragt, hatte sich in

Deutschland die Theorie des Erhabenen von Bodmer und
Breitinger, Klopstock, Baumgarten, Moses Mendelssohn
bis zu Kants *Beobachtungen über das Gefühl des Schönen und
Erhabenen* (1764) und seiner *Kritik der Urteilskraft* (1. Teil,
1. Abschnitt, 2. Buch: *Analytik des Erhabenen*), Schillers Abhandlung *Über das Erhabene*, zum späten Herder und
schließlich zu Schelling hingezogen. Dabei wird ein
Grundvorgang des 18. Jahrhunderts greifbar, den auch
Hölderlin mitvollzieht, nämlich der Versuch, das religiös
abhandengekommene und theoretisch nicht zu denkende
Absolute *ästhetisch* zu repräsentieren. So dient für Kant das
Erhabene dazu, das sich der theoretischen Vernunft entzie-
hende Übersinnliche zu vermitteln. Nachdem die traditionelle Metaphysik der kritischen Vernunft zum Opfer
gefallen ist, soll das Erhabene durch Affektation des »Gemüts« die Gegenstände dieser Metaphysik wieder vergegenwärtigen. So wird das Erhabene zum Signum einer nur
noch irrational zu fixierenden Idealität. Es markiert einen
unter dem Druck profanierender Vernunftaufklärung entstandenen Gefühlsanspruch, der in der deutschen Musik
und Literatur, bei Schiller, Beethoven, Hölderlin, sein
größtes Pathos gefunden hat. Für Schelling ist in dem im
Jahr 1800 erschienenen *System des transzendentalen Idealismus*
das Erhabene die Einbildung des Unendlichen ins Endliche.

Zum *dichterischen* Habitus war dieses erst in Hölderlins
Generation vollends idealistisch formierte Erhabene schon
bei Klopstock geworden, der in der Vorrede zu dem 1755
erschienenen ersten Band des *Messias* unter dem Titel *Von
der heiligen Poesie* sowie in der Abhandlung *Von der Sprache
der Poesie* leitmotivisch immer wieder vom Hohen, von der
Erhabenheit, ja sogar von der »Höhe« der Poesie spricht
und damit direkt auf Longins »Hypsos« anspielt. Klopstocks Dichtung lebt weitgehend aus der Spannung auf
Hohes und Höchstes hin. So ist es sehr genau treffend, daß
sich Hölderlin in dem Brief an Wilmans vom Dezember
1803, in dem er vom »hohen und reinen Frohlocken vater-

ländischer Gesänge« spricht, in unmittelbarem Anschluß an diese Formulierung auf Klopstocks *Messias* und einige seiner Oden beruft.

In dem erörterten idealistischen Sinn stehen nicht nur Hölderlins späte Hymnen, sondern auch viele seiner Oden und selbst einige Elegien im Horizont des ›Erhabenen‹, und sogar im lyrisch-hochgestimmten Stil des *Hyperion* wie in der Programmatik des Titelnamens – »Hyperion«, seit Homer ein Zuname des Sonnengottes, heißt zu deutsch: der »Darüberhingehende« – ist die Leitvorstellung des ›Hohen‹, ›Erhabenen‹ wirksam. Dennoch repräsentieren die späten Hymnen den Typus der ›erhabenen‹ Poesie in besonderer Weise. Denn seit jeher war die Theorie der ›hohen Ode‹, wie schon die nähere Bestimmung zeigt, auf das ›Hohe‹, Erhabene festgelegt. *Bereits die Odentheorie hatte die Idee der Erhabenheit mit der Pindarischen Ode verbunden.* Ästhetische Leitvorstellung und literarisches Muster verschmolzen sich so für Hölderlin zu einer Einheit schon in der Tradition, der er bewußt folgte. Seit dem Ende des 17. Jahrhunderts unterschied man, im Anschluß an die Analysen antiker Rhetoriker, als reine Gegentypen die ›kleine‹, anakreontische Ode von der ›großen‹ und ›hohen‹ pindarischen Ode. War die pindarische Ode groß, leidenschaftlich bewegt, erhaben, enthusiastisch, naturhaft-unregelmäßig, so war die anakreontische Ode klein, anmutig, glatt und regelmäßig. Bevorzugt die pindarische Ode Götter, Helden, große Natureindrücke wie Stürme, Ströme, Meer und Gebirge, so hält sich die anakreontische Ode (deren Typus Hölderlin im Brief an Wilmans meint, indem er vom müden Flug der »Liebeslieder« spricht) an die Liebe und den Wein, an kleine ländliche Vergnügungen und den leichten Genuß. Nicht zuletzt gehört zur pindarischen Ode das Dunkle und Schwierige, zur anakreontischen Ode das leicht Faßliche. Wie fest dieses Grundschema der Odentheorie verankert war, zeigen die Artikel über die Ode in maßgebenden Lexika, so in Diderots und d'Alemberts *Großer Enzyklopädie* und in Sulzers *Allgemeiner Theorie der schönen Künste*. Der wichtigste, weil bis zum Ende des 18. Jahrhunderts normbildende Theoretiker im Hinblick auf die Verbindung speziell der Idee der Erhabenheit mit dem Muster Pindars in der hohen Ode war schon Boileau mit seinem *Art poétique* (Chant II, v. 58ff.) und seinem *Discours sur l'ode* (1693).

Kein größerer Abstand ist vorstellbar im Werk ein und desselben Dichters als derjenige zwischen den hochge-spannten späten Hymnen und den Gedichten, die Hölderlin in den langen Jahrzehnten seiner Umnachtung im Tübinger Turm schrieb, nicht selten als Gelegenheitsgeschenk für einen Besucher, der ihn um ein paar Verse bat. Nach einigen noch etwas weiter dimensionierten Gebilden sind es durch-gehend eigentümlich spannungslose, monotone und doch in ihrer Einfachheit manchmal noch anrührende Verse. Im-mer gleiche Landschaftseindrücke, wie sie der Dichter von seinem Zimmer über den Neckar auf die damals noch un-verbaute Wiesenlandschaft jenseits des Flusses und auf die sich am Horizont erhebenden Berge der Schwäbischen Alb hatte, immer die Jahreszeiten. Stereotype Bilder, klischee-haft und zugleich transparent auf etwas nicht Gesagtes, nicht Sagbares. Unendlich scheint die Distanz zwischen der Welt und einem seine erloschenen Reste ängstlich zurück-nehmenden Ich, das sich am Ende noch hinter einem Pseudonym verbirgt. Während früher oft weiträumige Hy-potaxe die poetische Sprache bestimmte und die Syntax die Verseinheit, ja immer wieder in kühnem Enjambement so-gar die Stropheneinheit überschritt, gibt es nun fast nur noch einfachste Parataxe, in girlandenhaftem Reihungsstil so geordnet, daß Verseinheit und Sinneinheit zusammen-fallen. Reduktion und Regression kennzeichnen auch die Einförmigkeit der Naturbilder, die nicht mehr leben, son-dern wie in einem Baukastenspiel zu Konfigurationen immer gleicher Grundelemente erstarrt sind. Daß nun der längst verschwundene Reim in seinen einfachsten Möglich-keiten wiederkehrt und beinahe automatenhaft funktio-niert, gehört zu der gespenstisch konventionalisierten

Harmonie, die immer von neuem in Worten wie »glänzen«,
»heiter«, »Pracht« therapeutisch beschworen wird. Die an-
spruchsvollsten Begriffe, zu denen Hölderlin noch findet,
sind bezeichnenderweise »Harmonie« und »Vollkommenheit«. Dieser aus der Katastrophe kommende Reflex entspricht einer Entwirklichung, in der sich Welt und Menschen zum »Bild« – so lautet das wohl häufigste Wort –
entfremdet haben. Hölderlin hat dieses Ende seiner Sprache
und seiner Existenz dichterisch vorweggenommen, als er in
einer Vorstufe seiner letzten Hymne *Mnemosyne* die Verse
schrieb:

> Ein Zeichen sind wir, deutungslos,
> Schmerzlos sind wir und haben fast
> Die Sprache in der Fremde verloren.

ZUR ANORDNUNG DER TEXTE,
ZUR TEXTGESTALT UND ZUM KOMMENTAR

Diese Ausgabe ordnet Hölderlins Gedichte chronologisch, soweit klare chronologische Bestimmungen möglich sind. Relativ häufig ist eine gewisse Schwankungsbreite, wenn sich keine genauen Datierungen erschließen lassen. In den meisten dieser Fälle handelt es sich um einen Zeitraum von wenigen Monaten bis zu einem Jahr. Hier waren Wahrscheinlichkeitserwägungen, etwa im Hinblick auf den handschriftlichen Zusammenhang, maßgebend; sofern keine klaren chronologischen Differenzierungsmöglichkeiten zwischen einander zeitlich nahestehenden Gedichten bestanden, sind die thematisch eher verwandten oder die zur gleichen lyrischen Gattung gehörigen Gedichte einander zugeordnet. In einigen Fällen, so in dem der großen Elegien, die vom Sommer 1800 bis zum Frühjahr 1801 entstanden, aber auch bei einer Gruppe von zeitlich ohnehin nahe beieinander liegenden späten Hymnen ist der Herausgeber noch weiter gegangen, indem er trotz der von einer rigorosen Chronologie geforderten Zwischenschaltung jeweils einiger Oden die Kontinuität der Elegien- und Hymnendichtung markierte. Eine noch weiter reichende Ausnahme betrifft Gedichte, die Hölderlin selbst als Ensemble publizierte: die von ihm so genannten ›Nachtgesänge‹. Obwohl sich unter ihnen nachweislich mindestens zwei Gedichte befinden, die Jahre früher als die Mehrheit der anderen entstanden, ist hier das von Hölderlin so gewollte Ensemble nicht aufgelöst worden. In jedem Fall aber ist die chronologische Abweichung angemerkt. Vor dem Gedichtregister steht in dieser Ausgabe eine streng chronologische Tabelle der Gedichte nach Entstehungsdaten. Mit wenigen Ausnahmen von fast vollendeten Gedichten wurden die

Fragmente, Skizzen, Pläne und Notizen in einer eigenen Abteilung zusammengefaßt, die in sich chronologisch angelegt ist.

Die für die Textgestalt maßgeblichen Überlieferungsträger – Handschriften, von Hölderlin selbst autorisierte Erstdrucke oder, wo beides nicht existiert, Erstdrucke späterer Herausgeber, gelegentlich auch Abschriften von fremder Hand, sofern sie für die Textgestalt relevant sind – werden jeweils am Beginn der Einzelkommentare genannt. Von Hölderlin autorisierte Erstdrucke werden in jedem Fall angeführt, auch dann, wenn die Textgestalt sich nach einer vorhandenen Handschrift richtet. Speziell erläutert werden komplizierte Fälle, in denen ein Text aus mehreren Überlieferungsträgern konstituiert wurde, z. B. aus einer Handschrift und einem Erstdruck, wenn sich erschließen läßt, daß dem Erstdruck eine von der Handschrift teilweise abweichende, verlorene handschriftliche Druckvorlage zugrundegelegen haben muß, andererseits aber aus der überlieferten Handschrift zu erkennen ist, daß der Erstdruck an bestimmten Stellen durch Setzerversehen oder Eingriffe des zeitgenössischen Herausgebers verdorben wurde.

Bei einer Reihe von Gedichten werden zur Verdeutlichung des Entstehungsprozesses die *vor* den für die Textgestalt maßgeblichen Handschriften oder vor dem maßgeblichen Erstdruck liegenden Entwürfe und Vorstufen angegeben. Soweit diese an sich oder im Hinblick auf das später vollendete Gedicht von Bedeutung sind, erscheinen derartige Entwürfe und Vorstufen im Kommentarteil. Dort finden auch spätere Überarbeitungen ihren Platz, sofern sie nicht zu selbständigen Fassungen gediehen sind, aber dennoch eigenes Gewicht haben.

Dankbar verpflichtet weiß sich der Herausgeber vor allem der von Friedrich Beißner geleisteten textkritischen und editorischen Arbeit in den Gedichtbänden der *Großen Stuttgarter Ausgabe*. Berücksichtigt wurden aber auch die Korrekturen, die diese Ausgabe in den Jahrzehnten seit ihrem Erscheinen erfahren hat. Sie reichen von der Interpunktion einiger Texte über einzelne neue Lesungen bis zur neuen Strophenanordnung eines Gedichts und zur Revision mehrerer von Beißner konstituierter ›Fassungen‹ von späten Hymnen. Hier besonders hat auch der Herausgeber selbst aufgrund der Handschriften Revisionen unternommen. Alle wichtigen Abweichungen gegenüber der *Großen Stuttgarter Ausgabe* werden in den Kommentaren zu den jeweiligen Gedichten erläutert.

Die orthographische Modernisierung der Texte folgt den Leitlinien der Bibliothek deutscher Klassiker. Ihr wichtigster Grundsatz ist die Erhaltung des originalen Lautstandes. Erstmals in einer Lese-Ausgabe von Hölderlins Gedichten ist die originale Interpunktion erhalten. Die ursprüngliche Groß- und Kleinschreibung wurde auch dort bewahrt, wo sie von den heutigen Regeln abweicht, weil vor allem der Großschreibung in älterer Zeit immer wieder Ausdruckswert zukommt. Ortsnamen erscheinen in ursprünglicher Form, sofern sie noch einen eigenen Ausdruckswert haben, z. B. »Stutgard« (›Stutengarten‹).

Im Kommentar folgt auf die Angaben zu Überlieferung und Entstehung die Kommentierung des Textes. Besonders voraussetzungsreiche Gedichte erhalten vor den Einzelerläuterungen einen Überblickskommentar, der die Leitvorstellungen und ihren Traditionshintergrund entwickelt sowie die Struktur des Gedichts analysiert. Die Intensität der Kommentierung richtet sich nach der Schwierigkeit des Textes. Die Kommentierung wurde aber auch gewichtet: Deshalb sind die Gedichte aus der Schulzeit nur sehr knapp erläutert, die spätesten Gedichte aus der Zeit der Umnachtung nur im ganzen auf ihre durchgehenden Hauptmerkmale hin charakterisiert (in der Schlußpartie des Nachworts ›Hölderlins Gedichte‹), und deshalb wurde auch auf die genaue Einzelerläuterung der in manchen späten Plänen katalogartig und kontextlos aufgelisteten Namen verzichtet. Umgekehrt erhalten besonders schwierige und zugleich bedeutende Gedichte wie die Ode *Chiron* und späte Hymnen wie *Friedensfeier*, *Patmos* und *Mnemosyne* große Überblickskommentare und zahlreiche Einzelerläuterungen. Nicht in jedem Fall aber sagt das Fehlen eines Überblickskommentars und die Knappheit der Einzelerläuterung etwas über den Wert und die Bedeutung eines Gedichts aus, denn immer wieder sind Gedichte von höchster Vollendung, wie etwa die Oden *An die Parzen* und *Mein Eigentum*, so leicht verständlich, daß sie kaum eines Kommentars bedürfen.

Mit den Überblickskommentaren ist in dieser Ausgabe ein neuer Weg der Hölderlin-Kommentierung beschritten, der den besonderen Schwierigkeiten eines ganzheitlichen Verständnisses gerecht werden soll. Die Einzelerläuterungen verdanken viel den schon vorhandenen Bemühungen, insbesondere der *Großen Stuttgarter Ausgabe*, aber auch zahlreichen wissenschaftlichen Spezialforschungen. Doch geht diese Ausgabe darüber hinaus. Mehrere Traditionsbereiche bezieht sie überhaupt zum ersten Mal in die Kommentierung von Hölderlins Gedichten ein. Dazu gehört die stoische Philosophie, die für eine ganze Reihe von Gedichten, von der frühen Hymne *Das Schicksal* bis zum *Archipelagus* und zu der Ode *Dichtermut* strukturbildend ist und noch Leitvorstellungen später Oden und Hymnen prägt; ferner der Neuplatonismus und der Pietismus. Da Hölderlin aus der Überlieferung nicht nur punktuell Anregungen aufnimmt, sondern in umfassenden Horizonten und im intertextuellen Dialog schreibt, sind sowohl Überblickskommentare wie auch die Einzelerläuterungen so angelegt, daß sich diese Horizonte abzeichnen und damit Orientierung statt bloß gelehrter Detailinformation zustandekommt. Die ›klassischen‹ Bereiche der Hölderlin-Kommentierung, der antike, insbesondere der mythologische, sowie der philosophische, der historische und nicht zuletzt der biblische, wurden über den bisherigen Stand des Wissens hinaus weiter erschlossen. Wo es wesentlich zum Verständnis eines Gedicht-Textes oder seiner konzeptionellen Voraussetzungen beiträgt, sind in die Kommentierung auch Erläuterungen zu Entwürfen und Vorstufen einbezogen, etwa zur ursprünglichen Schlußstrophe der Rheinhymne (S. 875-876) oder zum Prosa-Entwurf der zentralen neunten Strophe der *Friedensfeier* (S. 927-930). Wenn späte Überarbeitungen von besonderer Bedeutung sind, werden sie, sofern es sich mindestens partiell um geschlossene Partien handelt, im Kommentarteil nicht nur abgedruckt, sondern auch eigens erläutert, z. B. die späte Überarbeitung der Elegie *Brot und Wein* (S. 747-749).

DANKSAGUNG

Für wertvolle Hilfe bei der Erarbeitung und Überprüfung des Kommentars sowie bei der Druckvorbereitung dieses Bandes danke ich Gabriele Schulz und Thomas Pittrof sowie Stephanie Schwarz, Katrin Seebacher, Wolfgang Leibfried-Behschnitt, Thomas Greiner und Burkhard Wahle. Dem Hölderlin-Archiv der Württembergischen Landesbibliothek und seiner Leiterin Marianne Schütz danke ich für die Bereitstellung von Kopien der Handschriften und Erstdrucke.

GEDICHTE 1784-1788
aus der Schülerzeit in Denkendorf und Maulbronn

⟨Dankgedicht⟩

1784 in Denkendorf entstanden. Handschriftlich überlieferte Schlußstrophen eines längeren Gedichts, dessen Anfangspartie verloren ist. Seit der Hölderlin-Ausgabe von Berthold Litzmann (1896) haben die Herausgeber die Überschrift ›Dankgedicht an die Lehrer‹ verwendet. Doch läßt die Anrede »große Mäcenaten« (v. 13) ebenso wie das Sprechen von deren »Gnade« (v. 4) und der Wunsch »Euch aber kröne Ruhm und hohe Ehre« (v. 17) eher an hohe Standespersonen, etwa ein Fürstenpaar, denken.

M. G.

Hölderlin selbst hat das Gedicht am Rande der Handschrift mit dem Datum »1784. d. 12 Nobr.« (Abkürzung für: November) versehen. Die Überschrift ist wohl aufzulösen: »Meinem Gott«.

Das Gedicht lehnt sich eng an gängige Wendungen zeitgenössischer Gesang- und Erbauungsbücher an.

12,13 *Abba]* (Aramäisch) Vater. Diese überlieferte Gebetsanrede (Römerbrief 8, 15) findet sich an mehreren Stellen von Hölderlins Gesangbuch: Philipp Friedrich Hillers *Geistlichem Liederkästlein*, das er 1784 als Geschenk zur Konfirmation erhalten hatte.

Die Nacht

Von Hölderlin am Rande der Handschrift datiert: »Im November. 85.«

An M. B.

Von Hölderlin neben der Überschrift datiert: »Im Nov. 1785.«

Die Überschrift ist noch nicht mit Sicherheit erhellt, vielleicht ist sie – trotz des großen M – »an meinen Bilfinger« zu lesen. Vgl. das Gedicht *An meinen B.*, S. 27, das sich wohl ebenfalls an diesen Jugendfreund wendet.

13,1 *lächle* ⟨...⟩ *Freuden*] Seit Klopstock und dem Sturm und Drang war der transitive Gebrauch von eigentlich intransitiven Verben eine Mode-Erscheinung.

14,11 *sunge*] Altes Präteritum. Belege in Grimms Wörterbuch, Stichwort »singen«. Vgl. das Sprichwort »Wie die Alten sungen ⟨...⟩«.

Der Unzufriedne

Von Hölderlin am Rande neben der Überschrift datiert: »Im Nov. 85.« Das Gedicht ist vielleicht nicht vollständig überliefert.

Motto: Horaz, *Epoden* 13, 17f.: »illic omne malum vino cantuque levato, deformis aegrimoniae dulcibus adloquiis« – »Dort« (vor Troja), sagt der Kentaur Chiron zu seinem Zögling Achill, »sollst du dir alles Übel erleichtern durch Wein und Gesang: die bedeuten für den entstellenden Kummer ⟨deformis aegrimoniae⟩ süßen Trost«.

Der nächtliche Wanderer

Nach dem handschriftlichen Zusammenhang wohl auf 1785 zu datieren. Das Gedicht entspricht in seiner Vorstellung eng einer Partie aus Schillers *Räubern* (IV 5: »Horch! horch! grausig heulet der Kauz ⟨...⟩ Immer ist mir, als hört' ich ein Schnarchen ⟨...⟩ hu! hu! hu!«).

14,2 *krächt*] Krächen ist als »seltene Nebenform« in der Bedeutung »krächzen, stöhnen, rauhe Töne ausstoßen« im Grimmschen Wörterbuch belegt.

15,5 *schnaubend Tod*] Vgl. *An M. B.*, Erläuterung zu v. 1.

Das Erinnern

Nach dem handschriftlichen Zusammenhang wohl auf das Jahr 1785 zu datieren.

⟨*Adramelech*⟩

Wohl auf 1785 zu datieren. Auf demselben Blatt wie *Der nächtliche Wanderer* und *Das Erinnern* überliefert. Fragment ohne Titel von Hölderlins Hand, in Hexametern, durch Klopstocks *Messias* angeregt, insbesondere durch den Schluß des 2. Gesangs, wo Adramelech, »ein Geist, verruchter als Satan, und verdeckter« (v. 300), »empört vom wünschenden Herzen« über Satan triumphieren möchte: während dieser nur den Leib des Messias töten kann, will er auch den Geist auslöschen.

15,1 *Adramelechs Grimm*] Im *Messias* (II 886) erscheint Adramelech »mit glühender Stirn, die der Grimm durchfaltete«.

15,5 *die den Olympus beherrschen*] Im *Messias* (II 877) will Adramelech »der Götter Obermonarch« werden.

16,15 *Geister der Pforte*] Im *Messias* (II 746f.) ist die Rede von »den Engeln, | Welche die Pforte bewachten«.

Alexanders Rede an seine Soldaten bei Issus

Am Rande neben der Überschrift notierte Hölderlin: »Im December« (wohl 1785). Dem auf einem Doppelblatt überlieferten Gedicht liegt die bei Curtius Rufus (*Historiae Alexandri Magni Macedonis* 3, 10) in indirekter Rede gegebene Ansprache Alexanders zugrunde.

Issus] Alexander der Große (356-323 v. Chr.), seit 336 König von Makedonien, besiegte 333 die Perser in der Schlacht bei Issus.

16,9-11 *ihr deren Mut | Athen einst ⟨...⟩ bezwang*] Mit dem Sieg über das griechische Heer, an dessen Spitze die Athener standen, errangen die Makedonier 338 in der Schlacht bei Chaironeia die Herrschaft über Griechenland.

16,12 *Philipps Thron*] Philipp II. (383-336 v. Chr.), Vater Alexanders, seit 356 König von Makedonien und Begründer des makedonischen Reiches, in dem Griechenland aufging.

16,16 *die stärkste Stadt*] Theben in der mittelgriechischen Landschaft Böotien wurde von Alexander 335 wegen

einer Erhebung gegen die makedonische Herrschaft zerstört.

16,20 *Hellespont]* Griech. Name der Dardanellen.

17,27 *des Tyrannen hartes Sklavenjoch]* Die persischen
Großkönige galten den Griechen seit jeher als Inbegriff des
Despotismus.

17,30 *jedes Name, wie einst Hercules]* Der Name eines
jeden von euch wird (so berühmt) sein wie der des Herkules, des bekanntesten Helden der griechischen Sage.

17,34 *Thracien]* Besonders rauhe nordgriechische Landschaft.

17,36 *Bactra]* Baktra war die Hauptstadt des baktrischen
Reiches, das um 555 unter persische Herrschaft kam und
329 v. Chr. von Alexander auf seinem Zug nach Indien
erobert wurde.

17,45 *Xerxes Übermut]* Schon für Herodot, den Ge-
schichtsschreiber der Perserkriege im 5. Jahrhundert, war
Xerxes wegen seines Angriffs auf Griechenland und seiner
Niederlage (die Hölderlin später im *Archipelagus* dichterisch gestaltet) ein Beispiel bestraften Übermuts. Die nun
folgende Partie des Gedichts evoziert, nach dem Muster der
Quelle, die Zerstörungen, welche die Perser unter Xerxes
im 5. Jahrhundert in Griechenland angerichtet hatten, um
dem griechischen Heer die spätere Eroberung Persiens unter Alexander als endgültige Befreiung von der persischen
Bedrohung erscheinen zu lassen.

17,50 *ihrer Mutter Bau]* Die Bebauung der Erde, aus der
die »Saat« (v. 49) hervorging.

17,52 *Der Götter Hallen]* Die griechischen Tempel, welche die Perser unter Xerxes zerstört hatten, darunter auch
diejenigen Athens, das als »Stadt« insgesamt in »Asche«
gelegt wurde (v. 56).

Das menschliche Leben

Der erste Druck in Christoph Theodor Schwabs Ausgabe
(*Friedrich Hölderlin's sämmtliche Werke*, Stuttgart und Tübingen 1846, Bd. 2, S. 163-164) gibt, wohl nach der verschol-

lenen Handschrift, als Entstehungszeit an: »Im December
1785.«

Maulbronn 1786-1788

Nach Abschluß der Ausbildung in der niederen Klosterschule Denkendorf kam Hölderlin in die Klosterschule
Maulbronn. Mit wenigen Ausnahmen (*Gedicht an die Herzogin*; *Klagen. An Stella*; *An Louise Nast*) vereinigte er die
dort in den Jahren 1786-1788 entstandenen Gedichte in
einer Sammelhandschrift: in dem nach seinem heutigen
Aufbewahrungsort, dem Schiller-Nationalmuseum in Marbach, genannten Marbacher Quartheft. Faksimile-Ausgabe: Friedrich Hölderlin, *Die Maulbronner Gedichte 1786-1788*,
hg. v. Werner Volke, Marbach am Neckar 1977 (Bd. 13 der
Marbacher Schriften). Die dieser Faksimile-Ausgabe beige-
fügte Umschrift gibt die abgeschlossene Frühfassung der
Gedichte (einschließlich der Sofortkorrekturen) wieder,
während die vorliegende Ausgabe nach dem Vorbild der
Großen Stuttgarter Ausgabe noch die später in die Handschrift eingetragenen Änderungen und Erweiterungen berücksichtigt, also die letzte Phase des Entstehungsprozesses
miteinbezieht. Die Abweichungen sind nur in wenigen Fällen beträchtlich: in den Gedichten *Die Unsterblichkeit der
Seele, Die Stille, Mein Vorsatz, An meinen B.*

Hölderlin hat jedes der im Marbacher Quartheft stehen-
den Gedichte selbst datiert, indem er jeweils hinter die
Überschrift die Jahreszahl setzte. Doch reiht er die Gedichte
nicht nach der Folge ihrer Entstehung, in der sie in der
vorliegenden Ausgabe erscheinen, sondern in dieser Rei-
henfolge: *Die Meinige, Die Unsterblichkeit der Seele, Der
Lorbeer, Die Ehrsucht, Die Demut, Die Stille, Schwärmerei, Der
Kampf der Leidenschaft, An Stella, An die Nachtigall, An meine
Freundinnen, Mein Vorsatz, An meinen B., Hero, Auf einer
Heide geschrieben, Die Teck, Am Tage der Freundschaftsfeier.*

Nach den Gedichten in Reimstrophen aus den Jahren
1784/1785 schreibt Hölderlin nun überwiegend Odenstrophen. In der Wahl dieser reimlosen Form, aber auch immer

wieder im Inhalt – am stärksten in der Ode *Die Unsterb-lichkeit der Seele* – zeigt sich der Einfluß Klopstocks.

Die Meinige

Die Meinige] Die Meinigen. Hölderlin verwendet in sei-ner Jugend noch oft die starke Flexion auch nach bestimm-tem Artikel. Vgl. v. 46 des Gedichts *Alexanders Rede an seine Soldaten bei Issus*: »die grausame Verwüster«.

19,2 *läßst]* Altertümliche Form für »läßt«, auch bei Wie-land belegt.

19,3 *Erdenwünschen]* In der schwäbischen Mundart mit dem Reimwort »Menschen« vereinbar.

20,34 *Heischerschluchzend]* Vgl. die Übersetzung aus Ovids Heroiden (Leander an Hero): »in heischeren Wogen« für »raucis aquis«, v. 26, und das späte Bruchstück . . . *der Vatikan . . .*, v. 33 f.: »und die Eule, wohlbekannt der Schrif-ten | Spricht, heischern Fraun gleich in zerstörten Städten«. Vgl. dort die Erläuterung zu dem Wort »heischer« (S. 1086).

23,113 *mein Carl]* Hölderlins Halbbruder Carl Gok.

23,133 *Abba]* Vgl. das Gedicht *M. G.*, v. 13, und die Erläuterung z. St.

24,153 *sie im frommen Silberhaare]* Hölderlins Großmut-ter mütterlicherseits, Johanna Rosina Heyn, die seit ihrer Verwitwung 1772 vorwiegend bei ihrer Tochter wohnte. Um die Jahreswende 1798/1799 widmete ihr Hölderlin das Gedicht *Meiner verehrungswürdigen Großmutter*.

25,171 *Eloah]* In Klopstocks *Messias* (I 289 f.) der Gott nächste aller Engel: »Gott nennt ihn den Erwählten, der Himmel Eloa. Vor allen, | Die Gott schuf, ist er groß, ist der nächste dem Unerschaffnen« (I 291 f.), der »aus seiner Harfe göttliche Töne« rief (I 341 ff.).

An Stella

Hinter den Titel schrieb Hölderlin die Jahreszahl 1786. Alkäisches Versmaß.

Das Gedicht ist an Louise Nast gerichtet (1768-1839), die

Tochter des Maulbronner Klosterverwalters Johann Conrad Nast. Zu dieser Liebesbeziehung vgl. die Briefe an Louise Nast in Bd. III.

Stella] Hölderlin gibt Louise Nast diesen in der zeitgenössischen Poesie weitverbreiteten lateinischen Namen, zu deutsch: Stern.

25,5 *die Glückliche*] Vgl. die Erläuterung zur Überschrift des Gedichts *Die Meinige*.

25,7 *seie*] Altertümliche Form. Vgl. den Schluß des Briefs an Nast über Ossian (Frühjahr 1787): »⟨...⟩ ich sei um mein Mädchen gekommen, seie verachtet«.

An die Nachtigall

Hinter den Titel schrieb Hölderlin die Jahreszahl 1786. Alkäisches Versmaß.

Wie im vorhergehenden Gedicht *An Stella* gestaltet Hölderlin hier die sich später verschärfende Grundspannung zwischen persönlichem Lebensglück (vgl. das Glücksmotiv in den ersten beiden Strophen der *Stella*-Ode und den Schlußvers der Ode *An die Nachtigall*, der sich dem »beglückten Geliebten« zuwendet) und einer höheren Aufgabe: der Dichtung. Ihre bedeutendste dichterische Form hat diese als tragisch empfundene Spannung in der im Herbst 1799 entstandenen Ode *Mein Eigentum* gefunden, wo das Lebenslos eines menschlich erfüllten Daseins wiederum mit dem Motiv des Glücks verbunden wird (v. 16, v. 21), dann aber auch der »Gesang« als schmerzlich »beglückende« (v. 41f.) Fähigkeit dargestellt wird.

26,16 *zum erhabnen Lorbeer*] Der Lorbeerkranz ist traditionell die Auszeichnung des Dichters und daher Inbegriff des Dichter-Ruhms.

An meinen B.

Hinter den Titel schrieb Hölderlin die Jahreszahl 1786. Asklepiadeisches Versmaß.

In der Handschrift steht nach der ersten Strophe noch folgende, später eingeklammerte Strophe:

Wo vom moosichten Fels stille Erhabenheit
Auf die friedliche Flur, wo zu der Väter Zeit
Helme klangen, und Schilde,
Ernst und düster herunterblickt.

An meinen B.] Das Gedicht ist wahrscheinlich an den gleichaltrigen Christian Ludwig Bilfinger (1770–1850) gerichtet, den »Herzensfreund«, wie ihn die Ode *Die Stille* (v. 66) nennt.

27,2 *Erms]* Rechter Nebenfluß des Neckars, der aus dem Uracher »Tal« (v. 1) kommend bei Neckartenzlingen in den Neckar mündet.

27,3 *des Gebürges]* Der schwäbischen Alb.

27,9 *Amalia]* Der Name ist aus Schillers *Räubern* entlehnt. Statt »Amalia« stand ursprünglich »Lotte«, als Anspielung auf Goethes *Werther*. Nicht eine reale Gestalt ist gemeint in der Szenerie »dort am schattichten Hain«, vielmehr eine in dichterischer Begeisterung imaginierte Gestalt, weshalb der Freund aufgefordert wird, das »Lied« zu segnen und die »Harfe« zu kränzen (v. 10); »sie« (v. 11), die »Harfe« – Inbegriff der poetisch erinnernden Inspiration – »nannte den Namen« Amalias.

Gedicht an die Herzogin

Die Herzogin besuchte in Begleitung des Herzogs, zu dessen Obliegenheiten auch die Oberaufsicht über die wichtigsten Schulen gehörte, auf der Rückkehr von einer am 5. November 1786 angetretenen Reise nach Heidelberg das Kloster Maulbronn. In ihrem Tagebuch vermerkt sie, sie seien von Maulbronn am 8. November um 11 Uhr abgegangen. Wie aus der Überlieferung der Handschrift in einem Faszikel der herzoglichen Bibliothek hervorgeht, überreichte Hölderlin sein Gedicht der Herzogin, vielleicht nach einem vorherigen Vortrag. Im selben Faszikel der herzoglichen Bibliothek sind auch andre, dem Herzog gewidmete poetische Huldigungen aus mehreren Jahrzehnten aufbewahrt: sie gehörten zum Usus. Wie sehr die württembergischen Klosterschulen auf die herzogliche Obrigkeit

ausgerichtet waren, geht auch aus Hölderlins Brief an die
Mutter vom 11. Februar 1788 hervor. Darin schreibt er:
»Sie werden wissen, daß jetzt bald unseres Herzogs Ge-
burtstag ist, der hier sehr festlich gefeiert wird. Prälat und
Herren und Damen, und Jungfern und Studenten und
Schreiber sind unter Musik und Redehalten und Gedichte-
deklamieren den ganzen Nachmittag beieinander, und am
Abend stellen sie eine Illumination an«.

Es dürfte bezeichnend sein, daß Hölderlin sein Huldigungsgedicht nicht in die Gedichtsammlung des Marbacher Quarthefts aufnahm. Der in der Schlußstrophe apo-
strophierte Herzog Carl Eugen von Württemberg (1728-
1793) war ein despotischer Landesherr. Schiller hatte vor
ihm fliehen müssen, der von Hölderlin ebenfalls verehrte
Dichter und Publizist Schubart (1739-1791) war 1777 im
Auftrag des Herzogs durch den Amtmann einer anderen
württembergischen Klosterschule (Blaubeuren) in eine
Falle gelockt und verhaftet worden, worauf ihn der Herzog
zehn Jahre lang, bis zum 27. Mai 1787, auf die Festung
Hohenasperg einkerkerte. Zu dem Zeitpunkt, als Hölderlin
das Huldigungsgedicht auf die Herzogin Franziska schrieb,
war Schubart also noch eingekerkert. Nach seiner Entlas-
sung aus dem Gefängnis trat Hölderlin mit ihm in Verbindung. Demnach dürfte für ihn die unvermeidliche Apostrophe des Herzogs in der Schlußstrophe des Huldigungs-
gedichts an die Herzogin prekär gewesen sein. Im Gewand
bescheidener Zurückhaltung verhüllt er die Zurücknahme
der Huldigung in die Frageform.

Klagen
An Stella

Auf der Handschrift dieses nicht in die Sammlung des Marbacher Quartheftes aufgenommenen Gedichts vermerkte
Hölderlin hinter der Überschrift »im Sommer. 87.«

Unter der Überschrift notierte er folgendes metrische
Schema:

‒ ∪ ‒ ∪ ‒ ∪ ‒ ∪ ‒ ∪ ‒
‒ ∪ ‒ ∪ ‒ ∪ ‒, ‒ ∪ ‒ ∪
‒ ∪ ‒ ∪ ‒ ∪ ‒ ∪
‒ ∪ ‒ ∪ ∪ ‒

29,1 *Stella!*] Dieser Name ersetzt in der Handschrift den zuerst niedergeschriebenen und dann gestrichenen Namen »Fanny!«, der von Klopstock her vertraut war. Zu »Stella« vgl. die Erläuterung zum Titel des Gedichts *An Stella.*

An meine Freundinnen
Hinter der Überschrift notierte Hölderlin zuerst die Jahreszahl 1786 und korrigierte dann zu 1787.
Asklepiadeisches Versmaß.

Mein Vorsatz
Das Gedicht ist in zwei, jeweils von Hölderlin selbst mit dem Datum 1787 versehenen Handschriften überliefert: im Marbacher Quartheft und auf einem Einzelblatt. Da es auf dem Einzelblatt an das an den Anfang der Tübinger Zeit gehörende Gedicht *Männerjubel* anschließt, ist die Überarbeitung zur endgültigen Fassung wohl an den Anfang der Tübinger Zeit zu datieren.
Alkäisches Versmaß.
Wie das Gedicht *An die Nachtigall* ist auch diese Ode vom Streben nach dichterischem Ruhm bestimmt – trotz des damit verbundenen Verzichts auf Lebensglück.
31,10 *Hekatombenlohn*] Synonym für eine besonders große Ehrung. Eine Hekatombe war bei den Griechen ein den Göttern dargebrachtes Opfer von hundert Rindern.
31,11 *Pindars Flug*] Erste Nennung dieses nach 1800 für Hölderlin entscheidend wichtigen Dichters. Seit Quintilian ist die Wertung Pindars als des »Fürsten der lyrischen Dichter« (»princeps lyricorum«) kanonisch. Auch daß sein hoher dichterischer Schwung unerreichbar ist, war ein seit der Antike tradierter Topos (vgl. vor allem Horaz, *Carmina* IV 2): deshalb spricht Hölderlin vom »schwachen Schwung«

nach Pindars Flug. Ebenso ist die Vorstellung von Pindars (unerreichbar hohem) »Flug« eine topologisch fixierte Metapher. Nachdem Pindar selbst schon sein Dichten dem kühnen Flug des Adlers verglichen hatte, charakterisierte man, besonders seit der Pindar-Renaissance in der Sturm-und-Drang-Zeit, Pindar gern mit dieser Vorstellung.

31,12 *Klopstocksgröße*] Klopstock war für Hölderlin sowohl formal in seiner Hinwendung zur reimlosen Ode, wie in der Auffassung des Dichterberufs wichtig.

Auf einer Heide geschrieben

Hinter der Überschrift notierte Hölderlin die Jahreszahl 1787. Versmaß: Hexameter.

Die stereotype Wiederholung einzelner Worte und Wendungen ist hier wie in dem Hexametergedicht *Die Teck* auf das Vorbild Klopstocks und wohl auch auf dasjenige von Friedrich Leopold Graf zu Stolberg zurückzuführen. Dieses Stilmittel sollte Nachdruck erzeugen.

Die Entgegensetzung von höfisch-verdorbener Welt und deutsch-naturhafter Biedersitte ist ein zeitgenössisches Stereotyp.

Die Unsterblichkeit der Seele

Hinter der anfänglichen Überschrift *Die Größe der Seele* vermerkte Hölderlin die Jahreszahl 1788. Aus einem Brief Rudolf Magenaus vom 10. Juli 1788 läßt sich eine nicht erhaltene Urfassung erschließen. Bei der Überarbeitung der Reinschrift im Marbacher Quartheft zur endgültigen Fassung hat Hölderlin insgesamt drei Strophen eingeklammert: sie sollten wegfallen. Es handelt sich um folgende Strophen:
Nach v. 44:

> Dann jauchz' ich wieder, wo ist dein Stachel, Tod?
> Ja ewig, ewig, jauchz ich Erweckter dann,
> Ist meine Seele, und empfind in
> Himmelsentzückungen meine Größe.

Nach v. 104:

> Zu Grunde trümmern, – tausende so zum Scherz
> Der Wütrich würgen – würgt er sein Wild ja auch –
> Und würgt er schnell, so dankts ihm, Menschen!
>   Daß der gewissen Vernichtung Grauen

Nach v. 116:

> Jehovah ist sein Name, von Ewigkeit
> Zu Ewigkeit die Herrschaft des Königes.
> Vernichtung trifft die Seele nicht, dann
>   Ewig ist, ewig des Königs Herrschaft.

Alkäisches Versmaß.

32,6 *die Schlummernde*] Die nach älterem Sprachgebrauch starke Flexion des pluralischen Adjektivs auch nach dem bestimmten Artikel kommt in dieser Ode mehrere Male vor – vgl. v. 8: »die stille Schatten«; v. 29: »die stolze (Felsen)«; v. 42: »die brausende (Winde)«; v. 47: »die stolze (Sonnen und Monde)«.

33,13 *Geschlechte*] Ältere Pluralform. Vgl. v. 15, 16, 117.

33,17-20 Diese Verse klingen deutlich an die erste Strophe von Klopstocks Ode *Der Zürchersee* an:

> Schön ist, Mutter Natur, deiner Erfindung Pracht
> Auf die Fluren verstreut, schöner ein froh Gesicht,
>   Das den großen Gedanken
>   Deiner Schöpfung noch einmal denkt.

34,40 *Länder zerschmettern*] Seltener, aber auch bei anderen Dichtern zu belegender intransitiver Gebrauch des Verbums. Vgl. *Hymne an die Unsterblichkeit*, v. 29: »Wenn die Pole schmettern, Sonnen sinken«.

34,41 *wandelt*] Der intransitive Gebrauch des Verbums ist auch den Zeitgenossen nicht fremd.

35,87f. *wer | Lauschte die Sprache*] Vgl. die Erläuterung zu v. 1 des Gedichts *An M. B.* sowie die Erläuterung zu v. 5f. der Ode *Chiron*.

36,93 *Eloas*] Vgl. *Die Meinige*, v. 171, und die Erläuterung z. St.

36,103-12 Imitation des Sturm-und-Drang-Stils in Schillers *Räubern*, wo sich auch das Vorbild zu der Wendung »so

mag das Mitleid | Zu Tigern fliehn« findet (V 2): »Das Er-
barmen ist zu den Bären geflohen«.

Der Lorbeer

Hinter der Überschrift notierte Hölderlin die Jahreszahl
1788.

Lorbeer] Vgl. *An die Nachtigall*, v. 16.

37,1 *schnadern*] Mundartlich für »schnattern«.

37,9 *Klopstock*] Vgl. *Mein Vorsatz*, v. 12; *Die Stille*, v. 56;
Am Tage der Freundschaftsfeier, v. 52.

37,13 *Yung*] Edward Young (1683-1765) wirkte in
Deutschland stark durch sein düster-melancholisches
Hauptwerk *The Complaint; or Night Thoughts on Life, Death,
and Immortality* (Die Klage; oder Nachtgedanken über Leben, Tod und Unsterblichkeit), das 1742-1745 in England,
1751 in der deutschen Übersetzung Johann Arnold Eberts
erschienen war. Der junge Hölderlin adaptierte Youngs
weltschmerzlerisch-empfindsamen Ton und den in man-
chem verwandten Ossian (vgl. den Brief an Immanuel Nast
vom 18. März 1787) ebenso wie auf der anderen Seite Klopstocks religiöse Emphase und Schillers grelles Sturm-und-
Drang-Pathos.

Die Ehrsucht

Hinter der Überschrift notierte Hölderlin die Jahreszahl
1788.

38,6 *dem Erobrer*] Ein in der zeitgenössischen Literatur
oft im gleichen Sinn behandeltes Thema. Klopstock spricht
im *Lehrling der Griechen* vom »Lorbeerkranz« des »Erobe-
rers«, der »vom Fluche des Volkes welkt«, und im 16. und
mehr noch im 18. Gesang des *Messias* (v. 750-778) über-
antwortet er die Könige, die für Ruhm und Ehre gegen die
Menschlichkeit verstoßen haben, der Hölle. Ebenso Schiller in seinem großen Jugendgedicht *Der Eroberer* (dort das
zentrale Motiv des »Ruhms« in v. 55). Welche Bedeutung
dieses Thema durch die absolutistische Herrschaft und die
für Frankreich ruinösen Eroberungskriege Ludwigs XIV.

schon längst in der französischen Literatur gewonnen hatte, zeigt Werner Bahner, *Der Friedensgedanke in der Literatur
der französischen Aufklärung*, in: *Grundpositionen der französischen Aufklärung*, hg. v. Werner Krauss und Hans Mayer,
Berlin 1955, S. 139-207, bes. 141ff.

Das Thema beschäftigte Hölderlin noch bis in seine späte
Zeit. In der 2. Fassung der Hymne *Der Einzige* (v. 83-85)
preist er die »ruhmlosen« Fürsten als die wahrhaft zu rühmenden.

38,10 *Kleinre Wütriche*] Eine Anspielung wohl auch auf
die Herrschaft des nach dem Vorbild Ludwigs XIV. regie-
renden Herzogs von Württemberg, der sein Land ausbeu-
tete, um höfische Pracht in großem Ausmaß entfalten zu
können.

39,25 *des Jünglings Rechte*] Die zum Gesang das Saitenspiel schlägt.

Die Demut

Hinter der Überschrift notierte Hölderlin die Jahreszahl
1788.

39,2 *Dominiksgesicht*] *Dominique* war der Bühnenname des
Schauspielers Biancolelli, der zu Molières Zeit an der Pariser
Comédie Italienne von großer Bedeutung war. Die von ihm
geschaffene komische Figur, eine Art Harlekin, trug ebenfalls den Namen »Dominique«, der mit der Zeit sprichwörtlich wurde wie Harlekin. Der »Dominique« trug eine Maske:
ein »Dominiksgesicht« wäre demnach eine Larve, Kennzeichen des Narrenwesens, in pejorativer Bedeutung ein Zeichen der Heuchelei und Gleisnerei – der Dichter übt Kritik
an der Höflingswelt, wie in v. 11 der Hymne *An die Ruhe*, wo
er denselben Ausdruck wiederverwendet.

39,5f. *Schwabensöhne!* | *In welchen noch das Kleinod Freiheit
pocht*] Gegen den absolutistischen Herrschaftsanspruch des
württembergischen Herzogs im 18. Jahrhundert versuchten
die Vertreter der Stände immer wieder ihre in älteren Ver-
trägen verbrieften Rechte und »Freiheiten« zu verteidigen.

39,12 *Hermann*] Arminius, der als Anführer der germanischen Stämme in der Schlacht im Teutoburger Wald (9 n. Chr.) die Römer besiegte und damit die Freiheit der Germanen verteidigte. Seit dem Humanismus ist Arminius eine nationale Identifikationsfigur als Vertreter der deutschen Freiheit, als Muster der Vaterlandsliebe und als Begründer der deutschen Nation, so bei Ulrich von Hutten. Diese Tradition blieb über die Barockzeit bis ins 18. Jahrhundert lebendig und gewann später in den Befreiungskriegen gegen Napoleon neue Aktualität (so in Kleists *Hermannsschlacht*). Für Hölderlin dürfte Klopstock maßgebend gewesen sein. Er hatte durch die drei dramatischen Dichtungen *Hermanns Schlacht* (1769), *Hermann und die Fürsten* (1784) und *Hermanns Tod* (1787) die freiheitlich-patriotische Art des Arminius gefeiert. Bei Johann Jakob Moser (1701-1785), dem Rechtsberater der württembergischen Stände während ihrer Auseinandersetzungen mit Herzog Carl Eugen, verbindet sich die Verteidigung des altwürttembergischen Landrechts und der darin verbrieften alten »Freiheiten« mit dem Lob altgermanischer Freiheit.

Die Stille

Das Gedicht ist in zwei Handschriften überliefert. Im Marbacher Quartheft notierte Hölderlin hinter der Überschrift die Jahreszahl 1788. Text nach dem Marbacher Quartheft (H 2), wo Hölderlin durch Einklammern folgende (auch in der andern Handschrift vorhandene) Strophe nach v. 60 aussonderte:

Wann durchs dichte, einsame Gesträuche
Kein verdächtger, falscher Fußtritt rauscht,
In den Weiden an dem waldumkränzten Teiche
Kein verhaßter loser Lacher uns belauscht –

Die 18. Strophe (v. 69-72) hatte ursprünglich folgenden Wortlaut:

Und so sparsam mir bei ihm die Worte,
Abgebrochen von der Lippe gehn
Und wir kehrend uns an unsers Klosters Pforte
Uns verstehend – heitrer in die Augen sehn –

41,24 *Nach dem dreigefüßten Roß am Hochgericht*] Zu dem
Wort »Roß« merkte Hölderlin in H 1 an: *Ein Nürtinger
Märchen.* Im Aberglauben erscheinen schlechte Menschen
und solche, die eines gewaltsamen Todes sterben, die Selbst-
mörder oder Ermordeten, nach dem Tod als dreibeinige
Pferde.

42,51 *schweigtest*] In der schwäbischen Mundart, aber
auch in älterer Sprache überhaupt kann »schweigen« transitiv gebraucht werden. Vgl. Luther, Psalm 31, 18: »Die
Gottlosen müssen zu Schanden und geschweigt werden in
der Hölle«; Wieland, *Der neue Amadis*, 1. Gesang, Stanze 24.

42,54 *Ossian*] Hölderlin drückt seine durchaus zeittypi-
sche Begeisterung für »Ossian, den Barden ohne seinesgleichen, Homers großen Nebenbuhler«, auch in mehreren
Briefen an den Jugendfreund Immanuel Nast aus (Brief
Nr. 8 und Nr. 21). – Der schottische Dichter James Mac-
pherson hatte von 1760 bis 1765 zwanzig Gesänge im Geist
moderner Empfindsamkeit veröffentlicht und sie als Übersetzungen alter gälischer (irisch-schottischer) Heldengesän-
ge ausgegeben, deren Dichter ein Barde namens Ossian sei.
Diese zunächst undurchschaute Fälschung kam der Vorliebe
der Zeit für das Uralte als das Rein-Naturhafte entgegen,
einer Vorliebe, die sich auch im Homer-Kult zeigte. Die
Wirkung war außerordentlich, wie auch Herders *Auszug aus
einem Briefwechsel über Ossian und die Lieder alter Völker* und die
ausführlichen Ossian-Zitate in Goethes *Werther* erkennen
lassen. Die erste vollständige Übersetzung Ossians ins Deutsche gab der Wiener Jesuit Michael Denis 1768/69 in
Hexametern heraus. Johann Wilhelm Petersen veröffentlichte anonym 1782 in Tübingen eine Prosa-Übersetzung.
Wahrscheinlich hat Hölderlin eine spätere Ossian-Ausgabe
des Michael Denis aus dem Jahre 1784 gelesen, in der Denis
unter dem Anagramm Sined seine eigenen Gedichte mit
denen Ossians unter dem Titel *Ossians und Sineds Lieder* vereinigte. Denn aus diesem Werk (Bd. 4, S. 163) schrieb
Hölderlin folgende, wahrscheinlich als Motto für das Marbacher Quartheft vorgesehenen Verse heraus:

Tritt ein schwächerer Versucher auf
Und bringt ein ungereiftes Lied ins Volk
Doch ohne Stolz, bescheiden, schone sein,
Beschimpf' ihn nicht! Er hat es gut gemeint
Er hat gestrebet.

Schwärmerei

Hinter der Überschrift notierte Hölderlin die Jahreszahl
1788.

44,13 *Stella]* Vgl. die Erläuterung zu dem Gedicht *An
Stella*.

45,56 *Jammerstand]* Eine im Gesangbuch oft verwendete
Bezeichnung für den Zustand des menschlichen Lebens auf
Erden.

45,59 *Splitterrichter]* Von Luther geprägter Ausdruck
(nach Matth. 7, 3-5).

46,71 *gefaltnen]* Statt der heute allein gebräuchlichen
Form »gefalteten« eine noch im 18. Jahrhundert erhaltene
alte Partizipform. Belege in Grimms *Deutschem Wörterbuch* 3, 1300.

Der Kampf der Leidenschaft

Hinter der Überschrift notierte Hölderlin die Jahreszahl
1788.

47,31 *wilt du]* Im 18. Jahrhundert noch gebräuchliche
ältere Form statt »willst du«.

Hero

Hinter der Überschrift notierte Hölderlin die Jahreszahl
1788. Aus einem Brief Magenaus vom 10. Juli 1788 ist zu
erschließen, daß es von diesem Gedicht eine frühere Fassung gab.

Vorbild bis in einzelne Wendungen hinein sind die Briefe
18 und 19 aus Ovids *Heroiden*, erdichteten Liebesbriefen
von Gestalten der griechischen Sage (hier: Leander an Hero
und Hero an Leander). Zu Hölderlins Ovid-Übersetzungen
vgl. Bd. II.

Hero] Der Sage nach liebte der am einen Ufer des Hellespont (der Dardanellen) wohnende Leander die am andern Ufer der Meerenge wohnende Hero und schwamm Nacht für Nacht hinüber, bis er einmal im stürmischen Meer ertrank. Daraufhin ging Hero in den Tod.

47,7 *ohn' ihn ist alles Hölle]* Vgl. Bürger, *Lenore*, v. 83f.: »Bei ihm, bei ihm ist Seligkeit, | Und ohne Wilhelm Hölle!«

48,14 *Posidaon]* Von Hölderlin, aber auch von anderen zeitgenössischen Schriftstellern gelegentlich verwendete Namensform für den griechischen Meeresgott Poseidon.

48,31 *gerochen]* Alte starke Flexionsform des Verbs »rächen«.

Die Teck

Hinter der Überschrift notierte Hölderlin die Jahreszahl 1788. Hexameter.

Teck] Die Teck ist ein markanter Berg in der Nähe von Hölderlins Heimatstadt Nürtingen, mit der Ruine der im Bauernkrieg zerstörten Burg der Herzöge von Teck.

51,9 *die glänzende Beere]* Entweder pars pro toto oder als Plural aufzufassen: Hölderlin flektiert in seinen Jugendgedichten das Adjektiv noch überwiegend stark (vgl. v. 18: »die waldichte Riesengebirge«), und »Beere« ist die von ihm auch sonst bevorzugte Pluralform statt »Beeren«. Vgl. *Der Mensch*, v. 15f.: »die süßen | Beere versuchend«.

51,18 *waldichte Riesengebirge]* Die Schwäbische Alb.

52,48 *des Auslands häßlich gekünstelte Affen]* Vgl. *Am Tage der Freundschaftsfeier*, v. 125: »Und fluchte den verdorbnen Affen des Auslands«. Die Antithese von altdeutscher Biedersitte (vgl. v. 59) und verdorbener (meist: französischer) fremder Sitte, mit der zugleich das Leben bei Hofe gemeint ist, war ein Gemeinplatz der Dichtung seit 1760.

52,59 *Suevia]* Die lateinische Form für »Schwaben« betont die alte Zeit.

Am Tage der Freundschaftsfeier

Hinter der Überschrift notierte Hölderlin die Jahreszahl 1788.

Erstes Gedicht Hölderlins in freien Rhythmen, hier in ungleich langen Abschnitten. Vorbild dafür waren vor allem Gedichte von Klopstock, Schubart und Friedrich Leopold Graf zu Stolberg.

54,22 *Suezias]* Schweden.

54,23 *Pultawas]* Niederlage Karls XII. von Schweden im Nordischen Krieg gegen Peter den Großen von Rußland 1709 bei Pultawa in der Ukraine.

55,36 *Gustavs]* Gustav Adolf von Schweden. Vgl. die Gedichte auf ihn S. 75-79.

55,37 *Eugenius]* Prinz Eugen von Savoyen (1663-1736), berühmter Feldherr. Seinen Sieg bei Höchstedt 1704 feierte Klopstock in der Ode *Fragen* (1752).

55,50 *Laren]* Die römischen Schutzgötter der Familie, die *Lares*, wurden am Herd in einem besonderen Schrein verehrt. Vgl. *Dem Genius der Kühnheit*, v. 29, und *Das Ahnenbild*.

55,51 *Schatten]* Schattenriß.

55,51 *meiner Stella]* Vgl. die Erläuterung zum Titel des Gedichts *An Stella*.

55,60 *unsers Fürsten Fest]* Der Geburtstag des Herzogs Carl Eugen von Württemberg am 11. Februar. In einem Brief an die Mutter kurz vor dem 11. Februar 1788 (Nr. 18) schreibt Hölderlin von der Festvorbereitung aus diesem Anlaß in der Klosterschule Maulbronn, und kurz darauf berichtet er der Mutter (Nr. 19): »Ich hatte die Ehre, bei unserm Festin als Dichter aufzutreten«. Das von Hölderlin vorgetragene Gedicht ist nicht erhalten. Vgl. das *Gedicht an die Herzogin* und die Erläuterungen hierzu.

⟨*An Louise Nast*⟩

Das handschriftlich überlieferte Gedicht ist wohl beim Abschied von Maulbronn Ende September 1788 entstanden.
Freirhythmische Verse mit strophischer Entsprechung.

GEDICHTE 1788-1793
aus der Zeit im Tübinger Stift

Nach dem Besuch der Klosterschule in Maulbronn zog Hölderlin ins Tübinger Stift, um Theologie zu studieren. Zunächst schrieb er vor allem Oden, darunter solche auf große historische Gestalten – die große Ode war traditionell die dichterische Form der Heldenverehrung. Außer den erhaltenen Oden auf Kepler und Gustav Adolf hat Hölderlin, wie er in einem Brief an Neuffer vom Dezember 1789 berichtet, eine *Hymne auf Kolomb* geschrieben und »Shakespearn ⟨...⟩ auch eine gelobt«.

Männerjubel
Hinter der Überschrift des handschriftlich überlieferten Gedichts notierte Hölderlin die Jahreszahl 1788.
   Alkäisches Versmaß.

Die Bücher der Zeiten
Nicht exakt zu datieren. Der Stil des handschriftlich überlieferten Gedichts spricht für die erste Tübinger Zeit.
   Freirhythmische, reimlose Verse.
   66,51 *sicheren Freund*] Dem sich sicher fühlenden Freund.
   68,110 *Das bunte Zeitengewimmel*] Akkusativ-Objekt zu »denken«.
   68,129 *der Strom*] Gemeint ist der kaum noch atmende »Strom« des verstummenden »Harfenklangs«. Klopstock verwendet gerne diesen Ausdruck, z. B. *Messias* XIII 166f.: »Mit dem Strom des feirenden Liedes ⟨...⟩«; vgl. noch später bei Hölderlin *Am Quell der Donau*, v. 30: »der melodische Strom«.
   69,137 *Abschüttelnd im Felsen den Tod*] Nach dem Neuen Testament ist Christus aus dem Felsengrab auferstanden, in

das ihn Joseph von Arimathäa hatte legen lassen (Mark.
15,46 und 16, 3f.). Vgl. Klopstock, *Messias* XIII 709: »Herrlich schwebtest du über dem Felsen des offenen Grabes.«

69,141 *Kommet wieder, Menschenkinder!*] Psalm 90,3.

69,148 *Menschheit*] Nicht die Gesamtheit der Menschen,
sondern, wie im 18. Jahrhundert oft, das Menschsein.

69,156-165: Deutlicher Anklang an das 1. Standlied aus
der *Antigone* des Sophokles, v. 332ff.

69,162 *Leviathanserleger*] Der Leviathan ist ein biblisches
Meeresungeheuer (Hiob 40, 20 bis 41, 25; Jesaja 27,1).

⟨*An die Vollendung*⟩

Wahrscheinlich noch im Jahre 1788 entstanden, ohne Überschrift auf einem Einzelblatt überliefert.

Reimlose freirhythmische Vierzeiler.

71,21f. *Vollhoher Einfalt* | *Einfältig still und groß*] Winckel-
mann hatte in einer berühmten Formulierung seiner Schrift
*Gedanken über die Nachahmung der griechischen Werke in der
Malerei und Bildhauerkunst* (1755) geschrieben: »Das allgemeine vorzügliche Kennzeichen der griechischen Meister-
stücke ist endlich eine edle Einfalt und eine stille Größe«.

⟨*Die heilige Bahn*⟩

Dieses Fragment ist wohl auf 1789 zu datieren. Es ist ohne
Überschrift auf einem Doppelblatt überliefert, auf dessen
vierte Seite Hölderlin folgendes metrische Schema notierte:

$$\cup - \cup - \cup - \cup \cup \bar{\cup}$$
$$- \cup \cup -, - - \cup \cup -$$
$$- \cup \cup -, - \cup - \cup - \cup$$
$$- \cup - \cup \cup - \cup - \cup$$

Dieses Versmaß scheint Hölderlins freie Erfindung zu sein.

71,12 *Aristoteles*] Er, der mit seiner *Poetik* die bis ins
18. Jahrhundert gültigen Regeln der Dichtkunst festgelegt
hatte, sitzt an der Pforte zur heiligen Bahn auf dem Richtstuhl. Die »heilige Bahn« selbst und der auf ihr stattfinden-
de Wettlauf wird nach Art der griechischen Wettkampfstätten in Olympia und Delphi vorgestellt.

72,14f. *jenes Gebirg'* | *Eilt sie hinweg]* Gemeint ist die »heilige Bahn« (Transitivierung eines intransitiven Verbs, vgl. die Erläuterung zu dem Gedicht *An M. B.*, v. 1).

Keppler

Hinter die Überschrift des handschriftlich überlieferten Gedichts notierte Hölderlin die Jahreszahl 1789.

Das Versmaß fand Hölderlin bei Klopstock, der es in den Oden *Siona* (1764), *Stintenburg* (1767) und *Die deutsche Sprache* (1783) verwendet und so aufzeichnet:

$$- \cup \cup - \cup \cup - \cup -,$$
$$\cup - \cup \cup - \cup \cup - \cup -,$$
$$\cup \cup -, - \cup \cup -, - \cup -,$$
$$\cup \cup -, - \cup \cup -, - \cup \cup -$$

Das Gedicht ist wahrscheinlich angeregt worden durch das *Schreiben über einen Versuch in Grabmälern nebst Proben* von Johann Jakob Azel im 2. Stück des *Wirtembergischen Repertoriums der Literatur* 1782. Dort heißt es über Keplers Grabmal:

Die Urne, mit mathematischen Instrumenten umgeben, stehet auf einem vollkommen Würfel, wo in einem Basrelief Kepler vorgestellt ist, welchem die in die Sphären deutende Astronomie Flügel gibt. Newton folgt der Fackel nach, die ihm Kepler darhält. Im Vordergrund sitzet das Glück, das Kepler den Rücken kehrt. Auf der entgegen gesetzten Seite weinet die Nachwelt, und auf den zwo andern Seiten sind seine Werke mit Lorbeern umwunden.

IOANNES KEPPLERVS

FORTVNA MAIOR

NEVTONI

PER SIDERA

DVCTOR

Der Platz ist in einer einsamen melancholischen Gegend.

Die lateinische Inschrift stammt von Schiller, deutsch: »Johannes Kepler, größer als das Glück, dem Newton durch die Sternenwelt der Führer«.

Keppler] Johannes Kepler (1551-1630) entdeckte die

Gesetze der Planetenbewegung und verbesserte wesentlich das astronomische Fernrohr. Er wurde in der schwäbischen Reichsstadt Weil der Stadt geboren und besuchte wie Hölderlin die Maulbronner Klosterschule und das Tübinger Stift. Die großen Astronomen, besonders Newton, erlangten im 18. Jahrhundert legendären Ruhm, da sie das Weltbild von Grund auf verändert hatten und die Astronomie immer noch als die erste und höchste Naturwissenschaft galt. Zahlreiche Dichtungen des 18. Jahrhunderts feiern Newton als Inbegriff des zum Höchsten fähigen menschlichen Geistes. Vgl. M. H. Nicolson, *Newton demands the Muse. Newton's ›Opticks‹ and the 18th Century Poets*, Princeton ²1966.

72,9 *Denker in Albion*] Isaac Newton (1643-1727). Albion ist eine alte Bezeichnung Englands.

72,11 *leitete*] Vgl. Azels Entwurf des Grabmals und die Bezeichnung DVCTOR in Schillers Inschrift.

72,12 *voran leuchtend*] Azel: »Newton folgt der Fackel nach, die ihm Kepler darhält«.

73,25 *Walhallas*] In der nordischen Mythologie ist Walhalla Aufenthaltsort der in der Schlacht Gefallenen, später in allgemeinerer Bedeutung: Ort unsterblichen Ruhms.

73,29 *Heklas*] Vulkan auf Island.

An Thills Grab

v. 1-32 sind handschriftlich überliefert, die letzte Strophe ist nur im Erstdruck erhalten: *Friedrich Hölderlin's sämmtliche Werke*, hg. v. Christoph Theodor Schwab, Stuttgart und Tübingen 1846, Bd. 2, S. 168-169. Hinter der Überschrift notierte Hölderlin die Jahreszahl 1789.

Alkäisches Versmaß.

Thills Grab] Johann Jakob Thill (1747-1772), in Stuttgart geboren, wie Hölderlin Zögling des Tübinger Stifts, war ein von Klopstocks vaterländischer Dichtung begeisterter junger Theologe, von dem erst postum einige Gedichte in verschiedenen Taschenbüchern und Almanachen veröffentlicht wurden. Die gefühlvolle Erinnerung an die

Toten und die sentimentalische Grabes-Poesie gehören zum
literarischen Kult der Empfindsamkeit. Rudolf Magenau
berichtet in seiner Lebensskizze, daß sie »hinschwärmten in
süßer wehmütiger Stimmung in Thills Tälchen, am Ufer des
Murmelbächleins, an dem er, der frühverstorbene Jüngling, seine Lieder dichtete«.

73,1 *Leichenreihen*] Die Beerdigungsprozession.

73,2 *Fackelnschimmer*] Noch im 18. Jahrhundert fanden
Beerdigungen nachts statt. Vgl. Werthers Begräbnis.

74,13 *Suevia*] (Lat.) Schwaben.

74,15 *du ließst sie Waisen*] Du ließest sie als Waisen zurück. Zu der alten Form »ließst« vgl. die Erläuterungen zu
Die Meinige, v. 2.

74,24 *Greisen*] Die im 18. Jahrhundert im Schwäbischen
noch weitverbreitete schwache Flexion dieses substanti-
vierten Adjektivs.

75,36 *Neuffer*] Christian Ludwig Neuffer (1769-1839)
besuchte von 1786 bis 1791 das Tübinger Stift. Er schrieb
ebenfalls Gedichte. Neuffer vermittelte im Frühjahr 1789
Hölderlin die Bekanntschaft mit Schubart und Gotthold
Friedrich Stäudlin. Zu der Freundschaft Hölderlins und
Neuffers vgl. die Briefe und die zugehörigen Erläuterun-
gen sowie die Gedichte *Hymne an die Freundschaft, An
Neuffer* und *Einladung*.

Gustav Adolf

Neben der Überschrift dieses handschriftlich überlieferten
Gedichts notierte Hölderlin die Jahreszahl 1789. Im Dezember 1789 schreibt er an Neuffer (Brief Nr. 31): »Dieser
Tage bekomm' ich ein herrliches Buch – Sammlung altteut-
scher Geschichten – unter die Hände. 'S soll von Bürger
sein. Und siehe! Lieber, da war mir eine frohe Stunde bereitet. Ich fand den großen Gustav mit so viel Wärme, so
viel Verehrung geschildert – von seinem Tode so schätzbare
Nachrichten, daß ich mirs heilig vornahm, so bald ⟨ich⟩
nach Tübingen zurückkomme, die Feile wieder an meine
Papiere zu legen, und insonderheit in der Hymne auf seinen

Tod all' meine wen'gen Kräfte zusammenzunehmen. Das Urteil unsers teuren Vorgängers über die Hymnen auf Gustav leuchtete mir plötzlich, als so treffend ein, als mir noch nichts vorkam. Stäudlin ist wahrlich ein herrlicher Mann«. Bei dem »Buch«, von dem der Brief spricht, handelt es sich um die ersten beiden Bände der anonym erschienenen *Sammlung der merkwürdigsten altdeutschen Geschichten*, Frankfurt und Leipzig 1789. Der darin enthaltene Roman *Geschichte der Gräfin Thekla von Thurn oder Scenen aus dem dreyssigjährigen Kriege* erzählt auch von der Schlacht bei Lützen und Gustav Adolfs Tod. Die aufgrund dieser Lektüre im Brief angekündigte Umarbeitung bezieht sich auf dieses und das folgende Gedicht, wurde aber wohl nicht ausgeführt.

Der Stil des Gedichts verrät deutlich, besonders durch die emphatischen Wiederholungen, den Einfluß der freirhythmischen Hymnen von Friedrich Leopold Graf zu Stolberg. Vgl. besonders dessen *Freiheitsgesang aus dem zwanzigsten Jahrhundert* (1775).

Gustav Adolf] 1594-1632, seit 1611 schwedischer König. Unter ihm griff das zur europäischen Großmacht gewordene Königreich Schweden in den Dreißigjährigen Krieg ein. Nach einer Reihe von Siegen fiel er in der Schlacht bei Lützen. Da er sich als Glaubenskrieger für die protestantische Sache verstand, galt er für lange Zeit – und so auch noch in Hölderlins Gedicht – als Held des Protestantismus.

75,1 *Teut]* Seit dem Humanismus war es ein weitverbreiteter Brauch, die einzelnen Völker etymologisierend auf einen mythischen Stammvater zurückzuführen. So erfand man im 16. Jahrhundert Teut als Stammvater der Deutschen. Er wurde mit Tuisto gleichgesetzt, von dem Tacitus in seiner *Germania* schreibt, er gelte bei den Germanen als Ahnherr des Menschengeschlechts.

75,2 *Tal der Schlacht]* Das Schlachtfeld von Lützen, wo Gustav Adolf 1632 fiel. Hölderlin besuchte es auf einer Fußreise von Jena nach Halle, Dessau und Leipzig im Jahr

1795, wie aus dem Brief an die Schwester vom 20. April 1795 hervorgeht.

75,19 *Lusitanias*] Portugals.

76,44 *ein Verräter*] Nach alter, inzwischen als falsch erwiesener Meinung fiel Gustav Adolf durch einen Verräter.

76,62 *Lipsia*] (Lat.) Leipzig. Am 17. September 1631 siegte Gustav Adolf über das kaiserliche Heer unter Tilly bei Breitenfeld in der Nähe Leipzigs.

76,63 *Lechus*] Lech. Bei Rain am Lech wurde Tilly besiegt und tödlich verwundet.

76,64 *dem Sieger im Todestal*] Gemeint ist das Schlachtfeld von Lützen, wo Gustav am 16. November 1632 zugleich siegte und fiel.

⟨*Ende einer Gedichtfolge auf Gustav Adolf*⟩
Handschriftlich überliefert. Zur Entstehungszeit vgl. die Erläuterungen zum vorigen Gedicht. Versmaße: unregelmäßige Jamben und alkäische Strophen. Der Wechsel ist durch die Konzeption bedingt: erst bei der direkten Anrede an Gustav Adolf geht Hölderlin zu Odenstrophen über – solche direkten Anrufungen gehörten traditionell zur Ode.

78,40 *förder*] Fürder: künftig.

78,42f. *die Begeisterung –* | *Hinauf, wo es dem Tändler schwindelt*] Hölderlin entwirft hier und in den folgenden Strophen ein Programm seiner künftigen Dichtung, das von Klopstocks Dichtungsauffassung und insbesondere von der zeitgenössischen Theorie der ›hohen‹ Ode bestimmt ist. Deren Leitidee war die Höhe und »Erhabenheit« (v. 40f.: »hinauf zum Tempel, || Zum höchsten Tempel seiner Erhabenheit«), wie sie die im 18. Jahrhundert wichtige, von Klopstock aufgenommene und auch von Hölderlin intensiv rezipierte Schrift des Pseudo-Longinus *Vom Erhabenen* (1. Jh. n. Chr.) entwickelte, in deren Gefolge zahlreiche ausführliche Abhandlungen über das Erhabene, bis hin zu Kant und Schiller, erschienen. Das »Erhabene« ist die Erhöhung der sich pathetisch aufschwingenden Seele bis zur höchsten, an die Sphäre des Göttlichen heranreichenden

Höhe. Zum Seelen-Aufschwung gehörte, ebenfalls als fester Bestandteil der Theorie der hohen Ode, der Enthusiasmus: die »Begeisterung«. Diese ›hohe‹ Dichtungsart grenzte man stereotyp gegen eine niedere, uninspirierte ab, die man mit dem in der Anakreontik des 18. Jahrhunderts verbreiteten Odentyp gleichsetzte. Dieser andere Odentyp beschäftigte sich nicht pathetisch mit dem Großen und Hohen, sondern antipathetisch mit den heiteren, angenehmen Freuden des Daseins und wurde deshalb von den Vertretern des anderen Dichtungsideals als »Tändelei« abgewertet. So auch von Goethe in *Wandrers Sturmlied* mit dem Verdikt gegen den »tändelnden Anakreon« (v. 91). Den auch von Hölderlin polemisch aufgenommenen Begriff des Tändelns (v. 43: »Tändler«, v. 50: »Tand«) hatte einer der Anakreontiker selbst, Heinrich Wilhelm Gerstenberg, programmatisch für den Titel seiner noch von 1759 bis 1765 in drei Auflagen erschienenen Sammlung *Tändeleyen* verwendet.

78,45-48 *Umdonnert, Meereswogen!* ⟨...⟩ *Fuß des Sängers*] Diese Verse übernahm Hölderlin später mit wenigen Änderungen in das Gedicht *An die Ehre*.

⟨*Schwabens Mägdelein*⟩

Dieses handschriftlich ohne Titel überlieferte Lied entstand gegen Ende Oktober 1789, wie aus der Kombination mehrerer brieflicher und anderer Nachrichten hervorgeht. Hölderlin legte das »gleich nach der Vakanz« entstandene »Liedchen« (an Neuffer, Nr. 31) dem Brief an die Mutter bei, den er kurz vor dem 25. November schrieb (Nr. 30): »Hier der lieben Rike ⟨Hölderlins Schwester⟩ das versprochene Liedchen«. Er übernimmt darin Elemente aus Schubarts *Schwabenlied* (1788 entstanden) und aus dem *Schwabenlied* von Carl Philipp Conz (Repetent im Tübinger Stift von 1789 bis 1791), das, im gleichen Silbenmaß abgefaßt, 1782 in Stäudlins ›Schwäbischem Musenalmanach‹ (S. 21f.) erschienen war.

⟨*Zornige Sehnsucht*⟩

Handschriftlich überliefert. Auf demselben Blatt wie das Ende der Gedichtfolge auf Gustav Adolf und wohl nicht viel später entworfen.

Alkäisches Versmaß.

81,9 *Was bin ich dir, was bin ich mein Vaterland?*] Vgl. Klopstocks Ode *Mein Vaterland* (1768), v. 71f.: »Und sinne dem edlen schreckenden Gedanken nach, | Deiner wert zu sein, mein Vaterland«.

81,13-24: Vgl. die Ode *Mein Vorsatz*.

81,21 *Mana*] Vgl. *An die Ehre*, v. 19; *Burg Tübingen*, v. 10. Nach der *Germania* des Tacitus (Kap. 2) ist Mannus (von Klopstock »Mana« genannt), der Sohn des Gottes Tuisto, der Stammvater der Germanen.

An die Ruhe

Die im Erstdruck *Friedrich Hölderlin's sämmtliche Werke*, hg. v. Christoph Theodor Schwab, Stuttgart und Tübingen 1846, Bd. 2, S. 169-170, unter die Überschrift gesetzte Jahreszahl 1789 gibt wohl einen Vermerk Hölderlins in der (verschollenen) Handschrift wieder.

Alkäisches Versmaß.

Das Gedicht ist wohl unter dem Eindruck von Höltys *Hymnus an die Morgensonne* und von Friedrich Leopold Graf zu Stolbergs Aufsatz *Über die Ruhe nach dem Genuß und über den Zustand des Dichters in dieser Ruhe* entstanden. Für Hölderlin wie für Stolberg ist die Ruhe ein schöpferischer Zustand des Geistes, in dem sich alle Kräfte sammeln. Dem Bruder schreibt Hölderlin am 1. Januar 1799 von der Wirkung echter Poesie auf den Menschen: »⟨. . .⟩ sie gibt ihm Ruhe, nicht die leere, sondern die lebendige Ruhe, wo alle Kräfte regsam sind, und nur wegen ihrer innigen Harmonie nicht als tätig erkannt werden«. Gedichte an die »Ruhe« entstanden auch im Umkreis Hölderlins; vgl. Christian Ludwig Neuffers Hymne *An die Ruhe* (in: *Hymnische Dichtung im Umkreis Hölderlins. Eine Anthologie. Mit Einleitung und Erläuterungen herausgegeben von Paul Böckmann,*

Tübingen 1965, S. 156-169). Vgl. auch Hölderlins Gedicht
Die Stille.

81,3f. *am heitern Mittag | Schläget sie mir, der Begeist'rung
Stunde]* Traditionell galt die Mittagsstunde, die Stunde des
Pan, als die Zeit höchster dichterischer Inspiration. Vgl.
auch den Beginn der Rhein-Hymne.

82,11 *Dominiksgesichtern]* Vgl. *Die Demut,* v. 2, und die
Erläuterung z. St.

82,30 *des Weisen Grab]* Rousseaus Grab auf einer Insel im
Park zu Ermenonville, nordöstlich von Paris, bis seine Ge-
beine 1794 nach Paris in das Pantheon überführt wurden.
Zu der in der zeitgenössischen Literatur weitverbreiteten
Rousseau-Verklärung bei Hölderlin vgl. auch die Ode
Rousseau und die Hymne *Der Rhein.*

An die Ehre
Handschriftlich überliefert.
Alkäisches Versmaß.

82,2 *Stella]* Vgl. die Erläuterung zu dem Gedicht *An
Stella.*

83,6 *sie]* Die in v. 3 noch in der zweiten Person ange-
redete Ehre.

83,8 *die Eich und die Palme]* Zeichen des dichterischen
Sieges: die Eiche für den vaterländischen, die Palme für den
religiösen Dichter. Vgl. Klopstock, *Die beiden Musen* (1752),
2. Strophe.

83,9-12 *Umdonnert | Meereswogen ⟨...⟩ Fuß des Sän-
gers]* Diese Strophe ist, leicht abgewandelt, aus dem *Ende
einer Gedichtfolge auf Gustav Adolf* übernommen.

Einst und Jetzt
Diese Ode steht im handschriftlichen Zusammenhang mit
den Gedichten *An die Ehre, Die Weisheit des Traurers* und
Selbstquälerei. Der erste Entwurf entstand nach der Ode *An
die Ehre,* darauf *Die Weisheit des Traurers* (oder doch deren
erster Entwurf), dann die endgültige Fassung von *Einst und
Jetzt.*

Alkäisches Versmaß.

83,7f. *der Würger | Schnellte den Pfeil]* Nach Youngs Vor-
bild: »Unersättlicher Würger! ⟨. . .⟩ Dein Pfeil flog dreimal« (*Nachtgedanken*, 1. Nacht, Eberts Übersetzung 1768,
S. 41); in der englischen Vorlage steht »Insatiate Archer« –
Ebert erläutert, warum er »Würger« für »Schütze« einsetzt.

84,16 *des Herbstgewimmels]* »Herbst« bedeutet in Schwaben im engeren Sinn die Weinlese. Gemeint ist also das
lebhafte Treiben bei der Weinlese.

84,20 *Schwärmer]* Feuerwerkskörper, die man zur Zeit
der Traubenreife im Weinberg abbrannte, um die Vögel zu
verscheuchen.

84,30-32 *Zurück zur Kummerstätte ⟨. . .⟩ Lorbeer]* Im ersten Entwurf lauteten die Verse:

Zurück zur schwarzen Stätte, wo Menschendruck
    Wo Schurkenblick den deutschen Jüngling
        Nieder zur mönchischen Schlange drücken.

Und die beiden Schlußverse:

Und ihr – des frohen Knaben Freunde –
    Weint um den Jüngling – er ist ein Sklave.

Die Weisheit des Trauers

In zwei Handschriften überliefert; in der zweiten notierte
Hölderlin unter der Überschrift die Jahreszahl 1789.

Alkäisches Versmaß.

84,1 *Quäler des Unverstands]* Statt »unverständige Quäler«. Die Verwendung des Substantivs statt des Adjektivs
entspricht einer Eigenart Klopstocks.

85,6-8 *wie den Greis am Grabe Cecilias ⟨. . .⟩ donnert]* In
einer früheren Fassung stand hier der Name »Narzissa«,
wodurch die Anspielung auf Youngs *Nachtgedanken* erkennbar wird. In der Dritten Nacht der *Nachtgedanken* beklagt
Young den Tod seiner Stieftochter Narzissa (in Eberts
Übersetzung Bd. 1, Braunschweig 1768, S. 192-269). Darin
heißt es (S. 231): »Sammle diese Ernte von der Grube deiner Narcissa. Gleichwie, nach der Dichter Sage, aus des
Ajax strömendem Blute eine traurige, mit Gram bezeich-

nete Blume entsproß; also laß aus meiner tödlichen Wunde
Weisheit hervorblühen. Und zuerst zeige die Früchte, die
wir von sterbenden Freunden erhalten. Sie bringen uns eine
vierfache Hülfe; sie helfen uns die Gedankenlosigkeit, die
Furcht, den Hochmut, und die Sünde verjagen«.

85,9-11 Ursprünglich lauteten diese Verse:
    Da reißest du die glänzende Larve weg
    Tyrannenfesten, wo sich das Fürstlein krümmt
        Dem Stolz der Könige zu gleichen
Hier handelt es sich um eine deutliche Anspielung auf die
absolutistische Prachtentfaltung des Herzogs Carl Eugen
von Württemberg, mit der er es dem französischen König
Ludwig XIV. gleichtun wollte. Vgl. die Analogie in dem
Gedicht *Die Ehrsucht*, v. 10, und die Erläuterung z. St.

85,12-16 *des geschändeten Römers Kehle* ⟨...⟩ *des Landes
Mark klebt*] Die aktuelle Kritik am Herzog Carl Eugen
von Württemberg (vgl. die Erläuterung zu v. 9-11) wird
hier durch das Medium der Kritik an der Zeit altrömischer
Diktatur und ihres Machtmißbrauchs deutlich. Die Ersetzung des ursprünglich gewählten Namens »Narzissa«
durch »Cecilia« in v. 6 läßt im Zusammenhang mit den
Anspielungen der 4. Strophe an den römischen Diktator
Sulla denken (138-78 v. Chr.), den Plutarch in seinen von
Hölderlin intensiv studierten *Parallelen Lebensläufen* als
grausamen Despoten darstellt – seine vierte Frau, *Cäcilia*
Metella, so berichtet Plutarch, sei während eines Gastgela-
ges gestorben, das Sulla mit exzessiver Verschwendung
veranstaltete. Die Gelder für seinen ungeheuren Luxus ver-
schaffte sich Sulla durch harte Besteuerung und aus einge-
zogenen Landgütern (vgl. v. 13): »⟨...⟩ Die schweißerrungne Habe des Pflügers stiehlt«). Am Anfang seiner
Sulla-Biographie berichtet Plutarch, wie sich bereits ein
Vorfahre Sullas widerrechtlich eine Menge von Silbergefäßen angeeignet habe (vgl. v. 15f.).

85,20f. Zwischen der 5. und der 6. Strophe befinden sich
in der ersten Handschrift noch folgende Verse:

Wie da der große Geist um den Thron sich krümmt
Mit heulendem Gewinsel Erbarmung fleht!
   Hinweg! Tyrannen keine Gnade
    Ewige Rache den Völkerschändern!

85,30-86,40 *der Jammermann* ⟨. . .⟩ *Beruf*] In diesen Versen stand ursprünglich der Name »Elisa«, der aus der früher
immer wieder gebrauchten Schreibung Eloise (für: Heloise) entstand. Im Zusammenhang mit den übrigen Elementen des Textes wird daraus die Anspielung auf die Leidens-
geschichte von Abaelard und Heloise erkennbar. Heloise
widmete sich nach der erzwungenen Trennung von Abaelard ganz dem geistigen Leben, sie galt als die gelehrteste
Frau ihrer Zeit – deshalb erscheint sie als von der Weisheit
wunderbar getröstet in ihrer Trauer (v. 25-28). Sie ließ
Abaelards Leichnam bald nach seinem Tod in ihr Kloster,
wo sie Priorin war, überführen – vgl. v. 30: »Da schläft in
deiner Halle der Jammermann«. Abaelard war von der Kirche als Häretiker verdammt und verurteilt worden und
mußte schwere Mißhandlungen erleiden (v. 31f.: »Dem
Priesterhaß das Herz zerfleischet ⟨. . .⟩«). Nach einer
schnell zu den Höhen des Ruhmes führenden Laufbahn als
Lehrer der Philosophie und Theologie in Paris (v. 33f.) zog
er sich deshalb in die Stille klösterlicher Einsamkeit zurück,
um dort den Mönchen Seelsorger zu sein, junge Schüler zu
erziehen und für die Gemeinschaft Häuser zu bauen und
das Feld bestellen zu lassen (v. 35-40), d. h. sich der »Weisheit« eines auf das Wesentliche gerichteten Lebens zu widmen. Vgl. Momme Mommsen, *Traditionsbezüge als Geheimschicht in Hölderlins Lyrik*, in: Neophilologus 51 (1967),
S. 32-42.

86,40 *und die Wünsche schweigen*] Vgl. v. 1: »Hinweg, ihr
Wünsche! ⟨. . .⟩«. Die Wünsche nach den begehrtesten Gü-
tern des Lebens, nach Liebe und Ruhm, sind auf die
»Vergänglichkeit« (v. 2) gerichtet und stehn deshalb, als
»Quäler des Unverstands« (v. 1), im Gegensatz zur »stillen
Weisheit« (v. 5), die sich der Dichter selbst zu eigen machen
will – siehe die letzten vier Strophen –, nachdem er sich mit

Heloise und Abaelard zwei große Beispiele dieser Lebenshaltung vor Augen geführt hat.

⟨*Selbstquälerei*⟩
Fragment, handschriftlich überliefert.

86,3 *Tobias Hündlein*] Vgl. im Alten Testament das apokryphe Buch *Tobias* 11, 9: »Da lief der Hund vorhin,
welchen sie mit sich genommen hatten, und wedelte mit
seinem Schwanze, sprang und stellete sich fröhlich«.

Burg Tübingen
Handschriftlich überliefert. Ende 1789 oder Anfang 1790
entstanden.

Das Gedicht gehört zu dem in der 2. Hälfte des 18. Jahrhunderts beliebten Genre der Ruinenpoesie und der Rückwendung zur deutschen Vorzeit. Vorbild ist Friedrich
Matthissons *Elegie in den Ruinen eines alten Bergschlosses geschrieben*, daneben die Gedichte *Stauffen* von Johann Jakob
Thill (in Stäudlins ›Blumenlese auf das Jahr 1783‹, S. 69-72)
und *Schloß Württemberg* von Carl Philipp Conz, dem Repe-
tenten im Tübinger Stift von 1789 bis 1791 (erschienen in
›Stäudlins Blumenlese‹ 1784, S. 19-23).

Burg Tübingen] Das Schloß Hohentübingen, in seiner
heutigen Form aus dem 16. Jahrhundert stammend, hatte
als Vorläuferin eine mittelalterliche Burg.

87,5 *Gemache*] Alte Pluralform.

87,10 *Mana*] Vgl. *Zornige Sehnsucht*, v. 21, und die Erläuterung z. St.

87,17 *Hiefhorn*] Eine in älterer Zeit neben »Hifthorn«
verwendete Form. Der Hift oder Hief (vom althochdeutschen hiofan, »heulen, klagen«) bedeutet den Stoß in das
Jagdhorn bei der Hirschjagd.

88,51 *Adeltaten*] Edle Taten.

89,60 *Thuiskon*] Der in der *Germania* des Tacitus
(Kap. 2) Tuisto genannte Vater des Mannus (Mana), des
Stammvaters der Germanen. Vgl. das Gedicht *Zornige Sehn-
sucht*, v. 21. Die Namensform Thuiskon (Tuisco) ist seit

dem Humanismus verbreitet – diesen Namen trägt der germanische Urheros bei dem deutschen ›Erzhumanisten‹ Konrad Celtis, bei Sebastian Franck u. a. Derartige Rückführungen auf einen Stammvater sind im Vorfeld der Nationalstaatsbildung typisch – sie beanspruchen eine authentische Eigenart.

89,72 *Walhalla*] Vgl. das Gedicht *Keppler*, v. 25, und die Erläuterung z. St.

Lied der Freundschaft

Im März 1790 gründeten die drei Stiftler Hölderlin, Rudolf Magenau und Christian Ludwig Neuffer einen Dichterbund nach Art des Göttinger Hainbunds. Über dieses jugendliche Zusammensein berichtet Magenau in seinem Lebensabriß: »Ein niedliches Gartenhäuschen nahm uns da auf, und an Rheinwein gebrach es nicht. Wir sangen alle Lieder der Freude nach der Reihe durch. Auf die Bowle Punsch hatten wir Schillers Lied *An die Freude* aufgespart. Ich ging, sie zu holen. Neuffer war eingeschlafen, da ich zurückkam, und Hölderlin stand in einer Ecke und rauchte. Dampfend stand die Bowle auf dem Tische. Und nun sollte das Lied beginnen, aber Hölderlin begehrte, daß wir erst an der kastalischen Quelle uns von allen unsern Sünden reinigen sollten. Nächst dem Garten floß der sogenannte Philosophenbrunnen, das war Hölderlins kastalischer Quell; wir gingen hin durch den Garten und wuschen das Gesicht und die Hände; feierlich trat Neuffer einher; dies Lied von Schiller, sagte Hölderlin, darf kein Unreiner singen! Nun sangen wir; bei der Strophe ›dieses Glas dem guten Geist‹ traten helle, klare Tränen in Hölderlins Auge, voll Glut hob er den Becher zum Fenster hinaus gen Himmel und brüllte ›dieses Glas dem guten Geist‹ ins Freie, daß das ganze Nekkartal widerscholl. Wie waren wir so selig!« Dieser Bund bestand laut Magenaus Angaben, solange er und Neuffer in Tübingen waren, also bis zum Herbst 1791. Die Freunde legten ein eigenes Bundesbuch an, in das sie ihre Gedichte eintrugen. Am Anfang dieses Bundesbuches, das sich heute im Besitz der Württembergischen Landesbibliothek in Stuttgart befindet, stehen die eigenhändigen Namenseinträge:

Rudolf Friedrich Heinrich Magenau,
aus Marck-Gröningen.
Christian Ludwig Neuffer,
von Stuttgart
Johann Christian Friedrich Hölderlin
aus Lauffen.

Von Hölderlin stehn im Bundesbuch das *Lied der Freundschaft*, das *Lied der Liebe* und *An die Stille*.

Zu dem *Lied der Freundschaft* (erste Fassung) notierte Hölderlin: »Am Tag der Einweihung eingeschrieben« (wohl am 9. März 1790). Die zweite Fassung ist in einer Einzelhandschrift überliefert.

90,15 *Chronos*] Griechischer Gott der Zeit.

90,17 *Elysen*] Diese Form statt Elysium verwendet auch Schiller, *Laura am Klavier*, v. 39f.

90,29 *Lyäus*] Der griechische Beiname Lyaios des Dionysos, des Weingotts, wurde von den Römern zu »Lyäus« latinisiert. Er heißt so (zu deutsch: »der Löser«), weil er die Sorgen löst. Hölderlin kannte diesen Beinamen vor allem aus Horaz (vgl. *Epoden* 9, 37f.; *Carmina* I 7, 22 und III 21, 16).

91,67 (73) *des Todes Flügel*] Das Bild erklärt sich aus der in Klopstocks *Messias* häufigen Vorstellung des Todesengels.

Lied der Liebe

Unter der Überschrift der im Bundesbuch stehenden 1. Fassung trug Hölderlin ein: »Am zwoten Aldermannstage«. Nach Neuffers gleichzeitigem Eintrag ist das der 20. April 1790. Die zweite Fassung, die sich nicht exakt datieren läßt, wurde im Jahre 1794 in dem von Marianne Ehrmann in Zürich herausgegebenen Taschenbuch *Die Einsiedlerin aus den Alpen* gedruckt. Aber ein Vergleich mit der 1793 erschienenen dritten Fassung unter dem Titel *Hymne an die Liebe* (S. 141) zeigt, daß sie früher entstanden sein muß.

Das Versmaß ist das gleiche wie in Schillers Lied *An die Freude*.

94,12 *Von dem hohen Wesenband*] Vgl. das Motto zur *Hymne an die Göttin der Harmonie* (S. 110), das von derselben, im 18. Jahrhundert weitverbreiteten Auffassung von der Liebe als einer alles verbindenden und durchdringenden kosmischen Kraft spricht.

95,36 *Steigt hinab ins Totenland*] Anspielung auf Orpheus, der in die Unterwelt hinabstieg, um Eurydike wieder heraufzuholen.

96,47 *Adeltaten*] Edle Taten.

97,(50) *des Würgers Flügel*] Der Flügel des Todes, der wie im *Lied der Freundschaft* v. 67 (73) als Todesengel vorgestellt wird.

An die Stille

Unter der Überschrift dieses ebenfalls in das Bundesbuch geschriebenen Gedichts steht: »Am dritten Aldermannstage«. D. h.: am Tage der dritten Zusammenkunft des Dichterbundes. Nach Neuffers gleichzeitigem Eintrag ist das der 1. Juni (1790).

Hymne an die Unsterblichkeit

Am 8. November 1790 schrieb Hölderlin an Neuffer (Nr. 36): »Hältst Du es der Mühe wert, so will ich den Gesang an die Unsterblichkeit umarbeiten«. Erstdruck: ›Zeitung für die elegante Welt‹, 1832, Nr. 220, von Neuffer besorgt, mit Abweichungen von dem zu v. 73-112 enthaltenen Entwurf. Diese Abweichungen können auf eine verschollene Reinschrift mit der von Hölderlin brieflich erwogenen Umarbeitung zurückgehen; vielleicht aber handelt es sich um eigenmächtige Änderungen Neuffers. In diesem Fall wäre auch der Wortlaut der ersten neun Strophen (v. 1-72) ungesichert.

Die handschriftlich überlieferten fünf letzten Strophen des Entwurfs lauten:

Wann die Starken vor Despoten tretten
Sie zu mahnen an der Menschheit Recht
Hinzuschmettern die Tyrannenketten
Fluch zu donnern jedem Fürstenknecht,
Wenn in todesvollen Schlachtgewittern
Wo die Vaterlandesfahne weht,
Mutig, bis die Heldenarme splittern
Tausenden die kleine Reihe steht.

Allgewältig ist im Gräbertale
Schon die Fülle großer Ahndungen.
Aus der Zukunft zauberischer Schale
Trinken Heldenkraft die Endlichen,
Aber ha! wie schwindet Erdeleben
Geistermutter! wenn an deiner Hand
Siegestrunken wir hinüberschweben
In der Geister hohes Vaterland.

Wo der Tugend königliche Blume
Unbetastet von dem Wurme, blüht
Wo der Denker nun im Heiligtume
Hell und offen all die Tiefen sieht,
Wo auf Trümmern kein Tyranne thronet
Wo die Seele keine Fessel bannt
Wo den Helden Tod die Palme lohnet
Gottes Lob den Tod fürs Vaterland.

Harret eine Weile Orione!
Schweige, Donner der Plejadenbahn
Hülle Sonne diese Strahlenkrone
Atmet leise! Sturm und Ozean!
Eilt zu feierlichen Huldigungen
All' ihr großen Schöpfungen der Zeit
Denn verloren in Begeisterungen
Denkt der Seher der Unsterblichkeit!

Siehe! da verstummen Menschenlieder
Wo der Seele Lust unnennbar ist,
Schüchtern sinkt des Hochgesangs Gefieder
Wo der Endlichkeit der Geist vergißt,
Wenn vor Gott sich einst die Geister sammeln
Aufzujauchzen ob der Seele Sieg
Mag Entzückungen der Seraph stammeln,
Wo die trunkne Menschenlippe schwieg.

99,1-8 *Froh, als könnt' ich* ⟨. . .⟩ *Tod]* Diese Strophe verwendet Hölderlin später, mit einigen Änderungen, als Anfangsstrophe der *Hymne an die Göttin der Harmonie* (S. 110).

100,10-12 *Stolz ertönet der Plejaden Gang* ⟨. . .⟩ *Donnerklang]* Schon Homer spricht von den Sternbildern der Plejaden. Die Lehre von den tönenden Himmelskörpern, deren Klang sich zu einer Sphärenharmonie vereint, stammt von den Pythagoreern. Je größer die Himmelskörper, um so stärker sollte ihr Klang (vgl. v. 12: »Donnerklang«) sein. Überliefert ist diese Lehre bei Aristoteles, *Über den Himmel* (2, 9) und bei Cicero, *Über das Staatswesen* (6, 18, im *Traum des Scipio*). In der zeitgenössischen Literatur war die Lehre von der Sphärenharmonie ein beliebtes Requisit zur Illustration des wesentlich von Leibniz bestimmten harmonistischen Weltbilds. Vgl. Wieland in den *Vorläufigen Anmerkungen* zu seinem Lehrgedicht *Die Natur der Dinge*, Klopstocks Odenfolge *Auf meine Freunde* (1. Fassung des *Wingolf*), v. 301-304:

Natur, dich hört ich durchs Unermeßliche
Wandeln, so wie mit sphärischem Silberton
Gestirne, Dichtern nur vernommen,
Niedrigen Geistern unhörbar, wandeln.

Vgl. *Der Messias* V 460: »der Pole Donnern«. Die bekannteste Gestaltung der Sphärenharmonie befindet sich in Goethes *Faust* (am Anfang des *Prologs im Himmel*).

100,13-16 *auf dem Flammenwagen* ⟨. . .⟩ *Helios]* Helios, der griechische Sonnengott, fährt auf einem von vier feuerschnaubenden Flügelrossen gezogenen Wagen über den Himmel.

100,17 *Gräberland]* So heißt die Erde im Gegensatz zu den unendlichen Regionen des Himmels.

100,29 *schmettern]* Intransitiv: »zerschmettert werden«, »zerschellen«. Vgl. *Die Unsterblichkeit der Seele*, v. 72, und die Erläuterung z. St.

101,41-56 *Müßte nicht der Mensch ⟨. . .⟩ entweih'n]* Vgl. Schillers Gedicht *Resignation* (1786).

102,80 *Sparter Phalanx]* Die Spartaner gingen als erste vom Einzelkampf zur geschlossenen Schlachtreihe über (um 600 v. Chr.).

103,107 *des Lobgesangs Gefieder]* Die Vorstellung ist die eines sich wie mit Flügeln zum Höchsten emporschwingenden Gesangs. Im Entwurf steht: »des Hochgesangs Gefieder«.

Meine Genesung
An Lyda

Dieses nicht handschriftlich überlieferte Gedicht ist wohl gegen Ende 1790 entstanden. Es erschien in Stäudlins ›Musenalmanach fürs Jahr 1792‹, der schon im September 1791 vorlag. Darin stehen auch die *Hymne an die Göttin der Harmonie*, die *Hymne an die Muse* und die *Hymne an die Freiheit* (»Wie der Aar ⟨. . .⟩«).

Lyda] Der poetische Name für Marie Elisabeth (Elise) Lebret (1774-1839), die Tochter des Tübinger Theologieprofessors und Universitätskanzlers Johann Friedrich Lebret.

Melodie
An Lyda

Dieses Gedicht, wohl bald nach dem vorigen entstanden, ist nur gedruckt überliefert: *Friedrich Hölderlin's sämmtliche Werke*, hg. v. Christoph Theodor Schwab, Stuttgart und Tübingen 1846, Bd. 2, S. 171-173.

Lyda] Vgl. die Erläuterung zum vorigen Gedicht.

104,4 *Laut und Seele knüpft der Liebe Band]* Da dieser Vers das Thema des Gedichts angibt, ist er ebenso herausgehoben wie v. 12 im *Lied der Liebe* (1. Fassung): »Von dem hohen Wesenband«. Wieder ist wie dort und in der *Hymne an die Göttin der Harmonie* die Liebe als universales, kosmisches Prinzip aufgefaßt, das alles mit allem verbindet und damit sowohl die Harmonie des Gesangs wie der Seelen (von »Laut und Seele«) begründet. Die Lehre von der All-»Sympathie« (v. 23) geht bis auf die stoische Kosmologie zurück.

Hymne an den Genius Griechenlands

Der handschriftliche Zusammenhang – die Hymne ist auf einem Doppelblatt überliefert, auf dessen 4. Seite sich das Gedicht *An Lyda* befindet – macht als Entstehungszeit das Ende des Jahres 1790 wahrscheinlich.

Die Handschrift zeigt, daß Hölderlin eine Zeitlang zwischen den – dann endgültig gewählten – freien Rhythmen und Schillerschen Reimstrophen schwankte. Die beiden ersten Strophen schrieb er auch in Reimstrophen nieder:

> Jubel! aus Kronions Hallen
> Schwebst auf Aganippens Flur
> Du im strahlenden Gefieder
> Hold und majestätisch nieder
> Erstgeborner der Natur
> Schönster von den Brüdern allen!
>
> Bei Olympos güldnen Thronen!
> Bei der Göttlichen, die dich gebar
> Was auch Hohes ist und war
> In der Menschheit weiten Regionen,
> Was auch je erstarkt und siegesreich
> Angebetet von der Völker Zungen
> Deiner Brüder sich emporgeschwungen
> Keiner, keiner ist dir gleich.

Zu dieser Reimfassung der beiden ersten Strophen:

⟨1⟩ *Kronions Hallen*] Als Sohn des Kronos heißt der höchste griechische Gott Zeus Kronion.

⟨2⟩ *Aganippens Flur*] Aganippe ist die Nymphe einer Quelle an dem Musenberg Helikon in Böotien (Ovid, *Metamorphosen* V 312; Vergil, 10. *Ekloge*, v. 12). Vgl. auch Klopstocks Ode *Aganippe und Phiala* (1764). Auf Aganippens »Flur«, auf den Helikon als Inbegriff für die Vollkommenheit der Künste in Griechenland, kommt es also an.

Zur freirhythmischen Fassung:

Genius Griechenlands] Der *Genius* repräsentiert in römischer Zeit nicht nur das individuelle Wesen und Schicksal des einzelnen Menschen, sondern auch dasjenige ganzer Völker. Schon in Roms republikanischer Zeit gab es Münzen mit Darstellungen des Genius des römischen Volkes (Genius populi Romani). Analog dazu spricht Hölderlin vom »Genius Griechenlands«.

107,5 *Kronos*] Vater des Zeus und also oberster Gott der ältesten Zeit.

107,6 *Schwebst du herab*] Der *Genius* (vgl. die Erläuterung zum Titel) wurde bildlich oft mit Flügeln dargestellt.

107,7 *Schöpfungen*] Das Wort »Genius« hängt etymologisch mit »gignere«, »zeugen«, »schaffen« zusammen; deshalb galt der Genius auch als Inbegriff schöpferischer Kraft.

107,11f. *Dir gleichet keiner | Unter den Brüdern*] Auch den anderen Völkern wird jeweils ein eigener *Genius* zugeschrieben – eine Sicht, die vor allem durch Herder vermittelt worden war, der jedem Volk eine eigene Wesensart zuerkannte.

107,15-18 *Dir sang in der Wiege* ⟨. . .⟩ *Freiheit dir*] Bevor die Griechen im 5. Jahrhundert v. Chr. ihre größte kulturelle Blüte erreichten, mußten sie die »ernste Gefahr« der Perserkriege bestehen, in denen sie durch die »gerechten Siege« über das persische Invasionsheer (490 bei Marathon, 480 bei Salamis) »die heilige Freiheit« errangen.

107,20 *Schläfe*] »Der Schlaf« ist die alte Form, die von

dem aus dem Plural (»die Schläfe«) entstandenen Femininum »Schläfe« verdrängt worden ist. Vgl. *An die Unerkannte*, v. 20.

108,34 *Der Donnerer*] Zeus.

108,36-39 *Orpheus Liebe*] Sie reicht zur Höhe der Sonne, zum »Auge der Welt«, wie hinab zum Acheron, letzteres eine Anspielung darauf, daß Orpheus in die Unterwelt hinabstieg, um seine verstorbene Gattin Eurydike wiederzugewinnen. Schon in der antiken Dichtung dient der Name des *Acheron*, der eigentlich der Totenfluß in der griechischen Mythologie ist, zur Bezeichnung der Unterwelt überhaupt.

108,41f. *Und Aphroditäs Gürtel ersieht | Der trunkene Mäonide*] Im 14. Gesang der *Ilias* beschreibt Homer, der »Mäonide« (Mäons Sohn), den bunten Zaubergürtel der Liebesgöttin Aphrodite, in den alle Reize eingewebt sind. Diese Darstellung des Gürtels und die vorangehende Schilderung der sich schmückenden Göttin nimmt Hölderlin zum Anlaß, vom »trunkenen« Mäoniden zu sprechen.

108,45 *Die Erd' und Ozean*] Die *Ilias* stellt den Landkrieg dar, die *Odyssee* die Irrfahrt des Odysseus über das Meer.

108,50 *die Bien' auf der Blume*] Vgl. *Ilias* II 87-89; in Hölderlins wahrscheinlich in Maulbronn entstandener Übersetzung: »Wie Haufen unzähliger Bienen, wann vom hohlen Felsen immer neue kommen, und wie Trauben um die Frühlingsblumen fliegen ⟨. . .⟩«

108,52 *Ilion*] Anderer Name für Troja.

⟨*An Lyda*⟩

Ende 1790 oder Anfang 1791 entstanden und auf S. 4 des Doppelblatts überliefert, auf dem zuerst die *Hymne an den Genius Griechenlands* steht.

109,1-4 *Trunken ⟨. . .⟩ Freuden an*] Diese ersten Verse wiederholt Hölderlin fast wörtlich in der ersten Strophe der *Hymne an die Freiheit* (»Wonne säng ich ⟨. . .⟩«, S. 134).

109,3 *Elysen*] Vgl. *Lied der Freundschaft*, 1. Fassung, v. 17, und die Erläuterung z. St.

Hymne an die Göttin der Harmonie

Handschriftlich überliefert. Erstdruck im ›Musenalmanach fürs Jahr 1792‹. Herausgegeben von Gotthold Friedrich Stäudlin. Stuttgart, auf Kosten des Herausgebers. Gedruckt in der Akademischen Buchdruckerei, S. 153-161, unterschrieben: Hölderlin. Am 8. November 1790 schrieb Hölderlin an Neuffer: »Leibniz und mein Hymnus auf die Wahrheit hausen seit einigen Tagen ganz in meinem Capitolium«. Dieser – nicht vollständig überlieferte – *Hymnus auf die Wahrheit* ist die Vorstufe der *Hymne an die Göttin der Harmonie*, die wohl bald darauf entstanden ist.

Das Motto der *Hymne an die Göttin der Harmonie* ist dem 1787 erschienenen Roman *Ardinghello und die glückseligen Inseln* von Wilhelm Heinse entnommen, wo es heißt: »Und die Liebe ward geboren, der süße Genuß aller Naturen für einander, der schönste, älteste und jüngste der Götter, von Uranien der glänzenden Jungfrau, deren Zaubergürtel das Weltall in tobendem Entzücken zusammenhält«.

Urania] In griechischer Überlieferung sowohl ein Beiname der Göttin der Liebe, Aphrodite, wie der Name einer Muse (vgl. Hesiod, *Theogonie*, v. 78), die dann später mit der Astronomie und der kosmischen Harmonie in Verbindung gebracht wird.

110,1-8 *Froh, als könnt' ich ⟨...⟩ Grab und Zeit*] Diese Verse hat Hölderlin mit einigen leichten Änderungen aus der nicht veröffentlichten *Hymne an die Unsterblichkeit* (S. 99) übernommen.

110,5 *Seher*] Der dichterische Seher (vates); vgl. v. 125f.: »Das vermag die Saite nicht zu künden, | Was Urania den Sehern ist.«

110,20 *Sint*] Bei den Autoren des 16. bis 18. Jahrhunderts gebräuchliche Nebenform von »seit«. Bei Hölderlin vgl. die *Hymne an die Freiheit* (»Wie der Aar ⟨...⟩«), v. 9.

111,50 *der Göttin Sohn*] Der Mensch, der im folgenden Vers als »königliches Ebenbild« die Krone des von der Göttin der Harmonie bestimmten Schöpfungsprozesses ist.

113,120 *göttliche Genügsamkeit*] »Selbstgenügsamkeit«,

αὐτάρκεια (Autarkie), ist im Denken der Griechen eines der höchsten Güter; es bedeutet innere Unabhängigkeit und Freiheit und wird dem wahrhaft Weisen zugeschrieben, aber auch der Gottheit, weshalb Hölderlin von »göttlicher« Genügsamkeit spricht. In Platons *Timaios* (68e) ist die Rede von der »sich selbst genügenden und ganz vollkommenen Gottheit« (αὐτάρκης καὶ τελεώτατος θεός). In der stoischen Philosophie verbindet sich die Autarkie mit der Besiegung der Affekte und der Ruhe des Gemüts – ein Zusammenhang, der sich in den vorausgehenden Versen der Strophe herstellt.

Hymne an die Muse

In einer Abschrift durch fremde Hand und durch den Erstdruck in Stäudlins ›Musenalmanach fürs Jahr 1792‹ überliefert. Das frühe Erscheinen des Musenalmanachs schließt eine Entstehung nach dem Frühjahr 1791 aus. Neuffer datierte das Gedicht später noch auf 1790.

114,3 *Pieride*] Die Musen heißen Pieriden, weil sie nach Hesiod (*Theogonie*, v. 53f.) von Mnemosyne dem Zeus in der Landschaft Pieria am Fuße des Olymps geboren wurden.

116,62 *Wandelsterne*] Die Planeten.

117,91 *Ägide*] Die Ägide oder Ägis ist der von Hephaistos für seinen Vater Zeus geschmiedete Schild, aber auch Pallas Athene, die Göttin der Dichter und Künstler, trägt eine Ägide.

118,115 *Spanne*] Subjekt des Satzes: Die »Spanne« ist das kleine Längenmaß der ausgespannten Hand.

Hymne an die Freiheit

Nach Neuffers Datierung ist auch diese Hymne, die wie die vorhergehende in einer Abschrift durch fremde Hand und durch den Erstdruck in Stäudlins ›Musenalmanach fürs Jahr 1792‹ überliefert ist, noch im Jahr 1790 entstanden.

118,9 *Sint*] Vgl. die Erläuterung zu v. 20 der *Hymne an die Göttin der Harmonie*.

120,69 *Wandelsterne*] Die Planeten.

120,75 *die neuen Brüder*] Freiheit, Gleichheit und Brüderlichkeit (Fraternité) waren die revolutionären Ideale. Vgl.
auch v. 79: »brüderlich«, v. 101: »im Heldenbunde meiner
Brüder«.

120,81-88 *Nimmer beugt* 〈. . .〉 *stolze Ruh*] Die in der
traditionellen Religion scharfe Unterscheidung zwischen
menschlicher und göttlicher Sphäre, wodurch die Menschen als tief unter der Gottheit stehend erschienen und die
Gottheit als eine jenseitige, Gehorsam fordernde Autorität
vorgestellt wurde, wird hier als eine besondere Ausprägung des Despotismus abgelehnt: das Ideal der Freiheit
wird nun auch innerlich, in der »freien Seele«, verwirklicht,
die sich selbst zu der Höhe der »Götter« erhebt. Vgl. die
entsprechende Darstellung des idealen Ursprungszustands,
v. 31f.: »Herzen schlugen | An der Götter Busen gött-
licher«.

121,92 *Glück und Zeit*] Glück im Sinne der alten For-
tuna-Vorstellung als Inbegriff des Unbeständigen, bloß
Äußerlichen.

Kanton Schweiz

Wie die folgenden sechs Hymnen erschien das auch in einer
Abschrift durch fremde Hand überlieferte Hexametergedicht in Stäudlins ›Poetischer Blumenlese fürs Jahr 1793‹,
die bereits im September 1792 herauskam. Neuffer datiert
das Gedicht in das Jahr 1792.

Das Gedicht entstand aus der Erinnerung an die mit dem
Studienfreund Christian Friedrich Hiller und einem anderen Freund in den Osterferien 1791 unternommene Reise in
die Schweiz. Reisen von wallfahrtsähnlicher Art in die
Schweiz wurden in der zweiten Hälfte des 18. Jahrhunderts
beliebt: Rousseaus Verherrlichung der reinen, ursprünglichen Natur und die Bewunderung der schweizerischen
Freiheit bildeten den Anlaß.

Hiller] Christian Friedrich Hiller (1769-1817), mit Hölderlin schon von der Zeit in Maulbronn her bekannt, in
Tübingen Mitglied eines revolutionär gesinnten Studen-

tenzirkels. Vgl. Hölderlins im Sommer 1793 entstandenes Gedicht *An Hiller*.

122,15f. Die gleiche Situation in Klopstocks Ode *Der Zürchersee* (1750).

122,18 *Rheinsturz*] Der Rheinfall bei Schaffhausen, wohin u. a. die Reise führte. Vgl. auch *An Hiller*, v. 25-27.

122,19 *Tag am Quelle der Freiheit*] Der Höhepunkt der Reise. Der Quell der Freiheit ist laut v. 50f. das Tal des Vierwaldstätter Sees. Die an diesem See gelegenen Urkantone Schwyz (vgl. die Überschrift), Uri und Unterwalden schlossen 1291 das Bündnis zur Bewahrung ihrer alten Rechte und Freiheiten. Es führte nach der Schlacht bei Morgarten (1315) zur Gründung der von Habsburg unabhängigen Eidgenossenschaft.

122,27 *Haken*] Der Haggenpaß.

122,34 *Heldengeister am Lego*] Lego ist ein bei Ossian in wildurtümlicher Landschaft vorkommender See.

123,40 *Ihr Väter der Freien!*] Die Eidgenossen vom Rütli.

123,43f. *des hohen* | *Hirten in Mamre's Hain'*] Abraham, der Stammvater der Israeliten. Vgl. 1 Mose 13, 18. Die Evokation des patriarchalisch-einfachen Lebens in der ältesten biblischen Zeit ist ebenso wie diejenige der homerischen Vorzeit in der Idyllen-Dichtung, aber auch sonst in der Dichtung des 18. Jahrhunderts beliebt.

123,44 *Tochter von Laban*] Labans schöne Tochter ist Rahel.

123,45f. *Arkadiens Friede* ⟨...⟩ *und du, allheilige Einfalt*] In den poetischen Verherrlichungen der Schweiz gängige Vorstellungen. Bei Hölderlin selbst vgl. *An Hiller*, v. 29, und später die Ode *Unter den Alpen gesungen*. Seit der antiken Idyllen-Dichtung ist Arkadien die Landschaft eines idealisierten naturnahen Daseins, wie es besonders den Hirten zugeschrieben wurde.

123,51f. *Die Schrecken* | *Seiner Arme*] Wohl Klippen.

123,57 *erfrischender Ampfer*] Ungewöhnlicher Plural.

124,77 *eisernen Schlaf*] Ein seit Homer oft vorkommender Ausdruck. Vgl. *Ilias* XI 241, Vergil, *Aeneis* X 745f.; Klopstock, *Der Messias* VI 287f.; bei Hölderlin *Der Wanderer*, v. 22, *Menons Klagen um Diotima*, v. 24.

Hymne an die Menschheit

Am 28. November 1791 schrieb Hölderlin an Neuffer: »Mit dem Hymnus an die Menschheit bin ich bald zu Ende. Aber er ist eben ein Werk der hellen Intervalle, und die sind noch lange nicht klarer Himmel! Sonst hab' ich noch wenig getan; vom großen Jean Jacque mich ein wenig über Menschenrecht belehren lassen ⟨...⟩«. Die Hymne ist handschriftlich sowie gedruckt in der von Gotthold Friedrich Stäudlin herausgegebenen ›Poetischen Blumenlese fürs Jahr 1793‹ überliefert.

In der handschriftlichen Fassung stehn zwischen der ersten und zweiten Strophe noch folgende drei Strophen:

> O du der königlichen Stunden
> Entschlafnes Heer! heran im Siegspanier!
> Vom öden Schoß der Nächte losgewunden
> Verjünge sich die Zeit, und zeuge mir!
> Sie zeuget mir; die Schöne der Kolossen
> Der herrlichen Heroen Lieb' und Macht
> Des Götterstammes Blüten all entsprossen
> In stiller Heiligkeit des Grabes Nacht.

> Wie sich im ungeheuren Kriege
> Mit der Natur der kühne Riese mißt!
> Der Löwe fällt! sie fühlt im wilden Siege,
> Des Helden Seele, daß sie göttlich ist;
> Doch göttlicher entrief dem Rosenstrauche
> Der Muse Zauberspruch den Rosenhain,
> Den Felsen blies mit sanftem Liebeshauche
> Der holde Thrazier Entzücken ein.

> Orion lacht in Liebe nieder
> Es wallt der Erde Sohn am Ozean

Wie tönt in ihm der Schöpfung Hymne wider
Wie staunt er sich im neuen Taumel an
Der Ahndung heiligstes, der Kräfte Fülle
Die leisgefühlte Seele der Natur
Er kleidet sie in brüderliche Hülle
Denn Göttern gleicht der Götter Sprosse nur.

Die mittlere dieser drei Strophen spielt in den ersten Versen
auf Herakles an, der die Natur-Ungeheuer, darunter den
Nemeischen Löwen, besiegte und so kultivierend wirkte; in
den letzten beiden Versen auf den aus Thrakien stammenden Sänger und Musiker Orpheus, der sogar – Zeichen für
die Zauberkraft seiner Kunst – Felsen in Bewegung zu
setzen vermochte (vgl. Euripides, *Iphigenie in Aulis*, v. 1212;
Apollonios Rhod. 1, 26).

ÜBERBLICKSKOMMENTAR Der Begriff ›Menschheit‹ war im
letzten Drittel des 18. Jahrhunderts und besonders in der
Zeit der Französischen Revolution ein Leitbegriff. Er hat
zwei Grundbedeutungen: einerseits war er seit der Mitte
des 18. Jahrhunderts zu einem umfassenden Kollektivbe-
griff aufgestiegen (›alle Menschen‹), der naturrechtlich
durch die Anschauung von der allen Menschen gemeinsamen Natur und ihrer daraus resultierenden Gleichheit
unterbaut ist; andererseits wird er zu einer regulativen Idee
des politischen, kulturellen und moralischen Denkens, zu
einer dynamischen Zielvorstellung, die im Unterschied
zu der bloß natürlichen Bestimmtheit des Menschen
(›Menschheit‹ als besondere Wesensart gegenüber ›Gottheit‹ und ›Tierheit‹) die ideale *Bestimmung* des Menschen
meint und damit die Aufgabe der menschlichen Selbstbestimmung und Selbstgestaltung verbindet. Sie soll zur
Vollendung des Menschengeschlechts hinführen. In der
Zeit der Französischen Revolution lud sich diese Zielvorstellung mit den Grundwerten der Französischen Revolution auf: mit den Idealen der Freiheit (liberté), Gleichheit
(égalité) und Brüderlichkeit (fraternité). So wurde

›Menschheit‹ (humanité) auch eine politische Kampfparole zur Durchsetzung der revolutionären Ideale und der von ihnen her definierten ›Menschenrechte‹.

In Hölderlins Hymne kommen diese Valenzen des zeitgenössischen Menschheitsbegriffs voll zur Geltung. Deutlich formuliert sie die revolutionären Ideale: Freiheit (»Schon fühlen an der Freiheit Fahnen | Sich Jünglinge ⟨. . .⟩«), Gleichheit (in den Versen 21ff., die sich gegen die auf dem Prinzip der Ungleichheit aufgebaute und daher von »Scheidewänden« durchzogene Gesellschaft richten: »Schon höhnen wir des Stolzes Ungebärde, | Die Scheidewand, von Flittern aufgebaut ⟨. . .⟩«) und Brüderlichkeit (v. 6: »mein brüderlich Geschlecht«; v. 19: »Wir reichen uns die Bruderrechte gerne«; v. 64: »brüderlich«). Ausdruck findet auch der Anspruch der Menschheit auf die sich aus der Freiheit ergebende Autonomie: auf die Selbstbestimmung und Selbstgestaltung (v. 66: »Das Götterglück, sich eig'ner Kraft zu freu'n«). Dazu gehört insbesondere die Ablehnung der zu Heteronomie und Selbstentfremdung führenden Vorstellung einer transzendenten Gottheit; vgl. hierzu die Einzelerläuterungen zu v. 80 und v. 87. Mehrfach markiert und durch den Schlußvers emphatisch hervorgehoben wird der Horizont der »Vollendung«, welche die Bestimmung der nach der Überzeugung der Aufklärung perfektiblen Menschheit ist (v. 34: »zur Vollendung«; v. 38: »zu üppiger Vollkommenheit«; v. 88: »Und zur Vollendung geht die Menschheit ein«). Nicht zuletzt versteht auch Hölderlin die ›Menschheit‹ als harmonische Totalität, die der kosmischen Ganzheit und Harmonie (v. 17f.) entspricht und vom naturhaften Ursprungszustand her legitimiert ist (v. 23f.), ja schließlich alle Trennungen des Daseins, wie die zwischen Alt und Jung (v. 61-63), zwischen Vergangenheit und Zukunft (v. 85f.), überwindet.

Les bornes du possible . . .] Das Motto stammt aus Rousseaus *Gesellschaftsvertrag* (*Du contrat social; ou principes du droit politique*, Amsterdam 1762, S. 132f.; Buch 3, Kap. 12).

Zu deutsch: »Die Grenzen des Möglichen sind in der geistigen Welt weniger eng, als wir denken. Es sind unsere
Schwächen, unsere Laster, unsere Vorurteile, die sie eng
machen. Die niederen Seelen glauben nicht an große Männer: gemeine Sklaven lächeln mit spöttischer Miene bei dem
Wort Freiheit«.

125,4 *Hesperidenwonne*] Nach der griechischen, zuerst in
Hesiods *Theogonie* (v. 211-216) überlieferten Sage bewachen
die Hesperiden im fernsten Westen des Ozeans die goldenen
Äpfel des Lebensbaums, Sinnbilder ewiger Jugend und der
Fruchtbarkeit.

125,6 *mein brüderlich Geschlecht*] Anspielung auf die revolutionäre Leitvorstellung der Brüderlichkeit (Fraternité). Vgl. v. 19: »die Bruderrechte«, v. 64: »brüderlich«.

126,34 *Elysen*] Elysium.

126,36 *Orellana*] So nannte man, nach seinem Entdecker
Johannes Orellana, den Amazonas. Dabei scheint Hölderlin an einen großen Wasserfall zu denken (»im Sturze«),
worauf auch der in der Handschrift zuerst genannte »Nia-
gara« hinweist.

126,53 *lesbische Gebilde*] Dichtungen. Die Insel Lesbos
im Ägäischen Meer galt in besonderem Maße als Dichter-
heimat, da sie der Geburtsort des Arion, des Alkaios und
der Sappho war.

127,59 *Tyndariden*] Kastor und Pollux. Kastor war der
sterbliche Sohn des spartanischen Königs Tyndareos und
der Leda, Pollux der unsterbliche Sohn des Zeus und der
Leda. Sie galten als Inbegriff brüderlicher Freundschaft,
weil sie ihr verschiedenes Los – das der Sterblichkeit und
das der Unsterblichkeit – miteinander teilten.

127,67 *Den Räubern ist das Vaterland entwunden*] Den absolutistischen Fürsten.

127,71 f. *Sein höchster Stolz und seine wärmste Liebe, | Sein
Tod, sein Himmel ist das Vaterland*] »Patrie«, »Vaterland« im
republikanisch-revolutionären Sinn war ein Schlagwort:
damit war das schwer zu erringende Vaterland der Freiheit,
Gleichheit und Brüderlichkeit gemeint, mit dem sich die

Menschen, wie Hölderlins Verse sagen, identifizieren konnten – im Gegensatz zum bisherigen Untertanenstaat.

127,80 *Zum Herrscher ist der Gott in uns geweih't*] Die Vorstellung vom »Gott in uns«, vom »deus internus«, steht in einer großen Tradition, auf die Hölderlin hier wie auch an anderen Stellen seines Werkes zurückgreift. Hier handelt es sich um ein direktes Zitat aus Cicero, *Gespräche in Tusculum* I 74: »⟨...⟩ dominans ille in nobis deus ⟨...⟩« (»der herrschende Gott in uns ⟨...⟩«). Vgl. auch die berühmte Formulierung in Senecas *Briefen an Lucilius* 41, 1: »Nicht braucht man zum Himmel zu erheben die Hände noch anzuflehen den Tempelwächter, daß er uns zum Ohre des Götterbildes, als ob wir dann besser erhört werden könnten, vorlasse: nahe ist dir der Gott, mit dir ist er, in dir ist er« (»prope est a te deus, tecum est, intus est«). Diesen gegen die Annahme eines jenseitigen Gottes gerichteten Sinn hat auch Hölderlins Formulierung. Sie führt die anderen polemisch gegen die Transzendenz gerichteten Aussagen und damit das Plädoyer für die Immanenz, für die »Menschheit«, zum Höhepunkt. Vgl. v. 46, wo in pointierender Abhebung von der bisherigen Glorifizierung eines erlösenden Jenseits von der »Glorie der Endlichkeit« die Rede ist; sowie v. 72, wo er sich gegen die Annahme eines jenseitigen Himmels wendet, indem er vom Menschen sagt: »sein Himmel ist das Vaterland«; ferner den anschließend erläuterten Vers.

127,87 *Die Himmel kündigen des Staubes Ehre*] Ausdrucksstarke Transformation des Beginns von Gellerts Gedicht *Die Ehre Gottes aus der Natur*: »Die Himmel rühmen des Ewigen Ehre«. Hölderlin kehrt den Bezug zur Transzendenz um zur Immanenz, zur »Menschheit«. Zur Umkehrung der Blickrichtung auf die Erde, auf die »Menschheit«, und der damit verbundenen Absage an die Ausrichtung auf ein Jenseits vgl. schon die vorangehende Erläuterung zu v. 80.

Hymne an die Schönheit

Die erste, handschriftlich überlieferte Fassung entstand im
Juni 1791, wie Hölderlin unter der Überschrift vermerkte,
die zweite Fassung ist in einer Abschrift durch fremde
Hand und gedruckt überliefert in der von Stäudlin herausgegebenen ›Poetischen Blumenlese fürs Jahr 1793‹, die
schon im September 1792 erschien. Nach Neuffers Datierung ist sie ebenfalls schon im Jahr 1791 entstanden.

Das Motto der 2. Fassung ist frei geformt nach einem
Satz aus Kants 1790 erschienener *Kritik der Urteilskraft*
§ 42: »Man wird sagen: diese Deutung ästhetischer Urteile
auf Verwandtschaft mit dem moralischen Gefühl sehe gar
zu studiert aus, um sie für die wahre Auslegung der Chiff-
renschrift zu halten, wodurch die Natur in ihren schönen
Formen figürlich zu uns spricht«.

128,15 *Schönheit in der Urgestalt*] Nach Platons Ideenleh-
re sind die ewigen Ideen, das Gute, das Wahre und das
Schöne, an einem höchsten Ort jenseits aller kosmischen
Erscheinungen (v. 11: »über Orionen«) angesiedelte Urge-
stalten. Zu ihnen strebt der menschliche Geist hinauf,
angetrieben durch die Kraft des Eros (vgl. 6ff.: »Ha! so
wall' ich ohne Zagen | Durch die Liebe froh und kühn, |
Lächelnd zu den Höhen hin 〈. . .〉«). Das Bild des Aufstiegs
ist für diese Bewegung des Geistes vom Irdischen zum
Ewigen konstitutiv. In den ersten drei Strophen der Hymne imaginiert der Dichter diesen Aufstieg. Die vierte Strophe, in der ersten Fassung die Mittelstrophe, spricht
hypothetisch von der Möglichkeit des Abstiegs (v. 31:
»Stiegst du so zur Erde nieder 〈. . .〉«) der idealen Welt in
die reale, die damit zur Vollendung gelangen würde. Die
letzten drei Strophen der 1. Fassung wenden sich zum irdischen »Vorgenuß« (v. 42) der ewigen, idealen Schönheit
in der »Natur« (v. 52). Damit wird die platonische Bewegung des Geistes hinauf zum Ewigen programmatisch
umgekehrt, denn für Platon soll die Wahrnehmung irdischer Schönheit zur ewigen »Urgestalt« der Schönheit
hinaufführen – bei Hölderlin aber führt der Duktus von der

Wahrnehmung des ewigen Schönen im sich vollendenden Aufstieg der Anfangspartie über den Wunsch, die ewige Schönheit möge herabsteigen, zum »Vorgenuß« des Idealen im Realen, in dessen Sphäre die Vollendung sich verwirklichen soll. Dieses Konzept führt dann erst die 2. Fassung durch, die es abschließend auf den Nenner bringt (v. 139f.): »Und, Natur! in deinem Schoße | Lächelt ihm Elysium«. Zu dieser Umkehrung der Blickrichtung vom Jenseits auf das Diesseits vgl. auch die *Hymne an die Menschheit*.

132,(65) *Meiner Antiphile Bild*] Der Name »Antiphile« ist bei Hemsterhuis, in seinem *Aristée*, belegt, außerdem im *Heautontimorumenos* des Terenz.

132,77 *wie sich Jachus freut*] Jacchus, griech. Ἴακχος, ist ein Kultname des Dionysos, des Gottes der Freude, des Weines und insofern auch der »Begeisterungen« (v. 79) und der »Trunkenheit« (v. 80).

132,84 *Horen*] Die Horen sind in der griechischen Mythologie vor allem die jugendlichen Göttinnen der Jahreszeiten und ihrer Gaben; auch galten die Horen als Töchter des Zeus und der Themis (der Göttin des Rechts) und als Hüterinnen von Ordnung, Gerechtigkeit und Friede – entsprechend hießen sie Eunomia, Dike, Eirene.

133,111 *im seligen Genieße*] »Genieß« ist eine im 18. Jahrhundert noch gelegentlich vorkommende alte Form statt der jüngeren »Genuß«.

134,123 *Hesperidenblüte*] Vgl. die *Hymne an die Menschheit*, v. 4, und die Erläuterung z. St.

Hymne an die Freiheit

In einer Abschrift durch fremde Hand und durch den Erstdruck in Stäudlins ›Poetischer Blumenlese fürs Jahr 1793‹ überliefert. In dem nach Mitte April 1792 geschriebenen Brief an Neuffer (Nr. 51) erwähnt Hölderlin das Gedicht, das er damals schon Stäudlin, dem »lieben Doktor«, wie er im Brief heißt, geschickt hatte.

135,15 *Boreasse*] Der rauhe, in der antiken Dichtung immer wieder als feindlich bezeichnete Nordwind heißt Boreas.

135,26 *Froh und wild, wie Evans Priesterin]* *Evan* ist ein
Kultname des Dionysos, entstanden aus dem Kultruf εὐάν.
Priesterinnen des Dionysos waren die Mänaden, die ihn in
ekstatischer Verzückung (»froh und wild«) begleiteten.

136,50-54 *Orion* ⟨. . .⟩ *Tyndariden* ⟨. . .⟩ *Löwe* ⟨. . .⟩ *He-
lios]* Die drei Sternbilder Orion, Tyndariden (d. h. die
›Zwillinge‹ Kastor und Pollux, vgl. die *Hymne an die Menschheit,* v. 59, und die Erläuterung z. St.), Löwe sowie Helios
(der Sonnengott) repräsentieren die kosmische Ordnung,
in der sich Gesetz und Freiheit (v. 47f. und v. 59f.) vereinen.

137,92 *Aus den Fluten stieg Urania]* Nach der Sage wurde
Aphrodite Urania aus dem Meerschaum geboren.

137,94 *Hyperion]* Ein Beiname des Sonnengottes Helios, besonders in Homers *Odyssee* (I 8; XII 263; XII 346; XII
374); zu deutsch: »der Darüberhingehende«.

137,97 *Zu Minos ernsten Hallen]* Minos, ein sagenhafter
König von Kreta, wurde nach dem Tode wegen seiner Ge-
rechtigkeit Totenrichter in der Unterwelt: in den »ernsten
Hallen« des Hades.

137,101 *der göttlichen Catone Manen]* Bei den Römern
sind die »Manen« die vergöttlichten Seelen der Verstorbenen. Mit den »Catonen« meint Hölderlin die beiden berühmten Vorbilder altrömisch-republikanischer Tugend:
Marcus Porcius Cato Censorius (234-149 v. Chr.) und seinen Urenkel Marcus Porcius Cato Uticensis (95-46 v. Chr.).

137,105-138,112 *Aus der guten Götter Schoße* ⟨. . .⟩ *was die
Freude schuf]* Hier kommt ein durch die Französische Revolution besonders aktueller Aspekt der Freiheit zur Sprache:
Im Februar 1792 wurde in der Legislative die Aufhebung
aller Feudalrechte beantragt, wodurch das arbeitende Volk
von drückenden Abgabelasten und Arbeitsdiensten für den
»trägen Stolz« von Adel und Klerus befreit wurde.

137,107 *Ceres]* Römische Göttin des Getreideanbaus.

138,127f. *Dort, mit euch, ihr königlichen Sterne, | Klinge fest-
licher mein Saitenspiel!]* Nach antikem Glauben entstand
durch den Umlauf der Sterne eine Sphärenharmonie – kos-

mischer Inbegriff musikalischer Harmonie. Vgl. die *Hymne an die Unsterblichkeit*, v. 10-12, und die Erläuterung z. St.

Hymne an die Freundschaft

In einer Abschrift durch fremde Hand und durch den Erstdruck in Stäudlins ›Poetischer Blumenlese fürs Jahr 1793‹ überliefert. Am 6. März 1792 schrieb Magenau an Hölderlin: »Daß du uns eine Hymne widmen willst, ist bieder gedacht ⟨. . .⟩«.

Neuffer] Vgl. die Erläuterung zu dem Gedicht *An Thills Grab*, v. 36.

Magenau] Rudolf Magenau (1767-1846) besuchte wie Hölderlin zuerst die Klosterschulen Denkendorf und Maulbronn und dann, von 1786 bis 1791, das Tübinger Stift. Hölderlin hatte sich schon vor der gemeinsamen Tübinger Zeit in Magenaus Heimatort Markgröningen (bei Ludwigsburg), wo er selbst Verwandte hatte, mit ihm befreundet. Als Hölderlin Ende 1793 nach Waltershausen abreiste, um die ihm von Schiller vermittelte Stelle bei Charlotte von Kalb anzutreten, schworen die drei Freunde, ihrem Bunde »neue, daurende Festigkeit« zu verleihen, doch bald verlor sich die Freundschaft mit Magenau. Hölderlins Briefe an ihn sind verschollen.

139,13 *Tyndariden]* Vgl. die *Hymne an die Menschheit*, v. 59, und die Erläuterung z. St.

139,23 *von Olympos' Heeren]* Heer bedeutet hier: große Schar. Gemeint sind also die Scharen der Götter.

139,27-32 *Ares* ⟨. . .⟩ *Cytherea* ⟨. . .⟩ *sah']* Ares ist der griechische Gott des Kriegs, Cytherea ist Aphrodite, die nach der Insel Kythera an der Südküste der Peloponnes benannt ist, wo sie nach ihrer Geburt aus dem Schaum des Meeres zum ersten Mal das Land betreten haben soll. Die griechische Sage berichtet von einer Liebesverbindung zwischen Ares und Aphrodite, der die Tochter Harmonia entsprang – bei Hölderlin die Freundschaft.

139,32 *der Mutter Gürtel]* Vgl. die *Hymne an den Genius Griechenlands*, v. 41f., und die Erläuterung z. St.

140,47f. *des Orkus Tore sprangen* ⟨. . .⟩ *deiner Zauber-macht*] Anspielung auf die brüderliche Freundschaft der *Tyndariden* (v. 13) Kastor und Pollux. Nachdem Kastor, der sterbliche Sohn des Tyndareos, im Kampf gefallen ist, kann Polydeukes (Pollux), der unsterbliche Sohn des Zeus, entscheiden, ob er mit den Göttern im Olymp wohnen oder seine Unsterblichkeit mit Kastor teilen will. Er wählt das zweite, so daß die beiden Brüder gemeinsam in stetem Wechsel je einen Tag im Olymp und einen Tag in der Unterwelt zubringen.

140,49 *von Hebe's Schale*] Hebe ist die Göttin der Jugend, sie reicht den Göttern beim Mahl den Nektar (Homer, *Ilias* 4, 2f.).

140,58 *Arkadia*] Vgl. *Kanton Schweiz*, v. 45, und die Erläuterung z. St.

140,73 *Segensrechte*] Die rechte Hand, die Segen spendet.

141,83 *Minos Hallen*] Vgl. die *Hymne an die Freiheit*, v. 97, und die Erläuterung z. St.

141,102 *der Pole Klang*] Vgl. die *Hymne an die Unsterblichkeit*, v. 10ff., und die Erläuterung z. St.

Hymne an die Liebe

In einer Abschrift durch fremde Hand und durch den Erstdruck in Stäudlins ›Poetischer Blumenlese fürs Jahr 1793‹ überliefert. Wohl im Frühjahr 1792 entstandene dritte Fassung des *Lieds der Liebe*.

141,3 *Freude*] Im 18. Jahrhundert eine weit über den bloßen Affekt hinausreichende Stimmung, die auf innerer Wahrnehmung der kosmischen, alles verbindenden Harmonie beruht. Vgl. Schillers Lied *An die Freude*.

142,11 *Lied der Lieder*] Säkularisierende Anspielung auf das biblische *Hohe Lied*, das auch »Lied der Lieder« heißt.

142,29f. *mit der Erde gattet* | *Sich des Himmels heil'ge Lust*] Die Hochzeit von Himmel und Erde, ein altes Motiv, das bis auf Hesiods *Theogonie* zurückgeht, ist als »heilige Hochzeit« (hieros gamos) traditionelle Chiffre der Allharmonie.

142,33-143,48 *Liebe wallt durch Ozeane ⟨...⟩ Unendlichkeit*] Diese Strophen sind eine Illustration des alten Topos von der alles besiegenden Kraft der Liebe (Vergil, 10. *Ekloge*, v. 69: »omnia vincit amor« – »Die Liebe bezwingt alles«), hier wohl in Anspielung auf die von Ovid dichterisch gestaltete Sage von Hero und Leander. Vgl. Hölderlins Übersetzung in Bd. II sowie sein Gedicht *Hero*, S. 47-50, und die Erläuterungen hierzu.

Hymne an den Genius der Jugend

In einer Abschrift durch fremde Hand und durch den Erstdruck in Stäudlins ›Poetischer Blumenlese fürs Jahr 1793‹ überliefert. Nach einer späteren Mitteilung Neuffers gehört diese Hymne in das Jahr 1792. Am 10. Oktober 1794 schreibt Hölderlin an Neuffer (Nr. 89): »Jetzt bin ich an einer Umarbeitung meines Gedichts an den Genius der Jugend«. Diese Umarbeitung erhielt den Titel *Der Gott der Jugend* (S. 161-163).

144,38 *Tellus*] (Lat.) »Die Erde«, von den Römern als lebenspendende und nährende Gottheit verehrt.

145,53 *Mit der Balsamtropfe*] Hölderlin verwendet das Femininum »die Tropfe« auch sonst gelegentlich, wahrscheinlich in Anlehnung an Klopstock.

145,58 *Jeder lesbischen Gestalt*] Vgl. die *Hymne an die Menschheit*, v. 53, und die Erläuterung z. St.

145,65 *der alten Taten Heere*] »Heere« ist hier im Sinne von »Menge«, »große Zahl« gebraucht. Vgl. die *Hymne an die Freundschaft*, v. 23.

145,69 *Plutons Hallen*] Die Unterwelt, deren Gott Pluton (Hades) ist; vgl. die Hymne *Dem Genius der Kühnheit*, v. 4: »Plutons dunkles Haus«.

146,89-91 *Eos ⟨...⟩ Tithon*] Nach der griechischen Sage, die am ausführlichsten der Homerische Hymnus auf Aphrodite erzählt (v. 218-240), raubt Eos (Aurora), die Göttin der Morgenröte, den troischen Königssohn Tithonos um seiner Schönheit willen und macht ihn zu ihrem Gemahl. Auf ihre Bitte verleiht ihm Zeus Unsterblichkeit, doch vergißt sie, auch ewige Jugend für ihn zu erbitten. So altert er, während der Göttin selbst die Jugend erhalten bleibt. Im Mai 1792 erschien Herders Aufsatz *Tithon und Aurora*, aus dem Hölderlin in einem Brief an Neuffer (Nr. 84) eine Stelle zitiert.

146,95 *Phoebus]* Beiname des Apollon, der als Sonnengott »durch den Äther wallt« (v. 94), in der Sage oft als Bogenschütze dargestellt wird (v. 95: »Pfeile«) und als Inbegriff schöner »Gestalt« (v. 96) galt.

146,100 *Ares]* Der Gott des Krieges.

146,102 *des Donnergottes Macht]* Der Donnergott ist Zeus, der als oberster Gott zuletzt genannt wird.

An eine Rose

Dieses nicht handschriftlich überlieferte Gedicht erschien 1793 in der von Marianne Ehrmann in Zürich herausgegebenen ›Einsiedlerin aus den Alpen‹ (4. Bändchen).

An Hiller

Das Gedicht, das nur in einer Abschrift und in der von Ludwig Uhland und Gustav Schwab 1826 veranstalteten ersten Ausgabe der Gedichte Hölderlins überliefert ist, entstand im Sommer 1793. Es richtet sich an denselben Christian Friedrich Hiller, dem *Kanton Schweiz* gewidmet ist. Hiller wollte nach dem Abschluß seines Studiums 1793 nach Amerika auswandern.

148,24 *Helvetia]* Erinnerung an die gemeinsam unternommene Schweizerreise, von der *Kanton Schweiz* spricht.

148,29 *Arkadien]* Vgl. *Kanton Schweiz*, v. 45.

148,55 *Pepromene]* (Griech.) Das Schicksal. Vgl. die Hymne *Das Schicksal*, v. 66.

148,58 *Philadelphier]* So werden die Amerikaner genannt, weil Philadelphia im 18. Jahrhundert große Bedeutung in der amerikanischen Geschichte hatte: dort hatte 1774 der erste und 1775/76 der zweite Kontinentalkongreß stattgefunden, auf dem am 4. Juli 1776 die Unabhängigkeitserklärung angenommen und damit die Loslösung der nordamerikanischen Kolonien von England beschlossen worden war. 1787 tagte in Philadelphia der Verfassungskonvent, von 1790 bis 1800 – also auch in der Zeit, in der Hölderlin sein Gedicht schrieb – war Philadelphia Bundeshauptstadt.

Einladung an Neuffer

Die Datierung dieses Gedichts ist ganz unsicher. Der Schluß deutet auf eine Einladung nach Nürtingen. Die 2. Fassung (S. 193-195) ist wohl 1797 entstanden. Vgl. den Kommentar S. 607.

Dem Genius der Kühnheit
Eine Hymne

Überliefert in einer Abschrift durch fremde Hand und durch den Erstdruck in Schillers ›Thalia‹, Vierter Teil, Sechstes Stück des Jahrganges 1793, S. 334-336, unterschrieben: Hölderlin. In einem undatierten Brief an Neuffer (Nr. 55) vom Herbst 1792 erwähnt Hölderlin erstmals den Plan zu diesem Gedicht: »Du wirst lachen, daß mir in diesem meinem Pflanzenleben neulich der Gedanke kam, einen Hymnus an die Kühnheit zu machen. In der Tat, ein psychologisch Rätsel!« Am 27. Juni 1793 las Hölderlin die (verschollene) erste Fassung dieser Hymne Matthisson, Neuffer und Stäudlin vor, die in Tübingen zu Besuch waren. Magenau berichtet darüber in seinem Lebensabriß: »Matthisson, wohl der liebenswürdigste unter unsern Dichtern, knüpfte zwischen sich und Hölderlin ein enges Band. Hölderlin hatte ihm zu Tübingen im Beisein Neuffers und Stäudlins eine Hymne an die Kühnheit, die viele glückliche Züge hat, vorgelesen, Matthisson entglühte von sympathetischem Feuer, warf sich in Hölderlins Arme, und der Bund der Freundschaft ward geschlossen«.

Am 20. Juli 1793 bat Neuffer Hölderlin um den Hymnus, und Hölderlin antwortete kurz darauf (Brief Nr. 61): »Ich schickte meinen Hymnus unsrem Stäudlin. Das zaubrische Licht, in dem ich ihn ansah, da ich mit ihm zu Ende war, u. noch mehr, da ich ihn euch mitgeteilt hatte an dem unvergeßlichen Nachmittage, ist nun so ganz verschwunden, daß ich mich nur mit der Hoffnung eines baldigen bessern Gesangs über seine Mängel trösten kann«.

Nachdem die Hymne in einigen anderen Zeitschriften nicht veröffentlicht werden konnte, schickte sie Hölderlin Ende 1794 oder Anfang 1795 an Schiller, der ihn aufgefordert hatte, ihm etwas für die ›Thalia‹ zu senden. Er schickte ihm nicht die (verschollene) erste Fassung, sondern eine Umarbeitung, wie aus dem Brief an Hegel vom 26. Januar 1795 hervorgeht: »Den Genius der Kühnheit, dessen Du Dich vielleicht noch erinnerst, hab' ich, umgearbeitet, mit einigen andern Gedichten in die Thalia gegeben«.

Aufbau der Hymne: Sie ist in dreimal drei Strophen gegliedert. Die ersten drei Strophen handeln von der Kühnheit heldischer Taten, für die Herakles ein besonderes Beispiel ist; die zweite Dreiergruppe spricht von der kühnen, allumspannenden Kraft dichterischer Vorstellungen, für die Homers Werk steht; die letzten drei Strophen gelten dem Genius der Kühnheit im moralischen Bereich, wo er sich besonders im Kampf für Wahrheit (v. 52) und Gerechtigkeit (8. Strophe) zeigt.

150,4 *Plutons dunkles Haus*] Pluton ist der Gott der Unterwelt. Der Dichter begleitet mit seinem »Saitenspiel« (v. 3) den in der Erinnerung an Griechenland besungenen »Genius der Kühnheit« sogar bis in die Unterwelt hinab, weil eine Reihe griechischer Helden, nicht zuletzt Herakles, von dem die folgenden Strophen sprechen, bis zur Unterwelt vorgedrungen sind und damit ein Beispiel höchster »Kühnheit« gegeben haben.

150,5 *auf Ortygias Gestaden*] Die Insel des Dionysos, Naxos, ist hier vermutlich mit der Insel Delos verwechselt, die auch Ortygia hieß, aber die Insel des Apollon, nicht die des »Rebengottes« (v. 7) Dionysos ist.

150,7 *Mänaden*] Die von heiliger Raserei ergriffenen Begleiterinnen des Dionysos, die dem von ihnen ekstatisch gefeierten Gott selbst in unwegsame Gegenden nachschwärmten.

150,8 *durch Hain und Klüfte*] Nach der Sage trieben Dionysos und die Mänaden ihr Wesen vor allem in dem zerklüfteten Waldgebirge Kithairon bei Theben.

150,9-12 *Einst war ⟨. . .⟩ durch deiner Wälder Nacht*] In demselben Waldgebirge des Kithairon verbrachte Herakles einen Teil seiner Jugend.

150,14-16 *die Keule ⟨. . .⟩ Die Löwenhaut*] Die Hauptwaffe des Herakles war seine Keule. Er vollbrachte die erste der ihm gestellten zwölf Aufgaben, indem er den nemeischen Löwen erschlug, dessen Fell er sich umlegte.

150,17-151,24 *Wie nun in jugendlichem Kriege ⟨. . .⟩ Ozean*] Auf den Preis der großen Einzelgestalt, des Herakles, als Verkörperung des »Genius der Kühnheit«, folgt nun die Feier des Griechenvolks insgesamt, das ausdrücklich »Heldenvolk« (v. 27) heißt und damit von demselben »Genius der Kühnheit« beseelt erscheint.

151,21 *Jünglinge*] So nennt Hölderlin die Griechen, weil sie ihm – wie für Herder in seinen *Ideen zu einer Philosophie der Geschichte der Menschheit* – das schöne jugendliche Alter der Menschheit repräsentieren.

151,22-24 *Tyger ⟨. . .⟩ Ozean*] Die alles besiegende Kühnheit der Griechen zeigt sich darin, daß sie überall, zu Lande und zur See, die wildesten Kräfte bändigten: nach der Sage fuhr Dionysos mit einem Gespann von Tigern; die Bändigung des Ozeans vollbrachten die Griechen als Seefahrervolk.

151,29 *Laren*] Die altrömischen Schutzgottheiten des Hauses und des häuslichen Gedeihens.

151,34 *Mäons Sohn*] Homer.

151,47 *Hesperiden*] Vgl. die *Hymne an die Menschheit*, v. 4, und die Erläuterung z. St.

152,54 *Der Donnerer*] Der höchste Gott: Zeus, der Donnergott.

152,56 *Der Riesen Sturz*] Anspielung auf den Sturz der Titanen, mit dem der von Zeus angeführte Kampf der olympischen Götter gegen die Titanen endete.

152,58 *Toge*] Die Toga war die Tracht der Römer in Friedenszeiten.

152,59 *Sardanapale*] Sardanapallos, ein orientalischer König, galt als Inbegriff der Ausschweifung.

152,60 *Taumelkelch*] Vgl. Klopstock, *Der Messias* XI 620: »von dem Taumelkelche des Rächers«; XII 324: »der Rache Taumelkelch«. – Eine von Luther gebildete Zusammensetzung, vgl. Jes. 51, 17 und 22.

152,64 *Nemesis*] Die Göttin der strafenden Gerechtigkeit.

152,72 *der ew'ge Friede*] Im Schrifttum des 18. Jahrhunderts ist die Vorstellung eines allgemeinen und ewigen Friedens weitverbreitet. Vgl. die Erläuterungen zur *Friedensfeier*.

Griechenland
An St.

Das dem Freund Stäudlin gewidmete Gedicht ist in drei Fassungen überliefert: die erste Fassung in der Zeitschrift ›Urania‹, hg. v. J. L. Ewald, Dritter Band, Leipzig 1795; die zweite Fassung liegt in einer Abschrift von fremder Hand vor; die dritte Fassung erschien in der (Neuen) ›Thalia‹, hg. v. F. Schiller. Vierter Teil, sechstes Stück des Jahrgangs 1793 (erschienen im Februar 1795). Die erste Fassung hatte Hölderlin vermutlich schon im Juli 1793 mit der Hymne *Dem Genius der Kühnheit* an Stäudlin gesandt. Der zwischen dem 21. und 23. Juli 1793 geschriebene Brief an Neuffer (Nr. 61) nimmt viele der in der Hymne enthaltenen Vorstellungen auf. Stäudlin hat die Hymne dann wohl eigenmächtig an die ›Urania‹ weitergegeben, wo sie ohne Hölderlins Wissen im April-Stück 1795 erschien, nachdem die aus einer späteren Überarbeitung hervorgegangene 3. Fassung schon im Februar 1795 in Schillers ›Thalia‹ veröffentlicht worden war.

Der Text ist derjenige der 3. Fassung in der ›Thalia‹. Die erste Fassung enthielt noch eine Strophe mehr. Sie lautet (nach v. 32):

> Hätte doch von diesen goldnen Jahren
> Einen Teil das Schicksal dir beschert;

Diese reizenden Athener waren
Deines glühenden Gesangs so wert;
Hingelehnt am frohen Saitenspiele
Bei der süßen Chiertraube Blut,
Hättest du vom stürmischen Gewühle
Der Agora, glühend ausgeruht.

Sonst gab es keine wichtigen Änderungen bei der Umarbeitung.

Insgesamt gehört Hölderlins Gedicht in den Kontext der zeitgenössischen Griechenland-Verklärung. Vgl. Schillers *Götter Griechenlands* und das Gedicht *Phantasieflug nach Griechenland* (1782) von Hölderlins Tübinger Lehrer Conz, aus dem Hölderlin einige äußere Motive übernommen hat.

152,2 *Cephissus]* Fluß bei Athen.

152,5 *Aspasia]* Die Geliebte und später die Frau des Perikles, bekannt für ihren Geist und Charme. Die »Myrten« sind der Liebesgöttin Aphrodite heilig und deshalb der erotischen Sphäre zugehörig.

152,7 *Agora]* Der Marktplatz in Athen, wo die Volksversammlungen stattfanden.

152,8 *Wo mein Plato Paradiese schuf]* In einem nordwestlich von Athen gelegenen Parkgelände gründete Platon 387 v. Chr. die ›Akademie‹, die berühmteste Bildungsstätte des Altertums. Die »paradiesische« Lage der Akademie stellt am eindrucksvollsten Aristophanes in den *Wolken* dar (v. 1005-1008): dort gehen die jungen Leute »mit lichtgrünem Schilflaub die Stirne bekränzt ⟨...⟩ | von Eiben umduftet und müßiger Ruh' und den silbernen Blättern der Pappel, | in der Wonne des Frühlings, wenn flüsternd hin zu der Ulme sich neigt die Platane«.

153,9 *Wo den Frühling Festgesänge würzten]* Im Frühling feierten die Athener die Anthesterien, ein Blumenfest.

153,11 *Von Minervens heil'gem Berge]* Die Akropolis in Athen. Minerva ist der lateinische Name für Pallas Athene, die Schutzgöttin von Athen, die auf der Akropolis ihren Tempel hatte.

153,18 *Marathons Heroën]* Bei Marathon schlugen im

Jahre 490 v. Chr. die Athener das Perserheer. Das Bewußtsein vom siegreichen Krieg gegen die Perser, der Athens Blütezeit voranging, war für die Dichter der klassischen Zeit wichtig.

153,22 *Lorbeerzweig]* Der Lorbeerzweig ist der Ehrenkranz der Dichter.

153,29 *Ewig, wie der Vesta Flamme]* Vesta ist der römische Name für Hestia, die griechische Göttin des Herdfeuers. In Rom ist Vesta eine der wichtigsten Gottheiten des Staatskults: Aufgabe ihrer Priesterinnen, der Vestalinnen, war es, das heilige Feuer in ihrem Tempel zu unterhalten. Es durfte nie ausgehen. Deshalb nennt Hölderlin die Flamme der Vesta »ewig«.

153,31f. *Wie die Frucht der Hesperiden, blühte | Ewig dort der Jugend stolze Lust]* Die Hesperiden bewachten im fernen Westen die goldnen Äpfel des Lebensbaumes, die immer wieder als Sinnbilder der ewigen Jugend, d. h. der Unsterblichkeit gedeutet wurden.

153,34f. *so brüderlich ⟨. . .⟩ Für das Volk]* Anspielung auf das revolutionär-demokratische Ideal der Brüderlichkeit, der Fraternité, und auf Stäudlins revolutionäres Engagement. Stäudlin, seit 1789 mit Hölderlin freundschaftlich verbunden, veröffentlichte in seinen Almanachen Hölderlins Tübinger Hymnen und setzte im Jahr 1791 nach Schubarts Tod dessen ›Chronik‹ fort, bis sie 1793 wegen der Parteinahme für die Französische Revolution vom Reichshofrat in Wien verboten und er selbst wegen seines Eintretens für die Revolution von der Regierung zum Verlassen des Landes aufgefordert wurde. 1796 nahm sich Stäudlin in auswegloser Situation das Leben – im Hinblick darauf enthalten Hölderlins weitere Verse in dieser Strophe eine eigentümlich vorwegnehmende Bedeutung.

153,38 *Die das Göttliche vom Kerker trennt]* Der Leib als »Kerker« der Seele ist eine seit Platon (*Phaidon* 62 b; *Kratylos* 400 c) tradierte Vorstellung, die Hölderlin immer wieder aufnimmt. Vgl. die Hymne *Das Schicksal,* v. 81ff.

154,41 *Attika]* Die Landschaft, deren Hauptstadt Athen ist.

154,47 *Ilissus]* Fluß, der am Südwestrand des antiken Athen zum Cephissus (v. 2) fließt.

154,50 *Alcäus und Anakreon]* Alkaios, griechischer Lyriker von der Insel Lesbos, um 600 v. Chr., Dichter von Kampf- und Trinkliedern sowie Götterhymnen; Anakreon ist ein Dichter der Liebe und des heiteren Genusses, aus Teos in Lydien, um 520 v. Chr. Alkaios ist der männlich-herbe, Anakreon der weichlich-heitere Dichter: Hölderlin umgreift mit ihrer Nennung eine ganze Skala des lyrischen Ausdrucks.

154,55 *Parzen]* Römische Schicksalsgöttinnen, die man den griechischen Moiren gleichsetzte. Seit Homer stellte man sich die Moiren als Spinnerinnen vor. Klotho spinnt den Lebensfaden, Lachesis teilt ihn (als Lebenslos) zu, und Atropos (die »Unabwendbare«) durchschneidet den Faden. Vgl. Hölderlins Gedicht *An die Parzen*.

GEDICHTE 1794-1795
Waltershausen – Jena – Nürtingen

An Neuffer.

Das Gedicht ist handschriftlich überliefert in dem wahrscheinlich Anfang April 1794 geschriebenen Brief an Neuffer (Nr. 77). Aus den einleitenden Worten läßt sich
erschließen, daß Neuffer es zum Druck befördert hat: »Hier
inzwischen eine Kleinigkeit für Dich. Sie ist das Produkt
einer fröhlichen Stunde, wo ich an Dich dachte. Du sollst
einmal etwas besseres haben. Du kannst das kleine Ding ja
mir halb zur Strafe halb zum Lohn in die Einsiedlerin trans-
portieren, oder wohin Du willst«. Gedruckt erschien das
Gedicht dann auch tatsächlich zuerst in dem von Marianne
Ehrmann herausgegebenen Almanach ›Die Einsiedlerin
aus den Alpen‹. Drittes Bändchen. Zürich 1794.
    157,7 *Taumelkelch*] Vgl. *Dem Genius der Kühnheit*, v. 60,
und die Erläuterung z. St.

Das Schicksal
Um den 20. Oktober 1793 schrieb Hölderlin an Neuffer
(Brief Nr. 69): »In meinem Kopf ists bälder Winter gewor-
den, als draußen. Der Tag ist sehr kurz. Um so länger die
kalten Nächte. Doch hab’ ich ein Gedicht an
            ›die Gespielin der Heroen
        Die eherne Notwendigkeit‹
angefangen«. – Am 30. Dezember 1793 berichtet er aus
Waltershausen an die Stuttgarter Freunde Stäudlin und
Neuffer: »Das Gedicht an das Schicksal hab’ ich beinahe zu
Ende gebracht während der Reise«. Das vollendete Gedicht
legte er seinem um den 20. März 1794 geschriebenen ersten
Brief an Schiller bei (Nr. 76). »Ich nehme mir die Freiheit«,

so heißt es darin, »ein Blatt beizulegen, dessen Unwert in meinen Augen nicht so sehr entschieden ist, daß ich es mir zur offenbaren Insolenz anrechnen könnte, Sie damit zu belästigen, dessen Schätzung aber eben so wenig hinreicht, mich aus der etwas bangen Stimmung zu setzen, womit ich dieses niederschreibe. Sollten Sie das Blatt würdigen, in Ihrer Thalia zu erscheinen, so würde dieser Reliquie meiner Jugend mehr Ehre widerfahren, als ich hoffte«. Etwa Mitte April 1794 meldet Hölderlin an Neuffer (Brief Nr. 78): »Mein Gedicht an das Schicksal wird wahrscheinlich diesen Sommer in der Thalia erscheinen. Ich kann es jetzt schon nimmer leiden. Überhaupt hab' ich jetzt nur noch meinen Roman ⟨den Hyperion⟩ im Auge«. Schiller nahm das Gedicht in das 5. Stück des Jahrgangs 1793 seiner ›Neuen Thalia‹ auf, das im November 1794 erschien und in dem auch das *Fragment von Hyperion* enthalten war. Im November 1794 schildert Hölderlin in einem Brief an Neuffer (Nr. 90), wie Schiller ihm bei seinem Besuch in Jena ein Exemplar des eben angekommenen Heftes überreichte – in Anwesenheit Goethes, den er nicht erkannte.

ÜBERBLICKSKOMMENTAR Wie das Gedicht zeigt, ist das frei nach dem *Prometheus* des Aischylos (v. 936) geformte Motto – zu deutsch: »Die das Schicksal fußfällig verehren, sind weise« – nicht in dem Sinne zu verstehen, daß das Schicksal bloß fatalistisch-passiv hinzunehmen sei; im Gegenteil so, daß das Schicksal zu verehren ist, weil es die Kräfte des Menschen zu höchster, heroischer Bewährung herausfordert. Der im Motto enthaltene griechische Begriff der ›Heimarmene‹ ist für die stoische Philosophie, von der die ganze Hymne bestimmt ist, zentral. Nach stoischem Glauben bestimmt die ›Heimarmene‹, das Schicksal, alles Geschehen in der Welt genau vorher. Dieser Glaube wurde durch die Annahme der Gesetzmäßigkeit der Natur gerechtfertigt, in der alle Vorgänge nach strengen, unabänderlichen Gesetzen verlaufen. Aus dieser kausal-deterministischen Auffassung ergab sich der Grundsatz, die *äußeren* Dinge seien unverfügbar, der

Mensch könne sich aber *innerlich* – geistig und sittlich – bewähren, ja zu solcher Bewährung fordere ihn gerade das Schicksal heraus und insofern könne er ihm widerstehen (»fortunae resistere«) und es besiegen. Das große Beispiel dieser geistigen und sittlichen Bewährung war für die Stoiker der zum stoischen Tugendhelden stilisierte Herakles, den Hölderlin auch sofort in der 2. Strophe seiner Hymne auftreten läßt, indem er ihm zweimal die stoische ›virtus‹ (»Tugend«: v. 11, v. 14) zuschreibt.

Die für die gesamte Hymne maßgebende kämpferische Akzentuierung der stoischen Bewährung (›probatio‹) kommt aus der *römischen* Stoa, vor allem von Seneca her, der für den Traditionsprozeß bis ins 18. Jahrhundert entscheidend war. In seiner Schrift *Über die Vorsehung (De providentia)* und in den *Briefen an Lucilius* entwickelt Seneca die für die Hymne wichtigen Grundgedanken: daß das Schicksal uns in einen Erziehungsprozeß der Übung, Bewährung und Abhärtung stellt (*De providentia* I 6), denn Tugend erschlafft ohne die Erprobung im Kampf mit dem Geschick (*De providentia* II 4 – vgl. v. 42ff. der Hymne), nur in Not und Gefahr kann sich Tugend bewähren (*De providentia* IV 6: »calamitas virtutis occasio est« – »die Not bietet die Gelegenheit, Tugend zu beweisen«), ja großes Glück (›fortuna‹) ist eher problematisch, weil es dann nicht möglich ist, in irgendeiner Not den Preis der Tugend, der ›virtus‹ zu erkämpfen (*De providentia* IV 8 – vgl. v. 79f.: »Der Tugend Siegeslust verjünge | Bei kargem Glücke mir die Brust!«). Immer wieder spricht Seneca vom notwendigen Kampf, ja vom Kampfspiel und geradezu vom gladiatorischen Kampf, zu dem uns das – mit der Natur gleichgesetzte – Schicksal herausfordert (z. B. *De providentia* III 4; IV 8 – vgl. v. 19f.: »Und nur in seinem Blute lernte | Der Kämpfer, frei und stolz zu sein«; v. 86: »Auch drüben warte Kampf und Schmerz!«). Die Vorstellung des von der Natur (dem Schicksal) weise eingerichteten Kampfspiels begegnet in v. 57f. der Hymne: »O du, Gespielin der Kolossen, | O weise, zürnende Natur ⟨. . .⟩«.

Hölderlins Übernahme dieser Vorstellungen ist nicht

bloß aus seiner Kenntnis der antiken Stoa, sondern auch aus der Mächtigkeit der stoischen Tradition im 17. und 18. Jahrhundert zu erklären: Der Neustoizismus, dessen bedeutendster Initiator Justus Lipsius war (vor allem mit seiner Schrift *De constantia – Über die Standhaftigkeit*) prägte die Literatur vom Barock bis zu Schiller stark.

157,4 *Des goldnen Alters*] Des goldenen Zeitalters, auf das nach der von Hesiod in seinen *Werken und Tagen* (v. 109ff.) erstmals erzählten Weltaltersage ein Prozeß schrittweisen Niedergangs vom »goldenen« über das »silberne« zum »ehernen« und in einem zweiten Ansatz vom »heroischen« zum »eisernen« Geschlecht stattfand. Besonders intensiv lebte der Mythos von der goldenen Zeit in der augusteischen Zeit wieder auf, bei Vergil (*Georgica* II 536-540; *Aeneis* VIII 324-327), Tibull (1. Buch, 3. Elegie, v. 35-48), Ovid (*Metamorphosen* I 89-115).

158,9-16 *Da sprang er ⟨. . .⟩ abgewann*] Die ganze Strophe spricht von Herakles, dem stoischen »Tugend«-Helden (v. 11, v. 14), der als Sohn des Zeus »Götterknabe« heißt (v. 15). Er hat schon in der Wiege zwei Schlangen-»Ungeheuer« (v. 16) besiegt. Herakles ist der wichtigste Vertreter des eisernen Heroenzeitalters.

158,32 *Cypria*] Beiname der Aphrodite nach ihrer wichtigsten Kultstätte auf der Insel Zypern.

158,35 *Dioskuren*] Vgl. die Erläuterungen zu v. 47f. der *Hymne an die Freundschaft.*

159,56 *Was groß und göttlich ist, besteht*] Nach stoischer Lehre hat nur das Innere Bestand, im Innern liegt alles Große und »Göttliche«. So läßt Seneca in seiner Schrift *Über die Vorsehung* Gott sagen (VI, 5): »Euch habe ich gegeben verläßliche Güter, bleibende ⟨. . .⟩ Ins Innere habe ich allen Wert gelegt« (»Vobis dedi bona certa, mansura ⟨. . .⟩ Intus omne posui bonum«); deshalb erklärt er in der Abhandung *Über die Standhaftigkeit des Weisen* (*De constantia sapientis*, VI 8): »Das, was den Weisen schützt, ist vor Feuer und Ansturm sicher ⟨. . .⟩«.

159,61 *Arkadien]* Vgl. die Erläuterung zu v. 45 von *Kanton Schweiz.*

159,65-160,80 *Für meines Lebens goldnen Morgen ⟨...⟩ Brust]* Abschließend wird die Weltaltersage lebensgeschichtlich verwandelt, so daß dem goldnen Zeitalter der »goldne Morgen« der Jugendzeit entspricht, auf welche die heroisch-männliche Zeit der »ehernen Notwendigkeit« (v. 64) folgt.

159,66 *Pepromene]* Griech. Bezeichnung der Schicksalsgöttin.

160,81-84 *Im heiligsten der Stürme ⟨...⟩ Land]* Diese Verse ließ Hölderlins Halbbruder Carl Gok auf den Grabstein des Dichters in Tübingen setzen.

Die Bereitschaft zum Tode, ja die Todesverachtung gehört ebenfalls zum stoischen Ethos. »Contemnite mortem« – »verachtet den Tod«, sagt Seneca in seiner Schrift *De providentia* (VI 6).

160,82 *meine Kerkerwand]* Nach Platon (*Phaidon* 62 b, *Kratylos* 400 c) ist der Leib der »Kerker« der Seele. Vgl. auch *Griechenland. An St.*, v. 38. Auch in der stoischen Philosophie und so auch bei Seneca (*An Lucilius*, Brief 70, 12) ist diese Vorstellung wichtig, zusammen mit der anderen, daß der Tod Freiheit bringe (v. 83 f.: »Und herrlicher und freier walle | Mein Geist in's unbekannte Land«).

Freundeswunsch

Das Gedicht ist Rosine Stäudlin, einer Schwester Gotthold Friedrich Stäudlins, gewidmet, die Neuffers Braut war. In einem wahrscheinlich Anfang April 1794 geschriebenen Brief an Neuffer (Nr. 77) kündigt Hölderlin das Gedicht an, einem Brief Mitte April (Nr. 78) legte er es bei. Erstdruck im ›Taschenbuch für häusliche und gesellschaftliche Freuden von Carl Lang‹. Heilbronn 1797.

Der Gott der Jugend

Das Gedicht ist aus einer Umarbeitung der *Hymne an den Genius der Jugend* (S. 143) hervorgegangen. Am 10. Oktober

1794 schrieb Hölderlin an Neuffer: »Jetzt bin ich an einer Umarbeitung meines Gedichts an den Genius der Jugend«. Das vollendete Gedicht hat er wahrscheinlich dem Brief vom 4. September 1795 an Schiller beigefügt. Darin schreibt er: »Sie verzeihen, verehrungswürdiger Herr Hofrat! daß ich den Beitrag, wozu Sie mir die Erlaubnis gaben, so spät und so ärmlich gebe«. Schiller nahm das Gedicht in seinen ›Musen-Almanach für das Jahr 1796‹ auf. Außer dem Erstdruck ist ein handschriftlicher Entwurf überliefert. Das Versmaß, 8 dreifüßige Jamben in der Reimordnung ab ab, cd cd, in regelmäßigem Wechsel klingend und stumpf, folgt dem Vorbild Matthissons, kommt bei Hölderlin aber nur hier vor.

162,5 *Manen*] Die römischen »Manes« sind die Geister der Toten.

162,25 *Tibur*] Das heutige Tivoli, an einem Nebenfluß des Tibers, dem Anio (v. 32); Lieblingsaufenthalt des Horaz, der Tibur in seinen Oden immer wieder nennt.

162,33 *Platons Hallen*] Vgl. die Erläuterung zu *Griechenland. An St.*, v. 8.

163,39 *Cephissus*] Von den mehreren griechischen Flüssen dieses Namens meint Hölderlin denjenigen, der nördlich und westlich von Athen fließt.

An die Natur

Dieses Gedicht ist nur in einer Abschrift und in der von Christoph Theodor Schwab 1846 veranstalteten Ausgabe von Hölderlins Werken überliefert. Hölderlin hat es, wie aus Wilhelm von Humboldts Brief an Schiller vom 2. Oktober 1795 hervorgeht, auf demselben Blatt – wohl einem Doppelblatt – wie *Der Gott der Jugend* an Schiller geschickt, vermutlich am 4. September 1795. Wohl auf Humboldts eher abwertendes Urteil hin veröffentlichte Schiller es nicht, obwohl er es für das 10. Stück der ›Horen‹ vorgesehen hatte. Hölderlin schrieb im März 1796 an Neuffer (Brief Nr. 119): »⟨. . .⟩ daß er aber das Gedicht an die Natur nicht aufnahm, daran hat er, meines Bedünkens nicht recht getan.

Übrigens ist es ziemlich unbedeutend, ob ein Gedicht mehr oder weniger von uns in Schillers Almanache steht. Wir werden doch, was wir werden sollen ⟨. . .⟩«.

165,48 *Arkadien*] Vgl. die Erläuterung zu v. 45 von *Kanton Schweiz*.

GEDICHTE 1796-1798
aus der Frankfurter Zeit

An die Unerkannte

Sichere Anhaltspunkte für die Entstehungszeit dieses handschriftlich überlieferten Gedichts gibt es nicht. Vielleicht
gehörte es zu den Gedichten, die Hölderlin am 24. Juli 1796
an Schiller für den Musenalmanach 1797 schickte, für den
sie aber mehrere Wochen zu spät kamen, da er bereits im
Druck war, wie aus Schillers Brief an Hölderlin vom
24. November 1796 hervorgeht.

169,20 *die welken Schläfe]* Vgl. die *Hymne an den Genius
Griechenlands*, v. 20, und die Erläuterung z. St.

169,22-24 *Dulder ⟨...⟩ bringt]* Odysseus erscheint in
Homers *Odyssee* immer wieder als der große Dulder auf
seinen Irrfahrten über das Meer, die ihn so lange an der
Heimkehr nach Ithaka hindern, auf denen er aber doch
auch wunderbar stärkende Erlebnisse hat, wie im glücklichen Land der Phäaken, in »Alcinous Gefilden«.

170,32f. *Die den Halbgott, unsern Geist, vereinigt | Mit den
Göttern, die er kühn verstößt]* Vgl. *Friedensfeier*, v. 145-148.

170,41 *Keine, keine Tugend]* Die Emphase erklärt sich aus
dem Widerspruch gegen den Mythos, der berichtet, Herakles, der klassische »Tugend«-Held (vgl. *Das Schicksal*, v. 11,
v. 14) sei zur Insel der Hesperiden gefahren und habe dort die
goldnen Äpfel (die »goldne Frucht«, v. 42) gewonnen.

170,42 *des Friedens goldne Frucht]* Vgl. *Friedensfeier*,
v. 136, und die Erläuterung z. St.

⟨An Herkules⟩

Dieses Gedicht ist ohne Titel handschriftlich überliefert
und steht zwischen Hölderlins Übersetzung aus Ovids

Heroiden: Dejanira an Herkules (vgl. Bd. II). Es gehört wohl zu den Gedichten, die Hölderlin im Juli 1796 an Schiller schickte (vgl. die einleitende Bemerkung zum vorhergehenden Gedicht). Herkules ist bereits in den Hymnen *Dem Genius der Kühnheit* (v. 13-16) und *Das Schicksal* (v. 9-16) von Bedeutung.

170,7 *Kronion*] So heißt Zeus als Sohn des Kronos, besonders bei Homer. Das Wort ist auf der zweiten Silbe zu betonen. Herakles (lat. Herkules), der berühmteste Held der griechischen Sage, heißt in der Schlußstrophe als Sohn des Zeus »Sohn Kronions« (v. 41).

170,9 *Wie der Adler seine Jungen*] Der Adler, der sich vom Irdisch-Sterblichen ins Reich der unsterblichen Götter (des »Äthers«) emporschwingt, ist im antiken Heroenkult ein Symbol der Apotheose und damit der Unsterblichkeit selbst (vgl. Artemidoros II 20; Herodian IV 2). Aus der antiken Überlieferung stammt die Vorstellung, daß der Adler den Glanz der Sonne ungeblendet zu ertragen vermag und deshalb seine Jungen zwingt, in die Sonne zu schauen, um sie so zu erproben, bevor er sie anerkennt und mitnimmt – daher der Vers 10: »Wenn der Funk' im Auge klimmt« (vgl. Aristoteles, *Historia animalium* IX 34; Aelian II 26; IX 3; Plinius X 10).

170,10 *klimmt*] Selten gebraucht statt »glimmen«.

170,16 *Hoher Halbgott*] Ein Halbgott ist Herakles als Sohn seines göttlichen Vaters Zeus und seiner menschlichen Mutter Alkmene. Als Halbgötter werden aber in der griechischen Tradition seit Hesiod die großen Heroen überhaupt bezeichnet. Die klassische Formulierung in Hesiods *Werken und Tagen* lautet (v. 159f.): »⟨. . .⟩ das göttliche Geschlecht der heroischen Männer, die Halbgötter heißen«.

171,17 *Kämpferwagen*] Die griechischen Helden zogen auf zweirädrigen Wagen in den Kampf. Die Besatzung eines solchen Streitwagens bestand aus dem Wagenlenker und dem eigentlichen Kämpfer, der stehend seine Speere schleuderte.

171,27 *Kühner Schwimmer*] In den *Trachinierinnen* des Sophokles (1. Chorlied) wird das Ringen des Herakles mit der Not dem Kampf eines Schwimmers mit den Meereswogen verglichen.

171,29 *den Vaterlosen*] Hölderlin hatte schon in früher Kindheit seinen Vater verloren.

171,41 *Sohn Kronions*] Vgl. die Erläuterung zu v. 7.

171,43 *Der Olymp ist deine Beute*] Zum Lohn für seine Heldentaten wurde Herakles am Ende seines Lebens in den Olymp aufgenommen und damit in die »Unsterblichkeit« (v. 46) und in die Sphäre ewig fortdauernden Ruhms, zu der sich auch der Dichter erheben will, obwohl er im Gegensatz zu Herakles, dem Sohn des Zeus, nur »sterblich« (v. 45) geboren ist.

Diotima

Von diesem Gedicht gab es vier Fassungen. Die erste Fassung ist verschollen, aber durch Gustav Schlesier bezeugt, der als Titel *Athenäa* angibt, den ersten Vers (»Da ich noch in Kinderträumen ⟨. . .⟩«) und den Umfang (8 Strophen zu 8 Zeilen) notiert. Sie entstand wohl in den ersten Monaten des Jahres 1796. Von der zweiten (»älteren«) Fassung sind zwei Bruchstücke überliefert: die Verse 1-77 in einer Abschrift von der Hand Susette Gontards, die Verse 97-120 in einer Abschrift von der Hand Gustav Schlesiers. Die dritte (»mittlere«) Fassung ist handschriftlich nur etwa zur Hälfte (v. 1-32; v. 33-64) erhalten. Vollständig ist sie durch den Druck überliefert, in: *Friedrich Hölderlin's sämmtliche Werke*, hg. v. Christoph Theodor Schwab, Stuttgart und Tübingen 1846, Bd. 2, S. 218-222. Diese mittlere Fassung sandte Hölderlin wohl mit anderen Gedichten am 24. Juli 1796 an Schiller. In seinem späteren Antwortschreiben vom 24. November 1796 geht Schiller gerade auf dieses Gedicht kritisch ein, indem er vor der »Weitschweifigkeit« warnt, »die in einer endlosen Ausführung und unter einer Flut von Strophen oft den glücklichsten Gedanken erdrückt. Dieses tut Ihrem Gedicht an Diotima nicht wenig Schaden. Wenige bedeutende Züge in ein einfaches Ganzes verbunden,

würden es zu einem schönen Gedichte gemacht haben. Daher empfehle ich Ihnen vor allem eine weise Sparsamkeit,
eine sorgfältige Wahl des Bedeutenden und einen klaren
einfachen Ausdruck desselben«. Von der vierten (»jüngeren«) Fassung blieb keine Handschrift erhalten. Gedruckt
überliefert ist sie durch das ›Taschenbuch für Frauenzimmer
von Bildung, auf das Jahr 1800‹, hg. v. C. L. Neuffer,
Stuttgart, S. 114-118. Sie entstand 1797 aus einer Umarbeitung der dritten (»mittleren«) Fassung, in der Hölderlin,
Schillers kritische Anregungen aufnehmend, das Gedicht
stark kürzte (vgl. hierzu die Erläuterungen zur jüngeren
Fassung). Diese letzte Fassung legte Hölderlin im August
1797 einem Brief an Schiller (Nr. 145) bei, aber die Hoffnung auf Aufnahme in Schillers Musenalmanach erfüllte
sich trotz der Umarbeitung nicht. Deshalb gab es Hölderlin
später, im Juli 1799, an Neuffer.
Ältere Fassung:

Diotima] Der dichterische Name für Susette Gontard,
die Frau des Frankfurter Bankiers Jakob Friedrich Gontard, in dessen Haus Hölderlin seit 1796 Hauslehrer war. Er
ist aus Platons *Symposion* entlehnt. In diesem Dialog über
den Eros berichtet Sokrates über seine Begegnung mit Diotima, einer Priesterin aus Mantineia, und mit welchen
Worten sie ihn über die Macht des ins Reich der Ideen
emporführenden Eros belehrt habe. Diese Lehre von der
idealisierenden und zur Vollkommenheit führenden Kraft
der Liebe bildete durch die ganze europäische Literatur eine
große Tradition. In diesem Horizont war der Name Diotima auch in der zeitgenössischen Literatur von Bedeutung,
so bei Hemsterhuis und Friedrich Schlegel.

172,30-173,32] *Unergründlich sich verwandt* ⟨...⟩ *ge-*
kannt] Nach Platons Lehre von der Wiedererinnerung, von
der ›Anamnesis‹ (*Phaidon* 74 d ff.; *Menon* 80 d-86 b; *Theaitetos*
191 c-196 d), findet in der Erkenntnis eine Wiedererinnerung
an Ideen statt, welche die Seele im Zustand der Präexistenz
geschaut hat. Dieselbe, auf die Liebesbegegnung übertra-
gene, Vorstellung im *Hyperion* (Bd. II, S. 71): »Eh' es eines

von uns beeden wußte, gehörten wir uns an«; *Emilie vor ihrem Brauttag*, v. 417-420. Vgl. auch Schillers Gedicht *Das Geheimnis der Reminiszenz, an Laura* (1782) und Goethes (erst 1848 gedrucktes) Gedicht an Charlotte von Stein *Warum gabst du uns die tiefen Blicke* . . . v. 27f.: »Ach, du warst in abgelebten Zeiten | Meine Schwester oder meine Frau«.
Mittlere Fassung:
Aufbau: 5 mal 3 Strophen.

175,22-176,24 *Unergründlich sich verwandt ⟨. . .⟩ gekannt]* Vgl. die Erläuterung zu v. 30-32 der älteren Fassung.

177,62 *Urania]* Vgl. die *Hymne an die Göttin der Harmonie*. Urania ist die Muse der Astronomie und verkörpert besonders die Weltenordnung und Harmonie.

178,103 *Spanne]* Vgl. die *Hymne an die Muse*, v. 115, und die Erläuterung z. St.

178,105 *Tyndariden]* Kastor und Pollux, die Söhne des Tyndareos (bzw. des Zeus), wurden als Sinnbild brüderlicher Freundschaft (vgl. die Erläuterung zu v. 47f. der *Hymne an die Freundschaft*) im Sternbild verewigt.

178,117 *Hore]* Die Horen sind die Göttinnen der Jahreszeiten, Hora bedeutet im Griechischen aber auch die Zeit, die etwas reifen läßt. Hier in dem Sinn von »gegebener Zeit«, »Stunde« gebraucht (vgl. lat. hora, franz. horloge).
Jüngere Fassung:
Nachdem Schiller in seinem Brief vom 24. November 1796 vor »Weitschweifigkeit« gewarnt hatte (vgl. die einleitenden Bemerkungen), verkürzte Hölderlin die vorhergehende 15strophige Fassung auf nunmehr 7 Strophen, zugleich konzentrierte er die Gedankenführung, und er gab dem Ganzen am Ende eine neue Wendung.

Aus den achtzeiligen Strophen der vorhergehenden Fassung werden nun zwölfzeilige Strophen desselben Versmaßes. Dabei verfährt Hölderlin so, daß er bis zur Schlußstrophe jeweils zwei Strophen der früheren Fassung zu einer neuen Strophe zusammenfaßt, bei teils geringer, teils weitgehender Änderung des Ausdrucks. Die 1. Strophe

wird aus der 1. und 2. der früheren Fassung gewonnen, die
2. aus der 3. und 4., die 3. aus der 5. und 6., die 4. aus der 7.
und 8., die 5. aus der 9. und 10., die 6. aus der 11. und 12.
Die 5. und 6. Strophe der neuen Fassung sind fast ganz neu
geformt. An die Stelle der abschließenden Dreiergruppe
der früheren Fassung (13., 14. und 15. Strophe) endlich tritt
nun eine einzige Schlußstrophe (7. Str.), die das Neue am
deutlichsten zeigt: die Wendung »dein Vater und der meine«
meint den Sonnengott, »in lichter Höhe« – in der früheren
Fassung steht hier, auf den nächtlichen Himmel bezogen:
»in dunkler Höhe«. Dementsprechend betonen die letzten
Verse die Rückkehr ins tätige Leben, von dem, nach dem
Untergang in der »Begeisterung«, die frühere Fassung nicht
so bejahend spricht. Diese Tätigkeit ist dichterisch: »Froh
zu singen und zu sehen« (v. 83). Auf dieses Dichterische hin
ist die neue Fassung durchgehend umgeformt: »⟨. . .⟩
sprossen mir | Des Gesanges Blumen« (v. 2f.); »Holde
Muse!« (v. 40); »Bei dem Sänger« (v. 48); »Froh zu singen
und zu sehen« (v. 83). »Sehen« meint hier das dichterische
Sehertum, nach der alten Tradition des Dichter-Sehers
(poeta vates).

179,3 *Des Gesanges Blumen*] Eine traditionelle Metapher
(vgl. Cicero *De oratore* III 96: »verborum ⟨. . .⟩ floribus« –
»mit den Blumen der Worte«), die Hölderlin auch in der
Elegie *Brot und Wein* aufnimmt (v. 90: »Worte, wie Blumen«).

179,14 *Schwester, heilig mir verwandt*] Vgl. die Erläuterung
zu v. 30-32 der älteren Fassung.

Die Eichbäume

Dieses Hexametergedicht, das im Jahrgang 1797 von Schillers ›Horen‹ erschien, schrieb Hölderlin später – 1799 oder
1800 – mit der Elegie *Der Wanderer* aus den ›Horen‹ ab (H 3,
im Stuttgarter Foliobuch), um es zu erweitern, wie aus
folgendem Vermerk unter der Überschrift hervorgeht: »als
Proömium zu gebrauchen«.

An den Äther

Die Reinschrift dieses Hexameterhymnus, zu dem mehrere Entwürfe überliefert sind, legte Hölderlin zusammen mit der Elegie *Der Wanderer* und dem soeben erschienenen 1. Band des *Hyperion* seinem Brief an Schiller vom 20. Juni 1797 bei. Darin schreibt er: »Möchten die Gedichte, die ich beilege, doch einer Stelle in ihrem Musenalmanache gewürdigt werden können!« Schiller gab am 27. Juni 1797 die Handschriften an Goethe weiter: »Ich lege hier 2 Gedichte bei, die gestern für den Almanach eingeschickt worden sind. Sehen Sie sie doch an, und sagen mir in ein paar Worten, wie Ihnen die Arbeit vorkommt, und was Sie sich von dem Verfasser versprechen. Über Produkte in dieser Manier habe ich kein reines Urteil, und ich wünschte gerade in diesem Fall recht klar zu sehen, weil mein Rat und Wink auf den Verfasser Einfluß haben wird«. Goethe antwortete am 28. Juni 1797: »Denen beiden mir überschickten Gedichten, die hier zurückkommen, bin ich nicht ganz ungünstig und sie werden im Publiko gewiß Freunde finden. Freilich ist die afrikanische Wüste und der Nordpol weder durch sinnliches noch durch inneres Anschauen gemalt, vielmehr sind sie beide durch Negationen dargestellt, da sie denn nicht, wie die Absicht doch ist, mit dem hinteren deutsch-lieblichen Bilde genugsam kontrastieren. So sieht auch das andere Gedicht mehr naturhistorisch als poetisch aus, und erinnert einen an die Gemälde wo sich die Tiere alle um Adam im Paradiese versammeln. Beide Gedichte drücken ein sanftes, in Genügsamkeit sich auflösendes Streben aus. Der Dichter hat einen heitern Blick über die Natur, mit der er doch nur durch Überlieferung bekannt zu sein scheint. Einige lebhafte Bilder überraschen, ob ich gleich den quellenden Wald, als negierendes Bild gegen die Wüste, nicht gern stehen sehe. In einzelnen Ausdrücken wie im Versmaß wäre noch hie und da einiges zu tun. – Ehe man mehreres von dem Verfasser gesehen hätte, daß man wüßte, ob er noch andere Moyens und Talent in andern Versarten hat, wüßte ich nicht was ihm zu raten wäre. Ich möchte sagen in beiden Gedichten sind gute Ingredienzien zu einem Dichter, die aber allein keinen Dichter machen. Vielleicht täte er am besten, wenn er einmal ein ganz einfaches idyllisches Faktum wählte und es darstellte, so könnte man eher sehen wie es ihm mit der Menschenmalerei gelänge, worauf doch am Ende alles ankommt. Ich sollte denken, der ›Äther‹ würde nicht übel im Almanach und der ›Wanderer‹ gelegentlich ganz gut in den Horen stehen.« Schiller antwortete darauf am 30. Juni 1797: »Es freut mich, daß Sie meinem Freunde und Schutzbefohlenen nicht ganz ungünstig sind. Das Tadelnswürdige an seiner Arbeit ist mir sehr lebhaft aufgefallen, aber ich wußte nicht recht, ob das Gute auch Stich halten würde, das ich darin zu bemerken glaubte. Aufrichtig, ich fand in diesen Gedichten viel von meiner eigenen sonstigen Gestalt, und es ist nicht das erstemal, daß mich der Verfasser an mich mahnte. Er hat eine heftige Subjektivität, und verbindet damit einen gewissen philosophischen Geist und Tiefsinn. Sein Zustand ist gefährlich, da solchen Naturen so gar schwer beizukommen ist. Indessen finde ich in diesen neuern Stücken doch den Anfang einer gewissen Verbesserung, wenn ich sie gegen seine vormaligen Arbeiten halte; denn kurz, es ist Hölderlin, den Sie vor etlich Jahren bei mir gesehen haben. Ich würde ihn nicht aufgeben, wenn ich nur eine Möglichkeit wüßte, ihn aus seiner eignen Gesellschaft zu bringen, und einem wohltätigen und fortdaurenden Einfluß von außen zu öffnen. Er lebt jetzt als Hofmeister in einem Kaufmannshause zu Frankfurt, und ist also in Sachen des Geschmacks und der Poesie bloß auf sich selber eingeschränkt und wird in dieser Lage immer mehr in sich selbst hineingetrieben.« Goethes Rat folgend nahm Schiller die Hymne *An den Äther* in den ›Musenalmanach für das Jahr 1798‹ auf, der Anfang Oktober 1797 erschien.

ÜBERBLICKSKOMMENTAR Der Äther als Inbegriff einer alles durchwaltenden, alles belebenden und alles verbindenden – deshalb auch gemeinschaftstiftenden – Naturmacht, die in dieser Qualität zugleich ›Seele‹ und ›Geist‹ der Welt ist, wird für Hölderlin zu einer zentralen Chiffre seiner pantheistischen Weltanschauung, wie sie sich gleichzeitig erstmals in seinem *Hyperion* in umfassender Weise ausgeprägt hat. Vgl. den großen Ätherhymnus im *Hyperion*, sowie den *Archipelagus*, v. 236-240: »Immer, wie sonst, geleiten sie noch, die begeisternden Kräfte, | Gerne den strebenden Mann und über Bergen der Heimat | Ruht und waltet und lebt allgegenwärtig der Äther, | Daß ein liebendes Volk in des Vaters Armen gesammelt, | Menschlich freudig, wie sonst, und Ein Geist allen gemein sei«; *Brot und Wein*, v. 65f.: »Vater Äther! so riefs und flog von Zunge zu Zunge | Tausendfach, es ertrug keiner das Leben allein«, und v. 153f.: »⟨. . .⟩ wir sind herzlos, Schatten, bis unser | Vater Äther erkannt jeden und allen gehört«. Hier wie in der Hymne *An den Äther* wird der »Äther« als »Vater« angerufen (zur antiken Tradition vgl. die Erläuterung zu *Brot und Wein*, v. 65), weil er als höchstes lebenschaffendes Prinzip aufgefaßt wird.

Hölderlin kannte die auf ältere Traditionen zurückgehende und auch von Aristoteles vertretene, dann aber vor allem stoisch-pantheistische Lehre vom Äther, der entweder mit dem (nach alter Anschauung lebenspendenden) Feuer oder mit dem Pneuma, dem alles beseelenden ›Lufthauch‹, gleichgesetzt wurde, schon seit seiner Tübinger Studienzeit aus einer ihrer Hauptüberlieferungen: aus Ciceros Schrift *Über das Wesen der Götter* (*De natura deorum* II 23ff. und II 39ff.), über die er eine Vorlesung gehört hatte (vgl. die Dokumentation in der *Großen Stuttgarter Ausgabe*, Bd. VII/1, S. 414, Z. 14). Diese Ätherlehre war aber in der gesamten stoisch-pantheistischen Lehre, die zu den mächtigsten geistigen Formationen der Antike gehörte, weitverbreitet (einen vollständigen Index zum Äther in der stoischen Überlieferung bietet: Ioannes ab Arnim, *Stoicorum Veterum Fragmenta*, Bd. 4, Stuttgart 1978 (Reprint), Stichwort αἰϑήϱ). Sie reichte bis in bedeutende Dichtungen hinein. Oft nimmt dabei die Ätherlehre eine naturphilosophische

Färbung an, etwa so, daß der Äther als ›fünftes Element‹,
d. h. als ›Quintessenz‹ (›quinta essentia‹) und damit als ei-
gentliches, die anderen vier Elemente und folglich die
ganze Natur durchwaltendes Urprinzip erscheint (so schon
bei Aristoteles); gelegentlich systematisierte und differen-
zierte man auch diese Grundanschauung, wie dann Hölderlin in seinem Hymnus an den Äther, indem man das Wirken
des »göttlichen« Äthers in allen einzelnen Lebensbereichen
und in allen Wesen, von den Pflanzen und der Vielfalt der
Tiere bis zum Menschen pries, so z. B. Vergil, *Georgica* IV
219ff.: »Zeichen und Beispielen solcher Natur nachsinnend,
erklärten | Manche, die Bienen durchwirke ein Teil vom
göttlichen Weltgeist, | Feurigen Äthers Gewalt, denn Gott
durchflute das Weltall: | Länder und Meere, unendlich ge-
dehnt, und die Tiefen des Himmels. | Hieraus schöpfe sich
Schaf und Rind und Mensch und der wilden | Tierwelt
ganzes Geschlecht das zartentspringende Leben, | Hierin
ströme gelöst dann alles am Ende auch wieder | Heim ins
All, nichts sinke in Tod, nein lodere lebend | Auf zu Ge-
stirnen und folge dem Schwung des erhabenen Himmels«.

Wichtig ist für Hölderlin in dieser Tradition auch die
Lehre von der Verwandtschaft der Menschenseele mit dem
Äther, d. h. mit der Weltseele. Diese innere Verwandtschaft
erzeugt die Sehnsucht der Einzelseele, im göttlichen Ätherbereich aufzugehn, aus der Individuation ins All heimzu-
kehren – ein Zug, der gerade in dem Hymnus *An den Äther*
wichtig ist.

Hölderlin nahm die Ätherlehre durchaus im Bewußtsein
ihrer zeitgenössischen Aktualität auf. Sie ergab sich aus
dem weitverbreiteten spinozistisch-pantheistischen Welt-
verständnis. So trieb Heinse, mit dem er in enger Verbindung war, in seinem *Ardinghello* einen wahren Ätherkult;
Herder brachte die Ätherlehre in seinen *Ideen* zur Geltung:
»In den tiefsten Abgründen des Werdens«, so schrieb er,
»wo wir keimendes Leben sehen, werden wir das uner-
forschte und so wirksame Element gewahr, das wir mit den
unvollkommenen Namen Licht, Äther, Lebenswärme be-

nennen, und das vielleicht das Sensorium des Allerschaffenden ist, dadurch er alles belebt ⟨. . .⟩« (Herder, *Ideen zur Philosophie der Geschichte der Menschheit*, hg. v. Martin Bollacher, Frankfurt/Main 1989, S. 173f.). Schelling schrieb in seiner Abhandlung *Von der Weltseele, eine Hypothese der höheren Physik zur Erklärung des allgemeinen Organismus*, die »Weltseele« in dem allgemeinen Organismus sei »ein letztes Unbekanntes«, »das die älteste Philosophie als die *gemeinschaftliche Seele der Natur* ahndend begrüßte, und das einige Physiker jener Zeit mit dem formenden und bildenden Äther (dem Anteil der edelsten Naturen) für Eines hielten« (Schelling, *Sämmtliche Werke*, hg. v. K. F. A. Schelling, Stuttgart, Augsburg 1856ff., 1. Abt., Bd. 2, S. 569).

182,5 *den heiligen Othem*] Diese Wendung zeigt wie diejenige von der »beseelenden Luft« in v. 9, daß Hölderlin den Äther als Pneuma auffaßt.

183,35 *den seligen Knaben*] Ganymed, den Zeus wegen seiner Schönheit von einem Adler zum Olymp entführen ließ und dort zum Mundschenk der Götter machte. Vgl. Hölderlins späte Ode *Ganymed* und Goethes *Ganymed*.

184,45 *Dennoch genügt ihm nicht*] Die Konstruktion ohne das grammatische Subjekt »es« ist in älterer Zeit nicht ungewöhnlich.

Der Wanderer

Hölderlin legte die Reinschrift seiner ersten Elegie zusammen mit dem Hymnus *An den Äther* am 20. Juni 1797 dem Brief an Schiller bei (vgl. die einführende Bemerkung zum vorigen Gedicht). Nachdem Schiller Goethes Meinung eingeholt hatte, veröffentlichte er das Gedicht in den ›Horen‹ (10. Band, sechstes Stück des Jahrgangs 1797, erschienen im August 1797, S. 69-74). Die Druckvorlage ist im Gegensatz zu einer handschriftlich überlieferten früheren Fassung (H²) nicht erhalten. Später nahm Hölderlin eine Abschrift aus den ›Horen‹ als Grundlage der zweiten Fassung (S. 272-276).

Wahrscheinlich hat Schiller an einigen Stellen ändernd in Hölderlins Gedicht eingegriffen, wie sich vor allem an v. 5 beobachten läßt (vgl. die Erläuterung z. St.).

ÜBERBLICKSKOMMENTAR *Der Wanderer* hat den in der Sammlung der Elegien Tibulls (IV 1) stehenden *Panegyricus Messallae* eines unbekannten Autors zum Vorbild. In diesem Hexameterhymnus werden (v. 151-174) gleichfalls die Hauptklimazonen der Erde dargestellt, in der Reihenfolge: Eiszone, Hitzezone, gemäßigte – ›unsere‹ – Zone. Die Detailschilderung weist viele Übereinstimmungen auf. Auch für die von Goethe getadelten Negationsreihen im *Wanderer* (vgl. Goethes Brief an Schiller vom 28. Juni 1797, zitiert in der einführenden Bemerkung zu dem vorhergehenden Gedicht *An den Äther*) hatte Hölderlin sein Vorbild im *Panegyricus Messallae*, dessen Übersetzung Voß kurz vor der Entstehung des *Wanderers* veröffentlichte.

184,2 *Olymp*] Der Himmel wird auch in v. 23 so genannt. Diese Metonymie ist in der griechischen und römischen Dichtung geläufig.

184,5 *mit erfrischendem Grün der schattende Wald*] An diesem Vers läßt sich das auch sonst zu vermutende Eingreifen Schillers mit besonders großer Wahrscheinlichkeit feststellen, denn entweder stand für »der schattende Wald« ursprünglich »der quellende Wald« (vgl. Goethes Brief vom 28. Juni 1797 in der einleitenden Bemerkung zum vorhergehenden Gedicht *An den Äther*), oder der Vers lautete auch in der verlorenen Druckvorlage wie in den Vorstufen, wo statt der Wendung »mit erfrischendem Grün« der Vergleich »wie ein sprudelnder Quell« steht.

185,14 *Wasser bewahrte mir treulich das fromme Kamel*] Im Entwurf heißt es: »Wasser fand ich im Bauch meiner Kamele zur Not«. Vgl. *Zedlers Universal-Lexicon*, Bd. 5, Halle und Leipzig 1733, Sp. 371: »Einige versichern, wenn die Türcken in denen Libyschen Wüsteneyen sich befinden und allda an Wasser Mangel leiden, daß sie auf den Fall der Noth ihre Cameele niederstechen, und den Leib öffnen, damit sie das

Wasser, das in ihren Magen ist, bekommen mögen, das trincken sie, damit sie nicht Durst sterben dürffen«.

185,24 *Pygmalion*] Nach der Sage ein Bildhauer, der sich in eine von ihm geschaffene weibliche Statue verliebte; Venus belebte sie auf sein Bitten (Ovid, *Metamorphosen* X 243-297).

186,45 *wie Aurora den Tithon*] Vgl. die *Hymne an den Genius der Jugend*, v. 89-92, und die Erläuterungen z. St.

An die klugen Ratgeber
Der Jüngling an die klugen Ratgeber

Handschriftlich überliefert. Die erste Fassung gehörte vermutlich zu den Gedichten, die Hölderlin am 24. Juli 1796 an Schiller (vgl. die einführenden Bemerkungen zu dem Gedicht *Diotima*) für den Musenalmanach 1797 sandte, für den sie aber zu spät kamen, wie aus Schillers Brief an Hölderlin vom 24. November 1796 hervorgeht. Obwohl Hölderlin am 20. November die Handschriften dieser Gedichte enttäuscht zurückerbeten hatte, behielt Schiller die von ihm mit Korrekturen und Bemerkungen versehene Handschrift dieses Gedichts (sie befand sich in seinem Redaktionsnachlaß). Am 20. Juni 1797 fragte Hölderlin, ob er eines oder zwei der zu spät gekommenen Gedichte nun umgearbeitet wieder vorlegen dürfe. Nachdem Schiller sich einverstanden erklärt hatte, fügte er die zweite Fassung des Gedichts *(Der Jüngling an die klugen Ratgeber)* seinem Brief vom August 1797 bei (Nr. 145): »Ich hab' es gemildert und gefeilt, so gut ich konnte. Ich habe einen bestimmteren Ton hineinzubringen gesucht, so viel es der Charakter des Gedichts leiden wollte«. Doch auch diese zweite Fassung nahm Schiller nicht in seinen Musenalmanach auf (sie ist ebenfalls in Schillers Redaktionsnachlaß überliefert).

Verszahlen in Klammern beziehen sich auf die zweite Fassung.

187,3 *Schwanenlied*] Bewußte Vermischung zweier Vorstellungen: des traditionellen Vergleichs der Dichter mit den (Sing-)Schwänen (vgl. hierzu die Erläuterung zu *Hälfte des Lebens*, v. 4) und der aus dem Aberglauben stammenden Vorstellung, daß Schwäne vor ihrem Sterben singen.

188,4 (4) *begräbt*] Mundartliche Form.

188,10 *Hesperiens beglückter Garten*] Die »goldnen Früchte« im folgenden Vers spielen auf die goldnen Früchte an, die nach der Sage Herakles aus dem Garten der Hesperiden raubte und die ewige Jugend bedeuteten. Doch ist der sagenhafte Garten der Hesperiden nur vergleichsweise gemeint: eigentlich geht es um Italien, das in der antiken Dichtung immer wieder »Hesperia« genannt wird (vgl. Horaz, *Carmina* III 6, 8; IV 5, 38). »Im heißen Strahle« (v. 11) Italiens gedeihn, so wie auch »des Weins Gewächs« (v. 9) nur in der Hitze gedeiht, die »goldnen Früchte« der Orangenbäume.

190,(23) *Najade*] Flußnymphe. Der Name wird von den Dichtern auch für den Fluß selbst gebraucht. So ist hier »des Jahrhunderts Strom« (v. 22) gemeint.

188,24 *Kämpferwagen*] Vgl. die Hymne *An Herkules*, v. 17, und die Erläuterung z. St. Hier handelt es sich um eine metaphorische Anspielung auf die Apotheose des Herakles, der am Ende seines Lebens in den Olymp aufgenommen wurde.

190,(27) *Scherben*] Süddeutscher Ausdruck für Blumentöpfe.

190,(29) *das Sonnenroß*] Nach der griechischen Sage fährt der Sonnengott Helios auf einem von feuerschnaubenden Rossen gezogenen Wagen über den Himmel.

188,31 *Den Gott in uns*] Vgl. die Erläuterung zur *Hymne an die Menschheit*, v. 80.

188,36 *Bis Glück und Wut das kühne Recht bezwang*] *das kühne Recht* ist Subjekt. »Glück« im alten Sinne von Fortuna: Zufall. »Wut« steht für tyrannische Gewalt.

190,(40) *Morgenland*] Bei Hamann und Herder, später dann auch in der Romantik das Land der wahren, ursprünglichen und begeisterten Poesie.

191,(41) *die dürre Zeit*] Vgl. *Brot und Wein*, v. 122: »wozu Dichter in dürftiger Zeit?«

189,53 (45) Vgl. Matth. 8, 22; Luk, 9, 60: »Laß die Toten ihre Toten begraben«.

189,54 *die Leichenfackel*] Im 18. Jahrhundert fanden Beerdigungen nachts statt. Dabei wurden Fackeln getragen.

Sömmerings Seelenorgan

Die beiden gegen Ende 1796 oder erst 1797 entstandenen Epigramme stehn auf einem Einzelblatt, das in Sömmerrings Handexemplar seines Buches *Über das Organ der Seele* eingeklebt ist. Unter dem zweiten Epigramm steht die Unterschrift: »Hölderlin«.

Samuel Thomas Sömmerring (1755-1830), ein bekannter Anatom, gab sein Werk *Über das Organ der Seele* 1796 heraus. Er war mit Georg Forster und Wilhelm Heinse befreundet. In der Zeit, in der Hölderlin in Frankfurt war, praktizierte er dort als Arzt. Er verkehrte im Hause Gontard. Wie sein noch erhaltenes Notizbuch zeigt, konsultierte ihn Hölderlin am 2. Mai 1796.

Gebet für die Unheilbaren.

Handschriftlich überliefert. Wohl 1797 entstanden.

Guter Rat

Wie die folgenden Epigramme vermutlich 1797 entstanden. Es steht auf einem Einzelblatt, zusammen mit der Übersetzung eines Chorlieds aus dem *Ödipus auf Kolonos* des Sophokles, dem ersten Entwurf der Ode *Der Tod fürs Vaterland* (»O Schlacht fürs Vaterland ⟨. . .⟩«) und den Epigrammen *Advocatus diaboli, Die Vortrefflichen, Falsche Popularität, Die beschreibende Poesie.*

Advocatus diaboli

Vgl. die einführende Bemerkung zu *Guter Rat.*

Advocatus diaboli] (Lat.) Anwalt des Teufels. Bei einer Heiligsprechung tritt ein Anwalt Gottes (»advocatus dei«) auf, der den Antrag auf Heiligsprechung begründet; sein Gegenspieler ist der »promotor fidei«, auch »advocatus diaboli« genannt, der die möglichen Einwände formuliert. Hölderlin übernimmt also dessen Rolle gegen die ›Heiligsprechung‹ von Genies, die sich mit dem »Troß der Despoten und Pfaffen« gemein machen.

⟨Die Vortrefflichen⟩
Vgl. die einführende Bemerkung zu *Guter Rat*.

Die beschreibende Poesie
Vgl. die einführende Bemerkung zu *Guter Rat*.

Mit diesem Epigramm wendet sich Hölderlin polemisch gegen Schillers briefliche Empfehlung vom 24. November 1796, »der Sinnenwelt näher« zu bleiben. In der Kurzode *An die jungen Dichter* steht die Aufforderung: »⟨. . .⟩ lehrt und beschreibet nicht!« (v. 6). Diese Position hatte sich in der Geniezeit herausgebildet, in der das Prinzip der Nachahmung, d. h. der Beschreibung äußerer Wirklichkeit, durch das Prinzip der Schöpfung, also des Ausdrucks innerer Vorstellungen abgelöst wurde.

192,1 *Apoll*] Traditionell der Gott der Dichter.

Falsche Popularität
Vgl. die einführende Bemerkung zu *Guter Rat*.

An Diotima
Handschriftlich überliefert. Vielleicht noch im Jahr 1797 entstanden.

Diotima
In der Handschrift schließt dieses Gedicht an das vorige Gedicht an.

193,1f. *die du einst Elemente versöhntest | Wonne der himmlischen Muse*] Anspielung auf Urania, die Muse der kosmischen Harmonie, die Hölderlin auch sonst im Zusammenhang mit Diotima und dem »Chaos der Zeit« (v. 2) anruft: »Wie melodisch bei des alten | Chaos Zwist Urania, | Steht sie, göttlich rein erhalten, | Im Ruin der Zeiten da« heißt es in der 15strophigen (mittleren) Fassung des Gedichts *Diotima* (v. 61-64).

Einladung
Seinem Freund Neuffer

Das Gedicht ist die zweite Fassung der wohl noch in die Tübinger Zeit gehörenden *Einladung an Neuffer* (S. 149f.). Es ist nur in zwei späteren, von Neuffer in den Jahren 1825 und 1829 veranlaßten Drucken überliefert. Neuffer fügte dem Titel die Datierung bei: »Frankfurt 1797«. Christoph Schwab notierte zu einer Abschrift, die er von der ersten Fassung anfertigte: »⟨. . .⟩ Es scheint jedoch, daß Neuffer das ursprüngliche Gedicht Hölderlins umgearbeitet u. in das J. 1797 versetzt u. ihm nachträgl eine Beziehung auf den Tod seiner Braut Rosine Stäudlin gegeben hat. Ein noch vorhandenes Concept Hölderlins ⟨die 1. Fassung⟩ lautet anders u. ist ganz sicher aus Hölderlins Studentenjahren in der Zeit, als Neuffer bereits die Universität verlassen hatte. Hölderlin hatte wohl dieses Concept schon etwas verbessert, wir können also nicht genau sagen, was etwa Neuffer daran gefeilt hat, aber daß ursprüngl statt des Mains der Neckar stand u. er seiner Mutter Haus in Nürtingen schildert, ist sicher ⟨. . .⟩« (zitiert nach der *Großen Stuttgarter Ausgabe*, Bd. 1, S. 544f.).

Christoph Schwabs Vermutung, daß die 2. Fassung von Neuffer umgearbeitet und von ihm willkürlich auf das Jahr 1797 datiert worden ist, braucht jedoch nicht zu stimmen, denn Neuffer hat Hölderlin wirklich im Herbst 1797 in Frankfurt besucht, so daß es sinnvoll war, wenn er ihm eine poetische Einladung zukommen ließ (vgl. auch Hölderlins Brief an Neuffer vom 10. Juli 1797). Daß Neuffer in diesem Fall dann allerdings noch für den späteren Druck Umarbeitungen vorgenommen hat, ist nicht ausgeschlossen.

194,5 *Die Liebe kränzte dir das Haupt mit Rosen*] Ein stereotypes Motiv der im 18. Jahrhundert weitverbreiteten anakreontischen Dichtung, nach dem Muster der spätantiken *Anakreonteen*.

194,10f. *im Grabe liegt, | Was du geliebt]* Neuffers Braut
Rosine Stäudlin war im Frühjahr 1795 gestorben.

Die Muße

Das Gedicht ist, nach dem handschriftlichen Zusammenhang zu urteilen, im Frühjahr 1797 oder 1798 entstanden.
Auf das Erlebnis des Frühlings weisen die ersten sechs Verse, die vom frisch keimenden Grase und von der »rötlichen
Blüte« (v. 6) sprechen. Im Brief an die Schwester« von Ende
April 1797 (Nr. 139) spricht Hölderlin von den Kastanien-
bäumen, die auch hier gemeint sind, da von der rötlichen
Blüte »an brennenden Kerzen« die Rede ist.
    Die Wahl des Hexameters entspricht der episch-idylli-
schen Darstellung, für die traditionell dieses Versmaß bevorzugt wurde.
    195,11 *Wie ein liebender Ulmbaum ⟨. . .⟩ und wie Reben]* In
der antiken Poesie, besonders in der anakreontischen, aber
auch in der deutschen Dichtung des 17. und 18. Jahrhunderts
ist das Bild der sich um die Ulme schlingenden Reben eine
topologische Metapher zur Bezeichnung liebender Harmonie. Zahlreiche Beispiele in Grimms *Deutschem Wörterbuch*,
XI. Band, 2. Abteilung, Sp. 755f., Stichwort »Ulme«.
    195,13 *zum Berge]* Zum Feldberg im Taunus. Die »Stadt«
in v. 21 ist Frankfurt.
    195,14 *Locken]* Zu dieser metaphorischen Bezeichnung
für den Wald vgl. die Erläuterung zu v. 3 des Gedichts *An
Diotima* (»Komm und siehe die Freude ⟨. . .⟩«).

Die Kurzgedichte aus den Jahren 1797 und 1798

Die Druckvorlagen zu 18 Kurzgedichten (von der Ode *An
die Parzen* bis zu *Sonnenuntergang*) schickte Hölderlin im Juni
und August 1798 in zwei Sammelhandschriften an Neuffer
für dessen ›Taschenbuch für Frauenzimmer von Bildung‹.
In beiden Begleitbriefen spricht er von »Gedichtchen«. Vier
von ihnen, *Stimme des Volks, Menschenbeifall, Die scheinheili-*

gen Dichter und *Sonnenuntergang*, nahm Neuffer erst in das Taschenbuch des folgenden Jahres auf.

Aus den beiden Sammelhandschriften blieb nur das Blatt mit den Gedichten *Ehmals und Jetzt, Lebenslauf* und *Die Kürze* erhalten. Ein zweites, mit den Oden *An die Deutschen* und *Die scheinheiligen Dichter*, ist erst im 20. Jahrhundert verschollen.

Die Kürze all dieser Oden ist programmatisch, wie aus der Ode *Die Kürze* deutlich hervorgeht. Eine Anzahl dieser Kurzoden hat Hölderlin später erweitert: *Diotima, Stimme des Volks, Lebenslauf, Die Liebenden* (unter der Überschrift *Der Abschied*), *Die Heimat, Ihre Genesung, Das Unverzeihliche* (unter der Überschrift *Die Liebe*) und *An die Deutschen.*

Die in Neuffers ›Taschenbuch auf das Jahr 1799‹ erschienenen Kurzoden brachten Hölderlin die erste bedeutende Anerkennung durch einen Kritiker von Rang und in einer angesehenen Literaturzeitung. In seiner Rezension von Neuffers ›Taschenbuch auf das Jahr 1799‹ schrieb August Wilhelm Schlegel in der Jenaischen ›Allgemeinen Literatur-Zeitung‹ (Nr. 71 vom 2. März 1799): »Den sonstigen Inhalt des Almanachs möchten wir fast nur auf die Beiträge von Hölderlin einschränken ⟨. . .⟩ Von den übrigen zeichnen sich die Kleinigkeiten von Hillmar und Siegmar vorteilhaft aus, so wie die innigen elegischen Zeilen von Reinhard (dem französischen Gesandten) an seine Gattin über den Abschied von Deutschland. Die prosaischen Aufsätze sind ganz unbedeutend. Hölderlins wenige Beiträge aber sind voll Geist und Seele, und wir setzen gern zum Belege ein paar davon hieher«. Nach dem Abdruck der Oden *An die Deutschen* und *An die Parzen* fährt A. W. Schlegel fort: »Diese Zeilen lassen schließen, daß der Vf. ein Gedicht von größerem Umfange mit sich umherträgt, wozu wir ihm von Herzen jede äußere Begünstigung wünschen, da die bisherigen Proben seiner Dichteranlagen und selbst das hier ausgesprochene erhebende Gefühl ein schönes Gelingen hoffen lassen«. Die mit »Hillmar« und »Siegmar« unterzeichneten Gedichte waren ebenfalls von Hölderlin: *An ihren Genius, Abbitte, Die Liebenden, Die Heimat, Der gute Glaube, Ihre Genesung* und *Das Unverzeihliche.*

Die aus Schlegels Rezension zitierten Sätze teilte Hölderlin seiner Mutter in dem Brief vom Ende März 1799 (Nr. 178) mit, um ihr die Hoffnung zu geben, daß seine »gegenwärtige Arbeit eine günstige Aufnahme finden werde«.

Zur Gruppe der Kurzoden gehören auch die Gedichte *Sokrates und Alcibiades, An unsre großen Dichter* und *Vanini,* die Hölderlin zusammen mit den größeren Oden *Dem Sonnengott* und *Der Mensch* am 30. Juni 1798 an Schiller sandte. Die Kurzode *An unsre großen Dichter* erweiterte er später zu der Ode *Dichterberuf.*

An die Parzen

Vgl. die einführende Bemerkung zu den Kurzgedichten.

Alkäisches Versmaß.

In dem Brief an die Mutter von Ende März 1799 (Nr. 178) schreibt Hölderlin, er habe in einem der Gedichte, die A. W. Schlegel in seiner Rezension anführte (aus dem Zusammenhang der Rezension geht hervor, daß es sich um die Ode *An die Parzen* handelt), auf die Arbeit angespielt, die er jetzt unter den Händen habe – das »Gedicht von größerem Umfange«, das A. W. Schlegel richtig erschloß, dürfte der *Tod des Empedokles* gewesen sein.

Parzen] Die drei Schicksalsgöttinnen Klotho, Lachesis und Atropos, die das Lebenslos zuteilen, fristen und beenden.

Diotima

Vgl. die einführende Bemerkung zu den Kurzgedichten.

Alkäisches Versmaß.

An ihren Genius

Vgl. die einführende Bemerkung zu den Kurzgedichten.

Versmaß: elegische Distichen.

198,6 *Phidias]* Der berühmteste Bildhauer Athens in der Perikleischen Zeit (5. Jahrhundert v. Chr.).

Abbitte

Vgl. die einführende Bemerkung zu den Kurzgedichten.
Asklepiadeisches Versmaß.

198,1f. *goldene | Götterruhe]* Den griechischen Göttern
wurde in der antiken Dichtung eine über alle menschliche
Zeitverfallenheit erhabene Ruhe zugeschrieben. Vgl. auch
die erste Strophe von *Hyperions Schicksalslied.*

Stimme des Volks

Vgl. die einführende Bemerkung zu den Kurzgedichten.
Alkäisches Versmaß.

Später erweiterte Hölderlin diese Kurzode zu einer
Großode, deren 1. Fassung 13 und deren 2. Fassung 18
Strophen hat. Vgl. S. 309-313.

198,1 *Du seiest Gottes Stimme]* Nach dem Sprichwort:
Volkes Stimme ist Gottes Stimme (›vox populi vox dei‹).

Ehmals und Jetzt

Vgl. die einführende Bemerkung zu den Kurzgedichten.
Alkäisches Versmaß.

Lebenslauf

Vgl. die einführende Bemerkung zu den Kurzgedichten.
Später erweiterte Hölderlin das Gedicht zu einer vierstro-
phigen Ode gleichen Titels. Vgl. S. 247.

199,3f. *des Lebens | Bogen]* Eine alte Vorstellung, die auf
die identische (nur im Akzent abweichende) Form des griechischen Wortes für das Leben (βίος) und für den Bogen
(βιός) zurückgeht. Dem entspricht Heraklits Wortspiel
(Fragment 48): »Des Bogens Name ist also Leben, sein
Werk aber Tod« (τῷ οὖν τόξῳ ὄνομα βίος, ἔργον δὲ θάνατος).

Die Kürze

Vgl. die einführende Bemerkung zu den Kurzgedichten.
Asklepiadeisches Versmaß.

Rede und Gegenrede wie in der Ode *Sokrates und Alcibiades.*

Die Liebenden

Vgl. die einführende Bemerkung zu den Kurzgedichten. Später erweiterte Hölderlin dieses Gedicht zu der neunstrophigen Ode *Der Abschied*. Vgl. S. 248f.

Asklepiadeisches Versmaß.

199,4 *ein Gott in uns*] Vgl. v. 80 der *Hymne an die Menschheit* und die Erläuterung z. St., ferner *An die klugen Ratgeber*, v. 31.

Menschenbeifall

Vgl. die einführende Bemerkung zu den Kurzgedichten.

Asklepiadeisches Versmaß.

Die Heimat

Vgl. die einführende Bemerkung zu den Kurzgedichten.

Alkäisches Versmaß.

Der gute Glaube

Vgl. die einführende Bemerkung zu den Kurzgedichten.

Asklepiadeisches Versmaß.

Ihre Genesung

Vgl. die einführende Bemerkung zu den Kurzgedichten. Später erweiterte Hölderlin dieses Gedicht zu der fünfstrophigen Ode gleichen Titels. Vgl. S. 247f.

Das Unverzeihliche

Vgl. die einführende Bemerkung zu den Kurzgedichten. Später erweiterte Hölderlin das Gedicht zu der siebenstrophigen Ode *Die Liebe*. Vgl. S. 246f.

Asklepiadeisches Versmaß.

An die jungen Dichter

Vgl. die einführende Bemerkung zu den Kurzgedichten.

Asklepiadeisches Versmaß.

201,3 *zur Stille der Schönheit*] Die *Stille* war ein ästhetischer Leitbegriff, seit Winckelmann die griechische Kunst mit der berühmt gewordenen Formel »edle Einfalt und *stille Größe*« charakterisiert hatte (J. J. Winckelmann, *Gedanken über die Nachahmung der griechischen Werke in der Malerei und Bildhauerkunst*). An der »Griechin« Diotima betont Hölderlin immer wieder die *Stille*, besonders im *Hyperion*.

201,4 *fromm, wie der Grieche*] Das Wort »fromm« hat in dieser Zeit noch ein weiteres Bedeutungsspektrum als heute. Auch in anderen Dichtungen spricht Hölderlin von der Frömmigkeit der Griechen. Hier wird der Begriff »fromm« durch die folgende Strophe näher charakterisiert: er meint eine Haltung harmonischer Ausgeglichenheit und All-Verbundenheit, in welcher sich die Dichter den »Göttern« und »Sterblichen«, d. h. dem Idealen wie dem Realen gleichermaßen zuwenden, den einseitig irrationalen »Rausch« ebenso meiden wie das einseitig Rationale, den »Frost«, und die einseitige Bestimmung durch technische, kunstmäßige Regeln, wie sie traditionell in die Sphäre von τέχνη und ars gehören und vom »Meister« repräsentiert werden, durch die Hinwendung zur »großen Natur« ausgleichen: zu der Sphäre, die seit je durch die Begriffe φύσις, natura, ingenium charakterisiert ist. Der Schlußvers »Fragt die große Natur um Rat« führt diesen Ausgleich zum Höhepunkt, indem er scheinbar paradox gerade den »Rat« von der »Natur« zu erfragen empfiehlt. Vgl. die analoge Konzeption in dem anderen Programmgedicht: *Natur und Kunst oder Saturn und Jupiter* (S. 297).

202,6 *lehrt und beschreibet nicht!*] Vgl. das Epigramm *Die beschreibende Poesie* (S. 192) und die Erläuterung dazu. Seit der Hinwendung zum schöpferischen Ausdruck des Inneren im Zeichen von Empfindsamkeit und ›Genie‹ war die lehrhafte und beschreibende Poesie, wie sie in der frühen Aufklärung dominierte, verpönt. Besonders pointiert wandte sich Klopstock gegen die beschreibende Poesie, um für die »Darstellung« und den »Ausdruck« des Inneren zu plädieren. Vgl. sein (allerdings erst 1804 gedrucktes) Epigramm *Der Unterscheidende:*

Poesie, welche den Namen der deskriptiven verdienet,
    Hätten für Poesie niemals die Alten erkannt.
Deutscher, ward dir der Blick, Darstellung von der
                                    Beschreibung
    Rein zu sondern: so stehn weisere Dichter dir auf
                                        ⟨. . .⟩

An die Deutschen

Vgl. die einführende Bemerkung zu den Kurzgedichten.
Später hat Hölderlin dieses Gedicht zu der zwölfstrophigen
Ode *An die Deutschen* erweitert. Vgl. S. 235.
    Asklepiadeisches Versmaß.
    202,7 *nimmt*] Mundartliche Form für »nehmt«.

Die scheinheiligen Dichter

Vgl. die einführende Bemerkung zu den Kurzgedichten.
    Alkäisches Versmaß.

ÜBERBLICKSKOMMENTAR Das Gedicht ist eines der frühe-
sten Zeugnisse für Hölderlins Auffassung der »Götter«.
Am Anfang der Strophen ist jeweils von den »Göttern«, am
Ende von der »Erde« und der »Mutter Natur« die Rede.
»Erde« und »Natur« erscheinen so als allgemeinste Basis der
(Natur-)Erfahrung, die, mythologisiert, zur Verehrung der
»Götter« führt. Daß die »Götter« als Inbegriff intensiver
Naturerfahrung aufzufassen sind, zeigt die Konzentration
gerade auf diejenigen ›Gottheiten‹, die mit Naturmächten
identisch sind: auf den Sonnengott Helios und – schon
entmythologisiert durch Verzicht auf den mythologischen
Namen – auf den »Donnerer« und »Meergott«. Der Glaube
(»ihr glaubt nicht an Helios ⟨. . .⟩«) ist demnach nicht im
traditionell-religiösen Sinn als Glaube an ein jenseitiges
Göttliches zu verstehen, an das man, eben weil es *nicht*
erfahrbar ist, nur »glauben« kann, sondern als Ausdruck
einer inneren Gewißheit, die sich auf – allerdings das Rationale übersteigende – Erfahrungen gründet.

Dem Sonnengott

Diese Ode gehört zu den am 30. Juni 1798 an Schiller abgesandten Gedichten (vgl. die einführenden Bemerkungen zu der Ode *Der Mensch* S. 616). Aus ihr entstand die folgende Kurzode *Sonnenuntergang,* die Hölderlin mit anderen Kurzgedichten an Neuffer schickte.

Alkäisches Versmaß.

Vgl. die Erläuterungen zu der folgenden Ode *Sonnenuntergang.*

Sonnenuntergang

Vgl. die einführende Bemerkung zu den Kurzgedichten.

Alkäisches Versmaß.

203,4 *Sonnenjüngling]* Der Sonnengott Apollon wird von den Griechen immer wieder als schöne Jünglingsgestalt dargestellt.

203,5 *auf himmlischer Leier]* Der Sonnengott Apollon ist auch der Gott der Musik. Die Lyra (Leier) ist das bedeutendste griechische Saiteninstrument neben der Kithara (Zither) und deshalb dem Gott der Musik zugeordnet.

203,6 *Es tönten rings die Wälder und Hügel nach]* Akustische Metapher für die optische Wahrnehmung: auf Wäldern und Hügeln liegt noch der Glanz der untergehenden Sonne. Der eigentliche Sinn dieser Metaphorik liegt in der Synästhesie der verschiedenen Sinneswahrnehmungen: Schon in v. 3 ist von den »goldnen Tönen« die Rede. Der mythologische Anlaß der Synästhesie liegt darin, daß Apollon zugleich der Sonnengott und der Gott der Musik ist.

203,7f. *fern ⟨...⟩ zu frommen Völkern,* | *Die ihn noch ehren]* Nach einer bei den griechischen Dichtern, besonders bei Bakchylides und Pindar (*Pythien* X 29f.), aber auch bei den Mythographen (*Diodor* II 47) verbreiteten Sage wohnte in der äußersten Ferne, an den Grenzen der Erde das »fromme« Volk der Hyperboreer, bei denen Apollon den Winter verbringt, bis er, von Paianen und Liedern an seinem griechischen Kultort Delphi gerufen, dort wieder Einzug hält. Hölderlin verwandelt den in dieser Sage enthaltenen Jahreszeitenrhythmus in den Tageszeitenrhythmus.

Der Mensch

Diese Ode gehört zu den Gedichten, die Hölderlin am 30. Juni 1798 an Schiller absandte. Die in Schillers Redaktionsnachlaß erhaltene Reinschrift enthält die Gedichte in dieser Reihenfolge: *Dem Sonnengott, Der Mensch, Sokrates und Alcibiades, Vanini, An unsre großen Dichter.*

Alkäisches Versmaß.

204,15f. *die süßen | Beere]* Vgl. *Die Teck*, v. 9, und die Erläuterung z. St.

Sokrates und Alcibiades

Zu Entstehung und Überlieferung vgl. die einführende Bemerkung zur vorausgehenden Ode *Der Mensch.*

Asklepiadeisches Versmaß.

Rede und Gegenrede wie in der Ode *Die Kürze.*

ÜBERBLICKSKOMMENTAR Alkibiades, eine der glänzendsten Erscheinungen im Athen der perikleischen Zeit, war der Inbegriff jugendlicher Begabung und Schönheit. Er gehörte eine Zeitlang zum Schülerkreis des Sokrates. Platon stellt gegen Ende seines *Symposion* dar, wie der junge Alkibiades dem Sokrates huldigt. Die Pointe von Hölderlins Ode liegt also darin, daß er die überlieferte Konstellation umkehrt, indem er Sokrates dem Alkibiades huldigen läßt.

Vanini

Zu Entstehung und Überlieferung vgl. die einführende Bemerkung zu der Ode *Der Mensch.*

Alkäisches Versmaß.

ÜBERBLICKSKOMMENTAR Die Ode ist ein wichtiges Zeugnis für Hölderlins Bekenntnis zum Pantheismus sowie für seine Absage an den traditionellen, auf ein Jenseits ausgerichteten Glauben und dessen Repräsentanten. Der italienische Philosoph Lucilio Vanini (1585-1619) setzte in seinem 1615 erschienenen Hauptwerk Gott und Natur gleich *(Amphitheatrum aeternae providentiae divino–magicum christiano –*

*physicum — Göttlich-magischer und christlich-natürlicher Schau-
platz der ewigen Vorsehung).* Besonders deutlich führte diese
pantheistische Weltanschauung in seinem zweiten, 1616 erschienenen Buch zur Leugnung jeder Transzendenz *(De
admirandis naturae reginae deaeque mortalium arcanis — Über die
bewundernswerten Geheimnisse der Natur, der Königin und Göttin
der Sterblichen).* Deshalb wurde er 1619 in Toulouse als Ketzer verbrannt. Daß die Berufung auf Vanini der Selbstver-
ständigung im zeitgenössischen Pantheismus diente, zeigt
nicht nur Hölderlins Ode, sondern auch Herders Rückgriff
auf Vanini in seiner pantheistischen Hauptschrift *Gott.
Einige Gespräche* (1787), in der er aus Vaninis Hauptwerk die
Ode *Deo* (Gott) zitiert.

Die erste Strophe stellt die Verunglimpfung und Verfolgung Vaninis durch die Inquisition dar und vollzieht schon
die polemische Umwertung: während die Inquisitoren vom
Standpunkt des orthodoxen Glaubens an einen transzendenten Gott Vanini als »Gottverächter« (v. 1) schalten, nennt
der Dichter ihn vom Standpunkt seiner pantheistischen
Weltanschauung aus, in der die Natur das – immanente –
Göttliche ist, einen »heiligen Mann« (v. 4). In der zweiten
Strophe zieht der Dichter die Folgerung aus dieser Umwertung, indem er nun seinerseits die fanatischen Vertreter der
Orthodoxie »Lästerer« nennt (v. 6) – so wie sie einst Vanini
»Gottverächter« schalten, und indem er ihnen wenigstens
teilweise das gleiche Los wünscht, das sie Vanini bereiteten.
Denn der Wunsch, der Sturm möge die »Asche der Barbaren |
Fort aus der Erd’, aus der Heimat« werfen, ist in Analogie zu
dem Verfahren der Inquisitoren ausgesprochen, welche die
Gebeine und die Asche der verbrannten Ketzer nicht an
einem Ort beisetzen ließen, sondern in alle Winde verstreu-
ten, weil sie so auch noch die Auferstehung der Ketzer am
Jüngsten Tag verhindern wollten – sie sollten nicht nur in
dieser Welt, sondern auch in der Ewigkeit mit dem Tod
bestraft werden. Aber nun wird der Dichter in der dritten
Strophe inne, daß er mit dieser Aufwallung rächenden Zorns
selbst dem Verhalten der Inquisition nahe käme und daß dies

gerade gegen die pantheistische Weltanschauung, gegen »die
heil'ge Natur« (v. 10) in ihrer alles umfassenden und versöhnenden Kraft verstieße, denn in ihr heben sich alle
Gegensätze auf. Die Anrufung der »heil'gen Natur« (v. 10)
führt die Umwertung polemisch zum Höhepunkt: An die
Stelle der orthodoxen Heiligung der Transzendenz tritt nun
die pantheistische Heiligung der Immanenz.

An unsre großen Dichter

Zu Entstehung und Überlieferung vgl. die einführende Bemerkung zu der Ode *Der Mensch*, S. 616.

Alkäisches Versmaß.

Später gestaltete Hölderlin das Gedicht zu der sechzehn-
strophigen Ode *Dichterberuf* aus (S. 305).

ÜBERBLICKSKOMMENTAR Den Anruf an die großen Dichter
verbindet Hölderlin mit dem Dionysos-Mythos, weil schon
in der antiken Dichtung Dionysos (Bacchus) der Gott der
Dichter ist – so im 1. und im 3. homerischen Dionysos-
hymnus und, für die Tradition besonders wichtig, bei Horaz
(*Carmina* II 19, 1ff.; *Carmina* III 25, 1ff.). Zur Verbindung
der Sphäre des Dionysos mit der des Dichtertums vgl. auch
die Elegie *Brot und Wein*, besonders v. 123f.

206,1 *Freudengott*] So heißt Dionysos, weil ihm in der
griechischen Dichtung immer wieder die Freude zugeschrieben wird. Hesiod nennt ihn in der *Theogonie* (v. 941)
und in den *Werken und Tagen* (v. 614) »freudenreich« (πολυ-
γηϑής). Vgl. auch die Elegie *Brot und Wein*, v. 145, wo
Dionysos »allzeit froh« heißt.

206,2 *allerobernd vom Indus her*] Nach der Sage kam Dio-
nysos mit seinem Gefolge von Indien über Kleinasien nach
Griechenland. Da Alexander der Große in umgekehrter
Richtung sein Reich bis nach Indien ausdehnte, läßt Non-
nos in seinem spätantiken Versepos *Dionysiaka* (5. Jh. n.
Chr.) Dionysos wie Alexander Indien erobern. Wohl in
Analogie zu Alexander nennt ihn Hölderlin »allerobernd«.

206,3 *Der junge Bacchus]* So nennt ihn Hölderlin, weil Dionysos gern als jugendlicher Gott dargestellt wird, aber auch weil er seinen Zug in Indien beginnt.

206,3f. *mit heilgem | Weine vom Schlafe die Völker wek-kend]* Der Weingott Dionysos brachte den Völkern von Osten her den Weinbau. Da Hölderlin, wie auch aus anderen Gedichten hervorgeht (vgl. vor allem *Der Einzige*, 1. Fassung, v. 58), darin ein Symbol für das Stiften von Kultur überhaupt sieht, ist das Wecken der Völker aus dem Schlaf als die Erweckung aus einem noch primitiv-kulturlosen Zustand zu einem neuen, höheren Dasein zu verstehen.

206,6 *gebt die Gesetze]* In der mythologischen Überlieferung führt Dionysos auf seinem kulturstiftenden Zug durch die Länder auch Gesetze und Gerichte ein. Diodorus Siculus, der für Hölderlin direkt oder indirekt wohl wichtigste antike Mythograph, schreibt, Dionysos habe »die Verehrung des Göttlichen gelehrt, Gesetze (νόμους) eingeführt und Gerichte« (Diod. II 38).

206,7 *Heroën]* Diese Bezeichnung für die großen Dichter resultiert aus dem Vergleich mit Dionysos. Denn als Sohn einer menschlichen Mutter und eines göttlichen Vaters ist der »Gott« Dionysos auch ein »Halbgott« und damit nach der klassischen Definition Hesiods ein »Heros« (Hesiod, *Werke und Tage*, v. 159f.): »Das Geschlecht der heroischen Männer (ἀνδρῶν ἡρώων), die Halbgötter (ἡμί-θεοι) heißen«. Als solcher vermittelt er zwischen Himmlischem und Irdischem. Deshalb bezeichnet Herodot den Dionysos als »Heros unter den Göttern« (II 44, 3-5). Daß Hölderlin die Dichter unter dem Aspekt der »heroischen« Vermittlung von Irdischem und Himmlischem den Heroen, speziell dem Herakles und dem Dionysos, gleichstellt, geht auch aus dem Schluß der Hymne *Der Einzige* hervor. Vgl. dort die Erläuterungen.

⟨*Hyperions Schicksalslied*⟩

Das Gedicht ist nur im zweiten, 1799 erschienenen Band des *Hyperion* überliefert. Ob es früher entstanden ist und

dann in den *Hyperion* eingefügt wurde, läßt sich nicht feststellen.

Freirhythmische Verse, die Hölderlin aber in der von den
Oden gewohnten Weise treppenförmig einrückt.

ÜBERBLICKSKOMMENTAR Daß die Götter in ewiger Heiterkeit wandeln, frei von den Unbilden und Leiden, denen die
Menschen ausgesetzt sind, steht schon bei Homer, der auf
diesen Unterschied zwischen Göttern und Menschen immer wieder abhebt, besonders in der *Odyssee* VI 42-46. Im
Zusammenhang des *Hyperion* allerdings gewinnt diese Unterscheidung eine spezifische Bedeutung, denn sie charakterisiert einen bestimmten Bewußtseinszustand Hyperions.
Hölderlin plaziert das Schicksalslied gegen Ende des *Hyperion* (Bd. II, S. 157f.) genau zwischen dem endgültigen
Abschied von Alabanda und dem Abschiedsbrief Diotimas
– am Tiefpunkt von Hyperions Leben, wo er Verlust und
Vergänglichkeit im Übermaß erleiden muß. Unter dem Eindruck dieses Erlebens polarisiert sich seine Weltsicht: Jenseits leben die Götter, schicksallos und selig in einem
zeitlosen und bewußtseinsfernen Dasein, das dem der Kin-
der gleicht (v. 7f.: »Schicksallos, wie der schlafende |
Säugling, atmen die Himmlischen«). So vollzieht das
Schicksalslied eine vollständige Spaltung des Lebens in eine
utopische Vorstellung sublimer Idealität und in die Empfindung jammervoller Realität. Beide Sphären stehn sich
unversöhnt gegenüber. Aber dies ist der Bewußtseinszustand des früheren, erlebenden Hyperion. Der briefeschrei-
bende Erzähler Hyperion, der auf diesen Bewußtseinszustand und das ihm zugrunde liegende Erleben reflektierend
zurückblickt, hat ein anderes Bewußtsein gewonnen. Er
kennt statt des sich im Schicksalslied ausdrückenden Dua-
lismus nur ein einziges Sein, das alle Gegensätze umfaßt,
Tod und Leben, Trauer wie Seligkeit. Er hebt sie damit als
Gegensätze auf. Nicht mehr geschieden sind daher Götter
und Menschen. Sie sind eins in einer allumfassenden Naturgesetzlichkeit, denn das ›Göttliche‹ ist nun nichts ande-

res als die allumfassende Natur, in der auch die Menschen aufgehoben sind. »Bester! ich bin ruhig«, schreibt Hyperion in seiner entscheidenden letzten Erzählerreflexion an Bellarmin (Bd. II, S. 164), »denn ich will nichts Bessers haben, als die Götter. Muß nicht alles leiden? Und je trefflicher es ist, je tiefer! Leidet nicht die heilige Natur? O meine Gottheit! daß du trauern könntest, wie du selig bist, das konnt' ich lange nicht fassen«. Intensivsten Ausdruck hatte dieses Nicht-fassen-Können im Schicksalslied gefunden. Während das Lied das göttliche Dasein sehnsüchtig dem eines schlummernden Kindes, also der vollständigen Bewußtseinsferne, gleichsetzt, lehnt es der Erzähler nun ab, »wie ein Kind« sein zu wollen, lehnt er auch ausdrücklich den »Schlaf« ab. Während es im Schicksalslied noch pessimistisch heißt: »Doch uns ist gegeben, | Auf keiner Stätte zu ruhn«, hat der erzählende Hyperion am Ende, wo er auf seine frühere, vom Schicksalslied repräsentierte Verfassung zurücksieht, die »Ruhe« eines vollendeten, weil die Ganzheit des Lebens umspannenden Bewußtseins gewonnen. Deshalb eröffnet er seine Erklärung an Bellarmin mit den Worten: »Bester! ich bin ruhig ⟨. . .⟩«.

⟨*Da ich ein Knabe war . . .*⟩

Handschriftlich ohne Titel überliefert. Das Gedicht ist nicht sicher datierbar. Stil und Vorstellungen deuten auf das Jahr 1797 oder 1798.

208,13 *Helios*] Der Sonnengott.

208,13-15 *Endymion ⟨. . .⟩ Luna*] Nach der griechischen Sage liebt Selene (lat. Luna), die Göttin des Mondes, den schönen Hirten Endymion, dem Zeus auf seine Bitte ewigen Schlaf und ewige Jugend verliehen hat. Allnächtlich besucht Luna ihren Liebling in einer Höhle des karischen Berges Latmos.

GEDICHTE 1798-1800
Erster Homburger Aufenthalt

Zu den in Homburg entstandenen Gedichten dieser Zeit und ihrem biographischen und geschichtlichen Hintergrund vgl. S. 492-495.

Achill

Die handschriftlich überlieferte Elegie steht ganz unter dem Eindruck der Trennung von Susette Gontard.

ÜBERBLICKSKOMMENTAR Der Stoff stammt aus dem 1. Gesang von Homers *Ilias* (v. 348-427). Dort klagt Achill der Mutter Thetis, einer Meeresgöttin, am Strand sein Leid, nachdem ihm Agamemnon, der Heerführer der Griechen, seine Sklavin und Geliebte Brisëis genommen hat. Hölderlin hat diese Szene aus der *Ilias* übersetzt. Vgl. Bd. II. Gleichzeitig mit der Elegie *Achill* entstanden die beiden fragmentarischen Aufsätze über ihn (vgl. Bd. II) und auch die Abhandlung *Über die verschiednen Arten, zu dichten*. Die besondere Bedeutung Achills zeigt noch die letzte Hymne *Mnemosyne*, v. 35f.: »Am Feigenbaum ist mein | Achilles mir gestorben 〈. . .〉«.

213,5f. *die blaue* | *Thetis*] So heißt Thetis als Meergöttin.
213,10 *genährt*] In der älteren, weiteren Bedeutung kann »nähren« auch »aufziehen«, »gedeihen lassen« heißen.
213,12 *wie Wölkchen*] Vgl. *Ilias* I 359.

Meiner verehrungswürdigen Großmutter

Überliefert ist das Gedicht, das Anfang 1799 entstand, nur in v. 21-34 durch eine Handschrift Hölderlins, vollständig in zwei Abschriften von fremder Hand sowie durch den

Erstdruck in der ›Zeitung für die elegante Welt‹, 1824, Nr. 146 (27. Juli), Spalte 1169-1171; unterschrieben: Hölderlin. Vgl. Hölderlins Brief an den Bruder vom 1. Januar 1799 (Nr. 173) und den im gleichen Monat geschriebenen Brief an die Mutter (Nr. 174).

Versmaß: elegische Distichen.

⟨Götter wandelten einst . . .⟩

Elegische Distichen, im März oder April 1799 entstanden, da der Auszug aus A. W. Schlegels damals erschienener Rezension die Niederschrift unterbricht (vgl. die einführende Bemerkung zu den Kurzgedichten). Da Hölderlin mitten über dem Vers 7 die Nummer 4 schrieb, vermutet Beißner (StA I, 595, Z. 26f.), es handle sich insgesamt nur um das Bruchstück einer großen, sonst nicht bezeugten Elegie, deren 4. Abschnitt durch die Nummer 4 angezeigt werde.

215,2 *heilend, begeisternd wie du]* Angeredet ist Diotima. »Heilend« heißt Apoll als Gott der Heilkunst, begeisternd heißen die Musen und er, weil Apoll als Gott der – auch dichterischen – Inspiration ebenso wie die ihm zugeordneten Musen (er ist der ›Musagetes‹, der Musenführer) die künstlerische Begeisterung bewirkt.

215,5 *Meiner Heldin]* Ein aus Ovids *Heroides* vertrauter Ausdruck für die großen Liebenden unter den Frauen. Hölderlin hat aus den *Heroides* des Ovid übersetzt, vgl. Bd. II. Vgl. auch das Bruchstück *Diotima* (S. 426, Nr. 9): »Die Helden könnt' ich nennen | Und schweigen von der schönsten der Heldinnen«.

Die Launischen

Nur im Erstdruck überliefert. Hölderlin schickte diese Ode mit den beiden folgenden *(Der Tod fürs Vaterland, Der Zeitgeist)* und mit der jüngeren Fassung des Gedichts *Diotima* wohl in der zweiten Juli-Hälfte des Jahres 1799 an Neuffer (vgl. den undatierten Brief Nr. 190 an Neuffer), der diese Gedichte und die Idylle *Emilie vor ihrem Brauttag* (Bd. II) in sein ›Taschenbuch für Frauenzimmer von Bildung, auf das Jahr 1800‹ aufnahm.

Asklepiadeisches Versmaß.

Der Tod fürs Vaterland

Handschriftlich und durch den Erstdruck überliefert: im ›Taschenbuch für Frauenzimmer von Bildung, auf das Jahr 1800‹, hg. v. C. L. Neuffer, Stuttgart, S. 204-205, unterschrieben: Hölderlin. Zur Datierung auf das Jahr 1799 vgl. die einführende Bemerkung zum vorigen Gedicht. Der erste Entwurf zu dieser Ode wurde, nach dem handschriftlichen Zusammenhang zu urteilen, schon 1796 oder 1797 niedergeschrieben.

Alkäisches Versmaß.

ÜBERBLICKSKOMMENTAR Für das Verständnis dieses oft nationalistisch mißdeuteten Gedichts, das eine unheilvolle Wirkungsgeschichte vor allem in der Zeit des Nationalsozialismus hatte, ist der erste Entwurf besonders wichtig. Er lautet:

O Schlacht fürs Vaterland,
   Flammendes blutendes Morgenrot
     Des Deutschen, der, wie die Sonn, erwacht

Der nun nimmer zögert, der nun
   Länger das Kind nicht ist
     Denn die sich Väter ihm nannten,
       Diebe sind sie,
         Die den Deutschen das Kind
          Aus der Wiege gestohlen
            Und das fromme Herz des Kinds betrogen,

    Wie ein zahmes Tier, zum Dienste gebraucht.

Dieser Entwurf spielt auf die fürstlichen Landes-»Väter« an, welche die Landes-»Kinder« zur Finanzierung ihres fürstlichen Repräsentationsaufwandes aus der heimatlichen »Wiege« nahmen, um sie ins Ausland zu verkaufen – womit Hölderlin eine schon topologisch fixierte aufklärerische und dann revolutionär verschärfte Polemik gegen die Begriffe ›Landesvater‹ und ›Landeskinder‹ aufnimmt, eine von John Locke am Ende des 17. Jahrhunderts über Rousseau bis Kant und zu den ›Jakobinern‹ Georg Forster und Rebmann reichende Polemik, derzufolge diese Begriffe nur dazu dienten, den Despotismus als naturgegeben zu legitimieren und das Volk prinzipiell im Zustand der Unmündigkeit zu halten.

Die Ode ist demnach ein Revolutionsaufruf, ein Aufruf zum Kampf gegen die Unterdrücker im eigenen Land. Daraus geht auch hervor, daß Hölderlin in seiner Ode einen ganz anderen Vaterlandsbegriff verwendet als den bloß territorial oder national definierten: denjenigen der Republikaner, die als ›patrie‹ das von den Menschenrechten bestimmte Vaterland und als ›Patrioten‹ den dafür engagierten Bürger meinten. Dieses Vaterland war nicht das der nationalistischen Gewalttätigkeit gegen andere Völker, sondern das durch einen Befreiungskampf gegen die Tyrannei im eigenen Land zu erringende: das Vaterland der Freiheit, Gleichheit und Brüderlichkeit. Die Ode zeigt aber auch die aus dem Pietismus stammende, vom christlichen Märtyrerideal und Opfergedanken herrührende Färbung des republikanisch-revolutionären Patriotismus.

Ähnlich, wenn auch weniger offen, läßt die endgültige Fassung die Hoffnung auf den revolutionären Befreiungskampf erkennen. Die ersten beiden Strophen stellen der kampfbegeisterten revolutionären Jugend, den »Jünglingen«, die Söldnertruppen der absolutistischen Fürsten gegenüber, die zwar in der Kriegskunst geschult, »sicher der Kunst und des Arms«, aber nicht motiviert sind – und diese innere Motivation sieht Hölderlin als die entscheidende an, weshalb es heißt: »sicher || Kömmt über sie die Seele der Jünglinge«. Dieser Gegensatz bezieht sich auf die historische Erfahrung des Jahres 1792 zurück, als die Truppen der

antirevolutionären Liga unter der Führung des Herzogs
von Braunschweig den von revolutionärer Begeisterung
erfüllten französischen Truppen trotz deren schlechter Ausbildung und jugendlicher Unerfahrenheit – Hölderlin geht
darauf in einem Brief an die Mutter (Nr. 56) sogar direkt ein
– unterlagen. Diese historische Erinnerung an den siegreichen Kampf des französischen Revolutionsheers gegen das
royalistische Interventionsheer projiziert Hölderlin auf den
in der Ode imaginierten und antizipierten revolutionären
Kampf im eigenen Land, um daraus die Siegeszuversicht
für die revolutionäre Sache zu schöpfen, die schließlich in
den Ausruf mündet (v. 21f.): »Die Schlacht | Ist unser!«

Besonders aufschlußreich sind die Anspielungen auf die
Marseillaise. Wenn es in der zweiten Strophe heißt: »die
Gerechten schlagen, wie Zauberer, | Und ihre Vaterlands-
gesänge | Lähmen die Knie den Ehrelosen«, so deuten die
»Vaterlandsgesänge« direkt auf die Marseillaise und ihre in
der zeitgenössischen Literatur oft hervorgehobene Wirkung. Auch die Opposition von revolutionär motivierter
Jugend und Söldnertruppen der Gegenseite, die nur gegen
Bezahlung kämpfen und deshalb am Ende der zweiten Strophe »Ehrelose« heißen, nimmt ein wichtiges Element der
Marseillaise auf. Sie stellt den »Schlachtreihen der Söldner«
(den »phalanges mercenaires«) die »Kinder des Vaterlands«
(die »enfants de la patrie«) entgegen. Eine Anspielung auf die
Marseillaise dürfte es auch sein, wenn Hölderlin im 3. Vers
von den feindlichen »Würgern« spricht. Denn in der Anfangsstrophe der Marseillaise ist die Rede von den Feinden,
die kommen, um zu »würgen eure Söhne, eure Brüder«
(»égorger vos fils, vos compagnes«). Am Ende der vorletzten Strophe (v. 20) erscheint noch das Kennwort der
revolutionären Solidarität, für das Hölderlin auch in den
Tübinger Hymnen eine Vorliebe zeigt: Brüderlichkeit, Fraternité. Die Wendung »brüderlich ist's hier unten« bezieht
sich im unmittelbaren Kontext auf die Unterweltszene, in der
die im Freiheitskampf Gefallenen zusammen sind, ist aber
doch ein unverwechselbares Indiz des eigentlich Gemeinten.

Den historischen Hintergrund des Gedichts bilden die neuen revolutionären Hoffnungen, die sich nach dem französischen Einmarsch 1796 in Süddeutschland und dann noch einmal während des Stuttgarter Reformlandtags für Hölderlin und seine Freunde ergaben. Die endgültige Fassung ist zurückhaltender als der Entwurf, denn ein so unverhohlener Revolutionsaufruf wäre entweder nicht gedruckt worden oder hätte zur Verhaftung geführt. Die Ode läßt erkennen, daß Hölderlin in einer Zeit (1799), als er schon längst dem konkreten Verlauf der Französischen Revolution aufgrund der Terrorphase kritisch gegenüberstand (vgl. besonders die Briefe Nr. 62 und Nr. 87) und zunehmend statt der revolutionären eine evolutionäre Lösung vorzog (vgl. den Brief Nr. 133), doch den ursprünglichen revolutionären Idealen treu blieb, ja daß er trotz der im *Hyperion* verankerten grundsätzlichen Kritik an der gewaltsamen Veränderung der Verhältnisse gelegentlich wieder den revolutionären Kampf im Sinn hatte. Vgl. aus der Zeit des Entwurfs den Brief an den Bruder vom 6. August 1796: »Dir, mein Karl, kann die Nähe eines so ungeheuern Schauspiels, wie die Riesenschritte der Republikaner gewähren, die Seele innigst stärken«; aus der Zeit der endgültigen Fassung den Schlußsatz aus dem Brief an den Bruder vom 1. Januar 1799: »⟨...⟩ und wenn das Reich der Finsternis mit *Gewalt* einbrechen will, so werfen wir die Feder unter den Tisch und gehen in Gottes Namen dahin, wo die Not am größten ist, und wir am nötigsten sind«.

Der Zeitgeist

Dieses mit den beiden vorangehenden Oden im Juli 1799 an Neuffer geschickte Gedicht ist nur im Erstdruck überliefert: im ›Taschenbuch für Frauenzimmer von Bildung, auf das Jahr 1800‹, hg. v. C. L. Neuffer, Stuttgart, S. 246-247, unterschrieben: Hölderlin.

Alkäisches Versmaß.

217,7 *Ich Blöder*] Im 18. Jahrhundert hat das Wort »blö-

de« noch den Sinn von »schüchtern«, »ängstlich«. Vgl. die
Ode *Blödigkeit*.

Abendphantasie

Diese und die folgenden Oden *Des Morgens* und *Der Main*
sind spätestens im Juli 1799 entstanden, da mit dem Druck
des ›Brittischen Damenkalenders und Taschenbuchs für das
Jahr Achtzehnhundert‹ (hg. v. Johann Leonhard Hader-
mann), in dem sie erschienen sind, schon gegen Ende dieses
Monats begonnen worden ist. Der Entwurf steht auf demselben Blatt wie derjenige zur folgenden Ode *Des Morgens*.
    Alkäisches Versmaß.
    218,15 *nimmt mich*] Mundartlich für »nehmt mich«.

Des Morgens

Zu Entstehung und Überlieferung vgl. die einführende Bemerkung zum vorigen Gedicht.
    Alkäisches Versmaß.

Der Main

Zu Entstehung und Überlieferung vgl. die einführende Bemerkung zu *Abendphantasie*. Später Umarbeitung zu der
Ode *Der Neckar* (S. 243).
    Alkäisches Versmaß.
    220,9 *Suniums Küste*] Kap Sunion an der Südspitze At-
tikas, nicht weit von Athen. Der Poseidontempel auf dem
Felsen des Kaps war weithin ein Orientierungszeichen für
die Schiffahrt.
    220,10 *deine Säulen, Olympion!*] Das Olympieion in
Athen, ein Tempel des olympischen Zeus, von dem nur
noch eine Reihe riesiger Säulen steht: deshalb spricht Hölderlin von den »Säulen« des Olympion.
    220,16 *Inseln Ioniens*] Ionien ist der Name der kleinasia-
tischen Küstenlandschaft, die schon früh von den Griechen
besiedelt wurde. Die sechste Strophe spricht vom »Limonenwald« und vom »Granatbaum«, weil diese Fruchtbäume
aus Kleinasien stammen, vom »süßen Wein«, weil gerade

die ionischen Inseln, etwa Samos, wegen ihres Süßweins berühmt sind.

220,19f. *dem armen | Volk]* Eine Anspielung auf die türkische Besetzung dieser ehemals griechischen Inseln zu Hölderlins Zeit.

220,23 *Zithar]* Diese Form ist in Anlehnung an das griechische Wort »Kithara« gewählt. Die Kithara ist das bekannteste Musikinstrument der Griechen.

220,24 *Zum labyrinthischen Tanze]* In den Vorstufen des *Hyperion* ist zweimal von den »Labyrinthen des Ronnecatanzes« die Rede.

221,33-36 Diese zweitletzte Strophe spricht vom Aufenthalt des Dichters am Main, in Frankfurt, wo er 1796-1798 im Haus Susette Gontards lebte. »Still hingleitende Gesänge« (v. 35) lehrte der Main den Dichter, weil er selbst ruhigströmend, stillhingleitend ist. Damit ist auf die Bedeutung des Naturerlebens für die Dichtung der Frankfurter Zeit angespielt.

Epigramme

Die folgenden fünf, handschriftlich überlieferten Epigramme sind nicht sicher datierbar. Vielleicht hat Hölderlin sie 1799 für die von ihm geplante Zeitschrift ›Iduna‹ vorgesehen, vielleicht sind sie aber auch später entstanden, wie der handschriftliche Zusammenhang nahelegt.

προς εαυτον

Dieser griechische Titel, zu deutsch: »an sich selbst« und damit so viel wie »Selbstbeherzigung« bedeutend, erinnert an den Titel einer berühmten Schrift des römischen Kaisers Marc Aurel, des ›Philosophen auf dem Kaiserthron‹: τὰ εἰς ἑαυτόν – *Selbstgespräche*. Hölderlin besaß diese Schrift, wie aus seinem hinterlassenen Bücherverzeichnis hervorgeht. Daß sie von großer Bedeutung für ihn war, zeigt besonders die Ode *Dichtermut*. Vgl. die Erläuterungen zu dieser Ode.

Sophokles

Das Wort »Trauer« spielt auf die Trauerspiele, die Tragödien des Sophokles an, aus denen Hölderlin schon in Frankfurt und Homburg übersetzt hatte, also noch vor den späten, erst im Jahre 1804 erschienenen Übersetzungen des *König Ödipus* und der *Antigone*. Hölderlins Begriff der »Freude«, den der erste Vers des Epigramms pointiert, hat bei ihm oft eine ganz andere Bedeutung als heute. Er meint damit nicht einen Affekt, sondern einen Zustand höchster Erfüllung, in dem das ›göttlich‹ Ganze sich herstellt. Daß dies dort geschieht, wo der Einzelne tragisch untergeht, indem durch die Aufhebung des isolierten Individuums die Wahrnehmung des Ganzen erst möglich wird, drückt sich um die gleiche Zeit am Ende des *Hyperion* beim Tod Diotimas sowie im *Tod des Empedokles*, insbesondere in der theoretischen Schrift *Grund zum Empedokles* aus, später dann, in modifizierter Form, in den *Anmerkungen* zur Übersetzung des *König Ödipus* und der *Antigone*.

⟨Der zürnende Dichter⟩

Dieses Epigramm, dessen Überschrift von Ludwig Uhland und Gustav Schwab in der ersten Ausgabe von Hölderlins Gedichten (1826) stammt, spielt auf eine bekannte Stelle aus dem 2. Korinther-Brief (3, 6) an: »Denn der Buchstabe tötet, aber der Geist macht lebendig«.

⟨Die Scherzhaften⟩

Die Überschrift stammt wie diejenige des vorhergehenden Epigramms von Ludwig Uhland und Gustav Schwab in der von ihnen veranstalteten ersten Ausgabe von Hölderlins Gedichten (1826).

Wurzel alles Übels

Zum pantheistischen Horizont des Beginns: »Einig zu sein, ist göttlich und gut« vgl. den zweiten Brief im *Hyperion* (Bd. II, S. 16): »⟨. . .⟩ Eines zu sein mit Allem, was lebt! Mit diesem Worte legt die Tugend den zürnenden Harnisch, der

Geist des Menschen den Zepter weg, und alle Gedanken schwinden vor dem Bilde der ewigeinigen Welt ⟨. . .⟩ meines Herzens Asyl, die ewigeinige Welt ⟨. . .⟩«, sowie am Schluß des *Hyperion* das pantheistische Bekenntnis: »⟨. . .⟩ einiges, ewiges, glühendes Leben ist Alles«. In diesem Horizont hat Hölderlin jede sich isolierende Vereinzelung und jede Absolutsetzung eines Ichs als ungültig kritisiert.

Mein Eigentum

Der am Beginn des Gedichts beschworene Herbst ist der des Jahres 1799. Das Gedicht ist von Hölderlin nur in einem handschriftlichen Konzept, nicht reinschriftlich überliefert. Erstdruck: *Friedrich Hölderlin's sämmtliche Werke*, hg. v. Christoph Theodor Schwab, Stuttgart und Tübingen 1846, Bd. 1, S. 38f.

In der Handschrift stehn nach der zweiten Strophe die Worte: »So war's am Scheidetage«. Das Gedicht ist also wohl aus der schmerzlichen Erinnerung an die Trennung von Susette Gontard ein Jahr zuvor: im Herbst 1798 geschrieben.

Der Handschrift entsprechend steht in v. 37 »auch mir« statt »mir auch« in der StA, in v. 46 »alle« statt »allen« in der StA; andere Interpunktion gegenüber der StA in v. 7, v. 14, v. 18, v. 30, v. 40, v. 44.

222,7f. *viel der frohen | Mühe*] Der frohen Mühe des Erntens.

223,19f. *Die blühend mir geblieben sind, die | Holden Gestirne*] Die metaphorische Bezeichnung der Sterne als der Blumen des Himmels und der Vergleich der Sterne als unvergänglicher Blumen mit den vergänglichen Blumen der Erde (vgl. v. 17: »wie Rosen, vergänglich ⟨. . .⟩«) ist ein überlieferter Topos, den Hölderlin auch sonst oft verwendet. Vgl. *Emilie vor ihrem Brauttag*, v. 44: »⟨. . .⟩ über uns des Äthers Blumen glänzten ⟨. . .⟩«; *An die Hoffnung*, v. 15f.: »⟨. . .⟩ Und über mir die immerfrohen | Blumen, die blühenden Sterne, glänzen ⟨. . .⟩«.

223,30-32 *bei Stürmen, am heitern Tag | Fühl ich verzehrend euch im Busen | Wechseln, ihr wandelnden Götterkräfte]* Das ist in Analogie zum Gezeitenwechsel gedacht, der durch das Zusammenwirken der Anziehungskräfte zwischen Erde, Sonne und Mond und der mit den Bewegungen dieser Himmelskörper verbundenen Fliehkräfte erzeugt wird. Vgl. *Der Archipelagus*, v. 30-34: »⟨...⟩ Wenn von Asiens Bergen herein das heilige Mondlicht | Kömmt und die Sterne sich in deiner Woge begegnen, | Leuchtest du von himmlischem Glanz, und so, wie sie wandeln, | Wechseln die Wasser dir, es tönt die Weise der Brüder | Droben, ihr Nachtgesang, im liebenden Busen dir wider«.

223,41f. *du | Beglückender]* Hier wird der leitmotivisch pointierte Grundgedanke des Gedichts zum Höhepunkt geführt: der des Glücks in einem erfüllten Dasein. Nachdem der Dichter zuerst die von ihrer Lebenswirklichkeit Beglückten beneidet hat (vgl. v. 16: »⟨...⟩ wie um Glückliche ⟨...⟩«; v. 21f.: »Beglückt, wer, ruhig liebend ein frommes Weib, | Am eignen Herd in rühmlicher Heimat lebt ⟨...⟩«), entdeckt er nun den »Gesang« als das ganz ihm Eigene, ihn Beglückende.

224,52 *Parze]* Vgl. die Ode *An die Parzen*.

Gesang des Deutschen

Entwurf und erste Ausführung dieses Gedichts sind in einer Sammelhandschrift der Ode *Der Prinzessin Auguste von Homburg* unmittelbar benachbart. Daß die Reinschriften beider Gedichte aus dem Besitz der Prinzessin Auguste erhalten sind, läßt darauf schließen, daß Hölderlin wohl beide zusammen der Prinzessin kurz vor ihrem 23. Geburtstag am 28. November 1799 (vgl. Hölderlins Datierung der Geburtstagsode) geschickt hat. Der *Gesang des Deutschen* dürfte also wie die Geburtstagsode kurz vorher entstanden sein. Vgl. das Dankesschreiben der Prinzessin an Hölderlin, das in der einführenden Bemerkung zur Geburtstagsode zitiert ist.

Alkäisches Versmaß. Dreiteiliger symmetrischer Aufbau: Die ersten 6 Strophen wenden sich Deutschland zu, das dreistrophige Mittelstück gilt dem Anruf Griechenlands, die abschließenden 6 Strophen richten sich wieder an Deutschland, wobei nun die Erinnerung an Griechenland die erhoffte deutsche Zukunft mitstrukturiert: deshalb der Anruf Uranias (v. 52) und die Frage: »Wo ist dein Delos, wo dein Olympia?« (v. 57).

Auf einem gesonderten Blatt hat Hölderlin unter dem Titel *Gesang des Deutschen* folgende Verse des Horaz (*Carmina* III 4, 65-67) notiert, die er wohl als Motto des Gedichts erwog:

> Vis consilî expers mole ruit sua;
> Vim temperatam Di quoque provehunt
> In majus.
>
> Horat.

(»Gewalt ohne geistige Lenkung bricht durch ihr eigenes Gewicht in sich zusammen; gezügelte Gewalt leiten die Götter sogar noch zu Höherem.«)

ÜBERBLICKSKOMMENTAR Schon das ursprünglich erwogene Motto läßt erkennen, daß Hölderlin hier wie in einer Reihe anderer Gedichte (vor allem in der Hymne *Germanien*), im *Hyperion* und in dem Brief an Ebel vom 10. Januar 1797 (Bd. III, Nr. 133) an der Stelle der bloßen Gewalt, die er in der Entartung der Französischen Revolution als widerlegt ansah, ein Konzept geistig-kultureller Entwicklung vorzieht. Nachdem in Frankreich das revolutionäre Modell gescheitert ist, setzt er nun seine Hoffnungen auf evolutionäres Geschehen in Deutschland. Am bündigsten zeigt das der genannte Brief an Ebel, den Bewunderer der Französischen Revolution und Übersetzer der revolutionären Programmschriften von Sieyès. Er fordert ihn auf, sich von der »schmutzigen Wirklichkeit« in Paris abzuwenden, in der die revolutionären Ideale untergegangen seien, und sich Deutschland als dem Land einer geistig-kulturellen Zukunft zuzuwenden, in dem sich die wahre Erneuerung der Menschheit ankündige. Dabei zeigt sich schon die gleiche Akzentuierung des Evolutionären, des stillen Wachsens

und Reifens, Denkens, Arbeitens und Wirkens wie dann in
der Ode: »Je stiller ein Staat aufwächst, umso herrlicher
wird er, wenn er zur Reife kömmt. Deutschland ist still,
bescheiden, es wird viel gedacht, viel gearbeitet, und große
Bewegungen sind in den Herzen der Jugend ⟨. . .⟩« (vgl.
v. 38ff.: »⟨. . .⟩ ist denn Einer auch | Von unsern Jünglin-
gen, der nicht ein | Ahnden, ein Rätsel der Brust, ver-
schwiege?«). »Sie sagen es selbst, Lieber! man solle von nun
an dem Vaterlande leben. Werden Sie es bald tun? Kommen
Sie! Kommen Sie hieher! Ich begreife Sie nicht, wenn Sie
nicht hieher kommen. Sie sind ein armer Mann in Paris«.

   Die Hinwendung zu einer im wesentlichen kulturell bestimmten deutschen Größe folgt aber nicht nur aus der
Enttäuschung durch die Französische Revolution. Darin
zeigt sich auch die zunehmende Enttäuschung der Hoffnungen auf eine realpolitische Änderung der deutschen
Verhältnisse, seit die französischen Invasionstruppen, statt
wie verheißen, die Menschenrechte in Deutschland durch-
zusetzen, nur noch Annexionspolitik betrieben und seit die
französische Reaktion, Napoleon an der Spitze, mehr und
mehr die deutschen Fürsten, besonders den Herzog von
Württemberg, gegen die republikanischen Bestrebungen
des Bürgertums (wie sie zuletzt im Württembergischen Re-
formlandtag 1797-1799 Ausdruck gefunden hatten) unterstützte. Aus dieser Enttäuschung der Hoffnungen auf eine
realpolitische, nicht zuletzt verfassungsmäßige Änderung
der bestehenden äußeren Verhältnisse ergab sich eine stärkere Wendung nach innen, ins Geistig-Kulturelle, wenn
auch Hölderlin nie die Hoffnung auf reale Änderungen
aufgab – deshalb fragt er in der ungefähr gleichzeitigen Ode
An die Deutschen, wo er die Deutschen tadelnd »tatenarm
und gedankenvoll« nennt (v. 4): »Aber kommt, wie der
Strahl aus dem Gewölke kommt, | Aus Gedanken viel-
leicht, geistig und reif die Tat?« (v. 5f.).

   Mit der Betonung besonderer deutscher Möglichkeiten
zur Gewinnung geschichtlicher Größe steht Hölderlin
auch in der beginnenden nationalen Reaktion auf die fran-

zösische Eroberungspolitik. Diese Reaktion bildete sich aus der Bedrohung der nationalen Identität in den weiteren Eroberungszügen Napoleons heraus und erreichte später während der Befreiungskriege einen Höhepunkt. Zugleich knüpft Hölderlin an ältere, besonders von Klopstock und Herder ausgeprägte Muster an, die das deutsche kulturelle Selbstgefühl angesichts der erdrückenden Dominanz französischer Kultur im 18. Jahrhundert formierten. Auch die Rückbeziehung der eigenen kulturellen Kraft auf die große griechische Kultur ist schon bei Klopstock und Herder vorgegeben, die immer wieder den schöpferischen Geist der Deutschen mit dem der Griechen vergleichen. Vgl. Klopstocks 1774 veröffentlichte *Deutsche Gelehrtenrepublik*. Herder hat besonders in seinen Schriften aus der Zeit des Sturm und Drang eine deutsche kulturelle Größe gefordert und nach Wegen zur Erweckung schöpferischer Kraft gesucht; in den 1793-1797 erschienenen *Humanitätsbriefen* propagiert er zwar eine aus universalem Geist gespeiste Humanität, zugleich aber doch, vor dem Hintergrund einer nun im Verlauf weniger Jahrzehnte bedeutend gewordenen deutschen Literatur und Philosophie, ein deutsches kulturelles Selbstbewußtsein. Zugleich drückt er darin die Gewißheit aus, daß die deutsche Größe erst noch im Werden sei. Wieland konnte in seinen 1793 geschriebenen *Betrachtungen über die gegenwärtige Lage des Vaterlandes* fragen: »Wo ist ein Volk in Europa das sich einer nähern Anlage zu immer zunehmender Verbesserung seines Zustandes, eines größern Flors der Wissenschaften, mehrerer, oder vielmehr, so vieler und so gut eingerichteter öffentlicher Erziehungsanstalten, Schulen und Universitäten ⟨. . .⟩ zu rühmen hätte, als die Teutschen, im Ganzen genommen?« (Christoph Martin Wieland, *Meine Antworten. Aufsätze über die Französische Revolution, 1789-1793. Nach den Erstdrucken im ›Teutschen Merkur‹,* hg. v. Fritz Martini, Marbach a. N. 1983, S. 118f.)

Johann Wilhelm von Archenholtz, der vom Jahre 1792 an die historisch-politische Zeitschrift ›Minerva‹ herausgab, richtete 1792 ein *Schreiben des Herausgebers an die fran-*

zösische Nationalversammlung, in dem er Wissenschaft, Kunst, Bildung und Erziehung in Deutschland als vorbildlich darstellt und darauf hinweist, daß die deutsche Intelligenz in Frankreich oft verhöhnt worden sei (vgl. *Gesang des Deutschen*, v. 6-8: »⟨. . .⟩ doch höhnen sie | Dich ⟨. . .⟩«) (›Minerva‹, 1792, II, S. 435-444). In seinem 1793 erschienenen zweiten Band der *Geschichte des siebenjährigen Krieges* heißt es: »⟨. . .⟩ Schon lange behaupteten die Deutschen den Ruhm, das gelehrteste Volk der Erde zu sein. Sie drangen tief in die Wissenschaften, studierten die Sprachen aller Nationen, deren Lehrer sie durch ihren eisernen Fleiß in so vielen Zweigen des menschlichen Wissens wurden. Bei allen diesen großen Vorzügen aber waren diese Gelehrten Pedanten ⟨. . .⟩ Hiezu kam eine noch unkultivierte Sprache. Erst dann wurde sie kultiviert, erst dann wurde ihre Schönheit, ihr Reichtum, ihre Energie erkannt, als unsterbliche Dichter sie mit dem Götterfunken des reinen Genies belebten ⟨. . .⟩ Nun geschahen sehr bald auf den wissenschaftlichen Feldern die Riesenschritte, deren Größe die fremden Nationen aus Mangel an Sprachkenntnis noch jetzt nicht zu beurteilen vermögen« (S. 250-252). Nach einer Darstellung der großen kulturellen Leistungen auf allen Gebieten fährt er fort: »Nun fing die große Kultur-Epoche der Deutschen an; ein National-Glück ⟨. . .⟩«, die Deutschen pflanzten »unvergängliche Trophäen im Reiche des Wissens, und nahmen als ein hoch ausgebildetes Volk in Minervens Tempel die Ehrenstelle ein ⟨. . .⟩« (S. 253f.).

Seit 1795 nahm die Zahl der Schriften über Deutschlands geistig-kulturellen Aufschwung zu, wobei immer wieder die Grundmotive von Hölderlins Ode hervortreten: nicht nur das Lob von Wissenschaft, Kunst, Dichtung und Philosophie, von Fleiß und Tüchtigkeit, sondern auch der Hinweis auf das eher stille, »schweigende« Wirken der Deutschen, auf ihre »Tiefe«, ihren »Ernst«, ihr Verkanntsein durch die andern. Der bekannte Kunstkritiker Eschenburg entwarf in der Zeitschrift ›Minerva‹ 1795 *Grundzüge eines Gemäldes der deutschen Literatur und Geschmacksbildung*,

worin er ein detailliertes Bild von der Entwicklung der
deutschen Kultur während der drei letzten Jahrzehnte gab.
Zwischen dieser Artikelfolge Eschenburgs erschien ein Gedicht Gernings mit dem Titel *Deutschland*, das den Natio-
nalstolz durch Betonung der deutschen kulturellen und
wissenschaftlichen Errungenschaften heben will und das
Volk preist, das »schweigend groß | Viel für die Welt er-
fand«. Wilhelm von Humboldt verglich in den Jahren
seines Pariser Aufenthalts vor der Jahrhundertwende immer wieder den französischen und den deutschen National-
charakter in seinen Briefen, wobei er an den Deutschen den
Geist, das Gemüt und die Tendenz zum Idealen hervorhebt,
auch ihre auf Harmonie angelegte Universalität (analog
grüßt Hölderlin das »Vaterland« in seiner Ode v. 49f. »mit
neuem Namen«: mit dem der »Urania«, der Muse der kos-
misch-universalen Harmonie); und wie Hölderlin Deutschland »Adel« zuschreibt (v. 49), so stellt Humboldt in seinem
Brief an Goethe vom 7. 12.1797 fest: »In der Tat rechne ich
es zu den Vorzügen meines hiesigen Aufenthaltes, daß mir
die deutsche Natur in ihrem Adel und ihrer Vortrefflichkeit
erst hier klar werden wird«. Wenige Monate nach Hölderlins *Gesang des Deutschen* schrieb Humboldt, im Januar 1800,
ein Gedicht *An den erwarteten Sohn*, das ganz von einer analogen Konzeption zeugt: vom Verkennungsmotiv über die
Stille, die Tiefe und den Ernst der Deutschen, über den
Vergleich mit den Griechen bis zu Deutschlands Sendung,
die nicht in Gewalt und Krieg, sondern im kulturellen
Schöpfertum liege (in der vorletzten Strophe von Hölderlins Ode ist die Rede vom »Werk ⟨. . .⟩ aus Liebe geboren«):
     Und Dir gab das Geschick, die Höhen und Tiefen der
                                           Menschheit
     Eigner und besser zu schaun, höher und reicher die
                                           Kraft.
     Denn die Sprache Teutoniens ist's, die, geschmeidiger
                                           Bildung,
     Einst dir des ahnenden Geists Erstlingsgedanken
                                           erschließt;

Sie, die von eigenem Stamm entsprossen, und kräftig
und edel
Näher des Griechen Flug rauschende Fittige
schwingt.
Wenig wird noch erkannt das Volk, das still und
bescheiden,
Aber tieferen Ernsts kühnere Bahnen sich bricht;
Doch sie kommt die vergeltende Zeit, schon winkt sie
nicht fern mehr,
Wo es dem Folgegeschlecht zeichnet den leuchtenden
Pfad.
Nicht mit Waffen wird es, nicht kämpfen in blutigen
Kriegen,
Sichrer herrschet durchs Wort, edler sein schaffender
Geist.

Obwohl Schiller ebenso wie Humboldt ein Weltbürger
war, hat er in einem nicht sicher datierbaren Gedichtent-
wurf (von späteren Herausgebern *Deutsche Größe* betitelt)
um die gleiche Zeit inmitten des politischen Niedergangs
die deutsche Kulturnation und ein Reich des Geistes beschworen. »Dieses Reich blüht in Deutschland, es ist in
vollem Wachsen ⟨. . .⟩ indem das politische Reich wankt,
hat sich das geistige immer fester und vollkommener gebildet ⟨. . .⟩ Ihm ⟨dem Deutschen⟩ ist das Höchste be-
stimmt, | Und so wie er in der Mitte von | Europens
Völker sich befindet, | So ist er der Kern der Menschheit
⟨. . .⟩ Jedes Volk hat seinen Tag in der Geschichte, doch der
Tag des Deutschen ist die Ernte der ganzen Zeit ⟨. . .⟩«.
Wie Hölderlin von der »reifesten Frucht der Zeit« (v. 50),
so spricht Schiller von der »goldnen Frucht« und davon,
daß »der Tag des Deutschen die Ernte der ganzen Zeit«
ist.

Auch die jüngere Generation, der Hölderlin selbst angehörte, bestätigte die Diagnose, die Humboldt in seinem
Brief an Goethe vom 30. 5. 1800 von Madame de Staël
entlieh: »Les Allemans n'ont point une patrie politique,
mais ils se sont fait une patrie littéraire et philosophique,

Sie, die von eigenem Stamm entsprossen, und kräftig
und edel
Näher des Griechen Flug rauschende Fittige
schwingt.
Wenig wird noch erkannt das Volk, das still und
bescheiden,
Aber tieferen Ernsts kühnere Bahnen sich bricht;
Doch sie kommt die vergeltende Zeit, schon winkt sie
nicht fern mehr,
Wo es dem Folgegeschlecht zeichnet den leuchtenden
Pfad.
Nicht mit Waffen wird es, nicht kämpfen in blutigen
Kriegen,
Sichrer herrschet durchs Wort, edler sein schaffender
Geist.

Obwohl Schiller ebenso wie Humboldt ein Weltbürger
war, hat er in einem nicht sicher datierbaren Gedichtent-
wurf (von späteren Herausgebern *Deutsche Größe* betitelt)
um die gleiche Zeit inmitten des politischen Niedergangs
die deutsche Kulturnation und ein Reich des Geistes beschworen. »Dieses Reich blüht in Deutschland, es ist in
vollem Wachsen ⟨. . .⟩ indem das politische Reich wankt,
hat sich das geistige immer fester und vollkommener gebildet ⟨. . .⟩ Ihm ⟨dem Deutschen⟩ ist das Höchste be-
stimmt, | Und so wie er in der Mitte von | Europens
Völker sich befindet, | So ist er der Kern der Menschheit
⟨. . .⟩ Jedes Volk hat seinen Tag in der Geschichte, doch der
Tag des Deutschen ist die Ernte der ganzen Zeit ⟨. . .⟩«.
Wie Hölderlin von der »reifesten Frucht der Zeit« (v. 50),
so spricht Schiller von der »goldnen Frucht« und davon,
daß »der Tag des Deutschen die Ernte der ganzen Zeit«
ist.

Auch die jüngere Generation, der Hölderlin selbst angehörte, bestätigte die Diagnose, die Humboldt in seinem
Brief an Goethe vom 30. 5. 1800 von Madame de Staël
entlieh: »Les Allemans n'ont point une patrie politique,
mais ils se sont fait une patrie littéraire et philosophique,

worin er ein detailliertes Bild von der Entwicklung der
deutschen Kultur während der drei letzten Jahrzehnte gab.
Zwischen dieser Artikelfolge Eschenburgs erschien ein Gedicht Gernings mit dem Titel *Deutschland*, das den Natio-
nalstolz durch Betonung der deutschen kulturellen und
wissenschaftlichen Errungenschaften heben will und das
Volk preist, das »schweigend groß | Viel für die Welt er-
fand«. Wilhelm von Humboldt verglich in den Jahren
seines Pariser Aufenthalts vor der Jahrhundertwende immer wieder den französischen und den deutschen National-
charakter in seinen Briefen, wobei er an den Deutschen den
Geist, das Gemüt und die Tendenz zum Idealen hervorhebt,
auch ihre auf Harmonie angelegte Universalität (analog
grüßt Hölderlin das »Vaterland« in seiner Ode v. 49f. »mit
neuem Namen«: mit dem der »Urania«, der Muse der kos-
misch-universalen Harmonie); und wie Hölderlin Deutschland »Adel« zuschreibt (v. 49), so stellt Humboldt in seinem
Brief an Goethe vom 7. 12.1797 fest: »In der Tat rechne ich
es zu den Vorzügen meines hiesigen Aufenthaltes, daß mir
die deutsche Natur in ihrem Adel und ihrer Vortrefflichkeit
erst hier klar werden wird«. Wenige Monate nach Hölderlins *Gesang des Deutschen* schrieb Humboldt, im Januar 1800,
ein Gedicht *An den erwarteten Sohn*, das ganz von einer analogen Konzeption zeugt: vom Verkennungsmotiv über die
Stille, die Tiefe und den Ernst der Deutschen, über den
Vergleich mit den Griechen bis zu Deutschlands Sendung,
die nicht in Gewalt und Krieg, sondern im kulturellen
Schöpfertum liege (in der vorletzten Strophe von Hölderlins Ode ist die Rede vom »Werk ⟨. . .⟩ aus Liebe geboren«):

Und Dir gab das Geschick, die Höhen und Tiefen der
Menschheit
Eigner und besser zu schaun, höher und reicher die
Kraft.
Denn die Sprache Teutoniens ist's, die, geschmeidiger
Bildung,
Einst dir des ahnenden Geists Erstlingsgedanken
erschließt;

werden. Aus dem Morgentraum der unbehülflichen Kindheit erwacht, übt ein Teil des Geschlechts seine ersten
Kräfte ⟨...⟩ Noch sind alles Andeutungen ⟨...⟩ aber sie
verraten dem historischen Auge eine universelle Individualität, eine neue Geschichte, eine neue Menschheit ⟨...⟩«
(HKA 519). Wie die zuletzt zitierten Worte zeigen, faßt
Novalis die Deutschheit nicht eng national auf, sondern als
universales Prinzip. Diese frühromantische Universalität,
in der das kosmopolitische und philanthropische Erbe der
Aufklärung aufbewahrt und zu einem umfassenden Har-
monie-Denken gesteigert ist, findet in der drittletzten Strophe von Hölderlins Ode ihren poetischen Ausdruck, wenn
das »Vaterland« mit dem »neuen Namen« gegrüßt wird, in
dem es sich selbst überschreitet: mit dem der »Urania«, der
griechischen Muse kosmischer Harmonie.

224,12 *Blöde*] Im 18. Jahrhundert hat dieses Wort noch
die Bedeutung »ängstlich«, »schüchtern«.

225,22 *wo der Fleiß in der Werkstatt schweigt*] »Wo mit
stummem Fleiß in der Werkstatt gearbeitet wird«.

225,25 *Minervas Kinder*] Minerva ist der römische Name
für Pallas Athene, die Schutzgöttin der Athener. Die Athener heißen gerade an dieser Stelle »Minervas Kinder«, weil
Athene die Lehrerin aller handwerklichen Kunstfertigkei-
ten ist und als Göttin der Weisheit Philosophen und Dichter
schützt – in der vorhergehenden Strophe ist von den deutschen Städten die Rede, wo der »Fleiß in der Werkstatt«
schweigt, die »Wissenschaft« gedeiht und der »Künstler«
am ernsten Werke ist. So werden also die Deutschen mit den
Athenern verglichen.

225,26 *Ölbaum*] Bei den Griechen das Zeichen des Friedens und des Gedeihens, damit auch der Kultur.

225,29 *Platons frommer Garten*] Platons Akademie lag in
einem parkähnlichen Gelände bei Athen. Ihren Namen hatte sie von dem Heros Akademos, der dort in einem Hain
verehrt wurde.

225,30 *Am alten Strome*] Am Kephisos.

pour la gloire de laquelle ils sont remplis du plus noble
enthousiasme« (»Die Deutschen haben keine politische Heimat, aber sie haben sich eine literarische und philosophische
Heimat geschaffen, für deren Ruhm sie von der edelsten
Begeisterung erfüllt sind«). In seinem Aufsatz *Über das Studium der griechischen Poesie* (1795) betont Friedrich Schlegel,
nur in Deutschland seien das Studium der Griechen und die
Ästhetik so weit gediehen, daß dadurch Dichtkunst und
Kultur entscheidend bestimmt würden. Und er greift den
schon gängigen und auch in Hölderlins Ode wiedererschei-
nenden Gedanken auf, daß die Deutschen sich selbst ver-
kennen, zu wenig Selbstvertrauen haben: »Anspruchslose
Erfindsamkeit und bescheidne Kraft aber sind ursprünglich charakteristische Züge dieser Nation, die sich oft
verkennt« (vgl. *Gesang des Deutschen*, v. 11f.: »Oft zürnt' ich
weinend, daß du immer | Blöde die eigene Seele leugnest«).
Im Jahr 1800 veröffentlichte Friedrich Schlegel im ›Athenäum‹ ein Gedicht *An die Deutschen*, in dem es heißt:
»Europas Geist erlosch; In Deutschland fließt | Der Quell
der neuen Zeit ⟨...⟩«, und er begründet dies in seinen
Schriften immer wieder durch den Hinweis auf die Blüte
von »Kunst und Wissenschaft«, d. h. für ihn von Poesie und
idealistischer Philosophie. Novalis schrieb 1799 in seinem
Aufsatz *Die Christenheit oder Europa:* »In Deutschland ⟨...⟩
kann man schon mit voller Gewißheit die Spuren einer
neuen Welt aufzeigen. Deutschland geht einen langsamen,
aber sichern Gang vor den übrigen europäischen Ländern
voraus. Während diese durch Krieg, Spekulation und Par-
tei-Geist beschäftigt sind, bildet sich der Deutsche mit
allem Fleiß zum Genossen einer höhern Epoche der Kultur
⟨...⟩ In Wissenschaften und Künsten wird man eine gewaltige Gärung gewahr ⟨...⟩ Nie waren die Wissenschaften in besseren Händen, und erregten wenigstens größere
Erwartungen ⟨...⟩ Eine gewaltige Ahndung der schöpferischen Willkür, der Grenzenlosigkeit, der unendlichen
Mannigfaltigkeit, der heiligen Eigentümlichkeit und der
Allfähigkeit der inneren Menschheit scheint überall rege zu

225,32 *Vogel der Nacht]* Die Eule, das der Athene heilige Tier.

225,33 *O heilger Wald! o Attika!]* Die Landschaft, in der Athen liegt, Attika, ist von Bergzügen mittlerer Höhe bestimmt, die in der Antike reich bewaldet waren. Zur tieferen Bedeutung vgl. die Erläuterung zu v. 35f.

225,33 *Er]* In der Handschrift steht zuerst »der Gott«.

225,35f. *die dich belebt, die | Flammen]* Die stoische Naturphilosophie, die in der Antike von großer Bedeutung war und die Hölderlin schon früh aus einer ihrer Hauptüberlieferungen kennengelernt hatte (aus Ciceros Schrift *De natura deorum – Vom Wesen der Götter*, über die er in Tübingen eine Vorlesung gehört hatte), erklärte das Feuer (πῦρ), das sie mit dem Äther und dem Pneuma gleichsetzte und geradezu als Sperma bezeichnete, zum belebenden Prinzip allen Daseins. Indem es in die Materie eingeht, erweckt es diese erst zum schöpferischen Leben. Das griechische Wort für »Stoff«, »Materie« (ὕλη) heißt zugleich auch »Wald« – indem Hölderlin vom »heiligen Wald« Attikas und von den Flammen spricht, die ihn belebt haben, meint er also die schöpferische Belebung der ὕλη in der großen Zeit der griechischen Kultur. Ferner war es stoische Lehre, daß die großen Weltperioden sowohl durch das Feuer belebt und beseelt werden wie auch ihr Ende durch das Feuer finden: am Ende einer Weltperiode geht alles in Feuer über. Das Feuer, das früher *im* Leben wirkte und in ihm als schöpferisches Prinzip gebunden war, wird am Ende zerstörerisch – wie Hölderlin sagt – »entbunden«. Für diese zerstörerische Entfesselung des einst belebenden Feuers hat die stoische Naturphilosophie den festen Begriff ἐκπύρωσις (»Auflösung der Welt im Feuer«). Zahlreiche Nachweise zu dieser stoischen Feuerlehre bei Ioannes ab Arnim (Hg.), *Stoicorum veterum fragmenta*, Bd. 4 (Index), Stuttgart 1978 (Reprint der Ausgabe von 1924), Stichwort πῦρ, ἐκπύρωσις.

226,51f. *Du letzte und du erste aller | Musen, Urania]* Urania ist die »letzte« in der Reihenfolge der neun Musen, ihrem Range nach aber die »erste« als Göttin der allumfas-

senden kosmischen Harmonie. Als Göttin der Harmonie
und Ordnerin des Chaos erscheint Urania auch im *Hyperion*
(Bd. II, S. 68): »Ich stand vor ihr, und hört und sah den
Frieden des Himmels, und mitten im seufzenden Chaos
erschien mir Urania«.

226,57 *Wo ist dein Delos, wo dein Olympia]* Delos ist nach
der Sage die Geburtsstätte des Lichtgottes Apollon. Ihm
war die Insel deswegen besonders heilig, und jährlich fand
bei seinem Tempel ein Fest statt. Im Jahre 425 v. Chr. rich-
teten die Athener ein alle vier Jahre stattfindendes Groß-
Fest nach Art der panhellenischen Spiele ein, wie sie, ebenfalls alle vier Jahre, in Olympia stattfanden. Bei diesen
Festen und Spielen war das ganze Griechenland versammelt: diese allumfassende Harmonie ist das Wunschbild des
Dichters auch für Deutschland. Von Delos heißt es im *Hyperion* (Bd. II, S. 22f.): »Hier wohnte der Sonnengott einst,
unter den himmlischen Festen, wo ihn, wie goldnes Gewölk, das versammelte Griechenland umglänzte«. Der
Wunsch nach einem deutschen Delos und Olympia ist zugleich auch ein Reflex der in der zeitgenössischen Literatur
oft geäußerten Klage über die Zersplitterung Deutschlands
und das Fehlen einer Hauptstadt als eines einigenden und
alles geistige und kulturelle Leben repräsentierenden Zentrums.

Der Prinzessin Auguste von Homburg
Den 28ten Nov. 1799

Zu Entstehung und Überlieferung vgl. die einführende Bemerkung zum vorigen Gedicht.

Alkäisches Versmaß.

Hölderlin überreichte der Prinzessin das Gedicht an ihrem 23. Geburtstag. Sie dankte ihm mit folgenden Zeilen:
»Die Empfindungen der Dankbarkeit bei Erhaltung Ihrer
Geschenke, nötigen mich Ihnen diese Zeilen zu senden,
auch der Wunsch begleitet sie, Ihres schmeichelhaften Lieds
nicht unwürdig zu sein: doch das bin ich nicht. – Ihre
Laufbahn ist begonnen, so schön und sicher begonnen, daß

sie keiner Ermunterung bedarf; nur meine wahre Freude an
Ihre Siege und Fortschritte wird sie immer begleiten.
Auguste.« Auf diesen Brief nimmt die Widmung der
Sophokles-Übersetzungen vom Jahre 1804 Bezug.

ÜBERBLICKSKOMMENTAR Die beiden ersten Strophen sind
als Schwelle gestaltet: sie spielen auf das spätherbstliche
Datum des Geburtstags an und bilden einen klassischen
›Natureingang‹. Darauf folgt eine erste Dreiergruppe von
Strophen, die als Geschenk zum Geburtstagsfest der Prinzessin etwas »Andres ⟨. . .⟩ Größeres« (v. 9) vorstellen als
die spätherbstlich am Wege wachsenden »Blumen«: sie enthalten die Vision einer schön erfüllten Friedenszeit, die auf
das hinabhallende »Gewitter« (v. 11) des im März 1799
ausgebrochenen zweiten Koalitionskrieges folgen wird.
Dann gesellen sich − und darin drückt sich zugleich der
Wunsch nach einer insgesamt anderen, freieren Gesellschaft
aus − den fürstlich »Freigebornen« (v. 15 − ein Plural und
kein auf die Prinzessin allein zu beziehender Singular!) diejenigen, die sich durch Tatkraft und Geisteskraft auszeich-
nen: der »Heroe« (v. 17) und die »Weisen«, die Philosophen.
Die letzten drei Strophen stellen dazu noch, wenn auch in
bescheidenem Abstand, den »Sänger« (v. 21), den Dichter
selbst. Die 6. Strophe nennt alle Bereiche zusammen: den
»Sänger« mit seiner Kunst, der »Edlen Glück«, d. h. den
Stand der fürstlich »Freigebornen«, zu dem die Prinzessin
zählt, die »Tat und den Ernst der Gewalt'gen«, d. h. der
Helden und der großen »Weisen«, die schon in v. 20 »die
ernsten ⟨. . .⟩« heißen. Von dieser Vision einer neuen gesellschaftlichen Einheit und Harmonie im Großen, die der
Dichter als ideales Ziel entwirft, nehmen sich die beiden
letzten Strophen zurück zum konkreten Anlaß des Gedichts.

    226,2 *in hesperischer Milde*] Hesperia ist in antiker Dich-
tung, besonders bei Horaz, eine Bezeichnung für Italien
(Horaz, *Carmina* III 6, 8; IV 5, 38), so auch bei Hölderlin in
dem Gedicht *An die klugen Ratgeber*, v. 10. Zugleich wird
damit die Sage vom Garten der Hesperiden assoziiert.

Der Frieden

Handschriftlich im gleichen Zusammenhang überliefert und ungefähr gleichzeitig entstanden wie die Entwürfe zu den Oden *Gesang des Deutschen* und *Der Prinzessin Auguste von Homburg*, also im Spätherbst 1799, jedoch nicht wie diese später vollendet: in der ersten und in der siebten Strophe sind noch Lücken. Aus der verworrenen Handschrift hat erst Werner Kirchner die richtige Abfolge der Strophen und damit den schlüssigen Zusammenhang des Gedichts hergestellt (Werner Kirchner, *Hölderlins Entwurf »Die Völker schwiegen, schlummerten . . .« und die Ode »Der Frieden«,* in: Werner Kirchner, *Hölderlin, Aufsätze zu seiner Homburger Zeit,* Göttingen 1967, S. 7-33, hier S. 23-33). Seiner Anordnung folgt der in dieser Ausgabe abgedruckte Text (abweichend vom Text in der *Großen Stuttgarter Ausgabe*). Zunächst hatte Hölderlin mit Stichworten folgenden Entwurf skizziert:

Helden
Die unerhörte Schlacht
O die du
    Der Menschen jähes Treiben
Und unerbittlich.   sein Stamm erzittert.
                         heilige Nemesis
   triffst du die Toten auch, es ruhten
      Unter Italiens Lorbeergärten
         so sanft die alten Eroberer
Noch standen ihre Götter pp.
Doch
                    aber nicht dort allein
    Schweiz Rhein
Komm endlich goldner Friede pp. –. Didaktischer
                       Ausgang.

Alkäisches Versmaß.

ÜBERBLICKSKOMMENTAR Wie die gleichzeitig begonnenen Oden *Gesang des Deutschen* und *Der Prinzessin Auguste von*

Homburg und die ebenfalls aus dieser Zeit stammende Ode *Der Prinzessin Amalie von Dessau* zeugt diese Ode von der Friedenssehnsucht, die den Dichter im Herbst 1799 bewegte. Im März 1799 war der zweite Koalitionskrieg ausgebrochen, in dem die Franzosen zunächst die Niederlage in der Schlacht von Novi (15. 8. 1799) und damit den Verlust Italiens hinnehmen mußten. Darauf folgte die Landung eines britisch-russischen Expeditionskorps in Holland (27. 8.), im September scheiterte die russische Offensive in der Schlacht von Zürich (25.-27. 9.), im Oktober zogen sich die Briten aus Holland zurück (18. 10.). Nach der – später als das Gedicht datierenden – Wiederherstellung der französischen Vormachtstellung in Italien durch Napoleons Sieg von Marengo (14. 6. 1800) führte der Frieden von Lunéville zwischen Frankreich und Österreich (9. 2. 1801) und der Frieden von Amiens zwischen Frankreich und Großbritannien (25. 3. 1801) nur zu kurzer Waffenruhe. Unter dem Eindruck dieser Friedensschlüsse entstand die *Friedensfeier*.

Am 4. September 1799 schrieb Hölderlin der Mutter: »Ich hoffe den Frieden von Herzen, und halte ihn auch aus den allgemeinsten Gründen für nötig und heilsam und von unabsehlicher Wichtigkeit. Vielleicht ist er auch so entfernt nicht, als es scheint«.

Wie der *Gesang des Deutschen* gliedert sich diese Ode symmetrisch in 6 + 3 + 6 Strophen. Die ersten sechs Strophen evozieren das Kriegsgeschehen, die drei Mittelstrophen rufen den Frieden herbei, die abschließende Sechsergruppe ordnet das Geschehen in einen weiteren Horizont ein: zunächst gelten drei Strophen der allgemein-menschlichen Disposition zum Unfrieden, die letzten drei Strophen heben das Kriegsgeschehen in der großen unbeirrbar harmonischen Ordnung der Natur auf.

227,1 *die alten Wasser*] In den Lesarten ist von den »alten Wassern Deukalions« die Rede. Nach der Deukalion-Sage, einer antiken Sintflutgeschichte, die Platon zu den ältesten Mythen der Hellenen rechnet (*Timaios* 22 a ff.) und Ovid

ausführlich in seinen *Metamorphosen* (I 262-415) erzählt,
wollte Zeus das menschliche Geschlecht wegen seiner Ver-
derbnis durch eine große Wasserflut vernichten. Deuka-
lion, der Sohn des Prometheus, und seine Frau Pyrrha
können sich aber vor dem Untergang retten.

227,5 *gählt*] Wahrscheinlich gleichbedeutend mit schwä-
bisch »geilen«: »übermütig schwellen«, »überborden«. Vgl.
Schiller, *Fiesko* I 9: »Mein Genie geilte frühzeitig über jedes
Gehege«.

228,14 *Den Feigern und den Übergewaltgen*] Der polare
Ausdruck meint die Gesamtheit: alle sind der Macht der
Nemesis ausgeliefert.

228,18 *Nemesis*] Schicksalsgöttin, die jedem sein
Schicksal, sein Verhängnis zuteilt, gelegentlich als Straferin
und Rächerin aufgefaßt.

228,20 *Italiens Lorbeergärten*] Anspielung auf die Kämpfe in Italien, wo die Franzosen in der Schlacht von Novi am
15. 8. 1799 geschlagen wurden.

228,22 *des müßigen Hirten*] Anspielung auf die Schweiz,
die im Jahr 1799 ein Hauptkriegsschauplatz war.

228,25f. *du der heiligen Musen all,* | *Und der Gestirne Lieb-
ling*] Liebling der Musen ist der Friede, weil er alle Künste
zum Gedeihen bringt, Liebling der Gestirne, weil er der
kosmischen Harmonie am meisten entspricht.

228,30 *Mit deinen ungeschriebnen Gesetzen*] Anspielung auf
einen berühmten Vers in der *Antigone* des Sophokles, wo
Antigone von den »ungeschriebnen Gesetzen« (ἄγραπτα νό-
μιμα) spricht (v. 454), im Gegensatz zu den staatlich ver-
ordneten Gesetzen.

229,43 *und es hat auf* | *Eigenem Boden der Mann nicht Segen*]
Anspielung auf Rousseaus bekannte Formulierung, derzufolge das Eigentumsdenken Ursache alles gesellschaftlichen
Fluchs ist. (»Le premier qui ayant enclos un terrain, s'avisa
de dire, *ceci est à moi,* et trouva des gens assez simples pour le
croire, fut le vrai fondateur de la société civile. Que de
crimes, de guerres, de meurtres, que de misères et d'hor-
reurs, n'eût point épargnés au Genre-humain celui qui

arrachant les pieux ou comblant le fossé, eût crié à ses sem-
blables: Gardez-vous d'écouter cet imposteur.« [»Der erste,
der ein Stück Land eingezäunt hatte und dreist sagte: »Das
ist mein« und so einfältige Leute fand, die das glaubten,
wurde zum wahren Gründer der bürgerlichen Gesellschaft.
Wieviele Verbrechen, Kriege, Morde, Leiden und Schrek-
ken würde einer dem Menschengeschlecht erspart haben,
hätte er die Pfähle herausgerissen oder den Graben zuge-
schüttet und seinesgleichen zugerufen: »Hört ja nicht auf
diesen Betrüger«.] Jean Jacques Rousseau, *Discours sur l'ori-
gine de l'inégalité parmi les hommes,* Beginn des 2. Teils).

229,54ff. *auf der Jünglinge Rennbahn]* Die Bilder dieser
Strophe evozieren die Wagenrennen bei den griechischen
Wettspielen in Olympia und an anderen Wettkampfstätten.

229,55 *Wo glühend sich die Kämpfer und die]* Diese Wendung ist durch Konjektur verbessert. In der nicht ausgearbeiteten Handschrift steht: »Wo glühend die Kämpfend
und die«.

229,59f. *des Äthers | Blühende Sterne]* Vgl. die Erläute-
rung zu *Mein Eigentum,* v. 19f.

GEDICHTE 1800-1805

⟨*Der Prinzessin Amalie von Dessau*⟩
Diese ebenfalls nicht ganz vollendete Ode (v. 12 ist nicht
vollständig ausgeführt) ist im Entwurfs-Manuskript ohne
Überschrift überliefert, aber die Nennung des Schlosses
Luisium (v. 5) bei Dessau läßt auf eine Fürstin von Dessau
schließen. Die Meinungen darüber, an welche Fürstin sich
die Ode richtet, sind geteilt: ob an die Fürstin Luise von
Anhalt-Dessau, die Gönnerin Matthissons und Schwieger-
mutter der Erbprinzessin Amalie, geborenen Prinzessin von
Homburg, oder an Amalie selbst, die dritte Tochter des
Landgrafen von Homburg, deren Schwester Auguste Hölderlin schon die Geburtstagsode zum 28. November 1799
gewidmet hatte. Von der Zuschreibung hängt auch die Datierung ab. Wäre die Ode an die Fürstin von Anhalt-Dessau
gerichtet, könnte sie noch in den Herbst 1799 datiert werden
– ein Besuch der Fürstin in Homburg ist allerdings nur aus
dem Jahr 1796 sicher bekannt, also aus viel früherer Zeit, zu
der Hölderlin noch gar nicht in Homburg war. Deshalb
spricht mehr für die Erbprinzessin Amalie: sie hielt sich von
Anfang März 1800 bis zum 20. Mai 1800 in ihrer Homburger
Heimat auf, und zu dieser Zeit war Hölderlin gerade noch
anwesend (vgl. Werner Kirchner, *Prinzessin Amalie von Anhalt-Dessau und Hölderlin*, in: Hölderlin-Jahrbuch 11, 1958-
1960, S. 55-71). Demnach wäre auch die Ode in diese Zeit zu
datieren. Auch die Verse in der Schlußstrophe, in denen von
»Italiens | Zerbrochnen Säulen« die Rede ist, ergeben dem-
gegenüber kein Argument für die Fürstin Luise, von der eine
Italienreise (1795-1796) überliefert ist, denn in dem berühmten Schloßpark von Dessau-Wörlitz, den Hölderlin selbst
kennengelernt hatte (vgl. seinen Brief an die Schwester vom
20. April 1795), befinden sich neben vielen anderen künst-

lichen Ruinen, wie man sie im 18. Jahrhundert liebte, auch
›römische‹ Bauwerke mit Säulen, darunter besonders das
sogenannte Georgium, das um 1780 nach dem Vorbild des
römischen Saturntempels als künstliche Ruine mit den »Sieben Säulen« erbaut worden war (vgl. Erhard Hirsch, *Dessau-
Wörlitz, Zierde und Inbegriff des 18. Jahrhunderts*, Leipzig und
München 1988, dort Abbildung 61).
    Alkäisches Versmaß.

ÜBERBLICKSKOMMENTAR Das Gedicht ist stark von den
Eindrücken bestimmt, die Hölderlin bei seinem Besuch in
Dessau-Wörlitz im Jahre 1795 empfing, den er auf einer
»kleinen Fußreise« von Jena aus unternommen hatte. In
seinem Brief vom 20. April 1795 an die Schwester heißt es:
»Die Gärten von Luisium u. Wörrliz, wo ich einen herrlichen Tag zubrachte, beschreib' ich Dir ein andermal
⟨. . .⟩«. Zugleich zeugt das Gedicht von der Aura des kleinen Fürstentums, die es unter der aufgeklärt-philanthropi-
schen Herrschaft von Leopold Friedrich Franz, Fürst von
Anhalt-Dessau, in den letzten Jahrzehnten des 18. Jahrhunderts erlangt hatte. Der Fürst war Winckelmanns Schüler in
Rom gewesen und stand mit vielen bedeutenden Geistern
seiner Zeit in Verbindung, um sie zur Gestaltung seines
kleinen Musterreichs heranzuziehen, in dem er grundlegende pädagogische Reformen (mit Hilfe Basedows und Cam-
pes) sowie ökonomische und soziale Neuerungen aus dem
Geist einer philanthropischen Aufklärung unternahm,
Kunstsammlungen und Bibliotheken stiftete und große
Parks und Gärten (vgl. v. 5 der Ode: »aus Luisiums Hainen«) nach englischem Muster gestaltete. Nicht zuletzt
wirkte bei ihm jahrzehntelang der große Baumeister Friedrich Wilhelm von Erdmannsdorf (der auch den Berliner
Klassizismus maßgeblich beeinflußte – seine Schüler waren
Schadow und Langhans, der Erbauer des Brandenburger
Tores). Erdmannsdorf schuf eine Fülle bedeutender Ein-
richtungen und Bauten. Mit einer dieser Bauten, dem 1773
entstandenen Schloß Wörlitz, wurde er zum Begründer des

kontinentalen Klassizismus. In den Parkanlagen und Gärten gibt es auch tatsächlich »Tempel«, wie Hölderlin in
seiner Ode sagt (v. 9). Insgesamt entspricht die klassizistische Durchformung der Ode einfühlsam dem Dessau-
Wörlitzer Klassizismus und dem Geist, der in dem kleinen
Staat herrschte. Nicht nur der Fürst, auch die Fürstin Luise,
nach der die schönste Garten- und Parkanlage 1781 den
Namen »Luisium« (v. 5) erhielt, den schon ihr dort gele-
genes, 1774-1778 entstandenes Schlößchen trug, entfaltete
bedeutende kulturelle Aktivitäten. Sie stand mit vielen
Künstlern und insbesondere Dichtern in Verbindung und
war selbst künstlerisch hochbegabt. So war Dessau-Wörlitz
auch ein Musenhof. Wenn Hölderlin nicht an sie, sondern
an ihre Schwiegertochter, die Homburger Prinzessin Amalie, seine Ode richtete (vgl. die einführende Bemerkung), so
konnte er doch diese auch ganz in der kulturell-geistigen
Sphäre von Dessau-Wörlitz ansiedeln. Daß er sie als »Priesterin« anspricht, die »im Stillen göttlich Feuer« behütet
(13f.), ist nicht bloß eine Anspielung auf den römischen
Vesta-Kult (vgl. die Einzelerläuterung zu v. 13f.) und nicht
bloß eine dem klassizistischen Ambiente angemessene Stilisierung, sondern auch eine beziehungsreiche Metapher:
das »göttliche Feuer«, das die Prinzessin hütet, steht für die
Sphäre humanen, philosophischen und künstlerischen Geistes, für den der Dessauer Hof berühmt war. »Was für ein
anziehender Ort ist dieses Dessau«, schrieb 1791 Wilhelm
Ludwig Wekhrlin, »Niemals haben sich Philosophie und
Künste auf einem kleinern Raum vereinigt« (Hirsch, S. 15),
und Goethe bemerkt in *Dichtung und Wahrheit* über den
Fürsten: »Der Fürst von Dessau hatte sich zu einer gleichen
Achtung ⟨wie Winckelmann⟩ emporgeschwungen ⟨. . .⟩
Die Anlage eines damals einzigen Parks, der Geschmack
zur Baukunst, welchen *von Erdmannsdorf* durch seine Tätigkeit unterstützte, alles sprach zugunsten eines Fürsten, der,
indem er durch sein Beispiel den übrigen vorleuchtete, Dienern und Untertanen ein goldnes Zeitalter versprach« (Johann Wolfgang von Goethe, *Aus meinem Leben. Dichtung und*

Wahrheit, hg. v. Klaus-Detlef Müller, Frankfurt, 1986, S. 359).

Von besonderer Bedeutung für Hölderlin mußte es sein, daß Dessau-Wörlitz als ein Hort der aufklärerisch-philanthropischen Friedens-Idee galt. Der Fürst selbst erhielt die Ehrenbezeichnung eines »Friedensfürsten«, ja Basedow erklärte Dessau zur »Irenopolis«, d. h. zur Friedensstadt oder zum Friedensstaat (Hirsch, S. 50). So mußte es für Hölderlin nahe liegen, gerade eine Fürstin von Dessau auch in dieser Hinsicht zu ehren (vgl. die Einzelerläuterung zu v. 21f.) – und dies um so mehr, als er selbst in dieser Zeit auch sonst seinem Friedenswunsch dichterischen Ausdruck verlieh, wie die Ode *Der Frieden* und die Geburtstagsode für die Prinzessin Auguste von Homburg zeigen. In aktuellerer Weise aber konnte er die Prinzessin als eine Botin aus dem Reich des Friedens darstellen, weil sie aus einer vom Krieg noch nicht berührten Gegend nach Homburg kam, das im Frühjahr 1800 von dem neu heranziehenden »Ungewitter« (v. 11) der napoleonischen Kriege bedroht war.

Abweichende Interpunktion gegenüber der StA in v. 9, v. 13, v. 18.

233,5 *Luisium]* Vgl. den Überblickskommentar.

233,10f. *Wolke ⟨. . .⟩ Ungewitter]* Vgl. den Schluß des Überblickskommentars.

233,13f. *Priesterin! da du ⟨. . .⟩* | *Im Stillen göttlich Feuer behütetest]* Eine Anspielung auf den römischen Vesta-Kult, den die sogen. Vestalinnen versahen, indem sie das heilige Feuer im Haus der Vesta, das dicht beim Tempel der Göttin lag, unterhielten und behüteten: es durfte nie ausgehen. Davon, so glaubte man, hing das Wohl des Gemeinwesens ab, und deshalb hatten die Priesterinnen der Vesta höchstes Ansehen. Vgl. auch *Hyperion,* Abschied Hyperions von Diotima, Bd. II, S. 112,27-29: »Es ist auch gut, daß du bleibst, Diotima! sagt' ich. Die Priesterin darf aus dem Tempel nicht gehen. Du bewahrst die heilige Flamme, du bewahrst im Stillen das Schöne ⟨. . .⟩«.

233,21f. *Und wie auf dunkler Wolke der schweigende | Der schöne Bogen blühet, ein Zeichen . . .]* Gemeint ist der Regenbogen, der in 1 Mose 13f. das Zeichen des Bundes zwischen Gott und den Menschen ist: »Meinen Bogen habe ich gesetzt in die Wolken; der soll das Zeichen sein des Bundes zwischen mir und der Erde. Und wenn es kommt, daß ich Wolken über die Erde führe, so soll man meinen Bogen sehen in den Wolken«. Als Zeichen des Bundes zwischen Gott und Menschen war der Regenbogen auch Zeichen des Friedens. Vgl. die letzte Strophe von Klopstocks *Frühlingsfeier:* »Siehe, nun kommt Jehova nicht mehr im Wetter, | In stillem, sanftem Säuseln | Kommt Jehova, | Und unter ihm neigt sich der Bogen des Friedens!« Daß Hölderlin in seiner Ode den Regenbogen als Symbol des Friedens verstand, zeigt die ursprünglich explizitere Formulierung in der Handschrift: »Der Friedenbogen«. Vgl. auch die Elegie *Heimkunft*, v. 79f.: »⟨. . .⟩ das Beste, der Fund, der unter des heiligen Friedens | Bogen lieget ⟨. . .⟩«; sowie *Patmos*, v. 203f.: »Still ⟨in der Ode heißt der Bogen »der schweigende«⟩ ist sein Zeichen | Am donnernden Himmel«. Der Friedensbogen ist sowohl ein verheißungsvolles »Zeichen ⟨. . .⟩ künftger Zeit«, die nach dem Kriegsgewitter wieder Frieden bringt, als auch ein »Angedenken | Seliger Tage« der Vergangenheit, des längst geschwundenen goldenen Zeitalters, in dem alles Harmonie und Frieden war.

234,26f. *über Italiens | Zerbrochnen Säulen]* Vgl. die einführende Bemerkung.

⟨*Wohl geh ich täglich . . .*⟩

Dieses nicht ganz vollendete Gedicht (der letzte Vers der 2. Strophe fehlt) ist nicht sicher datierbar, muß aber, wie aus dem Inhalt hervorgeht, noch in Homburg entstanden sein, aus dem Schmerz der Trennung von der in Frankfurt zwar nahen, aber unerreichbaren Susette Gontard. Da Hölderlin Homburg im Juni 1800 verließ, ist das Gedicht spätestens im Frühjahr 1800 entstanden, vielleicht nach dem endgültigen Abschied im Mai 1800, worauf das »Leb

immer wohl!« (v. 16) hindeuten könnte (vgl. Susette Gontards letzten Brief an Hölderlin, Bd. III, S. 591). Es ist
handschriftlich überliefert, zusammen mit einem Bruchstück des Aufsatzes *Über Religion*, Entwürfen zu den Oden
An Eduard und *An die Hoffnung (Bitte)* und dem Beginn des
Aufsatzes *Grund zum Empedokles*.
Alkäisches Versmaß.
v. 2 ohne die Konjektur der StA, in v. 8 andere Interpunktion.
234,1-4 *Wohl geh' ich täglich]* Vgl. den Anfang von *Elegie
(Menons Klagen um Diotima)*, S. 267.

⟨*Geh unter, schöne Sonne . . .*⟩
Handschriftlich auf einem Briefumschlag überliefert, der
Hölderlins Homburger Adresse trägt, also wahrscheinlich
noch in Homburg entstanden.
Alkäisches Versmaß.

An die Deutschen
Erweiterung der zweistrophigen Ode mit dem gleichen Titel (S. 202); handschriftlich überliefert ist ein Entwurf
sowie die Niederschrift des ausgearbeiteten, aber nicht
mehr zu Ende geführten Gedichts. (Der Entwurf führt weiter). Von v. 41 an diente das Gedicht als Vorlage für die
Anfangsstrophen der alkäischen Ode *Rousseau*. Beide Oden
sind, wie der handschriftliche Zusammenhang nahelegt,
wohl um die Jahrhundertwende entstanden.
Asklepiadeisches Versmaß.
Andere Interpunktion gegenüber der StA in v. 27, v. 31,
v. 39, v. 40.
235,1 *albern]* In der alten Bedeutung: »einfältig«.
236,25 *Genius unsers Volks]* Der Genius repräsentiert in
römischer Zeit nicht nur das individuelle Wesen und
Schicksal des einzelnen Menschen, sondern auch dasjenige
ganzer Völker. Schon in Roms republikanischer Zeit gab es
Darstellungen des Genius des römischen Volks (»Genius
populi Romani«). Analog spricht Hölderlin in der *Hymne an*

den Genius Griechenlands vom griechischen Genius und hier vom »Genius unsers Volks«. Besonders durch Herder, der jedem Volk eine eigene schöpferische Wesensart zusprach, war diese Vorstellung geläufig.

236,37f. *Pindos und Helikon, | Und Parnassos]* Der »Pindos« ist ein über 2000 m hoher Gebirgszug in Nordgriechenland, zwischen Thessalien und Epirus. Er galt als Berg der Musen (vgl. Horaz, *Carmina* I 12, 6). – »Helikon«: Berg in Böotien, mit einem Heiligtum Apolls und der Musen, in der antiken Dichtung oft in diesem Zusammenhang genannt (vgl. Horaz, *Carmina* I 12, 5; *Epistulae* II 1, 288; *Ars poetica*, v. 296). – »Parnassos«: Hohes Gebirge nördlich des Golfes von Korinth, an seinem Fuß liegt Delphi mit dem kastalischen Quell. In der antiken Literatur ist der Parnass stets eng mit Delphi verbunden, und er erhält auch von dort seinen besonderen Ruhm. Zum Musenberg und damit zum Symbol der Dichtung überhaupt ist der Parnass erst in römischer Zeit geworden.

Rousseau

Dieses nicht vollendete Gedicht ist eine Abzweigung aus der Ode *An die Deutschen*, deren letzte vier Strophen es als Vorlage für die vier Anfangsstrophen nimmt, allerdings vom asklepiadeischen ins alkäische Versmaß umgeformt. Auf der Rückseite eines der beiden handschriftlichen Überlieferungsträger, auf die sich dieses in v. 17-39 metrisch noch nicht ganz ausgestaltete Fragment verteilt, befinden sich die Verse 10-27 des Entwurfs *Wie wenn am Feiertage . . .*, in dessen zeitliche Nachbarschaft es also wohl gehört: es ist um die Jahrhundertwende zu datieren.

Andere Textanordnung gegenüber der StA in v. 35f., andere Interpunktion in v. 29 und v. 39.

Rousseau] Jean Jacques Rousseau (1712-1778) gehört für Hölderlin wie für seine Generation überhaupt zu den wichtigsten geistigen Anregern. Schon früh verehrt er ihn in der Hymne *An die Ruhe*, v. 30-32, und in der *Hymne an die Menschheit* (Motto); vgl. auch den Brief an Neuffer vom

28. November 1791 und den Brief an Ebel vom 2. September 1795. Der *Hyperion* ist stark von Gedanken Rousseaus
geprägt, in der geplanten Monatsschrift ›Iduna‹ wollte Hölderlin einen Aufsatz über Rousseau »als Verfasser der
Heloise« bringen (Brief an Neuffer vom 4. Juni 1799). Zur
dichterischen Kultfigur wird Rousseau außer in dieser Ode
noch in der Hymne *Der Rhein*, v. 139-165. Das entsprach
dem Rousseau-Kult der Epoche, der auch bei anderen
Dichtern schon Ausdruck gefunden hatte, vgl. Schillers
Gedicht *Rousseau* aus der *Anthologie auf das Jahr 1782* und, im
Umkreis Hölderlins, Stäudlins *Elegie am Grabe des J. J. Rousseau* (*Gedichte,* Bd. 2, Stuttgart 1791, S. 10-37). Seit der
Heroisierung Rousseaus durch die Überführung seiner Gebeine in das Pantheon während der Französischen Revolution hatte sich dieser Rousseau-Kult noch gesteigert.

238,25 *Du hast gelebt!]* Nach Horaz, *Carmina* III 29, 41-
43. Vgl. Hölderlins Brief an Neuffer vom 8. November
1790 (Nr. 36): »Du kannst am Abend ein artiges ›Vixi‹
sprechen, wenn Du Deine Tage so verlebst, wie Du mir
schriebst«; ferner den Brief an die Schwester vom Herbst
1800 (Nr. 216): »⟨. . .⟩ dann gehe ich, wohin es soll, und
werde gewiß am Ende sagen: ich habe gelebt!«

238,31f. *und Winke sind | Von Alters her die Sprache der
Götter]* ›Wink‹ ist die deutsche Übersetzung für das lateinische Wort »numen«, das »göttliches Wirken«, »göttlicher
Wink« bedeutet. Während in der griechischen Religion die
Götter als Personen eher anschaulich erlebt werden, ist in
der römischen Religion mehr das Wirken und der zeichen-
hafte »Wink« von Bedeutung — und dieses Wirken und
solche »Winke« werden oft in Naturerscheinungen wahrgenommen, etwa in Himmelszeichen (vgl. Tacitus, *Historiae* I 18). Dies ist auch die Basis von Hölderlins Versen und
ihrem weiteren Kontext. Da das göttliche Numen als »Zeichen« (v. 36) verstanden wurde, hängt es eng mit dem
Begriff der »Weissagung« (vgl. v. 38) zusammen, es ist ein
die Zukunft anzeigendes Zeichen (»augurium«, vgl. Livius
I 6, 4). — Auch in der Dichtung ist immer wieder von den

»Winken« der Götter die Rede (z. B. bei Horaz, *Carmina* III 10, 8; IV 4, 74).

238,33-39 *Und wunderbar . . .]* Vgl. das Bruchstück *Palingenesie* (S. 426f., Nr. 12).

⟨*Wie wenn am Feiertage . . .*⟩

Aus dem handschriftlichen Zusammenhang geht hervor, daß dieses hymnische Fragment vielleicht noch in den letzten Monaten des Jahres 1799, spätestens aber in der ersten Hälfte des Jahres 1800 geschrieben wurde. Darauf weist auch die auffallende Nähe zur 3. Fassung des *Empedokles* in einer Reihe wichtiger Vorstellungen und insbesondere in der Vermittlungsproblematik des unvollendeten Schlußteils.

Das Metrum der nach einem Prosa-Entwurf entstandenen Hymne läßt Hölderlins Versuch erkennen, sich der eigentümlichen Strophenresponsion der griechischen Chorlyrik anzunähern, wie er sie in Pindars Siegesliedern fand. Pindar läßt auf zwei metrisch gleichgeformte Strophen (Strophe und Antistrophe) eine abweichende Strophe (Epode) folgen, nach dem Schema aab, aab . . ., so daß eine Folge von Strophentriaden entsteht. Auch Hölderlin faßt jeweils drei Strophen zu einer Gruppe zusammen, aber bei ihm handelt es sich um drei jeweils metrisch verschiedene Strophen (abc, abc . . .). Die auch in den Elegien favorisierte triadische Gliederung hat Hölderlin in den späten (seit dem Jahr 1801 entstehenden) Hymnen beibehalten, nicht aber die genaue metrische Entsprechung der einzelnen Verse. Insgesamt ist diese Anlehnung an Pindarische Formen kein Spezifikum Hölderlins. Schon lange galten Pindars ›Oden‹ als Muster der ›hohen Ode‹, die dem entspricht, was wir heute Hymne nennen. Das drückte sich nicht nur metrisch, sondern auch im Stil und in der Wahl des Sujets aus. (Vgl. hierzu die Einleitung S. 506-512.) Auch in dieser Hinsicht steht die Hymne in Pindarischer Tradition.

ÜBERBLICKSKOMMENTAR Die riesige einleitende Satzperiode entspricht mit ihrer sich über zwei Strophen erstreckenden »Wie ⟨. . .⟩ So«-Struktur genau den beiden ersten Strophen von Pindars 7. Olympischer Ode. Sie endet und gipfelt mit höchstem Pathos in dem Wort »Natur« (v. 13), zu der »sie« (v. 10, 11), die Dichter, in besonderer Beziehung stehn. Die Natur, die »älter denn die Zeiten | Und über die Götter des Abends und Orients ist« (v. 21f.), repräsentiert die übergeschichtliche, aber auch noch alles Geschichtliche umfassende All-Einheit des Lebens, eine vorindividuelle Ganzheit, die selbst noch die größten Ausprägungen individuell vorstellbaren Lebens, die Götter, übergreift. Der entscheidende Allheitsaspekt, unter dem die Natur erscheint, tritt markant hervor (v. 12: »allgegenwärtig«, v. 27: »die Allerschaffende«). Dieses All-Eine der Natur aktualisiert sich nach dem mythischen Schema des ›hieros gamos‹ (der »heiligen Hochzeit«) im Gewitter, das Himmel und Erde eint. Die Dichter gehören in besonderer Weise dieser Sphäre der All-Natur an, denn sie sind durch die Fähigkeit zu jenem All-Einheitserlebnis ausgezeichnet, das Hölderlin theoretisch »intellektuale Anschauung« nennt.

Doch gehört die große Natur als übergeschichtliche und vorindividuelle Erfahrungsgrundlage ursprünglich in die Sphäre des Unbewußten. Sie scheint in diesem Zustand zu »schlafen« (v. 14) oder »ahnend« zu ruhen (v. 18). Dem entspricht das noch vor allem Bewußtsein liegende »Ahnen« der Dichter (v. 17). Es kommt nun im idealistischen Duktus der Vergeistigung darauf an, daß aus der *unbewußten* Ganzheitsahnung eine dichterisch vermittelte, *bewußte* Wahrnehmung der Ganzheit wird. Im Hinblick auf die Natur erscheint der Übergang vom Unbewußten zum Bewußten als Erwachen aus dem Schlaf zum Tag (v. 19: »Jetzt aber tagts!«) der Geschichte. Im Hinblick auf die Dichter stellt sich der Vergeistigungsprozeß in einer ganzen Skala von Nuancen dar, die vom Naturhaft-Unbewußten bis zum »Geist« führen. In deutlich kompositorischer Absicht hat

Hölderlin die entsprechenden Aussagen immer auf den jeweils vorletzten Vers der verschiedenen Strophen konzentriert. Im vorletzten Vers der 2. Strophe heißt es noch, daß die Dichter immer »ahnen«, im vorletzten Vers der 3. Strophe schon, daß die aus der Allheitserfahrung entspringende Begeisterung »sich fühlt«. Dieses Sich-Fühlen ist eine Vorstufe des Bewußtwerdens, so wie die Begeisterung eine gefühlshafte Vorstufe des Geistes ist. Im vorletzten Vers der 4. Strophe ist bereits von Erkenntnis die Rede: »⟨. . .⟩ sie sind erkannt, | Die Allebendigen ⟨. . .⟩« (v. 35f.). Der vorletzte Vers der 5. Strophe endlich bringt die höchste Stufe der Vergeistigung zum Ausdruck, indem er von des »gemeinsamen Geistes Gedanken« spricht (v. 43). So potenziert sich Stufe um Stufe die Natur zum Geist – die Allnatur zum alles umfassenden Geist, dessen Ort die »Seele des Dichters« (v. 44) und die Dichtung, das »Lied« (v. 37) ist. Die Frage zu Beginn der 5. Strophe: »Erfrägst du sie?« (v. 37) gilt der Möglichkeit des Bewußtseins von den »Allebendigen, den Kräften der Götter«, welche die Chiffre der wirkenden All-Natur sind. Die Antwort weist auf die Dichtung. Ihre Leistung liegt in der Konstitution eines Bewußtseins und zugleich in der geistigen Repräsentation des sonst Unfaßbaren: »Im Liede wehet ihr Geist ⟨. . .⟩« (v. 37). Dieses Lied mit seinem Geist entwächst, wie die folgenden Verse sagen, der All-Natur. Sie ist hier in der fünften Strophe wie schon in der zweiten ontologisch als spinozistische Einheit des Seins verstanden und umfaßt deshalb nicht nur den Naturbereich im engeren Sinne, sondern auch alle anderen Bereiche, insbesondere denjenigen der Geschichte. Im Hinblick auf den Prozeß des Bewußtwerdens kommt der Geschichte große Bedeutung zu, weil sie schon eine in die Dimension des Bewußtseins hineinreichende und deshalb vermittlungsfähigere Sphäre als die der bloß elementaren Natur ist. Die »Wetter ⟨. . .⟩ in Tiefen der Zeit« sind uns »deutungsvoller, und vernehmlicher« (v. 39-41). Deshalb fungiert die Geschichte als vergeistigendes Medium zwischen Allnatur und Dichter.

Die 6. Strophe (v. 45-53) wendet sich dem entscheidenden Vorgang zu, durch den im vollendenden Moment vergeistigter Allheitserfahrung dem Dichter der »Gesang« (v. 49) als Ausdruck gelingender All-Synthese glückt. Hölderlin denkt diesen Vorgang nach Art der platonischen Anamnesis, der »Erinnerung« (v. 46) – vgl. hierzu die Einzelerläuterungen – und stellt ihn durch die mythische Metapher von der Geburt des Dionysos dar. Die 7. Strophe (v. 54-62) und die dann fragmentarisch bleibende Schlußpartie (die nicht vollendete 8. und 9. Strophe) entwickeln in deutlicher Aufnahme von mystisch-pietistischen Vorstellungen (vgl. die Einzelerläuterungen) die Bedingungen und die Problematik der Vermittlung, die der Dichter innerlich zu leisten hat. Die Schwierigkeit des Dichters ist es, die Weite, Fülle und Intensität des in Natur und Geschichte erfahrenen Lebenszusammenhangs in das enge und dürftige Dasein der Menschen zu vermitteln (»dem Volk ins Lied | Gehüllt die himmlische Gabe zu reichen«, v. 59f.), ohne daß dabei die – notwendig in Verstehen, Begreifen und Deuten übergehende – Verfügung über die lebendige Erfahrung diese ihres originären Lebens- und Erfahrungscharakters beraubt und den Dichter selbst der lebendigen Erfahrungsmöglichkeit entfremdet, die sein existentielles Glück wie seine dichterische Legitimation ausmacht. Was die letzten Verse in mythologischer Rede als Verstoßung durch die »Himmlischen« (v. 70) darstellen, ist, wie schon die einleitende Formulierung »Doch weh mir! wenn ⟨. . .⟩« deutlich macht, ein *hypothetisch* angenommenes Ereignis und folglich nicht Selbstanklage, sondern Selbstwarnung. Sie gelten der Gefahr des Herausfallens aus dem großen Zusammenhang, gerade wenn der Dichter ihn sich in ausgezeichneter Weise – als Verstehen dieses Zusammenhangs in einer vollkommenen Sinnorientierung – zueignen will. Die Vollständigkeit des Herausfallens aus dem Lebenszusammenhang drückt sich präzise in der Wendung aus, derzufolge die »Himmlischen« den Dichter »tief unter die Lebenden« (v. 71) werfen: wenn er die naturhafte und geschichtliche Lebensganzheit verstehen und damit den Sinn

konstituieren will, den, mythologisiert, die Sphäre der
»Himmlischen« repräsentiert, fällt er existentiell sogar aus
der einfachen Lebensmöglichkeit heraus, die den anderen
»Lebenden« fraglos gegeben ist. Der mythische Hades, in
den der Dichter wie Tantalus gestoßen wird, ist die tödliche
Lebensferne der isolierten Existenz, die gerade durch den
vom eigenen Ich her motivierten Akt des begreifenden Verfügens über den natürlichen Lebenszusammenhang in die
Isolation gerät, weil sich das Leben in dem Maße entzieht, in
dem es zum Gegenstand des Begreifens und Verfügens wird.
Daher die empfundene Notwendigkeit, ein von aller verfügenden Eigenwilligkeit freies *passives* Wahrnehmen des
naturhaft und geschichtlich vermittelten Sinns zu verwirklichen und dies dennoch dichterisch auszudrücken. Auf
diese ideale passive Rezeptivität deuten Vorstellungen wie
»reines Herz« (v. 61), Entblößung (»mit entblößtem Haupte«, v. 57) und »mitleiden« (v. 64f.: »die Leiden des Stärkeren
| Mitleidend«).

So schreitet die Hymne vom Begründungs- und Legiti-
mationszusammenhang des Dichtens (1.-3. Strophe) zur
Konzeption des Gedichts (4.-6. Strophe) und dann zum
Vermittlungsauftrag und der sich daraus ergebenden Vermittlungsproblematik des Dichters fort (7.-9. Strophe).

239,25 *Nach festem Gesetze, wie einst, aus heiligem Chaos
gezeugt]* Wie in der Ode *Natur und Kunst oder Saturn und
Jupiter* die Theogonie, so setzt Hölderlin hier die Kosmo-
gonie in Analogie zum Prozeß schöpferisch-»begeistern-
der« Erfahrung. Der Kosmos entstand »einst« aus dem
»Chaos«, das insofern »heilig« heißen kann, als es – wie
Saturn den Jupiter – den Kosmos schon in sich enthält und
damit auch, entgegen dem Anschein des Gesetzlosen, das
»feste Gesetz«: das aus dem schöpferischen Grund hervor-
gehende Naturgesetz.

239,30 *Taten der Welt]* Die Französische Revolution und
die nachfolgenden Kriege. Vgl. *Dichterberuf*, v. 25: »Ihr
ruhelosen Taten in weiter Welt!«

240,34f. *den Acker gebauet,* | *In Knechtsgestalt]* Vgl. *Dich-*
terberuf, v. 49: »Wenn ihnen der Erhabne den Acker baut«.
Diese Vorstellung enthält eine metaphorisch-mythologi-
sche Anspielung: Apollon büßte für die Tötung der
Kyklopen, indem er als Knecht und Hirt dem König Ad-
met diente.

240,39-44 *und Wettern, die ⟨ . . .⟩* | *Hinwandeln zwischen*
Himmel und Erd und unter den Völkern | *Des gemeinsamen Gei-*
stes Gedanken sind, | *Still endend in der Seele des Dichters,]* Der
Text folgt der Handschrift, in der nicht, wie in der *Großen*
Stuttgarter Ausgabe (II, 119, v. 42) und den von ihr abgelei-
teten kleineren Ausgaben, nach »Völkern« ein Punkt steht.
Das Problem der syntaktischen Integration ist zu lösen,
wenn man in dem Relativsatz, dessen Subjekt die »Wetter«
(v. 39) sind, den Passus »zwischen Himmel und Erd und
unter den Völkern« apokoinu, d. h. in doppelseitigem Bezug zu dem voranstehenden Prädikat »hinwandeln« und
dem nachfolgenden Vers liest. Eine andere Möglichkeit der
syntaktischen Integration besteht durch die Annahme eines
anderen syntaktischen Status des zweiten »und« gegenüber
dem ersten in dem Passus »die ⟨. . .⟩ Hinwandeln zwischen
Himmel *und* Erd *und* unter den Völkern | Des gemeinsamen
Geistes Gedanken sind«: so, daß das zweite »und« die darauf folgende Satzpartie mit dem Prädikat »sind« der ersten,
dem Prädikat »Hinwandeln« zugeordneten und mit »Erd«
abgeschlossenen Satzpartie angliedert (»Hinwandeln ⟨. . .⟩
und ⟨ . . .⟩ sind«). Nach v. 44 »Still endend in der Seele des
Dichters« steht in der Handschrift eine Markierung, die
entweder als ein nur sehr wenig ausgeführtes Komma oder
als ein versehentlich gesetzter Punkt zu interpretieren ist –
daß es sich um ein Komma handeln muß, macht der am
Beginn der folgenden Strophe folgende »Daß«-Satz deutlich.

240,45-47 *Daß schnellbetroffen sie ⟨. . .⟩ von Erinnerung* |
Erbebt] Aufnahme der Platonischen Lehre von der Anamnesis (Erinnerung). Sie enthält die Vorstellung, daß die
zum Erkennen des Allgemeinen befähigte Seele (die ihrem

Wesen nach mit dem Allgemeinen verwandt ist) mit dem
Allgemeinen in Gestalt der absoluten Ideen schon in einem
Stadium der Präexistenz bekannt war und sich daran in der
Körperlichkeit später zu erinnern vermag. Das für sich bestehende Allgemeine ist die Idee, und alles wirkliche Wis-
sen wird damit zur Erinnerung an die Idee. Hauptstellen
der Anamnesis-Lehre in Platons Werk: *Phaidon* 74d ff.; *Menon* 80d-86b (dort, 81c, die Wendung, daß die Seele im
Stadium der Präexistenz »mit allem bekannt geworden ist«:
μεμαϑηκυίας τῆς ψυχῆς ἅπαντα); *Theaitetos* 191c-196d. – Auch
die Wendung »schnellbetroffen« ist aus einer berühmten
Platon-Stelle aufgenommen: Platons *Siebter Brief* stellt das
Durchbrechen der Erkenntnis in der Seele, dem eine lange
Vorbereitung vorausgeht, als ein Moment des Plötzlichen
(ἐξαίφνης) dar, wie beim Überspringen eines Funkens, der
das Licht entzündet (341c). Vgl. auch *Phaidros* 250a.

240,50-53 *So fiel, wie Dichter sagen* ⟨. . .⟩ *Bacchus]* Der
Mythos erzählt, daß Semele, die Tochter des thebanischen
Königs Kadmos, von Zeus, der ihr als Liebender in
menschlicher Gestalt erschien, den Dionysos empfing. Sie
bittet ihn, sich ihr in seiner wahren göttlichen Gestalt zu
zeigen, worauf er in Donner und Blitz kommt und sie darin
verbrennt. Der noch ungeborene Dionysos wird aus dem
Mutterleib gerettet. Die dichterische Überlieferung, auf die
sich Hölderlin ausdrücklich bezieht: Homer, *Ilias* XIV
323ff.; Hesiod, *Theogonie* 940ff.; Pindar, Olymp. II 22ff. (in
Hölderlins Übersetzung v. 44-50); Euripides, *Bakchen*, v. 1-9
(Hölderlin hat den Beginn der *Bakchen* in der Handschrift –
im Stuttgarter Foliobuch – unmittelbar vor der Hymne *Wie
wenn am Feiertage* . . . übersetzt, so daß also die Beschäfti-
gung mit diesem Mythos die Entstehung der Hymne mit-
bestimmte); am ausführlichsten Ovid in seinen *Metamorphosen* V 259-315.

240,57 *mit entblößtem Haupte]* Wie später die Vorstellung
des reinen Herzens (v. 61) und des Mitleidens (v. 65), ist das
Motiv der Entblößung als Ausdruck der Bereitschaft zu
vollkommener Hingabe, die auf jedes Festhalten am Eige-

nen verzichtet, von übergeordneter Bedeutung (vgl. den Überblickskommentar). Hölderlin säkularisiert hier wiederum die religiös-mystische Tradition, indem er die Entblößung und Hingabe der Seele an die Gottheit in eine unbedingte, sympathetische Offenheit des Dichters für die große Natur transformiert – mit weitgehender Beibehaltung der Rede vom Göttlichen, die nun den Status einer neuen Mythologie erhält. Die »Entblößung« ist ein Topos der zu Hölderlins geistigem Einzugsbereich gehörenden pietistischen Literatur. Von den pietistischen Schriftstellern weist besonders oft Tersteegen in seinen Liedern auf die Notwendigkeit der »Entblößung«, damit die Gottesnähe verwirklicht werden kann: Nur »wer in sich selbst entblößt auf Gott alleine sieht«, erreicht die Vollkommenheit (*Geistliches Blumen-Gärtlein* . . . 74); in einem andern Lied heißt es: »Der Herr ist meine Kraft, auf den Entblößte trauen« (a.a.O. 169, analog 46, 53, 76, 91, 99). Johann Henrich Reitz schreibt in seiner *Historie der Wiedergebohrnen* (V 161): »Die Wiedergeburt entsteht aus unserer Entblößung und Lösung | Da wir von allen unsern Wercken ⟨. . .⟩ nichts Eigenes behalten«. Zur gleichen Bedeutungsschicht gehört der Begriff der Reinheit (v. 61f.: »sind nur reinen Herzens ⟨. . .⟩ wir«), der das »entblößte« Freisein von allem Eigenen meint.

240,61f. *Denn sind nur reinen Herzens,* | *Wie Kinder, wir, sind schuldlos unsere Hände*] Vgl. Psalm 24, 4: »⟨. . .⟩ der unschuldige Hände hat und reinen Herzens ist ⟨. . .⟩«. Zur Bedeutung der Reinheits-Vorstellung vgl. die Erläuterung zu v. 57. Der Prosa-Entwurf der Hymne knüpft an der entsprechenden Stelle mit der Formulierung »sind schuldlos oder *gereiniget von Freveln* unsere Hände ⟨. . .⟩« an eine auch sonst, besonders für die Schlußstrophe der Ode *Dichterberuf*, wichtig gewordene Horaz-Ode an: *Carmina* I 22, hier v. 1: »Integer vitae scelerisque purus ⟨. . .⟩« (»Wer redlich lebt und von Freveln rein ist ⟨. . .⟩«), die sich ebenfalls auf den Dichter bezieht.

241,64f. *die Leiden des Stärkeren* | *Mitleidend*] An dieser

Stelle wird am deutlichsten, wie stark Hölderlin von der bis
in den Pietismus tradierten Passionsmystik ausgeht. In ihr
leidet der Mensch in mystisch einigender Teilnahme das
Leiden des Gottes mit (unio passionalis). Daß das Sprechen
vom »Vater« (v. 63) und vom »Gott« (v. 66) auf sekundärer
Mythologisierung der in der Anfangspartie der Hymne beschworenen großen *Natur* beruht, die Hölderlin, seiner
pantheistischen Grundanschauung gemäß, als »göttlich«
auffaßt (vgl. die pantheistische Gleichung »deus sive natura« – »Gott gleich Natur«), das geht besonders deutlich aus
den entsprechenden Versen des Prosa-Entwurfs hervor. Sie
lauten:

⟨. . .⟩ Denn sind wir reinen Herzens
nur, den Kindern gleich sind schuldlos oder gereiniget
von Freveln
unsere Hände, dann tötet dann verzehret nicht das
heilige
und tieferschüttert bleibt das innere Herz doch fest, mitleidend die Leiden des Lebens, den göttlichen
Zorn der Natur, u. ihre Wonnen, die der Gedanke
nicht kennt. Aber wenn von
selbgeschlagener Wunde ⟨zuerst: von anderem Pfeile⟩
das Herz mir blutet ⟨. . .⟩

Das »Leiden«, die passio des Natur-Lebens, ist auch Leidenschaft, »Passion« im anderen Sinne – daher die Identifikation der »Leiden des Lebens« mit dem »göttlichen Zorn
der Natur«. Dieser »Zorn«, den Hölderlin auch sonst, abweichend vom üblichen Verständnis, als Chiffre für die
höchste, ›leidenschaftliche‹ Intensität der Naturwirkung
und insbesondere für das Gewitter als Symbol dieser Wir-
kungsintensität einsetzt (vgl. z. B. *Germanien*, v. 91f., und
die Erläuterung z. St.; den Entwurf *Wenn aber die Himmlischen . . .*, v. 1-17; vom »Zorn der Natur-Göttin« spricht der
späte Entwurf *. . . Der Vatikan . . .*, v. 5f.), führt die Ge-
wittermetaphorik fort, welche die Hymne leitmotivisch
beherrscht und immer die intensive Wirkung der großen,
mächtigen Natur meint.

241,67 *Doch weh mir! wenn von]* Was in der Lücke nach
diesen Worten ursprünglich stehen sollte, läßt sich aus dem
Prosa-Entwurf ersehen. Er lautet an der entsprechenden
Stelle:

⟨. . .⟩ Aber wenn von
selbgeschlagener Wunde das Herz mir blutet
⟨zuerst: von anderem Pfeile⟩, und tiefverloren
der Frieden ist, u. freibescheidenes Genügen,
Und die Unruh, und der Mangel mich treibt zum
Überflusse des Göttertisches ⟨. . .⟩

Die hier zuletzt angeführten Worte spielen deutlich auf den
Tantalus-Mythos an (vgl. die Erläuterung zu v. 71). In den
vorangehenden Vorstellungen von der »selbgeschlagenen
Wunde« und vom »anderen Pfeile« bewegt sich Hölderlin
teilweise im Spektrum der mystisch-pietistischen Metaphorik, die er bereits mit der Rede von der »Entblößung« (vgl.
v. 57 und die Erläuterung z. St.) und vom »Mitleiden« (vgl.
v. 64f. und die Erläuterung z. St.) verwendet. Schon die
Passionsmystik, in der Leidens- und Liebesmystik untrennbar sind, spricht von der »Verwundung« durch die göttliche
Liebe. »Du hast mein Herz verwundet« (»vulnerasti cor
meum«) lautet der Vers im Hohen Lied (4,9), von dem diese
Leidens- und Liebesmystik ihren Ausgang nimmt. Hölderlin hat diese Tradition auch in seiner letzten Hymne *Mne-
mosyne* aufgegriffen. In ihr heißt es (v. 23f.), daß »die Seele |
Ein Himmlisches verwundet«. Die Feiertagshymne deutet
auf eine solche Verwundung als die allein legitime, indem sie
die »selbgeschlagene Wunde« für ungültig erklärt. Weil nun
die Verwundung durch »ein Himmlisches« (den Amor divinus) im Gegensatz zu der Verwundung durch irdische
Liebe (den Amor carnalis) gedacht wird – Cupido war seit
jeher mit Pfeil und Bogen ausgerüstet –, stattete man schon
traditionell auch den Amor divinus mit einem Pfeil, aber mit
einem »anderen Pfeil« aus (Hölderlin tauscht die Bezeich-
nungen »der eine«, »der andere« aus, so daß bei ihm der
»andere Pfeil« derjenige aus der Gegensphäre ist). Gott
selbst wird oft als Bogenschütze (sagittarius) dargestellt, der

die Seele verwundet, und oft ist von den Pfeilen (sagittae) oder anderen Geschossen Gottes die Rede. Es gibt sogar Embleme, in denen beide Pfeile, der »eine« und der »andere«, dargestellt sind. Die Sofortkorrektur, durch die Hölderlin das aus der Erinnerung sich aufdrängende Bild des »anderen Pfeils« tilgte, dürfte daran liegen, daß die durch diese Metapher als Gegensatz zu assoziierende irdische Liebe nicht in den Horizont des Gedichtschlusses paßt. Aus dem gleichen Grunde ist auch die Vorstellung von der »selbgeschlagenen Wunde« nicht etwa auf die Trennung von Susette Gontard und den damit verbundenen Liebesschmerz zu beziehen – abgesehen davon, daß diese durch die Verhältnisse erzwungene Trennung nicht als »selbgeschlagene Wunde« bezeichnet werden kann. Vgl. *Patmos*, v. 167ff.: »Wenn aber einer spornte sich selbst ⟨. . .⟩« und die Erläuterung z. St. Vgl. auch *Die Wanderung*, v. 113-115: »Zum Traume wirds ihm, will es Einer | Beschleichen und straft den, der | Ihm gleichen will mit Gewalt ⟨. . .⟩«.

241,69f. *Und sag ich gleich,* | *Ich sei genaht]* Bedeutungsvoller Kontrast zu v. 66: »⟨. . .⟩ Des Gottes, wenn *er nahet*« – eine Gegenüberstellung göttlichen Nahens und der vom Menschen selbst unternommenen Annäherung, die als eine bloß subjektiv gewollte illegitim ist.

241,71f. *tief unter die Lebenden* ⟨. . .⟩ *ins Dunkel]* Wie schon der Passus vom »Überflusse des Göttertisches« im Prosa-Entwurf (vgl. das Zitat in der Erläuterung zu v. 67) deuten diese Worte auf den Tantalus-Mythos. Tantalus, der Gesellschaft der Götter gewürdigt und deshalb als ihr Tischgenosse angenommen, erweist sich dieses Vorzugs als unwürdig, indem er als Tischgenosse der Götter Nektar und Ambrosia stiehlt und seinen Freunden gibt (Pindar, Olymp. I 54ff.) oder, nach einer anderen Überlieferung, die Tischgespräche der Götter verrät (Ovid, *Metamorphosen* VI 213; Seneca, *Thyestes* 90). Zur Strafe wird er ins Dunkel der Unterwelt hinabgestoßen, wo er ewig schwere Leiden erdulden muß.

241,72f. *daß ich* | *Das warnende Lied den Gelehrigen singe]*

Die Vorstellung, daß die großen Frevler im Jenseits Zeugnis ablegen müssen von ihren Freveltaten zur Warnung der Menschen, ist in der antiken Literatur weit verbreitet. Platon übernimmt sie in *Gorgias* 525c, *Phaidon* 114a und *Staat* X 616a als überliefert, Pindar überträgt sie in der 2. Pythischen Ode, v. 21f., ebenfalls als bereits gegeben, auf Ixion. Am bekanntesten ist die von Vergil dem Hadesbüßer Phlegyas in den Mund gelegte Mahnung (*Aeneis* VI 618-620): »Phlegyas mahnt, der Unselige, alle, | Ruft sein Zeugnis ⟨. . .⟩ beschwörend durchs Dunkel ⟨»per umbras«⟩: ›Lernet Gerechtigkeit, laßt euch warnen und achtet die Götter!‹ (»discite iustitiam moniti et non temnere divos«).

Empedokles

Einen Entwurf zu dieser Ode hat Hölderlin wahrscheinlich schon im Jahre 1797 niedergeschrieben (nach dem Entwurf *Buonaparte*). Die vollendete Fassung steht in einer Handschrift, in der sich die Oden *Heidelberg, Die Götter* und *Der Neckar* anschließen. Diese auf den Sommer 1800 zu datierenden vier Oden erschienen 1801 in: ›Aglaia. Jahrbuch für Frauenzimmer auf 1801‹. Herausgegeben von N. P. Stampeel. Frankfurt.

Seit dem Sommer 1797 arbeitete Hölderlin an seinem Trauerspiel *Der Tod des Empedokles*. Zur historischen Gestalt des Empedokles und zur Überlieferung vgl. die Einführung zum *Tod des Empedokles* in Band II.

Alkäisches Versmaß.

241,5f. *So schmelzt' im Weine Perlen der Übermut* | *Der Königin*] Plinius erzählt in seiner *Naturgeschichte* (IX 119), die ägyptische Königin Kleopatra habe sich gegenüber Antonius gerühmt, bei einer einzigen Mahlzeit den Wert von zehn Millionen Sesterzen – eine riesige Summe – verzehren zu können. Sie bewies dies, indem sie kostbare Perlen in scharfem Weinessig auflöste und mit einem Getränk vermischte.

241,7 *Nur deinen Reichtum nicht, o Dichter*] Das Wort »deinen« ist, zur Abhebung vom ganz anderen Reichtum der Königin Kleopatra, stark zu betonen. Indem Hölderlin

vom Reichtum des »Dichters« und dann noch, in v. 12, vom
»Helden« spricht, spielt er zunächst auf historisch Überlie-
fertes an. Der historische Empedokles war Dichter – er
hinterließ mehrere dichterisch-philosophische Schriften –,
und zugleich war er durch sein praktisches, staatsmänni-
sches Wirken in seiner Vaterstadt Agrigent der Sphäre des
Handelns, des »Helden«, zugewandt. Darüber hinaus aber
meint Hölderlin eine prinzipielle Dimension des Dichterischen und des Heldischen. Dessen eigentlicher »Reichtum«
besteht für ihn in einem über das menschliche Normal-Maß
hinausreichenden Vermögen: in einer inneren Unendlichkeit, der das beschränkte Dasein nicht genügt. Sie drängt
zur Opferung der individuellen Gestalt, um sich in das ihr
allein adäquate Grenzenlose zu befreien. »Unendlich trifft
es den Unendlichen«, heißt es im Empedokles-Drama
(Bd. II, Erste Fassung, v. 2015). Und in der theoretischen
Abhandlung *Grund zum Empedokles* sagt Hölderlin, Empedokles scheine aufgrund seiner Tendenz zum Unendlich-
Allgemeinen »zum Dichter geboren«. Im Schicksal des Empedokles fühlt er demnach sein Eigenstes, sein Dichter-
schicksal präfiguriert. Auch den »Helden« (v. 12) schreibt
er immer wieder das ins Unendliche drängende Seelen-
Übermaß zu, wobei er der alten Tradition des furor heroicus
folgt – ihre bekannteste neuzeitliche Ausprägung hatte sie
in Giordano Brunos Abhandlung *De gl' heroici furori (Von
den heroischen Leidenschaften)* erfahren. In dieser Tradition
entspricht der furor poeticus dem furor heroicus. Besonders eindringlich hat Hölderlin in seiner letzten Hymne
Mnemosyne und in der späten Ode *Tränen* den heroisch-
selbstzerstörerischen Drang der griechischen Helden ins
Unendliche beschworen.

Heidelberg

Zum handschriftlichen Zusammenhang und zur Überlieferung dieser im Sommer 1800 entstandenen Ode vgl. die
einführende Bemerkung zum vorigen Gedicht.
　　Asklepiadeisches Versmaß.

ÜBERBLICKSKOMMENTAR »Die Stadt gefiel mir außerordentlich wohl. Die Lage ist so schön, als man sich je eine
denken kann. Auf beiden Seiten und am Rücken der Stadt
steigen steile waldichte Berge empor, und auf diesen steht
das alte, ehrwürdige Schloß ⟨. . .⟩ Merkwürdig ist auch die
neue Brücke daselbst«. Diese Zeilen schrieb der achtzehn-
jährige Hölderlin in einem Reisetagebuch für die Mutter
anläßlich seines ersten Besuchs in Heidelberg am 3. Juni
1788 (Bd. III, Brief Nr. 23). Auch später kam er gelegentlich
nach Heidelberg, so daß man den Anstoß zur poetischen
Verklärung der Stadt nicht einem bestimmten Aufenthalt
zuschreiben kann. Der handschriftliche Entwurf allerdings
enthält eine historisch fixierbare Erinnerung. Am Ende der
5. Strophe des Entwurfs bezeichnet sich Hölderlin als »ver-
triebenen Wandrer | Der vor Menschen und Büchern floh«.
Das bezieht sich mit großer Wahrscheinlichkeit auf die
fluchtartige Abreise aus Jena im Jahr 1795. Wohl wegen des
allzupersönlichen Charakters ließ Hölderlin später diesen
Passus weg.

Heimat im engeren Sinne und so sehr, daß er die Stadt
»Mutter« (v. 2) nennen möchte, ist Heidelberg für Hölderlin aufgrund seiner Lage am Neckar. In Lauffen am Neckar
ist er geboren, das Neckarstädtchen Nürtingen, in dem seine Mutter später lebte, wurde ihm auch nach den Kind-
heitsjahren immer wieder zur heimatlichen Zuflucht in
einem unruhigen Wanderleben, und schon vom Tübinger
Stift aus, wo er die Studienjahre verbrachte, sah er auf den
Neckar. Lauffen, Nürtingen, Tübingen sind ihm, als er die
Ode auf Heidelberg dichtet, als Neckar-Heimat in Erinnerung, und im Gegensatz zum später vollendeten Gedicht
zeigt der Entwurf, daß er Heidelberg gerade unter diesem
Aspekt als Heimat empfindet. Die später wieder weggelassenen Verse der ursprünglichen zweiten und dritten Strophe lauten im Entwurf:

Zwar dein Neckar umschlingt auch das verborgene
   Städtchen, wo mich der Wald freierem Sinn erzog
      Wo mit Strahlen des Maitags
         Mich Apollo zuerst beseelt.

Doch gereifter und schon stolzer umschmeichelt dir
   Deine Wiesen der Strom, und dem geschäftigern
      Wellenspiele vertrauen
         Schon die ernsteren Schiffe sich.

Die Ode *Heidelberg* fügt sich in die antike Tradition des
Städtepreises, die Hölderlin auch in der Elegie *Stutgard* aufnimmt. Sie war ihm aus der griechischen Literatur, vor
allem aus Pindars Dichtungen vertraut. Zugleich aber wird
ihm die Stadt zum Symbol für Anderes. Was ihn zunächst
existentiell berührt, das ist der Strom. Er wird ihm zum
Sinnbild der genial-dichterischen, ›romantischen‹ Sehnsucht nach einer grenzenlosen Ferne. Eine späte Überarbeitung der auf dem handschriftlichen Doppelblatt stehenden
Fassung lautet (über dem Vers 14): »die dunkle die Lust,
welche den Halbgott treibt«. Sie betont das Tragische noch
stärker und erinnert an die Beschwörungen der »Todeslust«
im Spätwerk. Zum Entgrenzungsverlangen des »Jünglings« (v. 13) bildet die Stadt das Gegengewicht. Sie ist das
Bleibende gegenüber dem »Flüchtigen« (v. 17). Und dieses
Bleibende ergibt sich daraus, daß Hölderlin das heimatliche
Wesen der Stadt als vollendete Verbindung des sonst Ge-
trennten versteht. »Der Vaterlandsstädte | Ländlichschön-
ste« (v. 3f.) repräsentiert den harmonischen Ausgleich von
zivilisierendem Menschengeist und Natur. Noch an den
kunstvollsten der Heidelberger Bauwerke zeigt sich das: an
der Brücke, die doch naturhaft leicht über den Strom sich
schwingt, »wie der Vogel des Walds über die Gipfel« (v. 5),
und an der Burg, die ins Grün des Efeus und der Wälder
eingebettet erscheint; und am Ende heißt es ganz in diesem
Sinne, daß »an den Hügel gelehnt, oder dem Ufer hold« die
»fröhlichen Gassen | Unter duftenden Gärten ruhn«. Selbst

auf die Ebene des dichterischen Kunstwerks überträgt sich
dieser Ausgleich von Kunst und Natur, wenn der Dichter
der bewunderten ländlichschönen Stadt seine gleichsam naturhaft kunstlose Kunst: ein »kunstlos Lied« widmen
möchte. Theoretisch bezeichnet Hölderlin diesen harmonischen Ausgleich mit dem Begriff des »Einigentgegenge-
setzten«. Er sieht darin das Wesen der Schönheit und
Vollkommenheit. Die verklärende Vision der Stadt entwirft dieses versöhnte Dasein, eine Idylle im höchsten Sinn,
und damit die Möglichkeit eines Bleibens im Leben, das
dem tragisch Betroffenen doch nicht vergönnt ist.

Hölderlins Dichtung kreist immer wieder um das Problem der Zeit, um das angemessene Zeitbewußtsein und
das rechte Verhalten zur Zeit, um die Möglichkeiten zur
Aufhebung der Zeit in einem naturnahen, ursprünglichen
Dasein, aber auch in einem idealen Bewußtseins- und
schließlich Geschichtszustand, den er als »Frieden« und
Ruhe der Vollendung versteht. In der Ode *Heidelberg* repräsentiert der Strom die romantische Tendenz zur Selbst-
hingabe, zum Verströmen in der – wie Hölderlin sagt –
reißenden Zeit. So wird er Gleichnis des Herzens, das »lie-
bend unterzugehen, | In die Fluten der Zeit sich wirft«
(v. 15f.). Ein ganz anderes Verhältnis zur Zeit verkörpert
die Burg. Sie ist Symbol nicht des in der Zeit sich verströ-
menden, sondern des auf Selbstbewahrung bedachten, trotzig sich behauptenden Daseins – das sich gerade dadurch
den Schlägen der Zeit aussetzt. »Schicksalskundig« heißt
die Burg (v. 22), »von den Wettern zerrissen« (v. 23) und:
»das alternde Riesenbild« (v. 25f.). Dagegen vermittelt die
Natur die Erfahrung des Zeitlosen. Die »ewige Sonne«
(v. 24) gießt ihr Licht aus über die Burg, und immergrüner
»Efeu« (v. 27), Sinnbild zeitlosen Lebens, umkleidet sie.
Heidelberg, die ganz in die Natur eingebettete Stadt, ist
Sinnbild der im menschlichen Dasein selbst gelingenden
Überwindung der ruhelos flüchtigen Zeit. Auf dem Wort
»ruhn«, dem letzten Wort des Gedichts, liegt das Pathos, das
die Ruhe der Vollendung meint.

242,7 *die Brücke]* Die Alte oder Karl-Theodor-Brücke, 1786-1788 erbaut und also damals neu.

242,12 *die reizende Ferne]* Im 18. Jahrhundert hat das Wort *reizend* noch nicht durchgehend den heutigen abgeschwächten Sinn von »anmutig«; es kann noch »verlokkend«, »verführerisch« heißen.

242,21-23 *hing die gigantische, | Schicksalskundige Burg nieder bis auf den Grund | Von den Wettern zerrissen]* Die Interpunktion folgt, abweichend von der *Großen Stuttgarter Ausgabe*, die ein Komma nach »Grund« setzt, der Handschrift des vollendeten Gedichts. Auch der handschriftliche Entwurf hat kein Komma nach »Grund«. Er läßt noch deutlicher die syntaktischen Zuordnungen erkennen: »Mit dem Schicksal vertraut sah das gigantische | Bergschloß mahnend ins Tal, luftig, bis auf den Grund | Von den Wettern zerrissen«. »Schicksalskundig« heißt das Heidelberger Schloß, weil es 1689 durch den französischen General Mélac zerstört wurde. Nach dem Wiederaufbau wurde es 1764 von einem Blitzschlag getroffen.

243,31f. *Deine fröhlichen Gassen | Unter duftenden Gärten]* Da die Gärten auf dem Schutt der 1689 zerstörten Stadt angelegt wurden, lagen die Gassen tiefer als diese Gärten.

Die Götter

Zur Überlieferung der im Sommer 1800 entstandenen Ode vgl. die einführende Bemerkung zu der Ode *Empedokles* (S. 667).

Alkäisches Versmaß.

ÜBERBLICKSKOMMENTAR In diesem Gedicht läßt sich besonders deutlich erkennen, daß für Hölderlin die »Götter« Inbegriff der ewig-lebendigen Natur sind. Der »Äther« (v. 1) repräsentiert die pantheistisch beseelte All-Natur (zur Tradition dieser Bedeutung des »Äthers« vgl. den Überblickskommentar zu dem Hexameter-Hymnus *An den Äther*, S. 598f.) – die All-Natur, die jedwede menschliche Zerfallenheit: »Schmerz« (v. 2), »Zwist« (v. 6), »Sorgen«

und »Irren« (v. 11), zum Ganzen hin vermittelt und damit aufhebt. Doch befreit die All-Natur nicht allein vom Negativen; sie inspiriert auch zur »Freude« und zum »Gesang« (v. 8). Deshalb ist sie der eigentliche Erfahrungsfundus des Dichters: sie läßt »nimmer den Genius sich vertrauern« (v. 12).

Das Sprechen von den »Göttern« beruht also auf einer Mythologisierung der Naturkräfte. Aber dieses mythologisierende Verfahren dient nicht bloß antikisierender Ausschmückung, wie es sonst dem Zeitgeschmack entspricht. Indem die Natur zur Qualität des Göttlichen erhoben wird, kommt ein vorgängiger Naturbegriff zum Tragen: die Deutung der Natur als einer immanenten, allumfassenden Ganzheit des Daseins – als eines Ideal-Absoluten. Schon in der Tradition des stoischen Pantheismus und in der aus dieser Tradition kommenden Grundformel Spinozas – »deus sive natura« (»Gott gleich Natur«) – war diese Redeweise von den *Göttern* angelegt, dort, wo die Natur gemeint ist.

Der Neckar

Zur Überlieferung dieses im Sommer 1800 aus einer Umarbeitung der Ode *Der Main* (vgl. S. 220f.) hervorgegangenen Gedichts vgl. die einführende Bemerkung zu der Ode *Empedokles* (S. 667).

Alkäisches Versmaß.

244,15 *Zum goldenen Paktol]* Der Paktol ist ein Fluß in der kleinasiatischen Landschaft Lydien, dessen Goldreichtum in der antiken Dichtung oft hervorgehoben wird. Vgl. Sophokles, *Philoktet*, v. 394; Tibull III 3, 29; Vergil, *Aeneis* X 141f. Vgl. auch *Patmos*, v. 35: »Der goldgeschmückte Paktol«.

244,15f. *Smirnas | Ufer]* Die antike Stadt Smyrna ist das heutige Izmir an der kleinasiatischen Westküste, die in der Antike von Griechen besiedelt war. Die Bucht von Smyrna ist besonders schön – deshalb wohl spricht Hölderlin gerade von Smirnas »Ufer« .

244,16 *Ilions Wald]* Ilion ist eine andere Bezeichnung für Troja. In der Gegend von Troja erstrecken sich die »Wälder ⟨. . .⟩ des Ida«, von denen in der Hymne *Die Wanderung,* v. 90, die Rede ist, und von denen es im *Hyperion,* Bd. II, S. 44, heißt: »Da ich die Wälder des Ida mit ihm durchstreifte, und wir herunterkamen in's Tal, um da die schweigenden Grabhügel nach ihren Toten zu fragen, und ich zu Alabanda sagte, daß unter den Grabhügeln einer vielleicht dem Geist Achills und seines Geliebten angehöre ⟨. . .⟩«.

244,17 *Sunium]* Die imaginäre Reise führt von Osten nach Westen, von Kleinasien zur attischen Gegenküste, an der Kap Sunion mit seinem Poseidontempel liegt.

244,17f. *den stummen Pfad ⟨. . .⟩ Nach deinen Säulen ⟨. . .⟩ Olympion!]* Von Kap Sunion führt westwärts der Weg nach dem etwa 60 km entfernten Athen, als dessen herausragender Tempel das »Olympion« genannt wird, von dem nur noch eine Reihe riesiger »Säulen« steht.

244,27f. *dem armen | Volk]* Eine Anspielung auf die Not der türkischen Fremdherrschaft vor dem griechischen Befreiungskampf.

244,30f. *und der Mastyxbaum | Von Harze träuft]* Der Mastixbaum wächst vor allem auf der nördlichsten der vorher angerufenen »Inseln Ioniens«, auf Chios; daß er »von Harze träuft«, hebt der Dichter besonders hervor, weil der Mastixbaum wegen seines wohlriechenden Harzes im Altertum besonders geschätzt war. Das beste Mastix-Harz stammte, wie heute noch, von der Insel Chios.

244,31f. *und Pauk und Cymbel | Zum labyrinthischen Tanze klingen]* Aus den in der Ode *Der Main* genannten Instrumenten »Pauk und Zithar« (nach dem Griechischen: Kithára) wird nun »Pauk und Cymbel«, weil die »Cymbel« ebenso wie die Pauke (aber im Unterschied zur Zither) aus Kleinasien stammt, dem die »Inseln Ioniens« vorgelagert sind. »Pauk und Cymbel« erklingen besonders zum ekstatischen, »labyrinthischen Tanze« – im Altertum gehörten sie zu den orgiastischen Kulten Kleinasiens.

Die Heimat

Dieses Gedicht, eine Erweiterung der zweistrophigen Ode
S. 200, ist mit den nächsten sechs Oden (bis zur *Rückkehr in
die Heimat*) im gleichen handschriftlichen Zusammenhang
überliefert und wie diese im Sommer 1800 entstanden – in
der Zeit, in der Hölderlin nach den Jahren in Frankfurt
(1796-1798) und in Homburg (1798-1800) in die schwäbische Heimat zurückkehrte: an »den stillen Strom« (v. 1),
den Neckar, an dem seine Heimatstadt Nürtingen liegt.
»Der Liebe Leiden« (v. 6, vgl. v. 18), das leitmotivisch die
Ode bestimmt, kommt nun aus dem Bewußtsein des endgültigen Abschieds von Susette Gontard. Vgl. die Ode *Der
Abschied* (S. 248f.).
    Alkäisches Versmaß.

Die Liebe

Erweiterung der einstrophigen Ode *Das Unverzeihliche*
(S. 201). Zu Entstehungszeit und Überlieferung vgl. die
einführende Bemerkung zur vorigen Ode.
    Asklepiadeisches Versmaß.
    246,2 *O ihr Dankbaren]* Ironisch.
    246,6 *die knechtische ⟨. . .⟩ die Sorge]* Vgl. *Der Frieden*,
v. 47f.: »wild ist und verzagt und kalt von | Sorgen das
Leben der Armen immer«; *Vulkan*, v. 7f.: »der | Häßlichen
Sorge«. Sowohl in stoischer wie in epikureischer Tradition
ist die Sorge als Ausdruck unglücklichen Bewußtseins und
falscher Lebenseinstellung ein gern behandeltes Thema.
Horaz spricht davon immer wieder in seinen Gedichten,
vgl. *Carmina* II 16 und III 1. Vor allem aber ist die Sorge in
der literarischen Tradition eng verbunden mit dem eisernen
Zeitalter, auf das v. 18f. des Gedichts besonders deutlich
anspielt (»über dem ehernen, | Wilden Boden«). So steht das
Schlüsselwort »Sorge« (»cura«) in Vergils *Georgica* schon am
Beginn des Abschnitts, der die Heraufkunft der eisernen
Zeit darstellt (*Georgica* I 121-123) und dann zu dem geflü-
gelten Wort hinführt (v. 145f.): »labor omnia vicit impro-
bus« (»Die Arbeit bezwang alles, die knechtische«). Schon

Hesiod stellt das eiserne Zeitalter unter die Herrschaft der Sorge (*Werke und Tage,* v. 176-178): »Jetzt ja ist das Geschlecht ein eisernes; niemals bei Tage | Ruhn sie von Mühsal und Leid, nicht einmal die Nächte, | O die Verderbten! da senden die Götter drückende Sorgen 〈μεϱίμνας〉«.

246,7f. *Darum wandelt der Gott auch | Sorglos über dem Haupt uns längst]* Die Erfüllung eines wahrhaft menschlichen Lebens ist – mit Ausnahme der Liebe – aus dem Dasein »längst« gewichen. Sie erscheint uns deshalb nur noch entfremdet in der Vorstellung eines jenseitigen göttlichen Daseins. Den Hintergrund der Vorstellung wie der Formulierung bilden Verse bei Lukrez, *Über die Natur der Dinge (De rerum natura),* die er zur Pointierung ihrer Wichtigkeit an zwei Stellen wortgleich bringt (V 82ff., VI 57ff.). Darin wird Epikurs Lehre vertreten, daß die Götter »sorglos« (»se-curus«) sind, in dem Sinne, daß sie sich nicht um die Menschen kümmern, »sorgen« (V 82, VI 58: »〈. . .〉 deos securum agere aevum« – »〈. . .〉 daß die Götter ein sorgloses Leben führen«), worauf die ebenfalls bei Hölderlin aufgenommene, wenn auch anders bezogene Wendung von dem, was »über dem Haupt« uns ist, folgt (V 85; VI 61: »quae *supera caput* aetheriis cernuntur in oris« – »welche man *über dem Haupt* ersieht in des Äthers Bezirken«). Horaz zitiert die Lukrez-Stelle »〈. . .〉 deos securum agere aevum« wörtlich in *Satiren* I 5, 101 und erhebt sie damit zum klassischen Diktum.

246,17 *einziggenügsam]* Im *Hyperion* heißt Diotima immer wieder »genügsam«. Hölderlin legt in das Wort die Bedeutung des griechischen Begriffs der Autarkie (αὐτάϱκεια). Autarkie ist ein Kennzeichen des ganz in sich selbst ruhenden und erfüllten göttlichen Daseins im Gegensatz zu demjenigen der Menschen, das von Mangel und *Sorge* (vgl. v. 6) bestimmt ist.

246,18f. *über dem ehernen, | Wilden Boden]* Dem Boden, dem alles in Arbeit und Sorge abgerungen werden muß – einzig nicht »die Liebe, | Gottes Tochter, von ihm allein« (v. 19f.).

Lebenslauf

Erweiterung des einstrophigen Gedichts mit gleichem Titel (S. 199). Zu Entstehungszeit und Überlieferung vgl. die einführende Bemerkung zur Ode *Die Heimat*.

Asklepiadeisches Versmaß.

247,1f. *die Liebe zwingt | All uns nieder]* Aufnahme einer berühmten Wendung aus Vergils 10. Ekloge (v. 69): »omnia vincit Amor« – »Die Liebe bezwingt alles«.

247,4 *Bogen]* Aufnahme der Vorstellung Heraklits vom Bogen des Lebens; vgl. Heraklit, Fragment 51: »Sie verstehen nicht, wie es ⟨das Eine⟩ auseinanderstrebend ineinander geht: gegenstrebige Vereinigung wie beim Bogen und der Leier«. Dieses Heraklit-Fragment greift Platon in seinem *Symposion* auf (187a): »⟨. . .⟩ was vielleicht auch Heraklit sagen will, nur drückt er es mit seinen Worten nicht deutlich aus: Das Eine nämlich, sagt er, strebe auseinanderstrebend in sich selbst zusammen, gleich wie die harmonische Fügung des Bogens und der Leier«. Diesem Satz ist, mit einer leichten Abwandlung des griechischen Wortlauts, das εν διαφερον εαυτῳ im *Hyperion* entnommen (Bd. II, S. 92), wo sich Hölderlin direkt auf Heraklit beruft.

247,5 *Aufwärts oder hinab!]* Wörtliches Zitat von Heraklits Fragment Nr. 60: »Der Weg hinauf hinab ein und derselbe« (ὁδὸς ἄνω κάτω μία καὶ αὐτή).

Ihre Genesung

Erweiterung des dreistrophigen Gedichts gleichen Titels (S. 201). Zu Entstehungszeit und Überlieferung vgl. die einführende Bemerkung zu der Ode *Die Heimat*. In der Handschrift schließt sich noch der Entwurf einer weiteren Strophe an.

Asklepiadeisches Versmaß.

Andere Interpunktion gegenüber der StA in v. 12, in v. 20 »anderes« statt »anderer« in der StA.

Der Abschied

Erweiterung der Kurzode *Die Liebenden* (S. 199). Zu Entstehungszeit und Überlieferung vgl. die einführende Bemerkung zu der Ode *Die Heimat.*
Asklepiadeisches Versmaß.

248,4 *ein Gott in uns*] Diese in Hölderlins Werk immer
wieder erscheinende Vorstellung stammt aus antiker Tradition, wo oft in Anlehnung an das platonische »Daimonion«
vom »inneren Gott« (»deus internus«) und »Gott in uns«
(»deus in nobis«) die Rede ist, besonders bei Seneca. Vgl. die
Hymne an die Menschheit, v. 80, und die Erläuterung z. St.
Hier aber nimmt Hölderlin, wie v. 6f. zeigt, wo er den
»Gott in uns« als den »beseelenden | Schutzgott unserer
Liebe« bezeichnet, eine speziellere Überlieferung auf, derzufolge Eros im Innern des Menschen als Gott wohnt. Von
Eros sagt Platon, daß er in den Gemütern und Seelen von
Göttern und Menschen seinen Wohnsitz aufgeschlagen hat
(vgl. *Symposion* 195e). In ähnlicher Weise nennt Sokrates in
Xenophons *Symposion* (8, 1) den Eros einen großen Dai-
mon, der sich in der Seele eines Menschen niederläßt.
Besonders eindringlich stellt Plutarch in seinem *Amatorius*
das Innewohnen des Eros dar. In einem Epigramm der
Anthologia Palatina (12, 17) heißt Eros der im Herzen Woh-
nende (ἐγκάρδιος).

248,11 *fodert*] Alte Form für »fordert«.

248,14 *die Furcht Götter und Menschen trennt*] Nicht die
Furcht voreinander, vielmehr unterscheidet (»trennt«) es
Götter und Menschen, daß die einen frei von Furcht und
Sorge sind, die andern aber Furcht und Sorge haben. Vgl.
Die Liebe, v. 6-8.

249,22 *Lethetrank*] Wer aus dem Unterweltfluß Lethe
trinkt, verliert die Erinnerung an das irdische Leben (Platon, *Staat* 621a; *Phaidros* 248c).

249,30 *die Vergessenen*] Als Deponens gebraucht, in Anlehnung an das Lateinische (obliti): diejenigen, die vergessen haben. Vgl. *Der Archipelagus,* v. 201: »Der Schicksalstage vergessen«; *Patmos,* v. 193: »Der Welt vergessen«.

Diotima

Erweiterung der zweistrophigen Ode gleichen Titels (S. 197). Zu Entstehungszeit und Überlieferung vgl. die einführende Bemerkung zu der Ode *Die Heimat.*
Alkäisches Versmaß.

251,10-12 *die einzigtreu* | *Bis in den Tartarus hinab die Freude* | *Brachten ⟨. . .⟩ die Göttermenschen]* Mythische Heroen wie Herakles und Orpheus sind in die Unterwelt, in den »Tartarus«, hinabgestiegen, um dort ein Heilswerk zu vollbringen.

251,13 *Die zärtlichgroßen Seelen]* Hölderlin hat zwei kurze Prosastücke *Über Achill* geschrieben (vgl. Bd. II), in denen gerade der empfindsam-»zärtliche« Zug ein Charakteristikum seines Lieblingshelden Achill ist. »Er ist mein Liebling unter den Helden«, heißt es im ersten dieser Prosastücke, »so stark und zart, die gelungenste und vergänglichste Blüte der Heroenwelt ⟨. . .⟩«; im andern nennt er ihn »den genialischen, allgewaltigen, melancholischzärtlichen Göttersohn ⟨. . .⟩ dieses enfant gaté der Natur ⟨. . .⟩«.

251,15 *von den vor'gen Sternen]* Verkürzte Ausdrucksweise. Die Sterne, die zum großen Teil den Namen griechischer Heroen tragen, sind Zeugen der vergangenen (»vor'gen«) Zeit.

251,23f. *nächst den* | *Göttern mit Helden dich nennt]* Die »Helden« sind die vorher genannten »Göttermenschen« (v. 12). In der griechischen Literatur ist die Auffassung der Helden, der Heroen, als Halbgötter und damit als Göttermenschen ein geläufiger Zug. Vgl. die Erläuterung zu *Der Einzige*, 1. Fassung, v. 103. Als »Göttermenschen« sind die Helden »nächst den Göttern«, d. h. den Göttern besonders nahe. Die Heroisierung großer liebender Frauen war Hölderlin aus Ovids *Heroides* vertraut, aus denen er eine Partie übersetzte (vgl. Bd. II). Vgl. auch das Gedicht *Götter wandelten einst . . .,* v. 4f.: »es wandelt das Bild | Meiner Heldin mit mir ⟨. . .⟩«, und das Bruchstück *Diotima* (S. 426, Nr. 9): »Die Helden könnt' ich nennen | Und schweigen von der schönsten der Heldinnen«. Auch in *Menons Klagen um Dio-*

tima nennt Hölderlin »Helden und Liebende« zusammen
(v. 126).

Rückkehr in die Heimat

Zu Entstehungszeit und zum handschriftlichen Zusammenhang vgl. die einführende Bemerkung zu der Ode *Die
Heimat*. Handschriftlich überliefert sind nur v. 1-16. Erstdruck der ganzen Ode in: ›Für Herz und Geist. Ein Taschenbuch auf das Jahr 1801‹. Mit Musik, größtenteils von
Zumsteeg. Herausgegeben von Hg. Ludwigsburg, in der
Cotta'schen Hof-Buchhandlung, S. 109-110, unterschrieben: Hölderlin.

   252,1 *Ihr milden Lüfte! Boten Italiens!*] Vgl. die Elegie
Stutgard, v. 65: »Italiens Lüfte«.

   252,2 *du mit deinen Pappeln, geliebter Strom!*] Der Neckar,
an dem sowohl Hölderlins Geburtsort Lauffen wie auch
seine spätere Heimatstadt Nürtingen liegt, ist heute noch
auf weiten Strecken mit Pappeln gesäumt; alte Bilder zeigen, daß sie typisch für die Neckarlandschaft waren.

   252,11f. *mein Vaterland! du heilig −* | *Duldendes!*] Im *Ge-
sang des Deutschen*, v. 2, heißt das Vaterland »allduldend«.

Der Archipelagus

Dieser Hexameterhymnus ist nicht sicher datierbar. Ver-
mutlich ist er im Frühjahr 1800, noch in Homburg, begon-
nen worden, vielleicht gehört er aber auch erst in den
Frühling 1801. Auf den Frühling weisen die Verse 5ff. Hölderlin schickte das Gedicht zusammen mit *Menons Klagen um
Diotima* im Frühjahr 1801 an den Jenaer Dozenten Bernhard Vermehren, der für die Veröffentlichung in Ludwig
Tiecks ›Poetischem Journal‹ sorgen sollte. Das geht aus
Vermehrens Brief an Hölderlin vom 4. Mai 1801 hervor:
»Ich stehe mit Tieck in keiner Verbindung. Da Sie aber den
Archipelagus in dessen poetischem Journale gerner sehen, so
will ich mich durch Fr. Schlegel, mit dem ich genau liiert
bin, erkundigen, ob es in seinem Plane liege, größere Ge-
dichte von fremden Mitarbeitern aufzunehmen«. Da von

Tiecks Journal nur der 1. Jahrgang (1800) erschien, führte die Vermittlung nicht zum Erfolg.

Gedruckt erschien das Gedicht erst in der Zeitschrift ›Vierteljährliche Unterhaltungen‹. Herausgegeben von L. F. Huber. Drittes Stück. 1804. Tübingen, in der J. G. Cotta'schen Buchhandlung, S. 168-191, unterschrieben: Hölderlin. Insgesamt sind vier Handschriften überliefert: ein Entwurf, ein kleines Bruchstück (v. 278-287), eine Handschrift, die das Gedicht mit wenigen Lücken schon im Ganzen enthält, schließlich eine weitere, vollständige Handschrift, in die Hölderlin, wie der Schriftduktus zeigt, vermutlich mehrere Jahre später Änderungen eingetragen hat. Unter diesen Varianten, die auch gegenüber dem Erst-druck abweichen, befinden sich zwei, die einen größeren Zusammenhang bilden.

Die erste Variante, zu den Versen 231-244, lautet:

Also sagt ich: es hatt' in Lüften des Abends
Eine Wehmut selig und süß den Sinn mir ergriffen
Und ich traumete fort die Nacht hindurch. Da weckte der
        Hahnschrei
Plötzlich mich auf, und die Locken ergriff, von Sternen
        gesendet
Wunderbar ein kühlender Hauch, die Donner des
        Höchsten
Hatten zuvor im Ohre getönt, fernher,
        denn noch glüht der Sommer noch itzt nicht.
Aber hört, das Wort ist gewiß, und haltet mit Zweifeln
Mirs, ihr Alten, nicht auf, damit   die Gewalt nicht
Hoch her stürz' und zertretend auf Trümmer falle der
        Segen.
Drüben sind der Trümmer genug im Griechenland und
        die hohe
Roma liegt, sie machten zu sehr zu Menschen die Götter,
Aber gewaltiger kommt,

Die zweite Variante, zu den Versen 261-268:

> Aber weil so nahe sie sind die gegenwärtigen Götter
> Muß ich sein, als wären sie fern, und dunkel in Wolken
> Muß ihr Name mir sein, nur ehe der Morgen
> Aufglänzt, ehe das Leben im Mittag glühet
> Nenn' ich stille sie mir, damit der Dichter das seine
> Habe, wenn aber hinab das himmlische Licht geht
> Denk' ich des vergangenen gern, und sage – blühet indes

ÜBERBLICKSKOMMENTAR Das Wort *Archipelagus* begegnet
weder im antiken noch im mittelalterlichen Griechenland.
Es stammt aus der Sphäre der westlichen Sprachen, ohne
daß je eine sichere Bestimmung des Namens gelungen wäre
– trotz einer Reihe naheliegender etymologischer Erklä-
rungsversuche. Während der Ausdruck heute für beliebige
Inselgruppen in den Meeren gebraucht wird, diente er ursprünglich allein zur Bezeichnung des ägäischen Meeres.
Diesem ursprünglichen Gebrauch folgt Hölderlin. Mit dem
»Archipelagus« meint er die Ägäis und ihre Inselwelt, aber
auch die Küsten Griechenlands und des griechisch koloni-
sierten Kleinasiens.

Der *Archipelagus* ist eine Hexameterhymne mit streckenweise epischen Zügen wie schon das Gedicht *An den Äther.*
Durch Homers Vorbild war der Hexameter nicht nur zum
klassischen epischen Vers geworden. Die Tradition kennt
ihn auch als hymnischen Vers: von den Preisgedichten auf
die griechischen Gottheiten her, die unter dem Namen *Homerische Hymnen* überliefert sind. Hölderlin kannte die Hexameter-Hymne auch aus der zeitgenössischen Literatur:
Friedrich von Stolberg, der 1782 dreißig Homerische Hymnen übersetzt hatte, dichtete selbst Hymnen in Hexametern
(An die Sonne 1778, *Der Gesang, An die Erde),* ebenso Voß
(Die Weihe). Im *Archipelagus* verbinden sich beide Funktio-
nen des Hexameters, die lyrisch-hymnische und die epische.
Ins Hymnische erheben sich die Partien, in denen der Dichter den Archipelagus als Offenbarungsraum der zum
»Göttlichen« mythisierten All-Natur anruft. Dazu gehören

vor allem der Anfangsteil und der Schlußteil des Gedichts, das so einen hymnisch-feierlichen Gesamtkontur erhält. Eher episch erzählend ist die große Binnenpartie, die Athens Untergang in den Perserkriegen, die Schlacht bei Salamis und den Wiederaufbau nach dem Sieg darstellt.

Das Gedicht besteht aus einer größeren Zahl von ungleich langen Abschnitten, die sich thematisch zu drei Gruppen zusammenordnen:

I. Der hymnische Eröffnungsteil v. 1-61. Er gilt dem frühlingshaften Archipelagus als Inbegriff einer pantheistisch verstandenen All-Natur, die alles umfaßt und harmonisch verbindet. Der Archipelagus erscheint deshalb – wie in Hölderlins Dichtung sonst nur der Äther – als Versammler alles Lebens und aller Wesen: die »Kraniche« (v. 1) kehren zu ihm, die »Schiffe« (v. 2); die »Lüfte« (v. 3) umatmen ihn und der »Delphin« (v. 3) taucht aus seiner Tiefe empor; das griechische »Land« (v. 11) umfängt er ebenso wie die »Inseln« (v. 12-24); er steht im Bunde mit den »Kräften der Höhe« (v. 25), denn das Licht des Nacht- und des Taggestirns spiegelt sich in seinen Fluten; der »Äther« (v. 43) »umfängt« ihn, und die »Wolken« (v. 43) sind seine Boten, die ihn wieder mit dem Lande verbinden, aus dem ihr Wasser in den Flüssen zu ihm zurückkehrt (v. 45ff.). Nur die Menschen stimmen in diese naturhaft-»göttliche« Allharmonie nicht ein, wie dies einst im alten Griechenland der Fall war.

Der erste Abschnitt (v. 1-8) evoziert mit seinen schwellenbildenden Fragen die Welt des Archipelagus. Diese evozierenden Fragen gehn in den hymnischen Preis des Archipelagus über. Die eröffnende Anrufung (v. 9: »⟨. . .⟩ Gewaltiger!«) ist ebenso ein traditionelles Element der Hymnendichtung wie die auf ihn folgende »Aretalogie«, die hymnische Aufzählung aller bedeutenden Wesenszüge des Archipelagus. Der hymnische Lobpreis ist in sich dreifach gegliedert. In einem ersten Teil (v. 9-24) wird die Harmonie der Meereswelt mit ihren Inseln beschworen, in einem zweiten (v. 25-53) die Harmonie mit den kosmischen

»Kräften der Höhe«, in einem dritten (v. 54-61) die − feh-
lende und deshalb sehnlich herbeigewünschte − Harmonie
mit der Welt der Menschen in einer blühenden Kultur.
Damit ist die Schwelle der Erinnerung an Athen erreicht,
das eine solche Kultur hatte.

II. Die Erinnerung an die große Kultur Athens, ihren
Untergang in den Perserkriegen und ihr neues, noch schöneres Aufblühen nach den Perserkriegen (v. 62-199).

Ein erster Abschnitt (v. 62-85) stellt das griechische Dasein noch geschichtslos-urtypisch in seinen Hauptkonstan-
ten dar. Sie werden durch zwei Gestalten repräsentiert. Die
eine, der seefahrende Kaufmann, steht für die Sphäre eines
friedlich gedeihenden Lebens, die andere für die Sphäre des
Krieges (vgl. die Erläuterung zu v. 82f.).

Damit erreicht das Gedicht die Schwelle geschichtlichen
Geschehens, das in zwei großen und in sich wiederum
mehrfach gegliederten Partien zur Sprache kommt. Deren
erste (v. 86-135) stellt zunächst den Untergang Athens
(v. 86-103), dann die Seeschlacht bei Salamis (v. 104-124)
und schließlich den athenischen Sieg aus der Perspektive
des persischen Gegners dar, der die Niederlage erleidet
(v. 125-135) − womit Hölderlin den *Persern* des Aischylos
folgt, aus denen er auch sonst Wichtiges übernimmt. Die
zweite Partie (v. 136-199) gilt dem Wiederaufbau Athens in
größerer und schönerer Gestalt. Zunächst sammelt sich das
»Volk« und bildet eine lebendige, naturhafte Gemeinschaft
(v. 136-178); dann beginnt der Wiederaufbau der Stadt und
die kulturelle Blüte der klassisch-perikleischen Zeit (v. 179-
199).

III. Der Schlußteil (v. 200-296) ist nicht mehr von der
episch repräsentierenden Evokation des Vergangenen erfüllt, in der das Zeitbewußtsein aufgehoben war. Nun, am
Ende, tritt gerade das Zeitbewußtsein beherrschend hervor: die Wahrnehmung der Distanz, welche die Gegenwart von der griechischen Vergangenheit trennt. Deshalb
schlägt die Begeisterung, welche den Dichter bei der Erinnerung an Griechenland erfüllte, zunächst in Trauer um. Sie

ist zu einem Klagegesang, einer »Nänie« ausgestaltet
(v. 200-221), aber der Dichter findet dann doch zu den
»Lebenden« (v. 222) zurück. Denn die – pantheistisch gedeutete – Natur als das Ewig-Bleibende vermittelt Sinn-
Erfahrung und Lebensmut und hebt damit über alles Ver-
gängliche hinaus. Ja, aus der neuen Wahrnehmung der
Natur ergibt sich mehr als individueller Trost: die Hoffnung auf eine neu aufblühende Polis und eine neue Kultur.
Ehe sich aber diese Vision einer erfüllten Zukunft ganz
entfaltet (v. 247-277), wird sie kunstvoll am Bild der negativen Gegenwart gebrochen. Es zeigt, welcher Zustand
zuerst überwunden werden muß: die Verse 241-246 enthalten eine Kritik an der Naturferne und Unnatur der Gegenwart, die nach den Maßstäben von Hyperions Scheltrede
auf die Deutschen angelegt ist. Im ganzen durchläuft also
diese große Schlußpartie drei Zeitdimensionen: Sie beschwört die Vergangenheit in der Retrospektive auf das
untergegangene Griechenland, die Gegenwart als Zustand
der Unvollkommenheit und schließlich das Reich künftiger
Vollkommenheit, in dem wieder, wie bei den Athenern, aus
einer neuen Offenheit für die Natur eine wahre Kultur
hervorgeht, nun aber vergeistigt. Eine Art von Abgesang
(v. 278-296) preist noch einmal den bleibenden Lebens-
grund der Natur, mythisiert im »unsterblichen« (v. 288)
Archipelagus. Daraus ergibt sich sowohl die Hoffnung auf
ein Wiederaufblühen großer Kultur wie auch die gegenwärtige Möglichkeit zur Rettung des bedrohten und er-
schütterten individuellen Daseins, das sich als ein in den
großen Lebenszusammenhang der All-Natur eingebettetes
zu begreifen vermag.

Wie sonst oft der Äther – vgl. vor allem den Hymnus *An
den Äther* – ist im *Archipelagus* das Meer Sinnbild einer mit
ontologischer Tiefendimension ausgestatteten »Natur« –
einer Natur, die, der spinozistischen Formel »deus sive natura« entsprechend, wesentliche Eigenschaften des einstmals transzendenten Gottes übernommen hat. Daß am
Anfang der Archipelagus angerufen wird: »Göttlicher! du

⟨. . .⟩« (v. 23) und am Ende »o Meergott!« (v. 289), ist nicht bloß Zeichen hymnischer Emphase. Es ist auch Zeichen dieser pantheistischen Gleichsetzung von Gott und Natur. Diese pantheistische Naturauffassung ist für den *Archipelagus* bis ins Einzelne vor allem in der Ausprägung maßgebend, die sie in der stoischen Philosophie erfahren hatte. Außer der von Ciceros Schrift *De natura deorum* ausgehenden Überlieferung, den philosophischen Schriften Senecas und der späten, aber wichtigen Vermittlung durch Spinozas *Ethik* ist dafür ein Werk von besonderer Bedeutung, das Hölderlin selbst besaß: die *Selbstgespräche* (εἰς ἑαυτόν) des römischen Kaisers Marc Aurel. Sie enthalten die späte Summe der von den Hauptvertretern der sogenannten mittleren Stoa, Panaitios und Poseidonios, entworfenen harmonistischen Kosmoslehre, die von der pantheistischen Grundanschauung einer alles umfassenden und alles durchwaltenden Natur − der φύσις δι' ὅλων − ausgeht. Ihre Kennzeichen sind: die All-Sympathie (vgl. v. 32f. und die Erläuterung z. St.), die All-Verwandtschaft (vgl. v. 11f. und die Erläuterung z. St.) und die All-Harmonie des Kosmos; die Einbettung des individuellen Werdens und Vergehens in diesen großen Zusammenhang (vgl. v. 21 und die Erläuterung z. St.); die sich aus der kosmisch-naturhaften Harmonie ergebende Bestimmung des Menschen zur harmonischen Gemeinschaft: zum »Volk« und zur idealen Polis (vgl. die Partien über Athens im weitesten Sinn »politische« Kultur, v. 179-199, sowie über die erhoffte künftige Gemeinschaft des *Volks*, v. 239f.); schließlich, als die neben dem Auftrag zur Bildung einer Polis wichtigste lebenspraktische Konsequenz: die sprichwörtlich gewordene stoische Ruhe und Unerschütterlichkeit (Ataraxia) des Einzelnen, der sich, weil er in einem sinnvollen Gesamtzusammenhang aufgehoben ist, von den Wechselfällen des Lebens nicht beunruhigen zu lassen braucht (v. 290ff. und die Erläuterung z. St.). In allem einzelgeschichtlichen Wandel vermag er das Bleibende, im Wechsel die Dauer wahrzunehmen und eine fundamentale Stabilität und »Ruhe« zu gewinnen, wenn er seinen Geist bis zur Einsicht ins Ganze zu erheben vermag.

Untergang und Wiederaufbau Athens nach den Perserkriegen werden so ausführlich dargestellt, weil Hölderlin die Größe und Herrlichkeit der Stadt nicht statisch sieht, wie dies einem klassizistischen Konzept entsprochen hätte. Geschichtliches Vergehen und neues Werden, Untergang und Wiederaufbau setzt er in Szene, weil sein Hauptinteresse nicht der historisch einmaligen, gewesenen Kultur der Athener gilt; vielmehr reflektiert er die Entstehungsbedingungen von Kultur überhaupt, um der eigenen Zeit den Weg in eine erfüllte Zukunft weisen zu können. Durchgehende Voraussetzung für die Entstehung von Kultur und überhaupt für alles wahrhafte Gedeihen, als dessen höchste Blüte dann lediglich die Kultur im engeren Sinn erscheint, ist die Übereinstimmung des menschlichen Lebens mit der Natur. Immer wieder insistiert Hölderlin darauf, daß alles, was die Athener beginnen, zu einem guten Ende nur führt, weil sie für die Natur offen sind. Selbst für die Schlacht von Salamis gilt dies schon: »den Horchenden schallt von Tiefen die Stimme des Meergotts | Heilweissagend herauf« (v. 107f.); erst recht gilt es für das Wiedererstehen Athens zu einer neuen großen Kultur: »die Muttererde« (v. 168) umfängt die nach der Schlacht in ihre von den Persern zerstörte Stadt Zurückkehrenden, »Lüfte der Jugend« (v. 170) umwehn sie, sie hören den Bach Ilissus rauschen, und vor allem: sie hören, wie »bei Nacht die Woge des Meergotts | Fernher tönt« (v. 173f.). »Neue Tage verkündend« und »lockend zu neuen Taten« heißen die Naturkräfte (v. 172f.), und Hölderlin deutet an, daß die Naturverbundenheit erst vollkommen ist, wenn sie in die tieferen Schichten des Unbewußten reicht. Die Lüfte der Jugend umwehn »die Schlafenden«, und »bei Nacht« sendet der Meergott seinen Lieblingen zukunftverheißende »Träume«. Aber das in den Perserkriegen zerstörte und anschließend wiederaufgebaute Athen ist ihm nur Paradigma für die Gegenwart, für die er analog auf eine Regeneration aus den Kräften der Natur hofft. Das wird in

der Schlußpartie deutlich, in der für die eigene Zeit die zuvor
in der Vorstellung des Meergotts mythisierte Natur nun im
direkten Anruf als »Natur« und »Geist der Natur« beschworen wird. Die Vollendung einer künftigen eigenen Kultur
hoffnungsvoll vorwegnehmend, ruft der Dichter aus
(v. 268-270): »vollendend, wie sonst ⟨d. h.: wie einst in
Athen⟩ erscheinst du wieder den Kindern | Überall, o Natur!
und, wie vom Quellengebirg, rinnt | Segen von da und dort
in die keimende Seele dem Volke«.

Gegenbild der in Athen aus der Kraft eines naturgemäßen Lebens erwachsenen und nun für die Zukunft neu
erhofften Blütezeit ist ein barbarisch-naturfernes und deshalb die Natur wie sich selbst unterdrückendes Menschen-
tum. Hölderlin stellt es zuerst an den Persern dar. Die
Einbeziehung der Perserkriege soll vor allem die freie, naturhaft-harmonische Volksgemeinschaft der Athener mit
dem naturwidrigen, weil auf Zwang und Herrschaft beruhenden System der Perser konfrontieren. Das Verhältnis
des Perserkönigs zu den Seinen ist das des »Herrschers«
(v. 89) zu den »Knechten« (v. 87). Und erscheint die Ordnung der Athener, ihrer naturhaften Gemeinschaft entsprechend, immer wieder organisch, ja geradezu wie der
naturgewachsene Zusammenhang einer Familie, so hat das
persische Herrschaftssystem den Charakter des Mechani-
schen: nur die Zahl und die »Menge« (v. 87) gelten. Deshalb
müssen die Perser den Athenern unterliegen: die naturwid-
rige Ordnung ist der naturgemäßen notwendig unterlegen.
Wenn das Athenervolk »vom Göttergeiste gerüstet« heißt
(v. 90), so ist es von dem Geiste gerüstet, der von der
stärkenden und inspirierenden Verbundenheit mit der
»göttlichen« Natur des Archipelagus ausgeht; und die ver-
nichtende Niederlage der Perser bei Salamis als eine von
dem (Meer-)»Gott« (v. 133, 134) bewirkte Niederlage ist ein
Scheitern der Widernatur an der Natur. In dichterischen
Gleichnissen kommt so die im Zeitalter der Amerikanischen Unabhängigkeitserklärung und der Französischen
Revolution entwickelte naturrechtliche Begründung für

die Bejahung der Demokratie und die Ablehnung der Monarchie zum Tragen.

253,11f. *deiner Töchter, o Vater!* | *Deiner Inseln]* Hier wird
zum ersten Mal das stoisch-pantheistische Konzept der All-
Verwandtschaft deutlich (vgl. den Überblickskommentar
S. 686), das dann fortgeführt wird in v. 33, wo die Sterne als
»Brüder«, und in v. 47ff., wo die Ströme als Söhne des
Archipelagus dargestellt werden.

253,12-17 *Inseln* ⟨. . .⟩ *Kreta* ⟨. . .⟩ *Salamis* ⟨. . .⟩ *Delos*
⟨. . .⟩ *Tenos* ⟨. . .⟩ *Chios* ⟨. . .⟩ *Kalauria]* Alle den Inseln zugeordneten Aussagen enthalten Charakteristisches:
»Kreta« mit seinen schweren Gebirgsmassen »steht« (v. 13),
»Salamis«, die vegetationsreiche Insel, »grünt«, als Stätte
des größten griechischen Ruhms »umdämmert von Lorbeern« (v. 13), »Delos« ist als Geburtsstätte des Sonnengottes Apollon die Lichtinsel und heißt deswegen »rings
von Strahlen umblüht« (v. 14); »Tenos« und »Chios« sind
ebenso wie Zypern (v. 17: »der Cypriertrank«) berühmte
Weininseln, die »der purpurnen Früchte genug« haben; die
quellenreiche Insel »Kalauria« wird im *Hyperion*, als Heimatinsel Diotimas, besonders liebevoll dargestellt.

253,19 *die Heroënmütter, die Inseln]* Viele der großen griechischen Helden stammen von Inseln.

253,21 *die Flamme der Nacht, das untre Gewitter]* Eine
ganze Anzahl der ägäischen Inseln sind vulkanisch. Die
berühmteste Insel, die durch einen Vulkan-Ausbruch zum
größten Teil im Meer versank, ist Santorin, das antike The-
ra. Die Inseln repräsentieren hier, am Ende dieses Ab-
schnittes, das individuelle Leben, das so, wie es aus der
ewig dauernden All-Natur hervorgegangen ist – deshalb
heißen die Inseln zuerst »Töchter« (v. 11) des Archipelagus –, in diese am Ende auch wieder zurückkehrt. Das
individuelle Leben ist den »Zeiten« (v. 20) zugeordnet, dem
Leben der All-Natur hingegen kommt Dauer zu (v. 23:
»Göttlicher! du, du dauertest aus ⟨. . .⟩«).

254,32f. *so, wie sie wandeln,* | *Wechseln die Wasser dir]* Dies

ist eine bereits in der Antike verwendete Chiffre der stoisch-pantheistischen Lehre von der All-Sympathie der Wesen. Schon der wichtigste Repräsentant dieser Lehre in der
mittleren Stoa, Poseidonios, sieht in der Abhängigkeit des
Gezeitenwechsels von den Mondphasen einen Beweis für
den kosmischen Allzusammenhang (*Stoa und Stoiker. Die
Gründer: Panaitios und Poseidonios*. Eingeleitet und herausgegeben von Max Pohlenz, Zürich und Stuttgart 1950,
S. 290). Vgl. die folgende Erläuterung.

254,33f. *es tönt die Weise der Brüder | Droben, ihr Nachtge-
sang]* Eine Anspielung auf die aus pythagoreischer Tradition stammende Vorstellung der Sphärenharmonie. Ihre
berühmteste Überlieferung fand sie in Ciceros *Traum des
Scipio (Somnium Scipionis)*. Für die Stoiker war die Sphärenharmonie ein besonderes Kennzeichen der kosmischen
All-Harmonie und All-Sympathie. Noch der klassische
Goethe beruft sich am Eingang des *Faust* auf die Sphärenharmonie, um damit sein Werk in den Horizont eines
kosmologisch-harmonischen Weltbilds zu stellen (v. 243f.):
»Die Sonne tönt nach alter Weise | In Brudersphären Wett-
gesang ⟨. . .⟩«.

254,35-38 *die allverklärende ⟨. . .⟩ die Sonne des Tages, ⟨. . .⟩
die Dichtende]* Die Sonne, die alles Dasein in ihrem Lichte
zusammenführt, erscheint insofern als Stifterin einer kosmischen Harmonie: als universal »Dichtende«. Auch dies
ist stoisch-pantheistische Tradition (vgl. die vorausgehenden Erläuterungen). Die Einheit des Alls wird durch die
Sonne gestiftet, »denn wenn sie«, so heißt es in einem stoischen Text, »beim Aufgang mit Macht ihre Strahlen ent-
sendet, schlägt sie den Kosmos wie ein Saiteninstrument an
und versetzt ihn in harmonische Bewegung, bewirkt den
Einklang aller Teile und bindet Anfang und Ende zusammen« (*Stoa und Stoiker,* S. 56; vgl. die Erläuterung zu
v. 32f.).

254,43 *der Äther]* Der Äther ist das stoisch-pantheistische Hauptsymbol für die alles durchdringende und Einheit schaffende »Weltseele« (vgl. den Überblickskommen-

tar zu der Hexameterhymne *An den Äther*, S. 598ff.). In der
stoischen Tradition hat der Äther nicht so sehr die Wertigkeit der Natur schlechthin als vielmehr der Geist-Natur.
Schon für Zenon, den Begründer der Stoa, war der Äther
»der höchste Gott, der Träger des Geistes, von dem alles
gelenkt wird« (*Stoa und Stoiker*, S. 83; vgl. die Erläuterung
zu v. 32f.). Indem Hölderlin den Archipelagus vom Äther
umfangen sein läßt, deutet er also nicht bloß die enge Be-
zogenheit verschiedener Natursphären an, vielmehr den
innigen Zusammenhang von Natur und Geist. Unter der
Voraussetzung eines solchen Zusammenhangs von Natur-
und Geistessphäre kann in den folgenden Partien die Vorstellung einer in engster Verbindung mit der »Natur« sich
entwickelnden »Kultur« legitimiert werden.

   254,47f. *dem wandernden Sohn gleich,* | *Wenn der Vater ihn
ruft*] Das Meer ist ein altes mystisches und noch bis in den
Pietismus hinein lebendiges Sinnbild für die Unerschöpf-
lichkeit und die unergründliche Fülle der Gottheit. Von
diesem »Meer« der Gottheit geht alles Leben aus, und zu
ihm kehrt alles Leben zurück. Dafür bietet Ecc. *(Der Pre-
diger Salomo)* 1, 7 die für die spätere Tradition, besonders für
den christlichen Neuplatonismus grundlegende Formulierung: »omnia flumina intrant in mare ⟨. . .⟩ ad locum unde
exeunt flumina revertuntur« – »alle Flüsse treten ins Meer
ein ⟨. . .⟩ zu dem Ort, von dem die Flüsse ausgehn, kehren
sie zurück«. Diese Vorstellung hat Hölderlin hier übernommen. Die Wolken als »Boten« (v. 44) des Archipelagus
bringen dem Land das Wasser, das die Flüsse anschwellen
läßt, und diese kehren zum Meere zurück wie Söhne zum
Vater, der ihnen die »offenen Arme« (v. 53) reicht. Schon
Hesiod bezeichnet Okeanos als Vater der Flüsse (*Theogonie*,
v. 337-345). Mit der gleichen Vater-Sohn-Metaphorik hatte
bereits Goethe in *Mahomets Gesang* den zyklischen Zusammenhang der von Gott ausgehenden und wieder in ihn
zurückkehrenden Schöpfung pantheistisch säkularisiert.
Wie dann bei Hölderlin handelt es sich schon bei ihm nicht
mehr um die Verbundenheit von Gott und Welt, sondern

um einen dem *einen* Sein immanenten Zyklus, in dessen
lebendigem Vollzug sich die schöpferische Dynamik und
zugleich die Allharmonie der großen Natur entfaltet.

254,48f. *Mäander ⟨. . .⟩ Kayster]* Flüsse in Kleinasien.
Mit den »Irren« (v. 49) des Mäander spielt Hölderlin auf die
sprichwörtlich gewordenen Krümmungen und Windun-
gen dieses Flusses an.

254,50f. *der Erstgeborne, der Alte, | Der zu lange sich barg,
dein majestätischer Nil]* Hesiod nennt in der *Theogonie*,
v. 338, unter den Flüssen, die Tethys dem Okeanos gebiert,
als ersten den Nil. Ovid mythologisiert die Tatsache, daß
die tief im Innern Afrikas liegenden Quellen des Nils so
lange unbekannt blieben, durch eine Geschichte, die er im
Zusammenhang mit der Sage von Phaëton erzählt. Dessen
Sturz setzte die Welt in Flammen und ließ alle Flüsse aus-
trocknen (*Metamorphosen* II 254-256): »Bis zu der Erde
fernstem Saum entfloh | Der Vater Nil und barg sein Haupt
erschrocken: | Noch heute birgt er's, niemand meldet:
wo?«

254,53 *die offenen Arme]* Die Mündungsarme des Nil-
deltas.

255,68 *Burg]* Die Akropolis.

255,70 *Agora]* Der Marktplatz, auf dem die Volksversammlung tagte. Hölderlin betont das Wort auf der zweiten
Silbe.

255,77 *nach Kolchis hinauf und hinab zum alten Ägyptos]*
Der Norden (Kolchis liegt am Schwarzen Meer), befindet
sich auf der Landkarte oben, der Süden (Ägypten) unten.

255,76-78 Hölderlin nennt hier besonders bedeutende
Handelswege der Griechen: aus »Cypros« holten sie Wein
(vgl. v. 17: »der Cypriertrank«), »Tyros« war wegen seines
Purpurs berühmt; »Kolchis«, das Land am Ostufer des
Schwarzen Meeres, lieferte neben anderen wichtigen Pro-
dukten Felle, »Vliese«; »Ägyptos« schließlich war die
»Korn«-Kammer des Mittelmeerraums.

255,79f. *über des kühnen | Herkules Säulen hinaus, zu neuen
seligen Inseln]* Herakles war für die Griechen derjenige He-

ros, der die Welt bis zu ihren äußersten Grenzen erkundete. Als Säulen des Herakles bezeichneten sie die Meerenge von Gibraltar – die Grenze des Mittelmeeres als Grenze der damals bekannten Welt. Nach der Sage war Herakles noch weiter vorgedrungen, bis zu den »seligen Inseln« (wahrscheinlich die heutigen kanarischen Inseln), um von dort die Äpfel der Hesperiden zu holen.

255,82 *ein einsamer Jüngling]* Anspielung auf Themistokles, der die Athener in die siegreiche Seeschlacht bei Salamis führte, von der in der folgenden Partie die Rede ist. Als Voraussetzung dafür stellt Hölderlin seine Vertrautheit mit dem Meer dar: »nicht umsonst erzog ihn der Meergott« (v. 85).

255,84 *des erderschütternden Meisters]* Ein stehender Beiname des Meergotts Poseidon in der griechischen Dichtung lautet »Erderschütterer«.

256,86 *der vielgebietende Perse]* »Perse« ist eine alte Form, statt »Perser«. Der persische König Xerxes versuchte sein Großreich im 5. Jahrhundert v. Chr. auf Griechenland auszudehnen – daraus entstand der griechisch-persische Krieg.

256,96 *Ekbatana]* Sommerresidenz der persischen Könige südlich des Kaspischen Meeres. Hölderlin betont den Namen auf der vorletzten Silbe.

256,97 *Athene ⟨. . .⟩ fällt]* Die Personifizierung von Städten war in der Antike, besonders bei Pindar, häufig: deshalb kann Hölderlin die Stadt Athen mit ihrer Schutzgöttin Athene gleichsetzen. Bevor Xerxes in der Meerenge von Salamis entscheidend geschlagen wurde, gelang ihm im Jahre 480 v. Chr. die Besetzung eines großen Teiles von Griechenland. Dabei ließ er das eroberte Athen plündern und in Flammen aufgehen.

256,104 *Salamis]* Die Seeschlacht von Salamis, 480 v. Chr.

257,113 *die Männer des Volks]* Schon vorher heißen die Athener »inniges Volk« (v. 90), während die Perser »Knechte« (v. 87) ihres »Herrschers« (v. 89) sind – so pointiert Hölderlin den Gegensatz von (athenischer) Demokratie und (persischer) Monarchie.

257,129-131 *Blutige Boten ⟨. . .⟩ Wirft ⟨. . .⟩ die donnernde Woge,* | *Vor den Thron]* Hier greift Hölderlin auf Herodots Schilderung der Schlacht bei Salamis und auf die *Perser* des Aischylos zurück. Der persische Großkönig Xerxes, so berichtet Herodot im achten Buch seiner *Historien* (90. Kapitel), habe von seinem Sitz am Berg Aigaleos – dem heutigen Skaramanga – gegenüber von Salamis die Schlacht beobachtet. Mit der Anspielung auf diesen Bericht verbindet Hölderlin Verse aus den *Persern* des Aischylos, in denen Xerxes, von Schmerz bewegt, folgende Klage über die von den Wellen an Land geschleuderten Toten seines Schiffsheeres ausstößt (v. 974-977): »Weh, weh mir! | Nach dem hochheiligen hinüberblickend | Nach dem verhaßten Athen, alle gleich mit dem Wogentakt | Weh, weh, schlagen die Unglücklichen an die Klippen«.

257,133f. *ihn treibt der Gott, es treibt sein irrend Geschwader* | *Über die Fluten der Gott]* Die »Woge« (v. 130) repräsentiert die Kraft des Meergotts: der großen Natur selbst, die nun ihre Rache nimmt. Diese Herstellung eines direkten Gegensatzes zwischen der Naturmacht des Meeres und dem persischen König ist nicht ohne die berühmte Geschichte denkbar, die Herodot im 7. Buch seiner *Historien* erzählt (35. und 36. Kapitel): Xerxes habe beim Übergang von Asien nach Europa den Hellespontos (das Meer in der Meerenge der Dardanellen) mit dreihundert Geißelhieben züchtigen lassen und ein Paar Fußfesseln ins Meer gesenkt. Herodot sieht darin einen Frevel an der göttlichen Macht des Meeres. Für Hölderlin entstand aus dieser Geschichte der Gedanke einer Rache des Meeres an Xerxes – aber nun säkularisiert als Rache der Natur an der gewalttätigen Widernatur.

257,134 *Geschmeid]* Im Althochdeutschen ist *gismidi* das Sammelwort zu *smida:* Metall (vgl. schmieden) wie Gebirge zu Berg. Dann bezeichnet es alles aus Metall Geschmiedete, besonders Waffen und Rüstung. Schließlich wird das Wort auf den vom Goldschmied verfertigten Schmuck eingeschränkt. Hölderlin verwendet es in der alten weiteren Bedeutung.

258,136 *Strome]* Der Bach Ilissus bei Athen.

258,152 *Agora]* Vgl. die Erläuterung zu v. 70.

258,153 *Portikus]* Säulenhalle am Eingang.

258,160 *Von den Vätern gesehn, den lächelnden Göttern des Hauses]* Hölderlin überträgt hier eine römische Anschauung und Gewohnheit auf die Griechen: bei den Römern hatte jede Familie einen Schutzgeist, den Lar familiaris, der vielfach mit dem (vergöttlichten) Geist des Ahnherrn der Familie gleichgesetzt wurde. Er war eng mit Familie und Haus verbunden. Vgl. die Ode *Das Ahnenbild* und die Erläuterungen dazu.

259,167 *die Fürsten des Forsts]* »Fürst« bedeutet nach dem ursprünglichen, etymologischen Sinn: der Vorderste, der Erste (vgl. englisch »first«). Gemeint sind die ersten Siedler, die den Forst rodeten. Die gleiche Wendung, mit demselben Sinn, begegnet in dem Pindar-Fragment *Das Belebende*.

259,171 *Ilissus]* Ein Bach bei Athen.

259,172-174 *neue Tage verkündend ⟨. . .⟩ fröhliche Träume ⟨. . .⟩ sendet]* In der antiken Überlieferung ist oft von zukunftverkündenden, »prophetischen« Träumen die Rede, so in Ciceros Schrift *Über die Wahrsagekunst (De divinatione)* I 63 und im Traumbuch des Artemidoros.

259,177 *Kolonos]* Eine durch ihre Pferdezucht berühmte attische Gemeinde in der Nähe Athens.

259,180 *Blühet die Stadt itzt auf]* Nach den Zerstörungen der Perserkriege wurde Athen in der Zeit des Perikles wiederaufgebaut und erhielt nun seine »klassische«, alles Frühere weit übertreffende Gestalt.

259,185 *der Pentele]* Ein wegen seines Marmors berühmter Berg nordöstlich von Athen.

260,192 *Der Prytanen Gemach]* Das Prytaneion, das Amtsgebäude der Prytanen, d. h. des obersten Leitungsgremiums der Stadt, aus dem täglich der Vorsitz im Rat und in der Volksversammlung erlost wurde. Im Prytaneion befand sich der Staatsherd, an den zur Speisung gerufen zu werden eine hohe Ehre bedeutete.

260,192 *Gymnasien*] Übungs- und Ausbildungsstätte der griechischen Jugend, die ihren Namen daher hatte, daß dort nackt (γυμνός) Sport getrieben wurde.

260,194 *Olympion*] Der Tempel des olympischen Zeus, dessen Säulen von außerordentlicher Höhe waren, weshalb es heißt, daß das Olympion »ein heiligkühner Gedanke ⟨...⟩ auf in den Äther« steigt.

260,196 *dein herrlicher Hügel*] Die Akropolis. Nach der Zerstörung durch die Perser 480 wurde sie unter Perikles seit 447 neu und schöner aufgebaut. Dabei entstanden der Parthenon – der Tempel der Stadtgöttin Athene –, die Propyläen, der Nike-Tempel und das Erechtheion.

260,198 *Gott der Wogen und dir*] Neben der Stadtgöttin Athene war der Meergott Poseidon der in Athen am meisten verehrte Gott. Nach der literarischen Überlieferung hatte er mit Athene um den Besitz Attikas gekämpft, wovon die Spuren seines Dreizacks an einem Akropolis-Felsen zeugen sollten (Herodot VIII 55; Plutarch, *Themistokles* 19; Pausanias I 24, 5; I 26, 5; Apollodor III 14, 1; Ovid, *Metamorphosen* VI 75-82).

260,199 *am Vorgebirge*] Auf Kap Sunion im Südosten Attikas steht ein Poseidon-Tempel. Nachdem die Perser den älteren, aus dem 6. Jahrhundert stammenden Tempel zerstört hatten, wurde der neue Tempel um die Mitte des 5. Jahrhunderts aufgebaut.

260,202 *Lethestrom*] Der Strom der Unterwelt, der ewiges Vergessen bringt.

260,210f. *Zum Parnassos ⟨...⟩ Kastalias Quelle*] Am Fuße des Parnaß liegt Delphi, und dort entspringt die berühmte heilige Quelle Kastalia, deren Wasser zu kultischen Reinigungen diente (vgl. Euripides, *Ion* 94ff., 144ff.; *Phoinissen* 222ff.). In der Dichtung römischer Zeit wurde sie zum inspirierenden Dichterquell.

260,212-214 *Will ich ⟨...⟩ aus blütenumdufteter Schale ⟨...⟩ das Wasser gießen, damit ⟨...⟩ ein Totenopfer euch werde*] Das häufigste Opfer der griechisch-römischen Religion ist das Trankopfer, das man entweder aus einem Krug oder einer

»Schale«, der Phiale (lat. patera), darbrachte. Solche Spen-
denschalen, die man gern mit Blütenzweigen umwand,
waren kultische Geräte. Das Trankopfer (griech. σπονδή,
lat. libatio) bestand entweder aus Weinspenden oder aus
Wasser, Milch und Honig. Weinlose Spenden waren insbesondere im chthonischen, d. h. auf die Mächte der Unterwelt bezogenen Kult und bei Sühne-Opfern vorgeschrie-
ben. In Hölderlins Versen kommen beide Elemente
zusammen (vgl. v. 219: »sühnen«), weshalb er von einer
Wasser-Spende spricht. Von den zahlreichen Darstellungen
solcher Trankopfer ist die im *Ödipus auf Kolonos* des Sophokles (v. 469ff.) eine der bedeutendsten.

260,215 *an Tempes hangenden Felsen] Tempe,* wörtlich »Einschnitt«, ist das Durchbruchstal des Flusses Peneios zwischen Olymp und Ossa zur Küste hin. Streckenweise
steigen über der Talsohle hohe senkrechte Felswände empor. Das Tal ist von großer landschaftlicher Schönheit. In
den Perserkriegen umging es Xerxes nördlich. Am Ost-
Ausgang lag ein altes Apollon-Heiligtum, von dem eine
Prozession den Lorbeerzweig nach Delphi brachte.

261,227-230 *die prophetischen Haine Dodonas ⟨. . .⟩ der delphische Gott ⟨. . .⟩ Stadt des redlichen Sehers]* Hölderlin ruft
drei Stätten in Erinnerung, an denen die Götter den Menschen weissagenden »Rat« (v. 226) für die Zukunft gaben:
1) Dodona, das schon bei Homer (*Ilias* XV 233ff. u. ö.)
genannte, sehr alte griechische Orakelheiligtum des Zeus.
Dort wurde das Rauschen der heiligen Eiche von Propheten gedeutet (vgl. Homer, *Ilias* XVI 233ff.; *Odyssee* XIV
327f.; dazu Strabon VII 7, 10). 2) Das Orakel des Apollon in
Delphi war seit dem 8. Jahrhundert von überragender Bedeutung im religiösen, moralischen und politischen Leben
der Griechen. 3) Theben, die »Stadt des redlichen Sehers«
Teiresias, der im thebanischen Sagenkreis eine wichtige Gestalt ist (vgl. Sophokles, *Antigone* und *König Ödipus,* Euripides, *Phoinissen* und *Bakchen*). In späterer Zeit ist er der
Seher par excellence.

261,238 *der Äther]* Vgl. die Erläuterung zu v. 43.

261,243f. *sich in der tosenden Werkstatt | Höret jeglicher
nur]* Nachdem die große Mittelpartie als erstes Gegenbild
zu den naturnahen Athenern die Naturferne und die Na-
turfeindlichkeit der Perser entworfen hatte, bringt nun der
Schlußteil mit seiner Kritik an der Gegenwart das zweite
Gegenbild: »unser Geschlecht«, das »ohne Göttliches«
(v. 242) »wie im Orkus« (v. 241) wohnt. Dieses Geschlecht
der Gegenwart ist in anderer Weise, aber doch im Entscheidenden, in seiner Naturferne, ebenso barbarisch wie die
Perser. Hölderlin folgt damit der Zivilisationskritik Rousseaus, wie dieser sie in der *Abhandlung über die Wissenschaften
und die Künste (Discours sur les sciences et les arts)* entwickelte,
indem er die Entfremdung des modernen Menschen durch
die fortgeschrittene Arbeitsteilung darstellte: »Wir haben
Physiker, Geometer, Chemiker, Astronomen, Poeten, Musiker, Maler: wir haben nicht mehr Staatsbürger ⟨. . .⟩«
(»Nous avons des Physiciens, des Géomètres, des Chimi-
stes, des Astronomes, des Poètes, des Musiciens, des Pein-
tres: nous n'avons plus de citoyens ⟨. . .⟩«). Daran klingt
deutlich schon die Scheltrede auf die Deutschen im *Hyperion* an (Bd. II, S. 168-171) – dem großen Athenerbrief, Ende
und Höhepunkt des ersten *Hyperion*-Bandes, respondiert
am Ende des zweiten Bandes die Scheltrede auf die Deutschen, so wie im *Archipelagus* der rühmenden Darstellung
der Athener mit ihrer naturnah-ganzheitlichen Polis die
Kritik der Gegenwart. Hölderlin läßt seinen Hyperion über
die Deutschen schreiben, sie seien »Barbaren von alters her,
durch Fleiß und Wissenschaft und selbst durch Religion
barbarischer geworden ⟨. . .⟩ Es ist ein hartes Wort und
dennoch sag' ichs, weil es Wahrheit ist: ich kann kein Volk
mir denken, das zerrissner wäre, wie die Deutschen. Hand-
werker siehst du, aber keine Menschen, Denker, aber keine
Menschen, Priester, aber keine Menschen, Herrn und
Knechte, Jungen und gesetzte Leute, aber keine Menschen
⟨. . .⟩ Ein jeder treibt das Seine ⟨. . .⟩ wenn selbst die Raupe
sich beflügelt und die Biene schwärmt, so bleibt der Deutsche doch in seinem Fach' ⟨. . .⟩«. Nach dieser von Rous-

seau vorgegebenen und auch von Schiller in seiner Schrift *Über die ästhetische Erziehung des Menschen in einer Reihe von Briefen* vertretenen Kritik (vor allem im 6. Brief: »⟨. . .⟩ Ewig nur an ein einzelnes kleines Bruchstück des Ganzen gefesselt, bildet sich der Mensch selbst nur als Bruchstück aus, ewig nur das eintönige Geräusch des Rades, das er umtreibt, im Ohre, entwickelt er nie die Harmonie seines Wesens, und anstatt die Menschheit in seiner Natur auszu-prägen, wird er bloß zum Abdruck seines Geschäfts, seiner Wissenschaft«) richtet sich die Kritik im *Archipelagus.* Auch hier geht es um das banausisch geistlose und gefühllose Spezialistentum, das sich auf sein »Fach« beschränkt: »Ans eigene Treiben | Sind sie geschmiedet allein, und sich in der tosenden Werkstatt | Höret jeglicher nur ⟨. . .⟩«. Das von Rousseau dem bloßen Spezialistentum entgegengesetzte Ideal des »citoyen«, der den Geist des Ganzen politisch repräsentiert, klingt auch bei Hölderlin an, indem er Ge-meingeist wünscht: »daß ⟨. . .⟩ Ein Geist allen gemein sei« (v. 239f.), und dies auf dem Hintergrund der idealen athe-nischen Polis.

261,244-246 *und viel arbeiten die Wilden ⟨. . .⟩ doch immer und immer | Unfruchtbar ⟨. . .⟩ bleibt die Mühe der Armen]* Der Begriff der »Wilden« nimmt denjenigen der »Barbaren« aus dem *Hyperion* auf (vgl. die vorangehende Erläuterung). Wo das Dasein der Menschen naturverbunden und authentisch ist, das zeigen die kontrapunktisch gedachten Verse über die Athener in der Mittelpartie, gibt es kein fragwürdiges »Arbeiten«, und dort bleibt die »Mühe« auch nicht »un-fruchtbar«; nicht mechanisch bewerkstelligt »in der tosen-den Werkstatt«, vielmehr als des »Genius Werk« ersteht die athenische Kultur (v. 186f.): »lebend ⟨. . .⟩ und froh und herrlich entquillt es | Seinen Händen, und leicht, wie der Sonne, gedeiht das Geschäft ihm«. Deshalb auch verwendet Hölderlin, anknüpfend an die von Herder verbreitete or-ganologische Metaphorik für geistig-kulturelles Gesche-hen, betont organische Bilder, um Athens Wiederaufbau zu charakterisieren (v. 193-197): »Göttertempel *entstehn* ⟨. . .⟩

Mutter Athene, dir auch, dir *wuchs* dein herrlicher Hügel |
Stolzer aus der Trauer empor und *blühte* noch lange«.

261,251 *der Geist der Natur]* Die Schlußpartie ist durchgehend auf die Vergeistigung der ursprünglich naturhaften Vollkommenheit angelegt (vgl. die Erläuterung zu
v. 272f.). Deshalb auch wünscht der Dichter in v. 240, daß
»Ein *Geist* allen gemein sei«, und deshalb sieht er in v. 273
die *»Geister* alle der Vorwelt«, d. h. die Vorwelt im Zustande
der Vergeistigung, sich wieder vergegenwärtigen.

262,252 *der Gott in goldnen Wolken]* Die Goldwolke ist die
›Aura‹ des Göttlichen.

262,271 *ihr Freuden Athens! ihr Taten in Sparta!]* Traditionell galt Athen als die Stadt angenehm-kultivierten Lebens, Sparta als die Stadt heroisch-kämpferischer Ideale.

262,272f. *Köstliche Frühlingszeit im Griechenlande! wenn un-*
ser | Herbst kömmt . . .] Aus diesen Versen wird deutlich,
daß Hölderlin nicht über die geschichtliche Kluft hinweg
ein utopisch-naturhaft aufgefaßtes Griechenland zum ana-
chronistischen Modell einer erfüllten Zukunft macht. In
dem erhofften »Herbst«, den er der »Frühlingszeit im Griechenlande« respondieren läßt, kommen die *»Geister* alle der
Vorwelt« (v. 273) wieder – nicht die Vorwelt selbst, sondern
deren »Geister«, und, wie es der Vorstellung des »Herbstes«
entspricht, »gereift«. Diese Auffassung des Geschichtsprozesses läßt sich nur aus den Voraussetzungen des deutschen
Idealismus verstehen. Wie Schiller und manche anderen
Repräsentanten der idealistischen Generation sieht Hölderlin den Geschichtsprozeß sich in einem Dreischritt vollziehen: von einem Stadium ursprünglicher naturhafter Vollkommenheit über ein mittleres Stadium der Gebrochenheit, der Entzweiung und Entfremdung bis zum Stadium
künftiger Vollendung, in dem die ursprüngliche Ganzheit
wiedergewonnen wird, aber nicht mehr als eine unbewußte, vielmehr als eine mit den Kräften des Bewußtseins
errungene *geistige* Ganzheit (vgl. hierzu die Erläuterung zu
v. 251). Auf dem Weg zu ihr dient die Vorstellung der
ursprünglichen naturhaften Vollkommenheit als regulative

Idee. Indem der einstige naturhaft-vollkommene Zustand im Bild Griechenlands erinnert wird, ist er selbst schon geistiger Gehalt geworden, und nur insofern kann er als regulative Idee durch die Macht der Erinnerung wirken. So wesentlich allerdings diese vermittelnde Funktion der Erinnerung ist, so sehr hält Hölderlin auch an der unmittelbar inspirierenden Kraft der lebendig-gegenwärtigen Natur selbst fest. Sie bringt wie seit je neues Leben hervor, aber nur die vergeistigende und geschichtlich vermittelnde Erinnerung vermag das aus der Natur gewonnene Leben zu formieren.

Bereits in der Vorstufe des *Hyperion*, die Schiller in seiner Zeitschrift ›Thalia‹ abdruckte, im *Fragment von Hyperion*, hat Hölderlin den geschichtlichen Prozeß von einem naturhaften Ursprungszustand zu einem vergeistigten Vollendungsstadium mit denselben Metaphern des »Reifens« der »Vorwelt« zum »Herbste« der Zukunft dargestellt. »So müssen«, heißt es im *Fragment von Hyperion* (Bd. II, S. 195), »die Ahndungen der Kindheit dahin, um als Wahrheit wieder aufzustehen im Geiste des Mannes. So verblühen die schönen jugendlichen Myrten der *Vorwelt*, die Dichtungen Homers und seiner Zeiten, die Prophezeiungen und Offenbarungen, aber der Keim der in ihnen lag, gehet als *reife* Frucht hervor im *Herbste*. Die Einfalt und Unschuld der ersten Zeit erstirbt, daß sie wiederkehre in der vollendeten Bildung ⟨...⟩«.

262,275 *Dann erhalte das Fest auch euch, vergangene Tage!*] Zum Höchsten steigernde Wiederaufnahme des »Dann, dann ⟨...⟩« in v. 271. Mit der erfüllten Zukunft erst, die eine ganz eigene, authentische sein muß, wird zugleich auch die Vergangenheit erst vollkommen wiedererobert: die große Vergangenheit läßt sich nicht in beliebiger Weise durch die – nach Hölderlins Meinung: kleingeratene – Gegenwart vereinnahmen, wie dies der Klassizismus wollte. Wie am Ende der Hymne *Germanien* sieht Hölderlin auch im *Archipelagus* die Vergegenwärtigung der Vergangenheit nur unter der Bedingung als legitim an, daß die Gegenwart dem großen Maß der Vergangenheit innerlich entspricht.

263,282 *Marathon]* In der Schlacht bei Marathon, 490 v.
Chr., schlugen die Athener das Perserheer. Die Toten wur-
den auf dem Schlachtfeld in einem noch heute erhaltenen
Massengrab beigesetzt.

263,283 *auf Chäroneas Gefilden]* Bei Chaironeia besiegte
338 v. Chr. Philipp II. von Makedonien das griechische
Heer, an dessen Spitze die Athener standen. Wie mit der
Schlacht bei Marathon und der Schlacht bei Salamis die
Freiheit Griechenlands im Kampf gegen die Perser errun-
gen wurde, so ging sie mit der Niederlage bei Chaironeia
unter. Zugleich handelt es sich um die Eckdaten der Epoche, in denen sich die griechische Kultur voll entfaltet
hatte.

263,286 *ins Schlachttal]* Anspielung auf die Schlacht bei
den Thermopylen, dem Engpaß zwischen Meer und dem
»Oeta«-Gebirge. Dort waren die dreihundert Spartaner mit
ihrem König Leonidas im Kampf gegen die Perser gefallen.

Elegie

Dieses handschriftlich überlieferte, nicht genau datierbare
– wohl zwischen Herbst 1799 und Sommer 1800 entstandene – Gedicht wird hier zusammen mit der 2. Fassung
abgedruckt, der Hölderlin den Titel *Menons Klagen um Diotima* gab. Daß als Titel der 1. Fassung einfach die Gattungsbezeichnung *Elegie* dient, hat seinen Grund darin, daß die
in der Gattungstradition dominante römische Elegie immer Liebes-Elegie ist – und dies gilt auch für Hölderlins
Gedicht, so daß in der Gattungsbezeichnung zugleich die
inhaltliche Dimension enthalten ist. Mit diesem Verfahren
hatte er einen Vorgänger in Klopstock. Dieser definierte
seine *Elegie* (1751) in den Anfangsversen programmatisch
als »tibullisches Lied«: als in der Tradition der römischen
Liebeselegie stehendes Gedicht.

Bau: Ungleich lange Abschnitte in elegischen Distichen.

Zu den Einzel-Erläuterungen vgl. *Menons Klagen um Diotima.*

Menons Klagen um Diotima

Vgl. die einführende Bemerkung zum vorigen Gedicht *Elegie*, aus dessen Umarbeitung diese 2. Fassung hervorging. Die Entstehungszeit ist nicht sicher bestimmbar; biographische und formale Gründe sprechen am ehesten für die Zeit bis zum Sommer 1800. Zum Druck schickte Hölderlin das Werk erst später an den Jenaer Dozenten Bernhard Vermehren, der am 4. Mai 1801 den Empfang bestätigte. In seinem ›Musenalmanach für das Jahr 1802‹ veröffentlichte er die Verse 1-56, im ›Musenalmanach für das Jahr 1803‹ die Verse 57-130.

Gegenüber der *Elegie* haben *Menons Klagen um Diotima* insgesamt 14 Verse mehr. Das Gedicht gliedert sich in 9 (nur im Druck) numerierte Abschnitte zu 14, 14, 14, 14, 12, 14, 12, 14, 22 Verszeilen.

ÜBERBLICKSKOMMENTAR Neben der Ode *Der Abschied* und den entsprechenden Partien des *Hyperion* ist diese Elegie die bedeutendste dichterische Gestaltung des Abschieds und der Trennung von Susette Gontard. Wie im *Hyperion* weist Diotima bei ihrem Abschied auf eine am Idealen orientierte dichterische Existenzform voraus (v. 83ff.), und wie am Ende der Ode *Der Abschied* führt die Erinnerung der Liebesvollkommenheit zu einem alle Zeitverfallenheit, wie sie sich im Abschiedsschmerz zeigt, übersteigenden Gefühl der Verewigung. Darin bezeugt sich die verewigende Kraft der Liebe (v. 117f.: »⟨. . .⟩ wer so | Liebte, gehet, er muß, gehet zu Göttern die Bahn«). So kommt die in Platons *Symposion* entwickelte und eine lange idealistische Tradition begründende Vorstellung zum Tragen, die Kraft des Eros übersteige alles Vergängliche und alles bloß Individuell-Persönliche und führe zum Ewigen, Göttlichen.

Dieser Grundgedanke von der Aufhebung der Zeitverfallenheit sterblichen Daseins durch die Vollkommenheit des Liebeserlebnisses findet jeweils am Ende einer Strophentrias des insgesamt in 3 x 3 Strophen aufgebauten Gedichts Ausdruck; also am Ende der 3. Strophe (v. 37ff.):

»ein Jahr verdränget das andre, | Wechselnd und streitend, so tost droben vorüber die Zeit | Über sterblichem Haupt«, nicht so aber »den Liebenden« – ihnen »ist anderes Leben geschenkt«, denn um sie sind »ewig« vereint »alle die Tag' und Jahre der Sterne«. Was sonst, im Erlebnis sterblicher Zeitverfallenheit, Sukzession ist, ist für die Liebenden Simultaneität und damit jenseits des Zeitverlaufs, »ewig«. Symbolisch drückt sich dieser Gegensatz von Vergänglichkeit und Ewigkeit am Ende der 6. Strophe aus, nun schon auf einen allgemeineren geschichtlichen Erfüllungszustand bezogen (v. 82): »Und aus Bächen herauf glänzt das begrabene Gold« – wie am Schluß der Ode *Der Abschied* (zweite Fassung), wo es heißt (S. 250, v. 35f.): »Und die Lilie duftet | Golden über dem Bach uns auf«, versinnbildlichen die »Bäche« die verrinnende Zeit, das »Gold« das ewig Dauernde. Die Schlußpartie der 9. Strophe endlich ist ganz auf Verewigung angelegt (vgl. hierzu die Einzelerläuterungen).

Aus dieser durchgehenden Tendenz zur Aufhebung der durch Abschied und Trennungsschmerz erlittenen Zeitverfallenheit im Ewigen, Bleibenden wird auch deutlich, warum Hölderlin den Titel *Menons Klagen um Diotima* wählte. Griechisch »Menon« heißt wörtlich übersetzt »der Bleibende«. Indem der Klagende sich in die Erinnerung (Platon entwickelt in seinem Dialog *Menon* die Lehre von der Anamnesis, der Erinnerung) der Liebeserfahrung begibt, wird er deren verewigender Kraft inne, womit auch die Liebe als etwas Ewig-Bleibendes und der Liebende als ein zum Ewig-Bleibenden Bestimmter erscheint. Die Schlußpartie pointiert deshalb das Motiv des »Bleibens« in pathetischer Wiederholung und läßt es zur Vorstellung der Verewigung überleiten (v. 120-123): »o bleibt ⟨. . .⟩ Bleibt ⟨. . .⟩«.

267,5-10 *so flieht das getroffene Wild in die Wälder*] Dieses in den folgenden Versen weiter ausgeführte Gleichnis verwendet Vergil in *Aeneis* IV 69-73, wo er die von der Liebe verwundete Dido »wie die pfeilgetroffene Hinde« (»qualis

coniecta cerva sagitta«) »durch Wälder und Schluchten fliehen« läßt (»illa fuga silvas saltusque peragrat«); auf den von
der Liebe betroffenen Mann bezogen verwendet schon Petrarca das Gleichnis in seinem *Canzoniere* (Nr. 209). Noch
mehr als Vergil in seinem Epos folgt Hölderlin durch den
breiten und bis zur Verselbständigung reichenden Ausbau
des Gleichnisses dem Vorbild der Homerischen Epen, für
die dieser Typus von Gleichnissen charakteristisch ist. Daß
Hölderlin ihn in so ausgeprägter Form in seine Elegie übernimmt, verrät die Reflexion auf den ursprünglich epischen
Charakter der Elegien-Gattung, deren Versmaß selbst
schon episch ist.

268,14 *den traurigen Traum*] Diese Wendung ist ebenso
wie die im vorhergehenden Vers – »so will es scheinen« –
neu gegenüber der ersten Fassung *(Elegie)* und deutet darauf hin, daß das Dunkle und Schmerzliche mehr aus der
Distanz, nicht mehr so unmittelbar bedrohend gesehen
wird: in der 2. Fassung wirkt von Anfang an das Bewußtsein von der glücklichen Lösung am Schluß. Der Schluß-
abschnitt bezieht sich mit der Wendung »Komm! es war wie
ein Traum!« (v. 115) auf die anfängliche Wendung vom
»traurigen Traum« deutlich zurück.

268,15 *ihr Todesgötter!*] Diese Wendung und die folgenden Verse orientieren sich an griechischen Unterweltsvorstellungen, in denen es spezifische Todes-(Unterwelts-)
Götter gibt – Hades und Persephone – und immer wieder
die Unerbittlichkeit dieser Unterweltsgötter (vgl. v. 18) im
Zusammenhang mit der Unentrinnbarkeit des schaurig
schattenhaften Daseins in der Unterwelt betont wird.

268,25 *die Locke bekränzen*] In der Antike war es Brauch,
bei Festen das Haupt zu bekränzen.

269,39 *doch nicht vor seligen Augen*] Zu dem Gegensatz
vgl. *Hyperions Schicksalslied*.

269,47f. *der Nord ⟨. . .⟩ | Er, der Liebenden Feind*] »Der
Nord« ist »der Liebenden Feind« bei Ovid, *Hero und Leander*, v. 37-46, wo der aus Norden blasende Boreas das
Gewässer stürmisch aufwühlt, das Leander von Hero
trennt.

269,50 *den eigenen Gott]* Aufnahme der vor allem in der stoischen Philosophie verbreiteten Anschauung vom »Gott in uns« (»deus internus«, »deus in nobis«) – vgl. die traditionsgeschichtliche Erläuterung zur *Hymne an die Menschheit*, v. 80 (S. 569). Mit dieser Vorstellung vom »Gott in uns« wies die stoisch-pantheistische Philosophie, die eine Immanenzphilosophie ist, den Glauben an »Götter« im Jenseits ab: das Göttliche ist immanent – Ausdruck höchster Erfahrungen im Menschlichen. In diesem Horizont steht das Sprechen vom »Göttlichen« (v. 58), von den »Göttern« (v. 85, v. 118) und die Bezeichnung der Geliebten als »Götterkind« (v. 87). Die Schlußstrophe knüpft deutlich steigernd an die frühere Wendung vom »eigenen Gott« an, indem der Dichter einen »Gott innen vom Tempel« (v. 112) sprechen läßt und damit deutlich macht, daß die Rede von den »Himmlischen« (v. 109) und den »Göttern« (v. 118) Ausdruck solch innerer, menschlicher Erfahrungen ist, besonders der Liebeserfahrung.

269,55 *wie die Schatten]* Anknüpfung an die im 2. Abschnitt entwickelten antiken Unterweltsvorstellungen: Die Toten leben in der Unterwelt als körperlose, elende »Schatten«.

270,71 *wie den Götterlosen]* Umdeutende Anspielung auf die Tantalus-Sage, derzufolge Tantalus der Tischgesellschaft der Götter gewürdigt und von ihnen mit Gütern überschüttet, aber dann infolge seiner Hybris in die Unterwelt gestoßen und dort schwer bestraft wurde. Vgl. Goethes Parzenlied in der *Iphigenie auf Tauris* (IV 5), dessen direkten Reflex die Wendung von den »rächenden Parzen« in v. 67 der *Elegie* zeigt. Hölderlin selbst spielt auch sonst mehrmals auf den Tantalus-Mythos an, so am Schluß der Hymne *Wie wenn am Feiertage . . .* und in dem Brief vom 4. Dezember 1801 an Böhlendorff (Nr. 237): »⟨. . .⟩ jetzt fürcht' ich, daß es mir nicht geh' am Ende wie dem alten Tantalus, dem mehr von Göttern ward, als er verdauen konnte«.

270,77 *Wiederzukehren, und neu auf grünendem Boden zu wandeln]* Vorausdeutung auf die für die Schlußpartie bestimmende Vorstellung. Vgl. die Erläuterungen zu v. 130.

270,85f. *Du, die Großes zu sehn, und froher die Götter zu*
singen, | *Schweigend, wie sie, mich einst stille begeisternd ge-*
lehrt] Hier am Beginn der letzten Trias steht die entscheidende Wendung zum Dichtertum: zum »Sehen« – im Sinne
des Seher-Dichters, des poeta vates – und »Singen«. Daß
die Götter in Analogie zu Diotima als »schweigend« vorgestellt werden (»schweigend, wie sie« – die *Elegie* spricht
geradezu von den »schweigenden Göttern«, v. 75), entspricht einer antiken Anschauung. Im *Hyperion* wird Diotima oft »still« genannt und mit dieser Stille in die Sphäre
des Göttlichen gerückt.

271,95 *o Heldin]* Nach dem Vorbild von Ovids *Heroides*,
wo die Frauen, die sich durch große Liebe hervorgetan
haben, als Heldinnen (Heroides) bezeichnet werden. Vgl.
auch das Gedicht *Götter wandelten einst . . .*, v. 4f.: »es wan-
delt das Bild | Meiner Heldin mit mir ⟨. . .⟩«.

271,102 *die Athenerin]* Zu diesem Höhepunkt idea-
listisch-antikisierender Verklärung gehören auch charakteristische Wortprägungen: »sanftumatmend« (v. 99), »stillherwandelnd« (v. 102), »heitersinnend« (v. 103). Die
partizipial gebrauchte Form des episch schmückenden
Doppelworts ist typisch für Homer.

271,112 *ein Gott innen vom Tempel]* Vgl. die Erläuterung
zu v. 50.

271,113f. *wie von heiliger Leier* | *Ruft es von silbernen Bergen*
Apollons voran!] Der Vergleich »wie von heiliger Leier« hat
einen doppelten Bezug: den Bezug auf Apollon, den Gott
der Dichtkunst, der vorzugsweise mit der Leier (Lyra) dargestellt wird, und den Bezug auf den Dichter, der sich in der
ganzen letzten Trias und nun noch besonders in der letzten
Strophe, wo er sich als »Sänger« (v. 110) bezeichnet, durch
die Erinnerung an seine Liebeserfahrung dichterisch inspiriert fühlt. Die »silbernen Berge Apollons« sind die beiden
beschneiten Gipfel des Parnassos, des dem Apollon und den
Musen geweihten Gebirges, an dessen Abhang Delphi
liegt. In der griechischen Überlieferung ist oft vom Schnee
auf dem Parnaß die Rede, so im Homerischen Hymnus auf

Apollon (v. 282), im *König Ödipus* des Sophokles (v. 473-475, in Hölderlins Übersetzung v. 480-482), in den *Phoinis-sen* des Euripides (v. 206f.). Vgl. die Elegie *Brot und Wein*, v. 50, wo es heißt, daß »am Parnaß ⟨. . .⟩ der Schnee delphische Felsen umglänzt«.

271,115 *es war wie ein Traum!*] Vgl. v. 14 und die Erläuterung z. St.

272,124-128 *Dort, wo die Seligen ⟨. . .⟩ oder auch hier, auf tauender Insel ⟨. . .⟩ Wo die Unsrigen*] Ausdrucksvoller Wechsel von dem wiederholten »dort« zum »hier« – von dem zuerst sich auf ein ideales Jenseits richtenden Gedanken zu dem Gedanken an eine Welt diesseitiger Vollendung, in der auch die Liebenden zu Hause sein können und sich deshalb nicht mehr an den sich ins Unwirklich-Ideale entziehenden »Seligen«, an den »Gestirnen« und an den »Musen« orientieren müssen, vielmehr die – mit ihnen verbundenen – Menschen als »die Unsrigen« bezeichnen können; wo deshalb auch »die Gesänge wahr« (v. 129) sind, d. h. Ideal und Wirklichkeit nicht mehr auseinanderfallen. Zu dieser Umorientierung vom »Dort« zum »Hier« gehört es, daß nun nicht mehr wie in der *Elegie* von den »seligen Inseln« (v. 111), sondern von »tauender Insel« die Rede ist.

272,130 *von neuem ein Jahr unserer Seele beginnt*] Dies entspricht in gesteigerter Weise der schon in v. 75-77 entwikkelten Anschauung von der Wiederkehr des einst Gewesenen. Sie ist auf dem Hintergrund der antiken Vorstellung von der sich in großen Zyklen abspielenden kosmischen Periodizität zu sehen. Diese zyklische Periodizität wurde zuerst mit astronomischen Gesetzmäßigkeiten begründet und immer wieder mit der Vorstellung des sich vollendenden großen Welten-»Jahrs« verbunden (Platon, *Timaios* 39d; der Stoiker Chrysipp, vgl. Ioannes ab Arnim, *Stoicorum Veterum Fragmenta* II, Nr. 599; Plinius, *Historia Naturalis* X 5). Das nach dem Abschluß eines solchen »Jahres« sich mit zyklischer Notwendigkeit wiederherstellende, »wiederkehrende« neue »Jahr« verband sich vielfach mit politischen und messianischen Hoffnungen. Der feste Begriff für die

»Wiederherstellung« des kosmischen Zyklus lautet Apokatastasis. Die Apokatastasis ist im Hinblick auf das sich
erneuernde kosmische Jahr eng verwandt mit der für Hölderlin wichtigen Vorstellung der Palingenesie. Besonders
im Neuplatonismus wurde dann mit diesem kosmischen
Erneuerungsgeschehen die Apokatastasis: die erneuernde
Wiederkehr der *Seele* in Zusammenhang gebracht, die sich
in der gleichen Periodizität wie das kosmische Jahr ereigne.

Der Wanderer
Zweite Fassung

Die im Gedicht enthaltenen biographischen Elemente –
vor allem Hölderlins Rückkehr von Homburg in die
schwäbische Heimat im Frühsommer 1800 – sowie das in v.
73ff. intensiv dargestellte jahreszeitliche Gedeihen deuten
auf den Sommer 1800 als Entstehungszeit. Hölderlin hat im
Stuttgarter Folioheft die erste Fassung des Gedichts (vgl.
S. 184-187) aus Schillers ›Horen‹ mit breiten Zeilenabstän-
den, also zum Zweck der Überarbeitung abgeschrieben. Bis
v. 81 der 2. Fassung fügte er die Änderungen über den
Zeilen der 1. Fassung ein, von v. 82 an notierte er den
Entwurf zu der neuen Schlußpartie. Gegenüber den 84 Versen der 1. Fassung hat die 2. Fassung 108 Verse. Die
Erweiterung kam im wesentlichen durch die Hinzufügung
einer neuen Schlußpartie zustande. Nach dem Entwurf im
Anschluß an die überarbeitete 1. Fassung hat Hölderlin
dann diese Schlußpartie (v. 83-108) auf einer eigenen Handschrift fixiert. Erstdruck in: ›Flora. Teutschlands Töchtern
geweiht. Eine Quartalschrift von Freunden und Freundinnen des schönen Geschlechts‹. Neunter Jahrgang. Drittes
Vierteljahr. Tübingen 1801, S. 31-39, unterschrieben : Hölderlin.

ÜBERBLICKSKOMMENTAR Die 2. Fassung des *Wanderers* ist
die erste der von nun an durchgehend strophisch gegliederten Elegien Hölderlins, nachdem die früheren Elegien,
auch noch *Menons Klagen um Diotima*, in ungleich lange

Abschnitte eingeteilt waren. Alle Strophen im *Wanderer* wie in den folgenden Elegien haben 18 Verse, wobei diese Zahl meistens klar in 3 x 3 Distichen gegliedert ist. Diese Infrastruktur markierte Hölderlin in der Handschrift der 2. Fassung des *Wanderers*, in der er die 1. Fassung überarbeitet hat, indem er nach jedem dritten Distichon am linken Rand einen Querstrich zog. Auch die Strophenzahl ist von nun an triadisch geordnet, so daß sich immer 6 Strophen in 2 Triaden oder 9 Strophen in 3 Triaden gliedern.

Zum literarischen Muster, welches die ersten Strophen des *Wanderers* mit ihrer Darstellung der Hauptklimazonen bestimmt, vgl. den Überblickskommentar zur 1. Fassung (S. 602). Vgl. auch die Einzelerläuterungen zu den analogen Partien der 1. Fassung.

272,17 *auch hier sind Götter]* Aristoteles berichtet in seinem Werk *De partibus animalium* 1, 5 (*Über die Teile der Tiere*), Heraklit habe einmal zu Besuchern, die nach ihrem Eintritt stehen blieben, als sie ihn sich am Herde wärmen sahen, gesagt, sie möchten ungescheut hereinkommen, denn auch hier seien Götter (εἶναι γὰρ καὶ ἐνταῦθα θεούς). Lessing zitiert als Motto des *Nathan* – mit der falschen Quellenangabe »Apud Gellium« (bei Gellius) – diesen Ausspruch: »Introite, nam et heic Dii sunt!« (»Tretet ein, denn auch hier sind Götter!«)

272,18 *es mißt gern mit der Spanne der Mensch]* Die »Spanne« ist das Maß der gespreizten (ausgespannten) Hand.

272,19 *die Rede]* Die Berichte: »die Sagen« (v. 80).

273,20 *herauf]* Der Norden befindet sich auf den Landkarten oben. Vgl. v. 77 des *Archipelagus*.

275,82 *indes mich ⟨...⟩ gesucht]* Zu verbinden mit : »Wo ich lag ⟨...⟩«; der Satzteil »und das konnten die Sagen ⟨...⟩ ihr Gewaltgen« ist eine Parenthese.

275,98 *Vater des Vaterlands! mächtiger Äther!]* Formulierung nach dem römischen Ehrennamen »pater patriae«. Der Äther ist in der antiken Tradition das lebensspendende Prinzip, das zugleich mit der allumfassenden Gottheit gleichgesetzt wird – insofern kann er »Vater« heißen. Im Hexameter-Hymnus *An den Äther* heißt der Äther immer wieder »Vater« (v. 2, 7, 28, 40, 51), ebenso in der Elegie *Brot und Wein* (v. 65, v. 154). Zum »Äther« vgl. den Überblickskommentar zum Hexameter-Hymnus *An den Äther* (S. 598ff.).

Der Gang aufs Land

Diese handschriftlich überlieferte, unvollendet gebliebene Elegie ist dem Freunde Christian Landauer, Kaufmann in Stuttgart, gewidmet, in dessen Hause Hölderlin die glückliche, schöpferische Zeit vom Juni 1800 bis zum Jahresende verbrachte. Sie ist im Herbst dieses Jahres entstanden. Anlaß zu dem »Gang aufs Land« ist wohl eine Art vorläufiger Einweihung (vgl. v. 23) eines »Gasthauses« vor den Toren der Stadt, wie aus dem folgenden Entwurf zur (nicht mehr vollendeten) 4. Strophe hervorgeht:

1 Aber fraget mich eins, was sollen Götter im
Gasthaus?
2
3 Dem antwortet, sie sind, wie Liebende, feierlich
selig,
4   Wohnen bräutlich sie erst nur in den Tempeln
allein
5 Aber so lang ein Kleineres noch nach jenen genannt
⟨ist,⟩
6   Werden sie nimmer und nimmer die Himmlischen
uns
7 Denn entweder   es herrscht ihr Höchstes blinde
gehorcht dann
8   Anderes
9 Oder sie leben in Streit der bleibt nicht oder es
schwindet
10   Wie beim trunkenen Mahl, alles
11 Dies auch verbeut sich selbst, auch Götter bindet ein
Schicksal
12   Denn die Lebenden all bindet des Lebens Gesetz.

Quer am linken Rand des Entwurfs steht das Distichon:

Singen wollt ich leichten Gesang, doch nimmer gelingt
mirs,
Denn ⟨es⟩ machet mein Glück nimmer die Rede mir
⟨leicht⟩.

276,1 *ins Offene]* Ein Lieblingswort Hölderlins, hier zunächst als Hinausgehn aus der Stadt (Stuttgart) in die
»offene« Landschaft gemeint, aber auch schon mit tieferer
Bedeutung, wie dann noch – in leitmotivischer Wiederaufnahme – in v. 18, der den Wunsch enthält, es möge »dem
offenen Blick offen der Leuchtende ⟨Himmel⟩ sein«, und in
v. 26, in dem der Dichter hofft, das gesellige Zusammensein der Freunde möge »offen, dem Geiste gemäß« sein.
Vgl. auch *Brot und Wein*, v. 41: »⟨. . .⟩ So komm! daß wir das
Offene schauen ⟨. . .⟩« und *Germanien*, v. 81f.: »O trinke
Morgenlüfte, | Bis daß du offen bist ⟨. . .⟩«.

277,31-33 *Oder, wie sonst ⟨. . .⟩ Möge der Zimmermann . . .]* Die Partie zwischen »sonst« und »Möge« ist als
Parenthese zu verstehen.

Das Ahnenbild

Von dieser im Herbst 1800 im Haus des Stuttgarter Freundes Landauer entstandenen Ode sind ein Entwurf, eine
zweite Niederschrift und eine Reinschrift überliefert.
    Asklepiadeisches Versmaß.
    Das Motto »Ne virtus ulla pereat!« (»Daß keine [ererbte]
Tüchtigkeit verloren gehe!«) ist in der lateinischen Literatur bis 150 n. Chr. nicht nachweisbar, doch ist immer
wieder in ähnlichen Wendungen vom Untergang der »virtus« die Rede.

ÜBERBLICKSKOMMENTAR In dieser Ode verbindet Hölderlin zwei Elemente römischen Brauchtums miteinander.
Erstens war es bei den vornehmen Römern Brauch, Ahnenbilder in der Vorhalle des Hauses aufzustellen. Vgl.

Lessings Nachlaßfragmente *Über die Ahnenbilder der alten Römer* und *Von den Ahnenbildern der alten Römer* von 1769, die erstmals (kontaminiert) von Eschenburg in *Gotthold Ephraim Lessings sämmtlichen Schriften*, 10. Teil, Berlin 1792, S. 166-236, herausgegeben wurden. Zweitens hatte bei den Römern jede Familie einen Schutzgeist, den Lar familiaris, der vielfach mit dem Geist des Ahnherrn der Familie gleichgesetzt wurde. Der Lar familiaris war eng mit den großen Ereignissen im Leben der Familie verbunden, etwa mit Geburt und Heirat; er wachte auch über ihr Gedeihen (1. bis 7. Strophe). Ferner war er die Schutzgottheit des ländlichen Gedeihens um das Haus (7. bis 10. Strophe). Das also ganz bewußt dem römischen Bereich entnommene Motto ist wie die Ode selbst vor diesem Hintergrund zu verstehen. Christian Landauers Vater war am 21. August 1800 gestorben.

277,5 *das Söhnlein]* Der einzige Sohn Christian Landauers, Gustav Landauer, war im Jahre 1800 vier Jahre alt.

279,47f. *des Hauses | Guten Genien]* Die »Genien« sind, noch ganz im alten Verständnis, die Schutzgeister; wie die Handschrift zeigt, hatte Hölderlin zuerst die Wendung »⟨. . .⟩« mit den Göttern des Hauses ⟨. . .⟩« erwogen. Vgl. die exakte Analogie im *Archipelagus*, v. 160: »Von den Vätern gesehn, den lächelnden Göttern des Hauses«.

Die Entschlafenen

Dieser Grabspruch, den Hölderlin dem Freund Christian Landauer in den Mund legt, war nach dem Bericht Gustav Schlesiers (abgedruckt in der *Großen Stuttgarter Ausgabe*, Bd. II, S. 657) in ein Basrelief eingegraben. Nach Christoph Schwabs Zeugnis, der ihn in seiner Ausgabe von Hölderlins Werken 1846 zuerst veröffentlichte – handschriftlich ist nichts überliefert –, entstand er im Herbst 1800 in Landauers Haus. In der seiner Hölderlin-Ausgabe beigefügten Lebensbeschreibung berichtet Christoph Schwab (Bd. 2, S. 306): »Bei Landauer fühlte er sich wohl und be-

zeugte ihm seinen Freundesdank ⟨.. .⟩ auch durch ein auf
ein kleines Denkmal eingeschriebenes Epitaph, unter dem
Titel ›Die Entschlafenen‹.« Am 6. Juni 1800 war Christian
Landauers Bruder, Christoph Friedrich, und am 21. August
1800 sein Vater gestorben.

An Landauer

Überliefert sind ein handschriftlicher Entwurf und eine Abschrift von der Hand Gustav Schlesiers. Nach dem Bericht
von Gustav Schlesier (abgedruckt in der *Großen Stuttgarter
Ausgabe*, Bd. 2, S. 658) ist dieses Gedicht, das seinem geselligen Zweck entsprechend in Reimversen abgefaßt ist,
zum 31. Geburtstag des Freundes Christian Landauer am
11. Dezember 1800 geschrieben. Schlesier berichtet auch
(S. 657), Landauers Sohn habe ihm mitgeteilt, »sein Vater
sei mit all den damaligen lit⟨erarischen⟩ Celebritäten befreundet gewesen ⟨. . .⟩ An jedem Geburtstage seien so viel
Gäste geladen worden, als der Vater Jahre gezählt habe
⟨. . .⟩«. In diesem festlichen Rahmen hat man sich den Vortrag oder das gemeinsame Singen des Gelegenheitsgedichts
vorzustellen.

ÜBERBLICKSKOMMENTAR Die Lebensart und die Lebens-
verhältnisse Landauers, die in den anderen auf ihn bezogenen Gedichten − *Der Gang aufs Land, Das Ahnenbild, Die
Entschlafenen* − nur teilweise deutlich werden, sind hier, in
dem ganz auf seine Person gerichteten Gedicht, in genaue-
rer und umfassender Weise charakterisiert: seine große
Freundschaftsfähigkeit (1. Strophe), die er gerade auch be-
wies, indem er Hölderlin ein halbes Jahr − seit Juni 1800 −
in sein Haus aufnahm; sein wohlgeordneter Hausstand
(2. Strophe); seine Wohlhabenheit, zu der auch ein Weinberg bei Stuttgart, vor allem aber kaufmännischer Erfolg
beitrug (3. Strophe); seine glücklichen Familienverhältnisse
(4. Strophe, v. 13), von denen ausgehend Hölderlin sich
den soeben verstorbenen Familienangehörigen und ihrem
Andenken zuwendet (4. Strophe, v. 14ff., 5. Strophe) − vgl.

das Epitaph *Die Entschlafenen*. Damit erhält das Gedicht am Ende einen dunklen Beiklang, den die letzte Strophe thematisiert, indem sie zugleich noch einmal ringkompositorisch (vgl. die 1. Strophe, v. 4) auf das »Fest« (v. 23) – auf Landauers Geburtstagsfest – zurückkommt.

280,12 *Der kluge Gott*] Merkur, der Gott der Kaufleute.

280,14 *die goldne Wolke*] Die »Aura«. Die Aura ist ein Attribut der Götter und daher auch der nach antikem Brauch von Hölderlin als vergöttert vorgestellten Toten der Familie (vgl. den Überblickskommentar zu der Ode *Das Ahnenbild*). Vgl. auch das folgende Gedicht, v. 12.

280,15 *geliebte Schatten*] Vgl. den Überblickskommentar zur 4. Strophe.

280,17 *Wolk' und Winde*] Anspielung auf das kriegerische Zeitgeschehen.

⟨*An eine Verlobte*⟩

Dieses nur in einer Abschrift Mörikes erhaltene und von ihm erstmals 1853 veröffentlichte Gedicht ist wohl im Herbst 1800 entstanden. An wen es sich richtet, ist unbekannt. Von Mörike stammt auch der Titel des Gedichts.

Alkäisches Versmaß.

281,10 Dieser Vers hat zwei Silben zu viel. Mörike vermutet (vgl. seinen in der *Großen Stuttgarter Ausgabe*, Bd. 2, S. 448 abgedruckten Bericht), er sei von der Abschreiberin – das Original hatte auch ihm nicht mehr vorgelegen – eigenmächtig geändert worden. Indessen wagt Hölderlin gelegentlich solche Abweichungen vom Versmaß.

281,12 *in goldener Wolke*] Die »Aura« als Attribut der Götter wird hier auf die verklärende, vergöttlichende Kraft der Liebe zurückgeführt. Vgl. Goethes *Harzreise im Winter*, v. 60ff.: »Aber den Einsamen hüll' | In deine Goldwolken, | ⟨. . .⟩ | O Liebe ⟨. . .⟩!«

281,15 *Der Liebe Stern*] Der nach der Göttin der Liebe benannte Abendstern Venus.

Stutgard

Diese Elegie ist im Herbst 1800 entstanden (vgl. besonders v. 27), als Hölderlin selbst im Haus des Stuttgarter Freundes Landauer weilte, und vielleicht etwas später vollendet worden. Sie ist in zwei Reinschriften überliefert, von denen diejenige im Homburger Folioheft noch mehrere Jahre später zu datierende Änderungen enthält. Erstdruck unter dem Titel *Die Herbstfeier* in: ›Musenalmanach für das Jahr 1807‹. Herausgegeben von Leo Freiherrn von Seckendorf, Regensburg, S. 3-12, unterschrieben: Hölderlin.

Widmung: Siegfried Schmid (1774-1859), ein Freund Hölderlins aus Friedberg in Hessen, dem er 1797 in Frankfurt begegnet war, gehörte zum Homburger Freundeskreis. Er schrieb Dichtungen – Schiller veröffentlichte Gedichte von ihm in seinem ›Musenalmanach für das Jahr 1798‹, Hölderlin rezensierte im Jahr 1801 sein Schauspiel *Die Heroine*. Aus den Jahren 1797-1801 sind fünfzehn Briefe an Hölderlin erhalten. Wie aus v. 38f. hervorgeht, ist der konkrete Anlaß der Elegie ein Besuch Siegfried Schmids.

Zur Struktur des Gedichts vgl. den Überblickskommentar zu der Elegie *Der Wanderer* (S. 709f.), zum Motiv der Wanderung in die Heimat den Überblickskommentar zu der Elegie *Heimkunft* (S. 749f.). Leitmotivisch durchziehen das ganze Gedicht, Strophe für Strophe, Anspielungen auf den Dionysosmythos (vgl. die Einzelerläuterungen), weil Dionysos als Weingott in besonderer Weise zum Herbstfest gehört, das gefeiert wird.

281,5 *alle gebundnen | Fittige wagen sich wieder ins Reich des Gesangs]* Nach dem Regen, während dem die Vögel nicht mehr flogen und sangen, beleben sie nun um so mehr »die Luft« (v. 7). Vgl. die Anfangsstrophe der *Friedensfeier*, wo die Luft nach dem Gewitter ebenfalls der »himmlischen, still widerklingenden Töne voll« ist. Seit je wurden die Vögel wegen ihres Gesanges mit der dichterischen Sphäre assoziiert.

282,12 *ein göttlicher Geist]* Wie die Bienen, so galten auch die Vögel schon in der antiken Dichtung als dem Göttlichen besonders nahe Wesen, weil das Pneuma (»Luft«, aber auch »Geist«) mit dem Göttlichen gleichgesetzt wurde. In dieser Nähe zum inspirierenden »Geist« wird die Assoziation des Dichterischen besonders deutlich.

282,14-16 *Kränze* ⟨. . .⟩ *Gesang* ⟨. . .⟩ *den heiligen Stab* ⟨. . .⟩ *und der Fichte | Schatten]* Eine Evokation der dionysischen Sphäre. Dionysos war auf seinen Zügen durch das Land (auf welche die folgenden Verse anspielen) von einem mit Weinlaub oder Efeu bekränzten Gefolge umgeben, so wie er selbst bekränzt war; als inspirierender Weingott war er den Dichtern heilig und insofern ein Gott des »Gesangs« (vgl. Horaz, *Carmina* II 19; III 25, sowie die Elegie *Brot und Wein*, vor allem v. 122-124); er selbst und sein Gefolge hatten den »heiligen Stab« in der Hand, den mit Weinlaub (v. 15: »mit Trauben und Laub«) geschmückten Thyrsos; zugeordnet wird ihm auch immer wieder die Fichte, weil er als Vegetationsgott zugleich ein Gott des Wachstums der Bäume ist, aber auch weil in der Dionysos-Pentheus-Sage, wie sie die *Bakchen* des Euripides überliefern, der Fichtenwald des Kithäron in der Nähe der Geburtsstadt des Dionysos, Theben, von besonderer Bedeutung ist (vgl. *Brot und Wein*, v. 51ff.).

282,16 *von Dorfe zu Dorf jauchzt es]* Auch die herbstlichen Weinfeste sind transparent auf den Zug des Dionysos, der von einem ekstatisch »jauchzenden« Gefolge begleitet war.

282,17 *wie Wagen, bespannt mit freiem Wilde]* Im griechischen Mythos fährt Dionysos auf einem von Panthern (in römischer Zeit: von Tigern) gezogenen Wagen. Vgl. *Der Einzige*, 1. Fassung, v. 53-55, wo es heißt, daß der »Evier« Dionysos »an den Wagen spannte | Die Tyger«, sowie die Erläuterung z. St.

282,18 *so träget und eilet der Pfad]* »Träget« heißt: ist träge, säumt (im Gegensatz zu »eilet«). Hermann Fischer, *Schwäbisches Wörterbuch* 2, 307, verzeichnet das im Mittelhochdeutschen lebendige schwache Verbum »trägen, tragen ⟨. . .⟩: träge sein«.

282,31 *der gemeinsame Gott]* Dionysos. Vgl. *Der Einzige*, letzte Überarbeitungsschicht: »Wie Fürsten ist Herkules. Gemeingeist Bacchus«. Dionysos wird als Gott der Gemeinsamkeit aufgefaßt, weil er nach der Überlieferung der Gott der Symposien ist: der gemeinschaftstiftenden Weingelage (vgl. den folgenden Vers). Daß dieser Gedanke der Gemeinschaft im höchsten Sinn politisch gemeint ist, zeigen die vorausgehenden Verse: »Eins nur gilt für den Tag, das Vaterland und des Opfers | Festlicher Flamme wirft jeder sein Eigenes zu«. Vgl. den Brief, den Hölderlin um Neujahr 1801 an den Bruder schrieb (Nr. 223): »Aber daß der Egoismus in allen seinen Gestalten sich beugen wird unter die heilige Herrschaft der Liebe und Güte, daß *Gemeingeist* über alles in allem gehen ⟨. . .⟩ wird, dies mein' ich, dies seh' und glaub' ich ⟨. . .⟩«.

282,32 *schmelzet, wie Perlen]* Vgl. die Ode *Empedokles*, v. 5, und die Erläuterung zur St.

282,33f. *wenn, wie die Bienen, | Rund um den Eichbaum, wir sitzen und singen um ihn]* Diese Verse haben einen dreifachen Beziehungssinn. Erstens nehmen sie den in der antiken Literatur häufig vorkommenden Vergleich der Dichter mit den Bienen auf, dem der ältere, bei Pindar leitmotivische Vergleich der Dichtung mit dem Honig zugrundeliegt. Wichtige Stellen, an denen die Dichter mit den Bienen verglichen werden: Aristophanes, *Die Vögel*, v. 749-751; Platon, *Ion*, v. 534 b; Horaz, *Carmina* IV 2, 25-32. Zweitens haben die Bienen einen Bezug zu Dionysos, der nach der Sage die Bienen durch die Musik der ihn begleitenden Schar zuerst zu einem Schwarm zusammengelockt, zum Wabenbau und zum Sammeln von Honig gebracht hat: insofern ist er auch Spender des Honigs (deshalb auch wohl nennt Hölderlin schon in v. 22 den »Honig«). Ovid erzählt diese Geschichte in *Fasti* III 736ff. Daher spricht Hölderlin auch in der spätesten Überarbeitung von *Brot und Wein*, in den Versen, die am Anfang der 9. Strophe dem Dionysos gelten, von den Bienen: »Und süßer Schlaf bleibet und Bienen und Mahl« (über v. 148). Drittens sind die Bienen in der antiken Tradition, am eindrucksvollsten im vierten Buch von Vergils *Georgica*, ein beliebtes Beispiel für den Gemeingeist und die vollkommene gesellschaftliche Harmonie. Hölderlin spricht vom »gemeinsamen Gott«, davon, daß der Wein, wie Perlen, »den eigenen Sinn schmelzet« und daß »der Chor« (v. 36) die Seelen der Männer zusammenzwingt – in diesem Kontext deuten die Bienen auf den im Bienenstaat vollkommen verwirklichten Gemeingeist, den Vergil meint, wenn er in seinen *Georgica* sagt: »alle halten gemeinsame Ruhe nach ihren Werken, die Arbeit ist für alle gemeinsam« (»omnibus una quies operum, labor omnibus unus«, IV 184), und: »ein Geist ist allen gemein« (»mens omnibus una est«, IV 212).

282,34 *um den Eichbaum]* Ebenfalls schon seit dem Altertum feststehend ist die Verbindung der Bienen mit der Eiche, weil besonders die Eiche vom sogenannten Honigtau befallen wird, von dem sich die Bienen gerne nähren. Derselbe Konnex von Bienen und Eiche noch in dem hymnischen Entwurf *Wenn nämlich der Rebe Saft . . .*, v. 7ff.

282,39-283,46 *den lieben Geburtsort ⟨. . .⟩ des Vaters Grab]* Hölderlins »Geburtsort« Lauffen am Neckar lag damals an der nördlichen Grenze des Herzogtums Württemberg. Vom »Ort, an beiden Ufern« (v. 41) ist die Rede, weil der Neckar ihn in zwei Hälften teilt. Die »Insel des Stroms«, der »Fels«, trägt »Garten und Haus« der alten »Burg«, wo sich damals die Oberamtsbehörde befand. Dort erlitt Hölderlins Vater 1772 den tödlichen Schlaganfall.

283,50f. *Barbarossa ⟨. . .⟩ Kristoph ⟨. . .⟩ Konradin]* Barbarossa (Kaiser Friedrich I., 1147-52 Herzog von Schwaben) gehört als Staufer ebenso zu den »Landesheroen« wie »Konradin«, der letzte dieses schwäbischen Kaisergeschlechts, der 1268 von seinen Feinden in Italien hingerichtet wurde. »Kristoph«, 1550-68 Herzog von Württemberg, schuf das württembergische Landrecht, gründete Schulen und erweiterte das Tübinger Stift.

283,51f. *der Efeu | Grünt am Fels und die Burg deckt das bacchantische Laub]* Der Efeu ist neben der Weinrebe das

häufigste Attribut des Dionysos – insofern kann er »das
bacchantische Laub« heißen. Vgl. *Brot und Wein*, v. 146, und
die Erläuterung z. St. Als immergrüne Pflanze ist der Efeu
zugleich der fortwährenden Dauer und damit auch der Erinnerung zugeordnet, um die es im Kontext geht.

283,57f. *wie die Alten, die göttlicherzognen | Freudigen Dich-
ter ziehn freudig das Land wir hinauf]* Der auch sonst in diesem Gedicht immer wieder (vgl. besonders v. 73) betonte
Begriff der Freude und des Freudigen weist auf die Sphäre
des Dionysos hin, der in der griechischen Dichtung der
Freudengott ist (vgl. *Brot und Wein*, v. 133-138, und die
Erläuterung z. St.). Zu der Vorstellung von den dionysisch-
freudig das Land hinauf ziehenden Dichtern vgl. *Brot und
Wein*, v. 123f., wo es heißt, die Dichter seien »wie des Wein-
gotts heilige Priester, | Welche von Lande zu Land zogen in
heiliger Nacht«.

284,70 *Keiner an Bergen dort]* In der Druckfassung heißt
es: »Keiner im Oberland«.

284,73 *die mächtige Freude]* Vgl. die Erläuterung zu
v. 57f.

284,75-77 *mit heiligem Laub umkränzt erhebet die Stadt
schon | Die gepriesene ⟨. . .⟩ ihr priesterlich Haupt ⟨. . .⟩ und hält
den Rebenstab und die Tanne]* Nach dem antiken Muster des
Städtepreises, wie ihn Hölderlin von Sophokles und vor
allem von dem um dieselbe Zeit übersetzten Pindar her
kannte, preist er nun, nachdem die Wanderung mit dem
Freund zu dem schon im Titel angezeigten Ziel geführt hat,
die Stadt. Wahrscheinlich orientiert er sich dabei an Pindars
berühmtem Preis auf die Stadt Athen (*Pindari carmina cum
fragmentis. Pars altera: Fragmenta*, ed. Bruno Snell, Leipzig
³1964, Fragment Nr. 76). Darin heißt Athen für Pindar
»veilchenumkränzt« (ἰοστέφανοι) – Stuttgart ist für Hölderlin »mit heiligem Laub umkränzt«, beide Dichter formulieren den hymnischen Anruf an die Stadt »o ⟨. . .⟩ berühmtes
Athen« (ὦ ⟨. . .⟩ κλειναὶ Ἀθᾶναι) – »O ⟨. . .⟩ glückliches
Stutgard«, beide stellen den auszeichnenden Bezug zum
Vaterland her: »Griechenlands Stütze« – »Fürstin der Hei-

mat«; vor allem aber ist für Hölderlin Stuttgart ebenso eine »gotterfüllte Stadt« (δαιμόνιον πτολίεθρον) wie Athen für Pindar – eine Stadt, die sich, poetisch verklärt, in der Gestalt einer mit den Zeichen des Gottes Dionysos geschmückten Mänade erhebt. Daß in dieser Vision die Stadt personifiziert wird, geht auf die bei den griechischen Dichtern häufige Personifizierung von Städten zurück, die sich Hölderlin auch sonst immer wieder zu eigen macht. Die ekstatischen Begleiterinnen des Dionysos, die Mänaden, hatten ihr Haupt mit Weinlaub umkränzt. Daß Stuttgart »mit heiligem Laub umkränzt« heißt, macht diese Vorstellung zugleich transparent auf die geographische Realität: Stuttgart war damals noch von Weinbergen umgeben. Ferner trugen die Mänaden einen Stab, den Thyrsos, und ihnen war auch die Fichte (Tanne) zugeordnet (vgl. schon v. 14 und v. 15 sowie die Erläuterung z. St.) – daß Stuttgart »den Rebenstab und die Tanne« emporhält, macht das Mänadische zugleich durchsichtig auf die an Weinbergen und Wäldern reiche Umgebung der Stadt.

284,79 *dem Gast und dem Sohn]* Der »Gast« ist Siegfried Schmid, den Hölderlin, der »Sohn« der schwäbischen Heimat, nach Stuttgart geleitet.

284,81 *Gesang mit Flöten]* Zum Aufzug des Dionysos gehören auch Gesang und Musik, insbesondere eine aus Kleinasien stammende (»lydische«) Flötenmusik, die als besonders betörend galt.

284,82f. *der Mühn | Süße Vergessenheit bei gegenwärtigem Geiste]* Vgl. *Brot und Wein*, v. 33-36 und die Erläuterung z. St. Die »Vergessenheit der Mühen« ist eine aus der griechischen Literatur aufgenommene Vorstellung. So heißt es in Hölderlins Übersetzung von Pindars erster Pythischer Ode (v. 84ff.): »Wenn nämlich mir die ganze Zeit | Reichtum so und der Güter Gabe reichte | Und der Mühen Vergessenheit brächte« (καμάτων δ᾽ ἐπίλασιν); in seiner Übersetzung aus dem *Aias* des Sophokles (v. 709f.): »⟨. . .⟩ Ajax, | Der Mühe vergessend ⟨. . .⟩« (Αἴας λαθίπονος). Insbesondere wurde die Vergessenheit der Alltagsübel und Alltagsmühen als Wir-

kung des Weins, der Gabe des Dionysos, gepriesen. So in den
Bakchen des Euripides (v. 278ff.), deren Übersetzung durch
Hölderlin in der Anfangspartie erhalten ist.

284,91 *Engel des Vaterlands*] Sie heißen in einer früheren
Handschrift »Genien des Landes«. Daß sie vorher, in v. 89,
als »Väter droben« bezeichnet werden, deutet auf die Ge-
neralisierung jener nach römischem Muster angelegten
Vergöttlichung der Vorfahren, die in der Ode *Das Ahnenbild* für die Privatsphäre vorgeführt wird (vgl. den Überblickskommentar zu dieser Ode). Diese Wendung ist schon
in der 3. Strophe vorbereitet, wo von den »Landesheroen«
(v. 49) die Rede ist. Vgl. auch den Schlußsatz in der Widmung der Trauerspiele des Sophokles: »Sonst will ich,
wenn es die Zeit gibt, die Eltern unsrer Fürsten und ihre
Sitze und die Engel des heiligen Vaterlands singen«.

285,95 *für den*] Für den Freund Siegfried Schmid.

285,102 *das kühnere Wort*] Der absolute, d. h. ohne ver-
gleichenden Bezug gebrauchte Komparativ ist ein Mittel
emphatischer Steigerung nach Klopstocks Vorbild.

285,103 *des Gottes freundliche Gaben*] Die Gaben des Dionysos, d. h. vor allem der Wein.

285,108 *die größere Lust*] Das erfüllte Leben in einer allumfassenden gesellschaftlichen Harmonie, zu der die
Herbstfeier mit den Freunden, den »Lieben« (v. 107), der
Vorklang sein soll. Schon in v. 29 war vom Gemeingeist
und vom »Vaterland« die Rede.

Brot und Wein

Wahrscheinlich im Winter 1800/1801 vollendet, wie sich
aus der historisch-aktuellen Anspielung in den beiden
Schlußversen ergibt (vgl. die Erläuterung zu v. 159f.). Von
dieser Elegie sind drei Handschriften überliefert: ein Entwurf unter der Überschrift *Der Weingott. An Heinze*; eine
erste Reinschrift mit späteren Änderungen und eine zweite
Reinschrift, in die Hölderlin Jahre später noch einmal Änderungen in ganz anderem Stil und z. T. auch mit ganz
anderer Konzeption eingetragen hat. Deshalb können diese

späten Änderungen nicht mit den Partien des ursprünglichen Textes zu einer neuen ›Fassung‹ verbunden werden,
wie dies in der *Frankfurter Ausgabe*, Bd. 6: *Elegien und Epigramme*, S. 258-262, geschieht. Auch läßt sich der Status
dieser späteren Änderungen nicht sicher bestimmen: ob es
sich um Ansätze zu einer geplanten durchgehenden Umarbeitung oder bloß zu einer Umarbeitung bestimmter Partien handelt. Die konzeptionell wichtigsten Passagen dieser
späten Änderungen (Sigle: H3b) werden deshalb an entspre-
chender Stelle in den Einzelerläuterungen abgedruckt und
dort kommentiert. Vgl. vor allem die Einzelerläuterungen
zu v. 107ff. sowie zur Schlußstrophe.

ÜBERBLICKSKOMMENTAR *Brot und Wein* ist die umfangreich-
ste und die im formalen Aufbau am gesetzmäßigsten ge-
gliederte von Hölderlins Elegien. Das triadische Prinzip ist
in ihr vollständig durchgeführt. Sie besteht aus neun Strophen, die klar in drei Strophentriaden unterschieden sind;
die jeweils 9 Distichen umfassenden Strophen sind ihrerseits sowohl gedanklich wie syntaktisch in jeweils 3 × 3
Distichen aufgebaut. Allerdings enthält die 7. Strophe ein
Distichon weniger. Daß es sich um ein Versehen handelt,
geht aus der Handschrift hervor: Hölderlin zählte die Verse
nach, indem er mit eingetunkter Feder jeweils die Hexameter der 6. und 7. Strophe mit einem Punkt markierte;
versehentlich notierte er auch vor dem Pentameter v. 114
einen Punkt, so daß die 7. Strophe auf neun Punkte kam,
obwohl sie nur acht Distichen hat.

Die Grundstruktur des Gedichts bildet sich in der durchgehenden Tag-Nacht-Metaphorik ab, wobei die »Nacht«,
wie auch sonst oft in Hölderlins Dichtung, die unerfüllte
Zeit der Gegenwart, der »Tag« die Zeit geschichtlicher
Vollendung meint – sei es als »Tag« der glanzvollen griechischen Kultur oder als der erhoffte Tag künftiger geschichtlicher Erfüllung. In einer dialektischen Bewegung
führt die Elegie vom Erlebnis der gegenwärtigen »Nacht«
in der ersten Strophentrias zur Erinnerung an den griechi-

schen »Tag« in der zweiten Strophentrias, um in der dritten
Strophentrias die »Nacht« der Gegenwart immer deutlicher
als eine Zeit der Vorbereitung des künftigen »Tages« dar-
zustellen. So wird sie zu einer adventistisch »heiligen
Nacht« (v. 124). Schon in der ersten Strophentrias – in der
sich der gleitende Übergang von der real erlebten Sommernacht in die geschichtliche Nacht vollzieht – kommt diese
in die Zukunft weisende Qualität der »Nacht« zur Geltung.
Denn gerade indem die Nacht die Zeit der poetisch-inspi-
rierten Erinnerung an den einstigen (griechischen) Tag ist –
sie spendet »heilig Gedächtnis« (v. 36) –, vermittelt sie die
antizipatorische Wahrnehmung des künftigen »Tages«.

Der Tag-Nacht-Metaphorik und ihrem geschichtlichen
Sinn ordnen sich zwei Grundempfindungen zu: Freude und
Trauer, die zugleich auch Schlüsselworte des Gedichts sind.
Freude und Trauer wechseln je nach der geschichtlichen
Perspektive. Damit ist der Idealtyp der elegischen Gattung
erreicht, den Schiller in seiner Schrift *Über naive und senti-
mentalische Dichtung* definiert und der sich bis in alle wesent-
lichen Bestimmungen hinein mit dem Charakter von
Hölderlins Elegie deckt. »Setzt der Dichter die Natur der
Kunst und das Ideal der Wirklichkeit so entgegen«,
schreibt Schiller, »daß die Darstellung des ersten über-
wiegt, und das Wohlgefallen an demselben herrschende
Empfindung wird, so nenne ich ihn elegisch ⟨. . .⟩ diese
Gattung hat ⟨. . .⟩ zwei Klassen unter sich. Entweder ist die
Natur und das Ideal ein Gegenstand der *Trauer*, wenn jene
als verloren, dieses als unerreicht dargestellt wird. Oder
beide sind ein Gegenstand der *Freude*, indem sie als wirklich
vorgestellt werden. Das erste gibt die Elegie in engerer, das
andere die Idylle in weitester Bedeutung«. In *Brot und Wein*
wechseln die beiden Empfindungsarten, und so erscheinen
im selben Gedicht die beiden »Klassen« des Elegischen, die
»Elegie in engerer« und die »Idylle in weitester Bedeutung«.

Alle wesentlichen Vorstellungen des Gedichts konver-
gieren in einer mythologischen Gestalt, ihren Eigenschaf-

ten und Attributen: in der Gestalt des Dionysos, der
insofern eine universale mythologische Synthese des im
Gedicht Ausgesagten ist. Dionysos, schon in der Elegie
Stutgard von durchgehend strukturbildender Bedeutung,
ist zuallererst der Weingott. Der ursprüngliche Titel lautete
Der Weingott. Der antiken Tradition entsprechend (vgl. hierzu die jeweiligen Einzelerläuterungen) erscheint er auch als
der Gott der Nacht, der dionysischen Begeisterung und des
inspirierten »Wahnsinns«, als Gott der Dichter, als Freudengott, als Gott großer Wanderungen, als Gott des Thea-
ters und des Tanzes, als Gott der durch die Attribute der
immergrünen Fichte und des Efeus symbolisierten geschichtlichen Kontinuität, der insofern »Tag« und »Nacht«
(v. 143), d. h. die sich scheinbar ausschließenden geschichtlichen Perioden aussöhnt und damit das Ergebnis der
dialektischen Grundbewegung des Gedichts an sich selbst
repräsentiert; schließlich als der Gott, dessen universal-
synthetisches Wesen sich in seiner Verschmelzung mit der
Gestalt Christi zeigt. Vor allem in der Schlußstrophe hat
Hölderlin diese Verschmelzung durch eine Reihe ambiva-
lenter, sowohl auf Dionysos als auch auf Christus deutender
Elemente signalisiert und damit ein erstes Beispiel des sy-
stematischen Synkretismus gestaltet, der später die Hymne
Der Einzige, aber auch Partien der *Friedensfeier* und der
Patmos-Hymne bestimmt. Der Verschmelzung mit der Gestalt Christi dient auch die Umformulierung des ursprünglichen Titels *Der Weingott* zum neuen Titel *Brot und Wein*, der
sowohl die Gaben der Ceres und des Dionysos wie die
christliche Eucharistie meint.

Widmung: Wilhelm Heinse (1749-1803), den Verfasser des
Ardinghello, kannte Hölderlin persönlich seit dem Sommer
1796 (vgl. die Briefe an den Bruder vom 6. August 1796 und
vom 13. Oktober 1796), als er mit Susette Gontard und
Heinse über Kassel zu einem gemeinsamen Aufenthalt nach
Driburg reiste, um dem Krieg auszuweichen. Am 16. Februar 1797 schrieb er über ihn an Neuffer: »Er ist ein

herrlicher alter Mann. Ich habe noch nie so eine grenzenlose Geistesbildung bei so viel Kindereinfalt gefunden«.
Heinses Roman *Ardinghello* (1787), aus dem Hölderlin das
Motto der *Hymne an die Göttin der Harmonie* nahm, hat auf
den *Hyperion* eingewirkt. Die Rheinhymne sollte ursprünglich Heinse gewidmet werden, und noch bis in die späten
hymnischen Entwürfe reicht die Erinnerung an Heinse.

285,4 *sinnig*] Hier in der Bedeutung von »besonnen«.

286,17 *die Erstaunende*] Transitiv: die Staunen erregen-
de. Vgl. *Chiron*, v. 4.

286,23 *dich*] Angeredet ist Heinse.

286,31 *in der zaudernden Weile*] Hier findet der Übergang
von der Nacht im eigentlichen Sinne zu der geschichtlichen
Nachtzeit zwischen dem griechischen und dem künftigen
»Tag« statt.

286,31-34 *Aber sie muß uns auch* ⟨. . .⟩ *Uns die Vergessenheit*
⟨. . .⟩ *gönnen,* | *Gönnen das strömende Wort*] Die Wiederauf-
nahme des »uns« und die Verdoppelung (Anadiplosis) des
Wortes »gönnen« gehört zum emphatisch gesteigerten Stil.
Das verdoppelte »gönnen« bezieht sich ausdrucksvoll auf
die »Gunst« am Beginn der Strophe (v. 19) zurück (figura
etymologica). Zur emphatischen Wiederholung des »uns«
vgl. *Der blinde Sänger*, v. 51f.: »O nimmt, daß ichs ertrage,
mir das | Leben, das Göttliche *mir* vom Herzen«; *Patmos*,
v. 16ff.: »So sprach ich, da entführte | *Mich* schneller, denn
ich vermutet | ⟨. . .⟩ ein Genius *mich* | Vom eigenen Haus'
⟨. . .⟩«; zur emphatischen Anadiplosis vgl. *Friedensfeier*,
v. 112ff.: »⟨. . .⟩ und eher legt | Sich schlafen unser Ge-
schlecht nicht, | Bis ihr Verheißenen *all,* | *All* ihr Unsterb-
lichen, uns | Von eurem Himmel zu sagen, | Da seid in
unserem Hause«.

286,33 *Vergessenheit*] Nicht Vergeßlichkeit, auch nicht
das gewöhnliche Vergessen des Vergangenen, sondern der
Zustand, der mit dem dionysisch »Heiligtrunkenen« ver-
bunden ist. Vgl. *Stutgard*, v. 82f.: »⟨. . .⟩ der Mühn | Süße
Vergessenheit bei gegenwärtigem Geiste«, sowie die Erläuterung z. St.

286,33 *das Heiligtrunkene gönnen]* Das »Heiligtrunkene«
weist besonders auf das Dionysische, und daß die Nacht es
»gönnt«, deutet schon hier auf Dionysos als den Gott der
Nacht. In der antiken Überlieferung ist dem Dionysos die
Nacht heilig, er erscheint geradezu als der »nächtliche
Gott« (Διόνυσος νυκτερινός, Plutarch, Quaest. conv. 4, 6.
10; Serv. Aen. 4, 303: »nocturnus Bacchus«; Vergil, *Georgica*
IV 521). Von den vielen Stellen der antiken Literatur, welche Dionysos als Gott der Nacht darstellen, sei beispielhaft
eine Partie aus dem für die Kenntnis des Dionysos-Mythos
wichtigsten Werk, aus den *Bakchen* des Euripides, angeführt
(von deren Übersetzung durch Hölderlin der Anfang erhalten ist), v. 485 f.: »Pentheus: Vollendest du die Weihen
nachts ⟨νύκτωρ⟩ oder am Tage? Dionysos: meistens nachts
⟨νύκτωρ⟩; denn sehr heilig ist das Dunkel ⟨σκότος⟩«.

286,35 *Schlummerlos]* Das ungewöhnliche Wort, Prädikat zu dem auf »Wort« bezüglichen »das« in v. 34, ist dem
griechischen ἄυπνος nachgebildet (vgl. Euripides, *Hippolytos*, v. 1135, sowie Sophokles, *Ödipus auf Kolonos*, in Hölderlins Übersetzung, v. 685 ff.: »Noch mindern sich die
schlummerlosen Quellen ⟨ἄυπνοι κρῆναι⟩, | Die in Wasser
des Cephissus sich teilen«).

286,35 *kühneres Leben]* Absoluter Komparativ, zur emphatischen Steigerung. Vgl. *Stutgard*, v. 102, und die Erläuterung z. St.

286,36 *Heilig Gedächtnis]* Das Andenken an vergangene
geschichtliche Vollendung, wie sie dann in der Erinnerung
an Griechenland beschworen wird. Deshalb kein Widerspruch zu der »Vergessenheit« in v. 33, die sich auf die
täglichen Mühen und Sorgen der Gegenwart bezieht – solche »Vergessenheit« der Gegenwart ist geradezu Bedingung für das »heilig Gedächtnis« großer Vergangenheit.
Vgl. den gleichen gedanklichen Zusammenhang in *Anden-
ken*, v. 30-36: »Nicht ist es gut, | Seellos von sterblichen |
Gedanken zu sein. Doch gut | Ist ein Gespräch und zu
sagen | Des Herzens Meinung, zu hören viel | Von Tagen
der Lieb', | Und Taten, welche geschehen«.

287,38 *den Mut]* Entsprechend dem griechischen θυμός als mächtig treibende innere Energie verstanden.

287,39 *Freude]* Dionysos ist als Weingott und Gott der dichterischen Begeisterung auch der Gott der Freude – ein Thema, das die 8. Strophe zum Höhepunkt führt. Vgl. v. 133-138 und die traditionsgeschichtliche Erläuterung z. St.

287,40 *Göttliches Feuer auch treibet]* In den Lesarten stehen folgende Wendungen: »Treiben die Himmlischen doch alle bei Tag u. bei Nacht«; »Ja! und die Himmlischen all treiben«; »Zeichen des Himmels auch treiben«. »Zeichen des Himmels« (diese Wendung wird in der spätesten Überarbeitung H3b wiederaufgenommen) sind die »signa ex caelo«, welche der Zeichendeuter, der Augur, deutet – für Hölderlin gleichbedeutend mit den geschichtlichen Zeichen der Zeit, die der Dichter zu deuten vermag (vgl. die Erläuterung zu *Patmos*, v. 182f.). Ein solches Verständnis der dunklen Wendung »Göttliches Feuer auch treibet ⟨. . .⟩« ist allerdings nur unter der Voraussetzung möglich, daß das »göttliche Feuer« sinngleich für die zuerst erwogenen »Zeichen des Himmels« steht. Vgl. auch die Erläuterung zu v. 45f.

287,41 *das Offene]* Vgl. *Der Gang aufs Land*, v. 18, sowie den Überblickskommentar zu diesem Gedicht.

287,45 f. *doch jeglichem auch ist eignes beschieden,* | *Dahin gehet und kommt jeder, wohin er es kann]* Verdecktes Sprechen von der besonderen dichterischen Fähigkeit – ursprünglich lauteten die Verse 45f.: »Vor der Zeit! ist Beruf der heiligen Sänger und also | Dienen und wandeln sie großem Geschikke voran«.

287,47 *und spotten des Spotts mag gern frohlockender Wahnsinn]* Die auffällige figura etymologica »spotten des Spotts« nimmt eine Wendung aus den *Sprüchen Salomonis* (Kap. 3, 32ff.) auf: »Der Herr ⟨. . .⟩ wird der Spötter spotten«; vgl. auch Jean Paul, *Hesperus* (Akademie-Ausgabe, Abt. I, Bd. 3) 116, 2: »spottend über den Spott«. Der »Spott« ist Ausdruck einer einseitig rationalen Geistesverfassung, welche dem dichterisch-inspirierten Habitus, der

sich im »frohlockenden Wahnsinn« manifestiert, eben deshalb mit Spott begegnet. Zum Spotten des Wahnsinns vgl.
die aufschlußreiche Analogie in den *Anmerkungen zur Antigonä* (Bd. II), wo es von Antigone heißt: »Der erhabene
Spott, so fern heiliger Wahnsinn höchste menschliche Erscheinung, und hier mehr Seele als Sprache ist, übertrifft
alle ihre übrigen Äußerungen; und es ist auch nötig, so im
Superlative von der Schönheit zu sprechen, weil die Haltung unter anderem auch auf dem Superlative von menschlichem Geist und heroischer Virtuosität beruht«.

287,47f. *frohlockender Wahnsinn,* | *Wenn er in heiliger Nacht
plötzlich die Sänger ergreift*] Der »Wahnsinn« hat einen doppelten Bezug. Er weist zunächst auf Dionysos, der sein
Gefolge in den dionysischen Orgien bis zum Wahnsinn begeistert. Vgl. Hölderlins Übersetzung des Dionysos-Chor-
lieds in der *Antigonä* (v. 1198ff.): »Sohn, Zevs Geburt! |
Werd' offenbar! mit den Naxischen | Zugleich, den wachen-
den | Thyaden, die wahnsinnig | Dir Chor singen, dem
jauchzenden Herrn«. Die »Sänger« gehören zu dieser Ge-
folgschaft, wenn sie in dionysisch »heiliger Nacht« der
Wahnsinn ergreift. Zweitens aber weist der Wahnsinn speziell der Sänger auf die von Platon in seinem *Phaidros*
begründete Tradition, derzufolge die von den Musen stammende Besessenheit und »der Wahnsinn« (ἀπὸ Μουσῶν
κατοκωχή τε καὶ μανία, *Phaidros* 245 a) zu hoher Dichtung
hinreißen. Der *Phaidros* war eine Lieblingslektüre Hölderlins seit 1794. Aus dieser platonischen Lehre vom dichterisch inspirierenden Wahnsinn ergab sich die Tradition des
»furor poeticus«.

287,49 *Drum an den Isthmos komm!*] Nachdem die erste
Aufforderung »So komm!« (v. 41) von einer langen Einschaltung unterbrochen wurde (v. 43-46: »Fest bleibt Eins
⟨. . .⟩ wohin er es kann«), nachdem sie dann mit dem Ruf
»Drum!« (v. 47) wieder aufgenommen, aber sofort von einer neuen Einschaltung unterbrochen wurde (v. 47f.: »und
spotten ⟨. . .⟩ ergreift«), führt jetzt der dritte Anlauf zum
Ziel: »Drum an den Isthmos komm ⟨. . .⟩«. Es handelt sich

um den Impuls zu der nach Pindars Vorbild unternomme-
nen imaginären Reise, die auch in anderen Dichtungen
Hölderlins strukturbildend ist, so im *Archipelagus*, in der
Wanderung, in *Patmos*. Die Nennung des geographischen
Zentrums, des Isthmos, gilt der Evokation Griechenlands
im ganzen. Diese Gesamtheit wird im folgenden auch
durch die Nennung dreier heiliger Berge beschworen: des
dem Apollon heiligen »Parnaß« (v. 50), der sich ebenfalls
unweit des »offenen Meers« nordwestlich am Golf von Korinth erhebt – an seinem Fuß liegt Delphi an gewaltigen
»Fels«-Wänden –, dann des Hauptsitzes der griechischen
Götter insgesamt, des »Olymp« (v. 51), und schließlich des
Kithäron, eines mit dem Kult des Dionysos eng verbundenen Waldgebirges bei Theben.

287,50 *Schnee*] Vgl. *Menons Klagen um Diotima*, v. 113f.,
und die Erläuterung z. St.

287,51-54 *auf die Höhe Kithärons,* | *Unter die Fichten dort,*
unter die Trauben] Mit dem Namen des »Kithäron«, des
Waldgebirges bei Theben, zu dem die von Dionysos Ergriffenen hinaufzogen, um ihre Orgien zu feiern (vgl. vor
allem die *Bakchen* des Euripides), wird Dionysos indirekt
ebenso beschworen wie mit den »Fichten« und den »Trauben«, die beide zu seinen festen Attributen gehören – die
immergrüne Fichte (vgl. v. 145 sowie *Stutgard*, v. 15), weil
er der Vegetations- und damit auch Waldgott ist, die Trauben, weil er der Weingott ist.

287,53 *Thebe ⟨. . .⟩ und Ismenos ⟨. . .⟩ im Lande des Kad-*
mos] Thebe heißt eine von Ovid (*Amores* III 6, 33) erwähnte
Nymphe (Quellgöttin), welche die Geliebte des böotischen
Flußgottes Asopos ist; sie wird hier genannt, weil ihr Name
identisch ist mit dem der Stadt Theben, der Mutterstadt des
Dionysos. Ismenos ist ein Fluß bei Theben. Vgl. Hölderlins
Übersetzung der *Antigonä*, v. 1169ff.: »Hier aber, Freuden-
gott, | In der Mutterstadt, der bacchantischen, | In Thebe
wohnest du, an Ismenos kaltem Bach«. Kadmos ist der
Stammvater des thebanischen Königsgeschlechts, aus dem
auch Semele, die Mutter des Dionysos stammt.

287,54 *Dorther kommt und zurück deutet der kommende Gott]* Wenn nur ausgedrückt werden sollte, daß der Gott kommt, stünde nach der Feststellung, daß er kommt, nicht noch das Beiwort »kommend«. Der Sinn des Satzes liegt also darin, daß der Gott kommt, weil dies seinem Wesen entspricht, welches dasjenige eines »kommenden Gottes« ist: eine Anspielung auf die großen Wanderzüge des Dionysos von Osten nach Westen, von Indien und Kleinasien nach Griechenland, die ihm eine adventistische Qualität verleihen. Darauf spielt später in aufschlußreicher Weise auch Schelling in seiner *Philosophie der Offenbarung* mit dem gleichen Begriff des »Kommens« an. Von der Feststellung ausgehend, daß Dionysos »mit feierlichem Gepräng und unter festlichem Zuruf vom Kerameikos nach Eleusis gebracht wurde«, sagt Schelling: »Auch durch diesen Zug – dieses Kommen nach Eleusis war er ja eben als der *Kommende* bezeichnet, und so nehme ich zum Schluß keinen Anstand zu behaupten, daß selbst der Name Eleusis nur das Kommen, die Zukunft, oder um den alten feierlichen Ausdruck zu gebrauchen, die Kunft, den Advent des Gottes bezeichnete. Durch eine bloße Veränderung des Accentes ist das Wort ἔλευσις, das Kommen bedeutet, in das Nomen urbis Ἐλευσίς verwandelt ⟨. . .⟩ und so war denn auch der höchste Gegenstand der Mysterien zu Eleusis kein anderer als eben dieses Kommen des Gottes«. In der späten Überarbeitungsschicht H3b hat Hölderlin auf die Wanderungen des Dionysos noch markanter mit dem Begriff der Verpflanzung abgehoben: »Dorther kommt und da lachet verpflanzet, ⟨der⟩ Gott.« Vgl. hierzu den analogen Begriff der »Kolonie« in der späten Überarbeitung des Verses 154 und die Erläuterungen z. St. S. 747ff. Diese Betonung der Wanderungen des Dionysos (vgl. auch v. 124: »von Lande zu Land ⟨. . .⟩«) ist mythische Metapher des eigentlich Gemeinten: für die auch in einer Reihe anderer Gedichte, so im *Archipelagus*, in den Hymnen *Am Quell der Donau* und *Germanien* entwickelte Vorstellung, daß nun die Zeit gekommen sei, in welcher der in der Epiphanie des »Gottes«

manifest werdende geschichtliche Erfüllungszustand von
Hellas nach Hesperien, insbesondere nach Deutschland,
übergehe. (Zur traditionellen Vorstellung der »translatio
artium«, der Kulturwanderung, deren mythologisierende
Metapher in *Brot und Wein* das »Kommen« des wandernden
Gottes Dionysos ist, vgl. den ausführlich dokumentieren-
den Überblickskommentar zur Hymne *Am Quell der Donau*,
S. 843-845). Mythische Metapher dieses Übergangs, dieses
Kommens, ist gerade der Gott Dionysos, weil solches
Kommen zu seinem Wesen gehört, wie schon sein einstiges
Kommen von Indien über Kleinasien nach Griechenland
zeigt. Als kommender Gott wird er auch zum Medium der
Erinnerung an den Bereich, aus dem er kommt: an Grie-
chenland. Er »deutet zurück«.

Zugleich vollzieht der Schlußvers der 3. Strophe: »Dorther kommt und zurück deutet der kommende Gott« die
poetische Identifikation der »Sänger« (v. 48) mit ihrem
Gott, der ja auch in besonderer Weise ein Gott der Dichter
ist. Diese Identifikation findet ihren emphatischen Ausdruck, indem die dreimalige, direkt und indirekt an die
»Sänger« gerichtete Aufforderung, zu »kommen« (v. 41:
»So komm!«, v. 46: »Dahin gehet und kommt jeder, wohin
er es kann«, v. 49: »Drum an den Isthmos komm!«), in den
Vers über das Kommen des »kommenden Gottes« einmün-
det.

287,59 *wo die Gefäße*] Gottesdienstliche Gefäße, wie die
zuerst erwogene Formulierung zeigt: »wo die Gefäße | Voll
mit heiligem Wein? die Lust der Himmlischen?«

287,60 *Wo mit Nektar gefüllt ⟨. . .⟩ der Gesang*] Pindar
vergleicht seine Dichtung gern mit Honig oder Nektar.
Vgl. z. B. Pindar, 7. Olympische Ode, v. 7-9: »und ich,
flüssigen Nektar (νέκταρ χυτόν), der Musen Gabe, kampf-
preistragenden Männern sendend, die süße Frucht des
Geistes, mache sie mir geneigt«.

287,61 *die fernhintreffenden Sprüche*] »Fernhintreffend«
(ἑκηβόλος) ist seit Homer eines der stehenden Beiwörter des
delphischen Gottes Apollon. Ursprünglich auf seine Kunst

im Bogenschießen bezogen, meint dieses Beiwort hier die »Sprüche« des Orakels in »Delphi« (v. 62), die im alten Griechenland und darüber hinaus von größter Bedeutung waren.

287,63 *das schnelle]* Ein in der antiken Dichtung weitverbreitetes Beiwort zum »Geschick«. Vgl. Vergil, *Aeneis* XII 507: »fata celerrima«.

287,64 *Donnernd aus heiterer Luft]* Das Donnern des Zeus aus heiterem Himmel ist in der antiken Literatur ein bestätigendes, zustimmendes Götterzeichen (vgl. Homer, *Odyssee* V 103 in Verbindung mit V 112-114). In seiner antikisierenden Elegie *Alexis und Dora* hat auch Goethe diesen Zug aufgenommen (v. 96): »Und aus heiterer Luft donnert' es dreimal«. Es ist aber auch, so bei Horaz, *Carmina* I 34, 5-8, Zeichen für das Unvorhersehbare und Plötzliche, das sich noch bis in die Redensart »wie ein Blitz aus heiterem Himmel« erhalten hat.

288,65 *Vater Äther!]* Der hier dargestellten Vergangenheit respondiert die in v. 153f., wieder mit dem Anruf des Äthers, erhoffte Zukunft. Zum zentralen Begriff des »Äthers« vgl. den Überblickskommentar zum Hexameterhymnus *An den Äther* (S. 598-601). Nicht nur der naturphilosophische Begriff des Äthers, sondern auch die Vorstellung vom »Vater Äther« geht auf antike Tradition zurück; vgl. Lukrez, *Von der Natur der Dinge* (*De rerum natura*) I 250: »pater aether« (»Vater Äther«); Vergil, *Georgica* II 325: »pater ⟨. . .⟩ aether«. Als pantheistischer Inbegriff der allumfassenden und alles vereinigenden Naturmacht hat der »Äther« im folgenden vor allem gemeinschaftstiftende Wirkung. Vgl. *Der Archipelagus*, v. 237-240: »⟨. . .⟩ und über Bergen der Heimat | Ruht und waltet und lebt allgegenwärtig der Äther, | Daß ein liebendes Volk in des Vaters Armen gesammelt, | Menschlich freudig, wie sonst, und Ein Geist allen gemein sei«.

288,69 *Vater! heiter!]* Die Handschrift zeigt, daß Hölderlin diese Wendung anstatt der zuerst geschriebenen »Vater Äther« wählte.

288,80 *törig]* Dieses Wort hat nicht die moderne Bedeutung von »töricht«, sondern die durchaus positive Nuance
einer vom dionysischen Rausch der »schaffenden und ver-
schwendenden« Menschen mitbestimmten Handlungswei-
se. In der Hymne *Der Rhein* heißt es von dem naturhaft
genialen Rousseau, ihm sei es gegeben (v. 144-146), »Zu
reden so, daß er aus heiliger Fülle | Wie der Weingott, *törig*
göttlich | Und gesetzlos sie die Sprache der Reinesten gibt«.
Vgl. auch Goethe, *Von deutscher Baukunst* (Weimarer Ausgabe, Bd. 37, S. 139): »⟨. . .⟩ mein Herz, jünger, wärmer,
töriger als jetzt ⟨. . .⟩«.

288,81f. *in Wahrheit | Kommen sie selbst]* Dies bedeutet
nicht, daß sie noch nicht da waren. Denn in v. 73 schon
heißt es: »Unempfunden kommen sie erst ⟨. . .⟩«, d. h. sie
kommen, aber sie werden noch nicht als das empfunden,
was sie eigentlich sind. Daß sie dann später »in Wahrheit«
kommen, als »sie selbst«, weist darauf hin, daß sie nun erst
adäquat, ihrem eigentlichen Wesen nach, wahrgenommen
werden. »Wahrheit« wird im Sinne des griechischen Wortes
für Wahrheit (ἀλήθεια = Unverborgenheit, Offenbarsein)
verwendet, wie auch v. 83 zeigt, wo von den nunmehr
»Offenbaren« die Rede ist.

288,84 *Eines und Alles]* Die pantheistische Zentralfor-
mel seit Heraklit (ἓν καὶ πᾶν).

288,85 *mit freier Genüge]* Der Begriff der »Genüge« (Genügsamkeit) ist von dem griechischen Begriff der Autarkie
(αὐτάρκεια) abgeleitet, der ein ideal vollendetes und erfülltes
Dasein bezeichnet, wie es den Göttern zukommt. Deshalb
heißt Diotima, die »Griechin«, im *Hyperion* bezeichnend oft
»genügsam«, und immer wieder im Vergleich mit dem Dasein der Götter. In Platons *Timaios* (68e) ist die Rede von
der »sich selbst genügenden und ganz vollkommenen Gottheit« (αὐτάρκης καὶ τελεώτατος θεός).

288,90 *Worte, wie Blumen]* Ihrer Herkunft nach beschränkt sich der Vergleich des Wortes mit der Blume auf
die Bedeutung der schmückenden Schönheit. Er geht auf
einen Ausdruck der antiken Rhetorik zurück (vgl. Cicero,

De Oratore III 96: »verborum sententiarumque floribus« –
»mit den Blumen der Worte und der Sätze«). Anderes läßt
der Vergleich mitklingen: im Brief an den Bruder vom
28. 11. 1798 nennt Hölderlin das »lebendige Wort« eine »lebendige Blume«, indem er auf das Wachstümlich-Organi-
sche abhebt. Vgl. die Hymne *Diotima,* Jüngere Fassung,
v. 3: »Des Gesanges Blumen«. In der Hymne *Germanien*
bedeutet die »Blume des Mundes« (v. 72) Deutschlands
Reichtum an großen Dichtern. Vgl. auch *Hälfte des Lebens,*
v. 8 f.: »Weh mir, wo nehm' ich, wenn | Es Winter ist, die
Blumen ⟨. . .⟩«.

289,99 f. *wo blühn die Bekannten, die Kronen des Festes? |
Thebe welkt]* Die Metaphern des Blühns und des Welkens
für kulturelle Vorgänge weisen besonders deutlich auf die
nach Herders Vorbild organologische Auffassung geistig-
kultureller Prozesse. Die Bezeichnung der großen Zeit griechischer Kultur als eines »Festes« entspricht sowohl dem
Gedanken einer Steigerung des Daseins zu höchstem Glanz
wie auch der zum Fest gehörenden, für Hölderlin besonders wichtigen Vorstellung einer idealen Gemeinschaft von
»Göttern« und Menschen. Vgl. *Der Rhein,* v. 180: »Dann
feiern das Brautfest Menschen und Götter ⟨. . .⟩«, sowie die
Friedensfeier im ganzen. – Die Form »Thebe« statt »Theben«
ist auch in der griechischen Dichtung gebräuchlich, weist
aber zugleich auf eine Personifizierung der Stadt nach grie-
chischem Vorbild. Ebenso wird im *Archipelagus,* v. 97, von
»Athene« statt von Athen gesprochen: »Weh! und Athene,
die herrliche, fällt ⟨. . .⟩«.

289,103 *die alten heilgen Theater]* Die »Theater«, in Griechenland von viel größerer Bedeutung für das Gemein-
schaftsleben der Polis als heute, heißen »heilig«, weil sie aus
dem Kult des Dionysos hervorgegangen sind.

289,104 *der geweihete Tanz]* Dionysos ist auch der Gott
des kultischen Tanzes, der insofern »geweiht« heißen kann.
Der griechische Name für den »geweiheten Tanz« ist χορός
(»Chor«), eine Einheit von Tanz und Gesang. Eine ausführliche Schilderung des dionysischen Tanzes geben die *Bak-*

chen des Euripides (v. 862ff.). Die eigenartige Formulierung, der Tanz »freue« sich, weist auf Dionysos als den
Freudengott (vgl. die Erläuterung zu v. 133-138), vielleicht
geht sie auch auf die Etymologie in Platons *Gesetzen* (654 a)
zurück, wo es heißt, daß Apollon und Dionysos »unsere
Chöre leiten, indem sie uns durch Gesang und Tanz mit
einander zusammenreihen; auch haben sie den Namen *Chöre* eingeführt, von *Chara*, d. i. Freude – ein Name, der ganz
in der Natur der Sache liegt« (χορούς τε ὠνομακέναι παρὰ τὸ
τῆς χαρᾶς ἔμφυτον ὄνομα).

289,105 *Warum zeichnet ⟨. . .⟩ die Stirne des Mannes ein Gott
nicht]* Diese schwer bestimmbare Vorstellung dürfte, wenn
man berücksichtigt, daß schon die vorausgehenden Verse –
durch die Evokation der »heilgen Theater« und des »geweiheten Tanzes« – wieder auf Dionysos hinlenken, einer
anderen Gabe des Dionysos gelten, die nun nicht mehr wie
Theater und Tanz dem Leben der Gemeinschaft, sondern
dem auserwählten Einzelnen zukommt: die Gabe des Se-
hertums (»gezeichnet« war der Seher par excellence, Teiresias, durch physische Blindheit). Hölderlin nennt sie zuletzt
und zuhöchst, weil das Sehertum für ihn mit dem Dichtertum – durch die poeta vates-Tradition – eng zusammenhängt. Die griechische Überlieferung ist reich an Stellen,
die den Dionysos mit dem Sehertum verbinden. Vgl. vor
allem die *Bakchen* des Euripides, v. 298ff.

289,107f. *Oder er kam auch selbst und nahm des Menschen
Gestalt an | Und vollendet' und schloß tröstend das himmlische
Fest]* Eine verhüllte Anspielung auf Christus: auf seine
»Menschwerdung« (»⟨. . .⟩ und nahm des Menschen Gestalt an«) wie auf seinen »tröstenden« Abschied, womit die
Trostreden vor seinem Tod im Johannesevangelium (Kapitel 14-16) und vor allem die Verheißung des »Trösters«, des
heiligen Geistes, gemeint sind (Joh. 14, 16f.; 15, 26; 16,
13f.). Auf diesen »tröstenden« Abschied Christi weisen
noch einmal die v. 129f. hin: »⟨. . .⟩ Als erschienen zuletzt
ein stiller Genius, himmlisch | *Tröstend*, welcher des Tags
Ende verkündet' und schwand ⟨. . .⟩«. Beide Stellen lassen

deutlich Hölderlins Geschichtsauffassung erkennen. Die
griechische, überhaupt die antike Ära ist ihm ein »himmlisches Fest«, ein glänzender »Tag«, der mit Christus sein
Ende findet. Und mit Christus beginnt nicht etwa, wie in
der herkömmlichen Geschichtsauffassung, eine neue Ära,
vielmehr gehört Christus noch zur Antike, er ist die letzte
ihrer großen Erscheinungen. Was danach beginnt, ist eine
dunkle ›Zeit zwischen den Zeiten‹ – zwischen dem glanz-
erfüllten »Tag« der Antike und dem Tag einer erhofften
Zukunft. Erst später sieht er Christus als Figur des Übergangs in eine andere, neue Epoche eigenen Rechts: in eine
Epoche des Geistes und der immer weiter fortschreitenden
Vergeistigung nach der antiken Epoche der plastischen Gestalthaftigkeit. Vgl. hierzu *Der Einzige* (1. Fassung) und
Patmos sowie die Überblickskommentare zu diesen Hym-
nen. Aus dieser neuen Sicht hat Hölderlin in der spätesten
Überarbeitungsschicht H3b gerade den letzten Vers der
6. Strophe von *Brot und Wein* in bezeichnender Weise geän-
dert. Zwar bleibt der vorletzte Vers: »Oder er kam auch
selbst und nahm des Menschen Gestalt an«, aber der letzte
(»Und vollendet' und schloß tröstend das himmlische
Fest«) wird nun durch folgende Formulierung ersetzt:
»In Ephesus ein Ärgernis aber ist Tempel und Bild«.
Diese Neuformulierung spielt auf das 19. Kapitel der Apostelgeschichte an. Es handelt von der Ausbreitung des
Geistes in Ephesus, einer der ältesten urchristlichen Ge-
meinden, und dem daraus folgenden Gegensatz zur antiken
Tempel- und Bildreligion (Apg. 19, 26f.: »Ihr sehet und
höret, daß nicht allein zu Ephesus, sondern auch fast in
ganz Asien dieser Paulus viel Volks abfällig macht, überre-
det und spricht: Es sind nicht Götter, welche von Händen
gemacht sind ⟨. . .⟩ auch der Tempel der Göttin Diana wird
für nichts geachtet werden«. Apg. 19, 35: »Da aber der
Kanzler das Volk gestillt hatte, sprach er: Ihr Männer von
Ephesus, welcher Mensch ist, der nicht wisse, daß die Stadt
Ephesus sei eine Pflegerin der großen Göttin Diana und des
himmlischen Bildes?«). Dieser Gegensatz, den Hölderlin in

seinem Vers zum »Ärgernis« der Christen an der alten Tem-
pel- und Bildreligion steigert, war besonders scharf, da
Ephesus nicht nur durch einen prachtvollen Tempelbezirk,
sondern vor allem auch durch das Götter-»Bild« der Diana
berühmt war. Der Sage nach war dieses Kultbild ebenso
wie andere berühmte Götterbilder Griechenlands vom
Himmel gefallen, zum Zeichen denkbar entschiedener Verkörperung des Göttlichen (vgl. *Germanien*, v. 39f., und die
Erläuterung zur St., S. 881f.). Indem also Hölderlin in der
späten Überarbeitungsphase den Vers »Oder er kam auch
selbst und nahm des Menschen Gestalt an« stehen läßt,
andererseits durch die Umformulierung des folgenden Verses zu der neuen Aussage: »In Ephesus ein Ärgernis aber ist
Tempel und Bild« die gegen alles Gestalthafte und Plastische gerichtete Tendenz der christlichen Geist-Religion
betont, macht er Christus exakt zur Übergangsfigur, die
den Epochenbruch markiert: in »des Menschen Gestalt«
gehört er noch der antik-plastischen Ära an, zugleich eröffnet er aber die pneumatische Ära, in der »Tempel und
Bild« zum »Ärgernis« werden.

289,112 *so sehr schonen die Himmlischen uns]* Vgl. *Friedensfeier* v. 52-54, und die Erläuterung z. St.

290,123 *sagst du]* Angeredet ist Heinse.

290,123f. *wie des Weingotts heilige Priester,* | *Welche von Lande
zu Land zogen in heiliger Nacht]* Vgl. *Dichterberuf*, v. 2-4, wo
es heißt, daß »allerobernd vom Indus her | Der junge Bac-
chus kam, mit heilgem | Weine vom Schlafe die Völker
weckend«. So wie der Weingott und seine Priester »in heiliger Nacht« sollen auch die Dichter die Menschen »in
dürftiger Zeit« (v. 122) zu neuem, höherem Leben »wek-
ken«. Die Verbindung der dichterischen Sphäre mit der des
Dionysos liegt besonders nahe, weil dieser nach antiker
Tradition der Gott der Dichter ist.

290,129f. *ein stiller Genius, himmlisch* | *Tröstend]* Vgl.
v. 107f. und die Erläuterung z. St.

290,130 *welcher des Tags Ende verkündet']* Vgl. Joh. 9, 4:
»Ich muß wirken die Werke des, der mich gesandt hat, so

lange es Tag ist; es kommt die Nacht, da niemand wirken kann«; Joh. 12, 35: »Es ist das Licht noch eine kleine Zeit bei euch. Wandelt, dieweil ihr das Licht habt, daß euch die Finsternis nicht überfalle«.

290,132 *einige Gaben]* Sie sind ebenso Gaben der Demeter (Brot) und des Dionysos (Wein) wie von Christus bei der Abendmahlsfeier eingesetzte Eucharistie (Eucharistie heißt Dank – vgl. v. 136: »es lebt stille noch einiger Dank«).

290,133-138 *freuen ⟨. . .⟩ Freude, mit Geist, ⟨. . .⟩ zu höchsten | Freuden ⟨. . .⟩ die Freude des Weins]* Wie Dionysos und Christus schon in den vorangehenden Versen zusammengenommen werden, wo sie im »himmlischen Chor« einige »Gaben« zurücklassen, so erscheinen sie nun auch im Hinblick auf die »Freude« vergleichbar. Denn Freude gehört zu Dionysos als dem Freudengott. In v. 145 heißt er »allzeit froh«. Vgl. *Dichterberuf*, v. 1ff.: »Des Ganges Ufer hörten des Freudengotts | Triumph, als allerobernd vom Indus her | Der junge Bacchus kam ⟨. . .⟩«, sowie *Der Einzige*, 1. Fassung, wo es heißt (v. 57), daß der »Evier« Dionysos »freudigen Dienst« gebot. Die v. 1169-1171 der *Antigone* des Sophokles übersetzt Hölderlin: »Hier aber, Freudengott (für ὦ Βακχεῦ), | In der Mutterstadt, der bacchantischen, | In Thebe wohnest du ⟨. . .⟩«. Bei Hesiod, den Hölderlin schon im Tübinger Stift studiert hatte, heißt Dionysos »freudenreich«: πολυγηθής (*Theogonie*, v. 941, *Werke und Tage*, v. 614). Freude gehört bei Hölderlin aber auch in besonderer Weise zu Christus. In *Patmos*, v. 90, nennt er ihn den »Freudigsten«. »Freude« ist ein – meistens eschatologisch und pneumatisch besetztes – Grundmotiv in den für Hölderlin wichtigsten biblischen Schriften: im Johannesevangelium (Kap. 15, 16, 17; vgl. die Erläuterungen zu *Patmos*, v. 90) und in den Paulusbriefen. Die pneumatische Freude, die Hölderlin als »Freude, mit Geist« bezeichnet, ist gerade in den Paulusbriefen wichtig. Vgl. Röm. 14, 17: »Friede und Freude in dem heiligen Geist«; Gal. 5, 22: »Die Frucht des Geistes ist Friede, Freude«. Analog Thess. 1, 6; Apg. 4, 31; Apg. 13, 52. Diese »Freude, mit Geist« ist mystische Freude als Eins-Sein von Menschheit und Gottheit im »Geiste« und zugleich eschatologisch inspirierte Antizipation des Heilszustands. Wie Hölderlin Dionysos und Christus gerade unter dem Aspekt der Freude in eins setzt, so noch später Schelling in seiner *Philosophie der Offenbarung* (SW II 3, 486), indem er feststellt, der kultische Jubel um Dionysos sei »vergleichbar der Freude im heiligen Geiste bei den Christen«.

290,136 *Dank]* Vgl. die Erläuterung zu v. 132.

290,138 *vom donnernden Gott]* Von Zeus, der zu Semele h* niederkam und mit ihr den Dionysos zeugte (vgl. *Wie wenn am Feiertage . . .*, v. 50-53).

290,139 *denken]* Etymologisierender Bezug zu »Dank« (v. 136).

290,141 *Darum singen sie auch mit Ernst die Sänger den Weingott]* Dionysos war der Gott der Dichtung und der Dichter, die deshalb eng mit seinem Kult verbunden waren. Dies zeigen schon die homerischen Dionysoshymnen. An den Liberalia, dem römischen Fest des Bacchus Liber, versammelten sich die in einem Collegium zusammengeschlossenen Dichter Roms zu einer Feier, bei der zum Weine Lobgesänge auf den Gott angestimmt wurden. Eine solche Feier beschreibt Ovid, *Tristia* V 3, 1ff., wo ausdrücklich auch vom »Lob« (»laudes«) der Dichter auf Bacchus die Rede ist – vgl. den folgenden Vers bei Hölderlin: »Und nicht eitel erdacht tönet dem Alten das *Lob*«.

290,143 *Ja! sie sagen mit Recht]* Die Sänger, von denen in den unmittelbar vorangehenden Versen die Rede ist.

290,143f. *er söhne den Tag mit der Nacht aus, | Führe des Himmels Gestirn ewig hinunter, hinauf]* Dionysos ist nicht nur der Gott des Weines, sondern überhaupt alles vegetativen Gedeihens: der Gott der Natur, die im Umlauf der Jahreszeiten immer neues Leben hervorbringt. Deshalb erscheint er in vielen antiken Darstellungen als der Gott, der die Jahreszeiten (die Horen) regiert: als Gott des sich zyklisch erneuernden und in dieser Erneuerungsfähigkeit auf natürliche Weise ›ewigen‹ Lebens. Dieser Aspekt des

Überzeitlichen, durch den Dionysos für Hölderlin zur Mythologisierung der Natur wird, zeigt sich in der Aussöh-
nung der scheinbar getrennten Zeiten: von »Tag« und
»Nacht« und im »ewig« von Dionysos »hinunter, hinauf«
geführten Gestirn. Diese letztere Vorstellung stammt aus
der *Antigone* des Sophokles, wo der Chor Dionysos anruft
(v. 1195f. in Hölderlins Übersetzung): »⟨. . .⟩ du! in Feuer
wandelnd! | Chorführer der Gestirn'« (πῦρ πνειόντων χοράγ'
ἄστρων). – Daß am Beginn der Schlußstrophe der »Tag mit
der Nacht« ausgesöhnt erscheint, hat in dem Gedicht, dessen Strophen-Triaden in dialektischem Wechsel der »Nacht«
und dem »Tag« zugeordnet sind, auch den übergeordneten
Sinn, daß nun am Ende ein »versöhnender« Ausgleich stattfindet.

291,145 *Allzeit froh, wie das Laub der immergrünenden Fich-
te]* »Allzeit froh« heißt Dionysos als Freudengott. Vgl. die
Erläuterung zu v. 133-138. Zur »Fichte« vgl. die Erläuterung zu v. 51-54.

291,146 *Efeu]* Neben der Weinrebe ist der Efeu die dem
Dionysos heiligste Pflanze. Er gehört zu seinen häufigsten
Attributen, so daß er geradezu »der Efeutragende« (κισση-
φόρος) heißt: Er trägt einen »Kranz« von Efeu. Vgl. Hölderlins Übersetzung von Pindars 2. Olympischer Ode (v.
44-50): »Es lebt wohl unter Olympiern | Gestorben im
Donner | Des Blitzes die langgelockete | Semele; es liebt |
Sie aber Pallas allezeit | Und Zevs der Vater am meisten;
auch liebt | Der Sohn, der Efeutragende«. Bei Ovid, *Fasti*
III 767, heißt es: »Der Efeu ist dem Bacchus am liebsten«
(»hedera est gratissima Baccho«). In der Elegie *Stutgard*
nennt Hölderlin den Efeu »das bacchantische Laub« (v. 52).

291,149 *Was der Alten Gesang von Kindern Gottes geweis-
sagt]* Die Wendung von den »Kindern Gottes« deutet auf
die Bibel, in der immer wieder in eschatologischem Sinne
von den »Kindern Gottes« die Rede ist (Joh. 1, 12f.;
Röm. 8, 14-17; Galat. 4, 4-7 u. a.). Mit dieser Anspielung
auf Biblisches beginnt der systematische Synkretismus – die
Mischung von antiken und christlichen Elementen, die von
nun ab die Strophe bestimmt.

291,150 *wir sind es, wir; Frucht von Hesperien ists!*] Das emphatische »wir« erklärt sich daraus, daß »der Alten Gesang« das Heil im Orient verkündete, daß es sich nun aber bei uns in »Hesperien«, im Abendland, ereignet.

291,151 *genau ists als an Menschen erfüllet*] »Genau« ist im ursprünglichen und zu Hölderlins Zeit noch weit verbreiteten Sinne von »sehr nahe« zu verstehen (»genau« ist aus »ge-nah« entstanden). Vgl. Goethe, *Die Wahlverwandtschaften*, Hamburger Ausgabe, Bd. 6, S. 305: »Sie waren ⟨. . .⟩ sämtlich *genaue* Freunde aus früher Hofzeit her«. Am 4. Mai 1801 schrieb Vermehren an Hölderlin (*Große Stuttgarter Ausgabe*, Bd. 7, 1, S. 160): »Ich stehe mit Tieck in keiner Verbindung. Da Sie aber den Archipelagus in dessen poetischem Journale gerne sehen, so will ich mich durch Fr. Schlegel, mit dem ich *genau* liiert bin, erkundigen ⟨. . .⟩«. Das »als« (»als an Menschen erfüllet«) gebraucht Hölderlin hier, wie auch sonst immer wieder, im Sinne von »wie«, »als ob«. Vgl. *Chiron*, v. 30ff.: »⟨. . .⟩ und drunten voll | Von üpp'gem Kraut, *als* in Gesichten | Schau ich die Erd' ⟨. . .⟩«; *Germanien*, v. 24f.: »Nur *als* von Grabesflammen, ziehet dann | Ein goldner Rauch, die Sage drob hinüber«. – Die Wendung »genau ists als an Menschen erfüllet«, die demnach soviel heißt wie »ganz nahe ist es, als ob es schon an den Menschen in Erfüllung gegangen wäre«, formuliert die adventistische Naherwartung in biblischer Tradition (zum Bibeltopos vom Nahesein des Reiches Gottes vgl. Mark. 1, 15; Matth. 10, 7; Jak. 5, 8; Apokal. 1, 3), aber sie entspricht auch einer aktuellen Überzeugung der frühromantischen Generation, daß die Vollendung der Zeit unmittelbar bevorstehe; so bei Novalis, besonders in der Schrift *Die Christenheit oder Europa*, bei Friedrich Schlegel, auch in anderen Dichtungen Hölderlins, vor allem in der *Friedensfeier*.

291,155f. *Aber indessen kommt als Fackelschwinger des Höchsten | Sohn, der Syrier*] »Fackelschwinger«, πυρφόρος, ist in der griechischen Dichtung ein Zuname des Dionysos, weil die nächtlichen dionysischen Feiern im Fackelschein stattfanden. Vgl. *Oedipus der Tyrann*, v. 215ff. in Hölderlins

Übersetzung: »Auch ihn nenn' ich, benannt nach diesem
Lande | Den berauschten Bacchus, den Evier, | Mit Mäna-
den vereinsamt; dieser komme, | Mit der glänzend schei-
nenden *Fackel* brennend«; vgl. auch Euripides, *Bakchen*,
v. 145 f., sowie Pindars Dithyrambus für die Thebaner,
v. 10 ff. (Fragment 70 b, Snell). Im Horizont des synkretistischen Verfahrens, in dem Dionysos und Christus ver-
schmelzen, ist es aber bemerkenswert, daß die vom
Dionysosmythos ausgehende Bezeichnung »Fackelschwinger« sich − metaphorisch − auch auf Christus beziehen
kann. Vgl. den 1. Ansatz zur *Friedensfeier*, S. 890 f., v. 70-72,
wo es von Christus heißt: »⟨. . .⟩ Da schickte schnellentzün-
dend der Vater | Das liebendste, was er hatte, herab | Damit
entbrennend«. Vgl. auch Luk. 12, 49: »Ich bin gekommen,
daß ich ein Feuer anzünde auf Erden«, sowie den biblischen
Topos vom göttlichen Licht, das die Finsternis erleuchtet
(Psalm 112, 4; Joh. 1, 5; Joh. 1, 9; Joh. 3, 19; Joh. 12, 46; 2
Petr. 1, 19). − Die Bezeichnung »des Höchsten Sohn« trifft
sowohl auf Dionysos als Sohn des Zeus wie auf Christus zu.
Wie Christus in der Bibel »des Höchsten Sohn« heißt, so
Dionysos in der griechischen Literatur »Zeus' Sohn« (Διὸς
παῖς). − Die Bezeichnung »der Syrier« läßt im Kontext von
Hölderlins Werk zunächst an Christus denken. Vgl. *Frie-*
densfeier, v. 40-43: »⟨. . .⟩ o du, | Der freundlichernst den
Menschen zugetan, | Dort unter *syrischer* Palme, | Wo nahe
lag die Stadt, am Brunnen gerne war«, und die Erläuterung
z. St. Die Bezeichnung »Syrier« kann sich aber auch auf
Dionysos beziehen, denn in dem von Hölderlin übersetzten
Anfang der *Bakchen* des Euripides stellt sich ¿ ionysos als
einen vom Orient nach Griechenland Gewanderten dar,
und in den v. 144 ff. der *Bakchen* heißt es, daß die Luft um
den ekstatisch jauchzenden Dionysos mit »syrischem«
Weihrauch erfüllt ist.

291,157 *ein Lächeln aus der gefangnen* | *Seele leuchtet, dem*
Licht tauet ihr Auge noch auf] Traditionell hat das »Auge«
eine ebenso metaphorische Bedeutung wie die Nacht und
das Licht: als geistiges Auge (deshalb heißt es: »Selige Weise

sehns«), als Auge der »Seele« und des Herzens. Manche
Stellen des Neuen Testaments schließen neben der wörtli-
chen Bedeutung bereits eine Übertragung auf das geistige
Sehen ein (Luk. 2, 30; Matth. 13, 16; Luk. 10, 23; 24, 31;
Joh. 4, 35) oder sprechen bildlich vom Auge des Herzens
(Eph. 1, 18). In Verschmelzung des platonischen Gleichnis-
ses (»Auge der Seele«) mit dem altbiblischen (»Auge des
Herzens«) kommt die Metapher vom inneren, geistig-see-
lischen Auge seit der frühchristlichen Literatur (ὄμμα ψυχῆς
– »Auge der Seele«, τοῦ νοῦ ὀφθαλμός – »des Geistes Auge«,
ὄμμα καρδίας – »Auge des Herzens«, »oculi mentis«, »oculus
interior, cordis, animae«) bis in die von dieser Tradition
geprägte Dichtung der Neuzeit vor. Vgl. Angelus Silesius:
»Das Licht der Herrlichkeit scheint mitten in der Nacht. |
Wer kann es sehn? Ein Herz, das Augen hat und wacht«
(*Cherubinischer Wandersmann*, v. 12). Die Wendung »dem
Licht tauet ihr Auge noch auf« geht speziell auf den biblischen Topos vom Auftun, vom Öffnen der Augen gegenüber dem Göttlichen zurück. Vgl. Jes. 35, 5; Matth. 9, 30;
20, 33; Luk. 24, 31; Joh. 9, 10; Apg. 25, 18.

291,159 *Sanfter träumet und schläft in Armen der Erde der
Titan]* Zum historischen Bezug dieser metaphorischen
Wendung vgl. die Erläuterung zu v. 160. Die Vorstellung
selbst geht auf Pindars 1. Pythische Ode zurück, wo dargestellt wird, wie der Titan Typhoeus (Typhon) – eine
Mythologisierung der erdbebenerregenden Kraft der Er-
dentiefe – zwischen Vesuv und Ätna unter der Erde gebän-
digt liegt, wenn auch nicht sanft wie bei Hölderlin, der die
Verse 27-36 aus der 1. Pythischen Ode so übersetzt: »⟨. . .⟩
Und der im schweren Tartarus liegt, | Der Götter Feind, |
Typhon der hundertköpfige, den vormals | Die Kilikische
nährte die viel- | benamete Grotte, nun aber | Die über
Kuma meerabwehrende Gestade, | Und Sikelia ihm drückt |
Die Brüste die haarigen; die Säule | Aber die himmlische
zusammenhält, | Der schneeige Ätna ⟨. . .⟩«.

291,160 *Selbst der neidische, selbst Cerberus trinket und
schläft]* Nach der Sage, die Horaz in der Schlußstrophe von

Carmina II, 19 gestaltet hat, und mit der er für das Ende von *Brot und Wein* das Muster bot, steigt Dionysos in die Unterwelt hinab, schläfert mit dem Wein (deshalb heißt es auch bei Hölderlin: »Cerberus *trinket* und schläft«) den Höllenhund Cerberus ein und rettet seine Mutter Semele aus dem Reich der Schatten. Schon in v. 153 spielt Hölderlin mit den »Schatten« auf die Toten in der Unterwelt an, mit denen er metaphorisch das unerfüllte Dasein vergleicht. Ursprünglich war die Unterwelt-Vorstellung noch entschiedener ausgeprägt. Statt »Frucht von Hesperien ists« in v. 150 stand zuerst die Wendung: »Orkus, Elysium ists«.

Cerberus erscheint schon in der antiken Literatur immer wieder als Symbol, insbesondere des Hasses, aber auch anderer negativer Haltungen. So symbolisiert er auch bei Hölderlin, der ihn den »neidischen« nennt, eine negative Haltung, die aus der Welt gleichsam eine Unterwelt, einen Hades macht. Die Hadesfahrt des Dionysos, die ihre mythischen Analogien in der Unterweltsfahrt des Herakles und Christi (vor allem nach der Überlieferung des außerkanonischen Nikodemus-Evangeliums, aber auch im Credo) hat, ist ihrerseits Sinnbild für das siegreiche Wirken höherer, »göttlicher« Kräfte gegen die »titanischen«, »Cerberus«-haften negativen Tendenzen. Das »Neidische«, das als Haupteigenschaft des Cerberus erscheint, gilt Hölderlin als Kennzeichen einer disharmonischen Zeit. So schreibt er ungefähr zur gleichen Zeit, in der *Brot und Wein* vollendet wurde, an den Freund Landauer (Nr. 230): »Ich denke, mit Krieg und Revolution hört auch jener moralische Boreas, der Geist des *Neides* auf, und eine schönere Geselligkeit, als nur die ehernbürgerliche mag reifen!«

Die letzten beiden Verse von *Brot und Wein* enthalten nicht nur eine Zukunftsvision, sie spielen ebenfalls auf die aktuelle politische Situation an. Nach der Schlacht von Marengo am 14. Juni 1800 war es schon zu einem Friedensangebot Napoleons gekommen. Die österreichische Regierung hatte den Grafen St. Julien nach Paris geschickt, und dieser unterzeichnete einen Präliminar-Vertrag über die

Herstellung des Friedens auf der Grundlage von Campo
Formio. Die Zustimmung der österreichischen Regierung
dazu blieb aus, doch zwang die schlechte militärische Lage
zu einer Verlängerung des Waffenstillstands in Deutschland. Gleichzeitig liefen die Friedensverhandlungen weiter.
Aber erst der entscheidende Sieg, den der französische
Feldherr Moreau nach Kündigung der Waffenruhe am
3. Dezember 1800 bei Hohenlinden über die letzte kaiserliche Feldarmee erfocht, machte in Wien den Weg zum
Frieden frei. Nach der Vereinbarung einer neuerlichen Waffenruhe wurde am 9. Februar 1801 der Friede in Lunéville
unterzeichnet. Ein langsam einschlafender Krieg, Verein-
barungen über Waffenruhe und Friedensverhandlungen
kennzeichnen also die politische Situation während der
Zeit, in der Hölderlin *Brot und Wein* schrieb. In seinen Briefen geht Hölderlin immer wieder auf das Werden des
Friedens ein, vgl. vor allem Nr. 223 (an den Bruder): »⟨. . .⟩
nimm zum Abschiede die stille, aber unaussprechliche
Freude meines Herzens in Dein Herz – und laß sie dauern,
bis sie nicht mehr so die einsame Freude von Freund und
Bruder ist – Du fragst mich welche? Diese, teure Seele! daß
unsere Zeit nahe ist, daß uns der Friede, der jetzt im Werden
ist, gerade das bringen wird, was er und nur er bringen
konnte ⟨. . .⟩ Nicht daß irgend eine Form, irgend eine Meinung und Behauptung siegen wird, dies dünkt mir nicht die
wesentlichste seiner Gaben. Aber daß der Egoismus in allen
seinen Gestalten sich beugen wird unter die heilige Herrschaft der Liebe und Güte, daß Gemeingeist über alles in
allem gehen ⟨. . .⟩ wird, dies mein' ich, dies seh' und glaub'
ich ⟨. . .⟩«. Der träumende Titan und der schlafende Cerberus können also als mythologische Zeichen für die Waffenruhe vor dem Friedensschluß gelten – als Zeichen
freilich, welche die zum Höchsten gesteigerte Bedeutung
des historischen Geschehens, jenseits des unmittelbar Politischen, erkennen lassen. Vgl. hierzu auch die Hymne
Friedensfeier, die auf denselben Frieden von Lunéville zurückgeht, sowie v. 79f. der Elegie *Heimkunft*. Indem Höl-

derlin die Einschläferung des Cerberus, die im Mythos von
Dionysos berichtet wird, auf den Frieden bezog, konnte er
zugleich einen weiteren Zug des Dionysos zur Geltung
bringen: Er ist in der antiken Überlieferung auch ein frie-
denstiftender, das kriegerische Unwesen beendender Gott.
Vgl. die Erläuterung zu der Hymne *Der Einzige* (1. Fassung), v. 59, wo er gerade diese Eigenschaft des Dionysos
hervorhebt.

Mehrere Jahre später hat Hölderlin einzelne Stellen und
auch mehrere in sich geschlossene Partien von *Brot und Wein*
neu konzipiert, indem er das Neukonzipierte über die ursprünglichen Verse schrieb. Diese spätere Schicht (H3b) ist
gerade in der Schlußpartie von besonderer Geschlossenheit
und Bedeutung. Sie setzt nach der Wendung »Glaube, wer
es geprüft!« in v. 152 ein und reicht bis zu v. 156 einschließlich:

Nämlich zu Haus ist der Geist
Nicht im Anfang, nicht an der Quell. Ihn zehret die
Heimat
Kolonie liebt, und tapfer Vergessen der Geist.
Unsere Blumen erfreun und die Schatten unserer Wälder
Den Verschmachteten. Fast wär der Beseeler
verbrannt.

Diese Verse gehen zunächst wieder vom Dionysos-Mythos
aus. Dionysos liebt »Kolonie«, d. h. er ist derjenige Gott,
der nicht an einem Ort bleibt, sondern immer neue Pflanzstätten aufsucht. Darauf weist schon die derselben Spät-
schicht angehörende Überarbeitung von v. 54, dessen ursprüngliche Fassung (»Dorther kommt und zurück deutet
der kommende Gott«) ebenfalls den Wanderungen des Dionysos gilt: »da lachet verpflanzet, ⟨der⟩ Gott«. Das Lachen
wird hier dem Dionysos zugeschrieben, weil er der Freudengott ist (vgl. die Erläuterung zu v. 133-138), und daß er
als der nach Griechenland – aus dem Osten – Verpflanzte
erscheint, deutet auf die weitere »Verpflanzung« in die

neue, noch weiter westlich liegende Pflanzstätte: in die he-
sperische »Kolonie« voraus. So heißt es schon im Hinblick
auf die griechische Station der Wanderung des Dionysos,
daß er »dorther kommt« (v. 54) – zu uns nach Hesperien.
Zu diesem Weiterziehen in neue Pflanzstätten (»Kolonien«)
gehört, daß er die alten verläßt: deshalb ist von »tapfer
Vergessen« die Rede.

Unsere Blumen erfreun und die Schatten unserer Wälder | *Den*
Verschmachteten. Fast wär der Beseeler verbrannt] Auch diese
Verse sind ganz vom Dionysosmythos her geprägt. Dionysos wäre bei seiner Geburt »fast ⟨. . .⟩ verbrannt«, als Zeus
in Blitzgestalt auf Semele herniederkam und sie in der feurigen Glut des Gottes den Tod fand (zunächst schrieb
Hölderlin statt »Beseeler«: »Seher« – ebenfalls eine Anspielung auf Dionysos, der in der griechischen Literatur immer
wieder als Seher (μάντις) bezeichnet wird. Vgl. vor allem die
Bakchen des Euripides, v. 298ff.). Der Sage zufolge wurde
er nach seiner so bedrohten Geburt zu den Nymphen in
Nyssa gebracht. Sie zogen ihn in »Wäldern« und unter
»Blumen« auf. Vom Aufenthalt des Dionysos bei den Nymphen in »Wäldern« spricht der dritte Homerische Diony-
sos-Hymnus besonders ausführlich (v. 7ff.). Den »Blumen«
wird er sehr oft zugeordnet: Er heißt geradezu »Gott der
Blumen« (ἄνθιος, Pausanias I 31, 4, und Ἀνθεύς, Pausanias
VII 21, 6), man feierte für ihn im Frühjahr das »Blumenfest«
(Anthesteria), denn er »liebt die Blumen« (»Bacchus amat
flores«, Ovid, *Fasti* V 345), schon bei Euripides heißt er
»der Blumenliebende« (φιλάνθεμος, Euripides Fr. 896
Nauck bei Athenaios XI 13, p. 465 B; ed. Kaibel 3, 13).

Vor diesem Hintergrund wird die Bedeutung der An-
fangswendung erkennbar: »Nämlich zu Haus ist der Geist |
Nicht im Anfang, nicht an der Quell«: der Gott – Hölderlin
setzt in seiner Spätdichtung und auch in den späten Übersetzungen für »Gott« gern das Wort »Geist« ein – ist nun bei
uns, im Reich der hesperischen »Blumen« und »Wälder« »zu
Haus«, »nicht im Anfang, nicht an der Quell«, d. h. nicht in
seinem Herkunftsbereich. Dionysos ist ja aus dem Orient

kommend immer weiter westwärts gewandert. Wahrscheinlich ist die Wendung »⟨. . .⟩ im Anfang ⟨. . .⟩ an der Quell« sogar eine wörtliche Übersetzung von »in oriente« und meint damit direkt den Orient, denn das dem Wort Orient zugrundeliegende Verb »oriri« heißt »anfangen«, »quellen« (»entspringen«).

Der Mythos von den Wanderungen des Dionysos, des »kommenden Gottes« (v. 54), der »von Lande zu Land« zieht (v. 124), wird so zum Gleichnis des Kulturstroms, der sich nach Hölderlins wie zahlreicher Zeitgenossen Vorstellung von Osten nach Westen: von Indien über Kleinasien, Griechenland und Italien nach Deutschland bewegt. Am eindringlichsten hat Hölderlin diese Vorstellung in der Hymne *Am Quell der Donau* gestaltet (v. 25ff.). Zur literarischen Tradition vgl. dort den Überblickskommentar, S. 843-845.

Heimkunft

Aus dem Inhalt dieser letzten Elegie läßt sich erschließen, daß sie wahrscheinlich bald nach der Heimkehr aus der Schweiz im Frühjahr 1801 entstanden ist. Im April war Hölderlin seine Stelle in Hauptwil (bei St. Gallen) gekündigt worden. Im Februar war der Friede von Lunéville geschlossen worden, auf den v. 79f. anspielt. Außer dem Entwurf der Verse 105-108 sind zwei Reinschriften überliefert, deren erste vor und deren zweite, später noch mit Änderungen versehene, nach dem Druck entstand. Erstdruck zusammen mit den Oden *Dichterberuf, Stimme des Volks* und der Hymne *Die Wanderung* in: ›Flora. Teutschlands Töchtern geweiht. Eine Quartalschrift von Freunden und Freundinnen des schönen Geschlechts‹. Zehnter Jahrgang. Viertes Vierteljahr. Tübingen 1802, S. 21-27.

Zur Struktur vgl. den Überblickskommentar zu der Elegie *Der Wanderer*, S. 709f.

ÜBERBLICKSKOMMENTAR Wie in ihrer Struktur, so ist die Elegie *Heimkunft* auch thematisch eng verwandt mit den ebenfalls sechsstrophigen Elegien *Stutgard* und *Der Wande-*

rer. Das gilt schon für das sowohl im *Wanderer* wie auch in *Stutgard* (v. 13) zentrale Motiv des Wanderns (vgl. besonders: *Heimkunft*, v. 52, v. 59). In allen drei Elegien handelt es sich um eine Wanderung in die Heimat, die jedesmal als Heimat aus Kindheitstagen, zugleich aber als ideales, harmonisches Lebensziel erscheint und damit eine ersehnte innere Möglichkeit verkörpert. Sogar die Gesamtdisposition ist analog. Den Ausgangspunkt bildet jeweils ein extremes Natur- oder Landschaftserlebnis, nach dem dann die Heimat den zurückkehrenden Wanderer als eine Stätte harmonischen Daseins beglückt. Besonders fällt die Analogie der Schlußpartien in den drei Elegien auf. Jedesmal kommt es zu einer entscheidenden Erhebung von der konkreten zur geistigen Heimat, und jedesmal hat diese mit einem »Aber« eingeleitete Erhebung den Sinn, nach dem Schauen auf das äußere, sinnenhafte Dasein das »göttliche« Dasein zu erinnern und so die reale Erfahrung mit der Dimension des Idealen zu verbinden (*Der Wanderer*, v. 97ff.; *Stutgard*, v. 85ff.; *Heimkunft*, v. 79ff.).

291,1 *helle Nacht*] Diesem Oxymoron folgen noch mehrere andere oxymorische Wendungen: »Langsam eilt« (v. 5), »liebenden Streit« (v. 6). Die Entgegensetzung des Verschiedenen gehört zur traditionellen Darstellung des kosmogonischen »Chaos« (v. 5). Vgl. Ovid, *Metamorphosen* I 18ff. Hölderlin aber betont schon die künftige Harmonie des aus dem Chaos hervorgehenden Kosmos, indem er das Entgegengesetzte zum Einig-Entgegengesetzten macht.

291,2 *Freudiges*] Ein Leitmotiv. Vgl. v. 25, 30, 36, 45, 75, 81, 92, 95, 100, 104, 106.

291,11 *der Gewittervogel*] Der Adler. Vgl. die Ode *Rousseau*, v. 37-39, wo es vom Dichter heißt: »⟨. . .⟩ Und fliegt, der kühne Geist, wie Adler den | Gewittern, weissagend seinen | Kommenden Göttern voraus«.

292,20 *Rosen*] Poetischer Ausdruck für das Alpenglühen im Widerschein der Morgenröte.

293,45 *des Sees*] Des Bodensees.

293,61 *Reizend]* Verlockend. Vgl. *Heidelberg*, v. 12: »die reizende Ferne«.

293,62 *das göttliche Wild]* Vorweggenommene Apposition des Rheins (v. 63). So heißt in Pindars 4. Pythischer Ode der Kentaur Chiron (v. 211: φὴρ ⟨. . .⟩ θεῖος). Zur Gleichsetzung des Stroms mit dem Kentauren vgl. Hölderlins Erläuterung zu dem Pindar-Fragment *Das Belebende*.

293,65 *nach Komo]* Seit dem Mittelalter führte eine bedeutende Handelsstraße von Augsburg über Lindau, Chur, den Julierpaß, Chiavenna und Como nach Mailand. Lindau und Como sind diesseits und jenseits der Alpen gleichsam »Pforten« (v. 67).

294,79f. *des heiligen Friedens | Bogen]* Der Regenbogen, den Gott nach der Sintflut als Zeichen seines Bundes mit den Menschen in die Wolken gesetzt hat (1 Mose 9, 12-17) und den Klopstock in der *Frühlingsfeier* (v. 108) als »Bogen des Friedens« bezeichnet. Hölderlin nimmt dieses Bild in seiner Dichtung mit Vorliebe auf. Vgl. *Der Prinzessin Amalie von Dessau*, v. 21-24; *Patmos*, v. 203f. und die Erläuterung z. St. – Gemeint ist der im Februar 1801 geschlossene Friede von Lunéville, der zum Anlaß für die *Friedensfeier* wurde und der für Hölderlin ein entscheidendes Ereignis war, wie auch mehrere Briefe zeigen (vgl. hierzu die Einführung zur *Friedensfeier*).

294,80 *gespart]* In der ursprünglichen Bedeutung des Wortes: unverletzt erhalten. Vgl. den Nürtinger Abschiedsbrief vom Dezember 1800 an den Bruder (Nr. 223): »Du bist erhalten, gespart; der Sturm gehet hinweg, sei froh, daß Du in sicherer Verborgenheit ihn fern gehört und Deine Seele rein und liebend furchtlos für die bessere Zeit bewahrt hast ⟨. . .⟩«.

294,90f. *Engel]* Damit sind die »guten Geister« (v. 89) gemeint, die der »große Vater« schickt. Nach antikem Glauben hatten bestimmte Zeiten und bestimmte Orte besondere Schutzgeister, Genien: Sie nennt der Dichter hier »Engel des Jahres« und »Engel des Hauses«. Vgl. die Ode *Das Ahnenbild*, v. 47f.: »des Hauses | Guten Genien«; *Stut-*

gard, v. 91: »Engel des Vaterlands!« Vgl. auch den Schlußsatz in der Widmung der Trauerspiele des Sophokles:
»Sonst will ich, wenn es die Zeit gibt, die Eltern unsrer
Fürsten und ihre Sitze und die Engel des heiligen Vaterlands singen«.

    294,93 *Adle! verjünge!*] Keine Imperative, sondern Kon-
junktive wie »teile ⟨. . .⟩ sich« (v. 92). Gemeinsames Subjekt aller drei Prädikate ist »das Himmlische«.

    295,105 *Das bereitet*] Imperativ: »macht das Saitenspiel
bereit!«

Ermunterung

Diese um die Jahrhundertwende entstandene Ode ist in
mehreren Handschriften, darunter Reinschriften der ersten
und zweiten Fassung, überliefert.
    Alkäisches Versmaß.

    295,6 *Blühn* ⟨. . .⟩ *die Sterne*] Vgl. *Mein Eigentum,* v. 19,
und die Erläuterung z. St.

Natur und Kunst
oder
Saturn und Jupiter

Diese spätestens zu Beginn des Jahres 1801 vollendete Ode
ist in zwei Handschriften, darunter eine Reinschrift, überliefert.
    Alkäisches Versmaß.

ÜBERBLICKSKOMMENTAR Nach der Sage ist Saturn (griech.:
Kronos) »der Gott der goldenen Zeit« (v. 9). Den Mythos
vom goldenen Zeitalter des Kronos erzählt zuerst Hesiod
(*Werke und Tage,* v. 109ff.). Die römische Dichtung der augusteischen Zeit gestaltet ihn traditionbildend aus: Vergil in
seinen *Georgica* (I 125-128; II 536-540) und in der *Aeneis*
(VIII 319-327); Tibull I 3, v. 35ff.; am ausführlichsten
schließlich Ovid in den *Metamorphosen* (I 89-114). In der
goldenen Zeit bedurfte es keiner mühevollen Arbeit (v. 10:
»mühelos«), weil die Erde alles von selbst hervorbrachte, es

gab keinen Krieg (v. 19f.: »Saturnus' | Frieden«), keinen
Zwang und also auch keine Gesetze (v. 11: »kein Gebot« –
dagegen in v. 2 Jupiters »Gesetz«, analog in v. 27 seine
»Gesetze«), daher auch keine Herrschaft, insbesondere kei-
ne soziale Unterdrückung (v. 4: »Herrscherkünste«). Als
Gott des spontanen, naturhaften Gedeihens ist Saturn auch
dem Fundamentalbereich des Schöpferischen zugeordnet,
das gegen Ende der Ode wichtig wird. Daß Kronos (Saturn) von seinem Sohne Zeus (Jupiter) entthront und in die
Unterwelt hinabgeschleudert wurde (v. 5ff.: »in den Ab-
grund, sagen die Sänger sich, | Habst du den heil'gen Vater
⟨. . .⟩ Verwiesen«), steht schon bei Homer (*Ilias* VIII 478ff.;
XIV 203f.), später dann u. a. bei Vergil, *Aeneis* VIII 319ff.,
und bei Ovid, *Metamorphosen* I 113f. Daß der Dichter in
v. 13f. Jupiter auffordert, dem Saturn Dank zu erweisen,
also die Verstoßung aufzuheben, dürfte auf Überlieferungen zurückgehen, die berichten, Jupiter habe den Saturn
begnadigt und zum Herrscher über die Inseln der Seligen
gemacht (vgl. Pindar, Olymp. II 70ff.).

Die Kategorisierung und Allegorisierung des Verhältnisses von Saturn und Jupiter im Sinne desjenigen von (gei-
stig-schöpferischer) »Natur« und »Kunst« geht auf die
neuplatonische Tradition zurück. Für Plotin, den Begründer des Neuplatonismus, repräsentiert Saturn eine ur-
sprungshaft-vollkommene Geistesfülle (*Enneaden* V 1,7:
»⟨. . .⟩ sie lehren, Saturn der weiseste Gott vor der Entstehung des Zeus, trage wieder in sich, was er erzeuge,
weshalb er auch die Fülle ist und Geist in vollstem Maße
⟨. . .⟩« (πλήρης καὶ νοῦς ἐν κόρῳ). Diese Deutung Saturns als
eines vollkommenen Geistwesens und damit der Beginn
seiner großen Karriere als des gerade den geistigen Menschen zugeordneten Gottes geht auf Platons spekulativ-
etymologische Erklärung des Namens zurück, derzufolge
die Endsilbe des Namens Kronos von νοῦς (»Geist«) her-
zuleiten sei (*Kratylos* 396b). Später – und so auch bei Plotin
– wurde dann die Anfangssilbe, in der man mit Platon das
Wort κόρος zu erkennen glaubte, im eigentlichen Sinn die-

ses Wortes (»Fülle«, »Sattheit«; Platon hatte eine andere
Deutung gegeben) verstanden und auf Kronos-Saturn bezogen, was die Möglichkeit bot, das lateinische »Saturnus«
in analogem Sinn wie das griechische »Kronos« zu verstehen (lat. satur: »satt«, »voll«, und griech. nus: »Geist«).
Darüberhinaus aber verleiht Plotin dem Saturn auch eine
spezifisch schöpferische Qualität (*Enneaden* V 8, 12 u. 13).
Damit war der entscheidende Ansatz für das Verständnis
Saturns nicht nur als der geistigen Gottheit, sondern als der
schöpferischen Geistesfülle gegeben – und dies ließ ihn zu
einer bevorzugten Instanz der Künstler, insbesondere der
Dichter werden. Formelhaft konnte schon der in der Nach-
folge Plotins stehende Proklos in seiner für den neuplatonischen Traditionsprozeß zentralen *Platonischen Theologie*
alles von der »schöpferischen Dynamik« des Kronos her-
leiten (ἀπὸ τῆς γεννητικῆς δυνάμεως; Proclus, *Théologie Platonicienne*, Livre V, Texte établi et traduit par H. D. Saffrey et
L. G. Westerink, Paris 1987, Kap. 27, S. 101). Diese schöpferische Dynamik und ›Potenz‹ Saturns kommt in v. 17ff.
der Ode zum Ausdruck.

Plotin tat den weiteren Schritt, mit dieser schöpferischen
Kraft des Kronos die Idee eines Nicht-aus-sich-Heraustre-
tens, einer inneren Verhaltenheit im Verborgenen, kurz: des
Verharrens in der Potentialität zu verbinden (*Enneaden* V 8,
12 u. 13), was mit anders tradierten etymologischen Spe-
kulationen übereinstimmt, denen zufolge »Saturn« soviel
wie »der Verborgene« heiße (hierzu mit Quellenangabe:
Hederichs *Gründliches mythologisches Lexikon*, Sp. 2163).
Auch diese Vorstellung brachte Proklos in eine formelhafte
Begrifflichkeit. Wiederum in der *Platonischen Theologie* ordnet er den Kronos der »verborgenen Welt« zu (τῷ κρυφίῳ
κόσμῳ; Proclus, Kap. 27, S. 101). In seinem *Kratylos*-Kom-
mentar schreibt er: »(Homer) führt Kronos weder als aktiv
noch als verkündend, vielmehr als einen wesentlich verborgenen, auf sich selbst zurückgezogenen (Gott) ein« (⟨. . .⟩
τὸν δὲ Κρόνον οὔτ᾽ ἐνεργοῦντα οὔτ᾽ τι φθεγγόμενον εἰσάγει, ἀλλ᾽
ὄντως ἀγκολυμήτην ὡς εἰς ἑαυτὸν ἐπεστραμμένον, *Procli Dia-*

dochi in Platonis Cratylum commentaria, ed. G. Pasquali, 1906, S. 66). Man erkennt nun schon das Grundmuster von Hölderlins Saturn-Bild am Ende der Ode: Saturn ist dort der Gott der geistig-schöpferischen Potentialität vor aller Aktualisierung: er *birgt* in sich, was erst Jupiter *verkündet*.

Saturns Zugehörigkeit zur geistig-schöpferischen Sphäre ergab sich aber auch aus einem anderen Traditionsstrang: aus der Astrologie, die dann ebenfalls auf den Neuplatonismus stark einwirkte. Saturn ist der Planet der Melancholiker und aufgrund der festen Assoziation von Genie und Melancholie auch der Planet der genial-schöpferischen Menschen, nicht zuletzt der Künstler und Dichter (vgl. Klibansky, Panofsky, Saxl, *Saturn und Melancholie*, Frankfurt/Main 1990).

Saturn war also in zwei sich überlagernden Traditionssträngen den tiefsten schöpferischen Erfahrungen und Fähigkeiten zugeordnet, und Hölderlin fand diese Vorstellung noch in seiner eigenen Zeit lebendig und konnte umgekehrt damit auf Verständnis rechnen, so daß sie wohl nicht als ein hermetischer Zug seiner Ode zu bewerten ist. Schiller etwa spricht in *Wallensteins Tod* (v. 25-27) vom Reich des »Saturnus«, der »die geheime | Geburt der Dinge in dem Erdenschoß | Und in den Tiefen des Gemüts beherrscht ⟨. . .⟩«.

Schon aus dem Titel von Hölderlins Ode, in dem »Saturn« die Mythologisierung der »Natur«-Sphäre, »Jupiter« die Mythologisierung der »Kunst«-Sphäre ist, ergibt sich die Priorität der Natur gegenüber der Kunst, denn Saturn ist ja der Vater Jupiters. Hölderlin macht die mythologische Figuration in den ersten Strophen der Ode zur Grundlage einer entschieden polemischen Wendung gegen jeden Anspruch der »Kunst« auf Autonomie und Suprematie gegenüber der »Natur«, indem er den vom Mythos berichteten Sturz Saturns durch Jupiter als Unrecht darstellt und zugleich fordert, die fundamentale Bedingtheit der »Kunst« durch die »Natur« als ihren schöpferischen und zugleich legitimierenden Ursprungsbereich anzuerkennen. Ohne die

Verwurzelung in diesem Ursprungsbereich der »Natur«,
des Unbewußten, Sprachlosen und Zeitlosen müßte die Ju-
piter-Sphäre der »Kunst«, der Form, der Sprache, des
Bewußtseins, des Gesetzes und der Zeit im »Positiven« –
um mit einer Kategorie Hegels zu sprechen, die gleichzeitig
auch im *Empedokles* zum Tragen kommt – erstarren. Begründet wird diese Einsicht in den beiden letzten Strophen
durch eine Berufung auf die eigene dichterische Erfahrung.
Die kosmologisch-allgemeinen Prinzipien von »Natur«
und »Kunst« werden so zu poetologischen und dichtungs-
theoretischen Prinzipien, wodurch die Ode auch den Charakter eines poetologischen Gedichts erhält. Schon syntaktisch wird das Grundverhältnis faßbar, demzufolge die
Saturnsphäre Voraussetzung und Bedingung der Jupitersphäre ist (v. 21ff.): »Und hab' ich *erst* am Herzen Leben-
diges | Gefühlt ⟨. . .⟩ *Dann* kenn' ich dich, Kronion ⟨. . .⟩«.
Exakt bringt Hölderlin auch das Prärationale des saturnischen Schöpfungserlebnisses gegenüber dem Rationalen
des jupiterhaften Gestaltens zum Ausdruck: am Anfang der
auf die saturnische Sphäre bezogenen vorletzten Strophe ist
vom »Fühlen«, vom »Herzen« und vom »Lebendigen« die
Rede, auch vom vorbewußten »Dämmern«, in der letzten
Strophe vom »Kennen«, von der Weisheit und vom mei-
sterhaften Verfügen: »⟨. . .⟩ Dann kenn' ich dich, Kronion!
dann hör' ich dich, | Den weisen Meister ⟨. . .⟩«. Mit diesem
Grundverhältnis von naturhaft Prärationalem und rationa-
lem künstlerischen Verfügen nimmt Hölderlin die seit der
Antike für die europäische Dichtungstradition fundamentale Opposition und zugleich notwendige Verbindung von
physis (Natur) und techne (Kunst), von ingenium und ars
auf.

297,1 *Du waltest hoch am Tag'*] Jupiter (griech. Zeus) war
der Gott des Tageshimmels. Sowohl griech. Zeus wie lat.
Jupiter (von Diespiter) gehören etymologisch zu lat. »deus«
(Gott), »dies« (Tag) und zu griech. εὐδία (schönes Wetter).
297,1-3 *es blühet dein* | *Gesetz, du hältst die Waage* ⟨. . .⟩ *Und*

teilst die Los'] Als Gatte der Themis, der »Satzung« (Hesiod, *Theogonie*, v. 901), ist Zeus-Jupiter der Gott der Gesetze: sie kommen »von Zeus her« (Homer, *Ilias* I 238f.); daher ist er auch Gott der Gerechtigkeit (*Ilias* XVI 384ff.; Hesiod, *Werke und Tage*, v. 36; 238ff.); seit Hesiod (*Theogonie*, v. 902, *Werke und Tage*, v. 256) ist Dike (das »Recht«) seine Tochter. Aber er ist auch der Schicksalsgott, der die goldene »Waage« mit den Lebenslosen hält, die er so den Menschen zuteilt (*Ilias* XXII 209-213). Deshalb gehört zu ihm Moira (das Schicksal, in der eigentlichen Wortbedeutung: das »Zugeteilte«, von μέρος, »Teil«).

297,4 *Herrscherkünste*] Jupiter ist in der Mythologie der oberste Herrscher über Götter und Menschen.

297,5 *in den Abgrund, sagen die Sänger sich*] Vgl. den Überblickskommentar.

297,8 *Da, wo die Wilden vor dir mit Recht sind*] Die Titanen. Nach der Sage siegte Zeus über die Titanen, die sich nach dem Sturz des Kronos gegen seine Herrschaft auflehnten. Für Hölderlin repräsentieren die »Wilden«, die Titanen, das Widergesetzliche: die Natur als Anarchie; Saturn dagegen ist für ihn die Natur *vor* jedem Gesetz: die Natur als anfängliche, reine Harmonie.

297,9 *der Gott der goldenen Zeit*] Vgl. den Überblickskommentar.

298,19f. *Saturnus | Frieden*] Vgl. den Überblickskommentar.

298,22 *und dämmert, was du gestaltetest*] Als Individuum und in einer schon individuell ausgestalteten Welt gehört der Dichter von vornherein der Jupitersphäre des schon Gestalteten an. Seine ursprüngliche, schöpferische, saturnische Intuition in einer Sphäre *vor* allem individuell Gestalteten kann daher nur möglich werden, wenn er zuerst von allem schon individuell ausgestalteten und in die zeitliche Sukzession (vgl. v. 24: »die wechselnde Zeit«) eingeordneten Dasein abzusehen vermag: das schon Gestaltete muß wieder seine Konturen verlieren (»dämmern«) und die Zeit in einen Zustand der Zeitlosigkeit zurückgenommen wer

den (in ihre »Wiege«, v. 23). Erst aus diesem subjektiv
wiederhergestellten Zustand reiner Potentialität kann der
schöpferische Akt entspringen, in dem dann der Dichter
vom Gestaltlosen zum Gestalteten: aus der Saturnsphäre in
die Jupitersphäre findet. Was der Mythos berichtet, nämlich
daß Jupiter als Saturns Sohn *nach* diesem kommt, wird dem
Dichter zum inneren schöpferischen Vollzug. Und nur insofern er zuerst den saturnischen Zustand als den eigentlich
fundierenden erreicht hat, erreicht er auch die Jupitersphäre einer gültigen künstlerischen Gestaltung: »Dann kenn'
ich dich, Kronion! ⟨. . .⟩« (v. 25).

298,25 *Kronion]* Als Sohn des Kronos (Saturn) heißt
Zeus (Jupiter) »Kronion«, besonders oft bei Homer. Daß
Hölderlin hier diese Bezeichnung wählt und nicht mehr
von »Saturnus Sohn« (v. 2) spricht, hat einen präzisen Sinn.
Denn durch diese Benennung erscheint Jupiter ganz als
Sohn des Kronos, so sehr, daß er schon im Namen mit ihm
eine harmonische, fast bis zur Identität reichende Einheit
bildet. Gesagt wird also nicht einfach, daß der Dichter in
seiner dichterischen Erfahrung aus der Saturnsphäre in die
Jupitersphäre gelange, vielmehr daß er im Verlauf des
schöpferischen Prozesses zur Jupitersphäre nur *insofern* gelangt, als diese ganz mit dem Saturnischen verbunden
bleibt. So drückt sich in dem einen Wort »Kronion« die
harmonische Durchdringung beider Sphären bei voller
Wahrung der Priorität der prärationalen schöpferischen
»Natur« aus.

298,26 *Den weisen Meister]* Im Entwurf heißt es: »Dann
kenn ich erst, und dank ihm gern | Dem weisen gewaltigen
Künstler Kronion«.

298,26f. *ein Sohn | Der Zeit]* Wenn Saturn vor aller Zeit
und zugleich deren »Wiege« (v. 23) ist, kann dann Jupiter,
der Sohn Saturns, »ein Sohn der Zeit« heißen und dies
obendrein, wo ihm doch selbst in v. 24 die »wechselnde
Zeit« zugeordnet ist? Diese Schwierigkeit läßt sich nur vor
dem Hintergrund der Überlieferung lösen. In ihr repräsentiert Kronos-Saturn den zeitlos-ewigen Entstehungsgrund

der Zeit: deren »Wiege«. Nach dem neuplatonischen Ema-
nationsschema wird Kronos-Saturn dabei als überzeitliche
und vor aller Zeit stehende Fülle der Zeit aufgefaßt, die alle
Zeit in sich enthält und aus sich entläßt. In diesem Sinne
wird die alte etymologisierende Gleichsetzung von Kronos
und »Zeit«, von Κρόνος und χρόνος, umgedeutet, womit
χρόνος zur ewigen Zeitenfülle, zu Aion (αἰών) wird. Jupiter,
der selbst die vereinzelte und »wechselnde Zeit« verkörpert, ist demnach »Sohn« der saturnischen überzeitlichen
Fülle der Zeit. In der im 18. Jahrhundert aufgrund des
zeitgenössischen Pantheismus wichtigen und in zahlreichen
Auflagen verbreiteten pseudoaristotelischen Schrift *Über
die Welt* (περὶ κόσμου), die ganz von stoisch-pantheistischer
Spekulation erfüllt ist, heißt es von Zeus: »Er wird Sohn
des Kronos und auch der Zeit genannt, weil er aus gren-
zenloser Ewigkeit kommt« (Κρόνου δὲ παῖς καὶ χρόνου
λέγεται, διήκων ἐξ αἰῶνος ἀτέρμονος . . ., *An König Alexander
über die Welt*, 1949, S. 74f.). Auch in der lateinischen Tradition ist die Auffassung des Saturn als überzeitlicher und
zugleich zeitenschöpferischer Zeitenfülle lebendig – so
heißt er bei Augustinus »All-Zeit« und etymologisierend
»Saturn ⟨. . .⟩«, weil er gleichsam gesättigt von Zeit ist«
(»nos tamen Saturnum interpretamur *Universum tempus*
⟨. . .⟩ latine *Saturnus appellatur, quasi saturetur annis*«; Augustinus, *De consensu Evangelistarum*, in: Migne, *Patrologia
Latina*, XXXIV 1057).

298,27 *Gesetze gibt]* Vgl. die Erläuterung zu v. 1-3.

An Eduard

Von dieser Ode ist ein erster Entwurf unter dem Titel *Bun-
destreue.* | *An Sinklair* überliefert. Die ebenfalls handschrift-
lich überlieferte 1. Fassung ergibt sich aus einem später
veränderten und erweiterten Entwurf. Die 2. Fassung ist
auf einer eigenen Handschrift erhalten. Der 1. Entwurf zu
dieser Ode steht in der Handschrift vor dem im Herbst 1799
entworfenen *Grund zum Empedokles.* Auch der Schrift nach
ist der Entwurf in dieser Zeit entstanden. Inhaltliche Ele-

mente legen es nahe, daß die 1. Fassung der Ode noch vor
dem Abschied Hölderlins von Homburg, also in der ersten
Jahreshälfte 1800, die zweite Fassung aber nach seinem
Weggang aus Homburg entstand. Denn die Verse 29ff. der
1. Fassung spielen noch auf den gemeinsamen Aufenthalt
im Taunus an (auf den die Worte »Wald« und »Gebirge«
hinweisen), während die Verse 29ff. der 2. Fassung nur
noch von Sinclair sprechen. Von einer mehrere Jahre später
entstandenen Fassung mit dem Titel *Die Dioskuren* sind
lediglich die vier Anfangsstrophen erhalten. Sie lauten:

> Ihr edeln Brüder droben, unsterbliches
>   Gestirn, euch frag ich Helden woher es ist,
>   Daß ich so untertan ihm bin und
>   So der Gewaltige sein mich nennet?
>
> 5 Denn wenig, aber Eines hab ich daheim, das ich
>   Da niemand mag soll tauschen, ein gutes Glück
>   Ein lichtes, reines, zum Gedächtnis
>   Lebender Tage zurückgeblieben.
>
> So aber er gebietet, dies Eine doch
> 10   Wohin ers wollte, wagt' ich mein Saitenspiel
>   Samt dem Gesange folgt ich, selbst ins
>   Dunkel der Tapferen ihm hinunter.
>
> Mit Wolken, säng ich, tränkt das Gewitter dich
>   Du spöttischer Boden, aber mit Blut der Mensch
> 15   So schweigt, so heiligt, der sein Gleiches
>   Droben und drunten umsonst erfragte.

Alkäisches Versmaß.

ÜBERBLICKSKOMMENTAR Schon aus der Überschrift des ersten Entwurfs geht hervor, an wen die Ode gerichtet ist:
Bundestreue. | *An Sinklair.* In einem zweiten Entwurf wur-
den folgende Überschriften erwogen: *An Bellarmin*, *An*

Arminius, *An Philokles*. Hölderlin und Sinclair hatten sich schon 1793 in Tübingen kennengelernt und später dann in der gemeinsamen Jenaer Studienzeit befreundet. In einem Brief vom 26. März 1795 an Franz Wilhelm Jung sprach Sinclair von Hölderlin als seinem »Herzensfreund instar omnium« (etwa: »der alle andern aufwiegt«, die Formulierung nach Cicero, *Brutus* 51, 191). Hölderlin bezeichnete in einem Brief an die Schwester von Ende April 1797 (Nr. 139) Sinclair als seinen Freund »im gründlichsten Sinne des Worts«, und am 12. November 1798 schrieb er der Mutter (Nr. 167): »Es wird auch wirklich wenig Freunde geben, die sich gegenseitig so beherrschen und so untertan sind« (vgl. v. 3: »so untertan«). Wie Hölderlin war Sinclair ein revolutionärer Demokrat. Seit 1796 stand er im Dienst des Landgrafen von Hessen-Homburg, dem Hölderlin später seine Patmos-Hymne widmete. Nach dem notwendig gewordenen Weggang aus dem Hause Gontard in Frankfurt zog Hölderlin 1798 nach Homburg, wo er bis zum Juni 1800 blieb. Auf diese gemeinsame Zeit spielen die Verse 29ff. an.

Die Ode *An Eduard* ist eine Ode der Freundschaft, und das Wesen dieser Freundschaft wird durch zwei mythologische Beispiele evoziert: durch den Anruf der Dioskuren (vgl. die Erläuterung zu v. 2) und durch die Erinnerung an die Freundschaft von Achill und Patroklos (vgl. die Erläuterung zu v. 26). Strukturbildend ist die Berufung auf die Freundschaft der Dioskuren Kastor und Polydeukes (Pollux), von denen nach einer Version der Sage Kastor ein sterblicher Sohn des Tyndareos, Polydeukes aber ein unsterblicher Sohn des Zeus ist. Als sie im Kampfe fallen, muß deshalb Kastor in die Unterwelt, Polydeukes dagegen wird in den Olymp aufgenommen. Aber Polydeukes will sich von seinem Freund nicht trennen, und deshalb erbittet er von Zeus die Erlaubnis, mit seinem sterblichen Bruder beisammen bleiben zu dürfen. So verbringen die Dioskuren abwechselnd je einen Tag im Olymp und einen Tag in der Unterwelt (Homer, *Odyssee* XI 298ff.; Pindar, *10. Nemeische*

Ode, v. 55ff., v. 75ff.; Hygin, *Fabeln* 80). Hölderlin verwendet und verwandelt zugleich dieses mythologische Substrat, indem er darstellt, wie er dem Freund ins Dunkel der Tapferen »hinunter« (v. 12), also in den Tod und damit gleichsam in die Unterwelt zu folgen bereit ist, und indem er am Ende den Freund anruft, ihn wie der Adler des Zeus den Ganymed in die Sphäre des Göttlich-Unsterblichen »hinauf« (v. 38) zu tragen. Daß sich die unzertrennliche Freundschaft außerdem im gemeinsamen Kampf bewährt, wie ihn die mittlere Partie der Ode darstellt, entspricht ebenfalls der mythologischen Überlieferung. Die Dioskuren sind als heldenhafte Kämpfer berühmt – sie ziehen gegen Theseus zu Felde, der Helena geraubt hat, erobern Aphidnai und befreien ihre Schwester, sie nehmen am Argonautenzuge teil, mit Herakles ziehen sie gegen die Amazonen in die Schlacht; sie galten deshalb als unzertrennliches Paar in jeder Not und in jedem Kampf, und man rief sie als Vorbilder und als Beistand in Kampf und Not an.

Die Ode ist auch ein revolutionäres Gedicht, das eine deutliche Verwandtschaft zu der im Jahre 1799 abgeschlossenen Ode *Der Tod fürs Vaterland* zeigt. Zum historischen Hintergrund vgl. den Überblickskommentar zu diesem Gedicht S. 624-627. Zur Gemeinsamkeit des republikanisch-revolutionären Engagements von Hölderlin und Sinclair vgl. den – kurz vor dem Entwurf zu der Ode *An Eduard* geschriebenen – Brief Böhlendorffs an Ph. E. von Fellenberg (Homburg, 10. Mai 1799, Bd. III, S. 634f., Nr. 24): »Ich habe hier einen Freund, der Republikaner mit Leib und Leben ist – auch einen andern Freund, der es im Geist und in der Wahrheit ist – die gewiß, wenn es Zeit ist, aus ihrem Dunkel hervorbrechen werden; der letzte ist Dr. Hölderlin ⟨. . .⟩«. Der »Republikaner mit Leib und Leben« ist Sinclair. Wie sehr das Thema Freundschaft in Hölderlins Freundeskreis kämpferisch-republikanisch besetzt war, zeigt eine weitere Partie dieses Briefs: »Die Freundschaft sucht in ihren Tiefen nach einem letzten Wort, das zur Parole unter uns werde, und findet nur die Wiederholung der

wohlbekannten: Freundschaft! Vaterland! Freiheit!« Die
brüderliche Freundschaft der Dioskuren wird auch im
großen Revolutionsaufruf des Empedokles beschworen
(1. Fassung, v. 1526f.): »⟨. . .⟩ teilet Tat und Ruhm, | Wie
treue Dioskuren ⟨. . .⟩«.

298,2 *Gestirn]* Die Dioskuren Kastor und Pollux, Vorbild brüderlicher Freundschaft, wurden im Sternbild der
Zwillinge verewigt.

299,26 *mein Achill]* Nachdem zuerst die Freundestreue
bis in den Tod durch den Anruf der Dioskuren beschworen
wurde, wird die »treu bis zuletzt« (v. 27) gelebte Freundschaft an einem zweiten Beispiel aus der griechischen Sage
deutlich gemacht, an Achill und Patroklos, den beiden Helden, die in einem ähnlichen Verhältnis zueinander stehen
wie Sinclair und Hölderlin: Achill, der heroische Kämpfer
(Sinclair heißt in v. 4 »der Gewaltige«), und Patroklos als
der sanfte, so wie der Dichter von einem weichen Gemüt
bestimmte Freund, der gleichwohl auch heldenhafter Taten
fähig ist. Nachdem Hektor den Patroklos getötet hat, rächt
Achill seinen Freund, indem er Hektor im Kampf erschlägt.

299,30 *der Wald* ⟨. . .⟩ *das Gebirge]* Hölderlin war mit
Sinclair am Hofe des Landgrafen in Homburg am Taunus,
der hier als waldige Berglandschaft charakterisiert wird.
Damit ist zugleich der »mütterliche« (v. 31) Bereich der
Natur symbolisiert, neben den derjenige der »Weisheit«
(v. 33) tritt: Sinclair hatte mit Hölderlin in Jena bei Fichte
Philosophie studiert und auch später noch, in lebendigem
Austausch mit Hölderlin, philosophische Studien betrie-
ben.

299,37 *Es regt sein Sturm die Schwingen dir auf]* Sinclair
wird hier im Bild des Adlers vorgestellt, der in der Überlieferung der Vogel des Zeus ist, des Gewittergottes, auf
den in v. 36 die »mahnende Flamme des Zeitengottes« anspielt. Zugleich ist in der Überlieferung (vgl. Artemidoros
2, 20; Herodianus 4, 2) der Adler, der sich vom Irdisch-
Sterblichen ins Reich der unsterblichen Götter »hinauf«

(v. 38) schwingt, Symbol der Apotheose im Heroenkult (die 2. Fassung, v. 38, spricht vom »Herrn der Helden«) und damit Symbol des sich zur Unsterblichkeit erhebenden Helden. Darauf kommt es hier am Ende an (vgl. die analoge Vorstellung am Ende der Hymne *Der Einzige*, 1. Fassung). Zugleich ist die Vorstellung von der »Beute«, die der Adler zu Zeus emporträgt, auf den Ganymed-Mythos transparent.

Unter den Alpen gesungen

Diese auch handschriftlich überlieferte Ode ist wohl im Frühjahr 1801 entstanden, während Hölderlins Schweizer Aufenthalt, als er sich selbst in Hauptwil bei St. Gallen am Fuße der Alpen aufhielt. Zusammen mit *Menons Klagen um Diotima* sandte er die Ode an Bernhard Vermehren, der sie in den von ihm herausgegebenen ›Musenalmanach für das Jahr 1802‹ aufnahm. Die Ode ist die einzige, die Hölderlin im sapphischen Versmaß schrieb, »jedoch«, wie Beißner in der *Großen Stuttgarter Ausgabe* (II, 474f.) feststellt, »nicht in der ursprünglich griechischen und lateinischen Form, die in allen drei langen Versen die Doppelsenkung an dritter Stelle hat, sondern abgewandelt:

$$- \cup \cup - \cup \quad - \cup - \cup \quad - \cup$$
$$- \cup \quad - \cup \cup - \cup - \cup \quad - \cup$$
$$- \cup \quad - \cup \quad - \cup - \cup \cup - \cup$$
$$- \cup \cup - \cup$$

Bei Klopstock und seinen Nachahmern wandert die Doppelsenkung auch; doch erscheint sie in der dritten Zeile schon an dritter Stelle. In Hölderlins Strophe klingt nun die vierte Zeile (der Adonius) wie das genaue Echo des vorangehenden Versschlusses«.

ÜBERBLICKSKOMMENTAR In dem Hauptwiler Brief an die Schwester vom 23. Februar 1801 (Nr. 229) und in einem Brief an den Freund Christian Landauer aus derselben Zeit (Nr. 230) schreibt Hölderlin von dem großen Eindruck, den die Alpen auf ihn machten. Davon zeugen auch die

erste Strophe der Elegie *Heimkunft*, die ersten beiden Strophen der Hymne *Die Wanderung* sowie der Anfang der
Rhein-Hymne. Wichtig für den ideellen Gehalt ist der im
18. Jahrhundert verbreitete Kult der reinen, ursprünglichen Natur der Alpen und überhaupt der Schweiz. Ein
erstes wirkungsmächtiges Werk war Albrecht von Hallers
Lehrgedicht *Die Alpen*, das 1732 zum ersten Mal in der
Sammlung *Versuch Schweizerischer Gedichte* erschienen war;
später hat dann vor allem Rousseau diese Wahrnehmung
der Alpenlandschaft im Sinne des naturhaften, noch von
allen Verbildungen der Zivilisation freien Daseins zu einem
europäischen Ereignis gemacht. Zum Kult der reinen, un-
berührten äußeren Natur kam derjenige einer entsprechenden inneren Verfassung der Menschen: der Kult des
Naiven, der natürlichen »Einfalt«, der Verfassung also, die
Hölderlin als »Unschuld« (v. 1) bezeichnet. Insbesondere
verband man mit dieser idealen inneren Verfassung des Naiven die Fähigkeit zu einer ganzheitlichen und genial-
schöpferischen Erfahrungsfülle, die dem großen Künstler
und Dichter zugeschrieben wurde. So wendet sich auch die
Ode nach dem Schwellenwort »verkünden« in der Mittelstrophe (v. 16) der dichterischen Sphäre zu, die noch im
letzten Vers des Gedichts mit den Worten »Deuten und
singen« pointiert wird. Vgl. auch die Darstellung Rousseaus in der Rhein-Hymne (v. 135ff.).

301,2 *du magst]* »Mögen« heißt im älteren Deutsch noch
oft »können« (vgl. »vermögen«, »Macht«).

301,5-8 *denn manches | Gute kennet der Mann ⟨. . .⟩ aber wie
rein ist | Reine, dir alles!]* Anspielung auf die Wendung im
Brief des Paulus an Titus (1, 15): »den Reinen ist alles rein«.
Das »alles« steht im Kontrast zu »manches« (v. 5f.): »man-
ches | Gute kennet der Mann«. Die normale, diskursive
Erkenntnis bleibt auf partikulares Wissen beschränkt, während die naiv-intuitive »Unschuld« ganzheitlich wahrzunehmen und daher »alles« zu umgreifen vermag. Insofern
steht ihre »Weisheit« (v. 5) über jedem bloßen Wissen. Dieser Kontrast wird noch einmal in v. 14 pointiert, wo von

den »Vielerfahrenen« die Rede ist. Dieses Wort hat negativen Klang, es meint den Menschen des zusammengesuch-
ten Wissens im Gegensatz zum wirklich Weisen, der aus der
Einheit des Weltverständnisses lebt wie die »Unschuld«, die
deshalb »immerzufriedner Weisheit« voll ist. Der Gegensatz von Weisheit und bloßer Vielwisserei (Vielerfahrenheit) geht auf Heraklit zurück (Fragment 40 und 41,
Diels-Kranz).

In der Aussage »aber wie rein ist | Reine, dir alles« setzt
das »aber« nicht nur das »alles« gegen »manches« – die
ganzheitliche gegen die partikulare Wahrnehmungsweise –
ab; es unterscheidet auch – und das ist für das Folgende
wesentlich – eine in der immanenten Naturwahrnehmung
sich vollendende Sinnerfahrung von einer Geistesverfassung, die zum »Himmel« (v. 7) als dem ganz Anderen
empor-»staunen« (v. 6) muß. Der »Himmel« ist der Unschuld nicht notwendig, da sie mit »allem« Leben der
immanenten Natur in harmonisch erfüllendem Zusammenhang lebt, wie die folgende Strophe zeigt.

301,9-13 *das rauhe Tier des Feldes, gerne* | ⟨. . .⟩ *trauet es dir,
der stumme Wald spricht* ⟨. . .⟩ *es* | *Lehren die Berge* || *Heil'ge
Gesetze dich*] »Tier«, »Wald« und »Berge« repräsentieren
den Gesamtbereich der Natur. Deren ideale Harmonie-
Möglichkeit kommt für die »Unschuld«, der alles »rein« ist,
zur lebendigen Geltung. Damit wird das sonst in den Bereich des Uranfänglich-Utopischen Entrückte zur gegenwärtigen Erfahrung: der paradiesische Tierfrieden, in dem
Adam lebte; der Wald, der »wie vor Alters seine Sprüche«
spricht – eine Anspielung auf die »prophetischen Haine
Dodonas« (*Der Archipelagus*, v. 227; vgl. die Erläuterung
z. St.); das Erlebnis des Moses, der auf dem »Berge« Sinai
»heil'ge Gesetze« empfing, wobei aber Hölderlin nun mit
einer charakteristischen Umkehrung ins Immanent-Natur-
hafte nicht mehr Gott, vielmehr »die Berge« (die Alpen)
selbst, d. h. die große Natur diese Gesetze geben läßt. Und
das Heilige der »heil'gen Gesetze«, die sie lehren, ist nicht
mehr heilig kraft transzendenter Offenbarung, vielmehr

Ausdruck der neuen Heiligung der Natur, die nun selbst spricht und lehrt. Die sich aus der Vollkommenheit solcher Naturerfahrung ergebende »Weisheit« (v. 5) entspricht der in der stoischen Philosophie zentralen Weisheitskonzeption. Ihr zufolge ist Weisheit (σοφία) die Verfassung, die aus der Einsicht in die Gesetzlichkeit (den immanenten Logos) des Kosmos entsteht.

301,14f. *der große | Vater]* Dies ist der in der Elegie *Heimkunft* (2. Strophe) unter dem gleichen Eindruck der Alpennatur gepriesene »Vater Äther«, für Hölderlin zentrale Chiffre der pantheistischen Allnatur (vgl. den Überblickskommentar zum Hexameterhymnus *An den Äther*, S. 598-601).

302,17 *So mit den Himmlischen allein zu sein]* Gerade die Erfahrung höchsten Sinns in der großen Natur führt dazu, die Naturerfahrungen mit dem – ehemals auf Transzendenz festgelegten – Namen der »Himmlischen« zu benennen. Zu dieser Umkehrungstendenz vgl. auch v. 13: »Heil'ge Gesetze«, und die Erläuterung z. St.

302,19 *Zeit eilt hin zum Ort]* »Ort« heißt in der ursprünglichen Bedeutung »Ende«, »Endpunkt«; in der Bergmannssprache heute noch lebendig: »Ort« als das Ende eines Grubenbaus, vgl. den Bergmannsausdruck »vor Ort«. Hermann Schmids *Schwäbisches Wörterbuch* verzeichnet s. v. »Ort« folgende Wendungen: »auf ein Ort gehen« – seinen Ausgang nehmen; »auf ein Ort machen« – zu Ende machen.

302,23f. *Daß wohl aufgehoben, schlafend dahin ich | Muß in den Wogen]* Die stoisch-pantheistische »Weisheit«, die in der inneren Übereinstimmung mit dem Leben der Natur besteht, läßt auch den Tod als naturgemäß erscheinen: als einen harmonischen Vorgang, in dem der Mensch nicht aus der Natur herausfällt, sondern in ihr »aufgehoben« bleibt und gleichsam nur »schlafend« von der Lebenswoge fortgetragen wird. Vielleicht ist in diese Vorstellung die Erinnerung an den Tod des Orpheus – harmonisierend verwandelt – eingegangen (vgl. die folgende Ode *Dichtermut*, 1. Fassung, v. 17, und die Erläuterung dazu). Zur Bedeutung der sto-

ischen Auffassung von Leben und Tod für Hölderlin vgl.
besonders die folgende Ode *Dichtermut* im ganzen.

Dichtermut

Eine genaue Datierung dieser handschriftlich überlieferten
Ode ist bisher nicht möglich. Sie dürfte um die Jahrhundertwende entworfen worden sein, die zweite Fassung,
nach deren handschriftlichem Zusammenhang zu urteilen,
spätestens im Frühjahr 1801. Mehrere Jahre später entstand
aus einer sehr weitgehenden Umarbeitung die Ode *Blödigkeit* (S. 318f.).

Asklepiadeisches Versmaß.

ÜBERBLICKSKOMMENTAR Der Text steht in einem Traditions-
zusammenhang, dessen Erfassung erst die Bestimmtheit der
Aussagen erkennbar macht. Konsequent deutet Hölderlin
hier das Dasein des Dichters aus stoischem Geist. Dabei
greift er auf die besondere Ausprägung des stoischen Denkens durch die mittlere Stoa, durch Panaitios und vor allem
Poseidonios zurück, weil sie seinen eigenen Anschauungen
und der durch das ganze 18. Jahrhundert verbreiteten eudai-
monistischen Kosmologie entspricht. Poseidonios lehrte,
die Welt sei ein Organismus, ein harmonischer Kosmos, in
dem alles mit allem zusammenhängt, verwandt ist und in
»Sympathie« lebt (vgl. hierzu auch *Der Archipelagus*). Im
Rahmen dieser optimistischen Kosmoslehre gab er dem
schon in der älteren Stoa geformten zentralen Ideal der
Gemütsruhe – der »Ataraxia« und »Apatheia« – eine neue
Begründung. An die Stelle des Vernunft- und Tugendrigo-
rismus, der den Weisen seine Autarkie ausschließlich aus der
Selbstbestimmung durch die Vernunft und die Verneinung
der Affekte gewinnen läßt und daher die Isolation vom
Lebenszusammenhang zur Bedingung macht, setzt er gerade umgekehrt das Vertrauen auf den Lebenszusammenhang. Dessen Harmonie und die alles durchdringende und
tragende kosmische Natur ersparen dem Menschen jede zerstörerische Unruhe. So ergibt sich die stoische Gelassenheit

als Gewißheit innerer Unanfechtbarkeit nicht aus der vom Leben abschließenden »Apathie«, sondern im Gegenteil aus der »Sympathie« mit dem großen Ganzen des Lebenszusammenhangs, in dem sich der Mensch aufgehoben weiß.

Daß Hölderlin eines der wichtigsten der von der Lehre des Poseidonios geprägten Werke intensiv studiert hat, die Schrift des Kaisers Marc Aurel *An sich selbst* (Εἰς ἑαυτόν), geht aus einer ganzen Reihe zitatartiger Wendungen in der Ode *Dichtermut* hervor. Den Titel von Marc Aurels Meditationen, die zum Bildungskanon des 18. Jahrhunderts gehörten und in zahlreichen Ausgaben verbreitet waren, hatte er bereits in dem Epigramm πρὸς ἑαυτον (S. 221) variiert, und die Liste der von ihm hinterlassenen Bücher enthält den Titel *Marci Antonini Philosophi Commentarii*. Marcus Antoninus ist identisch mit Marc Aurel, denn dieser gelangte durch Adoption zum Kaisertum und ersetzte deshalb seinen zweiten Namen durch denjenigen seines Adoptiv-Vaters, des Kaisers Antoninus Pius. Der eigentliche Titel lautet denn auch: ΜΑΡΚΟΥ ΑΝΤΟΝΙΝΟΥ ΑΥΤΟΚΡΑΤΟΡΟΣ ΤΑ ΕΙΣ ΕΑΥΤΟΝ. Erhielt sein Adoptiv-Vater wegen seiner Frömmigkeit den Beinamen Pius, so verdankt er selbst seiner philosophischen Haltung und Schriftstellerei den im Titel von Hölderlins Ausgabe erscheinenden Beinamen Philosophus.

Stellenkommentar zur 1. Fassung, soweit sie von der 2. Fassung entschieden abweicht. Vgl. im übrigen den Stellenkommentar zur 2. Fassung.

302,16 *den eignen Gott]* Nach stoischer Lehre hat der Mensch einen Gott in sich (»deus internus«). Vgl. die Erläuterung zur *Hymne an die Menschheit*, v. 80 (mit Belegen).

303,17-28 *Wenn die Woge ⟨. . .⟩ gerüsteter.]* Diese Strophen sind aus einer Harmonisierung des zunächst dargestellten – tragischen – Orpheus-Schicksals entstanden. Ursprünglich hatte Hölderlin folgenden Schluß entworfen:

Wenn denn einer auch wohl liebend des feindlichen
   Augenblicks nicht gewahrt, der in das furchtbare
   Wilde Leben weh! und
      Der Mänadische Reigentanz

Den Verlornen ergreift,
   u. der Strom das Haupt des Zerrissenen
Und sein Saitenspiel wälzt
   Arglos fiel er und edel
      Starb in edlem Beruf er doch.

Nach der Sage (vgl. vor allem Ovid, *Metamorphosen* XI 1-51)
wurde Orpheus von den Mänaden zerrissen, sein Haupt
und die Leier (v. 51: »Caput ⟨. . .⟩ lyramque«) trug der
Strom Hebrus fort ins Meer. Hölderlin nennt Orpheus direkt im Entwurf zu v. 19f. der 1. Fassung (»⟨. . .⟩ Und die
Stimme des Sängers | Nun in blauender Halle schweigt
⟨. . .⟩«): »Fröhlich stirbt ⟨er⟩ und anders | Endete Vater
Orpheus nicht!«

Stellenkommentar zur 2. Fassung sowie zu den analogen
Partien der 1. Fassung.
   303,1-4 *Sind denn dir nicht verwandt alle Lebendigen* ⟨. . .⟩
Drum ⟨. . .⟩ *fürchte nichts!*] Hölderlin beginnt sein Gedicht
mit dem von Marc Aurel immer wieder hervorgehobenen
Grundgedanken der poseidonischen Kosmoslehre, daß *eine*
Natur alles Leben durchwirkt (die φύσις τῶν ὅλων) und daher der Mensch sich zu allem Lebendigen in einem Verhältnis der Verwandtschaft befindet. »Alles ist wesensver-
wandt« (πάντα γὰρ ὁμογενῆ) sagt Marc Aurel (VI 37), und
aus der Einsicht, daß der Mensch »in einem Verhältnis innerer Zugehörigkeit zu den verwandten Teilen« (X 6) des
Naturganzen steht, folgert er, daß er sich mit allem Begegnenden als einem letztlich Passenden befreunden könne und
sich vor nichts zu fürchten brauche. So gibt sich auch Hölderlin auf die rhetorische Frage »Sind denn dir nicht
verwandt alle Lebendigen ⟨. . .⟩?« die Antwort: »Drum

⟨. . .⟩ fürchte nichts!« Sich nicht zu fürchten und zu beunruhigen – »zum ersten beunruhige dich nicht«, sagt Marc
Aurel (τὸ πρῶτον μὴ ταράσσου, VIII 5) – das ist der eigentliche Inhalt der stoischen Gemütsruhe (Ataraxia). Die zweite Frage »Nährt die Parze denn nicht selber im Dienste
dich?« entspricht zunächst ganz allgemein der stoischen
Schicksalsfrömmigkeit, denn aus dem Kosmos-Vertrauen
entspringt die Hingabe an das Schicksal (Heimarmene, vgl.
schon das Motto zu der Hymne *Das Schicksal*); doch hat
Hölderlin diesen Gedanken nicht eigenwillig mythologisiert durch den Hinweis auf die »Parze«. Er hat diese
Mythologisierung direkt aus der Schrift Marc Aurels übernommen. Da die Parze Klotho den Lebensfaden spinnt und
insofern das Menschenleben erhält (»nährt«, sagt Hölderlin), fordert Marc Aurel: »Gern vertraue dich der Klotho
an« (Ἑκὼν σεαυτὸν τῇ Κλωθοῖ συνεπιδίδου ⟨. . .⟩, IV 34).

303,3 *wehrlos]* Nach Horaz, *Carmina* I 22, 1-4 und 12,
worauf Hölderlin auch in der Ode *Dichterberuf*, v. 63, anspielt.

303,5-8 *Was geschiehet, es sei alles gesegnet dir* ⟨. . .⟩ *was könnte*
⟨. . .⟩ | *Da begegnen, wohin du sollst?]* Dies entspricht einem
stoischen Topos, der häufig in Marc Aurels Schrift erscheint. »Alles stimmt mit mir zusammen« (πᾶν μοι συναρ
μόζει, IV 23), heißt es dort etwa, oder: »Jedes *Begegnis* ist so
vertraut und bekannt wie die Rose im Frühling und die
Frucht im Sommer« (πᾶν τὸ συμβαῖνον ⟨. . .⟩ σύνηθες ⟨. . .⟩,
IV 43), oder: »⟨. . .⟩ heiße alles Geschehen willkommen«
(ἀσπάζου πᾶν τὸ γινόμενον, V 8 – vgl. Hölderlin: »Was geschiehet, es sei alles gesegnet dir ⟨. . .⟩«). Diese innere
Haltung wird stets mit dem Wirken der Allnatur und des
ihr immanenten »göttlichen« Logos begründet: »Daß mir
nichts *begegnen* wird (συμβήσεται), was nicht nach der Natur
des Alls ist (κατὰ τὴν τῶν ὅλων φύσιν, V 10); »Gegen die
Bestimmung der allgemeinen Natur wird dir nichts *begegnen*« (συμβήσεται, VI 58); »*Begegnet* mir etwas? (συμβαίνει τί
μοι;) Ich nehme es an, indem ich es auf die Götter beziehe
und den Allquell ⟨. . .⟩« (VIII 23); »Indem ich mich also

erinnere, daß ich ein Teil des so gearteten Ganzen bin, werde ich mich mit allem *Begegnenden* (παντὶ τῷ ἀποβαίνοντι)
befreunden« (X 6). Hölderlins Frage »⟨. . .⟩ was könnte
denn | Dich beleidigen, Herz! was | Da begegnen, wohin du
sollst?« enthält noch besonders den Hinweis darauf, daß
Natur und Schicksal verschiedene Namen für die gleiche
Wirklichkeit sind. Das »Herz« folgt seiner inneren, natur-
gegebenen Bestimmung; sein »Sollen« ist nicht ein von
fremdem Zwang auferlegtes, weil es sich als naturgegebe-
nes Sollen im Raum der allgemeinen Naturharmonie bewegt.

303,9-13 *Denn, seitdem der Gesang sterblichen Lippen sich* |
⟨. . .⟩ *entwand* ⟨. . .⟩ *so waren auch* || *Wir, die Sänger des Volks,*
gerne bei Lebenden] Diese beiden Strophen wenden die Vorstellung vom natürlichen Allzusammenhang des Lebendigen auf den Bereich des menschlichen Zusammenlebens an,
dem der Dichter in besonderer Weise zugeordnet wird. Die
menschliche Gemeinschaft, das Volk (v. 13), ist die höchste
Ausprägung jener universalen Verwandtschaft des Lebendigen. In pointierender Analogie zu der Verwandtschaft
aller »Lebendigen« in v. 1 ist deshalb in v. 13 vom Volk der
»Lebenden« die Rede. Auch diese Anschauung von der
menschlichen Gemeinschaft als der bedeutendsten Form
natürlichen Daseins sowie ihre Begründung aus dem
größeren Kosmos der Natur ist ein stoisches Grundthema,
welches das griechische Polisdenken und das römische
Staatsdenken stark beeinflußt hat. »Der Geist des Alls ist
gemeinschaftsfördernd«, heißt es bei Marc Aurel (Ὁ τοῦ
ὅλου νοῦς κοινωνικός, V 30). Wie die beiden ersten Odenstrophen die Einsicht des stoischen Weisen in die Harmonie
der Allnatur auf den Dichter übertragen, der auf diese Weise seinen »Dichtermut« gewinnt, so werden in der 3. und
4. Strophe ebenfalls die Dichter zu bevorzugten Vertretern
jener stoischen, aus dem Kosmosdenken entspringenden
Gemeinschaftshaltung.

303,15f. *so ist ja* | *Unser Ahne, der Sonnengott*] Apollon, der
Sonnengott, ist nach der Sage auch Vater der berühmtesten

Sänger Orpheus und Linos (Pindar, Pyth. IV 176f.; Ovid, *Metamorphosen* X 167; Pausanias II 19, 8; Hyginus, *Fabeln* 161). Er ist der Gott der Künste, insbesondere der Musik. Schon in der *Ilias* schlägt er zum Göttermahl die Leier, und die Musen singen unter seiner Führung (Homer, *Ilias* I 601ff.).

304,17 *Der den fröhlichen Tag Armen und Reichen gönnt]* Poseidonios hat wie andere stoische Denker die Sonne als das Prinzip alles physischen und geistigen Lebens gefeiert und sie so zum einheit- und gemeinschaftstiftenden Zentrum seines auf die Allnatur gerichteten Kosmosdenkens gemacht. Ihm folgt wiederum Marc Aurel (XII, 30): »*Ein Licht der Sonne* (Ἕν φῶς ἡλίου ⟨. . .⟩) ⟨. . .⟩ *Eine* allgemeine Substanz ⟨. . .⟩«. Zu der aufschlußreichen Umarbeitung in der Ode *Blödigkeit*, die nicht mehr vom »fröhlichen«, sondern vom »denkenden« Tag spricht, vgl. dort den Überblickskommentar, S. 825.

304,18-20 *Der* ⟨. . .⟩ *uns* ⟨. . .⟩ | *Aufgerichtet an goldnen* | *Gängelbanden, wie Kinder, hält]* »Aufrecht« und »aufgerichtet« sind Kennworte der stoischen Philosophie, so geradezu formelhaft bei Marc Aurel: »Aufrecht oder aufgerichtet« (ὀρθὸς ἢ ὀρθούμενος, VII 12). Das Bild der »Gängelbande« geht in diesem Zusammenhang auf die stoische Vorstellung zurück, daß der Sonne die Leitfunktion (ἡγεμονικόν) im Kosmos zukommt. So vor allem bei dem Stoiker Kleanthes (Belege bei Ioannes ab Arnim, *Stoicorum Veterum Fragmenta*, Bd. I, 1908, Reprint 1978, S. 111f., Nr. 499). Hölderlin hat diese Vorstellung von der Leitfunktion der Sonne auch sonst verwendet. Von Empedokles heißt es (1. Fassung, v. 990-992): »Wie eine neue Sonne kam er uns | Und strahlt' und zog das ungereifte Leben | An goldnen Seilen freundlich zu sich auf«. Der Entwurf der Rhein-Hymne sagt von der (mit der Sonne in eins gesehenen) Gottheit, daß sie das flüchtige Leben der Menschen »an goldnen Seilen gelenkt« hat (*Große Stuttgarter Ausgabe* II, 727, 35-728, 1). Die spezielle Vorstellung der »Gängelbande« kommt aus dem Pietismus (Belege bei August Langen, *Der Wortschatz des deutschen Pietismus*, 2. Aufl. 1968, s. v. »Gängelband«, S. 313), der sie im Anschluß an Hosea 11, 4 verwendet (»Ich ließ sie ein menschlich Joch ziehen und in Seilen der Liebe gehn«).

304,21 *wo die Stunde kömmt*] Vgl. v. 25: »wenn es die Zeit einst ist«. Aus der Reflexion auf die Naturgemäßheit von Vergehen und Tod ergibt sich die Folgerung, daß der Tod nie unzeitig kommen kann. Die Rechtzeitigkeit ist ein notwendiges Element der Naturgesetzlichkeit. »Die rechte Zeit ⟨καιϱός⟩«, heißt es in Marc Aurels Schrift, »und die Grenze bestimmt die Natur, die eigene, wie im Alter, jedenfalls aber die Natur des Alls ⟨. . .⟩« (ἡ φύσις ⟨. . .⟩ ἡ τῶν ὅλων, XII 23).

304,23 *kundig des Wandels*] Vom bloßen Vergehen unterscheidet sich der »Wandel« (μεταβολή) insofern, als er die Fortdauer im Wechsel akzentuiert und damit die Orientierung auf die ewige Allnatur hin gibt. »Alles im Wandel« (πάντα ἐν μεταβολῇ, IX 19), sagt Marc Aurel, und: »Verlust (ἀποβολή) ist nichts anderes als Verwandlung (μεταβολή)«, IX 35; ferner: »Gewöhne dich, einzusehen, daß die Natur des Alls nichts so liebt, wie die Dinge zu verwandeln« (μεταβάλλειν, IV 36). »Kundig des Wandels« sein heißt also, die Dauer im Wechsel erkennen. Der vom gleichen stoischen Denkhorizont bestimmte *Archipelagus* schließt mit dem Wunsch (v. 290ff.): »Töne mir in die Seele noch oft, daß über den Wassern | Furchtlosrege der Geist, dem Schwimmer gleich, in der Starken | Frischem Glücke sich üb', und die Göttersprache, das Wechseln | Und das Werden versteh' ⟨. . .⟩«.

304,24 *Gleichgesinnet*] Aus dem Verstehen des »Wandels« (vgl. die vorhergehende Erklärung) ergibt sich die stoische Haupttugend: der Gleichmut (Ataraxia). Am bekanntesten ist der Begriff der »aequa mens« (»Gleichmut«) durch Horaz, *Carmina* II 3: »In schwieriger Lage denke daran, Gleichmut zu bewahren« (»Aequam memento rebus in arduis servare mentem«). Der ältere deutsche Sprachgebrauch kennt das Wort »gleichsinnig« in der Bedeutung

von »gleichmütig«, »gelassen« (Belege im *Deutschen Wörterbuch* der Brüder Grimm, IV, I, 4, Sp. 8231). Die seltene
Prägung »gleichgesinnt« im Sinne von »gleichmütig« verwendet Gottsched in seinem Drama *Sterbender Cato*, v. 69,
bezeichnenderweise ebenfalls in stoischem Kontext. Von
Cato, dem stoischen Tugendhelden par excellence, heißt es
dort (v. 65-69): »Bewundre doch den Held! Er hat nicht
seinesgleichen, | Die Götter haben ihn mit vielen Unglücks-
streichen | Bisher umsonst versucht. Er steht noch immer
fest: | Weil ihn sein starker Mut nicht einmal wanken läßt. |
Er bleibet *gleichgesinnt* bei allen ihren Schlägen ⟨. . .⟩«. Vielleicht wollte Hölderlin aber mit der Prägung »gleichgesinnet« noch mehr andeuten. Denn in Marc Aurels Katalog
stoischer Eigenschaften heißt es auch, der Stoiker müsse
»gleichgesinnt« (σύμφρων) sein. Die Haltung des σύμφρων,
so lautet die Definition, sei »die bereitwillige Annahme des
von der allgemeinen Natur Zugeteilten« (X 8). Dieses Moment nicht nur des Gleichmuts gegenüber dem äußeren
Geschehen, sondern der weitergehenden inneren Zustimmung, der »bereitwilligen Annahme«, entspricht dem sonstigen Duktus von Hölderlins Ode.

304,25 *wenn es die Zeit einst ist*] Vgl. die Erläuterung zu
v. 19.

304,26-28 *so sterb'* ⟨. . .⟩ *Unsre Freude, doch schönen
Tod!*] Der »schöne Tod« (καλῶς θανεῖν), der Tod in innerer
Heiterkeit, ist letztes Ziel der stoischen Haltung, die alles
als naturgegeben annimmt und daraus sowohl ihren Lebensmut wie ihren Todesmut gewinnt – und analog der
Dichter seinen »Dichtermut«. »Freude« ist ein Hauptthema
der Stoa. Panaitios, der Lehrer des Poseidonios, hat zu diesem Thema eine eigene Schrift (*Euthymia*) verfaßt. Die
Empfindung einer harmonischen All-Natur und der »Sympathie« alles Lebendigen erzeugt die Freude, die deshalb
schon vorher ein Leitmotiv des Gedichts ist (vgl. v. 6, 12,
14). Seneca setzt in seiner stoischen Schrift *Über die Seelenruhe* (*De tranquillitate animi*) den griechischen Begriff der
›Euthymia‹ (›Freude‹) dem der stoischen Seelenruhe gleich:

»Was du wünschst, ist aber etwas Bedeutendes und das
Höchste ⟨. . .⟩ – sich nicht erschüttern lassen. Diese Wider-
standsfähigkeit der Seele nennen die Griechen Euthymia,
über die es ein hervorragendes Buch des Demokrit gibt, *ich*
nenne sie Seelenruhe (tranquillitatem) ⟨. . .⟩« (II, 3).

Der gefesselte Strom

Der erste Entwurf dieser wahrscheinlich im Frühjahr 1801
entstandenen, handschriftlich überlieferten Ode trägt noch
den Titel *Der Eisgang*. Mehrere Jahre später wurde das Gedicht zu der Ode *Ganymed* (S. 319) umgearbeitet.
Alkäisches Versmaß.

ÜBERBLICKSKOMMENTAR In der Sturm- und Drangzeit war
der Strom eine beliebte Metapher für das schöpferische
Genie. Ein poetisches Zeugnis dafür ist Goethes *Mahomets*
Gesang. Hölderlin nimmt diese Metaphorik in der Ode *Der*
gefesselte Strom wie in der Hymne *Der Rhein* auf. Auch der
Drang des Stroms in den Ozean, Inbegriff der unendlichen
Natur, war in dieser Tradition vorgegeben (vgl. *Mahomets*
Gesang), wobei die in Mystik und Pietismus verbreitete Metapher des Meeres für die Gottheit säkularisiert weiterwirkt. Im *Gefesselten Strom* und mit charakteristischen
Umformungen auch in der Ode *Ganymed* wird die gefesselte
Ursprungskraft in einem entscheidenden *Moment* wiederer-
weckt. Auffällig ist die Konzentration auf diesen entscheidenden Augenblick der Wiedererweckung und des Durchbruchs durch das pointierende vierfache »nun« genau in der
Mitte des Gedichts: »*nun* gedenkt er seiner | Kraft, der Ge-
waltige, *nun*, *nun* eilt er, ‖ Der Zauderer, er spottet der
Fesseln *nun* ⟨. . .⟩« (v. 11ff.). Sowohl die Vorstellung des
Durchbruchs (hier durch die Fesseln des Eises) und der
Wiedererweckung wie die Hervorhebung des entscheidenden Augenblicks charakterisiert das für den Pietismus
zentrale Wiedergeburtserlebnis: durch die »Wiedergeburt«
findet der Mensch aus der Verlorenheit in der Welt zu seinem tieferen, dem Göttlichen zugewandten Selbst zurück,

weshalb er wiedergeboren im Geist oder in Gott heißt. Die säkulare Entsprechung solcher Wiedergeburt ist die in der zeitgenössischen Literatur verbreitete Vorstellung der ›Palingenesie‹. So tritt auch im *Gefesselten Strom* an die Stelle des im religiösen Kontext auf das Göttliche angelegten Seelengrunds die geniale Ursprünglichkeit des großen Individuums selbst und an die Stelle Gottes die große Natur. Dieser Vorstellung der Palingenesie, der naturhaft-organischen Wiedererneuerung war Hölderlin vor allem bei Herder begegnet. Im Jahre 1797 hatte Herder eine Abhandlung über Palingenesie veröffentlicht (vgl. Herder, *Sämmtliche Werke*, hg. v. Bernard Suphan, Bd. 16, S. 341-367), und schon in Herders Schrift *Tithon und Aurora* fand Hölderlin auf die rhetorische Frage, wie der Mensch neu geboren werden könne, die Antwort: »Palingenesie! Nicht Revolution, aber eine glückliche Evolution der in uns schlummernden, uns neu-verjüngenden Kräfte«. Die auf diesen Kernsatz folgenden Ausführungen zitiert er wörtlich in einem Brief an Neuffer vom Juli 1794 (Nr. 84), um den Freund, der sich über seine Unproduktivität beklagt hatte, zu trösten: »Was wir Überleben unsrer selbst nennen, ist bei bessern Seelen nur Schlummer zu neuem Erwachen ⟨...⟩ So ruhet der Acker, damit er desto reicher trage; so erstirbt der Baum im Winter, damit er im Frühlinge neu sprosse und treibe. Den Guten verlässet das Schicksal nicht ⟨...⟩ Der Genius, der von ihm gewichen schien, kehrt zu rechter Zeit zurück, und mit ihm neue Tätigkeit, Glück und Freude«. Von Hölderlin selbst existiert ein Entwurf mit dem Titel *Palingenesie*, und auch sonst zeugen seine Dichtungen von der fundamentalen Bedeutung dieses Gedankens der Wiedergeburt und der Verjüngung.

304,1 *Jüngling]* So heißt auch der Neckarstrom in der Ode *Heidelberg*, v. 13, und der Rhein in der Rhein-Hymne, v. 24.

304,3f. *des | Ozeans Sohn, des Titanenfreundes]* Nach Hesiod (*Theogonie*, v. 337-370) sind Okeanos und seine Schwester

Tethys, die Kinder des Uranos und der Gaia, Eltern der Ströme und Gewässer. Bei Hesiod (*Theogonie*, v. 133-138) ist Okeanos nicht bloß ein »Titanenfreund«, sondern selbst einer der zwölf Titanen; doch nennt sich Okeanos im *Prometheus* des Aischylos (v. 296f.) ausdrücklich Freund des Titanensohns Prometheus.

304,5 *Die Liebesboten, welche der Vater schickt*] Der Vater ist Okeanos; die »lebenatmenden Lüfte« (v. 6), die er als »Liebesboten« schickt, sind also die milden Winde, die im Frühling von Westen, vom Ozean her wehen.

304,8 *der wachende Gott*] Der Sonnengott, der als Gottheit der wachen Tageszeit »alles sieht und hört« (Homer, *Odyssee* XI 109).

304,14 *die Zerbrochenen*] Die Eisschollen; verselbständigtes Attribut der »Fesseln« (v. 13). Die erste Überschrift des Entwurfs lautete: *Der Eisgang.*

304,15 *Im Zorne*] Ausdruck höchster Wirkungsenergie, wie auch sonst oft in den Gedichten.

305,24 *der Vater*] Okeanos. Vgl. die Erläuterung zu v. 3f.

Dichterberuf

Diese vielleicht schon im Sommer 1800 begonnene Ode wurde ein Jahr später vollendet. Sie ist handschriftlich überliefert. Erstdruck, zusammen mit der Ode *Stimme des Volks*, der Elegie *Heimkunft* und der Hymne *Die Wanderung*, in der Zeitschrift ›Flora. Teutschlands Töchtern geweiht. Eine Quartalschrift von Freunden und Freundinnen des schönen Geschlechts‹. Zehnter Jahrgang. Viertes Vierteljahr. Tübingen 1802. In der J. G. Cotta'schen Buchhandlung, S. 32-35. *Dichterberuf* ist eine Erweiterung der zweistrophigen Kurzode *An unsre großen Dichter* (S. 206).

Alkäisches Versmaß.

305,1-8 *Des Ganges Ufer . . .*] Zu den ersten beiden Strophen vgl. die Erläuterungen zu der Ode *An unsre großen Dichter* (S. 618f.).

305,5 *Und du, des Tages Engel!*] Damit ist der Dichter gemeint. In der Kurzode *An unsre großen Dichter* kommt

dies noch direkt zum Ausdruck. In ihr lautet die Strophe:
O weckt, ihr Dichter! weckt sie vom Schlummer auch,
Die jetzt noch schlafen, gebt die Gesetze, gebt
Uns Leben, siegt, Heroen! ihr nur
Habt der Eroberung Recht, wie Bacchus.
Der Anruf »Engel!« besagt, daß der Dichter als des Tages
Bote (»Engel« geht auf griech. angelos, »Bote«, zurück) die
Menschen aus der Nacht, aus dem Schlaf wecken und zu
höherem, lichtem »Leben« (v. 7) beseelen soll. Vgl. Dioti-
mas Worte zu Hyperion, der zum Dichter berufen ist
(Bd. II, S. 99): »Du mußt, wie der Lichtstrahl, herab ⟨. . .⟩
du mußt erleuchten wie Apoll ⟨. . .⟩«. Mit dem Bild des
Dichters als des »Tages Engel« verschmilzt in den Oden-
versen dasjenige des Sonnengottes Apollon, worauf besonders der Anruf »Meister« (v. 7) hinweist: in v. 43 wird
Apollon als »Meister« angerufen. Apollon kann dem Bacchus insofern an die Seite gestellt werden, als er ebenfalls
der Gott der Dichter und der Dichtung ist. In der Ode
Dichtermut (v. 16 der 2. Fassung) erscheint er deshalb als
»unser ⟨der Dichter⟩ Ahne, der Sonnengott« (vgl. die Erläuterung z. St.).

305,9 *Nicht . . .]* »Nicht um das geht es, nicht das gilt es
⟨. . .⟩«.

305,11f. *sich | Wehret]* »Sich wehren« bedeutet im
Schwäbischen auch »arbeiten«, »sich anstrengen«, »tüchtig
sein«.

305,17 *Und dennoch]* Die hier eingeleitete Fragebewegung
findet erst in der 10. Strophe (v. 40) ihr Ende. Sie ist dreifach
gestuft: der 1. Teil schließt mit den Worten »Euch sollten wir
verschweigen« (v. 29) und ist in sich wiederum zweifach
gestuft – an die ersten Anrufungen schließt sich ein näher
bestimmender Nebensatz von »Wo wunderbar« (v. 19) bis
»das Gebein erbebte« (v. 24), darauf folgt die Anrufung der
»Taten in weiter Welt«, der »Schicksalstag« (v. 25f.), wieder
mit einem näher bestimmenden Nebensatz (»wenn ⟨. . .⟩«,
v. 26ff.); der 2. Teil reicht von v. 29 (»und wenn in uns ⟨. . .⟩«)
bis v. 33 (»im Scherz gerührt«); der 3. Teil reicht dann bis

v. 40. Der durchgehende Gedankengang dieser vielgliedri-
gen Fragebewegung wird von der Feststellung ausgelöst,
daß die Dichter dem Höchsten geeignet sind, damit »näher,
immerneu besungen | Ihn die befreundete Brust vernehme«
(v. 15f.). Diese Möglichkeit, ihn »näher« und »immerneu« zu
besingen, bietet sich in allen Lebensbereichen, in den »ruhelosen Taten« der Geschichte, im »stetigstillen Jahre« des
Naturlebens und in den großen Überlieferungen und Er-
eignissen der Vergangenheit (v. 34f.: »des Orients | Prophe-
ten und den Griechensang«). Nun wird aber der »göttliche«
höhere Sinn in all diesen Bereichen nicht wahrgenommen,
sondern verschwiegen oder gar entweiht – diese Klage wird
nachträglich in v. 45-52 ausgesprochen –, und deshalb fragt
der Dichter entrüstet: »Und dennoch ⟨. . .⟩?« – d. h.: obwohl wir Dichtenden doch in all den nun genannten Bereichen das Göttliche immer neu besingen und vernehmbar
machen sollten. Das Prädikat »verschweigen« des 1. Frage-
teils (v. 29) bildet sogleich einen deutlichen Gegensatz zu der
Forderung, daß »immerneu besungen« die »befreundete
Brust« den Höchsten vernehmen solle. Die beiden folgenden
Teile der Fragebewegung haben einen deutlich steigernden
Charakter: auf das bloße »Verschweigen« folgt die Entwei-
hung im »Scherz« (v. 33) einer spielerisch unernsten Poesie
(vgl. hierzu die Erläuterung zu v. 29-33) und schließlich der
verwerfliche Mißbrauch; durchgehend wird demgegenüber
auf das Wirken eines höheren, »göttlichen« Sinns im Leben
und damit auf die eigentliche Aufgabe des Dichters hingewiesen.

305,19f. *als du die | Locken ergriffen]* Angeredet ist »der
Höchste« (v. 14). Die Vorstellung begegnet auch in *Patmos*
(v. 129): »Die Locken ergriff es«. Das Urbild der prophetischen Berufung ist biblisch (Hesekiel 8, 1-3): »⟨. . .⟩
daselbst fiel die Hand des Herrn auf mich ⟨. . .⟩ Und reckte
aus gleich wie eine Hand, und ergriff mich bei dem Haare
meines Haupts.«

306,25 *Taten in weiter Welt]* Vgl. *Wie wenn am Feiertage . . .*,
v. 30: »den Taten der Welt«.

306,29-33 *und wenn in uns . . .]* Vgl. den Prosa-Entwurf zur Hymne *Wie wenn am Feiertage* . . .: »⟨. . .⟩ und wann der Wohllaut einer Welt in uns wiedertönte, so sollt es klingen, als hätte der Finger eines Kindes, mutwillig spielend, das Saitenspiel des Meisters berührt?« »Ich denke, wie Klopstock«, schrieb Hölderlin am 2. November 1797 an den Bruder, indem er Verse Klopstocks zitierte, die dieser wahrscheinlich gegen die Anakreontiker mit ihrer bewußt spielerisch-nichtemphatischen Dichtungsart geschrieben hatte: »Die Dichter, die nur spielen, | Die wissen nicht, was sie und was die Leser sind, | Der rechte Leser ist kein Kind, | Er will sein männlich Herz viel lieber fühlen, als spielen«.

306,30 *Vom stetigstillen Jahre der Wohllaut]* Damit ist im Gegensatz zu den in der vorangehenden Strophe genannten *reißenden* Schicksalstagen der Geschichte der stille, harmonisch-gesetzmäßige Verlauf der Jahreszeiten, das Leben der Natur gemeint.

306,36 *Neulich die Donner]* Metaphorische Anspielung auf die Französische Revolution und die daran anschließenden Revolutionskriege. Die Metapher des Donners und des Gewitters für das – insbesondere kriegerische – geschichtliche Geschehen ist weitverbreitet und wird von Hölderlin auch in der *Friedensfeier* verwendet. Vgl. auch seinen Brief an den Bruder vom 6. August 1796 (Nr. 126): »Es ist doch was ganz leichters, von den griechischen Donnerkeulen zu hören, welche vor Jahrtausenden die Perser aus Attika schleuderten über den Hellespont hinweg bis hinunter in das barbarische Susa, als so ein unerbittlich Donnerwetter über das eigne Haus hinziehen zu sehen«.

306,38 *Des Guten* ⟨. . .⟩ *den Albernen]* Attribute zu »Geist« (v. 37). Wie in der Ode *An die Deutschen*, v. 1, und in der Ode *Tränen*, v. 16, hat »albern« hier die alte Bedeutung von »aufrichtig«, »einfältig-wahr«, »ohne Vorsicht und Berechnung«.

306,40 *Feil]* Das Moment der Gewinnsucht ist im ersten Entwurf noch deutlicher: »⟨. . .⟩ damit die Knaben auf uns wiesen und die Unverständigen uns die Hände füllten mit schnödem Gold?«

306,42 *Des Ursprungs sich erinnert]* Vgl. *Der gefesselte Strom*, v. 3.

306,42-44 *daß selbst | Der Meister kommt, dann unter heißen | Todesgeschossen entseelt dich lässet]* Das innere Geschehen – die Instrumentalisierung des »Geistes« ist dessen Wesen so zuwider, daß seine Ursprungskraft zu extremer, vernichtender Reaktion aufgereizt wird – ist im Bild einer mythischen Rache dargestellt: der göttliche »Meister« der Dichtkunst, Apollon, zugleich der Gott der Reinheit und des Bogenschießens, macht dem entweihenden Treiben mit »heißen Todesgeschossen« ein Ende. In der *Ilias* heißt Apollon als göttlicher Bogenschütze immer wieder der »Fernhintreffende« (ἑκηβόλος), mit seinen Pfeilen tötet er u. a. die Söhne der Niobe (vgl. Homer, *Ilias* XXIV 602ff.; Ovid, *Metamorphosen* VI 146ff.).

307,49 *den Acker baut]* Vgl. *Wie wenn am Feiertage . . .*, v. 34.

307,50-52 *und es späht | Das Sehrohr wohl sie all und zählt und | Nennet mit Namen des Himmels Sterne]* Vgl. Psalm 147,4: »Er zählt die Sterne und nennt sie alle mit Namen« (ähnlich Jes. 40, 26); der Psalmist spricht von Gott – indem Hölderlin die Worte auf das menschliche Tun bezieht, kennzeichnet er das »schlaue« und »danklose« Geschlecht (v. 47f.), das mit seinem Zählen und Nennen sich nur der Kräfte der Natur bemächtigen und über sie verfügen will. Wichtig hierzu *Chiron*, v. 15f., sowie die Erläuterung zu v. 16. Das Verdikt Hölderlins steht in einer bedeutenden Tradition. Schon Augustinus verurteilt mit dem gleichen astronomischen Paradigma und sogar mit dem Hinweis auf das Zählen der Sterne (*Confessiones* V 3, 3) ein wissenschaftliches Forschen, das nicht vom Bewußtsein einer höheren Abhängigkeit des Menschen getragen ist. Diesem Bewußtsein entspricht der bei Hölderlin wichtige Begriff des »Danks« (vgl. v. 58).

307,53-64 Statt dieser drei nur im Druck überlieferten Strophen bieten die Handschriften zwei verschiedene Entwürfe. Der zweite von diesen Entwürfen lautet:

Anbetungswürdig aber und ewigfroh,
    Lebst du Natur, den Deinen und einig sind
        Im Glanze deines Lichts, in deinem
            Geiste die Sterblichen, die dich lieben;

Wohin sie gehn, die goldene Wolke folgt,
    Erheiternd, und befruchtend, beschirmend auch
        Und keiner Würden brauchts, und keiner
            Waffen, so lange der Gott uns nah bleibt.

(Die letzte Zeile schloß zuerst: »⟨. . .⟩ so lange der Gott
nicht fehlet«).

307,53f. *Der Vater aber decket mit heilger Nacht ⟨. . .⟩ die
Augen zu]* Vgl. Horaz, *Carmina* III 29f.: »Weise deckt künf-
tiger Zeiten Lauf | Mit undurchdringlicher Nacht der Gott
zu« (»Prudens futuri temporis exitum | Caliginosa nocte
premit deus«).

307,61 *der Mann]* Damit wird das Heroische des Dichters in seiner Einsamkeit pointiert.

307,63f. *Und keiner Waffen brauchts und keiner | Listen]*
Anspielung auf Horaz, *Carmina* I 22, v. 1-4: »Wer redlich
lebt und frei von Schuld ist, der bedarf der maurischen
Schleudern nicht und nicht des Bogens noch eines Köchers
voll giftiger Pfeile, Fuscus« (»Integer vitae scelerisque pu-
rus | non eget Mauris iaculis neque arcu | nec venenatis
gravida sagittis, | Fusce, pharetra«).

307,64 *bis Gottes Fehl hilft]* Hölderlin hat hier den ursprünglichen Schluß (vgl. den in den Erläuterungen zu
v. 53-64 wiedergegebenen Text des Entwurfs) dialektisch
umgekehrt: gerade das Fehlen Gottes hilft zu einer neuen
Vergegenwärtigung des Göttlichen. Auch sonst kennt Hölderlin die Vorstellung, daß die Nacht den Tag hervorbringt.
Der Dichter »gesellt« (v. 59) sich in der »heilgen Nacht«
(v. 53) der Gegenwart »gern« den andern, die auch in ver-
stehender Nähe zum Göttlichen sind. Wenn er aber diese
andern nicht findet (vgl. die in *Brot und Wein*, v. 120, erho-
bene Klage, daß der Dichter in dürftiger Zeit »ohne Ge-

nossen« sei) und er »einsam vor Gott« (v. 62) stehen muß,
kann er doch unbeirrt in dieser Einsamkeit bestehen, denn
»es schützet die *Einfalt* ihn« (v. 62), die ihm die Nähe zum
reinen Leben der Natur bewahrt (vgl. hierzu die Ode *Unter
den Alpen gesungen*). Diese »Einfalt« genügt zum Überdau-
ern, bis endlich die Zeit kommt, wo »Gottes Fehl hilft«: wo
per negativum die höchste Erfüllung menschlichen Lebens
wahr wird – vgl. *Brot und Wein*, v. 115-118: »Aber das Irrsal |
Hilft, wie Schlummer und stark machet die Not und die
Nacht, | Bis daß Helden genug in der ehernen Wiege ge-
wachsen, | Herzen an Kraft, wie sonst, ähnlich den Himm-
lischen sind«.

Der blinde Sänger

Diese schon früher geplante Ode ist wohl im Sommer 1801
entstanden und in einer Reinschrift überliefert, in die noch
einige Änderungen eingetragen wurden. Aus einer tiefgreifenden Umarbeitung ging etwa zwei Jahre später die Ode
Chiron hervor (S. 314f.).

Alkäisches Versmaß.

Motto: Sophokles, *Aias*, v. 706, in Hölderlins Übersetzung: »Gelöst hat den grausamen Kummer von den Augen
Ares«.

ÜBERBLICKSKOMMENTAR Dem Blinden, auf dessen Erlösung das Motto aus dem *Aias* des Sophokles hinweist,
mangelt das Licht intuitiv-umfassender Naturerfahrung,
wie sie in der ursprungshaften Harmonie von Ich und Natur vorhanden war. Da der Blinde ein »Sänger« ist, den
seine Blindheit zugleich stumm macht (»still«, v. 19), begründet die Ode das Dichtertum in der Möglichkeit eines
derart vollkommenen Zugangs zum Leben der Natur.
Diese Möglichkeit aber wird aus dem Dasein des Naiven
abgeleitet, denn der Naive ist ein Sehender, wie schon die
Sehnsucht nach dem Licht als dem »Jugendlichen« (v. 1)
andeutet. Schillers zentrale Definition in der Schrift *Über
naive und sentimentalische Dichtung* lautet: »Der Dichter ⟨. . .⟩
ist entweder Natur, oder er wird sie suchen. Jenes macht

den naiven, dieses den sentimentalischen Dichter«. Weil er
nach der verlorenen Natur sucht, repräsentiert Hölderlins
blinder Sänger den Typus des sentimentalischen Dichters.
Als Suchender fragt er: »Wo bist du ⟨. . .⟩?« Schillers Programm gemäß zeigt der Fortgang des Gedichts, daß der
sentimentalische Dichter nicht in der elegischen Rückwendung verharrt, sondern, angetrieben von solcher Orientierung an einem Zustand einstiger Vollkommenheit, diesen
in die Zukunft projiziert und ihn dort nicht mehr als Natur,
sondern als Ideal wahrnimmt; das Licht wird ihm in seiner
antizipierenden Vision als »das alte | Wieder! doch geisti-
ger« (v. 43f.) zuteil. Allerdings ersetzt Hölderlin Schillers
bewußtes Streben durch eine erfahrungshafte innere Entwicklung.

Diese erfahrungshafte innere Entwicklung verläuft in
Stufen, die der Aufbau des Gedichts präzis markiert. Das
Gedicht ist symmetrisch in 3 + 3 + 1 + 3 + 3 Strophen gegliedert. Die erste Strophentrias hebt am Anfang und am
Ende den nächtlich-negativen Zustand als den in der Gegenwart herrschenden hervor, und davon eingerahmt wird
die Erinnerung an den einstigen, vom »Licht« bestimmten
Erfüllungszustand. Die zweite Strophentrias durchläuft
alle drei Zeitstufen: die erinnerte Vergangenheit, die beklagte Gegenwart und die erhoffte Zukunft. Insgesamt
sind die beiden ersten Triaden durch die Dialektik von positiver Erinnerung und negativer Gegenwartsempfindung
strukturiert, und diese Dialektik führt sowohl zu ganz neu-
artiger Reflexivität wie Sensibilität, woraus sich eine positive Zukunftsperspektive ergibt. Die siebte Strophe ist als
einzige nicht in eine Gruppe von Strophen integriert. Sie
bildet exakt die Mitte des dreizehnstrophigen Gedichts.
Das entspricht der Außerordentlichkeit des dargestellten
Ereignisses: des ekstatisch-erschütternden Erlebnisses, das
die Zukunft eröffnet und damit zugleich »rettet« (die Strophe wird von dem Wort »Retter« am Ende der vorausgehenden und am Anfang der folgenden Strophe eingerahmt,
v. 24, v. 29). Die auf die Mittelstrophe folgende Strophen-

trias (v. 29-40) ist ganz vom »Hören« des »Retters« bestimmt. Dieses Hören hat fundamentale Bedeutung für den
»Sänger«: Nur aus einer sinnvermittelnden Erlebnisfähigkeit kann er produktiv werden. Deshalb jubelt er, der sich
im Stadium der Isolation als »still« (v. 19) bezeichnet hatte,
nun plötzlich über das wiedergefundene »Lied« (v. 34). Auf
das Wiederfinden der Sprache aus dem *Hören*, d. h. aus der
wiedergefundenen Erlebnisfähigkeit kommt es in dieser
dritten Strophentrias an. Die innere Konsequenz des Vor-
gangs findet Ausdruck, indem sich nach der ekstatischen
Erfahrung des Donnerers als eines »Belebenden« (v. 30) die
schöpferische Selbsterfahrung analog artikuliert: »es *lebt*
mit ihm | Mein Lied« (v. 33f.). Hat in der vorletzten Stro-
phentrias der verstummte Sänger zum Gesang gefunden, so
erblickt in der letzten Strophentrias der *blinde* Sänger wieder das *Licht* – und dieses Sehen des Lichts als Chiffre
vollkommener Sinnerfahrung ist der Höhepunkt, wie
schon die ekstatische Doppelung am Beginn signalisiert:
»Tag! Tag!« (v. 41). Daß das vom »Licht« repräsentierte
All-Leben einer ursprünglichen Naturerfahrung nun »gei-
stiger« (v. 44) wahrgenommen und geradezu als »das |
Leben, das Göttliche« (v. 51f.) apostrophiert wird, markiert
den Gipfel des Sublimierungsprozesses. Dieser Erfahrung
kommt nicht nur eine erkenntnishaft-»geistige«, sondern
eine erlösend-»göttliche« Qualität zu, weil der vorherige
Zustand der Blindheit und Nachtbefangenheit als spezifisch unselig erfahren wurde. Hölderlin läßt deshalb biblische Vorstellungen anklingen. Im göttlichen Logos, so
heißt es am Beginn des Johannesevangeliums, war das Leben, »und das Leben war das Licht der Menschen«; auch
stellt die Bibel immer wieder die Erlösung als Sehendma-
chen der Blinden dar (Psalm 146, 8; Jes. 29, 18; 35, 5; 42, 7).
Entgegen der klassischen Tradition vom blinden Sänger
(Homer) und blinden Seher (Teiresias), in der die äußerliche
Blindheit trotz inneren Sehens als dessen fortwährende Bedingung bestehen bleibt, geht es also um die Aufhebung
der Blindheit als eines Zustands der Heillosigkeit.

Zentrale Metapher des Gedichts ist das *Licht*. Ist es am Ende Inbegriff eines erlösend und deshalb ekstatisch wie etwas Göttlich-Jenseitiges erfahrenen Lebens, so ist es am Anfang, in der Rückschau auf die naturhaft-harmonische Jugendzeit, Inbegriff aller Naturkräfte. Mit dieser Licht-metapher für die Natur steht Hölderlin in der neuplatoni-schen Tradition des »Lichts der Natur« (»lumen naturae«). Der gleichen Tradition folgend versteht Schelling in seiner 1798 erschienenen Schrift *Von der Weltseele* das Licht als Allheitsprinzip der Natur, als »Weltseele«. Er setzt die Be-deutung des Lichts derjenigen des Äthers bei den Alten gleich – des Äthers, der auch für Hölderlin eine panthei-stische Chiffre ist. Deshalb spricht Schelling vom »allge-genwärtigen Lichtwesen, in welches die Allheit der Dinge aufgelöst ⟨. . .⟩ ist«, ja ihm ist »das Lichtwesen ⟨. . .⟩ der Lebensblick im allgegenwärtigen Centro der Natur« – »lu-men naturae« (F. J. W. Schellling, *Von der Weltseele*, hg. v. K. F. A. Schelling, 1859, II, 369). Gerade in der Zeit des Deut-schen Idealismus entwickelt sich ein Kult des Lichts, weil das Licht als die im Realen erscheinende Idealität begriffen wird. Deshalb plante Novalis einen *Traktat vom Lichte* (vgl. den Brief an Fr. Schlegel vom 26. 12. 1797), Fr. Schlegel veröffentlichte 1802 eine *Romanze vom Licht*, A. W. Schlegel faßt in seinen Berliner Vorlesungen das Licht als »ein ewi-ges Selbsterkennen der Natur, die uns dadurch gleichsam schon in der Sinnenwelt den Wink zum Idealismus, zur Einsicht in ihre durchgängige Geistigkeit, giebt«. (*Vorle-sungen über schöne Literatur und Kunst*. Teil 1-3. Hg. v. J. Minor. In: *Deutsche Literaturdenkmale des 18. und 19. Jahrhun-derts*. Nr. 17-19. Heilbronn 1884, I, 191); Schelling sagt in der 1802/1803 gehaltenen Vorlesung über die *Philosophie der Kunst* (Hg. v. K. F. A. Schelling, 1859, S. 507): »Das Licht ist das in die Natur scheinende Ideale, der erste Durchbruch des Idealismus ⟨. . .⟩«.

307,1   *Jugendliches]* Vorausgenommenes Attribut zu »Licht« (v. 2).

307,3 *Das Herz ist wach]* Wörtliches (in v. 11 wieder-
holtes) Zitat einer in der Mystik bedeutsamen Stelle aus
dem biblischen Hohen Lied: cor meum vigilat – »mein
hertz wacht« übersetzt Luther (*Hoheslied,* 5. Kap., v. 2.).
Das ganze Schema der ersten Strophentrias, die dem Gegensatz von innerem Wachsein und Nachtbefangenheit gilt,
stammt aus dem Hohenlied, wo die Stelle im Kontext lautet: »Ich schlafe; aber mein Herz wacht«.

307,7 *Nie täuschten . . .]* Vgl. Vergil, *Georgica* I 424ff. In
der stoischen Philosophie wird diese Vorstellung zum Zeichen der harmonischen Eingebundenheit in die Naturgesetzlichkeit, vgl. Seneca, *Briefe an Lucilius* 88, 16.

307,7f. *deine | Boten, die Lüfte]* Dem Sonnenaufgang,
dem »Licht«, geht der Morgenwind voraus.

308,11f. *Das Herz ist wieder wach]* Vgl. v. 3 und die Erläuterung z. St. Der Verlust der ursprünglichen Harmonie
mit der Natur, deren Inbegriff das Licht ist, wird als
»Nacht« bezeichnet; die gerade durch den Verlust erzeugte
Sehnsucht nach der Wiedererlangung der Harmonie mit
der Natur wird durch die Feststellung angedeutet, daß das
Herz »wieder« wach ist.

308,13 *sonst]* Einst.

308,13-16 *es leuchteten | Die Blumen, wie die eigenen Augen,*
mir; ⟨. . .⟩ das Angesicht der | Meinen ⟨. . .⟩ leuchtete mir]
Durch die Wendung »Wie die eigenen Augen« steht das
Leuchten in wesentlichem Bezug zum subjektiven Sehen.
Nur weil die Augen selbst leuchteten, leuchteten auch die
Blumen: eine Entsprechung zu Goethes auf Plotin (*Ennea-*
den I 6, 9) zurückgehende Formulierung: »Wär nicht das
Auge sonnenhaft, | Die Sonne könnt' es nie erblicken« (*Zur*
Farbenlehre. Einleitung. Hamburger Ausgabe, [8]1981, Bd.
13, S. 324, Z. 3-11). Die innere Verfassung ist entscheidend.
Sowohl Goethes wie Hölderlins Verse enthalten die neu-
platonisch-mystische Analogie zwischen Makrokosmos
und menschlichem Mikrokosmos. Nach dem Grundsatz,
Gleiches könne nur von Gleichem erkannt werden, ist sie
Voraussetzung jeder Erkenntnis – und hier jedes Sinnerle-

bens. Das heißt aber, daß der ursprünglich naiv sehende
Sänger in sich selbst jenes göttliche All-Leben trug, das er
in der äußeren Natur überall empfand – und das er deshalb
durch den Verlust seiner Naivität ebenfalls verloren hat.
Auch die Erinnerung an die einst leuchtende Nähe des
menschlichen Angesichts zeigt, daß das Leuchten der Augen ebenso wie die jetzige Blindheit des Sängers eine
seelische Verfassung symbolisiert. Blindheit und Sehen sind
auch Chiffren für Vereinsamung und lebendige Gemeinschaft: Die »sehende« Einbezogenheit in das Naturleben
findet ihren besonderen menschlichen Ausdruck durch die
wahrgenommene innere Nähe der einander Zugehörigen.
Der Universalität des Kommunikationszusammenhangs
entspricht ex negativo die Totalität der Isolation – vor allem
der Verlust menschlicher Gemeinschaft und der Verlust der
sprachlichen Kommunikation (v. 19: »Nun sitz ich still
allein«). Die beiden letzten Strophen stellen mit der neuen
Wahrnehmung des Lichts die Wiedergewinnung der
menschlichen Gemeinschaft dar.

308,17f. *sah ich die Fittige | Des Himmels]* Die Vögel. Das
gleiche Bild verwendet Empedokles, als er sich daran erinnert, wie er vom Herrscher Agrigents geächtet und für
»vogelfrei« erklärt wurde (Bd. II, *Der Tod des Empedokles*,
3. Fassung, v. 21-24): »Ach! er wußt es nicht, | Der kluge,
welchen Segen er bereitete, | Da er vom Menschenbande
los, da er mich frei | Erklärte, frei, wie Fittige des Him-
mels«. Die Erinnerung an das einstige Sehen gipfelt mit der
Nennung der Vögel, weil für Hölderlin die Vögel ebenso
wie die Bienen die Vermittlung irdischen Lebens zum Himmel symbolisieren (daher auch die Wendung »Fittige des
Himmels«) und weil die höchste Form dichterischen Sehens
(»sah ich ⟨. . .⟩«) das Sehertum ist, das in der Antike mit der
Vogelschau der Auguren verbunden ist. Das emphatisch
exponierte Sehen deutet also auch auf die Tradition des
Seher-Dichters, des *poeta vates*.

308,18 *da ich ein Jüngling war]* Vgl. v. 1: »Jugendliches!«
Vgl. das Gedicht *Da ich ein Knabe war . . .*, das ebenfalls die

Jugend als Zeit vollkommener Harmonie mit der Natur verherrlicht.

308,19f. *von einer | Stunde zur anderen]* Vgl. *Hyperions Schicksalslied*, v. 20f. Wie der blinde Sänger »allein« (v. 19) und isoliert ist, hat er auch ein negatives, die »Stunden« gegeneinander isolierendes Zeitempfinden. Dem Gesetz der Sukzession unterworfen, sitzt er »von einer Stunde zur anderen«, während den naiven Ursprungszustand die Simultaneität des erfüllten Augenblicks kennzeichnete, das Totum simul.

308,25 *die Stimme des Donnerers]* Anspielung auf Zeus als den Gott des Donners (Jupiter tonans).

308,29 *ich hör' | Ihn tötend, den Befreier, belebend ihn]* Der Donnergott Zeus heißt auch Eleutherios – »Befreier«. Analog ruft Empedokles den Jupiter als »Befreier« an (1. Fassung, v. 1880). »Tötend« wirkt der Befreier zunächst, weil er den unseligen alten Zustand beseitigen muß, um den neuen positiven »beleben« zu können.

308,31f. *vom Untergang zum | Orient]* Vom Westen nach Osten, in übertragener Bedeutung: vom Ende zu einem neuen Anfang (vgl. die vorausgehende Erläuterung) – »Orient« kommt von lat. »oriri«, »entspringen«, »anfangen«.

309,44 *doch geistiger rinnst du nieder]* In der neuplatonisch-mystischen Tradition gilt das Licht als Emanation (»Ausfluß«) des Göttlichen, und deshalb ist in ihr die Verbindung des Lichts mit der Wassermetaphorik häufig, insbesondere mit der Metapher des Fließens. Die schon in dem Wort »niederrinnen« enthaltene Vorstellung solcher Emanation gestaltet Hölderlin intensiv in v. 45 aus: »Du goldner Quell aus heiligem Kelch!«

309,51 *nimmt]* Vgl. die Erläuterung zu v. 4 des Gedichts *An die klugen Ratgeber*.

Stimme des Volks

Erweiterung des unter dem gleichen Titel stehenden zweistrophigen Gedichts (S. 198). Die erste Fassung ist, nach dem handschriftlichen Zusammenhang zu schließen, wohl noch im Jahr 1800 entstanden, die zweite im Jahr 1801. Von ihr sind handschriftlich nur die Verse 19-22 und 41-72 überliefert; Erstdruck der 2. Fassung: ›Flora || Teutschlands Töchtern geweiht. Eine Quartalschrift von Freunden und Freundinnen des schönen Geschlechts‹. Zehnter Jahrgang. Viertes Vierteljahr. Tübingen 1802. In der Cotta'schen Buchhandlung, S. 35-38.

Alkäisches Versmaß.

In v. 49 abweichend von der StA: »ehre den Göttern ich« statt: »ehr' ich den Himmlischen«.

Stellenkommentar zur 1. Fassung

309,1 *Du seiest Gottes Stimme]* Vgl. das Sprichwort »Vox populi, vox dei«: »Volkes Stimme ist Gottes Stimme«.

309,9-310,13 Vgl. den Brief an den Bruder vom 2. Juni 1796: »Freilich sehnen wir uns oft auch, aus diesem Mittelzustand von Leben und Tod überzugehn in's unendliche Sein der schönen Welt, in die Arme der ewigjugendlichen Natur, wovon wir ausgegangen«.

310,21 *die Todeslust]* Vgl. *Der Einzige,* 2. Fassung, v. 56: »Die Todeslust der Völker«. Die 2. Fassung der *Stimme des Volks* führt diesen Gedanken am Beispiel der Stadt Xanthos in der neu hinzugefügten großen Schlußpartie aus (v. 41-72).

310,25 *die lange Kunst]* Anspielung auf das Sprichwort »Lang ist die Kunst, kurz das Leben« (vita brevis, ars longa – entsprechend Hippokrates, *Aphorismen* 1, 1: ὁ βίος βραχύς, ἡ δὲ τέχνη μακρή).

310,26 *Vor jenen Unnachahmbaren]* In seiner Übersetzung von Pindars 2. Pythischer Ode, v. 117, schreibt Hölderlin für griech. ἀπείρονα, »unendlich«: »unnachahmbar«.

310,33ff. *wie des Adlers Jungen . . .]* Diese Vorstellung geht auf die Bibel zurück: Ex. 19, 4; Dtn. 32, 11. Vgl. *Hyperion,* Bd. II, S. 135: »Wir sind wie die jungen Adler, die der Vater aus dem Neste jagt, daß sie im hohen Äther nach Beute suchen«; *Der Tod des Empedokles,* 1. Fassung,

v. 1421-1429: »Hegt | Im Neste denn die Jungen immerdar |
Der Adler? Für die Blinden sorgt er wohl, | Und unter
seinen Flügeln schlummern süß | Die Ungefiederten ihr
dämmernd Leben. | Doch haben sie das Sonnenlicht er-
blickt, | Und sind die Schwingen ihnen reif geworden, | So
wirft er aus der Wiege sie, damit | Sie eignen Flug be-
ginnen«.

310,39f. *gleich den Erstlingen der | Ernte*] Nach 5 Mose 18,4:
»⟨. . .⟩ das Erstling deines Korns, deines Mosts, und deines
Öls, und das Erstling von der Schur deiner Schafe«.

Stellenkommentar zur 2. Fassung (von v. 1 bis v. 40 werden
nur Abweichungen von der 1. Fassung erläutert).

312,18 *Das Ungebundne*] Vgl. *Der Einzige*, 2. Fassung,
v. 75, sowie *Mnemosyne*, v. 12f.: »Und immer | Ins Unge-
bundene gehet eine Sehnsucht«.

312,22 *troffen*] Mundartlich für »getroffen«.

312,36 *Stachel*] Vgl. *Chiron*, v. 37: »Das aber ist der Stachel des Gottes«, sowie die Erläuterung z. St.; ferner
Chiron, v. 43f.: »und als ein | Herrscher, mit Sporen«.

312,41-313,60 Die Aufnahme von Sagen und historischen Berichten in das Gedicht ist ein typisch Pindarischer
Zug. Das Schicksal der am gleichnamigen Fluß gelegenen
griechischen Stadt Xanthos in der Landschaft Lykien (an
der Südküste Kleinasiens) erzählen Herodot und Plutarch.
Von der zweiten und endgültigen Zerstörung (durch die
Römer im Jahr 42 v. Chr.), mit der Hölderlin einsetzt, berichtet Plutarch, *Brutus* 30f.: »Auf einige Belagerungsma-
schinen dicht an der Mauer unternahmen die Xanthier bei
Nacht einen Angriff und warfen Feuer hinein, um sie un-
brauchbar zu machen. Das bemerkten die Römer. Doch ein
heftiger Wind fachte die Flamme wieder an und trieb sie
über die Zinnen, so daß sie die nächsten Häuser ergriff. Da
geriet Brutus wegen der Stadt in Sorge und befahl zu löschen und zu helfen. Die Lykier aber packte plötzlich eine
unbeschreiblich stürmische Raserei, die man am ehesten
mit einem Todesverlangen vergleichen könnte. Mit Kin-

dern und Weibern nämlich warfen alle, Freie und Sklaven, alt und jung, die Feinde, die löschen wollten, von den Mauern, schleppten dann Rohr und Holz und alles Brennbare herbei und zogen das Feuer noch mehr in die Stadt, indem sie ihm alle Nahrung gaben, und es auf jede Weise noch schürten und anfachten. Wie nun die ungehemmte Flamme, von überallher die Stadt umzingelnd, hoch herüberleuchtete, ritt Brutus, aufs heftigste bewegt von dem Geschehen, von außen heran, zu helfen bereit, und streckte den Xanthiern die Hände entgegen und bat sie, ihre Stadt zu schonen und zu erhalten; aber niemand hatte acht auf ihn. Sondern alle brachten sich auf jede Weise um, nicht nur Männer und Weiber, nein auch kleine Kinder sprangen mit Geschrei und Jauchzen in das Feuer, andre stürzten sich kopfüber hoch von den Mauern hinunter, andre wieder warfen sich vor die Schwerter ihrer Väter, entblößten die Brust und verlangten den Todesstreich«.

312,42 *gleich den größeren]* »Gleich den größeren Städten«. Der Untergang der Städte durch ein entgrenzendzerstörerisches Schicksal, meist durch Feuer, ist eine Leitvorstellung in Hölderlins später Lyrik. Vgl. *Lebensalter*, v. 5-9; *Mnemosyne*, v. 45-48 und die Erläuterung z. St.; in der letzten Überarbeitungsschicht von *Patmos* heißt es: »Wie Feuer, in Städten, tödlichliebend | Sind Gottes Stimmen«. Zu dem zugrundeliegenden stoischen Denkbild der Ekpyrosis vgl. *Gesang des Deutschen*, v. 33-36, und die Erläuterung z. St. S. 641.

313,45 *nicht in der offnen Schlacht]* Parenthese.

313,50 *Als Feuer ausgegangen]* Als Feuer ausgebrochen. Vgl. den Brief an die Schwester mit dem Bericht über den Brand im Tübinger Stift im Dezember 1791 (Nr. 49): »Letzten Samstag nach 9 Uhr Abends ging Feuer aus im Kloster«.

313,51 Der Vers hat zwei Silben zu viel, ebenso der dritte Vers der nächsten Strophe.

313,62-68 Plutarch erzählt auch diese Geschichte von der ersten Zerstörung der Stadt Xanthos zwischen 546 und 539 v. Chr. (*Brutus* 31): »Die Xanthier erneuerten nach langer

Zeit, wie wenn sie nur das Verhängnis einer regelmäßig wiederkehrenden Vernichtung vollzogen, durch ihre Raserei das Schicksal ihrer Vorfahren. Denn auch jene entzündeten zur Zeit der Perserkriege auf gleiche Weise die Stadt und vernichteten sich selbst«. Ausführlicher berichtet davon Herodot, *Historien* I 176.

313,65 *des Stromes Rohr]* Das trockene Schilfrohr vom Ufer des Stromes.

313,67f. *zum heilgen Äther | Fliegend]* Vgl. die Erläuterung zum *Gesang des Deutschen*, v. 33-36, S. 641.

313,69 *die Kinder]* Die Xanthier der Generation von 42 v. Chr.

313,71f. *doch auch bedarf es | Eines, die heiligen auszulegen]* Vgl. Pindar, 2. Olympische Ode, v. 85f.: ἐς δὲ τὸ πᾶν ἑρμανέων χατίζει (»Im ganzen aber der Ausleger bedarf es« – in Hölderlins Übersetzung, v. 152-154: »durchaus | Aber das Ausleger | Bedarf«). Hölderlin thematisiert am Ende seines Gedichts, in dem er schon dem Pindarischen Muster des Einbaus von »Sagen« gefolgt ist, also auch das Pindarische Verfahren der Mythenexegese – und dies mit einem Pindarzitat.

Nachtgesänge

Hölderlin veröffentlichte neun Gedichte in dem ›Taschenbuch für das Jahr 1805. Der Liebe und Freundschaft gewidmet‹, Frankfurt am Mayn, bei Friedrich Wilmans, S. 75-86. Wie aus einem Brief an Wilmans vom 8. Dezember 1803 hervorgeht, wollte er »kleine Gedichte in einen Almanach« aus seinen Papieren »aussuchen«. Es handelt sich also um Gedichte, die zu diesem Zeitpunkt schon vollendet oder weitgehend vollendet sind. In einem zweiten Brief vom Dezember 1803 (Nr. 244) schreibt er dann an Wilmans: »Ich bin eben an der Durchsicht einiger Nachtgesänge für Ihren Almanach«. Das scheint auf eine nochmalige Überarbeitung für den Druck hinzuweisen. Zu der in dem Brief an Wilmans erwähnten Gruppe der ›Nachtgesänge‹, die er für das Taschenbuch vorsah, gehören die Gedichte

Chiron, *Tränen*, *An die Hoffnung*, *Vulkan*, *Blödigkeit*, *Gany-med*, *Hälfte des Lebens*, *Lebensalter*, *Der Winkel von Hahrdt*. Esoterische Sammelbezeichnungen, wie die der ›Nachtge-sänge‹, hat Hölderlin auch sonst für seine Gedichte ge-braucht. Im gleichen Brief an Wilmans spricht er z. B. von ›Vaterländischen Gesängen‹. Der Begriff ›Nachtgesänge‹, der an die im 18. Jahrhundert berühmten und auch von Hölderlin intensiv aufgenommenen *Night Thoughts* von Ed-ward Young erinnert, deutet auf die in seinen Gedichten immer wieder hervortretende Vorstellung von der ge-schichtlichen »Nacht« als der unerfüllten, negativen Zeit und auf die entsprechende negative subjektive Verfassung des »Dichters in dürftiger Zeit«.

Ob die Anordnung der Nachtgesänge im ›Taschenbuch für das Jahr 1805‹ von Hölderlin so gewollt ist, läßt sich nicht feststellen. Maßgebend war jedenfalls ein formaler Gesichtspunkt: Auf sechs Oden folgen drei metrisch nicht festgelegte Gedichte.

Chiron

Zu Datierung und Erstdruck vgl. die vorausgehenden Be-merkungen zu den *Nachtgesängen*. Eine Handschrift ist nicht erhalten. Es gibt lediglich eine Handschrift der Ode *Der blinde Sänger* (S. 307), die als Grundlage für die Umarbei-tung zur Chiron-Ode diente; diese Umarbeitung zeigt aber noch nicht die endgültige Gestalt wie der Druck im Ta-schenbuch, sondern erst mehr oder weniger weitgehende Ansätze.

Alkäisches Versmaß.

ÜBERBLICKSKOMMENTAR Die Ode *Chiron* ist aus einer tief-greifenden Umarbeitung der Ode *Der blinde Sänger* entstan-den. Sie zeigt den Spätstil in extremer Form: schroffe Satzfügungen, ungewöhnliche Wortstellungen, fremdar-tige Bilder. Gegenüber dem *Blinden Sänger* läßt sich vor allem eine durchgehende Mythologisierung beobachten. Auch dies ist für den Spätstil charakteristisch. So ist die

Spätfassung der Ode *Der gefesselte Strom* ebenfalls – und
auch schon im Titel – mythologisch definiert: durch den
Namen *Ganymed*. Aus der Ode *An Eduard* wird die Spätfassung *Die Dioskuren*. An die Stelle des ursprünglich
erwogenen Titels *Der Winter* tritt der neue: *Vulkan*. Diese
Tendenz zur Mythologisierung in Hölderlins Spätwerk
steht im Kontext frühromantischer Bestrebungen. Die
Frühromantik propagierte eine neue Hinwendung zur Mythologie, um die romantisch ins Unendliche schweifende
Idealität gestalthaft zu binden. In solch regulativer Absicht
bringt Friedrich Schlegel in seinem 1799 im ›Athenäum‹
erschienenen *Gespräch über die Poesie* eine *Rede über die Mythologie*. Die Mythologie, so sagt er darin, soll das von der
romantischen Poesie intendierte Unendliche und Ganze an
plastische Vorstellungen binden und damit einen »festen
Halt« bilden. Hölderlin selbst definiert das Mythische als
»intellektuell historisch« und meint damit jene Verschmelzung, die Schlegel »sinnlich geistig« nennt: eine Verschmelzung von Individualität und Universalität, welche den
Begriff der Mythe in die unmittelbare Nähe des zeitgenössischen Symbolbegriffs rückt. Keines seiner Gedichte ist
aber so konsequent zur »Mythe« ausgestaltet und von mythologischen Bezügen bestimmt wie *Chiron*.

Gegenüber der Ode *Der blinde Sänger* stellt *Chiron* auch
eine gedankliche Neukonzeption dar. An die Stelle des Er-
lebnishaft-Unmittelbaren tritt die Reflexion. Das zeigt
schon der erste Vers, wo nun das »Licht« nicht mehr als das
»Jugendliche«, sondern als das »Nachdenkliche« angerufen
wird. Das Licht kommt auch nicht mehr in seiner berau-
schenden »Schöne« (*Der blinde Sänger*, v. 10), sondern
»ratschlagend« (v. 10); es weckt nicht »des Morgens« (*Der
blinde Sänger*, v. 2), was auf das unmittelbare Erlebnis deutet, sondern es kommt »zu Zeiten« (v. 2) – eine Wendung,
die abstrakt und distanziert auf das für die innere Erfahrung
geltende Gesetz der Periodizität abhebt; und während es im
Blinden Sänger noch freudig begrüßt wird als das »allbeseli-
gende« (v. 9), wird nun gerade das erlebnishafte Übermaß

abgewehrt: Nun heißt es, daß das Licht »allzubereit fast« (v. 8) kam.

Dementsprechend wird nun die Reflexion und der Prozeß der Bewußtseinsbildung betont. Ähnlich wie Hegels wenige Jahre später (1807) erschienene *Phänomenologie des Geistes* entwirft das Gedicht eine geschichtliche Reihenfolge der Hauptmanifestationen des menschlichen Geistes. Es ist ein geschichtsphilosophisches Gedicht. Auf den in der ersten Strophentrias evozierten verlorenen *Naturzustand* folgt in der zweiten Strophentrias der Übergang zur *Naturbeherrschung und Naturwissenschaft*. Die Naturwissenschaft wird u. a. an ihrem traditionellen Paradigma, an der Astronomie, demonstriert (v. 15f.: »Und bei der Sterne Kühle lernt' ich ⟨. . .⟩«). Der auf die wissenschaftliche Spaltung des Daseins in Subjekt und Objekt antwortenden, um neue Synthese ringenden Aktivität der *künstlerischen Einbildungskraft* (v. 20ff.: »Gestalten ⟨. . .⟩ schafft ⟨. . .⟩ mein Gedanke«) gilt die folgende Stufe. Das Moment des nun schon entschiedenen, weil vom Bewußtsein der Gespaltenheit bestimmten Strebens nach Synthese findet seinen symbolischen Ausdruck darin, daß die Gestalten aus der Vereinigung des Getrennten geschaffen werden: aus »frischer Erd'« und »Wolken der Liebe«. Chiron als Kentaur, d. h. als halb tierische, halb menschliche Existenz, repräsentiert selbst diese Gespaltenheit. Mit ihrer bloß imaginären Versöhnung erscheint die künstlerische oder auch theoretische Vorstellung als Ersatz für die verlorene Naturharmonie und als Präfiguration der künftigen geistigen Vermittlung, d. h. als interimistische Leistung. Aus den idealisierenden Vorstellungen, aus den »Gestalten«, die sich der »Gedanke« schafft, entsteht eine neue Sensibilität (v. 23: »ferne lausch' ich hin ⟨. . .⟩«), die aber nicht mehr naiv ist, wie die des ursprünglichen Naturzustands, sondern sentimentalisch gesteigert. Zu ihr gehört deshalb ein ekstatisch erregtes Erleben, das seine Metapher im Vernehmen des »Donnerers« (v. 25) findet. Dies ist das Stadium der *Religion*. Es wird als ein Stadium befreienden Durchbruchs zu neuem

Erleben dargestellt. Aber diese ekstatische Wahrnehmung
des Erfüllungszustands als eines bloß jenseitigen ist dem
menschlich-irdischen Leben nicht angemessen, ja, sie wirkt
gefährdend und zerstörend. Es kommt auf die Integration
des wie ein jenseitiges Wunder Erfahrenen in das mensch-
lich-diesseitige Leben selbst an, wie in *Friedensfeier*,
v. 103ff., wo die Vollendung vorgestellt wird als ein Zu-
stand, in dem »Himmlische nicht | Im Wunder offenbar,
noch ungesehn im Wetter«, sondern gegenwärtig »in unserem Hause« erscheinen. Dies läßt sich nur durch die
bewußtseinbildende Reflexion leisten: Die Strophen 8-12
entwickeln die Genese des *philosophischen Zustands*. In diesem Bewußtseinszustand gibt es keinen jenseitigen Gott
mehr, vielmehr ist das ehemals Transzendente nun »einheimisch« (v. 39), und die Erfüllung liegt nicht mehr im
Jenseits oder in einer auf Jenseitiges ausgerichteten ekstatischen Erfahrung, wie derjenigen des »Donnerers«, sondern das Diesseits selbst ist nun das Vollkommene: »die
Erd' ist anders« (v. 40). Damit erst ist der Mensch wieder
mit sich selbst identisch, aber nicht mehr naiv, sondern im
Zustand eines höchsten Bewußtseins: dem des Geistes, der
»bei sich selber« (v. 44) ist. Kunst und Religion sind, ähnlich wie in Hegels *Phänomenologie*, Vorformen, die noch der
Vergeistigung bedürfen und zugleich zu dieser schon beitragen. Das selbstbewußte Denken ist das Höchste, und
deshalb wird es, nach der langen Phase der unseligen
»Nacht«, als Tag des Heiles angerufen (v. 41: »Tag! Tag!«).
Abschließend wird der Geist mit der Tat vermittelt: Chiron,
der schon in der mythologischen Tradition durch seine
Weisheit Ausgezeichnete, leitet, seiner ebenfalls schon mythologisch vorgegebenen Rolle als Erzieher der griechischen Helden gemäß, einen dieser heranwachsenden Helden zur Tat (v. 49: »Nimm nun ein Roß, und harnische dich
⟨. . .⟩«). Diese Verbindung von Denken und Tun, von
Dichter und Held, ist für Hölderlin auch sonst charakteristisch.

314,1f. *immer ⟨. . .⟩ zu Zeiten*] Gemeint ist das *periodische* Erscheinen des Lichts im Wechsel von Tag und Nacht.

314,2 *Zur Seite gehn*] Das kann entweder heißen: »beglei-ten« oder: »sich entfernen, um einem andern Platz zu machen«. Das erstere würde, in dieser Wortwahl, auf eine gewisse Distanzierung im Verhältnis zum Licht deuten, das zweite auf die Einsicht, daß das Licht immer wieder, in regelmäßigen Abständen, dem Dunkel weichen muß. Der Gedanke einer wegen der menschlichen Beschränktheit notwendigen Beschränkung höchster daseinerfüllender Zustände – die Hölderlin gern als Gegenwart des Göttli-chen darstellt – findet sich auch sonst oft in seinen Dich-tungen.

314,2 *Licht*] Nicht bloß das besondere Phänomen des Lichts, sondern sublimer Inbegriff *aller* Naturkräfte. Höl-derlin verwendet diese zentrale Metapher im Sinne der neuplatonischen Tradition, derzufolge sich das Göttliche als lumen naturae, als »Licht der Natur«, wahrnehmen läßt. Vgl. hierzu genauer den Überblickskommentar zum *Blinden Sänger*, S. 787. Gegen Ende der Chiron-Ode ist das Licht (v. 41: »Tag! Tag!«) nicht mehr das Licht der Natur, son-dern das Licht des Geistes.

314,3 *Wohl ist das Herz wach*] Wie im *Blinden Sänger* An-klang an eine in der Mystik bedeutsame Stelle aus dem biblischen *Hohenlied* (5. Kap., v. 2: »mein Herz wacht«), die ebenso dem Gegensatz von innerem Wachsein und Nacht-befangenheit gilt.

314,4 *die erstaunende Nacht*] In v. 17 der Elegie *Brot und Wein* verwendet Hölderlin »erstaunen« ebenfalls im tran-sitiven Sinn.

314,5 *Kräutern des Walds*] Nach mythologischer Überlie-ferung ist der Kentaur Chiron ein berühmter Heilkundiger und deshalb Kräutersammler. Hederichs *Gründliches mytho-logisches Lexikon* (1770) berichtet im Artikel »Chiron« »von dem Kraute Centaurea oder Chironion ⟨. . .⟩, dessen Kräfte er entdecket hat« (Sp. 708); vgl. auch Plinius, *Historia na-turalis* XXV, 66. Aufgrund seines Wissens von den Heil-

kräutern galt er als »guter Medicus« (Sp. 707), der seine
Schüler »die für jede Wunde dienlichen Mittel« (Sp. 708)
lehrte. In Goethes *Klassischer Walpurgisnacht* preist Faust den
Chiron als den »Arzt, der jede Pflanze nennt, | Die Wurzeln
bis ins Tiefste kennt« (*Faust II*, v. 7345 f.).

314,5 *Sonst]* Einst.

314,5 f. *lauscht'* | *Ein weiches Wild]* Chiron war ein Jäger
und Lehrer der Jagd. In Hederichs mythologischem Lexikon steht (Sp. 708): »Er übete seine Schüler vornehmlich in
den mancherley Arten der Jagd«. Entsprechende Bemerkungen bieten die antiken Darstellungen der Jagd, z. B. die
mythologische Einleitung zu Xenophons Jagdbuch *Kyn-
egetikos.* »Von Jagd lebend ⟨. . .⟩ einsichtig in die Kräfte von
Kräutern und Wurzeln ⟨. . .⟩ So wird uns Chiron geschildert«, bemerkt Goethe in seiner Schrift *Wilhelm Tischbeins
Idyllen* (in: *Schriften zur Kunst,* Bd. 13 der Gedenkausgabe,
Zürich ²1965, S. 897). Damit erklärt sich auch die eigentümliche Verwendung des Worts »lauschen«, das in einer
besonderen Bedeutungsschicht »ein Wort der Jäger« ist
(Grimms *Deutsches Wörterbuch,* Bd. VI, Artikel »lauschen«).
Auch für den transitiven Gebrauch in Hölderlins Zeit gibt
es Belege, etwa in Friedrich Maximilian Klingers Drama
Die neue Arria: »ich lauschte sie, als sie nach der Chaise gehn
wollte, und redete sie an« (Sp. 356), sowie in Klingers Drama *Die Zwillinge*: »wenn ich diese Pulsschläge lausche«
(*Dramatische Jugendwerke,* hg. v. Hans Berendt und Kurt
Wolff, Leipzig 1913/14, S. 277). Hölderlin selbst gebraucht
die transitive Form schon in seinem Jugendgedicht *Die
Unsterblichkeit der Seele,* v. 87 f.: »wer | Lauschte die Sprache
der Seele ⟨. . .⟩?« Die ungewöhnliche Prägung »weiches
Wild« geht wahrscheinlich auf die *Bakchen* des Euripides,
v. 436, zurück, wo Dionysos als Θὴρ πρᾶος (»weiches
Wild«) bezeichnet wird. Hölderlin hat die *Bakchen* übersetzt; von seiner Übersetzung ist allerdings nur der Anfang
erhalten.

314,7 f. *Nie täuschten, auch nicht einmal deine* | *Vögel]* Dem
Aufgang der Sonne, des »Lichts«, geht immer der Morgen-

gesang der Vögel voraus. Weil sie das Kommen des Lichts
ankündigen, heißen sie »deine Vögel«. Auch das »Wild«,
von dem vorher die Rede war, tritt regelmäßig am frühen
Morgen, vor Sonnenaufgang, aus dem Wald heraus, und
auch die »Kräuter« müssen in der Morgenfrühe, wenn sie
frisch sind, gepflückt werden. So stehen alle Lebewesen in
Zusammenhang mit dem Licht, das als Prinzip alles krea-
türlichen Lebens erscheint.

314,10 *Ratschlagend, Herzens wegen]* Wie schon Helling-
rath bemerkt hat (Hölderlin, *Sämtliche Werke*, Bd. 4, *Gedich-
te 1800-1806*, Berlin [3]1943, S. 203), weist die eigentümliche
Wendung auf den Mythos zurück, den Pindar in der – von
Hölderlin übersetzten – neunten Pythischen Ode erzählt:
Apollon, der Lichtgott, kommt zu Chiron, um ihn in einer
Liebesangelegenheit, also »Herzens wegen«, um Rat zu fra-
gen. In der Ode dient diese Wendung dazu, die innige
Vertrautheit des jugendlichen Kentauren mit dem Licht zu
zeigen.

314,13 *Ich war's wohl]* Expressive Überlagerung des al-
käischen Metrums durch den Wortakzent auf dem »Ich«.
Die Wendung »Ich war's wohl« bezieht sich auf den vor-
hergehenden Passus »⟨. . .⟩ herzlos | Zieht die gewaltige
Nacht mich immer« und heißt demnach: »Ich selbst war
wohl herzlos«. Was als äußeres Verhängnis erscheint, der
Verlust des ursprünglichen Naturzusammenhangs, der sich
in der Gegenwart des Lichts offenbarte, ist in Wahrheit die
Folge eines inneren Wandels.

314,13f. *Krokus und Thymian | Und Korn]* Während bei
der Darstellung des naturhaften Ursprungszustands bezeichnenderweise nur von »Kräutern« die Rede ist (v. 5),
bekommt nun alles seinen Namen (vgl. auch v. 16: »das
Nennbare nur«). Die Abfolge der drei Pflanzen symbolisiert die jahreszeitliche Folge. Ursprünglich lebte der Kentaur in Harmonie mit der ganzen Natur. Doch gerade aus
der Einbezogenheit in sie erwächst die »herzlose« Verfügung über sie. Während im Ursprungszustand der Kentaur
den Kräutern des Walds nur »folgte« (v. 5), d. h. sich in

sympathetischem Bezug zu den Pflanzen hingezogen fühlte, reißt er sie nun ab – die Erde gibt ihm den ersten
»Strauß«. Es handelt sich nicht um einen schmückenden
Blumenstrauß, wie schon der als Gewürz dienende Thymian und das als Nahrungsmittel angebaute Korn zeigen,
sondern um den Aspekt des Nutzens, der mit der Herrschaft über die Natur verbunden ist. Auch den »Krokus«
verstanden die Griechen als Nutzpflanze – so sehr, daß sie
ihn metonymisch mit dem Safran (krokos) gleichsetzten,
den sie als vielverwendeten gelben Farbstoff aus der Narbe
der Krokusblume gewannen. Der naturkundige Chiron
zieht also vom Frühling bis zum Herbst, von der Blüte des
Krokus bis zur Reife des Korns, Nutzen aus den Gaben der
Natur.

314,15 *Und bei der Sterne Kühle lernt' ich]* In der mythologischen Überlieferung ist Chiron ein Astronom. Hederichs mythologisches Lexikon bezeichnet ihn als »Astronomus« (Sp. 707), und noch Goethe nennt ihn »erfahren in der
Sternkunde« (*Tischbeins Idyllen*, S. 897). In der Tradition ist
die Astronomie die wichtigste Naturwissenschaft (im System der artes liberales war sie ein Bestandteil des Quadri-
viums). Hölderlin nennt in seinem ungefähr gleichzeitig
mit der Chiron-Ode verfaßten Kommentar zu dem Pindar-
Fragment *Das Belebende* die Kentauren »ursprünglich Lehrer der Naturwissenschaft«. Pflanzen und Sterne symbolisieren in der 4. Strophe den gesamten, Erde und Himmel
umfassenden Bereich der Natur, den der Mensch durch
unmittelbare Nutzung oder durch Wissenschaft zu beherrschen sucht.

314,16 *das Nennbare nur]* Der auf Nutzung und Erkenntnis bedachte Umgang mit der Natur führt zum Verlust der
ursprünglichen Vertrautheit mit ihr, und damit treten an die
Stelle der eigentlich lebendigen Naturerfahrungen die bloßen Schemata des verfügenden Zugriffs. Anstatt noch
lebendige Erfahrungen zu machen, »lernt« der Kentaur nur
noch das »Nennbare«. Systematische Namengebung ist ein
wesentlicher Aspekt aller Naturwissenschaft. Ein halbes

Jahrhundert vor Hölderlins Ode schuf der Botaniker Linné in seiner grundlegenden Schrift *Species plantarum* (1753) eine neue Nomenklatur. Auf den »Astronomus« Chiron sind nicht zuletzt die epochemachenden astronomischen Entdeckungen Newtons zu beziehen, der im 18. Jahrhundert einen legendären Ruhm genoß. In Hölderlins Dichtung ist das Namengeben als Zeichen der Entfremdung von der Natur ein wichtiges Thema. Hyperion sagt (Bd. II, S. 51): »Nun sprach ich nimmer zu der Blume, du bist meine Schwester! und zu den Quellen, wir sind Eines Geschlechts! ich gab nun treulich, wie ein Echo, jedem Dinge seinen Namen«. In der Ode *Dichterberuf* bezieht sich dieses Namengeben, wie in *Chiron*, auf die Sterne (v. 45-52):

> Zu lang ist alles Göttliche dienstbar schon
> Und alle Himmelskräfte verscherzt, verbraucht
> Die Gütigen, zur Lust, danklos, ein
> Schlaues Geschlecht und zu kennen wähnt es,
>
> Wenn ihnen der Erhabne den Acker baut,
> Das Tagslicht und den Donnerer, und es späht
> Das Sehrohr wohl sie all und zählt und
> Nennet mit Namen des Himmels Sterne.

314,17 *Das wilde Feld entzaubernd, das traur'ge*] Sobald im Menschen der Trieb erwacht, über die Natur zu verfügen, anstatt in ihr nur naiv und unbewußt aufzugehen, erscheint ihm die reine Natur, die ihm vorher ein paradiesischer »Garten« (v. 9) war, als »wildes Feld«, das der Kultivierung bedarf. »Traurig« erscheint das Feld als das in seinem Ursprungszauber zerstörte, »entzauberte« Stück Natur.

314,18 *Der Halbgott, Zevs Knecht ⟨. . .⟩ der gerade Mann*] Herakles, der erst im letzten Vers der Ode mit Namen genannt wird. Er ist die Symbolgestalt der Kultivierung, weil er in der Frühzeit der Geschichte seine heroischen Taten zur Bändigung der urtümlichen Natur vollbrachte. Herakles ist Sohn des Zeus und einer mensch-

lichen Mutter: insofern »Halbgott«. Zeus repräsentiert für
Hölderlin, wie vor allem die Ode *Natur und Kunst oder Sa-
turn und Jupiter* zeigt, die auf die ursprüngliche, naturhafte
Ära Saturns folgende Zeit. Sie ist nicht zuletzt eine Zeit der
Arbeit, nach dem ursprünglichen Stadium einer paradie-
sisch sich selbst schenkenden Gabenfülle der Natur. Als
Prototyp männlich organisierender Kraft heißt Herakles
»der gerade *Mann*«. Das Adjektiv »gerade« ist im Sinne des
»Rechten« zu verstehen. Zu Hölderlins Gebrauch des Wor-
tes »gerade« als Synonym für das »Rechte« vgl. die Ode
Lebenslauf, v. 7f.: »Herrscht im schiefesten Orkus | Nicht
ein Grades, ein Recht noch auch?«; ferner das hymnische
Fragment *Wenn aber die Himmlischen . . .*, das von der »ge-
raden Tochter | Des Gottes« spricht (v. 7f.) und damit wohl
Dike, die Göttin des Rechts und Tochter des Zeus meint. In
der Chiron-Ode gehört das »Gerade« als das Rechte in den
Kontext des kultivierenden »Richtens«. Dieses kultivierende »Richten« der urtümlichen Wildnis schreibt Hölderlin in
der spätesten Überarbeitung des *Einzigen* (S. 967) dem Dionysos zu, der »die verdrossene Irre (d. h. die Wildnis)
gerichtet«, d. h. geordnet hat – und gerade in diesen Versen
erscheint Dionysos als »Bruder« des Herakles.

314,22 *Gift*] Chiron wurde von Herakles versehentlich
mit einem vergifteten Pfeil verwundet. Dieses Moment des
Zufälligen wendet Hölderlin ins geschichtlich Notwendige. Chirons »Gedanke« schafft erst Gestalten, als schon Gift
zwischen ihm und Herakles ist, und diese Dissoziierung
erscheint geradezu als Bedingung seines Schaffens: »Gestal-
ten ⟨. . .⟩ schafft, | *Weil* Gift ist zwischen uns, mein Gedan-
ke nun«. Das imaginativ-poetische und im weitesten Sinn
theoretische Schaffen (Chiron ist in der Tradition sowohl
ein Meister der Dichtkunst als auch ein berühmter Weiser)
entsteht demnach aus der Trennung von der Sphäre tathaf-
ter Praxis. Das im Übergang von der ursprünglich-einigen
in die entzweite Welt erst zur Geltung gelangende heldisch-
herakleische Prinzip führt sofort zur Trennung der Tatsphäre von der poetischen und theoretischen Sphäre. Symbol

dieser Trennung ist das Gift »zwischen« Herakles und Chiron. – Die Einheit von Gedanke und Tat in einer neuen
goldenen Zeit und umgekehrt ihre Getrenntheit, ja Unver-
träglichkeit als Fluch einer noch nicht zur Vollendung
gelangten Geschichte ist ein alter Topos. Ihre intensivste
zeitgenössische Gestaltung hat diese Vorstellung in Goethes *Tasso* gefunden (v. 545-557, v. 802, v. 951-957, besonders v. 1704-1706).

314,25 *Dann hör' ich oft den Wagen des Donnerers]* Diese
7. Strophe bildet die Mitte des Gedichts. Vor ihr und nach
ihr stehn je zwei Dreiergruppen von Strophen. Das »Dann
⟨. . .⟩«« markiert den Beginn einer genau komponierten Stu-
fenfolge. Durch wiederholte Aufnahme dieses »Dann«
wird die dem Stadium der Religion gewidmete Strophen-
gruppe strukturiert: von der äußeren Wahrnehmung des
noch überirdisch gewaltsam und fremd Beeindruckenden
(»Dann hör' ich oft den Wagen des Donnerers«) über die
innere Erfahrung in der eigenen Seelen-»Nacht« (»den Retter hör' ich *dann* in der Nacht ⟨. . .⟩«), weiter über ein
erkenntnishaftes Verhalten (»Die Tage aber wechseln, wenn
einer *dann* | Zusiehet denen ⟨. . .⟩«) bis zu einem neuen
Wissen des Insichseins, des »Einheimisch«-Seins (»Einhei-
misch aber ist der Gott *dann* | Angesichts da ⟨. . .⟩«), das
zum Ziel des absoluten Selbstbewußtseins in der Schlußpartie führt. Das entspricht, mit einer Variation, Hegels
späterem Entwurf in der *Phänomenologie des Geistes*, in der
die geschichtlichen Stufen der Religion von der »natürlichen Religion« zur »offenbaren Religion« führen. Bei Hegel handelt es sich um eine fortschreitende »Menschwerdung des göttlichen Wesens« (*Phänomenologie des Geistes*, hg.
v. Johannes Hoffmeister, Hamburg [6]1952, S. 521), in deren
Verlauf der menschliche Geist aus der Form des Objektes,
des scheinbar Äußeren, in die des Subjektes tritt, bis er
endlich nur noch ein absolutes »Selbst« und ein »In sich« ist.
Die Vorstellung vom »Wagen des Donnerers«, unter dem
die Erde bebt, entspricht Horaz, *Carmina* I 34, 5-12.

314,28 *die Qual Echo wird]* Vgl. v. 28 des *Blinden Sängers*:

»⟨. . .⟩ der Berg es nachhallt«. »Echo« wird hier dem Metrum zufolge und der griechischen Betonung gemäß auf
dem »o« betont.

315,30-32 *drunten* ⟨. . .⟩ *Schau ich . . .]* Von dieser Stelle
an gibt es kaum noch Anklänge des Gedichts an den *Blinden
Sänger.* Das »drunten« spielt auf den aus der mythologischen Überlieferung bekannten Aufenthaltsort Chirons an:
auf eine Felsenhöhle hoch oben auf dem Berg Pelion. Von
ihr aus kann er nach »drunten« schauen. Hederichs mythologisches Lexikon notiert (Sp. 711), Chiron habe sich »in
einer großen Höhle am Berge Pelion, in Thessalien, aufgehalten«. Mehrere der von Hölderlin übersetzten Pindarischen Siegeslieder nennen diese Höhle als Wohnort Chirons
(vgl. Pyth. III, v. 111f. in Hölderlins Übersetzung, Pyth. IX,
v. 49ff. in Hölderlins Übersetzung).

315,30-32 *voll* | *Von üpp'gem Kraut* ⟨. . .⟩ *die Erd', ein ge-
waltig Feuer]* Vgl. den ungefähr gleichzeitig entstandenen
hymnischen Entwurf *Wenn aber die Himmlischen . . .* (v. 30-
41): »Es sprosset aber | ⟨. . .⟩ viel *üppig* neidiges | *Unkraut,*
das blendet, schneller schießet | Es auf, das ungelenke, denn
es scherzet | Der Schöpferische, sie aber | Verstehen es
nicht. Zu zornig greift | Es und wächst. Und dem *Brande*
gleich, ⟨. . .⟩ schlägt | Empor ⟨. . .⟩ die unbeholfene Wild-
nis«. Die Analogie ist vollkommen: Wie in der Chiron-Ode
handelt es sich um die belebende Einwirkung des Gewittergotts, der Symbol für die schöpferische Kraft der sentimentalisch gesteigerten und ins Religiöse potenzierten
Naturerfahrung ist; wie in *Chiron* hat diese Einwirkung
einerseits positive Folgen, insofern sie belebt, andererseits
kommt es aber auch zu einem maßlosen Wuchern; dafür
erscheint in beiden Gedichten das Bild des »üpp'gen
Krauts« oder »Unkrauts« und dasjenige des »gewaltigen
Feuers« oder »Brandes«. Die Vorstellung vom »üpp'gen
Kraut« im Sinne wuchernden Unkrauts ist auch sonst in der
älteren Literatur geläufig. Vgl. die Nachweise in Grimms
Deutschem Wörterbuch, Bd. XI, 3, Sp. 2341, z. B. »Toleranz
ist ein *üppig Kraut«* (Karoline von Günderode).

315,31 *als in Gesichten]* Chiron ist in der Überlieferung auch ein Seher. So nennt Euripides, *Iphigenie in Aulis*, v. 1064, den weissagenden Chiron ausdrücklich einen Seher (μάντις). Pindar läßt in der neunten Pythischen Ode Chiron sogar gegenüber Apollon als weissagenden Seher auftreten. Das »Schauen« »als in Gesichten« ist also ein visionäres Schauen.

315,34 *lieblich und bös']* Sowohl dieser Passus wie auch der folgende: »ein Schmerz« ist elliptisch. Ausformuliert müßte es etwa heißen: »Die Tage aber wechseln. Wenn einer dann denen zusiehet, wie sie bald lieblich, bald bös *sind* (das Prädikat fehlt), dann *ist* (wieder fehlt das Prädikat) es ein Schmerz, wenn einer zweigestaltig ist, d. h. wenn er unter dem Eindruck solch zwiespältigen Geschehens nicht das Beste zu erkennen vermag«. »Lieblich« können die »Tage«, welche die unselige »Nacht« ablösen, unter dem Aspekt der Befreiung vom Dunkel des unerfüllten Zustands und unter dem Aspekt harmonischer Belebung heißen; »bös« unter dem Aspekt des chaotischen Übermaßes, so wie in der Hymne *Mnemosyne* die Pfade, die festen Wege – Symbole eines geordneten Daseins – unter dem Eindruck der chaotischen Sehnsucht ins »Ungebundene« ihre richtungwahrende Kraft verlieren und »bös« genannt werden (v. 8f.). In der etwa gleichzeitig mit der Chiron-Ode entstandenen Hymne findet sich sogar wörtlich der gleiche Gegensatz »lieblich« – »bös« in diesem Sinne: Während die erste Strophe, die der Sehnsucht ins »Ungebundene« gilt, von den »bösen« Pfaden (dem Gegenteil der »rechten Stapfen« in *Chiron*, v. 43) spricht, leitet die zweite Strophe die Darstellung eines harmonisch ausgewogenen und sicher im Irdischen begründeten Daseins mit der evozierenden Frage ein: »Wie aber *liebes*?«

315,35 *zweigestalt]* Anspielung auf Chirons kentaurisches Wesen: Er ist halb Mensch, halb Pferd.

315,36 *das Beste]* Diesen Begriff gebraucht Hölderlin immer wieder im Sinne eschatologischer Vollendung, in Anlehnung an die Bibel, Phil. I, 9f.: »⟨. . .⟩ daß ihr prüfen möget, was *das Beste* sei«. Vgl. die Elegie *Heimkunft*, v. 79f.: »Aber *das Beste*, der Fund, der unter des heiligen Friedens | Bogen lieget ⟨. . .⟩«; *Der Einzige*, 1. Fassung, v. 90f.: »Ein Gott weiß aber | Wenn kommet, was ich wünsche *das Beste*«; *Friedensfeier*, v. 83ff.: »Schicksalgesetz ist dies, daß Alle sich erfahren, | Daß, wenn die Stille kehrt, auch eine Sprache sei. | Wo aber wirkt der Geist, sind wir auch mit, und streiten, | Was wohl *das Beste* sei. So dünkt mir jetzt *das Beste*, | Wenn nun vollendet sein Bild und fertig ist der Meister ⟨. . .⟩«.

315,37 *der Stachel des Gottes*] Wörtliche Entsprechung zu einer Stelle aus dem *Philoktet* des Sophokles, in der es heißt, daß ein »göttlicher Stachel« (κέντρον θεῖον) die Griechen zur Insel des Philoktet treibt (v. 1039). Sie eignete sich besonders zur Übernahme in die Chiron-Ode, weil Hölderlin das Wort »Kentaur« etymologisch mit dem Verbum κεντεῖν, »stechen«, »stacheln« in Verbindung brachte, was der überlieferten Etymologie entspricht (vgl. Hederichs *Gründliches mythologisches Lexikon*, Sp. 655, mit Quellenangabe). Im übergreifenden konzeptionellen Zusammenhang kommt der Vorstellung vom »Stachel des Gottes« die Bedeutung zu, die sie schon in antiken philosophischen Texten hat. So schreibt Seneca in seiner Schrift *Über die Vorsehung*, die bereits Hölderlins Hymne *Das Schicksal* wesentlich bestimmt (IV 6): »Entsetzt euch nicht ⟨. . .⟩ vor dem, was die unsterblichen Götter gleichsam als Sporn ⟨Stachel⟩ gegen eure Seele richten: Unglück ist Gelegenheit zu männlichem Verhalten ⟨. . .⟩« (»Nolite ⟨. . .⟩ expavescere ista, quae dii immortales velut stimulos admovent animis: calamitas virtutis occasio est«).

315,38 *göttliches Unrecht*] Am Ende der Ode *Dichterberuf* ist von »Gottes Fehl« die Rede (v. 64), der »hilft«, also ebenso wie das »göttliche Unrecht« in der Chiron-Ode eine positive Funktion hat. In den etwa gleichzeitig mit der Chiron-Ode entstandenen *Anmerkungen zum Oedipus* (Bd. II) erscheint der Begriff der »göttlichen Untreue«, und ebenfalls mit positiver Funktion: Gerade die göttliche Untreue bewirkt, daß das »Gedächtnis der Himmlischen nicht ausgehet«. In allen drei

Fällen handelt es sich um Sinnentzug oder jedenfalls Irri-
tation als Stimulans neuer Sinnerfüllung.

315,41-43 *Nun wieder atmet ihr recht ⟨. . .⟩ Und rechte Stapfen gehn*] Mit der Betonung von Chirons Sinn für das
Rechte und Gesetzmäßige (zur speziellen Bedeutung der
»rechten Stapfen« vgl. die Erläuterung zu v. 42) nimmt
Hölderlin einen wichtigen Zug des Mythos auf. Denn im
Gegensatz zu seinen Artgenossen, die fast immer als ge-
setzlos-wilde Naturwesen vorgestellt werden – noch Dante
bestraft die Kentauren im Höllenkreis der »Violenti« –, galt
Chiron nicht nur als der »gerechte« Kentaur, sondern auch
als der erste, der die Menschheit Recht und Gesetz gelehrt
hat. Im elften Gesang der *Ilias*, v. 832, erscheint Chiron als
»der gerechteste der Kentauren«; vgl. Hederich, Artikel
Chiron (Sp. 708): »⟨. . .⟩ er soll der erste gewesen seyn, welcher das ganze menschliche Geschlecht gelehret habe, der
Gerechtigkeit gemäß zu leben, indem er demselben die
Stärke des Eidschwures ⟨. . .⟩ gezeiget habe«. Ferner führt
Hederich an, Chiron habe seine Schüler auch in den »Gesetzen und Rechten« unterrichtet; er selbst sei u. a. wegen
seiner Gerechtigkeit von Jupiter als Sternbild verewigt
worden (Sp. 710). Die Betonung von Recht, Richtung und
Gesetz ist typisch für Hölderlins Spätwerk. Sie gehört zur
Abwehr alles chaotisch »Ungebundenen« und alles Ekstatischen, die wohl mit der zunehmenden Bedrohung des
Dichters durch seine Nervenkrankheit zu erklären ist. Sogar den früher rauschhaft begriffenen Gott Dionysos deutet er um in einen Gott der »rechten Wege« und »Orte« (*Der
Einzige*, späteste Überarbeitung, S. 967) – was den »rechten
Stapfen« und dem »örtlichen« Erscheinen des »Irrsterns«
(v. 45) in der Chiron-Ode entspricht. Zu den Dichtungen,
die besonders stark Gesetz, Recht und Richtung betonen,
gehören die ungefähr gleichzeitig entstandenen poetischen
Kommentare zur Übersetzung der Pindar-Fragmente (vgl.
vor allem die Fragmente *Von der Ruhe*, *Das Höchste*, *Das
Unendliche*, *Die Asyle* und das von den Kentauren handelnde
und am Ende sogar auf Chiron eingehende Fragment *Das
Belebende*).

315,42 *meiner Bäche Weiden*] Der Mythos berichtet, daß sich die Kentauren gern an Bächen und Flüssen aufhielten, weil sie sich als Pferdemenschen ideal zum Dienst des Übersetzens über derartige Gewässer eigneten. Wohl am bekanntesten ist die Sage vom Kentauren Nessos, welcher Deianeira, die Gemahlin des Herakles, über den Strom Evenos trug und, als er sich an ihr zu vergreifen suchte, von Herakles mit einem Pfeilschuß getötet wurde. Goethe läßt seinen Faust während der *Klassischen Walpurgisnacht* auf Chirons Rücken durch den Fluß Peneios reiten. Faust, ans Ufer tretend, bittet den Kentauren um seine Hilfe, und Chiron gewährt sie ihm mit den Worten: »sitz auf! ⟨. . .⟩ Du stehst am Ufer hier, | Ich bin bereit, dich durch den Fluß zu tragen« (v. 7332ff.). Aus solch besonderer Zugehörigkeit zu Bach und Fluß kann Chiron in Hölderlins Ode sagen: »*meine* Bäche«. Nicht zuletzt mußten die Kentauren, weil sie sich dem Geschäft des Übersetzens über die fließenden Gewässer widmeten, gute Kenner der vorhandenen Furten, d. h. der rechten Wege abseits der Untiefen und überhaupt außerhalb des tiefen Wassers sein. Auch deshalb spricht Hölderlins Chiron von den »rechten Stapfen«. Sobald ihm der »Tag« wieder leuchtet, vermag er sie zu erkennen. Die »Weiden« sind Orientierungsmittel, indem sie die Grenzen und den Lauf des Baches markieren. Prosaisch ausgedrückt: nachdem Chiron durch den »Tag« und das »Augenlicht« wieder zu sehen vermag, kann er sich auch wieder in seinem eigensten Lebensbereich orientieren. Das »rechte Atmen« der Weiden, die wegen ihrer beinahe unzerstörbaren vitalen Kraft und ihres besonders intensiven Wachstums seit alters her ein Sinnbild des Lebens sind (vgl. z. B. Jesaja 44, 3f.), bildet den Gegensatz zu dem »üpp'gen« Wuchern, das die Vision der 8. Strophe als Gefahr darstellt. Die Gefahr des Maßlosen ist nun überwunden; das »rechte« Maß gilt selbst dort, wo das Leben am stärksten ist.

315,41f. *trinkt* ⟨. . .⟩ *ein Augenlicht*] Der Vorgang des neuen, intensiven Sehens wird aus umgekehrter Perspektive: von der wahrgenommenen Objektwelt her dargestellt.

315,43-45 *und als ein* | *Herrscher, mit Sporen, und bei dir selber* || *Örtlich, Irrstern des Tages, erscheinest du]* Die Vorstellung des »Herrschers mit Sporen« gehört, wie diejenige der »rechten Stapfen«, in die Sphäre von Roß und Reiter. Auch hier erklärt sich die Metaphorik aus Chirons Kentauren-Natur, zu der ja auch das Pferdewesen gehört. Zugleich erinnern die »Sporen«, wie schon vorher der »Stachel des Gottes« an den Konnex Kentauren-κεντεῖν (»Stachel«, »Sporn«). Auch genetisch läßt sich der Zusammenhang der beiden Wendungen zeigen: Ursprünglich hatten sich an die Wendung »Stachel des Gottes« die Worte angeschlossen: »⟨. . .⟩ Der spornt ⟨. . .⟩« (H²ᵇ; StA II, 506, 26). Daß die Sonne, die mit dem nun »örtlich« erscheinenden Irrstern des Tages gemeint ist, von Chiron als ein »Herrscher« empfunden wird, weist darauf hin, daß er im »nachdenklichen« (v. 1) Licht des Tages nicht nur des rechten Weges gewahr wird, den er zu gehen hat; er fühlt sich zugleich selbst von dieser den rechten Weg erhellenden Kraft des geistigen Lichts beherrscht und angespornt. Daß die Kraft des Geistes herrscherlich genannt wird, entspricht der platonischen und später dann stoischen Konzeption der Geistes-sphäre. Der Logos ist königlich, herrscherlich: βασιλικὸς λόγος. Auffallend klingt die Wendung »bei dir selber || Örtlich, Irrstern des Tages, erscheinest du« an eine Stelle in Platons berühmtem Höhlengleichnis im 7. Buch des *Staats* an. Darin erschaut der zum Licht Emporgeführte nicht mehr »Trugbilder« der Sonne »im Wasser oder an einem fremden Platz« (οὐδ᾽ ἐν ἀλλοτρίᾳ ἕδρᾳ), sondern »sie selbst für sich an ihrem Ort« (ἀλλ᾽ αὐτὸν καθ᾽ αὐτὸν ἐν τῇ αὐτοῦ χώρᾳ, 516 b4). – Die Redewendung »bei sich selber« bedeutet soviel wie »bei Bewußtsein sein« oder »seiner selbst bewußt sein«, jenseits aller Entfremdung. Wenn demnach die Sonne analog zur traditionellen Gleichsetzung von Geist (νοῦς) und Licht (φῶς) als Metapher des Selbstbe-wußtseins figuriert, so ist dieses zum höchsten Wert erho-ben. Auch Hegel bedient sich dieser Metaphorik. Der Mensch, so schreibt er in den *Vorlesungen über die Philosophie der Weltgeschichte,* »wird so in seiner eigenen Helle sehen, zum Bewußtsein seiner selbst übergehen ⟨. . .⟩ am Abend wird er ⟨. . .⟩ vollendet haben, *die innere Sonne, die Sonne seines Bewußtseins* ⟨. . .⟩ Hierin liegt eigentlich enthalten der Gang der ganzen Weltgeschichte, *der große Tag des Geistes, sein Tagewerk,* das er in der Weltgeschichte vollbringt« (*Die Vernunft in der Geschichte,* hg. v. Johannes Hoffmeister, Hamburg ⁵1970, Bd. I, S. 242). Folgt man der Logik der metaphorischen Sprache, dann wird auch einsichtig, warum sich der »Irrstern« in einen »örtlich« erscheinenden Fixstern verwandelt: Die orientierungslose Subjektivität geht in ein fest gegründetes Selbstbewußtsein über, in ein Hegelsches »An und für sich«-Sein, dem Hölderlins Wendung »bei sich selber« entspricht. – Im Sinne chaotischer Orientierungslosigkeit erscheint die Metapher des »Irrsterns« schon im *Empedokles* (2. Fassung, v. 49-52, Bd. II): »⟨. . .⟩ und achten kein Gesetz | Und keine Not, und keinen Richter, | *Ein Irrgestirn* ist unser Volk | Geworden ⟨. . .⟩«. Das Wort »Irrstern« für den Planeten (von πλανᾶσθαι, »umherirren«) ist seit dem 17. Jahrhundert allgemein gebräuchlich. Belege in Grimms *Deutschem Wörterbuch* IV 2, Sp. 2175f., u. a.: »(man hätte) durch die Ferne-Gläser umb den Jupiter und Saturn neue *Irrsternen* erkieset, von denen die Alten nichts gewüst« (Lohenstein, Arm. I, 266ᵇ).

Daß Hölderlin gerade in der Chiron-Ode astronomische Terminologie anklingen läßt, hängt damit zusammen, daß Chiron im Mythos ein bedeutender Astronom ist (vgl. v. 15: »Und bei der Sterne Kühle lernt’ ich ⟨. . .⟩« und die Erläuterung z. St.). Es deutet vor allem auf die schon in einer langen Tradition stehende astronomische Figuration philosophischer Erkenntnis. Die Wendung »Örtlich, Irrstern des Tages, erscheinest du« besagt in diesem Horizont, daß die Sonne, die man vor Kopernikus für einen »Irrstern« hielt, nach gelungener *Erkenntnis,* d. h. nach der Kopernikanischen Wendung zur Heliozentrik, »örtlich«: als Fixstern erschien. Daß das »Örtlich« emphatisch ins Strophenenjambement gerückt ist und durch den Widerstreit von

Wortakzent und metrischem Akzent ebenso wie »Irrstern«
doppelt zu betonen ist (Örtlich, Írrstérn), pointiert den gedanklichen Höhepunkt der Ode. Bereits Kepler hatte im
Hinblick auf die von ihm geleistete mathematische Fassung
der Planetengesetze den Grundsatz formuliert, daß die Orte
und Bahnen der Gestirne nicht bloße Fakten, sondern ein
Werk des menschlichen Geistes sind: »omnis locatio est
mentis seu mavis sensus communis opus« (*De stella nova in
pede Serpentarii*, Kap. 12, *Opera*, hg. v. C. Frisch, Bd. 2,
S. 215). Auf Kepler, der auch von der Tübinger Tradition
her den Stiftsfreunden bekannt war, glaubte sich Hegel in
seiner Dissertation *De orbitis planetarum* (Über die Umlauf-
bahnen der Planeten) berufen zu können, wenn er in einer
Wendung gegen Newtons strenge Empirie den Vorrang des
spekulativen philosophischen Verfahrens behauptete: die
Philosophie könne a priori die Ergebnisse des Experimen-
tierens ableiten. Zu ähnlichen Ansichten bekannten sich
Schelling (*Werke*, hg. v. K. F. A. Schelling, Bd. 5, S. 329)
und noch der alte Goethe im Makarien-Mythos der *Wan-
derjahre*. Die astronomische Metaphorik in der Chiron-Ode
enthält also die überkommene Verbindung von Astronomie und Philosophie in ihrer spezifisch zeitgenössischen,
bewußtseinsphilosophischen Ausprägung durch die Ideali-
sten. Hölderlin, der Kant als »Moses« im geistigen Geschick der Nation verehrte (Brief an den Bruder vom
1. Januar 1799), konnte nicht derart metaphorisch auf die
Kopernikanische Wendung anspielen, ohne sich an Kants
berühmte Formulierung in der Vorrede zur zweiten Auflage der *Kritik der reinen Vernunft* zu erinnern, in der die
Umorientierung des philosophischen Fragens von den Ge-
genständen hin zum menschlichen Erkenntnisvermögen
mit der Tat des Kopernikus verglichen wird. Noch der
späte Schelling betont die Bedeutung des astronomischen
Paradigmas ganz in Hölderlins Sinne. »Johannes Kepler«,
so sagt er, »rühmt von der Copernicanischen Lehre, daß sie
die Welt von der insana et ineffabilis celeritas ⟨von der irren
und unsäglichen Unstetigkeit⟩ der Ptolemäischen Bewe-

gung befreie«, und er stellt dann Kants Vergleich des
»Idealismus« mit dem »Gedanken des Kopernikus« ganz
unter diesen Aspekt (Schelling, *Einleitung in die Philosophie
der Mythologie*, Darmstadt 1957, S. 490). Diese »insana et
ineffabilis celeritas« ist es, die Hölderlin mit dem Irritieren-
den des »Irrsterns« meint und der er das Ziel der idealistischen Bewußtseinsbildung im Bild des »örtlich« erscheinenden Fixsterns gegenüberstellt.

Daß gerade Chiron zum Träger einer so ausgeprägten
philosophischen Konzeption gemacht wird, entspricht der
mythologischen Überlieferung, in der Chiron als ein großer
Weiser gilt. Pindars dritte Pythische Ode nennt Chiron direkt »weise«. In Hölderlins Übersetzung lautet die Stelle
(v. 111f.): »Wenn aber *der weise* die Grotte bewohnt | Noch
Chiron ⟨. . .⟩«; Platon nennt Achill einen »Zögling des *sehr
weisen* Chiron« (τοῦ σοφωτάτου Χείρωνος, *Hippias Minor*
371c) und »erzogen vom *sehr weisen* Chiron« (ὑπὸ τῷ σοφω-
τάτῳ Χείρωνι, *Politeia* 391c). Dieses Charakteristikum der
Weisheit ist als fester Bestandteil in die Tradition eingegangen. Noch Gracians *Criticón* läßt Chiron als den »Weisen«
auftreten. »Dies ist der Könige Lehrmeister und der Lehrmeister König, dieses ist *der weise* Chiron«, mit diesen
Worten stellt Critilo seinem jugendlichen, der Aufklärung
bedürftigen Begleiter Andrenio den Kentauren vor (Balta-
sar Gracian, *Criticón*, übers. v. Hanns Studniczka, Hamburg 1957, I 6, S. 41).

315,47 *unstädtisch*] Noch ohne Kultur und Zivilisation,
im reinen Naturzustand. Die ungewöhnliche Prägung ist
dem griechischen ἄπολις nachgebildet, das Hölderlin von
seiner Antigone-Übersetzung her kannte (in Hölderlins
Übersetzung v. 386, sonst v. 370).

315,48 *Wolken des Wilds*] Im Griechischen bedeutet das
Wort νέφος zugleich »Wolke« und »Schar«, »Haufe«, »Ru-
del«. Die noch »unstädtisch« im reinen Naturzustand lebenden »Väter« gingen also in »Rudeln des Wilds« – Hölderlin
übernimmt den griechischen Wortgebrauch ins Deutsche
wie auch in *Friedensfeier*, v. 46: »die lieben Freunde, das
treue Gewölk«.

315,49f. *Nimm nun ein Roß, und harnische dich und nimm* |
Den leichten Speer, o Knabe] Chiron kehrt mit diesen Worten
– das läßt sie so abrupt erscheinen – aus seiner antizipie-
renden, den Geschichtsverlauf bis zu seiner Vollendung
überblickenden Vision in die Gegenwart und zu seiner Aufgabe in dieser Gegenwart zurück. Diese Aufgabe lautet:
Erziehung zum praktischen Wirken, zur heroischen Tat,
wozu die eigene Weisheit und das eigene überlegene Bewußtsein in idealer Weise befähigt. Es handelt sich, im
weitesten Sinne, um das Programm der Vermittlung von
»Theorie« und »Praxis«, das Hölderlin auch sonst immer
wieder durch den Bezug Dichter – Held thematisiert. Erziehung ist darin das eigentlich vermittelnde Element.
Hölderlin greift damit wieder einen Zug aus dem Mythos
auf, demzufolge Chiron alle berühmten Helden erzog (vgl.
Hederichs *Gründliches mythologisches Lexikon,* Sp. 707).
Noch für Faust ist er in der *Klassischen Walpurgisnacht* (v.
7339f.) der »edle Pädagog, | Der, sich zum Ruhm, ein Hel-
denvolk erzog«. Zu Chirons Erziehungsarbeit gehörte als
wesentliches Element die Unterweisung in der Waffenkunst. »Er übete seine Schüler vornehmlich in den mancherley Arten der Jagd, und zog sie zu dem Kriegeswesen«,
steht bei Hederich (Sp. 708). Der berühmteste von den in
seine Schule gehenden Helden war Achill. Für Homer ist
Achill ebenso Zögling Chirons (*Ilias* XI 830ff.) wie für
Pindar (Pyth. VI 22ff.; Nem. III 43ff.) und Platon (*Hippias
Minor* 371c und *Politeia* 391c). Pausanias (IX 31, 5) berichtet
von einem poetischen Lehrbuch der Knabenerziehung mit
dem Titel *Ratschläge Chirons* (Χίρωνος ὑποθῆκαι), das die
Lehren Chirons für Achill zu enthalten vorgab. Wie geläufig dieser Zug aus der griechischen Mythologie den Zeitgenossen war, zeigen vor allem Bilder. Bezeichnenderweise
ist auf einem zeitgenössischen Titelblatt von Rousseaus Er-
ziehungsroman *Émile* Achill auf dem Rücken des Kentauren Chiron abgebildet (vgl. J. J. Rousseau, *Œuvres complètes*
[Bibliothèque de la Pléiade], Bd. 4, S. 1864ff.). Eine Illustration des von Kleist und Adam Müller herausgegebenen

›Phöbus‹ tut die erzieherische Arbeit des Journals, seine gleichsam einübende Funktion, durch eine Darstellung des Kentauren Chiron kund, der dem jungen Achill den Bogen spannen hilft und ihn zugleich auf das Ziel des Bogenschusses hinweist (*Phöbus. Ein Journal für die Kunst.* Hg. v. Heinrich von Kleist und Adam H. Müller. Photomechan. Nachdruck, hg. v. Helmut Sembdner, Darmstadt 1961. Das Bild ist die Titelillustration zum ›Dritten Stück‹ des ›Ersten Jahrgangs‹, S. [112] des Nachdrucks). Typisch ist auch die Art, wie Goethe in der Besprechung von *Tischbeins Idyllen* die Erscheinung eines Knaben auf einem Bilde, dessen Hauptsujet Chiron ist, sofort mit dem Gedanken an Achill verbindet: »Sollte das nicht Achill sein? einem Chiron als dem tüchtigsten Pädagogen übergeben ⟨. . .⟩« (S. 897). Chiron ist demnach eine mythologische Chiffre idealer Erziehung. Auf die einübende Erziehung in der Waffenkunst deutet in der Chiron-Ode besonders der »leichte Speer« (v. 50). Achill, der Held der *Ilias*, ist berühmt durch seine gewaltig schwere Eschenlanze, die kein anderer zu schwingen vermag. Bevor er diese Riesenwaffe zu handhaben weiß, muß er im Knabenalter mit dem »leichten Speer« üben. Dies war eine stereotype Darstellung auch in der bildenden Kunst, so noch bei Hölderlins Zeitgenossen Gottlieb Schick, auf seinem Bild *Landschaft mit der Erziehung Achills* (Staatsgalerie Stuttgart). Unmittelbar dürfte bei Hölderlin Pindars dritte Nemeische Ode nachgewirkt haben, in der es heißt, daß der Knabe (παῖς) Achilleus während seines Aufenthaltes bei Chiron bereits große Taten vollbrachte, indem er den »Speer mit dem kurzen Eisen« (βραχυσίδαρον ἄκοντα), d. h. den leichten Jagdspeer, schwang (Nem. III 43ff.).

315,52 *Herakles]* Dem Metrum und der zeitgenössischen Aussprache gemäß auf der zweiten Silbe zu betonen.

315,50-52 *Die Wahrsagung | Zerreißt nicht, und umsonst nicht wartet, | Bis sie erscheinet, Herakles Rückkehr]* Nach dem Mythos ersehnte der unter seiner vergifteten Wunde (vgl. v. 22) leidende Kentaur Chiron den Tod, konnte ihn aber als

Unsterblicher nicht ohne weiteres erlangen. Erst durch die Botschaft des zurückkehrenden Herakles, Chiron dürfe zur Erlösung des Prometheus seine Unsterblichkeit aufgeben, findet der unheilbar Verwundete seinerseits Erlösung im Tod. Er ist sich aber dieser Erlösung schon im voraus gewiß, denn sie wurde prophezeit, wie bei Aischylos, *Prometheus*, v. 1026-1029, und bei Apollodor II 85, 119 überliefert ist. In der gedanklichen Konstruktion der Ode wird der Mythos von der erlösenden Rückkehr des Herakles erst durch den Rückbezug zur 5. Strophe bedeutsam. Sie spricht ebenfalls von Herakles, ohne ihn jedoch schon mit Namen zu nennen. Der Einzug des »Mannes« Herakles in das Naturreich Chirons markiert in der 5. Strophe den endgültigen Verlust des naiven Ursprungszustands: den Beginn der Phase geschichtlicher Entfremdung. Herakles verkörpert die Sphäre nicht des naturhaften Beschenktseins, sondern der mühevollen Arbeit – deshalb heißt er »Zevs Knecht«. Aber der Einzug des Herakles repräsentiert nicht nur die Desintegration des ursprünglichen, naturhaft vollkommenen Zustands, sondern auch den Beginn der Geschichte als eines Menschheitsstrebens nach neuer Einheit und Vollkommenheit. Sie läßt sich nicht mehr als naiver *Naturzustand*, sondern nur als reflektierter *Kulturzustand* verwirklichen. Herakles versinnbildlicht demnach eine umfassende geschichtliche Dynamik: Gerade der Zerfall der ursprünglichen Einheit stimuliert das Streben nach neuer, nun aber nicht mehr naturhafter, sondern geistiger Einheit. Das Wirken des Herakles zeigt den Verlust der ursprünglichen Einheit an, und zugleich treibt es die vollendende neue Synthese voran. In der Sprache des Gedichts: Herakles »entzaubert« und »vergiftet« (v. 17, v. 22), erscheint aber auch als »Retter«. Seine heilbringende »Rückkehr« ist eine Funktion seines im Zeichen des Unheils stehenden »Einzugs«. – Daß die rettende Rückkehr des Herakles nicht auf die *Heilung* Chirons, sondern auf seine *Erlösung* von einem qualvollen Leben hinzielt, rückt das Idealziel über alle Realisierungsmöglichkeit hinaus. Dadurch gewinnt die Ode

ihren tragischen Charakter. Die geschichtliche Zeit bleibt
die Zeit des Leidens, wie Chiron es aushalten muß, und der
schweren Arbeit, wie sie Herakles erduldet. Trotz seiner
Hoffnung auf eine erlösende Rückkehr des Herakles mißt
aber Chiron dieser Zeit einen Sinn zu, indem er feststellt,
daß sie »umsonst nicht wartet«. Es kann sich nur um den
Sinn der Heldenerziehung handeln. Denn solange Herakles
ihn nicht erlöst, bleibt Chiron am Leben, um Knaben zum
Heldentum zu erziehen.

Tränen

Außer zwei Entwürfen ist keine handschriftliche Überlieferung erhalten. Aus dem 2. Entwurf, der die Überschrift
Sapphos Schwanengesang trägt, und einer beigefügten metrischen Skizze geht hervor, daß Hölderlin zuerst die sapphi-
sche Strophe verwenden wollte. Erstdruck: ›Taschenbuch
für das Jahr 1805. Der Liebe und Freundschaft gewidmet‹,
Frankfurt am Mayn, bei Friedrich Wilmans, 1804, S. 79-80.
Das Gedicht gehört zu der Gruppe der *Nachtgesänge*. Vgl.
hierzu die einleitenden Erläuterungen zu den *Nachtgesängen*
(S. 794f.).
Alkäisches Versmaß.

ÜBERBLICKSKOMMENTAR Analog zu der ungefähr gleichzeitig entstandenen Hymne *Mnemosyne* gestaltet die Ode die
Erinnerung (v. 1f.: »⟨. . .⟩ wenn ich dein | Vergäße ⟨. . .⟩«)
an das untergegangene Griechenland. Und wie in der Hymne wird diese Erinnerung zum Anlaß existenzbedrohender
melancholischer Trauer: von »Tränen«, die das »Augenlicht« auszulöschen drohen (v. 17f.); wie in der Hymne
kommt ferner diese Trauer aus übergroßer »Liebe« zur untergegangenen schönen Welt Griechenlands, insbesondere
zu seinen »Helden« (v. 11) – und wiederum analog wird
diese »Liebe« im Sinne des platonischen und neuplatoni-
schen »amor divinus« (v. 1: »Himmlische Liebe«) als eine
zerstörerisch-idealistisch über alles bloß Irdische zum Ab-
soluten drängende (v. 7 »⟨. . .⟩ wo die abgöttische | Büßet,

doch Himmlischen nur, die Liebe«), insofern ekstatische
Seelenkraft gedeutet. Endlich entspricht die Ode auch darin der Hymne *Mnemosyne*, daß sie diesen idealen und zugleich selbstzerstörerischen Drang des *Dichters*, der durch
die Erinnerung ausgelöst wird, mit dem Wesen des Erinnerten: Griechenlands und besonders der griechischen *Helden* gleichsetzt. Denn auch der Untergang der griechischen
Welt und der Untergang der Helden wird auf das Übermaß
eines zum Absoluten gehenden und deshalb selbstzerstörerischen Dranges zurückgeführt. An Griechenland selbst
wird das durch die auch sonst bei Hölderlin, besonders im
Spätwerk wichtige Vorstellung der Ekpyrosis zum Ausdruck gebracht: der Auflösung der Welt im Feuer – daher
heißen die griechischen Inseln die »feur'gen, die voll Asche
sind« (v. 3f. – Vgl. hierzu die genauere Erläuterung auch
der Ekpyrosis). An den Helden wird es durch die Anspielung auf den furor heroicus deutlich gemacht, der neuplatonisch ebenfalls als entgrenzender und deshalb selbstzerstörerischer Drang zum Unbedingten verstanden wird. Vgl.
die genauere Erläuterung zu v. 11. In der Erinnerung vollzieht also der sich erinnernde Dichter eine tragische Identifikation mit dem Erinnerten.

315,1 *Himmlische]* Der metrische Akzent sitzt auf der
zweiten Silbe. Indem das Wort zwei Akzente trägt – den
Wortakzent auf der ersten, den Versakzent auf der zweiten
Silbe – erhält die Anrufung der *Liebe*, die ein Leitbegriff des
ganzen Gedichts ist (vgl. v. 8, v. 14, v. 16), besondere
Emphase; und daß es sich nicht um Liebe im gewöhnlichen
Sinne des Wortes, sondern eben um »himmlische« Liebe,
um den »amor divinus« handelt, der, weil er selbst absolut
(»himmlisch«) ist, auch zum Absoluten geht, kommt in der
kunstvoll variierenden Responsion in v. 8 zum Ausdruck:
»⟨. . .⟩ doch Himmlischen nur, die Liebe«. Vgl. *Der Tod des
Empedokles*, Zweite Fassung, v. 402f.: »⟨. . .⟩ mich trieb
mein heilig Herz | Unsterblich liebend zu Unsterblichen«.
315,2ff. *wenn ich . . .]* Die Parallelität mit der vorange-

henden Wendung »wenn ich dein | Vergäße« ergibt die
Ergänzung des Prädikats in dieser elliptischen Konstruktion: »vergäße«. Doch würde das ausgelassene Prädikat
»vergäße«, das gemeinsam mit dem ebenfalls weggelassenen
Anruf »euch« (d. i.: »ihr lieben Inseln«) auf v. 5 folgen müßte,
nur den »Wenn«-Satz beschließen; die übergreifende Satz-
bewegung, die logisch mit »dann ⟨. . .⟩« zu Ende geführt
werden müßte, bricht vor diesem zweiten, syntaktisch notwendigen Glied ab. In diesem Abbrechen kommt das
gleichsam Unerhörte eines Vergessens der »Augen der Wunderwelt« zum Ausdruck: eine emphatische Aposiopese.

315,2f. *ihr geschicklichen,* | *Ihr feur'gen, die voll Asche
sind*] Zu der zugrundeliegenden Vorstellung der Ekpyrosis
– der am Ende einer Weltperiode stattfindenden Auflösung
der Welt, insbesondere der griechischen Welt, in Feuer –
sowie zum Traditionshintergrund vgl. die Ode *Gesang des
Deutschen,* v. 33-36, und die Erläuterung z. St. S. 641. Dieselbe Vorstellung auch in *Stimme des Volks, Lebensalter,
Mnemosyne.* Das Wort »geschicklichen« bedeutet: von einem
Geschick betroffen. Es ist das große und zugleich tragische
Los einer heroischen Welt, »geschicklich« zu sein, ein
Schicksal zu haben – »Geschick und Athletentugend« nach
den *Anmerkungen zur Antigonä* –, während unser Teil das
»Schicksallose« (δυσμορον) ist. Eigentlicher Grund der ver-
nichtenden Schicksalhaftigkeit ist in der Ode das Übermaß
an »Liebe«, die »himmlische Liebe« ist: eine sich aus der
Erdgebundenheit lösende und ins »Ungebundene« (vgl.
Mnemosyne, v. 13) gehende Liebe zum »Himmlischen«.

316,9 *allzudankbar*] Es ist der »Dank« des heroischen
Einzellebens an das »himmlische« All-Leben, daß es, weil
dieses unendlich gefühlt wird, sich ihm auch unendlich hin-
geben (»dienen«, vgl. v. 10) will. Darin ist es »allzudankbar«, weil es Maß und Grenze des eigenen Daseins auf diese
Weise zerstört.

316,11 *Die zorn'gen Helden*] Den beiden größten Helden
der *Ilias,* Achill und Aias (die Hölderlin in der Hymne
Mnemosyne nennt), wurde ihr zerstörerischer »Zorn« zum

Verhängnis – schon der erste Vers der *Ilias* nennt den »Zorn« des Achill als entscheidendes Moment des Gesamtgeschehens. Und auch den Aias – Hölderlin selbst hat aus dem *Aias* des Sophokles übersetzt – kennzeichnet ein besonderer, aus verletzter Ehre entspringender Zorn. Von ihm ist gerade in der von Hölderlin übersetzten Partie die Rede. Dieser überlieferte »Zorn« der Helden, dem in der antiken Dichtung noch keineswegs eine ekstatisch-idealistische Qualität zukommt, wurde später neuplatonisch umgedeutet: der »furor heroicus« wurde nun, analog dem »amor divinus« (vgl. v. 1: »Himmlische Liebe«), als Drang zum Absoluten interpretiert. Vermittelt von Marsilio Ficinos neuplatonisch-mystischem Kommentar zu Platons *Symposion*, seiner für das Thema programmatischen Schrift *De divino furore* und entsprechenden Partien in der für den Traditionsprozeß zentralen *Theologia Platonica*, hat die idealistische Vorstellung vom furor heroicus ihre größte neuzeitliche Entfaltung in Giordano Brunos Schrift *De gl' heroici furori* erfahren. Wie schon aus dem Zusammenhang mit dem »amor divinus« (der »himmlischen Liebe«) hervorgeht, versteht Hölderlin den »furor heroicus« in diesem neuplatonisch-idealistischen Sinn. Indem er von den »zorn'gen Helden« spricht, spielt er wörtlich genau auf den »furor heroicus« an.

316,11f. *viel Bäume | Sind, und die Städte daselbst gestanden]* Die Bäume stehn pars pro toto für die Natur, die Städte für die Kultur. Der Untergang beider Bereiche deutet wieder auf die Ekpyrosis: vgl. die Erläuterung (S. 641) zum »Wald« (entsprechend den »Bäumen«) in v. 33-36 der Ode *Gesang des Deutschen* und für die »Städte« die Erläuterung (S. 793) zu v. 41ff. der Ode *Stimme des Volks*, 2. Fassung. Daß auch in *Tränen* der Untergang der Städte im Horizont der Ekpyrosis steht, ergibt sich aus v. 2f.

316,13 *Sichtbar, gleich einem sinnigen Mann]* Immer wieder hebt Hölderlin in den Gedichten dieser Zeit auf das »Sichtbare« der antiken Kultur im Sinne des Plastischen, Gestalthaften und Bildhaften ab, das mit ihrem Ende verschwand. Vgl. die Überblickskommentare zu den Hymnen *Der Ein-*

zige und *Patmos*. Der Vergleich mit einem »Mann« pointiert gerade das Plastisch-Gestalthafte, das durch das Beiwort »sinnig« mit der Sphäre der Besonnenheit verbunden wird: mit Sophrosyne, die alles in Maß und Grenze hält, bis der entgrenzende Drang zum Absoluten in der »himmlischen Liebe« durchbricht.

316,15f. *übervorteilt,* | *Albern]* Die Liebe muß »überall übervorteilt« sein, weil sie sich vorbehaltlos, ohne zu rechnen und ohne sich zu sichern, hingibt bis zum Selbstverlust. In Hölderlins Verwendung des Wortes »albern« schwingt die alte, auf das Etymon zurückgehende Bedeutung von »ganz wahr« (»alwaere«) mit.

An die Hoffnung

Eine erste, abgeschlossene Fassung dieser Ode, die von der letzten Form kaum abweicht, ist schon um die Jahrhundertwende in Homburg niedergeschrieben worden, unter der Überschrift *Bitte*. Sie ist handschriftlich überliefert, außerdem gibt es noch mehrere später entstandene Handschriften, deren letzte erst den dann auch im Erstdruck erscheinenden Titel *An die Hoffnung* trägt. Obwohl Hölderlin das Gedicht erst im ›Taschenbuch für das Jahr 1805. Der Liebe und Freundschaft gewidmet‹, Frankfurt am Mayn, bei Friedrich Wilmans, S. 80-81, veröffentlichte, gehört es also im Gegensatz zu mehreren anderen der »Nachtgesänge« nicht zur Spätphase. Vgl. die einleitenden Erläuterungen zu den *Nachtgesängen* (S. 794f.).

Alkäisches Versmaß.

Andere Interpunktion gegenüber der StA in v. 16.

316,6 *den Schatten gleich]* Nach griechischer Vorstellung leben die Toten als stille, stumme Schatten in der Unterwelt; vgl. besonders Homer, *Odyssee*, 11. Gesang.

316,11 *Zeitlose]* Die Herbstzeitlose, hier Sinnbild des Zeitlosen im Vergänglichen.

317,15f. *die immerfrohen* | *Blumen, die blühenden Sterne]* Im Gegensatz zu den vergänglichen Blumen der Erde sind die Blumen des Himmels unvergänglich, »immerfroh«. Die überlieferte Metapher Blume-Stern verwendet Hölderlin auch sonst, vgl. *Der Frieden*, v. 59f.: »Denn ewig wohnen sie, des Äthers | Blühende Sterne, die Heiligfreien«; *Ermunterung*, 1. Fassung, v. 6: »Blühn denn am hellen Äther die Sterne nicht?«

317,17 *O du des Äthers Tochter*] Der Äther ist für Hölderlin Inbegriff des pantheistisch verstandenen All-Lebens der Natur (vgl. die Erläuterungen zum Hexameterhymnus *An den Äther*), von dem die vorausgehenden Strophen handeln – und aus diesen Kräften der Natur erwächst immer neue »Hoffnung«: Lebenszuversicht.

317,18 *Aus deines Vaters Gärten*] Der ewige Blumengarten des Vaters Äther (vgl. die vorausgehenden Erläuterungen) ist der mit Sternen besäte Himmel.

317,20 *mit anderem*] In der ersten Handschrift steht: »mit Unsterblichem«.

Vulkan

Die zwei erhaltenen Handschriften dieser Ode tragen im Unterschied zum Erstdruck noch den Titel *Der Winter*. Die erste Handschrift ist um die Jahrhundertwende zu datieren, die zweite ist eine wahrscheinlich 1802 angefertigte Reinschrift. Erstdruck im ›Taschenbuch für das Jahr 1805. Der Liebe und Freundschaft gewidmet‹, Frankfurt am Mayn, bei Friedrich Wilmans, S. 81-82. Vgl. die einleitenden Erläuterungen zu den *Nachtgesängen* (S. 794f.).

Alkäisches Versmaß.

Vulkan] Der griechische Gott des Feuers und der Schmiedekunst. Er erscheint im folgenden insbesondere als Gott der häuslichen Geborgenheit, d. h. des Herdfeuers.

317,1 *freundlicher Feuergeist*] Hölderlin setzt in seinem Spätwerk statt des Wortes »Gott« gerne »Geist« ein – und »Feuergeist« ist eine Prägung, die erst in der Druckfassung erscheint. Vgl. die letzte Bearbeitung der *Antigone*, wo Ares dreimal »der Schlachtgeist« heißt, Eros »Geist der Liebe« und »Friedensgeist«.

317,9 *Boreas*] Der rauhe Nordwind.

Blödigkeit

Diese nicht handschriftlich überlieferte Ode ist aus einer
tiefgreifenden Umarbeitung der in zwei Fassungen überlieferten Ode *Dichtermut* (S. 302-S. 304) 1802 oder 1803 entstanden. Erstdruck im ›Taschenbuch für das Jahr 1805. Der
Liebe und Freundschaft gewidmet‹, Frankfurt am Mayn,
bei Friedrich Wilmans, S. 82-83. Vgl. die einleitenden Erläuterungen zu den *Nachtgesängen* (S. 794f.).
Asklepiadeisches Versmaß.

ÜBERBLICKSKOMMENTAR Zu der aus der Philosophie der
mittleren Stoa stammenden gedanklichen Grundstruktur,
die auch in dieser späten Umarbeitung weitgehend erhalten
bleibt, vgl. den Überblickskommentar und die Einzelerläuterungen zu *Dichtermut* (S. 768-775). Die Umarbeitung
betrifft in der ersten und zweiten Strophe nur einzelne, aber
charakteristische Wendungen, die dritte Strophe im ganzen,
die vierte und fünfte Strophe wieder in einzelnen Wendungen, schließlich werden die beiden ursprünglichen Schlußstrophen durch eine einzige, völlig neu konzipierte Schlußstrophe ersetzt.

Während die Ode *Dichtermut* bis zum Schluß hin immer
deutlicher von der bloßen Aufgehobenheit des Dichters im
Lebenszusammenhang spricht, ist der Dichter in der Ode
Blödigkeit gerade umgekehrt derjenige, der den großen Zusammenhang erst wieder herstellt. Das zeigt vor allem die
dritte Strophe. Dazu befähigt ihn eine spezifische *Erkenntnis*: die Erkenntnis von der naturhaften Zusammengehörigkeit des geschichtlich Getrennten. Schon der erste Vers
bringt die Umorientierung zur Erkenntnis zum Ausdruck.
In *Dichtermut* heißen die Lebendigen dem Dichter »verwandt«, in *Blödigkeit* aber »bekannt«. Das Gefühl vorgege-
bener naturhafter Einbezogenheit weicht einem Ausdruck
des Erkennens. Entsprechend ersetzt der zweite Vers die
Vorstellung, daß die Parze den Dichter in ihrem Dienste
»nährt«, durch die andere, daß er auf »Wahrem« wie auf
Teppichen geht. An die Stelle einer naturhaften Erhaltung

im Lebenszusammenhang, wie sie das Wort »nähren« ausdrückt, tritt die Erkenntnis des »Wahren«, die aus dem
»Kennen« des Lebendigen resultiert. Am deutlichsten wird
diese neue Tendenz zu Erkenntnis und Bewußtsein in der
Neuformulierung von v. 17: In *Dichtermut* ist vom »fröhlichen Tag«, in *Blödigkeit* vom »denkenden Tag« die Rede.
Schließlich entspricht es dieser Umorientierung, daß am
Ende von *Dichtermut* der Untergang des Dichters im großen Lebenszusammenhang dargestellt wird, während es in
der Schlußstrophe von *Blödigkeit* heißt, daß die Dichter
»mit Kunst«, d. h. mit bewußter Gestaltung »kommen«.
Vgl. zu der neuen, auf Erkenntnis und Bewußtsein angelegten Tendenz auch die Einzelerläuterungen zu v. 17-20.

Der Wandlung von einer aus einfacher Natursympathie
entspringenden gefühlshaften Zuversicht zur Gewißheit
des Erkennens entspricht die Wandlung vom passiven Verhalten zur aktiven Rolle des Dichters. Das mit dem neuen
Selbstverständnis gegebene Vertrauen auf die eigene Kraft
zeigt die erste Strophe von *Blödigkeit* im neuen, entschlos-
senen Anruf an den eigenen »Genius«; weiter in der positiven Wertung eigener, vermittlungsfähiger Kraft, aus der
sich die mit der dritten Strophe beginnende Bestimmung
der dichterischen Aufgabe ergibt. Diese Bestimmung der
aktiven, dichterischen Aufgabe erreicht ihren Höhepunkt
in der Schlußstrophe: »Gut auch sind und geschickt einem
zu etwas wir ⟨. . .⟩«.

Mit dem Bewußten, Aktiven und dem Ergreifen einer
dichterischen Bestimmung hängt auch die Wendung zum
Bestimmten und Individuellen zusammen: daher die nun
ganz neuen Wendungen, die das spezifisch Unterschiedene
(vgl. die Einzelerläuterungen zu v. 12) und das Einzeln-
Bestimmte pointieren, letzteres im Anruf an den eigenen
»Genius« (v. 3) und besonders auffallend in der Schlußstrophe (vgl. hierzu die Einzelerläuterungen).

Im folgenden werden nur diejenigen Wendungen erläutert,
die nicht in *Dichtermut* vorgegeben und schon S. 769-775
erläutert sind.

Blödigkeit] Im 18. Jahrhundert: »Ängstlichkeit«, »Verzagtheit« (zum Wortgebrauch bei Hölderlin vgl. die Oden
Der Zeitgeist, v. 7, und *Gesang des Deutschen*, v. 12). Der Titel
ist also im Vergleich zu dem der Ode *Dichtermut* aus ent-
gegengesetzter Perspektive formuliert: der Dichter spricht
sich in seiner »Blödigkeit« Mut zu. Während er aber in der
Ode *Dichtermut* auf die Tragfähigkeit des Lebenszusammenhangs unmittelbar vertraut, beruft er sich nun auf seine
spezifisch dichterische Erkenntnis, aus der sich am Ende
sein Selbstbewußtsein und damit die Überwindung der
»Blödigkeit« ergibt.

318,2 *auf Wahrem ⟨. . .⟩ wie auf Teppichen]* Dem »Wahren«
kommt die Qualität einer veritas ontologica zu. Als das
allem Seienden (dem »Lebendigen«, v. 1) zugrunde liegende Wesentliche kann sie »wahr« heißen; und weil der
ontologischen Wahrheit ein Seinsvertrauen entspricht,
kann der Dichter auf ihr »wie auf Teppichen« gehn.

318,3 *mein Genius]* Der Genius ist bei den Römern Inbegriff des individuellen, persönlichen Wesens. Der Anruf
des eigenen Genius figuriert hier im Wortsinn Selbst-Be-
wußtsein.

318,9 *Denn, seit Himmlischen gleich Menschen, ein einsam
Wild...]* Ein extremes Beispiel der für Hölderlins lyrisches
Spätwerk typischen »harten Fügung« (ἁρμονία αὐστηρά). In
normaler Fügung: »Denn seit der Gesang die Menschen,
die gleich den Himmlischen ein einsam Wild waren, der
Einkehr zuführt«. Das im Zentrum von v. 9 stehende Wort
»gleich« kehrt pointierend in v. 14 wieder, wo es heißt, daß
die Dichter »jedem gleich« seien. Die hieraus zu erschlie-
ßende – und gegenüber *Dichtermut* neue – Bedeutung des
Gleichheits-Gedankens ist auch der Grund für die extrem
harte Fügung des v. 9: Noch bevor die Menschen selbst (als
Objekt des Satzes) genannt werden, kommt ihre Gleichheit
zur Sprache, und das zentrale Wort »gleich« steht wie ein
Gleichungszeichen in der Mitte zwischen »Himmlischen«
und »Menschen«. Die Menschen sind den Himmlischen
»gleich«, insofern beide »einsam«, d. h. voneinander ge-

trennt sind und das Vollkommene erst in der Gemeinsamkeit der »Einkehr« erreichen. Nur aufgrund dieser Gleichheit, die eine doppelseitige Vermittlung fordert, kann der
»Gesang« die Harmonie stiften. Zugleich ist die komplexe
Formulierung so angelegt, daß auch die Menschen untereinander zusammengeführt werden, wie dann die Himmlischen ihrerseits – vgl. die folgende Erläuterung und
diejenige zu v. 11f. Es handelt sich also um eine allseitige
Harmonie-Stiftung und Friedenskonzeption (in v. 10 der
Ode *Dichtermut* heißt der »Gesang« noch unmittelbar »friedenatmend«).

318,11f. *Der Gesang und der Fürsten | Chor]* »Der Fürsten
Chor« deutet schon auf die politische Vorbedingung für die
friedliche Zusammenführung der getrennten Menschen:
daß die Fürsten erst untereinander Frieden schließen müssen. Hölderlin verwendet das Wort »Chor« gern zur Bezeichnung der harmonischen Gemeinschaft. Vgl. *Der Mutter Erde. Gesang der Brüder Ottmar Hom Tello*, v. 14: »Der
Chor des Volks«; *Friedensfeier*, v. 105-108: »Wo aber bei Gesang gastfreundlich untereinander | In *Chören* gegenwärtig,
eine heilige Zahl | Die Seligen in jeglicher Weise | Beisammen sind«.

318,12 *nach Arten]* Die syntaktisch mögliche Zuordnung als Apposition zu dem Subjekt »Der Gesang und der
Fürsten Chor« kann außer Betracht bleiben. Denn erstens
wäre es sinnlos, derart expressiv die Selbstverständlichkeit
zu pointieren, daß der Gesang und die Fürsten auf jeweils
verschiedene Art die Menschen und die Himmlischen der
»Einkehr« zuführen; zweitens wäre es sprachlich unmöglich, den adverbialen Ausdruck (auf verschiedene Art) – um
dessen Variation es sich dann nur handeln könnte – durch
die Wendung »nach Arten« zu ersetzen. Dagegen ist es
sprachlich stimmig, wenn die Menschen und die Himmlischen »nach Arten«, d. h. *gemäß* ihren Arten (Stufen der
Entsprechung) zusammengeführt werden. Welchen Sinn
dieses Verständnis hat, ergibt der Gedankenzusammenhang
der letzten Strophe (vgl. hierzu die Einzelerläuterungen).

Die Hervorhebung sowohl des Spezifischen (»nach Arten«)
wie des Individuellen, das dadurch gegenüber dem Allgemeinen von Natur und Vernunft bis zu einem gewissen
Grad mitbestimmt wird, läßt in auffallend analoger Ausdrucksweise die ungefähr zur gleichen Zeit wie *Blödigkeit*
entstandene Ode *Ganymed* erkennen. In ihr heißt es, v. 21 f.,
daß »jedes, *in seiner Art*, | Blüht« (vgl. die Einzelerläuterung
hierzu).

318,13 *Wir, die Zungen des Volks*] Gegenüber *Dichtermut*
(v. 13: »Wir, die Sänger des Volks«) drückt sich hier eine
noch stärkere Identifikation mit dem »Volk« aus, wobei
dieses durch die vorausgehende neue Nennung der »Fürsten« in v. 11 einen anderen Akzent erhält.

318,16 *Unser Vater, des Himmels Gott*] Damit ist der im
entsprechenden Vers der Ode *Dichtermut* genannte »Sonnengott« Apollon gemeint (vgl. dort die Erläuterung), der
als Gott des Tageshimmels hier »des Himmels Gott« heißt.
Die Neuformulierung dürfte dadurch bedingt sein, daß die
neu konzipierte vorausgehende Strophe (v. 9-12) von den
»Himmlischen« und den Menschen spricht, die der Gesang
der Einkehr zuführt. Indem als »Vater« der *Dichter* des
»Himmels« Gott genannt wird, erscheinen die Dichter in
besonderer Weise zur Vermittlung der »Himmlischen« und
der Menschen mit den »Himmlischen« prädestiniert, so wie
sie andererseits als »Zungen des Volks«, die gerne bei »Lebenden« sind (v. 13), auch von der Seite der Menschen her
in besonderer Weise als vermittlungsfähig erscheinen.

318,17 *Der den denkenden Tag Armen und Reichen gönnt*]
Zur Umformulierung des Verses gegenüber der Ode *Dichtermut*, wo noch vom »fröhlichen Tag« die Rede ist, vgl. den
Überblickskommentar. Der »denkende Tag« entspricht
wiederum in besonderer Weise dem stoischen Gesamtkon-
zept, das schon für *Dichtermut* maßgebend ist. Denn nach
stoischer Lehre ergibt sich gerade aus der *geistigen* Natur,
dem Logos, ungeachtet aller anderen Unterschiede, wie
etwa Arm und Reich, die wesensmäßige Zusammengehörigkeit und Gleichheit der Menschen. »Denn es gibt *eine*

Welt aus allem«, sagt Marc Aurel (VII 8, vgl. den Überblickskommentar zu *Dichtermut*), »und *eine* Substanz und *ein*
Gesetz, die Vernunft (νόμος εἷς, λόγος κοινός), die allen geistigen Wesen gemeinsam ist«.

318,18 *zur Wende der Zeit, uns die Entschlafenden]* Die
Menschen heißen nicht mehr wie in *Dichtermut* »die Vergänglichen«, sondern »die Entschlafenden«, weil nun statt
der Vergänglichkeit des bloßen Lebens der Bewußtseins-
mangel (das »Entschlafen«) der zu einem geistig-wachen
Dasein berufenen Menschen negativ bewertet wird. Der
»denkende Tag« bewahrt zwar nicht vor dem Vergehen in
der Zeit, aber vor dem Versinken in einem Leben ohne
Bewußtsein. Entsprechend deutet die Umformulierung des
Passus »flüchtige Zeit« (*Dichtermut*) in »Wende der Zeit«
nicht mehr auf das Flüchtige der Zeit, sondern auf das
wache Erkennen des geschichtlichen Augenblicks, der einen entscheidenden geschichtlichen »Wende«-Punkt markiert. Dies entspricht dem sich auch in anderen Dichtungen
artikulierenden Bewußtsein Hölderlins, daß die eigene
Epoche eine zum Vollendungsstadium drängende Zeit des
Umbruchs ist, wie er sich insbesondere in der Französischen Revolution ankündigte.

318,19f. *Aufgerichtet an goldnen | Gängelbanden]* Zur Vor-
stellung der »Gängelbande« vgl. die Erläuterung zum entsprechenden Vers in *Dichtermut*. Obwohl der Passus unverändert aus der Ode *Dichtermut* übernommen wurde,
gewinnt er durch den neuen Kontext des »denkenden« Tags
auch eine neue Bedeutung. Es kann sich nicht mehr um eine
bloß im Leben aufrecht erhaltende Wirksamkeit handeln,
vielmehr um eine Kraft, die auf das unbewußte Leben der
»Kinder« vergeistigend wirkt und es insofern »aufgerichtet« hält (vgl. zu diesem Terminus die Erläuterung in
Dichtermut).

319,21 *geschickt einem zu etwas]* Für die übergeordnete
Tendenz zur Pointierung des Individuellen und Bestimmten vgl. den Überblickskommentar. Die Formulierung »einem zu etwas« betont das Individuelle sowohl des Men-

schen wie seiner Aufgabe. Mit eigentümlicher terminolo-
gischer Konstanz spricht Hölderlin auch sonst in dieser
Zeit vom »Etwas« und vom »Einen«, so in der 2. Fassung
des *Einzigen*, v. 57-59: »Fein sehen die Menschen, daß sie |
Nicht gehn den Weg des Todes und hüten das Maß, daß
einer | *Etwas* für sich ist«. Weitere Belegstellen und der ter-
minologisch-individualitätsphilosophische Hintergrund in
den Erläuterungen zum *Einzigen*, S. 960f.

319,22 *mit Kunst*] Das Wort »Kunst« hat hier die esoterische und zugleich terminologische Bedeutung, wie sie die
Ode *Natur und Kunst oder Saturn und Jupiter* und der *Grund
zum Empedokles* entwickeln: »Kunst« ist der Bereich des
Individuell-Begrenzten, der bestimmten Zeit und der konkreten Gestalt, des Bewußtseins und der Sprache, überhaupt aller Form, im Gegensatz zur »Natur« als der Sphäre
des grenzenlosen Ganzen, des vorbewußten und sprachlosen Fühlens, des zeit- und geschichtslosen Seins, das kein
individuelles Eigenleben, sondern nur den unendlichen Le-
bensstrom kennt.

319,22f. *und von den Himmlischen* | *Einen bringen*] Das In-
dividuelle – vgl. hierzu die Erläuterung zu v. 21 – erhält
besondere Emphase durch das Enjambement. Hölderlin
spricht in seinen Schriften und Briefen immer wieder von
einem »Gott in uns«, womit er stoische Tradition übernimmt (vgl. hierzu die Erläuterung zu v. 80 der *Hymne an
die Menschheit*, S. 569). Im Aufsatz *Über Religion* heißt es
(Bd. II): »Jeder hätte demnach seinen eigenen Gott«. Dieser
»Gott« ist der Erfüllungshorizont des eigenen individuellen Wesens eines Menschen. So ist der ganz bestimmte
»eine« der Himmlischen, den die Dichter jeweils »einem«
der Menschen bringen, der Inbegriff der individuellen Bestimmung. Auch entstehungsgeschichtlich läßt sich nach-
weisen, daß der »eine« der Himmlischen mit jenem individuell eigenen Gott identisch ist. In der ersten Fassung der
Ode *Dichtermut* steht die rhetorische Frage (v. 15f.): »wie
sängen | Sonst wir *jedem den eignen Gott*«. Die neue (und
neuplazierte) Formulierung »von den *Himmlischen* | Einen

bringen« erhält allerdings auch einen neuen Akzent, indem
sie der Individualität eine höchste Sanktionierung verleiht.
Vgl. hierzu Fichtes im Jahr 1806 erschienene Schrift *Die
Anweisung zum seligen Leben* (9. Vorlesung).

319,24 *schickliche Hände*] Wortspiel im Zusammenhang
mit v. 21: »Gut auch sind und *geschickt* einem zu etwas wir«.
Den Hintergrund bildet auch hier wieder die stoische Philosophie. In ihr ist das ›Schickliche‹ (καθῆκον, πρέπον,
decorum) eine zentrale Kategorie gerade des für die Schlußstrophe insgesamt maßgebenden Individualitätsdenkens.
Hölderlin kannte diese Lehre aus der Darstellung des Dio-
genes Laertius, der von der Schrift Zenons, des Begründers
der Stoa, *Über das Schickliche* (περὶ τοῦ καθήκοντος, Diog.
Laert. VII 4) berichtet, ebenso über die gleichnamige
Schrift des Stoikers Kleanthes (Diog. Laert. VII 174), vor
allem aber aus der Hauptquelle für diese Überlieferung: aus
Ciceros Schrift *De officiis* (*Von den Pflichten*), mit der sich
Cicero nach eigenem Bekunden eng an die Hauptschrift
eines Vertreters der sogenannten mittleren Stoa, des Panaitios, anlehnt. Auch diese Hauptschrift trug den Titel *Über
das Schickliche* (περὶ τοῦ καθήκοντος). Die wichtigsten Ge-
sichtspunkte des Panaitios entwickelt Cicero in *De officiis*
I 107ff. Vor allem geht es um die Erfassung des Individuums in seiner vollen Konkretion angesichts der allgemein
gültigen Natur-, Vernunft- und Tugend-Normen. Innerhalb dieser allgemeinen Normen ist nicht für jeden in jeder
Situation das Gleiche »schicklich«, weil er nicht gleichermaßen zu allem »geschickt« ist. Während die allgemeinen
Normen vor allem für den Menschen als vernunftbegabtes
Wesen gelten, und zwar für jeden in gleicher Weise (Hölderlin sagt in v. 17, daß der Gott »den denkenden Tag
Armen und Reichen gönnt«), ergibt sich das für den Einzelnen »Schickliche« aus seinen individuellen Anlagen und
Lebensumständen sowie aus seinem Beruf und seiner Le-
bensführung.

Indem Hölderlin gerade von den *Dichtern* sagt, daß sie
»schickliche Hände« bringen, folgt er der schon früh und

besonders von Cicero hergestellten Verbindung der *ethischen* Lehre der Stoa vom Angemessenen, Schicklichen (καϑῆκον, πρέπον, decorum) mit der *rhetorischen und poetischen* Pflicht, das Angemessene, Schickliche (πρέπον, decorum, aptum) zu beachten. Das »Schickliche« war eine rhetorische und poetische Grundkategorie. Mit ausdrücklicher Berufung auf Cicero erklärt es Quintilian in seiner *Institutio oratoria* (XI 1,1) für ein Haupterfordernis, »passend (schicklich) zu reden« (»ut dicamus apte«). Die zentrale Poetik der römischen Antike, die für den europäischen Traditionsprozeß maßgebende *Ars poetica* des Horaz, steht insgesamt unter der Leitvorstellung, der Dichter müsse überall das decorum wahren, d. h. das, was sich schickt (»quid deceat«, v. 308). In der ästhetischen Theorie des deutschen 18. Jahrhunderts bürgert sich dafür der terminologische Ausdruck ein, den auch Hölderlin in seinem Gedicht verwendet: »das Schickliche«. Das zeigt das führende Kompendium ästhetischer Theorie, Johann Georg Sulzers *Allgemeine Theorie der schönen Künste*, 4. Bd., 2. Aufl. Leipzig 1794, S. 298, in dem Artikel ›Schiklich‹, der auch auf die Autorität der *Ars poetica* des Horaz hinweist.

Ganymed

Zu dieser Ode ist ein handschriftlicher Entwurf erhalten, der noch den Titel *Der gefesselte Strom* trägt – den Titel des Gedichts (S. 304f.), aus dessen Umarbeitung diese späte Ode hervorgegangen ist. Der Entwurf zeigt bereits Partien der Umarbeitung. Vollständig ist die in das Jahr 1802 oder 1803 gehörende Ode unter dem neuen Titel *Ganymed* nur im Erstdruck überliefert: im ›Taschenbuch für das Jahr 1805. Der Liebe und Freundschaft gewidmet‹, Frankfurt am Mayn, bei Friedrich Wilmans, S. 83-84.
    Alkäisches Versmaß.

ÜBERBLICKSKOMMENTAR Ganymed ist in der griechischen Sage der Sohn des troischen Königs Tros und der Nymphe Kallirrhoe, der Enkel des auf dem Ida entspringenden Flusses Skamander (heute: Menderes) und Urenkel des Okeanos und der Tethys (Hesiod, *Theogonie*, v. 345). Durch einen Adler ließ Zeus den Ganymed, den schönsten sterblichen Jüngling (Homer, *Ilias* XX 233), vom Gipfel des Idagebirges (»Bergsohn«, v. 1) rauben, um ihn zum Mundschenk der Götter zu machen (v. 3f.).

Die Struktur des *Gefesselten Stroms* bleibt in der Ganymed-Ode erhalten. Eine evozierende Frage an den noch winterlich schlafenden Strom prägt die ersten beiden Strophen. Gleichsam als Antwort auf die Frage stellen die beiden mittleren Strophen die erwachende und sich zu höchster Intensität steigernde Aktivität des Stromes dar, worauf die beiden Schlußstrophen seine Wirkung in der Welt zeigen, um dann zu seinem eigenen Schicksal zurückzulenken.

Als erster und zugleich entscheidender Unterschied fällt auf, daß in der früheren Ode der durch das Eis gefesselte Strom des eigenen Ursprungs achten soll, während sich der in der Ode *Ganymed* Angeredete an einen andern, an Ganymed, zu *erinnern* hat; er soll der »Gnade« (v. 3) »denken«, die Ganymed einst erfuhr, als es »an den | Tischen die Himmlischen ⟨. . .⟩ gedürstet« hat. Derjenige, der ihn erinnert und damit bewußtseinschaffend und lebensmächtig in die Realität eingreift, ist der Dichter (vgl. die Einzelerläuterung zu v. 7f.). Durch dessen im »Wort« (v. 7) aufgehobenen »Geist« (v. 8) wird er zum lebendigen »Strom*geist*« (v. 19), der seinerseits bewirkt, daß sich auf der Erde der »Geist« (v. 20) wieder regt. Die vergeistigende Erinnerung (an den Ganymed-Mythos) ist nun so wesentlich, daß ihr der neue Titel gilt und daß dem Erinnerten am Ende die Erinnerung zum eigenen Schicksal wird: »himmlisch Gespräch ist sein nun« (v. 24) – wie einst dem zum Tische der Götter entführten Ganymed.

Die Erinnerung an Ganymed vermittelt dem Strome den Geist, indem sie ihn zugleich aus der Selbstentfremdung herausführt: Aus seiner winterlichen Erstarrung und aus dem Leiden an einer winterlich-dürftigen Umwelt (v. 2:

»⟨. . .⟩ frierst am kahlen Ufer, Gedultiger!«) wird er durch das »Wort« des erinnernden Dichters wachgerufen, der dem unwirtlich-»kahlen Ufer« der irdisch-unerfüllten Welt das Bild Ganymeds an den Tischen der Himmlischen gegen-übergestellt – die Vision einer höchsten, geradezu als »Gnade« bezeichneten Erfüllung. Entmythologisiert heißt dies, daß die ideale Utopie in entscheidender Weise die geniale Ak-tivität stimuliert.

319,5f. *vom Vater die Boten ⟨. . .⟩ der Lüfte geschärfter Spiel*] Der Vater ist Okeanos. Seine Boten sind die milden, das Tauwetter vom Westen her bringenden Lüfte, die im Frühlingssturm »geschärfter« wehen.

319,7f. *das Wort ⟨. . .⟩ ein gewanderter Mann*] Das Wan-dern ist in vielen Gedichten Hölderlins ein Grundzug des Dichters, der *geistig*, nämlich in der Erinnerung wandert, vgl. *Die Wanderung, Patmos*. Auf die Erinnerung an Vergan-genes spielt hier die Wendung »voll alten Geists« an. Da das geschichtlich erinnernde Wandern nur aus der hohen Über-schau über die Zeiten möglich ist, erscheint der Dichter immer wieder als ein Wanderer auf höchster Höhe. So nennt der Entwurf zu der Ode *Dichtermut* den Dichter einen »Alpenwanderer« und in der Hymne *Mnemosyne* sieht der Dichter sich selbst als »fern ahnenden«, d. h. sich erin-nernden »Wandersmann«, der in den »Alpen ⟨. . .⟩ auf hoher Straß« (v. 29ff.) geht.

319,11 *Im Zorne*] Vgl. die Erläuterung zu v. 15 im *Ge-fesselten Strom*.

319,20 *Nabel der Erde*] Anspielung auf die seit Pindar gebräuchliche Bezeichnung für Delphi, das geistig-religiö-se Zentrum Griechenlands, als »Nabel (= Mittelpunkt) der Erde« (γᾶς ὀμφαλός, Pyth. VIII 59, in Hölderlins Überset-zung VIII 85; vgl. auch Pyth. IV 74). – Vgl. den hymnischen Entwurf *Vom Abgrund nämlich . . .*, v. 15f.; *Griechenland*, 3. Ansatz, v. 16f.

319,21f. *Und jedes, in seiner Art, | Blüht*] Die Formel »je-des, in seiner Art« zitiert den biblischen Schöpfungsbericht,

in dem sie bei jedem der einzelnen Schöpfungsakte vor der
Erschaffung des Menschen erscheint (»⟨. . .⟩ und die Erde
ließ aufgehn Gras und Kraut, das sich besamte, *ein jegliches
nach seiner Art*, und Bäume, die da Frucht trugen und ihren
eigenen Samen bei sich selbst hatten, *ein jeglicher nach seiner
Art* ⟨. . .⟩ Und Gott schuf große Walfische und allerlei Ge-
tier, das da lebt und webt ⟨. . .⟩ *ein jegliches nach seiner Art*,
und allerlei gefiedertes Gevögel, *ein jegliches nach seiner Art*,
und das Vieh *nach seiner Art*, und allerlei Gewürm auf Erden
nach seiner Art ⟨. . .⟩«). Die einzelnen Schöpfungsbefehle
Gottes enthalten ebenfalls die Artformel. Indem Hölderlin
die schöpferische Wirkung des »Stromgeists« (v. 19) auf der
Erde mit der Formel des biblischen Schöpfungsberichts
darstellt, setzt er das – durch den Strom versinnbildlichte –
schöpferische Genie indirekt dem Schöpfergott gleich.
Diese Erhebung des Genies zum »alter deus« (Scaliger),
zum »second maker« (Shaftesbury) war zu einem zentralen
Topos der Geniezeit um 1770 geworden. Die Betonung des
Individuellen und der Spezifikation in der Formel »jedes, in
seiner Art« (vgl. *Blödigkeit*, v. 12: »nach Arten«) steht im
Kontrast zu der Formulierung im entsprechenden Vers des
Gefesselten Stroms: »es dämmert das neue Grün«.

Hälfte des Lebens

Ein erster Entwurf des Gedichts schließt sich unmittelbar
an die im Jahre 1799 entstandene Hymne *Wie wenn am Feiertage . . .* an. Außer diesem ersten Entwurf ist keine handschriftliche Überlieferung erhalten. Erstdruck: ›Taschenbuch für das Jahr 1805. Der Liebe und Freundschaft
gewidmet‹, Frankfurt am Mayn, bei Friedrich Wilmans,
S. 85. Das Gedicht gehört zu der Gruppe der *Nachtgesänge*.
Vgl. hierzu die einleitenden Erläuterungen zu den *Nachtgesängen* (S. 794f.).

ÜBERBLICKSKOMMENTAR Die beiden Strophen ordnen sich
einander antithetisch zu. Die erste repräsentiert im Bilde
sommerlicher Erfüllung die positive »Hälfte des Lebens«,

die zweite im Bild winterlicher Erstarrung und Leere die
negative »Hälfte«. Den positiven Zustand begreift Hölderlin als Harmonie-Erfahrung. Die Harmonie, die er in
Anlehnung an eine Formel Heraklits einmal als das »Einig-
entgegengesetzte« definiert, zeigt sich in der ersten Strophe
als Zueinanderfinden des Getrennten: Das Land hängt in
den See, Frucht und Blüte – gelbe Birnen und wilde Rosen
– erscheinen in unwirklicher Gleichzeitigkeit, und schließlich verbindet sich das Trunkene mit dem Heilignüchternen
– eine Manifestation des idealen dichterischen Zustands
(vgl. die Erläuterung zu v. 5-7). Die Winterstrophe dagegen beschwört die Disharmonie. Statt des Verbindenden
gibt es nur trennende und abweisende »Mauern«. Sie sind
jenseits der Sphäre der dichterisch inspirierenden Kommunikation, »sprachlos«. Disharmonisch »klirren« die Wetter-
fahnen. Statt des Organisch-Lebendigen und Beweglichen,
der Blüten und Früchte, der Schwäne und des Wassers, gibt
es nur Totes und Starres: kalte Mauern und eiserne Wetter-
fahnen.

320,4 *Ihr holden Schwäne*] Von der Antike bis in die Dichtung des 19. Jahrhunderts hinein und noch bis zu Baude-
laires Gedicht *Le cygne* in den *Fleurs du mal* erscheint der
Schwan als Sinnbild des Dichters. Anders als die gewöhnlichen Schwäne vermag der sogenannte Singschwan ausdrucksvoll zu singen. Von diesem Naturphänomen leitet
sich die metaphorische Gleichsetzung des Schwans mit dem
Dichter her. Nach Platon (*Staat* X 620a) hat sich Orpheus in
der Unterwelt in einen Schwan verwandelt, Horaz nennt
Pindar den »dirkäischen Schwan« (*Carmina* IV 2, 25), sich
selbst bezeichnet er als einen Schwan, ja er stellt seine Verwandlung in einen Schwan dar (*Carmina* II 20). Für Kalli-
machos sind deshalb die Schwäne »Vögel der Musen«
(Delos-Hymnos, v. 249ff.). Die Metapher war noch zu Hölderlins Zeit allgemein verbreitet und daher ohne weiteres
verständlich. Eine eigene Bedeutungsrubrik in Grimms
Deutschem Wörterbuch beginnt mit der Bemerkung, daß »be-

sonders Dichter wegen ihres Gesanges« als Schwäne bezeichnet werden. Der erste der angeführten Belege stammt
von Stieler und sagt definitorisch: »schwanen, etiam dicun-
tur poetae, quasi cantantes cygni« (»Schwäne werden auch
die Dichter genannt – sie sind gleichsam Singschwäne«),
der letzte aus einem Brief Goethes (Grimms *Deutsches Wörterbuch*, Bd. IX, Sp. 2207). In älterer Zeit war der Schwan
geradezu das Emblem der Dichter; vgl. Andreas Alciatus,
Emblematum Libellus, Paris 1542 (Reprint Darmstadt
1987), S. 236f., wo der Schwan als »der Poeten wappen«
dargestellt wird. Die Einbeziehung des spezifisch Dichterischen in dieses Gedicht macht es verständlich, daß der
erste Entwurf aus der großen Dichterhymne *Wie wenn am
Feiertage . . .* hervorging.

320,5-7 *trunken ⟨. . .⟩ Ins heilignüchterne Wasser]* Die Entgegensetzung dieser beiden Begriffe gilt wiederum, wie die
Schwanen-Metapher, der dichterischen Sphäre. Die »nüchterne Trunkenheit« (sobria ebrietas, μέθη νηφάλιος) ist die
spezifisch dichterische Verfassung. Wahres Dichtertum entsteht aus der Verbindung von Begeisterung und Besonnenheit – von Trunkenheit und Nüchternheit. Eine für
Hölderlin relevante Quelle dieser Lehre ist die von ihm
gelesene und für die Ästhetik des ganzen 18. Jahrhunderts
kanonische Schrift des Pseudo-Longinus *Vom Erhabenen*
(περὶ ὕψους). Ihr Verfasser sieht im 16. Kapitel die Vereinigung von Enthusiasmus und klarem Bewußtsein als das
Wesen poetischer und rhetorischer Vollendung an. Es sei,
so schreibt er, »notwendig, auch in der Trunkenheit nüchtern zu bleiben« (ὅτι κἂν βακχεύμασι νήφειν ἀναγκαῖον). Die
griechische Formel der »nüchternen Trunkenheit« (μέθη
νηφάλιος) ist zum ersten Mal – in mystisch-religiösem Sinn
– bei Philon von Alexandrien exakt und in formelhafter
Wiederholung nachweisbar, sowohl in der Schrift *De ebrie-
tate* (*Über die Trunkenheit*) wie in einer Reihe anderer Schriften. Die entsprechende lateinische Formel »sobria ebrietas«
erscheint zum ersten Mal bei Ambrosius, der sich an Philon
orientiert, und dann bei einer ganzen Reihe anderer Kir-

chenväter, auch bei Augustinus. Genaue Nachweise, auch der Vorformen in der antiken Literatur, bei Hans Lewy, *Sobria Ebrietas. Untersuchungen zur Geschichte der antiken Mystik*, Gießen 1929. Vgl. auch *Thesaurus Graecae Linguae*, Artikel μέθη; hierzu wertvoll ergänzend *A Patristic Greek Lexicon*, ed. by G. W. H. Lampe, Oxford 1961, Artikel μέθη, Abschnitt »B called νηφάλιος«, und *Thesaurus Linguae Latinae*, Artikel »ebrietas«, Abschnitt »B translate«, in dem zahlreiche Belege der Formel »sobria ebrietas« gesammelt sind. In der Goethezeit ist die tradierte Vorstellung der »nüchternen Trunkenheit« lebendig, durchweg in poetologisch-psychologischer Bedeutung. Schelling schreibt: »Im Menschen, soweit ihm ein Strahl von Schöpfungskraft verliehen ist, finden wir ⟨. . .⟩ eine blinde, ihrer Natur nach schrankenlose Produktionskraft, der eine besonnene, sich beschränkende und bildende, eigentlich also negierende Kraft in demselben Subjekt entgegensteht ⟨. . .⟩ Nicht in verschiedenen Augenblicken, sondern in demselben Augenblick trunken und nüchtern zu sein, dies ist das Geheimnis der wahren Poesie« (Schelling, *Sämmtliche Werke*, hg. v. K. F. A. Schelling, Stuttgart, Augsburg 1856ff., 2. Abt., Bd. 4, S. 25). Schiller glaubte in einem Brief an Hölderlin vom 24. November 1796 davor warnen zu müssen, »die Nüchternheit in der Begeisterung zu verlieren«. Goethe beschwört noch im *Schenkenbuch* des *Westöstlichen Divans* die »nüchterne Trunkenheit« (v. 15 des Gedichts *Sie haben wegen der Trunkenheit . . .*). Hölderlin selbst notiert einmal: »Das ist das Maß Begeisterung, das jedem Einzelnen gegeben ist, daß der eine bei größerem, der andere nur bei schwächerem Feuer die Besinnung noch im nötigen Grade behält. Da wo die Nüchternheit dich verläßt, da ist die Grenze deiner Begeisterung. Der große Dichter ist niemals von sich selbst verlassen, er mag sich so weit über sich selbst erheben als er will ⟨. . .⟩« (Bd. II, S. 519). Ausdrücklich auf den Dichter bezieht Hölderlin das Wort »heilignüchtern« in dem Fragment *Deutscher Gesang*, in dem, wohl mit einer Anspielung auf den inspirierenden Kastalischen

Quell, vom Dichter die Rede ist, der erst singt, wenn er des »heiligen nüchternen Wassers / Genug getrunken« (v. 18f.). Sowohl aus der poetologischen Tradition wie aus Hölderlins eigenen Aussagen ergibt sich also, daß das Bild der Schwäne, die trunken von Küssen ihr Haupt ins heilignüchterne Wasser tunken, auch als eine Metapher des vollkommenen dichterischen Zustands zu verstehen ist.

320,9 *die Blumen*] Schon seit der Antike hat die Blume auch eine metaphorische Bedeutung als »Blume der Rede« – (z. B. Cicero, *De oratore* III 96: »verborum sententiarumque floribus« – »mit den Blumen der Worte und Sätze«). Hölderlin verwendet die Metapher auch in anderen Gedichten. In der Elegie *Brot und Wein* heißt es von der dichterischen Zeit Griechenlands, in ihr seien »Worte, wie Blumen« entstanden (v. 90), in der Hymne *Germanien* ist von der dichterischen »Blume des Mundes« die Rede (v. 72).

320,10f. *Sonnenschein,* | *Und Schatten der Erde*] Daß das – erst in der zweiten Strophe hervortretende – lyrische Ich im »Winter« nicht nur nach dem »Sonnenschein«, sondern auch nach dem »Schatten der Erde« fragt, ist nur scheinbar paradox. Es handelt sich um die vermissende Frage nach der Harmonie des Einigentgegengesetzten, welche die erste Strophe darstellt. Nicht auf Sonnenschein und Schatten an sich kommt es an, sondern auf die Harmonie des Einigentgegengesetzten: des Sonnenlichts und des Schattens. Zur Idyllentopologie gehört traditionell der Ausgleich der Gegensätze und insbesondere der Ausgleich von Sonne und Schatten. »Süß ists, dann unter hohen *Schatten* von Bäumen | Und Hügeln zu wohnen, *sonnig* ⟨. . .⟩«, heißt es in dem späten hymnischen Entwurf *Griechenland*, 3. Ansatz, v. 46f. (S. 422); ähnlich *Mnemosyne*, v. 18-20.

Lebensalter

Dieses nicht handschriftlich überlieferte Gedicht gehört ebenfalls zu den im Dezember 1803 durchgesehenen »Nachtgesängen«. Erstdruck: ›Taschenbuch für das Jahr 1805. Der Liebe und Freundschaft gewidmet‹, Frankfurt am Mayn, bei Friedrich Wilmans, S. 85-86.

ÜBERBLICKSKOMMENTAR Auf halber Strecke zwischen der
östlichen Mittelmeerküste und dem Euphrat liegt die Oa-
senstadt Palmyra in der syrischen Wüste. Im 3. Jahrhundert
n. Chr. war sie Hauptstadt des kurzlebigen palmyrenischen
Reiches. Das von Hölderlin esoterisch umgedeutete historische Geschehen ist der Untergang Palmyras bei einer
Strafexpedition der Römer gegen die palmyrenische Herrscherin Zenobia (273 n. Chr.). Sie hatte ihre Herrschaft im
Orient weit ausgedehnt und nannte sich obendrein »Augusta«, womit sie gegen Roms Suprematie-Anspruch ver-
stieß. Ihre ›Hybris‹, die besonders im Augusta-Titel Aus-
druck fand, die Hölderlin aber offensichtlich auch in der
Pracht der gigantischen Säulen-Anlagen ausgedrückt findet, ergibt das Moment des Hinausgehens »über die Grenze« (v. 6), bei dem er mit seiner Umdeutung ansetzt.
   Wie in anderen Gedichten dieser Zeit – so in der zweiten
Fassung der Ode *Stimme des Volks*, in der Ode *Tränen*, in der
Hymne *Mnemosyne* – legt Hölderlin dieser Umdeutung die
Vorstellung der Ekpyrosis zugrunde: der Auflösung des
Daseins im (›göttlichen‹) Feuer, die in der stoischen Kosmologie jeweils am Ende einer Weltperiode stattfindet. Er
versteht sie psychologisierend als zerstörerisches Entgren-
zungsgeschehen. Zur Ekpyrosis-Lehre vgl. die Erläuterung zu *Gesang des Deutschen*, v. 33-36 (S. 641). Besonders
die Städte (»Ihr *Städte* des Euphrats! | Ihr Gassen von Pal-
myra!«) als Inbegriff menschlich organisierten und gesicherten Daseins läßt er der Ekpyrosis verfallen: so in
Stimme des Volks (2. Fassung) die Stadt Xanthos, die Städte
auf den griechischen Inseln in der Ode *Tränen*, die Stadt
Elevtherä in der Hymne *Mnemosyne*. Vgl. die jeweiligen Einzelerläuterungen. Allerdings enthält das Gedicht *Lebensalter* noch eine weitere strukturbildende Vorstellung, aus
der sich der Gegensatz zwischen den ersten neun Versen
und der Schlußpartie (v. 10-15) erklärt. Es handelt sich um
den im Brief vom 4. Dezember 1801 an Böhlendorff sowie
in den *Anmerkungen zur Antigonä* entwickelten Gegensatz
zwischen dem flammenden Übermaß des Griechisch-

Orientalischen, das an der Überfülle von schicksalhafter Betroffenheit zugrundeging, und dem Hesperisch-Deutschen, das schicksallos dahinlebt, unter nordischem Himmel (v. 10: »Wolken«) wie in Waldesdämmern und leer wie »auf | Der Heide des Rehs« (v. 12f.).

320,3 *Säulenwälder]* Die Säulen-Anlagen in Palmyra sind sehr ausgedehnt.

320,5 *Kronen]* Die Kapitelle der Säulen und die Dächer: nach der Zerstörung Palmyras blieben weitgehend nur noch die Säulenschäfte stehen.

320,8f. *der Rauchdampf und ⟨. . .⟩ das Feuer]* Vgl. *Einst hab ich die Muse gefragt . . .*, v. 21: »und Feuer und Rauchdampf«. Zugrunde liegt eine biblische Wendung, vgl. *Apostelgeschichte* 2, 19: »Und ich will Wunder tun oben im Himmel, und Zeichen unten auf Erden, Blut, und Feuer, und Rauchdampf«; entsprechend Joel 3, 3: »Und will Wunderzeichen geben im Himmel und auf Erden, nämlich Blut, Feuer und Rauchdampf«.

320,10f. *(deren | Ein jedes eine Ruh' hat eigen)]* Möglicherweise eine Entstellung des nur im Erstdruck überlieferten Textes durch den Setzer.

Der Winkel von Hahrdt

Nicht handschriftlich überliefert. Letzter der »Nachtgesänge«, die im Dezember 1803 für den Druck durchgesehen wurden. Erstdruck: ›Taschenbuch für das Jahr 1805. Der Liebe und Freundschaft gewidmet‹, Frankfurt am Mayn, bei Friedrich Wilmans, S. 86.

ÜBERBLICKSKOMMENTAR Im Walde bei Hardt zwischen Nürtingen und Denkendorf befindet sich ein (Schlupf-) Winkel, der sogenannte Ulrichstein am Steilhang der Filder über dem Aichtal. Er besteht aus zwei riesigen gegeneinander gelehnten Sandsteinplatten, die einen engen Spalt bilden. Dort versteckte sich nach der Sage Herzog Ulrich im Jahr 1519 auf der Flucht vor seinen Verfolgern. Ein flacher Stein neben dem Felsen zeigt eine Vertiefung in der Gestalt eines Fußes. Sie heißt im Volksmund der »Fußtritt« (v. 7) des Herzogs; im Gedicht erhält aber diese spezielle Bezeichnung eine allgemeinere Bedeutung. – Schon eines von Hölderlins ersten Gedichten, das nach Christoph Schwabs Bericht (in der seiner Hölderlin-Ausgabe von 1846 beigefügten Lebensbeschreibung, Bd. 2, S. 267) »mit vielen andern durch die Nachlässigkeit eines Freundes verloren gegangen sein soll«, war dem Winkel von Hardt gewidmet. Im Brief vom 13. Oktober 1796 erinnert Hölderlin seinen Bruder »an den schönen Maitagnachmittag, wo wir in dem Walde bei Hahrd bei einem Kruge Obstwein auf dem Felsen die Hermannsschlacht ⟨von Klopstock⟩ zusammen lasen«.

321,5 *Nicht gar unmündig*] Im Druck fehlt der Punkt. Der »Grund« des Aichtals, durch das Herzog Ulrich floh, ist nicht »unmündig«, d. h. er weiß von diesem Schicksal zu sagen – das Wort »unmündig« wird hier gegen die eigentliche Etymologie von »Mund« abgeleitet.

321,8f. *Ein groß Schicksal* | *Bereit, an übrigem Orte*] »Übrig« kann nicht nur »übriggeblieben«, sondern auch, besonders im Schwäbischen, »überflüssig« und damit »wertlos«, »bedeutungslos« u. ä. heißen. In diesem Sinne wäre der »übrige Ort« ein unscheinbarer Ort, an dem sich gleichwohl ein »groß Schicksal« ereignen kann. Zu dieser Vorstellung vgl. den hymnischen Entwurf *Wenn aber die Himmlischen . . .*, v. 18f.: »Jetzt aber blüht es | Am armen Ort« und *Griechenland* (3. Ansatz), v. 23f.: »Zu Geringem auch kann kommen | Großer Anfang«.

Hymnen 1801-1803

⟨Am Quell der Donau⟩

Die ersten beiden Strophen dieser im Jahr 1801 entstandenen und handschriftlich überlieferten Hymne sind ver-

scollen. Die Überschrift ist dem handschriftlichen Entwurf entnommen. Der Gedankengang der beiden verlorenen Anfangsstrophen läßt sich, mindestens dem ursprünglichen Plan nach, ebenfalls aus dem Entwurf ersehen. Er hat
im 3. Ansatz folgenden Wortlaut: »Dich Mutter Asia! grüß
ich [. . .] | und fern im Schatten der alten Wälder ruhest, und
deiner Taten | denkst, | der Kräfte, da du, tausendjahralt
voll himmlischer Feuer, u. trunken ein unendlich | Froh-
locken erhubst daß uns nach jener Stimme das Ohr noch
jetzt, o Tausendjährige tönet, | Nun aber ruhest du, und
wartest, ob vielleicht dir aus lebendiger Brust | ein Wider-
klang der Liebe dir begegne, [. . .] | mit ⟨der⟩ Donau, wenn
herab | vom Haupte sie dem | Orient entgegengeht | und die
Welt sucht und gerne | die Schiffe trägt, auf kräftiger | Woge
komm' ich zu dir«.

ÜBERBLICKSKOMMENTAR Die Hymne ist nach Pindars Vorbild triadisch gebaut. Die ersten beiden Strophen jeder
Trias enthalten 12 Verse, während die jeweils dritte Strophe
(die Epode) im Umfang leicht variiert: ⟨12, 12⟩ 15; 12, 12,
16; 12, 12, 14.
   Die Leitvorstellung der Hymne bildet der auch in ande-
ren Gedichten, vor allem in der Hymne *Germanien,* wichtige
Gedanke, daß die Kultur im weitesten Sinne aus dem
»Osten« (v. 36), von »Asia« (v. 38) über Griechenland (vgl.
v. 37) und Rom (v. 39) und schließlich über die Alpen kam.
Diese Vorstellung von der *Kulturwanderung* geht auf die lange Tradition der »translatio artium« zurück. Sie beginnt mit
Herodot, der alle kulturellen Errungenschaften samt der
Religion den Griechen von den Ägyptern zukommen läßt.
Seit Cicero gibt es den Gedanken der translatio als einer
besonderen Übertragung der humanistischen *Bildung* (vgl.
v. 42: »Die menschenbildende Stimme«) von Griechenland
nach Rom. In den *Gesprächen in Tusculum* schreibt Cicero,
indem er das von Hölderlin in einer späten Variante zu der
Elegie *Brot und Wein* (vgl. S. 747) aufgenommene Programm
der kulturellen Verpflanzung formuliert (2, 5): »Darum for-

dere ich alle auf, die dazu fähig sind, sie möchten dem schon ermatteten Griechenland den Ruhm auch in dieser Hinsicht ⟨gemeint ist die philosophische Bildung⟩ entreißen und ihn in unsere Stadt verpflanzen, wie unsere Vorfahren schon alles andere, soweit es erstrebenswert war, mit Eifer und Fleiß übernommen haben« (»Quam ob rem hortor omnis qui facere id possunt, ut huius quoque generis laudem iam languenti Graeciae eripiant et perferant in hanc urbem, sicut reliquas omnis, quae quidem erant expetendae, studio atque industria sua maiores nostri transtulerunt«). Das Bild des Kultur-*Stromes* begegnet in Ciceros Schrift *Über den Staat* (*De re publica* II 34): »denn es floß nicht irgendein dürftiges Bächlein aus Griechenland in diese Stadt ⟨Rom⟩, sondern ein überreicher Strom jener Wissenschaften und Künste« (»influxit enim non tenuis quidam e Graecia rivulus in hanc urbem, sed abundantissimus amnis illarum disciplinarum et artium«). Als Paradebeispiel für die Kulturwanderung galt die translatio der Schrift, worauf wohl auch Hölderlin noch mit anspielt, indem er vom »Wort aus Osten« (v. 36) spricht. Vgl. den Exkurs über die Geschichte der Schrift in den *Annalen* des Tacitus (XI 14): »Die Ägypter waren die ersten, die Gedanken durch bildliche Darstellung von Tieren ausdrückten ⟨. . .⟩ Auch erklären sich die Ägypter für die Erfinder der Buchstaben. Von dort hätten die Phönikier ⟨. . .⟩ sie nach Griechenland gebracht und den Erfinderruhm für sich in Anspruch genommen, während sie nur die Vermittler gewesen seien« (»Primi per figuras animalium Aegyptii sensus mentis effingebant ⟨. . .⟩ et litterarum semet inventores perhibebant; inde Phoenicas ⟨. . .⟩ intulisse Graeciae gloriamque adeptos, tamquam reppererint quae acceperant«). Die Version in Hygins *Fabeln* (fab. 277): »Diese ⟨die Buchstaben⟩ aber soll Merkur als erster nach Ägypten gebracht haben, Kadmos aus Ägypten nach Griechenland, von wo sie der aus Arkadien fliehende Euandros nach Italien übertrug« (»Has ⟨litteras⟩ autem Mercurius in Aegyptum primus detulisse dicitur, ex Aegypto Cadmus in Graeciam, quas Euandrus profugus ex

Arcadia in Italiam transtulit«). Das Mittelalter begriff die Ost-West-Wanderung der Kultur analog zur »translatio imperii«. Vgl. Otto v. Freising im Prolog zum fünften Buch seiner Weltchronik: »Daß die Weisheit aber zuerst im Orient, d. h. in Babylonien erfunden worden und von dort nach Ägypten ⟨. . .⟩ übertragen worden sei, zeigt ⟨. . .⟩ Josephus ⟨. . .⟩ dann sei sie zu den Griechen übergeleitet worden ⟨. . .⟩ dann ist sie offenkundig zu den Römern ⟨. . .⟩ und dann in den äußersten Westen, d. h. zu den Galliern und Spaniern ⟨. . .⟩ übertragen worden« (»Sapientiam autem primo in oriente, id est in Babylonia, inventam ac inde in Egyptum ⟨. . .⟩ translatam fuisse Josephus ⟨. . .⟩ ostendit ⟨. . .⟩ Dehinc derivatam ad Graecos ⟨. . .⟩ Deinde eam ad Romanos ⟨. . .⟩ ac post ad ultimum occidentem, id est ad Gallias et Hispanias ⟨. . .⟩ translatam apparet«). Damit (analog bei anderen mittelalterlichen Autoren) war das dreigliedrige bzw. viergliedrige Schema des kulturellen Übertragungsvorgangs gegeben, das noch im Humanismus und bis zu Hölderlin maßgebend ist: Orient – Griechenland/Rom – europäische Länder jenseits der Alpen. Der deutsche ›Erzhumanist‹ Conrad Celtis beschließt seine Ode *An Apoll, den Erfinder der Dichtkunst, daß er aus Italien nach Deutschland kommen möge* (Ode *Ad Apollinem repertorem poetices: ut ab Italis cum lyra ad Germanos veniat*) mit folgenden Versen: »Durch die hohen Wellen des Meeres schnell und | freudig kamst du nach Latium aus Hellas, | deine Musen mit dir, und gnädig lehrtest | du deine Künste. | Komm, so beten wir, drum zu unsern Küsten, | wie Italiens Lande du einst besuchtest; | mag Barbarensprache dann fliehn und alles | Dunkel verschwinden«. (Aus: *Lateinische Gedichte deutscher Humanisten*. Lat. und dt. Ausgew., übers. und erl. von Harry C. Schnur, Stuttgart 1966 u. ö., S. 55).

322,37 *an Parnassos Felsen und am Kithäron]* Der dem Apollon, dem Gott der Künste, und den Musen heilige Berg, an dessen Fuß Delphi liegt, das religiöse Zentrum Griechenlands. Der Kithäron ist ein Waldgebirge bei The-

ben, der Heimat des Dionysos, und Schauplatz der von
Theben ausgehenden dionysischen Orgien. Mit dem Par-
nass und dem Kithäron nennt Hölderlin also zwei der
berühmtesten Kultstätten und spielt auf zwei der für das
religiöse Leben wichtigsten Gottheiten der Griechen an.

322,38 *Asia]* In der römischen Antike die Bezeichnung
für Kleinasien, von wo viele Kulte und kulturelle Gebräu-
che nach Griechenland kamen.

322,39 *Kapitol]* Das Capitolium, der Jupitertempel auf
dem Kapitolinischen Hügel (mons Capitolinus) in Rom,
auf dem auch die Burg stand. Zentrum des kultischen und
staatlichen Lebens in Rom.

322,40 *Fremdlingin]* Vgl. *Brot und Wein,* v. 17.

322,46-51 Diese Verse lehnen sich an das von Hölderlin
selbst übersetzte erste Standlied in der *Antigone* des Sophokles an.

322,64 *Ionien]* Die von Griechen besiedelte kleinasiati-
sche Westküste, die eine kulturelle und religiöse Brücken-
kopffunktion für Griechenland hatte.

323,68 *Doch einige wachten]* Damit sind diejenigen gemeint, die das Erbe der Antike innerlich lebendig gehalten haben, etwa die Humanisten und, im 18. Jahrhundert,
Winckelmann.

323,70 *Beim Kampfspiel]* Wettkämpfe wurden an vier
verschiedenen Orten Griechenlands ausgetragen: die berühmtesten in Olympia, die andern am Korinthischen Isthmos, in Delphi und bei Nemea. In einer späteren Überarbeitung bezieht sich Hölderlin auf die olympischen Spiele;
dort lauten die v. 70-72: »Beim Kampfspiel an des Alpheus
⟨eines Flusses bei Olympia⟩ Bäumen | Wo beschattet die
glühenden Wagen des Mittags | Und die Sieger glänzten
und lächelnd die Augen des Richters«.

323,70f. *wo sonst unsichtbar der Heros | Geheim bei Dichtern
saß]* Bei den »Dichtern« denkt Hölderlin vor allem an Pindar, von dem Preislieder (vgl. v. 72) auf die Sieger bei den
olympischen, delphischen, isthmischen und nemeischen
Spielen überliefert sind. »Der Heros« ist nicht etwa einer

der siegreichen Wettkämpfer, für die exemplarisch in v. 71
»die Ringer« genannt werden, vielmehr der Heros, dem die
Spiele geheiligt waren, so in Olympia dem Herakles, der als
Gründer der olympischen Spiele galt, und dem ebenfalls
vergöttlichten Heros Pelops, der in Olympia eine uralte
Kultstätte hatte. Von solchen Heroen kann es heißen, daß
sie »unsichtbar ⟨. . .⟩ geheim« bei Dichtern saßen, weil sie
nur noch geistig anwesend sein konnten – und daß sie dies
waren, geht gerade aus Pindars Preisliedern hervor, in denen er nicht nur die Sieger im Wettkampf pries, sondern
auch die mythisch-kultische Überlieferung des Wettkampf-
orts zu Ehren brachte, mit ihr den Heros, der insofern »der
gepriesene« heißen kann (v. 72). Wahrscheinlich hat Hölderlin die Vorstellung von der unsichtbaren Anwesenheit
des Heros beim »Kampfspiel« aus der besonders für die
Wanderung wichtig gewordenen 3. Olympischen Ode Pindars aufgenommen, wo es in v. 34 von Herakles, dem
Stifter der Olympischen Spiele, heißt: »Er besucht auch
jetzt das Fest«.

323,72 *die müßigernsten Kinder]* In Platons *Timaios* (22b)
sagt ein ägyptischer Priester zu Solon: »o Solon, Solon, ihr
Griechen seid immer Kinder«. Diese Stelle kannte Hölderlin,
denn er beruft sich auf sie im *Fragment von Hyperion* (vgl.
Bd. II, S. 183). Das Kind gilt Hölderlin als der naturhaft-
ganzheitliche Mensch – auch deshalb, und weil das (Kampf-)
Spiel gerade den kindlichen Wesenszug zur Geltung bringt,
nennt er die Griechen hier »Kinder«, die im Spiel Ernst und
Muße (»müßigernst«) verbinden.

323,75 *Isthmos]* Die Landenge von Korinth, wo die isthmischen Spiele stattfanden.

323,76 *Cephyß]* Fluß bei Athen.

323,76 *Taygetos]* Ein Gebirge auf der Peloponnes, an
dessen Fuß Sparta lag. Das Wort wird auf dem y betont.

323,77 *Kaukasos]* Die Nennung des Grenzgebirges zwischen Europa und Asien leitet nun zu dem hymnischen
Anruf »Asias« am Beginn der folgenden Strophe über.

323,82 *Und den Himmel auf Schultern]* Vgl. *Der Rhein*,
v. 155-157.

323,83 *Taglang auf Bergen gewurzelt*] Anspielung auf
2 Mose 24, 16-18: »Und die Herrlichkeit des Herrn wohnete
auf dem Berge Sinai, und deckte ihn mit der Wolke sechs
Tage, und rief Mose am siebenten Tag aus der Wolke. Und
das Ansehen der Herrlichkeit des Herrn war wie ein ver-
zehrendes Feuer, auf der Spitze des Berges, vor den Kindern Israel. Und Mose ging mitten in die Wolke, und stieg
auf den Berg; und blieb auf dem Berg vierzig Tage und
vierzig Nächte«. – 2 Mose 34, 28: »Und er war allda bei dem
Herrn vierzig Tage und vierzig Nächte, und aß kein Brot,
und trank kein Wasser. Und er schrieb auf die Tafeln solchen
Bund, die zehn Worte«.

323,86-91 *Aber wenn ⟨. . .⟩ Göttlichgeborne*] Der erste Satz
schließt mit dem Fragewort »woher?« (v. 88) ab. Zu pa-
raphrasieren wäre etwa folgendermaßen: »Aber wenn ihr
nun, ihr Alten, nicht sagtet, woher, aus welcher inneren
Kraft ihr es verstanden habt, allein zu reden zu Gott – was
täten wir ohne dieses Wissen, um zum Göttlichen zu finden?« »Was tun wir, wenn uns die *Überlieferung* in dieser
Hinsicht stumm bleibt? Wir wenden uns dann aus eigen-
stem Antrieb, ›heiliggenötiget‹, zur Natur, rufen sie an,
beschwören sie, ›nennen‹ sie, und darauf wird uns das Göttlichgeborne aus ihr entsteigen«. – Anders F. Beißner, StA II
695f.

323,92 *wie die Waisen*] Vgl. Joh. 14, 18: »ich will euch
nicht Waisen lassen«, sowie Platon, *Phaidon* 116a, von den
Schülern des Sokrates, und Epiktet, diss. III 24, 14, von
Herakles, der seine Schüler nicht als Waisen zurücklassen
möchte.

323,93 *Pflege*] Dieses Wort ist eine exakte Übersetzung
von lat. »cultura«: »Kultur«. »Wohl ists, wie sonst« heißt:
wohl ist es noch wie *einst*, insofern die *Natur* (vgl. v. 90) als
Grundlage eines höheren Daseins lebendig geblieben ist,
aber die Kultur fehlt noch, weshalb wir fast »wie die Waisen« gehen. Doch hier vermag uns die Erinnerung der
Überlieferungen des Orients und Griechenlands – dies ist
die erfüllte »Kindheit« (v. 94) des Menschengeschlechts –
zu helfen.

324,105 *die heilige Wolk]* Sinnbild der Inspiration. Vgl. das Bibelzitat in der Erläuterung zu v. 83.

324,107 *Nektar]* Pindarische Metapher für die Dichtung. Vgl. *Brot und Wein*, v. 60, und die Erläuterung z. St.

324,109 *wenn ihr aber einen zu sehr liebt]* Die Faszination durch die große Vergangenheit kann – das ist eine oft ausgedrückte Empfindung Hölderlins, besonders in den Gedichten zwischen 1801 und 1805 – so stark werden, daß die Erinnerung, statt in der Gegenwart zu stärken und zu inspirieren, uns in einem Übermaß von Sehnsucht und zugleich in einem Übermaß von Trauer um das Untergegangene hinwegzureißen droht aus dem Hier und Jetzt (vgl. vor allem *Tränen, Mnemosyne*). Darum bittet der Dichter, die »guten Geister« möchten ihn leicht umgeben, damit er »bleiben möge« für seine dichterische Aufgabe: »denn noch ist manches zu singen«.

Die Wanderung

Dem handschriftlichen Zusammenhang nach wohl im Frühjahr 1801 entstanden. Die Hymne ist in einer Reinschrift überliefert, in die Hölderlin später noch Änderungen eingetragen hat. Von Hölderlin besorgter Erstdruck in: ›Flora. Teutschlands Töchtern geweiht. Eine Quartalschrift von Freunden und Freundinnen des schönen Geschlechts‹. Zehnter Jahrgang. Viertes Vierteljahr. Tübingen, 1802. In der J. G. Cotta'schen Buchhandlung, S. 27-32.

Die Hymne ist in drei Strophentriaden zu je 12, 12 und 15 Versen aufgebaut.

324,1 *Suevien]* Schwaben.

324,2 *Auch du]* Zu verbinden mit v. 4: »⟨. . .⟩ Von hundert Bächen durchflossen«.

324,7 *überschattet]* Trotz des Singulars Prädikat auch der »Bäume« (v. 5f.).

324,8 *Benachbartes]* Attribut zu »Alpengebirg«.

324,15 *Vom leichtanregenden Lichte]* Der schwäbischen Wortbedeutung von »anregen« entsprechend: leichtberührend.

325,21 *See*] Der Bodensee, der im Schwäbischen oft auch einfach »der See« heißt.

325,28 *wie Schwalben*] Die Schwalben kommen im Frühjahr aus Kleinasien und fliegen im Herbst wieder dorthin.

325,30 *In jüngeren Tagen*] Vgl. *Brot und Wein*, v. 56: »Also ist wahr, was einst wir in der Jugend gehört?« Der Einbau von Sagen (Mythen) und historischen Berichten in das Gedicht ist ein typisch Pindarischer Zug. Pindar gab auch das Vorbild für die direkte *Berufung* auf die Überlieferung, so etwa in der 3. Nemeischen Ode, v. 52f.: »Berichtet ist mir von Früheren diese Sage« (λεγόμενον δὲ τοῦτο προτέρων ἔπος ἔχω – die von Hölderlin benutzte Pindar-Ausgabe Heynes schreibt: πρότερον ἔπος).

325,31-37 *Es seien vor alter Zeit* | *Die Eltern* ⟨. . .⟩ *zusammen* | *Mit Kindern der Sonn'* | *Am schwarzen Meere gekommen*] Die Herkunft dieser Sage ist noch ungeklärt. Wahrscheinlich ist die Wanderung der »Eltern«, des »deutschen Geschlechts« in vorgriechischer Zeit eine zeitgenössische Variante der Dorischen Wanderung. Die »Sonnenkinder von Colchis« (am Schwarzen Meer) nennt später Friedrich Creuzer, *Symbolik und Mythologie der alten Völker*, 2., völlig umgearb. Aufl. Leipzig, Darmstadt 1821, Bd. IV, S. 8, ähnlich S. 26: »Dieses von Sonnenkindern beherrschte Kolchis ⟨. . .⟩«. Die Bezeichnung der am Schwarzen Meer wohnenden Kolcher als Sonnenkinder geht auf den Bericht Herodots (II 104) zurück, demzufolge die Kolcher von den Ägyptern abstammen, d. h. letztlich aus dem tiefen Süden kommen. Demnach wäre Hölderlins Konzeption so zu verstehen, daß die Griechen aus der Begegnung des Nordens (des »deutschen Geschlechts«) mit dem Süden in einem Mittelbereich (dem antiken Kolchis am Schwarzen Meer) hervorgingen. Das entspricht exakt der Auffassung von der idealen Mitte der Griechen zwischen den Extremen des Nordens und des Südens, welche Hölderlin im sog. Athenerbrief, dem letzten Brief im 1. Band des *Hyperion* entwickelt. Dort ist von der griechisch »schönen Mitte der Menschheit« zwischen Nord und Süd, zwischen den »Ägyptiern« und den »Goten« die Rede.

325,39 *Das gastfreundliche*] Das Schwarze Meer, das ursprünglich wegen seiner wilden Anwohner das »unwirtliche Meer« (πόντος ἄξεινος) hieß, wurde später, als die Griechen seine Küsten besiedelt hatten, das »gastfreundliche Meer« genannt (πόντος εὔξεινος).

325,41 *satzten*] Die ursprüngliche Form des Verbs mit Rückumlaut.

325,43 *Gewande*] Ältere Pluralform.

325,45 *die eigene Rede des andern*] Die dem andern eigentümliche und darum dem Angehörigen des anderssprachigen Volks fremd vorkommende Rede.

326,52 *Vertauschten sie Waffen*] Eine alte, schon in Homers *Ilias* gebräuchliche Freundschaftsbezeugung.

326,58 *schöner, denn Alles*] Vgl. v. 68: »ihr Schönsten!« Beide Male sind die Griechen gemeint. Vgl. die Erläuterung zu v. 68.

326,6of. *Wo,* | *Wo aber wohnt ihr, liebe Verwandten*] Der auf seiner imaginären Wanderung aus dem Nordwesten kommende Dichter kann die Griechen als »Verwandte« bezeichnen, weil seine »Ahnen« (v. 63), das »deutsche Geschlecht« (v. 32), nach der Wanderung donauabwärts, ebenso wie die »Kinder der Sonn'«, mit denen sie sich verbanden, zu »Ahnen« der Griechen geworden sind. Das »Wo, wo ⟨. . .⟩?« ist also ein vermissendes Wachrufen der griechischen Welt, wie in *Brot und Wein*, v. 59ff., die dann in der folgenden Strophe, da sie am Schwarzen Meer nicht mehr zu finden ist, im übrigen griechischen Raume evoziert wird (»Dort ⟨. . .⟩ dort«, v. 64ff. – dem »Wo, wo ⟨. . .⟩?« respondierend). Vgl. die Erläuterung zu v. 68.

326,65-71 *Ionias* ⟨. . .⟩ *Kaisters* ⟨. . .⟩ *Inseln* ⟨. . .⟩ *Tayget* ⟨. . .⟩ *Himettos*] Die Aufzählung ist nicht willkürlich, sondern verläuft von Osten nach Westen, in der Reihenfolge der Kulturblüte. Ionien ist der schon früh von Griechen besiedelte Küstenstreifen im Westen Kleinasiens. – Der Kayster (dreisilbig zu sprechen und auf der zweiten Silbe zu betonen) ist ein Fluß in Ionien, der auf dem Berg Tmolos (v. 73) entspringt, die Ebene zwischen dem Tmolos- und

dem Messogis-Gebirge durchströmt und bei Ephesus mün-
det. Die »Kraniche« (v. 66) am Kayster erwähnt die *Ilias*
(II 460f.) in einer Partie, die Hölderlin selbst übersetzt hat. –
Die »Inseln« des Ägäischen Meeres werden vor dem Übergang« zur griechischen Gegenküste genannt, in genauer
geographischer Abfolge; manche von ihnen, wie Samos,
waren für ihren »Wein« (v. 69) berühmt, andere, vor allem
Lesbos, das die Lyriker Alkaios, Sappho, Terpandros und
Arion hervorbrachte, »tönten von Gesang« (v. 70). – Der
Taygetos ist das höchste Gebirge der Peloponnes, am Fuße
seines Steilabsturzes lag Sparta. – Der Himettos ist ein Ge-
birgszug südöstlich von Athen, bekannt wegen seines
Marmors und seines Honigs.

326,68 *Dort wart auch ihr, ihr Schönsten]* Die Griechen. Da
die »Schönsten« nicht andere sein können als das in v. 58
»schöner, denn Alles« genannte »Geschlecht«, ergibt sich
die Notwendigkeit, den Vers folgendermaßen zu betonen:
»*Dort* wart *auch* ihr, ihr Schönsten!« (statt, was zunächst
näher liegt: »Dort wart auch *ihr*, ihr Schönsten!«). Auch der
Frageduktus erfordert diese Betonung: nachdem am Ende
der letzten Strophe der auf seiner imaginären Wanderung
am Schwarzen Meer angekommene Dichter sich dort, in
der Konsequenz der soeben erzählten Ursprungssage, nach
den Griechen umsieht, erinnert er sich, wo sie *auch* sonst
noch waren.

326,72-74 *von* | *Parnassos Quell bis zu des Tmolos* | *Goldglän-
zenden Bächen]* »Parnassos Quell« ist die dem Apollon und
den Musen geheiligte Kastalische Quelle in Delphi; der
Tmolos ist ein Berg in Ionien, dessen »goldglänzende Bäche« so heißen, weil sie z. T. Gold führen – wobei Hölderlin
wohl vor allem an den »goldenen Paktol« denkt (*Der Nek-
kar*, v. 15). – Nachdem der Dichter im Geiste den griechischen Raum von der kleinasiatischen Küste bis ins Innere
Griechenlands durchquert hat, umfaßt er ihn gleichsam zu-
rückblickend in seiner Ganzheit: der Parnassos liegt ganz
im Westen des griechischen Bereichs, der Tmolos ganz im
Osten.

326,79 *O Land des Homer]* Nach der Betrachtung des gesamten griechischen Raumes in der vorhergehenden Strophe kehrt nun der Dichter wieder zum Ausgangspunkt, zu Ionien (vgl. v. 65) zurück, denn Ionien galt als Heimat Homers. Daß tatsächlich Ionien gemeint sein muß, bestätigt der erneute Anruf Ionias in v. 86.

326,80 *Kirschbaum]* Noch im ionischen Bereich, am Südufer des Schwarzen Meers, lag die Stadt Cerasus, benannt nach den dortigen Kirschwäldern. Von dort brachte Lucullus 76 v. Chr. den Kirschbaum (»cerasus«) nach Rom.

326,81 *Weinberg]* Die Urheimat des Weinstocks ist ebenfalls am Schwarzen Meer, an den Südhängen des Kaukasus (vgl. v. 25: »Ich aber will dem Kaukasos zu!«).

326,82 *Pfirsiche]* Sie stammen aus Vorderasien, wie schon ihr Name besagt: »mala Persica« – »persische Äpfel«.

326,83 *Schwalbe]* Vgl. die Erläuterung zu v. 28.

326,85 *auch unter den Sternen]* Viele Sternbilder tragen die Namen griechischer Sagengestalten.

327,89 *Thetis]* Meeresgöttin.

327,90 *Wälder ⟨. . .⟩ des Ida]* Vgl. die Erläuterung zur Ode *Der Neckar*, v. 16.

327,94 *Von ihren Söhnen einer, der Rhein]* Da die »Mutter« (v. 93), die der Dichter in v. 1 als »glückselig Suevien, meine Mutter« preist, Schwaben ist, wird hier besonders deutlich, daß Hölderlin das alte Herzogtum Schwaben im Sinn hat, das in der Stauferzeit die deutsche Schweiz mit dem gesamten Quellgebiet des Rheins, das Elsaß, Südbaden, Württemberg und das bayrische Schwaben bis zum Lech umfaßte.

327,95 *Mit Gewalt wollt' er ans Herz ihr stürzen]* Der Sohn Sueviens, der Rhein, stürzt zuerst auf seinem Lauf nach Norden ans Herz der »Mutter« – bis zur Mündung in den Bodensee. Dann nimmt er die Richtung nach Westen.

327,99 *Grazien]* In v. 109 »Charitinnen« genannt, vgl. dort die Erläuterung.

327,105 *Uns Allzugedultigen]* Die wir mit unserem kulturlos-dürftigen Zustand allzulange zufrieden waren. Vgl. *Der Ister*, v. 58. – Die Form »gedultig« ist die alte.

327,109 *Charitinnen]* Griech. Χάριτες, die »Holden«,
»Freundlichen«: die drei Grazien Aglaia, Euphrosyne und
Thalia (»Glanz«, »Frohsinn«, »Blüte«). Segenspendende
Göttinnen. Sie sind Inbegriff der Anmut (χάρις), wie schon
der Name sagt. Die homerischen Charitinnen sind dienende, schmückende, musizierende und tanzende Begleiterinnen der Liebesgöttin (*Odyssee* VIII 364; *Homerische Hymnen*
VI 61ff.). In dem von Hölderlin übersetzten 14. Olympischen Siegeslied Pindars heißt es, daß die Götter ihre
Reigentänze und Gastmähler nicht ohne die »heiligen Charitinnen« gestalten. Hölderlin spielt deutlich auf v. 9f.
dieses Siegesliedes an, indem er in v. 110 seiner Hymne die
Charitinnen als »Dienerinnen des Himmels« bezeichnet.

Der Rhein

Diese Hymne ist noch im Frühjahr 1801 in Hauptwil
(Schweiz) entworfen, aber wohl erst im Sommer vollendet
worden. Eine erste Handschrift enthält den Entwurf zu den
Versen 1-31 und 105-122, eine zweite den Entwurf zu den
Versen 46-95 und 180-221, eine dritte ist eine Reinschrift
(mit zusätzlichen späteren Eintragungen), die auf dem gleichen Überlieferungsträger wie *Die Wanderung* steht und
unmittelbar auf diese Hymne folgt. Erstdruck: ›Musenalmanach für das Jahr 1808‹. Herausgegeben von Leo
Freiherrn von Seckendorf. Regensburg, in der Montag-
und Weißischen Buchhandlung, S. 94-102, unterschrieben:
Hölderlin.

Die Reinschrift trägt die Widmung »An Vater Heinze« –
bereits die Elegie *Brot und Wein* war Wilhelm Heinse gewidmet. Der Erstdruck hat die Widmung »An Isaak von
Sinclair«. Schon die zweite (Entwurfs-)Handschrift zeigt
mit ihrer noch gänzlich anders lautenden Schlußstrophe
(vgl. S. 875), daß Hölderlin die Hymne zuerst Heinse widmen wollte. Die spätere Umwidmung geht vielleicht auf die
Nachricht von Heinses Tod am 22. Juni 1803 zurück. Zu
beachten ist allerdings, daß die Reinschrift mit der *späteren*
Schlußstrophe zuerst auch noch an Heinse gerichtet war. In

v. 212 steht im reinschriftlichen Duktus der Anruf »mein
Heinze!«, und erst später schrieb Hölderlin über den Namen »Heinze« den anderen: »Sinklair!«. Auch die Hinwendung zu Rousseau ist in die Reinschrift erst später
eingetragen worden. Ursprünglich lautete v. 139: »Wem
aber, wie dir«, womit nur derjenige gemeint sein konnte,
dem die Widmung in dieser Handschrift gilt: Heinse. Später hat dann Hölderlin mit Bleistift den Namen »Rousseau«
eingefügt, und dem entspricht es, daß er über dem Anfang
des ursprünglichen Verses 163: »In frischer Grüne zu sein«
gleichzeitig ebenfalls einen Hinweis auf Rousseau einfügte:
»Am Bielersee«. Aus diesen Umstellungen auf andere Namen ergibt sich, daß Hölderlin nicht so sehr persönlich-
individuelle als idealtypische Vorstellungen entwirft, die er
leicht umbesetzen konnte.

Der in dieser Ausgabe gedruckte Text, der demjenigen
der *Großen Stuttgarter Ausgabe* entspricht, folgt dem Erstdruck unter Berücksichtigung der Handschrift, die es in
mehreren Fällen erlaubt, Setzerversehen und Eingriffe des
Herausgebers (der an anderer Stelle derartige Eingriffe in
einen Text Hölderlins ausdrücklich vermerkt) zu definieren
und zu korrigieren. Daß der Erstdruck auf eine verlorene,
von der erhaltenen Handschrift gelegentlich abweichende
Druckvorlage zurückgeht und also eigenes Gewicht hat,
läßt sich vor allem aus v. 213 erschließen: »⟨. . .⟩ In Wolken,
du kennst ihn, da du kennst, jugendlich⟨. . .⟩« – das letzte
Wort, »jugendlich«, befindet sich nicht in der erhaltenen
Handschrift, sondern nur im Erstdruck, kann aber kaum
fremde Erweiterung sein. Unsicherheiten bleiben für die
Interpunktion bestehen, die teilweise der Handschrift, teilweise dem Erstdruck folgt; sie berühren aber nirgends das
Verständnis des Textes.

Der von Dietrich Uffhausen, *Friedrich Hölderlin, »Bevestigter Gesang«. Die neu zu entdeckende hymnische Spätdichtung
bis 1806,* Stuttgart 1989, S. 27, 33 und 211, unternommene
Versuch, einen Text mit regelmäßiger triadischer Abfolge
von Strophen mit 15-16-14 Versen zu konstituieren, indem

er die von Hölderlin an einigen Stellen in die Verse eingetragenen Schrägstriche als Versteilungen interpretiert (so
daß aus einem Vers durch Teilung zwei Verse entstehen), ist
nicht haltbar. Es handelt sich in jedem dieser Fälle um Ein-
weisungsstriche, mit denen Hölderlin später oder in Sofort-
ergänzung über dem Vers nachgetragene Worte in die
vorgesehene Stelle des Verses einweist – ein Verfahren, das
er auch sonst anwendet, so an anderen Stellen der Rhein-
hymne selbst, die Uffhausen nicht heranzieht.

In der ersten (Entwurfs-)Handschrift schrieb Hölderlin
über dem Anfang des Gedichts folgende Bemerkung:

»Das Gesetz dieses Gesanges ist, daß die zwei ersten
Partien der Form ⟨nach⟩ durch Progreß u Regreß entge-
gengesetzt, aber dem Stoff nach gleich, die 2 folgenden der
Form nach gleich dem Stoff nach entgegengesetzt sind die
letzte aber mit durchgängiger Metapher alles ausgleicht«.
Vgl. hierzu die Erläuterungen zu v. 83-89, v. 135, v. 214.

Mit den »Partien« meint Hölderlin hier die einzelnen
Strophentriaden der insgesamt in fünf Strophentriaden aufgebauten Hymne. Beinahe durchgehend haben die Strophentriaden Strophen zu 15, 15 und 14 Versen. Nur die
mittleren Strophen der zweiten und der fünften Trias zählen
einen Vers weniger. Die letzte Strophe hatte ursprünglich
ebenso wie die Schlußstrophen der vorausgehenden vier
Strophentriaden 14 Verse, wurde dann aber um zwei Verse
gekürzt.

ÜBERBLICKSKOMMENTAR Hölderlin hat in mehreren Gedichten das Wesen genialen Schöpfertums in der Metapher
des Stroms gefaßt: in der Ode *Der gefesselte Strom*, in der
Donauhymne *Der Ister*, ganz besonders in der Rheinhymne. Er nimmt damit eine Grundvorstellung der ›Geniezeit‹
um 1770 auf. Immer wieder hatten die Dichter des Sturm
und Drang das große Genie im Bild des Stroms beschworen. »O meine Freunde«, ruft Werther in seinem Brief vom
26. Mai aus, »warum *der Strom des Genies* so selten ausbricht,
so selten in hohen Fluten hereinbraust, und eure staunende

Seele erschüttert ⟨. . .⟩«. Goethes *Mahomets-Gesang* ist die bedeutendste dichterische Gestaltung des Genie-Themas durch die Strom-Metaphorik vor Hölderlins Rheinhymne. Diese Strom-Metaphorik ging ursprünglich von einer berühmten Ode des Horaz aus (*Carmina* IV 2, 5-8), in der es von Pindar heißt: »Wie vom Gebirge der Strom stürzt, | So brauset, so stürmet des unerreichbaren Pindars | Vollströmender Gesang« – »monte decurrens velut amnis, imbres | quem super notas aluere ripas, | fervet inmensusque ruit profundo | Pindarus ore«. Herder hatte dieses Bild für Pindars Genie mit weiterer Ausführung der Strom-Metaphorik in seiner Schrift *Von der griechischen Literatur in Deutschland* aufgenommen. »So fließt ein majestätischer Strom«, schreibt er, »reich um hundert Arme auszulassen, und sparsam sie wieder an sich zu ziehen, in einem breiten Bette fort, und wälzt sich mit hundert Händen brausend vom Felsen herab, um sich im Tale zusammenzufinden: Ein großer, gewaltiger Strom, der Name seiner Gegend«. Den zuletzt formulierten Gedanken übernahm Goethe direkt in seinen *Mahomets-Gesang:* »Und im rollenden Triumphe | Gibt er Ländern Namen ⟨. . .⟩«, Hölderlin stellt in ähnlicher Weise die weltgestaltende Kraft des großen Stromes dar. Daß die Metapher des Stroms für das schöpferische Genie topologisch fixiert war, zeigt nicht zuletzt die Französische Enzyklopädie. Darin heißt es (im Artikel »Enthousiasme«): »Man könnte es ⟨das Genie⟩ mit großen Strömen vergleichen ⟨. . .⟩ Sie wälzen majestätisch ihre Fluten in den Schoß des Ozeans, nachdem sie die glücklichen, von ihnen getränkten Länder bereichert haben«.

Den Ursprungskult, der sich im Sturm und Drang mit dem Wunschbild des schöpferischen Genies verbunden hatte, bringt Hölderlin vor allem in der 4. Strophe zum Ausdruck (v. 46ff.: »Ein Rätsel ist Reinentsprungenes ⟨. . .⟩«, vgl. hierzu die Einzelerläuterungen). Zugleich aber wendet er sich – und dies ist ein deutlicher Reflex seiner Auseinandersetzung mit Fichtes Absolutsetzung des Subjekts, ähnlich wie in der Empedokles-Tragödie – gegen

diese Absolutsetzung des Ichs, wie sie sich in dem Sturm-
und Drang-Topos von der ›Gottgleichheit‹ des Genies ausgedrückt hatte. Goethe hatte dieses zum Kernbestand der
Genie-Ideologie gehörende Gedanken-Motiv am Ende seiner Prometheus-Ode exponiert: »Hier sitz ich, forme Menschen nach meinem Bilde ⟨. . .⟩«, womit sich Prometheus
dem Schöpfergott in deutlichem Anklang an den biblischen
Schöpfungsbericht gleichsetzt, ja an seine Stelle tritt. Am
Rande der Empedokles-Handschrift, bezeichnenderweise
gerade neben dem Vers, der sagt (1. Fassung, v. 190), daß
Empedokles »vor allem Volk sich einen Gott genannt« hat,
notierte Hölderlin: »Übermut des Genies«. Auf die Hybris
des Prometheus anspielend spricht er auch in der Rhein-
hymne (v. 100ff., vgl. hierzu die Erläuterung) von der
Grenzüberschreitung derjenigen, die »den Göttern gleich
zu werden getrachtet« (v. 104). Das von ihm kritisierte
›prometheische‹ Autonomie-Konzept (vgl. besonders v. 99
und die Erläuterung z. St.) führt er aber auf eine verhäng-
nisvolle geschichtliche Entwicklung zurück: auf das ›Positiv‹-Werden der ursprünglich-lebendigen Welt, die zu einer
Welt der toten Satzungen erstarrt ist. Auf diese Geschicht-
lichkeit hebt sowohl die Frage ab (v. 96-98): »Wer war es,
der zuerst | Die Liebesbande verderbt | Und Stricke von
ihnen gemacht hat?« wie auch im folgenden Satz, der die
moderne Autonomie-Erklärung kritisiert, das emphatisch-
anaphorische »Dann ⟨. . .⟩ dann erst«. Hölderlin interpretiert also, und das ist entscheidend, die prometheische
Auflehnung und Autonomie-Erklärung geschichtlich als
revolutionäre Reaktion auf lebensentfremdende Positivität.
    Daraus ergibt sich die für den Verlauf der Hymne struk-
turbildende Reflexion auf Möglichkeiten zur Vermeidung
oder Überwindung eines solch negativen, weil sowohl bloß
reaktiven wie auch selbstzerstörerischen (v. 115ff.) Verhal-
tens. Das Ziel dieser Reflexion ist die harmonisch ausglei-
chende Vermittlung zwischen dem Subjekt und der Sphäre,
in der es lebt. Die Reflexion führt von naturhaft gelingenden Lösungen, für die das ›naive‹ Naturphänomen des

Rheins (1.-3. Trias) und der sich ganz der Natur hingeben-
de, ›sentimentalische‹ Rousseau (4. Trias) stehen, zu spezifisch ›idealischen‹, bewußtseinsphilosophisch strukturier-
ten Lösungen (5. Trias). Die Natur repräsentiert den
vorgeschichtlichen Bereich, und wer selbst bloße Natur ist, wie
der Rhein, oder mit ihr immer wieder so vollkommen in
innere Verbindung zu treten vermag wie Rousseau, der
kann sich damit dem verhängnisvollen geschichtlichen
Reaktionsmechanismus entziehen und eine vollkommene
Vermittlung erreichen; dagegen ist das philosophische Bewußtsein, für das am Ende die Gestalt des Sokrates und die
des Freundes Sinclair stehen (5. Trias), *übergeschichtlich*, und
wer es erreicht, kann sich ebenfalls aus den geschichtlichen
Reaktionszwängen befreien, weil es alles übergreift. Deshalb heißt es in der Schlußpartie, daß Sokrates die »Mitternacht« mit dem »Mittag« in eins zu bringen vermag und
Sinclair das »Lächeln« des Gottes, das leitmotivisch in der
ganzen Hymne die Ganzheit des übergreifenden Zusammenhangs signalisiert (vgl. hierzu die Erläuterung zu
v. 215), bei »Tag« und bei »Nacht« wahrnimmt, im Weltzustand des in der Positivität »angeketteten« (v. 217) Lebens wie in dem der darauf reagierenden chaotisch-
revolutionären Negativität, »wenn alles gemischt | Ist ord-
nungslos und wiederkehrt | Uralte Verwirrung« (v. 219-
221).

328,2f. *der goldene Mittag,* | *Den Quell besuchend]* Die Mit-
tagsstunde ist traditionell die Zeit der Inspiration; vgl.
schon das Jugendgedicht *An die Ruhe,* V. 3f.: »am heitern
Mittag | Schläget sie mir, der Begeist'rung Stunde«. Die
Situation am »Quell«, im »dunkeln Efeu«, dessen immer-
währendes Grün Zeitlosigkeit symbolisiert, im »Schatten«
(v. 12) an der »Pforte | Des Waldes« (v. 1f.) ist die poetische
Situation der hohen Idylle. In ihr wird dem Dichter die
Inspiration zuteil (v. 10f.: »Vernahm ich ohne Vermuten |
Ein Schicksal«).

328,5 *die göttlichgebaute]* Dieses von Hölderlin gern gebrauchte Wort ist eine deutsche Nachbildung des griech. ϑεόδμητος, das sich besonders bei Homer und Pindar findet (*Ilias* VIII 519; Olymp. III 7; Olymp. VI 59; Pyth. IX 10).

328,15 *Moreas*] Seit dem 13. Jahrhundert ist »Morea« gebräuchlicher Name der Peloponnes; er stammt von den slawischen Einwanderern. Vgl. die Erläuterung zu v. 37.

328,31 *des Halbgotts*] Als Sohn der »Mutter Erd« (v. 25) und des »Donnerers« (v. 26) heißt der Rhein »Halbgott«. Vgl. auch v. 58-60: »Aus günstigen Höhn, wie der Rhein, | Und so aus heiligem Schoße | Glücklich geboren«. In allgemeinerer Bedeutung: der außerordentliche, hochbegabte Mensch.

329,35 *Rhodanus*] Die Rhone wird mit ihrem – auf der ersten Silbe zu betonenden – lateinischen Namen genannt, weil sie nur in dieser männlichen Form als »Bruder« (vgl. v. 34) der anderen Ströme bezeichnet werden kann.

329,37 *Nach Asia*] Der Rhein fließt zuerst ostwärts, »nach Asia«, was mit seiner »königlichen Seele« begründet wird (v. 37): ihrer inneren Unendlichkeit entsprechend drängt es sie zum Unendlich-Göttlichen, für das bei Hölderlin immer wieder die östliche Ferne steht. Darin gleicht dem Rhein bedeutungsvoll die »Seele« des Dichters, die in der ersten Strophe ebenfalls zunächst in südöstlicher Richtung schweift – »fernhin an die Küsten Moreas« (v. 15), der Peloponnes, die wohl um des ›östlichen‹ Valeurs willen hier mit dem fremdartig-slawischen Namen genannt wird.

329,40f. *Die Blindesten aber | Sind Göttersöhne*] »Die Blindesten« ist Prädikatsnomen.

329,41-45 Vgl. Matth. 8, 20; Luk. 9, 58: »Die Füchse haben Gruben, und die Vögel unter dem Himmel haben Nester; aber des Menschen Sohn hat nicht, da er sein Haupt hinlege«.

329,46 *Ein Rätsel ist Reinentsprungenes*] Eine der besonders ausgeprägten Gnomen, wie sie für Pindar, Hölderlins Vorbild im hymnischen Stil, charakteristisch sind. Das Reinentsprungene ist ein Rätsel, weil es der Ratio nicht zugänglich ist, und es ist das »Rätsel des Reinentsprunge-

nen«, daß es seinem Ursprung, dem ›göttlich‹-reinen Leben,
mit schicksalshafter Bestimmtheit durch alle Zwänge, Ge-
fährdungen und Verwandlungen hindurch treu bleiben
muß. Das betonen die folgenden Verse sowie die Verse
90-95. Auch der *Gedanke* ist von auffallend pindarischer
Prägung, denn die Berufung auf edle Abstammung (das
»Reinentsprungene«) und Natur (φύα) ist ein Grundelement in Pindars Werk, das ganz der Sphäre eines aristokra-
tischen Selbstverständnisses (vgl. v. 37: »die königliche
Seele«) und Selbstbewußtseins zugehört. Vgl. die Erläuterung zu v. 50f. Schon der junge Goethe hatte dieses Element in seine Genie-Hymnen übernommen. Hölderlin
schmilzt es in den von der Geniezeit entwickelten Ursprungskult ein. Der für die Geniezeit wesentliche Gedanke der *Originalität* bezeichnet ja im Wortsinn jenes Ursprüngliche, das Hölderlin mit dem »Reinentsprungenen«
und dann weiter mit dem Hinweis auf den Anfang, auf die
»Geburt« (v. 51) und den »Neugebornen« (v. 53) meint.
Dieser Ursprungskult hatte sich schon in der Metaphorik
der Geniezeit mit dem Bild des Quells verbunden. Lavater
nennt in seinen *Physiognomischen Fragmenten* das Genie einen
»Quellgeist« (Johann Caspar Lavater, *Physiognomische Fragmente zur Beförderung der Menschenkenntnis und Menschenliebe*,
IV. Versuch, 1778. Erster Abschnitt | Zehntes Fragment:
Genie, in: *Sturm und Drang. Kritische Schriften*, hg. v. Erich
Loewenthal, Heidelberg 1949 u. ö., S. 816).

329,46f. *Auch | Der Gesang kaum darf es enthüllen]* Die
Aura, die dem Genie seit den siebziger Jahren des 18. Jahrhunderts zugedacht wurde, indem man es jenseits jeder
analytischen Verstehensmöglichkeit ansiedelte und, wie
Goethe in dem Aufsatz *Über deutsche Baukunst*, allein die
religiöse Andacht und Ergriffenheit als adäquate Haltung
erklärte – diese Aura konstituiert auch Hölderlin, indem er
das schöpferische Genie in die Nähe des Heiligen rückt, vor
dem die Worte versagen, ja kaum erlaubt sind. Dies entspricht einer alten religiösen Tradition, derzufolge das
Göttliche unaussprechlich ist (ἄρρητον, ineffabile). Vgl.
hierzu auch *Germanien*, v. 94-96.

329,48 *Wie du anfingst, wirst du bleiben]* Dem Ursprungs-
gedanken assoziiert sich der des von Anfang an festgelegten
Charakters, der unaufhebbaren Individualität. Er ergibt
sich aus der Absolutsetzung des Ursprungs. Wenn aber die
vom Ursprung her bestimmte Individualität unaufhebbar
ist, dann erscheint sie auch als schicksalhaft. Indem Hölderlin von der »Geburt« spricht, zieht er deshalb noch das
ebenso traditionelle Moment einer schicksalhaften Vorbe-
stimmung durch die Sterne heran: durch den »Lichtstrahl,
der | Dem Neugebornen begegnet« (v. 52f.). Ursprung *ist*
Schicksal. Daher verbindet sich hier beides so eng. Goethe
hätte vom Dämon gesprochen. Im ganzen nehmen Hölderlins Verse erstaunlich genau das erste von Goethes im Jahre
1817 entstandenen orphischen *Urworten* vorweg, das im
Druck die Überschrift ΔΑΙΜΩΝ, *Dämon* und im explizie-
renden Begleittext die Erläuterung »Individualität, Charakter« trägt:

> Wie an dem Tag, der dich der Welt verliehen,
> Die Sonne stand zum Gruße der Planeten,
> Bist alsobald und fort und fort gediehen
> Nach dem Gesetz, wonach du angetreten.
> So mußt du sein ⟨. . .⟩.

329,49f. *So viel auch wirket die Not, | Und die Zucht]* Schon
in der Geniezeit um 1770 war es ein oft wiederholter
Grundsatz, daß das Eigene, Angeborene (»die Geburt«) das
Wesentliche sei, nicht die äußeren Bestimmungen, Regeln
und Gesetze. Vgl. auch die Ode *Natur und Kunst oder Saturn
und Jupiter* sowie die Erläuterungen dazu.

329,50f. *das meiste nämlich | Vermag die Geburt]* Wörtli-
ches Zitat aus Pindars 9. Olympischer Ode, v. 100: τὸ δὲ φυᾷ
κράτιστον ἅπαν. Hölderlin hat diese Sentenz mit an Sicherheit grenzender Wahrscheinlichkeit schon in der Tübinger
Zeit besonders einprägsam kennengelernt. Am 12. Februar
1791 trug Karl Wilhelm Friedrich Breyer, ein Mitstiftler
Hölderlins, die griechischen Worte in Hegels Stammbuch
ein – am gleichen Tag schrieb Hölderlin in Hegels Stamm-
buch ein Zitat aus Goethes *Iphigenie* (v. 665f.): »Göthe. |

Lust und Liebe sind | Die Fittige zu großen Taten«. Anlaß
für diese und andere Einträge dürfte eine Abschiedsfeier
der Freunde vor einem längeren Urlaub Hegels gewesen
sein (vgl. *Briefe von und an Hegel*, Bd. IV, Teil 1, *Dokumente
und Materialien zur Biographie*, hg. v. Friedhelm Nicolin,
Hamburg ³1977, S. 135 und S. 341).

330,69 *Im eigenen Zahne]* »Zahn« wird in der Handschrift, pars pro toto, für »Schlund« eingesetzt.

330,69f. *lachend* | *Zerreißt er die Schlangen]* Anspielung auf
den Herakles-Mythos, demzufolge Herakles als Kind in der
Wiege die beiden von der eifersüchtigen Hera geschickten
Schlangen zerriß. Zu dieser mehrfach, so auch in Pindars
1. Nemeischer Ode überlieferten Sage vgl. besonders Theo-
krit, *Herakliskos* (Idyll. 24), v. 11-63, wo auch das »lachend«
schon vorgegeben ist (v. 58: γελάσας).

330,71-73 *wenn* ⟨. . .⟩ | *Ein Größerer ihn nicht* ⟨. . .⟩ *wachsen
läßt]* Wenn der Strom von einem Bergzug aufgehalten und
aufgestaut würde, müßte er zum See *wachsen*.

330,73 *wie der Blitz]* Eine Lesart in der zweiten Ent-
wurfshandschrift läßt den syntaktischen Zusammenhang
leichter erkennen: »er muß, wie der Blitz | Die Erde spal-
ten«.

330,83-89 Mit diesen Versen schließt nicht nur die zweite
Strophentrias ab: Sie bilden zugleich den Schluß der beiden
ersten »Partien«, die, wie Hölderlin in der theoretischen
Vorbemerkung zum »Gesetz dieses Gesanges« (vgl. S. 856)
sagt, »dem Stoff nach gleich« sind, da sie beide dem Schicksal des Rheins gelten, von seinem Anfang, wo er noch
»Jüngling« (v. 24) ist, bis zur Vollendung, wo er »Der Vater
Rhein« (v. 88) heißt. Was Hölderlin meint, wenn er sagt,
»daß die zwei ersten Partien der Form nach durch Progreß
und Regreß entgegengesetzt« sind, ist umstritten, da sich
nicht mit Sicherheit feststellen läßt, was er mit »Form«
meint. Doch erhellt aus einem Vergleich der Schlußverse
der ersten »Partie« (3. Strophe) mit den Schlußversen der
zweiten »Partie« (6. Strophe), daß die erste Partie (1.-3.
Strophe) die Tendenz ins Unendliche (nach »Asia«) fort-

schreitend entwickelt und mit der Feststellung des tragischen Unbeheimatetseins im irdischen Bereich schließt,
während die zweite Partie (4.-6. Strophe) diese Tendenz
umkehrt, zum Endlich-Begrenzten führt und mit der Beheimatung des »Sehnens« (v. 86) »im guten Geschäfte«
(v. 87) schließt. Während der Rhein zuerst jedem begrenzten Aufenthaltsort, jeder Bindung fremd und ohne »Haus«
(v. 42) war, gründet er nun »Städte« (v. 89); zur Fortset-
zung dieser Motivreihe vgl. »Wohnung« (v. 91), »Haus«
(v. 115). – Analog wird in der ersten Partie die Aussage
fortschreitend allgemeiner, während sie in der zweiten Partie vom Allgemeinsten – von der Gnome »Ein Rätsel ist
Reinentsprungenes« – ausgehend zum Konkreten und Individuellen, zum Rhein zurückkehrt.

   330,97f. *Liebesbande* ⟨. . .⟩ *Stricke*] Der Rhein bewahrt
auch in allen Setzungen und Festlegungen des Daseins das
reine Leben des Ursprungs; die Bande, die er schafft, sind
»Liebesbande«. Mit gleicher Bedeutung ist im *Archipelagus*
von »Fesseln der Liebe« die Rede (v. 179-183: »Aber der
Muttererd' und dem Gott der Woge zu Ehren | Blühet die
Stadt itzt auf, ein herrlich Gebild, dem Gestirn gleich |
Sichergegründet, des Genius Werk, denn *Fesseln der Liebe* |
Schafft er gerne sich so, so hält in großen Gestalten, | Die er
selbst sich erbaut, der immerrege sich bleibend«.) – Die
»Liebesbande« symbolisieren den harmonischen Ausgleich
von Leben und Form, von »Natur« und »Kunst« (vgl. die
Ode *Natur und Kunst oder Saturn und Jupiter* sowie die Erläuterungen dazu), so daß das ursprüngliche Leben sich
nicht wie in »Stricken« gefesselt fühlen muß. Den Vorrang
der Ursprungssphäre innerhalb dieses Ausgleichsverhält-
nisses zeigen die ersten sechs Verse der siebten Strophe
(v. 90-95). Dieser Vorrang wirkt sich dann revolutionär
aus, wenn die »Wohnung« (v. 91) zum leeren Gehäuse, die
»Satzung« (v. 92) zum toten Buchstaben zu werden droht.
Die in jeder Entwicklung angelegte Gefahr des »Positiv«-
Werdens wird auf eine mythische Ursünde bezogen mit der
Frage (v. 96-98) »Wer war es, der zuerst | Die Liebesbande
verderbt | Und Stricke von ihnen gemacht hat?«

330,99-101 *Dann haben des eigenen Rechts | Und gewiß des himmlischen Feuers | Gespottet die Trotzigen]* Dieser Satz enthält zwei kunst- und absichtsvoll ineinander verschränkte Apokoinu-Konstruktionen. Das »gewiß« steht apokoinu, d. h. in doppelseitigem Bezug zu dem voranstehenden Genitiv »des eigenen Rechts« wie zu dem nachstehenden Genitiv »des himmlischen Feuers«; der Genitiv »des himmlischen Feuers« wiederum steht apokoinu zum vorausgehenden »gewiß« und zum nachfolgenden »gespottet«. Diese syntaktische Verschränkung erst figuriert die Fülle und Dichte der logischen Verknüpfungen. So ergibt sich z. B. die wesentliche Aussage, daß die Meinung, man sei des himmlischen Feuers »gewiß«, gleichbedeutend ist mit einem hybriden Sich-Hinwegsetzen (»Spotten«) gerade über dessen »himmlisches«, d. h. nicht verfügbares Wesen. – Mit den »Stricken« erstarrter Gesetze entsteht ein ›positives‹ Recht, das nicht mehr als abhängig vom tieferen Lebenszusammenhang, sondern als »eigenes Recht« der Menschen erscheint. Die Wendung »des eigenen Rechts ⟨. . .⟩« pointiert mit einer geradezu wörtlichen Übersetzung des Begriffs das Moment der *Autonomie*, das dann als Hybris (v. 103: »Verwegnes«) erscheint. Zentral für das Verständnis der ganzen Partie ist die Anspielung auf den Feuerraub des Prometheus in der Wendung »gewiß des himmlischen Feuers« (v. 100). – Zur *geschichtlichen* Perspektive des »dann ⟨. . .⟩ dann erst« (v. 99-101) vgl. den Überblickskommentar.

331,104 *den Göttern gleich zu werden]* Vgl. den Überblickskommentar.

331,109 *Und Sterbliche sonst]* Betonung, daß auch »Heroen« (v. 108) *nicht* unsterblich sind wie die Götter, von deren »Unsterblichkeit« zuvor (v. 106) die Rede ist.

331,115-117 *daß sein eigenes Haus | Zerbreche der und das Liebste | Wie den Feind schelt']* Anspielung auf mythische Rachehandlungen der Götter an den großen Heroen der griechischen Sage, vor allem auf das Schicksal des Herakles. Ihn stürzte Hera in Wahnsinn, so daß er sein Haus zerstörte, seine eigenen Kinder und Megara, seine Frau, tötete. Am eindringlichsten stellt dies Euripides in seiner Tragödie *Herakles* dar: in v. 967ff., wie Herakles seine eigenen Kinder tötet, in der Meinung, es seien diejenigen seines Feindes Eurystheus, darauf seine Frau Megara; in v. 1007 ist vom Sturz des Hauses die Rede, das Herakles zuvor mit Gewalt aufgebrochen hat, um den vor ihm sich verbarrikadierenden Rest der Familie zu erschlagen. Diese Geschichte erzählen auch die bedeutendsten Mythographen der Antike, Apollodorus (II 4, 12) und Diodorus Siculus (IV 11, 1-2), der wörtlich genau Hölderlins Wendung bietet, daß Herakles die Kinder (»das Liebste«) »wie den Feind« behandelte (τούτους ὡς πολεμίους κατετόξευσε) – von Hederich in seinem *Gründlichen mythologischen Lexikon*, Sp. 1243 exakt wiedergegeben: »worauf er seine eigenen Kinder für Feinde angesehen, und mit seinen Pfeilen erschossen«. – Indem Hölderlin die Zerstörung des Eigenen (»sein *eigenes* Haus«) gerade durch diejenigen darstellt, die sich des »*eigenen* Rechts ⟨. . .⟩ gewiß« (v. 99f.) zu sein dünkten, bringt er eine weitreichende Identitätsproblematik zur Sprache.

331,125 *Gestade]* Dieses Wort meint vorzugsweise das Ufer des Meeres oder eines Sees, wurde aber auch immer wieder zur Bezeichnung eines Fluß- oder sogar Bach-Ufers verwendet. Grimms *Deutsches Wörterbuch* bietet entsprechende Belege, auch bei Klopstock und Schiller. Vgl. Hölderlin selbst in anderen Gedichten, z. B. *Der Main*, v. 31f.: »⟨. . .⟩ schöner Main! ⟨. . .⟩ | Deine Gestade, die vielbeglückten«; *Wie wenn am Feiertage . . .*, v. 5: »In sein Gestade wieder tritt der Strom«.

332,135 *Halbgötter denk' ich jetzt]* Markanter Einsatz am Beginn der vierten »Partie« (vgl. Hölderlins theoretische Vorbemerkung, S. 856), die der dritten »dem Stoff nach entgegengesetzt« ist. Zwar nennt der Dichter auch den Rhein, von dessen heroischer Lebensform und Kraft (Vergleich mit Herakles in v. 70) die beiden ersten »Partien« sprechen, »Halbgott« (v. 31) – aber nun ist von einer anderen Art halbgöttlichen Daseins die Rede. Verkörperte der

Rhein den »kühnen« Helden und damit den Bereich des Aktiven und weltumgestaltender Tat, so steht nun Rousseau dagegen als Dichter, der »die Sprache der Reinesten« (v. 146) gibt (vgl. das »Reinentsprungene« des Rheins) und mehr in den Bereich des Passiv-Empfangenden gehört. Damit wird der tiefere Grund der Widmung an Sinclair deutlich: Hölderlin empfand seinen Freundesbund mit dem revolutionär-aktiven Sinclair als Bund von Held und Dichter, wie besonders auch die Ode *An Eduard* zeigt. Beiden, dem Helden und dem Dichter, ist es aufgegeben, den Ausgleich zwischen Himmel und Erde, zwischen dem Drang ins Unendliche und dem begrenzten Dasein zu schaffen, dem einen durch die Tat, dem andern durch das Wort. Die dritte und die vierte »Partie« sind also tatsächlich »dem Stoff nach entgegengesetzt«, aber so, daß zugleich die Analogie deutlich wird – der »Form nach« sind dritte und vierte Partie der Hymne, wie Hölderlin in der theoretischen Vorbemerkung sagt, »gleich«. Zwar ist wieder unsicher, was mit »Form« gemeint ist, doch tendieren beide Partien zum harmonischen Ausgleich, der in den jeweiligen Schlußstrophen (9. Strophe und 12. Strophe) gefeiert wird.

332,139 *Rousseau]* Zu Hölderlins Rousseau-Verehrung vgl. die Ode *Rousseau* und die Erläuterungen dazu. Sie gehört in den Horizont eines zeitgenössischen Rousseau-Kults, der den französischen Schriftsteller ins Übermenschliche stilisierte.

332,143f. *zu hören, | Zu reden so]* Die unmittelbare Aufeinanderfolge, durch die Versbrechung rhythmisch verstärkt, drückt das Eigentliche aus: unmittelbar und rein aus dem »Hören« auf die ursprungshafte Natur entspringt dem Dichter Rousseau das »Reden«, das nun notwendig naturhaft vollkommen, »aus heiliger Fülle« geschieht.

332,145 *Weingott]* Der Weingott Dionysos ist der Gott des Enthusiasmus, der Inspiration und der Dichter. Vgl. hierzu besonders die Elegie *Brot und Wein*.

332,145f. *törig göttlich | Und gesetzlos]* Das Wort »törig« bedeutet hier nicht wie das moderne »töricht« das Unver-

nünftige, sondern das über alle Vernunft Hinausgehende.
Das »Gesetzlose« des dionysischen Dichtens, insbesondere
des Dithyrambos, wurde seit jeher mit Hölderlins dichterischem Vorbild Pindar verbunden, der seinerseits als Inbegriff genial ursprünglichen Dichtens galt. Maßgebend
für diese Kennzeichnung des genialen, dithyrambisch-dio-
nysischen Dichtens, von dem man glaubte, es setze sich
über alle Versmaße (›Gesetze‹) hinweg, ist Horaz, *Carmina*
IV 2, 10-12. Dort heißt es, daß Pindar wie ein Strom neue
Worte in seinen kühnen Dithyramben daherwälzt und in
gesetzlosen Rhythmen dahinrauscht (»per audacis nova di-
thyrambos | verba devolvit numerisque fertur | *lege solutis*«).
Dieses »Gesetzlose« wurde dann immer wieder im Hinblick
auf Pindar und das dionysisch-geniale Dichten zitiert, so
von Klopstock, *Wingolf* 1, 6-8: »Willst du ⟨Haingesang⟩
gesetzlos ⟨. . .⟩ Frei aus der Seele des Dichters schweben?«

  332,146 *die Sprache der Reinesten]* Vgl. das »Reinentsprungene« des Rheins (v. 46). Die Wendung »der Reinesten« kann die Sprache der Götter meinen (dann würde es
sich um einen Plural handeln), aber auch die Sprache der
Natur (in diesem Fall wäre die Wendung singularisch aufzufassen). Da sich Rousseaus Name gerade mit dem Natur-
kult verbindet und von einem naturhaft-gesetzlosen Dichten die Rede ist, das Göttliche andererseits schon vergleichsweise genannt wurde (»Wie der Weingott, törig
göttlich«), ist wohl die Natur gemeint.

  332,148f. *Die Achtungslosen mit Blindheit schlägt | Die ent-
weihenden Knechte]* Der Vergleich mit dem »Weingott« Dionysos wird hier indirekt mittels einer Anspielung auf die
(von Hölderlin übersetzten) *Bakchen* des Euripides fortgeführt. In dieser Tragödie erscheint Pentheus, der Gegner
des Dionysos, den er (»achtungslos«) nicht als Gott aner-
kennen will, in besonderer Weise verblendet, ja mit Blindheit geschlagen, und dies durch den Gott selbst. Im
eigentlichen deutet Hölderlin auf das Unverständnis hin,
das Rousseau an seinen Zeitgenossen beklagte – und damit
auch auf die Naturentfremdung einer verdorbenen Zivilisation.

332,149 *den Fremden]* Wie Dionysos als neuer, fremder Gott mißkannt wurde, als er nach Theben kam (vgl. die vorausgehende Anmerkung), so erscheint auch Rousseau in der Welt als ein Fremder. Obwohl der Dichter selbst ihn aus seiner eigenen dichterischen Erfahrung »kennen« muß (v. 136), erscheint er ihm nun ganz als elementares, kaum noch mit menschlichen Kategorien faßbares Naturgenie und auch deshalb als »Fremder«.

332,150 *Die Söhne der Erde]* In dieser Wendung ist die Antwort auf die vorausgehende Frage enthalten – Rousseau ist ein Sohn der Erde, in elementarer Nähe zum Ursprung. Zum mythischen Hintergrund vgl. die Erläuterung zu v. 155-157.

332,152 *Mühlos]* Vgl. die Ode *Natur und Kunst oder Saturn und Jupiter*, wo Saturn als die der dichterisch-genialen Intuition ebenso wie dem ursprünglich paradiesisch vollkommenen Weltzustand des Goldenen Zeitalters zugeordnete Gottheit »mühelos« heißt (v. 10).

332,155-157 *den Himmel, den | Er ⟨...⟩ | Sich auf die Schultern gehäuft]* Anspielung auf den Riesen Atlas, der den Himmel auf seinen Schultern zu tragen vermochte (Hesiod, *Theogonie*, v. 507ff.). Die Aussage steht im Zusammenhang mit v. 150: »Die Söhne der Erde ⟨...⟩«, denn in der mythologischen Überlieferung sind die Riesen (die Titanen und die Giganten) Söhne der Erde.

332,158 *bedenket]* Dieses Wort ist betont. Die aus dem Bewußtsein entspringende Einsicht in die eigenen Grenzen – eine deutliche Abhebung von der Hybris des sich gottgleich dünkenden Genies, weshalb schon in v. 154 prononciert vom »sterblichen Mann« die Rede ist – führt zu der Bescheidung, von der die folgenden Verse sprechen. Beim dichterischen Genie Rousseau wie beim heldischen Genie, das der Rhein repräsentiert, folgt also auf die mächtige Erfahrung ursprungshafter Fülle die Bescheidung in Grenzen. Nur daß sie dem heldischen »Halbgott« von außen gesetzt werden und er ihre Notwendigkeit erst in der erinnernden Vergegenwärtigung seines Schicksals erfährt

(9. Strophe), während der dichterische »Halbgott« aus sich selbst zur Wahrnehmung der notwendigen Grenzen gelangt.

332,159 *oft]* Der dichterische »Halbgott« überschreitet die Grenzen aus dem Bereich der unbewußten Fülle seiner Intuition in den Bereich des Bewußtseins (v. 158: »bedenket«), das ihm die Beschränkung seines Daseins deutlich werden läßt, nicht einmal und endgültig, vielmehr führt er sein Leben in oftmaligem Wechsel zwischen diesen beiden Sphären. In diesem Wechsel vollzieht sich die harmonische gegenseitige Durchdringung von Ursprungssphäre und begrenztem Dasein, die auch der Rhein auf seine Weise erreicht hat.

332,163 *Bielersee]* Rousseau hatte im Jahr 1765 für kurze Zeit Zuflucht auf der Petersinsel im Bielersee gefunden. Er beschreibt sie im 5. Spaziergang der *Träumereien eines einsamen Spaziergängers* (*Les confessions, suivies de rêveries du promeneur solitaire*, Genf 1782; *cinquième promenade*, Band 2, S. 131-158). Der Schilderung in den *Rêveries* entspricht eine ähnliche im 12. Buch der *Confessions*.

332,166 *aus heiligem Schlafe]* Vgl. die Bedeutung des schöpferischen Schlafs im *Archipelagus*, v. 170ff.

333,176-179 Der Tagesgott, der »Bildner«, der sich anschickt, das »Brautfest« (v. 180) zu feiern, heißt in einer Lesart der »herrliche Pygmalion« (Pygmalion ist in der griechisch-römischen Sage ein Bildhauer, der sich in eine von ihm geschaffene weibliche Statue verliebt; Venus belebt sie auf sein Bitten, vgl. Ovid, *Metamorphosen* X 243-297). Seine »Schülerin«, die »heutige Erde«, ist das Werk des »Bildners« und wird nun seine Braut. Immer wieder greift Hölderlin in seiner Dichtung zur Darstellung der universalen Harmonie (eine Zwischenfassung fügt in dieser Partie das Wort »Versöhnend« ein) auf das alte Bild des ›hieros gamos‹, der Hochzeit von Himmel und Erde zurück.

333,203 *Nur hat ein jeder sein Maß]* Vgl. *Brot und Wein*, v. 43-45: »Fest bleibt Eins; es sei um Mittag oder es gehe | Bis in die Mitternacht, immer bestehet ein Maß, | Allen gemein, doch jeglichem auch ist eignes beschieden«.

334,205 *das Glück]* Das Glück höchster Erfüllung ist »im Gedächtnis« schwer zu tragen, denn dies setzt voraus, daß das eigene Innere dem Erinnerten adäquat ist, vom selben großen »Maß«.

334,206-209 *Ein Weiser aber vermocht es ⟨. . .⟩ helle zu bleiben]* Eine entscheidende Steigerung, die zur Schlußstrophe überleitet: Der in Erinnerung an Sokrates beschworene wahrhaft Weise lebt nicht bloß im »Gedächtnis« an einstige Erfüllung, sondern er bleibt, unabhängig vom historischen Augenblick – »Vom Mittag bis in die Mitternacht, | Und bis der Morgen erglänzte« – »helle«. Er hat die Helle des Bewußtseins vom Ganzen erreicht, das sich über alles Partielle und Augenblickliche erhebt und ihn damit innerlich souverän macht, auch unabhängig vom bloßen »Gedächtnis« des Vergangenen. Dieses souverän-helle Bewußtsein macht ihn zu dem »Weisen«, als dessen Prototyp Sokrates seit jeher galt (zur stoischen Grundierung dieses Bildes vom »Weisen« schon hier vgl. die Erläuterungen zur ursprünglichen Schlußstrophe S. 875 f.) Die Verse evozieren das Bild des Sokrates auf unverkennbare Weise: »Gastmahl« (v. 209) ist die traditionelle Übersetzung für *Symposion*, das Werk, in dem Platon einen Bericht wiedergibt (223 b-d), demzufolge Sokrates bei einem nächtlichen Trinkgelage, während die meisten Zechgenossen schon vom Schlaf überwältigt waren, mit einigen wenigen bis gegen Morgen noch geistvolle Gespräche geführt habe, bis auch diese in Schlaf versanken; dann sei er aufgebrochen und habe seinen Tag wie gewohnt zugebracht.

334,210-213 *auf heißem Pfade ⟨. . .⟩ du kennst ihn]* Die Verse sind so zu lesen, als ob bei normalisierter Interpunktion vor dem Wort »gehüllt« ein Komma stünde. Eine gewisse Schwierigkeit bereitet der Passus »Dir mag auf heißem Pfade unter Tannen oder | Im Dunkel des Eichwalds ⟨. . .⟩«. Da die Vorstellung des heißen Pfades unter Tannen sinnwidrig wäre, ist er so aufzufassen, als ob bei normalisierter Interpunktion vor der Wendung »unter Tannen« ein Komma stünde. Demnach handelt es sich zweimal um eine

disjunktive Fügung. – Obwohl sich die Schlußstrophe ursprünglich an Heinse und erst später an Sinclair richtete,
und dies durch einfache Ersetzung des einen Namens durch
den anderen (vgl. hierzu die einleitende Bemerkung, S. 855),
lassen sich die Verse gut auf die vielfältige Aktivität des
Freundes Sinclair beziehen und sogar in deutliche Analogie
zu den Versen 29-36 der an Sinclair gerichteten Ode *An
Eduard* bringen. Die Wendung »auf heißem Pfade« läßt sich
als Anspielung auf die angespannte Tätigkeit des Staatsmannes Sinclair am Hofe des Landgrafen von Homburg in
den krisenreichen Jahren der napoleonischen Kriege verstehen; die Wendung »unter Tannen oder | Im Dunkel des
Eichwalds« dagegen symbolisiert den Bereich der naturverbundenen Ruhe und der dichterisch-philosophischen Besinnung, denn Sinclair dichtete auch und trieb philosophische Studien, in lebendigem Austausch mit Hölderlin.
Homburg liegt im Taunus, in einer bergigen Waldlandschaft also, so daß die Worte »unter Tannen oder | Im
Dunkel des Eichwalds« auch geeignet sind, die reale Naturumgebung anzudeuten. Speziell der Eichwald wird dem
Taunus in der Elegie *Der Wanderer* zugeschrieben (v. 53f.):
»⟨. . .⟩ lächelnd und ernst ruht droben der Alte, der Taunus,
| Und mit Eichen bekränzt neiget der Freie das Haupt«. Mit
genau derselben Bedeutung wie in der Rheinhymne ist vom
»Wald« und vom »Dunkel« in der auf Sinclair bezogenen
Ode *An Eduard* (2. Fassung) die Rede (v. 29-34): »Zwar
hab' ich dich in Ruhe noch itzt; dich birgt | Der ernste Wald,
es hält das Gebirge dich | Das mütterliche noch den edlen |
Zögling in sicherem Arm, die Weisheit || Singt dir den alten
Wiegengesang, sie webt | Ums Aug' ihr heilig Dunkel«. Die
Wendung »gehüllt | In Stahl ⟨. . .⟩ Gott« meint das Kriegsgeschehen, in dem die Gottheit als Zeitengott und, gleichsam »in Stahl« gepanzert, geradezu wie ein Gott des
Krieges erscheint; vgl. die Ode *An Eduard*, v. 34-38: »⟨. . .⟩
es flammt | Aus fernetönendem Gewölk die | Mahnende
Flamme des Zeitengottes. || Es regt sein Sturm die Schwingen dir auf, dich ruft, | Dich nimmt der Herr der Helden

hinauf ⟨. . .⟩«. Der Anruf »mein Sinklair!« läßt sich besonders mit der Wendung von dem in Stahl gehüllten Gott
verbinden, weil Sinclair für Hölderlin den Typus des Helden verkörperte. Der »in Wolken« gehüllte ist im Gegensatz zu dem »in Stahl« gehüllten Gott nicht die im
kriegerischen Zeitgeschehen, sondern die in naturhaftem
Frieden waltende Gottheit; vgl. *Der Archipelagus*, v. 251,
wo die Hoffnung ausgedrückt wird, daß »uns der Geist der
Natur, der fernherwandelnde, wieder | Stilleweilend der
Gott in goldnen Wolken erscheinet«. Zugleich hat Hölderlin in diesen Versen eine bereits in der römischen Literatur
fixierte Metaphorik aufgenommen. Sie setzt immer wieder
chiffrenhaft die Sphäre des ruhig-friedlichen Daseins als
»Schatten« der Sphäre militärischer Aktivität entgegen, die
ihrerseits gelegentlich der Sonne (vgl. »auf heißem Pfade«)
zugeordnet wird. Vgl. Horaz, *Carmina* I 7, 19f.; geradezu
formelhaft Cicero, *Pro Murena* 30: »Es möge ⟨. . .⟩ das Forum dem Feldlager, die Muße dem Militärdienst, der
Schreibgriffel dem Schwert, der Schatten der Sonne weichen« (»cedat ⟨. . .⟩ forum castris, otium militiae, stilus
gladio, umbra soli«). Die Wendung »gehüllt in Stahl ⟨. . .⟩
Gott« klingt deutlich an Horaz, *Carmina* I 6, 13 an: »⟨. . .⟩
Mars, gehüllt in ein stählernes Kleid« (»⟨. . .⟩ Martem tu-
nica tectum adamantina«).

334,213 *jugendlich*] Die Aussage, daß Sinclair das Walten
der Gottheit in allen Lebenslagen erkennt, d. h. daß er sich
immer des großen Sinnzusammenhanges im Leben sicher
ist, wird mit seiner Jugendlichkeit begründet, weil Jugend
für Hölderlin im höchsten Maße Sensibilität und Idealität
bedeutet.

334,215 *das Lächeln des Herrschers*] Hier gipfelt die Motivreihe, die vom Lächeln des Gottes spricht. Das Lächeln
der Gottheit deutet auf die Harmonie von Idealität und
Realität, von ›Himmel‹ und ›Erde‹. Am Schluß der zweiten
»Partie« (zu Anfang der 6. Strophe, v. 77) ist es auf die
Bestimmung des Stromschicksals bezogen, am Ende der
dritten »Partie« (9. Strophe, v. 133) wird es in allgemeinerer

Form erneut auf die Vollendung des heroischen Daseins angewandt; am Ende der vierten »Partie« (12. Strophe, v. 172) bezeichnet es die alsbald als »Brautfest« gefeierte Harmonie von Himmel und Erde, die sich aus der Vermittlung der Gegensätze in den dem Dichter-»Halbgott« Rousseau gewidmeten vorangehenden Strophen herstellt. In all diesen Fällen handelt es sich um eine geschichtlich-reale Einung des Göttlich-Ursprünglichen mit dem Irdisch-Begrenzten, wie sie dann, nach dieser Vorbereitung, zum Thema gesteigert in der ersten Strophe der letzten »Partie« (13. Strophe) im »Brautfest« der »Menschen und Götter« gefeiert wird. Doch bleibt es in der letzten »Partie«, die, wie Hölderlin in seiner theoretischen Vorbemerkung sagt, »mit durchgängiger Metapher alles ausgleicht«, nicht bei dieser notwendig vergänglichen, weil geschichtlich-realen Einung. Schon in der erinnernden Vergegenwärtigung (v. 199-201: »bis in den Tod | Kann aber ein Mensch auch | Im Gedächtnis doch das Beste behalten«) wird, obwohl gerade in ihr der Bezug zur geschichtlichen Realität notwendig fortbestehen muß, ein Stück Unabhängigkeit vom Zeitgeschehen errungen. Die vollkommene Unabhängigkeit aber wird erst im philosophischen Zustand erreicht, den der »Weise« (Sokrates) am Ende der vorletzten Strophe repräsentiert und der in der Schlußstrophe dem Freund Sinclair zugeschrieben wird: er vermag ganz unabhängig von den einzelnen, stets wechselnden geschichtlichen Situationen das »Lächeln des Herrschers«, d. h. den harmonischen Allzusammenhang des Lebens wahrzunehmen, der sich geschichtlich immer wieder als Einung von ›Himmel‹ und ›Erde‹ vollzieht.

334,216-221 *Bei Tage* ⟨...⟩ | *Uralte Verwirrung]* Hier kehrt noch einmal der grundlegende Gegensatz der Hymne wieder, auf den nun alles geschichtliche Geschehen reduziert erscheint: der Gegensatz zwischen Bindung (die im Prozeß des Positivwerdens immer wieder zur »Fessel«, zum »Strick« zu werden droht, so daß das Ursprünglich-»Lebendige« wie »angekettet« scheint und nach einem Ausbruch

ins Ungebundne fiebert) und völliger Entbundenheit, die
»ordnungslos« und reine Negativität ist wie die »uralte Ver-
wirrung«, d. h. wie das Chaos, das vor der Entstehung der
Welt herrschte.

Eine frühere, noch an Heinse gerichtete Fassung der
Schlußstrophe lautete:

> Und du sprichst ferne zu mir,
> Aus ewigheiterer Seele,
> Was nennest du Glück,
> Was Unglück? wohl versteh' ich die Frage,
> Mein Vater! aber noch tost
> Die Welle, die mich untergetaucht
> Im Ohr mir, und mir träumt
> Von des Meergrunds köstlicher Perle.
> Du aber, kundig der See,
> Wie des festen Landes, schauest die Erde
> Und das Licht an, ungleich scheinet das Paar, denkst du,
> Doch göttlich beide, denn immer
> Ist dir, vom Äther gesendet
> Ein Genius um die Stirne.

Nachdem schon am Ende der vorangehenden Strophe das
Bild des »Weisen« im Hinblick auf Sokrates entworfen
wurde, wird nun im Anruf an Heinse, dem die Hymne
ursprünglich gewidmet war, die Vorstellung speziell des
stoischen Weisen entwickelt. Ihm kommt das höchste, von
allem äußeren Geschehen unabhängige und sich darüber
deshalb souverän erhebende Bewußtsein zu, insofern er
sich mit dem Naturganzen in einer prinzipiellen Überein-
stimmung weiß – mit dem Naturganzen, das alles, auch alle
Gegensätze (»See« und »festes Land«, »Erde« und »Licht«)
umgreift, und das Hölderlin am Schluß mit der alten pan-
theistisch-stoischen Chiffre des »Äthers« kennzeichnet
(vgl. hierzu den Überblickskommentar zu der Hexameterhymne *An den Äther*, S. 598f.). Daß dem Angesprochenen
immer »vom Äther gesendet | Ein Genius um die Stirne«
ist, heißt, daß er stets die »göttliche« Ganzheit der Natur
sich in seinem Geiste zu vergegenwärtigen und daraus seine

Lebensweisheit und seine Lebenshaltung zu gewinnen vermag. Es ist die Weisheit und Haltung des stoischen Weisen,
die er als »Vater« gegenüber dem Jüngeren, noch nicht zur
vollkommenen Einsicht ins Ganze Gelangten, sondern
noch an einzelne Ereignisse Ausgelieferten (»Welle«) und
auf bestimmte Güter (»Perle«) Fixierten vertritt. Aus
»ewigheiterer Seele«, d. h. aus der spezifisch stoischen
»Ruhe des Gemüts« (»tranquillitas animi«), die oft auch als
Heiterkeit bezeichnet wird, zeigt er deshalb die stoische
Unbekümmertheit um »Glück« und »Unglück«. Die Unabhängigkeit von »Fortuna«, d. h. von den äußeren Wechselfällen des Lebens, ist ein Grundwert der gesamten stoischen
Tradition von der Antike bis zu Spinozas *Ethik*. Dabei wird
topologisch die auch von Hölderlin verwendete Formel der
Verachtung von »Glück und Unglück« (»utraque fortuna«)
eingesetzt. So in der klassischen Stelle bei Seneca (*Briefe an
Lucilius* 71, 37): »Wann wird es gelingen, zu verachten beides, Glück und Unglück ⟨. . .⟩?« (»Quando continget con-
temnere utramque fortunam ⟨. . .⟩?«). Analog in der Schrift
des Boethius *De remediis utriusque fortunae (Über die Heilmit-
tel gegen Glück und Unglück)*, an die später Petrarca mit einer
gleich betitelten Schrift anknüpft, bis dann der Neustoizismus des 17. Jahrhunderts das Thema breit entfaltet. Wie das
Bild des Weisen, so ist das Thema von Glück und Unglück
schon in der vorletzten Strophe vorbereitet (v. 204-209):
»Denn schwer ist zu tragen | Das Unglück, aber schwerer
das Glück. | Ein Weiser aber vermocht es ⟨. . .⟩ helle zu
bleiben«. Zugleich dürfte Hölderlin mit diesem Motiv
Heinse gezielt angesprochen haben, denn in dessen Werk ist
immer wieder von der stoischen Geistesfreiheit gegenüber
»Glück und Unglück« die Rede.

Germanien

Diese nicht sicher datierbare, aber ihren stilistischen Merkmalen zufolge wohl noch ins Jahr 1801 gehörende Hymne
ist reinschriftlich überliefert.

ÜBERBLICKSKOMMENTAR Die Hymne *Germanien* gehört mit den Oden *Gesang des Deutschen* und *An die Deutschen* zu den Gedichten, die nach der Enttäuschung durch die Französische Revolution und die anschließende restaurative Entwicklung auf geschichtliche *Evolution* hoffen. Frankreich als dem Land der gescheiterten Revolution wird nun die Hoffnung auf Deutschland als Land der Evolution entgegengesetzt. Da Deutschland territorial zersplittert und politisch ohnmächtig war, andererseits aber seit einer Generation zunehmend ein kulturelles Selbstbewußtsein ausbildete, nicht zuletzt aufgrund seines Reichtums an bedeutenden Dichtern − darauf liegt der Hauptakzent der Hymne −, entfaltete sich ein entschieden kulturell geprägter Patriotismus. Vgl. hierzu den ausführlichen Überblickskommentar zu der Ode *Gesang des Deutschen* (S. 633-640). In *Germanien* kommt aber noch besonders intensiv der im Pietismus ausgeprägte Vaterlandsbegriff ins Spiel (vgl. Gerhard Kaiser, *Pietismus und Patriotismus im literarischen Deutschland*, Frankfurt ²1973). Während der aufklärerische Patriotismus sich auf äußere Erfahrungsmöglichkeiten, auf bessere Institutionen und praktisches Handeln richtete, folgen die pietistischen Patrioten, von Klopstock, Lavater, Stolberg, Friedrich Carl von Moser (1784 begann sein ›Patriotisches Archiv‹ zu erscheinen) und Herder bis zu Schleiermacher, Novalis und Hölderlin einem Zug zur Spiritualisierung. Von der Hintergrundsvorstellung eines himmlischen Vaterlands ausgehend entwickeln sie einen geistig-kulturellen Vaterlandsbegriff. Aus diesem ursprünglichen Zusammenhang von religiöser und geistig-kultureller Dimension läßt sich die seelenhafte Aufladung der Kulturvorstellung gerade bei Hölderlin verstehen.

Bis in einzelne Motive hinein greift Hölderlin den pietistischen Patriotismus auf. So ergibt sich eine Leitvorstellung der Hymne *Germanien* aus dem pietistischen Erweckungserlebnis und der pietistischen Erweckungshoffnung. Hölderlin überträgt sie, wie schon früher so manche pietistische Patrioten, auf seine Vaterlandshoffnungen. Das Va-

terland soll aus dem Schlaf erwachen, es soll aus dem
Zustand bloßer Potentialität in ein Stadium aktueller Er-
füllung eintreten. Ein weiteres Hauptthema von Hölderlins
Vaterlandsgedichten ist das der Liebe und des Friedens.
Damit verbindet sich das Motiv der inneren Stille, die bei
den Pietisten gleichbedeutend mit innerer Tiefe und Got-
tesnähe ist. »Du Land der Liebe!«, ruft er Deutschland im
Gesang des Deutschen an, um dann fortzufahren (v. 53-56):

> Noch säumst und schweigst du, sinnest ein freudig
> Werk,
> Das von dir zeuge, sinnest ein neu Gebild,
> Das einzig, wie du selber, das aus
> *Liebe* geboren und gut, wie du, sei –

Die Hymne *Germanien* bezeichnet das Vaterland als »alliebend« (v. 63), als »stillste Tochter Gottes« (v. 49) und
schreibt ihm inneren »Frieden« (v. 80) zu.

Ein ebenfalls besonders ausgeprägtes Erbe des pietistisch geprägten Patriotismus ist das Thema der Sprache.
Entgegen der aufklärerischen Sprachauffassung und anknüpfend an den Logos im Johannes-Evangelium sah
schon Jakob Böhme in der naturhaften Muttersprache den
Logos schaffend mit am Werke: nicht bloß äußerlich bezeichnend, sondern schöpferisch tätig. Im späteren Pietismus, bei Hamann und besonders bei Herder, ist die Sprache
eine ursprüngliche Schöpferkraft. In dieser Tradition steht
Hölderlin. Er verleiht dem beschwörenden, dichterischen
»Nennen« (vgl. v. 97f.: »O nenne Tochter du der heiligen
Erd' | Einmal die Mutter«) in seinem gesamten Werk zen-
trale Bedeutung. Nun hatten aber der Pietismus und besonders Herder diese Sprachauffassung auf die *Mutter*sprache gegründet, und so ergibt sich ein spezifischer Sprachpatriotismus, in dem sich säkularisiert religiöses und
vaterländisches Empfinden verbinden. Exakt diese Sprachauffassung und dieser Sprachpatriotismus finden in Hölderlins Hymne *Germanien* ihren größten dichterischen
Ausdruck. Und dies gehört zum Grundbestand jener ver-
innerlicht-geistigen Vorstellung, die das evolutionäre

Deutschlandbild Hölderlins nach der Enttäuschung durch die Französische Revolution bestimmt. Wie ihm überhaupt das Dichterische in ganz neuer Weise, als bildende, evozierende und schaffende Kraft wichtig werden mußte, nachdem das unmittelbare Handeln gescheitert war, so mußte ihm grundsätzlich die Sprache als beinahe magische Sprachhandlung bis zu einem gewissen Grad die Funktion des Handelns selbst übernehmen.

Die Hymne *Germanien* zeigt ein deutsches Sendungsbewußtsein, das demjenigen nicht nachstehen will, das die französische Nation aus dem Umbruchs- und Aufbruchsgeschehen der Französischen Revolution gewonnen hatte. Die französischen Revolutionäre sahen sich ja berufen, die eigene Lebens- und Staatsform auch dem übrigen Europa zu bringen. Hölderlin aber möchte jede Gewaltanwendung ausschließen und läßt deshalb seine Hymne mit einer Vision enden, in der Germania »*wehrlos* Rat gibt rings | Den Königen und den Völkern«. Dies ist eine Konsequenz des naturhaft evolutionären Weges gegenüber dem revolutionären. Darauf spielt die Hymne *Germanien* direkt an. Es heißt in ihr (v. 52-54), daß »jüngst, da ein Sturm | Toddrohend über ihrem Haupt ertönte«, Germania »ein Besseres« ahnte. Der »bessere«, nicht revolutionär-gewaltsame Weg ist derjenige einer geistig-kulturellen Reifung, und daraus soll sich dann die entsprechende Ausstrahlung auf die anderen Völker ergeben. Auch dies entspricht den Auffassungen des pietistischen Patriotismus. Zum Pietismus gehört ein entschiedenes Toleranz- und Brüderlichkeitsdenken. Im religiösen Bereich versteht es sich als Gegensatz zur dogmatischen Intoleranz der kirchlichen Orthodoxie, und daher anerkennt es immer wieder ausdrücklich die religiöse Vielgestaltigkeit. Dies bildet einen wichtigen geistigen Hintergrund für mehrere von Hölderlins späten Hymnen, die verschiedene Manifestationen des ›Göttlichen‹ aus allen Zeiten und Kulturen im Zeichen einer universalen geistigen Brüderlichkeit darstellen, welche dennoch das Individuell-Verschiedene bewahrt. Die pietistische Übertragung dieser Einstellung auf die Idee des Vaterlands bedeutet, daß man die anderen Vaterländer voll in ihrer besonderen Eigenart gelten läßt und dennoch das eigene lieb und wert hält, und daß man dessen Möglichkeiten in einem Geist der brüderlichen Mitteilung zur Bereicherung, nicht zur Bevormundung der anderen zur Geltung bringt. Lavater schreibt in seinen *Schweizerliedern:* »Jeder Staat soll allen Staaten | Gutes wünschen, Gutes raten«. Ganz in diesen Bahnen bewegt sich auch Herders Humanitätsdenken. Er fordert die Bewahrung der Eigenart und zugleich die universale Vermittlung zu dem, was er »Menschheit« nennt. Nur wer das Eigene schätzen kann, weiß auch das andere anzuerkennen. Der aufklärerische Kosmopolitismus achtet die eigene wie die fremde Eigenart gering, weil er sie in seinem Humanitätsideal unter dem dominierenden Aspekt der allgemeinen Vernunft einebnet. Dagegen bewahrt der pietistisch geprägte Patriotismus, vor allem in Herders und Schleiermachers Schriften, die Vielgestaltigkeit, um sie zu vermitteln und zu versöhnen.

Die siebenstrophige Hymne hat einen symmetrischen dreiteiligen, aber nicht triadischen Aufbau: 2 + 3 + 2 Strophen. In den beiden ersten Strophen reißt sich der Dichter vom Rückblick auf die griechische *Vergangenheit* los – es handelt sich um eine der markantesten Absagen Hölderlins an einen rückwärts orientierten Klassizismus; die beiden letzten Strophen, die jeweils mit hymnischem Aufschwung beginnen (»O trinke Morgenlüfte ⟨. . .⟩«; »O nenne ⟨. . .⟩«), sind auf eine sinnerfüllte *Zukunft* gerichtet, wobei die letzte Strophe den in den beiden Anfangsstrophen ausgedrückten Zwiespalt der *Gegenwart* zwischen Vergangenheit und Zukunft aufhebt. Zwischen diesen je zwei Strophen umfassenden Anfangs- und Schlußteilen liegen die drei Mittelstrophen, die der Zeit der Vorbereitung und des Reifens einer erfüllten Zukunft gelten.

334,2 *in dem alten Lande]* Griechenland.
334,9-11 *ahnungsvoll ein Himmel ⟨. . .⟩ drohend auch]* Die-

ses Bild vom Gewitterhimmel, in dessen Entladung Hölderlin das sich offenbarende Göttliche symbolisiert, wird in
v. 91 wieder aufgenommen (»ernst geworden ist der Zorn
an dem Himmel«).

335,17f. *Entflohene Götter! auch ihr, ihr gegenwärtigen, da-
mals* | *Wahrhaftiger*] Hier wird die vorangehende Aussage,
daß die Götter »Gestorbene« (v. 16) seien, relativiert: sie
sind nur »entflohen« und eigentlich noch »gegenwärtig«,
aber in der Verborgenheit des Unwirklichen, während sie
»damals«, in erfüllter Zeit, in voller Wirklichkeit offenbar,
»wahrhaftiger« zugegen waren. Hölderlin gebraucht das
Wort »wahr« (hier: »wahrhaftig«) im griechisch-etymologi-
schen Sinn von ἀλήθεια: »Unverborgenheit«; so auch in
v. 92f.: »⟨. . .⟩ Muß zwischen Tag und Nacht | Einsmals *ein*
Wahres erscheinen«. Vgl. auch *Brot und Wein*, v. 81f.: »⟨. . .⟩
dann aber *in Wahrheit* | Kommen sie selbst« (die Himmli-
schen).

335,23 *keines mag noch scheinen*] Das Verbum mögen
(»mag«) ist hier im ursprünglichen Sinn von »vermögen«,
»imstande sein« gebraucht; »scheinen« = »glänzen«,
»leuchten«.

335,24 *Grabesflammen*] In Griechenland wurden die Toten auf dem Scheiterhaufen verbrannt.

335,26 *uns Zweifelnden*] »Zweifeln« ist hier im ursprünglichen Sinn gebraucht: »doppelten«, »gespaltenen«
Sinnes sein (»zweifach«, »zweifalt«). Dieses Zweifachsein
wird in den folgenden Versen deutlich; es weist auf die
Beziehung sowohl zur Vergangenheit als auch zur Zukunft – auf die Tatsache, daß die »*Alten* ⟨. . .⟩ die Erde
*neu*besuchen« (v. 29).

335,33f. *im Vorspiel rauherer Zeit* | *Für sie erzogen*] Vgl.
Brot und Wein, v. 115-118.

335,37 *Daß schauen mag*] Wie in v. 23 ist das Verbum
mögen (»mag«) im ursprünglichen Sinn von »vermögen«,
»imstande sein« gebraucht.

335,39f. *Vom Äther aber fällt* | *Das treue Bild*] Nach an-
tikem Glauben sind die besonders bedeutenden Kultbilder

vom Himmel gefallen, so das Kultbild der Pallas Athene (daher: Palladium) in Athen und dasjenige der Artemis von Ephesus. Zum Palladium vgl. Vergil, *Aeneis* II 166ff. und Pausanias I 26, 6. In Euripides' Drama *Iphigenie bei den Tau-rern* spricht Orest von Apollons Befehl (v. 977), »das Bild hinwegzuführen, das vom Himmel fiel«. Vgl. auch Ovid, *Fasten* VI 419-423: »Als von Ilus aus Dardanus' Haus neu die Stadt war gegründet ⟨. . .⟩ | Kam, wie man glaubt, das himmlische Bild der bewehrten Minerva | Zu der Stadt Ilion Burg nieder vom Himmel geschwebt«. In der Apo-stelgeschichte ist davon die Rede (19, 35), »daß die Stadt Ephesus sei eine Pflegerin der großen Göttin Diana ⟨ = Artemis⟩ und des Bildes, das vom Himmel fiel« – eine Stelle, auf die sich Hölderlin in einer späten Überarbeitung der Elegie *Brot und Wein* bezieht, vgl. S. 737.

335,41 *es tönt im innersten Haine*] Wie einst in den »pro-phetischen Hainen Dodonas« (*Der Archipelagus*, v. 227 und die Erläuterung z. St.).

335,42-48 *der Adler, der vom Indus kömmt* ⟨. . .⟩ *jauchzend überschwingt er* | *Zuletzt die Alpen*] Diesen Versen liegt die überlieferte Vorstellung der Kulturwanderung (translatio artium) zugrunde, welche die Hymne *Am Quell der Donau* weitgehend bestimmt. Vgl. dort den ausführlichen Über-blickskommentar (S. 843-845).

335,43f. *über des Parnassos* | *Beschneite Gipfel*] Wie in v. 37 der Hymne *Am Quell der Donau* wird der Parnassos beson-ders genannt, weil er als der dem Apollon, dem Gott der Künste und der Dichtung, sowie den Musen geheiligte Berg pars pro toto für Griechenlands Kunst und Kultur steht. Vom Schnee auf den beiden Gipfeln des Parnaß ist in der griechischen Dichtung oft die Rede; vgl. *Menons Klagen um Diotima*, v. 114, sowie die Erläuterung z. St.

335,45f. *und frohe Beute sucht* | *Dem Vater*] Anspielung auf den Mythos von Ganymed, den ein Adler zum »Vater« Zeus entführte.

335,46 *nicht wie sonst, geübter im Fluge*] Nicht wie einst in der Antike, als der Kulturstrom gerade noch über die Alpen in die Randgebiete Germaniens reichte, das Land im ganzen aber unberührt in seinem geschichtslosen Naturzustand blieb und sich nicht an die Reihe der von Osten nach Westen, vom Orient über Griechenland nach Italien sich erstreckenden Kulturräume anschloß.

335,50 *die zu gern in tiefer Einfalt schweigt]* Vgl. *Gesang des Deutschen,* v. 11f.

336,52f. *ein Sturm | Toddrohend über ihrem Haupt]* Die Revolutionskriege, die auch Deutschland erfaßten.

336,54 *ein Besseres]* Besseres als Gewalt und Krieg und eine damit angestrebte Neuordnung.

336,61 *Der Jugendliche]* Noch in v. 47 heißt der Adler »der Alte«; jetzt, wo er in eine neue Zukunft fliegt, nachdem er die Kulturräume der Vergangenheit hinter sich gelassen hat, erscheint er jugendlich. Die Vorstellung vom sich verjüngenden Adler geht auf Psalm 102,5 (in Luthers Zählung: Psalm 103, 5) zurück: »Wie die Adler wird sich deine Jugend erneuern« (»Renovabitur ut aquilae iuventus tua«).

336,62 Von diesem Vers bis zum Schluß des Gedichts reicht nun die wörtliche Rede des Adlers.

336,65-72 *Seit damals ⟨. . .⟩ du redetest einsam]* Diese erste Hälfte der 5. Strophe ist stark von der *Germania* des Tacitus geprägt, der Germanien als ein »Wald«-Land schildert, dessen Bewohner in naturhafter Reinheit und Unbewußtheit leben, erfüllt von Freiheitsgefühl und »Stolz« (v. 68) – in cap. 6 spricht Tacitus von dem besonderen Wert, den die Germanen auf »Namen und Ehre« (»nomen et honor«) legen; in cap. 37 erscheint ihm als bedeutendstes Merkmal die Freiheit, die »libertas Germanorum«. Der Adler kam früher als Sendbote »lang, ehe noch auch geringere fühlten | Der Jungfrau Stolz« (v. 67f.), d. h. noch ehe die Soldaten des Varus, die aus niedrigeren Beweggründen einrückten, in der Schlacht im Teutoburger Wald von den Germanen geschlagen wurden. Diese Begebenheit löste bei den Römern staunendes Interesse an den Germanen aus, sie fragten, »wes du wärst und woher« (v. 68): eine Anspielung auf

Tacitus, der in seiner *Germania* diese Fragen aufwirft. Die
Wendung »wes du wärst« gilt der ethnischen Abstammung,
das »woher« der geographischen Herkunft der Germanen –
beide Fragen behandelt Tacitus im 2. Kapitel der *Germania*,
wo er seine Überzeugung ausdrückt, daß die Germanen
eine eingeborene Urbevölkerung und nicht Einwanderer
sind, und von ihren Liedern spricht, in denen sie »Tuisto,
den aus der Erde geborenen Gott, und seinen Sohn Mannus
als Ursprung und Gründer des Volks« feiern. Das »Freun-
deszeichen, | Die Blume des Mundes« (v. 71f.), d. h. die
dichterische Sprache (»flos orationis«), die der Adler als
Götterbote »lang« (v. 67) vor der Römerzeit zurückließ,
deutet auf eine mythische Urbegebenheit, von der Tacitus
im 3. Kapitel der *Germania* spricht. Schon die griechischen
Heroen, so schreibt er, seien in Germanien gewesen, und
davon zeugten Heldenlieder und Inschriften in griechischer
Sprache (metaphorisch: der Adler ist schon in dieser alten
Zeit von Griechenland nach Germanien geflogen). »Auch
Herkules sei bei ihnen gewesen, berichten sie, und besingen
ihn als ersten aller Helden, wenn sie in den Kampf ziehen.
Sie haben auch solche Lieder, durch deren Vortrag, den sie
Barditus nennen, sie den Mut befeuern ⟨. . .⟩ Im übrigen
wähnen manche, daß auch Ulixes auf seiner berühmten lan-
gen und märchenhaften Irrfahrt ⟨. . .⟩ die Länder Germa-
niens besucht habe ⟨. . .⟩ Denkmäler und Grabhügel mit
Inschriften in griechischer Schrift gebe es heute noch an der
Grenze zwischen Germanien und Raetien«. Der von Tacitus
erwähnte Bardengesang war für Hölderlin vor allem durch
Klopstock zum Begriff geworden; seine Hymne *Der Mutter
Erde. Gesang der Brüder Ottmar Hom Tello* ist selbst ein solcher Bardengesang, in dem wie in *Germanien*, und schon im
Titel, die Mutter Erde thematisiert und ebenso wie in *Germanien* (v. 72: »du redetest einsam«) das Einsame dieses
Gesangs der Vorzeit betont wird (jeweils am Anfang der
von Ottmar und Hom gesungenen Partien). Von dem »einsamen« Gesang der Vorzeit wird dann in der zweiten Hälfte
der Strophe übergeleitet zu der späteren Dichtungsfülle

Deutschlands. Die »Fülle der goldenen Worte« (v. 73) ist
Gewähr für die nun sich vollendende Berufung Germaniens.

336,76 *Die Mutter ist von allem*] Vgl. v. 97f.: »O nenne
Tochter du der heiligen Erd' | Einmal die Mutter«. Der
wesentliche Bezug Germanias zur Mutter Erde liegt für
Hölderlin in Germaniens eigener naturhafter Fülle; zugleich nimmt er wieder den Bericht des Tacitus auf, der im
40. Kapitel der *Germania* von einer Anzahl germanischer
Stämme berichtet, »daß sie insgesamt Nerthus, das ist die
Mutter Erde (terram matrem), verehren«, und anschließend
ausführlich den germanischen Kult der Mutter Erde beschreibt. Die Vorstellung von der »Mutter Erde« ist aber
auch im griechisch-römischen Bereich weit verbreitet; vgl.
Homerische Hymnen 30; Aischylos, *Prometheus*, v. 90; Euripides, *Iphigenie auf Aulis*, v. 1498; mit naturphilosophischer
Nuance bei Aischylos, *Choephoren*, v. 128f.

336,81 *Morgenlüfte*] Durch das Trinken der Morgenlüfte
soll Germania aus dem noch Nachtversunkenen, Träume-
rischen und Unbewußten zum Tag eines hellen Bewußtseins
gelangen, in dem sie ihre Sendung ergreift. Denselben
Augenblick des Übergangs wie die »Morgenlüfte« meint
die auf die Morgendämmerung bezogene Wendung »zwischen Tag und Nacht« (v. 92).

336,82 *Bis daß du offen bist*] Vgl. *Der Gang aufs Land*,
v. 13-18: »Darum hoff ich sogar, es werde ⟨. . .⟩ Mit der
unsern zugleich des Himmels Blüte beginnen, | Und dem
offenen Blick *offen* der Leuchtende sein«. Ebenso wird Germania befähigt, auf Grund der eigenen inneren Offenheit
das »Geheimnis« (v. 84), das »lange verhüllt« (v. 86) war,
offenbar zu machen, zu »nennen« (v. 83).

337,87-89 *Denn Sterblichen geziemet die Scham, | Und so zu
reden die meiste Zeit, | Ist weise auch von Göttern*] Dieser Satz
begründet die Tatsache, daß das Geheimnis »lange verhüllt«
war: 1. mit der den Sterblichen geziemenden Scham, 2. mit
der Weisheit der Götter, welche »die meiste Zeit« der Geschichte über »so ⟨. . .⟩ reden«, nämlich »verhüllt«, um die

für die Aufnahme des Göttlichen zu schwachen Menschen
zu schonen. – Vgl. *Brot und Wein*, v. 112-114: »⟨. . .⟩ so sehr
schonen die Himmlischen uns. | Denn nicht immer vermag
ein schwaches Gefäß sie zu fassen, | Nur zu Zeiten erträgt
göttliche Fülle der Mensch«; *Friedensfeier*, v. 52-54: »Denn
schonend rührt des Maßes allzeit kundig | Nur einen
Augenblick die Wohnungen der Menschen | Ein Gott an
⟨. . .⟩«.

337,90f. *überflüssiger, denn lautere Quellen* | *Das Gold*] Deut-
licher Anklang an v. 73f.: »Doch Fülle der *goldenen* Worte
sandtest du auch ⟨. . .⟩ und sie *quillen* unerschöpflich«. Das
»Gold« meint also den dichterischen Reichtum. Hölderlin
gebraucht das Wort »überflüssig« in der altertümlichen Bedeutung von »überreich fließend«, »überfließend«. Belege
für diese ältere Bedeutung in Grimms *Deutschem Wörterbuch*, s. v. »überflüssig«.

337,91 *ernst geworden* ⟨. . .⟩ *der Zorn an dem Himmel*] Das
Gewitter, das sich entladen will. Hölderlin hat in seinen
Dichtungen immer wieder das Gewitter als Offenbarung
des Göttlichen dargestellt. Die Wendung korrespondiert
den Versen 6-9: »Denn voll Erwartung liegt | Das Land und
als in heißen Tagen | Herabgesenkt, umschattet heut | Ihr
Sehnenden! uns ahnungsvoll ein Himmel«. Zur Gleichsetzung des Gewitters mit dem »Zorn« des Himmels, der nicht
etwa als Unwille, sondern als Ausdruck höchster Wirkungsenergie aufzufassen ist, vgl. *Die Titanen*, v. 83, und
Wenn aber die Himmlischen . . ., v. 16.

337,93 *Einsmals ein Wahres*] »Einsmals« ist mundartlich
für »einmal«; häufig auch bei Mörike vorkommend. »Einsmals« hat in der Mundart oft noch eine weiterreichende
Nuance, die auch hier gemeint sein dürfte: die Bedeutung
»endlich einmal«.

337,94-96 *Dreifach umschreibe du es,* | *Doch ungesprochen auch*
⟨. . .⟩ *muß es bleiben*] Traditionell gilt der Name der Gottheit als nicht auszusprechend (ἄρρητον, ineffabile), damit
die Scheu vor ihr nicht verletzt wird. So scheuten sich die
Juden, den Namen Gottes auszusprechen oder zu schreiben: 2 Mose 20, 7; 5 Mose 5, 11.

337,100 *Vergangengöttliches]* Vgl. die erste Strophe und die zugehörigen Erläuterungen.

337,103 *in der Mitte der Zeit]* Die »Mitte der Zeit« zwischen dem »Vergangengöttlichen« (v. 100) und dem »Zukünftigen« (v. 102) ist die erfüllte Gegenwart, deren Erfülltheit zugleich das *überzeitlich* Gültige der lebendig erfahrenen Natur ist – der großen Naturharmonie, in welcher »Erde« und »Äther« (v. 105) miteinander »leben«.

337,106-109 *zur Erinnerung ⟨. . .⟩ Die unbedürftigen sie ⟨. . .⟩ bei den unbedürftgen | Bei deinen Feiertagen]* Die gleiche, gegen jede klassizistische Repristination und gegen jede Kompensation gerichtete Vorstellung findet sich in der Hexameterhymne *Der Archipelagus,* v. 271-277 (vgl. die Erläuterung z. St.). Erinnerung ist auch hier nur aus der eigenen inneren Kongenialität legitim.

337,111 *wehrlos]* Vgl. den Überblickskommentar.

337,112 *Den Königen und den Völkern]* Alte Rechtsformel, vgl. Livius XXI 43, 11: »populi regesque«.

Friedensfeier

Die Hymne *Friedensfeier* ist in einer nicht genau datierbaren Reinschrift überliefert. Mehrere Wendungen des Vorspruchs, insbesondere der Hinweis darauf, daß einige eine solche Sprache zu wenig »konventionell« finden könnten und daß das Gedicht von der »Natur« her komme, entsprechen den programmatischen Äußerungen in einigen Briefen von Ende des Jahres 1802 bis Ende 1803. Im zweiten Brief an Böhlendorff (Bd. III, Nr. 241), gegen Ende des Jahres 1802, betont Hölderlin ebenfalls das Unkonventionelle und Natürliche seines Dichtens. »Mein Lieber! ich denke, daß wir die Dichter bis auf unsere Zeit nicht kommentieren werden«, schreibt er, und weiter, daß »wir« – er bezieht den Freund mit ein – »seit den Griechen, wieder anfangen, vaterländisch und natürlich, eigentlich originell zu singen«. Auf die »Natur« beruft er sich auch in einem Brief an seinen Verleger Wilmans vom 28. September 1803 (Nr. 242): er könne jetzt »mehr aus dem Sinne der Natur und mehr des Vaterlandes schreiben«. Der eigentümliche Ausdruck »Sangart« erscheint sowohl im Vorspruch zur *Friedensfeier* wie im zweiten Brief an Böhlendorff (Nr. 241), und gerade im Zusammenhang mit der zitierten Stelle; es heißt darin, »daß die Sangart überhaupt wird einen andern Charakter nehmen«. Ferner ist es wahrscheinlich, daß der Satz im Brief an Wilmans vom 8. Dezember 1803 (Nr. 243): »Einzelne lyrische größere Gedichte 3 oder 4 Bogen, so daß jedes besonders gedruckt wird weil der Inhalt unmittelbar das Vaterland angehn soll oder die Zeit, will ich Ihnen auch noch diesen Winter zuschicken« – daß dieser Satz mit dem Schluß des Vorspruchs zur *Friedensfeier* in Zusammenhang zu bringen ist: »Der Verfasser gedenkt dem Publikum eine ganze Sammlung von dergleichen Blättern vorzulegen, und dieses soll irgend eine Probe sein davon«. Demnach ist die endgültige Niederschrift der *Friedensfeier* auf 1802 oder 1803 zu datieren.

Daß die umfangreichen Entwürfe zur *Friedensfeier* schon im Jahr 1801 entstanden sind, läßt sich aus dem deutlich erkennbaren, unmittelbaren Anlaß des Friedens von Luné-ville (Februar 1801) erschließen. Vgl. hierzu den Über-blickskommentar. Der Entwurfskomplex nähert sich in mehreren Ansätzen dem endgültigen Text.

Der folgende Text des ersten Ansatzes weicht an mehre-ren Stellen von dem der *Großen Stuttgarter Ausgabe* ab. Er gibt – orthographisch normalisiert – genau die Handschrift wieder:

Versöhnender der du nimmergeglaubt
Nun da bist,   Freundesgestalt mir
Annimmst Unsterblicher, aber wohl
Erkenn ich   das Hohe
5   Das mir die Knie beugt,
Und fast wie ein Blinder muß ich
Dich, himmlischer [Bote] fragen wozu du mir,
Woher du seiest, seliger Friede!
Dies Eine weiß ich, sterbliches bist du nichts,
10 Denn manches mag ein Weiser oder

Der treuanblickenden Freunde einer erhellen, wenn aber
Ein Gott erscheint, auf Himmel und Erd und Meer
Kömmt allerneuende Klarheit.

(Einst freueten wir uns auch,
15 Zur Morgenstunde wo stille die Werkstatt war
Am Feiertag, und die Blumen in der Stille,
Wohl blühten schöner auch sie und helle quillten
       lebendige Brunnen.
Fern rauschte der Gemeinde schauerlicher Gesang,
Wo heiligem Wein gleich, die geheimeren Sprüche
20 Gealtert aber gewaltiger einst, aus Gottes
Gewittern im Sommer gewachsen,
Die Sorgen doch mir stillten
Und die Zweifel aber nimmer wußt ich, wie mir
       geschah,
Denn kaum geboren, warum breitet
25 Ihr mir schon über die Augen eine Nacht,
Daß ich die Erde nicht sah, und mühsam
Euch atmen mußt, ihr himmlischen Lüfte.

Zuvorbestimmt wars. Und es lächelt Gott,
Wenn unaufhaltsam aber von seinen Bergen gehemmt
30 Ihm zürnend in den ehernen Ufern brausen die Ströme,
Tief wo kein Tag die begrabenen nennt.
Und o, daß immer allerhaltender, du auch mich
So haltest, und leichtentfliehende Seele mir sparest,)
Drum hab ich heute das Fest, und abendlich in der Stille
35 Blüht rings der Geist und wär auch silbergrau mir die
       Locke,
Doch würd ich raten, daß wir sorgten ihr Freunde
Für Gastmahl und Gesang, und Kränze genug und
       Töne
Bei solcher Zeit unsterblichen Jünglingen gleich.

Und manchen möcht ich laden
40   aber o du,

                                    im goldnen
                                    bekannt,
                                    am Brunnen,
        Es leuchtet zugetan den Menschen freundlichernst
        unter den syrischen Palmen, und die liebe umhüllten
45   dich das treue Gewölk,

        Sei gegenwärtig Jüngling, jetzt erst, denn noch ehe du
                                         ausgeredet
        Rief es herab, und schnell verhüllt war jenes Freudige,
                                         das
        Du reichtest, und weitumschattend breitete sich über dir
        Und furchtbar ein Verhängnis,
50   So ist schnellvergänglich alles Himmlische, aber
                                         umsonst nicht.
        Des Maßes allzeit kundig rührt mit schonender Hand
        Die Wohnungen der Menschen
        Ein Gott an, einen Augenblick nur
        Und sie wissen es nicht, doch lange
55   Gedenken sie des, und fragen, wer es gewesen.
        Wenn aber eine Zeit vorbei ist, kennen sie es.

        Und menschlicher Wohltat folget der Dank,
        Auf göttliche Gabe aber jahrlang
        Das Leid erst und das Irrsal,
60   Daß milder auf die folgende Zeit
        Der hohe Strahl
        Durch heilige Wildnis scheine.
        Darum, o Göttlicher! sei gegenwärtig,
        Und schöner, wie sonst o sei
65   Versöhnender nun versöhnt daß wir des Abends
        Mit den Freunden dich nennen, und singen
        Von den Hohen, und neben dir noch andere sein.

        Denn versiegt fast, all in Opferflammen
        War ausgeatmet das heilige Feuer
70   Da schickte schnellentzündend der Vater

Das liebendste, was er hatte, herab
Damit entbrennend,
Und wenn fortzehrend von Geschlecht zu Geschlecht,
Die Menschen wären des Segens zu voll,
75 Daß jeder sich genügt und übermütig vergäße des
Himmels,
Dann sprach er soll ein neues beginnen,
Und siehe! was du verschwiegest,
Der Zeiten Vollendung hat es gebracht.
Wohl wußtest du es, aber nicht zu leben, zu sterben
warst du gesandt,
80 Und immer größer, denn sein Feld, wie der Götter Gott
Er selbst, muß einer der anderen auch sein.

Wenn aber die Stunde schlägt
Wie der Meister tritt er, aus der Werkstatt,
Und ander Gewand nicht denn
85 Ein festliches ziehet er an
Zum Zeichen, daß noch anderes auch
Im Werk ihm übrig gewesen.
Geringer und größer erscheint er.
Und so auch du
90 Und gönnest uns, den Söhnen der liebenden Erde,
Daß wir, so viel herangewachsen
Der Feste sind, sie alle feiern und nicht
Die Götter zählen, Einer ist immer für alle.
Mir gleich dem Sonnenlichte! göttlicher sei
95 Am Abend deiner Tage gegrüßet.
Und mögen bleiben wir nun.

Die Partie vom ersten Vers der zweiten Strophe bis zum
sechsten Vers der dritten Strophe hat Hölderlin eingeklammert und damit − was auch seiner sonstigen Verwendung
der Klammern entspricht − zum Wegfall bestimmt. Tatsächlich fehlt diese Partie in der endgültigen Fassung. Der
Grund für die Tilgung ist der stark persönlich bestimmte
Charakter dieser Verse.

Im Verlauf der weiteren Entwurfsarbeit wird der Wortlaut der vierten, fünften und sechsten Strophe der endgültigen Fassung fast ganz erreicht, der Wortlaut der siebten
und achten Strophe teilweise. Die überlieferte Entwurfsarbeit endet mit einem aufschlußreichen Prosa-Entwurf der
neunten Strophe (abgedruckt S. 927, im Zusammenhang
der Erläuterungen zur 9. Strophe). Zu den letzten drei Strophen der Hymne blieben keine Entwürfe erhalten.

ÜBERBLICKSKOMMENTAR
Anlaß, Entstehung, Voraussetzungen
     Am 9. Februar 1801 schlossen Frankreich und Österreich
den Frieden von Lunéville. Er besiegelte das Ende des 1798
nach dem Frieden von Campo Formio (1797) kurzfristig
wieder aufgenommenen 2. Koalitionskrieges und weckte
bei vielen Zeitgenossen Hoffnungen auf eine europäische
Friedensordnung, deren Verwirklichung nun, mit dem Abschluß der seit 1792 fast ununterbrochen, auch auf deutschem und Schweizer Boden geführten Kriege in greifbare
Nähe gerückt zu sein schien. Zu solchen Friedenshoffnun-
gen konnte besonders eine Proklamation berechtigen, die
Napoleon am Vorabend eines monatelang vorbereiteten
und mit großem propagandistischem Aufwand am 14. Juli
1801 in Paris gefeierten *Friedensfestes* veröffentlichen ließ.
Darin hieß es: »La discorde se tait, les factions sont com-
primées. L'intérêt de la patrie règne sur tous les intérêts
⟨. . .⟩ La paix continentale a été conclue par la modération.
Notre puissance et l'intérêt de l'Europe en garantissent la
durée« (»Die Zwietracht schweigt, die Parteiungen sind
zusammengeführt. Das Interesse des Vaterlands herrscht
über alle ⟨Sonder-⟩Interessen ⟨. . .⟩ Der kontinentale Friede ist durch Mäßigung geschlossen worden. Unsere Macht
und Europas Interesse garantieren seine Dauer«). Ohne
Zweifel kannte Hölderlin diese Proklamation, die zuerst im
›Moniteur‹ vom 13. 7. 1801 erschien. Viele reisten nach Paris, um an dem großen Friedensfest teilzunehmen, so auch
Heinrich von Kleist, der am 18. 7. 1801 an Karoline von

Schlieben schrieb: »Ich habe dem 14. Juli, dem Jahrestage der Zerstörung der Bastille beigewohnt, an welchem zugleich das Fest der wiedererrungenen Freiheit und das *Friedensfest* gefeiert ward«.

Friedensfeste und auch Dichtungen bei Gelegenheit solcher Friedensfeste hatten eine schon jahrhundertealte Tradition. Goethe spricht in einer Reihe von Briefen sowohl von Friedensfeiern wie auch über die von ihm gewünschten dichterischen Beiträge zu Friedensfeiern. Im philosophisch-literarischen Bereich durchziehen das ganze 18. Jahrhundert Entwürfe zu einem ewigen allgemeinen Frieden bis hin zu Kants 1795 erschienener Abhandlung *Zum ewigen Frieden*, die noch über die Jahrhundertwende hinaus zahlreiche andere Friedensschriften und Friedensdichtungen im Gefolge hatte (vgl. *»Ewiger Friede?« Dokumente einer deutschen Diskussion um 1800*, hg. v. Anita und Walter Dietze, München 1989. Dort auch eine Friedenshymne von Hölderlins Freund Christian Ludwig Neuffer *Auf den Frieden 1801*, S. 422-425).

Briefe und Dichtungen, die Hölderlin bereits vor dem Friedensdatum von Lunéville schrieb, lassen erkennen, mit welcher Intensität er diesem Anbruch einer neuen Friedenszeit schon zu einem Zeitpunkt entgegensah, in dem die geschichtlichen Anzeichen noch auf eine Fortdauer des Krieges zu deuten schienen (vgl. den Brief an die Mutter vom 4. September 1799 sowie die Ode *Der Prinzessin Amalie von Dessau*, 6. Str., mit der Erläuterung z. St.). Deutlich wird aus diesen Zeugnissen auch, daß ihm der erhoffte Friede mehr als ein Zustand der politischen Beruhigung bedeutete, ja daß er ihm vor allem darum mit solcher Bewegung entgegensah, weil er sich von ihm die gänzliche Veränderung der »Gesinnungen und Vorstellungsarten« (Formulierung aus einem früheren Brief an Johann Gottfried Ebel vom 10. Januar 1797, Nr. 133) versprach, in deren Erwartung er schon so lange gelebt hatte. »Nicht daß irgend eine Form, irgend eine Meinung und Behauptung siegen wird, dies dünkt mir nicht die wesentlichste seiner

Gaben«, schrieb er, noch vor der Nachricht vom Frieden von Lunéville, an seinen Bruder. »Aber daß der Egoismus in allen seinen Gestalten sich beugen wird unter die heilige Herrschaft der Liebe und Güte, daß Gemeingeist über alles in allem gehen, und daß das deutsche Herz in solchem Klima, unter dem Segen dieses neuen Friedens erst recht aufgehn, und geräuschlos, wie die wachsende Natur, seine geheimen weitreichenden Kräfte entfalten wird, dies mein' ich, dies seh' und glaub' ich, und dies ists, was vorzüglich mit Heiterkeit mich in die zweite Hälfte meines Lebens hinaussehn läßt«. (Nr. 223; vgl. auch an die Schwester, 23. 2. 1801, Nr. 229, und an Landauer, Nr. 230).

Im Horizont dieser als Erfüllungsgeschehen wahrgenommenen Ereignisgeschichte ist die *Friedensfeier* entstanden. Während die ersten, überschriftslosen Ansätze noch weitgehend unter dem unmittelbaren Eindruck der Friedensnachricht von Lunéville niedergeschrieben sein dürften, kann im Titel der Hymne ein direkter Bezug auf eines der großen Pariser Friedensfeste vom 14. Juli oder 3. November 1801, vielleicht auch noch auf eines der späteren französischen Friedensfeste angenommen werden. In der vorliegenden, reinschriftlich überlieferten Form dürfte das Gedicht kaum vor 1802 vollendet worden sein.

Leitvorstellungen

Das beherrschende Gesamtbild der *Friedensfeier*: der zum »Geist der Welt« (v. 77f.) gewordene »Vater« neigt sich am Ende und zur Vollendung der Geschichte herab, um den Frieden zu feiern. Er ist der »Fürst« des Friedensfestes (vgl. S. 910). Der Dichter sorgt bei diesem Fest für »Kränze« und »Mahl« und spricht die Einladungen aus, womit Hölderlin der antiken Tradition der ›Theoxenia‹ folgt: der Vorstellung, daß Götter und Menschen gemeinsam ein feierliches Mahl halten. Auch daß gerade der Dichter zu solch einem Mahl einlädt, entspricht antiker Überlieferung (so ist von Bakchylides ein Fragment überliefert, in dem er Götter zum Gastmahl herbeiruft); allerdings macht Hölderlin die tra-

dierte Vorstellung zur *Metapher* seiner Konzeption von der
geschichtlichen Aufgabe des Dichters, dessen antizipieren-
des Bewußtsein den Vollendungszustand der Allversöhnung zu imaginieren und damit in spezifisch dichterischer
Weise zu induzieren vermag. Er kennt, wie es am Ende der
Ode *Rousseau* heißt (v. 36-39), »im ersten Zeichen Vollen-
detes schon, | Und fliegt, der kühne Geist, wie Adler den |
Gewittern, weissagend seinen | Kommenden Göttern vor-
aus«. Weil der Dichter auf das Vollendungsstadium voraus-
schaut, ist er als erster und in besonderem Maße zum
geschichtebildenden Bewußtsein fähig. Kraft dieses Bewußtseins nun, das versöhnen und versammeln kann, insofern es das in der früher amorphen Zeit Getrennte und
Vereinzelte in einen sinnvollen geschichtlichen Zusammenhang zu bringen vermag, ruft er alle großen Gestalten und
Mächte, die sich im Dunkel der Zeit verloren haben, zusammen. In der metaphorischen Sprache der Hymne: der
Dichter spricht die Einladung an alle »göttlichen« Einzel-
gestalten und Mächte aus, die in der Zeit gewirkt haben. Er
ruft sie zusammen zur endzeitlichen Friedensfeier. Und dabei denkt er vor allem an Christus, weil die anderen mit
ihm als ihrem »Geliebtesten ⟨. . .⟩, an dem sie hängen«
(v. 108f.), in ihrer Gesamtheit kommen. Angeführt von
Christus, der selbst ein »Sohn« ist, d. h. geschichtlich ver-
mittelnd gewirkt hat, versammeln sich alle, die in der
Geschichte für den »Vater« gewirkt haben, im Chor um
diesen, der sich nun im endzeitlichen Vergeistigungszu-
stand der Geschichte als »Geist der Welt« (v. 77f.) herabgeneigt hat und als »Fürst« erscheint, um mit ihnen die
Friedensfeier zu begehen.

Der Vater in seiner endzeitlich vergeistigten Epiphanie
stellt also die gesamtzeitliche und damit auch schon überzeitliche Ganzheit dar, und sobald er am Ende der Zeiten
erscheint, womit zugleich alle Zeit aufgehoben ist – so heißt
es denn auch (v. 79): »längst war der zum Herrn der Zeit zu
groß« –, integrieren sich in ihm die einzelnen zeitgebunde-
nen geschichtlichen Erscheinungen, die nur Teilmanifesta-

tionen seines Wesens waren: Im dichterischen Bild scharen sich alle anderen um ihn als ihren »Fürsten«.

Die zentrale Vorstellung der *Friedensfeier*, daß das Ende der Zeit und damit die geschichtliche Vollendung unmittelbar bevorstehe, ist im Chiliasmus des 18. Jahrhunderts verankert. Aus frühchristlicher Tradition stammend, war dieser Chiliasmus besonders im württembergischen Pietismus lebendig, aus dessen Sphäre Hölderlin kommt. In säkularisierter Form läßt er sich aber auch schon in Lessings Schrift über *Die Erziehung des Menschengeschlechts* und in Kants Abhandlung *Idee zu einer allgemeinen Geschichte in weltbürgerlicher Absicht* feststellen. Das chiliastische Denken ist nicht utopisch, sondern eschatologisch, und es läßt sich im Gegensatz zur christlichen Orthodoxie, die das Stadium der Vollkommenheit dem Jenseits vorbehält, von der Idee leiten, das Vollkommene werde sich tatsächlich am Ende der Zeit innerweltlich ereignen: in einem neuen goldenen Zeitalter, in dem alles Übel der Geschichte überwunden sein wird. Damit gab der Chiliasmus einen entscheidenden Anstoß für die geschichtsphilosophisch säkularisierende Spekulation des deutschen Idealismus. Er stellt die Geschichte ganz in die Perspektive einer endzeitlichen Vollkommenheit, die der *innerweltlichen Offenbarung des Absoluten* gleichkommt.

Folgende spezifische Züge der chiliastischen Geschichtsauffassung prägen die *Friedensfeier*: 1) Die Vorstellung, die endzeitliche Vollkommenheit manifestiere sich als ein ›Reich des Friedens‹. 2) Die eschatologische Perspektivierung und Strukturierung des gesamten Geschichtsprozesses. 3) Die Interpretation der Geschichte im Sinne der Theodizee: auch die binnengeschichtlich gesehen dunklen, negativen Zeiten erscheinen im übergeordneten Gesamtzusammenhang der Geschichte (ursprünglich christlich: der Heilsgeschichte) als sinnvoll. Vgl. dazu die Erläuterung zu v. 52.) 4) Die besonders in der pietistisch-chiliastischen Tradition lebendige, von Origenes ausgehende und an Apg. 3, 20f. sowie 1 Kor. 15, 28 anknüpfende Vorstellung von der ›Apokatastasis panton‹: von der ›Wiederbringung aller‹ am Ende der Zeit, die als endzeitliche *Versöhnung aller* verstanden wird. Der im Gegensatz zur kirchlichen Orthodoxie stehende Heilsuniversalismus dieser Lehre war dazu angetan, über den Dogmatismus und die Verketzerungen Andersdenkender hinweg eine Gesinnung universaler Toleranz und Harmonie zu fördern. In Hölderlins Generation, vor allem in Schleiermachers *Reden über die Religion*, die Hölderlin besaß (vgl. besonders die 5. Rede), nimmt diese Lehre Züge eines *pantheistisch* inspirierten Liebesuniversalismus an. Da das gedankliche Zentrum der *Friedensfeier* der auf Allversöhnung beruhende endzeitliche Friede ist, lag es für ihn nahe, auf die als Allversöhnung definierte ›Apokatastasis panton‹ zurückzugreifen: Alles geschichtlich Gewesene findet sich am endzeitlich versöhnenden Festtag wieder ein. Bezeichnend aber für seine historische Situation ist es, daß er den innerchristlichen Horizont sprengt und die Versöhnung zu einer schlechthin universalen werden läßt. Zwar spielt Christus noch eine besondere Rolle, insofern er selbst schon binnengeschichtlich am meisten die am Ende der Geschichte universal zur Geltung gelangende Idee der Liebe und Versöhnung repräsentiert; doch ist er nur *eine* von den vielen in der Geschichte wirkenden Gestalten, die sich am Ende in feierlicher Allversöhnung versammeln. Hier schlägt das aufklärerisch-pantheistische Erbe des deutschen Idealismus durch. Wie Schleiermacher in der fünften seiner *Reden über die Religion* hebt Hölderlin die Grenzen einer christlichen Heilsgeschichte, von der er manche Vorstellungen übernimmt, zugunsten einer universalgeschichtlichen Betrachtung auf, in der alles geschichtlich Getrennte seine Versöhnung erfährt.

Aufbau

Den Anfang der wie fast alle großen Hymnen Hölderlins nach pindarischem Muster in Strophentriaden gebauten *Friedensfeier* erfüllt die Vision der Vorbereitung zu einem endzeitlichen Mahl, zu dem sich die Götter auf der Erde

einfinden. Die Eröffnungsstrophe exponiert die Situation
der Feier: den zeitlichen und räumlichen Rahmen des
Festes, das Nahen der Gäste und die Vorbereitung ihres
Empfangs, das staunende Gefühl und das hohe Zeremo-
niell, das dazu gehört und vorausschauend bedacht werden
muß. Die Großeinteilung des Landschaftsraums, den man
immer wieder als direkte Darstellung eines künstlich gebauten Saales mißverstanden hat, wird durch die metaphorischen Anspielungen auf die grünen Wiesen und die
seitlichen Erhebungen der Berge deutlich, die in der bild-
spendenden Grundvorstellung des Saales als »Teppiche«
und »Tische« erscheinen. Die »Abendstunde« (v. 11) markiert das Ende der Zeit ebenso wie die sich durch die ganze
Strophe ziehende Stimmung eines schon abgeklungenen
Gewitters (vgl. hierzu die Einzelerläuterungen). Das Gewitter ist für die Hymne insgesamt eine Leitmetapher (vgl.
v. 31-33 und v. 121) zur Bezeichnung des stürmischen Geschehens der Geschichte, das nun im endzeitlichen Frieden
aufhört. Mit ihm verbunden ist das Erscheinen jener Gestalt, die die zweite Strophe unter den »liebenden Gästen«
(v. 12) als den »Fürsten des Fests« (v. 15) ankündigt. Vom
ersten ahnenden Sehen steigert sich die Vision über die
Erfahrung seines Gestaltannehmens bis zu der verklärenden Wirkung, die von seinem Erscheinen ausgeht.

Sein Wirken im Wetter der Geschichte glich einem »Heldenzuge« (v. 17), der durch Gegensätze zur Einheit, durch
Streit zur Versöhnung führt. »Lang« (v. 17) ist dieser Zug
gewesen wie das »tausendjährige Wetter« (v. 32), von dem
die dritte Strophe mit deutlich chiliastischem Akzent
spricht. Nun aber, bei seiner Epiphanie als Friedensfürst,
hat der Gott alle dunklen Züge, die vor der Gewalt des
»Donnerers« (v. 32) erzittern ließen, abgelegt. Als Verkörperung der göttlichen Versöhnungsmacht nach der langjäh-
rigen geschichtlichen Trennung zwischen Göttern und
Menschen nimmt er »lächelnd« (v. 14) »Freundesgestalt«
(v. 19) an. Dennoch bleibt in dieser Verwandlung die Gottheit göttlich: ihre Hoheit »beugt fast die Knie« (v. 20).

Zum ersten Mal exponiert der hymnische Anruf »du Allbekannter« (v. 19) das entscheidende Motiv der *Friedens-*
feier: das Allheitsmotiv. Als übergreifendes Prinzip steht
der »Fürst« in einem Verhältnis der Allbezogenheit und
heißt daher »allbekannt«. Dieser Allbekanntheit wider-
spricht es nicht, wenn mit dem Satz »Nichts vor dir, | Nur
Eines weiß ich, Sterbliches bist du nicht« (v. 20f.) auf das
Schwinden alles partikularen »sterblichen« Wissens vor
dem Glanz der unsterblichen Gottheit verwiesen wird.
Denn das Erlebnis des überraschenden und überwältigen-
den Gegenübers stellt nicht mehr das Problem des Wissens,
sondern hebt es auf. In gnomischer Prägnanz formulieren
die Schlußverse der zweiten Strophe diese Erfahrung
(v. 22-24). Der Weise als der nur »sterblich«, stückweise
Wissende mag zwar »manches erhellen«; tritt aber zu seiner
partiellen Weisheit die Erscheinung göttlichen Wesens hinzu, so leuchtet doch »andere« (v. 24), nicht mehr auf
»manches« (v. 22) Einzelne beschränkte, sondern in der
Weise göttlicher Unumschränktheit herrschende »Klarheit«
(v. 24) auf.

Nachdem die erste Strophe mit dem Raum die allum-
greifende Bedeutung des Festes entworfen, die zweite die
göttliche Gestalt des Fürsten ins Zentrum des Fests gestellt
hat, verbinden die ersten acht Verse (v. 25-33) der dritten
Strophe die unmittelbar bevorstehende Epiphanie des
Göttlichen mit einer Rückschau, in der sich Geschichte
insgesamt als ein Nahen dieser Gottheit erweist. Der erreichte Zustand des Friedens, so zeigt sich in dieser erläu-
ternden Rückwendung, ist Ergebnis eines gesamtgeschichtlichen Prozesses, dessen Vollendungsgang zu über-
blicken »jetzt erst« (v. 30) möglich geworden ist: dadurch,
daß Geschichte an das Ende gekommen ist, von dem her sie
selbst als ein sinnvolles Ganzes in den Blick genommen
werden kann. Die endzeitliche Erfahrung geschichtlichen
›Sinns‹ findet ihre Metapher im Erscheinen des Gottes. Aus
dieser eschatologischen Perspektive erscheint der Verlauf
der Geschichte wie eine Verheißung und Ankündigung des

Gottes (v. 25), dessen Wirken mit »Flut« und »Flamme«
(v. 26) um so mehr »erstaunet« (v. 27), als dadurch Geschichte zu einem solchen Ende in Stille, »Klarheit« und
»Frieden« gelangt ist. Von ihm sprechen abschließend die
Verse 34-39, die wieder auf das zu Beginn evozierte Mahl
zurücklenken.

Mit der Rückvermittlung der gegenwärtigen Vollen-
dungsgestalt der Geschichte an ihre lang währende Heraufkunft bildet die dritte Strophe als Schlußstrophe der ersten
Trias die Schwelle zum großen Mittelteil der Hymne (Strophe 4-6 und 7-9), der den teleologischen Geschichtsgang
näher auslegt und begründet. Entscheidende Aspekte dieses Ganges sind die des *Werdens* und des werkhaften *Herstellens*. Sie bestimmen in dieser Reihenfolge die zweite und
dritte Trias. Mit der Erinnerung des Gewesenen reflektiert
die zweite Strophentrias diejenigen Hauptkräfte, die zum
Werden des jetzigen Vollendungszustands beigetragen haben: das historische Schicksal Christi, scheinbar nicht im
Sinn dieses Prozesses (4. Strophe), in Wirklichkeit ihm aber
weise entsprechend und ihn erst ermöglichend, weil der
Schwäche menschlicher Wesensorganisation angepaßt
(5. Strophe); und die ›göttlichen‹ (v. 64) Kräfte der Natur,
die uns der großen Vater-Gottheit und damit der Vollendung nahegebracht haben (6. Strophe).

Stand die erste Strophentrias ganz im Zeichen der endzeitlichen Festvorbereitung, indem sie zugleich den *gesamtgeschichtlichen* Horizont dieser Friedensfeier entwarf, so
dominiert in der zweiten Trias Christus als Figuration *binnengeschichtlichen* Wirkens, das zunächst aus der Adaptation
der binnengeschichtlichen Perspektive als ein einzelzeitlich
verlorenes erscheint. Daß es sich bei den Anfangsversen der
4. Strophe um eine Einladung *Christi* handelt, zeigt die
Wendung »⟨. . .⟩ du, | Der freundlichernst den Menschen
zugetan, | Dort unter syrischer Palme, | Wo nahe lag die
Stadt, am Brunnen gerne war« (v. 40-43). Sie weist auf die
im folgenden zur geselligen Idylle ausgestaltete Szene am
Brunnen bei der Stadt Sichar (Joh. 4, 5ff.) und begründet

überdies in einer besonderen Art der Erinnerung die vor-
rangige Einladung Christi damit, daß sein Verhältnis zu den
Menschen »freundlichernst« (v. 41) und »mild« (v. 48) war.
Doch wird dieser Vorsatz, Christus einzuladen, d. h. ihm
am Ende der Geschichte ein sinnvolles geschichtliches Wirken zu diesem Ende und zu dieser Vollendung hin zuzuschreiben, zunächst problematisch. Überwältigend tritt
nämlich der Gedanke dazwischen, den die Erinnerung an
die Person Christi wachgerufen hat: der Gedanke an seinen
Tod, der ihn »mitten im Wort« (v. 49) traf. Ist dieser Tod
nicht das Zeichen einer dem Sinnlosen ausgelieferten, weil
diskontinuierlich verlaufenden Geschichte? Zwar unter-
nimmt es der Dichter schon am Schluß dieser Strophe, im
Tod Christi die Verwirklichung eines höheren Lebensgeset-
zes zu finden und auf diese Weise zu einer Bewältigung des
in der Geschichte Unvollendeten, in ihr der Zerstörung
Preisgegebenen anzusetzen: »alles Himmlische« ist »schnell
| Vergänglich« (v. 50f.). Doch erst mit der folgenden
(5.) Strophe wird diesem Gesetz mit der Vorstellung einer
göttlichen Schonung der Menschen auch *Sinn* zugespro-
chen. »Ein Gott« (v. 54), so heißt es nun, rührt die »Wohnungen der Menschen« nur »einen Augenblick« (v. 53) an:
der Vater, der durch seine Söhne immer wieder in die Zeit
der Menschen hineinwirkt, im Bewußtsein seiner göttlichen, über menschliches Maß hinausreichenden Natur aber
»des Maßes allzeit kundig« (v. 52) dies jeweils nur einen
geschichtlichen Augenblick lang tut. Diesen Gedanken einer heilsnotwendigen ›Sparsamkeit‹ (v. 61) göttlicher
Selbstoffenbarung – einen Gedanken traditioneller Theodizee (vgl. die Einzelerläuterungen) – wiederholen und
vertiefen die Schlußverse der fünften Strophe, nachdem in
den Versen des Mittelstücks (v. 55-58) mit dem »Frechen«
(v. 55), dem frevelhaft Hybriden, und dem »Wilden« (v. 56)
als einer nicht widergöttlichen, aber ihm doch noch unge-
mäßen Haltung zwei menschliche Verhaltensweisen gegenüber dem in der Nachtzeit der Geschichte mißkannten
Göttlichen unterschieden und knapp charakterisiert worden sind.

Neben dem im engeren Sinn geschichtlichen Geschenk einzelner göttlicher Gestalten wie Christus sind in dieser Nacht aber noch andere ›gottgegebene‹ Gaben wirksam: die der Natur. Von ihnen spricht eingangs die sechste Strophe. Alle Elemente, die uns »in die Hände gegeben« (v. 66) und »vor Augen« (v. 70) sind, haben wir nicht nur »menschlicher Weise« (v. 67), also zur unmittelbaren Wahrnehmung und zum Nutzen. Sie sind uns auch »fremde«, hohe »Kräfte« (v. 68), die inspirierend wirken. Der Anfang der Strophe lautet deshalb: »Des *Göttlichen* aber empfingen wir | Doch viel« (v. 64f.). Dieses Verhältnis des Menschen zu einer Natur, die zwar menschlich zugänglich und »vertrauet« (v. 68) ist, zugleich aber ins Unverfügbare reicht und ihn als eine höhere, göttliche Sphäre umgreift und beseelt, findet Ausdruck in den Versen 69f.: »Und es *lehret Gestirn* dich, das | Vor Augen dir ist, doch nimmer kannst du ihm gleichen« (vgl. hierzu die Einzelerläuterungen). Hölderlin kritisiert hier zugleich einen bloß verfügenden Umgang mit der Natur, der ihre zum »Göttlichen« (v. 64) erhebende Lebensfülle und damit auch die Erfahrung des Vaters verstellt, der mit deutlichem Rückbezug auf sein Wirken in dieser Natur der »Allebendige« (v. 71) heißt.

Wie der »Vater« als Ganzheit der Natur gedacht wird, so auch als Ganzheitsprinzip der Geschichte. Das geht aus den folgenden, bis zum Schluß führenden Versen der sechsten Strophe (v. 71-78) hervor. Und »nun« (v. 74), da mit dem Anbruch der Friedenszeit der Vater als »Geist der Welt« (v. 77f.), d. h. als allumfassendes Ganzheitsprinzip erkannt ist, erweist sich auch der zunächst scheinbar so sinnlos entrissene Sohn dieses Vaters als einer, der verborgen und »ruhig«, aber dauerhaft und »mächtig« (v. 73) in der Nacht der Zwischenzeit zur Vollendung hin gewirkt hat. Erst die Wahrnehmung des Vaters als »Geist der Welt« erschließt also die volle Erkenntnis des Sohnes, und erst diese Erkenntnis seiner vom Ende der Geschichte her zu ermessenden geschichtlichen Wirkungsmächtigkeit macht die Ladung zum endzeitlichen Mahl möglich. Mit anderen

Worten: Erst von der am Ende der Geschichte erkennbaren sinnvollen Ganzheit der Geschichte her (»Vater«) ist es möglich, die (im »Sohn« repräsentierte) binnengeschichtliche Einzelzeit in ihrer Bedeutung eben für dieses Ganze zu erkennen. Damit schließt sich der Ring der zweiten Strophentrias: An ihrem Anfang stand der Wunsch, »manchen« (v. 40) von den halbgöttlichen Gestalten, die in der Geschichte gewirkt haben, allen voran aber Christus einzuladen; an ihrem Ende zeigt sich dieser Wunsch als erfüllbar, weil auf die in der geschichtlichen Nachtzeit versunkene Gestalt des – zugleich alle anderen halbgöttlichen Gestalten repräsentierenden – Sohnes Christus von der endzeitlichen Epiphanie des Vaters her das volle Licht der Erkenntnis fällt.

Durch diese endzeitliche Epiphanie des Vaters, der als der »hohe« Geist der Welt zur Figuration des sich erst am Ende der Geschichte herstellenden gesamtgeschichtlichen Bewußtseins wird, gewinnt der Schluß der zweiten wie schon zuvor der der ersten Trias wiederum Schwellencharakter. Denn die beherrschende Gestalt der nun folgenden Strophen ist der »Vater«. Die dritte Strophentrias exponiert ihn als demiurgischen Weltgeist. Als Repräsentant der Allheit bewirkt er mit seinem Walten, »daß *Alle* sich erfahren« (7. Strophe, v. 83); an dem Zeitbild, das er entfaltet, sind »kennbar *alle*« (8. Strophe, v. 98), und der Festtag, in dessen Zentrum er steht, ist der »*All*versammelnde« (9. Strophe, v. 103). Erschien also zuvor der Gang der Geschichte unter dem Aspekt des *Werdens* als unbewußtes Wachsen zur Vollendung des Ganzen aus dem Einzelnen, so erscheint nun unter dem Aspekt des *werkhaften Herstellens* die als abgeschlossen gedachte Geschichte als »Werk« (v. 81) und »Bild« (v. 87): als Vollendung einer von vornherein sinnvoll konzipierten Ganzheit durch den Vater, dessen endzeitliche Epiphanie als »*Geist* der Welt« zugleich auch die Geschichte als Vergeistigungsprozeß kennzeichnet.

Die ersten Verse der siebten Strophe lauten: »Denn

längst war der zum Herrn der Zeit zu groß | Und weit aus
reichte sein Feld, wann hats ihn aber erschöpfet? | Einmal
mag aber ein Gott auch Tagewerk erwählen« (v. 79-81).
Damit verbinden sich zwei Rückverweise. Da es beide Male
dieselbe Gottheit ist, die das »Tagwerk« (v. 14 / v. 81) der
Geschichte »erwählt« (v. 81) und vollbracht (v. 14) hat,
muß diese am Anfang der siebten Strophe bezeichnete
Gottheit zum einen mit dem »Fürsten des Fests« (v. 15)
vom Anfang der zweiten Strophe identisch sein. Zum andern knüpfen die Anfangsverse der siebten (»Denn längst
war *der* ⟨. . .⟩ zu groß«) aber auch an die Nennung des
»Vaters« (v. 75) in den Schlußversen der sechsten Strophe
und seine dort gewonnene Bestimmung als »Geist der
Welt« (v. 77f.) an. »Der« (v. 79) ist also *zugleich* »Vater«
(v. 75) und jener »Gott« (v. 81), der das »Tagewerk« vollbracht hat und als Fürst des Fests bezeichnet worden ist.
Mithin ist der Vater in seiner endzeitlichen Erscheinung als
Geist der Welt Fürst des Fests.

Dieser »Vater« und »Geist der Welt« war längst zum
»Herrn der Zeit zu groß« (v. 79), weil die Macht eines
Herrn nach der Größe seines Herrschaftsbereichs bemessen
wird, die »Zeit« als Bereich der endlichen Erstreckung aber
kleiner ist als die Gottheit, der nur das Ewige entspricht.
Wie schon das Wort »Herrschaft« in v. 28, so deutet der
Ausdruck »*Herr* der Zeit« auch hier auf ein Spannungsver-
hältnis hin, das am Ende der Geschichte aufhört. Er bringt
aber in Verbindung mit dem nächsten Vers (»Einmal mag
aber ein Gott auch Tagewerk erwählen«) auch ein Problem
zur Sprache, dessen gedankliche Entfaltung die folgenden
Verse (v. 82-90) dieser siebten Strophe beherrscht: die Frage, warum die als ursprünglich absolutes, ewiges *Sein*
gedachte Gottheit sich überhaupt in das *Werden* der Geschichte hineinbegeben hat.

Die Antwort lautet: um der Vergeistigung willen, die
zugleich als »Verklärung« erscheint. Es heißt, daß »der
Geist« in diesem Geschehen »wirkt« (v. 85). Er vollendet
die Weltgeschichte als sein »Werk« (v. 29), und in diese

Bewegung auf »das Beste« (v. 86) hin ist auch die Men-
schenwelt (»wir«, v. 85) einbezogen, indem sie darum
streitet – dieser Streit ist Ausdruck der vergeistigenden
geschichtlichen Dialektik –, »was wohl das Beste sei«
(v. 86). Darüber hinaus ergreift dieses Vollendungsgesche-
hen auch den »Meister« (v. 87) selbst, der am Ende des
Geschichtsprozesses »verklärt«, im vollen Glanz seines
eigentlichen Wesens, das nun zugleich dasjenige einer vollendeten Welt ist, aus seiner »Werkstatt« tritt (v. 88). Denn
»verklärt« heißt er vor allem darum, weil er als *Geist* der
Welt erst in dem Erfahrungsdurchgang durch die Geschichte zum *Bewußtsein* gelangen konnte, von dem die
Verse 81-84 sprechen. Nun, am Ende eines Prozesses, in
dem Erfahrung, Bewußtsein und damit »Sprache« (v. 84)
aus der Entgegensetzung von Subjekt und Objekt hervor-
gingen, stellt sich mit der vollendeten Allerfahrung ein
Zustand der Erfüllung ein, in dem die Welt vom Geist bis
hin zur völligen Einswerdung beider durchdrungen ist.
Folgerichtig charakterisiert Hölderlin mit einem Rückgriff
auf den Demiurgen-Mythos aus Platons Dialog *Timaios*,
der die Welt als »*Abbild* ⟨eikon⟩ des Schöpfers und sinnlich
wahrnehmbaren Gott« vorstellt (vgl. die Erläuterung z.
St.), das vollendete Werk der Geschichte als »Bild« (v. 87)
des Meisters: als Selbstverwirklichung des Geistes, der sich
am Ende der Geschichte in seinem Werk wiedererkennt.
Seine Klarheit verklärt ihn.

Rückblickend gewinnt damit aber auch der Charakter
der *Zeitlichkeit* von Geschichte eine zusätzliche Dimension.
Denn die Zeit selbst kann, einer entsprechenden Spekulation aus dem *Timaios* zufolge, auf den Hölderlin hier erneut
zurückgreift, als ein »Bild der Ewigkeit« und insofern als
Selbstverzeitlichung Gottes gedacht werden. Wenn in der
am Ende *still*gestellten Geschichte die Gottheit daher nicht
mehr als »Herr der Zeit« (v. 79), sondern als der »stille Gott
der Zeit« (v. 89) erscheint, so läßt sich daraus schließen, daß
Geschichte aus dem Katarakt der Sukzession in die stille
Einheit des Alles-Zugleich, in die Simultaneität eines all-

umfassenden Bewußtseinszusammenhangs eingetreten ist, dem alles einzelne zugleich gegenwärtig und vertraut ist. Diese endzeitliche Geschichtsrepräsentanz nennt Hölderlin »Zeitbild« (v. 94).

In der folgenden, 8. Strophe rückt diese Vorstellung ins Zentrum. Fassen die ersten Verse (v. 91-93) noch einmal den vom »Morgen« (v. 91), d. h. vom Orient ausgehenden Geschichts*prozeß* zusammen, der die Menschen aus dem ›Vielerlei‹ (v. 91) der geschichtlichen Erfahrung durch das vermittelnde »Gespräch« (v. 92) zur Harmonie des »Gesangs« (v. 93) finden läßt, so gehen die folgenden Verse zu einer *Deutung* des nun »vor uns« (v. 95) liegenden »Zeitbilds« der Geschichte über. Es zeugt vom »Bündnis« (v. 96) des »großen Geistes« (v. 94) mit den »Unerzeugten, Ew'gen« (v. 97): mit den »Mächten« (v. 96) der Natur (v. 98f.). Aus dem Zusammenwirken von Natur und Geist also entwickelt sich Geschichte, und weil nichts aus diesem Bündnis ausgeschlossen ist, kann der »Festtag« (v. 102), der die endzeitliche Allharmonie feiert, der »Allversammelnde« heißen (v. 103). Der »Festtag« ist nicht nur Ausdruck der Allharmonie selbst, sondern des *Bewußtseins* von dieser nun erreichten Harmonie. Dieses Bewußtsein macht ihn zum »Liebes*zeichen*« (v. 101). Im Hinblick auf die sich zur endzeitlichen Ganzheit zusammenschließenden »Mächte« ist er aber auch »das Zeugnis | Daß ihrs noch seiet« (v. 101f.): Diese Wendung besagt, daß die erreichte Allharmonie der »Mächte« nicht als Auflösung der Einzelgestalten im Ganzen zu denken ist. Vielmehr wird sich im ewigen Augenblick des Festtags das einzelne im Horizont der Allheit seiner eigenen Wesenheit erst voll bewußt. Der Festtag ist der repräsentierende Augenblick, der das Bewußtsein der *Identität* im Einzelnen aus der Erfahrung des Ganzen erzeugt, indem es sich nun erst aus dessen Horizont vollständig zu definieren vermag.

Weil der Dichter seinerseits von dieser Vorstellung der Geschichte her das Ganze der Geschichte als einen sinnvollen Gesamtzusammenhang versteht, kann er aus dem

nun erreichten *Bewußtsein* des sinnvollen Gesamtzusam-
menhangs alles Einzelne in diesen einordnen: Er spricht die
Einladung an alle ›göttlichen‹ Gestalten aus, die in der Geschichte gewirkt haben, indem er seine zunächst im Ansatz
unterbrochene Einladung an Christus wiederaufnimmt
(»denn darum rief ich ⟨. . .⟩ Dich ⟨. . .⟩«, v. 109-111). Ihn
wollte der Dichter schon zu Beginn der vierten Strophe als
Repräsentanten der einzelnen in der Geschichte sinnkonsti-
tuierenden Gestalten »laden« (v. 40), aber angesichts der
scheinbaren Diskontinuität und damit Sinnlosigkeit der
Geschichte (exemplarisch repräsentiert durch den Tod
Christi) wurde ihm diese Möglichkeit vorübergehend zwei-
felhaft. Die zweite Trias behob diesen Zweifel insofern, als
nach der endzeitlichen Erkenntnis der Gesamtgeschichte,
die sich in dem zum »Geist der Welt« (v. 77f.) gewordenen
Vater repräsentierte, auch der Sohn in seiner geschichtlichen Bedeutung ›erkennbar‹ (v. 74) wurde. Nun aber, im
Anbruch des endzeitlichen Vollendungszustands der Geschichte, in dem die Welt als Ganzes sichtbar in den als
»Gesetz« der »Liebe« (v. 89), d. h. als Prinzip der Allversöhnung alles Einzelnen erkannten Einheitsgrund des
Göttlichen übertritt, treten auch die einzelnen göttlichen
Gestalten aus ihrer Vereinzelung im Nacheinander der Geschichte heraus und in das »Beisammen«-Sein (v. 108) des
endzeitlich-»allversammelnden« (v. 103) Festtags hinüber.
Dabei bleiben sie Vermittlungsfiguren, aber dies nicht bloß
ihrer historischen Mittlerrolle wegen, sondern auch darum,
weil nun das Wesen des Göttlichen selbst als ›Vermittlung‹:
als *Liebe* erkannt ist. Und nicht nur, weil der Sohn in die
Kontinuität der Geschichte eingeordnet werden konnte:
sondern »*darum* rief« der Dichter (v. 109) Christus zum
Vater als dem »Fürsten des Festes« (v. 112) herbei, so bringt
er sich nun nachträglich zu vollem Bewußtsein, weil er in
Christus als dem »Geliebtesten« (v. 108) selbst jene Versöhnungsmacht »unvergeßlich« (v. 111) repräsentiert sah, die
nun als »der Liebe Gesetz« (v. 89) zum universalen Prinzip
wird.

Jetzt fällt der immer höher gestiegene Spannungsbogen zum Ende der Strophe hin ab. Auf die intensiv vergegenwärtigende Beschwörung des endzeitlichen Festtags folgt in den abschließenden Versen 112-117 die ganz in die Erwartung des Zukünftigen zurückgenommene Aussage, daß sich »unser Geschlecht« (v. 113) nicht eher »schlafen« legt, als bis die Himmlischen (v. 114f.) da sind »in unserem Hause« (v. 117). Während die »Himmlischen« früher im »Wunder« (v. 104) gegenwärtig waren, was auf die Transzendenz als Signum der Entfremdung deutet, ist im Zustand der Vollendung alles Göttliche und »Himmlische«, das damit aufhört, göttlich und himmlisch zu sein, immanent: »in unserem Hause«. Hölderlin stellt also in dichterischen Metaphern einen geschichtlichen Bewußtseinsprozeß der Menschheit dar, indem er vom ›Göttlichen‹ spricht, und gibt zu erkennen, daß er, eben indem er selbst auch vom ›Göttlichen‹ spricht und sich noch traditioneller Vorstellungsformen bedient, einem Stadium der Vorzeitigkeit, d. h. der noch nicht vollendeten Geschichte angehört.

Damit leitet das Ende dieser Strophentrias zu der nun folgenden Schlußtrias der Strophen 10-12 über, die von der dichterischen Antizipation der Erfüllung zu einer in sich kunstvoll modulierten Stimmung der Erwartung und Hoffnung zurückkehren. Die 10. Strophe ist mit der an den Beginn der Hymne wieder anknüpfenden Vorstellung vom nun zu Ende gehenden Geschichtsgewitter, mit dem Bild von Mutter und Kind und der Anspielung auf die biblische Geschichte von Simeon und Hanna sowie eine Anzahl weiterer biblischer Stellen (vgl. die Einzelerläuterungen) ganz auf den Ton der »Hoffnung« (v. 122) und des »Verkündens« (v. 119) angelegt; die Mittelstrophe steigt noch einmal zur Vergegenwärtigung der »Gestalt der Himmlischen« (v. 141) auf; die Schlußstrophe geht mit ihrem Anruf der »Mutter ⟨. . .⟩ Natur« (v. 143f.) auf den objektiven Grund alles geschichtlichen Geschehens zurück und läßt dabei zugleich den Grundzug des Naturhaften, Rein-Kreatürlichen voll heraustreten, der schon die Strophen 10 und 11 indi-

rekt bestimmt. Zu der in diesem Zusammenhang themati-
sierten Problematik der geschichtlichen Reife und der
Gefahr der Vorzeitigkeit und Unzeitigkeit eines sich von
der Natur ablösenden Verstandes vgl. die Erläuterung zu
v. 135f.

339,1-3 *Der himmlischen ⟨...⟩ Töne voll,* | *Und gelüftet]*
Schon hier kommt indirekt die Leitmetapher des Gedichts:
die Metapher des abgeklungenen (Geschichts-)Gewitters
zur Geltung. Die Welt ist von diesem Gewitter erfrischt
(»gelüftet«) und der Vogelgesang beginnt wieder. Vgl. die
Analogie in der Elegie *Stutgard*, v. 3-8 – dort mit direkter
Nennung des Vogelgesangs nach dem Gewitter.

339,3f. *der altgebaute,* | *Seliggewohnte Saal]* Zum Bild der
Landschaft als eines Saals vgl. die v. 55-58 aus der Elegie
Brot und Wein, bes. v. 57f.: »Festlicher Saal! der Boden ist
Meer! und Tische die Berge, | Wahrlich zu einzigem Brau-
che vor Alters gebaut!« Der Worttyp »altgebaut« ist griechisch, das Wort selbst dem griechischen θεόδμητος nachgebildet. Insgesamt erhält die erste Strophe ein griechisches
Gepräge durch die Häufung solcher bald hymnisch-feierlichen, bald episch-schmückenden Benennungen, die auf
Homer und Pindar zurückgehen. So entspricht »weithinglänzend« (v. 5) griechisch τηλαυγής, »goldbekränzt« (v. 6 –
gemeint ist das goldene Laub der Weinreben) griechisch
χρυσοστέφανος, »wohlangeordnet« (v. 7) griechisch εὔκοσ-
μος. Nicht sicher bestimmen läßt sich der Sinn des Adjektivs »seliggewohnt«. Entweder will es sagen, daß der
Anblick des Saales mit Glück erfüllt, weil er so heimatlich
vertraut und »gewohnt« ist; oder es meint in einem nicht
gewöhnlichen, aber in Hölderlins Sprachgebrauch sehr
wohl möglichen transitiven Sinn, die Erde sei durch das
geschichtliche »Wohnen« der Menschen, durch den bis zur
verklärenden Vollendung fortgeschrittenen Geschichtsgang, selbst verklärt und »selig« geworden.

339,4f. *um grüne Teppiche duftet* | *Die Freudenwolk']* Auch
dieses Bild gehört in die Gesamtvorstellung von der Stim-

mung nach dem Gewitter. Als Metapher der Wiesen, die
den »geebneten Boden« des Talgrunds bedecken, sind die
Teppiche »grün«. Um diese Wiesen duftet die »Freudenwolk'«: der feine Dunst, der nach einem abgeklungenen
Gewitter über den Wiesen in die abgekühlte Luft schwebt.

339,6-9 *Gereiftester Früchte voll und goldbekränzter Kelche*
⟨. . .⟩ *die Tische]* Wirkliche Tische könnten nur ›aufge-
stellt‹, nicht »aufsteigend« (v. 8) heißen: wiederum handelt
es sich um eine Metapher für Landschaftliches – für die
Berge. Demgemäß stehen die »gereiftesten Früchte« *metaphorisch* für die herbstlichen Obstgärten, die »goldbekränz-
ten Kelche« *metonymisch* für die Weinberge. Weil das Laub
der Weinberge im Herbst golden gefärbt ist, heißen die
Kelche »goldbekränzt«.

339,12 *liebende Gäste]* Das sind, wie aus den Versen 103
(»Himmlische«) und 107 (»Die Seligen«) deutlich wird, die
Götter und Halbgötter, die mit den Menschen ein gemeinsames Mahl halten. Damit entwirft Hölderlin – auch das
gehört zum ›griechischen‹ Gepräge der Strophe – den Festtag der *Friedensfeier* nach dem Vorbild der griechischen
Theoxenia: eines kultischen Festes, bei dem man sich Götter und Menschen als Gäste und Gastgeber eines feierlichen
Mahls vereinigt dachte.

339,15 *den Fürsten des Fests]* In dem Wort »Fürst« klingt
für Hölderlin noch der etymologische Sinn des Wortes
(»der Erste«, »der Vorderste«) mit (deutlich in der Elegie
Stutgard, wo die schwäbische Landeshauptstadt »Fürstin
der Heimat« heißt [v. 79], und in dem hymnischen Entwurf
Wie Vögel langsam ziehn . . ., wo vom Leitvogel des
Schwarms gesagt wird: »Es blicket voraus | Der Fürst
⟨. . .⟩« [v. 2f.]). Er ist als »Der Götter Gott« (so im ersten
Ansatz v. 80) der ›Erste‹ des Fests. Den Hauptgrund für die
Bezeichnung als »Fürst« in der *Friedensfeier* hat allerdings
die Messias-Verheißung bei Jesaja 9, 5f. geliefert: »⟨. . .⟩ er
heißt Wunderbar, Rat, Kraft, Held, Ewig-Vater, Friede-
Fürst«. Auf diesen Bibelvers bezieht sich Hölderlin auch,
wenn er vom langen »*Helden*zuge« (v. 17) des Friedensfür-

sten in der Geschichte spricht. Gerade die Messiasverhei-
ßung vom »Friedensfürsten« spielt in der Geschichte der
Frömmigkeit eine bedeutende Rolle; nicht zuletzt im
Schrifttum des Pietismus, mit dem Hölderlin vertraut war,
ist von ihm immer wieder die Rede. – Daß Hölderlin diese
in auszeichnender Weise hervorgehobene, auf dem Höhepunkt des Gedichts (v. 112) noch einmal erscheinende
göttliche Gestalt nicht mit einem Namen genannt hat, ist
bei seiner offenkundigen Vorliebe für konkrete Namen
auch im feierlichsten Gedicht nicht zufällig. Interpretationen, welche die für den Dichter nicht nennbare Gestalt
namentlich identifizieren wollen, verfehlen ein Hauptmo-
tiv des Gesangs, das bereits in einer ›Friedensfeier‹ in
Hyperions Jugend vorgebildet ist (Bd. II, S. 243): »Er ist ja
wohl eines Festes wert, der selige Friede mit allem, was da
ist! – Den Einen, dem wir huldigen, nennen wir nicht; ob er
gleich uns nah ist, wie wir uns selbst sind, wir sprechen ihn
nicht aus. Ihn feiert kein Tag; kein Tempel ist ihm angemessen; der Einklang unserer Geister, und ihr unendlich
Wachstum feiert ihn allein«. Hier wird ausdrücklich gesagt,
daß derjenige, dem das Fest und die Huldigung gelten,
jenseits des Nennbaren ist.

339,16 *dein Ausland]* Die metaphorische Bedeutung des
Worts vom »Ausland« ist in der Forschung umstritten. Es
ist möglich, das »Ausland« als Umschreibung der transzen-
dent-jenseitigen Sphäre zu verstehen, in die das noch nicht
zur Vollendung gelangte menschliche Bewußtsein seine Erfüllungssehnsüchte in der Gestalt des ›Göttlichen‹ projiziert hat (womit das »Ausland« des ›Göttlichen‹ eine
Metapher der menschlichen Selbstentfremdung wäre),
während dieses ›Göttliche‹ im Vollendungszustand, wie ihn
die *Friedensfeier* entwirft, »einheimisch« wird (vgl. *Chiron*,
v. 39), »in unserem Hause« erscheint (*Friedensfeier*, v. 117) –
und damit seine ›ausländische‹ Fremdheit verliert, die es als
das ganz Andere, Jenseitige erscheinen ließ. Vgl. den Überblickskommentar S. 898. Es könnte aber auch das Wirken
des ›göttlichen‹ Geistes in der *Geschichte* als in einem der

›göttlichen‹ Seinsweise letztlich nicht entsprechenden, also uneigentlich-fremden Bereich, als Wirken im »Ausland« bezeichnet werden. »Freundesgestalt« würde dann der Fürst annehmen, weil er nicht mehr im kriegerisch-feindlichen Geschehen wirkt, sondern nun zur Feier des Friedens kommt. Erst im weiteren Verlauf des Gedichts – präzise mit v. 115-117 – wird dieses Verhältnis, in dem Irdisches und Göttliches wechselseitig füreinander »Ausland« sind, aufgehoben.

339,17 *als vom langen Heldenzuge müd]* Hölderlin gebraucht die Partikel »als« häufig zur Einleitung eines Vergleichs im Sinn von ›als ob‹, ›als sei‹ (vgl. *Chiron*, v. 30ff., *Der Archipelagus*, v. 253ff., *Germanien*, 24f.). Das Adjektiv »müd« kann sowohl als Nom. masc. wie als Akk. neutr. aufgefaßt werden und gehört im ersten Fall direkt zum »Fürsten« (v. 15), im zweiten zu dem Wort »Auge« (v. 18): Der Fürst des Fests senkt sein Auge, als sei es vom Anschauen des kriegerischen Geschehens müd geworden; liest man das metonymisch (das müde Auge steht für die [scheinbare] Müdigkeit des Fürsten), ergibt sich derselbe Sinn wie bei der ersten Variante.

339,18 *vergessen]* Als Deponens gebraucht wie lat. »oblitus«; vgl. *Der Abschied*, v. 30, und die Erläuterung z. St. Das Wort hat hier keinen eindeutigen Sinnbezug. Indessen soll wohl weniger gesagt werden, der Fürst sei seiner Göttlichkeit vergessen, als vielmehr des Tagwerks, von dem er kommt. Von der Vergessenheit der Mühen, der Sorgen, des Kampfes spricht Hölderlin, indem er einen griechischen Topos übernimmt. Vgl. *Stutgard*, v. 82f.: »⟨. . .⟩ der Mühn | Süße Vergessenheit bei gegenwärtigem Geiste«; *Der Wanderer*, v. 105-107: »Daß ich ⟨. . .⟩ der Mühn und aller Leiden vergesse«; die Übersetzung der ersten Pythischen Ode, v. 84-86: »Wenn nämlich mir die ganze Zeit | Reichtum so und der Güter Gabe reichte | Und der Mühen Vergessenheit brächte« (Pindar: καμάτων δ'ἐπίλασιν); die Übersetzung aus dem *Aias* des Sophokles, v. 18f.: »⟨. . .⟩ Ajax, | Der Mühe vergessend ⟨. . .⟩« (v. 709f.: Αἴας λαθίπονος).

339,18 *leichtbeschattet*] Zum Umschattungsmotiv vgl. den Kommentar zu v. 47-50.

339,19 *du Allbekannter*] Vgl. *Chiron*, v. 25f. – Erste Exposition des Allheitsmotivs, das ähnlich gewichtig wieder in der 6. Strophe aufgenommen wird (v. 71 spricht von Gott als dem »Allebendigen«) und von da an die folgenden Strophen beherrscht (vgl. v. 81-83, v. 97f.). In hymnischer Steigerung hebt der Übergang zur neunten als der Gipfelstrophe die Allheitsbestimmung ins Strophenenjambement (v. 102f.: »der Festtag, || Der *All*versammelnde«); dieselbe Strophe verstärkt das Motiv noch einmal durch eine ausdrucksvolle Anadiplosis (v. 114f.: »ihr Verheißenen *all*, | *All* ihr Unsterblichen«), und die Schlußtrias läßt es in dem ihr eigenen ›naiven‹ Ton ausklingen: »Denn *Alles* gefällt jetzt, | Einfältiges aber | Am meisten« (v. 133-135).

339,22-24 *Ein Weiser ⟨. . .⟩ andere Klarheit*] Zur Gegenüberstellung von menschlich-beschränktem Wissen und alles durchleuchtender göttlicher Klarheit vgl. 1 Kor. 13,9-12: »Denn unser Wissen ist Stückwerk, und unser Weissagen ist Stückwerk. Wenn aber kommen wird das Vollkommene, so wird das Stückwerk aufhören. ⟨. . .⟩ Wir sehen jetzt durch einen Spiegel in einem dunklen Wort; dann aber von Angesicht zu Angesicht. Jetzt erkenne ich stückweise; dann aber werde ich erkennen, gleich wie ich erkannt bin«. Auch die Prägung »andere Klarheit« geht auf diesen Paulusbrief zurück (1 Kor. 15, 40f.): »Und es gibt himmlische Körper und irdische Körper; aber eine andere Herrlichkeit ⟨griech. ἄλλη δόξα – in Luthers Übersetzung: »andere Klarheit«⟩ haben die himmlischen und eine andere die irdischen. Eine *andere Klarheit* hat die Sonne, eine *andere Klarheit* hat der Mond, eine *andere Klarheit* haben die Sterne ⟨. . .⟩«. (Vgl. auch *Patmos*, v. 154, und die Erläuterung z. St.) – Im ersten Ansatz hat Hölderlin den Allheitsaspekt noch entschiedener formuliert: »⟨. . .⟩ wenn aber | Ein Gott erscheint, auf Himmel und Erd und Meer | Kömmt allerneuende Klarheit« (v. 11-13). Dem Charakter der eschatologischen Schau entsprechend haben diese Verse ihr

Vorbild in der Geheimen Offenbarung. In Anlehnung an
Jesaja 65,17 (»Denn siehe, ich will einen neuen Himmel und
eine neue Erde schaffen, daß man der vorigen nicht mehr
gedenken und sie nicht mehr zu Herzen nehmen wird«) sagt
der Seher der Apokalypse: »Ich sah einen neuen Himmel
und eine neue Erde« (Offb. 21,1), und er hört Gott rufen:
»Siehe, ich mache alles neu!« (21,5).

339,23 *Ein Gott noch auch*] Hölderlin gebraucht die Kon-
junktion »auch« immer wieder im Sinn von »sogar«. Vgl.
v. 108f., wo es heißt, daß am allversammelnden Festtag der
Himmlischen »ihr Geliebtestes *auch*, | An dem sie hängen,
nicht fehlt«; noch deutlicher v. 107f. der Elegie *Brot und
Wein*, wo das Erscheinen Christi in der Geschichte mit dem
Distichon angedeutet wird: »Oder er kam *auch* selbst und
nahm des Menschen Gestalt an | Und vollendet' und schloß
tröstend das himmlische Fest«. – Auch der (doppelte)
Wechsel zwischen der Darstellung in der zweiten und in der
dritten Person (v. 16-21) weist nicht etwa auf verschiedene
Gottheiten. Der antike Götterpreis, als vergleichbares literarisches Genus, läßt oft beide Formen in der gleichen
Weise bei der Anrufung desselben Gottes ineinander über-
greifen. Vgl. Eduard Norden, *Agnostos Theos*, Darmstadt
41956, S. 163. Die innere Logik des Wechsels ergibt sich
daraus, daß der Dichter im ersten Ahnen der noch ungewissen Erscheinung des Fürsten die noch distanzierte Rede
von ihm gebraucht, dann aber die direkte Anrede *an ihn* mit
»du« bei der Vorstellung folgen läßt, wie der Fürst des
Festes durch Verwandlung in »Freundesgestalt« auch zu
einem solchen »Du« geworden ist.

339,26 *nicht Flut noch Flamme gescheuet*] Das Bild von der
Gefährdung des Menschenwegs durch Feuer und Wasser ist
biblisch; vgl. Psalm 66,12 (»Wir sind in Feuer und Wasser
geraten. Aber du hast uns herausgeführt und uns erquickt«)
und Jesaja 43,2 (»Wenn du durch Wasser gehst, will ich bei
dir sein, daß dich die Ströme nicht ersäufen sollen; und
wenn du ins Feuer gehst, sollst du nicht brennen, und die
Flamme soll dich nicht versengen«). Doch sind »Flut« und

»Flamme« auch die Attribute des Gewittergottes (Jupiter pluvius und Jupiter tonans), von dem im v. 32 die Rede ist. (Auch in den Versen 15-17 des Gedichts *Der Mutter Erde* bezieht sich Hölderlin auf Wasserfluten und Feuerflammen als Wirkungszeichen der göttlichen Allmacht). Die eigentümliche Aussage, daß dieser Gott das Wirken mit Flut und Flamme dennoch nicht »gescheuet« habe, ist Hinweis darauf, daß er diese Wirkungsmittel im »Wetter« (v. 32) der Geschichte als seinem tiefsten Wesen nicht gemäß sich gleichwohl angeeignet hat. Seinem eigentlichen Wesen entspricht die »Klarheit« (v. 24): der Zustand reiner Aufhellung, in der das Gewitter endet.

339,27 *Erstaunet ⟨. . .⟩ umsonst nicht]* Das Wort »erstaunen« verwendet Hölderlin immer wieder auch transitiv, also im Sinn von »Erstaunen hervorrufen«. Vgl. etwa *Brot und Wein*, v. 15-18.

339,28 *Herrschaft nirgend ⟨. . .⟩ bei Geistern und Menschen]* Schon die Bibel spricht davon, daß Christus am Ende der Geschichte »aufheben wird alle Herrschaft und alle Obrigkeit und Gewalt« (1 Kor. 15, 24). Während jedoch Paulus im Augenblick des Heils alle einzelne Herrschaft und Obrigkeit aufhören läßt, weil am Ende alles der monarchischen Herrschaft des Vaters untertan sein soll, fällt bei Hölderlin, wie besonders die siebte und die achte Strophe zeigen, im endzeitlichen Heilszustand das Herrschaftsverhältnis als Prinzip dahin: auch die Götter (»Geister«) üben keine Herrschaft mehr aus. − Bereits der All-Einheits-Hymnus des *Hyperion* gipfelt in derselben Vorstellung vom Aufhören aller moralischen, geistigen und physischen Zwangs- und Unterwerfungsverhältnisse. Vgl. Bd. II, S. 16.

339,30 *von Morgen nach Abend]* Zur Vorstellung des vom Orient zum Okzident fortschreitenden Geschichtsverlaufs bei Hölderlin vgl. die Hymnen *Germanien*, v. 42-48, und *Am Quell der Donau* sowie den Überblickskommentar S. 843-845 zur Tradition.

340,34 *Tage der Unschuld]* Schon aus dem ersten Ansatz

geht hervor, daß Hölderlin hier an die Festtage der Kindheit (»Unschuld«) mit ihrem sonntäglichen Frieden und
ihrer feierlichen Stille denkt (v. 14-16): »Einst freueten wir
uns auch, | Zur Morgenstunde wo stille die Werkstatt war |
Am Feiertag ⟨. . .⟩«.

340,37-39 *Und raten* ⟨. . .⟩ *jetzt ewigen Jünglingen ähn-
lich]* Hölderlin bildet hier die Züge eines antiken Sympo-
sions nach, zu dem die Bekränzung der Schläfen gehörte.
Weil die Götter ewige Jugend besitzen, d. h. der menschlichen Zeitverfallenheit enthoben sind, heißen sie »ewige
Jünglinge« (von der »ewigjungen Götter Glück« und den
»alten Jünglingen«, den als Sternbilder an den Himmel ver-
setzten Göttern und Göttersöhnen, spricht Hölderlin auch
schon im *Hyperion*, Bd. II, S. 144). Indem der Dichter mit
den »Freunden« nun, da er für »Kränze« und »Mahl« zur
endzeitlichen Friedensfeier sorgt, sich den Göttern: den
»ewigen Jünglingen ähnlich« werden fühlt, deutet er auf die
Aufhebung der Zeit im idealen Zustand einer zeitlos-ewigen Erfüllung des Daseins, damit aber auch auf die Aufhebung menschlicher Zeitverfallenheit (»⟨. . .⟩ und wäre
silbergrau | Die Locke«; zu dieser Wendung vgl. Horaz,
Carmina II 11, v. 13-18).

340,40 *Und manchen möcht' ich laden]* Weil sich die Gäste,
wie es in der ersten Strophe (v. 10-12) heißt, selbst herbe-
schieden haben, hat man diese Einladung in der Forschung
gelegentlich als sinnwidrig empfunden und darin ein Zeichen der beginnenden Geisteskrankheit des Dichters vermutet. Doch folgt Hölderlin hier dem aus der antiken
Literatur bekannten Verfahren der sog. »doppelten Moti-
vation«, das schon bei Homer begegnet: Einem Götter-
beschluß oder einer Götterhandlung ordnet sich ein ent-
sprechender menschlicher Beschluß oder eine entsprechende menschliche Handlung zu.

340,42-44 *Dort* ⟨. . .⟩ *Das Kornfeld rauschte rings]* Die Begegnung Christi mit der Samariterin, die bei Joh. 4, 5 ff.
geschildert wird, findet an einem Brunnen vor den Mauern
der Stadt Sichar statt, »nahe bei dem Feld, das Jakob seinem

Sohn Josef gab« (Joh. 4, 5). Vgl. Joh. 4, 35: »Saget ihr nicht:
Es ist noch vier Monate, so kommt die Ernte? Siehe, ich
sage euch: Hebet eure Augen auf und sehet in das Feld;
denn es ist schon weiß zur Ernte«. Bereits im Eingang
dieser Szene erweist sich Christus als »freundlichernst den
Menschen zugetan« (v. 41): Er bittet die Samariterin um
Wasser; sie erwidert: »Wie, du bittest mich um etwas zu
trinken, der du ein Jude bist und ich eine samaritische Frau?
Denn die Juden haben keine Gemeinschaft mit den Sama-
ritern« (Joh. 4, 9).

340,44 *still atmete die Kühlung]* Wie das menschlich sich
zuneigende Wesen Christi das Gefühl der hohen Fremdheit
des Göttlichen kaum aufkommen läßt, so deutet die »Kühlung« des göttlichen Feuers und die Umschattung des
»heiligkühnen« (v. 47) »Strahls« (v. 48) durch die »lieben
Freunde« (v. 46) ebenfalls auf die Anpassung Christi an
menschliche Gegebenheiten hin, die in der theologischen
Tradition als *synkatabasis* bezeichnet wird. Vgl. die Erläuterungen zu v. 47-50, zu v. 52 sowie v. 61.

340,45 *des geweiheten Gebirges]* Des heiligen Berges Gari-
zim bei Sichar, wo die Einwohner Samarias ihre Kultstätte
hatten (Joh. 4, 20f.).

340,46 *das treue Gewölk]* Die eigentümliche Wendung er-
innert an Hebr. 12,1, wo Paulus von der »Wolke von
Zeugen« (νέφος μαρτύρων) spricht. Doch ist im Griechischen überhaupt das Bild der »Wolke« als Metapher für die
»Menge«, die »Schar« gebräuchlich. Voß übersetzt *Ilias* IV
274: »⟨. . .⟩ es folgt ein Gewölke des Fußvolks« (. . . ἅμα δὲ
νέφος εἵπετο πεζῶν); *Ilias* XVI 66: »weil ja mit düsterem
Graun der Troer Gewölk sich umherzog« (. . . εἰ δὴ κυάνεον
Τρώων νέφος ἀμφιβέβηκε); Herodot VIII 109 schreibt die
Wendung: »eine so große Wolke von Menschen« (νέφος
τοσοῦτον ἀνθρώπων). Mit dem »treuen Gewölk« der »Freunde« meint Hölderlin also die Schar der Jünger. Er nimmt
diese Metapher hier auf, weil sie sich der dominierenden
Schatten-Symbolik der Strophe zuordnet (vgl. v. 45, v. 49).

340,47-50 *Umschatteten dich ⟨. . .⟩ aber dunkler umschattete*

⟨. . .⟩ *ein tödlich Verhängnis*] Hölderlin verwendet das Umschattungsmotiv in doppelter Bedeutung. 1) Schon aus
alttestamentlicher Tradition bekannt ist der Gedanke von
der notwendigen Umschattung des göttlichen Glanzes, dessen unverhüllten Anblick das Menschengeschlecht nicht
ertragen könnte. Als Gott im brennenden Dornbusch erscheint, verhüllt Mose sein Angesicht, »denn er fürchtete
sich, Gott anzuschauen« (2 Mose [Ex] 3, 6); er wird vor dem
Anschauen Gottes gewarnt, »denn kein Mensch wird leben,
der mich sieht« (2 Mose [Ex] 33, 20), und er darf nur »von
hinten« nachschauen, wenn Gottes Herrlichkeit vorüber-
zieht (2 Mose [Ex] 33,23). (Vor dem Hintergrund dieser
biblischen Tradition ist auch Klopstocks Ode *Das Anschauen Gottes* zu verstehen: »Aus der Ferne nur, einen
gemilderten Schimmer, | Damit ich nicht sterbe! | Einen für
mich durch Erdennacht gemilderten Schimmer | Deiner
Herrlichkeit seh ich«). Demgemäß verbirgt Gott seine
Herrlichkeit in einer Wolke (vgl. 2 Mose [Ex] 16,10 u. ö.);
in der Verklärungsszene auf dem Berg Tabor, wo Christi
Antlitz »wie die Sonne« leuchtet (Matth. 17,2), werden die
Jünger von einer »Wolke« »überschattet« (Matth. 17,5).
Hölderlin läßt die Jünger selbst die mildernde Vermittlung
des göttlichen Lichts bewirken. 2) Einen homerischen Topos nimmt Hölderlin demgegenüber mit der Metapher von
Christi Umschattung durch ein »tödlich Verhängnis« auf.
Wie eine schwarze Wolke legt sich bei Homer das Todes-
verhängnis um die im Kampfe Fallenden; es »umhüllt«,
»umschattet« sie. Voß übersetzt *Ilias* XX 417 (νεφέλη δέ μιν
ἀμφεκάλυψε κυανέη) »Und Gewölk des Todes umhüllt' ihn«;
Ilias XVI 350 (θανάτου δὲ μέλαν νέφος ἀμφεκάλυψεν) »Und
dunkles Gewölk des Todes umhüllt' ihn«; *Odyssee* IV 180 (δὴ
θανάτοιο μέλαν νέφος ἀμφεκάλυψεν) »⟨. . .⟩ Bis uns die
schwarze Wolke des Todes endlich umhüllte!« Daß Hölderlin das Umschattungsmotiv einmal auf die biblische Tradition zurückbezieht, um es das andere Mal in ganz anderer
Bedeutung der homerischen Welt zu entnehmen, ist als eine
bewußte synkretistische Operation zu werten. Durch die

Vermischung christlich-biblischer und heidnisch-antiker Vorstellungsbereiche bringt er die synkretistisch geprägte ideelle Konzeption des Gedichts selbst zur Darstellung: das Thema der Verbindung Christi und der christlich geprägten Geschichte mit den antik-heidnischen Gottheiten und der ihnen zugeordneten Ära in einem allumfassenden und alles versöhnenden »Frieden«.

340,52 *schonend ⟨. . .⟩ des Maßes allzeit kundig]* Zur Vorstellung der ›Schonung‹ der Menschen durch eine geschichtlich nur kurzzeitige Selbstoffenbarung des Göttlichen vgl. schon *Brot und Wein*, v. 109-114: »Zwar leben die Götter, | Aber über dem Haupt droben in anderer Welt. | Endlos wirken sie da und scheinens wenig zu achten, | Ob wir leben, so sehr *schonen* die Himmlischen uns. | Denn nicht immer vermag ein schwaches Gefäß sie zu fassen, | Nur zu Zeiten erträgt göttliche Fülle der Mensch«. Diese Vorstellung steht in alter Theodizee-Tradition, bildet aber in Hölderlins Spätzeit keineswegs ein stabiles Erklärungsmuster, was darauf hinweisen könnte, daß ihm selbst dieser Versuch ungenügend schien, des Sinnlosen, Diskontinuierlichen und Kontingenten in der Geschichte Herr zu werden. Jedenfalls wechselt Hölderlin in *Patmos* zu einer wesentlich radikaleren und zugleich integrationsfähigeren Deutung, indem er den Tod Christi als Bedingung für einen fortschreitenden Vergeistigungsprozeß in der Geschichte faßt. Vgl. den Überblickskommentar zu *Patmos* sowie dort die Einzelerläuterungen zu v. 109-111 und 167-170. – Im übrigen entsprechen die Verse 52-54 bis in die Wortwahl hinein den Versen 24-30 der Elegie *Heimkunft*; auch dort ist vom Vater, vom »Vater Äther«, die Rede: »Der ätherische scheint Leben zu geben geneigt, | Freude zu schaffen, mit uns, wie oft, wenn, *kundig des Maßes*, | Kundig der Atmenden auch zögernd und *schonend* der Gott | ⟨. . .⟩ Traurige wieder erfreut«.

340,54 *unversehn, und keiner weiß es, wenn]* »Wenn« steht mundartlich für »wann«. – Hölderlin greift hier einen der häufigsten biblischen Topoi auf; vgl. Matth. 24, 42: »ihr

wißt nicht, an welchem Tag euer Herr kommt«; Matth.
24,44: »des Menschen Sohn wird kommen zu einer Stunde,
da ihr's nicht meinet«; Matth. 24,50: der Herr des Knechts
»wird kommen an einem Tage, den er sich nicht versieht(!),
und zu der Stunde, die er nicht meint«; Matth. 25,13: »Ihr
wißt weder Tag noch Stunde, da der Menschensohn kommen wird«, sowie die Stellen, denen zufolge der Herr »wie
ein Dieb in der Nacht« kommt (1 Thess. 5,2; 2 Petr. 3,10;
Offb. 16,15). – Auch in Hölderlins Dichtung ist dieses »un-
versehene« Kommen der Gottheit, das plötzliche Ergrif-
fenwerden vom Göttlichen eine wichtige Vorstellung. Es
sei nur erinnert an die Schlußverse der *Wanderung:* »Oft
überraschet es einen, | Der eben kaum es gedacht hat«
(v. 116f.). Vgl. auch *Patmos,* v. 129f., und die Erläuterungen
z. St.

341,61 *sparte der Gebende nicht]* Vgl. die Erläuterungen zu
v. 52.

341,64f. *Des Göttlichen ⟨. . .⟩ Doch viel]* Die Inspiration
durch das Leben der – mit Spinoza – als »göttlich« verstandenen Natur ist ein Grundthema Hölderlins. Am ein-
drucksvollsten und zugleich differenziertesten gestaltet er
es im *Archipelagus,* wo alle menschliche Kultur aus der Erfahrung der großen Natur des Archipelagus entspringt.
Vgl. dazu die Erläuterungen zum Gedicht.

341,69 *Und es lehret Gestirn dich]* Aus Platons *Timaios* in
die Überlieferung eingegangen ist der Gedanke, daß Gott
die Bahnen der Gestirne geschaffen habe, damit die lebenden Wesen »die Zahl besäßen, indem sie vom Umlauf
lernten« (39b). Geradezu vom »Lehren« der Gestirne
spricht Platon in der *Epinomis* (978d 2-4), und wiederum im
Hinblick auf das Zählen als Urform des Lernens: »Niemals
hört er ⟨der Himmel⟩ auf, die Menschen das ›eins‹ und
›zwei‹ zu lehren, bis auch der Ungelehrteste in zureichender
Weise das Zählen lernt«. Daß dieses Lernen von den Gestirnen eine göttliche Gabe ist, wie Hölderlin in v. 64f.
betont, bringt Platon im *Timaios* zum Ausdruck, indem er
die Erschaffung der Gestirne durch Gott darstellt. Im *Phi-*

lebos (16c 5ff.) heißt es geradezu: Wenn Gott uns die Gestirne geschenkt hat, dann auch durch ihre Vermittlung die Zahlen. Sie sind »ein Geschenk der Götter an die Menschen« (θεῶν μὲν εἰς ἀνθρώπους δόσις).

341,70 *doch nimmer kannst du ihm gleichen*] In der Antike galten die Gestirne als göttliche Wesen. Sich in der Astronomie wissenschaftlich mit ihnen zu beschäftigen, war deshalb ein Vergehen an den Göttern: Hybris. Nach dem Schema der ›Homoiosis‹: der den ursprünglichen Abstand aufhebenden *Angleichung* des Erkennenden an das Erkannte erblickte man darin den Versuch, sich den Gestirngöttern *gleichzusetzen* – eine Anschauung, die noch bis zu Augustinus reicht, denn auch im Christentum gehörte der ›Himmel‹ mit den Sternen noch lange zur Sphäre des Göttlichen. Indem Hölderlin in der *Friedensfeier* direkt auf die Homoiosis-Problematik anspielt (»doch nimmer kannst du ihm *gleichen*«), lehnt er nicht etwa antikisierend das wissenschaftliche Bestreben ab, über die Gestirne und von den Gestirnen wissenschaftliche Erkenntnisse zu gewinnen – das traditionelle Paradigma für Naturwissenschaft überhaupt –, denn daß das Gestirn »lehrt« (v. 69), meint das legitime Erzielen naturwissenschaftlicher Erkenntnis. Aber sie soll weder zu einem bloß funktionalisierenden Reduktionismus führen, der den Menschen verarmen läßt, weil er so die lebendige Naturerfahrung verliert, die Hölderlin als das »Göttliche« bezeichnet (zu dieser wissenschaftlichen Reduktion vgl. *Chiron*, v. 15f., und die Erläuterung z. St.), noch soll sie zur Hybris und damit zu einem falschen Autonomie-Anspruch führen.

341,71-73 *Vom Allebendigen ⟨. . .⟩ Ist einer ein Sohn*] Da die Gestalt Christi mit v. 40ff. bereits eingeführt ist, ist der Satz in konditionalem Sinn zu verstehen: »Wenn einer ein Sohn des Allebendigen ist, so ist er auch ein Ruhigmächtiger«.

341,74f. *Und nun ⟨. . .⟩ da wir kennen den Vater*] Die Verse kehren die Worte des Johannesevangeliums eigentümlich um: »Wenn ihr mich kenntet, so kenntet ihr auch meinen

Vater« (Joh. 14,7). Begründet ist diese Umkehrung in Hölderlins geschichtsphilosophischer Konzeption: Erst die
endzeitliche Ganzheitswahrnehmung der Geschichte im
Zeichen des Vaters, der sich als »Geist der Welt« (v. 77f.)
herabgeneigt hat, ermöglicht die Erkenntnis der geschichtlichen Einzelgestalt (Christus) in ihrer wahren Bedeutung.
– Geradezu als Kommentar zu dieser und der vorangegangenen Strophe lassen sich die Verse 32-36 aus der Hymne
Wie wenn am Feiertage . . . lesen: »Und was zuvor geschah
⟨»des Göttlichen aber empfingen wir | Doch viel«⟩, doch
kaum gefühlt ⟨»Dank, | Nie folgt der gleich hernach dem
gottgegebnen Geschenke; | Tiefprüfend ist es zu fassen«⟩, |
Ist offenbar erst jetzt ⟨die Epiphanie des Vaters, des Welt-
geists in der *Friedensfeier*⟩, | Und die uns lächelnd den Acker
gebauet, | In Knechtsgestalt, sie sind erkannt ⟨»Nun, da wir
kennen den Vater«⟩ | Die Allebendigen, die Kräfte der Göt-
ter«. Hier wie in der *Friedensfeier* geht es um die Entwicklung vom zwar wirksamen, aber unbewußten Walten des
Göttlichen zu seiner vollen Erkenntnis, die der offenbaren
Gegenwart der Götter entspricht. In der Elegie *Stutgard*
werden beide Zustände einander direkt gegenübergestellt:
»Aber ihr, ihr Größeren auch, ihr Frohen, die allzeit | Leben
und walten, erkannt, oder gewaltiger auch, | Wenn ihr wir-
ket und schafft in heiliger Nacht ⟨. . .⟩« (v. 85-87).

341,85f. *und streiten,* | *Was wohl das Beste sei]* Vgl. Paulus
an die Philipper 1, 9f.: »Und ich bete darum, daß eure Liebe
immer noch reicher werde an Erkenntnis und aller Erfahrung, so daß ihr prüfen könnt, was das Beste sei«.

341,87f. *Wenn nun vollendet* ⟨. . .⟩ *aus seiner Werkstatt
tritt]* »Bild«, »Meister«, »Werkstatt« weisen deutlich auf
den Demiurgen-Mythos aus Platons *Timaios*, den die zweite
und dritte Strophe mit den Worten »Werk« (v. 29) und
»Tagwerk« (v. 14) noch vorbereitend andeuteten. Platon
verbindet diesen Mythos mit der Frage, nach welchem Urbild der Schöpfer und Vater des Alls die Welt als Baumeister
(τεκταινόμενος) gebildet hat: »ob nach demjenigen, welches
stets dasselbe und unverändert bleibt ⟨dies sind die ewigen

Ideen⟩, oder aber nach dem Entstandenen. Wenn nun aber
noch diese Welt schön und vortrefflich und der Meister
(δημιουργός) gut und vollkommen ist, so ist es offenbar, daß
er nach dem Ewigen schaute ⟨. . .⟩ Die Welt ist das Schönste von allem Entstandenen, und der Meister ist der beste
⟨. . .⟩ von allen Urhebern ⟨. . .⟩« (*Timaios* 28c-29b); sie ist,
so heißt es bei Platon abschließend, »zum Abbild (εἰκών)
des Schöpfers und sinnlich wahrnehmbaren Gott und zur
größten und besten, zur schönsten und vollendetsten geworden« (29 c). Hölderlin verändert diesen Demiurgen-
Mythos insofern, als er den Schöpfermythos zum eschatologischen Entwurf, den Schöpfergott zum Geschichtsgott
umdefiniert. – Hölderlins *Timaios*-Lektüre läßt sich mehrfach belegen, am deutlichsten aus einem direkten *Timaios*-
Zitat im *Fragment von Hyperion*. Vgl. dazu Bd. II, S. 183 u.
S. 238 und die Erläuterung z. St.

341,89 *Der stille Gott der Zeit]* Wiederum anknüpfend
an Platons *Timaios* (37d), wo »Aion« als Inbegriff der »ewigen«, übergeschichtlichen Zeit von »Chronos« als der geschichtlichen Zeit unterschieden wird, läßt Hölderlin nun
den Gott als »stillen Gott der Zeit« erscheinen: als Aion im
Gegensatz zu Chronos, der »reißenden Zeit« (*Der Archipelagus*, v. 293).

341,91-93 *Viel hat* ⟨. . .⟩ *Erfahren der Mensch]* Ähnlich
wie für Heraklit der »Vielerfahrene« (πολυμαθής) als der
Mann des gesammelten Stückwerks dem wahren Weisen
(σοφός), der aus der Einheit des Weltverständnisses lebt, in
seinem ganzen Wesen nachsteht (vgl. *Die Fragmente der Vor-
sokratiker*, hg. v. H. Diels u. W. Kranz, Bd. 1, Zürich, Berlin
¹¹1964, Heraklit-Fragmente 40 und 41), gehört für Hölderlin die Vielerfahrenheit zum noch Unvollkommenen. In der
sapphischen Ode *Unter den Alpen gesungen* heißt es von der
Unschuld, die »immerzufriedner Weisheit voll« (v. 5) in
dieser Welt den Bereich ursprünglicher Einheit und Eigent-
lichkeit verkörpert: »⟨. . .⟩ und was noch jetzt uns | *Viel-
erfahrenen* offenbar der große | Vater werden heißt, du darfst
es allein uns | Helle verkünden« (v. 13-16).

341,94 *das Zeitbild]* Für Platon, an den Hölderlin hier
wiederum anknüpft, ist Zeit nicht der Gegensatz zur Ewigkeit; vielmehr öffnet sich die Ewigkeit in die Zeit und teilt
ihr von ihrem Wesen mit, so daß diese zu ihrem »Bild«
werden kann. Die für eine lange Tradition grundlegende
Aussage im *Timaios* lautet hierzu (37 d 5-7): »Ein bewegtes
Bild der Ewigkeit (εἰκὼ ⟨. . .⟩ κινητόν τινα αἰῶνος) beschloß
er zu machen, und den Himmel ordnend machte er zugleich
ein gemäß der Zahl fortschreitendes ewiges Bild der im
Einen verharrenden Ewigkeit, eben das also, was wir Zeit
genannt haben«. Von Platon übernahm Plotin in seiner
Schrift *Über Ewigkeit und Zeit* diese Vorstellung, und sie
wirkte bis in die Neuzeit hinein, nicht zuletzt durch die
Vermittlung des Augustinus, der die Zeit eine »Spur«
(»quasi vestigium«) und ein »Abbild der Ewigkeit« (»aeter-
nitatis quaedam imitatio«, *Enarratio in Psalm.* IX 7,17)
nennt. »Die Zeiten«, so sagt er, »bilden die Ewigkeit nach«
(»tempora aeternitatem imitantia«, *De musica* VI 11, 29).
Ähnlich formuliert Boethius. Indem Hölderlin unmittelbar
an Platon anknüpft, wie schon die Anspielungen auf den
Demiurgen-Mythos zeigen, steht er also zugleich in einer
Gesamttradition, die das Denken über Zeit und Geschichte
durch viele Jahrhunderte prägte.

341,95 f. *Ein Zeichen* ⟨. . .⟩ *daß* ⟨. . .⟩ | *Ein Bündnis* ⟨. . .⟩
ist] In der Genesis sagt Gott (1 Mose 9, 13): »Meinen Bogen habe ich gesetzt in die Wolken; der soll das *Zeichen* sein
des *Bundes* zwischen mir und der Erde«. Klopstock verwendet in der Schlußstrophe seiner *Frühlingsfeier* diese biblische
Symbolik. Er nennt den Regenbogen »Bogen des Friedens«, und Hölderlin übernimmt in mehrere seiner Dichtungen das Friedenssymbol des biblischen Regenbogens
(vgl. *Fragment von Hyperion*, Bd. II, S. 187; *Hyperions Jugend*,
Bd. II, S. 225; *Der Prinzessin Amalie von Dessau*, v. 21f.;
Heimkunft, v. 79f., sowie *Patmos*, v. 203f.). Um so auffälli-
ger ist es darum, daß Hölderlin hier mit den Begriffen
»Zeichen« und »Bündnis« an den biblischen Bund zwar
zitathaft erinnert, das *Bild* des Bogens als Zeichen dieses

Bundes selbst aber gerade ausspart. Der Vorstellung eines universalen »Bündnisses« entspricht der synkretistische Charakter dieser Partie. Während der Wortlaut über das »Bündnis« und sein »Zeichen« auf die biblisch-monotheistische Tradition anspielt, wird zugleich ein pantheistisches Allheitskonzept entwickelt, zu dem auch die »andern Mächte« (v. 96) der *Natur* gehören, die entgegen der biblischen Tradition, in der alles von Gott geschaffen ist, als die »Unerzeugten, Ew'gen« (v. 97) bezeichnet werden. Die eigentümliche Formulierung »daß zwischen ihm und andern | Ein Bündnis zwischen ihm und andern Mächten ist«, in der das Wort »Bündnis« apokoinu, d. h. in doppelseitigem Bezug zu zwei völlig identischen Partien steht – der ersten gehört es als Schlußteil, der zweiten als Anfangsteil zu –, verleiht als expressive *Bindungs*form der Vorstellung des »Bündnisses« intensiven Ausdruck.

342,101f. *Das Liebeszeichen* ⟨. . .⟩ *der Festtag]* Zu der in der Eingangsstrophe entwickelten griechischen Vorstellung von einem Götter und Menschen verbindenden Festtag, einer ›Theoxenia‹ (s. die Erl. zu v. 12), tritt hier die des biblischen Festtags, des ›Sabbats‹, der im Alten Testament als »Zeichen« der Verbindung zwischen Gott und den Menschen erscheint. »Haltet meinen Sabbat«, heißt es 2 Mose [Ex] 31, 13, »denn er ist ein Zeichen zwischen mir und euch von Geschlecht zu Geschlecht ⟨. . .⟩«, »ein ewiges Zeichen zwischen mir und den Kindern Israels« (31,17; ähnlich Hes. 20,12).

342,103f. *Himmlische nicht* | *Im Wunder offenbar]* Das Wunder als die tradierte Offenbarungsweise des Göttlichen wird gerade wegen seiner Fremdheit, mit der das Überirdische ins Irdische einbricht, als Wunder empfunden. Damit aber deutet es auf eine noch nicht zum Heil gelangte Welt, die in die Sphären irdischer Immanenz und göttlicher Transzendenz auseinanderfällt. Im Zustand der Vollendung offenbart sich das Göttliche hingegen als Sein, das der vollendeten Welt immanent: »in unserem Hause« (v. 117), und als solches dem menschlichen Bewußtsein vertraut ist.

342,106 *eine heilige Zahl]* D. h. nicht im Sinne des profanen Zahlbegriffs als eine aus Einheiten zusammengesetz-
te Vielheit, sondern in harmonischer Einheit: als Kosmos.

342,109-112 *denn darum rief ich ⟨. . .⟩ Dich ⟨. . .⟩ zum Fürsten des Festes]* Der Dichter bezieht sich hier auf die in der
vierten Strophe ausgesprochene Einladung Christi (v. 40)
zurück. Es handelt sich bei diesem ›Rufen‹ also nicht um ein
Ausrufen, sondern um ein Herbeirufen: Darum rief ich dich
herbei, *damit* nicht etwa das von allen göttlichen Vermitt-
lungsgestalten »Geliebteste« (v. 108) auf diesem Fest fehle.
In dem dreifachen »Dich« (»denn darum rief ich ⟨. . .⟩ |
Dich, Unvergeßlicher, *dich,* zum Abend der Zeit, | O Jüng-
ling, *dich* zum Fürsten des Festes«) kommt es nicht so sehr
auf den steigernden Bezug des »Jünglings« Christus zuerst
zum Gastmahl, dann zum Abend der Zeit, schließlich zum
Fürsten des Fests an, als auf den Gedanken: Dich, *dich und
nicht etwa einen der anderen* (insistierende Emphasis) rufe ich,
denn damit mache ich die Gesamtheit gegenwärtig; indem
ich dich beschwöre, ziehe ich die anderen, die ja an dir
»hängen« und deren »Geliebtestes« du bist, herbei. Der so
in dem »Dich« enthaltene Gedanke an die − eigentlich intendierte − Gesamtheit läßt auch erst die anschließenden
Verse als harmonische Fortführung und Steigerung erschei-
nen: »und eher legt | Sich schlafen unser Geschlecht nicht, |
Bis ihr Verheißenen *all,* | *All* ihr Unsterblichen, uns | Von
eurem Himmel zu sagen, | Da seid in unserem Hause«. − Zu
der eigentümlichen Auffassung, daß an Christus *alle* anderen »hängen«, vgl. den Prosa-Entwurf (im Anschluß an die
folgende Erläuterung) und die Erläuterung zu dessen bi-
blischem Hintergrund.

342,112f. *und eher legt | Sich schlafen unser Geschlecht
nicht]* Vgl. Matth. 24,34: »Wahrlich, ich sage euch: Dies
Geschlecht wird nicht vergehen, bis daß dies alles gesche-
he«; so auch Mark. 13,30 u. Luk. 21,32.

Zur 9. Strophe der *Friedensfeier* ist ein Prosa-Entwurf
erhalten, der folgenden Wortlaut hat:

Ein Chor nun sind wir. Drum soll alles
Himmlische was genannt war, eine Zahl
geschlossen, heilig, ausgehen rein aus unserem Munde.

Denn sieh! es ist der Abend der Zeit, die Stunde
5 wo die Wanderer lenken zu der Ruhstatt. Es kehrt bald
Ein Gott um den anderen ein, daß aber
ihr geliebtestes auch, an dem sie alle hängen, nicht
fehle, Und Eines all in dir sie all, sein,
und alle Sterblichen seien, die wir kennen bis hieher.

10 Darum sei gegenwärtig, Jüngling. Keiner, wie
du, gilt statt der übrigen alle. Darum haben
die denen du es gegeben, die Sprache alle geredet, und
                           du
selber hast es gesagt, daß in Wahrheit wir auf
Höhen und geistig auch anbeten werden in Tem-
15 peln. Selig warst du damals aber seliger
jetzt, wenn wir des Abends mit den Freunden
dich nennen und singen von den Hohen und rings
um dich die Deinigen all sind. Abgelegt
nun ist die Hülle. Bald wird auch noch anderes klar
20 sein, und wir fürchten es nicht.

Dieser Prosa-Entwurf wirft erhellendes Licht auf die Konzeption der Christusgestalt, indem er zwei wichtige biblische Anhaltspunkte erkennen läßt. Der erste ist der
Allheits- und zugleich Versöhnungs- und Friedenshymnus
im Kolosserbrief (Kol. 1,15-20). Dieser Hymnus besingt
die kosmische Stellung und Funktion des Erlösers: »⟨. . .⟩
in ihm (ἐν αὐτῷ) ist *alles* geschaffen, was im Himmel und auf
Erden ist, es ist *alles* durch ihn und zu ihm geschaffen, und
er ist vor *allem* und das *All* hat in ihm seinen Zusammenhang (τὰ πάντα ἐν αὐτῷ συνέστηκεν)«; dann folgt der für eine
große Tradition bedeutsame Vers über das »Pleroma«, die
All-Fülle, die der Erlöser in sich trägt: »denn es gefiel sich
die ganze Fülle, in ihm zu wohnen (ὅτι ἐν αὐτῷ εὐδόκησεν πᾶν

τὸ πλήρωμα κατοικῆσαι), und durch ihn *alles* zu ihm hin zu versöhnen, indem er Frieden schafft«. Fundiert ist dieser in wesentlichen Elementen vorchristliche, deutlich pantheistisch gefärbte Text durch die Vorstellung, daß der Erlöser, weil er selber die All-Fülle hat, das All, dessen Zerstreuung und demnach Abfall von der ursprünglichen Einheit als Voraussetzung gedacht wird, wieder vereinigt und versöhnt und es so auch mit sich selbst, d. h. mit dem eigenen allhaltigen Wesen versöhnt. Wie in der Christushymne des Kolosserbriefs ist auch in Hölderlins Prosa-Entwurf in Christus das Pleroma, d. h. die All-Fülle enthalten, und zwar ebenfalls so, daß in der Christusgestalt sowohl *Götter* (»Eines all in dir sie all«, Z. 8) wie *Menschen* (»Sterbliche«, Z. 9) alle eines sind (»alles im *Himmel* und auf *Erden*«, heißt es im Kolosserbrief); und die am meisten befremdende Vorstellung, daß alle *in* Christus eins sind (»Eines all *in* dir sie all«), entspricht der wiederholten Aussage des Briefs, daß »*in* ihm« (ἐν αὐτῷ) alles sei und alles seinen Zusammenhang habe. Die ebenso sonderbare Vorstellung, die noch im Zentrum der ausgeführten Hymne steht, daß an Christus alle »hängen« (»an dem sie alle hängen«, Z. 7), geht auf den Bibelvers zurück, in dem es heißt, daß in ihm alles seinen Zusammenhang hat (τὰ πάντα ἐν αὐτῷ συνέστηκεν). Endlich entspricht die auffällige Dominanz des Allheitsbegriffs in dem Prosa-Entwurf der leitmotivischen Exponierung des Allheitsbegriffs im Kolosserbrief, und die in diesem enthaltene Perspektivierung der Allheitsvorstellung auf die abschließende Idee des Friedens und der Versöhnung entspricht genau dem zentralen Gedanken der *Friedensfeier*.

Der dritte Abschnitt des Prosa-Entwurfs ist nicht in die vollendete Hymne transponiert worden, eröffnet aber einen wichtigen Verständnishorizont. Die Aussage über Christus: »Keiner, wie | du, gilt statt der übrigen alle« (Z. 10f.) wird durch das für Christus charakteristische Prinzip der Vergeistigung begründet. Denn der »Geist« ist das Prinzip der Universalisierung, durch das sich Christus als wahrhaft universale, auch für die »übrigen alle« geltende

Instanz erweist. Dieses Prinzip der Universalisierung durch den Geist wird zuerst durch den Hinweis auf die pfingst-liche Aussendung des Geistes und die durch ihn vermittelte Fähigkeit des Redens in *allen* Sprachen begründet (in dem Satz »Darum haben, | die denen du es gegeben, die Sprache alle geredet«, ist »Sprache« wahrscheinlich eine Verschrei-bung statt »Sprachen«), zweitens aber durch eine Anspie-lung auf die berühmteste ›pneumatische‹ Stelle des Neuen Testaments, auf Joh. 4,23, wo Jesus mit der Samariterin am Brunnen vor der Stadt Sichar (in der Szene, die in der vierten Strophe der *Friedensfeier* evoziert wird!) spricht. Der Hintergrund dieser Szene ist der alte religiös-kultische, ›konfessionelle‹ Gegensatz zwischen den Juden und den Samaritern, die einen Tempel auf dem Berge Garizim mit einem eigenen, von dem der Juden in Jerusalem abweichen-den Kult hatten. Dieser religiös-kultische Gegensatz durch Ausprägung verschiedener ›positiver‹ Religionen hatte zu schweren Kämpfen zwischen den beiden Religionsgemein-schaften geführt. Von daher ist es zu verstehen, daß die Samariterin in Joh. 4,20 an Jesus die fragenden Worte rich-tet: »Unsere Väter haben auf diesem Berge ⟨dem Garizim⟩ angebetet, und ihr ⟨die ›Juden‹ des Südreichs Judäa, zu denen Jesus gehörte⟩ sagt, zu Jerusalem sei die Stätte, da man anbeten solle«. Darauf antwortet Jesus mit dem Hin-weis auf die Aufhebung der bestehenden engen Fixierun-gen (Joh. 4,21): »Weib, glaube mir, es kommt die Zeit, daß ihr weder auf diesem Berge noch zu Jerusalem werdet den Vater anbeten«, um dann den Satz hinzuzufügen, der dem Johannesevangelium den Rang eines pneumatischen Evan-geliums verliehen hat (Joh. 4,23): »Aber es kommt die Zeit und ist schon jetzt, daß die wahrhaftigen Anbeter werden den Vater anbeten *im Geist und in der Wahrheit* (ἐν πνεύματι καὶ ἀληθείᾳ); denn der Vater will haben, die ihn also anbeten«; (Joh. 4,24): »Gott ist Geist (πνεῦμα), und die ihn anbeten, die müssen ihn *im Geist und in der Wahrheit* (ἐν πνεύματι καὶ ἀληθείᾳ) anbeten« (in Hölderlins Prosa-Entwurf Z. 12-15: »und du | selber hast es gesagt, daß in *Wahrheit* wir auf |

Höhen und *geistig* auch anbeten werden in Tempeln«). Diese
Vorstellung der durch den Geist vermittelten Universalität
– zugleich auch universalen Toleranz – steigert aber Hölderlin noch ganz entschieden gegenüber dem Johannesevangelium, denn er sieht sie geschichtlich sich in noch
weiteren Horizonten als den vom historischen Jesus wahr-
genommenen erfüllen: »Selig warst du damals aber seliger |
jetzt, wenn wir des Abends mit den Freunden | dich nennen
und singen von den Hohen und rings | um dich die Dei-
nigen all sind« (Z. 15-18). Dieser Satz spielt zunächst auf die
im Johannesevangelium dargestellte Abend-Szene – es ist
die Zeit des ›Abendmahls‹, Joh. 13,4 – und die an diesem
Abend gehaltenen Abschiedsreden Jesu an, zu denen auch
die Verheißung des *Geistes* gehört. Da Jesus diese Reden bei
Johannes in einem freudigen, schon auf die Verklärung vor-
ausdeutenden Tone hält, sagt Hölderlin: »Selig warst du
damals«. Dagegen hält er steigernd seine endzeitliche Par-
usie: »Aber seliger jetzt, wenn wir des Abends mit den
Freunden dich nennen«. Dieser endzeitliche »Abend«
respondiert dem »Abend«, an dem Jesus mit seinen Jüngern zusammen war – mit seinen »Freunden«, wie es im
Johannesevangelium heißt (Joh. 15,13 und, mit tieferem
Sinn, Joh. 15,15). Auch auf diese »Freunde« spielt Hölderlin an; aber nun sind es nicht mehr die Jünger, vielmehr, in
welthistorisch-universaler Wertung des Horizonts, die anderen Manifestationen des ›Göttlichen‹ in der Geschichte,
weshalb sie die »Hohen« heißen. Indem sie als »Freunde«
erscheinen und sich »alle« um ihn versammeln, gelangt das
johanneische Prinzip des universalen und versöhnenden
Geistes zu einer letzten, alles Gewesene übertreffenden Erfüllung. Was hier die »Freunde« sind, sind am Beginn der
Patmos-Hymne die »Liebsten«, die »nah wohnen«, aber
noch auf »getrenntesten Bergen« der vermittelnden Zusammenführung, d. h. der endzeitlichen Versöhnung harren.

342,129 *ein Versprechen*] Vgl. die Geschichte von Simeon
und Hanna bei Luk. 2, 25-38, bes. 2,25f.: »Und siehe, ein
Mann war in Jerusalem mit Namen Simeon ⟨. . .⟩ Und ihm

war ein Wort zuteil geworden von dem heiligen Geist, er
solle den Tod nicht sehen, er habe denn zuvor Christus den
Herrn gesehen«.

343,134f. *Einfältiges aber | Am meisten]* Die »Einfalt« ei-
nes ursprünglich-reinen Daseins gehört zur Topologie der
goldenen Zeit, von der die letzte Strophentrias stark geprägt ist. Vgl. auch die Briefe im zeitlichen Umfeld der
Friedensfeier: »Was mich vorzüglich bei demselben ⟨dem
Frieden⟩ freuet, ist, daß mit ihm die politischen Verhältnisse
und Mißverhältnisse überhaupt die überwichtige Rolle aus-
gespielt und einen guten Anfang gemacht haben, zu der
Einfalt welche ihnen eigen ist« (an Christian Landauer,
Ende Februar 1801, Nr. 230); »Ich denke einfältige und
stille Tage, die kommen mögen« (an Leo von Seckendorf,
12. März 1804, Nr. 245).

343,135f. *die langgesuchte, | Die goldne Frucht]* Anspielung
auf den Mythos von den goldenen Äpfeln der Hesperiden.
Hölderlin nimmt im folgenden drei verschiedene Züge aus
dem antiken Mythos auf, um ihn im Sinn seiner geschichtsphilosophischen Konzeption umzuformen. – 1) In Hesiods
Theogonie, der ältesten Quelle, ist in v. 215f. von den »Hesperiden«, einer Art von Nymphen, die Rede, »die überm
Okeanosstrome | Köstliche goldene Äpfel an fruchtbaren
Bäumen betreuen«. Bewacht und beschützt (vgl. Hölderlins »umschützt«, v. 140) dachte man sich später die goldenen Äpfel in dem mit der Insel der Seligen (daher
Hölderlins Vorstellung von der »Gestalt der Himmlischen«, v. 141) gleichgesetzten Garten der Hesperiden im
äußersten Westen des Mittelmeers entweder von dem hun-
dertköpfigen Drachen Ladon oder einer Meeresgottheit.
Beide Vorstellungen deuten auf den Schutz der Insel und
des Gartens durch das ringsum oft stürmische Meer. 2) In
der Überlieferung findet sich ferner der Bericht, daß Ge,
die Erde – bei Hölderlin die »Mutter« (v. 143) »Natur«
(v. 144) –, den Baum mit den goldenen Äpfeln als Hoch-
zeitsgeschenk für Zeus und Hera wachsen ließ. Die schönste dichterische Gestaltung des Hesperiden-Mythos, das

zweite Standlied des Euripideischen *Hippolytos*, handelt gerade davon (v. 742-750):

> Weiter dann gings zu den Goldäpfeln des Gartens,
> Zu dem Strand der Hesperiden,
> Wo der Herr des Weltmeers über See den Schiffen
> Nicht die weitere Fahrt erlaubt – er behütet des Himmels
> Hehre Grenzen, den Atlas trägt –,
> Wo dem bräutlichen Bett des Zeus
> Nah der Quell der Unsterblichkeit
> Springt, wo heiliger Erde Grund
> Göttern Gedeihn schenkt und seliges Leben.

Aus den letzten Versen ließ sich ableiten, daß die Götter mit
ihrer Unsterblichkeit geradezu *Kinder* der Ge: der Mutter
Erde sind. Hölderlin hat diesen weniger bekannten Zug des
Mythos aufgenommen und zugleich umgebogen, indem er
die »Kinder« (v. 144) der Mutter Natur, d. h. die »Gestalt
der Himmlischen« (v. 141), direkt mit der »goldnen Frucht«
(v. 136) identifizierte. Das lag insofern nahe, als die goldenen Äpfel von jeher ewige Jugend versprachen – genau die
Qualität der Himmlischen also, die Hölderlin schon zuvor
(v. 39 u. 112) betont. 3) Schließlich verwendet Hölderlin als
drittes mythologisches Element die Erzählung vom Raub
der Äpfel durch Herakles: »⟨. . .⟩ es stahl sie ⟨. . .⟩ dir |
Dein Feind« (v. 145 f.).

Eine Gesamtdeutung der mythopoetischen Operationen
Hölderlins, die wohl absichtsvoll auf die *ältesten* Schichten
der griechischen Überlieferung (auf Hesiods Mythos vom
goldenen Zeitalter und auf Homer, der im Löwengleichnis
zitiert wird, vgl. die Erläuterung zu v. 142) und die in ihnen
aufbewahrte Vorstellung eines archaischen Vollendungszustands zurückgreifen, kann bei den *Veränderungen* ansetzen,
die Hölderlin in der Umbildung des Mythos vorgenommen
hat. 1) *Abweichend* vom Mythos spricht Hölderlin in den
Versen 136-138 davon, daß die »goldne Frucht« dem »ur-
alten Stamm | In schütternden Stürmen entfallen« sei.
Damit ergänzt Hölderlin die antike Vorlage um die in der
naturhaften Bildlichkeit des Reifens gefaßte Vorstellung

eines *Vollendungsgeschehens*, das seinerseits als gesamtge-
schichtlicher Prozeß aufzufassen ist: Der Stamm, dem die
Frucht entfällt, ist der Stamm der Natur; die Frucht der
Frieden, als Abschluß und Ergebnis der Zeit; gelöst wurde
die Frucht durch die Stürme der Geschichte. 2) Vom *Widerspruch* gegen den Mythos bestimmt ist die Anspielung
auf den Herakles-Mythos, der nun nur noch als mythologische Metapher dient und nicht etwa die Gestalt des
Herakles selbst meint. Schlüsselbegriff ist die Vorzeitigkeit.
»Vor der Zeit« (v. 152) war das Geschehen, das im Raub der
Äpfel durch Herakles seine mythologische Metapher hat:
also der Versuch des menschlichen Geistes, selbst, aus eigener Kraft und insofern gewalttätig die Vollendung sich
anzueignen, die nur das im Naturzusammenhang mögliche
geschichtliche Reifen – das letztlich sein eigenes ist – ihm
zuteil werden lassen konnte. Daß nämlich der menschliche
Geist zwar aus dem Naturzusammenhang hervorgeht, sich
diesem aber so sehr entfremdet, daß er sich der Natur ge-
genüber geradezu gewalttätig und feindlich verhält (»dir |
Dein Feind«, v. 145 f.), ist ein Grundthema Hölderlins, das
er schon in dem früheren Gedicht *An die Unerkannte* gerade
mit dem Apfelraub des Herakles illustriert hatte. Es heißt
darin (v. 37-42):

> Die das Eine, das im Raum der Sterne,
> Das du suchst in aller Zeiten Ferne
> Unter Stürmen, auf verwegner Fahrt,
> Das kein sterblicher Verstand ersonnen,
> Keine, keine Tugend noch gewonnen,
> Die des Friedens goldne Frucht bewahrt?

In Anspielung auf die Figur des *Tugend*helden Herakles
(vgl. hierzu *Das Schicksal*, v. 11 u. 14) und im Widerspruch
gegen den Mythos, der ja berichtet, daß Herakles die »goldne Frucht« der Hesperiden tatsächlich gewonnen habe,
betont Hölderlin in diesen Versen ausdrücklich, daß noch
»keine« Tugend jemals »des Friedens goldne Frucht« gewonnen habe. In der *Friedensfeier* geht er aber noch einen
Schritt weiter, indem er jenem alten Mythos nun eine ei-

gene, neue, auf die künftige Vollendung hin konzipierte
Mythologie der Geschichte und des geschichtlichen Bewußtseins entgegensetzt: des Inhalts, daß die in archaischer
Zeit als Naturvollkommenheit vorgestellte »goldne Frucht«
des Friedens so lange vom »heiligen Schicksal selbst« vor
einem vorzeitigen Zugriff mit »zärtlichen Waffen umschützt« bleibt, bis sie selbst zum Gegenstand höchster
Erfüllungssehnsüchte *gereift* sein wird.

343,142 *Wie die Löwin]* Gleichnisbild der antiken Literatur, das aus Homers *Ilias* (XVIII 318-320) stammt: Achill
klagt um Patroklos »gleich dem starkgebarteten Löwen, |
Dem ein hirschverfolgender Jäger aus dichtem Gebüsche |
Seine Jungen geraubt hat« (Übers. Fr. L. Stolberg). Nach-
bildungen des homerischen Gleichnisses bei Sophokles
(*Aias*, v. 987), Vergil (*Georgica* III 245), Horaz (*Carmina* III
20, 2) und Ovid (*Metamorphosen* XIII 547).

343,146 *Dein Feind]* Der menschliche Geist, der sich besonders in der Gestalt des modernen Bewußtseins von der
»Mutter« »Natur« emanzipiert und gegen sie gekehrt hat:
vgl. die Erläuterung zu v. 135f.

343,148 *Und Satyren die Götter gesellt hast]* Zu lesen ist im
Zusammenhang mit den Versen 146f.: ›So, wie du ja auch
Satyren die Götter zugesellt hast, hast du deinen Feind fast
den eigenen Söhnen gleichgestellt‹. – Im antiken Mythos
war vorzugsweise Dionysos von Satyrn begleitet; doch
geht es hier um die metaphorische Verallgemeinerung des
mythologisch Überlieferten zu der Vorstellung eines Miß-
verhältnisses von göttlich Vollkommenem und karikatur-
haft Ungemäßem.

343,155 f. *gerne fühllos ruht ⟨. . .⟩ furchtsamgeschäftiges drun-
ten]* Das Menschengeschlecht, das in seiner rastlosen Geschäftigkeit auf der Erde wie im Orkus, d. h. der Erfahrung
alles Schönen und Lebendigen entzogen, wohnt; so schon
in der Zeitklage des *Archipelagus*, v. 241-246: »Aber weh! es
wandelt in Nacht, es wohnt, wie im Orkus, | Ohne Gött-
liches unser Geschlecht. Ans eigene Treiben | Sind sie
geschmiedet allein, und sich in der tosenden Werkstatt |

Höret jeglicher nur und viel arbeiten die Wilden | Mit ge-
waltigem Arm, rastlos, doch immer und immer | Unfrucht-
bar, wie die Furien, bleibt die Mühe der Armen«.

Der Einzige
Erste Fassung

Den ersten Entwurf des im Homburger Folioheft überlieferten Gedichts hat Hölderlin vermutlich noch vor der
Abreise nach Bordeaux im Herbst 1801 begonnen und wohl
im Herbst 1802 zu der vorliegenden Erstfassung geführt.
Sie ist lückenhaft geblieben: Die sechste Strophe bricht in
der Mitte der fünften Verszeile ab, und von der siebten
Strophe ist nur die erste Zeile notiert worden.

In der *Großen Stuttgarter Ausgabe* bildet v. 94: »Ein gefangener Aar« den Schluß der vorletzten Strophe (StA II,
156). Die vorliegende Ausgabe setzt diesen Vers, der Handschrift entsprechend, an den Beginn der letzten Strophe.

ÜBERBLICKSKOMMENTAR *Der Einzige* steht in einem ähnlichen Gesamthorizont wie *Friedensfeier* und *Patmos*. Jede
dieser Hymnen spricht der Gestalt Christi epochale Bedeutung zu. Zugleich aber treten andere (halb-)göttliche Gestalten an seine Seite, womit der christliche Ausschließlichkeitsanspruch aufgehoben wird, und in allen drei Hymnen
gibt es eine höchste Vatergottheit. Ihr ist nicht nur Christus
als »Sohn« zugeordnet. Auch die anderen göttlichen und
halbgöttlichen Gestalten erscheinen als Söhne dieses Vaters, d. h. als geschichtliche Ausfaltungen einer übergeschichtlichen Ganzheit, von der sie ausgegangen sind und
zu der hin sie wieder vermitteln. Die *Friedensfeier* erhebt
Christus zu außerordentlichem Rang, indem sie ihn als idealen Mittler nicht nur zwischen Gott und den Menschen,
sondern auch zwischen den anderen, ihm prinzipiell gleich-
geordneten göttlichen Gestalten darstellt und ihn so zu
einer gesamtgeschichtlichen Integrationsfigur macht. *Patmos* deutet den Tod Christi geschichtsphilosophisch als
Beginn eines universalgeschichtlichen Prozesses der Ver-

geistigung, der zur Aufhebung alles positiv Fixierten führt und damit das in der Antike herrschende Prinzip des Plastisch-Gestalthaften durch dasjenige des »Geistes« ablöst, der allerdings in der Schrift aufbewahrt ist.

Die Hymne *Der Einzige*, unmittelbar vor *Patmos* entstanden, führt zu dieser Sonderstellung Christi hin, indem sie den Übergang von der antiken zur christlichen Ära als den Übergang vom ›Plastischen‹ zum ›Geistigen‹ begreift, dann aber doch Christus ebenso wie die antiken Halbgötter (»Helden«) Herakles und Dionysos in einer Zwischenstellung und zugleich Spannung zwischen ›Weltlichem‹ und ›Geistigem‹, zwischen Realem und Idealem sieht und ihnen insofern eine spezifische Vermittlungsaufgabe zuweist, der sich am Ende diejenige des Dichters selbst zugesellt. Unter diesem Aspekt der Spannung und der Vermittlung zwischen ›Geistigem‹ und ›Weltlichem‹ erscheinen Christus und die anderen Halbgötter – Dionysos und Herakles – schließlich doch als »gleich«, obwohl Christus zunächst als der »Einzige« insofern erschienen ist, als er mehr zur Sphäre des ›Geistigen‹ gehört. Damit bestätigt sich am Ende auch qualitativ der Widerruf der Titel-These vom ›Einzigen‹, d. h. Unvergleichbaren – der Widerruf, auf den schon die Anfangspartie der Hymne angelegt ist, indem sie die *Vielheit* der (halb-)göttlichen Gestalten betont, die vom »Vater« gekommen sind – im Widerspruch gegen das seit dem nicäischen Glaubensbekenntnis geltende christliche Dogma vom »Einzigen«, vom »unigenitus«.

Der Gegensatz zwischen der sinnfälligen und gestalthaften Welt Griechenlands und der Vorstellung des unsichtbaren, ja verborgenen Christus, den der Dichter »suchen« (v. 31) muß, beherrscht die ersten drei Strophen. Mit der »Königs*gestalt*« (v. 8) Apolls, des Gottes des plastischen Prinzips und der individuellen Gestalthaftigkeit, wird die lichtvollste Gestalt der griechischen Götterwelt beschworen. Betont ist von Gottes »Bild« (v. 26) die Rede, das ebenso sinnenhaft ist wie die Schönheit der griechischen Landschaften und heiligen Stätten, die die zweite Strophe

evoziert. Nicht zufällig hebt der Dichter hier und am Anfang der dritten Strophe die Intensität der eigenen sinnli-
chen Erfahrung hervor: »Gehöret« (v. 18) hat er von Elis
und Olympia, »gestanden« (v. 20) ist er oben auf dem Parnaß, »gegangen« ist er über den Bergen des Isthmus (v. 21-
24), »gesehn« hat er viel »Schönes« (v.25). Und wenn er
schließlich davon spricht, daß er Gottes *Bild* »gesungen«
(v. 26) hat, so gibt er damit zu erkennen, daß gerade diese
Sphäre sinnlich wahrnehmbarer Schönheit dem Dichtertum einzigartig adäquat ist.

Alle drei Strophen verbindet die Vorstellung, daß die
griechischen Göttergestalten sich nicht ins Jenseitige entziehen, sondern dem Diesseits verbunden sind. So erscheinen sie dem menschlichen Dasein in besonderer Weise
angemessen. Deshalb wird die menschliche Nähe der griechischen Götter in auffallend gleichlautenden Wendungen
dreimal betont. Am Ende der ersten Strophe heißt es, daß
sich »Herabließ Zevs und Söhn' in heiliger Art | Und Töch-
ter zeugte ⟨. . .⟩ *unter den Menschen*« (v. 10-12); in der
zweiten, daß »große Seelen | Von ihm *zu Menschen* gekom-
men« (v. 16f.); in der dritten Strophe ist die Rede von
»Gottes Bild«, »das lebet *unter* | *Den Menschen*« (v. 27f.). Erst
durch diese *Vermittlung* des Göttlichen ins Irdische und
Menschliche also wird es gestalthaft und bildhaft wahrnehmbar. Und eben dieses Gestalt- und Bildhafte einer Welt
von Erscheinungen des Göttlichen fasziniert den Dichter
so sehr, daß er sich »wie in himmlische | Gefangenschaft
verkauft« fühlt (v. 5f.; vgl. dazu die Erläuterung).

Zu den antiken Halbgöttern gehört für Hölderlin auch
Christus, dem sich der Dichter am Ende der dritten Strophe
als dem »letzten« (v. 33) unter ihnen und ihrem »Kleinod«
(v. 34) zuwendet. Doch trotz dieser Zugehörigkeit unterscheidet sich Christus von den anderen göttlichen Gestalten
der Antike. Im Gegensatz zu ihren glanzvollen Erscheinungen ist er ein ›verborgener‹ Gott (v. 35). Denn die griechischen Götter sind im Vergleich zu Christus »weltliche
Männer« (v. 62): Das geistig-pneumatische Wesen der Mitt-

lergestalt Christi, dessen Reich nach der Aussage der Evangelien nicht »von dieser Welt« ist, scheint im Gegensatz
zum ›Weltlichen‹ der bildhaften und gestalthaften Erscheinung zu stehen, das die ersten drei Strophen den anderen
antiken Göttern zuschrieben. Diesen Gegensatz versuchen
die folgenden Strophen aufzuheben, weil er ein einheitli-
ches Geschichtsverständnis und damit die Erfahrung von
gesamtgeschichtlich definiertem Sinn bedroht. Indem
Christus, Herakles und Dionysos unter dem zentralen
Aspekt der Vermittlung, d. h. als Mittler zwischen Göttlichem und Menschlichem »Brüder« sind, sind sie einander
vergleichbar, und es scheint schon jetzt die sich zunächst
ergebende Schwierigkeit ihrer Unvergleichbarkeit aufgehoben.

Zur Durchführung des Vergleichs greift Hölderlin in der
fünften Strophe auf eine seit der Spätantike tradierte soteriologische Typologie zurück, in der Herakles und Dionysos zu Heilsgestalten umgedeutet und als Kulturstifter,
Friedensbringer, Kultbegründer und Stifter des Gottes-
dienstes erscheinen – Züge, die sie mit Christus teilen, die
aber von Hölderlin nun vor allem an Dionysos entfaltet
werden. Worin die *soteriologische* Qualität Christi und des
Herakles liegt, wird also in der typologischen Perspektive
dieser Strophe nicht von ihnen, sondern paradigmatisch
vom Wirken des Dionysos her begriffen; die für die Heils-
auffassung der christlichen Überlieferung entscheidende
transzendente Dimension Christi bleibt hingegen ausge-
spart: Lediglich innerweltliche Erlösungstaten nennt die
fünfte Strophe, nicht aber eine über die Welt hinausweisen-
de Erlösung. Im neuerlichen Bewußtsein des Unterschiedes
setzt darum die sechste Strophe mit dem Eingeständnis der
»Scham« ein, die »weltlichen Männer« mit Christus zu »vergleichen« (v. 60-62). Damit bricht aber der Gegensatz nicht
nur erneut auf; er kommt auch in ganz ähnlicher Weise
wieder zum Tragen. Wie zuvor in der vierten und fünften,
wiederholt sich bis zur Mitte der vorletzten Strophe von
neuem die dialektische Bewegung zwischen der Vorliebe

für Christus und der dann doch erkannten Notwendigkeit,
auch die anderen göttlichen Gestalten miteinzubeziehen.

Mit der letzten, neunten Strophe wird diese Dialektik in
einer Synthese aufgehoben. Das Gedicht leistet sie, indem
es sie zugleich zu einer nun offengelegten *dichterischen* Problematik in Beziehung setzt. Es gibt zu erkennen, daß der
spannungsreiche Gegensatz zwischen ›Weltlichem‹ und
›Geistigem‹ einer Daseinsspannung im Dichter selbst entspricht. Den primären syntaktischen und gedanklichen
Zusammenhang bilden die Verse 92-94 und Vers 103, die zu
einer Gleichsetzung zwischen Christus und den antiken
»Helden« – Herakles und Dionysos – unter dem Aspekt
einer Spannung zwischen Himmlischem und Irdischem,
Realem und Idealem gelangen: So, wie Christus seiner göttlichen Natur wegen auf Erden einem gefangenen Adler
gleich wandelte, so fühlten sich auch Herakles und Dionysos als Söhne einer menschlichen Mutter und eines göttlichen Vaters auf Erden wie gefangen; ihre tiefste Tendenz
ging, obwohl sie das Göttliche ins Weltliche hinein vermittelten, aus dem Irdischen zum Himmlischen. Eben dieser
Daseinsspannung zwischen Realem und Idealem aber, so
enthüllt sich nun in der kühnen gnomischen Wendung der
beiden Schlußverse des Gedichts, sind auch die Dichter als
Vermittler des Idealen ins Weltliche hinein ausgesetzt. »Geistig« (v. 105) sind sie wie Christus insofern, als sie in ihrem
Innersten einer Tendenz zum Idealen, zum Mehr-als-Welt-
lich-Realen folgen möchten, die sie über das Irdisch-
Beschränkte hinausdrängt; wiederum wie Christus und die
andern »Helden« (v. 103) aber müssen sie sich eben darum
auferlegen, gerade als die »geistigen« »auch« »weltlich«
(v. 104f.) zu sein. Das bedeutet: Sie müssen in der Realität
ausharren, in sie das Geistige hineinvermitteln, als Medium
des Göttlich-Idealen in ihr wirken.

Demnach enthalten die Schlußverse nicht nur eine
Selbstermahnung des Dichters, sich nicht einseitig von der
Vorstellung des Idealen faszinieren zu lassen und darüber
die Vermittlung dieses Idealen in die Sphäre des Realen zu

versäumen. Sie sprechen auch, indem sie den Dichter an die
Seite Christi und der anderen antiken Halbgötter stellen,
dem Dichterberuf außerordentlich hohen Rang zu, und sie
deuten schließlich das Los des Dichters als tragisches: Vor
dem Hintergrund jener radikal-idealistischen Tendenz Hölderlins, die ihn immer wieder von der Sehnsucht nach der
Auflösung alles individuellen und realen Lebens und von
der Sehnsucht nach dem Übergang ins Unendliche sprechen
läßt, erscheint es als ein »Müssen« – als Ausharren gleichsam in irdischer Gefangenschaft.

343,2 *die alten seligen Küsten]* Griechenland.

344,5 f. *wie in himmlische | Gefangenschaft verkauft]* In der
Antike war es üblich, Kriegsgefangene auf Sklavenmärkten
als Sklaven zu verkaufen. Der berühmteste dieser Sklaven-
märkte befand sich auf der Insel Delos, die zugleich die
Geburtsstätte Apollons und daher ihm geheiligt war – auch
damit assoziiert sich die in v. 7 folgende Nennung Apollons. Doch dürfte Hölderlin mit dieser Wendung noch eine
andere Überlieferung verbunden haben, die dem eigentlichen Sinn seiner Aussage entspricht: In den antiken My-
sterienreligionen verband man mit der religiösen Einweihung und mit der Hingabe im Dienst des Gottes die
Vorstellung einer »Gefangenschaft«; man erklärte sich zum
»Gottesgefangenen« (δέσμιος, δοῦλος oder κάτοχος θεοῦ).
Paulus spielt am Beginn des Philemon-Briefs, den er aus
dem Gefängnis schreibt, auf derartige Vorstellungen an,
indem er von den δεσμοὶ τοῦ εὐαγγελίου, den »Fesseln des
Evangeliums«, spricht und sich selbst als »Gefangenen Jesu
Christi«, δέσμιος Ἰησοῦ Χριστοῦ, bezeichnet. Später steht
diese Vorstellung für die Bezeichnung eines intensiven Got-
teserlebnisses, besonders für die »unio mystica«. Entsprechend häufig kommt von der Mystik bis in den Pietismus
die Wendung »captivus dei« oder eine analoge deutsche
Formulierung vor.

344,13-15 *Der hohen Gedanken ⟨. . .⟩ des Vaters
Haupt]* Zunächst spielen diese Verse auf konkret Mytho-

logisches an: darauf, daß Athene aus dem Haupt des Zeus
entsprungen ist. Aber dieser Zug des Mythos wird nun von
Hölderlin verallgemeinert: die »hohen Gedanken« sind
Individuationen des göttlichen Logos, der sich der Welt
mitteilt. Hölderlin übernimmt diesen für die Konzeption
seines Gedichts entscheidenden Gedanken aus der stoisch-
pantheistischen Tradition der Spätantike, die den Polytheismus der antiken Kultur in die philosophische Lehre einer
göttlichen All-Vernunft auflöste und die einzelnen Götternamen zu Beinamen der *einen* Gottheit in Beziehung auf
einen Aspekt ihrer Wirkungsmacht umdeutete. Er tut dies
aber im Horizont eines idealistischen Bewußtseins, das mit
dem Rückgriff auf ein antikes Verfahren der ›Entmytholo-
gisierung‹ seiner eigenen, typisch modernen Tendenz zur
Vergeistigung folgt. Durch diese Grundtendenz ist auch im
folgenden der durch eine Fülle von Götternamen – Apollo,
Zeus, Christus, Herakles, Dionysos mit seinem Zunamen
»Evier« – evozierte Gestaltenreichtum des Gedichts definiert: Er stellt nicht eine klassizistische Reprise des alten
Polytheismus dar, sondern ist als Ausdruck einer spätzeit-
lich ausdifferenzierten pantheistischen Weltanschauung zu
werten, die in umfassender Weise Antikes *und* Christliches
miteinander verbinden will.

344,19 *Elis und Olympia]* Die peloponnesische Landschaft mit der Hauptstadt gleichen Namens am Peneus,
worin Olympia liegt, Schauplatz der panhellenischen
Kampfspiele, die dem Zeus geweiht waren.

344,20 *Parnaß]* Der dem Apollo und den Musen heilige
Berg bei Delphi, dem Schauplatz der Pythischen Spiele und
Sitz des berühmtesten griechischen Orakels.

344,21 *Isthmus]* Auf dem Isthmus von Korinth fanden
zu Poseidons Ehren die Isthmischen Spiele statt.

344,23f. *Smyrna und ⟨. . .⟩ Ephesos]* stehen zunächst allgemein für das jenseits (»drüben«, v. 22) des Ägäischen
Meeres liegende Ionien. Die Nennung von Ephesus an letzter Stelle der antiken Stätten und insbesondere Kultorte
dürfte allerdings noch einen eigenen Grund darin haben,

daß in Ephesus die antike Tempel- und Bildreligion und die
christlich-pneumatische Religion in besonderen Gegensatz
gerieten – damit ist schon die im folgenden entfaltete Problematik der Hymne angezeigt. Ephesus war nicht nur
durch einen prachtvollen Tempelbezirk, sondern vor allem
durch das Götter-»Bild« (vgl. v. 26) der Diana (= Artemis)
berühmt, das der Sage nach vom Himmel gefallen war. Die
frühen Christen nahmen gerade an dieser Tempel- und Bildreligion in Ephesus Anstoß. Das »Ärgernis«, welches
»Tempel und Bild« der Diana in Ephesus für die dort entstehende urchristliche Gemeinde bildeten, deutet Hölderlin
in einer späten Überarbeitung der Elegie Brot und Wein als
Zeichen des epochalen Umbruchs zum Pneumatischen (vgl.
hierzu sowie zur Quelle – Apg. 19, 26f. und 19, 35 – die
Erläuterung zu Brot und Wein, v. 107f., S. 737f.). Im Horizont des für den Einzigen strukturbildenden Gegensatzes
zwischen plastisch-antikem und pneumatisch-christlichem
Prinzip erscheint demnach die abschließende Nennung von
Ephesus als ein hermetisches Signal – als Hinweis auf den
Ort des Umbruchs, an dem das Plastische, das Bild- und
Gestalthafte der antik-heidnischen Religion auf das pneu-
matische Prinzip Christi stößt, der, indem er Menschenge-
stalt annahm, ursprünglich doch auch noch der plastischen
Sphäre angehörte.

344,33 *den letzten eures Geschlechts]* Als Letzter des antiken Göttergeschlechts erscheint Christus auch in der Elegie
Brot und Wein. Vgl. dort v. 107f.

344,34 *Des Hauses Kleinod]* Wörtliches Zitat aus dem
Agamemnon des Aischylos. Vor dem Opfertod Iphigenies in
Aulis bezeichnet dort der Chor Agamemnons Tochter als
δόμων ἄγαλμα (v. 208) – Wilhelm von Humboldt verdeutscht in seiner 1816 erschienenen Übersetzung korrekt:
»des Hauses Kleinod«.

344,36 *Mein Meister]* Die Bezeichnung, die Hölderlin in
v. 75 wiederholt, ist in der Bibel als Anrede Christi geläufig.
Vgl. Joh. 13, 15; Matth. 23, 10.

345,51 *Herakles Bruder]* Ursprünglich kennt der Mythos

Herakles nur als derben und tatkräftigen Helden, wie ihn
Aristophanes in den *Vögeln* darstellt. Eine entschiedene
Verinnerlichung erfuhr die Figur erst durch die berühmte
Fabel des Prodikos von Herakles am Scheidewege. In idea-
lisierender Metamorphose wurde er zum Tugendhelden im
Sinne des stoischen Lebensideals, und dies ist auch noch das
Herakles-Bild Schillers und Hölderlins in den frühen Hym-
nen *Das Schicksal* und *An Herkules*. An eine historisch
spätere, auf einer dritten Stufe entwickelte Vorstellung vom
Wesen des Heros knüpft dagegen der folgende Vergleich
an. Diese Vorstellung entstand durch Transponierung der
Qualitäten des Helden in eine religiöse und theologische
Dimension. Herakles wurde, wie Christus, zum in der Welt
wirkenden Repräsentanten des göttlichen Logos, zum göttlich beauftragten Reiniger, Kulturstifter und Heiland, der
die Menschen von allem Übel erlöst. Damit rückte die Figur ins Zentrum einer spätantiken Typologie des ›Soters‹
(Erlösers, Retters), in der die Züge verschiedener antiker Heroen zur Neuschöpfung einer »Soter«-Gestalt zusammengefaßt wurden. Ihre Hauptcharakteristika, auf denen der
folgende Vergleich Hölderlins aufbaut, sind: 1) Der Soter
ist Sohn einer menschlichen Mutter und eines göttlichen
Vaters. Wie Herakles von Zeus und Alkmene und wie Dionysos von Zeus und Semele, so stammt Christus von
Gottvater und Maria. 2) Als Kind ist der Soter besonderen
Gefahren ausgesetzt, die er aber zum Zeichen seiner göttlichen Legitimation wunderbar übersteht: Herakles besiegt
die ihm von der eifersüchtigen Hera geschickten Schlangen, Dionysos wird noch aus dem Mutterleib der vom
tödlichen Blitz getroffenen Semele gerettet, Jesus kann vor
dem von Herodes veranlaßten bethlehemitischen Kindermord gerettet werden. 3) Im Mannesalter bewährt der Soter
sein höheres Wesen durch große Taten und Wunder. Die
größte dieser Taten ist der Abstieg in die Unterwelt, bei der
er den Tod besiegt: So steigt Herakles in die Unterwelt
hinab und fesselt, zum Zeichen des Siegs über den Tod, den
Höllenhund Zerberus; Dionysos steigt in die Unterwelt

hinab, schläfert den Zerberus ein und holt seine Mutter
Semele aus dem Hades herauf; außerkanonische Berichte,
vor allem das apokryphe sogenannte Nikodemus-Evange-
lium, sprechen ausführlich von der – auch in das Credo
eingegangenen – Höllenfahrt Christi und davon, daß er den
Tod besiegt habe. 4) Durch ihre übrigen Taten erweisen sich
die Soteres als Wohltäter und Freunde der Menschen, insbesondere als Friedensbringer, Stifter von Kultur usw. 5)
Sie sterben einen grausamen Tod, der Züge des Opfers
trägt: Herakles wird auf dem Ötagebirge verbrannt, Dio-
nysos-Zagreus zerrissen, Christus gekreuzigt. In Senecas
Drama *Hercules Oetaeus* spricht Herkules sterbend sogar die
gleichen Worte wie der sterbende Christus (v. 1476): »Es ist
vollbracht« (»peractum est«). Beim Tod sowohl des Herakles wie Christi geschehen wunderbare Zeichen; Finsternis
bricht herein und die Erde bebt. Auf den Tod folgt die
Himmelfahrt: Herakles fährt wie Christus zum Himmel auf
und wird verewigt (Christus: »Er ward aufgehoben und
eine Wolke nahm ihn auf vor ihren Augen«, Apg. 1, 9;
Herakles: »Eine Wolke nahm ihn auf unter Donner und
führte ihn zum Himmel empor«, Apollodor II 7, 7), und
auch dem Dionysos wird gelegentlich eine Himmelfahrt
angedichtet, weil sie zum Typus des Soters gehört (vgl.
Seneca, *Hercules Oetaeus*, v. 94f.). – Daß Hölderlin bewußt
auf diese Typusbildung zurückgriff, ergibt sich bereits aus
der Einbettung des Vergleichs in die Gesamtanlage des Gedichts: Dort ist am Anfang von der »Zeugung« (v. 10-12)
des Soters die Rede, am Ende, nach einem Hinweis auf das
Leiden (v. 83), von der Himmelfahrt (v. 85), in der Mitte
nun von seinem irdischen Wirken, das am Beispiel des Dionysos entfaltet, aber dabei immer auf das Heilswirken der
beiden anderen Soter-Gestalten Christus und Herakles
transparent gehalten wird. Vgl. dazu die folgenden Erläuterungen.

   345,53 *des Eviers*] Kultname des Dionysos.

   345,54f. *An den Wagen spannte | Die Tyger*] Eigentlich ist
in griechischer Kunst und Poesie der Panther das Tier des

Dionysos, das oft auch seinen Wagen zieht. Doch setzten dafür augusteische Dichter, zuerst Vergil, dann Horaz, den Tiger als die größere und wildere Bestie ein (Vergil, *Bucolica* V 29; vgl. *Aeneis* VI 805; Horaz, *Carmina* III 3, 13ff.). In soteriologischer Perspektive deutet das Anspannen der Tiger auf die Bändigung wilder Kräfte, wie sie zu jeder ursprünglichen Kultivierungsleistung gehört – die zwölf Arbeiten des Herakles, insbesondere die Bändigung oder Überwindung wilder Tiere, sind ebenfalls solche Kultivierungsleistungen. Der Bezug auf Christus ergibt sich in übertragener Weise, wenn man das Bild mit der christlichen Ethik und ihrer sittigenden Kraft gegenüber elementaren Trieben in Verbindung bringt.

345,56f. *Bis an den Indus* / *Gebietend freudigen Dienst*] Gemeint ist zunächst die dionysische Mysterienreligion, deren Eingeweihte sich zum Gottes-»Dienst« vereinten, und zwar zur spezifisch rauschhaft-»freudigen« Kultgemeinschaft des Thiasos. Hölderlin hebt, der mythologischen Überlieferung entsprechend, die »Freude« an Dionysos hervor (vgl. *Dichterberuf,* v. 1ff.; *Brot und Wein,* v. 145), zugleich aber auch an Christus, den er geradezu den »Freudigsten« nennt (*Patmos,* v. 90, vgl. die Erläuterung z. St.; vgl. auch *Brot und Wein,* v. 134, sowie dort die Erläuterung z. St.). Im weiteren Sinn gilt Dionysos jedoch auch als Begründer des Gottes-Dienstes überhaupt. »Er habe das Göttliche zu verehren gelehrt« (τιμᾶν καταδεῖξαι τὸ θεῖον), schreibt der für die Traditionsbildung wichtige spätantike Mythograph Diodor (Diodor II 38, 5), und ferner (Diodor III 64, 7), er habe die »Kenntnis seiner Weihen ⟨Riten⟩ und die Teilnahme an den Mysterien vermittelt und dazu überall feierliche Versammlungen abgehalten und Musikfeste veranstaltet«. Mit Berufung auf Ovid, *Fasten* III 727, schreibt Hederich (Sp. 508), Bacchus werde »für den ersten gehalten, der den Göttern geopfert, und also *deren Dienst* gewiesen«. Auch dieser Zug der gemeinschafts- und kulturstiftenden Kultbildung verbindet Dionysos mit Christus und mit Herakles, der nach mythologischer Überlieferung (Apollodor II 7, 2,

sowie Diodor IV 14, 1ff.; V 64, 6) vor allem die Kultstätte
und die mit ihr verbundenen, ursprünglich kultischen Spiele in Olympia eingerichtet hatte. Hölderlin wußte davon
ebenso durch Pindar (Olymp. III 3ff.; VI 67ff.; X 43ff.) wie
durch die Kenntnis des für die Goethezeit wichtigsten mythologischen Repertoriums, Benjamin Hederichs *Gründliches mythologisches Lexikon*.

345,58 *Den Weinberg stiftet]* Die Formulierung spielt
nicht nur auf die Einführung des Weinbaus durch den
»Weingott« Dionysos an (so der ursprüngliche Titel der
Elegie *Brot und Wein*), sondern deutet hier auf etwas spezifisch Institutionelles: den Gründungsakt, der mit der
fruchtbringenden Pflege der Erde – »Kultur« im Ur-
sprungssinn – verbunden ist. Solche kulturstiftenden Lei-
stungen wurden auch – und darum pointiert Hölderlin
diesen Zug der Überlieferung – Herakles zugeschrieben.
Diodor berichtet ausführlich von seinen spezifisch zivilisa-
torischen Gründungstaten, etwa davon, daß er Wege baute
und Städte gründete (Diodor IV 17, 4; IV 19, 1; IV 19, 3),
und diese Darstellung übernahm wiederum Hederich:
»⟨. . .⟩ nach einigen ging er gleich aus Spanien nach Celtica,
oder dem jetzigen Frankreich, schaffte daselbst die Men-
schenopfer ab, bauete die Stadt Alesia, bähnete einen sicheren Weg durch die Alpen, kam durch Ligurien und Tuscien
nach Latium ⟨. . .⟩ Als er darauf nach Cuma kam ⟨. . .⟩
bauete [er] ⟨. . .⟩ den Weg zwischen Avernus und dem Meere«. Auch die Zuschreibung kultstiftender Gründungsakti-
vitäten in Sizilien ist bei Hederich überliefert: »⟨. . .⟩ er
widmete auch daselbst dem Geryon einen Hain, und dem
Jolaos, seinem Gefährten, einen besonderen Tempel ⟨. . .⟩«.
(Benjamin Hederichs *Gründliches mythologisches Lexikon*,
Sp. 1248 u. 1249).

345,59 *Den Grimm bezähmte der Völker]* Bei Hederich,
der hier wiederum Diodor folgt (Diodor III 64, 7; vgl.
Horaz, *Epistulae* II 1, 5ff.; Lucan, *Pharsalia* IV 196ff.; Non-
nos, *Dionysiaka* VII 30ff.), liest man, Dionysos habe »einen
großen Teil der Welt durchzogen, die Streitigkeiten ganzer

Städte und Völker beigeleget« (Sp. 505). Dieses friedenstiftende Wirken schreibt auch Hölderlin dem Dionysos zu. Mit dem »Grimm« meint er die Streitsucht der Völker, deren tödliche Bedrohlichkeit er in der zweiten Fassung der Hymne zur »Todeslust« steigert. Der sich so eigenartig ausnehmende Aspekt des »Bezähmens« findet wiederum seine Aufklärung aus der bewußten Aufnahme der Tradition, die sowohl Dionysos wie Herakles ihrer friedenstiftenden Taten wegen als »Bezähmer« der Völker rühmt. Dem Dionysos schreibt Ovid (*Fasten* III 720ff.) dieses Bezähmen der Völker zu: »Auch möchte ich nicht berichten ⟨. . .⟩ von den Triumphen über die Sithoner und die Skythen, über die lange zu erzählen wäre, und über deine bezähmten Völker ⟨domitas gentes⟩, turmtragender Indus ⟨. . .⟩«. An Herakles rühmt Apuleius das Bezähmen der Völker (*Apologie* II): »Herkules, der Reiniger des Erdkreises, der Vertilger der wilden Tiere, der Bezähmer der Völker ⟨gentium domitor⟩«. Auch sonst wird dem Herakles immer wieder ein spezifisch friedenstiftendes Wirken zugeschrieben. Vgl. vor allem Seneca, *Hercules Oetaeus*, v. 283: »⟨. . .⟩ mag die ganze Welt dir den Frieden verdanken«, sagt Deianira (»Totusque pacem debeat mundus tibi ⟨. . .⟩«); sterbend ruft Herkules selbst voll Genugtuung (v. 794): »Befriedet sind Erde, Himmel und Meere« (»pacata tellus, inquit, et caelum et freta«); abschließend feiert ihn der Chor (v. 1989f.) als »großen Bezwinger von Ungeheuern und des Erdkreises Friedebringer« (»domitor magne ferarum orbisque simul pacator«). Offenkundig ist darüber hinaus der soteriologische Bezug auf Christus, dessen Ankunft schon die Botschaft »Friede auf Erden« begleitet.

345,62 *Die weltlichen Männer]* Herakles und Dionysos – »weltlich« nicht darum, weil sie Söhne einer menschlichen Mutter sind, sondern weil sie gegenüber dem geistigeren, pneumatischen Wesen der Lehre Christi stärker das Prinzip des welthaft, sinnlich Erfahrbaren verkörpern, das nun, von der Zuwendung zur Gestalt Christi her, diesem Pneumatischen gegenüber als unangemessen und insofern »welt-

lich« erscheint. Der anschließende, unvollendete Satz sollte
dieses Bedenken wieder aufheben durch die Selbsterinne-
rung des Dichters, daß alle halbgöttlichen Gestalten Söhne
eines Vaters – im pantheistischen Horizont des Gedichts
formuliert: nur geschichtlich unterschiedene Ausformun-
gen *eines* göttlich-universalen Geistes sind.

345,71 *Denn nimmer herrscht er allein]* Gemeint ist offensichtlich der »Vater« (v. 63). Er »herrscht« nicht allein, nicht
unmittelbar, sondern mittelbar durch andere, indem er
»Söhne« wie Herakles, Dionysos und Christus für sich wirken läßt. Eine spätere, nicht zu Ende gediehene Ausarbei-
tung der siebten Strophe verdeutlicht diesen Aspekt: »Und
weiß nicht alles. Immer stehet irgend | Eins zwischen Men-
schen und ihm. | Und treppenweise steiget | Der Himmli-
sche nieder«. Der Gedanke der Vermittlung, die gerade
durch große ›halbgöttliche‹ Gestalten wie Herakles, Dionysos und Christus geleistet wird, erhält hier in Anlehnung
an die neuplatonische Tradition eine gradualistische Fassung. Während die platonische Philosophie nur einen in
Stufen geordneten Aufstieg vom Menschen zum Göttlichen, vom Reich der irdischen Erscheinungen zum Reich
der Ideen kennt, fügt die neuplatonische Philosophie seit
Plotin den Gedanken hinzu, daß umgekehrt auch das Göttliche sich zum Menschlichen hin vermittle, also herabstei-
ge. Dem platonischen Aufstieg entspricht im Neuplatonismus die komplementäre Bewegung des Abstiegs. Der
Plotin-Schüler Proklos entwarf eine genaue, zu einer hier-
archischen Gliederung der Seinssphären je nach ihrer Nähe
zum Göttlichen führende Stufung – ein Schema, das durch
den Hauptinspirator der europäischen Mystik, durch Pseu-
do-Dionysios Areopagita, über ein Jahrtausend hinweg
wirkte und durch Marsilio Ficino als wichtigste Vermittlungsinstanz der Neuzeit auch noch das Denken von der
Renaissance bis ins 18. Jahrhundert beeinflußte. Auch in
die zweite Fassung des *Einzigen* spielt dieses gradualistische
Denken hinein. Dort findet sich die Vorstellung, daß sich
das Göttliche stufenweise: »als an einer Leiter« (v. 64) zur

Welt hin vermittle. Vgl. auch den hymnischen Entwurf *Wenn aber die Himmlischen . . .*, v. 78-83, und die Erläuterung z. St.

346,90f. *Ein Gott weiß ⟨. . .⟩ das Beste]* Vgl. die Erläuterung zu v. 104f.

346,92-103 *Denn wie der Meister* | *Gewandelt auf Erden* || *Ein gefangener Aar ⟨. . .⟩ Dem gleich ist gefangen die Seele der Helden]* Wie im Homerischen Gleichnis werden zwischen dem Wie-Satz und dem So-Satz (»Dem gleich«) als Parenthese syntaktisch selbständige Sätze eingeschaltet. Sie stehen zum Rahmen syntaktisch unvermittelt und stellen damit zugleich ein extremes Beispiel der sogenannten harten Fügung, der ἁρμονία αὐστηρά, dar, die Hölderlin von Pindar, dem Vorbild seiner späten Hymnendichtung, übernommen hat.

346,94 *Ein gefangener Aar]* In der christlichen Überlieferung erscheint der Adler als Symbol des zum Himmel (vgl. v. 102) auffahrenden Herrn – so bei Ambrosius (*Sermones* 64, 2), Augustinus (*Enarratio in Psalm.* 66, 10; 102, 9) und anderen Kirchenvätern. Vielleicht dachte Hölderlin im Horizont seiner synkretistischen Konzeption überdies daran, daß der Adler, der sich vom Irdisch-Sterblichen zum Himmel emporschwingt, auch Symbol der Apotheose im Heroen-Kult war (vgl. Artemidor 2, 20; Herodian 4, 2). Denn wie er Christus auf Erden einem »gefangenen Aar« vergleicht, so nennt er auch die »Seelen der *Helden*« »gefangen« (v. 103): Unter dem Gesichtspunkt ihrer göttlichen Herkunft erscheinen Christus und die antiken Halbgötter im Irdischen gleichermaßen als »gefangen«, und wie Christus aus dieser Gefangenschaft zum Himmel zurückstrebt, so auch die Seele der anderen antiken Halbgötter. Die Vorstellung der ›Gefangenschaft‹ in diesem Sinne geht auf Platon (*Phaidon* 62b; *Kratylos* 400 c) zurück, der das irdisch-leibliche Dasein als »Gefängnis« (δεσμωτήριον) der Seele bezeichnet. Vgl. zur großen Wirkungsgeschichte: Pierre Courcelle, *Tradition platonicienne et traditions chrétiennes du corps-prison (Phédon 62 b, Cratyle 400 c)*, in: Revue des études

latines 43 (1965), S. 406-443. Die Kenntnis der Adler-Me-
tapher begegnet gerade in dem hier angedeuteten Tradi-
tionszusammenhang bei Hölderlin schon früh. Vgl. die
letzte Strophe der Hymne *Das Schicksal* mit den Stellener-
läuterungen.

346,95-101 *Und viele* ⟨. . .⟩ *fürchteten sich,* | ⟨. . .⟩ *Und sehr
betrübt war auch* | *Der Sohn*] Beide Sätze fassen von gegen-
läufigen Perspektiven her die Problematik der Vermitt-
lungssituation, bei der sich das Göttliche in das ihm
eigentlich ungemäße Menschliche begeben hat. Die Furcht
der Menschen (v. 96), mit der Hölderlin auf die in den
Wunderberichten der Evangelien oft betonte Furcht des
Volkes und der Jünger vor der göttlichen Wirkungskraft
Christi anspielt (vgl. Luk. 4, 36; 5, 26; 7, 16; Mark. 5, 33 u.
42; 6, 50; 9, 15), gilt dem alle gewohnten Realitätsmaßstäbe
überschreitenden Wirken des Göttlich-Wunderbaren in der
Realität – sie deutet auf das Erlebnis eines Übermaßes. Ein
Zuwenig signalisiert dagegen die Betrübnis Christi (eine
Anspielung auf Matth. 26, 38: »Da sprach Jesus zu ihnen:
Meine Seele ist *betrübt* bis an den Tod; bleibet hier und
wachet mit mir!«): Sie deutet auf die Erfahrung der ›Gefangenschaft‹ der göttlichen Natur im Begrenzten ihrer
irdischen Existenz.

346,97-99 *sein Äußerstes tat* | *Der Vater und* ⟨. . .⟩ *wirkete
wirklich*] Indem er das Göttliche ins Irdische hineinvermit-
telte und sich dadurch gleichsam selbst »entäußerte« (vgl.
Philipper 2, 7), tat der Vater sein »Äußerstes«. Daß es dabei
auf die Vermittlung des Idealen ins *Reale* ankommt, pointiert die figura etymologica: Er »wirkete wirklich«.

346,103 *Dem gleich ist gefangen die Seele der Helden*] Die
»Helden« sind die Halbgötter, insbesondere Herakles und
Dionysos. Während für Homer der ›Heros‹ dem heutigen
Verständnis analog einfach der ›Held‹ ist, bezeichnen die
Griechen seit Hesiod die übermenschliche Größe als ›he-
roisch‹. Heroen sind ›Halbgötter‹, denen eine Mittelstel-
lung zwischen den olympischen Göttern und den Men-
schen zukommt. »⟨. . .⟩ der heroischen Männer göttliches

Geschlecht, die werden genannt: Halbgötter« (ἀνδρῶν ἡρώων θεῖον γένος, οἳ καλέονται ἡμίθεοι), lautet die klassische Formulierung in Hesiods *Werken und Tagen* (v. 158). Hölderlin verwendet den Ausdruck »Helden« in diesem nach-homerischen Sinn des griechischen Wortes »Heros«, in dem mehr beschlossen liegt als in dem gängigen, auf die Tat-sphäre eingeschränkten Sinn des Wortes »Held«. Herakles, mit eher menschlichen Zügen ausgestattet, war der griechi-sche Prototyp des in die Sphäre des Göttlichen hinauf reichenden Heros, des ἥρως θεός (Pindar, Nem. 3, 22), und umgekehrt reicht Dionysos, der Gott, am meisten in die menschliche Sphäre herab. Er war der »Heros unter den Göttern« (Herodot II 44, 3-5).

346,104f. *Die Dichter müssen auch* | *Die geistigen weltlich sein]* Vgl. hierzu die beiden letzten Abschnitte des Über-blickskommentars. Das »auch« ist eine weitere analogiebil-dende Wendung nach »dem gleich« in v. 103. Bei normali-sierter Interpunktion müßte je ein Komma nach »auch« und nach »geistigen« stehn. Implizit geht aus diesen Schlußver-sen hervor, daß der Dichter die eigene Epoche in einem unharmonischen Spannungszustand zwischen Realem und Idealem sieht – und insofern ist sie unerfüllt. Von dieser Einschätzung der unerfüllten Gegenwart her wird rück-blickend die Einordnung der Verse 90f. (»Ein Gott weiß aber | Wenn kommet, was ich wünsche das Beste«) möglich: Sie weisen auf einen endzeitlichen Zustand der Allharmo-nie vorher geschiedener und geschichtlich vereinzelter Be-reiche – einen Zustand, wie ihn die *Friedensfeier* auf ihrem Höhepunkt in der neunten Strophe darstellt.

Der Einzige
Zweite Fassung

Diese Fassung ist nicht sicher datierbar. Sie dürfte nicht vor 1803 entstanden sein. Hervorgegangen ist sie aus einer Überarbeitung der 1. Fassung (im Homburger Folioheft). In der ersten Hälfte hat Hölderlin die ursprüngliche (1.) Fassung nur an wenigen Stellen überarbeitet, die Überarbeitung in der zweiten Hälfte der Hymne (ab v. 56) kam aber einer vollständigen Neufassung gleich. Da sie sehr unübersichtlich wurde, brachte Hölderlin diese zweite Hälfte auf einem separaten Blatt in klare handschriftliche Form und baute sie zugleich weiter aus (es handelt sich um das sogenannte Warthäuser Fragment). Wahrscheinlich existierte noch eine Reinschrift der gesamten 2. Fassung. Von ihr sind nur die letzten sechs Verse in dem Homburger Heft G erhalten (H 4). Da sie genau mit den letzten sechs Versen des sogenannten Warthäuser Fragments übereinstimmen, dürfte auch die vorausgehende Partie des Warthäuser Fragments einfach in die Reinschrift übertragen worden sein, nach der aus dem Homburger Folioheft übernommenen 1. Hälfte der Hymne. Aus der so mit Wahrscheinlichkeit zu erschließenden Existenz einer Reinschrift ergibt sich, daß der 2. Fassung der Status einer von Hölderlin zu einem bestimmten Zeitpunkt als abgeschlossen betrachteten Fassung zukommt.

Für die Textkonstitution in der 1. Hälfte des Gedichts ergeben sich einige Unsicherheiten. Wie schon gesagt, hat Hölderlin hier nur an wenigen Stellen die ursprüngliche Fassung überarbeitet, einige Stellen sogar mehrmals. Der Status dieser Überarbeitungen – im Prinzip kann es sich in einigen Fällen auch nur um versuchende Ansätze handeln, die vielleicht besser als bloße Varianten betrachtet würden – ist schwer zu bestimmen. Nicht weniger schwierig ist die Entscheidung für die Zuordnung oder Nichtzuordnung bestimmter Überarbeitungen gerade zu dem Stadium, das in der zweiten Gedichthälfte durch den Text des Warthäuser Fragments repräsentiert wird. Weder vom Duktus der Handschrift noch von der Tintenfarbe her ergeben sich sichere Kriterien. Der hier vorgelegte Text folgt unter Vorbehalt Beißners Text in der *Großen Stuttgarter Ausgabe*, da jede andere Entscheidung ähnliche Unsicherheitsfaktoren enthielte wie die seine. Immerhin sind die möglichen Abweichungen so geringfügig, daß der Duktus des Gedichts davon im ganzen nicht tangiert würde.

Von Beißners Text in der *Großen Stuttgarter Ausgabe*
weicht der hier abgedruckte in den Versen 50-55 ab. Dementsprechend ändert sich von dieser Stelle ab die gesamte
Verszählung gegenüber der *Großen Stuttgarter Ausgabe* und
den ihr folgenden Lese-Ausgaben (Beißner hat die Versein-
teilung von v. 50-55 der Handschrift geändert, indem er
jeweils zwei Verse zu einem einzigen zusammenzog, um für
diese Strophe die gleiche Verszahl zu erzielen, wie sie die
folgenden drei Strophen haben, und wohl auch, um ähnlich
lange Verse zu erhalten, wie sie die ab v. 56 folgende, im
Warthäuser Fragment überlieferte Partie enthält).

Hölderlin hat im Homburger Folioheft den Text des Gedichts, aus dem durch Überarbeitung die 2. Fassung hervorging, später noch einmal mit deutlich sich abhebendem
Schriftduktus in einigen Partien überarbeitet. Beißner konstituiert aus dieser spätesten Überarbeitung und den unverändert gebliebenen früheren Partien eine 3. Fassung (*Große
Stuttgarter Ausgabe*, II, 2, S. 161-164). Da sich der Status der
überarbeiteten Partien nicht sicher bestimmen läßt und im
Unterschied zur 2. Fassung auch keine zusammenhängende
Version nach Art des Warthäuser Fragments überliefert ist,
verzichtet die vorliegende Ausgabe auf die Konstitution
einer 3. Fassung und druckt statt dessen allein *die* Partie der
spätesten Überarbeitung, die sich definieren läßt, im Anschluß an die Erläuterungen zur 2. Fassung (S. 967).

ÜBERBLICKSKOMMENTAR Die zusammenhängende Neube-
arbeitung beginnt mit v. 56: »⟨. . .⟩ Die Todeslust der
Völker aufhält und zerreißet den Fallstrick«. Zur vorausgehenden, im wesentlichen unverändert gebliebenen
1. Hälfte der Hymne vgl. den Kommentar zur 1. Fassung.
Schon die 1. Fassung betont das kultivierende, zivilisieren-
de und stabilisierende Wirken des Dionysos. Die 2. Fassung
akzentuiert dies noch stärker: Dionysos wird nun zu dem
Gott, der »Maß« (v. 58) und »Gesetz« (v. 64) bei den Menschen zur Geltung bringt. Bereits der Einsatz ist charakteristisch. Während die 1. Fassung von Dionysos sagt, er habe

den Grimm der Völker bezähmt, heißt es nun, daß er »die
Todeslust der Völker aufhält«. Die »Todeslust« meint nicht
mehr wie der »Grimm« der Völker ihre Streitlust, d. h. ein
barbarisch-kriegerisches Verhalten, dem – der mythologischen Überlieferung entsprechend – Dionysos entgegen-
wirkt, vielmehr einen selbstzerstörerischen Drang ins »Ungebundene« (*Mnemosyne*, v. 13). Angesichts dieses Drangs
kommt es nun besonders auf die Bewahrung der Indivi-
dualität an: »daß einer | Etwas für sich ist« (v. 58f.).

So sehr Hölderlin das Bedrohliche des »Geschicks«
(v. 63) und das ans Irdische bindende Ethos der Individua-
litätsbewahrung in dieser Spätzeit betont, so sehr denkt
er doch auch im Horizont einer geschichtlichen Dialektik.
In diesem Horizont bewirkt der vollständige Rückzug ins
Individuell-Eigene, auf den umgrenzten »Augenblick«
(v. 59), auf das kluge »Maß« und das positive »Gesetz« auch
eine Verkümmerung der menschlichen Existenz. Sie droht
der Vermittlung zum Ganzen verlustig zu gehen, ohne die
auch keine legitime Individualität bestehen kann. Was hier
in mythologischer Rede als ein Verhältnis von Gottheit und
Menschheit dargestellt wird, ist die Mythologisierung dieser sowohl philosophischen wie geschichtlichen Problematik. Hölderlin entwickelt sie in den folgenden Strophen,
indem er, ähnlich wie in der Rhein-Hymne, zwei Möglichkeiten neuer Ganzheitserfahrung annimmt. Tragisch verläuft der geschichtliche Prozeß, wenn es zur vollständigen
Erstarrung im ›Positiven‹ und dann notwendigerweise
auch zum Umschlag in die reine Negativität, vom »Gesetz«
ins Chaotisch-Gesetzlose, vom »Maß« ins »Unmäßige«
(v. 68) kommt. Die andere, harmonische Möglichkeit des
Geschichtsverlaufs ist die der Vermittlung. Sie ermöglicht
es, daß sich das Irdische als individuelles Dasein bewahren
und doch durch Integration in einen größeren Zusammenhang als sinnvoll erfahren läßt. Dies ist nach Hölderlins
Ansicht der Geschichtsverlauf seit der Zeitenwende. Dagegen bezeichnet das, was von Dionysos gesagt wird, den
Weg der Griechen: den Weg von einer ursprünglichen Be-

drohung durch das ihnen innewohnende Elementare und chaotisch ins Grenzenlose Drängende, das seine Formel in der »Todeslust« findet, zur plastischen Individualität, in der jeder »etwas für sich ist«, und zum »Maß«; nach diesem Stadium glücklich gelingenden Ausgleichs in der klassischen Epoche dann aber weiter den Weg in ein geschichtliches Spätstadium, in dem der ursprünglich-chaotische Trieb nicht mehr bloß harmonisch-mäßigend aufgefangen wurde, sondern in einer Positivität zum Erliegen kam, in der alles »sicher, Menschen gleichend oder Gesetzen« (v. 64) war und leblos erstarrte. Eine Variante des *Archipelagus* begründet den Untergang der antiken Kultur analog (im Kontext: S. 681): »Drüben sind der Trümmer genug im Griechenland und die hohe | Roma liegt, sie machten zu sehr zu Menschen die Götter ⟨. . .⟩«. Die geschichtliche Dialektik der Griechen, die vom Maßlosen zum Maß und schließlich zur Erstarrung führte und die von Hölderlin durch Dionysos mythologisch figuriert wird (er kehrt sich vom ursprünglich rauschhaft-›dionysischen‹ Pol seines Wesens zu einem auf Maß und Gesetz orientierten Gott um – beides gehört zu seinem Mythos, vgl. die Einzelerläuterungen) – diese Dialektik findet ihre Fortsetzung, indem auf das Stadium der Erstarrung im ›Positiven‹ eine Reaktion einsetzt, die wieder in die Gegenrichtung tendiert. Hölderlin faßt diese Reaktion in dem mythischen Bild: »Es entbrennet aber sein Zorn« (v. 65). Der »Zorn« als Inbegriff der ›göttlich‹-unendlich flutenden Lebensenergie, die von neuem in das verkümmerte, allzu vordergründig »menschlich« gewordene Dasein einbricht, kann sich in zweierlei Weise auswirken. Erstens so, daß das »Zeichen« (v. 66) höheren Lebens, das im zivilisatorischen Erstarrungsprozeß »allmählich | Aus Augen gekommen« ist (v. 66f.), die Erde »als an einer Leiter« (v. 67), d. h. durch stufenweise sich vollziehende Vermittlung, wiederum berührt. Zweitens so, daß es zum unvermittelten, chaotischen Durchbruch kommt, in dem »der Menschen Hand« (v. 69) revolutionär alles Positiv-Erstarrte zerstört und der dichte-

rische »Halbgott« (v. 71) ebenfalls revolutionär-utopisch
mit seinem »Entwurf« (v. 72) alles Bestehende negiert. Das
ist die Alternative. »Diesmal« (v. 68) sagt der Dichter lapi-
dar, als Hinweis darauf, daß er den Übergang von der
antiken, vorchristlichen in die nachantik-christliche Ära
nach dem ersten Modell sich vollziehen sieht: nach dem
Modell einer stufenweise gelingenden und also evolutionären Vermittlung. »Sonst« (v. 68: »Eigenwillig sonst, unmäßig«), wenn diese Vermittlung nicht gelingt, muß notwendigerweise das revolutionäre Modell eines unvermittelten
Durchbruchs zum Tragen kommen, mit allen auch gewaltsamen und zerstörerischen Folgen. Doch ist diese der
revolutionären Alternative geltende Partie im Gesamtduk-
tus nur eine Parenthese. Das heißt, daß Hölderlin sein
eigenes geschichtliches Haupterlebnis, die Französische
Revolution, obwohl er die Revolution als eine grundsätz-
liche geschichtliche Möglichkeit begreift, doch im großen
geschichtlichen Gesamtzusammenhang, der sich seit der
Wende zur nachantik-christlichen Ära bis zur Gegenwart
entfaltet hat, nur als *Episode* versteht. Deshalb wendet er
sich in den beiden letzten Strophen wieder dem anderen,
dem auf Vermittlung beruhenden evolutionären und infol-
gedessen sich über große Zeiträume erstreckenden geschichtlichen Geschehen zu, in dem das höhere Leben sich
stufenweise, »als an einer Leiter«, ins menschliche Dasein
vermittelt.

Dieser Vermittlungsprozeß ist die Geschichte selbst, wie
sie seit der Zeitwende verläuft. Da sie im Zeichen Christi
steht, wird Christus hier – in ganz geschichtsphilosophischer Einschmelzung – als diejenige der großen Mittlerge-
stalten begriffen, welche die Vermittlung leistet. Dionysos
war in dieser geschichtsphilosophischen Mythologie als der
Gott erschienen, der nur von einem Extrem zum andern
führte, indem er die antike Menschheit aus der Sphäre ursprünglicher chaotischer »Todeslust«, die er rettend »aufhielt«, schließlich doch in einen Zustand der Erstarrung
geraten ließ. Das war das Schicksal der antiken, von Dio-

nysos repräsentierten Kultur. Die christliche Ära folgt
einem anderen geschichtlichen Gesetz. Es führt nicht von
einem Extrem über harmonische Zwischenstufen zum anderen Extrem, sondern ist ein Geschehen, in dem die
Geschichte immer vermittlungsfähig bleibt und somit Geschichte selbst wesenhaft als Vermittlungsprozeß begriffen
wird. Die Voraussetzung dafür ist, daß Christus als Pneuma
in den Geist der Geschichte selbst übergeht. Er ermöglicht
den Übergang vom historisch einmalig und gestalthaft
Fixierten ins Pneumatische, das allein zum universalen und
damit auch geschichtlich universal vermittelnden Prinzip
werden kann. Dieses nicht Gestalthafte, sondern Pneumatische an Christus akzentuiert − wie *Patmos* − die erste,
weitgehend aus der 1. Fassung übernommene Hälfte der
Hymne, die damit einen ganz neuen Begründungscharakter
im Gesamtzusammenhang erhält.

Schon die ersten Verse der vorletzten Strophe deuten auf
ein evolutionäres und auf Vermittlung angelegtes Geschehen: die »Blüte der Jahre« hält »stillschaffend« das höhere
Leben gegenwärtig im irdisch-begrenzten Dasein, so daß es
auf der einen Seite nicht ins »grenzlos« »Unmäßige« und auf
der anderen Seite nicht ins allzu Begrenzte und ›Positive‹
gerät. Leitmotivisch hat Hölderlin das Wort »halten« eingesetzt und es außerdem noch ganz zu Beginn der neuen
Strophe exponiert und emphatisch ins Strophenenjambe-
ment gerückt: »Fürbittend aber || *Hält* ihn ⟨. . .⟩ Und
Kriegsgetön, und Geschichte der Helden *unterhält* ⟨. . .⟩
Ruhmloser auch | Geschick *hält* ihn ⟨. . .⟩«. Dieses Halten
und Unterhalten des Göttlichen im Menschlichen, des ursprünglichen, sinnerfüllenden Lebens im irdisch begrenzten Dasein ist Signum der durchgehend gelingenden
Vermittlung. Und das »Geschick«, welches zuerst die Dio-
nysos-Strophe als antikes Geschick beschwört (v. 63),
indem sie die Griechen in ihrem Bestreben, des Chaotisch-
Unmittelbaren Herr zu werden, jedes höhere »Geschick«
»sicher, Menschen gleichend oder Gesetzen« (v. 64) machen und es seiner ursprünglichen Kraft völlig berauben

läßt – dieses »Geschick« wandelt sich nun in der mit Christus beginnenden Geschichte zu einem »hartnäckigen Geschick« (v. 79), d. h., es verliert seine ursprüngliche
Dimension im Vermittlungsprozeß nicht, sondern hält sie
durch und behält sie.

Als Repräsentanten dieser Art von Geschichte werden
alle unter der »Sonne Christi« (v. 80) stehenden Ereignisse
und Gestalten der abendländischen Geschichte aufgerufen.
Die zweitletzte Strophe handelt zuerst von der »Geschichte
der Helden«, den »Gärten der Büßenden«, »der Pilgrime
Wandern und der Völker«, aber abschließend vollzieht sie
den Übergang zur geschichtlichen Gegenwart: zum »Vaterland« (v. 88). Während in den früheren Phasen die Geschichte im Lichte der »Sonne Christi« stand, geht sie nun
am Ende des Vermittlungsprozesses, in dem sich alles einstmals Gewesene aufhebt, ins allgemeinste Leben des »Vaterlands« und der »Erde« über. Darauf deuten sowohl die
näheren Bestimmungen des »Vaterlands« im Übergang zur
Schlußstrophe wie die eigentümliche und wiederholte Benennung Gottes als des »Vaters der Erde« in der Schlußstrophe. Im Laufe der Geschichte wird das christliche
Grundelement, das die früheren Phasen stärker prägte, immer vermittelter, bis es zuletzt ganz in der Allgemeinheit
des Vaterländischen aufgeht. So hat man wohl den Duktus
der letzten beiden Strophen selbst als Ausdruck eines geschichtlichen Prozesses zu verstehen, in dem die mit dem
Ende der Antike beginnende christliche Ära nicht als eine
statische Einheit im Sinne einer von Anfang bis zum Ende
gleichermaßen intensiven Christlichkeit, sondern als eine
fortschreitende Diffusion und Selbstaufhebung des ursprünglich Christlichen aufgefaßt wird, durch die sich
zugleich eine Totalisierung und Substantialisierung vollzieht. Das ist eine Deutung des Säkularisationsprozesses.
Indem Hölderlin zwar am Ende der drittletzten Strophe
noch von Gott, ganz am Ende aber nur noch vom »Vater
der Erde« spricht, vollzieht er sogar den Prozeß der Säku-
larisierung im prozeßhaften Duktus der Hymne selbst. So

wie das »Vaterland« der säkularisierte Raum der Sinnerfüllung ist, den man einst als ›Himmelreich‹ bezeichnete, so
»der Erde Vater« die säkularisierte Vorstellung von der einst
als »Vater im Himmel« bezeichneten Instanz. Sie ist nun
kaum mehr als der Geist der zu ihrem Ende und zur Vollendung gelangten Geschichte. Das »Vaterland« und »der
Vater der Erde« sind Kennmarken der Immanenz, in deren
Raum sich Geschichte nun vollendet. Ihre Vollendung besteht gerade darin, daß sie durch das vollkommene Vermitt-
lungsgeschehen, als das Geschichte aufgefaßt wird, zur
Aufhebung der entfremdenden Distanz zwischen Idealität
und Realität, zwischen ›Gott‹ und ›Mensch‹, ›Himmel‹ und
›Erde‹ geführt hat. Deshalb wandelt sich die Gottheit am
Ende ins Vertraut-Irdische, zum »Vater der Erde«, so wie
sie sich im endzeitlichen Erfüllungszustand der *Friedensfeier*
nach dem Verlassen ihres »Auslands« zur »Freundesgestalt«
(v. 19) verwandelt hat.

Bis zu v. 55 vgl. die Einzelerläuterungen zur 1. Fassung.
348,56 *Die Todeslust der Völker*] Vgl. den Überblickskommentar sowie *Stimme des Volks* (2. Fassung), v. 18f.
348,56 *und zerreißet den Fallstrick*] Vgl. Luk. 21, 35:
»Denn wie ein Fallstrick wird er kommen über alle, die auf
Erden wohnen«. Dieser Bibelvers bezieht sich auf das Welt-
Ende und meint mit dem Bild des Fallstricks das Plötzliche
und Unvorhersehbare des Welt-Endes, das auch immer wieder warnend beschworen wird, etwa in den bekannteren
Worten, daß der Jüngste Tag »wie ein Dieb in der Nacht«
kommt. Hölderlin übernimmt die Metapher, um sie sehr
frei seinem Gedankengang anzuverwandeln. Wenn Dionysos, der die Todeslust der Völker aufhält, den Fallstrick
zerreißt, dann kann damit nur gemeint sein, daß er den
todbringenden Untergang, der in der Bibel unabwendbar
hereinbricht, abwendet; ferner, daß dieses tödliche Ereignis
nicht göttlich verhängt, sondern gerade umgekehrt ein Verhängnis ist, in das die Menschen durch ihre eigene »Todeslust« zu geraten drohen und vor dem er, der Gott, sie
bewahrt.

348,58f. *daß einer* | *Etwas für sich ist]* Das ›Für sich selbst-
Sein‹ ist eine wichtige Aristotelische Individualitätsbestim-
mung: das καθ' ἕκαστον (Aristoteles, *Metaphysik* VII 1028 a
27). Auch Hegel nimmt sie in seinem Werk immer wieder
auf. In der *Phänomenologie des Geistes* spricht er von »den
Individuen ⟨. . .⟩ die sich ⟨. . .⟩ vom Ganzen losreißen und
dem unverletzbaren *Fürsichsein* ⟨Hegels Hervorhebung⟩
und ⟨der⟩ Sicherheit der Person zustreben« (*Phänomenologie
des Geistes*, hg. v. Johannes Hoffmeister, Hamburg ⁶1952,
S. 324). Es komme darauf an, daß »die Seele sich ihr Fürsichsein« bewahrt: dann »ist sie nicht bloß für sich, sondern
setzt sich auch als für sich seiend ⟨. . .⟩ So erst hat die Seele
ihre wahrhafte Individualität erreicht«, heißt es in der
Enzyklopädie der philosophischen Wissenschaften (G. W. F. Hegel, *Werke in 20 Bdn.*, Frankfurt 1970 u. ö., Bd. 10, S. 96). In
den *Vorlesungen über die Geschichte der Philosophie* endlich definiert Hegel das »Individuum« als das »Fürsichseiende,
sich selbst Bestimmende« (G. W. F. Hegel, *Werke*, Bd. 20,
S. 170). Mit einer bezeichnend analogen Formulierung
sieht Hölderlin selbst im zweiten Brief an Böhlendorff
(Nr. 241), wo er sich »von Apollo geschlagen« nennt, das
Wesentliche aller Kunst in der »Sicherheit« und Abge-
grenztheit der individuellen Gestalt – darin, daß sie alles
»für sich selbst erhält«. – Auch das im Versenjambement
exponierte »Etwas« ist ein Terminus, mit dem Aristoteles
die Einzelindividualität bezeichnet: τόδε τι (*Metaphysik* 1029
a 28, 1030 a 19, 1037 b 27; vor allem *Kategorien* 3 b 10ff.,
auch Kat. 3 b 12). Hegel bestimmt das »Etwas« in der *Wissenschaft der Logik* als »ein bestimmtes Seiendes« (G. W. F.
Hegel, *Werke*, Bd. 5, S. 85). »Das Etwas«, folgert er, sei »die
erste Negation der Negation«, ja er sieht es nur »seiend als
Negation der Negation« (Bd. 5, S. 122-124). Es ist nur
»durch die Grenze das, was es ist«: in ihr hat es seine Qualität (Bd. 5, S. 136). »Das Dasein«, konstatiert er in der
Enzyklopädie der philosophischen Wissenschaften, »als in dieser
seiner Bestimmtheit *in sich* reflektiert ist *Daseiendes, Etwas*«
(Hegels Hervorhebungen; Bd. 8, S. 195). Hölderlin selbst

schreibt in der Ode *Blödigkeit*, indem er die auf etwas Kon-
kret-Bestimmtes gerichtete Aufgabe der Dichter betont, sie
seien, wenn sie »kommen, mit Kunst« (vgl. die Erläuterung
zu *Blödigkeit*, v. 22), »einem zu *etwas*« gut (v. 21). In seinen
Anmerkungen zum Oedipus (Bd. II) heißt es, man habe »unter
Menschen, bei jedem Dinge, vor allem darauf zu sehen, daß
es *Etwas* ist«. – In diesem Horizont einer entschiedenen
Betonung des Individuellen wird auch erst verständlich,
warum Hölderlin in der 2. Fassung des *Einzigen*, obwohl er
doch im Plural von »den Menschen« spricht, nicht sagt, daß
sie etwas für sich sein wollen, sondern im Singular, sie
sähen darauf, daß »einer« etwas für sich ist: Denn auch der
Singular ist eine Grundkategorie des Individuellen – Aristoteles bezeichnet sie mit dem Ausdruck ἓν ἀριϑμῷ (»das
Eine der Zahl nach«). Ebenso beharrt Hegel immer wieder
auf dem numerisch Einen, auf dem Singularischen als einer
Fundamentalbestimmung der Individualität. »Das Fürsichseiende ist das numerische Eins« (Bd. 4, S. 15). In der *Logik*
bezeichnet er die »Einzelheit« als »Prinzip der Individualität
und Persönlichkeit« (Bd. 6, S. 297). Wie bewußt kategorial
Hölderlins Formulierungsstrategie ist, zeigt die genaue
Analogie zu der Wendung im *Einzigen* in der Ode *Blödigkeit*
(v. 21-23): »Gut auch sind und geschickt *einem* zu etwas
wir«, heißt es darin von den Dichtern, »wenn wir kommen,
mit Kunst, und von den Himmlischen | *Einen* bringen«. –
Zur besonderen Bedeutung der Individualität für den späten Hölderlin vgl. das Bruchstück *apriorität des Individuellen
über das Ganze* und die Erläuterung dazu (S. 1093).

348,59-61 *den Augenblick | Das Geschick der großen Zeit
auch | Ihr Feuer fürchtend, treffen sie]* Bei normalisierter In-
terpunktion müßte jeweils ein Komma nach »Augenblick«
und nach »Zeit« stehen, keineswegs, wie in den gängigen,
nach dem Vorbild der *Kleinen Stuttgarter Ausgabe* normali-
sierten Ausgaben, nach »auch«. Denn aus dem Gesamthorizont und den vorausgehenden Versen entsprechend, die
davon handeln, daß die Menschen das »Maß« hüten und das
individuelle Dasein bewahren wollen, kann nicht gemeint

sein, daß die Menschen das »Geschick der großen Zeit«
suchen – und dann kann auch der »Augenblick«, den sie
»treffen«, nicht mit diesem »Geschick« gleichzusetzen sein.
Im Gegenteil: Wenn die Menschen, die das »Maß« hüten
und ihr individuelles Leben bewahren, den »Augenblick«
»treffen«, dann ist dieser Augenblick das strikt abgegrenz-
te, individualisierte Zeit-»Maß«: die *kleine*, ins Ungefährli-
che reduzierte Zeiteinheit gegenüber der »großen Zeit« und
ihrem über das beschränkte Daseinsmaß hinausreißenden
»Feuer«, das die Menschen »fürchten«.

348,61f. *und wo | Des Wegs ein anderes geht]* Jedes »andere«
ist ein Nicht-Eigenes und insofern eine mögliche Bedrohung der eigenen Individualität durch ein »Geschick«.
Sofern die Menschen ein drohendes »Geschick« mit dem
»anderen« verbunden »sehen«, wird dieses »Geschick« seiner Andersheit beraubt und ins Eigene umgeformt: anthro-
pomorph und ›positiv‹ dingfest gemacht. Die Menschen
machen es »sicher, Menschen gleichend oder Gesetzen«.
Der von Hölderlin verwendete Begriff des »Anderen« hat
eine lange Tradition, die von Platons *Sophistes* und der Aristotelischen *Metaphysik* ausgehend über Plotin, Nikolaus
von Kues bis zu Hegel und noch weiter reicht. Hegel setzt
das Individualitätsproblem ebenfalls in Beziehung zum Begriff des »Anderen«. In der *Wissenschaft der Logik* bezeichnet
er das »Andere« als »Negation des Etwas« (Bd. 5, S. 124),
um dann ausführlich die Opposition des »Etwas« zum »Anderen« zu behandeln (S. 125-131) – die gleiche Opposition,
die Hölderlin pointiert.

348,64 *Gesetzen]* Vgl. die Erläuterung zu v. 6 der Ode
An unsre großen Dichter (S. 619).

349,65-72 *Es entbrennet aber sein Zorn ⟨. . .⟩ Entwurf]* Vgl.
den Überblickskommentar.

349,67 *als an einer Leiter]* Vgl. die auf S. 948 angeführte
Variante der 1. Fassung, in der es heißt, daß das Himmlische
»treppenweise« niedersteigt, sowie die Erläuterung zu dieser neuplatonisch bestimmten Vorstellung.

349,72-75 *Seit nämlich böser Geist ⟨. . .⟩ des Sinnes gewalt-*

sames] Besonders die Vorstellungen vom »gesangsfeindli-
chen« und »klanglosen« Schicksal seit dem Ende des Altertums deuten auf die Problematik des Dichtertums. Gesangsfeindlich und klanglos ist dieses Schicksal, weil nur
eine erfüllte Zeit, wie sie dem »glücklichen Altertum« beschert war, das ideale Umfeld für den Dichter und seinen
»Gesang« ist. So aber kommt ihn die verzweifelte Frage an,
die er in *Brot und Wein* formuliert (v. 122): »Wozu Dichter in
dürftiger Zeit?« Diese dürftige Zeit ist »gesangsfeindlich«
und »klanglos«. In sinnzerstörender Weise droht sie sich des
Dichters zu bemächtigen: als ein »des Sinnes gewaltsames«
Los. Weil dies so ist und der Dichter die negative geschichtliche Situation kaum zu ertragen vermag, gerät er in
Versuchung, sie im »Entwurf« (v. 72) utopisch zu über-
eilen. Deshalb läßt Hölderlin den neuen Satz mit einem
nachträglich erklärenden »nämlich« beginnen: »Seit *nämlich*
böser Geist ⟨. . .⟩«. Das Leiden unter diesem Zustand ver-
führt zum »Entwurf«, der illegitim ist, weil er »eigenwillig«
(v. 68) den sich in der Geschichte trotz allem gültig ver-
wirklichenden Sinn »übergeht« (v. 71). Mit dieser Warnung
vor voreiliger Eigenmächtigkeit, die den Gang der Geschichte zu einem guten Ende nicht abwarten kann, stimmt
die 2. Fassung des *Einzigen* mit den zeitlich und thematisch
benachbarten Hymnen *Friedensfeier* und *Patmos* überein.
Die *Friedensfeier* endet mit einer Warnung vor dem, was
»vor der Zeit« ans Licht gezogen wird, und weist auf die
Notwendigkeit geschichtlichen Reifens hin. In *Patmos* wird
das, was im *Einzigen* als »eigenwilliger« Sinn-»Entwurf«
bezeichnet wird, als illegitimer Entwurf eines Gottes-Bil-
des vorgestellt. Die Versuchung, ein solches »Bild« zu
schaffen, ergibt sich wieder aus dem Leiden daran, daß es in
der negativen geschichtlichen Situation nicht möglich ist,
einen Sinn wahrzunehmen (vgl. *Patmos*, v. 164-178, dazu
die Erläuterungen).

349,76-79 *Fürbittend aber* ‖ *Hält ihn ⟨. . .⟩ hartnäckig Ge-
schick]* Vgl. den Überblickskommentar.

349,80 *Die Sonne Christi]* Eine Anspielung auf die alte

Vorstellung von Christos Helios. Vgl. *Patmos*, v. 179-181: »Wenn nämlich höher gehet himmlischer | Triumphgang, wird genennet, *der Sonne gleich* | Von Starken der frohlokkende Sohn des Höchsten«.

349,80 *Gärten der Büßenden]* Wohl das spätantike und mittelalterliche Klosterwesen.

349,81 *Der Pilgrime Wandern und der Völker]* Die großen mittelalterlichen Wallfahrten, wie diejenige nach Sant' Jago di Compostela, und die Völkerwanderung (vielleicht auch die Kreuzzüge).

349,81-83 *des Wächters* | *Gesang und die Schrift* | *Des Barden oder Afrikaners]* Nach der Tatsphäre (v. 79: »Kriegsgetön, und Geschichte der Helden«) und der durch v. 8of. umschriebenen Sphäre repräsentieren nun »Gesang« und »Schrift« die dichterische und schriftstellerische Sphäre. Was Hölderlin mit »des Wächters | Gesang« meint, ist schwer zu sagen. Die »Schrift | Des ⟨. . .⟩ Afrikaners« spielt wohl auf Augustinus an, der aus Nordafrika stammte und später, nach seiner Konversion in Italien, wieder nach Afrika zurückkehrte und dort Bischof der Stadt Hippo wurde. Der »Barde« kann pars pro toto für die alten Barden stehn, aber auch für Klopstock, der sich selbst mit seiner Adaptation nordischer Mythologie als Barde verstand und in dessen Spuren Hölderlin gerade in dieser Hinsicht einmal zu treten versuchte: in der Fragment gebliebenen Hymne *Der Mutter Erde. Gesang der Brüder Ottmar Hom Tello*. Wenn Hölderlin mit dem Barden Klopstock meint, dann wäre durch die Verbindung mit dem »Afrikaner« Augustinus in polarer Spannweite das christliche Schrifttum in Nord und Süd, in Vergangenheit und Gegenwart als Zeugnis geschichtlicher Vermittlung des ›Göttlichen‹ gemeint.

349,83-85 *Ruhmloser auch* | *Geschick hält ihn, die an den Tag* | *Jetzt erst recht kommen, das sind väterliche Fürsten]* Wieder erscheint, zum dritten Mal in der Hymne, das Wort »Geschick«. Der Satz läßt sich nur vor dem Hintergrund einer bereits traditionellen Polemik gegen den fragwürdigen Ruhm von Fürsten verstehen, der durch Kriege, Machtent-

faltung und prunkvolle Größe erworben wurde. Der sich
seit Ludwig XIV. entfaltende europäische Absolutismus
bot erschreckende Beispiele dafür, wie teuer erkauft solcher
Ruhm sein konnte. Deshalb wiesen die Schriftsteller seit
der Aufklärung immer wieder darauf hin, daß sich die wahre Größe eines Fürsten nicht in dem mit Blut und Gut der
Untertanen erkauften »Ruhm«, sondern im Gegenteil
durch eine auf den äußeren Glanz verzichtende Fürsorge
für das Wohl des Landes zeige. Dieses Thema behandelt
Hölderlin schon in seinem frühen Gedicht *Die Ehrsucht*,
nach Klopstocks und Schillers Vorbild (vgl. die Erläuterungen hierzu S. 531). Die »väterlichen Fürsten« kommen
»an den Tag | Jetzt erst recht«, weil sich die Wertung ge-
ändert hat: Jetzt erst werden die nach der überholten
früheren Einschätzung »ruhmlosen« Fürsten hochgeachtet.

349,86-88 *Denn Männern mehr | Gehöret das Licht. Nicht
Jünglingen. | Das Vaterland auch]* Die wahre Einsicht und das
richtige Verhalten sind Sache männlichen Verantwortungs-
bewußtseins, in dessen Sphäre deshalb auch die Belange des
»Vaterlandes« gehören; während die unreife, den »Jünglingen« zugeschriebene Mentalität eher den »Ruhm« im dargestellten fragwürdigen Sinn (vgl. die vorausgehende
Erläuterung) hochschätzt.

349,88f. *Nämlich frisch || Noch unerschöpfet und voll mit
Locken]* Dieser hart elliptische Satz, in dem sowohl das
Subjekt (das »Vaterland«, von dem unmittelbar vorher die
Rede ist) als auch das Prädikat (»ist«) fehlt, meint die na-
turhaft-ursprungsnahe Verfassung, die auch die Hymne
Germanien dem Vaterland zuschreibt – dort wird »Germa-
nia« sogar als »Kind« bezeichnet (v. 54) wie hier in v. 91.
Und diese Ursprungshaftigkeit, die insbesondere durch die
Worte »frisch« und »unerschöpfet« zum Ausdruck kommt,
symbolisiert Hölderlin schon in der Hymne *Germanien*
durch den seit der *Germania* des Tacitus sprichwörtlichen
Reichtum Deutschlands an Wäldern. Darauf spielt in hoch-
poetischer Metaphorik die Wendung »voll mit Locken« an.
Vgl. zu dieser Metaphorik den hymnischen Entwurf *Ihr*

sichergebaueten Alpen . . .. Er beginnt mit den Versen: »Ihr sichergebaueten Alpen! | Die | Und ihr sanftblickenden Berge, | Wo über buschigem Abhang | Der Schwarzwald saust, | Und Wohlgerüche die *Locke* | *Der Tannen* herabgießt ⟨. . .⟩«. Weitere Beispiele und die antike Tradition dieser Metaphorik in den Erläuterungen zu *Mnemosyne,* v. 46-48.

349,90 *Der Vater der Erde]* Vgl. hierzu und zu der Prägung »Der Erde Vater« in v. 99 den Überblickskommentar. Von den »*väterlichen* Fürsten« (v. 85) als den vereinzelten Vermittlungsfiguren führt das Gedicht zum allgemeinen »*Vater*land« (v. 88) und dann zur höchsten Verallgemeinerungsform: zum »*Vater* der Erde«. Auch in der *Friedensfeier* und in *Patmos* ist der »Vater« die alle geschichtlichen Einzelmanifestationen übergreifende Ganzheitsinstanz.

349,94f. *Auch einige sind, gerettet* ⟨. . .⟩ *Gelehrt sind die]* Das »Auch« schließt an das Ende des vorhergehenden Satzes an: »⟨. . .⟩ so bleibet eine Gewißheit | Des Guten«. Es kommt auf diese »Gewißheit« an, die im einen wie im anderen Falle »rettende« Sinnwahrnehmung vermittelt. Sie kommt aber jetzt nicht wie im Vorausgehenden durch das Ursprungshaft-Authentische, sondern durch die »Gelehrten« zustande, die das Vergangene wissend bewahren und deuten und damit – soweit sie vor den »Versuchungen« gerettet sind – die Geschichte im ganzen als sinnhaften Zusammenhang zu begreifen vermögen. Das »Bleiben«, von dem die Verse der Schlußstrophe sprechen, erinnert an das dichterisch gestiftete Bleiben in den Schlußversen der etwa gleichzeitig entstandenen Hymne *Andenken*. Im *Einzigen* aber geht es nicht bloß um das Stiften des Bleibenden, sondern um das Bleiben der Sinn-Stifter selbst, die »gerettet, als | Auf schönen Inseln« sein müssen.

350,98 *als* | *Der Erde Vater bereitet ständiges* | *In Stürmen der Zeit]* Damit wird nicht einfach ein nicht näher definierter Vollendungszustand als ein ewig währender, »ständiger« bezeichnet. Vielmehr ist das »Ständige« selbst der Heilszustand, nachdem die Vorformen unter den Kategorien des »Haltens« (v. 56, v. 77, v. 79, v. 84) und des »Bleibens«

(v. 91, v. 93) zur Sprache kamen. Der Sinn der Geschichte wird nicht nur am Ende der Geschichte – der letzte Satz »Ist aber geendet« ist entschieden eschatologisch – *erreicht*. Er *ist* Aufhebung der Geschichte selbst. Vollendung der Zeit ist zugleich Aufhebung der Zeit. Scheinbar paradox entsteht gerade in den »Stürmen der *Zeit*« das Zeit*los*-Ständige, dessen Vorform das »Halten« eines zuerst noch an der Idee des Göttlichen und an der noch halb metaphysischen »Sonne Christi« orientierten Sinn-Anspruchs in der Geschichte und dann, der Vollendung schon viel näher, die einfache immanente »Gewißheit | Des Guten« (v. 91f.) ist. Analog beschwört die *Friedensfeier* die »schütternden Stürme« (v. 138) der Geschichte, die zu einer übergeschichtlichen Vollendung führen, indem sie Zeit in Sein verwandeln, in ein Sein, das ganz am Ende als dasjenige einer nicht mehr der Entfremdung ausgelieferten »Natur« – im *Einzigen* entspricht ihr die »Erde« – erscheint. Ähnlich auch wie in der *Friedensfeier* zur Erwartung des jenseits aller Entfremdung liegenden Vollendungszustands das Bild von »Mutter und Kind« (v. 124) gehört, ist in der letzten Strophe des *Einzigen* von den »Kindern« die Rede.

Von der spätesten Überarbeitung des Textes, aus der Beißner (StA II, S. 161-164) eine dritte Fassung konstituiert, läßt sich nur folgende Partie mit Sicherheit als zusammenhängend definieren, die bei v. 52f. der 1. Fassung (»Und kühn bekenn' ich, du | Bist Bruder auch des Eviers«) einsetzt:

> (Bist Bruder auch des Eviers), der einsichtlich, vor Alters
> Die verdrossene Irre gerichtet
> Der Erde Gott, und beschieden
> Die Seele dem Tier, das lebend
> Vom eigenen Hunger schweift und der Erde nach ging
> Aber rechte Wege gebot er mit Einem mal und Orte
> Die Sachen auch bestellt er von jedem.

Erläuterung

Dionysos ist in der mythologischen Überlieferung ein Gott, der die urtümliche (»vor Alters«) Wildnis (»die verdrossene Irre«) kultiviert (»gerichtet«). Er ist ein kultivierender, die Erde bearbeitender und insofern »der Erde Gott«. In genauem Anschluß an den antiken Mythographen Diodorus Siculus (III 64, 1-2) berichtet Hederich im Artikel *Bacchus* seines *Gründlichen mythologischen Lexikons*, Sp. 504, Bacchus habe es »zuerst erfunden ⟨. . .⟩, die Erde mit dem Pfluge und vorgespannten Ochsen zu arbeiten« (weshalb ihn Hölderlin in der gleichen letzten Überarbeitungsschicht an späterer Stelle einen »Ackersmann« nennt). Herakles, der in der mythographischen Überlieferung zum gleichen Typus des in ältester Zeit kulturschaffenden Heros gehört und deshalb im *Einzigen* ein »Bruder« des »Eviers« Dionysos ist, erscheint in der Ode *Chiron* analog als derjenige, der das »wilde Feld« kultiviert (v. 17). Nicht nur den Menschen gab Dionysos den festen Halt, sondern überhaupt jedem lebendigen Wesen, jedem »Tier«, das anfänglich chaotisch, ohne sichere Orientierung »der Erde nach ging«, indem er ihm die »Seele« verlieh: eine stabilisierende Wesenssubstanz, die erst ein organisiertes Leben ermöglicht. Daß Hölderlin, der in dieser späten Zeit seine Wortwahl oft nach etymologischen Zusammenhängen der griechischen und der lateinischen Sprache richtet, von der »Seele« des Tiers spricht, erklärt sich aus dem Konnex von lat. »anima« (»Seele«) und »animal« (»Tier«). Im Unterschied zum modernen verengten Begriff des Animalischen ist »animal« nach traditionellem Verständnis das »animatum«, das Belebte und »Beseelte«, und Seele meint insofern nichts anderes als das individuelle Organisationszentrum des Lebens: das Lebensprinzip. In diesem – völlig auf das sterbliche Dasein beschränkten – Sinn schreibt Aristoteles in seiner Schrift *Über die Seele* (*De Anima* II 413 b u. ö.) dem Tier ausdrücklich eine Seele zu, und diese Konzeption der Seele hat noch Leibniz in seiner *Monadologie* (Abschnitt 63) übernommen. In adversativer Wendung gegen das orien-

tierungslose »Schweifen« heißt es von Dionysos weiter:
»Aber rechte Wege gebot er mit Einem mal und Orte«.
Durch die Bindung der Bewegungen an bestimmte »Wege«
und die Fixierung auf bestimmte »Orte« — Lebensräume —
erhält jedes Lebewesen erst sein spezifisches Verhalten. Als
Urheber der »rechten Wege« und »Orte« ist Dionysos demnach in grundlegender Weise der Gott des irdisch begrenzten und konkreten Lebens — insofern ist er auch in einem
weiteren Sinn »der Erde Gott«. Ja er ist der Gott des individuell definierten Lebens nach dem Grundsatz »Suum
cuique« (»Seines jedem«): »Die Sachen auch bestellt er von
jedem«.

Patmos

Patmos ist in einer Reinschrift überliefert, die Hölderlin im
Januar 1803 als Widmungsexemplar dem Landgrafen von
Homburg zudachte. Zu dieser Reinschrift führen folgende,
ebenfalls erhaltene Handschriften hin: ein Teil des ersten
Entwurfs, eine Niederschrift im Homburger Folioheft, ein
Einzelblatt mit den Versen 1-21, eine Reinschrift (mit späteren Änderungen, die zeitlich nach der Widmungs-Reinschrift liegen). Nach der Widmungs-Reinschrift entstand
eine ebenfalls reinschriftliche spätere Fassung, von der aber
nur Bruchstücke überliefert sind (diese Bruchstücke sind
im Text-Teil abgedruckt). Über die Verse dieser späteren
Fassung hat dann Hölderlin — noch später — erneut Änderungen geschrieben. Vgl. hierzu S. 1010-1013.

ÜBERBLICKSKOMMENTAR
Anlaß, Entstehung und Voraussetzungen
   Im Jahre 1802 bat der Landgraf von Homburg den be-
freundeten Klopstock um ein Gedicht gegen die aufklärerische Bibelexegese. Dieser Wunsch entsprang der pietistisch geprägten Bibelfrömmigkeit des Landgrafen. »Wenn
sich«, so schrieb er, »höhere Gedanken in mir wecken,
wenn ich mich von trüben Erinnerungen und noch trüberen Aussichten erholen, wenn ich mich von den Ruinen

abwenden will, die mich umgeben (denn Alles ist in Trümmern, Religion, Vaterland, Freundschaft, Gefilde, Vermögensumstände), so lese ich in den Gesängen des Messias. Da
fiel mir, der die orientalischen Sprachen nicht kennt, der
Gedanke aufs Herz: Die heutigen Philosophen, Aufklärer,
Aufräumer verwässern die Schrift und die Theologie unter
dem Vorwand der Sprachkenntnis. Ist Jemand unter uns,
der diese Sprachen wie die Muttersprache versteht, der sie
weit tiefer ergründet hat als die neueren Exegeten, der ihre
verborgensten Feinheiten kennt, so ist das Klopstock. Er
legt die Schrift aber ganz anders aus wie sie, und wenn ich
bei ihrem Eise erstarre, so eile ich mich an seiner Glut zu
wärmen. Sie müssen Unrecht haben. Dieses ist der Syllogismus, der mich oft gestärkt hat.

Ich wage nun, Sie, als den Homer und den Nestor unserer Poesie, als mehr wie Homer, als den Vater unserer
heiligen Dichtkunst, zu bitten, im Schatten des Palmenhaines, den Sie entdeckt haben, noch in irgendeinem Gedichte,
einer Ode, die Ihren sämtlichen Werken die letzte Krone
aufsetzte, diese neuen Ausleger, sei es auch nur bloß durch
Ihr Zeugnis zu beschämen und ihre exegetischen Träume zu
Boden zu werfen.«

Klopstock, der Achtundsiebzigjährige, antwortete am
2. 4. 1802, er fühle sich nicht imstande, diese Bitte zu erfüllen. Wahrscheinlich wußte Hölderlin von diesem Vorgang. Dafür spricht sein Zusammentreffen mit dem Landgrafen in Regensburg im Herbst 1802 unmittelbar vor
Beginn der Arbeit an *Patmos*, ebenso wie der Reichtum
zitatartiger Anklänge an Klopstocks *Messias* in der Hymne.

Der Wunsch des pietistisch frommen Landgrafen nach
einer Auseinandersetzung mit der aufklärerischen Bibelkritik war kein privater Einfall. Vielmehr spiegelt er eine im
18. Jahrhundert immer schroffer hervortretende Frontstellung zwischen Aufklärung und religiöser Tradition, die
weniger der Anwendung historisch-kritischer und philologischer Methoden auf den Text der Bibel an sich, als
vielmehr ihren theologischen Konsequenzen: der Destruk-

tion der biblischen Offenbarungswahrheiten selbst entsprang. So sah der Hamburger Orientalist und Theologie-
professor Hermann Samuel Reimarus sich in einer zu
Lebzeiten unveröffentlichten, von Lessing postum in Aus-
zügen als *Fragmente eines Ungenannten* publizierten Schrift
dazu gedrängt, die Auferstehung Christi als historisches
Ereignis zu bestreiten, nachdem er auf zahlreiche Unstim-
migkeiten in den Überlieferungsberichten gestoßen war.
Und nicht nur zentrale Glaubenswahrheiten, sondern auch
die göttliche Inspiriertheit und damit der Offenbarungs-
charakter der Bibel wurden in Zweifel gezogen. Besonders
war davon die Apokalypse betroffen, die wegen ihres spezifischen, traditionell durchaus ernstgenommenen Anspruchs auf Inspiriertheit als biblischer Idealtyp galt. Daß
ihr, zuerst von Johann Salomo Semler, die Verfasserschaft
durch den Apostel Johannes abgesprochen wurde, der sie
der Legende nach auf der Insel Patmos niedergeschrieben
haben sollte – und überdies fälschlich mit dem Verfasser des
Johannesevangeliums identifiziert wurde –, entfachte eine
heftige Kontroverse, in die auch Tübinger Theologen, darunter Friedrich Reuß mit seiner *Vertheidigung der Offenbarung
Johannis . . .* (1772) und Hölderlins späterer Lehrer Gottlob
Christian Storr durch seine *Neue Apologie der Offenbarung
Johannis* (1782) mehrfach eingriffen. Jenseits der theologischen Auseinandersetzungen traf dieser Angriff aber auch
ins Zentrum pietistischen Bibelglaubens. Denn mit der
Auslegung der Apokalypse und ihrer Rückbindung an das
Johannesevangelium verband sich eine besonders im Pietismus intensiv ausgeprägte Tradition heilsgeschichtlichen
Denkens, die sich aus dem visionären Charakter der Apokalypse als Weissagung der ›letzten Dinge‹ speiste und darin
die Sonderstellung dieses Buchs innerhalb der biblischen
Schriften begründet sah: Daß erst vom Ende, d. h. aber
vom Studium der Apokalypse her der Zusammenhang der
Bibel wie das Ganze der Geschichte erkennbar und einsichtig zu machen sei, war der Grundgedanke, den der Begründer des württembergischen Pietismus, der auch für Hölder-

lin wichtige Johann Albrecht Bengel, in seiner *Erklärten Offenbarung Johannis* . . . (1740) und in den *60 erbaulichen Reden über die Offenbarung Johannis* (1747) in einflußreicher Weise entfaltete.

Wenn Hölderlin vor diesem Hintergrund jahrzehntelang andauernder Auseinandersetzungen über die Autorität der Bibel eine Hymne schrieb, die ein Kennwort pietistischer Bibelfrömmigkeit schon im Titel führte, so *erfüllte* er damit die Bitte des Landgrafen dennoch nicht. Dieser hatte an Klopstock geschrieben, Sinn des gewünschten Gedichts solle es sein, »diese neuen Ausleger, sei es auch nur bloß durch Ihr Zeugnis zu beschämen und ihre exegetischen Träume zu Boden zu werfen«. Hölderlin *antwortete* ihm aus einem weiteren Denkhorizont, indem er gerade jenen aufklärerischen Destruktionsprozeß als sinnvoll begriff: als Ablösung von allen positiven Fixierungen innerhalb eines Prozesses zunehmender Vergeistigung. So deutete er ihn aus einem großen geschichts- und bewußtseinsphilosophischen Entwicklungszusammenhang. Daß Hölderlin dabei seinen Text mit zahlreichen Bibelzitaten und zitatartigen Anklängen an die johanneische Überlieferung durchwirkte, war nicht nur ein Akt der Zueignung: dem Widmungsadressaten des Gedichts waren Evangelium und Offenbarung des Johannes aus eigenem Studium wohlvertraut. Hölderlin versuchte damit auch, die eigene idealistische Spekulation schon in der biblischen Tradition zu begründen.

Gedanklicher Aufbau

Wie fast alle großen Hymnen Hölderlins folgt auch *Patmos* dem Pindarischen Vorbild des Aufbaus in Strophentriaden. Die beiden ersten Triaden entfalten den Gegensatz zwischen der antiken Welt glanzvoller Gestalthaftigkeit und der von Christus eröffneten Ära pneumatischer Innerlichkeit. Auf einer ebenfalls nach Pindarischem Muster inszenierten imaginären Reise sieht sich der Dichter zunächst in die glanzvolle Welt des griechischen Ostens versetzt. Alles ist Licht, leuchtende, ja blendende und be-

törende Schönheit, und »geblendet« sucht er einzelnes in
einer Landschaft zu erkennen, die, wie am Beginn der *Friedensfeier*, mit sublimem Pathos als Offenbarungsraum des
Göttlichen verherrlicht wird. Zwar befindet sich auch die
in der zweiten Trias beschworene Insel des Johannes im
Horizont dieser antiken Welt, denn Patmos ist ja eine griechische Insel. Und doch ist sie ganz anders: Die »dunkle
Grotte« charakterisiert sie als Ort geistversunkener Innerlichkeit. Vollends tritt dieser Kontrast in der Entgegensetzung zu Zypern hervor, der seit dem Altertum sprichwörtlich reichen Heimat der Göttin sinnlicher Liebe und
Schönheit, Aphrodite. Ihr gegenüber ist Patmos »ärmer«,
aber dennoch verlangt es den Dichter nach dieser Insel,
weil er in ihrer Armut eine tiefere geistige Dimension entdeckt.

Mit dem Übergang zur 6. Strophe, zur letzten der zweiten Trias, deutet sich in der Wendung zur Gestalt des
Johannes das zentrale Problem der Hymne an: der geschichtliche Übergang vom antiken Prinzip des Plastischen,
des wahrnehmbar Gestalthaften, zur nachantik-christlichen
Sphäre des Pneumatischen. Beides findet Hölderlin im Leben des Johannes vorgebildet: In »seliger Jugend« stand er
dem historischen Jesus unter allen Jüngern am nächsten
und war wie kein anderer Zeuge des konkreten Geschehens, das er in unmittelbarer Realität »sah«; im Alter
hingegen schrieb er die Apokalypse in der visionären Ergriffenheit des innerlich schauenden »Sehers«. So macht
Hölderlin paradigmatisch an der Gestalt des Johannes das
weltgeschichtliche Übergangsgeschehen kenntlich, in dem
Christi Tod die Epochengrenze bildet. Denn nach Hölderlins immer wieder formulierter Überzeugung (vgl. *Brot und
Wein*, v. 107f.; *Der Einzige*, 1. Fassung, v. 31-35) ist Christus
selbst noch eine Gestalt der Antike. Erst mit seinem Tod
hebt die neue Zeit eines nun zu freier, universaler Entfaltung berufenen Geistes an. Und nur darin hat dieser Tod
auch seine wesentliche Bedeutung, daß er durch Auslö-
schung der Gestalt und des Sichtbaren in das Stadium des

Geistes überleitet. Darum wird seiner in einer vorüberge-
henden Erwähnung nur kurz gedacht, während die Ab-
schieds- und Vermächtnisreden Jesu mit ihrer sinnzu-
sichernden Verkündigung des Geistes und dessen pfingst-
liche Aussendung im Zentrum der 6. und 7. Strophe stehen.

Gleichwohl wird diese neue Zeit von Anfang an immer
wieder als Leidenszeit, weil als Verlust geschichtlicher Sinn-
Evidenz erfahren. Davon handeln die Strophen 7-12 der
3. und 4. Trias. Denn ein fortwährendes Bedürfnis drängt
nach der Selbstversicherung am sinnenhaft und menschlich
Erfahrbaren, nach der Evidenz des Plastischen und Schönen. Davon aber müssen im Zeichen des »Geistes« schon
die Jünger Abschied nehmen. Nur auf schmerzliche Weise
vermögen sie sich von Christus, an dessen Gestalt und Angesicht sie hängen, zu trennen. Und so muß auch der
Dichter, der in einer repräsentativen Rolle für die spätere
Zeit spricht, sich um des »Geistes« willen vom historisch
Fixierten lösen, dessen Bildhaftigkeit und Schönheit ihn
gefangennimmt.

Dem sinnbedrohenden Charakter dieses Geschehens
wenden sich die 9. und 10. Strophe zu. Nachdem bereits am
Ende der 9. Strophe der gleichsam ins Leere gehende Strich
die Kluft zwischen dem endgültigen Verschwinden des Alten und dem Schicksal der neuen Zeit markiert hat, nimmt
die 10. Strophe das Leitmotiv des Gestalthaften und in der
»Schönheit« sich vollendenden Sichtbaren noch einmal auf,
um es nun unter dem Aspekt der totalen Negation zu be-
handeln (v. 136-139: »Wenn aber *stirbt* alsdenn | An dem am
meisten | Die Schönheit hing, daß an der Gestalt | Ein
Wunder war ⟨. . .⟩«). Nicht mehr das faktische Sterben
Christi allein ist gemeint, sondern sein immer noch weiter-
gehendes Verschwinden in der Geschichte: das Erlöschen
jeder Erinnerung an die konkret fixierbare Gestalt. Und
dieser Prozeß ist gerade in der Moderne noch nicht
an sein Ende gekommen. Er hat ebenso die in metaphorischen Wendungen angedeuteten kirchlichen Institutionen
(v. 143ff.) und die in ihnen sich vollziehende gottesdienst-

liche Ehrung Christi und der Seinen (v. 145ff.) erfaßt, wie er im weiteren Sinn auch die Destruktion der Christusgestalt durch den modernen Aufklärungsprozeß der Bibelkritik selbst einschließt.

Es bezeichnet nun allerdings den idealistischen Duktus des Gedichts, daß Hölderlin diesen Aufklärungsprozeß als einen nur *scheinbar* bedrohlichen, in Wahrheit aber gesamtgeschichtlich notwendigen und in der Perspektive des eschatologisch wirkenden »Geistes« sinnvollen Auflösungsprozeß interpretiert. Diese Perspektive eröffnet im Rückgriff auf das biblische Worflergleichnis die 11. Strophe (v. 152ff.): Geschichte, so sagt das Worflergleichnis in der Deutung des Dichters, ist ein Vergeistigungsprozeß – und darin liegt, nicht *trotz* des zerstörerischen binnenzeitlichen Geschehens, sondern gerade *wegen* seiner Zerstörungswirkung, ihr »Sinn«. Denn die Zerstörung des ›Positiven‹, des Fixierten, Gestalthaften und Bildhaften ist Bedingung der Vergeistigung. Zunächst aber betont Hölderlin vor allem das Leiden an diesem Geschehen. Denn die Wahrnehmung des idealistisch-eschatologisch gedeuteten Vollendungsgangs der Geschichte bricht sich immer wieder an dunklen, desorientierenden Leidenserfahrungen, und zwar so sehr, daß diese überhand zu nehmen drohen. Daraus ergeben sich die großen Schwierigkeiten, die die dritte und vierte Trias der Hymne dem Verständnis entgegensetzen: Die Gebrochenheit ihrer Gedankenführung entspringt der Problematik der geschichtlichen Existenz.

Mit ihr verbindet sich vor allem die Erfahrung der Vereinzelung. »Furchtbar« nennt Hölderlin es schon zu Beginn der letzten Strophe der 3. Trias (9. Strophe, v. 121f.), »wie da und dort | Unendlich hin zerstreut das Lebende Gott«. Der »Geist« Gottes tritt nicht universalistisch *heraus* ins Licht der Geschichte, sondern zieht sich in ihr Dunkel *zurück*. Die Gemeinschaft, die aus der ursprünglich kleinen Gemeinde der Jünger immer mehr ins Weite wächst, zerfällt in ihrem Innern. Halt gewährt nur die Erfahrung des Geistes im Medium der »Schrift«. Unabhängig von der ge-

schichtlichen Dunkelheit bleibt er wie ein Licht in der
Nacht dem wahrnehmbar, der sich in sie versenkt. Daraus
ergibt sich ihre besondere Bedeutung in der Patmos-Hym-
ne, aber auch der besondere pneumatische Charakter des
Trosts, den sie spendet, und des Gedichts, das in der letzten
Trias nicht nur von diesem Trost spricht, sondern ihn dem
Landgrafen in direkter Anrede (v. 199ff.) auch zuspricht.

Es ist nun allerdings zwar dem Dichter klar, nicht aber
dem Adressaten seines Gedichts ohne weiteres nahezubrin-
gen, daß mit diesem Rückverweis auf die Schrift nicht der
Rückfall in jenen naiven Bibelglauben gemeint sein kann,
dessen Überwindung durch den modernen, bibelkritischen
Aufklärungsprozeß Hölderlin im Unterschied zum Landgrafen gerade als notwendig voraussetzt. An dieser Stelle
setzt darum noch einmal ein in weitgespanntem Bogen zum
Abschluß führender Gedankengang ein. Hölderlin entfaltet darin zunächst die Bedeutung der Schrift als die einer
*Vermittlungs*instanz. Sie ist eine Offenbarung, deren »Licht«
(v. 188) auch »scheuen Augen« (v. 187) einleuchtet, ohne
sie zu blenden. Den anderen Vermittlungsinstanzen wie de-
nen des ›Buchs der Natur‹ – »Und es grünen | Tief an den
Bergen *auch* lebendige Bilder« (v. 119f.) – oder der Geschichte ist sie darin überlegen, daß sich in ihr die Tendenz
zur Vergeistigung am reinsten und zugleich sichersten aus-
spricht. Damit bewegt sich Hölderlin, wie auch in den
folgenden Versen, zwar noch durchaus im Umkreis pietistischen Bibelverständnisses. Denn wenn er die Wirkung
der Schrift als die »*still*euchtender Kraft« (v. 194) auf Leser
schildert, die »am *stillen* Blicke«, d. h. lesend und auslegend
sich an ihr »üben« (v. 196), dann greift er damit eine zentrale
Vorstellung aus der Sphäre der Pietisten auf, die sich wegen
ihrer Bibelandacht in weltabgeschiedener Innerlichkeit
selbst die ›*Stillen* im Lande‹ nannten. Im idealistisch inspirierten Gesamthorizont des Gedichts jedoch gewinnen
diese Markierungen noch einen weitergehenden Sinn. Mindestens ebensosehr wie auf die biblische Kraft der Vergeistigung zielen sie auf die vergeistigende Kraft der *Lektüre*.

Nachdem Hölderlin zuvor Geschichte als Prozeß der Vergeistigung gedeutet hat, wendet er also nun das Prinzip der
Vergeistigung auf die *Deutung* der Schrift an, um es als
hermeneutisches Grundprinzip der Deutungspraxis im
Prozeß der *Geschichte* einzusetzen.

Mit der Reflexion über die Aufgabe des Dichters im
Zeichen der Hinwendung zur Schrift beginnt darum leitmotivisch die letzte Trias (v. 182f.), und mit ihr schließt sie
(v. 225). Bereits in den Versen 162-166 hatte Hölderlin sein
dichterisches Vermögen ins Spiel gebracht und damit auf
den Wunsch des Landgrafen nach einem poetischen Plädoyer für die Autorität der Bibel reagiert, dieses Verlangen
aber (v. 167-175) in dem selbstauferlegten Verbot zurück-
gewiesen, »ein Bild zu bilden, und ähnlich | Zu schaun, wie
er gewesen, den Christ« (v. 165f.). Selbst wenn dies gelänge, so deutet Hölderlin in diesen Versen an, würde daraus
das Falsche im Horizont einer Geschichte entstehen, die
nicht stehengeblieben ist. Nun aber gewinnt er aus der
Verbindung von »Gesang« und »Schrift« eine neue Bestimmung der Dichtung, die nicht im Festhalten an der ›Gestalt‹
und am ›Bild‹, sondern im − geschichtlich sich vollendenden − »Geist« gründet. »*Nieder*winkend« (v. 183) antwortet
der »Stab | Des Gesanges« (v. 182f.) dem »höher« (v. 179)
gehenden himmlischen »Triumphgang« (v. 180), nämlich in
einem Akt der Vermittlung, der zwischen den mit dem
»Zeichen« (v. 203) des Göttlichen ausgestatteten geschichtlichen Erfüllungsgeschehen und dem noch binnengeschichtlich befangenen menschlichen Bewußtsein stattfindet. Damit erweist sich die gesamte Schlußtrias als
umfassende Reflexion auf die Notwendigkeit und das Wesen von Vermittlung und Vermittlungsinstanzen, in deren
Verlauf der Dichter sich in seinem eigenen Selbstverständnis immer mehr dem Mittelbaren zuwendet. Nicht in visionärer Schau wie Johannes, aber aus einem deutenden
Verhältnis zur Geschichte heraus vermag er im geschichtsphilosophischen Entwurf den Vollendungszustand zu anti-
zipieren und in seinem Horizont auch die noch unerfüllte
Gegenwart zu verstehen.

Diese Rückkehr in die Gegenwart vollzieht abschließend die im Ton des Epilogs gehaltene Schlußstrophe. Obwohl die Vollendung infolge des im Prozeß der Vergeistigung begriffenen Geschichtsverlaufs schon entschieden nähergerückt ist, scheint sie vordergründig doch entfernter denn je, da ja die »Ehre der Himmlischen *unsichtbar*« (v. 213) geworden ist – gerade das ist die Paradoxie der Epoche. Eben hier aber erhält die geistige Form der geschichtsphilosophischen Hymne und damit auch *Patmos* selbst eine eigene dichterische Legitimation. Denn weil die Menschen dieser pneumatisch-christlichen Welt nicht mehr einen so einfach-klaren und unmittelbare Sicherheit gewährenden Zugang zum Göttlichen haben wie in jener Zeit, in der sich der göttliche Sinn glanzvoll gestalthaft manifestierte, vermag die Dichtung durch ihre geschichtsphilosophische Gesamtschau das bis zur Trostlosigkeit verwirrende Geschehen in einen höheren Zusammenhang einzuordnen und es darin, ohne flach-erfahrungsfernen Optimismus, als sinnvoll zu erweisen. Damit ist *Patmos* auch ein Trostgedicht. Und damit entspricht es wiederum dem »Geist«, der im Neuen Testament immer wieder »Tröster« heißt.

350,3 *Gefahr]* Gemeint ist damit den beiden vorangegangenen Versen zufolge die Fremdheit des – als Allzusammenhang aufgefaßten – Gottes, die trotz seiner Nähe bestehen bleibt, wenn es nicht gelingt, den großen Zusammenhang der einzelnen, geschichtlich vereinzelten Offenbarungen des Göttlichen herzustellen. Deshalb drohen die »Liebsten« (v. 10), die Göttersöhne, von denen jeder in der geschichtlichen Situation, in die er gesandt war, auf seinem »Gipfel der Zeit« (v. 10) für den Vater gewirkt hat, in ihrer Vereinzelung zu »ermatten« (v. 11). Ihr Wirken wäre also aufs Ganze gesehen umsonst, wenn wir Späteren zu ihnen keine Brücke mehr schlagen könnten.

350,6 *Die Adler]* Betont zu lesen. »Im Finstern«, in einsamen Felsklüften, dort, wo die »Gefahr« des Getrenntseins von allem andern am größten ist, wohnen diejenigen, denen in ungewöhnlichem Maß »das Rettende« (die Schwingen) gewachsen ist: die Adler.

350,7 *Die Söhne der Alpen]* Wie die Adler Fittiche, so haben die Bergbewohner als Rettendes gegen die Gefahr der Trennung durch den Abgrund »leichtgebauete Brükken«. Eine dritte Möglichkeit zur Überwindung der Trennung nennt der Dichter v. 13: »unschuldig Wasser«; doch gleich darauf, in pathetischer Steigerung, wie in ungeduldiger Sehnsucht nach einem schneller Verbindenden – und damit kehrt das Bild der Adler wieder – ruft er: »O Fittige gib uns ⟨. . .⟩«.

350,13 *unschuldig Wasser]* In der hermetischen Tradition ist das Wasser das Medium der Vereinigung, insbesondere der geistigen Vermittlung. Die *Aurea catena Homeri* nennt das Wasser das »einige Mittel, alle Dinge miscendo zu vereinigen«; es »hat den Geist in sich verborgen und ist ein vehiculum des Geistes«. (Zit. n.: Rolf Christian Zimmermann, *Das Weltbild des jungen Goethe*, Bd. 2, München 1979, S. 301, Anm. 107).

351,27 *Im goldenen Rauche]* Vgl. *Germanien*, v. 25.

351,29 *Mit Schritten der Sonne]* Vgl. *Griechenland*, 1. Ansatz, v. 8.

351,31 *Asia]* Das wie im Neuen Testament mit dem Namen der römischen Provinz bezeichnete Kleinasien, an dessen Küsten die Griechen siedelten und eine bedeutende Kultur entfalteten.

351,34 *Tmolus]* Bis auf eine Höhe von ca. 2100 m ansteigendes Gebirge in der kleinasiatischen Landschaft Lydien. Auf dem Tmolus entspringt der im folgenden genannte Paktol.

351,35 *Der goldgeschmückte Paktol]* Goldführender Nebenfluß des Hermos in Lydien (Kleinasien). Hölderlin erwähnt ihn bereits in der Ode *Der Neckar* (v. 15) sowie im *Hyperion*, wo er dieselben »Gegenden von Smyrna« ausführlich schildert.

351,36 *Taurus]* Gebirge an der Südküste Kleinasiens mit über 3000 m hohen Gipfeln.

351,36 *Messogis]* Im südwestlichen Kleinasien von Ke-
lainai bis Mykale sich hinziehende, bis 1600 m ansteigende
Bergkette. Sie trennt die Täler des Kaystros und des Mai-
andros und bildete die Grenze zwischen Lydien und Ka-
rien.

351,40 *Zeug unsterblichen Lebens]* So heißt der Efeu als
immergrüne Pflanze. Vgl. *Heidelberg*, v. 27.

351,43 *Von lebenden Säulen]* Vgl. *Der Ister*, v. 22, wo
ebenfalls Bäume mit Säulen verglichen werden; umgekehrt
(Säulen als Bäume): *Lebensalter*, v. 3 (»Ihr Säulenwälder in
der Eb'ne der Wüste«).

351,49 *Der schattenlosen Straßen genug]* Schiffahrtswege.

351,57-60 *Denn nicht, wie Cypros, ⟨. . .⟩ Wohnt herrlich Pat-
mos]* Vgl. Klopstock, *Der Messias*, 20. Gesang: »Unbe-
merkter, nicht eine der Königinnen des Weltmeers, |
Ruhete zwischen Wogengebirgen die einsame Patmos«. Zypern galt seit der Antike sprichwörtlich als reiche und
geradezu üppige Insel, während Patmos eine weit abgele-
gene und arme Insel war: gerade deshalb ist sie der Ort
weltabgewandter, ›geistiger‹ Innerlichkeit, wo dem »Seher« Johannes seine Inspiration zuteil wird. – »Wohnen«
und »liegen, gelegen sein« wird im Griechischen durch dasselbe Wort ausgedrückt. Vgl. *Der Ister*, v. 22.

352,64f. *klagend | Um die Heimat]* Weil die Römer ihre
Verbannten auf rauhe, unfruchtbare Inseln schickten, wurde Patmos in römischer Zeit zum Verbannungsort und
später, nachdem die Türken 1453 Konstantinopel und 1669
Kreta erobert hatten, auch zum Zufluchtsort für Flüchtlinge aus dem Mittelmeerraum. Indem Hölderlin zu diesen aus
der Heimat verbannten oder geflohenen Fremden Johannes
zählt (v. 73: »So pflegte | Sie einst des ⟨. . .⟩ Sehers«), spielt
er auf Historisches an: Entweder wurde Johannes von Kaiser Domitian (81-96) nach Patmos verbannt, weil er in
Ephesos die neue christliche Religion verbreitete, oder er
floh als alter Mann im letzten Regierungsjahr Domitians
vor den Christenverfolgungen nach Patmos.

352,68-72 *und ihre Kinder ⟨. . .⟩ liebend tönt]* Das sind nach der ursprünglichen Fassung die »felsbewohnenden Lüfte«, an deren Stelle dann die »Stimmen des heißen Hains« treten; diesen »Stimmen« gleichgeordnet sind die »Laute«, die dort wahrnehmbar sind, wo kein Hain die heißen Sonnenstrahlen kühlt, wo vielmehr unter der Wirkung der Hitze in dürrer Öde »der Sand fällt, und sich spaltet | Des Feldes Fläche« (vgl. das *Fragment von Hyperion* Bd. II, S. 185: »Ein leises Ächzen der Erde, wenn der brennende Strahl den Boden spaltet, hör' ich zuweilen«; *Der Wanderer*, 2. Fassung, v. 4: »Spaltend mit Strahlen«): diese »Stimmen« und »Laute« sind also die vornehmsten Hervorbringungen der gänzlich reizlosen Insel Patmos, ihre »Kinder«, die auch die Klage derer hören, die sich dorthin flüchten.

352,74f. *des gottgeliebten,* | *Des Sehers]* Johannes wird in der Bibel mehrfach der »Jünger« genannt, »den Jesus lieb hatte«; vgl. Joh. 13, 23; 19, 26; 20, 2; 21, 20. Zur entscheidenden Bedeutung der Johannes-Gestalt vgl. den Überblickskommentar, S. 973.

352,78f. *die Einfalt* | *Des Jüngers]* Vgl. die Erläuterung zu v. 118.

352,81 *beim Geheimnisse des Weinstocks]* Vgl. die ausführliche Gleichnisrede im 15. Kapitel des Johannesevangeliums, in der sich Christus als den Weinstock, die Jünger als die Reben bezeichnet (Joh. 15, 5), um damit das vollkommene Einssein mit den Jüngern zu charakterisieren.

352,82 *zu der Stunde des Gastmahls]* Hölderlin übernimmt den Begriff aus der traditionellen Titel-Übersetzung von Platons *Symposion*, um damit das letzte Abendmahl Jesu mit seinen Jüngern (vgl. Joh. 13, 2 und 13, 4) zu bezeichnen: ein Synkretismus, der bewußt Griechisches und Christliches vereint.

352,83f. *ruhigahnend den Tod* | *Aussprach der Herr und die letzte Liebe]* Immer von neuem betont Jesus in den Abschiedsreden des Johannesevangeliums seine Liebe zu den Jüngern. Vgl. Joh. 13, 1: »Wie er hatte geliebt die Seinen, die in der Welt waren, so liebte er sie bis ans Ende«; 14, 21: »Wer mich aber liebt, der wird von meinem Vater geliebt

werden, und ich werde ihn lieben und mich ihm offenbaren«; 15, 9: »Gleich wie mich mein Vater liebt, also liebe ich
euch auch. Bleibet in meiner Liebe«; 15, 12f.: »Das ist mein
Gebot, daß ihr euch untereinander liebet, gleich wie ich
euch liebe. Niemand hat größere Liebe denn die, daß er sein
Leben läßt für seine Freunde«.

352,86f. *da* | *Ers sahe, das Zürnen der Welt]* Vgl. die Weis-
sagungen Jesu von der Verfolgung der Jünger (Joh. 15,
18ff.).

352,88 *Denn alles ist gut]* Programmatische, bei Hölderlin mehrfach wiederkehrende Formulierung des Theodizee-
gedankens. Vgl. *Fragment von Hyperion*: »Alles muß kommen, wie es kömmt. Alles ist gut« (Bd. II, S. 185); Brief an
den Bruder vom 4. Juni 1799 (Nr. 180): »So gehet das
Größte und Kleinste, das Beste und Schlimmste der Menschen aus Einer Wurzel hervor, und im Ganzen und Großen ist alles gut ⟨. . .⟩«; Brief an die Schwester vom 19.
März 1800 (Nr. 206): »Und so ists mein gewisser Glaube,
daß am Ende alles gut ist, und alle Trauer nur der Weg zu
wahrer heiliger Freude ist«, sowie die Hymne *An die Madonna*, v. 84: »Nichts ists, das Böse«. Die Problematik des
Bösen in einer von Gott geschaffenen und darum als grundsätzlich ›gut‹ zu denkenden Welt (vgl. Gen. 1, 31: »Und
Gott sah alles, was er gemacht hatte, und siehe, es war sehr
gut«) ist seit den Kirchenvätern, in traditionbildender Weise vor allem von Augustinus im 7. Buch seiner *Confessiones*,
immer wieder aufgegriffen worden. Eine den aufklärerischen Optimismus des 18. Jahrhunderts prägende Antwort
erhielt sie in Leibnizens *Essais de théodicée* (1710), durch die
der Satz »tout est bien« (»alles ist gut«) zur geläufigen Formel wurde: »Whatever is, is right«, lautet die berühmte
Devise im vierten Brief von Popes *Essay on Man* vom Januar 1735. Zur europäischen Breitenwirkung des Gedankens trugen nicht zuletzt die Angriffe bei, die Voltaire
gegen diese Kardinalformel des Optimismus in seinem
1756 mit dem Untertitel *examen de cet axiome: tout est bien*
veröffentlichten Lehrgedicht *Poème sur le désastre de Lisbon-*

ne, aber auch in seinem Roman *Candide ou l'optimisme* (1759) sowie im Artikel *Tout est bien* seines allgemein verbreiteten *Dictionnaire philosophique portatif* (1764) führte. In Hölderlins Zitat der Formel dürfte jedoch noch ein anderer wichtiger Traditionshintergrund hineinspielen: die im Pietismus gepflegte häretische Lehre von der Apokatastasis panton, der »Wiederbringung aller Dinge«, d. h. der Allversöhnung am Ende der Welt, die voraussetzt, daß es nichts schlechthin Verworfenes gibt: daß »alles gut« ist.

352,89 *wie er siegend blickte]* Vgl. das am Ende der Abschiedsreden stehende Wort Christi: »Ich habe die Welt überwunden« (Joh. 16, 33).

352,90 *Den Freudigsten die Freunde]* Im Johannesevangelium unterscheidet Jesus die Jünger als »Freunde« von bloßen »Knechten« (vgl. Joh. 15, 14f.: »Ihr seid meine Freunde ⟨. . .⟩ Ich sage hinfort nicht, daß ihr Knechte seid; denn ein Knecht weiß nicht, was sein Herr tut. Euch aber habe ich gesagt, daß ihr Freunde seid; denn alles, was ich von meinem Vater gehört habe, habe ich euch kundgetan«). Auch die Bezeichnung Christi als des »Freudigsten« geht auf das Johannesevangelium zurück, während aus der zeitgenössischen Theologie die Betonung der siegenden Freude statt des erniedrigten Leidens kaum, poetisch allenfalls aus Klopstock zu belegen ist, der im *Messias* »des Vollenders Freuden« und des »Siegers Triumph« (XI 15 u. 17) besingt. »Solches sage ich euch«, sagt Jesus zu den Jüngern (Joh. 15, 11), »damit meine Freude in euch bleibe und eure Freude vollkommen werde«. Die darauf folgende Ankündigung des Lebens im Geiste als »Freude« (Joh. 16, 20-24) und ihre erneute Zusicherung unmittelbar vor der Gefangennahme Jesu (Joh. 17, 13) verdeutlicht den spezifisch pneumatischen, »geistigen« Gehalt dieser Freude, den Hölderlin im weiteren selbst noch einmal hervorhebt: »Drum sandt' er ihnen | Den Geist ⟨. . .⟩ und Freude war es | Von nun an, | Zu wohnen in liebender Nacht ⟨. . .⟩« (v. 100f.-117ff.).

352,91 *Doch trauerten sie]* Auch dieses Überwechseln von

Trauer in Freude entspricht genau dem Johannesevangelium. »Weil ich das zu euch geredet habe, ist euer Herz voll
Trauer«, sagt Jesus zu seinen Jüngern nach der Ankündigung seines Abschieds (Joh. 16, 6), und ferner: »Und auch
ihr habt nun Traurigkeit; aber ich will euch wiedersehen,
und euer Herz soll sich freuen, und eure Freude soll niemand von euch nehmen« (Joh. 16, 22). Auch an die Jünger
auf dem Weg nach Emmaus wäre in Verbindung mit v. 91f.
(»da nun | Es *Abend* worden«) zu denken: »Was sind das für
Dinge, die ihr miteinander verhandelt unterwegs?«, fragt
Christus die Jünger; »da blieben sie traurig stehen« (Luk.
24, 17), und als sie einkehren wollen, bitten sie Christus,
noch ohne ihn zu erkennen: »Bleibe bei uns; denn es will
Abend werden, und der Tag hat sich geneigt« (Luk. 24, 29).

   352,95f. *und lassen wollten sie nicht* | *Vom Angesichte des
Herrn]* Vgl. Apg. 20, 38: »Am allermeisten ⟨waren die Jün-
ger⟩ betrübt über dem Wort, das er sagte, sie würden sein
Angesicht nicht mehr sehen«.

   353,97f. *Eingetrieben war,* | *Wie Feuer im Eisen, das]* Mit
der Metapher vom glühenden Eisen, das Feuer und Eisen in
untrennbar Einem ist, veranschaulichten die Stoiker ein
Verhältnis der intensiven Durchmischung (der κρᾶσις δι'
ὅλων). Besonders charakterisierten sie damit die alldurch-
dringende Kraft des mit dem Feuer gleichgesetzten Welt-
äthers, des Pneumas. Aus dieser Tradition drang das Bild in
die christliche Mystik und schließlich in den Pietismus ein.
Das vom Feuer durchglühte Eisen, »ferrum ignitum«, wurde zum Bild für die innige Verbundenheit des Menschen mit
dem Göttlichen (vgl. dazu die Nachweise bei August Langen, *Der Wortschatz des deutschen Pietismus,* Tübingen ²1968,
S. 404, s. v. »ferrum ignitum«), von der auch Jesus zu seinen Jüngern im Johannesevangelium spricht (»⟨. . .⟩ daß
ich in meinem Vater bin und ihr in mir und ich in euch«,
Joh. 14, 19).

   353,98f. *und ihnen ging* | *Zur Seite der Schatte des Lie-
ben]* Nicht mehr gestalthaft wirklich, sondern nur noch in
der Erinnerung und darum zum »Schatten« verblassend ist
Christus nach seinem Tod gegenwärtig.

353,100f. *Drum sandt' er ihnen | Den Geist]* »Es ist gut für euch, daß ich weggehe«, sagt Jesus (Joh. 16, 7) zu den Jüngern: »Denn wenn ich nicht weggehe, kommt der Tröster nicht zu euch. Wenn ich aber gehe, will ich ihn zu euch senden«.

353,100-105 *Drum sandt' er ihnen | Den Geist ⟨. . .⟩ die Todeshelden]* Vgl. Apg. 2, 1f.: »Und als der Pfingsttag gekommen war, waren sie alle an einem Ort beisammen. Und es geschah plötzlich ein Brausen vom Himmel wie von einem gewaltigen Wind und erfüllte das ganze Haus, in dem sie saßen«. »Todeshelden« heißen die Apostel wegen des ihnen von Christus prophezeiten Martyriums (vgl. Matth. 24, 9: »Dann werden sie euch der Bedrängnis preisgeben und euch töten«; vgl. Joh. 16, 2).

353,106f. *Itzt, da er scheidend | Noch einmal ihnen erschien]* Unmittelbar nach der Verkündigung des Geistes erscheint Jesus den Jüngern noch ein letztes Mal, indem er vor ihren Augen zum Himmel auffährt und sie ihm »nachsehen« (Apg. 1, 8-10). Darauf kommt der Geist über die Jünger (Apg. 2). Die Auferstehung selbst übergeht Hölderlin – eine für seine Stellung zu der zeitgenössischen Bibelexegese mit ihren massiven Einwänden gegen die historische Faktizität des Auferstehungsgeschehens (vgl. den Überblickskommentar) höchst bezeichnende Leerstelle.

353,108 *Denn itzt erlosch der Sonne Tag]* An Pfingsten hat Christus, der Letzte des Göttergeschlechts, die Erde endgültig verlassen, und damit beginnt die Zeit der Nacht. Vgl. auch *Brot und Wein,* v. 125-130; ferner *Der Einzige,* 1. Fassung, 3. Strophe.

353,109-111 *zerbrach ⟨. . .⟩ Den Zepter, göttlichleidend, von selbst]* »Von selbst« darum, weil Jesus in seiner Abschiedsrede die Aussendung des Geistes als »Tröster« an die Voraussetzung seines eigenen Todes bindet (vgl. die zitierte Stelle Joh. 16, 7) – für Hegel das entscheidende Motiv dafür, in seiner Frühschrift über den *Geist des Christentums* Jesus selbst das »Bewußtsein der Notwendigkeit seines Untergangs« zuzuschreiben: »Jesus hatte das Bewußtsein der

Notwendigkeit des Untergangs seines Individuums und
suchte auch seine Jünger von ihr zu überzeugen. Aber sie
konnten ihr Wesen nicht von seiner Person trennen ⟨. . .⟩
Erst nach der Entfernung seines Individuums konnte ihre
Abhängigkeit davon aufhören und eigener Geist oder der
göttliche Geist in ihnen selbst bestehen ⟨. . .⟩« (Hegel, *Werke*, Bd. 1, Frankfurt 1971, S. 388). Hölderlin folgt in seiner
Deutung des Geschehens dem gleichen, schon im *Grund
zum Empedokles* entwickelten Gedanken, daß die einzelne
und vereinzelte, individuelle Gestalt untergehen müsse, damit die Allgemeinheit und Innerlichkeit des »Geistes« zur
Geltung kommt.

353,110f. *Den geradestrahlenden,* | *Den Zepter]* Die Worte
»gerade« und »geradezu« verwendet Hölderlin wie seine
Zeitgenossen immer wieder im Sinne unseres heutigen
Wortes »direkt« (am deutlichsten im *Ister*, v. 13, in der
Erläuterung zu diesem Vers weitere Belege, S. 1028.). Der
»Zepter« des Göttlichen strahlte während des antiken Göt-
tertages »gerade«, direkt, d. h.: er wirkte unmittelbar auf
die Menschen, nicht verhüllt und mittelbar wie in der
Nachtzeit, von der die folgenden Strophen sprechen. Hölderlin pointiert also damit den Übergang von der *direkten*,
unmittelbaren Manifestation des Göttlichen zur mittelbaren, im Medium der Schrift sich universal ausbreitenden
Wirkung des Geistes.

353,113 *Zu rechter Zeit]* Diese Worte sind mit den Versen
108-111 vor dem als Einschub zu lesenden Passus »Denn
wiederkommen sollt es« (v. 112) zu verbinden: Das Ende
des antiken Göttertags kam »zu rechter Zeit«. Hölderlin
greift damit, in v. 112 zudem mit Anspielung auf Joh. 14, 3
(»Und wenn ich hingehe, euch die Stätte zu bereiten, so will
ich *wiederkommen* und euch zu mir nehmen, damit ihr seid,
wo ich bin«), einen von den Kirchenvätern entwickelten
Grundgedanken traditioneller Theodizee und zugleich Ge-
schichtstheologie auf: Gott hat der Geschichte einen Heils-
plan zugrunde gelegt, nach dem sie in einer sinnvollen,
wenn auch den Menschen nicht einsehbaren »Ökonomie«

abläuft; in ihr geschieht alles »zu rechter Zeit«. Vor allem
über das monumentale Werk des Franzosen Pierre Poiret
*L'économie divine ou Système universel et démontré des œuvres et des
desseins de Dieu envers les hommes* (1687, lat. 1705; dt. in Auswahl 1711, vollst. in 7 Bden. 1737-1742) und die *Oeconomia
salutis* (1728) des Hallenser Pietisten Joachim Lange fand
dieser Gedanke der heilsgeschichtlichen Ordnung des Welt-
laufs durch göttliche Fügung Eingang in den deutschen
Pietismus. Auch bei dem württembergischen Pietisten Johann Albrecht Bengel kommt der Begriff der ›Ökonomie‹
immer wieder vor – so in seinem *Gnomon*, den Hölderlin
selbst besaß. Zum Begriff der »rechten Zeit« (im Zusammenhang mit der ›Ökonomie‹ des göttlichen Heilsplans) in
der – vom Pietismus rezipierten – altchristlichen Literatur
vgl. vor allem die noch für Lessing in seiner Schrift *Die
Erziehung des Menschengeschlechts* wichtige Schrift *Paidagogos*
des Clemens von Alexandrien, die den Begriff der ›Ökonomie‹ (οἰκονομία) geradezu durch den der ›Rechtzeitigkeit‹
(εὐκαιρία) ersetzt; ferner Origenes, besonders den Kommentar zum Matthäusevangelium.

353,113-115 *Nicht wär es gut* | *Gewesen* ⟨. . .⟩ *Der Menschen
Werk]* Der diesem Passus vorangehende Satz »Denn itzt
erlosch ⟨. . .⟩« (v. 108) ist eine begründende Parenthese.
Die Verse 113-115 schließen an den vor der Parenthese stehenden Satz an, der von der Ausgießung des Geistes
spricht, »da er scheidend | Noch einmal ihnen erschien«
(v. 106f.): das Leben »später«, in der Nachtzeit, wäre »nicht
⟨. . .⟩ gut gewesen« ohne den Beistand des beim Scheiden
Christi gesandten Geistes, des »Trösters«, wie ihn das Johannesevangelium immer wieder nennt (Joh. 14, 16; 14, 26;
15, 26; 16, 7); ein solches Verhalten der Gottheit wäre
»schroffabbrechend, untreu« gewesen, weil es die Jünger
plötzlich allein gelassen hätte (in Joh. 14, 18 verkündet
Christus die Aussendung des heiligen Geistes mit der Begründung: »Ich will euch nicht als Waisen zurücklassen«);
es wäre der »Menschen Werk« gewesen, weil ganz vergänglich, nicht über den geschichtlichen Augenblick hinaus
wirkend.

353,115 *Freude]* Im Zusammenhang mit dem heiligen Geist ist im Johannesevangelium oft von »Freude« die Rede; mit der Verheißung des heiligen Geistes gibt Christus (Joh. 16, 20-24) insbesondere auch eine große Verheißung der »Freude«.

353,117 *Zu wohnen in liebender Nacht]* Hölderlin bezieht sich damit auf die nachantike Zeit der Götterferne, die trotz ihres geschichtlichen Dunkels »liebend« darum genannt werden kann, weil in ihr das Göttliche zwar nicht mehr gestalthaft, aber als ›Geist‹ im Medium der Schrift noch gegenwärtig ist.

353,118 *In einfältigen Augen]* Der Begriff der »Einfalt« wird in der Bibel nie negativ verstanden. Er meint nicht das intellektuelle Unvermögen, sondern ist Synonym für Lauterkeit und die sich aus ihr ergebende Gottnähe und Gottgefälligkeit. »Wenn dein Auge einfältig ist, wird dein ganzer Leib Licht sein«, heißt es bei Matth. 6, 22. In »Einfalt und göttlicher Lauterkeit« zu wandeln, nennt Paulus (2 Kor. 1, 12), der auch von der »Einfalt in Christo« (2 Kor. 11, 2) spricht, geradezu »Ruhm«. Zu einem großen Thema wurde die Einfalt durch Mystik und Pietismus, in dem sie als Gegenwert zur weltorientierten Vernunft geschätzt wurde. Besonders beliebt war dabei in pietistischen Texten im Anschluß an Matth. 6, 22 das von Hölderlin aufgegriffene Bild der »einfältigen Augen«. »Einfältig sei dein Aug in allem, | Sonst kann dein Tun nicht Gott gefallen«, heißt es in einem Kirchenlied Tersteegens (Gerhard Tersteegen, *Geistliches Blumengärtlein inniger Seelen.* Zuerst 1727. 13. Original-Auflage, Elberfeld 1826, S. 295), der einen wahren Kult mit der »Einfalt« trieb und sogar das Kompositum »Einfaltsauge« in einer Reihe von Liedern verwendet. Das dem jungen Goethe vertraute Ebersdorfer Gesangbuch bietet eine Abhandlung *Von des Glaubens Einfältigkeit auf Christum* (*Evangelisches Gesang-Buch* ⟨. . .⟩) Ebersdorf 1742, S. 364ff.).

353,119 *Abgründe der Weisheit]* Hölderlin nimmt hier eine neutestamentliche Weisheitstradition auf, die vor allem

auf Paulus zurückgeht und bei diesem auf dem Gegensatz
zwischen einer mit dem göttlichen Grund der Dinge vertrauten Weisheit und bloßer Verstandesweisheit aufbaut.
Gegen sie polemisiert der Apostel in der Weisheitsrede des
ersten Korintherbriefs, in dem er zu den Griechen als dem
Volk der Philosophie und der ›sophistischen‹ Aufklärung
spricht (vgl. 1 Kor. 1,18-2,16). Weil die Weisheit Gottes
keine am Tag liegende und verfügbare, sondern eine durch
den »Geist« vermittelte ist, spricht Paulus von ihrer »Tiefe«,
Hölderlin von ihren »Abgründen«. »O welch eine *Tiefe* des
Reichtums, beides, der Weisheit und der Erkenntnis Gottes! Wie unbegreiflich sind seine Gerichte und unerforsch-
lich seine Wege!« ruft Paulus aus (Röm. 11, 33), und: »Uns
aber hat es Gott offenbart durch seinen Geist; denn der
Geist erforscht alle Dinge, auch die *Tiefen* der Gottheit«
(1 Kor. 2, 10). Bei den spiritualistischen Pietisten stand diese Weisheitstradition in hohem Ansehen. Bengel nannte in
der *Praefatio* zu seinem *Gnomon* die Bibel selbst einen »Quell
der Weisheit« (»fons sapientiae«).

353,119f. *Und es grünen | Tief an den Bergen auch lebendige
Bilder]* Der Akzent liegt auf »auch«. Hölderlin faßt damit
das ›Buch der Natur‹ als eine weitere Vermittlungsinstanz
des Göttlichen, die neben die mittelbare Offenbarung der
Bibel tritt. In der ersten Niederschrift steht: »Zwar | Es
leuchten auch im Dunkel blühende Bilder«.

353,121-128 *Doch furchtbar ⟨. . .⟩ himmlischer Geist]*
Trotz der stärkenden und tröstenden Aussendung des Geistes bedeutet das Hereinbrechen der geschichtlichen Nacht
eine furchtbare Prüfung. Die Jünger (in der ersten Niederschrift stand für »das Lebende«: »die Liebenden«) werden
»zerstreut« in die Diaspora. Mit dem Abschied vom »An-
gesicht | Der teuern Freunde« (v. 123f.) nimmt die Einsam-
keit noch zu, die damit begann, daß sie vom »Angesichte
des Herrn« (v. 96) lassen mußten. Und dieser Verlust ihrer
Gemeinschaft bedeutet auch ein weiteres Fernrücken vom
Göttlichen selbst. Denn dort, wo »*zweifach* | Erkannt«
»himmlischer Geist« war, war dieser Geist »einstimmig«,

d. h. zusammenstimmend wirksam – Hölderlin hat sich in
seiner Anspielung auf Matth. 18, 19 und 20 (»Wenn zwei
unter euch eins werden auf Erden, worum sie bitten wollen,
so soll es ihnen widerfahren von meinem Vater im Himmel.
Denn wo zwei oder drei versammelt sind in meinem Namen, da bin ich mitten unter ihnen«) stärker als Luther vom
griechischen Urtext leiten lassen, der vom »Zusammen-
stimmen« Zweier spricht (ἐὰν δύο συμφωνήσωσιν).

353,128-354,132 *und nicht geweissagt ⟨. . .⟩ Der Gott]*
Nachdem der vorausgehende Satz jäh abgebrochen ist
(»Denn schon das Angesicht der teuern Freunde zu lassen
⟨. . .⟩ ist furchtbar«, müßte es heißen), sprechen nun diese
Verse aus, wie die Jünger die jähe Unterbrechung erleben:
das sich immer weiter ausbreitende Schicksal der Vereinsamung und der Gottesferne wurde zunächst noch durch
einige große, göttlich inspirierte Augenblicke unterbrochen – sie waren »nicht geweissagt«, nicht angekündigt und
vorbereitet, sondern wurden »plötzlich« den Jüngern zuteil. Diese überraschende Plötzlichkeit ist durch die Wendung »Die Locken ergriff es« (v. 129) besonders intensiv
ausgedrückt. Als Urbild der prophetischen Berufung begegnet die Formulierung in der Bibel bei Hesekiel 8, 1-3
(»Da fiel die Hand Gottes des Herrn auf mich ⟨. . .⟩ Und er
streckte etwas wie eine Hand aus und ergriff mich bei dem
Haar meines Hauptes«). Hölderlin nimmt sie schon in der
Ode *Dichterberuf* auf (v. 19f.). Hier handelt es sich aber um
die Naherfahrung eines schon »ferneilend zurück« blickenden Gottes: in Anlehnung an die Evangelien, die berichten,
daß Christus nach der Aussendung des Geistes den Jüngern
noch mehrere Male erschien, um sie zu trösten und zu stärken (vgl. bes. Joh. 20 u. 21).

354,132-135 *schwörend, | Damit er halte ⟨. . .⟩ sie die Hände
sich reichten]* Damit der ferneilende Gott einhalte in seinem
Forteilen, reichen sich die Jünger »schwörend« die Hände,
um durch die Kraft der Gemeinschaft, in der, wie es vorher
hieß, »einstimmig | War himmlischer Geist« (v. 127f.), das
Göttliche bleibend zu halten und das »Böse« (v. 135), den

Geist der Trennung und Vereinzelung, »nennend«, d. h.
bannend, von ihrer Gemeinschaft fernzuhalten.

354,133f. *wie an Seilen golden | Gebunden hinfort]* Das
fremdartige Bild geht auf eine Kombination traditioneller
Elemente zurück. Ein Element dieser Metaphorik verwendet Hölderlin schon im *Hyperion* (Bd. II, S. 163): »⟨. . .⟩ zur
Verherrlichung ⟨führt⟩ das Leben den Tod mit sich, in goldenen Ketten ⟨. . .⟩«. Die Metapher findet sich in Plotins
Schrift *Über das Böse* (*Enneaden* I 8, 15, 20f.: »Gefesselt von
schönen Fesseln, wie Gefangene vom Golde«) und wird
von dort in die frühchristliche Literatur übernommen, wo
sie in der wörtlichen Formulierung Hölderlins z. B. bei
Augustinus (*Enarratio in Psalm.* 89, 13, 1, C.C. Bd. 39,
S. 1251) nachzuweisen ist: »⟨. . .⟩ velut aureis vinculis illi-
gati a via Dei non exorbitant« – »wie mit goldenen Fesseln
gebunden kommen sie nicht vom Wege Gottes ab«. – Das
andere Element der von Hölderlin verwendeten Metaphorik war ein Topos der pietistischen Literatur und geht auf
Hosea 11, 4 zurück: »Ich ließ sie ein menschlich Joch ziehen
und in *Seilen der Liebe* gehen«. Diese auch im Pietismus
(Belege bei August Langen, *Der Wortschatz des deutschen
Pietismus*, Tübingen ²1968, S. 51 u. 313) verbreitete Vorstellung von den »Seilen« oder »Gängelbanden«, an denen
Gott die Menschen liebevoll führt, hat Hölderlin immer
wieder aufgegriffen (vgl. *Dichtermut*, 2. Fassung, v. 19f.,
und den Entwurf zur Rhein-Hymne, StA II, 727, 35-728, 1;
ferner *Der Tod des Empedokles*, 1. Fassung, v. 990-v. 992).
An dieser Stelle läßt sich Hölderlin aber von der umge-
kehrten Vorstellung leiten: daß Gott von menschlicher
Liebe »wie an Seilen golden | Gebunden« sei. Auch sie ist
pietistisch und war Hölderlin z. B. aus Hillers *Geistlichem
Liederkästlein* vertraut, das er 1784 als Geschenk zur Konfirmation erhalten hatte und jahrelang als Maulbronner
Gesangbuch benutzte.

354,136-151 *Wenn aber stirbt alsdenn ⟨. . .⟩ was ist dies?]*
Das syntaktische Grundgerüst der Strophe besteht aus den
drei mit »Wenn« (v. 136), »und wenn« (v. 140) und »wenn«

(v. 145) eingeleiteten Anfangsgliedern eines Konditional-
satzes, nach deren offener Deutungs-Konsequenz das zu-
sammenfassende »was ist dies?« (v. 151) zunächst ausdrücklich fragt, um zu der Antwort in der folgenden Strophe,
beginnend mit »Es ist der Wurf des Säemanns ⟨. . .⟩«
(v. 152), überzuleiten. – Der Vers 136 ist nicht nur als Rückverweis auf v. 88 (»Drauf starb er«) zu lesen. Gemeint ist
über das dort fixierte Ereignis hinaus das Entschwinden der
leuchtenden Gestalt Christi im Dunkel der Geschichte, in
dem – scheinbar – die entstellenden und verwüstenden
Mächte herrschen.

354,137f. *An dem am meisten | Die Schönheit hing]* Vgl. die
gewöhnlich auf Christus gedeutete Weissagung in Psalm
45, 3: »Du bist der Schönste unter den Menschenkindern«.

354,140 *ein Rätsel ewig füreinander]* Die mit Christi Tod
beginnende Zerstreuung und Vereinzelung erreicht später
in der Geschichte ihren Höhepunkt damit, daß diejenigen,
die einst im gemeinsamen Gedächtnis lebten, sich nicht in
einer dauerhaften Gemeinschaft »fassen können« (v. 141)
und in Glaubenskämpfen, Kirchenspaltungen und feindlichen Sekten untereinander zerfallen.

354,142f. *die zusammenlebten | Im Gedächtnis]* Vgl. den
Bericht der Apostelgeschichte über das Zusammenleben
der ersten Gemeinde: »Sie blieben aber beständig in der
Lehre der Apostel und in der Gemeinschaft und im Brot-
brechen und im Gebet ⟨. . .⟩ Und sie waren täglich einmü-
tig beieinander im Tempel und brachen das Brot hier und
dort in den Häusern, hielten die Mahlzeiten mit Freude und
lauterem Herzen und lobten Gott ⟨. . .⟩« (Apg. 2, 42 u.
46f.).

354,143-145 *und nicht den Sand nur ⟨. . .⟩ Ergreift]* Vgl.
Unter den Alpen gesungen, v. 21f.: »so lange | Nicht auch mich,
wie die Weide, fort die Flut nimmt«. Gemeint ist ein Auf-
lösungs- und Zerstörungsprozeß, der die an feste Formen
gebundenen gottesdienstlichen Institutionen untergräbt.
Es ist also nicht nur an die historische Zerstörung des Je-
rusalemer Tempels durch Titus im Jahre 70 n. Chr. zu

denken, in dem das von Hölderlin beschworene »Zusammenleben im Gedächtnis« stattfand, sondern auch an die Aufhebung überhaupt jeder Bindung an einen Kultort durch die Anbetung Gottes »im Geist und in der Wahrheit«, von der Jesus im Johannesevangelium zu der Samariterin am Brunnen bei Sichar spricht (Joh. 4, 23). Ähnlich sagt die Apostelgeschichte: »Aber der Allerhöchste wohnt nicht in Tempeln, die mit Händen gemacht sind ⟨. . .⟩« (Apg. 7, 48 und 17, 24).

354,145f. *die Ehre | Des Halbgotts]* Der »Halbgott« ist Christus – von Hölderlin so wegen seiner Vermittlungsstellung zwischen Gott und den Menschen genannt.

354,151 *was ist dies?]* In Luthers Katechismus stereotyp wiederkehrende Formel, mit der die Kenntnis der elementaren Glaubenslehren und Heilswahrheiten abgefragt wird. Von Hölderlin auch in *Mnemosyne* verwendet (v. 34).

354,152 *Es ist der Wurf des Säemanns]* Das Bild vom Worfler wird in der Bibel mehrfach gebraucht (Jesaja 30, 24; Jer. 4, 11; 15, 7; 51, 2); auf Christi Ankunft und Gericht bezogen ist es bei Matth. 3, 12: »Er hat seine Worfschaufel in der Hand; er wird seine Tenne fegen und seinen Weizen in die Scheune sammeln; aber die Spreu wird er verbrennen mit unauslöschlichem Feuer«. In der späteren Fassung der Hymne ändert Hölderlin die Stelle in »Es ist der Wurf das eines Sinns ⟨. . .⟩«. Damit wird noch deutlicher, daß es in seiner Deutung nicht wie in der Bibel um ein ›Verwerfen‹ unter dem Aspekt des Weltgerichts, sondern um den geschichtlichen Klärungsprozeß eines Sinn-›Entwurfs‹ zu größerer Vergeistigung, zur »Klarheit« des Geistes hin geht.

354,154 *dem Klaren zu]* »Klarheit« ist Luthers Übersetzung für die biblische »Doxa« – den Glanz göttlicher Epiphanie oder – etwa bei Moses – einer gottähnlichen Erscheinung (vgl. Luk. 2, 9; Apg. 22, 11). Ein wichtiges pneumatisches Motiv ist die »Doxa« im zweiten Korintherbrief (vgl. 2 Kor. 3, 18), wo sie die durch Christus geoffenbarte göttliche Wahrheit meint. Auf diesen pneumati-

schen Begriff der »Klarheit« greift Hölderlin sowohl in der
Friedensfeier (v. 22-24) wie in einer späteren Überarbeitung
von v. 9 der Patmos-Hymne (»Drum, da gehäuft sind rings,
um Klarheit, | Die Gipfel der Zeit«) verstärkt zurück: »Klar-
heit« ist in diesem Horizont das, was am Ende der Geschichte als deren Wahrheit ans Licht tritt.

354,155f. *die Schale* ⟨...⟩ *das Korn]* Die Schale ist das
Exoterische: das Äußerliche und Institutionelle; das Korn
das Esoterische: das Wesentliche, Geistige.

354,162-355,166 *Zwar Eisen träget der Schacht* ⟨...⟩ *den
Christ]* In diesen zum Bild-Verbot hinführenden Versen
versetzt sich der Dichter nicht etwa in die Rolle eines Bildners, der aus Rohstoffen ein »ehernes Standbild« (so StA II,
S. 793) verfertigen könnte. Es handelt sich um ein Gleichnis: *Wie* der Schacht Eisen und der Ätna glühende Harze
birgt, *so* hätte der Dichter in seiner schöpferischen Tiefe
Mittel, ein Bild Christi zu »bilden«. Mit dem »Eisen« und
den »Harzen« ist zugleich das im Horizont der geschichtlichen Vergeistigung Inadäquate einer geradezu material-
haften Konkretion betont. Zu der Vorstellung von den
»glühenden Harzen« vgl. den Eintrag *Ätna* in Zedlers *Uni-
versal-Lexikon* von 1732ff.: »Die Ursache solcher stetigen
Entzündung soll von der fetten salpeterichten mit Alaun
und Harz vermischten Erde herrühren, daher denn diese
Materie durch die Luft und Windlöcher der innerlichen
Höhlen leichtlich Feuer fange, und also eine immerwähren-
de Glut erwecke«. Die eigentümliche Formulierung »den
Christ« pointiert das Historisch-Individuelle der irdischen
Gestalt Christi, die nachzubilden, d. h. in ihren historisch
vorgegebenen ›positiven‹ Zügen zu restaurieren, illegitim
wäre, da dies der durch Christi Tod eingeleiteten Vergeistigung und damit dem Sinn der Geschichte widerspräche.

355,167-170 *Wenn aber einer* ⟨...⟩ *ein Knecht]* Der Dichter
ist sich bewußt, daß er ein Bild des Gottes nicht »bilden«
darf. Obwohl nicht mehr vom »Christ«, sondern von »dem
Gotte« die Rede ist, ist damit nicht etwa ein anderer Gott als
Christus gemeint. Vielmehr betont diese Wendung das Un-

angemessene des hypothetisch dargestellten Unterfangens
(im Hintergrund steht das alttestamentliche Bilderverbot –
vgl. Ex. 20,4f.; Lv. 26,1; Dt. 4,16ff.; 5, 8f.; 27, 15; bei den
Propheten vor allem Jesaja 40,18f. – sowie die Areopagrede
des Paulus, Apg. 17,22ff.). Ein Versuch, Christi »Bild zu
bilden«, würde letztlich nicht einer Vergegenwärtigung der
irdisch-beschränkten Existenz des historischen Christus
gelten, sondern erhielte wirklichen Sinn nur als ein Versuch, dadurch sich auch »des Gottes«: der göttlichen Dimension Christi zu vergewissern. Aber gerade dies wäre
sowohl unangemessen als auch unmöglich. Denn es würde
nur in die Fixierung eigener Sinnvorstellungen münden.
An die Stelle des Richtigen, des erfüllten Lebens, schöbe
sich ein Machwerk, das »Falsche« (v. 174), ein Götze, unter
dessen Unbild alle Lebensordnungen entarten: »es gilt |
Dann Menschliches unter Menschen nicht mehr« (v. 174f.).
Darum müßte der Dichter, obwohl er selbst »wehrlos« in
der Dunkelheit der geschichtlichen Nacht »unterweges« ist,
widerstehen, falls einer, der »sich selbst« »spornt«, weil er
»traurig«, ohne einen gestalthaft faßbaren Entwurf nicht
mehr leben kann, ihn mit seiner Traurigkeit »überfiele«, um
ihm ein »Bild« abzubitten – wie es ja der Landgraf im Eingang seines Briefs an Klopstock getan hatte: »Wenn sich
höhere Gedanken in mir wecken, wenn ich mich von trüben Erinnerungen und noch trüberen Aussichten erholen,
wenn ich mich von den Ruinen abwenden will, die mich
umgeben (denn Alles ist in Trümmern, Religion, Vaterland,
Freundschaft, Gefilde, Vermögensumstände), so lese ich in
den Gesängen des Messias ⟨. . .⟩«. – Der Sinn des Wortes
»Knecht« (v. 170) wird deutlicher aus einer früheren Nie-
derschrift, wo anstatt des Passus »und von dem Gotte | Das
Bild nachahmen möcht' ein Knecht« folgende Wendung
steht: »Und den Freiesten nachahmen möchte der Knecht«.
Als die »entweihenden Knechte« bezeichnet Hölderlin bereits in der Rhein-Hymne (v. 149) diejenigen, die nur auf
Befehl, Gebot und Gesetz hin handeln und alles Leben in
tote Satzungen einzwängen. Zum »Knecht« in diesem Sinn

würde sich also der Dichter selbst machen, wenn er »das Bild nachahmen« wollte.

355,176 *Denn sie nicht walten]* »Sie« sind die »Menschen« (v. 175).

355,177 *Unsterblicher]* Gen. plur.

355,177f. *es wandelt ihr Werk | Von selbst]* Vgl. *Friedens-feier*, v. 29-33, und die Erläuterung dazu.

355,178 *und eilend geht es zu Ende]* Gemeint ist das Ende der Geschichte, das Eschaton, wie es in der Offenbarung des Johannes verkündet wird. Zum »eilenden« Zuende-gehen des »Werks« vgl. Jesaja 5, 19: »Laß eilend und schnell kommen sein Werk«.

355,179-182 *Wenn nämlich ⟨. . .⟩ Ein Losungszeichen]* Der Sinnzusammenhang der Verse schließt zunächst mit den beiden Anfangsworten von v. 182 ab: Wenn einstmals »himmlischer Triumphgang« immer »höher gehet«, d. h. die Geschichte ihrer Vollendung zustrebt, dann wird der »frohlockende Sohn des Höchsten« von den »Starken« nicht der traditionellen Parusie-Vorstellung entsprechend als der gestalthaft Wiederkommende wahrgenommen, viel-mehr nur noch gestalt- und bildlos als »Losungszeichen« »genannt«, und zwar, der Universalität des Ereignisses ent-sprechend, »der Sonne gleich« (eine Anspielung auf den alten Topos von der Christus-Sonne: von »Christos He-lios«). Auch das »gleich« in der Wendung »der Sonne gleich« vermeidet jede dem Pneumatischen widersprechen-de erscheinungshafte Fixierung. Mit den »Starken« meint Hölderlin im Anschluß an Paulus, der unter ›Stärke‹ die ›Stärke im Geist‹ versteht, die pneumatisch besonders Be-fähigten. »Wir aber, die wir *stark* sind«, kann Paulus in Röm. 15, 1 in der Gewißheit des Geistes und Glaubens sagen (vgl. auch Eph. 3, 16; 6, 10). In die pietistische Sphäre der inneren Stille deutet überdies ein bekannter Vers bei Jesaja (30, 15): »Durch Stillesein und Hoffen werdet ihr *stark* sein«.

355,182 *und hier]* Aus der Antizipation des Vollendungs-zustands kehrt nun die Hymne zur noch unerfüllten Gegenwart und zur geistigen Aufgabe in ihr zurück. »Dann ist die Zeit des Gesangs«, sagt der Entwurf, und auf der nächsten Stufe: »Dann ist, wie jetzt die Zeit des Gesangs«.

355,182f. *der Stab* | *Des Gesanges*] In diesem Bild verschmilzt die Vorstellung des Seher-Dichters, des »poeta vates«, der die Vollendung der Geschichte erschaut und im »Gesang« vermittelt, mit dem Bild des antiken Sehers (Augurs). Wichtigstes Attribut des Augurs, der ebenfalls die Himmelszeichen, die »signa ex caelo« (vgl. 179f.: »Wenn nämlich höher gehet himmlischer | Triumphgang«) deutet, war ein Stab, der »lituus«, dem ursprünglich magische Wirkung zugeschrieben wurde. Das unmittelbare Vorbild für diesen Stab der Dichtung vermutet Beißner (StA II, S. 794) in Klopstocks Ode *Die Maßbestimmung* (1781), v. 29-32 (»Vermiss' im Lied' ich dich ⟨die Maßbestimmung⟩ oft; so entschlüpf' ich, | Frei nun, dem Kreis, den sein Zauber um mich herzog: | Und der winkt mir vielleicht vergebens | Dann mit dem mächtigen Stab«).

355,183 *niederwinkend*] Zugleich Anspielung auf die mit der Kraft des magischen Stabs vergleichbare Wirkung des Gesangs wie auf die Vermittlungsleistung des Dichters: Der Dichter winkt die Himmlischen mit seinem Gesang »nieder«, herunter, indem er sie, wenn die Zeit heranreift, zur Welt der Menschen hin vermittelt und damit in ihr für die Himmlischen wegbereitend wirkt.

355,184 *Denn nichts ist gemein*] Anspielung auf Röm. 14, 14: »Ich weiß und bin gewiß in dem Herrn Jesus, daß nichts gemein ist«. Den biblischen Hintergrund der Gnome liefert das Verständnis des »Gemeinen« als des Profanen, das sich im Judentum mit der Vorstellung des kultisch Unreinen verbindet. Diesen rituell veräußerlichten Begriff des Gemeinen (vgl. Mark. 7, 2) weist das Neue Testament immer wieder ab (vgl. Mark. 7, 15; Apg. 10, 28 und Röm. 14, 14), weil es in der von Gott geschaffenen Welt nichts objektiv Unreines und in diesem Sinn »Gemeines« geben kann. In der eschatologischen Perspektive des Gedichts bedeutet die Feststellung, nichts sei gemein, zunächst, daß die endzeit-

liche Erweckung *allen* zuteil wird – Hölderlin orientiert sich
hier also wieder an der im Pietismus lebendigen Anschauung von der Apokatastasis panton (vgl. dazu die Erläuterung zu v. 87).

355,184f. *Die Toten wecket | Er auf]* Von der Auferwek-
kung der Toten spricht besonders nachdrücklich das Johannesevangelium, wobei metaphorisch die Erfüllung
durch den göttlichen Geist als ein Erlebnis der Auferwek-
kung *wie* vom Tode dargestellt wird: »Denn wie der Vater
die Toten auferweckt und macht sie lebendig, so macht auch
der Sohn lebendig, welche er will« (Joh. 5, 21); »Wahrlich,
wahrlich, ich sage euch: Wer mein Wort hört und glaubt
dem, der mich gesandt hat, der hat das ewige Leben und
kommt nicht in das Gericht, sondern er ist vom Tode zum
Leben hindurchgegangen« (Joh. 5, 24); ganz eschatologisch Joh. 5, 25: »Es kommt die Stunde und ist schon jetzt,
daß die Toten hören werden die Stimme des Sohnes Gottes,
und die sie hören werden, die werden leben«. Diese Vorstellung von der erweckenden Kraft des geistigen Wortes
bei denen, die »noch gefangen nicht | Vom Rohen sind«
(v. 185f.), überträgt Hölderlin hier auf das dichterische
Wort des »Gesangs«. Möglicherweise ließ er sich dabei aber
noch von einer weiteren Gedankenverbindung leiten, die
näher an die Vorstellung vom »*Stab* des Gesangs« heran-
führt: Auch Hermes, der Gott der Deutungskunst, hatte
einen Zauberstab, mit dem er die Menschen, wie es bei
Homer heißt (*Ilias* XXIV 343f., *Odyssee* V 47f.), sowohl
einschläfern wie wecken konnte. »Er konnte mit seinem
Stabe die Toten auferwecken«, resümiert Benjamin Hederichs *Gründliches mythologisches Lexikon* (Sp. 1604), »weil
durch die Wohlredenheit blöde und gleichsam tote Gemü-
ter ermuntert und belebt werden können«. Damit würde
Hölderlin signalisieren, daß er seine Dichtung als *hermeneu-
tische* Dichtung begreift.

355,189 *Am scharfen Strahle]* Im »scharfen Strahle« unmittelbarer göttlicher Gegenwart würden die zunächst
noch »scheuen Augen« (v. 187) derer, die darauf »warten«

(v. 186), das »Licht« der endzeitlichen Offenbarung zu
»schauen« (v. 188), geblendet. Deshalb mögen sie sich an
der mittelbaren Gottesbegegnung »üben« (v. 196), die das
Lesen der heiligen Schrift vermittelt (in der letzten Überarbeitung des *Einzigen* heißt es: »Mittelbar ⟨erscheint
Gott⟩ | In heiligen Schriften«), bis sie stark genug sind für
die unmittelbare Gottesbegegnung am neuen Göttertag.
Indirekt knüpft Hölderlin damit hier und im folgenden an
den alten »lumen scripturae« - (»Licht der Schrift«-)Topos
an, dessen pneumatischer Sinn gerade in der pietistischen
Literatur oft zum Vorschein kommt: »Eben dieser göttliche
Geist«, schreibt Gottfried Arnold (*Die geistliche Gestalt eines
evangelischen Lehrers*, Frankfurt/Leipzig 1723, S. 393f.), »reget und erwecket durch seine äußerliche Zeugnisse und
Wort das im Herzen verborgene Wort, welches als ein *Licht*
alle Menschen gern erleuchtet ⟨. . .⟩«.

355,190 *Wiewohl den Mut der goldene Zaum hält]* Zugrunde
liegt die pietistische Vorstellung von den »Gängelbanden«,
mit denen Gott die Menschen lenkt und hält, eine auf Hosea
11, 4 zurückgehende Vorstellung, die Hölderlin gelegentlich mit einer stoischen Metapher kombiniert. Vgl. *Dichter-
mut*, 2. Fassung, v. 18-20: »Der ⟨. . .⟩ uns ⟨. . .⟩ | Aufge-
richtet an *goldnen* | *Gängelbanden*, wie Kinder, hält«, sowie die
genaue Erläuterung mit Belegen S. 773f.

355,194 *Stilleuchtende Kraft]* Hölderlin evoziert hier in
absichtsvoller Verbindung die pneumatische Tradition von
Paulus bis zum Pietismus. Immer wieder beruft sich Paulus
auf die »Kraft«, die als eine innerliche aus dem Geiste
kommt: »Denn ich schäme mich des Evangeliums nicht;
denn es ist eine *Kraft* Gottes, die selig macht«, heißt es in
Röm. 1, 16 (vgl. auch 15, 13) und in 1 Thess. 1, 5: »Unsere
Predigt des Evangeliums kam zu euch nicht allein im Wort,
sondern auch in der *Kraft* und in dem heiligen *Geist* und in
großer Gewißheit«. Für Paulus kommt es letztlich nicht so
sehr auf die Worte als auf ihren »Geist« und ihre innerlich
erweckende »Kraft« an. Darauf beriefen sich gerne schon
die altchristlichen Pneumatiker und später noch, in bewuß-

tem Anschluß an die urchristliche pneumatologische Tradition, die spiritualistischen Pietisten wie Gottfried Arnold
bei ihrer Ausdeutung der Schrift: »Die Worte, damit der
Herr zu uns redet, sind Geist und *Kraft* und durchdringen
das Herz, daß dadurch die *Kraft* darinnen wächst: Denn wo
diese *Kraft* des Worts in ein Herz sich ergeußt, da bleibet sie
feste ⟨. . .⟩« (*Wahre Abbildung der ersten Christen*, Frankfurt
1696, S. 20 [Erstes Buch, drittes Kapitel]). In die pietistische Sphäre eines »der Welt vergessenen« Lesens der Bibel
führt der auffällig wiederholte (v. 194 u. 196) Hinweis Hölderlins auf die »Stille«, die ja zum Beinamen der Pietisten als
der »Stillen im Lande« gehört. Auch Hölderlins eigene
Dichtungen, nicht zuletzt die *Friedensfeier* (vgl. v. 73, 84 u.
89), zeugen immer wieder von der hohen Wertung der
»Stille« als eines Zustands innerer Erfüllung und Gottnähe,
und schon der junge Hölderlin hat pietistisch inspirierte
Gedichte *An die Ruhe* und *An die Stille* verfaßt.

356,199 *Dich]* Den Landgrafen von Homburg. Die Anfangsverse der 14. Strophe, in denen der Dichter sich selbst
und den Landgrafen in die Gunst der »Himmlischen« stellt,
folgen harmonisch auf die vorangehende Strophe. Dort
war davon die Rede, daß der Dichter mit seinem »Gesang«
ebenso wie diejenigen, die sich mit der Bibel beschäftigen
(wie der Landgraf), den Himmlischen den Weg bereiten;
also gehört ihnen die Liebe der Himmlischen.

356,203f. *Still ist sein Zeichen | Am donnernden Himmel]*
Das − im Gegensatz zum Donner − »stille« Zeichen des
Regenbogens ist in Hölderlins Dichtungen bevorzugtes
Zeichen des Friedens und der Versöhnung. Wie dieses »Zeichen« hier »still« heißt, so in der Ode *Der Prinzessin Amalie
von Dessau* »schweigend« (v. 21-23): »Und wie auf dunkler
Wolke der *schweigende* | Der schöne Bogen blühet, ein *Zeichen*
ist | Er ⟨. . .⟩«. Heilsgeschichtliches Zeichen ersten Ranges
ist der Regenbogen schon in der Bibel, nachdem sich das
Unwetter der Sintflut verzogen hat. In der Genesis (1 Mose
9, 13) heißt es: »Meinen Bogen habe ich gesetzt in die Wolken; der soll das Zeichen sein des Bundes zwischen mir und

der Erde«. Auch die Verbindung des Zeichens mit dem donnernden Himmel ist schon biblisch vorgegeben, denn Gott verheißt den Regenbogen zusammen mit »Wetterwolken« (vgl. 1 Mose 9, 14). Natürlich huldigt Hölderlin auch Klopstock, der das versöhnende Zeichen des Regenbogens im berühmtesten seiner Gedichte, in den Schlußversen der *Frühlingsfeier* aufnimmt: »Siehe, nun kommt Jehova nicht mehr im Wetter, | In stillem, sanftem Säuseln | Kommt Jehova, | Und unter ihm neigt sich der Bogen des Friedens«. Vom biblischen Hintergrund her erschließt sich der Sinn der beiden folgenden Halbverse (204f.):

356,204f. *Und Einer stehet darunter | Sein Leben lang]* Christus steht als der Versöhnende und Friedenstiftende unter dem Zeichen des Bundes, den Gott mit den Menschen geschlossen hat. Daraus ergibt sich auch der Rückbezug zum Anfang der Strophe, in welcher der Dichter den Landgrafen und sich selbst von den Himmlischen »geliebt« weiß: Der Regenbogen ist das heilsgeschichtliche Zeichen der Liebe.

356,205 *Denn noch lebt Christus]* Eine Anspielung auf die traditionelle Anschauung von dem in der Kirche fortlebenden Christus; Hölderlin begründet in der 8. Strophe dieses Fortleben Christi über den Tod am Kreuz hinaus mit der Aussendung des Geistes. Das macht die Einzigartigkeit Christi im Gegensatz zu den anderen »Helden« (v. 206) aus, die nicht pneumatisch weiterleben.

356,206f. *Es sind aber ⟨. . .⟩ Gekommen all]* Das »aber« gibt dem Satz erst seinen richtigen Sinn, wenn man das »all« stark betont, als Kontrapost zu dem ebenfalls stark betonten »Einer« in v. 204. Es kommt auf die Spannung zwischen beiden Worten an: trotz der Einzigartigkeit und des Vorrangs Christi geht es zuletzt um die Allheit der göttlichen Erscheinungen, wie in der *Friedensfeier* und im *Einzigen*. Alle die »Helden« (so heißen auch im *Einzigen*, v. 103, die antiken Halbgötter, vgl. hierzu die genaue begriffliche und historische Erläuterung, S. 95of.) sind ebenso wie Christus »Söhne« (v. 206) des ewigen Vaters, für den sie gewirkt und dessen Dasein sie verkündet haben.

356,207-209 *und heilige Schriften 〈. . .〉 Taten der Erde]* Neben die heldischen Halbgötter treten die »heiligen Schriften« und die »Taten der Erde«, d. h. die geschichtlichen
Ereignisse (vgl. *Wie wenn am Feiertage . . .,* v. 30; *Dichterberuf,* v. 25; ferner *Friedensfeier,* v. 29-33), als weitere Mittler-
instanzen zur Erklärung des in seiner Unmittelbarkeit
unfaßbaren göttlichen Wesens, für welches der »Blitz«
(v. 208) steht.

356,210 *Er ist aber dabei]* Nämlich der »ewige Vater«
(v. 202). Der folgende Satz spielt auf Apg. 15, 18 an: »Gott
sind alle seine Werke bewußt von der Welt her«.

356,213 *Die Ehre der Himmlischen]* Vgl. v. 145-147. Die
»Ehre« meint die (gottesdienstliche) Ehrung und zugleich
die glanzvolle Epiphanie (»doxa«). Daß die Ehre der
Himmlischen »unsichtbar« geworden ist, nimmt noch einmal den leitmotivisch ausgeprägten Grundgedanken der
Hymne auf: das Verschwinden der sichtbaren, gestalthaften
Verkörperung des Göttlichen im geschichtlichen Vergeistigungsprozeß. »Zu lang« unsichtbar ist sie für den, den es
schmerzlich nach einer haltgebenden Manifestation des
Göttlichen verlangt. Hölderlin spricht hier also wieder aus
der Erfahrungsperspektive des binnengeschichtlich erlebenden Bewußtseins.

356,215f. *und schmählich 〈. . .〉 eine Gewalt]* »Das Herz« ist
Akkusativobjekt zu »entreißt«, »eine Gewalt« ist Subjekt.

356,217 *Opfer will der Himmlischen jedes]* Zweimal wird
der Allheitsgedanke, der bereits in v. 207 angesprochen
worden ist, wieder hervorgehoben: hier und in v. 223. Die
an diese Wendung anschließenden Verse 218f. spielen auf
die Besorgnis der alten Griechen an, an wichtigen Festen,
bei denen den Göttern Verehrung und Opfer dargebracht
werden sollten, nicht einen Gott zu vergessen und sich
damit seinen Zorn zuzuziehen. Aus ihr entsprang der
Brauch, außer den namentlich genannten auch noch »die
anderen« oder »alle Götter« (πάντες θεοί) anzurufen. Seit
dem dritten vorchristlichen Jahrhundert breitete sich dann
immer mehr dieser Kult »aller Götter« in der hellenisti-

schen Welt aus. Ihm wurden eigene Heiligtümer gewidmet
– am berühmtesten ist das ›Pantheon‹ auf dem Marsfeld in
Rom. Das ist der Hintergrund, vor dem sich die universa-
listische Tendenz dieser Verse erschließt: Der in ihnen
enthaltene Begriff des »Opfers«, das *jedem* der Himmlischen
dargebracht werden soll, ist Hölderlins remythologisieren-
de Einkleidung für den geschichtsphilosophischen Gedanken, daß im Bewußtsein alles, was geschichtlich gewirkt hat
und weiterwirkt, als gültig anzuerkennen ist.

356,220-222 *Wir haben gedienet* ⟨. . .⟩ *Unwissend*] Die Metaphern sind nicht eindeutig zu fixieren. Fraglos ist die
»Mutter Erde« auch eine Chiffre des sich seit Rousseau
ausbreitenden Naturkults, der Hölderlins eigenes Dichten
und Denken weitgehend bestimmte (vgl. die Hymne *Der
Mutter Erde*). Die Metapher des Sonnenlichts dagegen, die
zunächst an den aufklärerischen Kult der Vernunft, der
»lumières« erinnert, dürfte am wahrscheinlichsten dem
Griechenkult im deutschen Geistesleben gelten, von dem
Hölderlin selbst sich fasziniert zeigte. Oft spricht er in seinen Dichtungen vom griechischen »Tag«. Und noch in der
unmittelbar vor *Patmos* entstandenen Hymne *Der Einzige*
repräsentiert der Licht- und Sonnengott Apollon die Kultur Griechenlands, an dessen »alte selige Küsten« sich der
Dichter »wie in himmlische Gefangenschaft verkauft« fühlt
(v. 2 u. 5f.). Von dieser, bis in die erste Strophentrias von
Patmos selbst nachwirkenden Faszination sucht Hölderlin
sich wieder zu befreien, indem er den Vorrang des Mittelbaren – des »festen Buchstabens« (v. 225) – vor der erfah-
rungs- und erscheinungshaften Unmittelbarkeit eines Dienstes an der »Mutter Erde« und dem »Sonnenlicht« im
Reflexionsgang der Hymne zu erkennen gelernt hat.

356,222-226 *der Vater aber liebt* ⟨. . .⟩ *Am meisten, daß
gepfleget werde | Der feste Buchstab, und bestehendes gut | Gedeu-
tet*] Die im Gang der Geschichte wirksame Tendenz zur
Vergeistigung fordert die Bevorzugung des Pneumatischen, das vornehmlich durch die Schrift repräsentiert
wird. Darum kann gesagt werden, daß der Vater die Pflege

des Buchstabens »am meisten«, aber keineswegs unter Aus-
schluß anderer Vermittlungsinstanzen, wie sie in v. 119f.
und v. 206-209 genannt werden, »liebt«. – Mit der Pflege
des »festen Buchstabens« ist zunächst einfach die grundlegende Arbeit der biblischen Textkritik gemeint. »Colere«,
»pflegen«, ist auch Bengels Ausdruck für den sorgsamen
Umgang mit der Schrift; im Vorwort zu seinem Wort-für-
Wort-Kommentar zur Bibel, dem 1742 erschienenen *Gnomon*, den Hölderlin besaß, beharrt er auf dem »γέγραπται«,
»scriptum est« – auf jenem »Es steht geschrieben«, das Hölderlin mit dem »festen Buchstab« zunächst meint. Da aber
gerade die aufklärerische Textkritik zur *Aufhebung* des
Buchstabens geführt hat, kann damit in einem weiteren
Sinn nur die ›Pflege‹ *des* Buchstabens gemeint sein, der die
Tendenz zu seiner Aufhebung schon selbst in sich trägt –
also derjenigen Partien aus dem Johannesevangelium, den
Korintherbriefen und der Apostelgeschichte, die Hölderlin
in seiner Hymne wegen ihrer pneumatischen Tendenz selbst
ausgiebig zitiert hat. Die gute Deutung wäre also Deutung
gerade dieser Partien und, allgemeiner, Deutung aus deren
›Geist‹: pneumatische Deutung. Auf sie bezieht sich dann
auch die Schlußzeile.

355,226 *Dem folgt deutscher Gesang]* Nur sofern man die
gute Deutung des Bestehenden pneumatisch versteht, läßt
sich auch die resümierende Schlußwendung als Aussage
über den *Charakter* des »Gesanges« selbst verstehen: Er ist
Dichtung, die sich in die geschichtliche Dimension des Ver-
geistigungsprozesses stellt und ihn weiter »dem Klaren zu«
(v. 154) entfaltet.

Die späteren Überarbeitungen von *Patmos*

I Hölderlin hat in einer Handschrift (H4, Homburg G 2r-
6v), die der dem Landgrafen überreichten vollendeten Fassung (H5) vorausging und schon den gesamten Text im
Duktus einer Reinschrift umfaßte, später einzelne Änderungen angebracht, deren letzte über v. 164 steht. Beißner
druckt diese Handschrift bis einschließlich v. 167 mit dem

Untertitel *Vorstufe einer späteren Fassung* ab (StA II, 173-178) und läßt den weiter bis zum Schluß reichenden Text weg, weil er keine Überarbeitungen mehr aufweist. Die drei von ihm zuletzt gedruckten Verse (StA II, 178, v. 165-167) sind falsch wiedergegeben (»Zu bilden ein Bild und ähnlich | Den Christ zu schaun, wie er gewesen. || Wenn aber einer spornet sich selbst,« – die Handschrift H4 zeigt den gleichen Wortlaut wie die dem Landgrafen überreichte Reinschrift: »Ein Bild zu bilden und ähnlich | Zu schaun, wie er gewesen, den Christ. || Wenn aber einer spornte sich selbst«).

In dieser Ausgabe werden die späten Überarbeitungen in H4 nicht wie bei Beißner in den Grundtext integriert und eigens abgedruckt, da Hölderlin sie im wesentlichen in die – auch hier im Textteil abgedruckten – *Bruchstücke der späteren Fassung* übernahm. Ganz neu skizziert hat Hölderlin in H4 nur eine einzige Strophe, die er an den Rand der ursprünglichen Strophe (v. 61-75: »Gastfreundlich aber ⟨. . .⟩ in seliger Jugend war«) notierte. Diese Strophenskizze hat folgenden Wortlaut:

O Insel des Lichts!
Denn wenn erloschen ist der Ruhm die Augenlust und
                 gehalten nicht mehr
Von Menschen, schattenlos, die Pfade zweifeln und die
                 Bäume,
Und Reiche, das Jugendland der Augen sind vergangen
Athletischer,
Im Ruin,   und Unschuld angeborne
Zerrissen ist. Von Gott aus nämlich kommt gediegen
Und gehet das Gewissen, Offenbarung, die Hand des
                 Herrn
Reich winkt aus richtendem Himmel, dann und eine Zeit
                 ist
Unteilbar Gesetz, und Amt, und die Hände
Zu erheben, das, und das Niederfallen
Böser Gedanken, los, zu ordnen. Grausam nämlich
                 hasset
Allwissende Stirnen Gott. Rein aber bestand
Auf ungebundnem Boden Johannes.

Neben die Worte »Allwissende Stirnen Gott.« notierte Hölderlin die (von Beißner als Abschluß der Strophe gedruck-
te) Formulierung: »Wenn einer | Für irdisches propheti-
sches Wort erklärt«.

Im Gegensatz zu den anderen Überarbeitungen von H4
spart Beißner diese Strophenskizze aus dem von ihm unter
dem Titel *Vorstufe einer späteren Fassung* konstituierten Text
aus, weil er annimmt, daß sie einer etwas späteren Überarbeitungsphase angehört, schiebt sie dann aber rekon-
struktiv in die *Bruchstücke der späteren Fassung* dort ein, wo in
dieser Handschrift (H7) eine größere Lücke durch Verlust
von mehreren Seiten mit einer ganzen Reihe von Strophen
entstanden ist.

II Bruchstücke der späteren Fassung (H7)
Diese spätere Fassung nimmt die Änderungen in H4 (vgl.
die voranstehenden Erläuterungen) auf und gestaltet die
letzten vier von den erhaltenen Strophen neu. Der Gesamt-
duktus zeigt, daß es sich um eine ursprünglich (d. h. vor
nochmaliger, noch späterer Überarbeitung) im Zusammenhang zügig niedergeschriebene neue Fassung handelt. Sie
steht auf einem Doppelblatt (Homburg G 8r-9v). Ihre
bruchstückhafte Form ist nicht auf eine fragmentarische
Konzeption, vielmehr auf den Verlust mehrerer Seiten zurückzuführen. Beißner hat die so entstandene Lücke nach
v. 37 durch die in H4 neuskizzierte Strophe (»O Insel des
Lichts! ⟨. . .⟩«, vgl. den Text auf S. 1005) »mit einigem Vorbehalt« (StA II, S. 786) teilweise ausgefüllt. Im Textteil der
vorliegenden Ausgabe unterbleibt dieser Versuch einer partiellen Ergänzung aus dem anderen Überlieferungsträger.
Abgedruckt wird nur der Text auf H7 vor der noch späteren, neuerlichen Überarbeitung dieses Textes.

Zu v. 1-37 sowie zu den beiden letzten Strophen vgl. auch
die Erläuterungen zur reinschriftlichen Hauptfassung
S. 978-980.
357,1f. *Voll Güt' ist; keiner aber fasset | Allein Gott]* Ein

extremes Beispiel der ›harten Fügung‹: das Subjekt des ersten Satzes ist aus dem Objekt des zweiten zu ergänzen.

357,9 *rings, um Klarheit]* »Klarheit« ist die endzeitliche ›Doxa‹ (vgl. die Erläuterungen zu *Friedensfeier*, v. 22-24, S. 913, sowie zu *Patmos*, v. 154, S. 993f.). Daß die »Klarheit« von den »Gipfeln der Zeit« rings umschlossen erscheint, definiert sie universalgeschichtlich. Als endzeitliche Vollendung ist sie die All-Repräsentation des geschichtlich Gewesenen. »Klarheit« ist das, was am Ende der Geschichte – wenn ringsum die »Gipfel der Zeit« gehäuft sind – als deren Ganzheit und Wahrheit ins Licht des Bewußtseins tritt. Diese Ganzheit der Geschichte, in der ihre Wahrheit liegt, wird erst am Ende der Geschichte »klar«.

358,38-40 *Vom Jordan ⟨. . .⟩ Cana]* Der Anfang dieses Satzes ist verschollen. Vor v. 38 ist eine große Lücke anzunehmen, da vermutlich mehrere handschriftliche Seiten mit einer Reihe von Strophen verschollen sind. Der erhaltene Schlußteil des Satzes pointiert mit seinen vielen Namen die Stätten, an denen Christus seine irdische Wirksamkeit besonders entfaltete.

358,41 *Eine Weile]* Vgl. Joh. 13, 33: »Lieben Kindlein, ich bin noch eine kleine Weile bei euch«.

358,43 *Syrien]* Das Heilige Land gehörte zur römischen Provinz Syria.

358,44 *der getöteten Kindlein]* Anspielung auf den Bethlehemitischen Kindermord (Matth. 2, 16).

358,45-47 *das Haupt | Des Täufers ⟨. . .⟩ Schüssel]* Anspielung auf die Enthauptung Johannes des Täufers, vgl. Mark. 6, 21-28.

358,55-359,57 *Der Insel ⟨. . .⟩ Peleus]* Nach dem Bericht des Scholiasten zu Euripides' Drama *Die Troerinnen* (v. 1128) geriet Peleus, der Vater Achills, in einen Meersturm, der ihn zur Insel Kos trieb, wo er Rettung fand und starb. Vom Tod des Peleus auf der Insel Kos berichtet auch Benjamin Hederichs *Gründliches mythologisches Lexikon* (Sp. 1917). Hölderlin spielt hier auf die Insel Kos und die ihr verbundene Sagengestalt des Peleus an, weil Kos eine Nachbarinsel von Patmos ist (vgl. v. 56: »die benachbarte«).

359,61f. *die Fahrt der Edelleute nach | Jerusalem]* Die
Kreuzzüge. In späteren Erweiterungen des Entwurfs *Ko-
lomb* heißt es: »und die Tempelherren die gefahren | Nach
Jerusalem Bouillon, Rinaldo, | Bougainville«.

359,62f. *und das Leiden irrend in Canossa, | Und den Hein-
rich]* Der deutsche Kaiser Heinrich IV. (1056-1106) mußte
im Jahr 1077 einen Bittgang zu Papst Gregor VII. in Canossa unternehmen, um sich vom Bann zu lösen.

359,65f. *Wie Morgenluft sind nämlich die Namen | Seit Chri-
stus]* Damit ist das Neue, Andere der christlichen Ära
gemeint, zugleich aber auch, besonders in den folgenden
Versen, das schwer zu Fassende und zu Begreifende ihrer
einzelnen geschichtlichen Ereignisse und Gestalten, deren
eigentliche Bedeutung erst aus dem richtigen Gesamtver-
ständnis des mit Christus beginnenden Zeitalters erschlossen werden kann. Dieses richtige Verständnis wird in der
folgenden Strophe aus der Sinndeutung von Christi Tod
und Vermächtnis gewonnen.

359,69f. *Es sah aber ⟨. . .⟩ | Das Angesicht des Gottes]* Zu
diesem zentralen Motiv des Sehens, des Angesichts und der
Gestalt (vgl. v. 79: »Es *sahen* aber ⟨. . .⟩ die *Gestalt* ⟨. . .⟩«;
v. 86 »Vor solchem *Angesicht'*«; v. 90: »Vom *Angesichte* des
Herrn«) vgl. den Überblickskommentar zum *Einzigen,*
1. Fassung, S. 936f., sowie zur reinschriftlichen Hauptfassung von *Patmos,* S. 972ff. Auch noch in der späten Überarbeitung geht es um den entscheidenden geschichtlichen
Übergang vom Sichtbaren und Gestalthaften zum Geistigen. Vgl. die folgenden Erläuterungen.

359,76f. *Aber sein Licht war | Tod]* D. h. seine wesent-
liche Mission ist erst durch seinen Tod, in dem er seine
sichtbare Gestalt aufgab, erfüllt worden: Damit schuf er
den Übergang zu einem nicht antik-gestalthaft, sondern
pneumatisch bestimmten Zeitalter. Dieses Zeitalter ist
durch die Aussendung des Geistes geprägt (vgl. die letzten
Zeilen der *Bruchstücke*).

359,79f. *die Gestalt | Des Verleugnenden]* Er verleugnet,
indem er durch seinen Tod das Prinzip des Geistes zur Geltung bringt, gerade das Gestalthaft-Sichtbare.

359,80f. *wie wenn | Ein Jahrhundert sich biegt]* Metapher für
die Zeitenwende: Der Geschichtsverlauf, der Sinn der Ereignisse wird in einem säkularen Akt gleichsam in eine neue
Richtung gebogen.

360,97 *Drachenzähne]* Die Aussendung des »Geistes«
(v. 95) im Pfingstgeschehen schafft »Männer«, d. h. sie
macht aus den trauernden und in Sehnsucht nach der sichtbaren Gestalt Christi sich verzehrenden Aposteln Helden
(die Hauptfassung spricht in v. 105 von »Todeshelden«).
Diese Verwandlung der Apostel durch die stärkende Aussendung des Geistes ist ein so überraschendes, »prächtiges
Schicksal« wie das Entspringen gewappneter Männer aus
der Saat von Drachenzähnen, die nach der Sage Kadmos
einst in den thebanischen Acker streute.

III Hölderlin überarbeitete die *Bruchstücke der späteren Fas-*
sung an einigen Stellen. Dies ist die letzte Überarbeitung.
Beißner konstituiert daraus durch Integration in den zugrundeliegenden Text der *Bruchstücke der späteren Fassung*
(diesmal aber ohne Interpolation der Strophe »O Insel des
Lichts ⟨. . .⟩« aus H4) einen Text, den er *Ansätze zur letzten*
Fassung nennt (StA II, 184-187). Da nicht auszumachen ist,
ob es sich tatsächlich um Ansätze zu einer solchen vermu-
teten letzten Fassung, d. h. zu einem nochmals wesentlich
umgeformten Text, oder lediglich um einige Varianten in
den *Bruchstücken der späteren Fassung* handelt, und da andererseits keine wesentlichen konzeptionellen Änderungen
gegenüber dem Grundtext erkennbar sind, konstituiert diese Ausgabe daraus keinen eigenen Text. Im folgenden wird
aber diese letzte Überarbeitung kursiv in die nicht überarbeiteten Textpartien integriert, damit ihr Ausmaß, ihr Charakter und ihr Stellenwert leicht erkennbar werden.

Patmos
Dem Landgrafen von Homburg

Voll Güt' ist; keiner aber fasset
Allein Gott.
Wo aber Gefahr ist, wächst
Das Rettende auch.
5 Im Finstern wohnen
Die Adler, und furchtlos gehn
Im Tagewerk die Söhne der Alpen über den Abgrund weg
Auf leichtgebaueten Brücken.
Drum, da gehäuft sind rings, um Klarheit,
10 Die Gipfel der Zeit,
Und die Liebsten nahe wohnen *sehnsuchtsvoll*, ermattend
                                         auf
Getrenntesten Bergen,
So gib unschuldig Wasser,
O Fittige gib uns, treuesten Sinns
15 Hinüberzugehn und wiederzukehren.

So sprach ich, da entführte
Mich künstlicher, denn ich vermutet
Und weit, wohin ich nimmer
Zu kommen gedacht, ein Genius mich
20 Vom eigenen Haus'. Es kleideten sich
Im Zwielicht, Menschen ähnlich, da ich ging
Der schattige Wald
Und die sehnsüchtigen Bäche
Der Heimat; nimmer kannt' ich die Länder.
25 Viel aber mitgelitten *erfahren* haben wir, *Merkzeichen viel*.
                                         So
In frischem Glanze, geheimnisvoll,
In goldenem Rauche blühte
Schnellaufgewachsen,
Herzlich erkannt, mit Schritten der Sonne,
30 Von tausend Tischen duftend, jetzt,

Mir Asia auf und geblendet ganz
Sucht' eins ich, das ich kennete, denn *nie gewöhnt hatt*
Ich mich solch breiter Gassen, wo herab
Vom Tmolus *aus* fährt
35   *Ein unzerbrechlich Zeug,* der goldgeschmückte Paktol
Und Taurus stehet und Messogis, *und von Gewürzen*
Fast schläfrig der Garten,

38   Vom Jordan *fern* und Nazareth
Und fern vom See, an Capernaum, *wo sie ihn*
40   *Gesucht* und Galiläa die Lüfte, und von Cana.
Eine Weile bleib ich, sprach er. Also *wie* mit Tropfen
                                                    heiligen
Stillt er das Seufzen des Lichts, das durstigem *Tier war*
                                                    oder
Dem Schreien des Huhns ähnlich, *jenes Tages,* als um Syrien,
                                                    verblüht
Gewimmert der getöteten Kindlein heimatliche
45   Anmut *wohlredend im Verschwinden, und des Täufers*
Sein Haupt stürzt und das goldene, lag uneßbarer und
                    unverwelklicher Schrift gleich
Sichtbar auf *trockener* Schüssel. Wie Feuer, *in Städten,*
                                                    tödlichliebend
Sind *Gottes Stimmen. Brennend ist* aber, *gewißlich*
Das gleich behalten im Großen das Große.
50   *Nie* eine Weide. Daß einer
Bleibet im Anfang. Jetzt aber
Geht dieses wieder, wie sonst.

Johannes. Christus. Diesen, *ein*
Lastträger möcht ich singen, gleich dem Herkules, oder
55 Der Insel, welche *gebannet, und angeblümt, sinnreich,*
                                                    erfrischend
Die benachbarte mit *kalten* Meereswassern aus der
                                                    Wüste
Der Flut, der weiten, Peleus. *Aber nicht*
Genug. Anders *ist es* ein Schicksal. Wundervoller.
Reicher, zu singen. Unabsehlich
60 Seit *dem* die Fabel. Und *auch möcht*
Ich die Fahrt der Edelleute nach
Jerusalem, *und wie Schwanen der Schiffe Gang* und das
                        Leiden irrend in Canossa, *brennendheiß*
Und den Heinrich singen. *Aber daß uranfangs*
Der Mut nicht selber mich aussetze. *Schauen, müssen wir*
                                                    mit Schlüssen,
65 *Der Erfindung vorher. Denn teuer ists*
Das Angesicht des Teuersten. Nämlich Leiden färbt
Die Reinheit dieses, die rein

    Ist wie ein Schwert. Damals sah aber
Der achtsame Mann
70 Das Angesicht des Gottes,
Da, beim Geheimnisse des Weinstocks sie
Zusammensaßen, zu der Stunde des Gastmahls,
Als in der großen Seele, wohlauswählend, den Tod
Aussprach der Herr, und die letzte Liebe, denn nie
                                                    genug
75 Hatt er, von Güte, zu sagen
Der Worte, damals, und zu bejahn *schneeweiß.* Aber
                                                    nachher
Sein Licht war Tod. Denn *begrifflos* ist das Zürnen der
                                                    Welt, *namlos.*
Das aber erkannt' er. Alles ist gut. Drauf starb er.
Es sahen aber, gebückt, des unerachtet, vor Gott die
                                                    Gestalt
80 Des Verleugnenden, wie wenn

Ein Jahrhundert sich biegt, nachdenklich, in der Freude
der Wahrheit
Noch zuletzt die Freunde,

Doch aber mußten sie trauern, nun, da
Es Abend worden. Nämlich *meistens ist rein*
85 Zu sein *ein* Geschick, ein Leben, das ein Herz hat,
Vor solchem Angesicht', und dauert über die Hälfte.
Zu meiden aber ist viel. Zu viel aber
Der Liebe, wo Anbetung ist,
Ist gefahrreich, triffet am meisten. *Aber jene nicht*
90 *Von Tränen und Schläfen* des Herrn *wollten*
Lassen und der Heimat. Eingeboren, *glühend*
Wie Feuer *rot* war *im* Eisen das. *Und schadend das*
Angesicht des Gottes wirklich
Wie eine Seuche ging *zur Seite* der Schatte des Lieben.
Drum sandt er ihnen
95 Den Geist, und freilich bebte
Das Haus und die Wetter Gottes rollten
Ferndonnernd, Männer schaffend, *zornige*   wie wenn
Drachenzähne, prächtigen Schicksals,

Andenken
Von dieser nicht sicher datierbaren, wahrscheinlich im Jahr
1803 entstandenen Hymne ist nur die Schlußstrophe handschriftlich überliefert. Erstdruck: ›Musenalmanach für das
Jahr 1808. Herausgegeben von Leo Freiherrn von Secken-
dorff‹. Regensburg, in der Montag- und Weißischen Buchhandlung, S. 128-130, unterschrieben: Hölderlin.

ÜBERBLICKSKOMMENTAR Der biographische Hintergrund
dieser Hymne ist Hölderlins Aufenthalt in Bordeaux im
Frühjahr 1802. In gedrängter Form fassen die letzten Verse
die drei Bereiche zusammen, denen das Gedicht im ganzen
gilt: die »See«, die »Lieb'« und die »Dichter«.
Die »See« steht für die Sphäre der Tat. Rückblickend
erkennt man, daß sie im ganzen Gedicht gegenwärtig ist. In

der 1. Strophe erklärt der Dichter den Nordost zum »liebsten unter den Winden«, weil er die Schiffe nach Südwest,
auf die hohe See hinaus treibt und so »gute Fahrt verheißet
den Schiffern«. Die ganze vorletzte Strophe und der Anfang der Schlußstrophe gelten den Seefahrern, und schon
am Ende der dritten, der Mittelstrophe des Gedichts sind
die »Taten« (v. 36) explizit das besondere Thema des dichterischen Andenkens. Da unmittelbar darauf die Evokation
der Seefahrer, der »Freunde« folgt, ergibt sich, daß die Seefahrer ihrem Wesen nach der Dimension der »Tat« zuzurechnen sind, und zugleich, daß diese Dimension der Tat
auch den Dichter in besonderer Weise angeht, denn sonst
würde er nicht von den Seefahrern als seinen Freunden
sprechen und schon am Anfang des Gedichts den »Nordost« den ihm liebsten unter den Winden nennen, weil er
gute Fahrt verheißt.

Zur zweiten Sphäre, zu derjenigen der Liebe im engeren
wie im weiteren Sinne, gehören die Bilder der zweiten Strophe mit ihrer Evokation der »braunen Frauen«, mit den
Vorstellungen eines idyllisch-erfüllten Lebens und eines tief
harmonischen und beruhigten Daseins. Auch für diese
Sphäre gibt wiederum die dritte, die Mittelstrophe, das
Thema explizit an, indem sie von den »Tagen der Lieb'«
spricht (v. 35).

Schließlich die dritte Sphäre, diejenige des Dichters. Er
ist der Andenkende, in dessen Andenken die beiden anderen Lebensformen und auch die eigene auf ihr Wesentliches
hin reflektiert werden, das sich unter dem Gesichtspunkt
des »Bleibenden« zeigt. Die erste und zweite Strophe haben
die beiden anderen, nicht dichterischen, aber, wie sich zeigen wird, im Prinzip ebenfalls, wenn auch nicht so vollkommen auf »Bleibendes« angelegten Daseinsformen in
sinnlich-konkreten Bildern evoziert. Nun, in der abstrakt
werdenden dritten Strophe, in der Mittelstrophe, setzt die
Reflexion, auch die Selbstreflexion ein. Der Dichter stellt
sich selbst als denjenigen dar, der ein Bedürfnis nach mehr
als »sterblichen Gedanken«, d. h. nach dem Wesentlichen

und Bleibenden hat (vgl. die Erläuterung zu v. 31f.). Zu
den mehr als »sterblichen Gedanken« gehört das Andenken
an die »Tage der Lieb', | Und Taten, welche geschehen«.
Dem Andenken daran, so wünscht sich der Dichter, soll
»ein Gespräch« (v. 33) gelten. Aber dieses »Gespräch« ist
nicht möglich, denn der Dichter ist einsam. Das wird in der
vermissenden Frage am Anfang der nächsten Strophe indirekt klar: »Wo aber sind die Freunde?« Das dichterische
Andenken vollzieht sich also in der Einsamkeit. Und gerade diese Einsamkeit ist der ideale Ort zum Überdenken
nicht mehr nur hoher und schöner Vergangenheit – der
»Tage der Lieb', | Und Taten, welche geschehen« –, sondern
des grundsätzlichen Verhältnisses des eigenen, dichterischen Daseins zu den anderen, in ihrer Weise auf »Bleibendes« gerichteten Daseinsformen der Liebe und der Tat.

Die Mittelstrophe hat folglich die Funktion des Übergangs und der Vermittlung zur Reflexion. Sie führt zu dem
Ergebnis des Nachdenkens in den letzten Versen. Die Hymne zeigt die für Hölderlin charakteristische Dreiteiligkeit,
obwohl sie nicht in Strophentriaden gegliedert ist wie die
meisten anderen Hymnen. Mit dieser Dreiteiligkeit ist hier
eine deutliche sowohl innere wie strukturelle Symmetrie
verbunden: Die 3. Strophe bildet die Achse in dem fünfstrophigen Gedicht. Sie zeigt den Dichter in der Mitte
seines »Andenkens«, denn in der nun einsetzenden Reflexion vollzieht er den Übergang von der bloßen Vergegenwärtigung des Vergangenen in den ersten beiden Strophen
zum Bewußtsein des Bleibenden, das er am Ende formuliert.

Nachdem die Mittelstrophe mit dem Gedanken an die
»Taten, welche geschehen«, endete, bewegt sich die neue
Strophe in unmittelbarem Anschluß daran in die Sphäre der
Tat, indem sie evozierend fragt: »Wo aber sind die Freunde?«. »Bellarmin« ist, wie aus einer Variante zur Überschrift
der Ode *An Eduard* hervorgeht, ein poetischer Deckname
für Sinclair, Hölderlins revolutionär-aktiven Freund. An
ihn und die anderen »Gefährten« denkt der Dichter hier,

und die kriegerische Fahrt (v. 44) in die Weite des Meeres,
von der bis in die Schlußstrophe hinein die Rede ist, ist
Metapher für das unstillbare Tatverlangen, das in die fernste
Ferne ausgreift, bis zu »Indiern« (v. 49). Indem die Gedanken zu den in die Ferne entschwundenen Freunden gehen,
kommt es aber zu der entscheidenden Abhebung der eigenen dichterischen Existenz von der ihren (v. 38-41): »Man-
cher | Trägt Scheue, an die Quelle zu gehn; | Es beginnet
nämlich der Reichtum | Im Meere«. Da die heroisch aktiven
»Gefährten« auf die Weite des Meeres hinausgefahren sind,
dieses also für die Tatsphäre steht, muß die »Quelle« dem
Dichter zugeordnet sein. Traditionell gehört die Quelle als
Ort der Inspiration (so schon die kastalische Quelle) und
des Ursprungs zum Dichter, und das ist auch in anderen
Dichtungen Hölderlins so, z. B. in den ersten Versen der
Rhein-Hymne. Die Differenz zwischen dem Dichterischen
und dem Heroischen, die sich schon in der vermissenden
Frage nach den »Freunden« andeutet, tritt in der Antithese
»Quelle« – »Meer« klar zutage. Da die Quelle definitions-
gemäß »beginnt«, ist die Aussage, der Reichtum »beginne«
im Meere, bewußt paradox formuliert. Als Ort des Ursprungs bedeutet die Quelle die Nähe zum Wesentlichen,
die dem Dichter zukommt. Sie ist ein Intensivum, während
das Meer als Extensivum die Welt mit ihrer Vielfalt einzelner und zerstreuter Gegenstände symbolisiert, die erst
»zusammengebracht« werden müßten. Dieses »Zusammen-
bringen« deutet auf sekundäre, äußerliche *Addition*, während dem Dichter apriorische, intuitive *Integration* möglich
ist. Im sogenannten Athenerbrief am Schluß des 1. Bandes
des *Hyperion* bezeichnet Hyperion die Dichtung in gleicher
Weise als »Quelle«: Er spricht von der »Dichtung eines
unendlichen göttlichen Seins« und dann von der »geheim-
nisvollen *Quelle der Dichtung*« (Bd. II, S. 91), in der alles
zusammen gegenwärtig sei, in ursprungshafter Fülle. Wenn
es in *Andenken* heißt, daß mancher Scheu trägt, an die
Quelle zu gehen, so ist damit die Scheu vor der Innerlichkeit gemeint, die das Ganze – um den entscheidenden

philosophisch-dichtungstheoretischen Terminus Hölderlins zu verwenden – in »intellektualer Anschauung« intuitiv
repräsentiert. Statt in die schöpferische und alles in sich
fassende Innerlichkeit wenden sich die »Freunde«, oder,
wie es am Anfang der letzten Strophe mit Betonung des
Heroischen heißt, die »Männer« (v. 50), nach außen und in
die Weite. Daß sie aber auch dabei von der Sehnsucht nach
einem letzten Sinn getrieben sind, zeigt ihre Fahrt zu »Indiern« (v. 49). Denn Indien ist nicht bloß die Bezeichnung
für die äußerste Ferne und die Seefahrt nach Indien der
Inbegriff äußersten, heldenhaften Wagemuts (Kolumbus
wollte nach Indien fahren, als er zu der Fahrt aufbrach, die
ihn zur Entdeckung Amerikas führte. Vgl. auch die be-
zeichnende Verbindung von Seefahrertum und Heldentum
am Anfang des späten Hymnen-Bruchstücks *Kolomb*:
»Wünscht' ich der Helden einer zu sein | Und dürfte frei es
bekennen | So wär' es ein Seeheld«). Indien ist seit Herder
und dann besonders in der Romantik auch das Land des
Ursprungs der Religionen und der Kultur (vgl. die Erläuterung zu v. 49). So auch für Hölderlin in der etwa
gleichzeitigen Hymne *Der Ister*, v. 7ff. (vgl. die Erläuterung z. St). Insofern ist Indien eine Chiffre für die romantische Sehnsucht nach dem Absoluten, Ursprungshaften.
Allerdings ist die Fahrt der Männer zu »Indiern«, weil sie
sich ins Weite und Äußere richtet, eine sich ins Uneigent-
liche verlierende Sehnsucht.

Aus dieser Partie der Hymne wird deutlich, wie sehr
Hölderlins idealistischer Dichtungsbegriff noch mit der in
der Geniezeit ausgebildeten Vorstellung vom ursprungshaften Schöpfertum und von der Innerlichkeit des genialen
Dichters zusammenhängt. Sie ist in der »intellektualen Anschauung«, d. h. in einer intuitiven Ganzheitswahrnehmung begründet, und sie ist auf die Bildung eines zu dieser
Ganzheit hin vermittelnden Bewußtseins angelegt, aus dem
der Dichter das »Bleibende« insofern zu stiften vermag, als
er das sonst sinnlos Vereinzelte und Verlorene in einen erst
sinnstiftenden Bezug zum Ganzen zu bringen vermag.

Der Gang des Andenkens besteht darin, daß der Dichter seine Gedanken den anderen beiden Lebensformen zuwendet, der Sphäre der Liebe und der Sphäre der Taten, und dabei die ihnen innewohnende *Tendenz* zur Zeitlosigkeit, d. h. zum Bleibenden, wahrnimmt. Durch diese Tendenz zum Bleibenden unterscheiden sie sich wesentlich von allem anderen, was in der Mittelstrophe als Anlaß bloß »sterblicher Gedanken« bezeichnet wird. Diese sterblichen Gedanken würden, wie es dort heißt, lediglich »seellos« machen. Demgegenüber nennt es der Dichter ausdrücklich »gut«, sich den »Tagen der Lieb' | Und Taten, welche geschehen«, zuzuwenden. *Warum* dies »gut« ist, kommt erst in den letzten Versen zum Vorschein, in denen die Tatsphäre mit dem »Gedächtnis« (v. 57) und die Liebe ebenfalls mit der Dimension des Bleibenden in Zusammenhang gebracht wird, indem es heißt, daß sie »die Augen heftet«. Doch stellt sich dann heraus, daß diese *Tendenz* zum Bleibenden doch letztlich *nicht* zum Bleibenden zu führen vermag (vgl. die Erläuterung zu v. 56-58). Zu der Einsicht, daß dies so ist und lediglich die Dichter das Bleibende zu stiften vermögen, gelangt der Dichter durch sein andenkendes Nachdenken über die Sphäre von Liebe und Taten. Denn nur in diesem Andenken wird er der Analogie wie auch des Unterschieds zum Dichtertum inne. So ist die Hymne *Andenken* nicht statisch, vielmehr prozessual. Sie stellt ein im Andenken sich entfaltendes Denken dar – einen Bewußtseins*prozeß*, der bis zur höchsten Form des Selbstbewußtseins führt. Dieses Selbstbewußtsein als Ergebnis des im Gedicht entfalteten Bewußtseinsprozesses formuliert der letzte Vers: »Was bleibet aber, stiften die Dichter«.

Das dichterische »Stiften« des Bleibenden ist demzufolge weder bloß gedächtnishaftes Fixieren des Vergangenen, noch ist es als ein Stiften von Sein zu begreifen, was für Hölderlin ein hybrider Anspruch wäre, weil er den Dichter wie den Menschen überhaupt immer auf den vorgegebenen großen Naturzusammenhang angewiesen sieht: vielmehr ist dieses Stiften die dichterische Darstellung kraft eines ganzheitlichen und daher alles Einzelne zum Ganzen gültig vermittelnden Bewußtseins. Im Horizont von Hölderlins Denken ist dies allerdings ein idealer dichterischer Anspruch, denn der Bewußtseinsprozeß müßte, um zum Ganzen vollständig vermitteln zu können, abgeschlossen sein. Da jedoch der Bewußtseinsprozeß nie abschließbar ist, sich vielmehr in einer unendlichen Progression befindet, läßt sich auch das dichterische Stiften des Bleibenden nur als ideales, nie ganz erreichbares Ziel begreifen. Dennoch kann der Dichter dieses ideale Ziel fixieren, weil er sich an der »Quelle« befindet, also der ursprünglichen Alleinheitswahrnehmung in der »intellektualen Anschauung« fähig weiß. Nur ist dies noch nicht gleichbedeutend mit der dichterischen *Darstellung*, d. h. der Stiftung des Bleibenden. Denn die intellektuale Anschauung ist eine intuitive, vor aller sprachlichen Realisation liegende Ganzheitswahrnehmung. Die dichterische Darstellung aber setzt die diskursive Sprache voraus, und Sprache, damit aber die dichterische Darstellung selbst, setzt wiederum Bewußtsein voraus – und dieses Bewußtsein ist in unendlicher Progression begriffen.

Die Grundgedanken des Gedichts zeigen eine so auffallende Verwandtschaft zu denen des *Hyperion*, daß der Anruf des Freundes Bellarmin (v. 37) auch als eine allgemeinere Anspielung auf die Welt des *Hyperion* zu verstehen ist. Hyperion schreibt ja seine Briefe an den Freund Bellarmin. Und wie der in sein »Andenken« vertiefte Dichter in der Hymne, schreitet der sich an das einst Erlebte in seinen Briefen erinnernde Hyperion über den für ihn der eigenen Vergangenheit angehörenden Bereich der Tat, dem die Zeit seiner Freundschaft mit Alabanda zuzurechnen ist, und die ebenfalls der eigenen Vergangenheit angehörenden »Tage der Lieb'« mit Diotima fort zu einem Bewußtsein, dessen ideales Ziel es ist, alles zu einer gültigen Vorstellung vom Ganzen zu vermitteln. Und ebenso wie der Dichter in *Andenken*, dessen Einsamkeit sich in der vergeblichen Frage nach den Freunden am Anfang der 4. Strophe zeigt, ist

Hyperion wesentlich ein Einsamer – weshalb schon der
Untertitel *oder der Eremit in Griechenland* lautet. Rückblik-
kend erzählt dieser dichterische Eremit Hyperion in den
Briefen an Bellarmin sein Leben, und in diesem Erzählpro-
zeß, der zugleich ein Reflexionsprozeß ist, erreicht er die
geistige Vollendung durch die Herausbildung eines höchsten Bewußtseins. Dieses höchste Bewußtsein erhebt sich
über das früher einzeln und konkret Erlebte zur Wahrnehmung der Ganzheit, zu der alles Einzelne vermittelt wird.
Daß dieses Bewußtsein dasjenige des Dichters ist, wie später in *Andenken*, wird im Vermächtnis Diotimas klar. Darin
schreibt sie an Hyperion den entscheidend wichtigen Satz:
»die dichterischen Tage keimen dir schon« (Bd. II, S. 163).
Und schon im *Hyperion* ist das dichterische Bewußtsein, das
Hyperion am Ende erreicht, nicht als etwas definitiv Ab-
geschlossenes zu begreifen, vielmehr als ein Idealziel, da das
Bewußtsein in unendlicher Progression fortschreitet. Hölderlin hat das durch den Schlußsatz des Romans pointiert:
»So dacht' ich, nächstens mehr«.
   Wesentlich für den Bewußtseinsprozeß im *Hyperion* ist
es, daß die beiden Sphären, die in *Andenken* für den Dichter
zum Gegenstand seines Andenkens werden, die Sphäre der
Tat und die Sphäre der Liebe, ebenfalls zu Hauptgegen-
ständen der erinnernden Erzählung und Reflexion Hyperions werden – und im gleichen Sinne einer erinnernden
Vergegenwärtigung wie auch einer distanzierenden Über-
steigung im Bewußtsein, das sich schließlich als dasjenige
des nun notwendigerweise eremitenhaft vereinsamten
Dichters herausstellt. Hyperion wird also zum Dichter, als
er jenes souveräne Bewußtsein erreicht hat, das am Ende
der Hymne *Andenken* der Grund für die dichterische Stiftung des Bleibenden ist.

   360,5 *Geh aber nun*] Von der Heimat des erinnernden
Dichters aus weht der Nordost nach Südwesten: nach Bordeaux.
   360,7 *Bourdeaux*] Ursprüngliche Form des Namens, die
in Hölderlins Zeit noch oft verwendet wurde.

360,8 *am scharfen Ufer*] Am steilen, tief eingeschnittenen Ufer.

360,10 *darüber aber*] Das »aber« kennzeichnet den Gegensatz zwischen dem in die Tiefe fallenden Bach und dem ruhig emporragenden »Paar | Von Eichen und Silberpappeln«, das als Sinnbild des heroischen Daseins »edel« heißt. Die Eiche verkörpert seit jeher heroische Stärke, die Silberpappel war in der Antike ein Sinnbild der Unsterblichkeit (vgl. z. B. Seneca, *Hercules Oetaeus*, v. 578, v. 789). Der Kontrast zu dem tief fallenden Bach kann also nur denjenigen zwischen Vergänglichkeit und dem Ausdauernden und Bleibenden meinen, auf den das Gedicht insgesamt angelegt ist.

360,13 *Noch denket das mir wohl*] Ältere und in der schwäbischen Mundart besonders verbreitete Wendung für »Ich erinnere mich noch gut daran«. Vgl. Schiller, *Don Carlos*, v. 3543: »Solang mir denkt«.

360,15f. *Der Ulmwald ⟨. . .⟩ ein Feigenbaum*] Nach dem *edlen* heroischen Paar von Eichen und Silberpappeln am Ende der ersten Strophe erscheinen jetzt der »Ulmwald« und der »Feigenbaum« als Symbole fruchtbaren Gedeihens. Die Ulme ist seit der Antike, besonders in der anakreontischen Tradition, topologisch dem Erotischen zugeordnet, vor allem weil man die Verbindung der Ulme mit dem Weinstock, der sich um sie rankt, geradezu als »Vermählung« (»maritare«) auffaßte (vgl. S. 195,11 und *Grimms Deutsches Wörterbuch*, Artikel ›Ulme‹); der Feigenbaum gilt als Symbol der Fruchtbarkeit, weil er im südlichen Klima zweimal jährlich Frucht trägt. Beide, Ulme und Feigenbaum, stehen nicht als ein hohes, einsames Paar, sondern sind mit dem Bereich menschlicher Geschäftigkeit (»die Mühl'«) und menschlichen Wohnens (»im Hofe«) verbunden. Das »aber« in der Wendung »im Hofe aber« erklärt sich aus der Umkehrung der bildlichen Bewegung gegenüber den vorangehenden Versen: während der Ulmwald seine breiten Gipfel über die Mühle neigt und damit die Natur die Stätte menschlichen Wirkens umschließt, wird der Feigen-

baum in den Raum menschlichen Wirkens einbezogen.
Dieser Sinn des Bildes – harmonische wechselseitige
Durchdringung – wird auch durch die chiastische Fügung
des Satzes zum Ausdruck gebracht: »Die breiten Gipfel
neiget | Der Ulmwald, über die Mühl'« – »Im Hofe aber
wächset ein Feigenbaum«.

361,22 *über langsamen Stegen*] In dieser ungewöhnlichen
Wendung wird der annähernde Stillstand der Bewegung
und damit die Aufhebung der Zeitverfallenheit menschlichen Daseins besonders deutlich, die zum erfüllten, im
höchsten Sinn idyllischen Zustand gehört.

361,26 *Des dunkeln Lichtes voll*] Der dunkelrot leuchtende Bordeaux-Wein. Zugleich aber ist das Oxymoron »dunkles Licht« (γνόφος λαμπρός) in der neuplatonisch-mystischen Tradition eine Chiffre für das Göttliche, in dem alle
Gegensätze zur Einheit kommen (»coincidentia opposito-
rum«) – und insofern eine Chiffre des schlechthin vollkommenen Zustands.

361,29 *unter Schatten der Schlummer*] Zur idyllisch erfüllten Situation gehört traditionell der Schlummer im Schatten unter Bäumen. Aus dieser Vorstellung ist die verkürzte
Ausdrucksweise »unter Schatten« zu erklären. Vgl. Vergil,
Georgica I 341f.; ähnlich *Georgica* II 470; Horaz, *Epistulae* II
2, v. 78. Vgl. auch Hölderlins Ode *Die Launischen*, v. 3-6:
»Bald auch bin ich verwandelt, | Blinkst du, purpurner
Wein! mich an || *Unter Schatten des Walds*, wo die gewaltige |
Mittagssonne mir sanft über dem Laube glänzt«.

361,31f. *Seellos von sterblichen | Gedanken*] In der Tradition
der idealistischen Philosophie gilt es als höchste Bestimmung des zur Schau (›Theorie‹) des Wesentlichen bestimmten Menschen, nicht Sterbliches, sondern Unsterbliches zu
denken. Vgl. Platon, *Timaios* 90c 1: »Zu denken Unsterbliches und Göttliches« (φρονεῖν μὲν ἀθάνατα καὶ θεῖα); Aristoteles, *Nikomachische Ethik* 1177 b 33: »Unsterbliches zu
denken und alles zu tun, um nach dem zu leben, was in uns
das Höchste ist«, d. h. gemäß dem Geist (νοῦς) und der
›Theorie‹ (θεωρία).

361,35 f. *Von Tagen der Lieb', | Und Taten, welche gesche-hen]* Vgl. die Analogie zu diesem Inhalt des Andenkens und auch zu der anschließend zum Ausdruck gelangenden Einsamkeit des Dichters (v. 37: »Wo aber sind die Freunde?«) in dem hymnischen Entwurf *Die Titanen,* v. 5-12: »Indessen, gib in Feierstunden | Und daß ich ruhen möge, der Toten | Zu denken. Viele sind gestorben | Feldherrn in alter Zeit | Und schöne Frauen und Dichter | Und in neuer | Der Männer viel | Ich aber bin allein«.

361,37 *Bellarmin]* Vgl. den Überblickskommentar.

361,38 *Mit dem Gefährten]* Vielleicht ein Druckfehler statt »den Gefährten«.

361,39 *Quelle]* Vgl. den Überblickskommentar.

361,44 *Den geflügelten Krieg]* Vgl. *Der Archipelagus,* v. 81: »des Schiffes Flügel« (= die Segel).

361,45 *jahrlang]* Damit wird die Verfallenheit an die Zeit und an die Vergänglichkeit pointiert (vgl. *Hyperions Schick-salslied,* v. 24), auch der Aspekt des bloß Quantitativen (vgl. *Der Archipelagus,* v. 87).

361,45 f. *unter | Dem entlaubten Mast]* Diese Formulie-rung akzentuiert das gleichsam Kahle, auf die Freuden des Lebens, von denen die folgenden Verse sprechen, asketisch verzichtende Dasein der Seefahrer.

361,49 *zu Indiern]* Die Form »Indier« ist zu Hölderlins Zeit allgemein verbreitet. Herder verwendet sie in seinen *Ideen zur Philosophie der Geschichte der Menschheit* (vgl. vor allem II 10, 6) und noch Friedrich Schlegel, wie schon der Titel seiner Schrift *Über die Sprache und Weisheit der Indier* erkennen läßt. Für Herder ist Indien die Urheimat aller menschlichen Kultur und Religion, und so erhält es bei ihm die Wertigkeit des beinahe in die Sphäre des Absoluten gerückten Ursprungs, wie dann vollends bei den Roman-tikern. Vgl. besonders die *Ideen zur Philosophie der Geschichte der Menschheit,* Zweiter Teil, 10. Buch, Kapitel VI.

361,51 *an der luftigen Spitz']* Wohl die schmale Landspit-ze (Bec d'Ambès) am Zusammenfluß der Garonne und der Dordogne, wo die »meerbreite« (v. 55) Gironde entsteht.

362,56-59 *Es nehmet aber* | *Und gibt Gedächtnis die See,* | *Und die Lieb' auch heftet fleißig die Augen,* | *Was bleibet aber, stiften die Dichter*] Unter dem Gesichtspunkt des Bleibenden fassen diese Schlußverse die drei Bereiche zusammen, denen das Gedicht im ganzen gilt: den der »Tat«, für den die See und die Seefahrer stehen, den der »Lieb'« und den des »Dichters«.

Die Sphäre der Tat mit ihren ständig wechselnden Ereignissen nimmt und gibt Gedächtnis in ewigem Auf- und Niederwogen, gewährt also keinen Halt und kein Bleiben. Der tragisch offene und zugleich leere Horizont dieses Tatbereichs wird in der 4. und in der ersten Hälfte der 5. Strophe dargestellt: Die Männer bringen in kampf- und entsagungsvoller Mühe »zusammen das Schöne der Erd«, aber dann verschwinden sie selbst in die weiteste Ferne, sie werden von der Sphäre verschlungen, in der sie um die Verwirklichung eines Sinns gerungen haben (ebenso wie die »Männer«, die »Schiffer« in die äußerste Ferne, zu »Indiern« entschwinden, so entschwindet Alabanda, Hyperions heroisch aktiver Freund, nach dem letzten Abschied in eine leere Ferne). In den Bericht von der ganz auf heroische Wirksamkeit gerichteten Freundschaft mit Alabanda flicht der zurückblickende Hyperion die resignierte Bemerkung ein (Bd. II, S. 38): »⟨. . .⟩ es geht alles auf und unter in der Welt, und es hält der Mensch mit aller seiner Riesenkraft nichts fest«.

»Und die Lieb' auch heftet fleißig die Augen«: Das Wort »heftet« zeigt, daß es wieder – vorher deutet das Wort »Gedächtnis« darauf – um ein Beständiges, Bleibendes geht. Indem die Liebe die Augen »heftet«, fixiert, möchte sie dem Blick des Liebenden seinen Gegenstand bleibend machen. Vgl. *Der Tod des Empedokles*, 2. Fassung, v. 650-654: »Dich entzündet große Seele, der Tod | Des Großen, aber es sonnen | Die Herzen der Sterblichen auch | An mildem Lichte sich gern, und *heften* | *Die Augen an Bleibendes*«; *Die Titanen*, v. 60f.: »⟨. . .⟩ und es sind nicht umsonst ⟨in erfüllter Zeit⟩ | Die Augen an den Boden geheftet«. Das Wort »fleißig«

signalisiert das letztlich vergebliche Bemühen. Es ist ebenso der Zeit verfallen wie die heroische Anstrengung der
Seefahrer – aus dieser Analogie, auf die es eigentlich ankommt, erklärt sich das »auch«: »Und die Lieb' *auch* heftet
fleißig die Augen«.

Der Vers »Was bleibet aber, stiften die Dichter« geht
zunächst von einer großen Tradition aus, obwohl er sie nur
äußerlich, nicht dem Sinn nach fortsetzt. In dieser Tradition
sind es die Dichter, die durch ihr Werk den sonst bald
vergessenen Taten der Helden und der sonst schnell vergänglichen Schönheit der Frauen – den »Tagen der Lieb'« –
Dauer verleihen. Die antike Dichtung, an der sich Hölderlin vor allem orientiert, bietet viele Beispiele für diese
Vorstellung. Bei Pindar, den Hölderlin ja übersetzte, finden
sich mehrere dieser Beispiele, so am Ende der 3. Pythischen
Ode und in der 7. Nemeischen Ode (v. 12-16): »⟨. . .⟩ große
Taten versinken im Dunkel, wenn sie ohne Preisgesänge
bleiben«. Horaz widmet diesem Thema ein ganzes Gedicht
(*Carmina* IV 8). Häufig erscheint es als Gemeinplatz in die
Dichtungen eingestreut, gelegentlich sogar ganz nahe an
Hölderlins Formulierung, so bei Ovid, *Amores* III 9,29:
»Durat, opus vatum, Troiani fama laboris«: »Es dauert, als
Werk der Dichter, der Ruhm des Trojanischen Krieges«.
Seit der Renaissance lebt dieser Topos auch in der moder-
nen Literatur auf. Michelangelo weist in einem seiner
Sonette an Vittoria Colonna (»com esser donna puo ⟨. . .⟩«)
auf die verewigende Kraft seiner Poesie hin, und Shake-
speare verfolgt diesen Grundgedanken in einer ganzen
Reihe von Gedichten, so in den Sonetten 55, 100, 101, 107.
Für Hölderlins Zeitgenossen ist diese Vorstellung ein
selbstverständlicher Besitz. Wilhelm Meister sagt in dem
großen Gespräch über die Dichter im zweiten Buch der
Lehrjahre, indem er auf Augustus und Vergil anspielt und
darauf, daß durch den Dichter Vergil die Taten des Kaisers
verewigt wurden: »⟨. . .⟩ der Überwinder der Welt huldigte
einem Dichter, weil er fühlte, daß ohne diesen sein unge-
heures Dasein nur wie ein Sturmwind vorüberfahren wür-

de«. Und ähnlich variiert Hölderlin selbst diesen Topos
schon im *Tod des Empedokles*, wo es im Hinblick auf die
Verewigung großer Frauengestalten, etwa Antigones, im
Werk des Dichters Sophokles heißt (1. Fassung, v. 119-
122): »⟨. . .⟩ jede wünscht sich, ein Gedanke | Des Herrli-
chen zu sein, und möchte gern | Die immerschöne Jugend,
eh sie welkt | Hinüber in des Dichters Seele retten ⟨. . .⟩«. –
Doch läßt Hölderlin im Schlußvers von *Andenken* den traditionellen Topos nur anklingen, um ihn in einen anderen,
weiteren Horizont zu rücken. In ihm geht es nicht um
gedächtnishafte Fixierung des Vergangenen für die Nachwelt durch die Dichtung, vielmehr um ein dichterisches
Stiften des Bleibenden aus einem höchsten Bewußtsein, in
dem der Dichter alles einzelne, nicht zuletzt die für das
menschliche Dasein repräsentativen Sphären von Liebe
und Taten, im doppelten Sinne des Wortes aufhebt, um es so
zur Dauer des Bleibenden zu vermitteln, die dem Einzelnen
an sich nicht zukommt und die es nur durch die Vermittlung zum Ganzen erhalten kann. Vgl. hierzu den Überblickskommentar.

⟨Der Ister⟩

Die wahrscheinlich 1803 entstandene, wohl unvollendete
Hymne ist ohne Überschrift überliefert. Der Entwurfs-
handschrift (v. 1-49) geht die letzte Strophe des Gedichts
Andenken voraus, die darauf folgende Haupthandschrift hat
teilweise reinschriftlichen Charakter. Die ersten drei Strophen zählen regelmäßig 20 Verse.
    Die nach v. 21 formulierte Überschrift ist die lateinische
Bezeichnung für die Donau. Vgl. die Erläuterung zu v. 21.

ÜBERBLICKSKOMMENTAR Das Gedicht zeigt eine Doppelbewegung. Erstens, in der Anfangsstrophe, eine Bewegung
vom äußersten Osten, vom »Indus« (v. 7) über Griechenland (»Alpheus«, v. 9) zum Ursprungsgebiet der Donau
und ihrem Oberlauf durch die Schwäbische Alb (vgl.
v. 35ff., v. 41ff. und v. 61ff., sowie die Erläuterungen

dazu), also nach Deutschland. Das ist eine Figuration der
von Hölderlin auch in anderen Gedichten gestalteten Vorstellung von der ost-westlichen Kulturwanderung. Vgl.
hierzu den ausführlich auf den Traditionshintergrund der
›translatio artium‹ eingehenden Überblickskommentar zu
der Hymne *Am Quell der Donau* (S. 843-845), sowie *Germa-
nien*, v. 42-48: »Und der Adler, der vom Indus kömmt, | Und
über des Parnassos | Beschneite Gipfel fliegt, hoch über den
Opferhügeln | Italias, und frohe Beute sucht | Dem Vater,
nicht wie sonst, geübter im Fluge | Der Alte, jauchzend
überschwingt er | Zuletzt die Alpen und sieht die vielge-
arteten Länder«. Vgl. auch den späten hymnischen Entwurf
Der Adler, in dem ebenfalls die ost-westliche Kulturwanderung im Bild des Adlerfluges vom Indus über Griechenland und schließlich über die Alpen dargestellt wird. – Vom
Anfang der 3. Strophe an aber wird der Lauf der Donau
nach Osten thematisiert, wobei der Lauf des Flusses – »Strö-
me machen urbar | Das Land«, heißt es schon in v. 16f. – zur
Metapher kulturschaffender, schöpferischer Energie wird.
Unter diesem Aspekt erscheint dem ungeduldigen Dichter
der Oberlauf der Donau im Ursprungsgebiet und in der
Schwäbischen Alb »allzugeduldig« (v. 58).

362,6 *Waldgeschrei]* Ein alter Ausdruck für den Vogelgesang im Walde. Belege in Grimms *Deutschem Wörterbuch*.
Der intensivierende Ausdruck ist wegen des zu Tagesan-
fang (vgl. v. 3) besonders starken Vogelgesangs gewählt.
362,7 *Wir singen aber]* Wie der Ausdruck »Waldgeschrei«
für den Vogelgesang im vorausgehenden Vers, so deutet
nun das Wort »singen« und in v. 11 das Wort »Schwingen«
auf die Vögel. Vgl. den späten hymnischen Entwurf *Der
Adler*, in dem der Adler der Sprechende ist.
362,7-9 *vom Indus her | Fernangekommen und | Vom Al-
pheus]* Vgl. den Überblickskommentar. Der Alpheus (dreisilbig zu sprechen, mit dem Ton auf dem e) ist ein Fluß bei
Olympia; er steht pars pro toto für Griechenland und seine
Kultur.

362,10 *Das Schickliche]* Das vom Schicksal uns Bestimmte, das zugleich das uns Zukommende, Angemessene
(καϑῆκον) ist. Zum Wortgebrauch vgl. auch die Erläuterung zu *Blödigkeit*, v. 21-24.

362,11-13 *mag* | *Zum Nächsten einer greifen* | *Gerade-
zu]* »Mag« ist in der alten Bedeutung von »kann« zu
verstehen (vgl. »vermögen«, »Macht«). »Auf die andere Seite« (v. 14), d. h. auf das gegenüberliegende Ufer kann man
»ohne Schwingen« nicht direkt, nicht »geradezu« kommen.
»Geradezu« im Sinn von »direkt«, »ohne Umwege«, gebraucht Hölderlin öfters. Vgl. den undatierten Brief an
Susette Gontard (Nr. 196): »⟨. . .⟩ ich habe fast 2 Monate
unter Zubereitungen zu dem Journale verloren, und kann
nun, um mich nicht von meinem Verleger länger herum-
ziehen zu lassen, wohl nichts besseres tun, als ihm zu
schreiben, ob er nicht lieber die Produkte, die ich für das
Journal bestimmt hatte, *geradezu* annehmen wolle ⟨. . .⟩«;
ferner den Brief an die Mutter vom 12. März 1795: »Ob
Schiller die Vokation angenommen hat, oder nicht, weiß ich
selbst nicht. Er erklärte sich nicht deutlich, und so *geradezu*
fragen konnt' ich auch nicht«; sowie den Brief an die
Schwester vom April 1797 (Nr. 99): »⟨. . .⟩ die Exemplare
⟨des Hyperion⟩, die ich für mich bestellte, hat die l. Mutter
geradezu hieher geschickt ⟨. . .⟩«. Auch bei den Zeitgenossen ist dieser Wortgebrauch verbreitet; vgl. Goethe, *Die
Wahlverwandtschaften* (Hamburger Ausgabe, Bd. 6, hg. v.
Erich Trunz, München ¹⁰1981, S. 286): »Ich mag mit Bür-
gern und Bauern nichts zu tun haben, wenn ich ihnen nicht
geradezu befehlen kann«.

362,16ff. *Denn Ströme . . .]* Vgl. Hölderlins Deutung des
Pindarfragments *Das Belebende* (Bd. II).

362,21 *Ister]* So nannten die Griechen die Donau
(Istros).

362,22 *Schön wohnt er]* Derselbe Gräzismus (ναιετάειν =
»wohnen«, »gelegen sein«) in *Patmos*, v. 60.

362,22 *Es brennet der Säulen Laub]* Wahrscheinlich erklärt sich diese Vorstellung aus dem im Donautal der

Schwäbischen Alb vorherrschenden Buchenwald: Die Buchen haben oft einen säulenartig geraden und glatten Wuchs und tragen im Herbst ein intensiv gelb- und rotbraun gefärbtes, gleichsam brennendes Laub.

362,24 *aufgerichtet, untereinander*] An den steilabstürzenden Hängen des Donautals in der Schwäbischen Alb stehen die Bäume gewissermaßen etagenweise über- und untereinander.

362,24-363,26 *darob* | *Ein zweites Maß, springt vor* | *Von Felsen das Dach*] Über den baumbewachsenen Hängen des Donautals in der Schwäbischen Alb ragen noch steile Felsen empor. Sie bilden über dem Höhenmaß der Bäume ein »zweites Maß« und, als oberster Teil, gleichsam das »Dach« der Mittelgebirgslandschaft.

363,28ff. *Herkules . . .*] Die nun folgende Geschichte erzählt Pindar im 3. Olympischen Siegeslied, dessen Anfang Hölderlin übersetzt hat, v. 12-17 (neuer Zählung, in Hölderlins Übersetzung v. 23-32): Herkules, der Stifter der Olympischen Spiele, sei zu den Hyperboreern, einem hoch im Norden wohnenden Volk gegangen, um »von des Isters schattigen Quellen« (so Hölderlins Übersetzung der 3. Olympischen Ode, v. 25 seiner Zählung) den schattenspendenden Ölbaum zu holen, denn die Kampfstätte zu Olympia war ohne Bäume, so daß die Kämpfer der sengenden Sonne ungeschützt preisgegeben waren. Nach seiner Rückkehr pflanzte Herkules die Bäume um die Kampfbahn (der Ölzweig wurde seither, wie Pindar erzählt, zum Siegeskranz der besten Wettkämpfer). Die Wendung »Da der, sich Schatten zu suchen« bedeutet also nicht, daß Herkules nach Norden kam, um sich dort im Schatten niederzulassen, sondern, daß er diesen Schatten zur Kühlung der brennenden Hitze im Süden mitnahm. Weil der Süden, von der Donau aus gesehen, auf der Landkarte unten liegt, heißt es in v. 29: »am Olympos *drunten*«.

363,35 *An die Wasserquellen hieher und gelben Ufer*] Von den Quellen des Isters spricht Pindar ausdrücklich (vgl. die vorangehende Erläuterung); die Ufer heißen »gelb«, weil der Kalkstein der Schwäbischen Alb von einer gelblichen Farbe ist. Vgl. auch Vergil, *Georgica* III 350.

363,41f. *Der scheinet aber fast | Rückwärts zu gehen]* Vgl. die Erläuterung zu v. 67.

363,47 *An den Bergen]* An den Bergen der Schwäbischen Alb.

363,51f. *damit es Sonn | Und Mond trag' im Gemüt']* Vgl. *Der Archipelagus*, v. 25ff., wo die Widerspiegelung der »Kräfte der Höhe« im Meer in ähnlicher Weise auf die Allverbindung deutet. So vereinigen die Ströme Himmel und Erde, und so vermitteln sie auch die »Himmlischen« (v. 54) untereinander.

363,56-58 *Denn wie käm er | Herunter? Und wie Hertha grün, | Sind sie die Kinder des Himmels]* Hier wird noch einmal das Allverbindende des Stroms betont, die Vermittlung zwischen Himmel und Erde, zwischen Strom und (»grünem«) Land. – »er«: Das ist der »Höchste« (v. 56), dessen »Herunter«-kommen zur Erde sich durch die Spiegelung des Himmels im Strom zeichenhaft vollzieht. Und wie »Hertha« – ein aus der germanischen Mythologie stammender Name für die Erde (vgl. *Emilie vor ihrem Brauttag*, v. 208 [Bd. II]: »Hertha grünt«) – »grün« ist, so sind die Kinder des Himmels, die Ströme, auch grün, d. h. das grüne Land spiegelt sich, zum Zeichen der Verbindung, im Strom.

363,58-60 *Aber allzugedultig | Scheint der mir, nicht | Freier]* Hier wird der Gedankengang wiederaufgenommen, der nach der Feststellung, daß der Rhein »seitwärts hinweggegangen« ist (v. 48f.), unterbrochen wurde. – »Allzugedultig« heißen die Deutschen in der Hymne *Die Wanderung* (v. 105). – »nicht | Freier«: Der »Freier«, der Brautwerber, der zu seinem Ziele kommen möchte, ist nicht »allzugedultig«. Der Konnex Freier-Geduld kommt auch in der Elegie *Stutgard* vor (v. 25f.): »⟨. . .⟩ willst du | Freien, habe Geduld, Freier beglücket der Mai«.

364,63 *ein anderer]* Der Rhein. Der Satz »es treibet« bis »Lüfte« (v. 66) ist eine Parenthese.

364,67 *Ist der zufrieden]* »Der« = »dieser«. Hölderlin gebraucht in seinen späten Gedichten den bestimmten Artikel gern in der ursprünglichen demonstrativen Bedeutung. Die Darstellung des »allzugedultigen« und »zufriedenen« Isters, gerade dort, wo »angehen soll der Tag | In der Jugend, wo er zu wachsen | Anfängt«, ist eine mythische Deutung des oberen Donaulaufs: Die Donau ist von ihrem Beginn bei Donaueschingen, wo sich ihre Quellflüsse Brege und Brigach vereinigen, bis zum Verlassen der Schwäbischen Alb ein gemächlich dahinziehendes, unscheinbares Flüßchen, das in dem Tal, das ihr Durchbruch durch die Schwäbische Alb bildet, durch Versickerung im Kalkstein viel Wasser verliert und dadurch beinahe zu schwinden scheint.

364,68 *Es brauchet aber Stiche der Fels*] Im Durchbruchstal der Schwäbischen Alb verläuft die Donau oft zwischen steilen Felswänden. Das Wort »Stiche« deutet auch auf eine geläufige, von Hölderlin übernommene Etymologie des Wortes »Kentaur« (von κεντεῖν = »stechen«), und der Kentaur ist für Hölderlin in dieser Zeit der Inbegriff des schöpferischen »Stromgeists«. Vgl. seine Deutung des Pindarfragments *Das Belebende* (Bd. II): »Der Begriff von den Centauren ist wohl der vom Geiste eines Stromes, sofern der Bahn und Grenze macht, mit Gewalt, auf der ursprünglich pfadlosen aufwärtswachsenden Erde«.

Mnemosyne

Die wahrscheinlich noch im Jahr 1803 entstandene Hymne ist in zwei verschiedenen Handschriften überliefert. Erstens im Entwurfsstadium auf einem separaten Doppelblatt (Homburg I 17-18, dort I 18ᵛ), zweitens auf den letzten Seiten des Homburger Folioheftes (Homburg F, dort S. 90/91/92). Der Entwurf trug zuerst die Überschrift *Die Schlange*, sie wurde gestrichen und durch die neue Überschrift *Das Zeichen* ersetzt. Der Entwurf reicht bis zu v. 35 der Endfassung: »Am Feigenbaum ist mein | Achilles mir gestorben«; die erste Strophe hat noch eine gänzlich andere Gestalt und blieb in den ersten Versen fragmentarisch. Sie lautet:

<pre>
                    aber es haben
        Zu singen
                    Schön ist
</pre>
Der Brauttag bange sind wir aber
Der Ehre wegen. furchtbar gehet
Es ungestalt, wenn Eines uns
Zu gierig genommen. Zweifellos
Ist aber der Höchste; der kann täglich
Es ändern. Kaum bedarf er
Gesetz, wann nämlich es
Bei Menschen bleiben soll. Viel Männer möchten da
Sein, wahrer Sache. Nicht vermögen
Die Himmlischen alles. Nämlich es reichen
Die Sterblichen eh' an den Abgrund. Also wendet es sich
Mit diesen. Lang ist
Die Zeit, es ereignet sich aber
Das Wahre.

Die zweite Strophe nähert sich schon in diesem Entwurf
der Endfassung an. Sie lautet:

Wie aber liebes? Sonnenschein
Am Boden sehen wir und trockenen Staub
Und tief mit Schatten die Wälder und es blühet
An Dächern der Rauch, bei alter Krone
Der Türme, friedsam; und es girren
Verloren in der Luft die Lerchen und unter dem Tage
                                        weiden
Wohlangeführt die Schafe des Himmels.
Und Schnee, wie Maienblumen
Das Edelmütige, wo
Es seie, bedeutend, glänzet mit
Der grünen Wiese
Der Alpen, hälftig, da ging
Vom Kreuze redend, das
Gesetzt ist unterwegs einmal
Gestorbenen, auf der schroffen Straß
Ein Wandersmann mit
Dem andern, aber was ist dies?

Als Hölderlin zu der Niederschrift im Homburger Folioheft ansetzte, wählte er zunächst die Überschrift *Die Nymphe*, bevor er, wahrscheinlich erst nach der letzten Ausformulierung der Schlußstrophe, in der erstmals Mnemosyne
genannt wird, darunter den endgültigen Titel *Mnemosyne*
schrieb. Er griff zunächst den Entwurf der 1. Strophe auf,
ersetzte ihn dann aber in v. 1-8 durch eine vollständig neu
formulierte Partie und änderte die darauf folgende Partie
teilweise. Die neu konzipierte 1. Strophe lautet nun (an
einigen Stellen erlaubt die Handschrift keine sichere Entscheidung):

> Ein Zeichen sind wir, deutungslos
> Schmerzlos sind wir und haben fast
> Die Sprache in der Fremde verloren.
> Wenn nämlich über Menschen
> Ein Streit ist an dem Himmel und gewaltig
> Die Monde gehn, so redet
> Das Meer auch und Ströme müssen
> Den Pfad sich suchen. Zweifellos
> Ist aber Einer. Der
> Kann täglich es ändern. Kaum bedarf er
> Gesetz. Und es tönet das Blatt und Eichbäume wehn
>   dann neben
> Den Firnen. Denn nicht vermögen
> Die Himmlischen alles. Nämlich es reichen
> Die Sterblichen eh' an den Abgrund. Also wendet es
>   sich, das Echo
> Mit diesen. Lang ist
> Die Zeit, es ereignet sich aber
> Das Wahre.

Doch behielt Hölderlin die 1. Strophe auch in dieser weitgehend neuen Form nicht bei. Er ersetzte sie durch die
endgültige, im Textteil abgedruckte Strophe »Reif sind, in
Feuer getaucht ⟨. . .⟩«. Daß diese Strophe die endgültige
1. Strophe ist und die bisherige ersetzen sollte, ergibt sich
daraus, daß Hölderlin den Entwurf zu dieser endgültigen
1. Strophe, nachdem er ihn auf der Seite neben der bishe-

rigen ersten Strophe niedergeschrieben hatte und bevor er
unter ihm die endgültige 1. Strophe sofort anschließend
ausformulierte, mit den gleichen Zählpunkt-Markierungen
versah, mit denen er auch die 2. und 3. Strophe in ihrer
endgültigen Form auf die vorgesehene, allen Strophen gemeinsame Verszahl hin durchzählte – nicht aber die zunächst vorgesehene 1. Strophe. Die endgültige Form der
2. Strophe bringt gegenüber der zunächst konzipierten
(S. 1032) mehrere Änderungen.

   Die 3. Strophe entsteht in zwei Arbeitsphasen. Nachdem
der Entwurf, jedenfalls soweit er erhalten blieb, nur bis zu
den beiden ersten Versen (»Am Feigenbaum ist mein |
Achilles mir gestorben«) geführt hatte, schrieb Hölderlin
die 3. Strophe zunächst in folgender Form nieder:

Am Feigenbaum ist mein
Achilles mir gestorben,
Und Ajax liegt
An den Grotten, nahe der See,
An Bächen, benachbart dem Skamandros.
Vom Genius kühn ist   bei Windessausen, nach
Der heimatlichen Salamis süßer
Gewohnheit, in der Fremd'
Ajax gestorben
Patroklos aber in des Königes Harnisch. Und es starben
Noch andere viel. Mit eigener Hand
Viel traurige, wilden Muts, doch göttlich
Gezwungen, zuletzt, die anderen aber
Im Geschicke stehend, im Feld. Unwillig nämlich
Sind Himmlische, wenn einer nicht die Seele schonend
                                                     sich
Zusammengenommen, aber er muß doch; dem
Gleich fehlet die Trauer.

In einer zweiten, möglicherweise sofort folgenden Phase
überarbeitete er diesen Text, und dabei ersetzte er dessen
Schlußpartie durch eine am Rand niedergeschriebene neue,
im Textteil abgedruckte, in der nun Mnemosyne genannt
wird.

Zur editorischen Entscheidung dieser Ausgabe vgl. S. 1037.

ÜBERBLICKSKOMMENTAR Mnemosyne, die »Erinnerung«, ist in der griechischen Mythologie die Mutter der Musen (Hesiod, *Theogonie*, v. 53f.) und insofern der Ursprung aller Künste, nicht zuletzt der Dichtung. In Hölderlins Hymne hat Mnemosyne eine doppelte Valenz. Einerseits ist Mnemosyne die Kraft des »treuen« (vgl. v. 14) Bewahrens und »Behaltens«, worauf die 1. Strophe mehrmals abhebt (v. 5-8, v. 13f.) – und sie hebt darauf gerade angesichts des zerstörerischen Drangs ins »Ungebundene« (v. 13) ab, der als drohendes Schicksal in den apokalyptischen Bildern der ersten Strophe und später als Los der Helden und des Dichters beschworen wird. Andererseits aber ist Mnemosyne, wie die 2. Strophe von der Mitte ab und dann die Schluß-strophe zeigen, auch die selbst tödlich bedrohende Erinne-rung an das Tödliche der Geschichte, ans Vergangene in seiner Vergänglichkeit, wie es sich besonders im Los der Heroen darstellt, vor allem in dem Achills und des Ajax. Und in dieser existenzbedrohenden Art des Erinnerns »muß« (v. 50) der Dichter der gleichen »zornigen« Melan-cholie verfallen, wie die Heroen selbst, an die er sich erinnert.

Der Verlauf der Hymne – sie hat den für Hölderlin typischen Prozeßcharakter – ist demnach so, daß Mnemo-syne zuerst als eine gegen die Tendenz zum »Ungebunde-nen« gerichtete, bewahrende und *existenzsichernde* Kraft angerufen wird, dann aber in dem Maße, wie sich ihr der »fern ahnende« (v. 33) Dichter tatsächlich hingibt, im Ge-genteil *existenzauflösende* Energien entbindet. Darin erweist sich *psychologisch* die Unentrinnbarkeit des Drangs ins Un-gebundene, eine Unentrinnbarkeit, die sich *kosmisch* schon in der ersten Strophe als Auflösung der »alten | Gesetze der Erd« (v. 11f.) manifestiert. Ethos und Pathos widerstreiten sich. Das Ethos verlangt von Anfang bis zum Ende die Bändigung des zerstörerisch entgrenzenden Drangs ins

»Ungebundene«. Besonders kommt das ethische Moment in den imperativischen und exhortativen wie auch in den bewertenden Aussagen der Anfangs- und der Schlußstrophe zur Geltung, dort, wo es heißt, daß vieles »zu behalten« sei, auch wenn es schwerfällt (»Wie auf den Schultern eine | Last von Scheitern«, v. 6f.), daß »Not die Treue« sei (v. 14), schließlich, daß derjenige, welcher dem Entgrenzungsdrang nicht widersteht, sich »nicht ⟨. . .⟩ zusammengenommen« hat (v. 49f.), und daß dem gleich die Trauer eine Verfehlung darstelle (»fehlet«, v. 51). Das Pathos aber liegt in der tragisch entgrenzenden Erfahrung der Helden wie des Dichters, gegen die das Ethos nichts mehr auszurichten vermag, auch wenn es noch im letzten Satz aufrechterhalten wird.

Leitvorstellungen

Schon in der 1. Strophe beherrschend ist die aus der stoischen Kosmologie stammende Vorstellung der ›Ekpyrosis‹, d. h. von der Auflösung der Welt im Feuer (v. 1: »in Feuer getaucht«) am Ende einer Weltperiode, die mit ihrem Ende auch »reif« (v. 1) zum Untergang ist. Dies ist nach stoischer Lehre ein sich periodisch erfüllendes kosmisches »Gesetz« (v. 2). Die Auflösung im Feuer wird in der stoischen Kosmologie so vorgestellt, daß das Feuer aus dem Verbund der vier Elemente (der »gefangenen | Element'«, v. 10f.) ausbricht, so die eben in diesem Verbund bestehende Gesetzlichkeit irdischen Lebens (die »alten | Gesetze der Erd«, v. 11f.) zerstört und, entbunden, ins All-Feuer des Äthers übergeht. Diese Vorstellung der Ekpyrosis hat Hölderlin zum ersten Mal in der Ode *Gesang des Deutschen,* v. 33-36, prägnant übernommen (vgl. hierzu die genaue Erläuterung, S. 641). In der späten Zeit, in der *Mnemosyne* entstanden ist, verwendet er sie, wie auch andere apokalyptische Vorstellungen, auffallend häufig, so in der thematisch der Hymne *Mnemosyne* deutlich analogen Ode *Tränen,* in *Lebensalter,* in dem hymnischen Entwurf *Griechenland* (3. Ansatz), v. 17ff., aber auch schon in der Ode *Stimme des*

Volks. Und immer wieder deutet er den kosmologischen Vorgang der Ekpyrosis ebenso psychologisch um, ja er erhebt die Ekpyrosis ebenso zur Metapher eines psychischen Dranges wie in *Mnemosyne,* v. 12f.: »Und immer | Ins Ungebundene gehet eine Sehnsucht«. In der Schlußstrophe kommt die Ekpyrosis dann noch einmal in extrem verschlüsselter Form ins Spiel (vgl. die Erläuterung zu v. 46-48).

Die Ersetzung der zunächst niedergeschriebenen 1. Strophe (»Ein Zeichen sind wir ⟨. . .⟩«) durch die endgültige 1. Strophe hat ihren Grund darin, daß Hölderlin die Anfangsstrophe in Vorstellungen der *griechischen* Apokalypse – dies ist die Ekpyrosis – transponieren wollte. Denn um eine solche Transposition handelt es sich: Die Strophe »Ein Zeichen sind wir ⟨. . .⟩« zitiert noch *biblisch*-apokalyptische Vorstellungen in v. 4-8: »Wenn nämlich über Menschen | Ein Streit ist an dem Himmel und gewaltig | Die Monde gehn, so redet | Das Meer auch und Ströme müssen | Den Pfad sich suchen« (nach Apokalypse 12,7: »Und es erhub sich ein Streit im Himmel ⟨. . .⟩«, und Luk. 21, 25: »Und es werden Zeichen geschehen an Sonne und Mond und Sternen ⟨. . .⟩ und das Meer und die Wasserwogen werden brausen«). Entscheidendes Motiv für die Ablösung dieser biblischen Apokalyptik durch die griechische Apokalyptik der Ekpyrosis-Lehre war, daß nur die Ekpyrosis in vollkommener Weise den Grundgedanken der tragischen Entgrenzung zum Ausdruck zu bringen vermochte, und daß sie darin mit der anderen Leitvorstellung des furor heroicus und furor poeticus übereinstimmt (vgl. den folgenden Abschnitt). Insgesamt ergibt sich daraus, daß Hölderlin die zunächst niedergeschriebene 1. Strophe »Ein Zeichen sind wir ⟨. . .⟩« als der Konzeption seiner Hymne nicht genügend erachtete. Deshalb ist es problematisch, eine eigene »Fassung« mit dieser Strophe zu konstituieren (wie in der *Großen Stuttgarter Ausgabe* und in den ihr folgenden Ausgaben).

Der psychologischen Deutung der Ekpyrosis als eines

Drangs »ins Ungebundene« entsprechen die beiden anderen
Leitvorstellungen: diejenige vom »furor heroicus« und die
vom »furor poeticus«, welche die 2. und 3. Strophe bestimmen. Diese Leitvorstellungen stehen ganz im Zeichen des
Tödlichen, ja Selbstzerstörerischen: In der 3. Strophe heißt
es, daß Achilles »gestorben« (v. 36) ist, daß Ajax »gestor-
ben« (v. 43) ist und daß »starben | Noch andere viel«
(v. 44f.) — nachdem in der 2. Strophe das Kreuz, »das |
Gesetzt ist unterwegs einmal | Gestorbenen«, die dichterisch
»fernahnende« (v. 33) Erinnerung (Mnemosyne) an die gestorbenen Helden ausgelöst hat. Gestorben sind die beiden
größten Helden der *Ilias*, Achill und Ajax, an den Folgen
ihres Zorns. Schon der erste Vers der *Ilias* nennt ja den
»Zorn« des Achill als entscheidendes Moment des Gesamtgeschehens. Und auch den Ajax — Hölderlin selbst hat aus
dem *Aias* des Sophokles übersetzt — kennzeichnet ein besonderer Zorn. Von ihm ist gerade in der von Hölderlin
übersetzten Partie die Rede. Doch greift Hölderlin für die
eigentliche Konzeption der Hymne *Mnemosyne* nicht auf
diese antiken Dichtungen zurück, denn in ihnen kommt
dem Zorn noch keineswegs eine ekstatisch-entgrenzende
Qualität zu; vielmehr nimmt er die *neuplatonische Umdeutung*
des furor heroicus auf, der in seinem Seelenübermaß selbst-
zerstörerisch ins Unendliche drängt. Dieses zerstörerische
Seelenübermaß, das der »ins Ungebundene« gehenden
Sehnsucht entspricht, von der schon in der 1. Strophe die
Rede ist, kommt an mehreren Stellen zur Sprache. So nennt
v. 49f. »einen«, der »nicht die Seele schonend sich | Zusam-
mengenommen«, und in der ursprünglichen Form der
Schlußstrophe (vgl. S. 1034), folgen auf den Passus »Und es
starben | Noch andere viel« (v. 45f.) noch die Worte: »Mit
eigener Hand | *Viel traurige, wilden Muts*, doch göttlich |
Gezwungen, zuletzt ⟨. . .⟩«. Vermittelt von Marsilio Fici-
nos neuplatonisch-mystischem Kommentar zu Platons
Symposion, seiner für das Thema programmatischen Schrift
De divino furore und entsprechenden Partien in der für den
Traditionsprozeß zentralen *Theologia Platonica* hat die neu-

platonische Vorstellung vom furor heroicus ihre größte neuzeitliche Entfaltung in Giordano Brunos Schrift *De gl' heroici furori* erfahren. In der Ode *Tränen* spielt Hölderlin wörtlich exakt auf diesen neuplatonisch verstandenen furor heroicus an, der in selbstzerstörerischer Radikalität über alles Irdische ins »Ungebundene« hinausdrängt: er spricht vom Übermaß der »zorn'gen Helden« (v. 11; vgl. die Erläuterungen zu der Ode *Tränen*, S. 820f.).

Den Helden Achill und Ajax, denen ihr ›Zorn‹ zum Schicksal geworden ist, stellt sich der Dichter identifikatorisch zur Seite, wie schon die Formulierung »Am Feigenbaum ist *mein* | Achilles *mir* gestorben« zeigt. Er identifiziert sich mit ihnen gerade unter der entscheidenden Kategorie des Zorns, denn als dichterischer »Wandersmann« (v. 32, vgl. die Einzelerläuterung hierzu) geht er »*zornig*, | Fern ahnend« (v. 32f.), indem ihn seine Erinnerung an die griechischen Helden fortreißt – fortreißt zur Erinnerung ihres Todesverhängnisses. So stellt er sein dichterisch entgrenzendes Erinnerungsvermögen (Mnemosyne), das zur zerstörerischen, weil zum Selbstverlust führenden »Trauer« (v. 51) wird, als dichterischen ›Zorn‹, als tragischen furor poeticus dem gleichfalls tragischen furor heroicus an die Seite. Gerade in der Erinnerung vollzieht sich die Identifikation mit dem entgrenzenden Los der Helden, weil die Erinnerung selbst zum Entgrenzungserlebnis wird. Zu der tragischen Identifikation des Dichters mit den Helden vgl. auch die Einzelerläuterung zu v. 44 sowie den Satz aus dem 2. Brief an Böhlendorff (Nr. 241): »⟨. . .⟩ wie man Helden nachspricht, kann ich wohl sagen, daß mich Apollo geschlagen«.

364,1 *Reif sind, in Feuer getaucht, gekochet]* Zu der strukturbildenden Vorstellung der Ekpyrosis vgl. den Überblickskommentar. »Kochen« ist ein besonders in der lateinischen Literatur verbreiteter Ausdruck (»coquere«) für das Reifen von Früchten, vgl. Plinius, nat. hist. XII 23; Varro, res rust. I 7, 4; I 54, 1; Cicero, *Cato maior* XIX 71.

364,2-5 *und ein Gesetz ist* | *Daß alles hineingeht, Schlangen*
gleich, | *Prophetisch, träumend auf* | *Den Hügeln des Him-*
mels] In dem über der Reinschrift der Strophe stehenden
Entwurf lauten diese Verse: »Und ein Gesetz, daß alles hin-
eingeht | Schlangen gleich ist | Prophetisch, träumend auf |
Den Hügeln des Himmels«. »Prophetisch« ist also Prädi-
katsnomen zu »Gesetz«. Daß der Passus »Schlangen gleich«
nicht den vorangehenden Worten »Daß alles hineingeht«,
sondern dem nachfolgenden »Prophetisch« zuzuordnen ist
(»ein Gesetz ist ⟨...⟩ Schlangen gleich, | Prophetisch
⟨...⟩«), geht daraus hervor, daß die Schlange in der griechischen Überlieferung ein prophetisches Tier, ja *das* prophetische Tier par excellence ist. Vgl. hierzu E. Küster, *Die*
Schlange in der griechischen Kunst und Religion, 1913, darin den
Abschnitt »Die Schlange als mantisches Tier«, bes. S. 123ff.
So gab es Schlangen, welche Hungersnot und Pest verkünden (Aelian, De nat. an. VI 16), und wichtig ist die prophetische Qualität der Schlange als Vorzeichen: als Prodi-
gium von günstiger und ungünstiger Bedeutung (Livius
I 56, 4; XXVI 19, 7; Plinius VIII 153; Terenz, Phorm. v. 707;
Ovid, Fast. II 711; Plinius XXIX 4, 22). Das bekannteste
und auch Hölderlin vertraute Beispiel dafür ist Herodots
Erzählung von der Erechtheusschlange, welche die Athener durch ihr Verhalten auf die herannahende Persergefahr
aufmerksam machte (Herodot VIII 41).

Die dominierenden Vorstellungen im weiteren Verlauf
der Strophe, die »Sehnsucht« ins »Ungebundene«, die Vorstellung von den »gefangenen Elementen«, die wie die
»alten Gesetze der Erd« »unrecht gehn«, d. h. durchgehen
»wie Rosse« – das alles deutet nicht auf die Erfüllung des
normalen Todesgesetzes, nicht auf das in die Erde führende
Sterben, vielmehr auf einen tödlich-chaotischen Trieb zur
Entgrenzung, ja auf einen Drang, die Gesetzmäßigkeiten
irdischen Daseins zu sprengen und in eine andere, ›jenseitige‹ Sphäre überzugehen. Demnach kann auch das »Gesetz
⟨...⟩ | Daß alles hineingeht« nicht ein Hineingehen in die
Erde, ein normales Sterben und Ruhefinden im Grab mei-

nen (die »Hügel des Himmels« wären in diesem Deutungs-
horizont Grabhügel). Wahrscheinlich ist das »Gesetz«,
welches »Schlangen gleich, | Prophetisch, träumend auf |
Den Hügeln des Himmels« ist, das kosmische Gesetz der
Ekpyrosis (vgl. den Überblickskommentar), auf die schon
v. 1 und v. 9-12 anspielen. Daß ohnehin die »Hügel des
Himmels« nicht Metapher der Gräber sein können, darauf
deutet bereits der Entwurf dieser Strophe. Er spricht von
den »*Pforten* des Himmels«, in die alles »hineingeht«. Das
dann statt der »Pforten« gewählte Wort »Hügel« dürfte also
die Wolken meinen – wie in anderen späten Gedichten sind
sie die letzte Grenzscheide zwischen irdischer und himmlischer Sphäre.

364,9-12 *Nämlich unrecht,* | *Wie Rosse, gehn die gefangenen* |
Element' und alten | *Gesetze der Erd]* Auch dieses Bild orien-
tiert sich am Überlieferungszusammenhang der Ekpyrosis-
Lehre. Wesentlich für die stoische Kosmologie ist die Annahme von vier Elementen – Feuer, Wasser, Erde, Luft.
Alles irdische Leben besteht aus der vollkommenen Mischung und gegenseitigen Durchdringung dieser vier Elemente (στοιχεῖα). Sie halten einander im Gleichgewicht
(vgl. Ioannes ab Arnim, *Stoicorum Veterum Fragmenta*, Bd. 2,
Frg. 616), indem sie sich gegenseitig binden; und ihre Ge-
bundenheit ist ein Gesetz alles bestehenden Daseins. Geht
aber eine Weltperiode ihrem Ende entgegen, dann entmi-
schen sich die vier Elemente, sie brechen aus ihrem Ver-
bund aus wie Rosse aus einem Vierergespann (diese
Vorstellung bei Arnim, Bd. 2, Frg. 602). Das als beseelendes
Grundelement ohnehin schon latent dominante Feuer wird
dabei zerstörerisch freigesetzt und verzehrt die anderen
Elemente in der Ekpyrosis. Der Ekpyrosis geht also ein
Stadium voraus, in dem der Kosmos der sich gegenseitig
bindenden und im Gleichgewicht haltenden Elemente – das
Kosmische dieses Kosmos meint Hölderlin mit den »alten
Gesetzen der Erd« (der griechische Terminus lautet δια-
κόσμησις, vgl. Arnim, Bd. 2, Frg. 616) – sich in ein Chaos
verwandelt. – Der späte hymnische Entwurf *Griechenland*

(3. Ansatz), der ungefähr zur gleichen Zeit wie *Mnemosyne* entstand und ganz von der gleichen Spannung zwischen der Notwendigkeit der Daseinsbewahrung und andererseits den zerstörerisch-entgrenzenden Tendenzen bestimmt ist, beschwört in deutlicher Analogie zu der Vorstellung der »gefangenen | Element'«in *Mnemosyne* die Bewahrung der Welt vor der zerstörerischen Auflösung im Feuer, vor der Ekpyrosis, indem er unter den gefangenen Elementen noch ausdrücklich die »Flammen« nennt (v. 17ff.): »*Gefangen* nämlich in Ufern von Gras sind | Die Flammen und die allgemeinen | *Elemente*«.

364,15-17 *Vorwärts ⟨. . .⟩ See]* Diese Verse deuten auf den in Anbetracht der chaotischen Bedrohung naheliegenden Wunschtraum, sich in ein auf jede Orientierung verzichtendes, zeitvergessenes Dasein zurückzuziehen. Scheinbar aber gibt es doch eine reale Möglichkeit, Sicherheit und Halt zu finden: im idyllischen Bereich, von dem die ersten sieben Verse der 2. Strophe sprechen.

364,18-20 *Sonnenschein | Am Boden sehen wir und ⟨. . .⟩ Schatten]* Diese Vorstellung des ›Einigentgegengesetzten‹ ist für Hölderlin eine Chiffre vollendeter idyllischer Harmonie. Vgl. *Hälfte des Lebens*, v. 10f., und die Erläuterung z. St., sowie den späten hymnischen Entwurf *Griechenland* (3. Ansatz), v. 46f.

364,20-365,22 *und es blühet | An Dächern der Rauch, bei alter Krone | Der Türme, friedsam]* Das Wort »friedsam« betont, ebenso wie zwei Verse früher »heimatlich«, die in der umhegten Idylle scheinbar gebotene Möglichkeit eines »Bleibens im Leben«. Das Gedicht *Die Muße* stellt in einer ebensolchen Entgegensetzung des idyllischen Daseins gegen den »Furchtbaren«, den »geheimen Geist der Unruh«, und mit den gleichen Bildern Stadt und Dorf als den Bereich des von Menschen wohlumhegten, in häuslicher Sicherheit und Gebundenheit gedeihenden Lebens dar (v. 24f.): »die Dächer umhüllt, vom Abendlichte gerötet | Freundlich der häusliche Rauch«. Solcher »Tageszeichen« (v. 24) bedarf der Mensch, um Halt zu finden, wenn »ge-

genredend die Seele | Ein Himmlisches verwundet« hat
(v. 23f.): d. h. es gibt andere Zeichen, die entgegengesetzt
wirken und in der Seele die tödliche Sehnsucht »ins Ungebundene« erregen. Die Verse 25ff. sprechen von einem
dieser Zeichen.

365,21f. *Krone | Der Türme]* Dieses Bild stammt aus der
griechischen Literatur. Vgl. die von Hölderlin übersetzte
Antigone des Sophokles, v. 122: στεφάνωμα πύργων; analog
Euripides, *Hekabe*, v. 910f.

365,22-24 *gut sind nämlich | Hat gegenredend die Seele | Ein
Himmlisches verwundet, die Tageszeichen]* Diese Aussage ist
nur durch einen Strichpunkt vom vorhergehenden Satz
getrennt, ihm also noch ergänzend-erklärend zugeordnet,
wie auch das explikative »nämlich« zeigt. Demnach sind die
vorausgehenden Bilder einer »heimatlichen« und »friedsamen«
Welt als »Tageszeichen« zu verstehen (in der Handschrift
steht zuerst: »Lebenszeichen«). Deshalb muß sich das
»Denn« des folgenden Satzes (»Denn Schnee ⟨. . .⟩«) auf die
Aussage des Zwischensatzes beziehen: »Hat gegenredend
die Seele | Ein Himmlisches verwundet«. Zugleich ergibt
sich daraus, daß die »Tageszeichen« im folgenden nicht
mehr relevant sind, ja, daß sich der Dichter, obwohl er
zu Beginn der Strophe die *Tages-(Lebens-)Zeichen* evoziert
hat, an die *Zeichen der Vergänglichkeit und des Todes* (Schnee,
Maienblumen, Kreuz) verliert. Den von ihm selbst gerade
durch die Evokation der Tageszeichen aufgebauten Wider-
stand gegen die seelische Verwundung vermag er also nicht
durchzuhalten: Den erinnernden, »fern ahnenden« dichterischen »Wandersmann« reißt Mnemosyne, die Erinnerung, fort, und in der Erinnerung verfällt er erst recht dem
Verwundenden. So markiert der Satz »gut sind nemlich
⟨. . .⟩ die Tageszeichen« die Grenze zwischen zwei einander
entgegengesetzten Bereichen: zwischen dem idyllischen
Wunschbild eines gesicherten und behausten Daseins in der
Anfangspartie der Strophe und andererseits der unbehau-
sten, auf der Höhe der Alpen heroisch ausgesetzten Existenz des »Wandersmanns«, der dem von den Zeichen der

Vergänglichkeit und des Todes entfesselten Erinnerungsstrom preisgegeben ist. – Die Vorstellung der Verwundung
der Seele durch ein Himmlisches nimmt einen vom biblischen Hohen Lied (4, 9: »Vulnerasti cor meum« – »du hast
mein Herz verwundet«) über frühchristliche Hohe-Lied-
Kommentare (Belege hierzu: Pierre Courcelle, *Recherches
sur les confessions de Saint Augustin*, Paris 1968, S. 462f.) und
die Mystik bis zum Pietismus reichenden Topos auf, der
schon im Prosa-Entwurf zur Hymne *Wie wenn am Feiertage* . . . von Bedeutung ist (vgl. S. 665): den Topos von der
Wunde, welche der Seele von Gott geschlagen wird, worauf
sie in unstillbarer Leidenschaft zum Göttlich-Absoluten
entbrennt, so sehr, daß ihr nichts Irdisches mehr genügen
kann. Mit dieser Tradition verband sich die – in Hölderlins
Mnemosyne wesentliche – idealistisch-neuplatonische Konzeption des furor heroicus (und furor poeticus) – und schon
Giordano Bruno stellt in seiner Schrift *De gl' heroici furori*
diese Verbindung her, indem er den Vers aus dem Hohen
Lied mit dem »furore eroico« verknüpft.

365,25-34 *Denn Schnee* 〈. . .〉 *aber was ist dies?*] Der
»Schnee« liegt »auf | Der grünen Wiese | Der Alpen, hälf-
tig«, d. h. es ist die Zeit des beginnenden Frühjahrs, wo die
Wiesen noch halb schneebedeckt sind, halb schon der grüne
Rasen sichtbar ist. In dieser Zeit schmilzt der Schnee
schnell dahin; er ist schnellvergänglich »wie Maienblumen«, die alsbald verwelken. So ist der Schnee ebenso wie
die Maienblumen ein Symbol alles heroischen Daseins, wo
immer es sei (»Das Edelmütige, wo | Es seie, bedeutend«),
denn schnelle Vergänglichkeit, frühe Todverfallenheit ist
das besondere Schicksal der Heroen – Achill, von dem in
der nächsten Strophe neben anderen todverfallenen Helden
die Rede ist, heißt bei Homer mehrfach »kurz lebend«,
nachdem er sich vor der Wahl, ob er ein langes und unbe-
deutendes oder ein großes, aber schnell vergängliches Dasein wolle, für das heroische Leben entschieden hat. In
einem Aufsatz über Achill schreibt Hölderlin: »Mich freut
es, daß du von Achill sprachst. Er ist mein Liebling unter

den Helden, so stark und zart, die gelungenste, und *ver-gänglichste Blüte der Heroenwelt, ›so für kurze Zeit geboren‹* nach Homer ⟨. . .⟩« (Bd. II). – Wie der Schnee und die Maienblumen Zeichen der schnellen Vergänglichkeit und damit des Todes sind, ist auch das »Kreuz« (v. 30) im Gebirge, das Marterl, ein Todeszeichen, weshalb es pointierend heißt, daß es »Gestorbenen« (v. 32) gesetzt ist. Der dichterische »Wandersmann« »redet« vom Kreuze, insofern es »Gestorbenen« gesetzt ist, und von den Gestorbenen, für deren Tod das Kreuz das Zeichen ist; und dies wird ihm zum Anlaß »fern ahnender« Erinnerung (Mnemosyne) an *die* Gestorbenen, die ihm am meisten am Herzen liegen: an die »gestorbenen« griechischen Helden, von denen die Schlußstrophe anschließend spricht. Hölderlin hat immer wieder die Chiffre des Wanderers für den Dichter verwendet. So vergleicht er sich im Entwurf zu der Ode *Dichtermut* einem »Alpenwanderer« (dem entspricht in *Mnemosyne* exakt das Wandern auf »hoher Straß« in den »Alpen«); in der Ode *Ganymed* bezeichnet er den Dichter als einen »gewanderten Mann« (v. 8), der, weil ihm ebenso als Wesentliches die Erinnerung zukommt, »voll alten | Geists« heißt (v. 7f.). Der dichterische Wanderer wird »zornig« genannt, weil ihn die Erinnerung an die untergegangenen Helden in den »furor poeticus« hineinreißt, durch den ihm die gleiche verhängnisvolle seelische Entgrenzung droht wie den Heroen selbst in ihrem »furor heroicus«. Vgl. hierzu den Überblickskommentar.

365,35 *Am Feigenbaum]* Die *Ilias* nennt immer wieder den Feigenbaum als einen charakteristischen Orientierungspunkt auf dem Schlachtfeld vor Troja (*Ilias* VI 433; XI 167; XXII 145) – für dieses steht er hier, pars pro toto (Achill fiel am skäischen Tore, vgl. *Ilias* XXII 359f.).

365,37-39 *Und Ajax liegt | An den Grotten der See, | An Bächen, benachbart dem Skamandros]* Hölderlin hat einige Partien aus dem *Aias* des Sophokles übersetzt, und in einer dieser Partien ruft der zum Tod durch eigene Hand entschlossene Aias (Hölderlin verwendet die lateinische Form

Ajax) Abschied nehmend gerade diese hier genannten Ört-
lichkeiten an. In Hölderlins Übersetzung (Bd. II): »⟨. . .⟩ ihr
Höhlen am Meer ⟨. . .⟩ am Skamander, ihr Bäche« (*Aias*,
v. 412 u. v. 418f.). In der Hymne *Mnemosyne* erhält die entschiedene Benennung von Landschaften und Orten aber
eine ganz eigene Funktion: Das Todeszeichen im Gebirge,
das Kreuz, das gesetzt ist »Gestorbenen«, entfesselt einen
Erinnerungsstrom, der leitmotivisch (v. 31: »Gestorbenen«, v. 36: »gestorben«, v. 43: »gestorben«, v. 44: «starben«) die gesamte Erinnerungslandschaft in eine Landschaft tödlichen Untergangs verwandelt, alles zum Zeichen
tödlicher Vergänglichkeit werden läßt: ob nun das den Gestorbenen gesetzte Kreuz in der Alpenlandschaft oder den
Feigenbaum auf dem Schlachtfeld vor Troja, wo Achilles
starb, oder die Grabstätte des Ajax an den Grotten der See,
nahe den Bächen des Skamandros, oder schließlich die Gegend, in der einst »Elevtherä, der Mnemosyne Stadt« lag.
Alles wird zum Todes-Zeichen und zum Todes-Ort.

365,41 *Salamis]* Die Heimatinsel des Ajax, die dieser im
Drama des Sophokles, als er schon zum Tode entschlossen
ist, wiederholt anruft.

365,44 *Patroklos aber in des Königes Harnisch]* Achills
Freund Patroklos zog in der Rüstung Achills, des Königs
der Myrmidonen, in den Kampf, in dem er fiel (Homer,
Ilias, 16. Gesang). Das »aber« in diesem Satz erklärt sich aus
dem Gegensatz zwischen dem Tod des Aias durch eigene
Hand und dem des Patroklos, der auf dem Schlachtfeld fiel;
die erste Niederschrift formulierte diesen Gegensatz aus-
drücklich: »Und es starben | Noch andere viel. Mit eigener
Hand | Viel traurige, wilden Muts, doch göttlich | Gezwun-
gen, zuletzt, die anderen aber | Im Geschicke stehend, im
Feld«. – In dem Bekenntnis des 2. Briefs an Böhlendorff:
»⟨. . .⟩ und wie man Helden nachspricht, kann ich wohl
sagen, daß mich Apollo geschlagen«, denkt Hölderlin wohl
besonders an den auch in *Mnemosyne* beschworenen Tod des
Patroklos, den Homer einem tödlichen Schlag des Apollon
zuschreibt (*Ilias* XVI 786ff.). Daß er wahrscheinlich auch in

Mnemosyne sich selbst gerade als *Dichter* in der Rolle des Patroklos sieht, wenn er diesen als dritten und letzten Helden nennt, darauf weist die Ode *An Eduard*. Sie steht im Zeichen der Verbundenheit von *Dichter* und *Held* – biographisch: der Freundschaft Hölderlins mit Sinclair – und figuriert sie in der engen, bis in den Tod reichenden Freundschaft von Achill und Patroklos. Der Dichter identifiziert sich selbst in seinem Dichtertum mit Patroklos, indem er darauf anspielt, wie Achill den Tod des Freundes Patroklos rächte (v. 25 f.): »Wenn ich so *singend* fiele, dann rächtest du | Mich, mein Achill!«. In diesem weiteren Horizont und zugleich im Hinblick auf den Kontext der Hymne selbst, in der ja der sich erinnernde Dichter sich in seiner Erinnerung mit den tragisch gestorbenen Helden identifiziert, dürfte die Aussage, daß Patroklos in Achills (»des Königes«) Harnisch starb, auch als Chiffre dieser bis zur Identifikation reichenden Nähe des – sich selbst als heroisch verstehenden – Dichters zum Helden gemeint sein. Demnach schafft der sich in der Erinnerung mit den tragischen Helden identifizierende Dichter auch im *Erinnerten* zuletzt eine Chiffre solcher Identifikation.

365,45 f. *Am Kithäron aber lag* | *Elevthera, der Mnemosyne Stadt]* Ἐλευθεραί, eine nach Eleuther (Ἐλευθήρ), dem Sohn Apollons und der Poseidontochter Aithusa (vgl. Apollodor III 10, 1) benannte Stadt am Südabhang des Kithäron-Gebirges. In Hesiods *Theogonie* (v. 54) heißt es von Mnemosyne, sie sei »in den Gefilden des Eleuther waltend« (γουνοῖσιν Ἐλευθῆρος μεδέουσα). Wichtig für Hölderlins entscheidenden Aspekt, den *Untergang* (auf das Präteritum »lag« kommt es an) der Stadt der Mnemosyne sind die Stellen in Pausanias' *Führung durch Griechenland*, in denen er von Eleutherai als einer Trümmerstätte spricht, so in I 38, 9, wo er auch erwähnt, daß diese Stadt am Fuße des Kithäron lag.

365,46-48 *Der auch als* | *Ablegte den Mantel Gott, das abendliche nachher löste* | *Die Locken]* Das analogiebildende »auch«, das sich nur auf die vorausgehenden Verse über den

Tod der Helden und der »vielen«, die sonst noch starben, beziehen kann, weist schon darauf hin, daß »auch« Elev- therä, der Mnemosyne Stadt, tragisch untergehen mußte (aus diesem analogiebildenden »auch« ergibt sich, daß Höl- derlin das »aber« in dem vorausgehenden Satz »Am Kithä- ron *aber* lag | Elevtherä ⟨. . .⟩« nicht im üblichen adversa- tiven Sinn verwendet, sondern – wie auch sonst oft – in genauer Analogie zu der bloß gliedernden oder stufenden griechischen Partikel δέ). Auch das Lösen der Locken ge- hört zur Sphäre von Tod und Untergang. Nach antiker Vorstellung bezeichnete ein göttlicher Todesbote oder eine Todesbotin den Augenblick des Todes durch Ablösen einer Locke vom Stirnhaar des Todgeweihten – am eindrucks- vollsten bei Vergil, in einer berühmten Partie der *Aeneis*, bei Didos Tod (*Aeneis* IV 693-705). Die Bezeichnung »das abendliche« (in der Handschrift sind »das« und »der« so ineinandergeschrieben, daß es schwer zu entscheiden ist, welche Form die später gewählte und gültige ist) ist wohl in Anlehnung an Sophokles, *König Ödipus* gewählt (v. 177f., in Hölderlins Übersetzung v. 184ff.): »zum Ufer des abendli- chen | Gottes« (ἀκτὰν πρὸς ἑσπέρου θεοῦ), womit Sophokles Tod und Untergang in der Stadt Theben charakterisiert: als »abendlichen Gott« (ἕσπερος θεός) bezeichnet er den Gott des Totenreiches, Hades, für den derartige euphemistische Beinamen in späterer Zeit gebräuchlich waren, während er ursprünglich lauter furchterregende Beinamen hatte, die auf die Schrecken von Tod und Untergang deuteten. Da sowohl die durch das »auch« zustandekommende Verknüp- fung des Satzes mit der vorhergehenden Partie des Ge- dichts, die vom Tod der Helden spricht, wie die anderen Vorstellungen des Satzes selbst auf ein tödliches Geschick deuten, kann auch die komplexe Aussage »als | Ablegte den Mantel Gott« nur in diese Sphäre gehören. Zunächst ist zu beachten, daß vom Untergang der *Stadt* Elevtherä und also höchstens indirekt vom Tod der Mnemosyne selbst die Rede ist. Wie ist es möglich, daß Hölderlin die griechische Vorstellung, derzufolge der göttliche Todesbote eine Locke vom Stirnhaar des Todgeweihten ablöst, nicht auf eine Person, sondern auf eine Stadt bezieht? Erstens, weil er seit der Elegienzeit immer wieder dem ihm vor allem von Pindar her vertrauten Brauch folgt, Städte zu personifizieren; zweitens, weil die »Locke« schon in der Antike auch einen metaphorischen Sinn hat – als Metapher deutet sie, wie überhaupt das Haar, auf den Wald, die Tannenzweige u. ä. Diese metaphorische Bedeutung ist weit verbreitet, auch in einem derjenigen Werke, die Hölderlin besonders gut kannte: in den *Carmina* des Horaz (vgl. *Carmina* I 21, 5; IV 3, 11; IV 7, 2). Und Hölderlin selbst verwendet das Bild der »Locke« mit diesem traditionell metaphorischen Sinn auch in mehreren seiner Gedichte. Das schon 1797 oder 1798 entstandene Gedicht *An Diotima* beginnt mit den Versen (1-3): »Komm und siehe die Freude um uns; in kühlenden Lüften | Fliegen die Zweige des Hains, | Wie die *Locken* im Tanz' ⟨. . .⟩«; in dem Hexametergedicht *Die Muße* deuten folgende Verse auf das bewaldete Taunusgebirge (v. 13-15): »Oder schau ich hinauf zum Berge, der mit Gewölken | Sich die Scheitel umkränzt und die düstern *Locken* im Winde | Schüttelt ⟨. . .⟩«; der späte hymnische Entwurf *Ihr sichergebaueten Alpen* . . . evoziert die Schwarzwaldlandschaft mit einem entsprechenden Bilde (v. 5-7): »Und ihr sanftblickenden Berge, | Wo über buschigem Abhang | Der Schwarzwald saust, | Und Wohlgerüche die *Locke* | Der Tannen herabgießt ⟨. . .⟩«. Damit läßt sich auch erst verstehen, warum es in *Mnemosyne* heißen kann, daß das endzeitliche Geschick der *Stadt* Elevtherä die »Locken« löste. Es handelt sich um eine Metapher für die Wälder des Kithäron, an dem Elevtherä lag – und deshalb wird der Kithäron auch in diesem Zusammenhang genannt. Denn sowohl in der landeskundlichen wie in der mythologischen Überlieferung – speziell der Pentheus-Dionysos-Sage – erscheint der Kithäron als waldreiches Gebirge. Wie in den zitierten Gedichten die waldigen Taunushöhen und die Schwarzwaldberge mit dem poetischen Bilde der »Locken« dargestellt werden, so hier das griechische Waldgebirge des Kithäron. Und da das

Waldgebiet des Kithäron sich *oberhalb* der an seinem Fuße
liegenden Stadt Elevtherä hinzieht, kann metaphorisch von
den Locken der Stadt Elevtherä die Rede sein. – Diese
Vorstellung vom Lösen der Locken muß mit der Wendung
»als | Ablegte den Mantel Gott« sinnvoll zusammenhängen,
die sich ihrerseits nur vor dem Hintergrund der Überlieferung und im Kontext von Hölderlins Werk verstehen läßt.
Es ist eine Grundanschauung der jüdischen wie der griechischen Religion, daß Gott von den Menschen nicht in
seinem wahren, absoluten Wesen ertragen werden kann,
vielmehr nur in der Verhüllung. Wem sich Gott dennoch
unverhüllt zeigt, der muß im Feuer untergehen. Eines der
bekanntesten Beispiele aus der griechischen Sage ist die von
Hölderlin in der Hymne *Wie wenn am Feiertage . . .* aufge-
griffene Geschichte der Semele, die verbrannte, als ihr Zeus
auf ihren Wunsch in seiner wahren Gestalt erschien. Besonders in der 4. Strophe der *Friedensfeier* – dort im Anschluß
an die biblische Tradition – betont Hölderlin, wie notwendig die Verhüllung (»Umschattung«) der Gottheit ist, soll
der Mensch sie ertragen. In dem späten hymnischen Entwurf *Griechenland* (3. Ansatz) heißt es, daß Gott »zu lieb den
Menschen« sich verhüllt, die nicht mit dem zerstörerischen
Feuer des Absoluten in Berührung kommen dürfen. In
Mnemosyne ist vom »Mantel«, dort vom verhüllenden »Gewand« die Rede, und die damit verbundene Motivik des
»Verbergens« und »Deckens« macht den Sinn der Metaphorik klar (v. 25-31): »Alltag aber wunderbar zu lieb den
Menschen | Gott an hat ein Gewand. | Und Erkenntnissen
verberget sich sein Angesicht | Und decket die Lüfte mit
Kunst. | Und Luft und Zeit deckt | Den Schröcklichen, daß
zu sehr nicht eins | Ihn liebet mit Gebeten oder | Die Seele«.
Daß es in *Mnemosyne* heißt, das Todesschicksal sei herein-
gebrochen, »als | Ablegte den Mantel Gott«, deutet dem-
nach auf ein vernichtendes Unmittelbarwerden. Wahrscheinlich geht Hölderlin damit wieder von der Hintergrundsvorstellung der Ekpyrosis, der endzeitlichen Auflösung der Welt im Feuer aus, die schon die 1. Strophe

weitgehend bestimmt; denn das tödliche Hereinbrechen des Absoluten, des »Gottes«, stellt er sonst immer durch Blitz oder Feuer dar. Dies würde auch zum Untergang gerade der *Stadt* Elevtherä stimmen – in den anderen späten Gedichten, die von der Ekpyrosis handeln, sind es besonders die Städte, die dieser feurigen Entgrenzung zum »Ungebundenen« verfallen. Vgl. hierzu die Erläuterung zu der Ode *Stimme des Volks* (2. Fassung), v. 42 (S. 793).

365,50f. *aber er muß doch; dem | Gleich fehlet die Trauer]* Er muß dennoch seinem tödlichen Entgrenzungsdrang folgen. Daß das »Müssen« in diesem Sinn zu verstehen ist und nicht etwa so, daß einer die Seele dennoch zusammennehmen muß, geht nicht nur aus dem Kontext, sondern auch aus der ersten Niederschrift dieser Strophenpartie hervor (vgl. S. 1034), wo es heißt, daß »göttlich | *Gezwungen*« viele in den Tod gingen. *Obwohl* die Himmlischen unwillig sind, wenn einer nicht die Seele schonend (»die Seele schonend« ist ein in sich geschlossener Einschub) sich zusammengenommen hat, »muß« er seinem Entgrenzungsdrang folgen. Da dieses Schicksal, das nun verhüllend »auf einen« fixiert ist, durch das rückbezüglich-erklärende »nämlich« mit dem tödlichen Schicksal der untergegangenen Stadt der Mnemosyne und dieses wiederum durch das analogiebildende »auch« mit dem tödlichen Schicksal der Heroen gleichgestellt wird, erscheint der Trauernde (»dem | Gleich fehlet die Trauer«) der untergegangenen griechischen Welt gleich. Deren »furor heroicus«, dem als allgemeines Weltgeschehen die Ekpyrosis beim Unmittelbarwerden des Gottes entspricht, gleicht der »furor poeticus«, in dem die zu existenzauflösender Trauer gesteigerte Erinnerung den Dichter dahinreißt. Damit begeht er den gleichen Fehler (»dem | Gleich fehlet«) wie die griechischen Heroen und ihre Welt, um die er trauert – auch er vermag nicht die Seele schonend sich zusammenzunehmen.

Zu der speziellen Bedeutungsnuance von ›fehlen‹ vgl. *Der Abschied*, v. 9: »Aber anderen Fehl denket der Menschen Sinn«; ferner Susette Gontard in einem Brief an

Hölderlin (Bd. III, S. 578,16f.): »Nur laß uns nie gegen die Liebe fehlen ⟨. . .⟩«. Im Zusammenhang mit dem tragi-schen Untergang der Heroen deutet der Begriff des ›Feh-lens‹ auf die berühmte Definition im 13. Kapitel der Aristotelischen *Poetik*, derzufolge der Held der Tragödie nicht wegen guter oder schlechter moralischer Eigenschaf-ten ins Unglück gerate, sondern »wegen eines Fehlers« (δι' ἁμαρτίαν τινά).

ENTWÜRFE, GRÖSSERE FRAGMENTE
UND SKIZZEN
1793-1806

An den Frühling

Dieser auf einem Einzelblatt handschriftlich überlieferte
Entwurf einer Hexameter-Hymne läßt sich nicht sicher datieren. Orthographische und stilistische Indizien machen
die Entstehung im Jahr 1793 oder 1794 wahrscheinlich.

369,1 *Wangen sah' ich verblühn . . .]* In der Handschrift
steht vor diesem Vers »pp.« als Hinweis darauf, daß der hier
ausgedrückte Gedanke noch weiter ausgeführt werden
sollte.

369,2 *Luna]* Nach der griechischen Sage liebt Selene
(lat. Luna), die Göttin des Mondes, den schönen Hirten
Endymion, dem Zeus auf seine Bitte ewigen Schlaf und
ewige Jugend verliehen hat. Allnächtlich besucht »Luna
den Liebling« in einer Höhle des karischen Berges Latmos.
Vgl. auch das Gedicht *Da ich ein Knabe war . . .,* v. 13-15.

369,7f. ⟨. . .⟩ *und scherzender Lüfte* ⟨. . .⟩ *entgegen]* In nor-
malisierter Interpunktion und Schreibung würde dieser
Passus lauten: »⟨. . .⟩ und scherzender Lüfte, | Jauchzen in
wilder Lust der Freundlichen Gruß mir entgegen«. Das
Kolon »und scherzender Lüfte« ist noch abhängig von dem
»voll« in dem vorausgehenden Kolon »voll erfreulichen
Vogelgesangs«; »der freundlichen« bezieht sich auf die »Natur« (v. 5) zurück.

369,12 *die Fessel]* des Eises, in dem der Strom während
des Winters gefangen lag. Vgl. die Ode *Der gefesselte Strom.*

370,26 *Alle, Blumen und Hain' . . .]* Nach diesem Vers
läßt Hölderlin eine ganze Folioseite frei, danach setzt er
zum Schluß des Hymnus an, läßt ihn aber unvollendet.

370,28 *Helios]* Der Sonnengott.

370,30 *Perseus dort, und Herkules dort]* Die Sternbilder, in denen die Helden am Himmel verewigt sind.

⟨*An einen Baum*⟩
In einer Abschrift von der Hand Christoph Schwabs über-liefert. Fragment einer ohne Überschrift überlieferten Ele-gie, vermutlich 1797 entstanden.

An Diotima
Dieses Fragment ist nicht sicher zu datieren. Dem hand-schriftlichen Zusammenhang im Homburger Quartheft nach ist es im Jahr 1797, spätestens 1798 entstanden.

Das sonst bei Hölderlin nicht vorkommende (›archilo-chische‹) Versmaß läßt den Hexameter mit der Penthemi-meres, dem halben Pentameter, regelmäßig wechseln. Vorbild ist wohl die einzige Ode, die Horaz in diesem Vers-maß geschrieben hat (*Carmina* IV 7).

371,3 *Locken]* Die Metapher, in der die Zweige der Bäu-me mit Locken verglichen werden, stammt aus der antiken Dichtung. Vgl. Horaz, *Carmina* I 21, 5; IV 3, 11; IV 7, 2. Noch später hat Hölderlin diese Metapher aufgegriffen, so in dem hymnischen Entwurf *Ihr sichergebaueten Alpen . . .*, v. 6f.: »die Locke | Der Tannen«.

371,6 *in liebendem Streit]* Vgl. den Schluß des *Hyperion:* »Wie der Zwist der Liebenden, sind die Dissonanzen der Welt. Versöhnung ist mitten im Streit ⟨. . .⟩«.

371,11 *mit der silbernen Tropfe]* Vgl. die *Hymne an den Ge-nius der Jugend*, v. 53, und die Erläuterung z. St.

An Neuffer
Wohl noch 1797 entstanden, wie aus dem handschriftlichen Zusammenhang hervorgeht.

Die Völker schwiegen, schlummerten . . .
Dieser handschriftlich überlieferte Entwurf zu einem gro-ßen Gedicht, das nur zum geringeren Teil ausgeführt wurde (nach v. 19 läßt Hölderlin in der Handschrift eine ganze

Seite zur späteren Ausführung frei), ist wahrscheinlich im
Herbst 1797 oder Anfang 1798 entstanden. In den Versen
9ff. ist von den Revolutionskriegen in der Vergangenheits-
form die Rede. Das heißt erstens, daß das Gedicht zu einem
Zeitpunkt geschrieben sein muß, in dem ein Waffenstillstand, vielleicht schon Frieden geschlossen war; zweitens,
daß in der großen Lücke nach v. 19 wahrscheinlich Frie-
denshoffnungen oder Hoffnungen auf eine neue Ordnung
gestaltet werden sollten. Nach dem endgültigen Scheitern
der österreichischen Gegenoffensiven in Italien im Februar
und März 1797 war es am 7. April zum Waffenstillstand
zwischen Frankreich und Österreich, am 17. Oktober 1797
dann zum Frieden von Campo Formio zwischen Frankreich
und Österreich gekommen. Auf eine *erneute* Anwesenheit
Napoleons in Italien deuten wahrscheinlich die letzten
Verse vor dem Abbruch des Gedichts:
> Und blinken goldne Früchte wieder dir
> Wie heitre holde Sterne, durch die kühle Nacht
> Der Pomeranzenwälder in Italien.

Dies kann sich auf den Abschluß des Friedens von Campo
Formio beziehen (in Relation zu Napoleons Anwesenheit
im Frühjahr 1797), aber auch auf die Besetzung Roms durch
französische Truppen am 5. Februar 1798. Eine spätere Zeit
ist unwahrscheinlich, da Napoleon am 19. Mai 1798 seine
Ägypten-Expedition begann, von der er erst am 9. Oktober
1799 zurückkehrte. Das würde Werner Kirchners spätere
Datierung auf Ende 1798 ausschließen (Werner Kirchner,
*Hölderlins Entwurf ›Die Völker schwiegen, schlummerten‹ und
die Ode ›Der Frieden‹*; in: *Hölderlin. Aufsätze zu seiner Homburger Zeit*, Göttingen 1967, hier S. 18-22). Kirchner weist
auf einige Analogien zwischen Hölderlins Gedicht und einem Gedicht von einem Teilnehmer am Rastatter Kongreß
hin, der sich während des Kongresses mit Sinclair befreundete und also auch dem in der zweiten Hälfte des November
und Anfang Dezember 1798 ebenfalls in Rastatt weilenden
Hölderlin begegnet sein dürfte. Das Gedicht, eine *Ode an
den Congreß zu Rastatt* (von Aloys Schreiber), steht in dem

im Dezember erschienenen ›Rastatter Congreß-Taschen-
buch für 1799‹, S. 305-308. In dieser Ode heißt es im
Rückblick auf die 1792-1797 wütenden Revolutionskriege:
»Fünf dunkle Jahre wütete Mordbegier ⟨. . .⟩«; Hölderlin
hatte ursprünglich nach dem Vers 11 noch folgende Verse
notiert, die er dann durch Einklammerung ausschied:
(Fünf Sommer leuchtete das große Leben
Ein unaufhörlich Wetter unter uns).
Schreiber sieht die räumliche Erstreckung der Revolutionskriege »Vom Tajo bis zum Rheingestade«, Hölderlin (v. 15)
»von dem blauen Rheine bis zur Tyber«. Daß allerdings
zeitliche Dauer wie räumliche Erstreckung der Revolutionskriege in verschiedenen Gedichten in ähnlicher Weise
definiert werden, muß nicht auf Abhängigkeit deuten.

373,3-8 Vgl. *Die Muße*, v. 27-35.

373,6 *wie den reifen Obstbaum*] Vgl. Nahum 3, 12: »Alle
deine festen Städte sind wie Feigenbäume mit reifen Feigen;
wenn man sie schüttelt, daß sie dem ins Maul fallen, der sie
essen will«. In dem undatierten Brief vom Herbst 1792 oder
Frühjahr 1793 an Neuffer (Nr. 55) schreibt Hölderlin: »Ich
las neulich im Propheten Nahum; der sagte von den Assy-
rischen Burgen, und Vesten, sie seien, wie überreife Feigenbäume, so daß einem die Früchte ins Maul fallen, wenn
man sie schüttle«.

373,11 *Manch großer Geist*] Feldherrn wie Napoleon.

373,15 *zur Tyber*] Im 18. Jahrhundert oft im Femininum
gebraucht.

373,19 *Schicksal*] Nach diesem Vers ließ Hölderlin eine
Lücke von einer ganzen Seite für die weitere Ausgestal-
tung. Vgl. die einführende Bemerkung.

373,20 *Und blinken goldne Früchte wieder dir*] Wahrscheinlich – vgl. die einführende Bemerkung – auf Napoleon zu
beziehen, dem also der nicht ausgeführte Schluß des Ge-
dichtes gewidmet sein sollte. Vgl. den folgenden Entwurf
Buonaparte.

Buonaparte

Dieser handschriftlich überlieferte Entwurf, der unter dem Eindruck des siegreichen Feldzuges steht, den Napoleon 1796 und 1797 als französischer Revolutionsgeneral in Italien unternommen hatte, ist wohl noch 1797, spätestens 1798 geschrieben. Er zeigt eine deutliche Beziehung zum Schluß des vorhergehenden (*Die Völker schwiegen, schlummerten* . . .) und zu dem folgenden hymnischen Entwurf *Dem Allbekannten.* Die Anordnung der Verse läßt den Plan einer Ode erkennen.

Dem Allbekannten

Daß sich dieser handschriftlich überlieferte Entwurf eines hexametrischen Hymnus auf Napoleon bezieht, geht aus der ebenfalls erwogenen Überschrift *Buonaparte* hervor. Er ist frühestens Ende 1797 entstanden, wie die Erwähnung von Lodi und Arcole in einer Variante zeigt.

⟨Hört ich die Warnenden itzt . . .⟩

Dieser Entwurf befindet sich mitten in der Handschrift der ersten *Empedokles*-Fassung und ist wahrscheinlich in der ersten Hälfte des Jahres 1799 entstanden.

Abschied

Dieser auf einem Einzelblatt handschriftlich überlieferte Entwurf dürfte nicht lange nach dem Abschied von Susette Gontard geschrieben sein und noch in die erste Hälfte des Jahres 1799 gehören. Auf der Rückseite steht eine bruchstückhafte Empedokles-Reinschrift (3. Fassung).

Asklepiadeisches Versmaß.

Palinodie

Handschriftlich überliefert. Wohl im Herbst 1799 entstanden, wie die Ode *Mein Eigentum,* deren ursprünglichen Anfang Hölderlin nun zum Anfang dieses Fragment gebliebenen Gedichts macht.

Alkäisches Versmaß.

ÜBERBLICKSKOMMENTAR »Palinodie«, von griech. παλιν-
ῳδία, bedeutet das Widerrufen eines Gedichts. Der Dichter
redet mit fragender Verwunderung die Kräfte der Natur an,
die er aufs neue wirken fühlt. Er fleht um Schonung (v. 5:
»o schonet mein«), weil er glaubt, daß die Naturkräfte nicht
mehr zu beseelen vermögen, sondern nur noch die »Asche«
(v. 6) der vergangenen »Freuden« aufrühren und so nur
noch schmerzlich das Verlorene bewußt machen. Deshalb
ruft er die »Götter« an: »haltet ein« (v. 20). Im zweiten,
unausgeführten Teil des Gedichts sollte es dann zum Widerruf, zur Palinodie dieses Ansinnens kommen.

Der Mutter Erde
Gesang der Brüder Ottmar Hom Tello

Dieser handschriftlich überlieferte Text ist nicht sicher datierbar. Stilistische Merkmale, aber auch die Nähe zu den
Hymnen, deren erste die Hymne *Wie wenn am Feiertage* . . .
(1799) ist, weisen am ehesten auf die Zeit um 1800. Beißner
druckt in StA II, 683f. noch einen in einer anderen Handschrift stehenden Text ab, in dem er den Entwurf für das
Ende der Hymne vermutet, wohl, weil er mit dem Anruf
»O Mutter Erde!« beginnt. Da die »Mutter Erde« auch in
anderen Gedichten Hölderlins von Bedeutung ist und sich
im übrigen keine sicheren Indizien für die Zusammengehörigkeit finden, wird hier auf diese Zuordnung verzichtet.

Das Gedicht ist ein wahrscheinlich auf dreimal drei Stro-
phen angelegter Wechselgesang. Vorbild sind zwei im Jahre
1767 entstandene Oden Klopstocks: In der einen dieser
Oden, mit dem Titel *Der Hügel, und der Hain*, singen ein
Poet, ein Dichter und ein Barde; in der anderen, mit dem
Titel *Hermann*, singen die Barden Werdomar, Kerding und
Darmond. Mit diesen wie auch mit anderen Gedichten ist
Klopstock der Hauptvertreter der sogen. Bardendichtung,
die in den Jahren 1765-1775 im Schwange war und noch
einige Ausläufer bis ins 19. Jahrhundert hatte – darunter
Hölderlins hymnischen Wechselgesang. Mit dem Namen
Barden (nach dem Irischen »bard« = Sänger) bezeichnete

man keltische Hofdichter, die Kampf- und Preislieder zur Harfe (vgl. v. 5 von Hölderlins Wechselgesang) sangen. Sie sind schon früh in gallischen, irisch-gälischen, walisischen und schottisch-gälischen Gebieten vertreten. Etwa vom 9. bis zum 15. Jahrhundert standen sie besonders in Irland, Wales und Schottland in Ansehen. Bereits vor der Entstehung der deutschen Bardendichtung führten Schönaich und Wieland den Barden als dichterische Figur ein. Lessing begrüßte 1758 Gleim, den Sänger der Grenadierlieder, als neuen Barden. Noch für Hölderlins Gedichtfragment wesentlich ist es, daß man im 18. Jahrhundert mit der keltischen Bezeichnung »Barde« für einen Sänger von Kampf- oder Preisliedern (Hölderlin wählt das Preislied) eine Stelle im 3. Kapitel der *Germania* des Tacitus verknüpfte, wo vom »barditus« der Germanen die Rede ist. Diesen Terminus, der eigentlich etwas ganz anderes meint, nämlich das Schlachtgeschrei der Germanen, interpretierte man fälschlich als »Bardengesang«. Das führte dazu, daß man nun ganz unzutreffend Barden als altgermanische Dichter und den Bardengesang als altgermanische Dichtung begriff. Daher ist der dichterische »Barde« des 18. Jahrhunderts eine germanische Sänger-Figur – so auch noch bei Hölderlin. Seine Anknüpfung an die Sphäre des Germanischen wird schon im Titel *Der Mutter Erde* deutlich. Denn im 40. Kapitel seiner *Germania* berichtet Tacitus von einer Anzahl germanischer Stämme, »daß sie insgesamt Nerthus, das ist die Mutter Erde (terram matrem) verehren«. Auch der Name Tello erinnert an die Erde (lat. tellus = Erde). Wie in der Hymne *Germanien* (v. 72: »du redetest einsam«) wird jeweils am Anfang der von Ottmar und Hom gesungenen Partien das Einsame des (Barden-)Gesangs der Vorzeit betont.

Deutscher Gesang

Der handschriftliche Zusammenhang legt die Entstehung noch vor dem ersten Entwurf zu der Hymne *Am Quell der Donau* nahe.

380,18 *des heiligen nüchternen Wassers]* Vgl. *Hälfte des Lebens*, v. 7, und die Erläuterung z. St. S. 837-839.

⟨*Wie Vögel langsam ziehn . . .*⟩

Dieses im Homburger Folioheft stehende Bruchstück formuliert den Wie-Satz eines Gleichnisses, der in einen nicht notierten größeren Zusammenhang gehört, in der typisch Homerischen Form: Die Ausführung des Vergleichs (v. 2-10) wird in selbständigen, von dem »Wie« syntaktisch unabhängigen Hauptsätzen konstruiert. Vgl. die Analogie in *Der Einzige*, 1. Fassung, v. 92-103, und die Erläuterung z. St.

381,3 *Fürst]* Im etymologischen Wortsinn: »der Vorderste«, »der Erste«.

⟨*Wie Meeresküsten . . .*⟩

Dieser im Homburger Folioheft überlieferte Text ist als weitgespanntes Gleichnis gebaut: »Wie ⟨den⟩ Meeresküsten ⟨. . .⟩ also schlägt es | Dem Gesang ⟨. . .⟩ Das gewaltige Gut ans Ufer«.

381,7-10 *mit dem Weingott* ⟨*. . .*⟩ | *Und der Lieblingin* ⟨*. . .*⟩ | *Der meergeborenen]* Sowohl Dionysos wie Aphrodite, die »Meerschaumgeborene«, sind vom Meer her ans Land, an die »Meeresküsten« gekommen. Von Dionysos ist dies in zweifacher Weise überliefert: Erstens durch eine auch in Hederichs *Gründlichem mythologischem Lexikon* (nach Pausanias, Lacon. c. 24) berichtete Sage, nach der Kadmos seine Tochter Semele mit dem kleinen Dionysosknaben in einem hölzernen Kasten ins Meer hat werfen lassen. Dieser Kasten sei bei Oreatis in Lakonien an Land getrieben, und weil Semele schon gestorben war, habe man den Dionysosknaben dort aufgezogen; zweitens durch die Sage, daß Dionysos auf dem ›Schiffskarren‹ (»carrus navalis«) nach Griechenland gekommen sei. Der »Weingott« Dionysos als Gott der dichterischen Begeisterung, des Enthusiasmus, und die »meergeborene« Aphrodite als Göttin der Schönheit haben besonderen Bezug zum »Gesang«: Sie kommen

mit dem »gewaltigen Gut«, das in erfüllten Zeiten dem
Gesang zuwächst, um es zu beseelen und harmonisch zu
ordnen.

Heimat

Im Homburger Folioheft überliefert. Die Überschrift und
v. 1, die durch einen großen Zwischenraum vom übrigen
Text getrennt sind, lassen sich diesem nicht mit Sicherheit
zuordnen. Indessen legt das Thema »Heimat« diesen Zusammenhang nahe.

382,12 *Dem Herbste gleich*] D. h. wie die ›sich neigende‹
Jahreszeit; zugleich ist wohl an die Fruchtschwere des
Herbstes gedacht (»Herbst« hängt etymologisch mit dem
griechischen καρπός, »Frucht«, zusammen).

⟨Wenn nämlich der Rebe Saft . . .⟩

Im Homburger Folioheft überliefert. Aus diesem Entwurf
ist eine Grundvorstellung Hölderlins erkennbar: daß das
Edelste aus dem Ausgleich von Himmel und Erde, von
Sonne und Schatten (Feuer und Kühle) entsteht (vgl. den
Mythos von der Entstehung des Weines als Metapher des
Gesanges in der Hymne *Wie wenn am Feiertage . . .*). So ent-
stehen der Wein und der Honig, die edelsten und sublim-
sten Gaben der Natur, die zugleich Metaphern für den
Gesang sind (für den Wein vgl. die Hymne *Wie wenn am
Feiertage . . .*; die Metapher des Honigs für die Dichtung ist
geradezu ein Leitmotiv bei Pindar, vgl. z. B. Olymp. X 98,
Nem. III 77). Vom Wein, vom Reifen der Traube, die, in der
Hitze gedeihend, schließlich doch »suchet Schatten«,
spricht der erste Teil des Entwurfs, vom Entstehen des
Honigs der zweite Teil: Die Bienen, zwar vom »Geist der
Sonne« zu ihrer Tätigkeit getrieben, kehren doch, »wenn
⟨. . .⟩ ein Strahl brennt«. Die Bienen, die hier als Geschöpfe
von idealer Sensibilität dargestellt sind, gelten in der Überlieferung als Wesen, die mit dem göttlichen Ätherbereich
am innigsten verbunden sind (vgl. Vergil, *Georgica* IV 220f.,
wo es heißt, »die Bienen durchwirke ein Teil vom göttlichen

Weltgeist und der Gluthauch des Äthers«). In der antiken
Literatur werden die Dichter oft mit den Bienen verglichen.
Diese Tradition nimmt Hölderlin schon in der Elegie *Stut-
gard* auf, v. 33f., vgl. die Erläuterung mit Belegen (S. 718).
Auch die Verbindung der Bienen mit dem Eichbaum ist
antike Tradition, vgl. *Stutgard*, v. 34, und die Erläuterung z.
St. (S. 719)

383,13-15 *vielahnend* | *darob* | *die Eiche rauschet*] Die Eiche
galt in der Antike als Baum des Zeus, seinem Rauschen
schrieb man an manchen Orten die Qualität der Weissagung
zu – berühmt waren die prophetischen Eichenhaine Dodonas, vgl. *Der Archipelagus*, v. 227.

⟨*Auf falbem Laube . . .*⟩
Im Homburger Folioheft überliefert.

⟨*Was ist der Menschen Leben . . .*⟩
Auf der Rückseite eines Briefes von Susette Gontard
(5. März 1800) geschrieben, also nicht vor diesem Datum
entstanden. Der Stil deutet auf eine um mehrere Jahre spätere Entstehung.

⟨*Was ist Gott? . . .*⟩
Auf einem Einzelblatt überliefert.

⟨*An die Madonna*⟩
Dieser hymnische Entwurf ist in zwei Handschriften überliefert: die Verse 1-74 im Homburger Folioheft, unmittelbar
anschließend an die Hymne *Germanien*, und zwar so, daß
einzelne Partien im gleichen Duktus wie *Germanien* geschrieben, andere später in einem anderen Duktus eingefügt worden sind; die Verse 75-164 auf einem Doppelblatt
einer anderen Handschrift.

385,19 *Die Lilie*] Sinnbild der reinen Jungfrau und dann
der jungfräulichen Mutter.

386,30f. *Der göttliche Knabe und um ihn* | *Der Freundin Sohn,
Johannes*] Johannes der Täufer, der Sohn der Elisabeth, die
in Luk. 1, 36 »Elisabeth, deine Gefreundte«, heißt.

386,32 *Vom stummen Vater]* Zacharias, vgl. Luk. 1, 20.

386,39-42 *Satzungen ⟨. . .⟩ ein König]* Wohl in Erinnerung an die *Antigone* des Sophokles geschrieben: des Königs Kreon im Zorn geschärfte Satzungen töten Antigone. Auf das Schicksal Johannes des Täufers, den der Vierfürst Herodes enthaupten ließ, und auf Christi Tod trifft die nähere Bestimmung der im Zorne geschärften Satzungen nach den biblischen Berichten nicht zu.

386,48 *in heiliger Nacht]* In der noch unerfüllten, aber schon vorbereitenden Zwischenzeit vor dem künftigen »Tag« einer erfüllten Zeit. Vgl. *Lebenslauf*, v. 5.

387,84 *Nichts ists, das Böse]* Die Formulierung besagt exakt, daß dem Bösen keine selbständige Existenz zukomme. Es ist ein Nicht-Seiendes − eine Auffassung, die aus dem Platonismus stammt. Für Platon ist die Schlechtheit ein ἀνυπόστατον, also οὐδέν: »Nichts«, denn Sein kommt nur der Gottheit als dem letzten Grund des Seienden zu, und sie ist »gut«. Im Anschluß an die Aristotelische Steresis-Lehre erklärte man bis weit in die christliche Tradition hinein das dennoch vorhandene Böse lediglich als einen Mangel an Gutem, als eine »privatio boni«, und wahrte damit Platons ontologische Negation des Bösen. Zur Bedeutung der Theodizeeformel »alles ist gut«, der die Wendung »Nichts ists, das Böse« entspricht, und zu ihrer weitreichenden Bedeutung in Hölderlins Werk vgl. *Patmos*, v. 88, und die Erläuterung z. St. (S. 982f.).

387,85 *Wie der Adler den Raub]* Diese kühne Metapher stammt aus Pindars dritter Nemeischer Ode, v. 8off.

388,97f. *Der Wildnis göttlichgebaut | Im reinen Gesetze]* Die Natur, die in der Szenerie der folgenden Verse (»Felsen und Heiden ⟨. . .⟩ Und dunkle Quellen«) noch näher entfaltet wird. Die Natur wurde »göttlichgebaut« − eine Anspielung auf die Entstehung der Welt wie in der Hymne *Der Rhein*, v. 5f., wo der Dichter das Alpengebirge die »göttlichgebaute, | Die Burg der Himmlischen« nennt. »Im reinen Gesetze« des Uranfangs wurde die Natur gegründet, vgl. *Der Mutter Erde*, v. 22-29: »Doch wie der Fels erst ward

⟨. . .⟩ Noch ehe Bäche rauschten von den Bergen ⟨. . .⟩ So hat er donnernd schon | Geschaffen *ein reines Gesetz* ⟨. . .⟩«. Mit dem Paradox, daß die »Wildnis«, also das scheinbar ganz Gesetzlose, *im reinen Gesetze* göttlichgebaut ist, drückt der Dichter aus, daß die Welt zwar verwildert ist, daß in ihr aber immer noch die reinen Kräfte des Ursprungs rettend wirken.

388,99-103 *die Kinder | Des Gotts, lustwandelnd unter | Den Felsen und Heiden purpurn blühn | Und dunkle Quellen | Dir, o Madonna]* Diese Szenerie, wie diejenige in v. 20-22, wo vom »unzugänglichen, | Uralten Gewölbe | Des Waldes« die Rede ist (noch deutlicher die Variante: »unzugänglich bist du, geheim, | [Im] Gewölbe des uralten Waldes oder des Felsens«), deutet auf überlieferte Ikonographie, vielleicht sogar auf die Felsengrotten-Madonna des Leonardo da Vinci, die schon längst von Fontainebleau in den Louvre gebracht worden und dort zu sehen war, als der Rückweg von Bordeaux Hölderlin über Paris führte (vgl. den Brief an Böhlendorff vom Spätherbst 1802, Nr. 241, und die Erläuterungen hierzu). Auch das Zusammensein des Jesuskindes mit dem Johanneskinde bei der Madonna (vgl. v. 30f.: »Der göttliche Knabe und um ihn | Der Freundin Sohn, Johannes«) entspricht diesem Bilde.

388,104 *Dem Sohne, aber den anderen auch]* Hier wie in anderen Hymnen, vor allem in der *Friedensfeier* und in *Patmos,* wendet sich Hölderlin gegen den christlichen Ausschließlichkeitsanspruch, indem er auch die »anderen« göttlichen Gestalten einbezieht. Diese zugleich pluralistische und universale Konzeption betont im Folgenden die Nennung der »Götter« (v. 107) und der »Himmlischen all« (v. 114).

388,105-107 *Damit nicht, als von Knechten, | Mit Gewalt das ihre nehmen | Die Götter]* Vgl. *Patmos,* v. 217-219: »Denn Opfer will der Himmlischen jedes, | Wenn aber eines versäumt ward, | Nie hat es Gutes gebracht«, sowie die Erläuterung z. St. S. 1002f.

388,108-115 *An den Grenzen* ⟨. . .⟩ *Tempel]* Der »Kno-

chenberg« (v. 109) ist sehr wahrscheinlich der Berg Knochen bei Bad Driburg, wo Hölderlin mit Susette Gontard
und Heinse den Sommer 1796 zubrachte. Vgl. den Brief an
den Bruder vom 13. Oktober 1796. Dort in der Nähe liegt
»Teutoburg« (v. 111). Die Übersetzung des Namens »Knochenberg« in griech. »Ossa« ist wohl durch Heinses *Ardinghello* angeregt, der den Namen »Ossaja« in einer
Fußnote als »Knochenberg« verdeutscht. Nach der griechischen Sage türmten die Giganten in ihrem Kampf gegen die
Götter die Berge Olymp, Pelion und Ossa aufeinander (Homer, *Odyssee* XI 315f.; Vergil, *Georgica* I 281f.; Horaz,
Carmina III 4, 49ff.; Ovid, *Metamorphosen* I 153ff.). Zugleich
erinnert der »Knochenberg« an den Namen Golgatha
(»Schädelstätte«). Es ist ohne Belang, daß der Name Ossa
ebensowenig mit lat. »os, ossis« (»Knochen«) zu tun hat,
wie der Name des Berges Knochen mit den Gebeinen. Es
handelt sich um eine synkretistische Operation Hölderlins,
mit der er zeichenhaft die Zusammengehörigkeit aller Kulturbereiche und damit auch aller »Götter« signalisiert:
Unmittelbar vor dieser Partie ist davon die Rede, daß nicht
nur Christus, sondern die »anderen auch« (v. 104) ihr Recht
haben, und darauf folgt der Plural »die Götter« (v. 107);
und sie bricht ab mit einer Bezeichnung der Universalität
(v. 114f.): »Die Himmlischen *all* | Sich Tempel«. – Die Wen-
dung »An den Grenzen« (v. 108) ist vielleicht auf die von
Tacitus, *Annalen* I 60, erwähnten äußersten Grenzen der
Bructerer (»ad ultimos Bructerorum«) zurückzuführen. –
Der Passus »voll geistigen Wassers« (v. 112) ist bewußt
mehrdeutig – wiederum soll die Zusammengehörigkeit
verschiedener Kulturbereiche signalisiert werden. Zunächst bezieht er sich auf die Mineralquellen der Driburger
Gegend (die Kohlensäure des Mineralwassers nannte man
»Brunnengeist«). Vgl. *Hyperion* (Bd. II, S. 19): »Ein freundlich Wort aus eines tapfern Mannes Herzen, ein Lächeln
⟨. . .⟩ ist wenig und viel, wie ein zauberisch Losungswort,
⟨. . .⟩ wie ein *geistig Wasser*, das aus der Tiefe der Berge
quillt, und die geheime Kraft der Erde uns mitteilt in sei-

nem krystallenen Tropfen«. Er läßt aber auch an Christi Gespräch mit Nikodemus denken (Joh. 3,5) und noch mehr an das Gespräch Jesu mit der Samariterin am Brunnen vor der Stadt Sichar, das ganz auf das »Wasser« und den »Geist« gerichtet ist (Joh. 4,6-24).

388,119 *Und zu sehr zu fürchten die Furcht nicht]* Am 10. Juni 1796 schreibt Hölderlin an den Bruder: »Ich fürchte mich nicht vor dem, was zu fürchten ist, ich fürchte mich nur vor der Furcht«.

390,160-164 *wenn aber alltäglich* ⟨. . .⟩ *hilft ein Höherer ihr]* Vgl. *Der Rhein*, v. 99-101, sowie den ersten Ansatz zur *Friedensfeier*, v. 73-76: »Und wenn fortzehrend von Geschlecht zu Geschlecht, | Die Menschen wären des Segens zu voll, | Daß jeder sich genügt und übermütig vergäße des Himmels, | Dann sprach er soll ein neues beginnen«.

Die Titanen

Überliefert im Homburger Folioheft.

390,1-7 *Nicht ist es aber* | *Die Zeit.* ⟨. . .⟩ | *Dann mögen sie rechnen* | *Mit Delphi. Indessen, gib* ⟨. . .⟩ *der Toten* | *Zu denken]* Es werden drei Zeitstufen unterschieden: die Gegenwart im 1. Satz und in dem durch »Indessen« eingeleiteten Satz, der diese Gegenwart als eine interimistische kennzeichnet; die Zukunft wird durch den mit »Dann« eingeleiteten Satz anvisiert – sie ist zugleich die »Zeit«, die der erste Satz meint; die Vergangenheit wird durch die Erinnerung an die »Toten« beschworen. Die Aussage des Satzes »Noch sind sie | Unangebunden« (vgl. die Entsprechung in v. 72f.: »und gewaltig dämmerts | Im ungebundenen Abgrund ⟨. . .⟩«) meint im Zusammenhang mit dem folgenden »Göttliches trifft unteilnehmende nicht« die Menschen, die in der Gegenwart unteilnehmend sind, weil die widergöttlichen Kräfte, deren Mythologisierung die »Titanen« sind, noch stark und frei – »unangebunden« – herrschen und damit die Offenheit für das »Göttliche«, wie es in ebenfalls mythologisierender Redeweise heißt, fehlt. Der Satz »Dann mögen sie rechnen | Mit Delphi« deutet auf die

erfüllte »Zeit« (v. 2) der Zukunft, in der die Menschen nicht
mehr »unteilnehmend« sind, in der es daher möglich ist,
daß das Göttliche sie »trifft« – weshalb, wie es wiederum
mythologisierend heißt, dann mit dem fernhin-»treffenden« Gott in Delphi (Hölderlin nimmt dieses in der Überlieferung feststehende Beiwort Apollons auch in *Brot und
Wein*, v. 61, auf) zu rechnen ist.

390,5-12 Vgl. die analoge Partie in *Andenken*, v. 25-37,
und die Erläuterungen hierzu.

391,22 *Wildnis]* Vgl. *An die Madonna*, v. 97, und die Erläuterung z. St.

391,40f. *Mich aber umsummet | Die Bien]* Vgl. *Wenn näm-
lich der Rebe Saft . . .*, einleitende Erläuterung (S. 1061f.).

391,47-392,61 *Wenn aber ist entzündet ⟨. . .⟩ an den Boden
geheftet]* Nachdem in den vorausgehenden Abschnitten die
Möglichkeit, sich in der unerfüllten Gegenwart eines höheren Sinns zu vergewissern, im Andenken an eine größere
Vergangenheit, im festlich-freudigen Zusammensein beim
»Gastmahl« (v. 30), im Glanz weiblicher Schönheit (v. 30-
32) und in der Erinnerung an große Taten (v. 34-39),
schließlich durch die dichterische Sensibilität für das Leben
der Natur (v. 40-46) dargestellt wurde, wird nun auch der
»geschäftige Tag« als auf die künftige, erfüllte Zeit voraus-
weisend gedeutet. Die »Kette, die | Den Blitz ableitet«
(v. 49f.), ist der Blitzableiter an den im weiteren Verlauf des
Abschnitts genannten »Häusern« und »Werkstätten«, in denen sich das geschäftige Leben abspielt. Der Tau hat sich in
der »Stunde des Aufgangs«, in der Morgenkühle, wenn der
Tau besonders reichlich sinkt, niedergeschlagen. Und so
wie der Tau hat sich »das Hohe« (v. 54) unbemerkt zu den
Sterblichen herabgelassen, es »fühlt« sich unter ihnen,
wenn sie während des gerade angebrochenen Tages guter
Tätigkeit nachgehen. Daß sich der Tau »an der Kette, die |
Den Blitz ableitet«, niederschlägt, darf wohl so gedeutet
werden: Am »geschäftigen Tage« fährt das Hohe nicht wie
ein blendender Blitzstrahl auf die Wohnungen der Menschen hernieder, es kommt zu keiner glanzvoll-direkten

Offenbarung, sondern es stellt sich leise, fast unbemerkt und nur wie in schüchterner Andeutung, in Tautröpfchen ein – so entwickeln sich bei guter Geschäftigkeit langsam und ohne den Anschein eines großen Ereignisses auch Spuren einer reineren Geistigkeit. Der hier dargestellte »geschäftige Tag« ist also das Gegenteil des seellosen Werkens, von dem *Der Archipelagus*, v. 241-246, spricht. Er entspricht dem »guten Geschäfte« des Rheins, »wenn er das Land baut | Der Vater Rhein und liebe Kinder nährt | In Städten, die er gegründet« (*Der Rhein*, v. 87-89); vgl. auch *Vulkan*, v. 5. Der Sinn dieses guten Tagewerks ist die Herausbildung schöner Gemeinschaft unter den Menschen, die Herstellung der Harmonie, wie die v. 58-60 der Titanenhymne zeigen: »⟨. . .⟩ Und es bieten tauschend die Menschen | Die Händ' einander, sinnig ist es | Auf Erden ⟨. . .⟩«.

392,62 *Ihn fühlet . . .]* Statt »Ihr fühlet« in der *Großen Stuttgarter Ausgabe*. Die Handschrift erlaubt beide Lesungen. Die Lesung »Ihn« erscheint als die im Hinblick auf den Kontext bessere.

392,64-66 *Denn unter dem Maße | Des Rohen brauchet es auch | Damit das Reine sich kenne]* »Unter dem Maße«, d. h. in dem uns zugemessenen Schicksal, ist nicht nur das »Reine«, welches erst in der Vollendungszeit ausschließlich da sein wird, sondern auch Negatives, »Rohes«: Das Maß ist gemischt. Die Formulierung steht im Horizont traditioneller Theodizee. Vgl. die Erläuterung zu *Patmos*, v. 88: »Denn alles ist gut« (S. 982f.).

392,70-72 *meinen die | Es komme der Himmlische | Zu Toten herab]* »Die« sind die Titanen, die »Toten« sind die Menschen, die, vom Titanischen, d. h. Widergöttlichen beherrscht, in der Nacht der dürftigen Zeit wohnen wie die Schatten der Toten in der Unterwelt (Zu dieser Metaphorik vgl. *Der Archipelagus*, v. 241f.; »Aber weh! es wandelt in Nacht, es wohnt, wie im Orkus, | Ohne Göttliches unser Geschlecht«; sowie *Patmos*, v. 184-186: »Die Toten wecket | Er auf, die noch gefangen nicht | Vom Rohen sind« und die Erläuterung S. 998). Wenn »der Himmlische« zu den schatten- und totenhaft gewordenen Menschen herabkommt, damit sie aufgeweckt und »lebendig« (v. 69) werden, lehnt sich »das Rohe« (v. 65) im Menschen, mythologisch: die Titanen, auf, und es kommt zum Kampf zwischen Himmel und »Abgrund« (v. 73).

392,83 *Im Zorne*] Vgl. *Germanien*, v. 91, und die Erläuterung z. St. (S. 886).

⟨*Einst hab ich die Muse gefragt . . .*⟩
Wie Beißner in StA II, 832 bemerkt, könnte dieser locker und in großen Abständen über zwei Seiten des Homburger Foliohefts verstreute skizzenhafte Text mit dem in der Handschrift (und auch in dieser Ausgabe) folgenden *Wenn aber die Himmlischen . . .* zusammenhängen, da er im gleichen Duktus niedergeschrieben ist.

393,21 *Feuer und Rauchdampf*] Vgl. *Lebensalter*, v. 8, und die Erläuterung z. St.

⟨*Wenn aber die Himmlischen . . .*⟩
Im Homburger Folioheft überliefert. Vgl. die einleitende Bemerkung zum vorhergehenden Entwurf.

394,1-395,25 Der zuerst in Hesiods *Theogonie* überlieferte Mythos von der Vermählung von Himmel und Erde, aus der alles Leben sprießt, bildet die Grundvorstellung. Hölderlin faßt sie, wie auch sonst, etwa in der Hymne *Wie wenn am Feiertage . . .*, im Bild des Gewitters. Der »Zorn« (v. 16) ist wie in *Germanien*, v. 91 (vgl. v. 6-9), die sich im Gewitter entladende Energie göttlich-unendlichen Lebens: Sie bringt »Freude« (v. 13) und lebendiges Wachstum. Zugleich bewirkt »das Weise« (v. 17), d. h. das Wissen um das Maß, daß der harmonische Ausgleich zustandekommt: Höhe und Tiefe sind verbunden, indem das Gebirge in die See hängt (v. 22), warme Tiefe und kühlende Lüfte gleichen sich aus (v. 23), Inseln und Halbinseln (v. 24) schaffen die harmonische gegenseitige Durchdringung von Land und Meer, »Grotten zu beten« schließlich deuten auf den lebendigen Bezug zwischen Menschlichem und Göttlichem.

Nicht sicher erklären läßt sich v. 6f.: »⟨. . .⟩ da den Don-
nerer hielt | Unzärtlich die gerade Tochter«. Damit ist wohl
nicht die Erde gemeint, sondern Dike, die Tochter des
Zeus, d. h. das »Recht«, das Hölderlin auch sonst mit dem
Begriff des »Geraden« bezeichnet (vgl. *Lebenslauf*, v. 7f.:
»Herrscht im schiefesten Orkus | Nicht ein *Grades*, ein *Recht*
noch auch?«). Dies würde also bereits das Prinzip der Mäßigung ins Spiel bringen, das in den folgenden Versen (9f.):
»Und wohl duftet gelöscht | Von oben der Aufruhr« und in
v. 14-17 mit dem Hinweis auf das mäßigend wirkende
»Weise« zum Ausdruck kommt.

395,30-41 *Es sprosset aber* || *viel üppig neidiges* | *Unkraut*
⟨. . .⟩ *die unbeholfene Wildnis]* Die vom Gewitter angeregte
fruchtbare Aktivität setzt sich selbst absolut. »Üppig«, »nei-
dig«, in einer wuchernden Selbstbezogenheit, die zur Auflösung der Harmonie führt, richtet sie die in schönen
Wechselbezügen geordnete Welt zugrunde. Die Wendung
»Zu zornig« (v. 35) deutet auf das sich vom Ursprung lösende, entartende Übermaß. Es erscheint als geschichtliche
Notwendigkeit, daß auf die Entladung ›göttlich‹-unendli-
chen Lebens zuerst eine Epoche wirklicher Ordnung durch
den Ausgleich der elementar-aorgischen und der organisie-
renden (so die Leitkategorien im *Grund zum Empedokles*)
Kräfte folgt, daß dann aber gerade aus der Stärke, die aus
der Berührung mit dem »Schöpferischen« (v. 34) stammt,
daß Maßlos-Chaotische durchbricht und den Kosmos ver-
schlingt.

395,42-396,49 *So will es göttlich scheinen* ⟨. . .⟩ | *Und suchet,*
dem Tier gleich, das | *Notwendige]* Die »Irre« (v. 44), die Wild-
nis, ist Gegensatz zum »Garten« (v. 44) der wahren Ordnung, der völlig unterzugehen droht. Entscheidend ist der
Satz: »So will es göttlich scheinen« (v. 42). In dem Bereich,
der hybrid göttlich scheinen will, muß selbst der Mensch
»mit reinen Händen« (vgl. *Wie wenn am Feiertage* . . ., v. 61f.)
»dem Tier gleich« (v. 48) das zur bloßen Erhaltung des
Lebens »Notwendige« (v. 49) suchen, d. h.: Will die
Menschheit sich zum Göttlichen erheben, so stürzt sie zum

Tierischen hinab, in die Niederungen des Zwangs und der Notwendigkeit – die absolutgesetzte Freiheit schlägt dialektisch um.

396,49-51 *Zwar mit Armen,* | *Der Ahnung voll, mag einer treffen* | *Das Ziel]* Vgl. *Der Mutter Erde,* v. 43-45: »und einer erzählt, | Wie die Väter sonst den Bogen gespannet | Fernhin des Zieles gewiß«. Wie ein Bogenschütze kann der genial-dichterische Mensch (den ursprungsnahen Dichtern wird die Kraft der »Ahnung« zugeschrieben, vgl. *Wie wenn am Feiertage . . .,* v. 17) – daß dieser gemeint ist, darauf weisen eindeutig die Verse 61-63 – in einer chaotisch-orientierungslosen Welt Orientierung gewinnen und das »Ziel« treffen. Das Bild ist pindarisch inspiriert, denn Pindar vergleicht sich als Dichter gern einem Bogenschützen, der mit seinen dichterischen »Pfeilen« das Ziel zu treffen weiß.

396,52-54 *eines Zaunes oder Merkmals,* | *Das ihren Weg* | *Anzeige]* Metaphern der Orientierung in einer vom Orientierungsverlust bedrohten Welt.

396,57 *andre]* Damit sind »Die Prophetischen« (v. 69) gemeint.

396,59-69 *Denn über den Alpen ⟨. . .⟩ Die Prophetischen]* Die Dichter sind in Gefahr, »mit eigenem Sinne« (v. 62) Deutungen zu geben. Ihrer »zornigen« (v. 62; zur Wortbedeutung im Horizont des furor poeticus vgl. den Überblickskommentar zu *Mnemosyne,* S. 1038) Inspiration droht die Gefahr subjektiv-hybrider Verselbständigung (»mit eigenem Sinne«) gerade bei dem Versuch, durch ihr Deuten objektive Orientierung zu schaffen. In solchem ›Zorn‹ drohen sie selbst in die Maßlosigkeit und Hybris zu verfallen, die am allgemeinen Zustand der Welt mit dem gleichen Wort »zornig« umschrieben wird: »Zu zornig greift | Es und wächst« (v. 35). Um dieser Gefahr zu entgehen, müssen sie sich als Deuter an objektive Zeichen halten, wofür hier der Flug des Adlers steht – damit werden die Dichter als Deuter mit den antiken Auguren verglichen, die den Vogelflug deuteten (vgl. zu dieser Rolle des Dichters als Zeichen-Deuter: *Patmos,* v. 171-183, bes. die Erläuterung zu v. 182f.).

Über dem »Fluge des Vogels« gibt es noch den Bereich der »Prophetischen« (v. 69), die zunächst unbestimmt bleiben. »In reißender Zeit« (v. 67, vgl. *Der Archipelagus*, v. 293) leuchten sie über den Stirnen der zu ihnen aufschauenden Männer »gelbem Feuer gleich« (v. 67), d. h. als leitende *Sternbilder* in den nächtlichen Stürmen der Zeit. Der Ausdruck »Feuer« für die Gestirne ist Hölderlin aus dem Griechischen vertraut, wo ἀστήϱ, »Stern«, zugleich »Flamme«, »Licht«, »Feuer« heißt (z. B. Euripides, *Helena*, v. 1131; Sophokles preist in einem Chorlied der *Antigone* den Dionysos als »Chorführer der feueratmenden (πῦϱ πνειόντων) Gestirne« – Hölderlin übersetzt (v. 1195f.): »in Feuer wandelnd! | Chorführer der Gestirn'«). Erst der nächste Abschnitt bringt die Namen der großen halbgöttlichen Gestalten, die zwischen Himmel und Erde vermitteln: »Herkules« und die »Dioskuren« – in der Tat beides *Sternbilder*. Hölderlin hat das Dioskuren-Gestirn in früheren Dichtungen gefeiert, vor allem in der unvollendeten Ode *Die Dioskuren*, v. 1f.: »Ihr edeln Brüder droben, unsterbliches | *Gestirn* ⟨. . .⟩«. Herakles, ebenfalls im Sternbild verewigt (seine Erhebung zu den Sternen gehört auch zum literarischen Heroenkult, vgl. Seneca, *Hercules Oetaeus*, v. 1940-1943, v. 1971f.) und insofern orientierendes Leitbild, ist eine große Rettergestalt, wie die Fülle seiner Befreiertaten und Kultivierungsleistungen zeigt (zu Herakles als dem Typus des ›Soter‹, des Retters, vgl. die Erläuterung zu *Der Einzige*, 1. Fassung, v. 51, S. 942-944). Die Dioskuren waren das Sternbild, nach dem die Griechen nachts auf dem Meere ihre Navigation ausrichteten – sie galten insbesondere als Helfer in Seenot, indem sie sich als rettende Sterne zeigten (vgl. den 33. Homer. Hymnus *An die Dioskuren*; Euripides, *Elektra*, v. 990-993, v. 1238-1241, v. 1342-1353; Euripides, *Helena*, v. 1663-1665; Euripides, *Orestes*, v. 1635-1637, v. 1689f.; Theokrit XXII 6-22). Dies machte die mythischen Heroen in besonderem Maße zu rettenden Leit-Bildern. Ferner trifft auf Herakles und die Dioskuren die emphatisch exponierte Benennung *Die Pro-*

phetischen (v. 69) zu: So weissagt etwa im *Philoktet* des Sophokles Herakles den Griechen die Eroberung Trojas, und am Ende der *Elektra* des Euripides verheißen die Dioskuren dem Orest Erlösung von den Erinnyen. Im gedanklichen Zusammenhang des Gedichts ist aber auch dieser mythologische Zug Metapher von Allgemeinerem: die »Prophetischen« geben als große Leit-(Stern-)Bilder Sinnorientierung und deuten damit auf eine erfüllte Zukunft; sie wirken so der Verzagtheit und »Furcht« (v. 70) entgegen, welche die Gegenwart wie den antiken Hades (vgl. v. 71 und die folgende Erläuterung hierzu) bestimmen. Von der Furcht der Seelen der Toten beim Anblick des Herakles berichten Homer, *Odyssee* XI 605 f. und Apollodor II 5, 12.

396,71 *Schatten der Hölle*] Zur metaphorischen Bedeutung vgl. das Ende der vorausgehenden Erläuterung. Immer wieder, so in der Schlußstrophe von *Brot und Wein*, hat Hölderlin die unerfüllte Gegenwart mit der Metapher der antiken Unterwelt, des Hades oder Orkus (»Hölle«), charakterisiert. Im Zentrum dieser Metaphorik steht die Gleichsetzung der Menschen mit den »Schatten der Hölle«, d. h. mit Toten. Die dem höheren Leben abgestorbenen Menschen sind gleichsam Tote, wie in *Patmos*, v. 184-186. Nach antiker Auffassung wohnen die Seelen der Toten als wesenlose »Schatten« in der Unterwelt. Vgl. die folgende Erläuterung.

396,72-76 *Sie aber trieb,* | *Ein rein Schicksal* | *Eröffnend von* | *Der Erde heiligen Tischen* | *Der Reiniger Herkules*] Herkules ist in der mythologischen Überlieferung der große Reiniger, der die Erde von Ungeheuern, Unrat und Unsitte reinigt. In den *Trachinierinnen* des Sophokles heißt er wiederholt »Reiniger« (καθαίϱων, v. 1012 und 1061), ebenso in der römischen Literatur (»purgator«, z. B. Apuleius, *Apologie* XXII). Dreimal wird die Vorstellung der Reinheit und des Reinigens formuliert: Herakles eröffnet ein »rein Schicksal«, er heißt »Reiniger«, und er »bleibet immer *lauter*« (v. 77). Seine im Mythos überlieferten Reinigungstaten werden nun auf alles Negative bezogen, das auf der »Erde«

war und das er durch sein reinigendes Wirken ins Reich des Wesenlosen – somit in die Unterwelt verwies und zu »Schatten der Hölle« machte.

396,77f. *Der bleibet immer lauter, jetzt noch,* | *Mit dem Herrscher*] Nur vom Sternbild des Herakles kann gesagt werden, es sei »jetzt noch« mit dem Herrscher.

396,78f. *und othembringend steigen* | *Die Dioskuren ab und auf*] Wie Herakles Sinnbild der Reinigung, so wird das Dioskurenpaar Sinnbild der Vermittlung zwischen Himmel und Erde: nachdem Pollux in den Himmel aufgenommen wurde, erbat er von Zeus die Erlaubnis, mit seinem sterblichen Bruder beisammenbleiben zu dürfen. So verbringen die Dioskuren abwechselnd je einen Tag im Olymp und einen Tag in der Unterwelt (Homer, *Odyssee* XI 298ff.; Pindar, Nem. X 55ff. und 75ff.; Hygin, Fab. 80). Mit dem Bezug auf das *Sternbild* der Zwillinge, in dem man die Dioskuren verewigt sah, wird auch klar, warum die Dioskuren »bei Nacht« (v. 82) – die, wie in *Brot und Wein* und anderen Gedichten, hier eine Nacht im übertragenen Sinne ist – ab- und aufsteigen.

396,80 *An unzugänglichen Treppen*] Zu der im Bild der »Treppe« symbolisierten Vorstellung einer gradualistischen Vermittlung und ihrer neuplatonischen Struktur vgl. die Erläuterung zu der Formulierung »⟨. . .⟩ treppenweise steiget | Der Himmlische nieder« in einer Variante der Hymne *Der Einzige* (1. Fassung), S. 948.

396,80-397,83 *wenn von himmlischer Burg* | *Die Berge fernhinziehen* | *Bei Nacht, und hin* | *Die Zeiten*] Auch diese Verse sind neuplatonisch bestimmt (vgl. die vorausgehende Erläuterung). Die Vorstellung, daß die Zeit abbildlich vom Ewigen (»von himmlischer Burg«) her stammt, geht auf Platons *Timaios*, 37 d 5-7, zurück (vgl. hierzu die Erläuterung zu *Friedensfeier*, v. 94) und findet ihre wichtigste neuplatonische Vermittlung in Boethius' *Trost der Philosophie*, Drittes Buch, 9. Gedicht. In den Lesarten steht statt »Die Zeiten« die Formulierung: »die Töchter des Himmels« (analog eine Lesart zu *Elegie*, v. 39: »des Äthers Töchter, die Zeiten«).

397,85 *Im Gedächtnis aber lebet Philoktetes]* Nicht mehr
sicher einzuordnen. Vielleicht im Zusammenhang mit Herkules und seiner Verewigung im Sternbild zu verstehen: Als
Herkules auf dem Oeta in Flammen sein Erdenleben en-
digte, um zu den Göttern aufzufahren, und sein Sohn
Hyllos den Scheiterhaufen nicht anzünden wollte, erwies
Philoktet dem Heros diesen Dienst, für den er den Bogen
des Herkules empfing.

⟨*Sonst nämlich, Vater Zevs . . .*⟩
Im Homburger Folioheft überliefert.

398,6f. *Diana | Die Jägerin]* Die Göttin Diana (Artemis)
ist die Göttin der Jagd. Mit ihrem Bogen kann sie jähes
Verderben über die Menschen bringen, sie trifft mit ihren
Pfeilen tödlich die Töchter der Niobe, den Jäger Orion und
viele andere, ist aber auch gegen Gestalten ihres eigenen
Gefolges von unberechenbarer Grausamkeit. In den
Kämpfen der olympischen Götter gegen Riesen und Titanen trägt sie zum Sieg des Zeus bei (Pausanias, Lacon. c. 18;
Hygin, Fab. 150). Wie aus dem weiteren Gang des Entwurfs deutlich wird, repräsentiert Diana eine der »Mächte«
(v. 18f.: »Denn *über der Erde* wandeln | Gewaltige Mächte« –
vgl. die Analogie in der Formulierung: »Darum geht
schröcklich *über* | *Der Erde* Diana | Die Jägerin«), welche
das ganze Dasein erschüttern und »ergreifen« (v. 20, 22)
und damit tödlich gefährden. Die Verse über die schrecklich
über der Erde gehende Jägerin Diana sind wahrscheinlich
vom 27. Homerischen Hymnus auf Artemis inspiriert. Er
stellt dar, wie sie über den ganzen Kosmos Schrecken verbreitet (v. 6-9): »Es beben Gipfel hoher Gebirge, es kracht
der düstere Wald | schrecklich beim Tosen der Jagden; es
schaudert aber die Erde, | schaudert das fischreiche Meer
⟨. . .⟩«.

398,7 *zornig]* Vgl. die Erläuterung zu *Wie wenn am Feiertage . . .*, v. 57, sowie zu *Germanien*, v. 91.

398,16 *Erinnys]* Die Erinnyen, griechische Rachegöttin-
nen (lat. Furien), können die von ihnen Verfolgten in

Wahnsinn und Tod treiben; ihr berühmtestes Opfer ist Orestes.

398,20-24 *Und es ergreifet ihr Schicksal | Den der es leidet ⟨. . .⟩ dem Leiden nach]* Vgl. *Wie wenn am Feiertage . . .,* v. 63-66: »⟨. . .⟩ Des Vaters Strahl, der reine versengt es nicht | Und tieferschüttert, die *Leiden* des Stärkeren | *Mitleidend,* bleibt in den hochherstürzenden Stürmen | Des Gottes, wenn er nahet, das Herz doch fest«. Zum Begriff des Leidens vgl. die Erläuterung zu *Wie wenn am Feiertage . . .,* v. 57 (S. 663f.).

398,26 *fernahnend]* Vgl. *Mnemosyne,* v. 32-34: »⟨. . .⟩ auf hoher Straß | Ein Wandersmann geht zornig, | *Fern ahnend* mit | Dem andern ⟨. . .⟩« und die Erläuterung hierzu.

⟨. . . *Meinest du es solle gehen . . .*⟩

Im Homburger Folioheft überliefert.

399,3-7 *Nämlich sie wollten stiften | Ein Reich der Kunst ⟨. . .⟩ zu Grunde]* »Kunst« ist hier in dem terminologischen Sinne der Ode *Natur und Kunst oder Saturn und Jupiter* zu verstehen (vgl. die Erläuterungen S. 755f.), wonach Natur den vor aller Gestaltung und allem Bewußtsein liegenden »saturnischen« Ursprungsbereich, »Kunst« die Jupitersphäre der ausgeprägten Form und des »positiven« Gesetzes meint. »Das Vaterländische« ist das »Nationelle«, das ursprüngliche Wesen der Griechen, das der Brief an Böhlendorff vom 4. Dezember 1801 als das »Feuer vom Himmel«, die »Leidenschaft« und das »heilige Pathos« bezeichnet. Das »Reich der Kunst« ist das Reich des Gemachten und Gesetzten, in dem die Griechen ihren feurig-»orientalischen« Ursprung verleugnet haben, wie Hölderlin im Brief an Friedrich Wilmans vom 28. September 1803 schreibt. Vgl. den Überblickskommentar zu *Der Einzige,* 2. Fassung, S. 955. Wie alles Erstarrte zerbricht dieses seinem Ursprung entfremdete Griechenland.

399,14 *Ein ehrlich Meister]* Vgl. *. . . der Vatikan . . .,* v. 11, und die Erläuterung z. St.

399,15 *mit Diamanten | In die Fenster]* Nach Lauffener

Ortsüberlieferung hat Hölderlin mit Diamanten Inschriften in die Fenster seines Geburtshauses eingeritzt.

Der Adler

Handschriftlich überliefert.

399,1-400,10 Der Flug des Adlers, der vom Indus kommend nach Griechenland und Italien und schließlich über die Alpen nach Deutschland fliegt, ist in *Germanien* die Figuration der ost-westlichen Kulturwanderung. Zu dieser Grundvorstellung Hölderlins vgl. den Überblickskommentar zu der Hymne *Am Quell der Donau* (S. 843-845).

399,1f. *auf dem Gotthard, | Da wo die Flüsse]* Außer dem Rhein, dem Tessin und der Rhone entspringen auf dem St. Gotthard auch die Aare und die Reuß.

399,3 *Hetruria]* Etrurien, jetzt Toscana, steht pars pro toto für Italien.

399,6 *Olympos und Hämos]* Olymp und Hämos werden pars pro toto für Griechenland genannt: der Olymp als der Berg der griechischen Götter, der Hämos, ein Gebirge in Nordgriechenland (Thrakien) wahrscheinlich wegen seines Bezuges zum mythischen Ur-Sänger Orpheus, der dort nach der Sage von der Muse Kalliope geboren wurde (vgl. Horaz, *Carmina* I 12, 6). Der Hämos wird hier aber auch genannt, weil er sich schon weiter östlich befindet – die Reihenfolge der Namen weist insgesamt immer weiter nach Osten.

399,7 *Athos]* Hoher Berg am äußersten Ende der östlichsten der drei Landzungen der Chalkidike. Der Athos war im Altertum berühmt durch den Schiffbruch, den die persische Flotte unter Mardonios 492 hier erlitt, ferner durch den Kanalbau des Xerxes (Herodot VI, 44 und VII 22-23).

399,8 *Lemnos]* Zwischen dem Athos und Troja gelegene Insel im Ägäischen Meer. Als die Griechen nach Troja segelten, setzten sie hier den Philoktet aus, der nun in einer Höhle (deshalb spricht Hölderlin von »Höhlen in Lemnos«) zehn Jahre elend zubringen mußte (vgl. Homer, *Ilias*

II 718-725; Sophokles, *Philoktet*; Pindar, Pyth. I 93-104 in Hölderlins Übersetzung).

400,10 *Indus]* Hier, wie in *Germanien*, v. 42, und *Der Ister*, v. 7, als äußerster Osten und zugleich Anfang der menschlichen Kultur genannt (vgl. v. 9: »Anfänglich«).

400,13-23 *Der Urahn ⟨. . .⟩ bleiben]* Mit der räumlichen Zurückverfolgung der Kulturwanderung von Westen nach Osten, vom Gotthard über Italien und Griechenland bis zum Indus, ist auch eine zeitliche Stufung verbunden, die in der Generationsfolge vom »Vater« (v. 1) über die »anfänglich« noch weiter her kommenden »Eltern« (v. 12) bis zum »Urahn« zurückreicht. Das »Geheimnis der Wasser« sowie die Nennung des »Schiffs« und der »Tiere« (v. 19) scheint auf die allerälteste Zeit zurückzuweisen: auf die Sintflut (vgl. 1 Mose 6, 5-9, 17), die ihr griechisches Gegenstück in der Deukalion-Sage hat (vgl. Ovid, *Metamorphosen* I 262-415). »Des Königes goldnes Haupt« (v. 16) meint wohl den »Urahn«, und vielleicht ist darin eine Anspielung darauf enthalten, daß der Steinadler auch Goldadler heißt.

⟨*Ihr sichergebaueten Alpen . . .*⟩
Im Homburger Folioheft überliefert.

401,6f. *die Locke | Der Tannen]* Vgl. *An Diotima* (»Komm und siehe die Freude ⟨. . .⟩«), v. 3, und die Erläuterung z. St., ferner *Die Muße*, v. 14.

401,14 *Seidenbaum]* Der weiße Maulbeerbaum (morus alba), von dessen Blättern sich die Seidenraupe ernährt.

401,17-22 *Ihr guten Städte ⟨. . .⟩ | Und siehet den Tod nicht]* In dieser Partie läßt sich der konzeptionelle Kern des Entwurfs erkennen. Wie in anderen späten Gedichten (vgl. *Lebensalter*, v. 1, *Tränen*, v. 12, *Mnemosyne*, v. 20-22, und die jeweiligen Erläuterungen) sind die »Städte« das Bollwerk eines gesicherten, gestalteten Daseins gegen die Mächte, die bedrohlich »ungestalt« (v. 18) den chaotischen Drang ins »Ungebundene« (*Mnemosyne*, v. 13) und damit die »Todeslust« (*Der Einzige*, 2. Fassung, v. 56) entfesseln – vgl. v. 22, wo vom »Tod« die Rede ist. Aus diesem Horizont ist auch

die in der folgenden Partie des Entwurfs enthaltene Beschwörung der Heimat zu verstehen, wie schon in v. 1 die
Apostrophe der »*sicher*gebaueten Alpen«.

402,29 *Weinsteig*] Straße in Stuttgart, heute die ›Alte
Weinsteige‹, die zuerst in westlicher Richtung aus der Stadt
hinaus und dann in südlicher Richtung nach Degerloch
hinauf führt.

402,36 *Spitzberg*] Von dem Höhenzug, der vom Tübinger Schloßberg bis zur Wurmlinger Kapelle geht, »beugt«
der Spitzberg »aus«. An ihm vorbei führte eine alte Römer-
straße.

402,38 *Tills Tal*] Vgl. die Erläuterungen zu der Ode *An
Thills Grab*.

Das Nächste Beste

Im Homburger Folioheft überliefert.

1. Ansatz

403,28 *Charente*] Fluß im südlichen Frankreich, der
nördlich der Gironde mündet.

2. Ansatz

404,40 *der Katten Land*] Hessen.

3. Ansatz

405,1 *offen die Fenster des Himmels*] Biblischer Ausdruck
für einen Wolkenbruch, z. B. 1 Mose 8, 11; 8, 2 (Sintflut);
2 Könige 7, 2; Maleachi 3, 10; Jesaja 24, 18.

405,10 *Gasgogne*] Ebenso wie die »Charente« (v. 28), die
später auf dem Weg des Vogelzugs genannt wird, weil sie
schon weiter nordwärts fließt, eine Erinnerung an den Aufenthalt in Bordeaux – vgl. *Andenken*. Die gleiche Namensform – statt Gascogne – auch in dem Entwurf *Vom Abgrund
nämlich*, v. 30. Die Gascogne ist die Landschaft südlich der
Garonne.

406,28 *Charente*] Ein nördlich der Gironde mündender
Fluß.

406,31f. *wacker ⟨. . .⟩ die Augen]* Vgl. 1 Samuel 14, 27 und 27; Sprüche Salomon. 20, 13; Klopstock, *Die Ratgeberin* (1795), v. 17f.

406,37 *Wolken des Gesanges]* Vgl. *Griechenland*, 3. Ansatz, v. 15: »Gesangeswolken«.

407,58 *Ilion]* Troja.

Tinian

Handschriftlich auf einem Einzelblatt überliefert. Der separat überlieferte Vorentwurf lautet:

Tinian. Der Schiffer.
Der Sturm am Vorgebirge.   Dort
der Palme
Frucht.
Tinian.

Der Name der in der Südsee gelegenen Marianen-Insel Tinian wird in der zeitgenössischen Literatur als Synonym einer paradiesischen Insel allgemein verwendet – vgl. Wieland, *Pervonte oder die Wünsche:* »⟨. . .⟩ ein Sitz der Frühlingsgötter, ein Zaubergrund, ein wahres Tinian«. Durch die Beschreibung der Weltumsegelung Lord George Ansons (vgl. die Erläuterung zu *Kolomb*, v. 15) war Tinian als ein solches paradiesisches Eiland bekannt geworden.

407,2 *In heiliger Wildnis]* Vgl. *An die Madonna*, v. 97f., und die Erläuterung z. St.

407,11 *fremde Fittige]* Die Zugvögel, die aus der Fremde heimkehren.

407,13 *Palmtagsstauden]* Palmtag ist ein alter Ausdruck für den Palmsonntag. »Palmtagsstauden« sind die blühenden Weiden, sie wurden so genannt, weil man am Palmsonntag, dem Sonntag vor Ostern, an welchem in der griechischen und katholischen Kirche zur Erinnerung an Christi Einzug in Jerusalem Palmzweige geweiht wurden, als Ersatz der echten Palmzweige Zweige der Salweide verwendete.

407,15 *Mit Sommervögeln]* Damit sind die Schmetterlinge gemeint (vgl. Hermann Fischer, *Schwäbisches Wörterbuch* 5, 1444).

Kolomb

Im Homburger Folioheft überliefert. Der Text gibt den ersten Entwurf wieder. In dessen Lücken hat Hölderlin später noch – weitgehend skizzenartig – hineingeschrieben.

409,15 *Anson und Gama]* Lord George Anson, englischer Admiral (1697-1762). Seine Reise um die Welt beschrieb sein Schiffskaplan Richard Walter: *George Ansons Voyage round the world in the years 1740-44*, London 1748. Die deutsche Übersetzung von Eobald Toze erschien 1749 in Leipzig und Göttingen. Goethe berichtet in *Dichtung und Wahrheit* (1. Teil, 1. Buch): »Lord Ansons *Reise um die Welt* verband das Würdige der Wahrheit mit dem Phantastischen des Märchens, und indem wir diesen trefflichen Seemann mit den Gedanken begleiteten, wurden wir weit in alle Welt hinausgeführt, und versuchten, ihm mit unsern Fingern auf dem Globus zu folgen«. – Der Portugiese Vasco da Gama (1450-1524) entdeckte den Seeweg nach Indien.

410,72 *Heroen]* Hier ist wieder das Hauptthema des Entwurfs aufgenommen, das schon die Anfangsverse anschlagen: »Wünscht' ich der Helden einer zu sein | Und dürfte frei es bekennen | So wär' es ein Seeheld«. Die Seefahrer verkörpern für Hölderlin am meisten den Typus des heldischen Tatmenschen; vgl. *Der Wanderer*, v. 79-81, *Andenken*, 4. und 5. Strophe (hierzu die Erläuterungen).

Dem Fürsten

Im Homburger Folioheft überliefert. Der Text entstand durch spätere Einfügungen in einen zuerst noch skizzenhafteren Entwurf. Er wendet sich an den Fürsten Friedrich Wilhelm Karl (1754-1816), der 1797 als Herzog Friedrich II. von Württemberg den Thron bestieg, 1803 Kurfürst wurde (vgl. v. 41 die Anrede: »Mein Kurfürst!«) und 1805 von Napoleon die Königswürde erhielt. Dieser Herrscher war ein entschiedener Gegner aller Reformbestrebungen und verfolgte die engagierten Demokraten unnachsichtig. Ob die Verse 23-28 einen kritischen Reflex darauf enthalten, vielleicht auch auf den Hochverratsprozeß gegen Sinclair und Seckendorf im Frühjahr 1805, ist schwer zu erkennen und im Hinblick auf v. 38-42 des 2. Ansatzes unwahrscheinlich.

⟨Und mitzufühlen das Leben . . .⟩

Im Homburger Folioheft überliefert.

Abweichend von der *Großen Stuttgarter Ausgabe* endet hier der Entwurf mit dem Wort »Elysium«, da sich in der Handschrift der Passus »und verlorne Liebe | Der Turniere Rosse, scheu und feucht« nicht mehr als zu diesem Entwurf gehörig definieren läßt.

⟨Vom Abgrund nämlich . . .⟩

Im Homburger Folioheft überliefert. Die Textkonstitution ist vor allem in v. 1-6 unsicher, da Hölderlin hier in drei verschiedenen Schriften schreibt und nicht klar erkennbar ist, welche späteren Formulierungen er in die früheren integrieren und wo er die früheren ersetzen wollte.

416,3 *in Zweifel und Ärgernis]* Über dieser Zeile befindet sich im gleichen handschriftlichen Duktus der Ausruf μα τον ορκον (zu deutsch: »Beim Eid«), den Hölderlin z. B. aus Pindar, Nem. XI 24, kennen konnte.

416,13-16 *Frankfurt ⟨. . .⟩ ist der Nabel | Dieser Erde]* Delphi, mit seinem alle anderen religiösen Institutionen Griechenlands überragenden Orakel, galt den Griechen als »Nabel« (ὀμφαλός) der Erde, d. h. als Mittelpunkt. Vgl. auch *Ganymed*, v. 20. Da Frankfurt in der geographischen Mitte Deutschlands liegt, Deutschland wiederum in der geographischen Mitte Europas, kann Frankfurt geradezu »der Nabel | Dieser Erde« heißen. Die Deutschland-Thematik wird am Schluß des Entwurfs wiederaufgenommen.

416,23 *Beere]* Die von Hölderlin bevorzugte Pluralform statt »Beeren«; vgl. *Die Teck*, v. 9, und die Erläuterung z. St.

416,30 *die Gasgognischen Lande]* Die Form »Gasgogne« statt Gascogne erscheint auch in dem Entwurf *Das Nächste Beste*, v. 10.

417,35 *Blüten]* In einer Variante zu v. 49 der Elegie *Stutgard* steht für die ursprünglich notierte Wendung »die Landesheroen«: »des Landes Blüten«. Die Metapher verwendet Hölderlin in Anlehnung an griechische Vorbilder, besonders Pindar, auch sonst; so nennt er in einem Aufsatz über Achill (Bd. II) diesen »die gelungenste, und vergänglichste *Blüte* der Heroenwelt«. Vgl. auch Klopstock, *Hermanns Schlacht*, 12. Szene: »Kühne Knaben! 〈...〉 Ihr Blumen des Vaterlands«; Schubart, *Palinodie an Bacchus*, v. 71f.: »Ihr Blüten meines Vaterlandes! Ihr Jünglinge«.

417,35 f. *o mein Herz wird | Untrügbarer Krystall]* Rousseau vergleicht auffallend oft sein Herz einem Kristall. »Sein gleich einem Kristall durchsichtiges Herz kann nichts von dem verbergen, was in ihm vorgeht, jede Regung, die in ihm aufsteigt, teilt sich seinem Auge und seinem Gesicht mit« (Jean-Jacques Rousseau, *Schriften in zwei Bänden*, hg. v. Henning Ritter, nach alten Übersetzungen bearbeitet und zum Teil neu übersetzt von Henning Ritter und Dietrich Feldhausen, München 1978, hier: Gespräche, Bd. 2, S. 484); »Haben sie zarte, offene, vertrauensvolle, leicht sich ergießende Herzen? Und wie sollten sich solche Geheimnisse auch nur einen Moment lang in dem meinen verbergen, das durchsichtig wie Kristall ist und jede Regung, die es befällt, augenblicklich meinen Augen und meinem Gesicht mitteilt?« (Übersetzt aus: *Correspondance générale de J.-J. Rousseau*, hg. v. Pierre-Paul Plan, mit Anmerkungen versehen und kommentiert von Théophile Dufour, 20 Bände, Paris 1924-1934, Bd. 19, S. 237); »Das finstere Labyrinth ihrer Herzen ist mir undurchdringlich, mir, dessen kristallklares Herz keine seiner Regungen verbergen kann« (*Correspondance générale*, Bd. 20, S. 43f.).

〈... *Der Vatikan* ...〉
Im Homburger Folioheft überliefert.

417,5-9 *aus Zorn der Natur-* | *Göttin* ⟨. . .⟩ *Kalender]* In Hölderlins Dichtungen findet sich, besonders seit 1801, immer wieder der Gedanke, daß das im ›Positiven‹ erstarrte Dasein eine Reaktion der Natur heraufbeschwört und, wenn kein harmonischer Ausgleich mehr möglich ist, ins Chaos (»Irrsal«, v. 7) führen muß. Vgl. den Überblickskommentar zu der Hymne *Der Rhein*, sowie die Einzelerläuterung zu v. 216-221. Schon im Prosa-Entwurf zu der Hymne *Wie wenn am Feiertage* . . . ist vom »göttlichen Zorn der Natur« die Rede; vgl. den Text und die Erklärung des »Zorn«-Begriffs in den Erläuterungen zu v. 64f. der Hymne, S. 664. In die zeitliche Nachbarschaft des *Vatikan*-Fragments gehört die wichtigste Analogie: die in der 2. Fassung des *Einzigen*; vgl. dort den Überblickskommentar, S. 955, auch zum Motiv des »Zorns«. Im *Vatikan*-Fragment ist die Sphäre des ›Positiven‹ durch den Passus »alle Schlüssel des Geheimnisses wissend | Fragt bös Gewissen | Und Julius Geist um derweil, welcher Kalender | Gemachet« (v. 7-10) ausgedrückt, wobei das Kalendermachen für das Rechnen und das Einzwängen in ›positive‹ Gesetzlichkeiten steht. Der Untergang Roms, dessen in Ruinen liegende »Paläste« noch einmal in v. 42ff. beschworen und negativ besetzt werden, erscheint auch in einer späten Variante des *Archipelagus* als Folge des ›Positiv‹-Werdens: »⟨. . .⟩ Drüben sind der Trümmer genug im Griechenland und die hohe | Roma liegt, sie machten zu sehr zu Menschen die Götter«. Demgegenüber betont das *Vatikan*-Fragment in den folgenden Versen (v. 12f.): »Gott rein und mit Unterscheidung | Bewahren, das ist uns vertrauet«.

417,9f. *Julius* ⟨. . .⟩, *welcher Kalender* | *Gemachet]* Julius Cäsar hat im Jahr 46 v. Chr. den ›Julianischen Kalender‹ geschaffen und damit die Zeitrechnung reformiert.

417,10f. *dort drüben, in Westfalen,* | *Mein ehrlich Meister]* Hinweis auf Wilhelm Heinse, mit dem Hölderlin und Susette Gontard im westfälischen Bad Driburg den Sommer 1796 verbrachten. Eine genaue Entsprechung findet sich in dem Entwurf . . . *Meinest du es solle gehen* . . ., v. 14: »Ein ehrlich Meister«.

417,19 *Meister des Forsts*] Vgl. *Der Archipelagus*, v. 167, und die Erläuterung z. St.

417,19 *Jüngling in der Wüste*] Johannes der Täufer. Vgl. Matth. 3, 4: »seine Speise war Heuschrecken und wilder Honig«.

418,24 *Loretto, wo des Pilgrims Heimat*] Loreto ist ein Wallfahrtsort in der italienischen Provinz Ancona, unweit des adriatischen Meers. – Von hier ab gibt es eine Reihe aufschlußreicher Analogien zu der Partie der 2. Fassung des *Einzigen*, die dem Mittelalter gilt (v. 79-83): Dort ist von »der Pilgrime Wandern« die Rede (v. 81) und von »des Wächters | Gesang« (v. 81f.) – analog . . . *Der Vatikan* . . ., v. 29: »Des Wächters Horn«, ferner von der »Schrift | Des Barden oder Afrikaners« (v. 82f.) – analog . . . *Der Vatikan* . . ., v. 33, wo »die Eule ⟨. . .⟩ der Schriften« genannt wird. Vor allem erscheint das Leitmotiv des »Haltens« und »Unterhaltens« (v. 30: »Der Kranich hält die Gestalt aufrecht«, v. 33-35: »die Eule ⟨. . .⟩ der Schriften | Spricht ⟨. . .⟩ | Die erhalten den Sinn« wie in der entsprechenden Partie des *Einzigen*, 2. Fassung, v. 76-84: »Fürbittend aber || Hält ihn der Tag ⟨. . .⟩ und Geschichte der Helden unterhält ⟨. . .⟩ Ruhmloser auch | Geschick hält ihn ⟨. . .⟩«; vgl. die Erläuterungen hierzu.

418,27 *Eiderdünnen*] Das Wort »Eiderdaunen« hat auch Nebenformen wie »Eiderdune«, »Eiderdon«.

418,28 *der Adler den Akzent rufet*] In älterer Literatur wird das Wort »Akzent« auch in der Bedeutung von »Laut«, »Ton« verwendet. Vgl. Schillers *Anthologie auf das Jahr 1782*, S. 160: »der Akzent der sanften Philomele«; Goethe in der Rezension der Lyrischen Gedichte von Johann Heinrich Voß (Weimarer Ausgabe Abt. I, Bd. 40, S. 266): »Zugleich versammelt sich das ganze Chor von Vögeln und übertönt das Leben des Tags mit vielfachen Accenten«.

418,29 *Des Wächters Horn tönt aber über den Garden*] Vgl. die Erläuterung zu v. 24. Das Wort »Garden« erklärt sich aus der Sphäre des Mittelalters, die hier wie in den umgebenden Versen beschworen wird: Die Vorstellung ist die

eines Schloßwächters, der sein Horn über der Wachmann-
schaft (dies ist die ursprüngliche Bedeutung von »Garde«)
ertönen läßt. Seit etwa 1500 konnte das Wort »Garde«
außerdem noch die Bedeutung von »Kriegshaufen«, insbesondere »Landsknechtsheer« haben.

418,31 *keusche]* Hölderlin verwendet dieses Wort gelegentlich in der etymologischen Bedeutung, also entsprechend lat. conscius, d. h. im Sinn von »bewußt«, »selbstbewußt«. Vgl. *Das Nächste Beste*, 2. Ansatz, v. 55-57:
»Wohnsitze sind da freundlicher Geister, die | Zusammen-
gehören, so die *Keuschen* | Unterscheidet ein gleiches Ge-
setz«. Die Bedeutung von »keusch« im Sinne von »selbstbewußt« paßt zu der »majestätischen« »Gestalt« des
Kranichs, die er »aufrecht« hält.

418,32f. *In Patmos, Morea ⟨. . .⟩ | Türkisch]* Patmos ist
die Insel des Johannes, vgl. die Hymne *Patmos*. Morea ist
der seit dem 13. Jahrhundert gebräuchliche Name der Peloponnes, der von den slawischen Einwanderern stammte.
Vgl. *Der Rhein*, v. 15. Hölderlin wählt hier wohl den fremden, slawischen Namen, um das Verschwinden oder die
Überlagerung des Griechischen zu signalisieren, worauf
auch das Wort »Türkisch« und in v. 36 die »Sprachverwirrung« hinweist. Griechenland und so auch Patmos und die
Peloponnes waren zu Anfang des 19. Jahrhunderts noch
unter türkischer Herrschaft.

418,33 *die Eule ⟨. . .⟩ der Schriften]* Die Eule, als Attribut
der Athene das traditionelle Symbol der Weisheit, ist hier in
kühner Metaphorik der schriftlichen Überlieferung zugeordnet, welche zwischen den Trümmern der Vergangenheit
(den »zerstörten Städten«) immer noch zu uns spricht und
»Sinn« vermittelt.

418,34 *heischern Fraun gleich]* »Heischer«, ein noch im
18. Jahrhundert und darüber hinaus gängiges Wort (vgl.
die Belege in Grimms *Deutschem Wörterbuch*, Bd. IV/II,
Sp. 900f.), heißt »rauh« und bezieht sich immer auf Stimme
und Ton. Vgl. auch *Die Meinige*, v. 34: »heischerschluchzend«.

418,41-43 *Apollon ⟨. . .⟩ sagt | Ade!*] Apollon ist hier als Sonnengott verstanden. Er sagt »des Abends« (v. 37), wo auch andere »Abschied« (v. 40) nehmen, der Welt »Ade«.

418,44 *das Brautlied des Himmels*] Vgl. *Der Rhein*, v. 180. Wie in der Rhein-Hymne vollzieht sich auch hier die Einung von Himmel und Erde zur Abendzeit – von v. 37 ab ist die gesamte Schlußpartie von der Vorstellung des Abends bestimmt. In der *Friedensfeier* ist der »Abend« eine Leitvorstellung für die Vollendung der Geschichte.

418,45 f. *Und die Rippe tönet | Des sandigen Erdballs*] »Rippe« ist Metapher für die Meeresküste, nach dem franz. Wort »côte«, das zugleich »Rippe« und »Meeresküste« heißt.

Griechenland

Der 1. Ansatz ist handschriftlich auf einem Einzelblatt, der 2. Ansatz auf einem Doppelblatt überliefert, auf dem dann durch Überarbeitung und Hinzufügung der Schlußpartie der 3. Ansatz zustandekommt.

ÜBERBLICKSKOMMENTAR zum 2. und 3. Ansatz Dieser Text steht wie die Hymne *Mnemosyne* ganz im Spannungsfeld eines entgrenzenden, das irdische Dasein zerstörerisch bedrohenden Dranges und andererseits des Suchens nach Halt, Bewahrung und sicherer Beheimatung. Diesem Spannungsfeld entspricht der Gegensatz von zerstörerisch Unmittelbarem (vorgestellt als die gefährlich-unmittelbare Erscheinung Gottes) und bewahrend Mittelbarem (vorgestellt als verhüllte Gottheit).

Das Eingangsbild exponiert Hölderlins häufigste Chiffre für den Dichter, den »Wanderer« (vgl. *Mnemosyne*, v. 32: »ein Wandersmann« und die Erläuterung z. St.). Dessen »Wege« sind den »Stimmen des Geschicks« zugeordnet, die sich alsbald als gewitterhaft tönendes und tosendes »Dasein Gottes« erweisen. Dies ist das Erregende, das den Entgrenzungsdrang auslöst: »Und Rufe, wie hinausschauen, zur | Unsterblichkeit und Helden; | Viel sind Erinnerungen«. Wie in *Mnemosyne* ist es die Erinnerung, insbesondere die an

das Los der Helden, die zum Anlaß der »hinaus« aus dem
Sterblichen rufenden, visionären Erregung wird. Die
»Erde« geht zwar »großen Gesetzen« nach (vgl. *Mnemosyne*,
v. 11f., wo von den »alten | Gesetzen der Erd« die Rede ist),
aber schon in Reaktion auf frühere chaotische »Verwüstungen« und »Versuchungen der Heiligen«. Zum Sinn der
»Verwüstungen« vgl. *Tränen*, v. 4 (»wüst«), und die Erläuterungen zur 1. Strophe dieser Ode; zu den »Heiligen« vgl.
Tränen, v. 9, und die Erläuterungen zur 3. Strophe; zum
Motiv der »Versuchung« vgl. *Der Einzige*, 2. Fassung,
v. 96f.: »Versuchungen sind nämlich | *Grenzlos* an die ge-
gangen«. Der Bewahrung der »großen« kosmischen »Gesetze« durch die Erde entspricht die Mittelbarkeit, die im
3. Ansatz ihren besonderen Ausdruck darin findet, daß der
»Himmel breit lauter *Hülle*« (v. 14f.) erscheint, und entsprechend, nämlich gleichsam wolkenhaft verhüllend, »singen« den Himmel auch die »Gesanges*wolken*« (v. 15). Der
2. Ansatz erläutert darauf (v. 14-17) die Gefahr der zerstörerischen Entgrenzung mit dem Begriff des »Ungebundenen«, das sich »zum Tode sehnet« – vgl. *Stimme des Volks*,
2. Fassung, v. 18f.: »Das Ungebundene reizet und Völker
auch | Ergreift die Todeslust«, sowie *Mnemosyne*, v. 12f.:
»Und immer | Ins Ungebundene gehet eine Sehnsucht«. Der
3. Ansatz (v. 16-19) dagegen beschwört schon gegen alles
Entgrenzende und Destabilisierende die Festigkeit und Ge-
bundenheit irdischen Daseins: »Denn fest ist der Erde |
Nabel. Gefangen nämlich in Ufern von Gras sind | Die
Flammen und die allgemeinen | Elemente« (zum Verständ-
nis dieser letzteren Vorstellung vgl. die Erläuterung zu
Mnemosyne, v. 9-12). In beiden Ansätzen wird dann noch
einmal die Verhüllung Gottes und damit die Notwendigkeit
der Mittelbarkeit angesichts des »Schröcklich«-Unmittelba-
ren beschworen. Den Metaphern der Verhüllung (»Gewand«, »verberget«, »decket«) entspricht die Fortführung
der Wolken-Motivik (3. Ansatz, v. 5: »Der Wolken heitere
Stimmung«, v. 14f.: »den Himmel breit lauter Hülle nach-
her | Erscheinend singen Gesangeswolken« – vgl. 2. An-

satz, v. 25, 3. Ansatz, v. 28: »Und decket die Lüfte mit
Kunst«): »Alltag aber wunderbar | Gott an hat ein *Gewand*. |
Und Erkenntnissen *verberget* sich sein Angesicht | Und *decket*
die Lüfte mit Kunst. | Und Luft und Zeit *deckt* | Den
Schröcklichen, wenn zu sehr ihn | Eins liebet mit Gebeten
oder | Die Seele« (2. Ansatz, v. 22-29; analog 3. Ansatz,
v. 25-32). Damit bricht der 2. Ansatz ab, während der
3. Ansatz nun (von v. 32 ab) die Sphäre des Rettend-Mit-
telbaren genauer evoziert, vor allem das ›Buch der Natur‹:
»Denn lange schon steht offen | Wie Blätter ⟨erg.: eines
Buches⟩ ⟨. . .⟩ | Die Natur«. Die folgende Partie pointiert,
angesichts der erneut beschworenen Gefahr der Auflösung
(»Wenn ausgehn will die alte Bildung | Der Erde«) und des
Hinausgehens bis an die Grenzen der Erde (»wie auf Höhen
führet | Die Erde Gott«), eine das Dasein doch im irdischen
Maß und in irdischen Grenzen bewahrende ›göttliche‹ Für-
sorge: »Ungemessene Schritte | Begrenzt er aber«. Darauf
folgt eine Darstellung der psychischen Disposition, die das
Dasein bewahrt, einer Disposition, die dem Ekstatisch-
Exzentrischen durch *konzentrierende* Energien entgegen-
wirkt: es »tun | Der Seele Kräfte ⟨. . .⟩ sich zusammen« (vgl.
Mnemosyne, v. 48-50, wo das Versagen dieser konzentrierend
wirkenden Energien zur tragischen Katastrophe führt:
»Himmlische nämlich sind | Unwillig, wenn einer nicht die
Seele schonend sich | Zusammengenommen«). Der Schluß-
abschnitt stellt mit ähnlichen und z. T. gleichen Bildern wie
Mnemosyne, v. 18-22, ein in idyllischer Gegenwart gesicher-
tes Dasein dar, wo sich nicht »das Ungebundene zum Tode
sehnet« (2. Ansatz, v. 15), sondern »Lebensliebe« (v. 49)
waltet, wo statt der hochgefährdeten »Wege des Wande-
rers« (v. 1) nun »der Weg ist | Gepflastert zur Kirche«, wo
nicht »*ungemessene* Schritte« drohen, vielmehr »*messend* im-
merhin, | Die Füße gehorchen«.

Der Text trägt den Titel *Griechenland*, obwohl mit keinem
Wort spezifisch Griechisches zur Sprache kommt. Doch
dürften die »Erinnerungen« (3. Ansatz, v. 9) Griechenland
gelten, wie in *Mnemosyne*, wo den tragisch untergegangenen

griechischen Helden die nun den Dichter selbst tragisch gefährdende Erinnerung gilt. Ein deutliches Indiz, daß es sich wiederum so verhält, ist die unmittelbar vor den »Erinnerungen« stehende Anspielung auf die »Helden« (v. 8) – für Hölderlin können damit nur die griechischen Helden gemeint sein.

Stellenkommentar zum 2. Ansatz (soweit nicht in den Überblickskommentar und in den Stellenkommentar zum 3. Ansatz integriert).

420,16 *die Treue Gottes]* Das nachfolgende Wort »Das Verständige« erläutert, was mit der »Treue Gottes« gemeint ist. Vgl. die Erörterung der »göttlichen Untreue« kurz vor dem Ende der *Anmerkungen zum Oedipus.*

Stellenkommentar zum 3. Ansatz (soweit nicht in den Überblickskommentar integriert).

421,10 *wie des Kalbs Haut]* Trommeln sind mit Kalbshaut bespannt.

421,14 *Zärtlichkeit]* Das Wort konnte in älterer Zeit noch ganz andere Bedeutungen haben als heute: »Ebenmaß«, »Anmut«, »Zierat«, »Zartgefühl«, »Sorgfalt« u. ä. (vgl. die Belege in Grimms *Deutschem Wörterbuch,* Artikel ›Zärtlichkeit‹). Der Kontext deutet am ehesten auf die Nuance »Ebenmaß«, »harmonische Ausgewogenheit«. Die damit verbundene Vorstellung der »Wissenschaft« meint das – den »großen Gesetzen« (v. 13) entsprechende – sicher Feststellbare.

421,14f. *den Himmel ⟨. . .⟩ singen Gesangeswolken]* »Singen« mit Akkusativ ist eine besonders bei Klopstock beliebte Form emphatischer Intensivierung statt »besingen«. Vgl. *Dichtermut,* 1. Fassung, v. 15f.: »wie sängen | Sonst wir jedem den eignen Gott?«

421,16f. *der Erde | Nabel]* Diese bei den Griechen auf Delphi als den religiösen Mittelpunkt Griechenlands bezogene Benennung (ὀμφαλός) – vgl. auch *Ganymed,* v. 20, sowie *Vom Abgrund nämlich . . .,* v. 15f. – ist hier als pointierend gegen alle exzentrischen Regungen gerichtete Metapher des Zentrums und des Zentrierenden verwendet.

421,26 *Gott an hat ein Gewand]* Vgl. hierzu in *Mnemosyne*, v. 46-48, die Vorstellung vom »Mantel« Gottes und die Erläuterung z. St., S. 1047ff.

421,30f. *daß zu sehr nicht eins | Ihn liebet]* Vgl. *Patmos*, Bruchstücke der späteren Fassung, v. 87-89: »Zu viel aber | Der Liebe, wo Anbetung ist, | Ist gefahrreich, triffet am meisten«; *Tränen*, v. 7-11: »⟨. . .⟩ Ihr Ufer, wo die abgöttische | Büßet, doch Himmlischen nur, die Liebe. || Denn allzudankbar haben die Heiligen | Gedienet dort ⟨. . .⟩ und | Die zorn'gen Helden«, sowie den Überblickskommentar und die Einzelerläuterungen hierzu.

422,33 *Linien und Winkel]* In einer späten Überarbeitung (H 3b) der Elegie *Brot und Wein* steht über der 2. Hälfte von v. 60: »Wo mit Nektar gefüllt, Göttern zu Lust der Gesang« die Neuformulierung: »schreitend in Winkeln Dank«. Daraus läßt sich erschließen, daß der »Gesang«, die Dichtkunst gemeint ist: Das Verbum »schreiten« ist aus dem griechischen στιχᾶσθαι übersetzt, das für das Aufeinanderfolgen von Versen gebraucht wird und über das Substantiv στίχος auch in die Termini Stichomythie und Distichon eingegangen ist. »Winkel« ist wörtliche Übersetzung des Wortes »versus«, Vers, das von lat. »vertere«, »brechen«, »wenden«, »abwinkeln« kommt und als Gegensatz zur »Prosa«, der geradeaus, griech. πρόσω, gehenden Schreibart gedacht ist. In *Griechenland* meinen die »Linien« das Lineare, Gerade, die »Prosa«; die »Winkel« die »Verse«. Dies wiederum stimmt exakt zu der umgreifenden Metapher vom ›Buch der Natur‹.

422,46f. *unter hohen Schatten ⟨. . .⟩ sonnig]* Wie in *Hälfte des Lebens*, v. 10f. (»⟨. . .⟩ Den Sonnenschein, | Und Schatten der Erde«) und in *Mnemosyne*, v. 18-20 (»Sonnenschein ⟨. . .⟩ Und ⟨. . .⟩ Schatten der Wälder«) deutet das Ineins von Sonnenschein und Schatten auf ein idyllisch versöhntes Dasein, in dem sich die Gegensätze zum »Einigentgegengesetzten« verbinden.

PLÄNE, BRUCHSTÜCKE, NOTIZEN

Vorbemerkung: In dieser Abteilung werden nur diejenigen Texte erläutert, die nach ihrem gedanklichen Gehalt oder ihrer sprachlichen Form eine Erläuterung fordern und zugleich erlauben. Manche Notizen sprechen ihrem Charakter nach gegen eine Zuordnung zum lyrischen Werk, werden aber doch aufgenommen, weil Hölderlin sie da und dort in seine Gedichthandschriften, besonders in das Homburger Folioheft, eingetragen hat.

436,44 Diese Formulierung, die im Homburger Folioheft über v. 54 des Entwurfs *An die Madonna* steht, pointiert das in dieser Zeit für Hölderlin wichtige Moment der Individualität. Vgl. *Der Einzige*, 2. Fassung, v. 58f.: »⟨. . .⟩ daß einer | Etwas für sich ist ⟨. . .⟩«; Bruchstück Nr. 62: »Seines jedem ⟨. . .⟩«.

438,49 Ursprung der Loyoté.
Im Homburger Folioheft überliefert, neben v. 141-144 des Entwurfs *Kolomb. Loyoté* = franz. loyauté: »Loyalität«. Der griechische Text ist ein Zitat aus Pindars 13. Olympischer Ode, v. 6-11, zu deutsch: »Eunomia (gute Ordnung) und ihre Schwestern, der feste Grund der Städte, die sichere Dike (Gerechtigkeit) und die gleichgeartete Eirene (der Friede), Verwalterinnen des Reichtums für die Männer, die goldenen Töchter der gut ratenden Themis (des Rechts)«.

442,62 Im Homburger Folioheft neben dem Entwurf *Die Titanen* notiert. »Seines jedem« ist Übersetzung der lat. Wendung »Suum cuique«. Vgl. die Erläuterung zu Bruchstück 44.

443,68 Im Homburger Folioheft überliefert. Es handelt sich um ein Zitat aus 3 Mose 4, 12: »Aber das Fell des Farren mit allem Fleisch samt dem Kopf und den Schenkeln und das Eingeweide und den Mist, ⟨12⟩ das soll er alles hinausführen außer dem Lager, an eine reine Stätte, da man die Asche hin schüttet, und solls verbrennen auf dem Holz mit Feuer.«

444,71 Im Homburger Folioheft überliefert.

2 *Jo Bacche]* Der kultische Anruf des Dionysos (ἰὼ Βάκχε).

446,81 Im Homburger Folioheft überliefert, über dem Entwurf *Vom Abgrund nämlich . . .* später notiert. Die Vorstellung von der Apriorität des Individuellen über das Ganze nimmt exakt eine Formulierung des Aristoteles in *Kategorien* 3b 10ff. (u. ö.) auf, wo er von der πρώτη οὐσία, dem »anfänglichen Sein« des individuellen Einzelnen spricht und ihm damit die ontologische Priorität vor dem Allgemeinen als dem Sekundären zuerkennt. Der philosophiegeschichtliche und zugleich systematische Hintergrund ist der, daß Platon dem Einzeln-Individuellen das Reich des Allgemeinen, die Ideensphäre metaphysisch übergeordnet und damit jede konkrete, individuelle Lebenserscheinung als minderes Sein disqualifiziert hatte, während Aristoteles umgekehrt von der Realität des individuellen Einzeldings ausging. Zu der besonderen Bedeutung des Individualitätsbegriffs in Hölderlins Spätwerk vgl. die Schlußstrophe der Ode *Blödigkeit* und die Erläuterungen hierzu (S. 829f.), sowie *Der Einzige*, 2. Fassung, v. 58f., und die Erläuterung z. St. (S. 960f.). Im 2. Brief an Böhlendorff spricht Hölderlin mit tiefer Bedeutung vom »Eigentümlichindividuellen« der Griechen in einem Kontext, der ganz von der Bändigung und Abwehr bedrohlicher »feurig«-entgrenzender Kräfte bestimmt ist (vgl. den Brief Nr. 241 in Bd. III und die Erläuterungen).

SPÄTESTE GEDICHTE

Diese in der Zeit der Umnachtung bis 1843 entstandenen Gedichte sind zum Teil in Hölderlins Handschrift, zum Teil aber auch nur durch Abschriften von fremder Hand oder durch Druck überliefert. Ihnen läßt sich auch das in Bd. III, S. 523, in der Abteilung *Widmungen* abgedruckte Gedicht *Überzeugung* zurechnen.

Zur Datierung der einzelnen Gedichte vgl. die am Schluß dieses Bandes vor dem *Alphabetischen Verzeichnis der Gedicht-Überschriften und -Anfänge* stehende *Chronologie der Gedichte*.

Zur Charakterisierung vgl. den Überblickskommentar am Ende des Nachworts, S. 512f.

ANHANG

⟨*In lieblicher Bläue . . .*⟩

Dieser Text ist nur in Wilhelm Waiblingers Roman *Phaeton* überliefert. Erstdruck in: F. W. Waiblinger, Phaeton. Zwey Theile, Stuttgart, Verlag von Friedrich Franckh, 1823. Zweiter Theil, S. 153-156. In Waiblingers Tagebuch vom 11. August 1822 heißt es über den geplanten Roman: »Hölderlins Geschichte benütz' ich am Ende«. Die Vorstellungen und der Stil des Textes lassen keinen Zweifel, daß Waiblinger in der Tat Aufzeichnungen Hölderlins benutzt hat. Es läßt sich aber nicht feststellen, ob Waiblinger Hölderlins Worte genau wiedergibt oder ob er sie verändert und auch Eigenes hinzufügt.

LITERATURVERZEICHNIS

Das Verzeichnis gibt eine Auswahl. Das Schwergewicht liegt auf der seit 1960 erschienenen Literatur. Besonders hingewiesen sei auf die *Internationale Hölderlin-Bibliographie*, die sämtliche Publikationen erfaßt und systematisch nach Werken, Themen und Verfassern erschließt, ferner auf die vom Hölderlin-Archiv der Württembergischen Landes-bibliothek in Stuttgart im Abstand weniger Monate erstell-te Bibliographie der aktuellen Neuerscheinungen (vgl. die Abteilung II *Bibliographien*).

Die Abkürzung HJb bedeutet: ›Hölderlin-Jahrbuch‹.

I AUSGABEN

Nur die beiden zuletzt genannten Ausgaben repräsentieren den modernen wissenschaftlichen Standard. Nach ihnen wird zitiert. Alle vorherigen Ausgaben sind nur noch von dokumentarischem oder wissenschaftshistorischem Inter-esse.

Gedichte von Friedrich Hölderlin ⟨hg. v. Gustav Schwab und Ludwig Uhland⟩, Stuttgart und Tübingen 1826. – Fotomechanischer Nachdruck München 1982.
2. Auflage 1843. XX, 196 S. Mit einer Einleitung von Gustav Schwab und Christoph Theodor Schwab (V-XX): *Lebensumstände des Dichters. Aus den Mitteilungen seines Bruders und seiner Freunde.*

Friedrich Hölderlin's sämmtliche Werke, hg. v. Christoph Theodor Schwab, 2 Bde., Stuttgart und Tübingen 1846. Bd. 1: Gedichte und Hyperion. XIV, 213, 148 S.; Bd. 2: Nachlaß und Biographie. VI, 352 S. S. 263-333: Schwab: *Hölderlin's Leben.*

Hölderlins gesammelte Dichtungen. Neu durchges. und verm. Ausg. in 2 Bden. mit biographischer Einl., hg. v. Berthold Litzmann, Stuttgart 1896/1897.

Friedrich Hölderlin, Gesammelte Werke, hg. v. Wilhelm Böhm, Bde. 1-3, Jena und Leipzig 1905.

Hölderlin, Sämtliche Werke, Historisch-kritische Ausgabe. Unter Mitarbeit von Friedrich Seebaß bes. durch Norbert v. Hellingrath, Bde. 1-6, München 1913-1923. – Für die moderne Hölderlin-Rezeption entscheidend war der von Norbert von Hellingrath besorgte Bd. 4: Gedichte, 1800-1806, 1916. XXII, 408 S.

Friedrich Hölderlins Sämtliche Werke und Briefe in fünf Bänden. Kritisch-historische Ausgabe v. Franz Zinkernagel, Leipzig 1914-1926. – Der historisch-kritische Apparat ist nicht erschienen. Das Manuskript liegt im Hölderlin-Archiv.

Hölderlin. Sämtliche Werke ⟨›Große Stuttgarter Ausgabe‹, abgek.: StA⟩, hg. v. Friedrich Beißner ⟨Werke⟩ und Adolf Beck ⟨Briefe und Dokumente⟩, mit einem abschließenden Registerband. 8 Bde., Stuttgart 1943-1985. – Die Bde. 1, 2, 4 und 6 bestehen aus zwei Teilbänden, deren zweiter jeweils den textkritischen Apparat und Erläuterungen enthält. Bd. 7 besteht aus 4 Teilbänden mit Briefen an Hölderlin und Dokumenten, die jeweils genau erläutert sind. – Die umfassendste moderne Ausgabe, zugleich die grundlegende Entzifferungsleistung und zuverlässigste Konstituierung des Lese-Textes.

Friedrich Hölderlin. Sämtliche Werke. ›Frankfurter Ausgabe‹ ⟨abgek.: FA⟩. Historisch-kritische Ausgabe v. D. E. Sattler, Frankfurt 1975ff. – Diese in 20 Bänden geplante Ausgabe ist noch im Erscheinen begriffen. Einige Gedicht-Bände, so die mit den jambischen und hexametrischen Formen, mit den Oden und den Elegien liegen vor, die mit den späten Hymnen und Fragmenten fehlen noch. Die Ausgabe fügt allen Texten die Reproduktion der Handschriften bei, in denen sie überliefert sind. Während die *Große Stuttgarter Ausgabe* in den Apparat-

Bänden ein ganz auf die entstehungsgeschichtliche Stu-
fung angelegtes Darstellungssystem wählt, macht die
Frankfurter Ausgabe auch die räumliche Anordnung der
Texte in den Handschriften sichtbar.

II BIBLIOGRAPHIEN

Internationale Hölderlin-Bibliographie (IHB), hg. v. Höl-
derlin-Archiv der Württembergischen Landesbibliothek
Stuttgart, Erste Ausgabe 1804-1983, bearb. v. Maria
Kohler, Stuttgart 1985. VII-XV, 756 S.
Internationale Hölderlin-Bibliographie (IHB) 1984-1988,
hg. v. Hölderlin-Archiv der Württembergischen Lan-
desbibliothek, bearb. v. Marianne Schütz und Werner
Paul Sohnle, Stuttgart 1991.
Internationale Hölderlin-Bibliographie (IHB) 1989-1990,
hg. v. Hölderlin-Archiv der Württembergischen Lan-
desbibliothek, bearb. v. Marianne Schütz und Werner
Paul Sohnle, Stuttgart, im Druck.

III KATALOGE, WÖRTERBÜCHER, KONKORDANZEN
UND ANDERE HILFSMITTEL

Johanne Autenrieth, Alfred Kelletat, Katalog der Hölder-
lin-Handschriften, Stuttgart 1961 (Veröffentlichungen
des Hölderlin-Archivs 3).
Wörterbuch zu Friedrich Hölderlin, I. Teil: Die Gedichte,
Auf der Textgrundlage der Großen Stuttgarter Ausgabe,
bearbeitet von Heinz-Martin Dannhauer, Hans Otto
Horch und Klaus Schuffels in Verbindung mit Manfred
Kammer und Eugen Rüter, Tübingen 1983 (Indices zur
deutschen Literatur Bd. 10/11) VII-XV, 814 S.
Bernhard Böschenstein, Konkordanz zu Hölderlins Ge-
dichten nach 1800, Auf Grund des zweiten Bandes der
Großen Stuttgarter Ausgabe, Göttingen 1964.

Dichter über ihre Dichtungen, Bd. 11: Friedrich Hölderlin, hg. v. Friedrich Beißner, München 1973.

IV FAKSIMILE-AUSGABEN WICHTIGER SAMMELHANDSCHRIFTEN MIT WISSENSCHAFTLICHER ERSCHLIESSUNG

Faksimile-Ausgaben *einzelner* Gedichte mit wissenschaftlicher Erschließung sind bei den jeweiligen Gedichten angegeben. Sehr gute Faksimilia *sämtlicher* Handschriften stellt das Hölderlin-Archiv der Württembergischen Landesbibliothek in Stuttgart zur Verfügung.

Friedrich Hölderlin, Die Maulbronner Gedichte 1786-1788, Faksimile des ›Marbacher Quartheftes‹, hg. v. Werner Volke, Marbach am Neckar 1977 (Schriften der Hölderlin-Gesellschaft Bd. 10).

Friedrich Hölderlin, Sämtliche Werke, ›Frankfurter Ausgabe‹, Supplement III, Homburger Folioheft, hg. v. D. E. Sattler und Emery E. George, Basel und Frankfurt 1986. – Faksimile der Sammelhandschrift mit beigefügter typographisch differenzierter Umschrift als Lesehilfe.

Friedrich Hölderlin, Sämtliche Werke, ›Frankfurter Ausgabe‹, Supplement II, Stuttgarter Foliobuch, hg. v. D. E. Sattler und Hans Gerhard Steimer, Basel und Frankfurt 1989. – Faksimile der Sammelhandschrift mit beigefügter typographisch differenzierter Umschrift als Lesehilfe.

V DOKUMENTENSAMMLUNGEN, BILDCHRONIKEN UND KURZDARSTELLUNGEN

Die schriftliche Überlieferung ist umfassend in den vier Dokumentenbänden (7, 1-4) der *Großen Stuttgarter Ausgabe* gesammelt.

Hölderlin, Eine Chronik in Text und Bild, hg. v. Adolf Beck und Paul Raabe, Frankfurt 1970 (Schriften der Hölderlin-Gesellschaft Bd. 6/7). 490 S.

Ulrich Häussermann, Friedrich Hölderlin in Selbstzeugnis-
   sen und Bilddokumenten, Reinbek 1961.
Stephan Wackwitz, Friedrich Hölderlin, Stuttgart 1985
   (Sammlung Metzler 215).

VI GESAMTDARSTELLUNGEN, ÜBERGREIFENDES,
         SAMMELBÄNDE

Adolf Beck, Hölderlins Weg zu Deutschland, Fragmente
   und Thesen, mit einer Replik auf Pierre Bertaux' ›Fried-
   rich Hölderlin‹, Stuttgart 1982.
Friedrich Beißner, Hölderlin, Reden und Aufsätze, Weimar
   1961.
Pierre Bertaux, Hölderlin und die Französische Revolution,
   Frankfurt 1969 u. ö.
Wolfgang Binder, Hölderlin-Aufsätze, Frankfurt 1970.
Friedrich Hölderlin, Studien von Wolfgang Binder, hg. v.
   Elisabeth Binder und Klaus Weimar, Frankfurt 1987.
Bernhard Böschenstein, ›Frucht des Gewitters‹. Hölderlins
   Dionysos als Gott der Revolution, Frankfurt 1989.
Stefan Büttner, Natur – ein Grundwort Hölderlins, in: HJb
   26, 1988/89, S. 224-247.
Ulrich Gaier, Hölderlin und der Mythos, in: Terror und
   Spiel, Probleme der Mythenrezeption, hg. v. M. Fuhr-
   mann (Poetik und Hermeneutik IV), München 1971,
   S. 295-340.
Ulrich Gaier, Hölderlins vaterländische Sangart, in: HJb
   25, 1986-1987, S. 12-59.
Romano Guardini, Hölderlin, Weltbild und Frömmigkeit,
   München [2]1955.
Martin Heidegger, Erläuterungen zu Hölderlins Dichtung,
   Frankfurt [5]1981.
Hölderlin, Beiträge zu seinem Verständnis in unserm Jahr-
   hundert, hg. v. Alfred Kelletat, Tübingen 1961.
Lothar Kempter, Hölderlin und die Mythologie, Horgen,
   Zürich, Leipzig 1929 (Reprint Nendeln/Liechtenstein
   1971).

Werner Kirchner, Hölderlin, Aufsätze zu seiner Homburger Zeit, hg. v. Alfred Kelletat, Göttingen 1967.

Gerhard Kurz, Mittelbarkeit und Vereinigung, Zum Verhältnis von Poesie, Reflexion und Revolution bei Hölderlin, Stuttgart 1975.

Gerhard Kurz, Höhere Aufklärung. Aufklärung und Aufklärungskritik bei Hölderlin, in: Idealismus und Aufklärung, hg. v. Christoph Jamme und Gerhard Kurz, Stuttgart 1988, S. 259-282.

Wilhelm Michel, Das Leben Friedrich Hölderlins, Bremen 1940 (Nachdruck Darmstadt 1963).

Günter Mieth, Friedrich Hölderlin, Dichter der bürgerlich-demokratischen Revolution, Berlin 1978.

Ernst Müller, Hölderlin, Studien zur Geschichte seines Geistes, Stuttgart und Berlin 1944.

Peter Nickel, Die Bedeutung von Herders Verjüngungsgedanken und Geschichtsphilosophie für die Werke Hölderlins, Mss. Diss. Kiel 1963.

Christoph Prignitz, Friedrich Hölderlin, Die Entwicklung seines politischen Denkens unter dem Einfluß der Französischen Revolution, Hamburg 1976.

Lawrence J. Ryan, Hölderlins Lehre vom Wechsel der Töne, Stuttgart 1960.

Jochen Schmidt, Hölderlins idealistischer Dichtungsbegriff in der poetologischen Tradition des 18. Jahrhunderts, in: HJb 22, 1980/81, S. 98-121.

Peter Szondi, Hölderlin-Studien, Frankfurt 1967.

Über Hölderlin, Aufsätze, hg. v. Jochen Schmidt, Frankfurt 1970.

Richard Unger, Hölderlin's Major Poetry, The Dialectics of Unity, Bloomington/London 1975.

VII JUGENDDICHTUNG

Käte Bäumer, Die innere Entwicklung der Jugendlyrik Hölderlins, Mss. Diss. Göttingen 1949.

Wolfgang Binder, Sinn und Gestalt der Heimat in Hölderlins Dichtung, in: HJb 8, 1954, S. 46-78; auch in: Binder,
Hölderlin-Aufsätze, Frankfurt 1970, S. 76-111.

Rudolf Grosch, Die Jugenddichtung Hölderlins, Berlin
1899.

Karin Kroll, Klopstocks Bedeutung für Hölderlins Lyrik,
Mss. Diss. Kiel 1960.

Momme Mommsen, Traditionsbezüge als Geheimschicht
in Hölderlins Lyrik, Zu den Gedichten: ›Die Weisheit des
Traurers‹, ›Der Wanderer‹, ›Friedensfeier‹, ›Brod und
Wein‹, in: Neophilologus 51, 1967, S. 32-42 und 156-168.

Roy Cherry Shelton, The young Hölderlin, Bern und
Frankfurt 1973.

Friedrich Siegmund-Schultze, Der junge Hölderlin, Analy-
tischer Versuch über sein Leben und Dichten bis zum
Schluß des ersten Tübinger Jahres, Breslau 1939.

Werner Volke, Nachwort, in: Hölderlin, Die Maulbronner
Gedichte 1786-1788, Faksimile des ›Marbacher Quartheftes‹, Marbach/Neckar 1977, S. 147-160.

VIII DIE FRÜHEN HYMNEN

Ernst Bauer, Hölderlin und Schiller, Borna und Leipzig
1908.

Adolf Beck, Hölderlin und Friedrich Leopold Graf zu Stolberg, Die Anfänge des hymnischen Stils bei Hölderlin,
in: Beck, Forschung und Deutung, Ausgewählte Aufsätze zur Literatur, hg. v. Ulrich Fülleborn, Frankfurt und
Bonn 1966, S. 236-264.

Friedrich Beißner, Hölderlins Hymne an das Schicksal, in:
Beißner, Hölderlin, Reden und Aufsätze, Weimar 1961,
S. 15-30.

Wolfgang Binder, Einführung in Hölderlins Tübinger
Hymnen, in: HJb 18, 1973/74, S. 1-19.

Paul Böckmann, Der hymnische Stil in der deutschen Lyrik
des 18. Jahrhunderts, in: Böckmann, Hymnische Dich-

tung im Umkreis Hölderlins, Eine Anthologie, Tübingen 1965 (Schriften der Hölderlin-Gesellschaft 4), S. 1-24.

Wilhelm Dilthey, Das Erlebnis und die Dichtung, Lessing, Goethe, Novalis, Hölderlin, Leipzig 1906.

Willard T. Daetsch, The almanachs of Gotthold Friedrich Stäudlin 1782-1787 and 1792-1793 with special emphasis on their significance for Friedrich Schiller and Friedrich Hölderlin, Ann Arbor 1970.

Ulrich Hötzer, Die Gestalt des Herakles in Hölderlins Dichtung, Stuttgart 1956.

Hans Jacobs, Untersuchungen zu Raum und Landschaft im Frühwerk Friedrich Hölderlins, Kiel 1964.

Günter Mieth, Hölderlins Tübinger Hymnen, Wirklichkeit und Dichtung, Mss. Diss. Leipzig 1965.

Drayton G. Miller, Schiller and Hölderlin, A comparative study, Ann Arbor und London 1977.

Ernst Planck, Die Lyriker des schwäbischen Klassizismus, Stäudlin; Conz; Neuffer; Hölderlins Jugenddichtung, Stuttgart 1896.

Christoph Prignitz, Hölderlins früher Patriotismus, Struktur und Wandlung seines patriotischen Denkens bis zu den Tübinger Hymnen, in: HJb 21, 1978/79, S. 36-66.

Ders., Friedrich Hölderlin, Die Entwicklung seines politischen Denkens unter dem Einfluß der Französischen Revolution, Hamburg 1976.

Jürgen Scharfschwerdt, Die Revolution des Geistes in Hölderlins »Hymne an die Menschheit«, in: HJb 17, 1971/72, S. 56-73.

Ders., Hölderlins ›Interpretation‹ des »Contrat social« in der »Hymne an die Menschheit«, in: Jahrb. der dt. Schillergesellschaft XIV, 1970, S. 397-436.

Willibald Stöber, Ich und Welt im Ausdruck der lyrischen Sprachform Hölderlins, Leipzig 1944.

Elisabeth Stoelzel, Hölderlin in Tübingen und die Anfänge seines Hyperion, Tübingen 1938.

Kurt Wendt, Hölderlin und Schiller, Eine vergleichende

Stilbetrachtung, Berlin 1929 (Nendeln/Liechtenstein 1967).

Friedrich Wentzlaff-Eggebert, Die Bedeutung des Ursprungsgedankens für die Schicksalsauffassung in Hölderlins Jugendlyrik, in: Festschrift für Paul Kluckhohn und Hermann Schneider, Tübingen 1948, S. 299-316.
Zum Einfluß Rousseaus s. S. 1114f. (die Literaturangaben zu *Der Rhein*).

IX ODEN

Allgemeines und Übergreifendes

Wolfgang Binder, Hölderlins Odenstrophe, in: HJb 6, 1952, S. 85-110, sowie in: Binder, Hölderlin-Aufsätze, Frankfurt 1970, S. 47-75.

Karl Vietor, Geschichte der deutschen Ode, München 1923, (Nachdr. Hildesheim 1961), S. 147-164.

Oskar Fäh, Klopstock und Hölderlin, Grenzen der Odenstrophe, Schaffhausen 1952.

Jürgen Isberg, Hölderlin in Homburg 1798-1800, Das Werk und der Wandel des Weltbildes, Mss. Diss. Hamburg 1954.

Rolf Michaelis, Die Struktur von Hölderlins Oden, Der Widerstreit zweier Prinzipien als ›kalkulables Gesetz‹ der Oden Hölderlins, Mss. Diss. Tübingen 1958.

Einzelne Oden und Odengruppen (chronologisch in der Reihenfolge dieser Ausgabe geordnet)

Max Kommerell, Die kürzesten Oden Hölderlins, in: Kommerell, Dichterische Welterfahrung, Essays, Frankfurt 1952, S. 194-204.

Clemens Heselhaus, Friedrich Hölderlin: Menschenbeifall, in: Die deutsche Lyrik, Form und Geschichte, Interpretationen, 1. Vom Mittelalter bis zur Frühromantik, hg. v. Benno von Wiese, Düsseldorf 1956, S. 364-368.

Ders., Friedrich Hölderlin: Dem Sonnengott, Ebenda, S. 369-374.

Ders., Friedrich Hölderlin: Lebenslauf, Ebenda, S. 375-380.

Friedrich Beißner, Zu den Oden ›Abendphantasie‹ und ›Des Morgens‹, in: Beißner, Hölderlin, Reden und Aufsätze, Weimar 1961, S. 59-66.

Friedrich Sengle, ›Morgenphantasie‹ und ›Des Morgens‹ oder bessere und autorisierte Fassung, in: HJb 3, 1948/49, S. 132-138.

Werner Kirchner, Prinzessin Amalie von Anhalt-Dessau und Hölderlin, in: HJb 11, 1958/60, S. 55-71 (zu der Ode *Der Prinzessin Amalie von Dessau*).

Erich Hock, Hölderlins Ode ›Der Tod fürs Vaterland‹, in: HJb 22, 1980/81, S. 158-202.

Ders., Hölderlins Gedichtfragment ›O Schlacht fürs Vaterland‹, in: HJb 21, 1978/79, S. 144-169.

Werner Kirchner, Hölderlins Entwurf ›Die Völker schwiegen, schlummerten‹ und die Ode ›Der Frieden‹, in: Kirchner, Hölderlin, Aufsätze zu seiner Homburger Zeit, hg. v. Alfred Kelletat, Göttingen 1967, S. 7-33.

Detlev Lüders, Dialektik, Hölderlins Welt-Lehre in der Ode ›Der Frieden‹, in: Festschrift für Peter Wilhelm Meister zum 65. Geburtstag, Hamburg 1975, S. 297-301.

Rudolf Bernhard Eppelsheimer, Hyperions ›Schicksalslied‹ im Gegensatz zu Hyperions Schicksal, Eine Kontextstudie, in: Archiv für das Studium der neueren Sprachen und Literaturen 199, 1963, S. 34-39.

Emil Staiger, Hölderlin: Heidelberg, in: Meisterwerke deutscher Sprache aus dem neunzehnten Jahrhundert, Zürich, Berlin 1943, S. 13-24 (2. verm. Aufl. Zürich 1948).

Adolf Beck, ›Heidelberg‹, Versuch einer Deutung, in: HJb 2, 1947, S. 47-61; auch in: Hölderlin, Beiträge zu seinem Verständnis in unserm Jahrhundert, hg. v. Alfred Kelletat, Tübingen 1961, S. 263-275.

Cyrus Hamlin, Hölderlins ›Heidelberg‹ als poetischer Mythos, in: Jahrb. der dt. Schillergesellschaft 14, 1970,
S. 437-455.

Karlheinz Stierle, Die Identität des Gedichts, Hölderlin als
Paradigma, in: Identität, hg. v. Odo Marquard u. Karlheinz Stierle, (Poetik und Hermeneutik 8), München
1979. (S. 505-552 zu der Ode *Heidelberg*).

Wolfgang Binder, Abschied und Wiederfinden, Hölderlins
dichterische Gestaltung des Abschieds von Diotima, in:
Binder, Hölderlin-Aufsätze, Frankfurt 1970, S. 263-293
(zu der Ode *Der Abschied* und den anderen Abschieds-
gedichten).

Emil Staiger, Natur und Kunst oder Saturn und Jupiter, in:
Staiger, Meisterwerke deutscher Sprache aus dem neunzehnten Jahrhundert, Zürich und Berlin 1943, S. 25-38
(2. verm. Aufl. Zürich 1948); auch in: Über Hölderlin,
Aufsätze, hg. v. Jochen Schmidt, Frankfurt 1970, S. 33-
44.

Jochen Schmidt, Stellungnahme, in: Deutsche Vierteljahrsschrift für Literaturwissenschaft und Geistesgeschichte
63, 1989, S. 679-711 (S. 695-S. 701 zu der Ode *Natur und
Kunst oder Saturn und Jupiter*).

Pierre Bertaux, Hölderlin und die Französische Revolution,
in: HJb 15, 1967/68, S. 1-27 (zu der Ode *An Eduard*),
erweitert und umgearbeitet in: Bertaux, Hölderlin und
die Französische Revolution, Frankfurt 1969 u. ö.,
S. 129-138.

Cyrus Hamlin, Hölderlins Mythos der heroischen Freundschaft: Die Sinclair-Ode ›An Eduard‹, 2. Fassung 1801,
in: HJb 17, 1971/72, S. 74-95.

Jochen Schmidt, Hölderlins später Widerruf in den Oden
›Chiron‹, ›Blödigkeit‹ und ›Ganymed‹, Tübingen 1978
(zum *Blinden Sänger* S. 16-33, S. 33ff., zu *Dichtermut*
S. 103-113, S. 113ff., zum *Gefesselten Strom* S. 146-152,
S. 152ff.).

Friedrich Beißner, Dichterberuf, in: HJb 5, 1951, S. 1-18;
auch in: Beißner, Hölderlin, Reden und Aufsätze, Weimar 1961, S. 110-125.

Guido Schmidlin, Hölderlins Ode ›Dichterberuf‹, Eine Interpretation, Bern 1958.

Joachim Rosteutscher, Hölderlins Ode ›Dichterberuf‹ und die Frage nach der Auffassung vom Beruf des Dichters überhaupt, in: Jahrbuch der Deutschen Akademie für Sprache und Dichtung, Darmstadt 1962, S. 62-75.

Walter Müller-Seidel, Hölderlins Ode ›Dichterberuf‹, Zum schriftstellerischen Selbstverständnis um 1800, in: Gedichte und Interpretationen, Bd. 3: Klassik und Romantik, hg. v. Wulf Segebrecht, Stuttgart 1984, S. 230-242.

Lawrence J. Ryan, Hölderlins ›tragische Ode‹ ›Der blinde Sänger‹, in: Gedichte und Interpretationen, Bd. 3: Klassik und Romantik, hg. v. Wulf Segebrecht, Stuttgart 1984, S. 370-379.

Wolfgang Kayser, Friedrich Hölderlin: Stimme des Volks, in: Die deutsche Lyrik, Form und Geschichte, hg. v. Benno von Wiese, Düsseldorf 1956, S. 381-393.

Emil Staiger, Hölderlin, Chiron, in: Trivium 1, 1942/43, Nr. 4, S. 1-16; auch in: Staiger, Meisterwerke deutscher Sprache aus dem neunzehnten Jahrhundert, 2. verm. Aufl. Zürich 1948, S. 40-55.

Maria Cornelissen, Hölderlins Ode ›Chiron‹, Tübingen 1958.

Lawrence O. Frye, Hölderlins ›Chiron‹, Zur Bedeutung des Mythischen in »Nimm nun ein Roß . . . o Knabe!«, in: Zeitschrift für deutsche Philologie 88, 1969, S. 597-609.

Holle Ganzer, Hölderlins Ode ›Chiron‹, Berlin 1976.

Jochen Schmidt, Hölderlins später Widerruf in den Oden ›Chiron‹, ›Blödigkeit‹ und ›Ganymed‹, Tübingen 1978 (S. 33-102 zu *Chiron*, S. 113-145 zu *Blödigkeit*, S. 152-176 zu *Ganymed*).

Walter Benjamin, Zwei Gedichte von Friedrich Hölderlin. ›Dichtermut‹ – ›Blödigkeit‹, in: Benjamin, Gesammelte Schriften, hg. v. Rolf Tiedemann u. Hermann Schweppenhäuser, Bd. II, 1, Frankfurt 1977, S. 105-126; auch in: Über Hölderlin, Aufsätze, hg. v. Jochen Schmidt, Frankfurt 1970, S. 45-67.

Georg Stanitzek, Blödigkeit, Beschreibungen des Individuums im 18. Jahrhundert, Tübingen 1989 (S. 243-275
zu Hölderlins Ode *Blödigkeit*).

X NICHT-ODISCHE GEDICHTE IN DER GRUPPE DER
›NACHTGESÄNGE‹

Wolfgang Binder, Friedrich Hölderlin, ›Der Winkel von
Hardt‹, ›Lebensalter‹, ›Hälfte des Lebens‹, in: Schweizer
Monatshefte 45, 1965/66, S. 583-591; auch in: Binder,
Hölderlin-Aufsätze, Frankfurt 1970, S. 350-361.
Ludwig Strauß, Friedrich Hölderlin: Hälfte des Lebens, in:
Trivium 8, 1950, S. 100-127; auch in: Strauß, Dichtungen
und Schriften, München 1963, S. 478-512; ferner in: In-
terpretationen, Bd. 1: Deutsche Lyrik von Weckherlin
bis Benn, hg. v. Jost Schillemeit, Hamburg und Frankfurt 1965, S. 113-134.
Cyrus Hamlin, Hälfte des Lebens, An essay in criticism, in:
Helicon Nr. 1, 1966, S. 36-62.
Karl Eibl, Der Blick hinter den Spiegel, Sinnbild und gedankliche Bewegung in Hölderlins ›Hälfte des Lebens‹,
in: Jahrb. d. dt. Schillergesellschaft 27, 1983, S. 222-234.
Jochen Schmidt, Sobria ebrietas. Hölderlins ›Hälfte des Lebens‹, in: HJb 23, 1982/83, S. 182-190; auch in: Gedichte
und Interpretationen, Bd. 3: Klassik und Romantik, hg.
v. Wulf Segebrecht, Stuttgart 1984, S. 257-267.

XI DER ARCHIPELAGUS

Friedrich Hölderlin, Der Archipelagus. Faksimile der
Homburger Handschrift, mit einem Essay über Natur
und Kultur in Hölderlins ›Archipelagus‹ von Jochen
Schmidt ⟨S. 57-81⟩, Nürtingen 1987.
Paul Böckmann, Hölderlins Naturglaube, in: Iduna 1, 1944,
S. 35-50; auch in: Hölderlin, Beiträge zu seinem Ver-

ständnis in unserm Jahrhundert, hg. v. Alfred Kelletat, Tübingen 1961, S. 248-262; ferner in: Böckmann, Formensprache, Studien zur Literarästhetik und Dichtungsinterpretation, Hamburg 1966, S. 316-329 unter dem Titel: Hölderlins Naturglaube, Zur Interpretation des Archipelagus-Gedichts.

Ernst Müller, Hölderlin, Studien zur Geschichte seines Geistes, Stuttgart und Berlin 1944 (S. 305-379 zum *Archipelagus*).

Friedrich Beißner, ». . . Damit der Dichter das Seine habe«, Betrachtungen zu einigen bisher unbekannten Versen Hölderlins, in: Die Pforte 1, 1947, S. 102-106; auch in: Beißner, Hölderlin, Reden und Aufsätze, Köln und Weimar [2]1969, S. 162-166 (zu einer späten Variante des *Archipelagus*, v. 261-268).

Jürg Peter Walser, Hölderlins Archipelagus, Zürich und Freiburg i. Br. 1962.

Ines Ilgner, »Von Erinnerung erbebt«, Zu Hölderlins Geschichtsbild in seinem Gedicht ›Der Archipelagus‹, in: HJb 25, 1986/87, S. 155-175.

XII ELEGIEN

Allgemeines und Übergreifendes

Friedrich Beißner, Geschichte der deutschen Elegie, Berlin [3]1965, S. 172-190; auch in: Über Hölderlin, Aufsätze, hg. v. Jochen Schmidt, Frankfurt 1970, S. 68-86 unter dem Titel: Hölderlins Elegien.

Klaus Weissenberger, Formen der Elegie von Goethe bis Celan, Bern und München 1969, S. 38-46.

Theodore Ziolkowski, The classical German elegy 1795-1950, Princeton 1980, S. 106-134.

Stephan Wackwitz, Trauer und Utopie um 1800, Studien zu Hölderlins Elegienwerk, Stuttgart 1982.

Einzelne Elegien

Karl Vietor, Hölderlins Liebeselegie, in: Internationale
    Forschungen zur deutschen Literaturgeschichte, Julius
    Petersen zum 60. Geburtstag, dargebracht von Herbert
    Cysarz u. a., Leipzig 1938, S. 127-158; auch in: Vietor,
    Geist und Form, Aufsätze zur deutschen Literaturge-
    schichte, Bern 1952, S. 267-291; ferner in: Über Hölder-
    lin, Aufsätze, hg. v. Jochen Schmidt, Frankfurt 1970,
    S. 87-112 (zu *Menons Klagen um Diotima*).
Joachim Müller, Hölderlins Liebeselegie, Eine Interpreta-
    tion, in: Müller, Wirklichkeit und Klassik, Beiträge zur
    deutschen Literaturgeschichte von Lessing bis Heine,
    Berlin 1955, S. 366-397 (zu *Menons Klagen um Diotima*).
Wolfgang Binder, Hölderlins Namenssymbolik, in: HJb 12,
    1961/62, S. 95-204 (zu *Menons Klagen um Diotima*).
Theodore Ziolkowski, The classical German elegy, 1795-
    1950, Princeton 1980 (S. 110-125 u. ö. über *Elegie | Me-
    nons Klagen um Diotima*).
Dietrich E. Sattler, Einige Umdatierungen im Nachlaß
    Hölderlins, in: Le pauvre Holterling 4/5, 1980, S. 27-39
    (auch zur Datierung von *Menons Klagen um Diotima*).
Erich Ruprecht, Wanderung und Heimkunft, Hölderlins
    Elegie ›Der Wanderer‹, Stuttgart 1947.
Andreas Müller, Die beiden Fassungen von Hölderlins Ele-
    gie ›Der Wanderer‹, in: HJb 3, 1948/49, S. 103-131.
Momme Mommsen, Traditionsbezüge als Geheimschicht
    in Hölderlins Lyrik, Zu den Gedichten: ›Die Weisheit des
    Traurers‹, ›Der Wanderer‹, ›Friedensfeier‹, ›Brod und
    Wein‹, in: Neophilologus 51, 1967, S. 32-42 und S. 156-
    168.
Dietrich Uffhausen, Der Wanderer, Anmerkungen zum
    Erstling der Frankfurter Hölderlin-Ausgabe, in: HJb
    19/20, 1975/77, S. 519-554.
Friedrich Beißner, Deutung des elegischen Bruchstücks
    ›Der Gang aufs Land‹, in: Hölderlin, Gedenkschrift zu

seinem 100. Todestag, hg. v. Paul Kluckhohn, Tübingen
1943, S. 247-266; auch in: Beißner, Hölderlin, Reden und
Aufsätze, Köln und Wien ²1969, S. 126-143.

Friedrich Beißner, Individualität in Hölderlins Dichtung,
Winterthur 1965 (S. 30-38 zum Entwurf der Elegie *Der
Gang aufs Land*).

Hölderlin, Stutgard, Originalgetreue Wiedergabe der Lon-
doner Handschrift, Erläuterungen von Cyrus Hamlin,
Tübingen 1970 (Schriften der Hölderlin-Gesellschaft 8).

Rolf Zuberbühler, Die Sprache des Herzens, Hölderlins
Widmungsdichtung, Göttingen 1982 (S. 75-90 zu *Stutgard*).

Emil Petzold, Hölderlins Brod und Wein, Ein exegetischer
Versuch, Sambor 1896 (Neudruck Darmstadt 1967).

Hans Pyritz, Zum Fortgang der Stuttgarter Hölderlin-
Ausgabe, in: HJb 7, 1953, S. 80-105 (S. 101f. über die
späte Variante zu *Brot und Wein*, v. 152-156; auch in: Pyritz, Schriften zur deutschen Literaturgeschichte, Köln
und Graz 1962, S. 192-218 (S. 214f.).

Paul Böckmann, Brod und Wein, An Heinze, in: Die deutsche Lyrik, hg. v. Benno von Wiese, Düsseldorf 1956,
S. 394-413; auch in: Böckmann, Formensprache, Studien
zur Literarästhetik und Dichtungsinterpretation, Hamburg 1966, S. 330-340 unter dem Titel: Das Bild der
Nacht in Hölderlins ›Brod und Wein‹.

Momme Mommsen, Traditionsbezüge als Geheimschicht
in Hölderlins Lyrik, Zu den Gedichten: ›Die Weisheit des
Traurers‹, ›Der Wanderer‹, ›Friedensfeier‹, ›Brod und
Wein‹, in: Neophilologus 51, 1967, S. 32-42 und S. 156-
168.

Jochen Schmidt, Hölderlins Elegie ›Brod und Wein‹, Berlin
1968.

Wolfram Groddeck, Die Nacht, Überlegungen zur Lektüre
der späten Gestalt von ›Brod und Wein‹, in: HJb 21,
1978/79, S. 206-224.

Hans Joachim Kreutzer, Kolonie und Vaterland in Hölderlins später Lyrik, in: HJb 22, 1980/81, S. 18-46 (über die

späte Variante zu *Brot und Wein*, v. 152-156, im weiteren Horizont).

Martin Heidegger, ›Heimkunft. An die Verwandten‹, in: Heidegger, Erläuterungen zu Hölderlins Dichtung, Frankfurt 1944, [5]1981, S. 9-31.

Cyrus Hamlin, Hölderlin's elegy ›Homecoming‹, Comments, in: Friedrich Hölderlin, An early modern, hg. v. Emery E. George, Ann Arbor 1972, S. 232-245.

Rolf Zuberbühler, Hölderlin: ›Heimkunft‹, in: HJb 19/20, 1975/77, S. 56-75.

Peter Härtling, Heimkunft, in: HJb 25, 1986/87, S. 1-11.

XIII DIE SPÄTEN HYMNEN

Allgemeines und Übergreifendes

Max Kommerell, Hölderlins Hymnen in freien Rhythmen, in: Kommerell, Gedanken über Gedichte, Frankfurt 1943, S. 456-481.

Hannes Maeder, Hölderlin und das Wort, Zum Problem der freien Rhythmen in Hölderlins Dichtung, in: Trivium 2, 1944, S. 42-59.

August Closs, Die freien Rhythmen in der deutschen Lyrik, Versuch einer übersichtlichen Zusammenfassung ihrer entwicklungsgeschichtlichen Eigengesetzlichkeit, Bern 1947 (S. 95-110: Hölderlin, Oden und Hymnen).

Friedrich Beißner, Vom Baugesetz der späten Hymnen Hölderlins, in: HJb 4, 1950, S. 28-46.

Lawrence Ryan, Hölderlins Lehre vom Wechsel der Töne, Stuttgart 1960, S. 242-317.

Theodor W. Adorno, Parataxis, Zur späten Lyrik Hölderlins, in: Adorno, Noten zur Literatur III, Frankfurt 1965, S. 156-209.

Dietrich Uffhausen, Friedrich Hölderlin, »Bevestigter Gesang«, Die neu zu entdeckende hymnische Spätdichtung bis 1806, hg. u. textkritisch begründet, Stuttgart 1989.

Zur Bedeutung der Pindar-Rezeption für die späten Hymnen

Maurice Bernhard Benn, Hölderlin and Pindar, Den Haag
1962.
Albrecht Seifert, Untersuchungen zu Hölderlins Pindar-
Rezeption, München 1982 (S. 93-352 zu *Wie wenn am
Feiertage . . .*, S. 353-723 zu *Friedensfeier*; auch zu anderen
Hymnen, insbesondere zur Rhein-Hymne).

Einzelne Hymnen

Wie wenn am Feiertage . . .

Martin Heidegger, Hölderlins Hymne ›Wie wenn am Feier-
tage . . .‹, Halle ⟨1941⟩; auch in: Heidegger, Erläuterun-
gen zu Hölderlins Dichtung, Frankfurt ⁵1981, S. 49-77.
Lawrence J. Ryan, Hölderlins prophetische Dichtung, in:
Jahrb. der dt. Schillergesellschaft 6, 1962, S. 194-228
(S. 201-205).
Peter Szondi, Der andere Pfeil, Zur Entstehungsgeschichte
von Hölderlins hymnischem Spätstil, Frankfurt 1963;
auch in: Szondi, Hölderlin-Studien, Frankfurt 1970,
S. 37-61.
Momme Mommsen, Die Problematik des Priestertums bei
Hölderlin, in: HJb 15, 1967/68, S. 53-74.
Peter Szondi, Interpretationsprobleme, Hölderlin: Feier-
tagshymne, Friedensfeier, in: Szondi, Einführung in die
literarische Hermeneutik (Studienausgabe der Vorlesun-
gen), Frankfurt 1975, S. 257-269.
William Arctander O'Brien, Getting blasted: Hölderlin's
›Wie wenn am Feiertage . . .‹, in: Modern language notes
94, 1979, S. 569-586.
Albrecht Seifert, Untersuchungen zu Hölderlins Pindar-
Rezeption, München 1982, S. 91-349.
Jochen Schmidt, Die Geschichte des Genie-Gedankens in

der deutschen Literatur, Philosophie und Politik 1750-
1945, Bd. 1: Von der Aufklärung bis zum Idealismus,
Darmstadt ²1988 (S. 420-429: Die Hymne ›Wie wenn am
Feiertage . . .‹: Steigerung der intellektualen Anschauung zum Bewußtsein).

Bernhard Böschenstein, Hölderlins Dionysoshymne ›Wie
wenn am Feiertage . . .‹, in: Böschenstein, ›Frucht des
Gewitters‹, Hölderlins Dionysos als Gott der Revolution, Frankfurt 1989, S. 114-136.

Wolfgang Lange, Das Wahnsinns-Projekt oder was es mit
einer »antiempedokleischen Wendung« im Spätwerk
Hölderlins auf sich hat, in: Deutsche Vierteljahrsschrift
für Literaturwissenschaft und Geistesgeschichte 63,
1989, S. 645-678.

Jochen Schmidt, Stellungnahme, in: Deutsche Vierteljahrsschrift für Literaturwissenschaft und Geistesgeschichte
63, 1989, S. 679-711.

Die Wanderung

Wolfgang Binder, Hölderlins Hymne ›Die Wanderung‹, in:
HJb 21, 1978/79, S. 170-205.

Der Rhein

Bernhard Böschenstein, Hölderlins Rheinhymne, Zürich
und Freiburg i. Br. 1959, ²1968.

Lawrence J. Ryan, Hölderlins prophetische Dichtung, in:
Jahrb. der dt. Schillergesellschaft 6, 1962, S. 194-228
(S. 207-215).

Emery E. George, A family of disputed readings in Hölderlin's hymn ›Der Rhein‹, in: The Modern language
review 61, 1966, S. 619-634; dt. in: Le Pauvre Holterling
4/5, 1980, S. 41-59 u. d. T.: Gutes mehr | Denn Böses
findend. Eine Gruppe problematischer Lesarten in Hölderlins Rhein-Hymne.

Paul de Man, Hölderlins Rousseaubild, in: HJb 15, 1967/68, S. 180-208 (S. 193-208).

Johannes Mahr, Mythos und Politik in Hölderlins Rhein-hymne, München 1972.

Lothar Kempter, Vater Rhein, Zur Geschichte eines Sinn-bildes, in: HJb 19/20, 1975/77, S. 1-35.

Wolfgang Binder, Hölderlins Rheinhymne, in: HJb 19/20, 1975/77, S. 131-155; auch in: Friedrich Hölderlin, Stu-dien von Wolfgang Binder, hg. v. Elisabeth Binder und Klaus Weimar, Frankfurt 1987, S. 201-229.

Walter Hof, Die Schwierigkeit, sich über Hölderlin zu ver-ständigen, Fast eine Streitschrift, Tübingen 1977 (S. 77-112: Rousseau, Heinse, Sinclair und Hölderlins Rhein-hymne).

Martin Heidegger, Hölderlins Hymnen ›Germanien‹ und ›Der Rhein‹, Freiburger Vorlesung W.S. 1934-35, in: Ge-samtausgabe, Abt. 2, Bd. 39, Frankfurt 1980.

Albrecht Seifert, Die Rheinhymne und ihr Pindarisches Modell, Struktur und Konzeption von Pythien 3 in Höl-derlins Aneignung, in: HJb 23, 1982/83, S. 79-133.

Jochen Schmidt, Die Geschichte des Genie-Gedankens in der deutschen Literatur, Philosophie und Politik 1750-1945, Bd. 1: Von der Aufklärung bis zum Idealismus, Darmstadt [2]1988 (S. 404-415: Das Fortwirken der Genie-Tradition und Hölderlins antiprometheische Wendung im ›Empedokles‹ und in der Rheinhymne).

Friedensfeier

Gesamtbibliographie zu der sehr umfangreichen For-schung in: Internationale Hölderlin-Bibliographie (IHB) 1804-1983, Nr. 5609-5718, sowie in den anschließenden Bibliographien (vgl. Abschnitt II).

Hölderlin, Friedensfeier, Lichtdrucke der Reinschrift und ihrer Vorstufen, mit einem Nachwort ⟨S. 27-44⟩, hg. v. Wolfgang Binder und Alfred Kelletat, Tübingen 1959 (Schriften der Hölderlin-Gesellschaft 2).

Wolfgang Binder, Hölderlins ›Friedensfeier‹, in: Deutsche
Vierteljahrsschrift für Literaturwissenschaft und Gei-
stesgeschichte 30, 1956, S. 295-328; auch in: Binder,
Hölderlin-Aufsätze, Frankfurt 1970, S. 294-326.

Paul Böckmann, Hölderlins Friedensfeier, in: HJb 9, 1955/
56, S. 1-31.

Walter Bröcker, Hölderlins Friedensfeier entstehungsgeschichtlich erklärt, Frankfurt 1960.

Friedrich Beißner, Rückblick auf den Streit um Hölderlins
Friedensfeier, in: Beißner, Hölderlin, Reden und Aufsätze, Weimar 1961, S. 192-210 (^{2}1969).

Jochen Schmidt, Die innere Einheit von Hölderlins ›Friedensfeier‹, in: HJb 14, 1965/66, S. 125-175 (veränderte
und wesentlich erweiterte Fassung in: Schmidt, Hölderlins geschichtsphilosophische Hymnen ›Friedensfeier‹,
›Der Einzige‹, ›Patmos‹, Darmstadt 1990, S. 9-74 u. d. T.:
›Friedensfeier‹, Einführung in das wörtliche Verständnis
und in die Struktur der Hymne).

Peter Szondi, Er selbst, der Fürst des Fests, Hölderlins
Friedensfeier, in: Euphorion 59, 1965, S. 252-271; auch
in: Szondi, Hölderlin-Studien, Frankfurt 1970, S. 62-92.

Peter Howard Gaskill, The »Fürst des Fests« in Hölderlin's
›Friedensfeier‹, in: The Modern language review 65,
1970, S. 94-115.

Peter Szondi, Interpretationsprobleme, Hölderlin: Feiertagshymne, Friedensfeier, in: Szondi, Einführung in die
literarische Hermeneutik (Studienausgabe der Vorlesungen Bd. 5), Frankfurt 1975, S. 193-402 (S. 324-402).

Albrecht Seifert, Untersuchungen zu Hölderlins Pindar-
Rezeption, München 1982 (S. 351-722: *Friedensfeier*).

Jochen Schmidt, Friedensidee und chiliastisches Ge-
schichtsdenken in Hölderlins ›Friedensfeier‹, in: Deutsche Vierteljahrsschrift für Literaturwissenschaft und
Geistesgeschichte 62, 1988, S. 99-130; auch in: Schmidt,
Hölderlins geschichtsphilosophische Hymnen ›Friedensfeier‹, ›Der Einzige‹, ›Patmos‹, Darmstadt 1990, S. 75-
105.

Der Einzige, 1. Fassung

Hans-Georg Gadamer, Hölderlin und die Antike, in: Hölderlin, Gedenkschrift zu seinem 100. Todestag, hg. v.
Paul Kluckhohn, Tübingen 1943, S. 50-69; auch in: Gadamer, Kleine Schriften 2, Interpretationen, Tübingen
²1979, S. 27-44.
Horst Rumpf, Die Deutung der Christusgestalt bei dem
späten Hölderlin, Frankfurt 1958 (S. 20-56: Die Christusdeutung in *Der Einzige*).
Detlev Lüders, Die unterschiedene Einheit, Eine Grundstruktur im Spätwerk Hölderlins, I. Das Gefüge der Welt
in der Hymne ›Der Einzige‹, in: Jahrb. des Freien Deutschen Hochstifts 1963, S. 106-138; 1964, S. 102-119;
auch in: Lüders, »Die Welt im verringerten Maasstab«,
Hölderlin-Studien, Tübingen 1968, S. 19-77 (S. 19-54).
Michael Franz, Das System und seine Entropie, »Welt« als
philosophisches und theologisches Problem in den
Schriften Friedrich Hölderlins, Mss. Diss. Saarbrücken
1982 (S. 251-331: *Der Einzige*).
Jochen Schmidt, Zur Funktion synkretistischer Mythologie in Hölderlins Dichtung: ›Der Einzige‹ (Erste Fassung), in: HJb 25, 1986/87, S. 176-212 (erweiterte
Fassung in: Schmidt, Hölderlins geschichtsphilosophi-
sche Hymnen ›Friedensfeier‹, ›Der Einzige‹, ›Patmos‹,
Darmstadt 1990, S. 106-145).

Der Einzige, 2. Fassung

Friedrich Beißner, Ein Hymnenbruchstück aus Hölderlins
Spätzeit, in: Corona 10, 1941, S. 270-289 (zum sogen.
Warthäuser Fragment).
Beda Allemann, Hölderlin und Heidegger, Zürich und
Freiburg i. Br. 1954, bes. S. 57ff.
Detlev Lüders, Gehört Hölderlins sogenanntes Warthäuser

Fragment zur Hymne ›Der Einzige‹?, in: Studien zur deutschen Literatur, Festschr. für Adolf Beck, Heidelberg 1979, S. 113-124.

Michael Franz, Das System und seine Entropie, »Welt« als philosophisches und theologisches Problem in den Schriften Friedrich Hölderlins, Mss. Diss. Saarbrücken 1982 (S. 251-331: *Der Einzige*).

Jochen Schmidt, Hölderlins hermetisch-geschichtsphilosophische Hymne ›Der Einzige‹, Erstmalige Dechiffrierung der zweiten Fassung, in: Jahrb. der dt. Schillergesellschaft 31, 1987, S. 163-198; auch in: Schmidt, Hölderlins geschichtsphilosophische Hymnen ›Friedensfeier‹, ›Der Einzige‹, ›Patmos‹, Darmstadt 1990, S. 146-184.

Patmos

Patmos, Dem Landgrafen von Homburg überreichte Handschrift, ⟨Faksimile⟩ mit einem Nachwort von Werner Kirchner, Tübingen 1949; auch in: Kirchner, Hölderlin, Aufsätze zu seiner Homburger Zeit, Göttingen 1967, S. 57-68 u. d. T.: Hölderlins Patmos-Hymne.

Johannes Hoffmeister, Zum Geistbegriff des deutschen Idealismus bei Hegel und Hölderlin, in: Deutsche Vierteljahrsschrift für Literaturwissenschaft und Geistesgeschichte 10, 1932, S. 1-44.

Horst Rumpf, Die Deutung der Christusgestalt bei dem späten Hölderlin, Mss. Diss. Frankfurt 1958 (S. 56-81: Die Christusdeutung in ›Patmos‹, S. 140-150: Deutscher Gesang: Patmos).

Emery E. George, Hölderlin, Some new decipherments from the ›Homburger Folioheft‹, in: Publications of the Modern Language Association of America 80, 1965, S. 123-140.

Wolfgang Binder, Hölderlins Patmos-Hymne, in: HJb 15, 1967/68, S. 92-127; auch in: Binder, Hölderlin-Aufsätze, Frankfurt 1970, S. 362-402.

Emery E. George, Hölderlin's hymn ›Patmos‹, Comments, in: Friedrich Hölderlin, An early modern, hg. v. Emery E. George, Ann Arbor, 1972, S. 258-276.

Richard Unger, Hölderlins Major Poetry, The Dialectics of Unity, Bloomington, London 1975 (S. 180-205: *Patmos*).

Peter Howard Gaskill, Meaning in history: ›Chiliasm‹ in Hölderlin's ›Patmos‹, in: Colloquia Germanica 11, 1978, S. 19-52.

Karlheinz Stierle, Dichtung und Auftrag, Hölderlins Patmos-Hymne, in: HJb 22, 1980/81, S. 47-68.

Jochen Schmidt, Hölderlins geschichtsphilosophische Hymnen ›Friedensfeier‹, ›Der Einzige‹, ›Patmos‹, Darmstadt 1990 (S. 185-288: Hölderlins Patmos-Hymne, Hegels Frühschriften und das Johannesevangelium. Zur Entstehung der idealistischen Geschichtsphilosophie und Hermeneutik).

Andenken

Martin Heidegger, ›Andenken‹, in: Hölderlin, Gedenkschrift zu seinem 100. Todestag, hg. v. Paul Kluckhohn, Tübingen 1943, S. 267-324; auch in: Heidegger, Erläuterungen zu Hölderlins Dichtung, Frankfurt ⁵1981, S. 79-151.

Hans Pyritz, Zum Fortgang der Stuttgarter Hölderlin-Ausgabe, in: HJb 7, 1953, S. 80-105 (S. 104f. zu v. 59).

Rolf Zuberbühler, Hölderlins Erneuerung der Sprache aus ihren etymologischen Ursprüngen, Berlin 1969 (S. 85-114).

Jochen Schmidt, Hölderlins letzte Hymnen ›Andenken‹ und ›Mnemosyne‹, Tübingen 1970.

Martin Heidegger, Hölderlins Hymne ›Andenken‹, Freiburger Vorlesung Wintersemester 1941/42, hg. v. Curd Ochwadt, Frankfurt 1982.

Dieter Henrich, Der Gang des Andenkens, Beobachtungen und Gedanken zu Hölderlins Gedicht, Stuttgart 1986.

Bernhard Böschenstein, Geschehen und Gedächtnis, Hölderlins Hymnen ›Wie wenn am Feiertage . . .‹ und ›Andenken‹, in: Le pauvre Holterling 7, 1984, S. 7-16; auch
in: Böschenstein, ›Frucht des Gewitters‹, Hölderlins
Dionysos als Gott der Revolution, Frankfurt 1989,
S. 137-152.

Ulrich Gaier, Hölderlins vaterländischer Gesang ›Andenken‹, in: HJb 26, 1988/89, S. 175-201.

Jean-Pierre Lefebvre, Auch die Stege sind Holzwege, in:
HJb 26, 1988/89, S. 202-223.

Mnemosyne

Friedrich Beißner, Hölderlins letzte Hymne, in: HJb 3,
1948/49, S. 66-102; auch in: Beißner, Hölderlin, Reden
und Aufsätze, Köln und Wien ²1969, S. 211-246; ferner
in: Über Hölderlin, Aufsätze, hg. v. Jochen Schmidt,
Frankfurt 1970, S. 113-152.

Raymond Furness, The death of memory, An analysis of
Hölderlin's hymn ›Mnemosyne‹, in: Publications of the
English Goethe Society 40, 1969/70, S. 30-68.

Jochen Schmidt, Hölderlins letzte Hymnen ›Andenken‹
und ›Mnemosyne‹, Tübingen 1970.

Flemming Roland-Jensen, Hölderlin's ›Mnemosyne‹, Eine
Interpretation, in: Zeitschrift für deutsche Philologie 98,
1979, S. 201-241.

Marjorie Ann Gelus, Hölderlin's ›Mnemosyne‹, An interpretation, Ann Arbor und London 1980.

Robin B. Harrison, »Das Rettende« oder »Gefahr«? Die
Bedeutung des Gedächtnisses in Hölderlins Hymne
›Mnemosyne‹, in: HJb 24, 1984/85, S. 195-206.

Flemming Roland-Jensen, Hölderlins Muse, Edition und
Interpretation der Hymne ›Die Nymphe Mnemosyne‹,
Würzburg 1989.

Jochen Schmidt, Hölderlins Hymne ›Mnemosyne‹ – Ein
altes philologisches Problem in neuen Editionen und Interpretationen, in: editio 5, 1991, S. 122-157.

XIV ENTWÜRFE, GRÖSSERE FRAGMENTE UND SKIZZEN

Arthur Häny, Hölderlins Titanenmythos, Zürich 1948.
Jochen Schmidt, Hölderlins Elegie ›Brod und Wein‹, Berlin
    1968 (S. 173-178: Exkurs ›Die Titanen‹).
Robin B. Harrison, Hölderlin's Titans and the Book of
    revelation, An eschatological interpretation of history,
    in: Publications of the English Goethe Society 46, 1975/
    76, S. 31-64.
Anke Bennholdt-Thomsen, Die Bedeutung der Titanen in
    Hölderlins Spätwerk, in: HJb 25, 1986/87, S. 226-254.
Jochen Schmidt, Der Begriff des Zorns in Hölderlins Spät-
    werk, in: HJb 15, 1967/68, S. 128-157 (S. 145-152: *Wenn
    aber die Himmlischen* ⟨. . .⟩).
Gerlinde Wellmann-Bretzigheimer, Zum Traditionsbezug
    einiger Verse des hymnischen Entwurfs ›Wenn aber die
    Himmlischen haben | Gebaut‹, in: HJb 18, 1973/74,
    S. 119-132 (zu v. 1-17).
Wolfgang Binder, Hölderlins Laudes Sueviae, Deutung des
    hymnischen Entwurfs ›Ihr sichergebaueten Alpen‹, in:
    Interpretationen, Bd. 1: Deutsche Lyrik von Weckherlin
    bis Benn, hg. v. Jost Schillemeit, Hamburg und Frank-
    furt 1965, S. 135-154; auch in: Binder, Hölderlin-Aufsät-
    ze, Frankfurt 1970, S. 327-349.
Reinhard Zbikowski, Hölderlins hymnischer Entwurf
    ›Dem Fürsten‹, Ein philologischer Versuch über Hom-
    burg F 57/58, in: HJb 22, 1980/81, S. 232-273.
Otto Pöggeler, Politik aus dem Abseits, Hegel und der
    Homburger Freundeskreis, in: Homburg vor der Höhe
    in der deutschen Geistesgeschichte, Studien zum Freun-
    deskreis um Hegel und Hölderlin, hg. v. Christoph
    Jamme und Otto Pöggeler, Stuttgart 1981, S. 67-98
    (S. 93-98: *Dem Fürsten*, dazu S. 99f.: Friedrich Hölderlin,
    ›Dem Fürsten‹, Diplomatischer Abdruck v. Christoph
    Jamme).
Martin Heidegger, Hölderlins Erde und Himmel, in:

HJb 11, 1958/60, S. 17-39; auch in: Heidegger, Erläuterungen zu Hölderlins Dichtung, Frankfurt ⁵1981, S. 152-
181 (zu *Griechenland*).

Winfried Kudszus, Sprachverlust und Sinnwandel, Zur
späten und spätesten Lyrik Hölderlins, Stuttgart 1969
(S. 56-73: *. . . der Vatikan . . .*; S. 74-131: *Griechenland*).

XV SPÄTESTE GEDICHTE

Friedrich Beißner, Zu den Gedichten der letzten Lebenszeit, in: HJb 2, 1947, S. 6-10; auch in: Beißner, Reden
und Aufsätze, Köln und Wien ²1969, S. 247-250.

Ulrich Häussermann, Hölderlins späteste Gedichte, in:
Germanisch-Romanische Monatsschrift 42, 1961, S. 99-
117.

Bernhard Böschenstein, Hölderlins späteste Gedichte, in:
HJb 14, 1965/66, S. 35-56; auch in: Böschenstein, Studien zur Dichtung des Absoluten, Zürich 1968, S. 59-80;
ferner in: Über Hölderlin, Aufsätze, hg. v. Jochen
Schmidt, Frankfurt 1970, S. 153-174.

Winfried Kudszus, Sprachverlust und Sinnwandel, Zur
späten und spätesten Lyrik Hölderlins, Stuttgart 1969.

Wilfried Thürmer, Zur poetischen Verfahrensweise in der
spätesten Lyrik Hölderlins, Marburg 1970.

Winfried Kudszus, Versuch einer Heilung, Hölderlins spätere Lyrik, in: Hölderlin ohne Mythos, hg. v. Ingrid
Riedel, Göttingen 1973, S. 18-33.

Roman Jakobson und Grete Lübbe-Grothues, Ein Blick
auf Die Aussicht von Hölderlin, in: Jakobson, Hölderlin, Klee, Brecht, Zur Wortkunst dreier Gedichte, Frankfurt 1976, S. 27-96.

Grete Lübbe-Grothues, Grammatik und Idee in den Scar-
danelli-Gedichten Hölderlins, in: Philosophisches Jahrbuch 90, 1983, S. 83-109.

CHRONOLOGIE
UND ALPHABETISCHES
VERZEICHNIS
DER GEDICHTE

CHRONOLOGIE DER GEDICHTE

ALPHABETISCHES VERZEICHNIS
DER GEDICHTE
NACH ÜBERSCHRIFTEN UND ANFÄNGEN

NACHTRÄGE UND CORRIGENDA

Auf S. 350 ist folgender Text einzufügen:

DER EINZIGE
Dritte Fassung

Was ist es, das
An die alten seligen Küsten
Mich fesselt, daß ich mehr noch
Sie liebe, als mein Vaterland?
5   Denn wie in himmlischer
Gefangenschaft gebückt, dem Tag nach sprechend
Dort bin ich, wo, wie Steine sagen, Apollo ging,
In Königsgestalt,
Und zu unschuldigen Jünglingen sich
10   Herabließ Zevs, und Söhn in heiliger Art
Und Töchter zeugte
Stumm weilend unter den Menschen?

Der hohen Gedanken aber
Sind dennoch viele
15   Gekommen aus des Vaters Haupt
Und große Seelen
Von ihm zu Menschen gekommen.
Und gehöret hab ich
Von Elis und Olympia, bin
20   Gestanden immerdar, an Quellen, auf dem Parnaß
Und über Bergen des Isthmus
Und drüben auch
Bei Smyrna und hinab
Bei Ephesos bin ich gegangen.

Viel hab' ich schönes gesehn   25
Und gesungen Gottes Bild
Hab ich, das lebet unter
Den Menschen. Denn sehr, dem Raum gleich, ist
Das Himmlische reichlich in
Der Jugend zählbar aber dennoch   30
Ihr alten Götter und all
Ihr tapfern Söhne der Götter
Noch einen such ich, den
Ich liebe unter euch
Wo ihr den letzten eures Geschlechts   35
Des Hauses Kleinod mir
Dem fremden Gaste bewahret.

Mein Meister und Herr!
O du, mein Lehrer!
Was bist du ferne   40
Geblieben? und da
Ich sahe, mitten, unter den Geistern, den Alten
Die Helden und
Die Götter, warum bliebest
Du aus? Und jetzt ist voll   45
Von Trauern meine Seele
Als eifertet, ihr Himmlischen, selbst,
Daß dien ich einem, mir
Das andere fehlet.

Ich weiß es aber, eigene Schuld   50
Ists, denn zu sehr
O Christus! häng ich an dir;
Wiewohl Herakles Bruder
Und kühn bekenn ich, du
Bist Bruder auch des Eviers, der einsichtlich, vor Alters   55
Die verdrossene Irre gerichtet
Der Erde Gott, und beschieden
Die Seele dem Tier, das lebend
Vom eigenen Hunger schweift und der Erde nach ging

60 Aber rechte Wege gebot er mit Einem mal und Orte
   Die Sachen auch bestellt er von jedem.

   Es hindert aber eine Scham
   Mich dir zu vergleichen
   Die weltlichen Männer. Und freilich weiß
65 Ich der dich zeugte, dein Vater ist
   Derselbe. Nämlich Christus ist ja auch allein
   Gestanden unter sichtbarem Himmel und Gestirn, sichtbar
   Freiwaltendem über das Eingesetzte, mit Erlaubnis von
                                                    Gott,
   Und die Sünden der Welt, die Unverständlichkeit
70 Der Kenntnisse nämlich, wenn Beständiges das
                              Geschäftige überwächst
   Der Menschen und der Mut des Gestirns war ob ihm.
                    Nämlich immer jauchzet die Welt
   Hinweg von dieser Erde, daß sie die
   Entblößet; wo das Menschliche sie nicht hält. Es bleibet
                                        aber eine Spur
   Doch eines Wortes; die ein Mann erhaschet. Der Ort war
                                                    aber

75 Die Wüste. So sind jene sich gleich. Erfreulich. Herrlich
                                                    grünet
   Ein Kleeblatt. Schade wär' es, dürfte von solchen
   Nicht sagen unser einer, daß es
   Heroën sind. Viel ist die Ansicht. Himmlische sind
   Und Lebende beieinander, die ganze ⟨Zeit⟩. Ein großer
                                                    Mann,
80 Im Himmel auch, begehrt zu einem, auf Erden. Immerdar
   Gilt dies, daß, alltag, ganz ist die Welt. Oft aber scheint
   Ein Großer nicht zusammenzutaugen
   Zu Großen. Die stehn allzeit, als an einem Abgrund, einer
                                                    neben
   Dem ander⟨n⟩. Jene drei sind aber
85 Das, daß sie unter der Sonne
   Wie Jäger der Jagd sind, oder

Ein Ackersmann, der atmend von der Arbeit
Sein Haupt entblößet, oder Bettler.
Nicht so sind andere Helden. Der Streit ist aber, der mich
Versuchet dieser, daß aus Not als Söhne Gottes   90
Die Zeichen jene an sich haben. Denn es hat noch anders,
                                       rätlich,
Gesorget der Donnerer. Christus aber bescheidet sich
                                       selbst.
Wie Fürsten ist Herkules. Gemeingeist Bacchus. Christus
                                     aber ist
Das Ende. Wohl ist der noch andrer Natur; erfüllet aber
Was noch an Gegenwart   95
Den Himmlischen gefehlet an den andern. Diesesmal

Diesem Text ist S. 969 folgender Kommentar zuzuordnen:

DER EINZIGE
Dritte Fassung

Dieser reinschriftlich außerhalb des Homburger Foliohefts
überlieferte Text ist noch unabgeschlossen: Das Ende fehlt,
und die Partie von Vers 75 ab hat Hölderlin noch später auf
einem separaten Blatt, wiederum reinschriftlich, teilweise
neu formuliert. Diese neuformulierte und ebenfalls unab-
geschlossene Partie, die Beißner in den Lesetext einfügt
(StA II, S. 163f.), lautet:

Die Wüste. So sind jene sich gleich. Voll Freuden, reicnlich.
                                    Herrlich grünet
Ein Kleeblatt. Ungestalt wär, um des Geistes willen, dieses,
                                    dürfte von solchen
Nicht sagen, gelehrt im Wissen einer schlechten Gebets,
                                    daß sie
Wie Feldherrn mir, Heroën sind. Deß dürfen die
                                  Sterblichen wegen dem, weil

Ohne Halt verstandlos Gott ist. Aber wie auf Wagen
5 Demütige   mit Gewalt
Des Tages oder
Mit Stimmen erscheinet Gott als
Natur von außen. Mittelbar
In heiligen Schriften. Himmlische sind
10 Und Menschen auf Erden beieinander die ganze Zeit. Ein
    großer Mann und ähnlich eine große Seele
Wenn gleich im Himmel

Begehrt zu einem auf Erden. Immerdar
Bleibt dies, daß immergekettet alltag ganz ist
Die Welt. Oft aber scheint
15 Ein Großer nicht zusammenzutaugen
Zu Großem. Alle Tage stehn die aber, als an einem
        Abgrund einer
Neben dem andern. Jene drei sind aber
Das, daß sie unter der Sonne
Wie Jäger der Jagd sind oder
20 Ein Ackersmann, der atmend von der Arbeit
Sein Haupt entblößet oder Bettler. Schön
Und lieblich ist es zu vergleichen. Wohl tut
Die Erde. Zu kühlen. Immer aber

S. 953, 2. Abschnitt, ist durch folgende Erläuterung zu ersetzen:
Hölderlin hat im Hamburger Folioheft den Text des Gedichts, aus dem durch Überarbeitung die 2. Fassung hervorging, später noch einmal mit deutlich sich abhebendem
Schriftduktus in einigen Partien überarbeitet. Die damit
begonnene dritte Fassung ist außerhalb des Homburger
Foliohefts reinschriftlich überliefert.

S. 967, Beginn des 2. Abschnitts, ist durch folgende Erläuterung zu ersetzen:

Von der spätesten Überarbeitung des Textes läßt sich im Homburger Folioheft nur folgende Partie mit Sicherheit als zusammenhängend definieren ⟨. . .⟩ Der weitergehende Zusammenhang ergibt sich aus der Reinschrift der 3. Fassung.

INHALTSVERZEICHNIS

DEUTSCHER KLASSIKER VERLAG
IM TASCHENBUCH

In dieser Reihe erschienen:

TB 1
Goethe, Faust. Zwei Teilbände
Herausgegeben von Albrecht Schöne
2048 Seiten
Band 1: Texte · Band 2: Kommentare

TB 2
Grimmelshausen, Simplicissimus Teutsch
Herausgegeben von Dieter Breuer
1136 Seiten

TB 3
Schiller, Wallenstein
Herausgegeben von Frithjof Stock
1280 Seiten

TB 4
Hölderlin, Sämtliche Gedichte
Herausgegeben von Jochen Schmidt
1152 Seiten

TB 5
Kleist, Sämtliche Erzählungen, Anekdoten,
Gedichte und Schriften
Herausgegeben von Klaus Müller-Salget
1328 Seiten

TB 6
Deutsche Lyrik des frühen und hohen Mittelalters
Edition und Kommentare von Ingrid Kasten
Übersetzung von Margherita Kuhn
1136 Seiten

Die Reihe wird fortgesetzt.